社会心理学入门

全球视角

张志超　程雨凡　李园园 — 译
［加拿大］詹姆斯·阿尔科克　斯坦·萨达瓦 — 著

AN INTRODUCTION TO SOCIAL PSYCHOLOGY

STAN SADAVA　　JAMES ALCOCK

中央编译出版社
Central Compilation & Translation Press

Originally published by SAGE Publications, Ltd.
An Introduction to Social Psychology
© James Alcock and Stan Sadava, 2014
Simplified Chinese edition © 2020 Central Compilation & Translation Press
All rights reserved.

著作权合同登记号：01-2020-4676

图书在版编目（CIP）数据

社会心理学入门：全球视角／（加）詹姆斯·阿尔科克著；
张志超，程雨凡，李园园译. —北京：中央编译出版社，2020.9
ISBN 978-7-5117-2995-8

Ⅰ. ①社… Ⅱ. ①詹… ②张… ③程… ④李…
Ⅲ. ①社会心理学-英文 Ⅳ. ①C912.6-0

中国版本图书馆 CIP 数据核字（2020）第 087289 号

社会心理学入门：全球视角

出 版 人：葛海彦
出版统筹：贾宇琰
责任编辑：王丽芳
责任印制：刘　慧
出版发行：中央编译出版社
地　　址：北京西城区车公庄大街乙 5 号鸿儒大厦 B 座（100044）
电　　话：（010）52612345（总编室）　　　（010）52612349（编辑室）
　　　　　（010）52612316（发行部）　　　（010）52612346（馆配部）
传　　真：（010）66515838
经　　销：全国新华书店
印　　刷：北京文昌阁彩色印刷有限责任公司
开　　本：710 毫米×1000 毫米　1/16
字　　数：952 千字
印　　张：50
版　　次：2020 年 9 月第 1 版
印　　次：2020 年 9 月第 1 次印刷
定　　价：158.00 元

网　　址：www.cctphome.com　　　　邮　　箱：cctp@cctphome.com
新浪微博：@中央编译出版社　　　　微　　信：中央编译出版社（ID：cctphome）
淘宝店铺：中央编译出版社直销店（http://shop108367160.taobao.com）
　　　　　（010）55626985

本社常年法律顾问：北京市吴栾赵阎律师事务所律师　闫军　梁勤
凡有印装质量问题，本社负责调换，电话：（010）55626985

目 录

前　言 ·· 1
本书导航 ·· 5

第一部分　社会心理学导言

社会心理学导言 ·· 9
　社会心理学是什么和不是什么 ·· 10
　社会心理学的前世今生 ·· 13
　文化、全球化与社会心理学 ·· 16
　应用社会心理学 ·· 19
　科学与社会心理学 ··· 21
　整体展望 ·· 26
　本书结构梗概 ··· 26
　信息来源 ·· 27
　延伸阅读 ·· 27

第一章　研究社会行为 ··· 29
　学习目标 ·· 29
　发现自然界的模式 ··· 30
　测量 ·· 31
　研究方法 ·· 34
　非实验方法 ··· 35
　实验方法 ·· 44
　跨文化研究 ··· 52
　元分析 ··· 55
　研究伦理 ·· 56
　结语 ·· 61

内容概要 ········· 62
拓展思考 ········· 63
延伸阅读 ········· 63
网页链接 ········· 64

第二部分　理解你的社会世界

第二章　社会知觉与认知 ········· 67
学习目标 ········· 67
人们的印象形成 ········· 69
归因 ········· 72
归因理论 ········· 74
归因偏差 ········· 78
对归因理论的评价 ········· 86
社会认知 ········· 88
分类思维：图式 ········· 88
处理社会信息 ········· 91
解释水平理论与反事实思维 ········· 94
快速推理 ········· 96
思维的综合复杂性 ········· 104
结语 ········· 105
内容概要 ········· 106
拓展思考 ········· 107
延伸阅读 ········· 107
网页链接 ········· 108

第三章　社会自我 ········· 109
学习目标 ········· 109
自我图式及其影响 ········· 112
自我评价 ········· 123
自我调节 ········· 133
文化与自我 ········· 136
向他人展示自己 ········· 138
了解自己，还是对自己感觉良好？ ········· 143

结语 145
内容概要 145
拓展思考 146
延伸阅读 146
网页链接 147

第四章 态度、意识形态与价值

学习目标 148
态度的本质 150
测量态度 157
意识形态 159
个人价值观与社会价值观 162
性格与价值观 164
态度的功能 171
态度和行为之间的关系 174
结语 181
内容概要 182
拓展思考 183
延伸阅读 183
网页链接 184

第三部分 影响他人

第五章 态度变迁

学习目标 187
从内向外：认知一致性和态度变化 189
认知失调理论的演变 196
那么什么是认知失调？ 200
修正的认知失调模型 200
小结 202
由外而内的态度变迁：说服与态度的改变 202
什么预示着说服？ 205
这些因素是如何结合在一起的？ 212
说服与认知：双处理方法 214

详尽可能性模型 ·· 215
　　说服的限度 ·· 219
　　结语 ·· 221
　　态度的改变是真实的吗？ ·· 223
　　结语 ·· 224
　　内容概要 ·· 224
　　拓展思考 ·· 225
　　延伸阅读 ·· 226
　　网页链接 ·· 226

第六章　社会影响 ·· 227
　　学习目标 ·· 227
　　无意识的社会影响 ·· 228
　　从众 ·· 235
　　直接影响 ·· 243
　　坚定的少数 ·· 244
　　打破常规与创新 ·· 247
　　有意识的影响 ·· 249
　　服从 ·· 256
　　反抗 ·· 266
　　结语 ·· 267
　　内容概要 ·· 268
　　拓展思考 ·· 268
　　延伸阅读 ·· 269
　　网页链接 ·· 269

第七章　语言与沟通 ·· 271
　　学习目标 ·· 271
　　说了什么：语词 ·· 274
　　怎么说的：副语言 ·· 276
　　谁说的：语言与对说话者的印象 ·· 278
　　语言与性别：女性和男性说话方式不同吗？ ································ 286
　　语言与歧视 ·· 288
　　语言调适与群体边界 ·· 289

谁会成为双语通？ …………………………………… 292
　　非言语沟通 ………………………………………… 294
　　非言语行为的种类 …………………………………… 298
　　结语 ………………………………………………… 314
　　内容概要 …………………………………………… 314
　　拓展思考 …………………………………………… 315
　　延伸阅读 …………………………………………… 315
　　网页链接 …………………………………………… 316

第四部分　朋友和敌人

第八章　人际吸引和亲密关系 ……………………………… 319
　　学习目标 …………………………………………… 319
　　归属与依恋 ………………………………………… 320
　　人际吸引 …………………………………………… 324
　　美貌的力量 ………………………………………… 325
　　相似与吸引 ………………………………………… 329
　　强化、互惠与吸引 …………………………………… 332
　　亲密与亲密关系 ……………………………………… 334
　　爱情 ………………………………………………… 342
　　情感问题 …………………………………………… 351
　　孤独 ………………………………………………… 354
　　内容概要 …………………………………………… 357
　　拓展思考 …………………………………………… 357
　　延伸阅读 …………………………………………… 358
　　网页链接 …………………………………………… 358

第九章　亲社会行为 ………………………………………… 359
　　学习目标 …………………………………………… 359
　　探究亲社会行为的含义 ……………………………… 360
　　亲社会行为的根源 …………………………………… 361
　　对帮助和伤害的亲社会反应 ………………………… 376
　　采取亲社会行动：志愿服务 ………………………… 378
　　旁观者效应 ………………………………………… 380

英雄主义 388
受惠者 393
结语 398
内容概要 398
拓展思考 399
延伸阅读 400
网页链接 400

第十章 合作与冲突 401
学习目标 401
社会交换理论 405
作为"博弈"的社会冲突 408
影响冲突走向的因素 419
群际冲突 427
冲突的解决 432
结语 435
内容概要 436
拓展思考 436
延伸阅读 437
网页链接 437

第十一章 攻 击 438
学习目标 438
探究攻击的内涵 439
研究攻击 442
攻击的根源 443
暴力是病吗？ 474
一般攻击模型 476
减少攻击 478
结语 479
内容概要 479
拓展思考 480
延伸阅读 481
网页链接 481

第五部分　群体中的人

第十二章　社会认同、群体和领导 …… 485
- 学习目标 …… 485
- 社会分类、社会认同和社会比较过程 …… 487
- 社会比较 …… 496
- 社会认同理论和自我归类理论 …… 497
- 小群体 …… 501
- 领导 …… 505
- 领导者的特质 …… 510
- 群体决策 …… 522
- 小团体意识 …… 525
- 结语 …… 527
- 内容概要 …… 527
- 拓展思考 …… 528
- 延伸阅读 …… 528
- 网页链接 …… 529

第十三章　偏　见 …… 530
- 学习目标 …… 530
- 偏见 …… 531
- 偏见的本质 …… 533
- 偏见的情感成分 …… 542
- 歧视：偏见的行为成分 …… 545
- 偏见的来源 …… 549
- 偏见人格 …… 550
- 偏见受害者 …… 553
- 是否可以减少或消除偏见？ …… 557
- 性别歧视 …… 564
- 内容概要 …… 568
- 拓展思考 …… 569
- 延伸阅读 …… 569
- 网页链接 …… 570

第十四章　人群和集体行为 ················· 571
- 学习目标 ································ 571
- 什么是集体行动? ······················· 574
- 传染 ··································· 586
- 谣言 ··································· 596
- 都市传说 ······························· 601
- 阴谋论 ································· 601
- 风潮和时尚 ····························· 603
- 社会运动 ······························· 606
- 结语 ··································· 609
- 内容概要 ······························· 610
- 拓展思考 ······························· 610
- 延伸阅读 ······························· 611
- 网页链接 ······························· 611

第十五章　应用社会心理学 ················ 612
- 学习目标 ································ 612
- 社会心理学和法律 ······················· 613
- 审判 ··································· 614
- 正义 ··································· 626
- 健康和幸福 ····························· 632
- 心理健康风险 ··························· 634
- 治疗与康复 ····························· 641
- 社会心理学与公共卫生 ··················· 648
- 康乐：不仅仅是没有疾病 ················· 650
- 内容概要 ······························· 652
- 拓展思考 ······························· 653
- 延伸阅读 ······························· 654
- 网页链接 ······························· 654

参考文献 ··································· 655
术语及解释 ································· 757
致　　谢 ··································· 785

纪念
朋友、同事、学者
戴维·威廉（"比尔"）·卡芒

前　言

欢迎打开《社会心理学入门：全球视角》第一版。这本教科书是献给初学社会心理学课程的学生的。我们的大多数读者可能会拥有一些普通心理学的背景，他们中的许多人将继续主修心理学，然而，其他人将会进入别的学科，如社会学、人类学、传播学、犯罪学和健康科学，甚至还有一些人出于兴趣将社会心理学作为选修课。我们写这本书时考虑到了你们所有人。

马歇尔·麦克卢汉（Marshall McLuhan）将我们的现代世界描述为"地球村"。我们不再生活在一个由地理和语言分隔的同质的国家组成的世界里。我们跨境旅行和工作，跨境合作做生意和开展研究，观看来自许多国家的电影，欣赏来自世界各地的艺术家，并通过社交媒体进行全球范围的交流。我们可以像街对面的人一样快速、便捷地给地球另一端的人发短信、发电子邮件或打网络电话。跨国公司催生了一系列国际公认的品牌。无论是在中国还是秘鲁，列支敦士登还是苏格兰，消费者都被许多同样领先的全球产品所吸引。许多国家正在成为事实上的多文化国家；英国、加拿大、澳大利亚、荷兰、美国、法国或许多其他国家的公民已经不能再套用一个简单的"原型"来描述。由于有成百上千的电视频道可供选择，现在人们可以看到来自全球各地的不同语言的节目。由于现代媒体的即时性，地理不再是一个障碍：通过电视和互联网，我们可以实时置身于最新的战场画面，无论它在哪里；置身于救援人员为解救地震幸存者而进行的斗争；置身于联合国听一位世界领导人的讲话；置身于地球另一端的体育盛事；置身于皇家婚礼或著名庆典，或者臭名昭著的犯罪头目的审判。诚然，麦克卢汉是对的；我们确实生活在一个地球村。

我们是从这个全球化世界的角度写这本书的，并且也是为了世界各地的学生们写这本书的。美国在社会心理学研究和理论形成方面的历史主导地位是不可否认的，我们在导言中对此作了记述。然而，社会心理学现在在包括英国、欧洲、日本、印度、澳大利亚、新西兰和以色列在内的世界许多地区都是一门蓬勃发展的学科，它已经在全球几乎各个地方生根发芽。这对于一本社会心理学的教科书意味着什么？当然，我们已经讨论了反映该学科主要趋势（其中大部分来自美国）

的主流社会心理学。但是我们也试图将社会心理学展示为一桩与各种文化中的人们相关的充满活力的国际性事业。因此，我们提到了许多国家的社会心理学家进行的高质量研究，并且密切关注着重大研究在不同文化中引起的反响。我们也努力跟上时代的发展，读者将会发现近年来的许多前沿参考文献，当然还有仍然非常重要的经典著作。

我们还讨论了社会心理学中的一些新观点以及它们衍生的研究。例如，作为一种扩展关于社会行为的知识的手段，神经科学正变得越来越重要，为了表示我们认同这一点，整本书都参考了相关研究。我们谈到了电子通信和社交网络对社会关系日益增长的影响。我们讨论了关于不同文化之间价值观差异的研究，并关注把个人主义价值观和集体主义价值观区别开来的解释力和局限性，因为它们影响了经典研究的结果。我们讨论了诺贝尔奖获得者丹尼尔·卡尼曼（Daniel Kahneman）阐发的双处理思维模型（dual-process model of thinking），并展示了它是如何变得与整本书中许多主题的讨论有重大关系的。我们认为自尊的危险太积极了。我们讨论了一些来自所谓的"积极心理学进路"（positive psychology approach）的话题，如价值观、性格和宽恕。我们对法庭上的社会心理学的讨论注意到了不同国家和文化之间的巨大差异。这里讨论了调解—裁决的混合冲突解决模式，我们还研究了当前的恐怖主义问题。我们还安排了两章在社会心理学教科书中并不常见的内容：一章专门讨论语言和交流的社会心理学，另一章讨论大规模的集体行为。

我们以对社会心理学的全面介绍开始这本书，这将让读者了解社会心理学是如何发展到今天的地步的。然后，我们转向一系列公认的基本话题，这些话题主要与个人相关——我们如何思考和感知我们的社会世界，我们如何将自己理解为"社会动物"，我们的态度和价值观是如何形成的以及它们与我们的行为有何关联。接下来，我们讨论他人的影响如何经常导致我们态度和行为的改变，以及我们如何通过社交媒体与他人进行口头的、非口头的和"虚构的"交流。我们探索我们如何被他人吸引并和他们建立关系，以及"这件被称为爱情的东西是什么"？然后，我们进展到人与人之间、人群与人群之间的冲突，并研究相互帮助和伤害的心理根源。

接下来的一系列章节将更紧密地讨论社会心理学的"社会"方面。我们将探索群体中发生的事情，我们的身份是如何在群体中形成的，以及群体如何找到领导者并作出决策。在这一点上，我们安排了偏见分析的内容，因为偏见与群体和群体所产生的身份密切相关。从相对较少的群体中的人们，我们转向较大的人群集合——群众、人群——及其有时显得非理性的集体行为。最后，当我们通过关于法律和正义的一章和关于健康和福利的另一章来探讨实际运行中的社会心理学时，读者将发现社会心理学家走出实验室，然后走进法庭和诊所。

社会心理学远非一成不变；它随着不断变化的环境、新的发现和发展的理论而变化。它既包括一个基础研究的焦点，试图理解人类社会行为的基本过程，也包括一个应用焦点，承诺将我们的知识用于改善人们的生活。从这两个角度出发，我们打算让我们的书体现我们学科的动态性，旨在服务于同行的教学需求，同时吸引来自世界各地的学生的兴趣。

本书导航

学习目标
每章开头都清楚地列出了你应该很快就会了解的关键信息,这样你就可以轻松地跟踪你的进展。

要点
在各章中,"要点"部分提供了你应该从上一节中获取的重要信息的书签,并帮助你快速导航到最重要的信息。

专栏
每一章中最有趣的研究和争论都展示在专栏里,让你更深入地了解社会心理学中一些最重要的问题。

内容概要
阅读内容概要可以复习每一章的内容。这是一份清晰易懂的备忘录,让你回忆起你读过的最重要的信息。

拓展思考
每章末尾的这些开放式问题旨在激发更深层次的思考,它们可能是你自己的论文或研究的起点。

网页链接
这里列出了一些有用的网站,方便你上网快速查看与你刚刚阅读的章节相关的重要组织或信息来源。

延伸阅读
如果某一章启发你更广泛地阅读该主题,那么延伸阅读部分会建议你去阅读一些有趣而重要的书籍或文章。

注释

关键术语的定义被收集在书的后面，所以，如果你对术语感到茫然，或者不确定某个特定短语的含义，你可以在这里很容易找到解释。

参考文献

广泛的参考文献为你提供了延伸阅读资料的清单，以加深你对心理学开创性文献的理解，或者方便你为自己的社会心理学研究项目找到资料来源。

第一部分

社会心理学导言

社会心理学导言

> ……如果一个人不合群是出于本性,而非偶然的原因,那么,他不是一个鄙夫,便是一位超人。……如果一个人无法过公共生活,或者因为自给自足的缘故而无须如此,从而不去参与社会,那么,他不是一头野兽,便是一位神祇。
>
> ——亚里士多德《政治学》

自从亚里士多德写下这些话以来的2300年里,我们与他人相处的需要从未改变过。就像他说的那样,我们是社会动物。我们在别人的陪伴下生活、工作和玩耍;我们通过他人创作的书籍、电影和歌曲寻求消遣;我们分享彼此的看法,拿自己的看法同别人展开争论。我们组成团队来建设高楼,建造大坝,抗击火灾,并在危险面前保卫我们自己。尽管我们有时会选择享受片刻的独处,但很少有人喜欢永久的独居。毕竟,被迫的隔离,也就是单独拘禁,是对监狱里那些行为不端者的终极惩罚。

作为社会动物,我们在一个社会网络中过生活。有人说,"鱼儿直到搁浅沙滩的时候才知道水的存在"(McLuhan,1972,p.91)。同样,我们是如此地熟悉社会网络,以至于对它如何形塑和规范我们的生活有点茫然无知。不过,你可以想象一下,走出这个网络一段时间,会是什么情形。例如,你被困在一个小荒岛上,没有及时被人营救的指望。岛上的东西在很多方面都是完美的:气候很棒,食物充足,海水还很温暖舒适,也没有让人害怕的野兽。只是少了一样:其他人。考虑一下,你通常的习惯可能会怎么改变。既然周围一个人都没有,你还会在意自己的外表吗?你咳嗽的时候仍会捂着嘴巴吗?你还会用一天三顿饭的节奏来安排生活吗?

随着时间的流逝和你对自身存在的思索,你意识到,即便孤身一人,你的行为和思想还是继续反映着养育你的社会。即使因为根本无人与你交流,语言已不再是交流的手段,你也还是用母语的语词来思考。你用自制的牙刷来刷牙,这个习惯你觉得为了自己的健康值得继续保持。你制作了一把叉子用来吃饭,因为你发现,用手指吃一些东西不太舒服,这又反映了你成长的特定文化背景。你站在山上对着大海歌唱，吟诵着养育自己的社会的歌谣。你开始意识到，你无法而且也不想逃离塑造自己的那些社会因素，它们已经内化于心。换言之，你生命中的人们仍然对你有着相当大的影响；即使他们不在身边，你可能再也见不到他们，你还是接受了这种影响。然而，你却思念着自己生命中的那些可贵的人们，孤独的感觉始终挥之不去。[回忆一下 2000 年上映的那部由汤姆·汉克斯（Tom Hanks）主演的电影《荒岛余生》（Cast Away）。在影片中，他被困在一座荒岛上孤立无援，不得不用和排球"威尔逊"——他把它打扮得像人脸——谈话的方式来替代人与人的互动。]

后来有一天，一艘救生艇冲上了岸，上面载着一位海难幸存者。一开始，有一个人来陪伴你还不错。然而，你逐渐意识到，这个人的到来将会给你的生活带来一些改变。尽管你喜欢整晚演奏那个还凑合的小手鼓，然后睡到中午才醒，但新来的这个人希望落日之后保持静谧。当你看到伙伴建造的房屋漂亮得多也舒适得多时，你第一次开始为自己那个狭小又杂乱的茅屋感到难为情。渐渐地，你开始为这位新来者"接管"的方式感到不满，并禁不住地想，你作为先来者，理应对这岛上发生的事情有更大的发言权。就跟你在家乡时一样，权力、特权和社会比较的问题开始困扰你。要是发生了冲突，一同住在这样一个小岛上，也会让人非常不舒服。显然，为了避免冲突，需要为基本的社会结构制定一些规则。事情明摆着：一种社会结构，一些大家都同意的、用以协调甚至管理行为的规则，对于和谐共处极为重要。为了做到这一点，你将不得不同另外一个人达成妥协。

所以，在每一个社会、每一个地方和每时每刻，为了管理社会互动，社会网络及其规则、功能和规范发展起来了。每一个社会、每一个地方和每时每刻的每一个人都是在学习这些规则和规范并依靠它们在生活的过程中长大的。在每一个社会，都存在着权力分配。有的人生来就拥有权力和特权；有的人致力于获得它；还有人靠暴力来攫取它，然后抓住不放。在每一个地方和每一个时代，若干个人基于共同的品性、信仰或利益衍生出了各种团体，如家庭、朋友圈子、帮派、族群和民族，来增进和维护他们的利益。反过来，团体和团体之间常常陷入冲突，而这样的冲突又给每个团体内部施加了压力，确保其成员共同为团体利益服务。

我们并不是个体联合起来在团体中生活的唯一物种，但就社会生活的复杂性和多样性而言，我们是独一无二的。而且，我们通常把自己同他人的关系视为生活的核心焦点。本书研究的正是这些复杂之处，那就是，在关系到他人的时候，我们是如何思考、行动和建立联系的。

社会心理学是什么和不是什么

在北美，社会心理学长期以来有着个人化的倾向，主要关注的是个人如何被他人所影响。另一方面，我们接下来也会讨论的是，欧洲的社会心理学家采取了更偏重于群体的视角。在个人主义进路中，社会心理学传统上被定义为这样一门学科，即这门学科致力于**理解个人的思想、感觉和行为如何被他人实际的、想象的或推测的出现所影响**（Allport, 1935）。这个定义对我们有什么启发呢？首先，社会心理学家研究的不仅是实际的、观察得到的行为，而且是关于人们内心生活的推断：他们是如何感觉的；他们的态度、观点和意识形态；他们是如何形成印象并试图理解他们的世界的。其次，社会心理学家从他人的影响这一角度来理解人的经验。显然，社会影响的类型并非只有一种——我们身体的健康程度、天气、知识、大脑和神经系统过程、精神病理的状态和服药状态、激素、经济状态和食物都能影响我们。尽管如此，社会心理学家关注的是社会影响和社会关系的重要作用。最后，这个定义告诉我们，人们会被他人所影响，甚至被没有出现的他人所影响。我们知道自己属于特定的家庭、职业群体或文化群体，也知道自己喜欢、深爱着生活中的某些人，或是感到对一些人负有责任。这些群体和个人深刻地影响着我们的思想和行为。

为了更好地理解社会心理学家研究的现象范围，不妨想想如下的例子：

- 在一个竞争性的经济体中，求职面试可能非常重要。社会心理学家研究了**第一印象**如何形成，人们如何以行动来影响或"**管理**"他人对自己的**印象**。
- 一些国际组织记录了很多国家常见的折磨人的手段（又称"强化审讯"）。在大多数时候，折磨的施动者并非是不同寻常的、具有虐待狂性格的人，而只不过是**服从**权威的命令罢了。为了研究**对权威的服从**，已经开展了一系列的实验。
- 在西方国家，相当一部分婚姻最终都以离婚收场。**社会吸引**和**亲密关系**的机制都是当前研究的领域。
- 加拿大、比利时和印度这样的国家都有不止一种官方语言；与此同时，在全球化的时代，数以百万计的移民把他们的语言带进了像美国和德国这样使用单一官方语言的国家，而且，生意现在也是在全球范围内以多种语言进行的。关于**双语制度**的社会心理因素，已经有了大量的研究。
- 无疑，在地球的几十亿居民中，关于谁可以在哪儿居住，人们应遵从什么样的规则，应当如何开采地球的资源或是对其进行规划，产生了很多分歧。个人、群体和国家如何学会建设性地处理**冲突**，是社会心理学家广泛研究的另外一个主题。
- 许多审判取决于关键目击者的可信度。社会心理学家研究了目击者证词和法律体系的其他方面。

- 在世界各地，种族屠杀和恐怖主义不断发生。由加拿大心理学协会和美国心理学协会联合发起的"种族政治战争项目"（Ethnopolitical Warfare Initiative）研究了人们为何参加种族屠杀和恐怖袭击，以及一些人为何甘冒丧命的危险也要把别人从种族屠杀中救出来。这个项目也致力于开展干预，以便阻止或减少种族冲突（Suedfeld，2000）。

正如你看到的，社会心理学家研究广泛的社会现象。他们关心的一些事情涉及实际问题：病人为什么不遵医嘱？群体做出什么样的决策以及能否改善决策？人们为什么总是用老眼光看待男人、女人、教授、学生和种族群体，而从不顾及现实？其他一些同样重要的问题理论色彩更浓一点：在人们的态度和他们的行为之间有什么样的一致性和不一致性？在理解人际情境中的原因和结果方面，什么偏见在发挥作用？我们如何从社会学习的角度解释攻击行为？

为了说明社会心理学的研究对象，让我们拿它和心理学的其他领域以及其他有关学科作一番比较吧。和心理学的其他领域一样，社会心理学也关注个人。尤其是，它的兴趣同个性研究有重合之处。然而，个性研究主要关注在个人之间起作用的因素，强调人们思考、感觉和行为方式方面的**个体**差异。相形之下，社会心理学考察的是让人们整体来说以某些方式来行事的情境因素。因此，例如，从事个性研究的心理学家探究的是行为倾向于攻击性的人们的**性格**，而社会心理学家更为关注人们容易做出攻击性行为的**情境**。当然，个性因素和情境因素共同决定了行为，社会心理学的学生必须对两种变量都有所了解。

社会心理学感兴趣的很多领域也是同其他社会科学一致的，尤其是社会学（对社会和社会制度的研究）和人类学（对人类文化的研究）。或许，主要的区别在于每门学科的基本**分析单元**和**解释层次**。在这些其他门类的社会科学领域，研究通常侧重于大型群体、制度或习惯（如学校、家庭、社会规范和社会阶级结构）。一群人的**规模**或典型的行为模式也是其关注的一个方面。社会学家和人类学家对一个个体同另一个个体有何差异不感兴趣；他们关注的是一个个体的**范畴**同另一个范畴有何差异（Macionis, Clarke & Gerber, 1994），并致力于从外部特征如社会阶级的流动、父母规训的习俗和社会中的权力分配等角度解释现象——例如，接受过研究生教育的人们是否比没有接受过这种教育的人们更不可能支持右翼政治家？相反，社会心理学一般关注个人，最多不过小团体。社会心理学家通常从特定的情境和态度、情感状态或对因果的感知等心理学过程的角度来解释个人行为。当然，他们也对规范和阶级结构感兴趣，但他们关注的是它们如何影响个人，正如本章开头的小故事所表明的那样。

社会心理学的前世今生

尽管社会心理学相对而言是一个年轻的学科，但其深深植根于西方思想史。和整个心理学一样，社会心理学产生于哲学家的工作之中。柏拉图（Plato）深入研究了领导力的本质和最合意的政府形式，亚里士多德对友谊的本性有诸多的思考和著述。英国经验主义哲学家，如约翰·斯图亚特·密尔（John Stuart Mill）和托马斯·霍布斯（Thomas Hobbes），把一切社会行为要么归因于寻求快乐或避免痛苦（快乐主义），要么归因于对权力的渴望。19世纪法国哲学家加布里埃尔·塔尔德（Gabriel Tarde）写道，"社会是模仿"。换句话说，模仿是人的固有天性，它使得人们为了在一起生活而协调彼此的行为方式。尽管所有这些主题还是很有趣的，但社会心理学家已经从用权力、愉悦或模仿等单一变量来解释社会行为的"简单而至高的理论"转向了更为复杂的模型。

社会心理学并不是通过宣布一项学说、一项科学突破或者像查尔斯·达尔文或西格蒙德·弗洛伊德这样的大人物的影响而突然诞生的。相反，它经历了长达几十年的发展，以几个关键事件为标志。对社会心理学理论和研究的兴趣在19世纪末开始增长。其根基形成于几个方面：经常被称为美国心理学之父的哲学家威廉·詹姆斯（William James），在其开创性著作《心理学原理》（*Principles of Psychology*）（1890年）中指出了社会自我以及其他社会心理变量的重要性。阿尔弗雷德·菲尔坎特（Alfred Vierkandt）的《自然民族与文化民族：一部社会心理学论著》（*Naturvölker und Kulturvölker：Ein Beitrag zur Sozialpsychologie*）（1896年）是第一本专门研究社会心理学的书（Rudmin，1985）。鲍德温（Baldwin）的《心理发展的社会和伦理解释：社会心理学研究》（*Social and Ethical Interpretations of Mental Development：A Study in Social Psychology*）（1897年）、塔尔德的《社会心理学研究》（*Études de Psychologie Sociale*）（1898年）和埃尔伍德（Ellwood）的《社会心理学的一些问题》（*Some Prolegomena to Social Psychology*）（1899年）也是最早的社会心理学书籍之一（Rudmin，1985）。在德国，一群哲学学者自称"民族心理学家"，意思是他们开始研究"集体思维"，这是一个相当模糊但很有影响的概念：个人思考的时候把自己当成一个更大的集体的成员，而普遍的思维方式则反映了整个群体或团体的特征。被公认为实验心理学创始人的威廉·冯特（Wilhelm Wundt）也是其中之一，他出版于1904年的《民族心理学》（*Völkerpsychologie*）概括了他的观点（Danziger，1983）。法国学者古斯塔夫·勒庞（Gustave LeBon）在《群体心理学》（*Psychologie des foules*）（1895年）中指出，群体往往会超越个体，作为一个整体思考和行动；英国心理学家威廉·麦独孤（William McDougall）在

《团体心理》（*The Group Mind*）（1920年）中也提到了这一概念。

虽然西欧和美国的心理学家在新学科的形成中发挥了重要作用，但对社会心理学的兴趣也在世界各国生根发芽。例如，从19世纪中期开始，俄罗斯开始发展主要侧重于语言和社会习惯分析的民族心理学；1896年，博布里谢夫-普希金（A. M. Bobrishchev-Pushkin）发表了他对陪审团及其决策中包含的心理因素的实证研究（Strickland，1991）。1906年，德谷（Tokutani）的《社会心理学》（*Social Psychology*）将这个新学科的基本概念带到了日本（Hotta & Strickland，1991）。

20世纪早期，对社会心理学的兴趣开始增长：在德国，这是威廉·冯特工作的一个成果；在法国，这在加布里埃尔·塔尔德等人的引领下向前发展（Lubek，1990）；在英国，这是把进化论扩展到社会互动上的一个产物（Collier, Minton & Reynolds，1991）；而在美国，这靠的是约翰·杜威（John Dewey）及其在芝加哥大学的同事的研究（Rudmin，1985）。

实验的出现是后来社会心理学发展的一个关键事件。弗劳德·奥尔波特（Floyd Allport，1924）在其教科书中指出，社会心理学只有开始进行实验才能成为一门科学。诺曼·崔普里特（Norman Triplett，1898）经常被认为进行了社会心理学的第一次实验（我们稍后会看到，这是错误的）。他对自行车比赛很感兴趣，并开始测试一个流行的观点，即自行车骑手在一起骑车时会比单独的骑手骑得更快。崔普里特提出，另一个骑手的出现激发了一种"竞争本能"，这种"竞争本能"激起了一种"神经能量"（今天称之为唤醒），从而导致了更快的骑车速度。在他的一项实验中，孩子们得到了用来绕着卷筒转动丝线的钓鱼竿。当与别的孩子竞争时，一些孩子比那些独自做事的孩子更快。然而，有些孩子在竞争中速度较慢，就此，崔普里特得出结论，这些孩子被竞争过度刺激了。在接下来的章节中，你将了解这个实验有多有限，但这是一次勇敢的早期尝试。

请注意，虽然社会心理学植根于欧洲，但它却在美国开花结果，这特别是因为一批杰出的学者在纳粹统治时代从德国和奥地利流亡到了美国。一般认为，在某种意义上，美国的社会心理学家过去和现在都在社会心理学的发展中起着主导作用。尽管如此，并且在某种程度上正因为如此，这一学科才会变得为单一文化所主导，甚至出现种族中心主义的倾向，仿佛这一文化可以代表全人类，以美国大学一年级学生为样本的实验结论可以推广适用于世界各地的人。近年来，许多社会心理学家已经认识到这些局限，开始与其他国家的同行合作，并向他们学习。如今，美国心理学协会有一个国际心理学部，成员超过一千人。

鉴于社会心理学引起的广泛兴趣，北美社会心理学著作通常将社会心理学的开端归之于1908年在美国出版的两本教科书，即心理学家威廉·麦独孤（William McDougall）的《社会心理学导论》（*An Introduction to Social Psychology*）和社会学家罗斯（E. A. Ross）的《社会心理学：大纲与资料集》（*Social Psychology: An Outline and Sourcebook*），似乎就有点种族中心主义倾向了。把这样的功劳归之于麦独孤尤其奇怪，因为他和那些评论他的书的人都不认为这是一篇关于社会心理学的论著，除了书名以外；它实际上是专门讨论本能理论的（Rudmin，1985）。

1924年，弗洛伊德·奥尔波特（Floyd Allport）出版了第一本基于实证研究的教科书。这本极具影响力的书展示了一种属于心理学范畴而非社会学范畴的、科学的社会心理学（Parkovnick，1992），它把个人确立为分析的基本单元，并开启了科学道路上的社会心理学（Minton，1992）。奥尔波特认为，社会心理学是一门研究行为如何受他人的存在和反应影响的科学，并讨论了从众效应和人们如何识别他人的情感状态等话题。

从那几年开始，社会心理学史上出现了几个广泛的趋势，所有这些趋势都持续至今。20世纪20年代和30年代主要关注的是态度和相关概念如刻板印象的测量和研究。后来，群体相关现象的研究工作开始了——例如，穆扎费尔·谢里夫（Muzafer Sherif）关于社会规范对感知和行动的影响的研究（Sherif，1936），库尔特·勒温（Kurt Lewin）关于领导力对群体运作的影响的研究（Lewin, Lippitt & White，1939），以及约翰·多拉德（John Dollard）、伦纳德·杜布（Leonard Doob）等人关于挫折对攻击的影响的研究（Dollard, Doob, et al., 1939）。第二次世界大战引发了关于政治和作战主题——团队士气、领导力和宣传——的研究。到20世纪50年代，人们对态度产生了新的兴趣，卡尔·霍夫兰（Carl Hovland）和他的同行对说服的研究（Hovland et al., 1957）以及对偏见和人格的研究（Adorno, Frenkel-Brunswick, Levinson & Sanford, 1950；Allport, F. H., 1954）就证明了这一点。还有人研究了社会行为和个人在成就需求、社会赞许需求等方面的差异与可说服程度之间的关系。

20世纪50年代还出现了两本仍有影响力的开创性书籍。莱昂·费斯汀格（Leon Festinger，1957）的《认知失调理论》（*A Theory of Cognitive Dissonance*）解释了人们如何处理态度和行为之间的不一致。第二年，弗里茨·海德（Fritz Heider）的《人际关系心理学》（*The Psychology of Interpersonal Relations*）提出了一种心理学，其立足点在于，我们应推断是什么导致了人们采取了特定方式的行为。在同一个十年中，在实验室进行实验成为主要的研究方法（Adair，1980）。

20世纪60年代，社会心理学的研究范围急剧扩大。社会心理学家将他们的注意力引向新的研究领域——为什么我们有时表现出对权威的过度服从，我们如何对他人的行为做出判断，我们如何谈判和解决冲突，群体如何做出涉及风险的决策，我们如何吸引和结交朋友，以及为什么旁观者在紧急情况下往往无法提供帮助。在加拿大，华莱士·兰伯特（Wallace Lambert）、罗伯特·加德纳（Robert

Gardner)等人对双语制的社会和心理方面展开了开创性的研究。在那个高度政治化的十年中，对包括攻击行为、偏见和态度转变在内的社会问题领域的研究也在继续进行。

到了20世纪60年代后期，一门拥有自己的专业领域的、独特的社会心理学开始在欧洲成熟起来。别忘了，奥尔波特（1924年）对社会心理学的定义聚焦于个人。然而，北美侧重于将个人作为研究的基本单元，并依赖实验室作为主要的研究环境，却把一系列与群体及其相互作用有关的社会心理现象排除在考虑之外了。为此，一位美国社会心理学家说，"**社会**从美国社会心理学中消失了"（Greenwood，2004）。欧洲社会心理学家普遍更加关注文化和群体现象，法国的赛尔日·莫斯科维奇（Serge Moscovici）和英国的亨利·泰弗尔（Henri Tajfel）等社会心理学家致力于开创一门不受美国个人主义价值体系束缚的学科（Moghaddam，1987）。当然，欧洲由一系列不同的国家、文化和语言组成，许多以前同质的欧洲国家所具有的文化多样性特征也反映在社会心理学千差万别的方法和进路上（Smith，2005）。或许是作为这种多样性的反映，也因为在某种程度上超越了国界和种族界限的欧洲意识的形成，欧洲社会心理学将其侧重点扩展到了国际合作以及跨国家和文化的理论和研究的发展。虽然美国和加拿大的社会心理学关注个人，特别是在认知和态度方面，但欧洲的社会心理学研究了群体内部和群体之间的过程，这涉及我们如何从群体和文化中获得自我认同，少数群体如何影响多数群体，群体间关系，社会控制以及政治经济和意识形态的社会心理方面（Taylor & Moghaddam，1987）。简而言之，欧洲人总的来说提倡一种更为**社会的**社会心理，他们的影响是显而易见的。

在过去几十年里，有几个新的方向已经变得很明显。第一个是对社会认知的兴趣（即关于我们如何"理解"我们的社会世界的研究），这受到了关于记忆、注意力和问题解决等认知过程的基础研究的影响。第二，人们对将社会心理学应用于日常生活领域越来越感兴趣。社会心理学家现在可能在医学、法律、组织管理、环境、教育、体育和咨询领域工作。从长远来看，这些趋势只会丰富社会心理学，并拓展其理论和发现的效度。对于在心理学的其他领域已经成果颇丰的大脑研究的越来越多的关注也为社会心理学——例如，对社会认知的神经关联和社会互动的神经生物学的研究——开辟了新的机会（Forbes & Grafman，2013；Pfeiffer，Timmermans et al.，2013）。

文化、全球化与社会心理学

尽管社会心理学起源于欧洲，而且实证社会心理学最近在欧洲方兴未艾，但是，来自美国的研究者在社会心理学的大部分历史中一直占据着主导地位。事实上，穆加达姆（Moghaddam 1987，1990）认为，美国是心理学家进行研究和实践的三个"世界"中的第一个：它是心理学知识的主要生产者。第二世界由其他工业化国家组成，包括加拿大、英国、澳大利亚、法国、德国、日本和俄罗斯。从某些方面来说，第二世界和第一世界一样取得了丰硕的成果，但它对自己的成员单位和第三世界的影响才是最大的。

第三世界包括发展中国家，如印度、巴基斯坦、中国、埃及、尼日利亚、巴西和古巴。当然，由各个国家和社会组成的这个集团远非铁板一块，而是在主要的宗教和哲学、资源和经济发展水平等方面存在着巨大的差异。社会心理学也开始在这些国家扎根。例如，在印度迅速发展的社会环境中，社会心理学家关注个人之间的关系，但与此同时，他们也承认达摩（*dharma*，又译教法）概念在印度社会中的重要性——达摩概念被视为人们以"适当"方式行事、履行道德义务的内在力量（Dalal & Misra, 2002）。在拉丁美洲，也出现了推动社会心理学向"解放社会心理学"（liberation social psychology）发展的动力，其侧重点在于政治压制和普遍贫困的现实（Burton & Kagan, 2009）。

所有三个"世界"的心理学家越来越关注第一世界和第二世界心理学对第三世界社会的相关性和适当性（Moghaddam, 1987），以及"第三世界"心理学作为我们不断扩展的学科中新的见解和想法来源的重要性。随着越来越多的合作研究涉及在不同文化中进行的社会心理实验，一系列跨文化研究正在发展。

当然，虽然我们想了解人们所处的环境，但我们也希望能够识别和理解人类社会思想、情感和行为中普遍存在的东西。心理共性，即世界各地的人们在精神和行为方面共有的基本的方面，是难以捉摸的——我们如何知道在一种或两种或多种文化中发现的东西是普遍的呢（Norenzayan & Heine, 2005）？例如，我们将会看到，在西方文化中，人们倾向于认为，别人是导致他们自己行为的原因：人们感知到别人微笑，是因为他们想这样，而不是因为环境导致他们微笑。其他文化中的人们在试图相互理解时，是否也以同样的方式思考？我们将看到情况并非总是如此。为什么这很重要？归根到底，我们想了解的是人的本性（见 Norenzayan & Heine, 2005），人类生活在许多不同的社会中，这些社会又有许多不同的规范和观念。

有几个很好的理由扩展社会心理学，使其不受特定时间和特定地点的局限。一个理由涉及抽样。为了检验给定的假设，我们必须有代表性的样本，或者必须在不同的时间和地点和不同的人一起重复我们的发现。例如，在米尔格拉姆（Milgram）关于服从权威的著名研究（本书后文将详细讨论这一点）中，究竟是人们一般都会服从吓唬无辜受害者的命令，还是说这只是研究的受试者即 20 世纪60年代居住在美国耶鲁大学周边的人的一个特点？此外，如果我们发现在某种文化中，人们的行为更有可能表现出顺从，那么这种文化包含着什么样的因素足以解释这种与众不同的特点呢？在某个时间和地点被解释为过度服从的事情，在其他人看来，可能是对当权者的自然和规范的尊重。此外，社会心理学家的文化背景可能会极大地影响如何定义和研究这种现象。

全球化增加了扩大社会心理学的影响和应用范围的紧迫性（Berry，2013）。广义而言，全球化是不同国家的人民、企业和政府之间的互动和融合过程（Chiu, Gries, Torelli & Cheng, 2011）。在经济层面，商业日益全球化，欧洲和美洲等日益一体化的贸易集团正在打破壁垒。世界某一地区的冲突和犯罪不再受地理环境的限制。例如，2013年的波士顿马拉松赛就感受到了车臣持续冲突的影响，当时，两名激进的车臣侨民在终点线引爆炸弹。运动队现在容纳了来自世界各地的人才：来自俄罗斯、瑞典和捷克共和国的曲棍球运动员参加了北美职业联赛，阿根廷运动员服役于巴塞罗那足球队，而非洲人也参加了英国各支队伍。在电影方面，好莱坞的电影吸引了来自世界各地的演员和导演，宝莱坞电影在全世界都很受欢迎。过去似乎相当同质的社会现在在人口方面越来越多样化。成百万上千万的人要么是出于逃离迫害的难民的需要，要么是为了和那里的家庭成员团聚，要么是为了寻求更好的机会，而从自己家乡的社会移居到另一个地方的社会。随着商业的涵盖范围变得越来越跨国化，甚至全球化，与来自和处于不同国家和地区的广泛人群的互动成为我们日常生活的一部分。

全球化正在产生深刻的心理影响。中国的研究表明，许多人把全球化看成现代化和某种程度上的西化，并认为参与全球化是人们生活富裕的一个标志（Yang et al., 2011；另参见 Arnett，2002）。这并不意味着世界正变得越来越同质化和美国化；例如，由于国家不同、歌星和风格不同，流行音乐正变得越来越多样化（Achterberg et al., 2011）。尽管消费者可能会抵制那些被视为对当地文化构成威胁的品牌，但他们也被来自世界各地的知名商业品牌所吸引（Torelli & Cheng，2011）。

在本书中，我们将经常提到社会心理学不同领域的文化一致性和差异性。在很大程度上，这些差异集中在个人主义和集体主义的东西方差异上，而个人主义和集体主义表示的是人们希望自己独立或相互依赖的程度。事实上，文化的这一层面往往同地理差异或民族差异是相对应的（关于不同民族在价值观上的差异的讨论见第四章）。虽然有一些有趣的、甚至令人印象深刻的发现得以报道，但一份综述表明，被描述为个人主义的文化与被描述为集体主义的文化没有想象中那样存在着明显的区别（Oyerman, Coon & Kemmel Meier, 2002）。时代变了，历史向前发展了，全球化本身也开始模糊不同文化之间的界限。

我们对待文化的态度还必须更精细化一些。如果文化由共同的模式、社会规范和看待世界的方式组成,那么我们全球化世界中的大多数(如果不是所有的话)社会本质上都具有多元的文化,并且我们所有人共享着的文化元素也不止一套。例如,你自己的父母可能来自不同的文化背景,你可能会进一步受到朋友、旅行和对不同人的兴趣的影响。此外,除了我们的国籍,我们还归属于若干个集体,这些集体虽然有一些共同之处,但也有不同和独特的"文化"。科恩(Cohen, 2009)认为,除了我们的国籍和民族之外,宗教活动和所属教派,籍贯以及社会经济阶级归属都在很大程度上影响着共同的和广泛传播的社会规范、价值观、信仰和行为倾向。例如,你可能来自高加索地区或族群,出身工人阶级家庭,自我认同为英国圣公会教徒,住在澳大利亚昆士兰州;所有这些与你的国籍结合在一起,形成了你的文化遗产。这些因素中的任何一个都可能使你与澳大利亚不同阶级、地区或宗教背景的人产生差异。来自巴塞罗那的人可能在不同的时间将自己认定为罗马天主教徒、工人阶级、加泰罗尼亚人、西班牙人或欧洲人。此外,随着种族、宗教和文化障碍在我们全球化的世界中不断破碎,你的同事和你的配偶可能会携带不同的社会元素。因此,我们不能基于对来自世界某个特定地区的意义的狭隘描述而把我们的文化概念简化为简单的固定形式。

应用社会心理学

社会心理学的早期先驱库尔特·勒温创造了"行为研究"(action research)一词来表达这样一种观念,即在基于实验室的、理论驱动的研究和解决现实生活问题的应用干预之间存在着持续不断双向反馈过程。事实上,从一开始,社会心理学就非常关注人和社会的问题。在学科形成时期,社会心理学家致力于解释20世纪30年代的经济萧条、劳资冲突、种族偏见和法西斯主义的兴起等现象(Fisher, Bell & Baum, 1984)。在第二次世界大战期间,社会心理学家将他们的技能应用于战争(Wright, 1990; Bradley, Nicol et al., 2002)。最近,他们研究了移民的适应和文化融合(Dompierre & Lavellée, 1990; Lalonde & Cameron, 1993)、我们的多元文化政策的影响(Berry & Kalin, 1995)、土著儿童种族认同的发展(Corenblum & Annis, 1993)以及鼓励态度和行为改变以抑制艾滋病传播的方法(Perlini &Ward, 2000)等重要的社会问题。社会心理学家在研究性别角色和妇女歧视方面也发挥了突出作用(Marecek, 2001; Pyke, 2001; Stark, 2001)。

社会心理学研究已经应用于各种各样的社会问题(表1.1)。你会发现,在许多情况下,通过"纯研究"发展起来的理论已经被应用于社会问题;例如,归因理论(attribution theory)被应用于解释身体疾病、婚姻冲突和吸烟成瘾的经历。在其他情况下,由于缺乏适用的理论,社会心理学家开始研究现实生活中的问题,如，在一个自由性道德和致命性传播疾病的时代年轻人中的无保护性行为问题。

表 1.1 《社会问题杂志》所刊论文的一些题目

- 心理学与全球化的交汇，2012，68（3）
- 同性婚姻，2011，67（2）
- 移民，2011，66（4）
- 污名化，2011，67（3）
- 南非后种族隔离时代的群体间关系，2010，66（2）
- 集体行动，2009，65（4）
- 动物福利和动物权利，2009，65（3）
- 群体间冲突与合作，2009，65（2）
- 多种族身份，2009，65（1）
- 欧洲的种族偏见，2008，64（2）
- 代际关系，2007，63（4）
- 无家可归，2007，63（3）
- 人类行为和环境可持续性，2007，63（1）
- 和平与心理学，2006，62（1）
- 代际关系，2007，63（4）
- 欧洲的种族偏见与歧视，2008，64（2）
- 动物治疗，2009，65（3）
- 拉丁族裔如何改变美国，2010，66（1）
- 走向全球化心理学，2011，67（4）
- 职业和护理相结合的可持续性，2012，68（4）
- 种族灭绝之后：心理学视角，2013，69（1）

出于心理社会研究的兴趣，加拿大航天局资助了两个领域的研究，即不同文化群体的人们之间的互动以及孤立和封闭环境的影响。加拿大心理学家在这两个领域尤为杰出（Suedfeld，2003）。这两个主题对于规划未来的空间飞行任务都非常重要，这些任务涉及来自各种文化、种族和语言背景的男男女女，他们长期生活在压力重重的环境中。

社会心理知识在临床心理学中也得到了可观的应用，因为社会互动既影响着个人心理健康，也受个人心理健康的影响（Alcock，1997）。社会心理学可以通过评估研究——对社会计划或变化的客观、基于数据的评估——来进一步促进社会的改善。

这项研究实际上可以给人们和社会带来实际利益（Rule & Adair, 1984）。源自蒙特利尔华莱士·兰伯特（Wallace Lambert）小组的开创性研究引领了一种国际公认的、将语言培训与文化融合结合起来的双语教育模式（Gardner & Desrochers, 1981）。关于北方土著人民如何适应文化和经济变迁——这些变迁的部分原因是新矿山的开发和大型水电项目的建设——的研究为政府或土著群体未来的决策提供了不容忽视的必要信息（Berry et al., 1982）。还有一些研究为多元文化政策做出了贡献，该政策鼓励各族群在融入社会主流的同时保留其文化遗产（Berry, 2011）。

如上所述，勒温（Lewin, 1948）将这种类型的工作叫作行为研究。在进行这种工作时，研究者收集关于某个问题或某个组织的数据，将这些数据输入相关系统以推动变革，进而测量变迁，然后重复这个过程。请注意，这个模型暗示社会心理学家既是变革的**推动者**、专业的政策倡议家，也是理论家和研究者。虽然我们远未解决最紧迫的社会问题和人类问题，但社会心理学带来了有益的、基于研究的变革的希望。

科学与社会心理学

每当我们面临着重要的社会问题的挑战时，通常会有汹汹的言论和意见，但几乎没有可用的数据。在日常生活中，我们可能会依靠个人经历提供的数据，据以建立我们的观点，但是日常经历往往是糟糕的指南。40年前，日常经验似乎证实了当时普遍的观点，即女性不能驾驶公共汽车、从事建筑工作或担任一线警察。今天，日常经历导致了不同的结论。历史表明，单凭权威、情感、个人经历或"常识"做出判断和决定是危险的。我们需要看看"数据"。但是数据可能准确或不准确、可靠或不可靠。糟糕的数据，像糟糕的常识或误导的权威，往往比没有数据更糟糕，因为它们让我们相信我们有理解问题的基础，而事实上我们并没有。

科学方法之所以重要，是因为科学不仅关注数据的收集和分析，而且试图防止研究者在解释这些数据时出错。当然，科学家会犯错，但是科学往往会自我修正，错误最终会被剔除，而仅仅基于权威或个人经验的观点可能永远不会改变，即使他们出错了。科学在社会心理学中跟在物理、化学或生物学中一样重要。在本章中，我们将探讨为什么会这样。

什么是"科学"？科学是**研究自然的方法**。正是这种方法——不是科学家，也不是使用的设备，也不是宣布的事实——将科学方法与其他知识方法区别开来。无论是在天文学、物理学还是心理学中，根本的事情是要形成理论，并拿它和观察作对照来检验它。理论对于指导研究，将研究结果组织成连贯的结构和为检验提供思路至关重要。没有理论，就没有什么可检验的；没有检验，就没有办法评估哪些理论是正确的。事实上，正如我们将要看到的，科学方法对于人类社会行为的研究和对化学反应和生物过程的研究拥有同样的价值。

科学从根本上说是一个理性化的过程。就最简单的形式来说，理性化模型由四个步骤组成：（1）提出一个理论问题，然后将其转化为可以检验的假设；（2）选择合适的研究方法，设计并实施研究；（3）分析和解释结果；（4）利用这些结果来支持、否定或修改理论。

对大多数人来说，"科学"描述了特定的研究领域（物理、化学、地质学、天文学、生物学）、令人印象深刻的实验室技术和精确的测量。社会心理学这样的领域可以是科学的，这似乎令人惊讶。对吸烟、暴力、帮助、领导、双语交流、印象形成和态度的研究怎么能像对人类细胞、原子和化合反应的奥秘的研究那样具有科学性呢？然而，在数据难以量化的领域，科学方法可以说更加重要，因为这些领域最容易受到模糊和错误思维的影响。

然而，将科学方法应用于社会行为并不像将其应用于无生命物体或生物过程那样简单。因为社会心理学是一门相对年轻的学科，也因为人类的社会行为非常复杂，目前还没有出现一个宏大理论。此外，虽然社会心理学家作为实验者和数据收集者表现出色，但他们往往忽视了理论发展的重要性（Kruglanski, 2001）。事实上，我们在社会心理学中笼统地称之为"理论"的东西大部分并不是自然科学中所用的理论。我们的理论更像是理论模型，通常建立在一组关于有限范围的现象的松散关联的假设之上，逻辑演绎过程通常是非正式的。

正如我们将在随后的章节中看到的，（社会心理学家）已经开发了各种微型理论或模型来解释特定的现象，例如领导力、态度改变或攻击行为。这些理论之间差别很大，但在北美有一个理论取向占据主导地位，那就是从心理学理论和研究的主流演变而来的认知行为主义理论。

认知行为主义视角

行为主义（Behaviorism）是通过伊凡·巴甫洛夫（Ivan Pavlov）关于条件反射的开创性工作和英国 B. F. 斯金纳（B. F. Skinner）关于操作条件反射的开创性工作发展起来的。其假设是，行为受外部强化（reinforcement）的制约。过去，像斯金纳这样的激进行为主义者认为，我们需要用强化来解释和预测行为。然而，许多理论家认为，行为主义者夸大了我们是外部影响的被动接受者的程度，认为我们也在解释和改变我们的环境。认知心理学家认为，内在的心理过程，如信仰、感情和动机，会受到外在强化的影响，进而影响行为。根据这种观点，关注个人的内在，特别是他们的**认知过程**（cognitive processes），对于理解行为也有重要意义。认知视角（cognitive perspective）随着格式塔心理学家关于感知的早期工作而获得认可，并被库尔特·勒温（1951）较早地在他的场域理论（field theory）中用于发展社会心理学。勒温认为，影响人类行为的"环境"本身不是一组物理特征和事件，而是个人的"生活空间"，即对他们有意义的环境。人们积极构建或理解他们发现自己所处的环境。勒温根据他自己在第一次世界大战中的战斗经历，提出了一个例子：一个自然景观可能包括山丘和山谷、树木、灌木丛和空地。然而，对于战斗中的士兵和野餐中的朋友来说，这将是非常不同的环境，并且会以不同的方式影响他们的行为。

大多数社会心理学家更喜欢后一种方法，即必须研究外部事件和心理状态。认知行为主义的观点导致社会心理学家寻找影响行为的情境因素。认知和行为主义的影响是许多社会心理学理论的基础，这也包括在后面的章节将会讨论的如下几点：

1. 吸引力的增强情感模型（reinforcement-affect model of attraction）解释了为什么我们会将某人与一些积极的经历联系起来从而对他产生好感。（第八章）

2. 研究者用社会学习理论解释了电影和电视对攻击行为的影响。这个理论指出，为了学习新的行为，我们并不总是需要强化；我们可以通过观看其他人的行为和观察他们行为的后果来进行学习。（第七章和第十一章）

3. 社会交换理论从人们相互提供的社会支持（如情感、尊重、权力）来解释互动和关系。（第八章）

4. 社会比较理论解释了我们如何经常通过与他人的比较来评价自己、我们的信念和行为：我成功了吗？我的判断准确吗？我做得好吗？（第三章和第六章）

5. 认知失调理论解释了我们如何处理我们的信仰和行为不一致的情况——例如，吸烟者开始相信吸烟会导致癌症，或者，某个公开支持某位政治家的人开始怀疑这位政治家的能力。（第五章）

6. 归因理论——其中有几种——阐明了人们如何推断他人行为的原因。（第二章）

其他视角

这本教科书侧重于实验社会心理学，有其深刻的认知和行为根源。虽然实验社会心理学显然是当今世界社会心理学的主导形式，但重要的是要意识到社会心理学的其他进路，这些进路有着截然不同的历史渊源，并且很大程度上拒绝实验社会心理学的基本科学方法论，认为它这是不恰当的。实验进路的批评者认为，当我们试图通过"测量"人类对特定情况的反应，然后寻找适用于每个人的一般描述和规律，同时尽可能地将个体差异视为"噪音"，从而以此来解释人类及其行为时，一些非常重要的东西就缺失了。批评家可能会问，我们真的能通过让一个人回答一些"是或否"的问题来理解他或她对某事的"态度"吗？我们真的可以用一个人在虚构程度相当高的情况下电击另一个人的次数来测量"攻击性"吗？如果研究可能忽略了他们对自身经历的看法，忽略了可能起重要作用的历史和文化因素，那我们真的能通过研究来理解人类吗？

许多研究人类社会行为的替代方法都有一个共同的要素：社会建构主义（social constructionism）。伯尔（Burr, 1995）指出，社会建构主义促使我们质疑自己对世界的假设，并挑战经验观察揭示世界真实本质的观念。例如，我们将人分为男性或女性，并将此视为自然的基本划分，但我们难道就不能把他们分为高个子和矮个子吗？类似地，我们可能会区分流行音乐和古典音乐，但是这种基于我们如何整合自己的感知的划分是否一定呈现了自然的一些基本特征？社会建构主义挑战了这一观念。此外，它还挑战了传统的科学观念，即我们可以发现独立于历史背景而存在的关于人类的客观知识（Gergen, 1985）。有人认为，传统心理学将行为归因于"个体心理"，然后试图以客观的方式来衡量和分类，同时排除研究人员的影响和偏见。然而，社会建构主义否认了人类科学中真正客观性的可能性，因为方法必须基于"一组主观人"对"另一组主观人"的评分（Owen, 1995）。

什么构成了社会建构主义的界限有些模糊，没有哪种特定形式的心理学可以被明确地描述为社会建构主义心理学（Potter, 1996）。事实上，至少有两股不同的社会建构主义心理学潮流：一股关注权力和知识的主观性问题，另一股更关注话语及其相关问题（Danziger, 1997）。

解释学

解释学进路（hermeneutic approach）基于社会建构主义的视角，其深深植根于欧洲哲学。解释学早期的一个开拓者是德国历史学家、哲学家和心理学家威廉·狄尔泰（Wilhelm Dilthey 1833—1911）。他拒绝接受自然科学的方法可以应用于"人类"科学的观点。在1910年出版的《人文科学历史世界的形成》（*Der Aufbau der geschichtlichen Welt in den Geisteswissenschaften*）中，狄尔泰指出，虽然自然科学在追求普遍规律的过程中注重发现和理解因果关系，但人文科学研究者的目标是不同的，它是为了了解人类生活和人类历史。他认为，解释学提供了更好的方法。无论是以口头的、非口头的还是文本的方式，解释学都是阐释沟通的艺术——有些支持者会说是科学。[据说"解释学"(hermeneutics)一词来自希腊神祇赫尔墨斯(Hermes),他作为神的信使,向人类接受者传达和解释他们的讯息(Virkler,1995)]。狄尔泰关心的是发现人们所说的话背后的意义,而且他主张,从自然科学借来的科学方法无法达到这种理解的目的。

解释学传统已经发展成为一套规范的技术,它以特定的规则和程序为指南来对沟通交流进行分析。它的支持者辩称,这是获得关于人类行为的有效知识的最佳途径,并坚持认为,如果不了解一个人的言论或行为发生的历史和文化背景以及产生这些言论或行为的个人的世界观,就无法理解这个人的言论或行为。

批判心理学

批判心理学,有时被称为激进心理学,发源于20世纪70年代的德国柏林。尽管世界各地的其他几所大学也教授这种方法,但它现在以英国为中心。批判心理学基于对文化和社会的批判性分析,并寻找心理问题的社会原因。它在某种程度上反映了马克思主义对社会的看法;正如下文将要讨论的,它还借鉴了解释学和话语心理学的一些元素。在《心理学基础》(*Grundlegung der psychologie*,1983)中,这一运动的主要贡献者之一克劳斯·霍尔茨坎普(Klaus Holzkamp)提出了一个类似于刚才讨论的解释学立场的论点,即传统的实验心理学方法不允许我们理解为什么人类会这样做,也不允许我们理解他们生活的社会和文化是如何影响他们,导致他们做出了这样的行为。批判心理学认为所有的心理学方法都在某种程度上与其文化和历史背景相关联,并以特定的意识形态假设为基础(Parker,1999)。在它看来,现代实验心理学过于关注个人,不允许分析促进社会变革的重要群体因素。因此,有人认为,它助长了不平等,甚至压抑了边缘化群体(Fox,Prilleltensky & Austin,2009)。

话语心理学

话语心理学也是整个批判心理学运动的一部分。它是在反对传统的实验社会心理学的过程中逐渐发展起来的。话语心理学正在包括英国、澳大利亚、加拿大、斯堪的纳维亚和南美洲在内的世界各地吸引追随者(Billig,2009)。顾名思义,话语心理学的重点是对话语的研究。它致力于建立新的理论原则,并开发与实验社会心理学中占主导地位的定量实验室方法形成对比的定性方法。它坚决反对传统认知心理学家对语言采取的方法:在主流社会心理学和认知心理学中,话语,即使用语词进行的交流,通常被视为反映一个人头脑中正在发生的事情的行为。另一方面,话语进路(discursive approach)侧重于话语本身的细节,即话语出现的社会环境，而不是将一个人所说的话视为对某种不可观察的潜在过程或精神状态的反映（Billig, 2009）。话语心理学不进行实验，也没有兴趣寻找因果关系。此外，实验社会心理学家试图在他们的实验中尽量减少个体的差异性，因为他们探求的是行为的一般规则和规律，而个体差异性对于话语心理学家来说是非常有趣的，因为他们没有兴趣去寻找某种关于"普通"个体的一般"真相"。

尽管详细讨论这些方法超出了本教科书的范围，但所有这些方法都是思虑周延和给人启发的。然而，重要的是要记住，尽管有人批评实验社会心理学，但正如本教科书各章即将证明的那样，它仍然提供了大量关于人类社会行为的知识。

整体展望

社会心理学的早期历史深深打上了乐观主义的烙印。那时，科学方法即将首次应用于人类问题。人们相信，同样的方法既然使我们对医学、原子物理、化学和地质学的理解取得了惊人的进步，那么它必将有助于我们理解并最终解决暴力、犯罪、贫困和偏见等问题。毫无疑问，我们既可以像征服传染病一样"征服"战争，也可以像学会飞翔和远距离即时交流一样学会和睦相处。

虽然这个学科在接下来的几十年里有了显著的进步，但是这些古老的社会问题仍然与我们相伴。也许，战争、偏执和贫穷植根于文化以及一个时代的政治、道德和经济现实。这个事实意味着，单纯的心理学解决方案是不现实的。正如批判心理学所暗示的，另一个事实是，社会问题可能比生物或物理现象更复杂，也不会那么容易得到解决。我们还必须记住，社会心理学是一门年轻的学科。

总之，社会心理学是一个动态的领域，随着新的想法、方法、研究成果和理论的出现和相互影响，它也不断向前发展：一个理论可以生发出创新的研究和争议；研究成果和新想法可以引领理论的演变；随机事件可能会开辟新的研究领域（例如，一次有旁观者在场但他们却没有介入的广为人知的杀人事件激发了关于这个问题的研究和理论）。一些领域的研究几乎在一夜之间成为热门话题，从而催生了前卫的观念，而其他领域可能在一段时间内发展缓慢，甚至走向衰落。教科书只能通过对学科过去和未来的展示，来提供写作它的时候的学科图景。

本书结构梗概

理解什么是社会心理学的最好方法是参与进来。附后的网站提供练习题、微型实验和其他信息来激发你对社会心理学的思考，但是这种参与正是起步于此。下一章介绍了社会心理学研究的基本原则。然后，接下来的几章探讨了我们是如何理解我们的社会世界的：我们是如何感知和理解他人和事件的，以及我们是如何形成价值观和态度的。随后的几章将讨论人们如何相互影响：当我们与他人互动时，我们的态度是怎样改变的，社会影响如何导致我们适应环境、顺从和服从他人，以及人们如何通过语言和非语言手段进行交流。之后的几章探讨了我们如何与他人互动：哪些因素决定了我们是否被对方吸引，攻击行为和利他行为的原因，以及冲突是如何发展和解决的。接下来，我们会考察个体如何在一个群体和更大的集体中发挥作用。最后，我们考虑一些当代实践关注的领域，这包括司法和法律、健康和福利。

信息来源

每章末尾都列出了重要的最新出版物，这些出版物提供了关于该章所讨论的主题的更多信息。通过计算机化的图书馆数据库，如美国心理协会的PsycARTICLES，进行文献搜索，将会得到具体的参考文献。下面列出的基本参考文献是该学科大多数研究领域的介绍性论著。

一些基本的参考文献

Zanna, M. P. & Olson, M.（Eds）（2010）. *Advances in experimental social psychology.* **New York: Academic Press.** 本书是对前沿社会心理学研究的综述。

Berry, J. W., Poortinga, Y. H. & Pandey, J.（1997）. Handbook of cross-cultural psychology (2nd ed.). **Boston: Allyn and Bacon.** 本书提供了关于推进跨文化心理学研究过程中易犯错误的深度信息。

Chiu, C.-Y. & Hong, Y.-Y.（2006）. *Social psychology of culture.* **Hove, East Sussex: Psychology Press.** 本书出色地介绍了文化对社会心理学行为的影响。

Fiske, S. T, Gilbert, D. T. & Lindzey, G.（Eds）.（2010）. *The handbook of social psychology.* **New York: Random House.** 社会心理学家必备的参考书。

Sadava, S. W. & McCreary, D. R.（Eds）.（1997）. Applied social psychology. Upper Saddle River, NJ: Prentice-Hall. 本书介绍了社会心理学研究在社会重大问题上的重要应用。

延伸阅读

Collier, G., Minton, H. L. & Reynolds, G.（1991）. *Currents of thought in American social psychology.* **New York: Oxford University Press.** 本书研究了那些催生了美国社会心

理学的学者和思想流派潮流，包括英国进化论、法国社会理论以及弗洛伊德和马克思的思想。

Farr, R. M. (1996). *The roots of modern social psychology.* Malden: Blackwell Publishing. 本书追溯了美国和欧洲哲学思潮和实验思潮的起源，这些思潮导致了当代社会心理学的兴起。

Lubek, I., Minton, H. L. & Apfelbaum, E. (Eds). (1992). Social psychology and its history. *Canadian Psychology*, 33 (3). Special Issue. 本书是各国学者撰写的一本重要的论文集，反映了社会心理学的起源和发展。

第一章 研究社会行为

真正的科学教会我们怀疑，并在无知中保持克制。
——克劳德·伯纳德（Claude Bernard，1813—1878）

学习目标

- 理解科学探究的基本性质
- 理解社会心理学研究的主要方法
- 探讨与社会心理学研究效度相关的因素
- 检视进行跨文化研究所涉及的问题
- 考虑社会心理学研究中出现的伦理问题

图1.1 新加坡儿童会的"无欺凌"运动
（见 www.bullyfreecampaign.sg）提供的图片

这个来自新加坡的反欺凌广告旨在影响行为，引导其朝着社会所期望的方向发展。但是这样的广告有效吗？如果有效，那是什么导致人们改变了他们的行为？什么样的广告效果最好——那些旨在委婉说服的广告，那些威胁性的广告，还是那些诉诸正义感的广告？思考一下试图回答这些问题所涉及的一些困难。看这个广告已经在某种程度上影响了**你**吗？你能确定吗？仅仅问人们广告是否影响了他们的行为就够了吗？或者我们应该看看欺凌发生率的趋势，看看它在广告活动后是否有变化？我们能在实验室环境中研究这种广告的效果吗？

社会心理学家广泛研究了各种形式的社会影响——包括广告——如何影响态度和行为。在这一章中，我们不仅将检视关于社会影响的研究如何进行，而且也将检视关于一般社会行为的研究如何进行。我们将介绍社会心理学家使用的主要研究策略，并探讨它们的优缺点。

发现自然界的模式

模式发现对生存至关重要，人类是完美的模式发现者。我们到处都能发现模式：从投射到我们感官上的光的波长和声音频率的野生混合物中，我们"看到"物体、风景和人，我们"听到"旋律、和声和人声。我们"闻到"茉莉花，而它的香味与爆米花或柠檬水的香味非常不同。我们也很容易辨别时间模式：太阳从东方升起，越过天空，然后在西方消失；乌云形成了，很快我们被大雨淋透；种在地里的种子开始发芽。我们也发现了人们的行为模式：玛莎一定是素食者，因为我从未见过她吃肉；胖人很快乐；红发人脾气暴躁；犯罪率不断上升，罪犯"逍遥法外"。然而，尽管我们的个人经历经常为我们所用，但它们可能会具有相当的误导性，因为我们有时感知到的模式与现实不相符合。由于个人的或文化上流行的偏见，我们对红发人或超重的人的观察可能是错误的；我们对当前犯罪率的看法可能会因为焦虑而扭曲；我们关于惩罚对行为的影响的经验可能会误导我们，因为我们可以据以做出评判的经验范围非常狭窄。这是科学发挥重要作用的地方。科学研究努力采用一些方法，尽量降低我们的看法和偏见扭曲数据收集和数据解释的风险。

在人类历史的大部分时间里，凡是人们无法直接理解的有关自然如何运作的东西，要么是基于《圣经》中记载的"启示真理"，要么是根据学者和国王的教条式的断言来解释的。直到16世纪和17世纪的科学革命以前，主导西方思想的是这样一种对权威的顺从：《圣经》和古希腊哲学家的言说被认为是绝对正确的真理和知识的源泉。古代最伟大的哲学家亚里士多德的著作作为中世纪经院哲学思想提供了基础，并且非常重视这样一种信念，即纯粹的理性能够验证和阐明根据宗教信仰已经被接受为真理的东西。人们认为，理性若是同教条相冲突，那它就是错误的。

当哥白尼（1473—1543 年）挑战关于地球及其在天空中位置的流行教条时，现代科学开始了。许多世纪以来，西方学者毫不怀疑就接受了太阳围绕地球旋转的观点，这一观点与日常经验以及亚里士多德和犹太教—基督教圣典的说法是一致的。尽管天文学家早就认识到行星运动和地心说不尽相符，但哥白尼选择了相信数据而不是教条。1543 年，他发表了《天体运行论》（*De Revolutionibus Orbium Caelestium*），其中主张，非但地球不是宇宙的中心，而且它还围着太阳旋转。虽然其他天文学家不久就采用了他改进的计算行星位置的技术，但是他们却忽略甚至嘲笑了他的日心说。后来，当伽利略（1564—1642 年）大力宣传哥白尼的理论时，他被罗马天主教会控告并被迫认错。然而，从长远来看，这一新生的科学概念幸存了下来，因为哥白尼的思想同观察是相符的，而教条则与此相反。科学革命诞生了。可悲的是，科学在某些方面继续受到那些仍沉浸在教条中的人的诋毁。例如，各种宗教取向的原教旨主义者仍在继续反对进化论。

科学革命的显著特点是，它一方面强调好奇心和假设，另一方面重视对照数据来检验假设（Boulding，1980）。理论对于指导研究、将其数据整合成一个连贯的结构以及为检验提供思路至关重要，因为没有理论，就没有什么可检验的。没有检验，就没有办法区分事实和幻想。

科学不仅仅是实验室、设备、期刊和书籍。这首先是并且主要是一个**过程**，一种思考和探索我们周围世界的方法。经过几个世纪的发展，科学为我们查明事实和避免错误提供了最好的方法。它关系到的不仅是观察，而且还是**系统性**观察，引导这种观察的是关于数据收集和数据解释中偏差可能来源的考虑。尽管正如导言那一章中所讨论的那样，实验社会心理学的批评家们提出了一些担忧；尽管正如我们将要看到的，它并不像在无生命物体和生物过程中那样直接适用于社会行为的研究。但是，科学方法在社会心理学研究中也和在物理、化学或生物学中一样重要。

要点：虽然我们的感官在通常情况下能够很好地为我们服务，但我们发现的模式有时会误导我们。科学是理解世界的一种系统方法，旨在通过数据收集和解释来尽量减少我们观察到的偏见。

测量

在我们能够在任何科学探究中走得很远之前，我们首先必须能够定义自己正在研究的是什么，然后探究测量它的方法。我们通常认为测量是完全理所当然的。我们不难测量高度或重量，也不难测量汽车用一升燃料能行驶多远。不管我们用英寸、厘米、磅或千克来度量，我们都相信我们的卷尺和秤能给我们可靠的信息。但是什么是"测量"？说一个物体离我们三米远是什么意思？两英尺呢？一弗隆或者一里格呢？一米、一英尺、一弗隆或一里格是什么意思？这些单位不是自然界的固有元素；它们是由社会定义的。因此，测量不仅仅是将数字分配给不同数量的长度、体积或重量；这些单位基于社会协议，基于特定社会或文化中人们之间的协议。你当然可以发明你自己的测量系统，但是当你试着买一夸罗哥（quarlog）汽油或者一双尺寸为木菲戈尔（muffigle）的鞋时，你什么也买不到。测量系统是社会协议的产物。

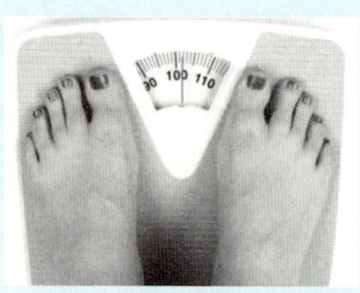

图1.2　秤是精确的吗？
资料来源：Gts/Shutterstock.com

测量在社会心理学中和在科学研究的任何领域中一样的重要。但是，尽管其他领域的科学家通常能够就其测量单位的明确定义达成一致，但在社会心理学中却很难做到这一点。事实上，我们甚至很难确定我们希望研究的变量，更不用说精确测量它们了。这是因为我们不能直接观察到我们想研究的大部分内容，因为我们的研究对象由**假设建构**（hypothetical constructs）——"态度""偏见""冲突"等——组成。我们需要从日常语言中提取这些词，并以可以测量的方式来定义它们，但是这很困难，因为我们只能根据观察到的行为和自我报告来推断它们的存在和数量。想想看：你如何判断你的朋友是不是"有性别歧视的人"？第一个问题便是："性别歧视"是什么意思？如果我们能够足够清楚地定义这个概念，那我们如何衡量它呢？自我报告是不够的，因为仅仅因为你的朋友否认性别歧视并不意味着他或她没有这种倾向。毕竟，一个有偏见的人从来不会以"我是有偏见的人，但是……"开始种族主义评论。即使我们仔细观察你朋友的行为，没有在他身上发现任何显示我们定义的性别歧视的证据，难道他或她就不可能非常了解社会，知道该说什么以及如何避免让自己看起来像有性别歧视的人，同时内心又怀有强烈的性别歧视态度吗？所以，你可以看到社会心理学家在处理他们的论题时面临的挑战。

一般来说，我们依靠**操作性定义**（operational definitions）来定义和测量我们的假设建构。也就是说，我们根据用于测量变量的操作来定义变量。以攻击行为（aggression）为例，一项研究中的研究人员可以根据研究受试者表面上对另一个受试者施加了多少电击来定义它。我们可以用明确的方式来记录触电次数并记录其强度。但是，我们真的测量过攻击行为吗？如果是的话，那种"攻击行为"与我们大多数人日常生活中关注的攻击行为有什么关系？欺凌曾被定义为"内含权力差异的重复性攻击行为"（Craig & Pepler, 2007）。虽然我们都可以理解这个定义的目的，但至于什么构成了"攻击行为"和"权力差异"，却仍然存在模糊性。因此，研究欺凌的学者需要仔细描述哪些行为被认为具有攻击性，用什么样的标准来确定权力差异。

即使我们能够就变量的定义以及如何测量它达成一致，我们也需要关注该测量的信度（reliability）和效度（validity）。重要的是我们的测量是可靠的：也就是说，如果我们用同样的仪器测量了不止一次，我们每次都应该得到同样的结果。例如，如果你有一个可靠的秤，那么如果你连续称了三次体重，每次秤应该显示同样的重量。除此之外，我们还需要确定仪器提供了**有效的**测量，也就是说，它测量了它应该测量的东西。如果你的秤告诉你重80公斤，只有当你真的重80公斤时，这种测量才有效。

在我们把这个应用到心理学研究中时，如果我们已经设计了一份问卷来测量偏见，那么我们希望它是"可靠的"——不同时间对同一些人进行的问卷测量应产生相近的分值——但是我们也需要证明，它产生的分值实际上与被调查者的偏见程度相对应。

社会心理学家面临着物理学、化学或生物学研究人员没有遇到的另一个问题：反应性。人类受试者比较难于研究，部分原因是他们会对这种情况做出反应，也就是说，如果他们知道自己正在被研究，他们可能会改变自己的行为。因此，我们需要设法找到把这种反应性降到最低的方法。例如，在欺凌行为的研究中，课间休息时在校园里有一名带摄像机的研究人员，这很可能会让孩子们保持最佳行为，这样就不会观察到欺凌行为。然而，用隐藏的摄像头观察——暂且不谈伦理问题——提供了一种非反应性措施。如果发生欺凌行为，这种办法更有可能拍到。

要点：开发可靠有效的测量工具是社会心理学面临的一个挑战，这既是因为我们通常不能直接观察我们的研究对象（如态度），也是因为当人们知道他们被观察到时，他们可能会改变自己的行为。

研究方法

社会心理学研究本质上既可以是**定性的**，也可以是**定量的**，尽管大多数发表的研究属于后一种类型。使用**定量方法**（quantitative method）时，我们按照测量的方式小心地定义我们的变量，我们收集客观数据而非主观数据（也就是说，我们信赖测量而不是我们的感觉或别人告诉我们的事情），我们汇总数据并依靠统计分析来帮助自己得出结论（也就是说，我们计算平均值，我们关注某个条件下的或者群体的平均结果，而非个人结果）。定量心理学研究非常依赖对其数据的统计分析，通常寻求"统计上显著的"效应——也就是说，不太可能纯粹出于偶然的结果。然而，这可能会导致对数据的过度解读，因为统计上显著的数据和心理上显著的数据之间往往存在差异。例如，反欺凌广告可能会导致欺凌行为在统计上显著下降，但如果实际下降仅为0.5%，那观察到的效应在心理上实际上是没有意义的；也就是说，它由于太小而变得不重要了。因此，我们需要关注的是操作自变量所产生的效应的实际大小，而不仅仅是它在统计上是否显著。

定量研究通常侧重于收集关于小部分行为的客观数据，而忽略了通常行为发生的更大的社会背景；并且，它研究的是群体平均值，从而忽略了个体之间可能存在的重要差异；此外，它也没有特别关注特定个体为什么会以特定的方式行事。进一步言之，因为定量方法要求我们能够采用客观的测量方法，所以我们可能会错过一些不适合随时测量的重要信息。例如，我们如何量化悲伤或爱国主义呢？

鉴于这些关切，近年来人们对**定性方法**（qualitative method）越来越感兴趣，因为一些研究人员努力理解难以量化的社会现象（Rennie, 2002）。定性研究不依赖于测量、数字和统计分析，而这些是定量研究的基础。相反，它涉及的方法旨在试图理解人们**如何**思考和感受，他们**为什么**会这样做，以及他们如何解释自己的经历。（回顾导言那一章的讨论。）访谈以及允许受试者用自己的话来回答的开放性问卷、日记、直接的受试者观察和典型群体来回答的开放式问卷都是试图从受试者的角度理解特定社会心理现象的方法。研究者一般通过提出直接问题并解释和引申受试者的评论来和他们进行互动。这与定量研究截然不同。在定量研究中，研究者努力保持尽可能的超然和客观，以尽力避免影响受试者的反应造成偏差。

有几种不同的定性方法（Wertz et al., 2011）。例如，**现象学进路**（phenomenological approach）的研究者感兴趣的是特定情境中的特定个体如何理解特定的经历，比如生孩子或结束恋爱关系；这不是一件用定量方法容易做到的事情。正如导言那一章中所讨论的，**话语路径**（discursive approach）主要研究的是人们如何使用语言来建构意义（Potter, 2012）。它关系到对个人如何解释和描述他们的社会世界的详细分析，强调的是人们实际上说什么和做什么，而不是试图找到解释他们行为的心理因素（Forrester, 2010）。

定性和定量方法各有优缺点。定性方法可以提供大量信息，说明个人是如何看待感知一种环境，以及他们为什么会做出某种反应，但由于这些数据本质上是主观的和描述性的，而且很少或根本没有对被测量的变量的控制，所以分析这些数据并把特定个人的回应提升为更广大社会语境下的一般结论。另一方面，虽然定量方法要精确得多，但它可能会遗漏关于受试者的想法、感受和行动的重要个人信息。通过结合使用定性和定量方法，我们可能会更好地理解复杂的社会现象，并且可以将定量方法的结果放入有意义的人类视角中进行解释（Madill & Gough, 2008；Trochim, 1999）。然而，在这本教科书中，我们将介绍最前沿的社会心理学，因此我们将更多地关注定量研究。

要点：社会心理学研究方法可以是定量的，包括分析关于狭义行为的客观数据，使用群体平均值；也可以是定性的，侧重于个人对某种情境的感知和感受的主观数据。这两种方法各有优缺点，两者的结合可能会有助于更全面地理解人类的社会行为。

非实验方法

非实验方法是指在不对自变量进行操作的情况下收集社会心理学相关数据。定性研究本质上是非实验性的，下面讨论的一些非实验性方法本质上是定性的。我们将要讨论的每一种方法都有其优缺点，研究者在选择特定的研究方法时需要权衡取舍。

直接观察

非实验方法的一个非常简单的例子是直接观察。观察人们在自然环境中的行为，可以获得关于各种社会现象的有价值的信息。然而，研究者必须超越外行人简单的偶然观察，采用**系统性**观察，以努力控制或消除可能会使他们的观察产生偏差的影响。例如，假设我们在老师的帮助下研究欺凌。如果老师中午站在校园里，记下发生的欺凌事件，这将会产生一些方法论上的问题。首先，有前面讨论过的反应性问题。但除此之外，确定某一行为是否构成欺凌也不容易。老师有能力观察到发生的一切吗？还是她的注意力会被比利和玛莎吸引而这两个学生已经是她心中的施加欺凌者？为了尽量减少这些问题可能产生的偏差，我们必须选择一种更好的方法——要么利用外部观察者，要么用一个隐藏的摄像机来捕捉所有的游戏活动，并设计一个审慎的编码系统，让观看视频的研究人员对哪些行为涉及欺凌和哪些行为不涉及欺凌做出相对明确的判断。

要点：直接观察可能会误导，这是因为很难定义和记录行为，也是因为观察者的出现可能会影响被观察者的行为。

案例研究

案例研究（case study）是一种定性研究方法。它是指对某一现象的特定实例的深入调查。这种情况可能涉及一个人、一群人或特定的某个事件。例如，如果我们正在研究欺凌行为，我们可能会首先对受害者和施暴者进行一些案例研究，这些广泛的访谈可能会揭示出本来可能被忽略的重要影响。

这种方法有几个重要的优点：
- 它提供了对一种现象的特定实例的全面调查。
- 它的数据有助于为进一步研究提出假设。
- 如果案例研究持续很长时间，它可以提供感兴趣的现象随时间变化的信息。

然而，尽管这些信息可能有助于产生假设，但也有重要的局限性：
- 既然研究者是案例研究的积极参与者，那么他或她可能会由于选择性的提问，或者对参与者评论的回应，而无意中使收集的数据产生偏差。
- 无法知道被调查者所说的是否属实。这个人可能欺骗研究人员，以便让自己处于有利条件下。这种**评价顾忌**（evaluation apprehension）往往会促使个人提供他们认为在社交上合意的回应。此外，我们并不总是理解我们自己行为的原因，因此即使被调查者在回答时诚实，他们的解释也可能不准确。
- 我们不能确定被研究的个体具有典型性。如果我们正在对欺凌者或其受害者进行案例研究，愿意接受研究的人可能在某些方面与那些没有被我们注意到或不愿意参与研究的人有很大不同。
- 因为案例研究是一种定性的方法，它的数据经常任凭解释，通常很难与其他案例研究的数据进行比较。
- 虽然这种方法提供的信息有利于据此建立未来的假设，但它不允许因果推论。

要点：案例研究提供了关于特定行为实例的深度信息，但也暴露出严重的偏见问题，并且难以上升到一般理论。

档案研究

档案法（archival approach）是指使用已经被他人收集并制成表格的数据用于其他目的。例如，当我们对欺凌进行研究时，我们可能想检查报告的欺凌发生率是否随着时间的推移而发生变化，或者这个比率是否随着地理位置、族裔群体或年龄范围而变化。如果存在这样的数据，例如由政府统计部门收集的数据，那我们就可以根据自己感兴趣的变量来分析这些数据。或者，假设我们想研究2005年7月7日恐怖袭击对伦敦人口的影响（图1.3）。研究住院数据或抗抑郁药物或抗焦虑药物销售数据可能是具体使用档案法的一个例子。当然，我们可能仅仅因为从未收集到相关数据而无法简单地解决某些问题。

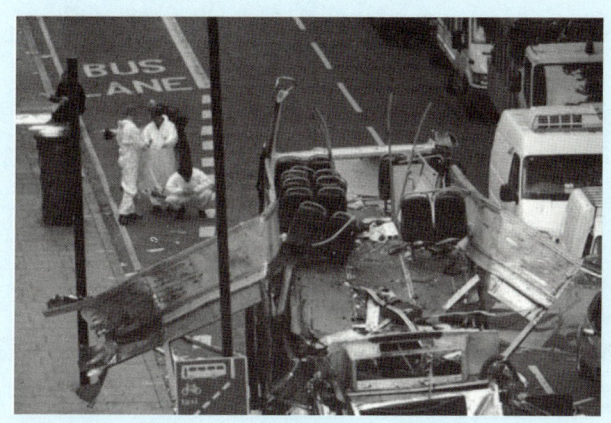

图1.3　2005年7月7日伦敦恐怖袭击后的公共汽车残骸
资料来源：© Sion Touhig/Corbis

档案法具有这样一些优势：
- 人们可以在相当长的时间范围内研究大量人口。例如，如果数据存在，我们可以比较许多国家或地区的欺凌发生率。
- 它允许对一段时间内的趋势进行比较和评估。例如，在一项这样的研究中，可以通过考察几个世纪以来儿童文学中的主题来评估成就动机的长期趋势（McClelland, 1967）。
- 该方法是无反应性偏差的；没有人在运用这种方法时受到观察。
- 既然数据已经收集并制成表格，这便省掉了数据收集中通常需要花费的时间和精力。

然而，这种方法也有局限性：

- 我们需要的一些数据可能从未被收集过，或者某些地区或某几年的数据可能缺失。
- 我们必须非常关注在收集数据的各个管辖区中是否采用了相关研究对象的同等效力的定义。例如，在关于欺凌的研究中，在一个国家被认为是欺凌的行为在另一个国家可能被归类为攻击。此外，在特定时间和特定社会被认为是欺凌的事情，在另一个时间和另一个社会中可能不会被视为欺凌。
- 研究者的偏见可能会影响到数据的选择，从而导致偏差。例如，如果有关于高级警官欺凌新入职者的数据，一名研究者可能会将这些数据列为欺凌事件，而另一名研究者则可能会将他们排除在外，认为这种行为在警察机关或军队环境中是"正常"的。
- 虽然档案法有利于建构假设，但它不能用来验证这些假设。档案数据不允许我们就变量之间的因果关系得出结论。

要点：档案研究是指考察已经为其他目的而收集好的数据。虽然这种研究可以提供来自不同时代、不同群体和不同文化的信息，但这种方法也存在一些问题。

调查

正如这个术语所暗示的，调查（survey）是指向人们询问一些感兴趣的现象。我们都熟悉民意调查，这是调查技术的一个特殊应用（专栏1.1）。这种方法是有效的，因为人们可以相对快速和廉价地收集大量数据。例如，在关于欺凌的研究中，我们可能会进行调查，以了解有多少人认为他们是欺凌的受害者，甚至是施暴者。然而，你可以想象，向人们询问敏感问题，如欺凌问题，通常是非常麻烦的。很多人只会拒绝回答，而那些不拒绝回答的人可能也不太坦诚。他们也可能在很多重要的方面也不同于那些拒绝参与的人。

专栏1.1　民意调查

这是公众最熟悉的关于调查特别是民意调查的一个例子。在世界许多地方尤其是在选举之前举行的民意调查中，民意调查人员和雇佣他们的媒体机构竞相提供选民投票意向的"快照"。这种民意调查通常表现得仿佛科学调查一般，我们经常听到调查的结果被认为准确度在当时处于±95%的水平上。然而，这种统计报

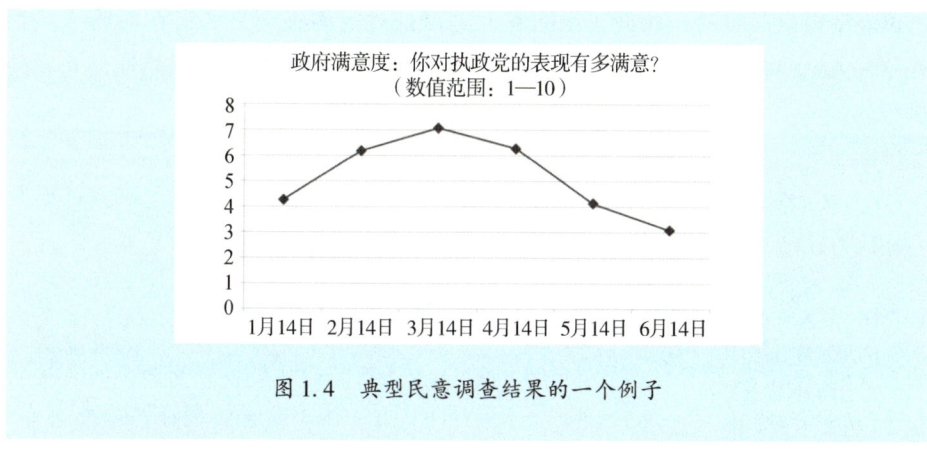

图1.4 典型民意调查结果的一个例子

告几乎总是误导人，因为这种调查的准确性既取决于人们对所提问题的回答的信度和效度，问题与研究对象的相关性，也取决于受调查者样本是否代表投票人群。这些条件很少得到满足。问题可能会有偏差，因为它们指向期望的答案，而且无论如何，我们永远不知道受调查者是否真的在说实话，或者他们是否真的知道自己在投票时秉持何种意向。关于后者，民意调查人承认越来越难以获得随机的或有代表性的样本。他们通常依赖电话采访，但是很多人挂断电话，以致他们的样本远远不是随机的，当然他们也排除了任何没有电话号码的人。

有几种类型的调查。一种是**结构化访谈**（structured interview）。在这种情况下，访谈者提出了一系列慎重考虑过的和经过预调查的问题，然后记录了被访者的答案。当遇上简单或含糊的回答时，访谈者可以要求澄清或进一步阐述。

另一种形式的调查通过书面问卷或在线问卷进行。人们通常更愿意通过回答问卷来提供有关敏感问题的信息；特别是当他们可以保持匿名而非被访谈时，就更是如此了。问卷可以是**开放式的**，也可以是**封闭式的**。前者允许受访者用自己的话提供详细的答案。例如，"你觉得对施加欺凌者适当的惩罚是什么"就是一个开放式的问题。然而，以这种方式收集的数据本质上是定性的，通常很难对其进行编码，从而将其转化为有用的定量形式。另一方面，封闭式问卷将答案限定于少数几个清晰明确的选项之内。例如，欺凌别人的孩子：(a) 应该被禁止入校十天；(b) 应该被禁止入校五天；或者 (c) 根本不应该被禁止入校。显然，对封闭式问卷的结果进行评分和分析要容易得多，但是，受访者要被迫选择一个可能并不真正反映其立场的答案，利弊必须要权衡清楚（图1.5）。

万维网和推特和脸书等社交媒体为开展社会心理学调查研究提供了新方法（Batanic & Göritz, 2009；Wilson, Gosling & Graham, 2012）。专门的网站，如"调查猴子"（SurveyMonkey）和"灵动调查"（FluidSurveys），使得在更广阔的区域进行调查变得相对容易。然而，伴随着上文讨论过的调查而来的潜在问题依然存在——无论调查是在面对面的访谈中进行的，还是通过问卷调查或是通过互联网进行的。

1a. 最近是否有人取笑你或者叫你的名字？
0 否（跳至2a）
1 是
1b. 多久一次？
1 大多数日子
2 大约每周一次
3 每周不到一次
1c. 当你被取笑时，有多难过？
1 一点儿也不
2 有一点儿
3 我很沮丧
2a. 最近是否有人散布关于你的谣言？
0 否（跳至3a）
1 是
2b. 多久一次？
1 大多数日子
2 大约每周一次
3 每周不到一次
2c. 谣言有多令人不安？
1 一点儿也不
2 有一点儿
3 我很沮丧

图1.5　从一个关于欺凌的调查中摘出来的一些问题项

资料来源：Bond et al.，2007

总之，调查法有一些重要的优势：

- 可以收集到关于信仰、情感和行为的广泛信息，而这些信息可能无法通过任何其他方法获得。
- 与其他方法相比，收集数据变得相对容易和低成本。

然而，虽然调查能够提供关于几乎任何主题的大量数据，但它们也引起了很多的方法论问题。

- 除非问题非常明确，否则它们会产生无意义的数据。有时，它们会提示受访者以特定的方式做出回应。例如，考虑这样一个问题，"你是否曾不加思考就对无辜的、处于弱势的、值得尊重的人展开攻击?"即使你年轻的时候欺凌过别人,与其肯定地回答这样一个让人窘迫的问题,你更有可能直截了当地回答如下这个问题:"当你年纪还小的时候,你是否欺凌过别的孩子,以致你现在为此感到难过?"虽然这两个问题都不是好问题,但欺凌施加者更有可能通过第二个问题而非第一个问题来提供自己的信息。

- 一件问题的表面含义可以被以前的问题的内容所改变(Marsh & Yeung, 1999)。假设你第一次被问及这样一个问题:"欺凌是否应该被视为一个孩子在学校环境里可能犯下的最严重的违规行为之一?"接下来的问题是:"你认为自己在上学期间的某个时候是欺凌施加者吗?"?如果你对第一个问题回答"是",你可能会发现很难将自己的行为视为可能最严重的违规行为之一,因此你可能会对这个问题回答"否",然而,如果这个问题是首先提出的,你却可能会回答"是"。

- 即使面访者可能完全并非有意,但他或她也很难避免偏差。考虑到语调、眼神接触的程度和其他非语言行为,提出问题的方式是可以传达研究者的期望或态度并从而影响被调查者的。不妨考虑一下"你是不是一个欺凌施加者"和"你是一个欺凌施加者吗"之间的细微差别。同样,访谈者对被调查者的回答做出反应的方式也会对随后的回答产生显著影响。访谈者总是有可能误解或错误记录一个人的回答。然而,用问卷来代替访谈克服了大多数这类困难。

- 评价恐惧导致个人以被认为是社会所期望的方式做出反应,这是偏差的另一个潜在来源。

- 由于记忆错误,个人的回答可能不准确。

- 有的人常常会更频繁地回答"是"("喜欢说是的人")或者"否"("喜欢说否的人"),有的人的答案坚持"中间路线"(Couch & Keniston, 1960;Arndt & Crane, 1975)。

- 一般来说,研究人员只调查一小部分感兴趣的人群。如果样本不具有代表性,那么结果可能会造成相当大的误解。因此,通过邀请人们回复线上问卷或者邀请人们寄出他们对杂志问卷的回复而进行的调查一开始就注定要失败,因为潜在的回复者仅限于访问该网站或阅读该杂志然后花时间回复的人。那些费心回应的人更有可能对问题有强烈的感受,可能很难代表广泛的人群。

- 无法确立变量之间的因果联系。

要点:调查使我们能够相对容易和快速地收集大量人群的数据。然而,参与者的回答受到许多偏差的影响。这些偏差可能会扭曲数据。此外,被调查者样本的代表性也是一个令人担忧的问题。

实地研究

实地研究（field study）是一种定性方法。运用这种方法，就是在原生环境中直接对人们进行观察。19世纪晚期和20世纪早期，人类学家运用实地研究的情形广为人知。他们周游世界，与各种各样的前科技社会中的人们居住在一起，开展对他们的研究。观察记录可以手动制作，在现时代也可以使用录音或录像设备制作。手动制作通常使用预先确定的行为编码方法来简化记录过程。在实地研究中，观察者有意尽量对研究对象采取超然态度，同他们保持距离；实地研究也可能涉及**局内观察**（participant observation）这个人类学家的传统方法，运用这种办法的观察者会在相当长的一段时间里和研究对象生活在一起，并和他们进行互动。

虽然有一些重要的例子，但实地研究在实验社会心理学中相对少见。在第五章详细讨论的这样一项研究中，社会心理学家潜入了聚集在自封为宗教领袖的基奇（Keech）夫人周围的一个团体。这位夫人自称收到了上帝的讯息，讯息说，世界末日即将降临（Festinger, Riecken & Schachter, 1956）。作为这个群体的一部分，心理学家能够直接观察行为，收集到用其他方法不可能获得的信息。

这种方法的重要优势在于，它允许研究人员在原生环境中观察自发行为，从而为我们提供用其他方法实际上就得不到的丰富信息。然而，我们需要考虑到还是存在很多严重的方法论问题：

- 从正在研究的情境中得到的结论可能无法推广到其他情境中去，在这种情况下，对于理解普遍的社会行为来说，研究并没有太大的价值。
- 研究者表面上已经成为被研究群体的一部分，可能会因此而难以保持客观性。
- 由于研究者的出现，研究对象可能已经改变了他们的行为。即使不知道新来者实际上正在进行研究，也可能发生这种情况。例如，若是一名心理学家加入了一个欺凌受害者援助团体，该团体包括那些因欺凌行为而辍学的人。受过大学教育的研究者，通过他或她讲话的风格和通常的行为，可能会无意中影响研究对象的行为。
- 与上文讨论的方法一样，这种方法也难以确定因果关系。

要点：实地研究需要研究者的积极参与。这为观察用其他方法可能观察不到的自发行为提供了条件，但是研究者的出现可能会改变正在接受观察的行为。

相关法

通常，研究者感兴趣的是两个或更多变量如何共变（co-vary）。例如，人们可能希望了解欺凌事件与欺凌者家庭的社会经济水平之间是否有关系。如果有足够和适当的数据——例如，借助于档案数据或调查数据——我们就可以计算出相关系数，这个系数将有助于评估这两个变量的相关程度。如果我们发现欺凌的频率随着社会经济地位的提高而增加，那么我们会说这两个变量是**正相关的**。如果我们发现相反的情况，即欺凌频率越高，社会经济地位越低，那我们会说，这两个变量是**负相关的**。这是**相关法**（correlational approach）。

当然，尽管将强相关性解释为因果关系可能很诱人，但我们不能这样做。想想这个例子：随着社交网络的广泛使用，"网络欺凌"急剧增加，青少年自杀率也急剧增加（Hinduja & Patchin, 2010）。这种正相关性是否意味着欺凌会导致受害者自杀？虽然这可能是事实，但我们不能仅仅以相关性为基础得出这样的结论。这里可能涉及第三个变量，而这个变量能够解释相关性。例如，假设抑郁和自卑的儿童更有可能成为欺凌者的目标。也许，这些抑郁的孩子无论如何都会自杀，而欺凌与此无关。因此，我们无法从欺凌率和自杀率之间的正相关性中推断出因果关系。显然，除了相关性之外，我们还需要更多的信息，才能得出欺凌导致自杀的结论。

近年来，社会心理学家对所谓的**中介变量**（mediator）和**调节变量**（moderator）越来越感兴趣。中介变量是明确解释两个变量之间关系的第三个变量，而调节变量是影响两个变量之间关系**强度**（strength）的变量。例如，假设抑郁是一个**中介变量**，因为抑郁程度越高，学业成绩越差，成为欺凌者的风险也越高。如果情况是这样，那么当抑郁的影响消除后，学业成绩和欺凌之间的关系就会消失。

现在，假设我们要收集有关学业成绩和欺凌的数据。进一步假设我们发现了一种负相关性，即学业成绩越差，欺凌发生率越高。也许年龄是一个调节变量；例如，在这种情况下，我们可能会发现，学业成绩和欺凌行为之间的关系对于大一点的学生比对小一点的学生更加明显。在图 1.6 中（请注意，这里是虚构数据），当考虑所有学生时（紫线），欺负率（定义为三个月内报告的欺凌事件数量）似乎与平均绩点呈负相关关系。然而，如果我们只考虑年纪较小的学生（红线），那么两者之间实际上没有关系；如果我们考虑年纪较大的学生，那么这种关系是明显的。因此，欺凌和学业成绩之间的关系因年龄组而异；年龄是一个调节变量。

当涉及的变量超过两个时，这种相关性分析可以进行扩展，以便研究者评估几个变量中的每一个对涉及的特定变量的影响。例如，人们可以使用这种方法来考虑家庭的社会经济水平、在兄弟姐妹中的地位和教育水平分别对欺凌发生率产生的影响。这个过程被称为回归分析，它是上述相关分析的延伸。

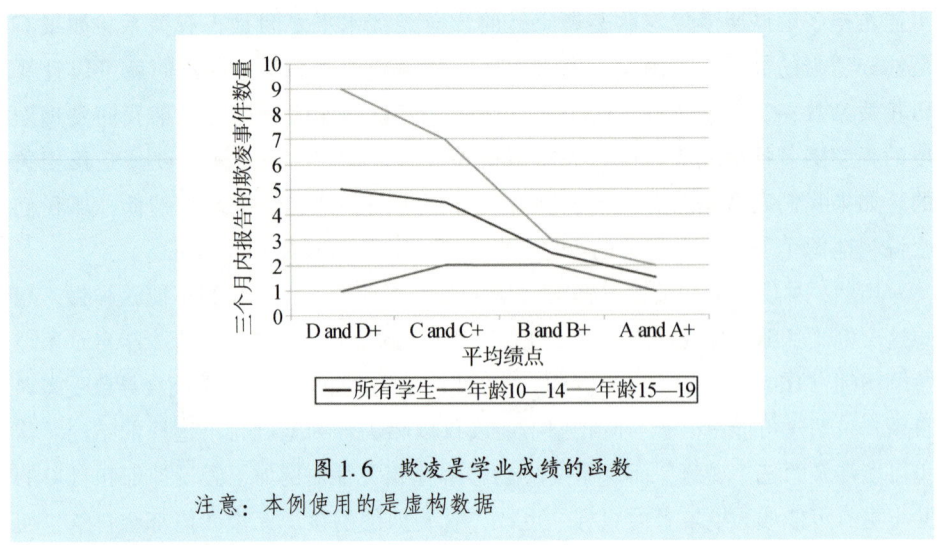

图1.6 欺凌是学业成绩的函数
注意：本例使用的是虚构数据

相关法的优点在于：

- 可以同时研究大量变量及其相互关系。
- 可以研究在实验室无法操作的变量，例如社会经济地位、学术地位和出生顺序之间的关系。
- 行为稳定性，即行为随着时间的推移保持不变的程度，可以通过观察长时段内变量之间的相关性来予以评估。

缺点：

- 无法进行因果推理。

要点：相关性研究提供了一个重要的信息来源，说明了哪些变量相互关联，但它不能告诉我们因果关系。两个变量一起变化可能是因为每个变量都与第三个变量相关，而不是因为它们之间存在因果关系。

实验方法

上文讨论的非实验方法提供了获取涉及的社会心理变量信息的重要途径，特别有助于构建假设来指导未来的研究。然而，当我们想确定是什么因素**导致**特定类型的行为时，我们需要依靠实验方法。

实验室实验

实验室实验（laboratory experiment）通常从感兴趣群体中的随机个体样本开

始，主试者将他们随机分配到两个（或更多）组。当只有两个组时，处理变量（自变量）被应用于一个组，即**实验组**，而不是另一个组，即**对照组**。假设一开始没有理由期望两组之间会出现差异，那么在应用自变量之后，被测量的变量（因变量）的任何差异就应被认为是由它造成的。随机分配虽不能让我们绝对排除由纯粹偶然的因素导致群体间出现初始差异的可能性，却使得这种差异不太可能发生。此外，当我们将统计分析应用于我们的结果时，该分析将会考虑到我们观察到的任何差异可能是在我们将受试者分配到小组时偶然出现的。

例如，如果一个人对个人失败的影响和欺凌行为之间的可能关系感兴趣，他可以随机抽取两个学龄青少年样本，营造一种情境，在这种情境下，其中一组的受试者都经历过某种失败，而另一组的受试者则没有（自变量）。随后，人们可以观察两组中的个体对表面上较弱的个体实施欺凌的程度（因变量）。欺凌行为的任何差异都可能是源于自变量的影响。当然，重要的是要确保两组中的个体在除了自变量之外的所有方面的经历尽可能的相同。然而，识别所有可能的外来影响并不总是容易的，有时研究者得出结论，认为他们的自变量导致了行为的变化，但后来发现这种变化是由外来但未被识别的影响造成的。

把组与组之间的初始差异降到最低的另一种方法是使用匹配的受试者对子，这样对于实验组中的每个受试者来说，对照组中有一个受试者在所有相关变量方面非常相似。这种方法有意试图消除这两个群体在被认为重要的因素方面的所有初始差异。它更常用于应用研究。例如，T. A. 坎贝尔和 D. E. 坎贝尔（Campbell and Campbell，1997）使用这种方法来评估教职员工/学生导师项目对学业成绩的有效影响。根据性别、种族、平均绩点和其他学术因素，分配给导师的每个本科生都与未接受导师指导的学生配对。正如你想象的那样，这种方法比随机分配更耗时，而且找到足够数量的匹配的对子也并非总是易事。虽然它确实把基于被认为重要的变量的差异降到了最小，但并不排除这样的可能性，即这些组最初可能在某个别的变量上有所差异，这个变量使它们不相匹配，却对数据有着还未被认识到的影响。

许多社会心理学研究是在实验室里进行的。这样做当然更方便，但是撇开方便不谈，在这种情况下研究社会行为有重要的原因。实验室为我们提供了一些在更广大的外部世界中难以获得的东西：我们能够把重要的行为片段隔离出来，并把它们作为各种影响因素的函数来研究，同时要排除日常生活中偶然发生的所有其他影响。例如，在欺凌行为的研究中，我们可能想评估的是，欺凌的对象被人感知到的弱点在多大程度上成了欺凌行为的催化剂，或者欺凌的对象已经是被群体贬低的那个人这一点有多重要。无力或不愿意为自己声张起到了什么样的作用？在日常生活的复杂社会环境中，研究这些千差万别的因素是极其困难的，但是主试者可以通过精心设计的实验来分别考察每一个因素，也可以继续探索它们如何彼此互动从而导致欺凌行为。

当然，我们必须问实验室中产生的行为是否与"真实"世界中的自发行为有很大关系。换句话说，实验室研究的结果有效吗？我们能把我们的发现推广到我们感兴趣的"现实生活"事件吗？毕竟，实验室向受试者呈现的只是一种虚构的情况，而且，我们必须注意这样一个事实，即受试者的行为可能不同于他们在自然环境中的行为，因为他们知道他们正在被监控。然而，同样重要的是要记住，尽管实验室中的行为是在一种独特的社会心理环境下发生的——在这里，人们假定研究受试者的角色正受到主试者的指导——但它也是"真实的"行为。

我们需要关注两种类型的效度：**内部效度**（internal validity）和**外部效度**（external validity）。内部效度是指观察到的因变量的变化实际上是由自变量引起的，而不是由一些未被发现的外来变量引起的。换句话说，内部效度反映了我们有信心认为，我们从实验中得出的因果结论是真实的（Wilson, Aronson & Carlsmith, 2010）。

另一方面，外部效度是指实验室的发现在多大程度上适用于外部世界。例如，假设我们发现，在实验室实验中，一个人越是受到不愉快噪音形式的压力，他或她就越会从事欺凌行为。有可能这种压力在实验室之外的世界中没有造成这样的结果，这仅仅是因为个人可以逃避压力较大的情境，而在这种情况下，外部效度就很低。

鉴于实验室环境与日常生活的世界大不相同，我们如何提高从实验室的"虚构"世界到日常"真实"世界的可推广性？我们需要尽力让受试者觉得实验室的情况"真实"吗？记住，不管我们如何努力，受试者仍然会意识到他们在做实验，我们所能做的任何事情都不可能改变这个事实。

我们需要在实验中考虑三种不同的现实性。首先，有**世俗现实性**（mundane realism）；这是指实验情境和现实生活中发生的情境相似的程度。例如，如果我们正在研究互联网上的网络欺凌，受试者实际使用互联网的实验室实验具有很高的世俗现实性，因为这种情况很像在家里使用互联网。然而，如果受试者只能通过相互传递便条来交流，那么这种情况的世俗现实性是很低的。

然而，虽然具备很高的现实性似乎是合意的，但这并不总是重要的。通常，进行实验是为了检验某个理论，而这个理论假设两个或更多变量之间存在某种因果关系。为此，研究者可能会故意设计一个不同于外部世界任何情境的实验。而且，只要实验所在的那种情境引起了类似于外部世界中出现的那些反应，那么这些发现就有可能适用于发生相同过程的其他情境（Wilson, Aronson & Carlsmith, 2010）。事实上，最重要的不是现实性，而是研究受试者正在发生的事情的**意义**

（Berkowitz & Donnerstein，1982）。例如，如果一个欺凌研究的受试者认为他或她实际上正在给另一个受试者造成痛苦，那么这种研究的结果应该适用于个人认为他或她正在造成痛苦的其他情境。这就涉及**实验现实性**（experimental realism），即在多大程度上，受试者完全投入实验情境中，以致他们将其当真，并对情境做出自然反应，而不是像在实验室情境中那样采取他们认为适当的行动。

第三种现实性是**心理现实性**（psychological realism）（Aronson Wilson & Akert，1994），它指的是实验室中发生的**过程**与外界发生的过程相似的程度。不妨考虑下吉尔伯特和希克森（Gilbert and Hixon，1991）所做的这样一项研究。他们想探究的是，当你遇到一个群体中的人时，在什么情况下脑海中会浮现出关于该群体的刻板印象。这项研究的受试者观看了一段视频，在视频中，一名妇女举着一系列卡片，每张卡片都包含一个不完整的单词，例如，POLI_E 或 S_Y。受试者分为两组。对于其中一组中的人来说，展示不完整单词的女人是白种人，而对于第二组中的人来说，她是亚裔人种。受试者有 15 秒钟的时间从每一个不完整的单词中尽可能多地造出不同的单词。观察亚裔女性的受试者比那些看到白种人女性的受试者更有可能写下与流行的对亚裔女性的刻板印象一致的词语，如礼貌和害羞。请注意，这项研究的世俗现实性很低，因为实验情境不同于日常生活中的任何情境；在实验现实性方面也不是很高，因为它对受试者的影响很小。然而，因为它捕捉到了日常生活中无意识的、自动的刻板印象形成过程的方方面面，所以它在心理现实性方面就很突出（Aronson，Wilson & Brewer，1998）。

事实上，社会心理学家对没有主动思考或计划的自动过程越来越感兴趣。为了研究这种现象，人们需要实验现实性程度较低但心理现实性程度较高的情况（Wilson，Aronson & Carlsmith，2010）。也就是说，为了研究自动、直观的过程，就需要一种情境。这种情境不会让受试者过于专注，以致这样的自动过程变得无效。下面再举一个例子。兰格、布兰克和查诺维茨（Langer, Blank & Chanowitz, 1978）感兴趣的是这样一些情境，在这些情境下，人们以高度自动的方式回应他们收到的信息。他们向一些办公室秘书寄送了看起来像是普通备忘录的无意义的备忘录。备忘录中说，"如果你能通过办公室间邮递系统立即将这份备忘录退回 238 房间，我将不胜感激"，或者"这份文件应通过办公室间邮递系统立即退回 238 房间"。备忘录上没有写更多的内容。他们预测，第一封邮件会在没有太多思考的情况下被处理，然后被遵照执行；而第二封邮件由于是命令的形式，将会引起人们的思考，人们会问自己：如果发件人真的想把备忘录要回去，为什么它会首先被发送出去。果然，有更多的备忘录（90%）在第一个条件下被退回，而在另一个条件下只有 60% 的备忘录被退回。尽管由于人们实际上并不发送这类备忘录，实验现实性程度较低，但是，心理现实性程度很高，而且大多数人都照办了。

每种研究方法都有它的优点和缺点，实验室实验确实有一些缺点。虽然这个过程看起来简单直接，但实际上很复杂；因此，为了避免被结果误导，我们必须考虑到一些重要因素。

主试者效应

主试者在做出了某些预测后，会不知不觉地影响研究的受试者，使他们制造出他或她想要的数据（Rosenthal，1966）。这种影响被称为**主试者效应**（experimenter effects）。例如，假设在一项关于欺凌行为的研究中，主试者及其同伙都是五人讨论小组的成员。在此，有两种情况。在一种情况下，同伙欺凌其中一个受试者，在另一种情况下则不会。被研究的假设是，在发生欺凌行为的情况下，非欺凌对象不会支持受欺凌的对象。如果主试者在受试者开始为对象辩护时不经意地皱眉，这很可能会抑制干预，从而有助于支持主试者的假设。由于这个潜在的问题，通常会采用**双盲**（double blind）技术。也就是说，受试者和主试者都不知道（这就是所谓的"盲"）正在被研究的假设是什么。

受试者效应

受试者效应（participant effects）是受试者给实验造成的偏差，其途径至少有两种。首先，如果他们猜测研究的目标，那么无论猜测是对还是错，他们的行为很可能会受到他们认为正在研究的东西的影响。他们对**需要特征**（demand characteristics）做出反应。需要特征是奥恩（Orne，1962）提出的一个术语，它是指似乎要求或者"需要"受试者做出某种反映的实验情境的特征。因此，需要特征是给受试者提供的一个关于被研究假设的想法的任何线索，不管它是正确的还是不正确的。因此，一个乐于助人且顺从的受试者可能会以支持他所感知到的假设的方式做出回应，而不是自发回应（Adair，1973）。

另外一个可能扭曲实验室行为的影响是评价顾忌，这也是我们在案例研究和调查研究中遇到的问题。因为研究受试者不希望在实验者眼中显得愚蠢、不聪明、软弱或残忍，所以他们可能会以他们认为是社会需要的方式做出反应，从而偏离了他们在实验室之外类似情况下的行为。

实验室实验的优点有：
- 复杂的社会行为和情况可以分解成更小的单元。
- 外来变量可以被最小化或消除。
- 可以确认因果关系。

其缺点在于：

- 主试者效应、需要特征和评价顾忌可能会扭曲结果。
- 并非所有的社会行为和情境都能在实验室环境中得到检验。
- 从实验室结果推广到现实世界往往有困难。
- 实验本质上是把注意力转向了行为由于自变量而发生变化的方式,但忽略了行为稳定性,即行为保持不变的方式。

要点:实验室实验是极其重要的,因为它们有助于我们对因果关系即什么导致什么做出推论。然而,他们的结果并不总是能够直接推广到更大的世界。需要考虑三种现实性——世俗现实性、实验现实性、心理现实性。此外,主试者和受试者都可能在无意中引起偏差。

现场实验

尽管实验室实验仍然是社会心理学知识的主要来源,但我们不能仅仅依靠一种方法来发展社会心理学理论并以此找到解决社会问题的方法(Falk & Heckman, 2009)。一旦在实验室中发现因果关系,我们就需要更进一步,以证明我们的发现适用于更大的世界。通常情况下,这最好通过现场实验来完成。

顾名思义,**现场实验**(field experiment)就是在"现实世界"中进行的实验。它提供了一种提高外部效度和世俗现实性的方法。就像在实验室实验中一样,有一个对照组和一个或多个实验组,主试者操作一个自变量。然而,在现场实验中,受试者完全不知道他们是研究的一部分,也不知道他们的行为正在被观察。因此,没有反应性的麻烦;不存在需要特征,也不像实验室实验和实地研究那样,不会出现评价顾忌。

但是,当受试者甚至不知道他们是研究的一部分时,我们如何把受试者随机分配到各小组?有时这很简单。例如,在一项欺凌行为的现场实验中,意大利一所中学的儿童被随机分配到四个小组中的一个(Baldry, 2004)。每组的孩子观看了以学校为背景的四个简短视频中的一个或另一个。一组中的人观看了一段视频,视频描述了一群女孩中的一个女孩欺凌别人;第二组的人观看了一组男孩中一个男孩欺凌别人的类似视频;第三组的人看了一段视频,视频中,一群女孩中的几个欺凌别人;最后一组的人看到了一段视频,视频中有几个男孩欺凌一群男孩。随后,每个学生都填写了一份问卷,问卷反映了他们如何判断欺凌受害者对他或她所发生的事情有多大过错,以及如何看待欺凌者和受害者。研究发现,尽管学生们总体上对受害者表达了积极的情感,也没有责怪他们,但他们认为单独行动的欺凌者比同一组中的几个欺凌者更勇敢、更坚强。

在其他时候，随机化是"随机选择"正在过自己正常生活的"人们"。例如，在一项关于行人是更有可能跟随穿着得体的同行者还是衣着邋遢的同行者闯红灯的研究中，受试者碰巧在同行者之一或另一个开始过路的各个时间点出现在十字路口（Lefkovitz, Blake & Mouton, 1955）。然而，我们需要考虑特定交叉路口和一天中的特定时间出现一群受试者的可能性，这些受试者实际上并不反映总体人群中的随机选择。

与实验室实验相比，现场实验通常会给受试者提供更多的影响和参与度，但它们仅限于研究在考虑之中的特定社会情境下出现的变量。然而，它们有助于将实验室发现扩展到实验室以外的更大的世界。因此，无论是实验室实验还是现场实验都不是自足的；把实验室实验和现场实验结合起来对于我们增进对社会行为的理解至关重要（Wilson et al., 2010）。

现场实验的优点在于：
- 它们是无反应性偏差的，因为受试者不知道他们处于实验中。
- 它们具有很高的外部效度。
- 它们允许对难以或不可能在实验室里发生的行为进行研究。
- 可以确认因果关系。

其缺点在于：
- 通常很难控制或消除外来变量。
- 在自然环境中测量因变量通常更困难。

要点：现场实验提供了很高的外部效度，但通常更容易受到外来变量的干扰。

准实验

顾名思义，**准实验**（quasi-experiment）具有真实实验的一些特征，但没有完全达到实验提供的控制标准。在这种情况下，虽然研究人员无法控制一个自变量，但他或她利用了社会世界发生的重大变化，将这些变化视为一种"准"自变量。

例如，假设某个学校的董事会即将实施一个旨在遏制欺凌行为的新计划。研究者可以随机选择学生，然后在新计划实施前后测量他们的态度或观察他们的行为。这就是所谓的**单组前测/后测设计**（single group pre-test/post-test design）。然而，它也有一个缺点：虽然研究者可能会观察到态度和行为的重大变化，但我们不能确定这些变化是由新计划产生的。例如，也许在进行这项研究的同时，孩子们看了一集批判欺凌行为的热门电视节目。也许是这个节目，而不是学校的计划带来了变化。

准实验的另一个变体是**对照组后测设计**（control group post-test design）。以这种情况下的一个例子来说，两组小学生将被随机挑选，一组来自一所有新的反欺凌计划的学校，另一组来自一所没有该计划的类似的学校。在相关事件发生后，每组只被观察和测量一次，在这种情况下，在一所学校引入了反欺凌计划。如果还有其他外来事件，比如上面提到的电视节目，那么每个群体都应该受到类似的影响。因此，这种方法为我们提供了某种对照组。然而，即使我们在其中一个学校出台了反欺凌计划后发现了这些群体之间的差异，我们也不能确定这些差异不是由这两个群体的学生之间预先存在的差异引起的。

准实验的优点在于：

- 它允许我们研究强有力操作的效果（如出台反欺凌计划），而这种效果是无法单凭研究者一己之力而达到的。

其缺点在于：

- 无法确认因果关系，因为其他因素可能是造成观察结果的原因。

要点：准实验允许我们研究自然环境下的现实生活行为，但缺乏实验提供的控制程度。

神经影像学研究

神经影像学方法正在被用来把社会心理学的研究范围扩展到大脑本身，认知神经科学已经发展起来的方法正在对社会心理学理论做出重要贡献。大脑特定区域神经元的激活会给该区域带来更多的血流量，这些血流量的变化可以通过功能性磁共振成像（fMRI）来检测，该成像是在研究受试者完全清醒时进行的。通过这个过程，研究人员现在可以看到当受试者参与特定的精神活动时，大脑的哪些区域被激活了（图1.7）。

结果，我们打开了一扇门，穿过它，我们就可以开始理解社会活动和神经活动之间的关系了。**社会认知神经科学**（social cognitive neuroscience）是一门跨学科的社会行为研究方法，研究社会心理因素、相关认知因素以及影响认知和社会过程的神经因素之间的相互作用（Todorov et al., 2011）。例如，**社会**认知似乎涉及特殊的神经过程，不同于那些不涉及社会情境的认知过程；此外，大脑的这些特殊区域似乎异常活跃，甚至在个人休息的时候：这表明我们可能有特殊的社会思维习性（Jenkins & Mitchell, 2011）。

社会心理学家正在越来越广泛地应用神经成像技术。例如，他们用它来研究社会分类（即我们将人们分为不同类别的过程）的神经关联（Van Bavel & Cunningham,

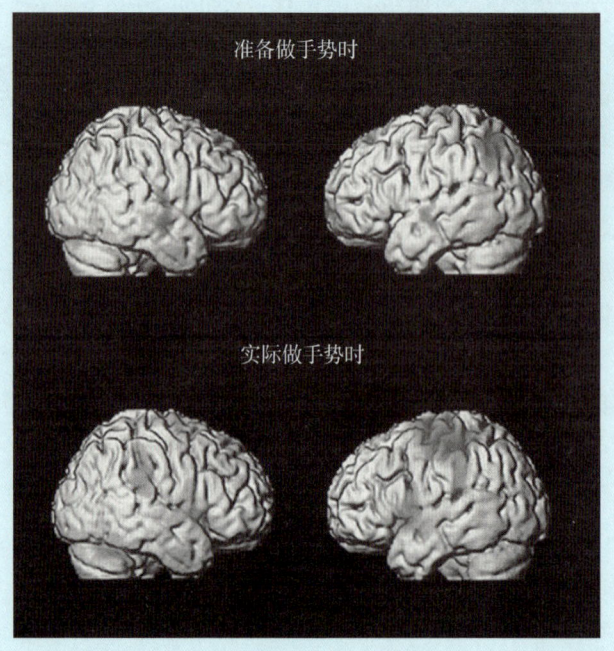

图1.7 功能性磁共振成像显示了思考做手势和实际做手势时大脑的激活区域
资料来源：© Visuals Unlimited/Corbis

2010）和非人化（dehumanization，即把某些人群视为次等人的过程）的神经关联（Harris & Fiske, 2009）。（这些主题将在后面的章节中讨论。）作为这种研究的一个例子，受试者在玩电脑游戏时会被扫描大脑（Gallagher et al., 2002）。某种实验条件下的受试者认为他们在和另一个人玩，而另一种实验条件下的受试者认为他们在和电脑玩；在每种情况下，对手实际上都是计算机。这个结果非常有趣，因为只有当受试者相信他们在和另一个人比赛时，他们才会激活一组特定的大脑区域，而这些区域与社会认知相关（前扣带回）。

要点：神经科学为社会心理学家打开了新的大门，让我们能够深入了解个体参与社会活动时大脑中发生了什么。

跨文化研究

马歇尔·麦克卢汉（McLuhan & Powers, 1989）称现代世界正在成为一个**地球村**，在这个地球村里，由即时电子通信培育的全球集体身份，逐渐取代了世界各地社会和国家长期的个人身份带来的割裂状态。虽然我们还没有达到这种境地，但全球化现在已经成为影响地球上几乎所有人的一股主要力量。但是随着全球化的推进,我们对心理过程的理解是否跟上了步伐?我们的心理知识是否适用于少数技术先进的社会?在这些社会中,心理理论和研究正在蓬勃发展。是否存在不以文化、社会或族群为转移的普遍心理过程?跨文化心理学关注的正是这些问题。

跨文化心理学有多种形式。例如,有所谓的国际心理学(international psychology)。正如美国心理学协会的国际心理学部宣称的,国际心理学"寻求发展一种语境丰富、文化包容、服务公众利益、拓展全球视野的心理学科学和实践"。国际心理科学联合会(IUPsyS)推动70多个成员国之间的信息交流,而这些国家对发展中国家的心理学发展都十分感兴趣。国际跨文化心理学协会隶属于国际心理科学联合会,其目标是促进专注于文化和心理学交叉的研究人员之间的交流。其他国际心理组织包括欧洲心理学家协会联合会、美洲心理学家协会和国际心理学家理事会。然而,尽管这些组织有助于协调和促进世界各地的心理学研究,但除了国际跨文化心理学协会之外,跨文化研究并不是它们的首要重点。

图1.8 我们如何确定在一种文化中获得的社会心理学知识适用于另一种文化呢?

另一方面,跨文化心理学旨在理解文化因素如何影响心理过程和行为,包括社会行为。从这个角度来看,社会心理学的最终目标是寻求对人类社会行为的理解——这种理解是普遍的,适用于不同的群体、社会和时代的——并理解文化因素如何调节这些社会心理过程。例如,偏见可能在每种文化中经由相同的过程发展,但是由于社会规范的不同,偏见的表达可能有很大的不同;鉴于文化和社会历史的差别,在一个社会中被认为可以接受的东西在另一个社会中可能被认为是不礼貌的或非法的。

全球化的快速增长正在激发人们对跨文化研究的兴趣，推动对非西方概念和理论的思考（Berry，2013）。然而，目前的现实仍然是，绝大多数社会心理学研究继续在北美进行，主要是在美国。如果不把可能的跨文化差异考虑在内，那就会导致提出社会心理原则具有普遍性的假设。例如，在后面的一章中，我们将讨论根深蒂固**基本归因错误**（fundamental attribution error），即将他人行为的原因归因于他们的性情，却淡化或忽略情境因素的作用。所谓"根深蒂固"的错误，我们这里还是指对北美本科生进行的研究。社会心理学家过去曾认为这是一种普遍现象，但事实证明，尽管它很可能适用于更个人主义的文化，如加拿大和美国的文化，但在集体主义文化中，如亚洲的文化中，它通常不会出现（Morris & Peng，1994）。

一个令人担忧的问题是，社会心理学研究通常会将个人置于虚构的环境中，正因为如此，他们的反应不能自动套用到拥有各种文化的现实世界中（Rai & Fiske，2010）。另一个严重的问题是，不仅大部分社会心理学研究是在北美开展的——尽管是在西欧开展的研究也越来越多——而且也是在实验室环境中对本科生进行的。加拿大、美国和西欧的本科生根本不是能够代表他们各自社会的典型人物，与世界其他地方的人相比，他们实际上显得与众不同（Endler & Speer，1998）。对于合作、道德理性、自我概念、动机和公平感等概念来说，这一点无疑是显而易见的（Henrich, Heine & Norenzayan, 2010）。亨利希等人（Henrich et al.，2010a, b）用一个不同单词的首字母组成的缩略词"WEIRD"（奇怪的）来描述这些主要来自北美和西欧的本科生受试者——因为他们来自西方的（Western）、人口教育水平较高的（Educated）、工业化的（Industrialized）、富裕的（Rich）和民主的（Democratic）社会。不仅仅是研究的受试者是奇怪的（WEIRD），因为社会心理研究人员本身也很大程度上来自这个奇怪的（WEIRD）亚人群，而且，由于他们确定了研究问题，发展了理论并设计了研究，这也给最新的社会心理学发现的普遍性提出了一个难题（Meadon & Spurrett，2010）。

作为一个重要的工具，互联网为帮助克服这个问题提供了可能（LoSchiavo & Shatz，2009）。例如，在一项在线研究中，超过50万受试者完成了关于个性的问卷，20%的受访者来自非西方国家。虽然三分之二的受访者来自美国，但只有三分之一是大学适龄人群（Gosling et al.，2010）。然而，你会立即意识到，这种方法引起了对我们已经讨论过的如抽样、回答的诚实性等问题的深深忧虑。

就实际进行跨文化研究而言，有两种方法。第一个简单的方法是重复已经在美国和加拿大等国家进行的研究，看看这些发现是否可以在其他国家复制。然而，这种研究是成问题的（Berry，1978）。首先，语言是一个问题，因为口头指示或面试问题和问卷的翻译很难同等地体现出细微之处。当然，涉及的原来社会中的习惯表达或人或事件对其他社会的人来说可能是毫无意义的。研究情境本身可能是不可比的。例如，虽然北美大学的学生可能普遍熟悉心理学实验的意义，但这种情况可能会让另一种文化中的人感觉不寻常，甚至产生不安，因为在这种文化中，参与社会心理学研究的机会很少。更成问题的是，在西方社会有意义的实验操作在其他文化中可能没有同样的意义。北美社会的高度个人主义价值观塑造了大多数现存的社会心理学研究（Sampson, 1977），导致研究问题以特定的方式被定义。例如，对群体影响感兴趣的北美社会心理学家可能会考虑那些阻止个人遵循个人首创性的因素，如服从、顺从、劝说、旁观者惰性。然而，在更加重视一致性和群体和谐的公共文化中，重要的研究问题可能关注的是为什么有些人偏离了群体规范和公共价值观。或者，如果要研究社会群体的动态变化，西方研究者可能会认为领导者是被该群体正式挑选出来的人，说话最多的人，或者是让该群体接受自己的看法最多的人。然而，领导者这个概念并不适用于所有文化。因此，我们必须做的不仅仅是将北美发展起来的理论和方法带到其他文化中去，否则我们可能不会注意到和研究这些独特而重要的社会和文化的各个方面（Arnett, 2009）。

跨文化研究的第二种方法是在世界各地发展本土心理学，在这些地方，人们提出的研究问题与他们所处的文化相关。例如，鉴于印度长期以来一直被外国统治者统治的历史，其种姓制度的不断减弱的权力，以及它由许多不同的语言和文化群体组成的事实，印度社会心理学家可能会提出一些西方国家不会出现的关于社会认同、领导和服从的问题。这种反映其产生的文化的本土心理学的发展可以帮助我们发展一种真正普遍的社会心理学（Berry, 1978）。

要点：跨文化研究不仅对于理解不同文化间社会行为的差异很重要，更重要的是，它对于发展适用于人类的社会心理学原则也很有必要。

元分析

科学文献中关于对研究进行元分析的成果越来越多。对学生来说，理解这里涉及的基本概念很重要。假设我们面临许多研究，这些研究考察了欺凌行为和自尊之间的关系。再假设这些研究中有一些报告了统计上显著的关系，而另一些则没有。我们应该如何看待这些研究？**元分析**（Meta-analysis）是由格拉斯、麦高和史密斯（Glass, McGaw and Smith, 1981）设计的一种统计技术，它允许我们将整套研究视为一项单独的研究，将每项单独的研究视为一组观察中的一项单独的观察。假设关于自尊和欺凌的研究报告只发表了 20 份，其中 10 份研究发现自尊和欺凌行为之间存在显著的负相关关系，而另外 10 份研究没有发现显著的影响。这两组研究似乎只是相互抵消。然而，如果这 10 项研究中有 6 项没有发现显著的效果，而这种不显著的差异是在假设所预测的方向上的，那么，在这种情况下，20 项研究中就有 16 项的数据与假设所预测的方向一致。相对于只有 10 项研究发现了相关影响这种简单说法，这就提供了另一幅图景。

通过元分析得出的结论取决于分析所根据的研究，糟糕的研究将导致无效的元分析结论。此外，所谓的"档案柜问题"（file drawer problem）提出了一个挑战，因为许多未能找到显著效果的相关研究被束之高阁而从未发表，因此我们永远无法确定我们能够找到的全部研究是否真的构成了所有进行的研究。没有这些未发表的研究，我们的分析可能会有很大的偏差。总的来说，虽然元分析是有用的，但它们只能总结，不能替代原始研究。

要点：元分析是一种统计技术，它允许我们将许多独立研究的结果结合起来，以便对正在研究的过程得出更广泛的总体结论。

研究伦理

虽然社会心理学研究者无意伤害受试者，但他们可能因为自己过于热衷于研究社会行为而无意中冒险这样做了。例如，假设在你不知情的情况下，你充当了某个现场实验的受试者。如果你坐在步行街的餐馆里时，注意到街对面有人在观察你的行为并做笔记，你会感到不安吗？没有意识到你正在参加一项社会心理学实验，却发现你正在被观察，可能会导致严重的心理困扰。或者，考虑一下你自愿参加实验室研究的情况。由于这种参与，你了解到自己想欺凌某个弱小的个体。在没有征得你的许可的情况下，研究人员有权让你接受关于你自己性格的这一最可能让人不适的教训吗？

社会心理学家越来越意识到，如果不采取适当的预防措施，社会心理研究可能会造成伤害。这个问题由于以下事实而变得更为严重：研究者通常相对于受试者处于权威地位，这种地位可能会营造信任关系，受试者会因而放松戒备，假定他们既不会受到伤害也不会被利用。心理学学科减轻这种伤害的最佳方法，是让研究人员提前意识到可能出现的问题，并向他们提供指导方针。如果遵循这些方针，受试者将免受其参与带来的任何不良后果。

心理学的伦理守则强调了获得知情和同意、保密、不伤害别人、谨守权限以及负责的重要性。这些同样适用于研究和临床情况。辛克莱（Sinclair，2002）指出，这些原则有着深刻的历史渊源。有多深刻呢？1901 年，在中东发现了一块黑色石头，上面刻有我们现在所知的《汉谟拉比法典》（Code of Hammurabi）——汉谟拉比在公元前 1795 年至前 1750 年统治了巴比伦帝国。这是已知最早的一套法律，告知民众他们的义务，以及不履行这些义务将会受到的惩罚。其中包括对伤害病人的医生施以惩罚的法律——换句话说，这就是伦理守则。

在古希腊，写于公元前几个世纪的《希波克拉底誓言》(*Hippocratic Oath*) 不仅呼应了《汉谟拉比法典》的"不伤害别人"，还包含了现代伦理守则中包含的其他原则，包括关于保密的原则：

> 凡我所见所闻，无论有无业务关系，我认为应守秘密者，我愿保守秘密 (Sinclair, 2002)。

无论是在心理学、医学还是其他学科里，凡是涉及人类受试者的与研究相关的现代伦理行为准则，都可以追溯到《纽伦堡守则》(*Nuremberg Code*)。该准则是针对纳粹医学研究人员在第二次世界大战期间犯下的暴行而制定的。它不仅仅强调必须保护受试者免受伤害，而且它也是第一部强调知情同意必要性的伦理守则 (Sinclair, 1993)。世界医学协会 1964 年发表的《赫尔辛基宣言》(*Declaration of Helsinki*) 作为医学研究人员的道德守则，也源自于《纽伦堡守则》。

现在，越来越多的国家的大学和授权机构都将所有涉及人类受试者的研究提案接受研究伦理委员会审查，该委员会的职责是保护研究受试者免受不当利用、不必要的欺骗或潜在的伤害。加拿大心理学协会的《伦理守则》(*Code of Ethics*)、美国心理学协会的《心理学家伦理守则》(*Ethical Principles of Psychologists*) 和英国心理学学会的《伦理和行为守则》(*Code of Ethics and Conduct*) 都规定了涉及人类受试者时的伦理规范。别的国家有很多也有它们自己的伦理守则。利奇和哈宾 (Leach & Harbin, 2009) 比较了 24 个国家的心理学伦理守则，发现它们相当的类似。这部分是因为很多国家都是效仿美国心理学协会的《心理学家伦理守则》而制定它们的伦理守则的。澳大利亚、加拿大、以色列和南非这四个国家的守则完全复制了这些原则，而在接受调查的各个国家的这类原则中，总的来说，大约有 70% 的内容与美国心理学协会的《守则》相同。

这些守则围绕着四项基本道德原则（如可参见 Sinclair, Poizner, Gilmour-Barrett & Randall, 1987）：尊重人的尊严；承担社会责任；保持得体的关系；负责任的关怀。尽管最后一点与应用心理学的相关性更强，但这四点都与我们应该如何对待受我们影响的人有关，无论是作为客户、患者还是研究的受试者。经过几年的研究和国际咨询，2008 年柏林国际心理学大会通过的《世界心理学家伦理守则宣言》(*Universal Declaration of Ethics Principles for Psychologists*) 也体现了这些原则。

在专门适用于研究工作的伦理问题中，受到最多关注的是让受试者免受伤害，必须让受害人知情和同意，以及保护隐私权。此外，社会心理学家特别关注欺骗行为和研究者的社会责任。我们将依次审查每一项。重要的是，要注意，这些问题涉及一般的社会心理学研究，而不仅仅是实验室实验。

免受伤害

显然，研究人员绝不能让受试者受到伤害。然而，虽然预见到要避免的可能的身体伤害相对简单，但潜在的心理伤害或造成痛苦的可能往往更难识别。回想一下欺凌实验的例子，受试者会加入欺凌者的行列，而不是为受害者辩护。虽然有些受试者不会受到这个发现的影响，有些受试者还会从中受益，因为他们决心在未来改变自己的行为，但还有些人可能会感到苦恼，并开始以可能导致严重心理困境的方式贬低自己。下面将要讨论的适当的事后解说（debriefing）可以减轻任何持久的情绪伤害，但是研究者需要对可能造成的这类伤害保持敏感，而不仅仅是假设事后解说会防止任何痛苦或情绪伤害。

知情同意

通过尽可能充分地告知研究的受试者在参与过程中会发生什么（在不破坏实验操作的有效性的前提下），他们可以自由选择是否参与。即使当欺骗是必要的时候，只要他们被告知不可能事先告诉他们实验的所有细节而不影响他们的行为，当后来被告知欺骗发生时，他们也不会感到不安。

在实验室以外的研究中，知情同意这一点往往更成问题。考虑在系统地观察十字路口行人的行为时获得知情同意的困难，这些人甚至不知道他们正在被观察。在一项现场研究中，参与的观察者假装是其中一员；或者，甚至在使用学生学业记录的档案研究中：受试者都不知道自己正在被观察。在收集数据之后再获得同意是不是足够的，甚至可以说是不是总是必要的呢？这些都是复杂的问题。在批准此类研究之前，伦理委员会需要考虑受试者受到伤害的风险、个人可识别的程度和研究的潜在重要性。

隐私权和保密权

隐私问题引起了公众的极大关注，尤其是在这个互联网通信、电子病历、信用卡数据等的时代。在现代民主社会中，人们倾向于理所当然地认为政府当局和其他人会努力确保他们的隐私和个人信息的机密性。这如何扩展到研究领域？在实地研究和现场实验中，受试者通常不知道自己是受试者，那么怎样才能不侵犯他们的隐私权？即使受害者同意侵犯他们的隐私——就像在获得知情同意的正式实验室研究中一样——研究人员仍然有责任对研究受试者的回答保密，除非获得公开的许可。记录的数据必须存储在某个地方，有道德的研究者需要确保在数据分析、数据报告或数据存储过程中，机密性得到保障。例如，如果我们对儿童的欺凌行为进行纵向研究，从幼儿园到高中毕业，我们需要能够识别每个儿童，以便逐年比较他或她的数据。然而，我们会通过给每个学生分配一个代码来做到这一点，并且我们会对每个代码对应的实际名字保密，这样，任何处理数据的人都无法将它们与任何一个孩子联系起来。

欺骗

如果研究的受试者知道研究的目的，他们不太可能像在类似情况下一样行动。这是现场实验的吸引力之一，因为在这种情况下，研究受试者会自然地行动，因为他们不知道自己是受试者。（但是知情同意体现在哪里？）然而，实验室实验的真正目的必须经常伪装，这样研究受试者的反应几乎就像他们处于现实生活中一样。

有趣的是，在20世纪20年代和30年代，欺骗很少被用于社会心理学研究，在20世纪40年代和50年代甚至没有那么普遍。然而，欺骗在20世纪60年代和70年代变得非常普遍（Adair, Dushenko & Lindsay, 1985；Nicks, Korn & Mainieri, 1997）。它现在还在被继续频繁使用。与此同时，社会心理学家现在更加关注欺骗的伦理和欺骗带来的道德问题。毕竟，欺骗意味着"诡计"、"欺诈"或"撒谎"，这就提出了心理学研究者是否应该触碰的问题。

在米尔格拉姆（Milgram, 1963）的关于顺从的研究（见第6章）发表后，社会心理学研究中的欺骗变得非常有争议。在该研究中，受试者被告知他们正在参与一项学习研究，该研究要求他们对"学习者"施加越来越强的电击。米尔格拉姆被指控（例如，Baumrind, 1964）一旦被告知实验的真实性质，然后评估他们自己在这种情况下的行为，就会让他的受试者暴露于潜在的令人不安的情绪反应中。米尔格拉姆（1964）争辩说，通过他对受试者的事后解说，任何可能的情感伤害都被避免了，因为他们知道没有人实际受到伤害，并且他们的行为在当时的情况下是合理的。实验一年后，对受试者的精神病学访谈发现欺骗没有持久的影响。然而，许多心理学家并不认为所有的伤害都被避免了。

鉴于米尔格拉姆的研究引发的担忧，研究的伦理指南多年来变得更加严格，现在欺骗被认为是只有在没有其他有效的替代方法时以及在欺骗的使用不太可能以任何方式伤害受试者时才能使用的最后的手段。但实际做法是什么呢？尽管如上所述，自20世纪60年代和70年代以来，欺骗的使用有所减少，但它仍然被广泛使用。例如，对世界上两个著名的社会心理学杂志《实验社会心理学杂志》（*Journal of Experimental Social Psychology*, 2002）和《人格与社会心理学杂志》（*Journal of Personality and Social Psychology*, 1996）上发表的所有研究进行的调查显示，它们刊登的文章中分别有42%和50%涉及欺骗（Hertwig & Ortmann, 2008）。

另一方面，由于米尔格拉姆的研究，社会心理知识更加丰富。如果排除欺骗，很多社会心理学研究恐怕就不能进行了。我们停止研究吗？在这样做的时候，难道有一天我们不会被判犯有更大的罪吗？那就是没有使用强有力的科学方法来理解人类的社会行为，以使我们学会减少攻击，减少偏见，提高生活质量。

无论如何，心理学家有时是否过于担心欺骗的影响呢？没有人真正证明社会心理学实验中的欺骗会产生任何长期的负面后果。我们都认为，保护受试者的自我价值是很重要的事。即使他们被"欺骗"，也是可以得到尊重的（Weiss, 2001）。甚至有人认为欺骗有时不仅在道德上是可以接受的，而且比不涉及欺骗的程序更可取（Kimmel, 2011）。事实上，大多数社会心理学实验中的欺骗是如此的温和，除了我们无权欺骗的总体原则之外，很少有人会认真地指责它。毕竟，如果一个被试者被引导相信她正在参与一项关于态度的研究，但是这项研究的真正目的是看看在什么情况下，被试者最有可能帮助主试者捡起一叠"意外"掉在地上的书，那么研究受试者有多大可能会因此而情绪低落？对实验中的被试者使用欺骗的反应所进行的实证研究表明，他们似乎并不认同心理学家对欺骗的厌恶。相反，他们更有可能将欺骗视为必要的信息隐瞒或必要的策略或虚假陈述（Christensen, 1988; Smith, 1983）；换句话说，他们并不惊讶，因为他们预期到了。

欺骗的替代方法

如果我们要放弃欺骗，那么，当受试者知道正在研究的是什么时，我们怎样才能研究他们的行为？过去，有人建议受试者可以进行角色扮演（Kelman, 1967）。也就是说，在被告知研究内容后，受试者会被要求以自己认为他人在这种情况下会采取的方式行事。然而，问题是，受试者只能猜测人们会做出什么样的反应；而且，在了解心理学文献的的前提下，研究者的推测很可能会提供更好的指导。因此，这种角色扮演对研究者的吸引力非常有限。

即便不涉及欺骗，使受试者沉浸在一种与真实生活中的有关情境非常相似的情境中的**模拟**（Simulation）可能也会更有用。这种研究的一个著名例子是斯坦福监狱研究（见第十四章）。受试者在模拟监狱里住了几天。一些人被赋予了囚犯的角色，另一些人被赋予了看守的角色。主试者观察他们的互动，看看这些"看守"是否会表现出有时被报道的现实生活中的监狱看守的负面特征。尽管受试者知道这种情境是虚构的，但是激发出来的行为是如此强大，以致研究不得不提前结束。然而，即使像这样的模拟能够呈现出相对较高的实验现实性和世俗现实性，并引发强烈的情感和戏剧性行为，它们也有自己的问题。尽管避免欺骗有好处，但是让受试者暴露在如此强烈的情绪上，让他们承受相应的压力，这是否合乎道德？此外，我们真的能把从这种模拟中发现的东西推广到现实生活中呢，还是说我们会相反地被误导呢？

因此，在社会心理学中，除了欺骗，我们没有其他的好选择。当然，很多研究不需要欺骗，但也有很多研究需要欺骗。尽管知情同意和释疑面谈有助于将情感伤害的风险降至最低，但实验者必须采取一切合理的预防措施来确保这种风险降至最低，而且，即使要冒的这种最低风险也是有理由的，因为从实验中学到的东西非常重要。

释疑面谈

当确定欺骗是合理的并且风险最小时，通过释疑面谈向受试者实质性地告知实验的真实性质仍然是至关重要的。**释疑面谈**（debriefing）有两个重要组成部分。首先是**欺骗告知**（dehoaxing），也就是从实验的目的来解释欺骗和为它开脱。同样重要的是**脱敏**（desensitization），其目的是帮助受试者理解自己在研究情境中的行为，并尽量减少他们对自己的行为感到不安或遭受其他任何情绪困扰的可能性。

研究人员的社会责任

研究人员对他们所在的社会有什么义务？虽然大多数心理学研究不太可能伤害社会或其各个亚群体，但一些研究有很大的潜在伤害。例如，如果粗心或有偏见的研究人员进行的研究似乎表明一个群体或种族或性别在某些方面不如其他群体或性别（这种情况时有发生），这种研究可能会给个人和社区带来极大的伤害。因此，研究伦理委员会必须特别警惕，以确保与社会敏感问题相关的研究在进行时，适当关注一下最终研究成果可能被误解或误用的可能。

要点： 研究人员必须认识到对其研究受试者的潜在伤害来源，并履行其道德责任，采取有效措施防止任何此类伤害。

结语

为了加深我们对人类社会行为的理解，我们必须特别小心收集数据的方式。

正如本章所详述的，有许多陷阱和偏见会让我们误入歧途，但是通过意识到这些陷阱和偏见，并尽量运用好的研究方法，我们可以构建和检验真正提升我们知识的理论。正是如此小心翼翼的研究，才使社会心理学区别于书店和杂志社的流行心理学文学。

内容概要

1. 科学是获得知识和理解的有效方法。它包括提出假设，通过系统性的观察来检验它们，并根据这些发现构建理论。

2. 精确测量是科学的基本工具。在社会心理学中，通常很难将一个假设建构（如"态度"）转化为一个可操作的定义（即一个测量标的）。测量问题包括：

 (a) 信度——测量值是否产生一致的读数？

 (b) 效度——它是否测量了它打算测量的东西？

 (c) 反应性——测量是否会影响被测量的物体？

 (d) 抽样——获得的数据是否代表相关人群？

3. 在社会心理学中，研究可以是定量的，也可以是定性的，尽管大多数研究本质上是定量的。实验和非实验研究方法都会被使用。所有方法都有优点和缺点。

4. 非实验研究方法包括系统性的直接观察、档案法、案例研究、调查访谈或问卷、实地研究（在自然环境中系统观察行为）和相关研究。

5. 在实验研究中，受试者被随机分配到实验组和对照组，因此我们假设两组在实验前是等同的。操作一个自变量，以便通过两组之间的比较观察到它的效果。其他可能影响结果的混杂变量则会受到控制。实验研究方法包括：(a) 实验室实验；(b) 现场实验；(c) 准实验。

6. 非实验研究和实验研究的结果可能会因为主试者的期望和无意行为造成偏差，也可能因为受试者的行为而造成偏差，因为他们会因为认为主试者希望他们采取行动（需要特征）或者试图给自己营造一个"良好的"印象（评价顾忌）而行事。

7. 从实验中得出的一般结论受到以下因素的限制：(a) 外部效度，即实验情境与现实生活情境的相似性；(b) 内部效度，即结果在多大程度上是由于操作自变量而不是人为因素造成的。

8. 相关法虽然在确认因果关系方面有限，但提供了检查变量之间相互关系和分析行为稳定性和纵向变化的有力工具。

9. 神经科学为在神经学层面研究社会行为及其相关因素提供了一种新方法。

10. 跨文化研究非常重要，但是必须小心避免使研究陷入文化差异的陷阱。反映孕育它们的文化的本土社会心理学的发展可能会达致真正普遍的社会心理学。社会心理学研究中的伦理问题包括免受伤害、隐私权、在实验中使用欺骗手段、释疑面谈和知情同意的必要性以及研究者对他们所在社会的责任。

拓展思考

- 为什么哥白尼将数据置于教条之上的决定如此重要？如果没有解释数据的理论，那数据还能被理解吗？
- 现场实验使欺骗变得没有必要，但是并没有知情同意。实验室实验提供了知情同意，但往往涉及欺骗。你认为哪个更重要，知情同意还是免于欺骗？在使用欺骗手段时，真的能保证知情同意吗？
- 使用操作定义——例如，根据发动电击来定义攻击行为——是否会让研究者无法理解现实生活中的行为，或者这是我们真正理解这种行为的唯一途径吗？
- 为什么跨文化研究如此重要，不仅对理解其他文化如此重要，对理解我们自己也如此重要呢？

延伸阅读

Adair, J. (Guest Editor) (2005). Special issue: Social psychology around the world. *International Journal of Psychology*, **40 (4).** 本期特刊中的文章描述了在世界许多地区——包括拉丁美洲、印度、中国台湾、欧洲、澳大利亚和加拿大——发展本土社会心理的努力。

Forrester, M. A. (2010). *Doing qualitative research in psychology: A practical guide.* **London: Sage.** 正如标题所示，本书介绍了社会心理学和其他心理学研究领域使用的各种定性方法。

Matsumoto, D. (2000). *Cultural influences on research methods and statistics.* **Long Grove, Ill: Waveland Press.** 尽管研究者有时并不知道，但文化在研究和数据分析方面经常发挥着重要作用。这本书既研究了心理学方法和统计分析中出现的一般问题，也处理了跨文化研究的特殊问题。就此而言，本书还处理了比较不同种族、性别、语言或族群的人们的研究所涉及的特殊问题。

Mitchell, G. (2012). Revisiting truth or triviality: The external validity of research in the psychological laboratory. *Perspectives on Psychological Science*, **7, 109–118.** 本文是对实验室心理研究在多大程度上具有外部效度的批判性评论。一般说来，具有较大有效规模的实验更有可能推广到实验室之外的情境。

Smith, P. B., Bond, M. H. & Kagitçibasi, C. (Eds). (2006). *Understanding social psychology across cultures: Living and working with others in a changing world.* **London: Sage Publications.** 本书是了解文化如何塑造心理过程的精彩介绍。它检视了跨文化研究所涉及的理论和方法，指出了它们的优点和缺点。

网页链接

http：//www.cpa.ca/aboutcpa/committees/ethics/codeofethics/《加拿大心理学协会伦理守则》

http：//www.bps.org.uk/sites/default/files/documents/code_of_ethics_and_conduct.pdf.《英国心理学会伦理和行为守则》

第二部分

理解你的社会世界

第二章 社会知觉与认知

世间本无善恶,全凭个人想法而定。

——威廉·莎士比亚

学习目标

- 了解双系统思维模型(快速系统与慢速审慎系统),以及它如何运用于社会语境下的思维
- 了解我们如何形成对人的第一印象
- 了解我们如何得出关于我们社会世界中的因果关系的结论
- 探索我们如何在几乎不经有意识的权衡的情况下使用关于人和事件的范畴(图式)以及运用内涵的经验法则(直觉)进行快速思考
- 了解我们如何处理关于人和事件的信息,包括注意力、记忆、以某种程度的具体或抽象的方式进行的思考(识解)以及对可能发生的事情的思考
- 考察影响我们思考社会世界的偏差

在学习驾驶汽车的同时,你会注意到这个复杂任务的许多细节:上车,调整座椅,调整后视镜,启动点火,检查后视镜和后窗,换上倒档,寻找开始行车的安全时机,换上行车档或一档,进入行车道驾驶,不断检查侧面和后部以及你前面的东西,在红灯前刹车,绿灯出现时把你的脚从刹车移到油门踏板上……这都是有意识的、集中注意力的表现。让我们拿这和经验丰富的司机做一番比较。所有这些动作都变成了自动的,你的大脑很可能在想着明天的计划,你的伴侣昨晚说的话,或是你音响系统上的音乐。只有当意想不到的事情发生时,注意力才会完全集中起来,比如,你前面的汽车突然停下来了,天气变得糟糕了,燃油表指针在"空"的周围徘徊了。请注意你关于驾驶的想法是如何改变的。

想想老电影吧,对于某些角色来说,吸烟被刻画为常事,甚至是有魅力的行

为，例如亨弗莱·鲍嘉（Humphrey Bogart）的电影。与此形成鲜明对照的是，当今大多数文化中的大多数电影很少刻画吸烟行为。请注意，就在几代人以前，吸烟被视为家常便饭一样的行为，没法引起我们的注意，而在今天，吸烟却相对特殊了，引起了我们有意识的关注。

图 2.1　电影明星亨弗莱·鲍嘉
资料来源：© John Springer Collection/Corbis

这反映了双系统思维模型（Evans, 2008；kahneman, 2011）。我们以快速、自动和无意识的方式思考（系统 1），我们也以缓慢、审慎和有意识的方式思考（系统 2）。因此，如果我们正在面试某个求职者，或者这是第一次和潜在的浪漫伴侣约会，那我们可能会逐渐地、和有条理地形成对一个人的印象（系统 2）。更常见的情况是，我们快速、自动、无意识地形成印象（系统 1）。请注意，系统 1 在很大程度上是通过清晰的意识来运转的，尽管它不是弗洛伊德式的无意识压抑情感模型。相反，它允许我们依靠"自动驾驶仪"处理日常生活中的例行任务。正如菲斯克和泰勒（Fiske & Taylor, 1991）所言，我们是认知的吝啬鬼（cognitive misers），不愿意在思考上花费更多精力。事实上，当我们必须根据即时的线索来评估情况并做出反应时，这种快速、无意识的模式已经进化到可以很好地为我们服务了。另一方面，清晰的意识和对事物的周密思考也有明显的优势。事实上，兰格（Langer, 1989）为一种更"用心"的生活方式提出了有力的论证。

社会心理学家在这方面有一些有趣的发现。本章首先讨论我们如何根据友善、诚实、不诚实或自律等特征形成对人的整体印象。然后，讨论转向了对归因的研究，即人们如何得出其他人为什么会这样做的结论。最后，本章概述了更微妙的社会认知过程，通过这一过程，我们"构建"了自己对现实的看法和帮助自己理解现实的许多捷径。本章中的大部分材料对于社会心理学的许多领域都是至关重要的，后面的章节将会对其展开论述。

要点：我们以两种不同的方式思考：一种是有意识的、审慎的方式，另一种是花费最少精力的隐式自动系统。后一种系统是我们日常生活方式的特征。

人们的印象形成

对社会知觉的研究始于我们如何形成对他人的初步印象，如何确定一个人友好、傲慢、诚实还是有趣。一般情况下，这些早期研究的受试者被提供一张照片或一个人的简要描述，其中的一个或少数特征或动作是不同的，然后受试者被要求根据一组特征给目标人评分。从这些研究中得出的一个关键发现涉及**核心特质**（central traits）的存在，即某些会影响对这个人的其他判断的特征。例如，当受试者被引导着相信课堂上的客座讲师是"热情"而不是"冷漠"时，他们倾向于对那个人做出更积极的判断，如说他受欢迎、睿智和富有想象力（Asch, 1946; Kelley, 1950）。当被告知目标人是吸烟者时，受试者会评价这个人不太"体贴""冷静""诚实""健康""彬彬有礼""快乐"，缺乏自制力，没有想象力和不太成熟（Dermer & Jacobsen, 1986; Dion, Dion, Coambs & Kozlowski, 1990; Polivy, Hackett & Bycio, 1979）。

当然，我们注意到同一个人有许多不同的特质。我们可能会首先注意到一个人很有魅力，然后却发现这个人看起来也很傲慢。我们如何把关于这个人的这些观察结合起来，得出全面的评价？想象一下，我们给每个特征都赋予某种心理量度。证据表明，我们遵循暗中的加权平均模型（weighted averaging model）来组合关于这个人的信息（Anderson, 1965, 1978）。也就是说，我们在头脑中保持着粗略的"有效"平均分。例如，如果我们发现某人非常聪明（在1到10分的范围内将该人评为8分），但只有一点魅力（在该范围内评为4分），那么我们对该人的总体评分将在10分范围内下降到6分左右。然而，如果作为判断人们的基础，魅力对我们来说比智力更重要，那么整体加权平均值将小于6分，因为魅力对我们来说更重要。

图 2.2 你对这个人的印象如何?为什么?知道他是诗人、作词家和歌手伦纳德·科恩,会影响你的印象吗?

资料来源:© Rune Hellestad/Corbis

显然,我们并非有意识地用这样的数学方式思考他人,但我们会暗中将对他人的各种印象结合起来,就好像我们在这样做一样。重要的是要明白,人们对特质的判断相当快,而且往往只需要极少的信息。从认知的意义上说,这就是系统 1 发挥了作用(Carlston & Skowronski, 1994)。例如,受试者自信地为人们的照片打出相同的特质评分(图 2.2),无论他们是在十分之一秒还是在整整一秒内看到了这些照片(Willis & Todorov, 2006)。

这些第一印象持久吗?直觉上,随着时间的推移,我们似乎越来越了解某人,我们的印象应该会改变,变得更加准确。这项假设已经得到了一项纵向研究的证实。在这项研究中,受试者每周举行一次小组会议,为期 7 周。在第一次会议之前,每个受试者都填写了自评表,在第 1 周、第 4 周和第 7 周之后,他们按照相同的评分标准对他们小组中的所有其他人进行评分。正如预测的那样,随着时间的推移,他们对其他人的评价更接近人们对自己的评价(Paulhus & Bruce, 1992)。因此,第一印象很重要,但不是一成不变的。

印象形成中的偏差

至少在西方文化中,大多数人倾向于对他人形成正面而非负面的印象;这被称为**正向偏差**(positivity bias),也称为波丽安娜(Pollyanna,意为盲目乐观)原则（Matlin & Stang，1978）。例如，考虑学生对教授的评价。在一所大学，学生将97%的教授评为"高于平均水平"，这在数学上是不可能的（Sears，1983）。除了正向偏差，我们对一个人的总体印象更容易受到消极信息的影响，而不是积极信息的影响（Fiske，1980；Skowronski & Carlston，1989；Anderson，1965；Hamilton & Zanna，1972）。当然，在形成我们的整体印象时，我们可能会同时受到正向偏差和**负面效应**（negativity effect）的影响（Klein，1991）。

旁观者之眼

当然，对人、事件或物体的感知是主观的。我们都有自己解释人和事件的方法，与我们自己的经验和假设相一致。1952年上映的经典电影《罗生门》（*Rashomon*）生动地展示了不同的人报道同一犯罪行为的方式之间的差异是多么的大（图2.3）。

图2.3　电影《罗生门》中的一个场景，不同的人以非常不同的方式记忆和解释同一个犯罪事件

资料来源：© John Springer Collection/Corbis

在形成对他人的印象时，人们展示了自己看待世界的方式。例如，我们有自己的**内隐人格理论**（implicit personality theories）——一套隐而不宣的关于人性和普通人的假设（Bruner & Tagiuri，1954；Anderson & Sedikides，1990；Sedikides & Anderson，1994）。我们可能会认为，一般来说，人们是值得信赖或不值得信赖的、理性或非理性的、利他的或自私的。内隐人格理论也涉及我们关于哪些特征应结合起来考虑的信念。例如，许多人认为友好的人也是值得信任的人，而这却可能

是一种危险的错觉（Anderson, Lepper & Ross, 1980）。

认知神经科学有助于我们理解社会知觉。特别是，已有发现指出，大脑活动的特定区域会形成人的印象，而不是无生命物体的印象。在一项研究中（Mitchell, Macrae & Banaji, 2006），受试者阅读了一系列关于性格特征（比如外向性）的断言，并被要求将这些特征描述与一组面部照片中的一张配对。在某种实验条件下，受试者被要求记住信息给出的顺序，而在另一种条件下，受试者被要求根据图片和信息形成每个人如何如何的印象。在参与这项任务时，大脑活动通过功能性磁共振成像（fMRI）的扫描来记录。大脑的不同区域参与了非社交任务（例如额上回、尾状核）和社交、印象形成任务（背内侧前额皮质）。这项研究和其他研究表明，大脑的不同区域参与了社会认知。

此外，还需考虑文化差异。例如，当西方文化中的人被要求描述一个人的艺术品性（artistic type）时，他们会使用诸如具有创造性的、有气质的和超凡脱俗的等形容词。一个中国人会对这个要求感到困惑，因为"艺术品性"在中国文化中不能算作一个概念。相反，在中国文化中，人们描述了一种世俗的、社交技巧娴熟的、致力于家庭的（世故的）人（Hoffman, Lau & Johnson, 1986）。西方受试者倾向于关注他们可感知领域的物体，而东亚人更关注场景的脉络和背景（Ames & Fiske, 2010）。当中美受试者被要求根据背景判断目标物体的各种图片时，他们的功能性磁共振成像反应显示，与中国人相比，美国人激活了更多参与物体处理的神经区域（如颞中回）（Gutchess, Welsh, Boduroğlu & Park, 2006）。当两个受试者组被指示关注背景图像时，他们之间没有发现一贯的差异。因此，人们如何处理视觉信息（如其他人的形象信息）的文化差异反映在大脑皮层区域的选择性激活上。

要点： 在对一个人的印象的形成过程中，我们会受到对这个人核心特质的评分的强烈影响。我们倾向于按照加权平均模型来综合我们对各方面性格的评分。我们对别人的印象倾向于偏向积极的一面，除非我们看到消极的一面，从而导致给予积极的一面占优势的权重。对人的印象也是从旁观者的眼中形成的，受到我们个人的、内隐的人性"模型"和我们文化的影响。功能性磁共振成像读数显示，对人的印象与对物体的印象涉及大脑不同的核心区域。

归因

齐内丁·齐达内（Zinedine Zidane）被认为是他那个时代最伟大的足球运动员之一。他的父母是阿尔及利亚裔，在他还是个孩子的时候移民到了法国，在那里，他的才华很快就显露出来。他最终成为皇家马德里队和尤文图斯队的中场球员，并为1998年赢得世界杯的法国国家队效力。在2006年世界杯决赛前,他被提名为最佳球员。决赛中,法国队对阵意大利队。在下半场的一个关键时刻,他故意用头撞倒意大利球员马尔科·马特拉齐(Marco Materazzi),为此被罚出场。这场比赛以平局收场,而在没有齐达内参与的情况下,法国队在点球大战中败北。后来经确认,原来是马特拉齐侮辱了齐达内的母亲,引发了齐达内的愤怒反应。你如何解释他的这种很可能会让自己的国家队输掉世界杯的行为?是因为齐达内无法控制自己的脾气、文化敏感、马特拉齐的挑衅行为,还是他无法控制世界杯决赛时高度的紧张?在这一节中,我们探索人们如何解释他们生活中的社会和个人事件,简而言之,他们如何做出归因(Heider,1958)。

让我们从几个基本原则开始。根据**折扣原则**(discounting principle)(Kelley,1972),人们倾向于接受最可能的原因,并放弃其他的可能性或让其"打折扣"。例如,考虑一个密切监督努力工作的员工的老板。由于主管对该工人的生产率提供了一个可信的解释(严密监督),所以该工人生产力的另一个属性——她被激励做好工作——将被忽略(Strickland,1958)。一些研究已经表明,当政治家反对自己政党的立场,或者在有敌意的听众面前讲话时,人们会说他们更正直和更有实力(Eagly,Wood & Chaiken,1978;Pancer,Brown,Gregor & Claxton-Oldfield,1992)。如果他们遵循党的路线,我们会将他们的立场归因于政治压力和顺从,而

图2.4 意大利的马尔科·马特拉齐在2006年德国柏林世界杯决赛中被法国的齐达内(右)用头撞倒在球场上。你会把齐达内的行为归因于什么?
资料来源:© HO/Reuters/Corbis

不会认为他们是真心诚意的。同样，当我们被告知我们成功完成了任务表明自己有能力时，我们会忽略其他可能的解释，比如幸运（Braun & Wicklund, 1989）。

根据**共变原则**（covariation principle），当两个事件反复一起发生时，人们经常会发现它们之间的因果联系。例如，假设一个人每次谈到某个话题时都会非常生气，但在其他情况下很少会生气。我们可能会把愤怒归因于谈话的话题。当然，两个事件可能会碰巧同时发生，却不存在因果联系。通勤列车上的拥堵和桥上的交通可能有关联，但我们不能假设列车拥堵导致了汽车的拥堵，反之亦然（两者都发生在上下班高峰时间）。除了这样一个明显的例子，一般来说，还存在着一种偏差，特别是在西方文化中，即认为因果关系可能存在，也可能不存在。

归因理论

已经有几个理论来解释人们是如何形成情境归因或性格归因。下面的讨论集中在三个理论上：琼斯和戴维斯（Jones and Davis）的一致性推理模型、凯利（Kelly）的共变模型和韦纳（Weiner）的成就归因模型。

一致性推理理论

当一个人告诉你你有多迷人时，他或她真的是这个意思吗？我们能不能把某人的行为作为一个向导，据此来猜测他的感受或他的意图，特别是当我们只有这么一件事来帮助我们的时候？乍看之下，人们可能会认为"行胜于言"。然而，至少有两个重要因素使情况复杂化。首先，一个人可能会试图误导其他人，隐瞒她的真实感受：一个满脸通红的扑克玩家，一个知道真实底价的销售员，一个向母亲保证"一切都很好"的女儿。其次，行动往往源于情境原因。政治家应该做出承诺，学生应该在课堂上记下有用的笔记，销售员应该以让人愉悦的方式谈生意。

一致性推理理论（theory of correspondent inferences）（Jones & Davis, 1965）是指我们如何使用某些线索来推断一个行为同一个人的性格的对应关系。我们要找什么？首先，我们关注自由选择的行为，而忽略那些被期望、被要求或被胁迫的行为。我们可能知道，过于友好的销售员很可能在服从经理的命令，在这种情况下，一致性推理（她或他是友好的）是不太可能的。第二，会产生不寻常效果的行为——那些看起来独特或不符合角色定位的行为——会被注意到。如果你最好的朋友说你看起来很累让他担心，你可以将这种行为归因于这样一个角色——"这就是朋友应该做的"。然而，如果一名销售员说了同样的话，对他或她的性格的一致性推断（他或她是富有同情心的）是更有可能的。第三个重要线索是社会合意性，即对社会规范的遵守。如果一群人穿着睡衣去上课，我们会比他穿牛仔裤和 T 恤衫时了解到更多关于他们衣着品味的信息。

图 2.5　感知中的一个问题：这位扑克玩家有获胜的牌吗？
　　　　他的对手如何决定？

资料来源：Beto Chagas/Shutterstock.com

当我们没有太多信息时，这些推论似乎是合乎逻辑的"最佳猜测"。还有两种非逻辑偏差。当行为对自己而不是他人有很大的影响时（享乐相关性），当人们相信行为者**有意**给他们带来利益或造成伤害时（人格主义），他们倾向于对某人的意图做出更加自信的一致性推理。当你成为侮辱的目标时，你比那个侮辱别人的人更不容易体谅今天过得不好的人（情境归因）。一系列实验支持了一致性推论的模型（Jones & Harris，1976；Jones, Davis & Gergen，1961）。

要点：归因包括对人们行为的原因及其后果的感知，归因可以是性格归因或情境归因。如果能判断某个特定的原因是可信的，我们就会倾向于忽略其他可能的原因，而且，我们倾向于假设人与事件之间的因果关系同时发生。我们推断，当一个人的行为是自由选择的，后果是意料之外的或者违背社会规范的，当该行为似乎是针对我们的，并且后果造成重大影响的时候，他的行为就同以这种方式做出行为的性格是一致的。

如前所述，一致性推理的理论涉及单一行为，以及我们如何确定该行为是否"对应"某种性格。然而，我们经常对自己长期观察的人的行为进行归因。在这些情况下，我们对他们行为的归因遵循了一些不同的原则。为此，人们用共变模型来处理这类情况。

共变模型

想象一下，你是一家报纸的记者，被指派采访一位访问你城市的著名音乐家。音乐家称赞你主持了一次很棒的采访。为什么来访的名人会称赞你？凯利（Kelley, 1972）认为，人们表现得像"天真的科学家"，这就是说，他们从过去和现在的各种线索中筛选，借此对某人行为的"真正原因"做出"最佳猜测"或假设。他建立了一个共变的归因模型，该模型解释了人们如何将关于行为者（实施行为的人）、实体（行为所针对的人）和情境（行为发生的社会背景）的信息汇总在一起。就记者和名人而言，我们会考虑三个信息来源：

实体的独特性

名人是因为对媒体从业者的魅力和慷慨而广泛知名的吗？如果是的话，那么，对作为一名记者的你（实体）表现出来的行为没有什么特别之处。另一方面，如果这个人对你的行为与众不同，不同于他或她对待其他媒体成员的方式，那么一定是你的某种原因让他或她称赞了你（实体归因）。

不同行为者的共识性

你的大部分采访对象都称赞你的访谈技巧吗？如果是的话，它说明了你作为一个记者的属性。如果不是，它表明了某个特定的人的信息（行为者是一个和善的人）或者一般名人采访的信息（也许所有的名人都会称赞采访他们的人）。

不同情境下的一致性

名人在不同情境下对你的行为都是这样的吗？如果一致性很高，我们会将行为归因于行为者或实体——要么她不吝于称赞别人，要么你是一名优秀的记者。然而，低一致性会导致情境归因。

当然，只要有可能，我们会一起使用所有三种信息来源。然而，研究表明，我们不太经常使用关于其他人如何对待实体的共识信息（Nisbett & Borgida, 1975），因此我们不太可能考虑其他采访对象对我们采访的反应。

请注意一致性推理和共变理论之间的差异（图2.6）。凯利为我们提供了一个有用的模型，说明我们如何使用共变信息来进行社会归因。然而，它假设我们有足够的共识性、连贯性和独特性信息。一致性推理理论解释了当我们没有这些信息时是如何进行归因的（Higgins & Bryant, 1982）。

	独特性	共识性	连贯性
行为者归因：内在原因（态度、个人特质）使某人以这种方式行动	低	低	高
实体归因：外部原因（你的外表，你的行为）使某人以这样的方式行事	高	高	高

图 2.6 共变理论——我们如何将社会行为归咎于内在原因或外部原因

资料来源：Kelley，1972

成败归因

我们的许多行为都会产生后果，有时这些后果是通过具体的反馈来定义的：考试分数、获得工作或晋升、赚很多钱、赢得（或输掉）网球比赛或当选公职。除了这些里程碑意义的事件之外，人们经历的成功和失败还可以有更微妙的方式：被人喜欢上，生下了一个令人艳羡的孩子，被同事尊重，在爱情上"遭遇不幸"。许多经历过离婚的人必须处理感情上的失败（Weiss，1975），而正如我们将在第八章中看到的，关于成功和失败的归因对于处理孤独至关重要（Peplau & Perlman，1982）。

韦纳（Weiner 1974，1980）认为成就归因涉及三种选择。首先，我们要确认成功或失败是由行为者的一些东西（内在因素）还是情境的一些东西（外部因素）引起的。我们还需要确认内在原因或外部原因本质上是稳定的还是不稳定的。也就是说，结果可能归因于稳定的内在原因（行为者的能力）、不稳定的内在原因（行为者的努力，可能会不时变化）、稳定的外部原因（任务困难）或不稳定的外部原因（运气）。最后，我们必须确认事件是否可以被行为者控制，例如通过努力提高他或她的能力（图2.7）。

	稳定的		不稳定的	
	内在的	外部的	内在的	外部的
可控的	典型的努力	教授不喜欢学生	特殊的努力	别的学生特殊的破坏
不可控的	能力缺乏	任务困难	情绪	运气

图 2.7 韦纳的成就归因模型

资料来源：Weiner，1979

早期的研究发现，男性和女性倾向于将男性的成功归因于内在因素，将女性的成功（尤其是在"男性任务"中）归因于运气（Deaux, 1984）。正如这项研究在近三十年前报道的那样，我们可以质疑今天是否会获得同样的结果。在后来的一项研究中，为了探究社会在这方面是否真的发生了变化（Beyer, 1998），学生们被要求想象他们在毕业必修的课程中得分为"A"（优秀）或者"F"（不及格）。然后，他们被要求对他们得分的各种可能原因进行排序。在那些想象出优异成绩的人当中，男生倾向于将自己的成功归因于自己的能力，而女生则强调努力，比如学习和课堂注意力。另一方面，想象自己得分不及格的男生将失败归咎于缺乏努力，而女生将自己的失败归咎于缺乏能力。

韦纳的模型也已经通过体育报道的归因数据进行了测试（Lau & Russell, 1980）。有人曾对记录了获胜和失败的原因的体育比赛报告进行了内容分析。总的来说，意想不到的结果（"混乱"）产生了更多的归因——似乎有更多的原因需要解释。获胜通常归因于内在因素（"我们都度过了美好的一天；每个人都付出了极大的努力"），而失败通常归因于不稳定的外部因素（"今天时运不佳"；"裁判错误判罚太多"）。还有研究表明，赢家相对于输家，更倾向于归因于稳定和可控的因素（如努力）（Grove, Hanrahan & McInman, 1991）。当我们将失败归因时，我们可能更倾向于将其归因于不稳定的外部原因（Weiner, Figueroa-Munoz & Kakihara, 1991）。在两种情况下，人都避免了自责。

要点：共变模型预测我们会将一个人行为的原因归结于他或她个人（行为者）、行为的对象（实体）还是情境。这种归因取决于这样一些信息，即行为者是否对其他人以同样的方式行事，其他人是否对实体以同样的方式行事，以及其他人是否仅在特定情境而非其他情境下以这种方式行事。成就归因理论关注我们如何判断成功和失败。它考虑的是我们是归因于行为者还是归因于情境，我们认为原因是稳定的（如能力、任务困难）还是不稳定的（如努力、运气），以及我们是否认为结果是行为者可以控制的。

归因偏差

回想一下"天真的科学家"的隐喻。他系统地搜索相关信息，并以逻辑方式解释行为。这些归因理论表明，如果人们拥有信息，他们会以理性的方式使用信息。然而，研究也发现了一些归因偏差。

一致性偏差：高估性格因素

我们倾向于相信人们会做他们有意要做的事情。假设人们的行为与性格或个人因素相对应的**一致性偏差**（correspondence bias）被称为**基本归因错误**（fundamental attribution error）（Ross，1977），因为它在西方社会非常普遍。在一项实验中，人们将某人写的或说的东西归因于他们的"真实信念"；即使他们被告知这个人是被指示为某一立场辩护的，他们仍将如此归因（Jones & Harris，1976）。在另一项实验中（Ross，Amabile & steinemetz，1977）设置了一个模拟测验游戏，其中一些受试者充当出题人，另一些作为参赛者，还有一些作为简单观察者。提问者被邀请提出问题来展示他们自己丰富的知识。举例来说，问题可以这样提：水肺潜水最清澈的水域在哪里？《旧约》的第五篇是什么？谁赢得了1962年足球世界杯？很明显，提问者比参赛者有优势，因为他们选择问题。然而，参赛者和观察者都认为提问者总体上比参赛者更有知识，因为他们低估了情境的力量。

一致性偏差可能反映了"性格主义"（Krull，2001），这是一种潜在的信念，认为人们的行为是因为他们自己的个性和意图，因而情境并不那么重要。例如，人们可以很容易地解释人们在摇滚音乐会上的无拘无束的行为是由于音乐和拥挤的气氛。然而，性格偏差可能会导致我们将他们的行为归因于经常参加这种音乐会的人的品性（Sabini，Siepman & Stein，2001）。一致性偏差的影响在共识性和独特性都较低的地方最大（Van Overalle，1997）。

通信偏差是否随年龄、收入或教育程度而变化？在美国有全国代表性的成人样本中，在各种人口特征中，如年龄、受教育程度和收入，发现了一致的对应偏差。然而，它远非普遍性；总体而言，只有53%的受试者显示出偏见的证据（Bauman & Skitka，2010）。

专栏2.1 另一个视角：关于恶行的归因和一致性偏差

近年来，社会心理学家研究了令人烦恼的邪恶问题［Baumeister，1997；Waller，2002；Newman & Erber，2002；*Personality and Social Psychology Review* 1999，3（3）］。恶行通常被认为是人对别人的蓄意伤害，与不分青红皂白的而且往往极其残忍的暴力有关。大屠杀被普遍认作恶行的原型，不过，恶行的现代史也包括巴尔干国家、卢旺达、柬埔寨、叙利亚和苏丹的暴行，世界许多地区针对无辜平民的恐怖主义以及大赦国际每年记录的广泛使用酷刑的行为。这个词也可以用来描述针对特定个人的骇人罪行，例如针对儿童的罪行。总的来说，我们把这些行为看作恶行，而不仅仅是道德上的过失，即使就行动的目标而言，这些行动也是过度的和不可理解的（Darley，1999年）。虽然人们为了可以理解的目标——爱国主义、恐惧、权力、财富——以卑鄙的方式行事，但有些行为不能简单地解释为达到这些目的的手段。

人们如何解释这样的行为？由于一致性偏差，我们倾向于忽视情境，将恶行归咎于肇事者。这种从性格方面进行的解释的一种简单形式就是恶人才作恶，这一过程被达利（Darley，1999）称为妖魔化。当然，这构成了循环推理：恶行一定来自恶人，因为恶人才作恶。这是一个伪解释，可能看起来是真实的，因为它包含"因为"这个词。实际上，这解释不了什么。

图 2.8 你在多大程度上将2005年巴厘岛的这一恐怖行为归咎于个人或是情境？这里适用一致性偏差吗？

资料来源：© xPACIFA / Corbis

或许还有一个更有用的从性格方面进行的解释：它假定犯下邪恶行为的人的个性中有一些独特的东西，也许是一种精神疾病。再次，请注意循环推理：当我们事后推理他们"一定是生了病"才去做他们做的事情时，我们什么也解释不了。事实上，人们曾对纳粹战犯进行了心理测试和深入的临床访谈，包括在纽伦堡战争罪行审判中被审判和定罪的领导人以及作为刽子手的普通士兵。最近，有人使用更先进的方法重新分析了这些测试根据，并与普通人群的测试方案进行了比较（Zillmer, Harrower, Ritzler & Archer, 1995）。分析表明，这些纳粹大屠杀的凶手总体上没有表现出任何一致的精神病理学模式（另见Browning, 1992）。事实上，在纳粹时代之前因合法的医学研究而赢得国际声誉的纳粹医生随后也对集中营中的囚犯进行了无法形容的"实验"(Lifton, 1986)。

社会哲学家汉娜·阿伦特(Hannah Arendt, 1963)曾受一家美国杂志的指派,去报道阿道夫·艾希曼在耶路撒冷受审的情况。阿道夫·艾希曼是德国官员,他指导了大屠杀的后勤规划,其中包括组织数百万人前往死亡集中营,谋杀他们和处置他们的尸体。根据阿伦特自己的观察和心理调查,她指出艾希曼体现了"邪恶的平庸":一个普通的、雄心勃勃的公务员,利用了职业生涯中向上爬的机会。事实上,令人不安的是,普通人也有能力造成滔天罪恶。不消说的是,普通人在某些情况下也能表现出非凡的善良、利他主义和英雄主义,我们将在第九章中看到这一点。

如果我们不能把邪恶行为仅仅归因于犯下这些行为的人的个人特征,那么我们必须关注情境。鲍迈斯特(Baumeister, 1997)认为,除了可能的虐待狂人格特征,还有一些可能助长恶行的条件。这些包括理想主义和受威胁的自我主义在内。按照这种理想主义,只要符合促进自己的群体或国家的目的,那么任何的手段都是合理的。而按照受威胁的自我主义,外群体的成员被视为威胁或挑战。根据阿伦特的报告,鲍迈斯特强烈主张,在恶行的这三个根源中,施虐动机是最不重要的。

在接下来的章节中,我们将探讨关于攻击行为和暴力的理论和研究,以及对一个指导受试者用电击折磨另一个人的权威人物的盲目服从。(斯坦利·米尔格拉姆的这些著名实验将在第六章中详细讨论)。然而,教训是明确的。我们必须努力避免一致性偏差,并认识到恶行可能是社会情境引起的,或者至少是社会情境促成的。这不是理由或借口。我们可以把情境解释为邪恶行为的部分原因,但不是为了给肇事者开脱。

虽然我们更可能将他人的行为归因于稳定的特质倾向,但我们倾向于将自己的行为归因于情境因素。这就是所谓的**行为者/观察者偏差**(actor/observer bias)。(请注意,正如本章前面的情况一样,"行为者"[actor]指的是执行动作的人,而不是扮演角色的人)。在给报纸和互联网咨询专栏的信件中可以找到一个很好的例证。这些信件的作者倾向于将自己的困难归因于情境(例如,"我们有婚姻问题,因为她拒绝和我做爱")。然而,给出建议的人(观察者)往往倾向于将同样的婚姻问题归因于写信人的性格特质("你应该经常洗澡")(Schoeneman & Rubanowitz, 1985;Schoeneman & Rubanowitz fischer, 1987)。

几项研究说明了行为者/观察者偏差。在一个简单的实验中(Hansen, Kimble & Biers, 2001),受试者被随机分配以友好或不友好的方式对待伙伴,这个伙伴也被指示表现出友好或不友好。受试者将对方的不友好行为归因于性格原因("不友好的性情"），而将自己的不友好行为归因于主试者的指示。在另一项研究中，当被要求解释为什么学生选择大学专业和他们的浪漫伴侣时，受试者倾向于将他们自己的决定归因于外部原因（如"有趣"），而把他们朋友的决定归因于性格（如"他没有安全感"）（Nisbett, Caputo, Legant & Maracek, 1973）。在加拿大监狱进行的一项研究中，囚犯倾向于将他们的犯罪行为归因于情境因素，而他们的社会工作者则指责罪犯本人，尽管他们的专业培训更为注重社会原因（Saulnier & Perlman, 1981）。

为什么行为者和观察者的归因不同？一个原因是他们对同一事件有不同的看法。行为者的行为引起了观察者的注意（Heider, 1958）。相比之下，作为行为者，我们通常不能直接观察自己，因此对情境更有意识。事实上，如果人们看到自己的录像回放，他们更有可能将自己的行为归因于自己的性格特质（Stroms, 1973）。此外，作为行为者和观察者，我们获得了不同的信息。我们记得不同的情境如何影响我们的行为。由于缺乏关于其他人的信息，观察者们做出了一个一致性推论：友好的人做友好的事情。

当然，有时我们知道，我们的行为是由我们自己的意图造成的，而其他人的行为是由情境造成的。当行为的外部原因显而易见时，行为者和观察者都会做出外部归因（Monson & Hesley, 1982）。例如，我们大多数人生动地回忆起恐怖袭击后纽约、伦敦、孟买和马德里街头惊恐万状的人们的电视画面，我们将他们可以理解的恐惧归因于情境。此外，我们更有可能从一个我们熟悉的人的角度出发，因为我们同情他们（Regan & Totten, 1975）。这种同情随着时间的推移而增长：在关系的早期阶段，两个人会把注意力集中在各自身上，向他们的伴侣主张自身，之后，注意力会转移到对方身上（Fiedler, Semin, Finkenauer & Berkel, 1995）。

一致性偏差反映了西方文化的个人主义特点吗？在更偏向集体主义或社群主义的社会中，群体更受重视，如中国、韩国、日本和印度，情境归因更频繁（Morris & Pang, 1994; Choi & Nisbett, 1998; Krull, Loy, Lin, Wang, Chen & Zhao, 1999），这基于这样一种信念，即个人性格会随着情境的变化而变得更有可塑性或更易改变（Choi, Nisbett & Norenzayan, 1999）。当来自印度和美国的受试者被要求描述各种积极和消极事件的原因时，印度受试者更经常诉诸情境因素（Miller, 1984）。一个研究项目描述了摩托车司机被汽车司机伤害的事故；汽车司机把伤者带到医院，然后把他留在那里不管，以便照管自己的工作。虽然美国人只是谴责司机不负责任，但印度人认为司机面临的职业工作压力、他被这种情境搞得不知所措的可能性，以及伤者似乎没有严重受伤的可能性。

西方人经常忽视行为者周围发生的事情，只关注他或她的行为，而亚洲人更可能关注背后发生的事情。例如，在水族馆进行的一项研究中，当西方人观察鱼缸中的鱼时，他们倾向于关注鱼本身，而亚洲人则关注前景和背景环境中的鱼（Norenzayan & Nisbett，2000）。

然而，在我们日益全球化的世界中，人们能够根据线索采用不止一种方法（Oyerman & Lee，2008）。例如，在另一项研究中，在中国出生并在美国学习的学生在首次接触美国象征物（例如美国国旗）后关注人，而在首次接触中国象征物（例如中国国旗）后关注情境或背景。

更多的信息来自对新闻报道方式的研究。有人（Morris & Peng，1994）对出现在中英文报纸上的文章进行了内容分析；例如，关于密西根一名邮政工作人员犯下多起谋杀案的报道，以及关于居住在美国的一名中国研究生谋杀案的报道。用英语撰写关于这些犯罪的记者侧重于犯罪嫌疑人（例如精神失常的人），而用中文撰写的记者则强调情境因素（例如邮政工作人员与主管相处不好）。在一项对日本和美国报纸真实报道的研究中，美国报纸仅仅将非法交易行为归咎于贸易商，而日本报纸则归咎于缺乏组织控制（Menon，Morris，Chiu & Hong，1999）。

关于共变偏差需要注意的是：考虑到像银行家这样穿着非常保守的人的情况。将服装的选择归咎于银行家会是错误的吗？很明显，这项工作需要这样的服装，可能会吸引喜欢穿这样服装的人（Gilbert & Malone，1995）。当我们受到情境的影响时，我们也可以选择自己的情境。

自利偏差

人们倾向于将自己的成功归因于内在因素，将失败归因于外部因素，以保护他们的自尊。例如，在考试中获得好成绩的学生将这些成绩归因于能力或努力，但成绩平平的学生倾向于将这些成绩归因于任务困难或运气不好（Bernstein，Stephan & Davis，1979）。当一个人选择参与活动并且活动参与度很高，而且表现和结果是公开的而不是私人的时候，很可能会将成功揽为己有，但否认失败的责任（Bradley，1978）。这种偏差不限于西方国家；日本和拉丁美洲的人也可能将成功归因于自己的能力（Chandler，Shama，Wolf & Planchard，1981）。

自利偏差（self-serving bias）是有限度的。虽然离婚的人通常很容易找到他们以前的伴侣的过错，但是他们可能会将婚姻失败归咎于自己，尤其是当他们仍然在感情上依恋他们以前的伴侣时（Lussier & Alain，1986）。在一项现场实验（Taylor and Riess，1989）中，成功或失败的经历是在现实的竞技滑雪环境中进行实验性操作的。受试者是一场大回转比赛中的竞技滑雪运动员。每个参赛者都有两次回转比赛，这两次比赛都是电子计时的，每次比赛后都会公布时间。对于一半被分配到"成功组"的参赛者来说，在宣布成绩之前，他们的真实时间被减去0.7

秒，而在"失败组"中，参赛者的时间增加0.7秒（在竞技滑雪中，这是显著的时间差异）。随后的提问显示，每组的人都认为他们的表现如预期的那样成功或失败。然后受试者填写问卷，评估他们对自己表现的归因。在这种情况下，自利偏差并不普遍。受试者倾向于将成功和失败都归因于努力和能力。

当人们沮丧时，他们倾向于相对准确地判断他们个人对自己的成功或失败负有多大责任（Sweeney, Anderson & Bailey, 1986; Alloy & Abramson, 1979）。这可能是一种喜忧参半的情况，因为某种程度的自利偏差，即使是一种错觉，也可能通过保护人们的自尊而实际上有助于人们的舒适感（Taylor & Brown, 1988）。

自利归因是用来保护我们的自我形象，还是用来修饰我们向他人展示的形象？有人（Riess, Rosenfeld, Melburg & Tedeschi, 1981）以一种相当巧妙的方式检验了这些相互竞争的假设。受试者被告知他们在单词联想测试中成功或失败。他们被要求将自己的成败归因于能力、努力、任务难度或运气。为了测量归因，一半的受试者完成了通常的问卷；另一半被连接到电极上，并被告知这是一种新的、改进的、功能极其强大的测谎仪，可以显示他们的真实感受（不存在这样的机器）。然后，他们被要求以他们期待的机器显示的方式回答归因问题。结果有点复杂：那些认为自己被连接到一台能够揭示真实感受的机器上的受试者仍然表现出自利偏差，但这种偏差没有那些完成问卷的受试者那么强烈。似乎在这种归因偏差中，保护我们的自尊和保护我们为他人塑造的形象都很重要。

要点：我们已经确定了几种归因偏差，包括一致性偏差、行为者/观察者偏差和自利偏差。情境中的其他线索可以克服偏差，从中可以发现文化差异。

责任归属和防御性

其他属性受到安全感的影响。沃尔斯特的一个经典实验（Walster, 1966）证明这一点。在该实验中，受试者得到了一份关于事故的报告。司机伦尼把车停在山顶上。停车制动索松了，汽车滚下了山。在报告的一个版本中，事故造成了很大的损失，有人因此受伤；而在另一个版本中，损害微不足道。受试者被要求说明他们在多大程度上将事故责任归咎于伦尼。他们认为，伦尼在损失严重和有人受伤的情况下比在伤害很小时负有更大的责任，尽管做出这种区分并没有逻辑。其他研究也发现了这种影响（Burger, 1981）。

为什么后果的严重性会影响同一行动的责任归属？沃尔斯特（Walster, 1966）暗示，人们以防御的方式行事，避免考虑威胁事件的可能性。他们经常将严重犯罪或事故的责任归咎于受害者，因为把它解释为运气不好的结果，就是承认这种可能性会发生在他们身上。当然，当情况类似于他们可能发现自己所处的情境时，或者当受害者类似于他们自己时，这种防御性更可能发生——他们可以想象自己"站在那个人的立场上"。当主角被描述为一名学生而不是一名中年的企业主管时，学生认为司机对严重后果事故负有更大责任（Burger，1981）。

现在考虑一下我们如何看待艾滋病或肺癌患者。当然，进行无保护的性活动或吸烟会危及任何人的健康，因此在某种程度上，我们认为从事这类活动的人对他们的疾病负有"责任"（Mantler，Schellenberg & Page，2003）。然而，我们似乎没有"责怪"他们，这表明我们区分了责任和责备。

谈到历史事件，研究表明，我们更有可能将消极事件的责任归咎于另一个群体或国家，而不是我们自己的群体或国家（Doosje & Branscome，2003）。同样，在报道仇恨犯罪，如一名同性恋者被帮派杀害事件时，媒体的归因方式也符合政治取向。也就是说，不太同情同性恋者的较为保守的媒体往往会发现更多这类犯罪的情境因素（Quist & Wiegand，2002）。

要点：当我们能发现自己的处境，当受害者和我们相似时，我们更有可能做出防御性的归因并责怪受害者。我们倾向于将责任归咎于他人的行为，尤其是当后果严重且消极的时候。

控制错觉

我们倾向于关注我们行为的影响，并把我们的行为和随之而来的事件联系起来（Thompson，Armstrong & Thomas，1998）。生活中发生的许多事情超出了我们的控制范围。也许作为回应，人们坚持**控制错觉**（illusion of control），对自己决定生活中发生了什么的能力的夸大信念（Langer，1975）。例如，人们往往更喜欢自己选择彩票，幻想自己能增加中奖机会。在验证这种效应的实验演示中（Wortman，1975），受试者被展示了一个罐子，里面有两个彩色弹珠，每个弹珠代表不同的奖品。一些人被告知哪个弹珠代表了理想的奖品，而其他人则没有被告知这个信息。然后，受试者要么盲目地从罐子里选择一个弹珠，要么被给予一个弹珠。在所有情况下，受试者对结果完全没有控制权。然而，当他们盲目地选择弹珠时，他们把更多的结果控制归于自己。莱尔纳（Lerner，1977）发现了控制错觉的一个重要意义，夸大的**公平世界信仰**（belief in a just world），即相信我们在生活中会得到我们应得的东西。关于这一点，在第十五章中会有充分的讨论。

事实上，当人们经历了一起创伤事件，打破了他们关于世界的公正性和可预测性的看法时，他们可能会因自责而受到伤害。米勒和波特（Miller and Porter，

1983）在检视关于受害者的研究时，提出了以下出乎意料的发现：（1）受害者经常夸大他们对事件及其后果的责任；（2）自责的程度通常与一个人的应对能力成正相关关系。自责可能会使人保持生活中的控制错觉，这种错觉会传导至建设性的应对策略中。

维克多·弗兰克尔（Victor Frankl, 1963），一位精神分析学家和纳粹死亡集中营的幸存者，坚持认为寻找生命的意义是人类经验的重要组成部分。事故中瘫痪的人经常会质疑："为什么是我？"他们成功地找到了令人满意的答案，即使这个答案是他们自己表面上的失败，也能让他们更有效地应对自己的处境（Bulman & Wortman, 1977）。在某种程度上，寻找意义可能包括将一些责任归于自己，让我们有一种控制感，这种不幸不会再次发生。在某些形式的受害事件中，寻找意义变得更加困难。有人（Silver, Boon and Stones, 1983）曾采访了77名在童年时因家庭乱伦而受到伤害的成年妇女。尽管自受害事件发生以来平均已经过去了20年，但超过80%的人仍在寻找意义。事实上，那些将受害的部分责任归咎于自己的人在未来会更有效地调整。

要点：我们倾向于过分相信自己拥有决定生活中发生了什么的能力。这与一种信念有关，即世界是公正的，人们会得到他们应得的东西，他们得到的东西也是应得的。

社会与归因偏差

如前所述，与亚洲文化相比，西方文化中的一致性偏差更加显著。本章的文献回顾指出，人的内在因素是归因选择的原因，例如需要保护自尊或控制感，或者认知的吝啬鬼试图"能不思考就不思考"。这种严格"心理学的"归因取向受到了社会心理学家的挑战，他们认为我们忽视了社会因素在决定我们如何理解自己所在的世界中的作用（Crittenden, 1983; Hewstone & Jaspars, 1984）。例如，在政治领域，人们有时被指责应当为影响他们的社会问题负责，如贫困、失业或就业不足、犯罪和吸毒，但社会制度的作用却被忽视（Guimond & Dubé, 1989; Shapiro & Stelcner, 1987）。这也可能反映出一种自利偏差：由于这种偏差，受贫困折磨的人不愿意责怪自己，而那些过得好的人将好的境遇归功于自己（Guimond, Bégin & Palmer, 1989）。

对归因理论的评价

在海德尔的开创性著作（Heider, 1958）出版后的几十年里，归因成为社会心理学关注的主要焦点。关于归因理论出现了三种批评：(1) 归因理论是特定文化特有的，并没有描述人性本身；(2) 人们做的很多事情都是没有经过思考的——他们通常不会问自己或他人为什么；(3) 由于人们通常不知道为什么他们会以特定的方式行事，当研究人员问他们时，他们才被迫给出一些答案。这些批评都有些道理。

文化批判始于这样一个事实：理论家和研究受试者几乎都来自美国。桑普森（Sampson, 1977）称这种文化是基于独立个体的理想型，因此一致性偏差反映的是这种理想型。事实上，其他文化中的归因研究显示出差异性。如前所述，比较研究清楚地表明，美国人很容易犯基本归因错误，而来自亚洲文化的人们在解释为什么人们会做自己的事情时更重视情境因素（Nisbett, 2003）。

至于第二个批评，是否可以假设人们普遍意识到原因？尼斯贝特和威尔逊（Nisbett and Wilson, 1977）综述了一系列经典研究，这些研究表明，人们往往不知道也不关心某件事正在"导致"他们以某种方式行动（系统1思维）。有些实验相当巧妙。其中一项是，顾客被要求评估四件完全相同的睡衣或尼龙袜的质量。受试者表现出强烈倾向于放在右边的那一件（双）——尽管在后来的提问中，大多数人没有意识到自己有这种倾向，并否认他们受到了这种倾向的影响。在另一项实验中，受试者被要求记住一系列词语组合。一些配对被设计成通过联想来影响后来的反应。例如，那些记住了"海洋—月亮"这个词语组合的人，当被要求购买洗衣粉时，说出汰渍（一个流行品牌）的可能性是对照组的两倍。然而，当被要求解释他们的选择时，受试者并未意识到这种关联。相反，他们的回应都是显然"要想一会儿才能给出的"评价，如归因于这是母亲曾使用过的品牌。尼斯贝特和威尔逊（Nisbett & Wilson, 1977）的结论是，人们通常不会在日常活动中做出归因，除非被要求这样做，比如在实验中。

即使当人们自发地思考因果解释时（Weiner, 1985），人们所做的很多事情似乎都是在"无意识"的状态下发生的。想象一下，当受试者将要使用复印机时，一个实验伙伴正在接近他们。一些人接到了让这个人先于他们使用机器的请求，但是没有给出任何理由。其他人也收到了类似的请求以及一个有意义的理由："我很急。"其他人也收到了同样的请求，但理由是没有意义的"安慰剂"：我可以先用这台机器吗？因为我必须复印一些文件。当耽误的时间对受试者来说是极少的时候，当他们被告知听起来像是一个原因的时候，他们会接受这种请求，即使这根本不是原因。他们只是根据一个"脚本"自动回应（系统1思维）：当有人请求一个小小的帮助并提出理由或借口时，你通常会接受（Langer, Blank & Chanowitz, 1978）。

因此，现在的问题似乎是：归因思维何时发生？证据表明，在三种情况下，我们倾向于问为什么有人做出了某种行为，或者实际上为什么我们自己做了某件事情：(1) 当意外的事情发生时，比如当弱势的一方意外赢得比赛，我们在考试中获得的分数比预期的要好得多或差得多，或者当一个明显处于困境的人没有得到旁观者的帮助时（Bohner, brown, Schwarz & Strack, 1988）；(2) 当一件事与个人相关时，比如当好成绩或意外失败发生在我们身上，而不是别人身上时（请回想一致性推理理论）；(3) 当某人想从一个重要事件中找到某种意义时，比如当突然失去了你身边的人，成为重大犯罪、疾病或伤害的受害者，或者坠入爱河时。作为这方面的一个例子，人们发现婚姻中的归因思维最常发生在"蜜月"初期和冲突时期（Holtzworth-Munroe & Jacobson, 1985）。

要点：归因理论建立在这样一个前提之上：在某些情况下，我们会问"为什么"：当我们被要求这样做的时候，当情况不寻常的时候，或者当它对我们有很大影响的时候。

社会认知

在评估已知的印象形成和归因过程时，有两个事实非常突出。首先，正如前文在说明双过程模型时所指出的，人们很快形成印象并对他人做出判断，通常是基于有限的信息。第二，人们积极处理信息。社会心理学家对这些自动过程越来越感兴趣，并将他们的工作与基础认知心理学研究联系起来。在这里有两个基本概念。首先，我们关于世界的信息按照有意义的类别（图式）来组织或"编码"。其次，在做出决策和判断时，我们经常使用认知捷径或直觉。

分类思维：图式

当然，我们知道每个人和事件都是独一无二的。然而，如果我们把每一个人、每一个地方或每一件事都视为独一无二的，我们很快就会被不确定性淹没。事实上，某些类型的人或事件之间有相似之处。因此，我们倾向于按类别组织我们对世界的看法。人们通常根据容易观察到的特征进行分类，如性别、种族、职业或年龄。我们也可以根据推断出的特征对人进行分类，例如友好的人、诚实的人、喜欢挖苦的人或悲观的人。类似地，我们构建事件类别（聚会、上课）、活动类别（野营、阅读）、对象甚至想法。然后，我们围绕这些类别——图式——构建一个信念、假设、印象和记忆的集合。

社会图式

认知图式（schema，复数为 schemata，源自表示图纸或结构等意思的希腊词语）使我们能够组织和简化信息、记忆和印象。这些是关于社会对象的相互关联的信念、信息、图像、记忆和例证：所有我们"知道"的事情。例如，我们的汽车图式可能包括我们对汽车工作方式和驾驶方式的了解，我们对各种品牌和型号汽车的印象，也许是对我们拥有或租用的汽车的记忆，我们旅行的记忆，事故，修理、维修账单或涉及汽车的愉快事件。当然，它也可能包括我们对汽车类型和实例的印象，比如关于我们驾驶的汽车或者我们希望拥有的汽车的印象。图式帮助我们组织和简化我们收到的信息，帮助我们更快地解释新信息，并确定我们将编码和记忆什么。

有各种类型的图式。**个人图式**（person schema）指的是特定的人，比如著名的明星、公众人物、你的父母、教授。例如，假设我们有一个关于当今某个政治领导人的图式——诚实、有点胖、勤奋、果断（或优柔寡断），关心处于困境中的人，希望解决冲突。如果他或她能言善辩地出现在电视上，要求我们所有人努力工作，为国家的利益牺牲，我们会用我们的图式来解释这次演讲。然而，如果我们的图式是一个纵容自己、自私自利、带着胜利者的笑容的政治家，我们会对同一次演讲做出完全不同的解释。

另一种有趣的图式与事件有关。例如，我们可能有一个涉及一群朋友去看游戏或比赛这件事的**事件图式**（event schema）。事件图式包括事件发生的体育场或竞技场、哪些队伍参与以及发生了什么的心理图像，即"脚本"。它开始于买票，交给检票员，然后找到我们的座位。我们可能会购买一个比赛项目的票，并在运动员热身时看看他们都是谁。我们知道两支队伍的制服和场地的具体设置。我们在奏国歌时起立，然后在开幕式上坐着给运动员加油，购买小吃和饮料。我们对支持的队伍的得分做出了标准的反应，我们知道如何表达对裁判或对方运动员的不满。想想其他事件图式：大学里的考试、电影约会、餐馆晚餐、海滩旅行、工作的一天、空中旅行、上网。当然，构建这些图式的一个重要原因是，它们使我们能够以可预测、可理解和舒适的方式体验事件。因此，举例来说，我们可以去世界上任何地方的餐馆应用我们的外出就餐图式，只需做出一些变通。

最后，我们有关于社会角色的图式——关于属于各个社会类别的人的有条理的心理结构。我们可能有关于医生、摇滚歌手、教授、学生、吸烟者、不吸烟者、朋友、情人、屠夫、母亲的**角色图式**（role schemata）。角色图式通常局限于与角色相关的情况，尽管不是针对每个角色。例如，在社会情境下，牧师和拉比可能经常会发现自己仍然被当作牧师和拉比对待。角色图式可能是理想化的，甚至是不现实的：很少有人能达到文化上共通的"爱人"图式——永远忠诚、体谅、深情、热情，而且从不自私、不无理取闹或感到厌倦。

这些类型的图式有几个共同的特点。首先，图式倾向于按层次组织，从一般层次到较为具体的层次。例如，我们可能有一个关于"聚会"概念的一般图式，更具体的图式是某个人地下室里非正式的、播放大音量音乐的聚会、儿童生日聚会、宗教活动、葡萄酒奶酪聚会和画廊开幕式。其次，一个人或一群人可能在特定的图式上有所不同。例如，大学生认为"聪明人"主要与学术和智力相关，而在超市接受采访的人倾向于从解决实际问题和在社交场合不会"举止蠢笨"的角度来看待智力（Sternberg, Conway, Ketron & Bernstein, 1981）。

许多研究致力于自我图式（self-schema）的研究：人们关于自己的一组图像、记忆、信念和评价。我们将在下一章中进一步探讨这个话题。

原型

有学者（Cantor and Mischel, 1979）建议我们经常使用**原型**（prototypes）即某一类别的典型例子的心理图像来作为图式的一个组成部分。例如，你可以想象你自己的可卡犬是狗的原型：有四条腿、皮毛、一条尾巴，会发出特有的吠叫、哀叫和咆哮的声音，会舔你的手。如果你看到一只陌生的另一犬种的狗，你会通过比较那只罗特韦尔犬或雪纳瑞犬的特征和你的原型来判断它是不是一只狗。

某个人（或动物）在多大程度上与原型相似以及你允许变通的程度，将决定你如何容易地识别出这个类别的人。例如，有研究者（Brewer, Dull & Lui, 1981）向受试者展示了某些类别的人的照片和词语标签，比如祖母。然后他们提供了更多关于这个人的信息。当这些信息与原型一致时（例如，"慈祥"之于祖母）比不一致时（例如，"有攻击性"之于祖母），这些信息会更频繁地包含在受试者对这个人的印象中。

刻板印象（stereotype）指的是为一种文化所共享并被应用于预先判断该类别的个体成员的一个社会群体的特定类型的共同原型（Taylor, 1981）。由于刻板印象是偏见内在固有的要素，我们将在这种背景下详细地讨论它们（见第十三章）。

社会表征

这些图式来自哪里？虽然有理由认为图式是习得的，但它们并不完全依赖于直接经验。例如，人们可能有关于他们从未见过的人的图式，或者关于他们从未去过的国家的生活的图式。同样，尽管我们没有亲身经历过癌症，但我们可能有一个患癌症的图式；在这种情况下，我们可能已经观察到了其他人，或者我们可能已经从网上了解到了。当然，塑造我们图式的大部分学习本质上是间接感受性的，来自电影、电视、书籍以及其他人的经验或想象。

我们的许多图式既是从他人那里习得的，也是在人与人之间交流出来的，这个过程需要一种文化、一个社区或一个团体的成员共享意义和象征。换句话说，虽然认知必然发生于个人的头脑之中，但社会认知的本质是一种文化集体共享的。这些考虑为社会建构图式或**社会表征**（social representations）的概念（Moscovici，1981）提供了支撑。因此，比如说吧，加拿大人对冰球比赛的事件图式已经在加拿大文化中得到发展。俄罗斯人、瑞典人或美国人可能对曲棍球比赛持有完全不同的事件图式；玩家不同，游戏风格可能不同，竞技场的装饰可能也不同。随着人与人之间的直接交流和大众媒体的传播，这个国家许多人分享的关于杰出政治家的图式可能也会随着时间的推移而改变。

莫斯科维奇（Moscovici，1981）指出了社会表征产生和发展的两个过程：锚定和客观化。**锚定**（Anchoring）是指将一个不熟悉的事件、人或想法整合到一些现有的知识结构中，这样我们就可以根据我们熟悉的事物来比较一个新的物体、人或经验。我们经常对新的印象或事件进行分类，想象它，并根据我们自己的文化世界观来思考它。**客观化**（objectification）指的是这样一个过程，通过这个过程，抽象的理念变得具体，被视为常识经验的一部分。例如，通过政治家、对欢呼人群的演讲、草坪标语、电视广告和竞选结果报道，"选举"的抽象理念在我们的脑海中变得客观化。当然，一种文化或国家的选举可能不同于另一种文化或国家的选举。尽管如此，加拿大人、澳大利亚人、以色列人、荷兰人和瑞典人对选举的经历有足够的了解。拟人化（personification）是客观化的一个常见例子（Moscovici & Hewstone，1983）。例如，虽然大多数人对精神分析只有一些模糊的想法，但他们可能知道弗洛伊德的名字，对精神科医生的诊查台留有印象。同样，虽然很少有人理解相对论，但大多数人记得爱因斯坦这个名字，也许还记得关于发现玻色子——一种亚原子粒子——的新闻报道，并将其与原子的奥秘联系起来。一个政府或一个国家的政策往往会在总理或总统身上拟人化。这个领域的大部分研究是描述性的，例如，一些研究探讨了不同历史时期和不同年龄组人群中精神疾病的社会表征（De Rosa，1986）。

要点：社会图式是关于某些类型的人、事件和社会角色的特征、记忆、典型例子（原型）的有条理的认知结构。它们来源于我们从文化中习得的社会表征，这使得我们能够将一个特定的实例锚定到我们已经知道的事物上，并将一个抽象的理念客观化为具体的例子、记忆和事件。

处理社会信息

为什么我们有图式？虽然我们很少知道所有的事情，但是图式为我们提供了对真实情况的"最佳猜测",帮助我们填补了未知的领域。他们可以为我们提供期望,帮助我们为未来做好准备(Fiske & Taylor, 1991)。特别是,我们的图式指导我们,告诉我们要注意什么,并影响我们记忆的内容和方式。

注意力

选择性注意是图式思维的一个重要影响。在一个感觉信息过载的环境中,图式指导我们应该注意和处理什么。例如,在网球比赛中,我们会关注比赛本身,而较少关注观众穿什么(除非比赛很无聊)。在关于外群体成员的负面图式中,人们可能会关注负面特征的实例,而忽略正面特征。

记忆

许多人认为记忆类似于银行或硬盘,材料被存放起来,可以根据需要在以后取出(Lamal, 1979)。偶尔会有一笔存款丢失,我们就说我们"忘记了"。

与此相反,目前的研究表明,记忆是在储存的同时被编码的,其形式取决于人们的假设和图式。例如,你不仅仅储存你在这本教科书中读到的内容,你还会根据你已经学到的知识,它与你的个人生活的关系,以及你对这些材料的联想来解释你读到的内容。记忆不仅仅是在硬盘上检索文件,而是一个活跃的或"建设性"的过程,在这个过程中,这些假设和模式会影响被检索的记忆。在你学习的时候记住这一点!

请想想某个你认为"值得纪念"的人。一个人的记忆将包括他说过或做过的具体事情,以及对"他是什么样的人"的更抽象的记忆,如个性特征、突出的态度和性格(Srull & Wyer, 1989)。事实上,我们经常对一个人形成清晰的整体印象,但却无法详细解释为什么我们会有这种感觉。这是用双重表征(具体细节和一般印象)来解释的。例如,如果我们看到一个人为别人做了一些非常贴心的事情,我们会将这个人的具体行为和我们对他的评价都存储在记忆中,认为他是处事周到的和和善的。随着时间的推移,随着我们越来越了解这个人并观察到更多这样的行为,我们可能会忘记具体的行为细节。然而,这些行为将对我们的总体评价产生持久影响。

图式可以引导我们对一个人的记忆,使我们能够记住或忽略那个人的具体细节。例如,在一项实验中(Zuroff, 1989),通过对一名女性的简短描述,受试者被诱导认为她在信仰方面和目标方面是"传统的"或"解放的"(女权主义者)。随后,他们收到了一长串形容词,这些形容词是不同的人假装用来描述那个女人的。尽管所有受试者都有相同的列表,但他们倾向于记住与他们所获得的"传统"

或"解放"图式相一致的信息。如果他们被诱导认为她是"传统的",他们会更容易记住诸如"亲切的"这样的形容词,而不是"独立的"。关于图式的这种特殊作用,即启动效应,本章稍后将进行讨论。

你对高中的记忆是什么?你通过"玫瑰色眼镜"回顾你的过去吗?我们可能会记得我们高中的时候比他们更快乐,因为我们现在对自己生活的那个时期有了一个"美好的黄金时光"图式(Ross, McFarland, Conway & Zanna, 1983)。当然,分居的夫妇经常记得导致他们分手的冲突和困难,而不是他们的伴侣带来的美好时光和吸引力。

我们对过去事件的记忆也可能受到对应该发生什么的期望或"理论"的影响(Ross, 1989)。在对参加了一项大肆宣传的学习技能项目的学生的研究中,受试者首先完成了一份初步问卷,在问卷中他们评估了自己的学习技能。然后他们被随机分配到项目中或等候名单中。完成学习技能课程后,所有受试者都被重新面试。后续研究表明,该方案对他们的成绩没有重大影响。然而,受试者认为,尽管成绩不佳,他们还是有所进步。当被问及他们以前如何评价自己的技能时,完成课程的受试者现在回忆说,在参加课程之前,他们的技能比课程之前看起来的要差。他们运用自我改进的模式来扭曲他们对过去的记忆,以便感觉他们确实有所改善(Ross & Conway, 1985)。

因此,我们对过去的记忆可以被重建,以符合我们现在的想法。请想一想人们倾向于假设记忆和活力会随着年龄的增长而下降这种情况。年长的成年人记得自己在生命的早期阶段比相应的一组年轻的成年人在这些方面更有能力。结果,我们可能会觉得我们的记忆力下降了,因为我们可能会以夸张的形式回忆起我们早年的实力,并假设随着年龄的增长,我们的记忆力会下降(McFarland, Ross & Giltrow, 1992)。

回忆过去的时候,我们的心情也会影响我们的记忆。麦克法兰和比勒(McFarland and Buehler, 1998)的一系列研究表明,当人们被诱导反思自己的感受以及他们可能做什么来让自己感觉更好点时,他们往往会记得快乐的事情。另一方面,当人们被简单地指示去思考他们的感受时,他们往往会对过去有不愉快的回忆。人们可能还记得对某人说过一些话,如果这听起来像他们说过的话(Buehler & Ross, 1993)。

关于记忆,需要指出的最后一点是,双过程模型提出了我们记忆的两个不同的过程。一个系统是通过经验学习,逐步编码和处理想法、经验和原型,导致认知图式的发展。例如,我们编码了一组餐馆的经验,这些经验建立了"外出就餐"的事件图式。随着在不同餐馆的经历的积累,这个系统逐渐建立起来。第二个系统是快速编码和存储一种新的体验或事物,其中新奇的东西会提示记忆,而无需做出有太多有意识的努力（Smith & DeCoster, 2000）。还有证据表明，人们记忆具体的威胁性信息的能力各不相同（Peters, Hock & Krohne, 2012年）。

与此相关的是对内隐社会认知即并非有意的想法的记忆。基于认知神经科学的研究，似乎有不同的记忆系统参与无意识材料的学习和遗忘（Amodio & Ratner, 2011）。而且，我们通常更容易记住我们社会群体中的其他人，和我们相似的人，也经历过的材料（如文字或绘画）。这种分享的经历使得材料在记忆中更加突出，更容易回忆起来（Shteynberg, 2010）。例如，如果和你的朋友谈论他们也看过的电影，相比于和没看过的人的交谈，你可能会回忆起更多的细节。音乐记忆也是如此，它关系到一个独立于语言记忆的系统，并专用于记忆我们自己文化中的音乐（Demorrest, Morrison, Stambaugh, Beken, Richards & Johnson, 2010）。

要点：总而言之，图式使我们能够有效地处理信息。它们引导我们注意和解释我们所感知的事物。这种材料的社会表征使我们能够理解和适应新的理念（锚定）和人，并以更具体的形式理解它们（客观化）。记忆是建构的，记忆的存储和检索被我们的图式和对现在的假设所引导，甚至改变。

解释水平理论与反事实思维

当我们思考人、事件或其他对象时，我们会根据它们的**解释水平**（construal level）自发地感知它们，也就是说，沿着心理上较远的距离到心理上较近的距离的连续统来感知它们。显然，坐在你旁边的人在心理上比坐在房间另一边、街道另一边或城市另一面的人更接近你。接收个人电子邮件在心理上比接收复制给众多收件人的同一封邮件更接近你。你可能会认为，对象或事件是与你个人相关的或与其他人——你身边的人、房间对面的陌生人或假设的其他人，所有这些人在心理上都离你越来越远——相关的。因此，心理距离，无论是空间的、时间的、假设的还是社会的，都根植于此时此地的现实之中。

根据解释水平理论（Trope & Liberman, 2010），一个物体、人或事件离我们现在的现实越远，我们就越能以抽象的方式"解释"或思考这个物体或事件。例如，如果你现在在牙科医生那里，现实是非常具体和直接的：椅子，牙科医生把工具塞进你的嘴里，钻头的声音，疼痛。这与我们如何理解几个月内的牙科预约或者你真的应该在某个时候、某个地方检查你的牙齿的模模糊糊的感觉形成了鲜明的对比。有的研究甚至表明，从心理距离思考事物可能会提升创新能力（Jia, Hirt & Karpen, 2009）。还有研究表明，当你在思考过去的事件时并且开始思考具体的东西时，你倾向于回忆起更多关于事件的细节——尽管不一定更准确。主试者可以通过指导受试者思考"事件发生的原因"（抽象的）和"事件是如何发生的"（具体的）来诱导抽象的或具体的思维（Kyung，Menon & Trope，2010）。

想想可能会发生什么

我们在精神上超越现实的一种方式是思考可能会发生什么，这就是**反事实思维**（counterfactual thinking）（图2.9）。我们可以考虑结果会如何不同（Roese，1997）。例如，想象一下你赢得了奥运会银牌。这很可能会激发反事实思维：你会思考采取不同的行动并赢得金牌。然而，如果你要赢得一枚铜牌，这很可能会激发你的思考：你的行为可能会导致你根本没有赢得奖牌。研究人员使用视频片段，受试者在宣布奖牌榜时对参赛者的情绪状态进行评分。事实上，令人惊讶的是，人们发现铜牌获得者比银牌获得者更快乐（Medvec，Madey & Gilovich，2002）："我本来可能一块奖牌都拿不到。"反事实思维会导致许多结果。如果你没有以50%的折扣购买打折商品，你就不太可能抓住机会以25%的折扣购买同样的商品，因为你的反事实思维集中在你错过的更好的交易上（Tykocinski & Pittman，1998）。

图2.9 反事实思维：如果你的马赢了比赛呢？
资料来源：Dennis Donohue/Shutterstock.com

当我们思考可能发生的事情时，我们可能会想象的结果要会比实际发生的事情更好（向上的反事实思维）或更糟（**向下的反事实思维**，downward counterfactual thinking）（Roese & Olson，1997）。例如，如果你在一门课程中获得"B"，你可能会想象它本来可能是"A+"或"C-"。每一种反事实思维都可以为我们的不同目的服务。向下的反事实思维，想象它可能会变得更糟，可以给我们一些解脱，让我们接受现实。如果我们发生了一场事故，造成了广泛的损失，想象有人本来可能受伤有助于平和地看待这件事。另一方面，向上的反事实思维可以激励我们采取行动来改善未来的结果。想象"A+"可能会导致我们做出一些改进。然而，反事实思维可能会导致后悔，即使我们会想象更糟糕的结果（Walchli & Landman, 2003）。在一项对进行了硅胶乳房植入的妇女进行的研究中，关于手术本来可能产生更好效果的反事实思维与术后调整不良有关（Parker, Middleton & Kulik, 2002）。

虽然向上的反事实思维可以激发积极的变化，但我们有时对自我提高抱有幻想。尽管屡遭失败和挫折，为什么人们还是坚持尝试着以某种方式改变自己？例如，尽管多次更换饮食都被证实是失败的尝试，但我们仍可能会坚持减肥。这种对反复失败后最终必将成功的不切实际的期望模式被称为**虚假希望综合征**（false hope syndrome）（Polivy & Herman, 2000, 2002）。失败使我们得出这样的结论：只要对我们的策略稍加修改，我们就能控制饮酒或吸烟，减掉体重并保持不变，平均分达到"A"，或者赢得锦标赛。这种模式会重复出现。

显然，有些自我改变是现实的，或者至少是可能的，也是合乎需要的。然而，我们必须从经验中学习，区分现实和不现实的自我改变目标。例如，我们倾向于低估完成一项任务需要多长时间（Buehler, Griffin & Ross, 1995）。虽然希望和乐观是改变的必要条件，但虚假的希望将成为一个障碍，阻碍随着时间的推移能够取得成功的改变。

要点：我们可以超越目前的现实去思考其他的可能性。我们从心理距离的角度来思考，越是切近，就越是具体；越是遥远，就越是抽象。我们也可以从可能发生的事情的角度来思考。向上的反事实思维唤起了事物如何变得更好的想法，并能激励自我提升。向下的反事实思维通过想象事情可能会变得更糟，为我们提供了解脱的办法。

快速推理

让我们现在回到快速思考的概念。我们必须经常做出判断，试图思考问题是不现实的。正如我们所见，我们是"认知的吝啬鬼"，往往会避免花费更多的时间和精力。在做出决定之前，我们永远不会收集关于课程、汽车或工作的所有相关信息。我们已经看到我们在归因时如何造成偏差，以及我们如何调用图式来感知和解释我们所看到和听到的东西。现在我们转向如何走其他认知捷径。

我们经常遵循某些不言自明的"规则"或**直觉**（heuristics），即指导我们对不确定事件做出决策的假设和偏见。一个这样的"经验法则"涉及医学诊断：医生被教导先考虑普通疾病,再考虑罕见病和外来疾病;当你听到蹄声时,你应该先去找找马,再去看看是不是斑马。在日常经验中,我们学习类似的规则,而没有被告知它们是什么。过去几十年的研究已经发现了很多这类直觉(Tversky & Kahneman, 1974)。这里是它们中的几种。

代表性直觉

假设你正在参观一家赌场,你记录了12次轮盘旋转的结果。你更可能观察到以下哪个序列(R = 红色;B = 黑色)?

| 1 | RBR BRB RBR BRB |
| 2 | RRR RRR BBB BBB |

从数学上讲,这两个序列发生的概率相同。然而,大多数人会选择第一个序列。在这个序列中,两种颜色交替出现,似乎"代表了"轮盘12次随机旋转的样子(Tversky & Kahneman, 1974)。**代表性直觉**(representativeness heuristic)是指根据事件看起来与典型案例有多相似来判断事件的可能性。虽然这看似合理,但过度依赖代表性作为经验法则会导致你忽略其他重要因素,如运气、基本概率信息和事件的独立性。这可能会导致强迫症赌徒的错误思维。这些不幸的人相信,即使别人赚不到钱,他们也能赚钱,坚持就会有回报。所以,如果你在轮盘赌桌上输了,坚持下去,平均法则会让你赢回来;如果你赢了,也要坚持下去,因为你"手气很好"。事实上,每一次掷骰子都是一个独立的事件。

现在,考虑下面的描述:"史蒂夫非常害羞和孤僻,总是乐于助人,但是对人或现实世界没有兴趣。作为一个温顺整洁的灵魂,他需要秩序和结构,并且热爱细节。"你能猜到史蒂夫是个农民、空中飞人艺术家、图书管理员还是外科医生吗?

如果你真的有一组个性测试分数,这些分数代表了不同职业的人,你就可以计算出史蒂夫是一名温顺的外科医生、害羞的空中飞人艺术家、热爱细节的农民等的可能性。然而,这需要通常无法获得的信息。代表性直觉为我们提供了一个快速简单的解决方案,我们只是估计史蒂夫在多大程度上代表了每个职业中的典型人物(原型)。我们可能会得出结论,史蒂夫最像图书管理员。现在,想象一下,你被告知史蒂夫的名字是从100个人的名单中提取出来的,其中只有10人是图书管理员。大多数人会忽略这个客观的"基本概率"信息,即他只有10%的机会成为图书管理员。他们仍然会认为史蒂夫是一名图书管理员(Tversky & Kahneman，1973）。

在对这个原则的一次戏剧性的演示中，受试者观看了一段心理学家采访狱警的录像带。对于一半的受试者来说，狱警对囚犯表达了非常敌视的态度，而另一半则看到狱警对囚犯表达了更加乐观、人道的态度。每一组中都有一些人被告知这位狱警是监狱看守的典型，另一些人被告知这位狱警是非常不具有典型性的，还有一些人则没有被告知这一点。受试者随后回答了一份关于狱警的问卷。那些观看了采访和善狱警的视频的人对狱警总体上表现出更积极的态度，即使这个狱警被认为是不具有典型性的（Hamill，Wilson & Nisbett，1980）。他们忽略了基本概率信息，并依赖于他们接触的一个例子来做出结论。

最后，考虑两个不同的物体是价值相等的样本的情况，例如相同价值的硬币或钞票。对美国受试者的几项研究表明，他们认为1美元钞票比最近推出的1美元硬币更有价值，而当涉及钞票的时候，他们高估了他们手中拥有的钱（Tessari，Rubaltelli，Tomelleri，Zorzi & Pietroni，2011）。显然，至少在这种情况下，这两种具有同等客观价值的货币对消费者来说代表着不同的实体——一张美元钞票对他们来说确实代表着真正的美元！

易得性直觉

在英语中，以字母K开头的单词和以K作为第三个字母的单词，哪个更常见？事实上，在英语中，K是第三个字母的单词（例如，awkward、like、bake）数量是K是第一个字母的单词（例如，king、know、keep）数量的两倍多。然而，大多数人错误地估计更多的单词以字母"K"开头，仅仅是因为更容易想到这样的例子（Tversky & Kahneman，1982）。出于各种原因，我们习惯于用单词的首字母来思考单词。这体现了**易得性直觉**（availability heuristic），最重要的认知"规则"之一（Tversky & Kahneman，1974）。这看似简单：如果某件事很容易浮现在脑海中，我们倾向于假设它可能是真的，并使用它来判断事件的可能性。

想想当人们沮丧并且倾向于消极看待生活的时候。当被要求预测他们生活中的未来事件时，他们更有可能想象负面事件会发生在他们身上，因为这些事件对他们来说更容易认知到（Vaughn & Weary，2002）。易得性直觉的另一个例子是，我们倾向于受到极端例子的过度影响，这也是因为它们很容易被人们想到。例如，名声会影响我们对人的判断（McKelvie，2000年）。被要求根据病历提供诊断的临床医生会受到他们最近遇到的病例的影响（Schwartz，1994），教师会利用类似学生的现有记忆来预测当前学生的表现（Jussim，Madon & Chatman，1994）。

易得性直觉也影响业务决策。例如，有人（Kliger & Kudryavtsev，2010）研究了分析师的买卖建议对股市活动的影响。他们发现投资者过于重视股票价格目前是上涨还是下跌（最容易获得的信息），而较少重视分析师报告中的其他信息，如他们的实际买卖建议和他们对金融风险的估计。近年来世界市场的剧烈波动无疑在某种程度上反映了市场投资决策中易得性直觉的影响。

启动与可得性

引发认知可得性被称为**启动**（priming）。假设我们刚刚看了一部涉及婚姻冲突和严重出轨的悲伤电影，然后我们遇到了搬到隔壁的新人。看过那部电影后，我们是否更有可能注意到他们之间的紧张迹象，或者将他们的紧张解释为婚姻问题，而不是搬家带来的疲劳？研究证据表明，情况往往如此。一个关于婚姻问题的图式已经被激活或"启动"，我们可以用它来解释事件。另一方面，如果我们刚刚看了一部展示激情婚姻爱情的电影，我们可能会注意到、解读和记住关于我们新邻居的非常不同的信息。

在一项精心设计的实验中（Srull & Wyer，1980），男性和女性受试者被指导用四个词来构建句子。一些词语集合包含着敌意的内容或建议（例如腿、断、手臂、他的），而其他的词语集合仅包含中性内容（例如她、发现、知道、我）。对于一组受试者来说，50组中有15个集合暗示敌意，而对于另一组，35个集合暗示敌意。目的是用35个表达敌意的词语集合在受试者组中引发一个记忆类别，即"敌意"。然后，当受试者阅读一段描述陌生人在敌意方面的中性行为的段落时，这种启动的效果就显现出来了。受试者被要求根据一些特征对陌生人进行评分，其中之一就是敌意。一些受试者在启动后——一些在大约24小时后，另一些在大约一周后——被告知关于这个人的信息。不同的受试者从收到信息到给陌生人打分的时间间隔也不同：无延迟、24小时延迟或一周延迟。因此，比如说吧，一些受试者在启动后立即收到信息，并在24小时后给这个人打分，而一些受试者在启动后24小时收到信息，并在一周后给陌生人打分。

结果证实了两个预测，并包含了一个惊喜。正如预期的那样，得到35个敌意词语集合的受试者比得到15个敌意词语集合的受试者更倾向于认为同一陌生人有敌意，从而证实了启动对范畴可得性的影响。同样如预期的那样，当信息被立即接收时，启动效应比延迟时更大。然而，令人惊讶的是：当收到信息（关于目标人的段落）和对陌生人做出判断之间有相当长的间隔时，启动的效果最大。一旦敌意的范畴被启动并感知到，受试者就形成了他们对这个人的最初印象，后来就记得这个人比他或她之前出现的时候甚至更加有敌意。

表 2.1　社会中的直觉推理

关于认知直觉的研究已经走出了实验室，扩展到了一些现实生活中的情况和应用场景。以下是几个例子：

代表性
- 在遗传咨询中，有一个异常孩子的父母高估了有另一个异常孩子的可能性（Shiloh，1994）。
- 精神病学家和临床心理学家倾向于根据疾病原型而不是使用既定的诊断标准进行临床诊断（Garb，1994）。
- 在量刑时，法官倾向于将他们面前的被告与原型罪犯相匹配（Lurigo, Carroll & Stalan，1994）。

可得性
- 人们根据媒体最近提及各种原因的频率来判断他们死于各种原因的可能性——这可能与真实风险相一致，也可能不一致。例如，死于汽车的人比死于飞机的人多，但是大多数人认为航空旅行风险更大（Lichtenstein, Slovic et al.，1978）。
- 人们可以根据一个显著的症状（如肿块）来判断疾病，而忽略不存在可识别症状如高血压的健康问题（参见第十五章）。
- 医生受到他们最近遇到的病例的影响，并得出当时想到的诊断结果（Schwartz，1994）。更多细节详见第十五章。
- 教师利用类似学生或兄弟姐妹的记忆来预测特定学生的表现（Jussim, Madon & Chatman，1994）。

错觉相关
- 人们普遍认为，妇女的情绪状态和月经周期之间有关系。虽然在特定情况下这可能是真的，但所有或大多数妇女都患有月经前不快症（PMS）的假设则是错觉。例如，当女性被要求写日记时，易怒和抑郁在经期前或经期通常不会增加，但是当被要求回忆以后，她们报告说她们遭受了与月经有关的情绪波动（McFarland, Ross & De Courville，1989；Nisbett，1980）。
- 我们在偏见中看到这种影响。例如，被一个服务员粗鲁对待会导致游客谴责该城市的所有服务员，甚至整个国家（Spellman & Holyoak，1992）。更多细节详见第十三章。

模拟直觉

我们有多乐意想象各种场景来推测接下来会发生什么呢（Kahneman & Tversky，1982）？例如，假设克莱恩先生和迪斯先生被安排在同一时间离开同一机场，但乘坐不同的航班。两人在去机场的路上遇到了同样的交通堵塞，并在航班预定起飞时间 30 分钟后才到达。克莱恩先生被告知他的航班准时起飞，而迪斯先生被告知他的航班延误了，但在他到达之前 5 分钟离开了。谁会更难过？大多数人会回答说，迪斯先生更沮丧，因为我们无法想象克莱恩先生会赶上航班，而迪斯先生很可能会赶上。模拟直觉使我们能够想象"要是如何如何就好了"的情况,这解释了我们对差点就发生的事情、事后诸葛和其他挫折的反应。当然,你已经正确地将这个原则与我们之前关于反事实思维的讨论联系起来了,不是吗?

错觉相关

正如我们在前面讨论归因时所指出的,我们倾向于注意到共变事件,即那些同时发生在我们的社会世界中的事件,并认为它们应归属在一起。然而,当我们倾向于夸大"一起出现"的事物之间的表面关联时,**错觉相关**(illusory correlation)是显而易见的。例如,在一项实验中,受试者被展示成对单词,然后被要求评估每对单词出现的频率。尽管所有的词对显示的次数相同,但受试者倾向于高估似乎属于同一类的词对的频率,如"培根—鸡蛋"和"老虎—狮子"(Chapman & Chapman,1969)。

来自外群体的人"都一样"这一判断所隐含的假设是错觉相关直觉的一个生动的例子,也是刻板印象的基础(Barkowitz & Brigham,1982;Hamilton & Gifford,2000)。想想媒体如何通过错觉相关来助长偏见。例如,如果一个精神病患者杀死了一个名人(例如约翰·列侬),或者如果一个坚持某些宗教信仰的小团体犯下了恐怖主义行为,许多人可能会得出一个错误的结论,即精神病或宗教信仰与暴力行为相关。当然,这种看法忽视了这些群体中发生暴力的基数很低。我们将在第十三章再来探讨这个话题。

虚假普遍性效应

虚假普遍性效应(false consensus effect)意味着,我们容易认为自己的态度和行为是典型的,因此,我们倾向于假设与我们相似的其他人会持有和我们一样的态度,做出同样的决定和行为。例如,在一项实验中(Ross, Greene & House,1977),学生们被要求戴着一个大的广告牌在校园里走30分钟,上面用潦草的字写着这样一条信息:"到乔家饭店吃饭。"一些人同意去,一些人拒绝去,但是两个人群后来都估计校园里的其他学生有超过三分之二会做出和他们一样的决定。还有研究表明,受试者高估了其他人有相同吸烟习惯和持有相同政治态度的程度(Sherman, Chassin, Presson & Agostinelli,1984;Fields & Schuman,1976)。当然,这种直觉是有限度的。我们可能希望看到自己在某些非常积极的属性上是独一无二的,因此会低估拥有这些理想属性的人数(Campbell,1986)。例如,一些重视自身保养、锻炼身体、吃健康食品等的人低估了社会中以类似方式行事的实际人数(Sul, Wan & Sanders,1988)。

专栏2.2 基于研究的观察：心理学、商业和经济学

古典经济学建立在效用理论之上，假设人们、企业和政府都是理性的，做出的选择将使他们的收益最大化和/或损失最小化。当然，这意味着系统2思维，即自觉的、理性的意识系统。其他经济学家和社会心理学家对人们是对自我利益有着清晰明确的认识的理性行为者的假设提出了质疑。事实上，行为经济学的前提是人们做出的决策往往违背他们自己的最大利益（Lambert, 2012）。例如，我们个人的经济决策可能包括支付员工恰当的工资，压缩我们的工作量以便花更多的时间和家人在一起，以及购买更昂贵的汽车品牌。

社会/认知心理学家丹尼尔·卡尼曼（Daniel Kahneman, 2011）因其在行为经济学中的"快速思维"和认知直觉方面的开创性工作获得了诺贝尔经济学奖。他回顾了在以色列的早期经历：那时，根据15分钟的非正式面谈，以色列国防军的新兵被分配到各个单位和岗位。事实证明，这种做法败得很惨，但由于对此抱有希望的人的"有效性错觉"，它仍然还是继续存在着。我们都相信从自己的经历中所学到的东西，并自信地根据这些经验做出判断。

例如，想一想一种叫捐赠效应（endowment effect）的直觉。与熟悉的物品告别，比如扔掉一条旧牛仔裤，赠送一件受欢迎的玩具，出售自己的家，在情感上可能会很困难。研究清楚地表明，相比于自己没有的东西，人们更看重自己拥有的东西，即使这些东西缺乏情感价值。例如，如果他们得到一个咖啡杯，然后提出用它换一个价值大致等同的巧克力棒，他们会倾向于拒绝；同样，如果他们得到了巧克力棒，他们也不愿意把它换成咖啡杯。如果我们更看重咖啡杯，因为它是我们的，那么我们将这种交换视为我们损失了咖啡杯，而不是获得了巧克力棒（Kahneman, Knetsch & Thaler, 1990）。这种对损失的厌恶超过了获得的快乐，并在各种各样的情境中体现出来，包括交换等价的葡萄酒瓶（Van Dijk & Van Knippenberg, 1998）。然而，为了避免我们对人性妄下结论，不妨考虑一系列研究的结果（Maddux, Yang, et al., 2010）。在这些研究中，西方背景（加拿大、美国）的受试者比中国背景的受试者表现出更强烈的捐赠效应。

企业家，特别是成功的企业家，是否有不同于其他人的想法？为了抓住时机，企业家必须在经常更新、不可预测和复杂的情况下迅速开展工作。在这一章中，我们看到人们通过运用认知直觉来处理这种情况，从而实现快速决策——但也有可能产生不幸的偏见。例如，企业家往往对自己的判断非常自信，也许是过于自信。他们也倾向于利用代表性直觉，即从小型的非随机样本中概括出来一般结论（Busnitz & Barney, 1997）。因为他们往往过于自信和乐观，他们不太可能进行反

事实的思考——想象本来可能会发生什么（Baron，2000）。巴伦（2000）指出，由此产生的后果喜忧参半。一方面，反事实思维可能会产生负面情绪，可能会干扰注意力和活动能力。另一方面，反事实思维使人们能够理解为什么会出现负面结果，并从错误中吸取教训。

谁能成为成功的企业家？许多研究提供了一系列特征：远见和干劲、筹集资金的能力、财务和管理技能、雄心壮志、自我效能、乐观、自信、承担可预计到的风险的意愿、延迟满足的能力，当然还有努力工作的意愿（VandenBos & Bulatao，2000）。巴伦（Baron，1998，2000）将一系列技能概括为创造性的社交能力，与他人相处的能力，有效和有说服力的互动能力。

有限理性

很重要的一点是要明白，我们既不是在任何情况下都能保持理性的存在，也不是非理性的"认知的吝啬鬼"，从而总是在做决定时走捷径。相反，鉴于我们处理信息的思维局限和现有条件，我们会寻求最佳方案：我们有多少信息，又有多少时间？换句话说，我们不认为使用直觉规则就是懒惰，而是认为它们是理性的，是为满足我们的环境和我们的生活提出的需求而进化的。吉格仁泽（Gigerenzer，2010）认为，我们是认知的优化者，而不是认知的吝啬鬼。

例如，考虑医生如何做出诊断和治疗的决定（Gigerenzer & Gray，2008）。不妨设想这样一种情况：一个因为胸痛而挂急诊的病人住了院，可能是心脏病发作了。此前，研究人员曾编制了一份由50个测试结果、指标和症状组成的、表示心脏病发作的列表，并向急诊医生提供了这份列表和一个计算器，以便利用公式将这些信息综合起来算出一个结果。有了这一公式，医生们承认，没必要进入重症监护室的病人要少得多。后来，当医生回到他们的诊室时，虽然没有计算器，同样的改进却也是显而易见的。医生记不住涉及50个指标的复杂公式。相反，他们知道自己的经验告诉他们的最重要的标准——在大多数情况下只有三个——而忽略了其余的标准。换句话说，医生们知道应该采用他们自己的"短平快"决策公式，并且取得了成功。

再考虑一个例子。美国哪个城市人口较多：底特律还是密尔沃基？美国和德国的学生被问到这个问题，这两组学生都没有多少人能回答正确（正确的答案是底特律）。然而，德国学生回答正确的比例更高（Gigerenzer & Brighton，2008）。这是为什么呢？大多数美国学生对这两个城市都有些熟悉，但是很少德国学生听说过密尔沃基；因此，他们依赖他们所知道的城市，至少是名声在外的城市。简而言之，他们应用了一个直觉规则，即识别直觉（recognition heuristic），即在不确定的情况下，在两个以上的事物之间进行选择时，信赖知道的事物在某种程度上更重要。当然，广告商都了解知道品牌名称有多重要。

要点：在快速思维中，我们会利用隐而不宣的规则或直觉作为认知捷径。我们可以通过事物表面上对典型情况的代表程度来判断事物的可能性，而忽略基数信息。我们倾向于采用容易想到的东西，尽管这可能是极端或不寻常的事情。当事件事先被启动的时候，情况尤其如此。如果我们能想象或模拟一个事件或物体，它会对我们产生更大的影响。我们受到同时发生的物体或事件之间错觉相关的影响。我们倾向于采用自己的行为和自己对他人的期望之间存在的虚假普遍性。我们充其量不过是认知的优化者，而不是认知的吝啬鬼：我们利用自己在一定条件下拥有的最佳信息来做出决策。

思维的综合复杂性

人与人之间在认知风格和如何理解他们的社会世界上也存在差异。人们之间认知风格的一个重要差异是个体信息处理的**综合复杂性**（integrative complexity）。综合复杂性高的人倾向于开放和灵活，能够整合不同的视角。另一方面，复杂性较低的个体倾向于相当的僵化和封闭，并且不能整合不同的视角。例如，高度复杂的人可以在同一个人身上看到积极和消极的一面，因此可能会看到这个人既是一个令人钦佩的音乐家，又是一个和其他人相处不愉快的人。低复杂度的人会倾向于简单地将某人视为好人或坏人、朋友或敌人。

人们的综合复杂性低是因为他们无法以更复杂的方式思考，还是因为他们更喜欢以不那么复杂的方式思考？在一系列的研究中，人们被鼓励拓宽他们对问题的思考，比如将一个人的宗教信仰与一个孩子的死亡相调和。给他们提出的建议包括寻求妥协而不是简单地选择一种或另一种，寻找解决问题的替代方法，以及寻找可能成为不同方法基础的整体哲学。一般来说，当被鼓励时，受试者能够增加他们思维的综合复杂性（Hunsberger, Lea, et al., 1992）。宗教原教旨主义似乎与在存在问题上缺乏综合复杂性有关（例如，将对上帝的信仰与人类的悲剧相协调），但这并没有推广到其他问题，如就业与环境（Hunsberger, Pratt & Pancer, 1994; Pancer, Jackson, et al., 1995）。因此，在相当大的程度上，综合复杂性似乎代表了一种选择或思维方式。

彼得·聚德菲尔德（Peter Suedfeld）以有趣的方式利用非实验证据探索了信息处理的这个方面。在一项研究中，一些革命领袖的著作被按照复杂性编码，以便比较革命发生前后的情况（Suedfeld & Rank, 1976）。需要验证的假设是，在革命斗争中，领导人必须相对果断，一心一意追求革命性变革的一个目标，而在革命成功后，新政府的领导人必须在理解和沟通方面更加复杂。结果是惊人的：与失去影响力的领导人（如托洛茨基、切·格瓦拉）相比，革命后仍然很有影响力的领导人（如列宁、斯大林、卡斯特罗、杰斐逊）显示出这种向更复杂方向的转变。在另一项档案研究中，研究人员在美国内战、第二次世界大战和1990年第一次海湾战争的领导人讲话中对综合复杂性进行了编码。他们发现，在所有情况下，低复杂性往往与宣战决定有关（Conway, Suedfield & Tetlock, 2001）。

其他的档案研究已经研究了处于不同人生阶段的人的综合复杂性（Suedfield & Bluck, 1993）。其中的一项研究探究了名人信件中的综合复杂性和生平重大事件的关系，这些事件既有正面的（如婚姻、加冕、主要书籍出版、当选或获得任命），也有负面的（配偶的死亡、政治上的挫败）。在这项研究中，综合复杂性的提高回应的是负面生平经历，而不是正面事件。在另一项研究中（Suedfield & Piedrahita, 1984），研究人员对公开的一些名人在生命最后十年里的信件进行了编码（例如，刘易斯·卡罗尔、劳伦斯、弗洛伊德、李斯特、普鲁斯特、维多利亚女王）。那些长期患病后在风烛残年死亡的人在其生命最后的四年中，综合复杂性逐渐下降。然而，那些意外死亡的人在其最后一年里却显示出综合复杂性的急剧下降，而不管他们的实际年龄如何。聚德菲尔德和彼德拉伊塔（Suedfield & Piedrahita, 1984）推断说，在死亡之前的时期，综合复杂性的下降可能会作为"死亡的暗示"自然而然地出现。当然，还需要更多的证据来支持这种有趣的解释。

要点：人们的综合复杂性即他们的思维开放和灵活的程度是各不相同的。档案数据显示，情境因素对综合复杂性有很大影响。

结语

思考以下悖论。对人们来说，理解他们生活中的人、事件和情况很重要。当然，理解任何事情的最好方法都是收集尽可能多的信息，并仔细地和合理地思考。然而，因为要处理的信息太多，时间太少，我们很少以最佳方式行事。我们必须弄清楚发生了什么，决定该做什么，然后采取行动。虽然认知捷径可能导致错误，但事实上它们可以被视为人类功能中的力量和创造力的来源（Bargh & Chartrand, 1999；Wegner & Wheatley, 1999）。他们允许我们超越获得的信息，填补空白，做出推论、猜测、预感。与被迫遵循精确定义的规则（算法）的计算机不同，人们基于不完整的信息进行推理的跳跃。事实上，在人工智能领域，计算机通过与人类智能相同的认知捷径被"教导"推理（Newell & Simon, 1972）。

内容概要

1. 思维过程的双过程模型表明，我们可以快速而自动地思考，也可以有意识地和审慎地思考。总的来说，人们是认知的吝啬鬼，寻求更容易、更快速的思维方式，除非是迫于情境或受到情境的影响。

2. 我们使用自己对个人特质的诸印象的大致均值来形成对他人的第一印象，其中，那些对我们而言最重要的特质被赋予了权重。

3. 我们的印象因为倾向于从正面看待他人而发生偏差，但在形成整体印象时，我们更容易受负面信息的影响。

4. 我们会把自己关于人性的个人的和文化的假设带到我们对他人的看法中。

5. 我们经常寻找原因（归因）来解释为什么人们会这样做，为什么会出现某些结果。当找到一个合适的解释时，我们倾向于忽略其他可能性，而且，我们更容易认为一起发生的事件具有因果关系。

6. 在归因时，我们要选择究竟是人还是情境导致了行为。

7. 在一个事件中，当一个人自由行动，行为产生的后果非同寻常或不符合一般的社会规范时，我们得出结论：行为同那样做的性格是一致的。当我们有更多关于这个人在其他情境下对别人的行为以及别人对这个人的行为的信息时，我们会把这一点纳入考虑之中。

8. 在我们对成功和失败的归因中，我们决定成功或失败是由行为者（内部）引起的还是由情境（外部）引起的，原因是稳定的还是随着时间的推移而变化的，以及事件是否可由行为者控制。

9. 我们的归因会受到几种偏差的影响，特别是，我们会高估人在引起行为中的作用，而忽略情境的影响（一致性偏差）。文化在减少这种偏差方面起着重要作用。我们也可以用自利的方式解释行为和结果，成功了就归功于自己，失败了就指责别人。

10. 我们倾向于相信自己周遭的环境是可控的，生活通常是公平的或"公正的"，这导致我们去寻找不可控事件发生的意义，并归咎于受害者的运气。

11. 受文化偏差的局限，归因理论无法从因果角度思考。

12. 为了节省认知花费的工夫，我们从类别或图式的角度思考人、事件和我们自己。图式在我们的头脑中经常被典型的例子所代表，并可能成为僵化的刻板印象。图式指导我们应注意什么，如何解释新信息以及记忆什么和如何记忆。

13. 解释水平理论指出，我们如何看待具体或抽象形式的人和事件取决于他们（它们）在时间、空间和关联性上和我们的心理距离。一种抽象是反事实思维，借此，我们可以考虑另一种可能性。

14. 为了促进快速思维，我们应用了一个隐含规则，也就是"直觉"——一种认知捷径。在做出判断时，我们经常忽略关于基数的信息，并奉"典型"为准则，夸大事件之间的关系（错觉相关），高估其他人同我们相一致的程度（虚假普遍性效应），并使用当时容易想到的东西。相较于同等价值甚至更高价值的替代品，我们也倾向于更看重我们拥有的东西（捐赠效应）。

15. 人们思考时采用相对简单还是相对复杂的方式的程度不同。

拓展思考

- 什么是社会认知的双重过程模型？你将如何把这个模型应用于我们如何看待和思考他人？
- 我们处理社会世界信息的能力受到我们在这项任务中带来的偏差的强烈影响。这些偏差如何影响我们对人们行为原因的思考？
- 我们被描述为"认知的吝啬鬼"，尽可能少花时间和精力去了解我们生活中的人和事。我们吝啬的本性是以什么方式表现出来的？我们什么时候对自己的想法变得更加"小心翼翼"？

延伸阅读

Fiske, S. T. & Taylor, S. E. (2008). *Social cognition: From brains to culture.* Boston, MA: McGraw-Hill. 这是对这个新兴领域的更新的和巧妙的概述，它将社会认知、社会神经科学和文化的作用熔于一炉。作为这个主题的介绍，这本书是不可或缺的。

Forgas, J., Williams, K. D. & Wheeler, L. (2001). *The social mind. Cognitive and motivational aspects of interpersonal behavior.* New York: Cambridge University Press. 这部有趣的著作整合了关于我们与他人相处的策略如何受到自己如何解读和解释社会世界的方式的影响的研究。从某些方面来说，这已经过时了，但仍然有用。

Gilovich, T., Griffin, D. W. & Kahneman, D. (2002). *Heuristics and biases. The psychology of intuitive judgments.* New York: Cambridge University Press. 这本书是关于这个主题的权威评论。它里面满是各种对实际生活的启示（注：作者丹尼尔·卡尼曼因在这一领域的工作获得了诺贝尔奖）。

Kahneman, D. (2011). *Thinking, fast and slow.* New York: Farrar, Straus and Giroux. 这本书是一部重要的和开创性的综述，以娓娓道来、浅显易懂的笔触概括了构成我们认知捷径的各种直觉和偏差。作为一本学术著作，它在一些国家进入畅销书排行榜。

Kunda, Z. (1999). *Social cognition: Making sense of people.* Cambridge: MIT Press. 这是学生易于理解的一份关于研究和理论的全面综述，包含基本的过程、在诸如了解自己和形成偏见等问题上的应用，以及一些跨文化观点。

Roese, N. J. (2005). *If only. How to turn regret into opportunity.* New York: Broadway Press. 这是关于反事实思维及其优势和缺陷的一份生动而有趣的研究，并提供了关于个人

改变的建议。作者是研究这个主题的先驱。

Spencer, S. J., Fein, S., Zanna, M. P. & Olson, J. M.（2003）."Motivated social perception. The Ontario Symposium"（Vol. 9）. Mahwah, NJ: Erlbaum. 这是一系列关于我们的动机、目标和保持自尊的需要如何影响我们理解世界的方式的前沿论文。这些章节合在一起,为看到的是我们想要看到的这一假设提出了洞见。

Personality and Social Psychology Review（1999）3（3）. 本期杂志专门刊登了关于恶行的心理学研究。

网页链接

http://www.socialcognition.eu,这里提供了欧洲研究这一领域的资源的一份有用的简编。

http://www.princeton.edu/~kahneman/multimedia.htm,这里提供了一份非常有用的丹尼尔·卡尼曼文集和讲义集。

第三章　社会自我

最要紧的是忠实于自己。

——威廉·莎士比亚《哈姆雷特》第一幕第三场

学习目标

- 理解我们是如何通过私人反省和与他人比较来了解自己的
- 理解将自己认同为男性或女性意味着什么
- 理解自我控制的过程和局限性
- 了解我们如何从自己会怎样或应该怎样的角度来评价自己以及高自尊和低自尊的意义
- 理解文化如何影响我们对自己的评价
- 理解我们如何创造和管理别人对我们的印象
- 解决我们是寻求高自尊还是对自己的真实印象的问题

纳尔逊·曼德拉（Nelson Mandela, 1994）在自传中追溯了他是如何理解自己和自己的身份的。终其一生，他被传统非洲社会和欧洲白人社会的对立所牵引。出生时，他的名字是罗利拉拉（Rolihlahla），在科萨语中字面意思是"拉树枝"，但有"麻烦制造者"的口语含义，预示着他一生中将掀起许多风暴。拥有传统非洲社会贵族背景的他被送到了一所西方学校，并在那里表现出色。16岁时，他受了以割礼仪式为标志的传统科萨式成人礼。随后，他就读于一所基督教大学，该大学由白人管理，致力于为当时种族隔离制度下的非洲精英提供高等教育。

在大学的最后一年，他听到了一位被他称为"划过夜空的彗星"的伟大科萨诗人克朗恩·麦哈伊（Krune Mqhayi）的演讲。由于那次经历，他对自己的南非黑人文化产生了强烈的自豪感。法学院毕业后，他开始在约翰内斯堡一家著名的白人律师事务所从事文书工作，这对于彼时彼地的黑人来说是一个不寻常的机会。

虽然他的法律培训进展迅速,但他遇到了许多种族主义侮辱和有辱人格待遇的事件。愤怒促使曼德拉投身政治,开始为黑人解放事业而奋斗,尽管他在白人主导的体系中成功地做了律师。他把自己的生活描述为在两条不同的轨道上奔跑——一方面致力于解放斗争,另一方面追求律师的职业生涯。

图 3.1　南非的纳尔逊·曼德拉
资料来源:@ Renata Sedmakova/Shutterstock.com

最终,曼德拉的政治活动导致了戏剧性的审判,他被判叛国罪,并被当局监禁了 27 年多。在这漫长的监禁期间,曼德拉的信念没有消退,他成为解放运动的永久象征。最后,该国的白人领导人出于历史、经济和正义的需要而释放了他。曼德拉和他的伙伴随后协商制定了一部新宪法。这部宪法结束了种族隔离制度,并使该国占据人口多数的黑人获得了权利。曼德拉当选总统后,主张不进行报复,而是通过和解建立一个新的多种族合作型社会。1993 年,他被授予诺贝尔和平奖。1999 年,在完成了总统任期并监督了继任者的自由选举之后,曼德拉下台,成为一名受人尊敬的退休政治家,直到 2013 年 12 月 5 日去世。

为了争取和平和人民的自由,曼德拉不得不牺牲自己选择的职业、家庭生活和27年的生命。我们如何描述他？他来自科萨望族，受过欧洲传统的教育，是律师、丈夫和父亲，也是自由战士、囚犯、政治领袖和受人尊敬的退休政治家。虽然所有这些角色都是他的一部分，但在他生命的不同阶段，一些角色会由于环境的因素而变得更加突出。

前一章讨论了人们如何理解他们的社交世界——他们如何形成对人的印象，推断人们为什么会这样做（归因），构建图式并应用影响他们与他人互动的直觉经验法则。本章集中讨论相似的社会认知过程如何应用于我们生活中一个非常重要的对象：我们自己。虽然"自我"这个概念是我们常用的，但令人惊讶的是很难定义它。我们如何定义自己？很明显，它包括我们的躯体，我们的信仰和感情，我们的经历，以及我们的社会身份：我们的名字，不同团体的成员，社会角色。这意味着对我们来说至关重要的东西，这是使我们作为独一无二的个体的关键。我们可以通过与他人的关系，我们的行为，甚至我们拥有什么来表达我们是谁（Haggard & Williams, 1992）。例如，参加交响音乐会可能与我们的自我概念——有教养和喜欢交往志同道合的朋友——有很大的关系，也可能与我们对音乐的享受有很大关系。

想象一下，如果有人问"你是谁？"你如何完成"我是＿＿＿＿＿＿＿"这句话。因为你是一个生活在复杂世界中的复杂的人，你可以用许多方式回答这个问题（试试吧！）。你答案的总和可以定义你自己独特的自我概念。然而，虽然你自我概念的具体内容是独一无二的，但是对大多数人来说，自我概念的整体组织是相似的。当伦奇和黑夫纳（Rentsch & Heffner, 1994）向大学生提出"你是谁"的问题时，他们发现受试者根据八个范畴来定义自己。其中一些范畴涉及个人属性，如人际特征（"我是学生"或"我约会很多"）、兴趣（"我喜欢心理学"或"我喜欢芭蕾"）、个人信仰（"我反对堕胎"或"我总是投票支持更保守的政党"），以及自我意识（"我是个好人"或"我很容易受伤"）。其他人提到了我们在社会环境中的定义，例如被赋予的特征（"我是一个女人"或"我是新加坡的华裔公民"），或者社会分化，我们与其他人的不同（"我来自另一个国家"）。这里的重点是，"我是谁"对我们有很多意义。

在本章中，我们首先讨论作为一种图式的"自我"概念，并探讨我们如何通过思考自己和比较自己与他人来"了解自己"。我们将特别注意如何认识作为女人或男人的自己。然后，我们转到如何评价自己的相关问题，以及自尊这个关键问题。接下来，我们讨论我们如何调节自己，展现自我控制。我们考察文化在这一领域的作用，审视我们如何向他人展示自己，以便"管理"他人对我们的印象。最后，我们解决一个表面上的矛盾：我们想诚实地了解自己（让其他人接受我们本来的样子，无论是积极的还是消极的），但我们也想让自己感觉良好。请注意，在我们自己的经历如何受到他人影响这一研究领域，社会心理学家一直站在前沿（Olson & Hafer, 1990）。

自我图式及其影响

正如第二章所讨论的，图式是一组有组织的、指导信息处理的关于人和事件的信念和感受。你的自我图式包含你了解、思考或感受的关于自己的一切，你对自己的形象和记忆，甚至是你想象的未来自己可能变成的样子。这些个人自我图式在许多方面有所不同，例如随着时间的推移，它们在明晰性、复杂性和一贯性方面会出现差异（Campbell et al., 1996）。

自我图式就像一个向导，帮助你处理相关信息（Markus, 1977）。重要的是要明白，仅仅衡量你对某个特征如何评价是不够的。例如，你既可能会将在社会心理学领域中得分75%解释为一项成就，也可能将其解释为平庸的结果，这取决于你是否认为自己是一名初露头角的心理学家，以及高分对你有多重要。人们对信息的反应因其与自我图式的相关性而不同（Markus, Hamill & Sentis, 1987）。

像其他图式一样，自我图式整合了信息、信念、记忆和印象。你的自我图式不仅包括你如何评价自己的各种特征，还包括你认为哪些特征对你很重要。你会用什么特征来描述自己呢？例如，约翰和琼都认为自己聪明且循循善诱。对约翰来说，智力是核心，他用这一类术语描述自己。当被问到时，他也会承认自己循循善诱，但这并不是他如何定义自己的关键。另一方面，琼是一名领导者，说服他人是她如何定义自己的核心。如果被问及，她也会对自己的智力给予高度评价，但是当被问及如何描述自己时，她会提到说服力，而不是智力。约翰在智力方面是有图式的，在说服他人的能力方面是**无图式的**（aschematic）即没有图式的，而琼在说服他人的能力方面是有图式的，在智力方面是无图式的。

在一项研究中，人们被要求按照从独立性到依赖性的维度来评价自己，并指出这种特质对他们有多重要（Markus, 1977）。几周之后，研究受试者被展示了包含各种单词的幻灯片，并被要求按下标记为"我"的按钮（如果适用于他们），或者按下标记为"不是我"的按钮（如果不适用于他们）。那些自我图式包括独立性—依赖性在内的受试者对与该维度相关的单词（例如"顺从"）做出决策的速度更快。因此，自我图式帮助他们更快地处理信息。自我图式强调男性气质的男子认为举重或观看职业体育赛事等活动比吃苹果或播放音乐等温和的、中性的活动更重要（Markus, Smith & Moreland, 1985）。

自我图式也会影响记忆（Rogers, Kuiper & Kirker, 1977）。我们会将新的自我相关信息与事先编码的信息的丰富存储联系起来，因此，我们的自我图式为我们提供了更多的检索线索。当年长的受试者被引导接受关于老年的正面刻板印象（如睿智）而不是负面的刻板印象（如无能、痴呆）时，他们实际上在记忆测试中表现更好（Levy，1996）。

自我参照效应（self-reference effect）（Kihlstrom et al.，1988）指的是这样一个事实，即当个人能够将信息与自己联系起来时，他们会更好地记住信息。例如，如果你认同这个角色，你会较为牢固地记住电影对白，你也会较为深刻地记住社会心理学课程中与你自己经历相关的部分。理由是你对自己有一套广泛而复杂的知识、经验、形象和信念，其中任何一个都可能与这些信息相关联。事实上，人们把更多的特征归于自己，而不是别人，他们甚至可能把明显相反的特征归于自己，比如"严肃"和"无忧无虑"，或者"激烈"和"平静"（Sande，1990）。似乎长期孤独的人有一种消极的自我图式，这使得他们有选择地关注与这种自我图式一致的消极信息，并将其记忆下来（Frankel & Prentice-Dunn，1990）。

回想上一章，一个图式可以通过启动来激活。某些情况可能会唤起自我意识：在镜子里看到自己，拍照或在一个听众面前演讲（Duval and Wicklund，1972）。这种对自我的关注会导致自我评价，通常会带来不愉快的情感后果。人们的反应可能是离开这种情境——远离镜子，避开观众——或者通过改变他们的行为来减轻负面自我评价带来的不适（Gibbons & Wicklund，1976）。顺便说一下，有趣的是，酒精的一个作用是降低自我意识和减少对自我相关信息的处理。如果饮酒者在喝醉时无法处理自己的行为，这可能很好地解释了所谓的酒精的去抑制作用（steel，Southwick & Critchlow，1981）。

当代社会神经科学正在开始探讨这样一种关联：自我在大脑功能中如何表现。在临床层面，受伤或疾病造成的严重脑外伤可以极大地改变自我概念（Feinberg & Keenan，2005）。利用大脑技术，如功能性磁共振成像（fMRI），研究人员报告说，正常受试者在处理自我相关信息时的大脑活动发生在特定的大脑中枢，不同于处理与自我无关的信息时唤醒的大脑中枢（例如 Platek & Krill，2009；Northoff & Panskepp，2008）。

要点：自我图式是关于自我的信念、评价、图像、记忆和希望的一套有条理的系统。它不仅包括人们如何评价自己的各种特征，还包括哪些特征对他们描述自己很重要。自我图式指导我们处理与自我相关的信息，以及如何在记忆中存储和检索这些信息。自我参照效应是指当人们能够将信息与自己联系起来时，他们能够更有效地记住信息。

将自己与他人进行比较

作为一名南非黑人，曼德拉不确定他当时是如何融入白人主导的社会的。白人当局当然知道他的"位置"应该是什么，但是他自己的经历不同。他受到了一位民族主义黑人诗人的启发，也受到了他在自己的文化根源中寻找自己身份的经历的启发。关于我们自己的一个重要信息来源是**社会比较**（social comparison）：将我们自己与他人进行比较（Festinger，1954）。事实上，如果我们不关注他人的行为和反应，我们往往无法理解自己的行为和感受。当我们对自己是谁或做得有多好感到不确定时，我们会寻求比较信息。例如，如果你认为慷慨是你自己的重要组成部分，那么观察其他人在类似情况下的行为会提供反馈，说明你到底有多慷慨。评估自己可能是一项具有挑战性的任务，需要大量的认知努力。作为认知的吝啬鬼（回想第二章），社会比较充当了自我评估过程中的一项直觉经验法则，为我们提供了一种相对简单的自我评估方式（Corcoran & musseller，2010）。

甚至表面上客观的反馈也受到社会比较的影响。75%的代数学分数似乎是客观的信息，可能会佐证你关于自己数学能力很强但还不算出色的看法。然而，如果你的许多同学获得了超过80%的分数，那同样的分数会打击你的自尊。相反，如果大多数学生的分数在60%甚至更低的水平，75%的分数将会显著地提升你的信心。

社会比较理论基于三个假设：
1. 人类有动力去评估自己的观点、感受、能力和行动。
2. 在缺乏客观线索如分数或利润的情况下，个人会将自己与他人进行比较。
3. 人们倾向于将自己与在观点、背景或能力上与他们相似的人进行比较。

现在考虑一个亲密朋友在某些任务上表现比你好的例子。一方面，你可能会对自己有这样一个聪明能干的朋友感到很高兴。然而，相比之下，你朋友的出色表现可能会降低你的自我评价。这取决于任务性能与你的自我图式的相关性。如果你认为自己是一名优秀的高尔夫球手，那么你朋友得到了冠军会威胁到你的自尊。然而，如果高尔夫不是你自我图式的核心，你可以简单地沉浸在借重于他而得到的荣耀中，并且为有这样一个优秀的球员朋友而对自己感觉更好（Tesser，1988）。此外，社会比较可以在不同的情况下唤起自我图式的不同方面。例如，女性化学家很可能与非化学家的其他女性做伙伴时首先想到自己的职业，而在与男性化学家交朋友时首先想到的是自己的性别（McGuire & McGuire，1988）。

一般来说，我们会拿自己同其他与我们相似的人进行比较，而比较的则是那些对我们来说有图式的特征（Wood，1989）。例如，学生会比较自己同其他学生的智力，这是对他们来说很重要的一个特征。然而，我们有时会进行向上或向下的比较。与比我们能力更差、吸引力更弱或力量更弱的人相比，可以增强我们的自尊（Wills，1981）。另一方面，我们有时会拿自己同比我们更好的人作比较，以激励我们达到更高的水平。向上比较既可以是自我挫败，也可以是自我提升（Collins，1996）。如果一个娱乐网球运动员和一个职业选手一起打球，并且成功赢得了三盘比赛中的一盘，那么这个娱乐网球运动员会自我感觉更好，即使是在被击败之后。

总的来说，当目标是评价自己时，我们拿自己同一个相当的人进行比较；当目标是提升自己时，我们会同更好的人比较（向上）；当我们想自我感觉更好时，我们会拿自己同更差的人比较（向下比较）（Wood，1989）。想想看，当我们专注于自己的现状时，向上的比较会带来希望和乐观，让我们变得更好（Lockwood & Kunda，1997，1999）。然而，向下比较并不总是会让你感觉更好，比如说吧，如果你认为自己更容易受到那些不幸的比较对象身上发生的事情的伤害时，情况就会如此（Lockwood，2002）。例如，作为一位有抱负的音乐家，你可能会觉得，如果你没有足够的时间练习和表演，你可能会变得和那个人一样笨拙。"这可能发生在我身上"可以有力地"刹住"向下比较的动力。向下比较的一个有趣的变种是和过去的你作比较（Ross & Wilson，2002）。例如，你可以拿作为音乐家的自己和过去的你甚至高中时期的你作比较。你也可以比较自己生平不同阶段的外表（图3.2）。

图3.2 我们过去的样子：家庭照（1885年）
资料来源：LiliGraphie/Shutterstock.com

嫉妒和鄙视

我们已经讨论了向上比较和向下比较与我们对自己的感受之间的关系。菲斯克（Fiske，2010）有说服力地指出，我们与他人的关系可能会产生负面影响。也就是说，向上比较可能伴随着嫉妒，向下比较可能伴随着蔑视。例如，如果你在经济上属于中产阶级，那么你可能会嫉妒富人，鄙视穷人。嫉妒羞辱和激怒了人们，甚至可以让我们体验幸灾乐祸（schadenfreude），一种对他人不幸的恶意喜悦（van Dijk, Ouwerkerk, et al., 2011）。与此同时，鄙视使人们对那些成为其鄙视对象的人的需求麻木不仁。

有时为了避免对他人的不幸感到苦恼，我们根本不处理这些信息。在一项神经科学研究中，受试者被展示了弱势外群体如无家可归者的照片以及反映他们自己社会经济水平的照片。研究人员发现，对弱势外群体情感反应的减弱与前额皮层活动的减弱是一致的。当受试者被展示他们自己社会经济地位的照片时，这些大脑中枢没有发现这种减弱的神经活动（Fiske，2010）。

简而言之，社会比较为我们提供了关于自己的有用信息。当然，我们必须考虑到我们比较的背景。例如，考虑一下学术精英班和混合能力班的学生。处于后一种情境的人会拿自己同一群给人留下平庸印象的学生比较，他们可能会对自己的能力感觉更好：这就是"大鱼小池"（big-fish-little-pond）效应。事实上，这种影响已经被证明在处于不同文化和不同经济发展水平的国家中普遍存在（Seaton, Marsh & Craven, 2009）

社会比较可能发生在艰难的环境中。想象一下，你已经生病了，正在努力了解你的病情。当然，随着互联网上信息的丰富，患者可以更容易地评估他们的疾病和前景。当病情不确定时，我们经常会和别人比较。例如，癌症患者可能受益于向上比较和向下比较（Wood & Vanderzee, 1997; Buunk et al., 1990）。他们可能会拿自己和其他从疾病中恢复过来的人进行比较（向上比较），从而成为希望和自我提升的榜样。他们也可以将自己与病情更严重的人进行比较（向下比较），让他们感觉自己并不那么可怜，因为"情况可能会更糟"。事实上，在一项针对癌症患者的研究中，绝大多数癌症患者将自己与病情更严重的患者进行了比较（Wood, Taylor & Lichtman, 1985）。因此，通过社会比较，个人可以评估他们的病情有多严重，他们可以对自己的结局抱持多大希望以及他们作为病人的表现如何。这也可能影响他们的治疗选择，促使他们改变生活方式。

类似的社会比较过程可能发生在护理者和从事援助职业的成员身上。在这种情况下，人们可能会产生一种倦怠综合症，即一种情绪疲惫的状态。由于这种状态，人们对自己的成就感到不满意，对自己的工作或受护理者和受助者也不上心（Maslach & Jackson, 1982）。在一项对护士的纵向研究中（Buunk, Zurriaga & Peiro, 2010），发现与其他护士进行向上比较并对在这些比较中产生正面感受的护士比那些在这种向上比较中产生负面感受的护士更不容易感到倦怠。他们的结论是，向上比较产生的感觉可能预示着倦怠。

文化与社会比较

社会比较是普遍趋势还是特定几种文化的趋势？在一项有趣的研究中（Lee, Oyserman & Bond, 2010），说两种语言的中国学生首先被引导以个人主义或集体主义的思维方式思考；这仅仅是通过用英文或中文实施实验程序来实现的。当第一次被诱导以英语文化特有的个人主义思维方式思考时，学生们在心理上与那些表现出色的人保持距离，并且没有与他们进行比较。然而，当被引导用中文实施程序从而通过他们的本土文化进行思考时，这种疏远的趋势就不那么明显了。怀特和莱曼（White & Lehman, 2005）在一项针对欧洲裔加拿大人（个人主义者）和亚裔加拿大人（集体主义倾向更明显）的研究中报告说，亚裔加拿大人再次进行了较为频繁的社会比较，这或许反映了更强烈的自我提升动机，或者仅仅是社会导向更为强烈。在另一项比较加拿大相同文化群体的研究中，一些研究者（Canadians, Lockwood, Marshall & Sadler, 2005）观察到，当被告知另一名拥有优秀学业成绩的加拿大学生的文化背景时，欧洲裔加拿大学生做出了回应，声称他们打算更加努力。然而，如果对目标人的描述是负面的（第一学年学业成绩很糟糕），声称打算更加努力的是亚裔加拿大人。向上比较促使欧洲裔加拿大人产生更大的成功动机，而向下比较则促使亚裔加拿大人避免失败。

要点：鉴于我们想了解自身，并且经常缺乏"客观"标准，我们会将自己与他人进行比较。虽然我们通常会把自己和相似的人比较，但我们有时会拿自己和更好（向上）或更差（向下）的人比较。向上比较会导致嫉妒，向下比较会导致蔑视，这两者都会影响关系。文化影响社会比较，来自集体主义文化的人倾向于更经常地将自己与他人比较，而这也激发了自我提升。

通过观察自己来了解自我

正如前一章所讨论的，人们倾向于将他人的行为归因于稳定的性格或特质——诚实的人是那些行为诚实的人。有学者（Bem, 1972）建议我们应像观察别人一样观察我们自己。正如我们通过别人的言行形成对他人的印象一样，我们也通过自己的言行形成对自己的印象。如果你观察到自己表现慷慨，慷慨就会成为你的自我概念的一部分。

自我感知的概念可以追溯到沙克特（Schachter, 1964）关于情感的研究，这项研究暗示，我们从内部觉醒的感觉中并且结合我们对外部线索的解释推断出自己的情感状态。因此，举例来说，你可能会认为一个笑话很有趣，因为当有人告诉你这个笑话时，你会哈哈大笑。然而，如果你被引导去相信一些外部因素导致你大笑（比如电视情景喜剧中的"预录笑声"），那么你可能会认为自己根本就没那么开心（Olson，1990）。我们将在第八章中看到同样的推理如何适用于坠入爱河的现象。

想象一下，作为一项实验的一名志愿者，你正在看着形容姣好的一些人的裸体照片。电极连接着你来记录你的心率，你的心率被放大并通过扬声器播放。无疑，你会得出这样的结论：你更喜欢那些让你心率加快的人。然而，在实际实验中，心率反馈是假冒的，只是使用了以前记录的加快的、减缓的或稳定的心率。那些认为自己在看照片时心率增加的人随后会更强烈地被那张裸体照片吸引（Valins，1966）。

我们倾向于更喜欢任何被我们明确地或隐含地与自己联系在一起的事物，包括我们的名字。例如，如果你的名字以字母"S"开头，那么"S"可能会成为你最喜欢的字母，这种效果在12种不同的欧洲语言中表现出来（Nuttin，1987）。根据统计，人们更有可能拥有包含姓名字母的住房、工作甚至是居住地（Pelham, Mirenberg & Jones，2002）。因此，举例来说，乔治（George）更有可能住在佐治亚州（Georgia），劳拉（Laura）是律师（lawyer），悉尼（Sydney）住在澳大利亚。根据类似的推理，詹姆斯喝杰米森爱尔兰威士忌，斯坦读一份名为《标准》（*The Standard*）的报纸的几率可能略高。效应量很小，但在统计上具有非同寻常的显著性。请理解，我们并没有自觉地寻找这些关联，但是当其他因素没有超越它们时，与自我的隐性联系可能会影响我们的选择。

此外，我们重视与自我相关的事物。回想一下上一章中的捐赠效应，在这种效应下，我们不愿意把我们拥有的东西换成同等价值甚至更高价值的东西。我们可能会看重那些没有什么经济价值的东西，因为它们代表了过去或现在的自己的一些东西：文凭、服装、啤酒品牌。例如，一项实验表明，我们看重自己选的彩票，而不是别人给我们选的彩票。当然，无论是哪种情况，我们获胜的几率都是完全一样的（Langer，1975）。

凭借自我感知获得自我了解这样一个观念传达了一个重要的讯息。与其反思你真正的信念，然后根据这些信念采取行动，不如先行动，然后从行动中发现你的信念和价值观。你知道自己是某个球队的球迷，是因为你参加了他们所有的比赛并为他们欢呼。在后面的章节中，我们将探讨行动如何导致态度改变的主题。

要点：我们可以通过观察自己所做的事情来寻求自我认识，并得出结论：这代表了我们自己的一些东西。如果我们能把我们观察到的东西与我们对自己的信念联系起来，这一点就尤其正确了。

专栏3.1 来自实验室的洞察:我们选择同自我形象匹配的职业吗?

这是一个熟悉的剧本:当我们遇见某人时,问题很快就出现了,"你是做什么的"?我们通常不是指他们的爱好、运动或性偏好,而是指他们的工作、职业或职业抱负。在很大程度上,我们的职业定义了我们。由此可见,社会上存在的关于各种职业的刻板印象也成为我们的社会自我的一部分(Vroom,1964),反映了我们的个人价值观(Rosenberg,1957)。事实上,在一项针对旅游和酒店管理专业的应届毕业生的研究中,职业选择既取决于他们对自我形象和工作要求之间的匹配感,也取决于他们的自我效能感(Song & Chon,2012)。

麦克莱恩和卡琳(Maclean and Kalin,1994)的研究支持自我形象驱动职业选择的模型。首先,他们设定了三种传统上由男性主导的职业(工程、法律、医药)和三种由女性主导的职业(护理、康复治疗、教学)中的刻板印象。受试者被要求根据两个特征对每个职业的典型成员进行评级:群聚性(想和他人在一起)和支配性(想控制他人)。工程师和律师被评为高支配性而低群聚性的类型,这是刻板印象中的男性行为方式;而高群聚性和低支配性的镜像行为方式则是护士、教师和康复治疗师的特征。

图3.3 医生?护士?病人?谁是谁?
(这里有四名医生和一名病人)
资料来源:Andresr/Shutterstock.com

随后,他们研究了参加以这六种职业为目标的学业课程中的学生,发现他们的自我形象与他们选择的职业的刻板印象一致。例如,法律系学生的自我形象倾向于高支配性和低群聚性，而实习护士的自我形象则包含着低支配性和高群聚性。

有趣的例外是医药。虽然男性的传统参与率要高得多，但支配性和群聚性的情况更接近于"女性"职业。当然，医药显然也包括帮助别人的能力和技术能力，在过去几十年中，大量女性已经进入了这个行业。

男人和女人试图将他们的自我形象与兼容职业的形象相匹配。当然，认为自己在信息技术等领域有能力是进入该领域的一个重要组成部分（Johnson, Stone & Nichole，2008）。如果一个人的自我形象包括乐于助人（或者是具有交流性，如前所述，与女性气质相关），那么医药、社会工作和教学等服务性职业将会特别吸引人（Super，1980）。同样，一个自我形象包括擅长解决技术问题的人则会被吸引到更多的技术性职业。这可能部分解释了为什么尽管取得了一些重大进展，但职业中的性别隔离仍然是西方国家的现实。也就是说，在一些职业中，男性比例过高，特别是技术性职业，而女性在文书和服务性职业中占主导地位，这可能是因为这些选择符合他们的看法，符合现有的刻板印象。另一个重要因素是进入被视为竞争性职业的意愿，例如在创业领域，自信必定会发挥重要作用，而女性身份可能会成为心理障碍（Kamas & Preston，2012；Thebaud，2010）。事实上，进入男性主导职业的人往往有更多的"男性化"自我概念和更少的"女性化"自我概念（Gianakos & Subich，1988）。

性别与自我

也许我们社会认同的最核心的部分是性别。请注意，虽然 sex 和 gender 这两个词经常互换使用，但 sex 通常指的是生物学特征，而 gender 指的是被观察到或被假设为男性和女性典型的角色、偏好和行为。因此，当心理学家试图解释性别差异时，并且当这些解释涉及男性和女性在社会中的角色时，他们倾向于称之为性别差异。从童年开始，我们学习男性和女性的含义，并确定在我们自己的特定文化中适合我们自己性别认同的角色行为。

传统的心理测试将男性气质和女性气质作为截然相反的两个方面来衡量，在测试中，一个人选择对每个问题做出"男性倾向"或"女性倾向"的应答。后来的研究挑战了这种一维观点（Bem，1974；Spence，1985）。这些研究没有强迫受试者在"男性倾向"和"女性倾向"的应答之间做出选择，而是使用独立的量表来衡量男性气质（M）和女性气质（F）。因此，这两个量表中的每一个都有可能得分高或低，从而产生了四种可能的模式：高 F 和低 M、低 F 和低 M、高 F 和高 M、低 F 和高 M。性别角色自我类型的高—低组合模式表示传统上的男性或女性图式，而那些心理上双性（男性特质和女性特质都很高）或未分化（两者都很低）

的图式将被称为无图式的；也就是说，非单一性别类型的图式。以传统性别思维为特征的人倾向于主要从"男性"和"女性"的角度来看待他们的社交世界，而心理双性的男人和女人倾向于从更多种类的范畴来看待人和事件。与那些性别类型强烈的人相比，心理双性的男人和女人似乎更受欢迎，更能适应环境要求，对他们的人际关系更满意，也更有自尊心（Rosenzweig & Daley，1989）。

一项实验（Frable & Bem，1985）比较了这四种类型的人，其中既有男性也有女性。在实验中，他们分别听了六个人的录音对话，同时被展示了每一个说话者说话的照片。对于一半的受试者来说，他们观察到的谈话组由三男三女组成。对于对照组受试者来说，该组由三名白人和三名黑人组成，他们的性别都与受试者相同。然后，受试者会收到一份72条对话引文的列表，并被要求辨认每条对话的讲话者。

每组受试者的犯错模式都很明显。在种族不同的条件下，没有明显的结果模式；也就是说，单一性别类型或心理双性的自我图式没有预示准确性。但是对于性别差异组，单一性别类型的受试者（高M，低F或高F，低M）由于混淆了谁在异性谈话者中说了什么，而犯下了最多的错误。例如，与心理双性的男性受试者相比，"男性"受试者在辨别哪个女性谈话者说了什么方面不太准确。简而言之，单一性别类型的自我图式导致受试者不怎么把异性成员看作个体，而是更多地认为他们"都差不多"。

这项研究始终表明，女性更有可能对她们自己有一种相互依赖的观点，关注她们的关系，而男性自我概念往往是围绕独立的想法构建的（Cross & Madson，1997）。例如，回想一下上文说过的"我是谁？"测试。女性倾向于从角色和关系（我是朋友）或社会特征（我善于交际）来完成测试，而男性更经常使用个人特征（我诚实。我很有竞争力）。在不同文化中也发现了相似的差异（Watkins, Adair et al.，1998；Watkins, Akande et al.，1998；Kitayama & Markus，1994）。然而，其他研究提出了一种更巧妙的解释。据此，男女都寻求独立和相互依赖，但方式不同；女性更倾向于亲密关系，男性更倾向于更大的群体和集体（Baumeister & Sommer，1997）。

当你想到**男人**和**女人**这个词时，什么样的形象、联想、记忆、想法和信念会浮现在脑海中？显然，不同文化中的人们对于男性和女性的概念有着丰富而复杂的认知联想网络。事实上，性别可以作为一种分类方法被引用，即使它与情境无关（Bem，1985）。然而，性别认同的内容——这意味着将自己认同为男性或女性——因人而异。事实上，不得不遵循僵化的"男性气质"或"女性气质"公式可能会带来压力（McCreary & Sadava，1995）。

除了明显的生物学特征外，按传统尺度衡量，所谓的男性气质被描述为工具性或能动性,即对实现目标和活跃于世界的关注,而女性气质则被描述为表现力或交流性,在意他人并关注人际关系(Bakan, 1966;McCreary, 1990)。当然,对大多数人来说,令人满意的生活包括在他们的环境中取得成就和拥有令人满意的亲密关系——换句话说,既有男性的心理特征,也有女性的心理特征。事实上,过分强烈或毫不掩饰的能动性意识会对个人和社会造成破坏性影响,这意味着不管对他人造成什么后果,都要采取行动(Spence & Helmreich, 1979)。同样,一个交流性过分的人只关心他人的福利,可能无法有效适应外部世界。因此,有必要在取得成就和在意他人之间达成平衡,避免陷入任何的极端化(McCreary & Korabik, 1994)。

心理双性显示了既要胜任又要合群的愿望,也表示了灵活性——一种以适合于情境的方式行事而不影响男性或女性认同的能力。因此,重要的是,在适当的情况下,妇女要自信并关心成就。同样重要的是,当情况需要时,男人应该注重关系,关心他人。在这个时代,许多社会中的"女性"和"男性"角色会快速互换,心理双性的优势越来越明显。

性别的另一个影响关系到我们如何评价自己的能力。例如,由于性别的原因,女性可能认为自己在数学或科学方面能力不足。作为心理学专业的一部分,许多在社会心理学课程中取得成功的女性预计难以应付研究方法和统计方面的数学课程,而这些课程通常是必修课。这些被感知到的困难是反映了"男性大脑"与"女性大脑"的根本不同,还是反映了我们已然了解了的对性别角色刻板印象?尽管这项研究并不完全一致,但它表明后者的影响超过前者。

事实上,在一项研究中(Nosek et al., 2002),将数学能力与男性身份联系在一起的女性对自己的数学能力评价较低,即使她们选择了具有高强度数学训练的专业。在另一项研究中,女性受试者在科学推理测试中得分和男性一样高(Ehrlinger & Dunning, 2003)。然而,在对各种能力的自我评价中,女性对科学推理能力的评价比男性更消极。此外,当被邀请参加一场有吸引力的科学冒险竞赛时,女性不太可能报名或表示出参赛的兴趣。显然,我们关于自己的优势和劣势的持久性观念受到了性别刻板印象的影响。

要点:我们自我概念的一个重要方面是确认自己是男性还是女性。传统观念将男性气质和女性气质视为一个维度上的相反的极性,而当代观念则认为两者具有一定程度的相互依存性。也就是说,一些人在男性气质和女性气质(心理双性)的测量上得分较高,或者在这两方面得分较低(无差异,即在性别方面无图式)。性别角色的另一个特征涉及能动性(积极参与环境)和交流性(侧重于关系)。心理双性的人可以两者兼备,灵活地应对情境的需要。即使在相对平等的文化中,与性别相关的对能力的看法依然存在，例如在数学方面。

自我评价

对自我的积极感受已经被认为是有效幸福生活的重要组成部分。事实上，长期低自尊与各种不适应行为有着经验上的联系。大量的研究旨在确定**低自尊**（self-esteem）的影响。研究在很大程度上是基于这样的假设，即低自尊使人们容易受到各种个人困难和社会压力的影响。自我概念在很大程度上源自经验和他人的反应。一些人有相对稳定和一致的自尊，而另一些人的自尊随着生活的起伏而波动，这取决于他们从其他人那里获得的反馈（Baldwin & Sinclair, 1996）。

衡量自我评价

衡量自尊有许多直接或明确的办法，例如询问人们如何评价自己的问卷，例如，罗森贝格（Rosenberg, 1965）广泛使用的量表。这些测量手段显示出良好的效度，并已用于各种各样的研究中（表3.1）。然而，正如我们已经看到并将在本章后面看到的那样，人们也希望以良好的方式向他人展示自己，也希望积极看待自己，因此这些措施容易受到反应偏差的影响（见第一章）。因此，研究人员转向

表3.1 罗森贝格自尊量表（Rosenberg, 1965）

说明：下面是一份说明你对自己的一般感受的陈述清单。如果你非常同意，就在SA上画圈。如果你同意陈述，就在A上画圈。如果你不同意，就在D上画圈。如果你非常不同意，就在SD上画圈。

1. 总的来说，我对自己很满意。
 SA A D SD
*2. 有时候，我觉得我一点都不好。
 SA A D SD
3. 我觉得我有很多好品质。
 SA A D SD
4. 我能像大多数其他人一样做好事情。
*5. 我觉得我没有什么值得骄傲的。
*6. 我有时确实觉得自己没用。
7. 我觉得我是一个有价值的人，至少处于与他人相当的程度。
*8. 我希望我能更加尊重自己。
*9. 总而言之，我倾向于觉得自己是个失败者。
10. 我对自己采取积极的态度。

分值：SA=3, A=2, D=1, SD=0。带有星号的项目反向评分，即SA=0, A=1, D=2, SD=3。将10项的分数相加。分数越高，自尊越高。

了更加微妙的、内隐的自尊测量,测量那些人可能无法明确意识到的方面(Asendorpf, Banse & Muecke, 2002; Greenwald, Banaji, et al., 2002)。例如,回想一下,前文讨论过人们对其姓名的第一个字母有着较为积极的感受。这为衡量自尊提供了一种微妙的方法。当人们被要求说出他们喜欢字母表中的哪个字母以及 1 到 33 之间的哪个数字时,研究表明自我评价较高的人更喜欢他们名字中的字母和他们生日时的数字。这个想法是,这些特定的字母和数字是自我相关的,因此更会为自我评价较积极的人所喜欢。当然,人们不知道这些字母和数字在评级任务中和自己有何关联(Koole, Dijksterhuis & van Knippenberg, 2001)。

图 3.4 这幅肖像画传达给你什么样的信息?
资料来源:© Christie's Images/Corbis

另一项创新技术涉及摄影。想象一下,作为一项研究的受试者,你被赋予了以下任务:我们希望你描述下你如何看待自己。为了做到这一点,我们希望你拍下或指示其他人拍下 12 张表明你是谁的照片。这些照片可以是任何东西,只要它们能说明你是谁(Dollinger & Clancy, 1993)。你将如何完成这项任务?这些照片会显示你穿着正装还是牛仔裤,你是一个人还是和其他人在一起,你会微笑还是皱眉,一些照片会描绘你工作、学习或娱乐吗?他们可能会表明你对自己的感受吗?为了在系统性研究中使用这些照片,采用了一种叫作内容分析的技术,其中照片按照明确定义的类别进行编码。例如,照片可以被编码为对与他人在一起的自我、与儿童在一起的自我、与成人在一起的自我、与一个重要的他人在一起的自我、一个人的自我的描绘（Dollinger, Preston, O'Brien & DiLalla, 1996）。

当然，解读这些照片时必须小心。例如，当摄影师说"茄子"时，我们习惯于微笑！虽然微笑通常表示积极的情绪，但微笑也可能是我们为他人创造自我形象的一种方式。例如，在一项研究中，受试者被要求想象自己申请了一份工作，并在申请时附上了自己的照片。当工作的地位相对较低时，她们更容易微笑；当工作涉及社会交往时，妇女更容易微笑（Vrugt & Van Eechoud, 2002）。在这种情况下，形象管理将是主要关注的问题（第二章）。

低自尊的影响

长期自卑的人在生活中面临不利的影响。他们对自己的能力充满了怀疑，不会在职业生涯中寻求进步，在面对困难的环境时不太可能应付自如，更容易陷入抑郁。然而，并不是每个自卑的人都会遭受这种痛苦，文化差异无疑也很重要，并且仍然是一个需要更多研究的领域。

人们通常认为，低自尊会使个人更容易被说服。但是这样吗？现实情况是，自卑的人往往难以理解有说服力的信息，这可能是由于焦虑或注意力不集中（Rhodes & Wood, 1992）。因此，虽然高自尊的人因为自信而抗拒劝说，但是低自尊的人因为没有得到信息而不容易被说服。那些在自尊测量方面得分中等的人更容易被说服。这称为曲线关系（图3.5）。

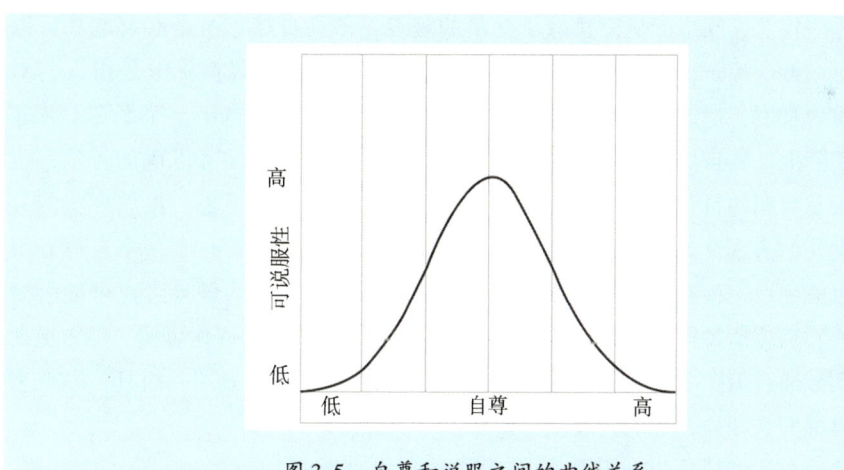

图3.5 自尊和说服之间的曲线关系

人们认为，女性比男性更容易受到整体自尊下降的影响，这种差异源于青春期。然而，最近的证据并没有表明青春期女性的自尊急剧下降（Kling, Hyde & Buswell, 1999）。事实上，最近对各项研究的元分析表明，男女之间只存在适度的差异（Kling, Hyde & Buswell, 1999）。这会影响跨文化界限吗？我们真的不知道。

自尊方面存在性别差异的一个可能解释是，妇女等弱势群体被污名化为价值较低，因此对自己的评价较低（Crocker & Major, 1989）。包括妇女在内的这些群体的成员以几种方式保护自己的自我概念：将失败或其他不希望的结果归因于对自己的偏见，与自己群体的成员进行社会比较，而不是与优势群体进行社会比较，以及在自己群体往往表现良好的领域更加重视成功。例如，虽然女性在相当职业中的收入往往低于男性，但她们可以通过将自己的收入与其他女性或女性占主导地位的职业中的其他人进行比较来保护自己的自尊。

自尊的阴暗面

自尊会不合适或者太高吗？没有一致的证据表明低自尊会导致暴力行为或其他社会弊病（Bushman & Baumeister, 2002）（第十一章将对此作进一步的讨论）。自尊程度往往较低的群体的成员，如妇女、患有抑郁症的人和处境不利的少数族群，并不比其他人更具攻击性，但另一方面，谋杀、强奸、虐待配偶和儿童、政治恐怖主义和种族灭绝等暴力行为的肇事者往往被描述为傲慢自信、自尊心强（Baumeister, Smart & Boden, 1996; Baumeister, Bushman & Campbell, 2000）。换句话说，高自尊并不总是一件好事。然而，西方国家的人仍然相信，提升自己，让自己和其他人相信你是"赢家"，会让你成为赢家。这有时反映在正规教育中，因为个人发展和提高自尊比取得成就和技能培训更为重要。

鲍迈斯特及其同事的研究挑战了简单的观点，即高自尊本身是必要的和可取的（Baumeister, Campbell, Krueger & Vohs, 2003）。虽然自尊实际上是指人们对自己的重视程度，但这并不意味着准确——我们可能会高看自己，而事实上并非如此。实际上，高自尊可能代表着对我们的优势和劣势的诚实和准确的评估，也可能代表着自恋的自我沉醉、防御反应，甚至自负或傲慢。显然，虽然现实的自尊会帮助我们表现良好，但表现良好也能提升我们的自尊。同样，一个自尊心很强的人可能会以一种有助于其成为领导者的方式行事，而成为领导者也可能会增强自尊心。鲍迈斯特等人（Baumeister et al., 2003）回顾大量证据表明，努力提高自尊，例如通过治疗干预，并不能改善学校或其他地方的绩效——而且，一般来说，低自尊的人和高自尊的人表现一样好。

古希腊神话讲述了以非凡美貌而闻名的猎人那喀索斯（Narcissus）的故事。他非常爱慕自己，以致他鄙视任何不幸爱他的仙女和女孩。另一位女神，大名鼎鼎的复仇女神，把他吸引到一个水池里，在那里他看到了自己的倒影。镜子是未来的发明，可怜的那喀索斯爱上了自己的倒影。他既触不到自己的爱人，也无法与爱的对象分开，因此在湖边去世，成为致命的自我陶醉的受害者。早期心理学先驱，包括埃利斯和弗洛伊德，都将**自恋**（narcissism）的概念融入心理学，特别是在临床应用中。自恋的基本概念是过度的自我陶醉，是一种对与生俱来的奖赏的权利感，并且常常是一种利用他人的意愿。这反映在不切实际的高自尊上。

自恋是个人主义文化的一个缺点吗？1979年，历史学家克里斯托弗·拉希（Christopher Lasch）观察到当代美国社会的一种痼疾，即对未来信心的丧失。这种描述今天似乎同样适用。他将这种痼疾归因于竞争性个人主义的极端，"在它的堕落中，将个人主义的逻辑带到了一场一切人反对一切人的战争的极端，将对幸福的追求带到了自恋的自我陶醉"。不妨把广告看作一个有启发性的例子。在过去的几十年里，广告已经将注意力从产品的特性转移到消费者的特性上。这里传达的信息是，人们需要某种产品来将自己定义为个人并实现他们的人生目标——变得富有、受欢迎或成功。研究者提到了"商品化的自我概念"，照此，人们根据穿着合适的衣服、驾驶合适的汽车、使用合适的化妆品来定义自己（Murphy & Miller, 1997）。

最近一项有趣的研究强调了美国社会中猖獗的个人主义的兴起（Twenge, Campbell & Gentile, 2012）。研究人员利用一个包含766513本书的互联网数据库，统计了1960年至2008年间美国出版的书籍中各种代词的使用情况。他们测试了两个假设，第一人称复数代词（例如，we, us）会减少使用频率，第一人称单数代词（I, me）会增加使用频率。结果支持了这两个假设，表明文化总体上已经朝着更多的个人主义方向改变。虽然个人主义不能等同于自恋，但转向更极端的自我主义肯定与拉希（Lasch, 1979）所描述的一致。事实上，其他研究表明，在美国连续出生的人群中，自恋特征也有类似的增加（Twenge & Foster, 2010）。

鲍迈斯特等人（Baumeister et al., 1996）关于自尊的"阴暗面"的讨论回应了拉希的尖锐批评。事实上，我们可能会考虑大部分心理学是否传达了"对自私的制裁"，这是一个信息，即我们应该最关心自己，而不是他人或我们的社会（Wallach & Wallach, 1983）。或许并非巧合的是，美国这个最致力于提高自尊的社会也是世界上暴力程度更高的社会之一。也许这种承诺的一部分应该被重新导向灌输谦逊、谦虚和自我完善等美德（Baumeister, Smart & Boden, 1996）。

要点：随着时间的推移，自尊并不总是一贯不变的，但是长期的低自尊可能不利于适应，尽管结果是可变的，文化因素也会起作用。测量包括自我报告、内隐性测量和让受试者制作照片自传。人为提高低自尊的尝试会适得其反，而不现实的高自尊（自恋）可能会不适应。文化因素，特别是过度的个人主义，会在个人和社会中引发自恋。

自尊和自我定位

重要的是要明白，当我们评价自己时，我们并不局限于此时此地。我们不局限于现在的印象或过去的记忆，因为我们也可以将我们对自己的想法延伸到未来。想象一下10年、20年或40年后你会是什么样子。你可以想象自己在积极和消极两方面都与现在的你大不相同，马库斯和努里乌斯（Markus and Nurius，1986）称之为"可能的自我"。我们都有自己希望成为或梦想成为的自我愿景，比如变得富有、成功或身体瘦削。我们也有自己害怕成为的自我愿景，比如生病、失业或孤独。

这些可能性目前会产生强大的影响。如果你想象自己会在商业上取得成功，或者成为一名艺术家或环游世界的人，你更有可能采取行动来实现这个目标。另一方面，如果你想象自己会成为穷人或慢性病患者，你可能会采取行动阻止这种可能性的发生，或者你可能会在假设这种可能性会发生的情况下听天由命。所谓的中年危机与人们根据他们预期或希望达到的位置来评估自己有很大关系。

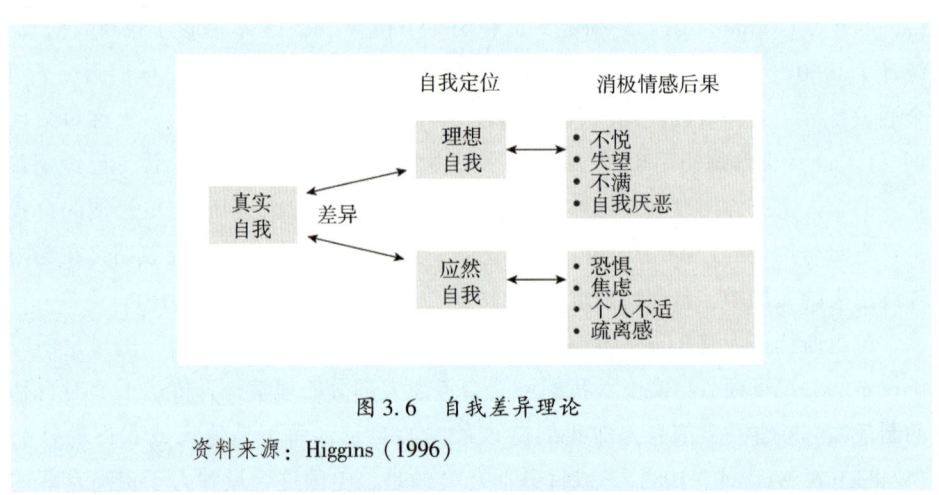

图 3.6　自我差异理论

资料来源：Higgins（1996）

事实上，你可以以其他可能的方式想象自己，这也为你的自我评估提供了一个参考框架。如果你想象自己会非常富有或贫穷，慷慨或吝啬，快乐或悲伤，那么你就能参考这些可能性来评估现在的自己。**自我差异理论**（self-discrepancy theory）为这一观点提供了一个正式的框架。

我们已经讨论过自卑，但是这个词到底是什么意思？自我差异理论根据实际和可能的自我之间的差异来定义自尊。如果这种差异很大，它就会导致情感上的困难（Higgins，1987）。人们把他们的自我概念——他们现在的自我——与他们努力达到的标准"**自我定位**"（self-guides）相比较。这些自我定位之一是体现他们希望和愿望的**理想自我**（ideal self）：我希望成为的自我。另一个自我定位是**应然自我**（ought self），即我们给自己规定的义务，我们自己的义务感和责任感：我应该成为的自我。例如，你可能会认为自己是一名比较成功的学生，希望在班上名列前茅（理想），并且觉得你应该能够把各科目分数提高到至少 B 级（应然）。你可能会认为自己很慷慨，这是你应该做的，但希望你能更慷慨。换句话说，真实的自我是在与某种期望的最终状态相比的情况下被观照的（Higgins，1996）。有趣的是，即使在视频游戏中，受试者也能从他们的理想自我和应然自我的角度感知他们的化身（Jin，2011）。

正如诗人罗伯特·布朗宁（Robert Browning）所写的："啊，但是一个人够得到的地方应该超过他抓得住的地方，不然天堂的存在是为了什么？"然而，如果够得到的地方太远，如果自我差异过大，我们可能会经历情感上的痛苦，而理论预示了与每个差异相关的痛苦类型。如果我们认为自己远未达到我们认为自己应该成为的那样（也就是说，与"应然"自我不一致），我们会感到内疚、羞愧和焦虑。另一方面，如果我们认为自己远未达到我们所希望的那样（与理想不符），那么我们会经历失望、挫败甚至可能是轻度抑郁。这些自我差异可以用可靠的方式进行测量（Watson, Bryan & strash, 2010），并且随着时间的推移趋于相对稳定（Strauman, 1996）。此外，这些差异可以预示我们对重大生活事件的反应。例如，在孩子出生前表现出巨大自我—理想差异的准父母在孩子出生后经历了更大的悲伤（Alexander & Higgins，1993）。

虽然大多数研究关注人们的全球自我概念和自我定位，但我们也可以研究他们在生活的特定领域是如何变化的。例如，你在网上花了多少时间，你在最理想情况下希望花多少时间？其中一项研究发现，互联网活动中的自我—理想差异往往反映出更普遍的自我—理想差异（Tzeng，2010）。另一项研究报告称，年轻女性的自我差异与寻求美容医疗有关（Pentian, Taylor & Voelker, 2009）。

我们什么时候会经历自我差异？它可能代表忠实的、相当准确的自我评价，也可能反映不现实的评价。自我差异可能是由过低的自我评价或不切实际的过高自我定位，或两者兼而有之造成的。例如，詹妮弗可能认为自己是个糟糕的电脑程序员，因为她没有意识到自己的能力（自我评价低），或者因为她无法达到自己职业中可能的最高水平（不现实的自我定位）。一个人的自尊和不现实的完美主义标准之间的巨大差异与抑郁有关（Flett, Hewitt, Blankenstein & O'Brien, 1991，并参见专栏 3.2）。自我差异会导致人们变得抑郁吗？也许吧，但是抑郁会导致人们消极评价自己或者采取不切实际的自我定位，也是有道理的。

还有一个自我定位：**害怕成为的自我**（feared self）。这是一种你担心成为而不愿成为的人（Markus & Nurius，1986）。不妨想象现在的自己在可能的未来变成了你不想成为的那个样子。例如，如果你认为自己工作努力，雄心勃勃，并希望将来更是如此，你能想象自己会成为一个没有取得任何成就萎靡不振的失败者吗？与其他自我定位相反，这展现了你的真实自我和害怕成为的自我之间的差异，这种差异还有很多需要改进的地方；你越是远离这种可怕的可能性，你的感觉就越好。事实上，研究发现，当你害怕成为的自我与你的真实自我概念相符合时，焦虑和内疚的感觉就会被唤起（Carver, Lawrence & Scheier, 1999）。

要点：我们的自我概念不仅包括现在的自我，还包括可能的自我，后者是激励我们的选择和寻求改变的直接努力。自我差异理论假设了两种自我定位，即理想自我（我希望让自己成为的样子）和应然自我（我应该让自己成为的样子），并研究了真实自我概念和这些自我定位之间的差异。差异可能反映了对自己的诚实和相当准确的评价，或者不切实际的较低的真实自我评价或者不切实际的较高的自我定位（理想自我、应该自我）。真实自我和应然自我之间的差异会导致内疚、羞愧和焦虑的感受，而真实自我和理想自我之间的差异会导致失望和抑郁的感觉。第三个要说的自我定位是害怕成为的自我，即自己也不想成为的那个自我，它反映了预防的调节焦点。

专栏 3.2　另一个视角：完美主义与自我

如前所述，我们的自我评价基于我们应该如何，或者我们希望如何。不现实、不可能实现的自我定位会对我们产生深远的影响。完美主义代表了不切实际的高度自我定位（Flett & Hewitt, 2002）。虽然追求高水平的表现和成就有明显的回报和价值，但是专注于过高的标准显然会弄巧成拙。事实上，完美主义意味着专注于甚至痴迷于实现理想自我和（或）应然自我（Flett, Hewitt, Blankenstein & Mosher, 1991）。

完美主义的三个维度已经被确定，并且衡量每个维度的尺度也已经得到了发展：

自我导向的完美主义，在这种情况下，对高标准的强迫性追求源自内心，例如："当我在做某事时，直到它完美无缺，我才会停下来。"

社会规定的完美主义，在这种情况下，个人认为他人对自己抱有不切实际的高期望，例如："我周围的人期望我在任何事情上都取得成功。"

他人导向的完美主义，在这种情况下，人们针对他人有着不切实际的完美期望，例如："如果我要求某人做某事，我希望它做得完美无缺。"

大多数研究报告指出，自我导向的完美主义在某些情况下可能是适应性的，而试图满足他人夸张期望的社会规定的完美主义通常是不具有适应性的。换句话说，相对于来自他人的压力，人们更容易处理自我施加的压力。事实上，试图满足一个人认为过高的他人期望会损害他的健康（Molnar, Sadava, Flett & Colautti, 2012），甚至需要治疗干预（Flett & Hewitt, 2002）。然而，也有人认为完美主义的后果受到其他因素的影响，比如完美主义的文化。例如，在日本（Sumi & Kanda, 2002）和中国（Xie, Leong & fong, 2008）等更具有集体化倾向的文化中，满足他人不切实际的高期望可以被视为是合乎规范的和具有适应性的。

考虑另一种看待完美主义的方式，它区分了成就关注和评价关注（Frost, Marten, Lahart & Rosenblate, 1990）。成就关注是指把标准定得很高，努力让自己达到很高的标准。而评价关注通常的表现是，当一个人没有达到这些标准时，他就会进行自我批评。在以这种方式看待完美主义的前提下，对亚裔美国人、非裔美国人和高加索裔美国人的比较研究显示，亚裔美国人的评价关注即自我批评的水平相对较高，而非裔美国人在这方面的水平略低。虽然个人主义/集体主义可能是其中一些差异的原因，但更令人信服的解释在于亚裔美国受试者经历了更高水平的父母批评（DiBartolo & Rendon, 2011）。的确，亚裔美国人在完美主义上的高分反映了父母批评和自我批评的这种经历（DiBartolo & Rendon, 2012; Powers, Koestner, et al., 2011）。完美主义的期望似乎是一种自我定位，人们会将自己的实际表现与自我定位进行比较。一个高度完美主义的人会为他或她的理想自我设定难以置信的高水平。当然，一般情况下，完美主义者注定无法达到不可能的标准，因此会被期望以不那么积极的方式评价自我，从而遭受低自尊的折磨（Zeigler-Hill & Terry, 2007; Trumpeter, Watson & O'Leary, 2006）。

正如本章后面所讨论的，我们的行为方式是为了在别人眼中留下良好的印象。关于完美主义，有些人需要对其他人表现得完美，即使这不符合他们对自己表现的期望（Hewitt, Flett, et al., 2003）。完美主义的自我展示包括积极向他人宣布自己的成功和成就（例如"我总是试图展示完美的一面"），隐藏或不披露弱点或错误（例如"我应该解决自己的问题，而不是向他人坦承这些问题"，"除非我非常擅长，否则我不希望别人看到我做某事"）。几项研究表明完美主义自我表现和饮食失调症状之间有联系，如贪食症和强迫节食，尤其是当人们对自己的身体形象非常不满意时（McGee, Hewitt et al., 2005）。

完美主义显然是由社会期望驱动的。一方面，无论是在实现父母或雇主的期望、职业上的认可、体育竞技中的胜利还是优秀的学业成绩方面，我们都因为社会化而努力达到高标准并获得了这样的回报。另一方面，当这些期望内化为我们的痴迷时，这可能会变得不具有适应性。如果一个人的自我意识和自我评价的基础建立在几乎不可能的自我标准上，那么这个人的"应然自我"和"理想自我"肯定会导致失望和痛苦。

图 3.7 芭蕾舞追求完美
资料来源：ayakovlevcom/Shutterstock.com

应对不安全感

虽然成功通常会增强一个人的自尊，但是我们中没有一个人能免于对自己能力的焦虑和不安全感。我们在学校能表现得好吗？我们在那次面试中能给人留下得体的印象吗？我们有足够的实力赢得这场至关重要的比赛吗？自我怀疑肯定会促使我们做出新的努力来改善境况和克服困难，它们还会导致人们的行事弄巧成拙。心烦意乱的人更容易追求不切实际的风险：在考试中胡乱猜测，或者赌博，所有这些都是希望摆脱这种忧郁的情绪。通常这种风险不会有回报，而这又让人开始担心别的事，并导致恶性循环（Leith & Baumeister, 1996）。

有些人处理这种自我怀疑的方式实际上降低了成功的几率。在一项名为**自我设限**（self-handicapping）的策略中，人们会提前安排阻碍成功表现的障碍。这些自我设置的障碍有助于保护他们的自尊免受失败的影响。例如，如果卡洛尔担心即将到来的考试，并且认为好成绩是她身份的一个重要方面，她可能会决定在考试前一天晚上参加聚会，而不是学习。她可以将失败归因于自我设置的障碍（不学习），而不是努力或能力。当然，尽管有这些障碍，但如果仍然取得了不太可能的成功，这甚至会进一步增强自尊。你想输都输不掉！请注意，人们通常不知道他们在做什么，但是他们的行为方式在某种意义上是有益的。

人们已经发现了各种自我设限的行为模式。有些涉及行为的实际变化（例如，没有付出足够的努力，喝醉），而另一些涉及疾病或不公平的任务要求（Arkin & Baumgardner，1985）。研究表明，男性比女性更倾向于自我设限（Harris, Snyder, Higgins & Schrag，1986），男性倾向于为此目的使用酒精和药物，而女性更有可能声称身体疾病或压力过大（Hirt, Deppe & Gordon，1991）。请注意，我们在这里不是在事后找借口，而是要提前行动为失败找借口。

要点：人们可能会通过重新努力、冒不切实际的风险或自我设限来应对较低的自我评价。后者包括预先安排阻碍成功的因素（不学习，过量饮酒等），以便为失败提供方便的外部情境归因。这不是一个审慎的策略，但在过去被证明是一个对个人有效的策略。

图3.8　用酒精自我设限？
资料来源：thaumatr0pe/Shutterstock.com

自我调节

自我调节的能力，即为了我们的利益或者为了与既定的社会规范保持一致而控制自己的思想、感情和行为的能力，对于我们如何在工作、休闲和人际关系中发挥作用至关重要。例如，作为一名有资格上大学的学生，你很可能已经展示了你推迟即时满足以便在未来获得更丰厚回报的能力。卡弗和沙伊尔（Carver & Scheier, 1998, 2011）认为自我意识对于自我调节是必要的；换句话说，我们问自己：我们正在做的事情或者我们的反应是否会满足我们自己的需求和愿望。他们开发了一个缩写为 TOTE 即 test（测试）、operate（操作）、test（测试）和 exit（退出）的反馈循环模型。根据这个模型，我们首先询问我们的行为是否符合现有的标准或者我们为自己设定的标准（测试）；然后，我们行动或反应（操作）；接着，我们再次测试，看看我们行动的后果是什么（测试）；最后，我们要么利用反馈来改变我们的反应，要么我们在知道自己的反应是恰当的时候退出。例如，想象你正行驶在高速公路上寻找合适的岔道。您可以通过以下方式对流程进行模式化：

- 测试——这是你要找的岔道吗？——**不是**
- 操作——继续驾驶
- 测试——这是正确的岔道吗？——**不是**
- 操作——继续驾驶
- 测试——这是那个岔道吗？——**是的**
- 退出

简而言之，自我调节包括根据预期和实际后果来检查我们的行为和反应，然后为了更好地实现我们想要达到的目标而改变。

自我调节还包括有意识或无意识地决定关注情境的某些方面，忽视或拖延对其他方面的关注。在希金斯（Higgins, 1996, 2011）关于**调节焦点**（regulatory focus）的研究中，受试者在认知上已经准备好关注他们的愿望，或者他们的感受。希金斯（Higgins, 1996）指出，人们可以采取**促进**或**预防**调节焦点，集中精力做些什么来取得积极的结果，或者做些什么或不做些什么来防止消极的结果（比如丢脸）。正如人们所预料的那样，东亚文化背景的人们，如日本人，倾向于关注自我调节的预防形式，试图避免他人的负面反应（Hamamura & Heine, 2008）。

鉴于自我调节能力对我们的表现有着至关重要的影响，尤其是作为必须与他人联系的社会存在者，这很可能意味着我们的大脑已经进化了一种方式来实现这一点。希瑟尔顿（Heatherton, 2011）确认了有助于我们保持社会联系的重要心理因素，这些因素与 TOTE 模型是一致的。首先，我们必须了解我们正在做的事情，至少能够评估它。其次，我们还必须能够理解他人正在或将要对我们的行为和反应做出反应，以便能够对他人的反应形成某种预期。这代表了一个人的"心智理论"，理解他人的思想和感情的能力，这种能力是在童年时期发展起来的。第三，我们必须能够发现对我们福祉的任何威胁，比如人们对我们做出消极反应，拒绝或忽视我们。最后，我们必须能够做一些建设性的事情来纠正这种情况，例如与受我们行为影响的其他人建立或重建良好关系。这意味着能够控制我们的冲动，抑制我们的情绪，甚至避免思考不愉快的想法，这些都不容易。

通过利用功能性磁共振成像（fMRI）等工具来定位相关大脑中枢的活动，研究人员报告了与自我调节相关的专门活动的证据。例如，当我们处理自我相关的信息时，当我们运用"心智理论"来弄清楚其他人是如何和为什么对我们的行为做出反应时，背侧前额叶皮层显示是被唤醒的。另一方面，杏仁核被激活来探测社会威胁（Vul, Harris, Winkielman & Pashier, 2009）。

当然，作为人类，我们都拥有自我调节的能力，有时我们会屈服于诱惑或当下的激情。虽然自我控制的反馈回路模型被证明是有用的，但也有人认为自我控制、意志力或自我调节是一种可以耗尽的能力，一种我们可以耗尽的资源。如果是这样的话，那么当我们通过反馈过程表现出扩展的自我控制时，我们可能会经历**自我损耗**（ego depletion）。在这种情况下，我们的自我调节会受到一段时间的损害（Baumeister, Hetherton & Tice, 1994; Baumeister, Vohs & Tice, 2007）。所以，如果你每天都遵循饮食配方并限制你的食量，限定你吃多少和不吃什么，最终你的自控能力很可能会崩溃，大块冰淇淋蛋糕将会暂时获胜。或者，你可能会在不同的情况下失去自控能力，例如，今天晚上不去费心学习。

自我损耗已经在实验研究中得到证实（Baumeister, Bratslavsky, Muraven & Tice, 1998）。在一项这样的研究中，受试者首先被剥夺食物，然后坐在一张桌子旁，桌子上有两个碗，一个装满巧克力饼干和糖果，另一个装满萝卜。在一种实验情境下，受试者被告知要品尝饼干和萝卜；在另一种实验情境下，他们被告知只能吃萝卜。实验者离开房间，然后偷偷观察每个受试者。然后，受试者被带到另一个房间，并被分配了一项非常困难的任务，包括在不从纸上拿起铅笔的情况下描绘几何图形。那些第一次吃萝卜的人——他们不得不克制自己，不去吃被禁止的饼干和糖果，从而完成这项自我控制的任务——显得更容易放弃令人沮丧的任务。想要糖果但不得不吃萝卜降低了他们自我控制的能力。这种自我损耗效应已经在许多研究中被复制。向受试者提供葡萄糖——一种与自我控制相关的能量来源——可以减弱这种影响（Muraven & Baumeister, 2000; Hagger, Wood, Stiff & Chatzisarantis, 2010）。

要点：自我调节的能力包括控制我们自己的思想、感情和行动，以达到期望的目标。首先，我们必须知道我们在做什么，并询问我们的行动是否会让我们达到自己的目标（测试），接着我们采取行动（操作），然后我们观察后果（测试），最后我们改变或退出这种情境。人们对于行为将如何产生积极结果（促进）或行为将如何避免失败（预防）的调节焦点各不相同，结果也各不相同。我们自我控制的能力会被之前的努力耗尽（自我耗尽）。

文化与自我

个人主义与集体主义

人们感知和定义自己的方式受到他们所属文化的影响。纳尔逊·曼德拉试图调和他的自我意识：他既是白人统治社会中的成功律师，也是来自独特文化的黑人。在西方社会，社会规范侧重于个人，而不是群体或社区。事实上，理想的美国人被描述为独立的个体，他的自我身份和自我意识在他或她自己身上是完整的（Sampson, 1977）。理想的加拿大人类似，只不过倾向于较低程度的个人主义（Adams, 2003）。

并非所有的文化都有这样的个人主义概念（Triandis, 1989）。例如，考虑一下，我们都有两个（或更多）名字：我们的名字，是父母给我们起的，是独一无二属于我们自己的；此外，还有我们和最亲近的人分享的姓氏。名字和姓氏哪个排在前面：是我们独一无二的名字，还是与生活中重要的人分享的姓氏？在西方文化中，唯一属于我们的"名字"排在前面，但是在中国文化中，排在前面的是共享的姓氏，然后才是家长起的名字。这可能表明，在中国文化中，最重要的是个人身份中的家庭联系，而不是个人的独特性。

也就是说，在像印度、中国或日本这样的社会中，自我概念经常被描述为讲关系的、社群主义的或集体主义的（Markus & Kitayama, 1991; Kitayama & Markus, 1994）。在关于人们如何描述自己的研究中，韩国受访者首先从家庭的角度描述自己，而美国受访者则描述自己是具有独特特征的个人（Maday & Szalay, 1976）。中国受试者比美国受试者更有可能用社会角色来描述自己（例如，"我是一个女儿"），并把社会角色定性为朋友或伙伴（Ip & Bond, 1995）。这些研究反映了不同文化如何协调独立和相互依存（Markus & Kitayama, 1991）。也就是说，当我们都寻求将自己理解为不同的个体时，我们也需要与他人建立有意义的关系。在西方文化中，我们主要根据内部属性来定义自己，如动机、能力、价值观和个性，而在许多其他文化中，人们主要根据与他人、团体和机构的相互依赖关系来定义自己（Draguns, 1988）。同样有趣的是，平均来说，东方文化背景下的人们在自我概念上不如西方文化背景下的人们清晰和一致（Campbell et al., 1996）。

然而，即使在个人主义文化中，当我们强调我们的独特性时，我们也根据社会中的相关角色和地位来定义自己。如前所述,有人认为,男性更有可能从个人特征和活动的角度来看待自己,而女性则倾向于表达一种嵌入在关系矩阵中的"关联自我"(Gilligan,1982)。除了性别差异之外,具有更紧密联系而非个人自我概念的人往往有更复杂的自我概念(Pratt,Pancer,Hunsberger & Manchester,1990)。

自尊与文化

如前所述,自尊被广泛认为是幸福、心理健康和有成就的生活的关键。但是,显而易见的是,西方文化中普遍存在的对高自尊的明显需求并不是普遍的需求(Heine,Lehman,Markus & Kitayama,1999)。有趣的是,在加拿大等西方国家生活较长时间的亚洲移民往往比那些较新移民更有自尊心,而且在不列颠哥伦比亚大学的日本交换生中,自尊心在七个月内有所增强(Heine & Lehman,1995)。显而易见,在日本和其他东方文化中,个人不太关心保护高自尊,而更关心自我批评,寻求发现和改善自己缺乏的东西。他们往往习惯性地认为自己不完美,并对自己的表现感到不满意。换句话说,他们的反应是由自我定位(理想自我、应然自我)驱动的,而不仅仅是自我保护。

虽然这对西方人来说似乎很痛苦,但在许多东方文化中,这种习惯被认为是健康的,会导致自我提高。我们不妨举棒球运动员的例子来说明这一点。在北美社会,他被认为具有一定水平的天生能力,通过良好的训练和努力工作取得了成果。而日本文化不会假定,天生能力限定了成就的大小。持续不断的自我批评会激励人进步,而不是让人泄气。

在北山等人的一项研究(Kitayama et al.,1997)中,受试者被展示了一系列情境。一些场景涉及成功,比如网球比赛中发球得分,通过考试,看起来漂亮或帅气,而另一些场景涉及失败,比如由于粗心大意而弄坏了一些有价值的东西,考试成绩出乎意料的差,或者没有被邀请参加社交活动。受试者被要求指出在那种情境下,他们的自尊会在多大程度上增加或减少。美国受试者表示,他们预计在成功的情况下,自尊会大大增强,而在失败的情况下,自尊会降低。相反,日本受试者对失败的情况反应更强烈。北山等人(Kitayama et al.,1997)将他们的反应归因于日本受试者倾向于关注失败能带来什么,从而从失败中学习。

到目前为止,我们已经讨论了个人如何看待自己,以及这些观点如何影响他们的行为,以及如何受到社会环境的影响——这就是**镜像自我**(looking-glass self),它建立在反馈给我们的关于他人对我们自己的看法基础之上。然而,人们不仅仅是被动接受他人的观点,还会影响他人对自己的看法。的确,在这里,我们再次发现了文化差异（Kim, Cohen & Au, 2010）。东方文化可以用**面子文化**（face culture）来描述，其中自尊来源于你在社会中的地位和他人对你的看法。事实上，从更传统的形式来看，除了别人如何看待你之外，定义自己是没有意义的，你自己的自我评估也与你的自尊没有特别的关系。相反，**尊严文化**（dignity culture）一词适用于大多数西方文化。一个人认为自己是一个独特的人，这并不是完全不介意别人对自己的看法，而是说他主要根据自己的自我判断和自己的行为来评价自己。请注意，面子文化不是集体主义的同义词，尊严文化也不是个人主义的同义词。

例如，回想上一章中描述的实验，受试者认为提问的人比那些必须回答问题的人更有知识。他们以展示知识的行为来评判人们，而忽视了情境。一些学者（Kim, Cohen & Au, 2010）在两种情况下复制了这个实验：一种是受试者面对面进行或观察测验的公共环境，另一种是他们在单独的隔间工作中以书面形式收到问题和答案的私人环境。受试者是中国和美国大学的学生，分别代表着面子文化和尊严文化。结果显示，来自尊严文化的受试者，无论他们是在公共场合还是在私人场合进行测试，当他们必须回答问题时，他们的评分都低于他们的伙伴。相比之下，面子文化受试者在公共场合看起来愚蠢时会给自己较低的自我评价，但在私下里不会觉得愚蠢。简而言之，面子文化倾向于优先考虑从他人的反应中即"从外部了解自己"，而尊严文化倾向于优先考虑"从内部了解自我"，并且不允许他人来定义自我。

要点：研究对比了基于个人主义的文化和基于社群主义的文化。在前一种文化背景下，一个人的自我概念和身份是独立自足的；而在后一种文化背景下，自我概念与一个人的社会角色密不可分。社群主义的文化鼓励自我批评，这并非反映了低自尊，而是促使个体提高自我。

向他人展示自己

纳尔逊·曼德拉要想在一个多元化的国家里成为一名有影响力的政治领袖，他必须要被他人视为他的人民的领袖，一个受过高等教育、睿智和鼓舞人心的人。事实上，作为一名有影响力的领导人，曼德拉显然采取了一些行动来增强这种印象。我们所有人都关心别人对我们的看法，因此我们努力创造或保持自己的正面形象。自我展示包括任何旨在传达关于行为者的信息或该人的形象的行为。我们用印象管理来表达这种我们试图让别人如何看待自己的感觉。

图 3.9　工作面试：印象管理的用武之地
资料来源：Zurijeta/Shutterstock.com

我们可以将社会互动与戏剧表演相比较，在戏剧表演中，我们每个人都扮演特定的角色或社会身份。事实上，戏剧表演的隐喻已经成为我们日常思维的一部分，尤其是在扮演角色的意义上。高夫曼（Goffman，1959）认为，当环境威胁到我们调节自己印象的能力时，我们不得不采取行动来挽回面子。我们甚至可以使用道具来帮助创造正确的印象。当我们穿上某种风格的衣服，开着某种汽车，提供合适的酒，或者给我们的家增添一些特殊的个人色彩时，我们就向别人提供了关于我们自己的信息。

然而，高夫曼并不是说，创造良好的形象是社会互动的唯一动机。虽然我们希望人们对我们有好感，但我们也希望人们理解和接受我们的现状，因此我们希望既能管理别人对我们的印象，又能对别人开放和自然。有时，这两种动机会发生冲突。

同样重要的是要理解自我展示并不总是有意识的和审慎的，事实上，它可能常常是自动进行的（Baumeister，Hutton & Tice，1989）。例如，在工作中通常认真努力的人可能会自我表现为喜欢和朋友一起下班。这并不一定意味着该人的行为中有一些人为的东西，只是意味着该人能够以适合各种情境的方式行事。

想想社交媒体中的印象管理。社交网站的本质决定了人们可以很容易地以他们期望的有利方式展示自己，即使这种展示是欺诈性的，因为人们无法核实声称的内容。当然，商业企业可以用类似的方式展示自己，以便给企业留下良好的印象，或者，实际上，刺激对待售商品和服务的兴趣和需求（Hooghiemstra，2000）。虽然研究还处于早期阶段，但这一主题目前正在得到深入的研究（Brody，David， et al. & Cunningham, 2012)。

管理我们创造的印象的策略

有几种**印象管理**（impression management）策略可供选择，这当然取决于什么是适合情境的（Jones & Pittman, 1982）。一种策略是**讨好**（ingratiation），使自己更受他人欢迎，例如与他人达成一致，赞扬对方或为他或她做点事。当然，这必须要小心翼翼，因为如果人们认为自己被操纵了，他们就不会热情地回应。另一种策略是**自我推销**（self-promotion），即试着让别人觉得自己有能力或杰出。例如，求职者甚至可能承认自己的弱点，以便强调在另一个更重要的领域取得的成就："我在会计方面不是很强，但我擅长销售！"你可以恳求或乞求同情。为了让对方相信你在某种程度上是危险的，恐吓也是可能的。当然，对方总是可以吓唬你。最后，在较倾向于集体主义、更少个人主义的文化中，人们会以适当的谦逊展示自我，不想引起对自己的过度关注。西方文化中的人通常没有这样的制约，尽管和朋友相处时，他们通常表现得较为谦逊（Tice, Butler, Muravan & Stillwell, 1995）。毕竟，我们的密友已经知道我们的缺点。

印象管理似乎是受操纵的和虚假的。不过，展示自己的一些方面，使之最适合一定情境下的目标，也是无可非议的。你没完没了地讲笑话可能会在聚会上给人留下好印象，但在工作面试中却不会。希望别人了解你的特殊品质并欣赏它们是合理的。人们能够并且确实发展出特定的社交技能来影响他人，让他人去喜欢、尊重、钦佩甚至害怕他们。

最后，我们如何通过与他人作比较来展示自己？一些学者（Feltovich, Harbaugh & To, 2002）认为，普通人会清楚而详细地表达这些比较，而那些杰出或伟大的人在某种程度上倾向于少说或者不说那些与他人作比较的话。因此，例如，小官僚们通过展示他们的权力和权威来证明他们的地位，而真正有权势的人将会淡化他们的权力，也许会表现出慷慨。平庸的学生可能会在课堂上回答更容易的问题，而最好的学生会退缩，不好意思用这种方式证明他们的知识。熟人通过忽略我们的缺点来展示他们的善意，而密友通过告诉我们我们的缺点来显示他们的亲密，也许还是用戏弄的方式。简而言之，谦逊和沉默是自我展示的方式。当你"拥有了它"，就没有必要炫耀它。

自我展现中的相对剥夺感

想想人们如何表达对缺乏他人可能拥有的东西的抱怨或不满。这种相对剥夺感源于与他人的社会比较。然而，怨恨的表达将受到情境以及感知到的剥夺程度的制约。例如，工会可能会夸大他们在谈判中的不满，以争取管理层更大程度的慷慨。另一方面，人们可能会尽量减少他们的不满表达，以便在婚姻中或在工作中与同事相处时显得通情达理或讨人喜欢。

换句话说，我们表达不满可能受自我展示动机的制约。有两项研究很有启发性。在其中一项研究中，受试者扮演了一个互动的角色，在这个互动中，他们表达了对课程中某个分数的不满。一些人被指示诚实地表达他们的情感；其他人被告知要以被他们的伴侣"当回事"的方式行事；第三组被指示讨好他们的伙伴。第三组的目标仅仅是被人喜欢，他们倾向于轻描淡写地表达他们的不满，而那些被指示恐吓他们的伴侣（被"当回事"）的人倾向于夸大他们的不满（Olson, Hafer, Couzens, Kramins & Taylor, 1997）。

在另一项研究中，有工作的成年人被邀请公开、私下和匿名地表达他们对城市缺乏日托设施的感受。在他们回答之前，实验者告诉他们，她自己对当地日托服务的可用性要么满意要么不满意。当受试者的答案公开时，他们对缺乏日托有多不满的报告受到了实验者声称的满意或不满意的影响，而他们的私人反应不受实验者表达的情感的影响。因此，虽然我们可能会对相对匮乏感到不满，但我们表达这种不满的方式会受到我们希望他人如何看待我们的影响（Olson, Hafer, et al., 1997）。

个性与自我展示

在以社会期望的方式展示自己方面，人们有着各不相同的需要（Paulhus, 1990）。重要的是要区别自我欺骗、提供有偏差的自我报告和印象管理即故意给予他人有利的自我描述（Paulhus & Reid, 1991）。这表明我们有意识地采取行动，以给别人留下深刻印象。自我欺骗使我们能够欺骗他人，避免那些会让我们意识到我们试图欺骗他人的线索（Von Hippel & Trivers, 2011）。也就是说，在许多情况下，当我们欺骗他人时，我们不知道自己在做什么，因为我们实际上是在"收买"自己的欺骗。

关于印象管理的可能进化基础，出现了一场有趣的辩论（例如 Pinker, 2011a）。一些人（Von Hippel & Trivers, 2011）认为，问题不在于对自己感觉良好，而在于引导他人积极看待我们。在这种观点下，自我欺骗和自我提升只是需要以有利的方式向他人展示自己的副产品。毕竟，当别人看好我们时，将会产生巨大的、通行于各种文化的、显而易见的好处：我们成为"领导者、性伴侣和赢家"（Von Hippel & Trivers, 2011, 第5页）。从这个角度来看，欺骗他人的需要已经演变，并且是普遍适用的。另一方面，也有人（Heine, 2011）认为，我们不能假设人类的自我欺骗和自我提升已经进化了，因为不同文化之间有很大差异。也就是说，正如我们已经看到的，自我提升在亚洲文化中是不常见的，因此这样的文化中，欺骗性的自我展示和自我欺骗是不必要的。

人们在自我展示的效率上各不相同。有一位学者（Snyder, 1979）描述了个体在**自我监视**（self-monitoring）下变化的过程，即如何根据他人的微妙暗示调整自己的自我表现。他的量表衡量了人们对自我展示的适当性的关注，他们是否会向他人寻求如何适当行动的线索，以及他们是否能利用这些线索来改变自己的行为。正如我们所料，高度自我监视者倾向于更友好、顺从、适应性更强、更少害羞。例如，在一项研究中，低度自我监视者倾向于喜欢一个在视频中以令人愉快的方式行事的人，即使他们被告知这个人因为被付钱才讨好别人的；他们仅仅以个人的行为为依据，却忽视了社会环境。另一方面，高度自我监视者区分了被付钱才讨人喜欢的人和没有被付钱就让人愉快的人（Jones & Baumeister, 1976）。请注意下面的表3.2中广泛使用的自我监视措施的修订版（Lennox & Wolfe, 1984）包括两个子量表；根据情况修正自我展示的能力，以及对他人对你的反应的敏感性。

表3.2　修订版自我监视量表中的项目实例

修正自我展示的能力
1. 在社交场合，如果我觉得需要别的东西，我有能力改变我的行为。
3. 我有能力控制我接触他人的方式，这取决于我希望给他们留下的印象。
7. 当我感到我所塑造的印象没有用时，我可以很容易地将其改变成有用的东西。
9. 我很难改变我的行为来适应不同的人和不同的情况。
10. 我发现我可以调整自己的行为，以适应我所处的任何情况。
12. 即使这可能对我有利，我也很难摆出好的姿态。
13. 一旦我知道情境需要什么，我就很容易相应地调节自己的行为。

对他人表达行为的敏感性
2. 我经常能够通过人们的眼神正确地解读他们的真实情感。
4. 在交谈中，我对和我交谈的人的面部表情的哪怕一点点变化都很敏感。
5. 在理解他人的情绪和动机方面，我的直觉能力非常好。
6. 我通常能觉察到别人认为某个笑话格调不高，尽管他们可能笑得很开心。
8. 我通常可以从听众的眼神中看出我说了一些不得体的话。

资料来源：Lennox & Wolfe, 1984

要点：我们都希望别人对我们有好感，所以我们采取行动来创造和保持别人对我们的良好印象。当然，这可能会与另一个目标相冲突，那就是让人们接受并喜欢真实的我们。印象管理的策略包括讨好（表现得讨人喜欢），自我推销，恳求（乞求、寻求同情），恐吓，以及尤其是在集体主义文化中，谦逊地展示自己、自己的资产和权力。关于用来营造有利印象的欺骗行为是否会伴之以自我欺骗，即相信你自己的行为，是有一些争议的。人们的自我监视能力各不相同，这种能力能够探查他人对他们的反应，并根据接受者的微妙暗示调整他们的行为。

了解自己，还是对自己感觉良好？

前面的大部分讨论反映了关于自我的研究中的一个重要争议。两大学派主张：**自我提升**（self-enhancement）和**自我确证**（self-verification）。自我提升主张是基于这样一个论点，即我们寻求增加或至少保持自我价值感的反馈。回顾第二章中关于自利偏差和防御归因如何提升自我的讨论。当然，大多数人都想自我感觉良好，至少大多数时候是这样。事实上，温和的自我欺骗似乎有助于总体幸福感，甚至有助于健康（Paulhus & Reid, 1991; Taylor & Brown, 1988）。老年人在思考未来时不太可能自欺欺人，这不是因为他们的期望更乐观，而是因为他们已经通过经验学会了期望什么（Robinson & Ryff, 1999）。另一个主张即自我验证说的前提是我们希望反馈看起来准确，反映了我们对自己的认识。此外，我们希望人们接受真实的自己。

如前所述，通过印象管理，我们既希望创造良好的印象，又希望保持真实可信。有学者（Swann, 1992）建议我们以验证或确认自我概念的方式展示自己。也就是说，我们想感觉我们了解自己。例如，如果你认为自己不是运动健将，你可能会因为自己在一项运动中的出色表现而感到不安，因为评论挑战了你自我概念的一个长期方面。事实上，在一项实验中，自我看法消极的受试者倾向于选择同样对他们进行准确评估的伴侣，即使他们的评价不佳（Swann, Stein-Serousi & Giesler, 1992）。

这种自我提升偏差可能是某些文化所特有的，而不适用于其他文化吗？如前所述，和在东方文化中相比，在西方文化中，自尊似乎是一种近乎痴迷的需要。研究表明，自我提升的偏见可能是特定文化专有的，特别是在比较北美人和来自东方文化的人如日本人时，这一点显得尤为突出（Markus & Kitayama, 1991）。如前所述，保护自尊往往不如自我批评的姿态重要，后者试图从经验中学习。事实上，日本人倾向于对自己持相对消极的看法，这种现象被称为**谦逊**（self-effacement）（Chen, Bond, Chan, Tang & Buchtel, 2009）。研究表明，这是一种真实的反应，而不是为了显得谦虚而试图隐藏更积极的自我形象（Heine, Takata & Lehman, 2000）。有趣的是，亚洲人对自己的看法似乎比西方人更为平衡，能够接受积极和消极的自我相关信息，甚至是互相矛盾的信息。这被解释为反映了对立调和的阴阳原理。也就是说，他们可以说自己既"健谈"又"沉默寡言"，这取决于他们所考虑的情境和角色（Boucher，2010）。

事实上，研究表明，日本人并不是简单地说他们对自己的看法不那么积极：他们确实相信这一点。在一项研究中，日本京都立命馆大学的学生与温哥华不列颠哥伦比亚大学的学生进行了比较（Heine & Lehman，1999）。所有受试者都被要求对一系列描述性形容词进行评分，依据是它们在多大程度上符合自己的情况（例如，我非常有吸引力），然后再描述他们理想中想要成为的人的类型（例如，我想变得非常有吸引力）。正如本章前文所述，两组评分之间的差异提供了一种衡量自我和理想之间的差异的尺度。与两组北美学生相比，日本学生的自我和理想之间的差异更大。然而，和加拿大学生不同，自我和理想之间的差异不意味着日本人在抑郁的常用衡量标准上会得到更高的分数。换句话说，日本人对自己更不满意，但是这些自我批评的倾向对他们来说并不那么痛苦。如前所述，日本人倾向于自我批评，以促进自我提高，并更好地融入他们的群体（Kitayama, Markus, Matsumoto & Norasakkunkit, 1997）。即使在西方社会，人们对自己也是实事求是的，可能很难接受不切实际的赞扬甚至意外的成功。

根据自我确证理论（Swann，1990），有两个原因可以解释为什么我们会对自己保持负面看法，或者至少是平衡的看法。首先，如果每次有人告诉我们不同的事情，我们都会改变我们对自己的看法，即使是更积极的事情，也会令人不安和困惑，因此我们寻求在自我概念中保持某种连贯性和一致性。事实上，我们将在接下来关于态度的一章中看到，我们欣赏我们所相信的事情和所做的事情的连贯性。第二，当人们对我们抱有不切实际的期望，而我们又不希望实现时，这可能会令人尴尬，所以我们觉得自己最好尽快让他们知道我们的局限性。当然，我们渴望被认可的是真实的自我。当有人对我们有理想化的看法时，我们通常会感到不舒服。名不副实，受之有愧。

简而言之，我们既想自我感觉良好，又想了解自己。下面的经典实验（Deutsch & Soloman，1959）说明了这两种矛盾的动机。受试者以四人小组的形式解决问题。最后，他们会收到反馈，显示在这次"灵活思维"测试中，他们的团队得分是最高（成功）还是最低（失败）。得到反馈后，受试者收到了一张表面上来自队友的便条。在一种情况下，便条称赞了受试者作为队友的表现让人满意；在另一种情况下，这张便条上是非常消极的评价。毫不奇怪，那些自我评价积极的人对那些确认了他们积极自我形象的人反应非常积极，而对那些给出消极评价的人反应非常消极。有趣的结果出现在反馈表明他们失败的情况下。当人们被告知他们"灵活思维"能力差时，他们对积极便条的作者做出了积极的回应，但对相当消极的便条的作者也做出了积极的回应。因此，这项研究提供了一些证据，既证明了一个人需要通过创造积极的印象来提升自我，也证明了自我一致性，即对自己的自我概念的确认。

要点：我们想了解自己，准确评估自己。我们又想自我感觉良好。这两个相互竞争的动机，即自我确证和自我提升，受到文化和个人因素的影响。

结语

那么，我们如何回答这个永恒的问题：我是谁？我们已经展示了我们生活中面临的两难困境。首先，我们希望从他人那里获得反馈，这将立刻增强我们对自己的感觉，并确证我们关于自己的认识或信念，即使这是消极的。也就是说，我们想要了解自己的真实情况，但要让自己感觉良好。第二，我们希望别人对我们有积极的印象，但是我们希望人们了解我们，认可真实的我们。我们如何找到平衡取决于我们是谁以及我们文化的规范。第十二章详细描述的社会认同理论，提出了一个由一端的个人和另一端的社会锚定的认同连续体。个人认同的一端与你是谁即你认为自己是一个对心理学着迷的人、曼联队的球迷、浪漫的搭档、游泳好手有关。社会认同的一端是指你如何将自己视为一个群体或社会类别的成员，如何将自己视为一个女人或男人，一个儿子或女儿，大学学生，澳大利亚、荷兰、新加坡或以色列公民，开普敦、剑桥或加尔各答居民，或者一个国家内的一个群体或地区的成员（加泰罗尼亚人、西班牙裔美国人、魁北克人、苏格兰人、华人或马来人）。当然，作为一个连续体，在某些情况下，我们会经历个人和社会的混合；同时，成为一个球队的爱好者可能同时意味着在朋友中你有独一无二的东西，也意味着你有一些让自己和一群志同道合的爱好者玩到一起的东西。简而言之，我们的个人身份和社会身份是密不可分的。

内容概要

1. 自我被编排成一个图式，它编排了关于个人的信息和印象，并确定了在定义他或她的自我方面重要的东西。和其他图式一样，自我图式指导着对自我相关信息的关注和处理。
2. 人们主要从与他人的经历中发展自我意识，而不是通过私人反省。
3. 自我认识来源于自我感知、性别角色、社会化以及与他人的比较。社会比较通常是和与自己类似的他人作比较，但在某些情况下可能是向上比较或向下比较。
4. 人们采用传统上男性或女性的身份，但也有很多人表现出双性的特征（心理双性）。
5. 自我评价具有重要的后果，但可能不像人们通常认为的那样至关重要。

6. 自我差异理论的前提是，我们将自我概念与自我定位、理想自我和应然自我进行比较。自我概念和自我定位之间的巨大差异会导致情感上的困难。

7. 为了保护自尊，人们可能会提前采取行动将自己置于不利地位，然后将失败归因于这种自我强加的不利地位。

8. 为了实行自我调节，我们必须意识到我们正在做什么，并了解其他人对我们的行为有何反应，我们必须认清威胁我们福祉的因素，必须有能力采取建设性行动来纠正这种情况。当人们在给定的情境下进行自我控制时，他们可能会随后表现出较差的自我控制能力（自我损耗）。

9. 在个人主义—集体主义维度上处于不同位置的文化也在自我与个人成就和独特性或自我与社会角色和关系的关联程度上有所不同。

10. 个人试图通过讨好、恳求和恐吓等策略来管理别人对他们的印象。

11. 人们有相互冲突的动机，既希望别人从积极的角度看待他们，又希望别人认可真实的自我。

拓展思考

- "了解你自己"，这是我们得到的教导。既然我们需要保护自己，我们怎么能完全了解自己呢？
- 我们的自我图式是如何受我们生活于其中的文化影响的？
- 鉴于你在这一章中所学到的东西，我们是否真的可能真诚而发自内心地对待其他人，甚至是我们最亲近的人？
- 本章描述了两个概念，自尊和自恋。我们如何区分它们？你的社会鼓励自恋吗？
- 将自我概念或自我图式的概念与社会认知的双处理模型联系起来。

延伸阅读

Antaki, C. & Widdicombe, S.（Eds）（1998）. *Identities in talk.* **London：Sage.** 一组有趣的论文，讲述了社会认同理论是如何发展和应用于商业、离婚和成为枪支拥有者等不同领域的。

Baumeister, R.（1999）. *Self in social psychology. Key readings.* **New York：Psychology Press.** 一组关于自我认识、自尊、自我调节、自我展示以及自我和文化等主题的经典文章。虽然这个文集已经过时，但这些文章总的来说仍然很有影响。

Baumeister, R. F., Vohs, K. D. & Tice, D. M.（2007）. *The strength model of self-control. Current Directions In Psychological Science,* 16（6），351-355. 关于自我调节作为一种可以发展和加强的能力的开创性文件。它挑战了一些现有的范式和假设。

Crocker, J. & Park, L. E. (2004). The costly pursuit of self-esteem. *Psychological Bulletin*, 130 (3), 392-414. 关于试图让自己感觉更好是徒劳无益的研究和理论的简明学术评论。本文还强调了在这一领域进行严格研究的挑战。

Leary, M. & Tagney, J. (2010). *Handbook of self and identity*. (2nd Edn). New York：Guilford. 由公认的专家撰写的关于这一重要领域一些主题的一系列章节，涉及人们如何发展自我意识和认同感。包括理论上的最新发展以及对理解各种心理问题和障碍的实际意义。

Vohs, K. D. & Baumeister, R. F. (Eds) (2011). *Handbook of self-regulation：Research, theory, and applications* (2nd Edn). New York：Guilford. 关于自我调节的研究和思考的广泛学术综述。它包含了专家关于自我调节各种主题的章节。

Vohs, K. D. & Baumeister, R. F. (Eds) (2012). *Theself and identity*, volumes I-V. Thousand Oaks, CA：Sage. 一份关于自我社会心理学当前研究的全面综述，其中一些章节由专家撰写。任何对这一主题有浓厚兴趣的人，以及任何计划在这一领域进行研究的人，都会参阅这本不可或缺的书。

网页链接

http：//www.issiweb.org，国际自我和认同学会

http：//www.self-esteem-nase.org，全国自尊协会

第四章 态度、意识形态与价值

事务的意义不在于它们本身,而在于我们看待它们的态度。

——安托万·德·圣埃克苏佩里

学习目标

- 了解什么是态度,明白态度是一个假设的建构意味着什么
- 了解态度是如何衡量的,并理解显性态度和内隐态度的概念
- 理解价值观和神圣价值观的概念,我们的价值观如何相互关联以及它们与我们的态度有何关联
- 理解权衡取舍及其与价值观和态度的关系
- 了解我们为什么持有某些态度,它们服务于我们什么样的目的
- 了解什么是意识形态,以及自由主义/左翼和保守主义/右翼意识形态有何不同
- 调查我们的行为与我们的态度如何和为何不一致,以及能够缩小态度和行为之间差距的因素。

尽管有明确和令人信服的相反证据,但为什么有些人坚持某些态度,却是一个永恒的谜(Sherman,1997)。不妨想一想,美国的一些人对奥巴马总统怀有敌意。不妨再想一想,尽管许多信奉宗教的人对进化论没有异议,但一些人对进化论还是持否定态度。还有,一些持反犹太态度的人认为纳粹蓄意谋杀600万犹太人的大屠杀是一场恶作剧。关于政治暗杀、恐怖袭击和艾滋病流行的阴谋论比比皆是。在网上可以找到很多例子。

很明显,态度的确立、维持和改变有多种原因。在这种情况下,我们谈论的是与逻辑和证据相矛盾的态度,而不仅仅是偏离主流的态度。对于一些历史事件可能会有合理的争议,在公共事务甚至科学领域,抵制新思想并不少见。尽管当时普遍认为地球是宇宙的中心,伽利略仍然坚持他关于太阳系性质的信念。近年

来，生物医学研究人员发现了胃溃疡主要是由幽门螺杆菌引起的证据，尽管之前普遍认为压力或辛辣食物是病因。

图4.1 《辛德勒的名单》
（一部基于大屠杀真实事件的电影）定妆照
资料来源：© David James/Sygma/Corbis

态度一直是社会心理学的核心话题。然而，直到最近，社会心理学家并没有把大量的注意力放在价值观即更高层次的一般原则（如自由或仁慈）的研究上。有学者（Braithwaite & Scott，1991）认为心理学家可能忽略了价值观，因为这些价值观看起来如此模糊和不精确，以致无法进行充分的测量和实验。然而，最近，人们对社会心理学中的价值观越来越感兴趣。这反映了人们对许多社会正在讨论的重要价值问题的担忧，例如，关于生命终结的问题：尽管有可能上瘾甚至过量，但患有不治之症和剧烈疼痛的人应该在多大程度上用强力麻醉剂来有效缓解疼痛？如果这是他们的选择，是否应该帮助他们结束自己的生命？这些决定可能包含哪些价值？

一些医生对此采取了行动，即使这违反了现行法律。一些国家，如荷兰，允许在特定情况下由医生协助自杀：患者须提出知情和自由的请求，并且患者须正在经历无法减轻的难以忍受的痛苦——身体或心理上的痛苦。接着,主治医生咨询另一个独立的同事,并必须征得他对这个决定的同意;事后,医生必须向法医报告案件事实。在加拿大的一个高度公开的案件中,患有痛苦的肌萎缩侧索硬化症(葛雷克氏症)的苏·罗德里格斯(Sue Rodriguez)向加拿大最高法院请求允许在医生的帮助下死亡,但未能成功。虽然她在法庭上的案件没有成功,但她于1995年据说死于协助自杀。英国、美国和其他国家也报告了类似的病例。

协助自杀的问题唤起了各种关于生命神圣性、宗教信仰、痛苦的缓解和医生作用的价值观和态度。想想古希腊的希波克拉底誓言,医生们应该"不给任何人服用致命的药物,也不要为此提出建议"。拒绝或停止治疗与给予或服用致命剂量的药物是有区别的。虽然两者都会导致死亡,但我们能区分主动引发的死亡和拒绝保护生命引发的死亡吗?医生和医院面临的道德困境是根本性的。一方面,他们致力于保护生命,另一方面,致力于减轻痛苦和苦难。举例来说,像几年前佛罗里达的特丽·沙伊沃案中所突出的那样,借助生命支持系统维持一个不可逆转的脑损伤患者的生命有什么意义?难道生活质量不应该被考虑在内吗?如果这个人想结束他或她的生命,不是因为痛苦,而是因为担心成为家庭的"负担",害怕失去控制,感到沮丧,或者只是不想拖延不可避免的事情,那会怎么样?还是说,人类生命的价值超过了所有其他动物。

这些都是伦理问题,在社会心理学教科书中是无法解决的。在本章中,我们关注的是人们处理这些问题的尝试。本章探讨态度和价值观的本质。然后我们会问为什么人们会有态度,价值观对他们的态度有多重要。我们探索态度是如何构成的,讨论构成意识形态的一套复杂的态度,最后,我们解决为什么我们的态度经常与我们的行为不匹配这个令人困惑的问题。在下一章中,我们将关注态度如何改变。

态度的本质

20世纪30年代,态度研究的先驱戈登·奥尔波特(Gordon Allport,1935)将**态度**(attitude)定义为一种心理和神经准备状态,它凭借经验组织起来,对于个人及与之相关的所有人、物体和情境的反应施加指导或动态影响。这个定义强调态度概念的某些重要特征。首先,一种态度意味着一种内在状态,在这种情况下,这种状态最终可能会导致某种行为。这个定义还意味着态度是通过经验学习的,而我们的行为与它相关。后一个特征很重要,因为它给我们提供了判断某种特定态度是否存在的基础,也就是说,一个标签是否可以在某种程度上被贴在一个人身上(例如保守的、赞成堕胎合法化的、反宗教的、社会主义的)。最后,重要的是要明白，我们只能从某个行为中推断出一种态度，比如对问卷的回答。也就是说，态度是一个假设的结构（第一章），一个用来组织和理解我们所能观察到的事物的概念。

奥尔波特定义中需要注意的另一点是，态度可能被人们有意持有，也可能不被有意持有。心理学总是认为，一些想法、感受和态度并不总是有意识的。可能发生的情况是，一个人不愿意说出自己的想法或感受。或者，这个人可能根本不知道所有这些想法和感受。回想第三章，内省可能不是通往自知之明的最佳或唯一途径。意识中不完全的态度被称为**内隐态度**（implicit attitudes），需要进行大量的研究才能揭示出来。

社会神经科学提供了一些证据，将特定大脑中枢的活动与内隐态度相关联（见 Damian, Phelps & Banaji, 2008 的评论）。具体来说，杏仁核，一个被确认的情感体验中枢，与对态度对象的自发评估有关。同样，在决策中起作用的前扣带皮层参与将内隐态度带入某种意识，背外侧前额叶皮层通过其在组织和计划中的更大作用参与这些内隐态度的情绪调节。也许最有趣的是，在某些情况下，这些中枢的活动与内隐态度有关，而与显性的自我报告无关。

这就提出了一个问题：哪种态度是"真正的"态度？考虑到所有这一切，态度的核心是按照从好到坏、从积极到消极的维度对某个对象的判断。想想我们是如何询问一个人在某些问题上的"立场"的——我们指的是他们在这个从积极到消极的连续区间中对这个问题的态度。我们的评价可能是显性的，这是指它被我们意识到了；也可能是隐含的，这是指这个评价不是我们有意意识到的。大多数读者会突然意识到他们喜欢或不喜欢某人或某事。也许你只是改变了主意。或许你的评价早在那里，但直到后来你才意识到。

当然，作为一种隐性或显性的评价，这种态度概念将它置于描述社会认知领域的双处理模型的参照系内（第二章）。态度可能最好被认为是存在于长期记忆中的认知结构或内在状态（Tourangeau & Rasinski, 1988; Eagly & Chaiken, 1998）。当一个人受到相关刺激时，比如要回答"你觉得新智能手机怎么样"这样的问题时，这些状态可能会被激活。根据回应，我们可以判断一个人对新智能手机的态度是支持还是反对。

态度模型

虽然态度的核心是评价，但传统上人们认为态度是多维的，包含着一个由三个部分组成的相对持久的结构：认知部分、情感部分和行为部分（Chaiken & Stangor, 1987; Zanna & Rempel, 1988），如图 4.2 所示。认知部分是指对物体或情况持有的特定信念或想法;情感部分是指对相关的情感持有的特定信念或想法;行为部分是指对相关的行动或至少是行动倾向持有的特定信念或想法。例如,一个人可能认为大学生傲慢(认知),在大学生面前可能会感到不舒服(情感),并且可能拒载想搭便车去上课的学生(行为)。然而,必须补充的是,态度并不总是直接表现在行动中。这个问题将在后面详细讨论。

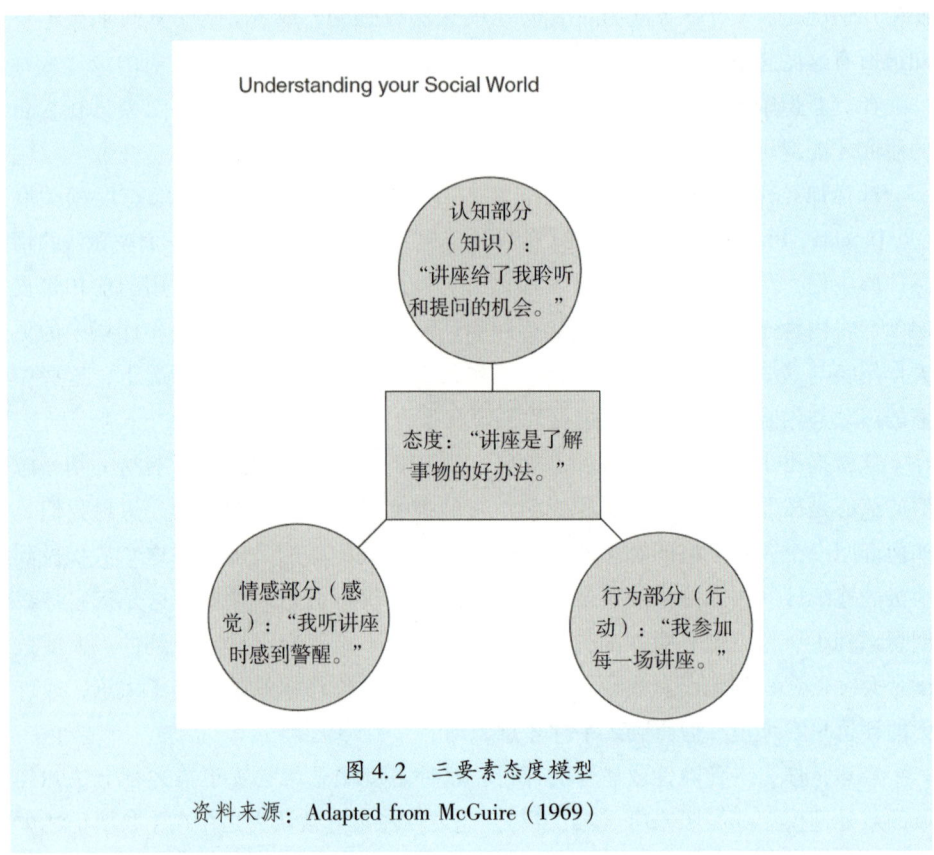

图 4.2　三要素态度模型

资料来源:Adapted from McGuire(1969)

　　这个**三要素态度模型**(tripartite model of attitudes)表明了人性的一些重要方面。许多传统理论和哲学都在努力解决人类的本质是在于思考(理性)还是情感的问题。事实上,一些心理治疗流派试图尽量减少思考,以便我们能接触到自己的"真实"感受。另一方面,有些人可能会告诫我们不要对自己的感受采取行动,而是理性地思考问题。这些概念意味着我们的思想和感情在某种程度上是独立的。然而,态度的概念意味着思想、感觉和行动以某种方式融合在一起,并且通常以协调的方式思考、感觉和行动。

　　然而,区分认知、情感和行为是可能的。有学者(Breckler,1984)对于这三个组成部分在多大程度上对态度的方向和强度给出了类似的估计感兴趣。他对每个部分都采用了各种各样的测量方法。例如,他监测心率的变化,让受试者在蛇面前评估他们的情绪(情感),测量他们对蛇的危险和益处的信念,让他们列出对蛇的想法(认知),请受试者说出对蛇可能的反应,并观察他们实际上接近蛇的意愿的大小(行为)。他的分析清楚地表明,信念、情感和行为是适度相关的,但不是高度相关的,并且每个都为这个被称为"态度"的假设建构提供了独特的贡献。他认为我们不应该仅仅通过询问情感或信念,或者仅仅通过观察行为来评估某人的态度。

其他研究者抛弃了态度的行为成分,认为态度是由认知和情感、信念和感觉组成的二维结构(例如 Zajonc & Markus, 1982)。此外,有些学者(例如,Fishbein & Ajzen, 1975)坚持一维论,认为态度只是对一个对象的情感取向。到目前为止,这些互相竞争的模型还没有决出确定的结果。有两位学者(Zanna & Rempel, 1988)综合了所有这些态度概念,提出了一个模型。他们首先将态度定义为按照评价的维度对刺激对象的分类(例如,按照从有利到不利的维度对堕胎进行评价)。然后,他们建议这种评估可以基于三个信息源:关于堕胎的认知信息或信仰,包括宗教禁令在内的对堕胎的感觉,对过去行为的信息或回忆。评估可以基于任何一个信息源或信息源的任何组合。换句话说,一种态度可以从单独的认知,从认知和情感,或者从这三者中获得。

同样的情况是,态度是基于信仰或情感,或者两者都有,人和人在这方面的程度是不同的。哈多克和赞纳(Haddock & Zanna, 1998)证明,被他们称为"思考者"的受试者的态度是建立在信念基础上的,而被称为"感受者"的受试者更有可能将情感作为基础。同样,肯普夫(Kempf, 1999)发现,一些态度对象引发了基于信念的态度,而对于其他对象的态度更有可能源自情感。例如,他要求受试者评估两种不同的计算机程序,一种是计算机游戏,另一种是语法检查程序。人们发现,对电脑游戏的态度与情感有关(例如,玩得开心),而对语法检查程序的态度是由信念决定的(这将帮助我撰写一篇更好的文章吗?)。

态度的强度

我们不仅泛泛地把一个人的态度描述为评价意见,即支持还是反对,而且,我们还会估计态度的强度,从极度积极到中度积极,或者从中度消极到极度消极。不妨想一想一种你不介意吃的食物,一种你喜欢的食物,一种你可能认为是你最喜欢的食物。你对这三种食物都有正面评价,但是正面评价的强度不同。

与较弱或较温和的态度相比,强烈的态度有许多特点和后果。它们是持久的——也就是说,它们不会随着时间的推移而改变,并且正如下一章要说明的,它们拒绝劝诫。强烈的态度也会对人们的行为产生更大的影响，尤其是当他们表达得更加强烈的时候。此外，强烈的态度更有可能影响我们处理态度对象信息的方式，例如，它通过选择我们关注的事物而产生影响（Krosnick & Petty, 1995；Pomerantz, Chaiken & Tordesillas, 1995；Eagly & Chaiken, 1998）。

态度不明

虽然传统上人们认为态度是一维的——或赞成或反对——但一些学者（Zanna & Rempel, 1988；Haddock & Zanna, 1998）的模型表明，态度可能会复杂得多。例如，麦克唐纳和赞纳（MacDonald & Zanna, 1998））发现，男大学生对"女权主义者"的评价是矛盾的。他们在"钦佩"方面做出正面评价，在"情感"方面做出负面评价。

矛盾心理的发生需要两个条件（Thompson, Zanna & Griffin, 1995）。首先，正负元素的强度必须大致相当；其次，正负元素的强度必须至少适中。如果你喜欢自由放养的鸡的有机鸡蛋，你可能会买和吃它们；如果你不喜欢它们，你也不太可能买它们。但是，如果你很矛盾：你喜欢味道，却不喜欢价格呢？如果问题的一方明显超过另一方，或者问题被认为相对微不足道或不重要，矛盾心理就不会出现。你的行为可能会变得不那么一致，这取决于你考虑什么因素——是更好的味道，还是经济上的牺牲。

专栏 4.1　另一个视角：基因与政治——态度是天生的吗？

> 这世上活着的每个男孩和每个女孩
> 不是有点自由，就是有点保守
> 我经常想，大自然总是这样设计是多么可笑

W. S. 吉尔伯特在1882年写下了这些诗句，亚瑟·沙利文在喜剧歌剧《伊奥拉西》中为它们谱曲。吉尔伯特和沙利文有没有预料到一个多世纪后出现的研究？

人们很早就已经认为，态度往往会一代一代地传递给下一代（例如 Hatemi, Funk, et al., 2009）。有明显的例外：几代人对历史变化的态度可能会有所不同，如在战后的德国、后种族隔离时代的南非或"9·11事件"后的美国。年轻人拥有的教育机会或经济机会影响他们的政治取向，各政党的性质可能会随着时间的推移而改变。尽管如此，人们普遍认为我们都受到父母和兄弟姐妹态度的影响。

此外，也有一些证据表明基因参与其中（例如 Hibbing et al., 2009）。例如，从双胞胎研究中可以获得证据：我们可以拿同卵双胞胎（完全共享的遗传基因）

与异卵双胞胎及其家族进行比较。此外,研究人员还可以比较被收养和未被收养的人以及他们的亲生父母和养父母,这代表了这一对共享一组基因的程度。同卵双胞胎的态度相似性大于异卵双胞胎或普通兄弟姐妹。这也比收养的孩子和他们的亲生父母(共享基因)或养父母(共享环境)之间发现的要多。当然,随着分子生物学的进步,更精确的研究将使我们能够明确哪些基因可能参与其中。

在大型数据库中的几项研究中,人们的政治态度被拿来同其兄弟姐妹、配偶、父母和其他家庭成员的政治态度进行了比较(Eaves & Hatemi, 2008; Olson, Vernon, et al., 2001)。虽然数据清楚地表明,环境是态度差异的主要原因,但是这些研究表明,似乎还有一个重要的遗传因素也发挥了作用(Hatemi, Medland, et al., 2007)。

遗传取决于态度吗?请注意奥尔森等人的研究(Olson et al., 2001)。这项研究观察了对阅读书籍、享受过山车和欢迎更多移民入境等一系列问题的态度,表明基因的影响是针对特定的政治态度的。亚伯拉罕森、贝克和卡斯皮(Abrahamson, Baker & Caspi, 2002)四年来每年都询问被收养的年轻人对宗教和政治的态度。他们的态度以及这些态度的变化,与他们的两组父母(养父母和亲生父母)的态度进行了比较。政治上保守的态度向着他们的亲生父母的方向进行了些微改变,这显示了基因的影响。有趣的是,在这项研究中,基因的影响在生命中出现的时间早于此前报告的时间,而这种影响并没有出现在宗教态度上。

现在,问题变成了基因如何导致态度。没有人声称有直接的联系,如特定的基因会影响特定的态度,就像它会影响眼睛的颜色一样。然而,具有明显遗传联系的人的其他特征可能会影响人们的态度。例如,不妨考虑一个有运动天赋的人。这样的人在体育竞赛中会有积极的经验,这将会引起喜爱体育运动的态度。类似地,一些人格倾向似乎具有遗传成分,这种人格特征可能会使人倾向于某些态度或某些取向,例如对社会规则和秩序的偏好(Smith, Oxley et al., 2011)。

引发研究兴趣的一个例子是关于特定人格特征——寻求新奇或刺激,即寻求新想法和新体验的倾向——的遗传基础。这一特征与多巴胺的特定受体有关,而多巴胺是主要神经递质之一。在猎奇的测量中得分较低的人倾向于在认知上较为僵化和忠诚,更喜欢熟悉和安全的东西,并且"遵循规则"(Golimbet, Alfimova, Gritsenko & Ebstein, 2007)。一些学者(Settle, Dawes, Christakis & Fowler, 2010)借助广泛的美国全国调查数据发现,具有寻找新经历的遗传倾向的人在政治取向上的确更自由——但前提是他们有一群持各种各样政治态度的朋友。当然,不妨考虑一下有这种性格的人可能会去寻找各种各样的人,包括那些持兼容并包的政治态度的人,并成为他们的朋友。也就是说,认为环境导致态度并不意味着消极的单向影响:我们也选择环境并对其采取行动。因此,遗传上倾向于追求新奇的人会与某些类型的人建立关系，后者持有的某些态度可能支持了这些人自己的态度。

总之，来自几个国家的研究有力地表明，基因会影响人们的态度，特别是但不限于政治领域。这种影响是适度的，而且，当然也不能说超过了环境即家庭、同伴群体、社会和文化以及历史力量的影响。我们对基因影响机制的最佳猜测是，它会影响广泛的意识形态偏好，如左右之别、保守主义和自由主义之分，并通过广泛的个性倾向如追求刺激或新奇事物的倾向发挥作用。从这个角度来看，这一发现并不令人奇怪：某些类型的人具有某些个人特征，这些特征使他们倾向于选择某些社会组织方式，并寻找志同道合的朋友和伙伴。

现在人们可能会问，基因是否会影响我们对非政治问题的态度。对某个球队或特定运动的态度如何？对不同风格音乐的态度如何？有没有一种基因会让一个人更喜欢嘻哈音乐、古典音乐或爵士乐（全部喜欢或者全部都不喜欢）？消费者偏好方面的态度如何——比如你对饮料的选择？有证据表明，丙硫氧嘧啶（PROP）的苦味敏感性与遗传倾向有关，这些味觉偏好可能会导致食物和饮料上的偏好，例如不同品牌的啤酒、绿茶和柑橘产品（Drewnowski, Henderson & Barratt-Fornell, 2001）。遗传倾向如何与作为态度核心的评价反应联系在一起，以及遗传倾向如何与直接的个人生活环境、文化和历史事件相互作用？对于这些问题，我们也只是刚刚开始发现和理解的过程。

态度复杂性

有些态度相当简单直接，而另一些态度则很复杂。例如，一个人可能会被问到："你认为医疗辅助自杀怎么样？"他可能回答："我认为这是非常人道的。"但是，如果继续追问，他就无法给出更多细节。另一方面，另一个人在回答同样的问题时可能会说："我总体上赞成，但是我们必须担心它被误用的可能性。"态度的简单或复杂可能是个人特征的函数，也可能是特定主题的函数。有些问题本质上不允许有太多的精神上的复杂性。因此，人们对饭后刷牙的态度可能比他们对加拿大和美国的经济或政治联盟，澳大利亚和新西兰，或者欧盟国家的态度简单得多。

态度也或多或少与其他态度有着复杂的联系。例如，你可能认为农业合作社在经济上是有益的，应该予以推广，但是这种态度可能是孤立存在的，可能与其他态度无关，例如，与你国家的贸易伙伴的关系，你对资本主义和自由企业的信念，你对保护家庭农场的态度。在其他情况下，可能会出现非常复杂的相互关联的态度网络。因此，个人对移民的态度可能与对于经济、失业、多元文化、偏见、国家安全和城市规划等的态度有关。

要点：态度是一种假设建构，其定义为以某种方式对某个对象做出反应的准备状态，其核心在于对该对象的评价。它包括认知（信念）、情感（情绪）和行为倾向。态度可能是有意识的或内隐的，可能是简单的、复杂的或模糊的，并且在强度上存在差别。

测量态度

正如先前在第一章指出的，我们必须能够测量一些东西，以便科学地研究它。在那一章中，我们介绍了测量的概念及其信度和效度的特点。现在我们具体来看态度的测量。态度测量是我们生活的一个重要方面。例如，在营销、政府政策、医疗保健、教育等方面影响我们的决策至少部分是基于对那些受这些决定影响的人的态度的测量。在过去的几十年里，态度测量技术的精细程度大幅提高。

态度测量有两种基本方法：直接方法或自我报告，以及间接或隐性方法。直接的方法是使用各种测量技术询问人们。间接的方法是从受试者对各种刺激的反应中推断出他们的态度，在这种情况下，受试者不知道正在评估一种特定的态度。

直接测量（自我报告）

李克特评分加总式量表（Likert summated ratings）是这种方法的支柱。受试者会被展示一系列关于态度对象的陈述，每个陈述都附有一个5分制或7分制的评分标准。举例来说，这里有两个这样的陈述，这两个陈述来自对医生协助自杀态度的假设性测量：

1. 临死的人或遭受痛苦而无法解脱的人有权在医生的帮助下结束生命。
   强烈同意　不确定　不同意　强烈不同意
2. 所有的生命都是神圣的，即使病人要求，医生也不得结束他们的生命。
   强烈同意　不确定　不同意　强烈不同意

受试者对每一项的选择被分配一个数值。所有项目的分数相加（求和）得到总分。请注意，必须颠倒第二项的值分配，因为逻辑上同意第一项的人应该不同意第二项。因此，如果"强烈同意"在第一项上赋值为1，则其在第二项上应赋值为5。

这是当今使用最广泛的方法，因为受试者很容易理解，操作效率很高，产生的数据可以通过复杂的统计技术进行分析。其他技术，如访谈和语义分化（Osgood, Suci & Tannenbaum, 1957）也偶尔使用。

虽然自我报告工具通常是非常有效的，但它们也存在一些偏差，特别是受试者倾向于以社会期望的方式做出反应，以创造良好的印象或保持良好的自我概念。同样的情况是，被调查者经常能看穿量表，并意识到正在测量什么样的态度。为了克服这些问题，已经开发了一些间接的态度测量方法，其中测量的内容和态度之间的联系并不明显。

测量内隐态度

回想一下，态度是评价性的反应，它可能是有意识的和审慎的，也可能是自动的、自发的和无意识的。在后一种情况下，要求人们自我报告是没有用的，因为他们不知道他们被要求报告什么。目前最常用的获得这种态度的技术是内隐联想测验（Implicit Association Test），简称 IAT（Greenwald, McGhee & Schwartz, 1998）。这项测试相当复杂，包括一组通常在电脑上进行的排序任务，受试者的反应时间或反应速度被视为内隐态度的衡量标准。受试者快速完成这些任务是很重要的，也就是说，他们应自发完成这些任务。例如，你首先看到的是黑白面孔的图像，你要将它们分类成代表"好"字的类别，例如，好的、诚实的、美丽的。大多数人会很快做到这一点。现在，你被要求将同一组面孔分类成代表"坏"字的类别，例如坏的、不诚实的、丑陋的。每次回答都是计时的。据推断，更快速的反应会反映出人们容易产生的联想。因此，一个不喜欢白人的黑人，当一张白人的脸和一个消极的词配对时，应该会反应更快。看看内隐联想测验网站，自己试试看（https://implicit.harvard.edu/implicit/demo/）。

内隐联想测验已经在不同国家和文化的许多研究中得到应用（Greenwald & Banaji, 1995）。请注意，这些内隐态度不一定与自我报告的显性回答密切相关。这些内隐反应预示着什么？格林沃尔德、波尔曼、乌尔曼和巴纳吉（Greenwald, Poehlman, Uhlmann & Banaji, 2009）在回顾文献时承认，这种测量通常不如明确的自我报告测量更能准确预示实际行为——尽管当话题非常敏感时，这种方法可能会更好。

其他间接测量

- 我们可以从对态度对象的行为中推断出态度。例如，有学者（Cook & Selltiz, 1964）让一位伙伴扮演一家出版公司的代表，去询问白人受试者是否愿意摆出一个教科书照片所需要的姿势。如果受试者愿意的话，他会看到一系列拟拍摄照片的素描，其中包括一些他或她和白人或黑人伙伴一起摆出的姿势。那些偏见比较严重的人不太愿意让自己和黑人一起摆姿势，尤其是在更私人的场合。

- 我们可以从对明显基于事实的问题的回答中推断出态度。例如，要求人们估计邻居犯罪的水平会显示他们对犯罪的态度，尤其是当他们高估了犯罪水平时。
- ("通往灵魂") 的**伪途径**（Bogus pipeline）。把一组电极贴在一个人身上，做出来一台看起来令人印象深刻却是伪造的电子录音机。受试者被告知，他们的"真实"反应将由机器测量，接下来的任务是尽可能准确地猜出机器会如何显示他们的反应。对于测试受试者对自己有多了解的任务来说，受试者被认为有动机提供诚实和真实的回答。

为了避免过分热衷于用隐性和间接测量来纠正自我报告测量，必须对几个假设提出质疑（Gawronski，2009）。如果没有令人信服的证据，我们不能假设通过隐性测量就能准确得知无意识的信息。这些测量并不一定能解决受试者做出社会期望的反应的问题，也不一定能解决困扰自我报告测量的虚假反应问题。事实上，这些隐性的测量不能用作"测谎仪"（测谎仪的问题在第十五章中讨论）。基于类似的理由，自我概念的隐性测量不能被认为反映了一个人的"真实自我"。虽然到目前为止的研究是有前景的，但我们不能轻易地做出这样的假设。

要点：态度测量的方法有自我报告，其中最常见的是李克特量表。此外，态度测量还可以采取间接或隐性测量的方法，在这些测量中可以推断态度的性质。这些包括内隐联想测验（IAT）、对明显基于事实的问题的回答、对态度对象的行为以及通往灵魂的所谓（伪）途径。

意识形态

意识形态（ideology）在某种程度上是一套完整或连贯的态度，一种世界观。虽然人们可以想象一种与科学或宗教等不同领域相关的意识形态，但意识形态通常是一个与政治相关的概念，如自由主义、保守主义、法西斯主义（Jost、Federico & Napier，2009）。意识形态是解释环境或社会的共同认知框架，它应该如何存在，以及群体或集体如何实现目标。换句话说，一种意识形态定义了一套社会目标和实现这些目标的方法。因此，例如，社会主义意识形态将包括以马克思主义为基础的解释，解释经济是如何运作的，权力是如何获得的，社会的理想或理想结构是什么；在某些情况下，它将倡导革命以推翻现有秩序，并建立新的秩序。保守主义的意识形态将包括在某种程度上的有限政府概念，强化关于某些行为的现有传统规范，资本主义/自由企业经济学以及针对犯罪和国家安全的强硬政策。请注意，虽然许多人可能赞成或反对个别问题，但正是态度的组合构成了一种意识形态。

法国大革命后，主张维持现状的人坐在法国议会的右边，支持剧烈变革的人坐在左边。从那时起，政党及其意识形态通常是由左右方向来定义的。当然，在不同的国家和不同的历史时期，"左"派和"右"派都有不同的标签：保守主义、个人主义、资本主义、自由企业、秩序、法西斯主义、自由意志主义、抗议、变革、社会主义、共产主义、激进主义、社会民主、团结。此外，诸如"自由"和"保守"等术语的含义在不同的社会甚至在一个社会中也会有所不同。长达40年并对12个国家进行了88项研究的元分析显示，与保守主义有关的是对不稳定和死亡本身的持续恐惧或焦虑，以及对模棱两可的不宽容和对秩序的需求。相反，自由主义与对新经验的开放、认知的复杂性和对不确定性的容忍相关联（Jost, Glaser, Kruglanski & Sulloway, 2003）。

我们只能用左和右的标准来区分政治意识形态吗？一些人认为，重要的区分是温和意识形态和极端意识形态之间的区别。另一些人认为，在社会、宗教和经济层面的左右倾向不一定是一致的。例如，一个人很有可能是一个经济保守主义者（倾向于资本主义，预算平衡），但对同性恋、妇女和少数民族权利的态度却是开明的。一个人可能主张政府减少对商业和经济事务的控制，但可能又主张政府拥有广泛的权力来控制个人的吸毒和性行为。作为这方面的一个例子，一项研究利用了190名参选加拿大议会议员的候选人样本数据，发现左右意识形态的社会方面和政治方面只有较弱的关联（Choma, Ashton & Hafer, 2010）。

此外，有人认为之所以存在左右维度，是因为人们需要减少不确定性和威胁的程度不一样。保守主义通常支持现状和秩序，而自由主义则意味着改变和接受多样性。最后，一些学者（Ashton, Danso, et al., 2005）指出政治态度的另外两

图4.3 "左"的和"右"的政治意识形态

资料来源：EvrenKalinbacak/Shutterstock.com and oconnelll/Shutterstock.com

个方面：道德规范与个人自由（如合法堕胎、医生协助自杀、大麻合法化、赌场赌博）以及同情与竞争（如死刑、公共资助的日托、福利政策）。在加拿大、美国、威尔士等的样本数据中发现了这两个维度，但在加纳没有发现。这表明这种框架可能广泛存在，但并非普遍适用。

当然，学界已经研究了"右"派和"左"派之间在人格、社会和经济方面的差异。例如，不妨考虑一下自由派和保守派在生活中的经历和行动方式是否不同。有学者（Graham, Haidt & Nosek, 2009）通过在美国的几项研究发现，自由主义者主要基于个人做出道德判断和决定，反映出对正义/公平以及关心和保护他人免受伤害的关注。保守主义者（在不同的研究中衡量不同，而一些研究也包括对美国相对自由保守的教会中的布道的分析）基于群体忠诚、尊重权威和圣洁等因素做出同样的道德判断。换句话说，至少在那个社会中，自由派和保守派对人性和世界有不同的理解。

> 高度自由主义 → 对生活高度满意
> 　　　　　　　情感常常是正面的
> 高度保守主义 → 对生活高度满意
> 　　　　　　　偶尔会有负面情感
>
> 图 4.4　自由派还是保守派感到更幸福呢？

政治意识形态与幸福相关吗？霍马、比赛利和沙多娃（Choma, Busseri & Sadava, 2009）测量了自由和保守意识形态；迪纳（Diener, 1984）构建了一个主观幸福感模型，该模型由对积极情感、消极情感和生活满意度的测量组成（参见第十五章）。在加拿大学生的样本中，生活满意度与强烈的意识形态相关，无论是"右"派还是"左"派。这表明自由派和保守派都很幸福，但他们都有自己的方式。更强的自由主义与更高水平的正面情感相关，而更强的保守主义与更低水平的负面情感相关。换句话说，自由主义者感受到更多的正面情感，而保守主义者则避免负面情感。

要点：意识形态是一套相对完整的态度，最常见的是政治态度。它们在倡导或拒绝社会变革以及接受或拒绝人与群体之间的不平等方面各不相同。一些人认为，意识形态上的区别应当是中间派/温和派观点和激进极端主义观点之间的区别。其他区分意识形态的层面有道德规范与自由选择之分，以及同情与竞争之分。随着时间的推移，各社会之间和社会内部的意识形态术语，如左、右、保守和温和也会发生变化。

个人价值观与社会价值观

价值观代表了一个人对生活中什么是值得追求的、理想的或重要的判断。虽然态度与特定的对象、事件或问题相关联，但**价值观**（values）是普遍的抽象原则。例如，一个人可能持有反对种族歧视的态度，赞成不同宗教成员的平等待遇，并赞成男女同工同酬。所有这些都反映了平等的价值观。通常，当我们强烈感受到对有争议问题的态度时，我们会用价值观来描述我们的态度，比如所谓的堕胎、避孕和克隆伦理的亲生命（pro-life）和亲选择（pro-choice）立场。在以这种方式描述我们的立场时，我们使用价值观，从我们自己的角度来定义问题的真正意义。因此，价值观可以被定义为"值得追求的、跨情境的目标，其重要性各不相同，并在人们的生活中充当指导原则"（Schwartz，1996，第2页）。

一些社会心理学家试图将人与人各不相同的一系列基本价值观归为不同类别。例如，奥尔波特和弗农（Allport and Vernon，1931）在德国哲学家施普兰格尔著作的基础上，提出了测量六种价值观的方法：理论方面的（发现真理）、经济方面的（什么是有用的）、社会方面的（对人的爱）、美学方面的（形式与和谐的美）、政治方面的（权力）和宗教方面的（一神论或超越性）。虽然试图对价值的确切数量进行分类可能是徒劳的，但很明显，人们有许多态度，但价值观相对较少。总的来说，这里的兴趣是基于对人们真正重要的东西来提出关于他们的类型学。

在后来的研究中（Rokeach，1968，1979），终极价值和工具价值被区分开来。**终极价值**（terminal values）是对生活中某些最终状态的偏好，如得救、舒适的生活、自由、内心和谐与平等，而**工具价值**（instrumental values）则描述了人们偏好的行为方式，如雄心勃勃、顺从或富有想象力。换句话说，你认为什么是人生的目标，你认为什么是实现这些目标的途径？例如，你可能看重舒适的生活，也可能看重雄心勃勃作为达到这种最终状态的一种方式。

罗基奇（Rokeach）提出了一种研究个人价值观的方法。受试者被要求根据相对重要性对一组包括18个终极价值和18个工具价值的价值观进行排序。用这种方式，可以确定个人的价值优先级。例如，虽然大多数人会觉得舒适的生活是一件好事，但是它们对他们的相对重要性会有很大的不同。

运用这种方法，研究人员报道了一些有趣的发现（Rokeach，1979）。毫不奇怪，高度重视救恩价值的人更有可能经常去教堂，而重视美丽世界的人则可能关心环境问题。习惯吸烟的人比不吸烟的人更看重激动人心的生活、自由、幸福、成熟的爱情和快乐的终极价值，不吸烟的人看重成就感、美丽、家庭安全、拯救和自尊。在工具价值中，吸烟者认为心胸开阔、有能力、富有想象力和独立很重要，而不吸烟者更喜欢开朗、听话、乐于助人、礼貌和自控（Grube, Weir, Getzlaf & Rokeach, 1984）。那些通过经常锻炼、适度饮酒、饮食均衡和系安全带来关心自己的人高度重视快乐、激动人心的生活和幸福。

罗基奇是否准确地传达了人类价值的范围？健康本身可以被认为是一种价值，一种生活中期望的最终状态。有学者（Ware & Young, 1979）将健康列入罗基奇的终极价值列表，并发现虽然大多数人将健康列为第一，但仍有约三分之一的受试者没有将健康列入他们的五个最高价值。一般来说，那些高度重视健康的人倾向于以保持健康的方式行事（Lau, Hartman & Ware, 1986）。当邦德（Bond, 1988）比较罗基奇价值观调查（在美国进行）和中国价值观调查（在香港进行）时，他使用中国价值观调查确定了一个没有被罗基奇的方法测量的价值。这一价值反映了中国人对传统和和谐人际关系的重视，而这种取向在美国是"不可见的"，在后者那里，人们具有强烈的个人主义倾向。

价值观的差异被证明与许多态度和行为有关。这些态度和行为包括职业选择、吸烟、考试作弊、政治态度、投票和选择朋友（Homer & Kahle, 1988）。同样，也有学者（Kristiansen & Matheson, 1990）发现，价值观可以预示人们对核武器的态度。对购物偏好的研究很好地证明了价值观—态度—行为的链条（Homer & Kahle, 1988）。这些研究人员假设，与不选择天然食物的人相比，购买天然食物的人会更加重视内在价值，而前者则强调外在或社会价值。内在价值观的例子是成就感、自尊和生活乐趣。外部价值观的例子是归属感、受到尊重和安全感。通过一种叫作结构方程模型（structural equation modelling）的统计方法，研究人员证明，人们是否购买天然食物是基于他们的态度，而这些态度反过来又是基于受试者是持有内部还是外部价值观。

罗基奇模型因缺乏明确的理论基础而受到批评（Rohan, 2000）。例如，终极价值和工具价值之间的区别是否清晰和有用？人们可以将自由视为一种最终状态（终极价值）或看作激发创造性的手段（工具价值）。尽管如此，罗基奇为人们对价值观重新产生兴趣提供了动力，也为后来的许多研究提供了起点。例如，施瓦茨（Schwartz, 1992, 1996）对罗基奇直觉方法的不以为然导致他凭经验识别了两个价值维度。他将一个维度命名为"对变化的开放与保守的对立"，将第二个维度命名为"自我提升与自我超越的对立"。第一个维度强调了冒险和追求个人利益的愿望与维持现状的愿望之间的冲突。第二个维度反映了一个人在多大程度上关心行动对自己的影响，而不是在更广泛的社会背景下对他人的影响。施瓦茨（Schwartz, 1992, 1996）从这些维度出发，用不同的价值观组合来建立人群的类型学。

图 4.5 谁选择天然食品？
资料来源：lola1960/Shutterstock.com

性格与价值观

另一种研究个人价值观的方法出现在积极心理学（positive psychology）的框架内，即性格优势或美德的研究（Peterson，2006）。这些价值观结合了工具价值和终极价值，被视为生活的关键，同时也是个人满足和道德健全的生活的关键。通过对人群以及各种哲学和宗教传统的调查，一套包括 24 种、被分为 6 个类别的性格优势得以确定（表 4.1）。

表 4.1 性格价值观

1. 智慧和知识：创造性，热爱学习，好奇心，思想开放
2. 勇气：真实、勇敢、有毅力、热情（带着兴奋和精力对待生活）
3. 人性：善良、爱、社会心智（同情心）
4. 正义：公平、领导力、团队精神
5. 节制（防止我们过度）：宽恕、谦卑、谨慎、自律
6. 超越（联系更大的事物，寻找生命的意义）：欣赏美丽和卓越、感激、希望、宗教/精神性

一项针对来自 54 个国家的 117000 多名受试者的网络研究完成了"价值在行动"（VIA）调查（Park, Peterson & Seligman，2004）。数据显示，无论是在美国

还是在其他国家，人们的性格偏好都非常一致。最常被认可的自我描述的性格优势依次是善良、公平、诚实、感激和判断力，最底层的依次是谨慎、谦虚和自律。在另一项研究中（Peterson & Seligman，2003），受试者完成了这项在线调查，有些是在2001年9月11日纽约遭受恐怖袭击之前，有些是在袭击之后的几个月。根据报告，在超越性（希望、宗教信仰/精神性）和人性（尤其是爱）方面有显著增长，可能是因为他们鉴于刚刚发生的事情，试图重申这些价值观。

民族和文化价值观的比较

你可能还记得（第三章），对自我的看法因个人生活于其中的文化不同而不同。价值观当然是我们自我形象的一个基本方面，但不同文化和国家的价值观也会有所不同。长期以来，社会科学家一直在寻找描述一个国家独特特征的方法。当然，我们必须明白，在任何一个国家，个人之间的价值观不会有统一，而是会有很大的差异。问题是我们是否能揭示出一个国家典型的或堪为模板的价值观模式。

事实已经证明，我们可以通过检视不同国家的人们的整体价值观来描述和比较他们。例如，一位荷兰心理学家（Hofstede，1983，2001）在不同时间对40个不同国家的大量受试者（116000人）进行了价值观的研究。通过对这些数据的统计分析，他确定了四个潜在的价值维度，即权力距离、避免不确定性、个人主义和男性—女性气质，在这些维度上可以比较不同国家的居民。让我们来检视它们，特别是把这作为研究民族性格的一种方式。请注意，你可以看到你自己的国家在这些方面的独自得分或者与其他国家相比的得分（geert-hofstede. com/countries. html）。

1. 权力距离（Power distance）。权力距离的维度是指人们能够控制彼此行为的程度上的差异。在这个价值观上得分较高的国家（例如墨西哥、印度），个人期望并接受专制的领导人和雇主，父母期望孩子听话。相比之下，在权力距离较低的国家（如加拿大、美国），儿童被教育要独立自主，管理者倾向于与下属协商。

2. 避免不确定性（Avoidance of uncertainty）。这是指因为受到不确定性威胁的感觉，并采取行动避免它。在这种价值观很强烈的文化（如希腊）中，这反映在对安全、低风险、成文规则和占主导地位的国教的关注上。

3. 男性气质—女性气质（Masculinity-femininity）。第三个价值维度叫作男性气质—女性气质。它指的是社会成员在多大程度上重视成功（当然包括金钱），而不是关心他人和生活质量。在这方面，加拿大得分结果为中等男性气质，荷兰得分为高度女性气质。与此相一致，一项关于冲突解决的研究表明，荷兰受试者比加拿大受试者更喜欢增进和谐的程序，更不喜欢对抗的程序（Leung, Bond, et al.,

1990)。加拿大和日本等注重成功的社会在性别角色之间有更多的区别，在学校和工作中有更多的压力和竞争。请注意：从性别角度确认的这些价值观反映了最初开展研究时的状况，当然没有反映性别角色的文化变迁。

4. 个人主义—集体主义（Individualism-collectivism）。在讨论社会认知和自我的比较研究时，我们已经谈到了这个维度（第二章和第三章）。它是指人们被期望自己看顾自己并根据自己的利益做出决定——而不是集体做出决定并期望社会为了共同利益而行动——的程度。许多西方国家（如加拿大、澳大利亚、美国）在个人主义方面得分很高，而集体主义导向的地区则包括中国香港与中国台湾地区，以及新加坡、秘鲁、委内瑞拉和智利等。在集体主义文化中，职业流动较少，但群体决策较多，而个人主义文化强调成就和主动性（Triandis, 1987）。在这本教科书中，我们还会谈到生活于个人主义文化和集体主义文化中的人们之间的其他区别。

虽然个人主义/集体主义维度引发了极多的研究，但是最近的研究表明，个人主义和集体主义可能不是对立的。一个人接受集体价值观，并不意味着他受到社会的压迫。此外，似有不同类型的集体主义。例如，日本文化中的集体主义价值观可能与传统以色列集体农场中的集体主义不同（Gelfand, Triandis & Chan, 1996）。对长期研究各个社会（在这里是指美国和日本）的研究的回顾显示出一种混合模式：在过去几十年中，个人主义随着两个社会变得更加富裕而变得更为强烈，但这两个社会也保留了许多文化遗产，特别是在社会关系方面（Hamamura, 2012）。

当然，我们已经描述了极端或两极——大多数国家和文化都处于四个价值维度的中间位置。我们也必须小心，不要把调查结果推广到整个国家。显然，如前所述，人口中的价值观会有很大差异，渗透到生活的几乎所有方面，从抚养孩子到工作甚至开车（Hofstede, 1983）。许多国家及各地区的情况都不一样，例如，加拿大（魁北克、阿尔贝塔）、西班牙（安达卢西亚、加泰罗尼亚、巴斯克地区）、英国（苏格兰、威尔士）和印度、以色列、中国、美国等。一个国家或一个地区内也可能会因年龄、性别和种族的不同而存在差异。随着全球化、移民和多元文化主义在以前较为同质的社会中的兴起，人们已无法描述大多数国家的"民族特征"。

施瓦茨（Schwartz, 1994）基于各个社会的现实，确定了三个问题，从中推导出了各个价值维度。所有社会面临的第一个问题是界定个人和社会之间的关系。在一端，这种关系是人的自主性的一种，而在另一端，问题是维护群体文化即保守主义。第二个问题是通过考虑他人的福利来促进保护社会结构的行为。一端运用了人与人之间的权力距离和角色差异，他们的价值被定义为等级式的。另一端是承认彼此在权利和需求上是平等的，从而诱导人与人之间的合作即平等主义。社会面临的第三个基本问题是人们与自然环境和社会环境的关系。一个这样的价值是掌控，维持我们对世界的控制，并利用它来实现我们的利益。对立的价值是和谐，接受世界的现状，而不是试图掌控它。这三个价值维度，即自主与保守主义、等级与平均主义、掌控与和谐，被应用于对城市学校教师样本的研究。这些教师是社会主导价值观的代表，肩负着把这些价值观传递给下一代的责任（Schwartz, 1992; Bardi & Goodwin 2011）。堪为样板的得分模式为比较不同的社会和文化提供了基础。

要点：*价值观是指关于什么是值得追求的或理想的普遍抽象原则。根据罗基奇的说法，它们包括终极价值（理想的最终状态）和工具价值（值得追求的行为模式）。在智慧、勇气、人性、正义、节制和超越等领域，人们也研究了与性格、优势或美德相关的价值观，还研究了各国的差异，特别是与四种基本价值配置有关的差异：社会中的权力距离、避免不确定性、男性气质（个人成功还是关心他人）和个人主义—集体主义。施瓦茨提出了另一套以一个社会的潜在需求为基础的社会价值观。他定义了三个价值维度：自主与保守、等级与平均主义、掌控与和谐。*

价值冲突与变化

在某些情况下，赋予一种价值观高优先级可能会导致与另一种价值观的冲突。例如，可能很难调和自由和平等的价值观，因为自由意味着有权利赚取你想要的钱，而平等意味着国家有义务对你的部分财富征税，并将其重新分配给财富较少的人。在一项研究中，罗基奇（Rokeach, 1968）对代表不同政治观点的知名作者的作品进行了内容分析。他发现温和的自由派或社会民主党都非常重视自由和平等，保守派更重自由而不是平等，左派更重视平等而不是自由，而极右翼作者（希特勒）认为自由和平等都不重要。对美国参议院议员和英国议会议员演讲的其他几项研究显示出与自由主义或保守主义意识形态相关的类似价值观（Tetlock, 1986）。

毫无疑问，当问题的建构建立在价值观的冲突之上时，人们发现较难取得共识（Kouzakova, Ellemers, Harinck & Scheepers, 2012）。这说明了基本价值观对我们有多重要。通过对美国史上废除奴隶制之前的历史文献的内容分析，研究人员发现，在某些州，那些对允许奴隶制持妥协立场的人比那些主张继续奴隶制和主张废除奴隶制的人在思想上表现出更为复杂的特点。因此，复杂的思考并不等同于更高的道德标准!

罗基奇（Rokeach，1968）还发现，虽然美国民权组织中的那些活跃人士对自由和平等的评价都相当高，但是那些没有参与或不同情这一事业的人认为自由比平等更重要。罗基奇随后设计了一个价值对抗实验，让受试者意识到他们在对自由和平等的排名上存在的差异。有人向他们建议，认为自由比平等重要得多的人可能只关心自己的自由，而不关心他人的自由。（在对照组中，没有这种干预。）三个月后，所有受试者都收到了一封美国著名民权组织的来信，邀请他们加入。在被激发了自我意识的群体中，积极回应即加入该组织的比率是之前的两倍多。

为了测试与普通观众的价值对抗，一些学者（Ball-Rokeach，Rokeach and Grube，1984）制作了一个电视节目。节目中，当时两位著名的美国演员（爱德华·阿斯纳和桑迪·希尔）讲述了美丽世界和自由与平等的价值。后续研究表明，观看过该节目的人比错过该节目的人更有可能支持或参与关注性别歧视、种族主义和环境污染的组织。当然，选择观看这部剧的人存在自我选择的因素。尽管如此，这些研究表明，虽然价值观对个人来说至关重要，但它们很容易改变。

价值多元主义与权衡取舍

我们怎么会拥有互相冲突的价值观？例如，不妨考虑一下那些既重视自由又重视平等的人。我们会发现，在某些情况下，根据他们对所有人平等的价值行事会损害他们的自由，比如，征税以提高困难人群的福利就会这样。如果他们反对这种税收计划，那他们就正在扩大自己自由花钱的权利，但代价是所有人机会平等。这种价值观冲突可能让人们很不舒服，而人们也会采取行动解决冲突。

人们经常诉诸**权衡取舍**（trade-off reasoning）。例如，考虑保护环境和开发石油等有利可图的自然资源这两个存在竞争关系的需求。大多数人会重视更清洁的环境和廉价、丰富的能源。通过限制这种发展来保护环境会让经济付出包括失业在内的高昂代价，而无限制的资源开发可能会产生严重的环境后果。找到正确的平衡可能很困难，并且需要权衡有竞争关系的需求和价值观。泰洛克（Tetlock，2000）对政治性演说进行了内容分析，发现掌权的政治家由于相互竞争的价值观，在演讲中表现出权衡取舍，但是，为谋求连任而举行的竞选活动一开始，他们就又回到了简单化的论点，向所有人承诺所有事情。

价值冲突反映在政治态度上（Tetlock，1986）。在美国的一项研究中，受试者被要求表明他们对一些有争议的问题的态度，这些问题涉及相互冲突的价值观，比如提高帮助穷人的税收（平等与舒适生活的权衡），是否应该允许美国中央情报局公开公民的邮件（国家安全与个人自由的权衡），以及是否应该限制医生设定一些人负担不起的费用（平等与自由的权衡）。然后，他们被要求写下他们对每个问题的想法，并对罗基奇价值观体系进行排序。

当一个问题不涉及价值冲突时，受试者在态度量表上做出了预期的反应。例如，那些平等程度高、生活舒适程度低的人非常愿意缴纳更多的税来帮助穷人。当然，那些生活舒适程度高、平等程度低的人反对为此目的增税。然而，如果这两种价值观都获得了很高的排名，价值观的冲突就表现在他们对这个问题的矛盾态度上。当受试者面临一个涉及有竞争关系的价值观（价值多元主义）的问题时，他们会更多地考虑这个问题。

这个权衡取舍模型表明，如果这些价值观没有相似的强度，那么较弱的价值观将被搁置，而较强的价值观将得到支持。妥协不会发生。只有一种价值观会被选择。然而，如果这些价值观具有大致相等的强度，那么问题是否还能权衡取舍。权衡方法可能有风险，因为其他人可能会认为权衡是"出卖"，从而损害原则。如果这个人担心这种可能性，她可能会试图隐瞒权衡取舍或误导他人。然而，如果不太可能产生负面后果，接下来的问题便是，其他人是否会担心这个人试图逃避指责。如果这不是问题，下一阶段将考虑受众的其他特征。如果受众无动于衷或消息不灵通，他们可能会对"蛊惑人心"做出反应，这包括激发愤怒情绪和煽动骚乱等策略。然而，如果观众更老练、更挑剔，策略必须更复杂。在这种情况下，这个人可能会进行审慎的价值比较，比如"我愿意开采多少石油来适应多少失业"，并尽量利用受众的价值观多样性。简而言之，权衡取舍需要复杂的思考，需要大量的专注力。

对价值多元主义的研究也与政治意识形态有关（Tettlock, 1984）。我们已经看到自由主义者或社会民主党人、保守派和共产主义者在平等和自由的价值观上有所不同。人们还发现，持自由主义或社会民主主义政治态度的人在综合复杂性方面高于其他人。许多政治问题，如社会福利项目、反歧视法和政府对经济的干预，都涉及自由和平等之间的冲突。因为自由派或社会民主党人对这两种价值观都给予高度评价，所以他们必须能够思维灵活，以更复杂的方式解决冲突。另一方面，秉持的政治意识形态使一种价值优先于另一种价值的人可以更容易地解决问题。

我们对这些研究的结论必须谨慎。我们无法推断原因和结果：自由主义者是否因为平等与自由的冲突而表现出更多的综合复杂性，或者以这种方式思考的人是否因此倾向于高度重视自由和平等，并采取社会民主主义的政治态度。另一个问题涉及正在研究的文化。泰洛克的研究完全是在经济发达的民主国家进行的。可以说，第三世界的贫困、独裁和经济欠发达的现实会使这种权衡取舍更加困难，如果不是不现实的话，也会导致价值观和政治意识形态之间的不同关系。第二章描述的对成功革命领袖的研究表明,更极端的政治意识形态并不一定缺乏综合复杂性。

一些形式的权衡取舍更加苛刻和麻烦,尤其是那些涉及对人来说"神圣"的价值观的权衡取舍。现在,我们来谈谈这些价值观。

神圣价值

神圣价值涉及基本宗教信条、民族和族群认同的核心思想和道德规范。例如,宗教有其神圣的目标或理念,这些目标或理念被认为是超越性的和不可替代的:信条、道德价值、宗教仪式、祈祷书、念珠、《律法书》、佛像、《阿第格兰斯》、《吠陀》、《古兰经》。世俗的事物和思想可以获得类似的神圣品质。假设你的住所被大火吞没,在房子烧毁之前,你只有时间带出三样东西。你会带走什么?虽然许多人会拿起他们的笔记本电脑或外接硬盘,但是对于接下来会选择什么,人们的反应是千差万别的。

令人印象深刻的是,物品的货币价值往往不会成为决定因素。你很可能会离开你昂贵的平板电视或珠宝,去拿一张爱人的照片或视频,一封很久以前(或昨天)的情书,或是一件珍贵的衣服。当然,此时可能只会发生捐赠效应(见第二章),在这种效应中,我们看重某样东西仅仅是因为它是我们的。然而,当捐赠效应成为更重要的情感和象征价值之一时,对我们来说,它就已经获得了"神圣性"的关键品质,不一定与宗教联系在一起,而是具有不可估量的个人价值。在撰写本报告时,一场关于伊朗获取核能,至少可能是核武器的重大国际争端正在激烈进行。研究表明,对很大一部分伊朗人来说,获取核能已经成为一种神圣价值,一种与他们的民族自豪感和主张相关联的、不容许妥协的价值(Dehghani, Atran, et al., 2010)。

在一项实验中,受试者被要求签署一份与他们的核心个人价值观相矛盾的声明(Berns, Bell, et al., 2012)。研究人员使用功能性磁共振成像(fMRI)来记录受试者的大脑反应。在第一阶段,受试者被展示了各种各样的陈述,这些陈述从世俗问题(比如"你是一个喝茶的人")到热点问题(比如"你支持同性婚姻"和"你是反堕胎派"),不一而足。在实验结束时,受试者可以选择拍卖他们的个人陈述,否认他们以前为了得到实实在在的钱而做出的选择。受试者只需同意签署一份声明与他们的信念相悖的文件,就可以获得高达100美元的收入。他们可以选择退出拍卖,因为他们非常看重自己的主张。大脑成像数据显示,神圣价值与评估是非曲直相关的神经系统(左侧颞顶叶连接)的激活有很强的相关性,但与回报相关的系统却没有。显然,有些问题的处理方式涉及个人价值,但不涉及成本和回报。

如前所述,在一些情境下,权衡取舍和妥协是不太可能的(Tetlock, 2003)。例如,在"禁忌权衡"的情境下,神圣价值与非神圣价值,如荣誉与金钱,是水火不容的。至少在大多数情况下,我们大多数人都会选择前者。然而,有些情况可能会变成"悲剧",因为一种神圣价值与另一种神圣价值相冲突,这样的决定更加困难和情绪化(Hanselmann & Tanner, 2008)。举个例子,想想泰洛克的"禁忌选择"(taboo choice)场景,在这个场景中,医院管理者面临着拯救一个孩子的生命(神圣价值)或为医院节省100万美元的决定。被要求评价管理者的受试者对花了很长时间才做出决定的管理者的评价比较消极;甚至还要花时间去考虑侵犯人类生命的价值,这种行为是令人反感的。然而,在"悲剧性选择"(tragic choice)的情境下,管理者不得不在拯救一个男孩的生命和拯救另一个男孩的生命之间做出选择,受试者对花了很长时间才做出决定的管理者的评价较为积极。在这种情况下,人们对权衡考虑的看法是,这表明情势非常严峻。

考虑一个令人不快的现实,即国际上有一个买卖供移植的人体器官的地下市场。这些器官通常来自发展中国家的贫困人口,用于为发达国家的富裕人群服务。许多人会觉得这是令人厌恶的,但是当这种情况被认为是拯救生命的唯一方法时,一些受试者更愿意考虑这种做法(Tetlock, 2003)。

要点:两种理想价值观之间的价值冲突通常包括自由与平等之间的冲突,而自由与平等又与政治意识形态有关。如果存在这种冲突,人们可能会决定将一种价值作为优先事项,或者在各种价值之间权衡取舍。人们追求的一些神圣价值超出了物质价值,它们包括宗教价值或超越价值以及一些对个人具有重要意义的价值。

态度的功能

我们将价值观描述为我们据以形成态度的总体抽象概念。我们能从人们对某些事物或问题的态度中推断出他们的价值观吗?如果我们知道人们的价值观,我们能预测他们对死刑、福利国家或摇滚视频的态度吗?出于理解的目的,我们必须转向一个更为根本性的问题:为什么我们会有态度?人们已经确定并研究了态度的几个功能(Eagly & Chaiken, 1992; Olson & Zanna, 1993)。

首先,态度可能具有**功利主义功能**或**工具性功能**(utilitarian or instrumental function),可以使我们得到更大的回报和花费更少的成本。尤其是,持有特定的态度可能有助于我们获得他人的认可和接受,从而与我们自己所在的群体或人们和谐相处。这在集体主义色彩较浓厚的社会中可能显得特别重要，因为在这些社会中，社群受到高度重视。

其次，态度可以具有**认识功能**（knowledge function），使我们能够理解我们的世界，避免不确定性，应对日常决策，并让我们感觉到自己确实理解我们生活的世界（Fazio, Blascovich & Driscoll, 1992）。态度有助于人们从进入他们视野的无数对象中选择那些会引起注意的刺激（Roskos-Ewoldsen & Fazio, 1992 a）。也就是说，态度作为图式，能够帮助我们避免面对不确定性和模棱两可的不舒服的感受，引导我们对事件的反应和理解。

还要注意的是，内隐态度使我们能够在不花费认知努力的情况下自发地做出评价。事实上，态度可以让我们避免思考。法齐奥及其团队研究了受试者通过按下标有"好"或"坏"的按钮对各种物体的反应速度（Fazio, Sanbonmatsu, Powell & Kardes, 1986）。他们表明，一些内隐态度是自发或自动从记忆中激活的，不需要经过思考（例如，"蟑螂令人作呕"），而其他态度需要更多的时间和思考来表达。

第三，态度可能也具有**自我防御功能**（ego-defensive function），防止人们意识到关于他们自己或他们的世界的严酷、不舒服的事实。正如将在第十三章中讨论的那样，带有偏见的态度常常起到自我防御的作用。例如，偏执狂可能会表达对某个外群体成员的偏见，以便让自己感到他或她比他的实际状态更重要和更强大。如果人们感到自己很糟糕，那么相信别人更糟糕就能安慰和保护自己。

图 4.6　志愿者在纽约斯塔顿岛清理石油泄漏现场
（一种价值表现行为）

资料来源：© J A Giordano/Corbis

第四，态度可以发挥**价值表现功能**（value-expressive function）。价值表现的态度展示了我们的独特性和对我们重要的东西。它们可能采取一种看似微不足道的形式，比如那些对代表某些价值观的音乐、服装和汽车的某些风格表达积极看法的人。它们也可以重要得多，例如，某个宗教的成员可能坚持某些突出的态度，表明他们对自己信仰的忠诚。回顾上文提到的泰洛克关于价值冲突以及这些冲突是如何表现在态度中的研究。

重要的是要明白，我们不能从价值观中推断出态度，也不能从态度中推断出价值观。事实上，对同一问题持不同态度的人往往将他们的立场与完全不同的价值观联系起来，而不是将其与某一特定价值观在重要性的差别联系起来。例如，赞成政府广泛参与医疗保健的人和反对者都可能高度重视自由和平等的价值观。然而，赞成者的立场可能基于平等的价值，反对者可能诉诸自由的价值。对价值观的选择性诉求可以使他们支持自己的态度并为其辩护（Eiser & van der Pligt, 1984; Eiser, 1987）。

克里斯汀森和赞纳（Kristiansen and Zanna, 1988）已经证明了这种**价值辩护效应**（value justification effect）。一项实验的受试者被要求表明他们对当时两个有争议的问题的态度：按需堕胎和在加拿大部署核武器。然后，他们被要求根据18个罗基奇终极价值与堕胎和核武器问题的相关性对它们进行排名。每一个问题的支持者和反对者在哪些价值观最相关方面存在显著差异。例如，相比于反对堕胎的受试者，赞成堕胎的受试者认为自由、幸福和舒适的生活与这个问题更相关。有趣的是，双方都认为平等、自尊和内心和谐同等重要。在核武器问题上，国家安全对支持核武器的人更重要，而智慧和得救对于反对者更重要。我们开始明白为什么有些争议的对立双方无法沟通。就基本价值观而言，双方都不理解对方或同意对方的看法。

关于态度功能的最后一点涉及双重态度（dual attitudes），在这种情况下，一个人对同一个物体的内隐态度和外显态度是不同的。例如，对少数群体的态度可能在外显和内隐两个层面上有所不同（Wilson, Lindsey & Schooler, 2000）。外显态度可以表示为对外群体成员礼貌，而内隐态度可以表示为回避他们。这将在关于偏见的一章中进行讨论。

要点：态度的功能可以是功利主义的或工具性的、以认识为导向的（避免不确定性）、价值表现的或自我防御的。态度和价值观的关联可能表现在两个方向上：价值观可能会引发从它们那里衍生出来的态度，或者，价值观可能会证明现有的态度是合理的。

态度和行为之间的关系

衡量特定心理变量的主要原因之一是为了对它如何影响行为做出一些相当精确的结论。毫无疑问，态度对我们的行为有着巨大的影响。显然，曼德拉的态度和行动是高度一致的，他为符合自己信念的行动付出了 27 年监禁的代价。然而，试图证明行为可以归因于内在态度的尝试经常失败。在早期的一项研究中，拉皮尔（LaPiere, 1934）观察了一对在美国旅游的年轻中国夫妇，参观了 250 多家酒店和餐馆。他仔细记录了他们的待遇，并指出他们只被拒绝服务一次。后来，当拉皮尔写信给同样的机构询问他们是否愿意为中国顾客服务时，令人吃惊的是 92% 的回复者说他们会拒绝。这项研究受到了多方面的批评。例如，只有 50% 的机构回复，无法确定回复拉皮尔信件的人是不是提供服务的人。然而，这确实表明人们所说的（态度）和他们所做的（行为）之间有很大的差距。

在美国北部也开展了一项类似的研究（Kutner, Wilkins & Yarrow, 1952）。当时，种族隔离仍然存在。该研究显示，尽管一些餐馆对黑人的服务令人满意，但这些餐馆后来会拒绝为有黑人参加的社交活动预订房间。与拉皮尔的研究一样的是，在不同的条件下存在着不同的约束。相对于信件联系或电话联系，当面歧视人要困难得多，而且，也不能保证处理预订的人就是原来为黑人服务的那个人。然而，尽管存在缺陷，这两项研究对于提醒研究人员注意态度和行为差异的问题都很重要。在控制得较好的情况下，比克曼（Bickman, 1972）发现，尽管 500 名被调查者中有 94% 说他们觉得自己对垃圾的处理负有个人责任，但只有 2% 的人实际上捡起了实验者事先安排的一块垃圾。

当然，态度和行为之间的不一致并不奇怪。我们所有人都会时不时地言行不一，这通常是有充分理由的（Wicker, 1969）。有人认为，这些研究和其他类似的研究之所以未能显示态度和行为之间的预期关系，是因为它们过于依赖单一的行为（Weigel & Newman, 1976）。在一项实验中，受试者首先填写了一份问卷，这份问卷测量他们对环境的关注，涉及污染和环保的各个方面。随后，在接下来几个月的不同时点，受试者被联系采取了 14 项与环境保护相关的行动，如散发请愿书、同意捡垃圾、招募朋友和回收瓶子。研究人员发现，态度和单一行为之间的相关性很小（平均为 0.29）。然而，当所有 14 种行为组合成一个指数时，获得了 0.62 的强多重相关性。请注意，在这项研究中，态度预示到了现实世界中可观察到的行为，而不是自我报告的行为或实验室行为。

因此，一些令人信服的证据表明，态度在某种程度上与行为有关。那么，态度何时以及为什么预示了行为呢？

影响态度和行为关系的变量

文献显示，有一组干预变量解释了为什么许多研究无法证明态度和行动之间的关系。人和情境的特点都可以决定人们是否会根据他们的态度行事。

一些可能涉及的个人因素包括：

- 人可能持有其他相关态度。人们在吃东西上下功夫来控制体重，可能不是出于对健康后果的担忧，而是因为他们相信控制体重有助于他们看起来更好。
- 人可能会被激励去满足其他需求。例如，尽管某一个服装店的服装不流行，人们仍可能在那里购物，因为它的价格很有吸引力。
- 人可能看不出一个行动与特定的态度有什么关联。例如，反对某个政党的选民可能不知道该政党代表的正是他们赞成的政策。或者，他们可能觉得他们的一票无关紧要，所以根本不去投票。
- 行为对人的代价可能过高（Campbell, 1963; Kaiser, Byrka & Hartig, 2010）。一个人可能想保持身材，但是发现健身房会员费太高了。

情境因素也可能阻止人们按照他们的态度行事：

- 其他人的实际在场或隐含在场可能会影响行为。例如，一个持有不受欢迎态度的人可能会感到羞愧或压力过大，而无法将其公开表达出来。
- 社会规范可能与某些态度相冲突。因此，持有偏见的酒店老板可能会觉得拒绝实际的、付费的顾客是不合适的，无论他们来自哪个种族、教派或民族。
- 不管人们的态度如何，人们都可能会以某种方式行事，因为他们没有可接受的选择。例如，他们可能会订阅一份平庸的报纸，其编辑原则令人反感，因为这是镇上唯一的报纸。
- 不可预见的外部事件会大大改变行为，不管态度如何。反对福利的人可能会突然失业或残疾，从而被迫寻求公共援助。

事实还证明，如果行为是社会禁止的或非法的，态度可能无法有效预示行为。有学者（Hessing, Elffers & Weigel, 1988）采访了大量荷兰纳税人，这些纳税人通过之前的调查问卷被看作是逃税者或非逃税者。访谈者询问所有受试者他们是否少报了收入或者报告了非法扣除——换句话说，他们是否在报税表上作弊。数据表明，这些受访者的态度和自我报告与他们的实际行为无关。换句话说，许多试图欺骗税务机关的纳税人表达了反对这种行为的态度。

简而言之，行为受到以往经验、习惯、社会规范和情境的预期后果以及态度的影响。克劳斯（Kraus, 1995）对88项态度和行为研究进行了元分析，得出的结论是：态度和行为之间存在着实质性的但有限的关系。他指出，当考虑到态度确定性、自我监视和态度测量类型等因素时，这种相关性会增强。有趣的是，他还提到，相对于学生的行为来说，态度能够更好地预示非学生的行为！

态度—行为问题产生了几个有影响的理论。这些将在下面讨论。

要点：态度是预示行为的一个重要因素，但不是非常有效的因素。其原因包括个人因素，如其他相关的态度、满足其他需求的动机以及行为的回报和成本。情境因素包括其他可能促进或抑制行为的人的在场、社会规范的存在，以及情境中缺乏适当的替代行为。

理性行为理论

艾森和菲什宾（Ajzen & Fishbein, 1980）直接解决了态度和行为的关系问题。他们从这样一个前提开始，即人们通常会考虑自己行为的影响，然后有意识地采取审慎的行动。简而言之，我们最终会做自己想做的事情，预示行为的最佳因素就是这样做的意图。当然，意图的强度不同，我们可能会做一些不同的事情。安娜可能打算今晚学习，除非她被邀请参加一个聚会——尽管她打算学习，但她打算接受这一邀请。因此，我们必须具体说明是什么决定了安娜打算学习的强度。

在艾森和菲什宾看来，以某种方式行动的意图的强度由两个因素决定：对该行动的态度和主观规范。也就是说，我们投票给候选人 X 的意图取决于我们对以这种方式投票的态度（不是对该候选人的态度，而是对投票给该候选人的态度），以及我们认为这一行动受到其他人的鼓励或认可的感知。艾森和菲什宾认为这两个因素在重要性上不一定是相等的，在不同的人和不同的情况下，一个因素可能比另一个因素更重要。例如，虽然两个人可能同样决定投票给候选人 X，但一个人可能主要受到这样投票带来的积极感受（态度）的影响，而另一个人可能受到家人和朋友打算如何投票（主观规范）的影响。在一项关于女性减肥的研究中，在预示最终成功这件事情上，主观规范因素（密友）远远超过态度因素（Fishbein & Ajzen, 1975）。

艾森-菲什宾理论也明确了决定态度和主观规范的因素。对某一特定行动的态度：（1）是由行动将导致某些结果的信念决定的；（2）是由对这些结果的评估来权衡的（图4.7）。例如，如果你认为这一行动会带来相对有利的结果（诚实的政府，充分就业），并且你对这种结果的重视程度相对较高，那么你会对候选人 X 的投票持积极态度。如果你认为这样投票不太可能产生这样的结果，或者你真的不在乎是否会产生这样的结果，你的态度会不那么积极。如果安娜认为这个决定不会对她的成绩造成不利影响，她将参加聚会。主观规范（即对行动的社会压力的感知）包括以下内容：(1) 某些人或群体期待你做出某种行动的信念；(2) 你遵从这些期望的动机。因此，如果你相信自己的朋友希望你以这种方式投票，如果你想做他们期望你做的事情，你就会感到鼓舞或受到压力。如果安娜相信她的朋友想让她去，她就会去参加聚会，因为她想让他们开心。

总而言之，行为可以通过意图来预测。以特定方式行事的意图是由对以特定方式行事的态度和行为周围的主观规范的某种组合决定的。预期结果和对这些结果的评估决定了态度，而主观规范则取决于关于他人希望的想法和不辜负这些期望的动机。因此，如果你期望看某部电影，并且真的很想去看一看，如果你觉得你的朋友想让你和他们一起去看电影，而你想取悦他们，你很可能会去。

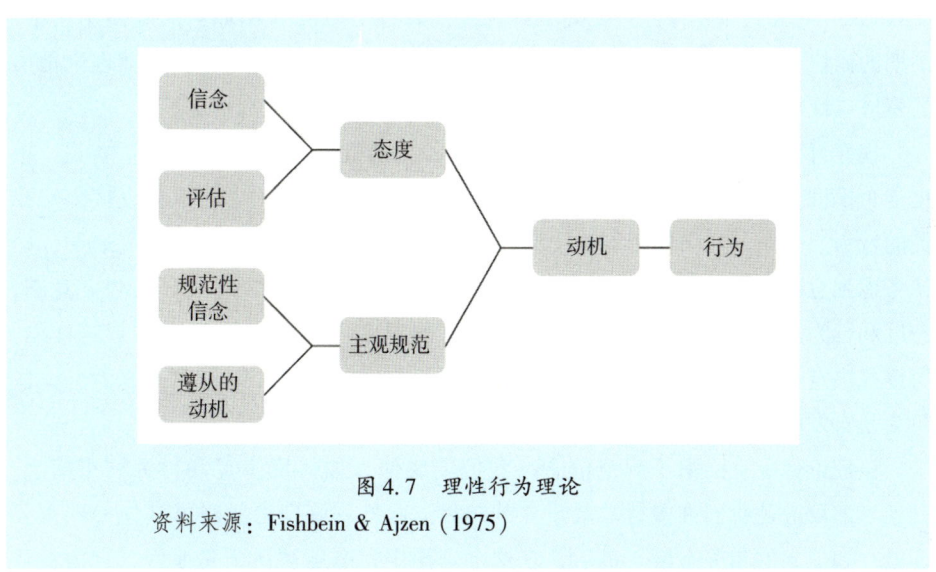

图 4.7 理性行为理论
资料来源：Fishbein & Ajzen (1975)

在许多关于社会性显著的行为——如计划生育、消费者行为（购买特定品牌）、各国选举投票、职业选择、吸烟、饮酒和减肥方面的变化的——研究中，理性行为理论（Theory of Reasoned Action, TRA）得到了验证（Ajzen & Fishbein, 1980）。虽然许多关于态度的研究因侧重于相对微不足道的、短期的、实验室产生的态度而受到批评，但这一模型已经由现实生活中的行为和态度进行了测试。例如，在艾森和菲什宾（Ajzen & Fishbein, 1980）的研究中，受试者被要求表明他们对三类产品中每一类的五个品牌发生购买行为的意图（例如，购买汽车或啤酒的意图）。对于每种行为，态度都是通过评定两极选择来评估的（例如，下周买 X 啤酒供我自己使用会有好的后果/坏的后果）。主观规范是通过让受试者对"他们相信自己的家人和朋友认为他们应该/不应该购买 X 啤酒的程度"进行评分来评估的。当态度和主观规范与行为完全相符时，这两个因素对行为意图具有高度的预示性。在另一项研究中,已婚妇女对使用避孕药(但不是一般意义上的避孕措施)的态度和主观规范预示了两年后她们使用避孕药(Davidson & Morrison,1983)。理性行为理论也在艾滋病预防中得到了很好的应用(Gallois et al.,1994)——研究的焦点是安全性行为,特别是使用避孕套的意图。总的来说,这些调查为这一理论提供了相当大的支持,为广告和信息运动奠定了基础。

正如我们前面提到的,态度在复杂性上有所不同。然而,运用艾森和菲什宾的模型进行的研究通常以简单的积极或消极评价来衡量态度。随着人们越来越多地参与到一项活动中,经验越来越丰富,他们对各种后果的预期会比这个模型中所描述的更加复杂。例如,在一项关于高中生对大麻态度的调查中(Schlegel,D'Avernas, et al.,1992),一种关于对吸食大麻各个方面(例如,大麻使用频率、预期的愉快和不愉快影响、健康后果)的态度的评分方式比从理性行动理论得出的赞成或反对吸食大麻的单一评分更准确地预测了大麻的吸食程度。

理性行为理论也受到了其他几个理由而提出的批评(Liska,1984)。首先,根据这个模型,我们的态度会影响我们以某种方式行动的意图,但不会直接影响我们的行为。然而,几项使用复杂统计分析(结构方程模型)的实地研究表明,即使考虑到意图,态度也会影响行为(Bentler & Speckart,1981)。由于绕过了意图,态度和行为直接联系的理论似乎挑战了一系列理性行为的逻辑:"我赞成这样做,所以我决定这样做(意图),然后我就行动了。"这表明,以这种观点来看,一些行为是自发的。

该理论似乎也混淆了规范信念(我们期望他人如何反应)和行为结果信念。其他人的反应是我们许多行动最重要的结果。此外,该理论忽略了其他一些重要变量,如他人的相关态度。最后,在这个理论中,态度被认为是原因,行为被认为是最终的结果。正如下一章将要展示的,因果可以双向流动:行为往往是随后态度改变的原因。最后,当我们观察每个受试者的态度和主观规范预示行为的一致性时,这个理论特别有效(Trafimow & Finlay,2001)。

艾森(Ajzen,1985,1987)指出,如果意志控制也被考虑在内,理论的预测效用可以提高。例如,一名高中生是否打算继续上大学,不仅取决于模型中的初始因素,还取决于该学生是否认为他或她有必要的能力和财力——即认为有控制力。这导致艾森将这一因素考虑在内,修改了理性行为理论,并称之为计划行为理论(Theory of Planned Behaviour)(图 4.8)。

理性行为理论是建立在行为最终是意志行为这一前提之上的:只有当你想做某件事,从而形成了做这件事的意图时,你才能做这件事。然而,在许多情况下,建立在欲望之上的意图是不够的。你能想到些什么吗?例如,你可能真的想购买

第四章 态度、意识形态与价值

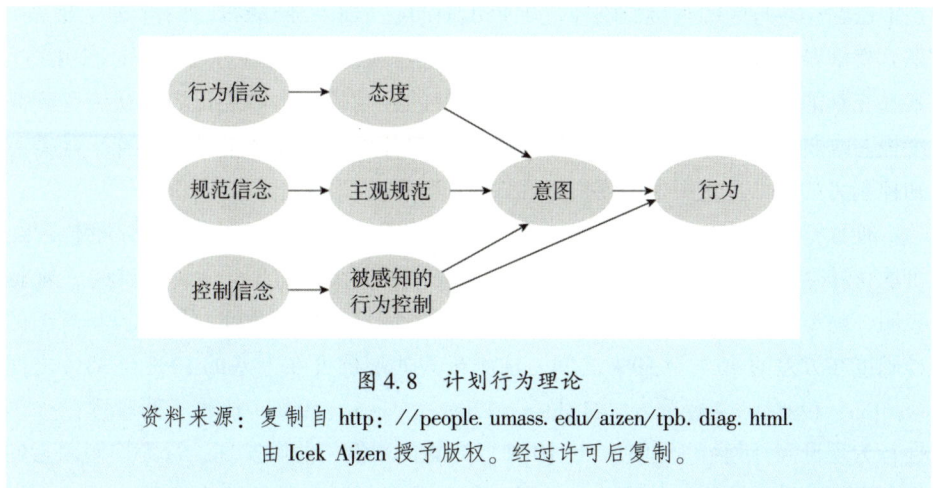

图 4.8 计划行为理论

资料来源：复制自 http://people.umass.edu/aizen/tpb.diag.html. 由 Icek Ajzen 授予版权。经过许可后复制。

那辆豪华车，并打算有朝一日购买它，但这将取决于你能否积累必要的资金。如果你觉得自己能够侥幸通过期末考试，你可能会打算忽略掉它。你可能打算从现在到考试期间不停学习——但是通往地狱的道路是不是由良好的意愿铺成的呢？

艾森（Ajzen，1991）的主张建立在早期的理性行为理论的基础上，但基本上已经取代了它。和理性行为理论所说的一样，一个人会做什么的最直接决定因素是做这件事的意图。意图概括了这个人以某种方式行动的动机。意图又由三个因素决定：态度、主观规范和感知到的行为控制。第一，回顾一个人对进行某个行为的消极或积极评价态度；例如，我会发现回收垃圾是一件愉快而有用（或不愉快/无用）的事情。第二，主观规范涉及他人对该人行为的期望；例如，我的朋友希望我回收垃圾。第三，预测意图的附加因素是感知到的行为控制，也就是说，该人认为他或她能够控制进行一项行为的程度；例如，回收垃圾是我有能力做到的事情。有趣的是，除了预测意图之外，感知到的行为控制已经被证明可以直接预测行为。

在意图的三个预测因素中，主观规范在预测意图方面一直被证明是最弱的（Armitage & Conner，2001）。因此，研究人员区分了要求符合他人期望的规范和道德规范——前者的例子是一个人认为回收是正确的行为，而后者的例子是一个人在道德上有义务这样做（Rivis, Sheeran & Armitage，2009）。或许与此相关的是预期的情感，即一个人对做或不做这件事的感觉。如果你预计回收（或不回收）会让你感到快乐、兴奋、后悔或愤怒，这将影响你真正做到这一点的意图（Rivis, Sheeran & Armitage，2009）。因此，主观道德规范和预期的情感反应都增强了计划行为理论预测行为的能力，而这种能力已经超越了态度。

感知到的行为控制对意图的影响取决于个体感知到进行一项行为是容易的还

是困难的。对行为的直接影响建立在该人对自己能够控制的行为的感知程度。例如，有学者（Madden，Ellen & Ajzen，1992）发现，受试者报告说，与对服用维生素补充剂的控制相比，他们对保持良好睡眠的控制较差。如果行为被认为受到高度控制（例如服用维生素），那么意图将在预测行为中起主导作用。然而，随着感知控制力的降低，意图也会变得不那么有影响了。

理性行为理论和计划行为理论具有优雅的简单性，并产生了很多研究成果，可能比社会心理学中的任何其他理论的研究成果都要多（Trafimow，2009）。证据表明，模型运行良好（Notani，1998），对文献的广泛回顾表明，模型预测意图的准确度在方差的40%至50%之间，预测行为的准确度在方差的19%至38%之间（Sutton，1998）。麦登等人（Madden，Ellen & Ajzen，1992）比较了两种理论（理性行为理论和计划行为理论）对10种行为的预测值。他们发现，行为控制因素的加入显著改善了预测。他们的结论是，虽然当目标行为处于意志控制之下（人们有能力和资源这样做）时，理性行为理论是适用的，但当感知到的意志控制减少时，计划行为理论更为优越。对问题饮酒者的研究（Schlegel，D'Avernas，Zanna，DeCourville & Manske，1992）为这种区别提供了进一步的支持。研究发现，对于无问题的饮酒者来说，感知到的控制可以预测饮酒意向，但是对于有问题的饮酒者来说，感知到的控制可以预测行为（喝醉的频率）。想必有问题的饮酒者比没有问题的饮酒者对自己饮酒的控制要少。

在预测身体活动和锻炼的研究的元分析中，两个模型都表现良好，但是计划行为理论预测了更多的方差。有趣的是，在对自我效能即一个人感到实际上能做什么的感觉的测量上的高分值在解释了这些模型后也提升了预测，而过去的行为也是预测未来持续性行为的一个有效的因素（Hagger，Chatzisarantis & Biddle，2002）。显然，研究将会继续，新的方法将会出现，这都将有助于更好地理解这个迷人而重要的问题。

要点：理性行为理论（TRA）假设预测行动的最佳因素是行动的意图。意图是由对该行为的态度（认为该行为会导致某些后果以及个人对这些后果的看法）和主观规范（关于其他人是否期望该人这样做以及达成他人期望的动机）决定的。对行为的态度和主观规范不一定是同等重要的。这个理论已经成功地应用于许多人的许多行为，特别是消费者选择和健康行为。然而，它假设该人认为他或她有必要的能力和资源来贯彻意图。由于情况往往不是这样，人们提出了计划行为理论（TPB）。该理论扩展了理性行为理论，考虑了第三个因素，即感知到的行为控制，并且可以直接预测行为和意图。主观规范通常是预测意图的三个因素中最薄弱的，因此，我们必须区分符合他人期望的规范和涉及做正确事情的道德规范。

话语分析:一种替代方法

对于态度—行为问题,一种截然不同的研究方法已经出现,特别是在一些英国社会心理学家中(Potter & Wetherell, 1987)。他们不是把态度和行为想象成独立的实体,而是把重点放在"话语"上,分析特定语境下的言说和书写。例如,考虑本章前面提到的"死亡权"问题。通过对言说的内容分析,人们可能会发现,一种立场会有几个非常不同的参照系。例如,人们可以从宗教意识形态和生命神圣性的角度来谈论这个问题。从医学角度来看,这个参照系可能是减轻痛苦的必要性,也可能是对医院里挤满了无法治愈的病人的纯粹实用主义的考虑。人们可能会采取个人主义的方法,强调个人拥有选择生死的自由。最后,在纳粹时代,意识形态为对那些"不值得生活"的人如那些身体或精神残疾的人或者那些被认为是种族低等的人实施安乐死的权利辩护。请注意,在这个问题上,人们可以从一个非常不同的参照系出发,采取任何一方的立场。有人认为,为了理解相关的态度和由此产生的行为,我们必须研究整个"话语",说了什么,怎么说的,由谁来说的,为了什么目的而说的(Billig, 1987)。因此,在这种情况下,选择的方法是对自然环境中实际人际交往的录音和录像进行内容分析,避免问卷调查和实验。

这种定性分析被用于各种目的,包括用于研究英国人如何看待他们的王室(Billig, 1996)。事实证明,它有助于揭露隐藏的偏见(第十一章)和其他隐秘的研究对象。话语分析的基本形式是拒绝因果关系中的态度、行为和认知概念,因为它们都在话语中表现出来,所以不可分离的。因而,从这个角度来看,大多数当代社会心理学将被这种研究方法所取代。正如人们所料,这一论点被强烈批评为一个尽管具有挑衅性、但仍相当极端的挑战(Abrams & Hogg, 1990)。

要点:话语分析否认了线性因果关系中态度和行为的可分离性,并把口头或书面的话语或对话视为分析单元。它处理特定语境下表现出来的态度和行为。

结语

从一开始,态度研究就一直是社会心理学的核心。早期的大部分研究致力于发展可靠而有效的态度测量方法,这主要是因为人们相信态度是重要社会行为的准确指标。然而,随着越来越多的证据表明态度与行为之间的联系不如预期的那样密切,社会心理学家开始研究这到底是怎么回事。许多人转向了其他问题,有些人甚至预测态度研究很快就会成为过去。与此同时,广告商和政治战术家花费了大量金钱和时间来跟踪人们的态度。

事实上，态度研究已经经历了三个不同的阶段或世代，探讨了不同的问题。第一代人问道："态度与行为相关吗？"第二代的问题是："态度什么时候与行为相关？"第三代研究集中于态度如何影响行为，当然，还有行为如何影响态度。因此，态度研究已经与社会认知工作相结合。

在下一章，我们将讨论态度变迁的重要问题。我们将重点关注与偏见相关的具体态度。在这本书的最后一章，我们将探讨如何衡量和改变人们对健康相关行为的态度。很明显，态度的概念在社会心理学中是生气勃勃、方兴未艾的。

内容概要

1. 态度是一种假想建构，代表对某个物体或问题的评价性反应。它包含认知（信仰相关的）要素和情感（情绪的）要素以及行为倾向，在强度和复杂性上可能有所不同。它可以是显而易见的，也可以是隐而不显、在直接意识之外的。

2. 意识形态在某种程度上是一套连贯的态度，通常是一种政治世界观。意识形态可以用自由主义/左翼相对于保守主义/右翼的连续体来描述，也有人用温和/民主和极端/专制的维度来描述。保守主义伴随着对不稳定性的担忧和对模棱两可的不宽容、基于权威的道德判断和对秩序的需求。自由主义与对新经验的开放、认知的复杂性、基于公平的道德判断以及对不确定性的容忍有关。尽管自由派和保守派同样感到幸福，但是，自由派感受到较多的积极影响，而保守派感受到较少的消极影响。

3. 价值观是对个人认为理想的东西的高阶抽象，是人生的终极目标或行为方式。价值观还可以表现为性格优势。价值观也可能变得"神圣"，从而抗拒妥协或调适。

4. 当价值观发生冲突时，可能会导致价值观、态度或行为的改变。价值多元主义会导致权衡取舍。

5. 国家和文化可以用几个价值维度来描述，包括权力距离、避免不确定性、男性气质—女性气质，特别是个人主义—集体主义。研究表明，传统和人际和谐是东方文化的重要价值观。

6. 态度为个人提供了许多功能或目的，其中既有工具性也有适应性的；态度帮助人了解知识或理解自己所在的世界；它们还具有自我防御和价值表现的功能。

7. 态度不是预测特定行为的有效因素，但是可以预测多种行为的模式。不同的个人因素和社会因素，如社会规范、他人的在场、自由选择以及对象和个人的相关性，调节着态度和行为的联系。

8. 理性行为理论指出，一个人对某一行为的态度（预期的理想结果）和其他人的预期预测了以某种方式行动的意图。行为的意图预示着行动。计划行为理论在这个等式中增加了对个人控制的考虑。

拓展思考

- 为什么态度和行为之间经常存在这样的鸿沟？如何缩小这一鸿沟，使人们能够直接基于自己的态度和价值观采取行动？
- 我们的态度、意识形态和价值观如何反映……或代表……我们的性格和个性？它们如何反映我们生活于其中的社会和文化？
- 很久以前，奥尔波特认为态度所服务的功能或目的的数量使得这个概念在社会心理学中不可或缺。你支持这个命题吗？你认为如果没有态度的概念，社会心理学可以继续进步吗？
- 我们如何确定一种态度表达的是个人的价值观，而不是对回报的期望？
- 你如何运用计划行为理论来说服人们醉酒时不要开车？

延伸阅读

Albarracin, D., Johnson, B. T. & Zanna, M. P. (Eds) (2005). *The handbook of attitudes.* **New York: Psychology Press.** 一套关于态度方方面面的综合性学术论文。它包括理论框架、细节研究和在各个领域的应用。对本章和下一章很有用。

Fishbein, M. & Ajzen, I. (2009) *Predicting and changing behavior: The reasoned action approach.* **New York: Psychology Press.** 对分析态度—行为问题的这一很有影响的方法的主要回顾和概述。它包括许多关于如何运用该理论的研究。

Haidt, J. (2012). *The righteous mind: Why good people are divided by politics and religion.* **New York: Pantheon Press.** 对（美国风格的）自由主义和保守主义的道德基础和偏见的挑战性的、有争议的分析。海德特从道德直觉的概念开始。道德直觉是一个快速认知过程，它将事物、人和想法判断为对的或错的，意识形态即由此而来。

Hofstede, G. (2003) *Culture's consequences: Comparing values, behaviors, institutions and organizations.* **London, UK: Sage.** 跨国价值观的经典研究。这是很有用的资源，有助于了解各个民族和各种文化如何看待世界。

Jost, J. T., Kay, A. & Thorisdottir, H. (2009). *Social and psychological bases of ideology and system justification.* **New York: Oxford University Press.** 关于这一新兴研究和思考领域的关键想法和研究。大部分工作集中在保守意识形态和自由意识形态之间的认知和动机区别上，同时也对宗教意识形态有所关注。

Peterson, C. & Seligman, M. E. P. (2004). *Character strengths and virtues: A handbook and classification.* **New York: Oxford University Press.** 对本章所说的"价值在行动"（VIA）体系的很有影响的概述。这是当今积极心理学的一个基本资源。

Petty, R. E., Fazio, R. H. & Briñol, P. (Eds) (2008). *Attitudes: Insights from the new implicit measures*. New York: Psychology Press. 这是当前热门话题的概述。

Upmeyer, A. (Ed.) (2012). *Attitudes and behavioural decisions*. New York: Springer. 早期图书的更新版；对态度和行为之间关系的研究和思考的精彩概述。

网页链接

http://implicit.harvard.edu/implicit/，关于如何测量内隐态度的网页。

http://www.positivepsychology.org，积极心理学网页。

http://www.viacharacter.org/surveys.aspx，"价值观在行动"（VIA）开列的性格优势清单。

第三部分

影响他人

第五章 态度变迁

> 广告学可以被描述为研究如何长时间俘获人类思想以便从中获利的科学。
>
> ——斯蒂芬·利科克

学习目标

- 了解内部心理过程和外部影响是如何导致态度改变的
- 了解与现有态度不一致的行为是如何以及何时导致随后的态度改变
- 了解来源、受众和信息中的哪些因素促成了说服情境
- 理解双重认知理论中的说服过程,以及人们如何通过思考信息或分散注意力来改变
- 了解人们如何抵制说服他们的尝试

20世纪后期以来,直到新世纪为止,世界上有一个极有影响力的人,他不是政治家、摇滚明星、运动员或战士。他是一名计算机工程师、一位敏锐的美学家和一个公司的CEO。也许对社会心理学专业的学生来说最有趣的是,他是一个高效能的、极具魅力的公司产品营销者。他的名字叫史蒂夫·乔布斯,苹果公司的联合创始人、董事长兼首席执行官。他出生于1955年,2011年不幸因胰腺癌英年早逝。

乔布斯不是发明家。事实上,家用个人计算机,使用"鼠标"图形界面进行的计算,MP3数字音乐播放器,平板计算设备,出售计算机、应用程序、音乐、电影、书籍的在线"商店",提供互联网接入的"智能手机"以及大量应用程序……这些都不是乔布斯或苹果公司发明的。但是他看到了它们所有东西的市场潜力,意识到了"亲近用户的"界面的重要性,意识到了既有效又令人愉悦的设计的重要性。然后他让全世界相信了它们的价值。

图 5.1　畅谈营销模式的史蒂夫·乔布斯
资料来源：© ROBERT GALBRAITH/Reuters/Corbis

乔布斯用自己的方式说服人们购买他的产品和想象力。他坚持保密，而不是总是利用广告向人们介绍即将推出的产品，从而引起人们对下一步的强烈兴趣。当宣布新产品时，他会结束他的演示，感谢他的观众，开始走下舞台，突然停下来大声喊道："哦，还有一件事！"还有一件事总是大新闻，新得令人兴奋的创新。每个人都在等待"还有一件事"，他们被说服了。

其他策略也同样有效，只要不寻常就行。1984 年，当最初的 MacIntosh 电脑出现时，它是由一个在超级碗（美国橄榄球冠军赛）期间播过一次的广告引介的（http：//www.youtube.com/watch？v = HhsWzJo2sN4）。它展示了与奥威尔经典小说《1984》相关的图像，该小说设想了一个盲目顺从"老大哥"愿望的未来。然后，它宣布 MacIntosh 电脑上市，并承诺 1984 年（实际年份）不会是"1984"这个盲目、平淡无奇的顺从形象。当个人电脑市场被 IBM 公司主导时，它的口号是"思考"（Think），苹果用自己的口号"不同凡想"（Think different）。这则广告赞扬了"不合时宜的人"、反叛者、不合群者：阿尔伯特·爱因斯坦、托马斯·爱迪生、穆罕默德·阿里、马丁·路德·金和约翰·列侬的线索图像。通过 iTunes Store，他甚至说服千百万人付费下载他们本来可能会在文件共享网站上偷偷下载的音乐。

乔布斯认为自己是创新产品的梦想家。成功来自产品本身的设计，来自功能性和美观性，来自对我们中不是极客的大多数人来说方便易用。很明显，这些设备的吸引力很大程度上来自史蒂夫·乔布斯本人，他是有说服力的交流的可靠来源。他的故事是极其成功的大众劝说的一个例子（Isaacson，2011）。

在现代社会，大量的钱被花在试图改变我们购买习惯的努力上，公司和政党投入大量资源在各种媒体上做广告。当然，当我们试图影响家人和朋友时，说服也经常发生在个人层面。我们可以得出结论，态度变迁既是总体优先事项，也是人际关系的基本组成部分。

与此同时，改变态度的尝试往往失败。就个人而言，我们可能无法在某些问题上说服对方，只能做到和而不同。随着时间的推移，对同性恋婚姻、税收和移民政策等有争议问题的看法可能会发生巨大变化，或者仍保持一致。同样，得到大量资助的广告活动可能经常失败，可口可乐新配方的一次失败被认为是一次重大的营销失败。尽管金钱对当代政治运动至关重要，但并不总是最有钱的候选人获胜。

我们对态度变迁的研究围绕着两个基本原则：认知一致性和外部影响。实际上，我们将研究态度如何"从内向外"和"从外向内"变化。认知一致性原则解释了为什么投票后你会比之前更加忠于自己的立场。研究外部因素对态度的影响就是研究说服。我们将检视两种截然不同的处理这个问题的方法。

从内向外：认知一致性和态度变化

不妨想象一下，你是一个有创造力的独立思想家，你正在使用一种当时非常流行的电脑模型。然后，一位极具天赋的销售人员告诉你，大多数极有创造力的独立思想家使用特别的电脑，也就是他的品牌。你觉得你现在使用的电脑怎么样？你很可能会有不适的感觉，因为我们都需要感觉到我们在信念和行为上是一致的。当我们感到不一致时，我们被迫寻求改变，恢复一致性。认知失调理论正是基于这种感觉一致的需要。

如何理解这一点？最初由莱昂·费斯汀格在1957年构思、随后又经过修改和扩展（Brehm & Cohen，1962；Aronson & Carlsmith，1968；Wicklund & Brehm，1976）的认知失调理论简单得让人难以置信，但却颇具煽动性，并引发了许多有趣而又意想不到的预测。这可能是社会心理学中有史以来最有影响力的理论，它的影响力在半个多世纪后仍能感受到。我们将概述该理论的基础，并回顾它所衍生的一些具有创造性的研究。然后，我们将考虑对初始理论的一些批评以及反映失调理论如何演变的一些后来的发展。

理解这一理论出现时心理学中正在发生的事情是很重要的。老鼠迷宫和斯金纳盒子留给我们的印象是，学习理论至关重要。尽管存在差异，但学习理论家，如斯金纳（Skinner）、托尔曼（Tolman）和赫尔（Hull），都同意奖励和强化在驱动行为发生上的重要性。奖励越大，行为改变就越大，这是有道理的。费斯汀格和他的研究生团队通过展示较小的奖励可以促使态度和行为发生更大的变化而让心理学焕然一新。此外，人们为获得某种东西而遭受的痛苦越多，他们就越喜欢自己费尽周章才得来的东西（Cooper，2011）。最重要的是，虽然前一章讨论了态度导致行为这一前提，但认知失调理论表明，行为的改变导致了态度的改变。我们将看到这些意想不到的发现如何使社会心理学走上了新的轨道。

基本原则

认知失调理论解释了认知要素——思想、信仰、行为偏好——是如何相互关联的。如果两个元素被认为是一致的（费斯汀格称之为"调和的"），你会觉得很舒服。所以，如果你认为吸烟有害健康，并且你已经戒烟，你会享受一种舒适的状态。当一个认知元素与另一个认知元素在某种程度上相对立时，不和谐就出现了。例如，如果你认为吸烟有害健康，但你仍然吸烟，这会导致认知失调。

认知失调是一种心理紧张状态——当人们意识到他们的思想和行为不一致时，会感到不舒服。因为认知失调是不愉快的，所以人们会努力避免失调。当然，这并不是说任何不一致都会导致认知失调。我们都舒适地生活在自己生命中出现的矛盾状态里。即使你不喜欢土豆泥，但如果有人端上来，你也会吃土豆泥，而且一点也不觉得不舒服。然而，有些不一致会导致失调，让我们很不舒服。什么时候不一致变得不舒服是一个重要的问题，我们将在以后讨论。

两个因素决定了整体不适或认知失调的程度。首先是失调认知与调和认知的比率。因此，如果你现在的电脑是可靠的、畅销的和便宜的，你可能不会因为没有拥有被认为是独立思想家标准配置的电脑而感到不协调。确定失调的第二个因素是各种要素对相关人员的相对重要性。虽然现在的电脑可能是实用的和合算的，但是你的自我形象可能比调和元素更重要。

减少失调

当失调被唤起时，一个人会做些什么来减少它呢？不妨想一想一个人在喝了六杯酒精饮料后开车的情形，在这种醉酒状态下开车是危险和非法的，这个人很清楚这一点。对此可能有许多解决方案：

• 修改其中一项认知，以便恢复一致性。例如，该人可能会认为他或她是如此熟练的司机，以至于现在开车不会有危险。

- 改变自己理解的一项认知的重要性。例如，司机可能会认为危险不是一个重要的考虑因素，因为家离这里只有几公里远。
- 把两项并不真正相关的认知合理化。例如，司机可能会简单地否认醉酒驾驶是危险的；"我已经做过几十次了。"
- 喝了几杯酒后，通过添加新的、调和的认知来为开车找理由："发短信时开车的人更危险。"

行动失调

现在让我们来看看最有可能经历认知失调的情况。认知失调的研究集中在四个领域：在艰难的决定之后经常会经历的不适；接触新的失调信息的影响；寻求他人的支持；以及在我们以违背自己信念的方式行动之后所经历的失调。

决策后的失调

想象一下，你将要购买一辆新车，必须在两个同等价值的汽车之间做出选择。在做出决定之前，你可能会经历一种让你产生不适的冲突状态。虽然冲突是通过选择来解决的，但是你可能仍然对没有选择另一辆车感到遗憾。这种纠结称为**决策后的失调**（post-decision dissonance）。为了减轻这种不适，中选的汽车变得更有吸引力，而另一辆汽车对你的吸引力比你做出决定前要小。决策后的失调程度将取决于以下因素：

1. 这个决定的重要性——例如，选择一种品牌的洗衣液对大多数人来说并不像选择汽车那样重要；
2. 这些选择在多大程度上是同样可取的——例如，如果你非常喜欢两辆汽车，那么在两辆可取的汽车之间进行选择会比在其中一辆和不太可取的汽车之间进行选择引起更大程度的失调；
3. 你认为你自由做出选择的程度，而不是被迫做出特定决定的程度（Linder, Cooper & Jones, 1967）；
4. 对该决定的信心（Kiesler, 1968）。注意，在做出决定后，你可能会首先后悔（Walster, 1964）。然而，你会通过高估你的选择来缓解决策后的失调。

实验室实验通常支持决策后失调的预测（Festinger, 1964）。此外，这种现象已经在实验室外得到证实。例如，在加拿大温哥华的一个赛马场上，投注者被要求估计他们赢得赛马的机会（Knox & Inkster, 1968）。这些投注者中的一些人在投注前接受采访，另一些人在投注后立即接受采访。第二组的人对他们的马会赢得比赛表现出更高的信心。根据认知失调理论，下赌注的行为似乎会造成决策后的失调（图5.2），然后投注者通过增强对自己选择的信心来减少这种失调。这些结果在类似的赌博游戏研究中被复制（Younger, Walker & arrood, 1977）。

决策后失调的影响不仅仅涉及汽车经销商和赌博。在一项对加拿大各次选举的投票者的研究中，刚刚投下选票的人比刚进入投票站的选民更倾向于认为他们的候选人是最好的（Frenkel & Doob, 1976）。美国六次总统选举前后的广泛民意调查显示，支持获胜候选人的选民倾向于在选举后对其候选人表示比以前更多的支持。另一方面，那些支持落选候选人的人倾向于对该候选人表示较少的支持，而对获胜者表示更多的支持（Beasley & Joslyn, 2001）。

图 5.2　这个购物者会体验决策后的失调吗？
资料来源：vita khorzhevska/Shutterstock.com

据报道，在做出改变一生的结婚和生育决定时也出现了同样的现象。被提醒注意自己结婚誓言的人往往不太愿意离婚（Stalder, 2012）。显然，提醒他们注意自己的誓言会引起他们决定结婚后的失调，并使他们更加重视他们的婚姻承诺，以减少失调。决策后的失调也可能与养育子女的挑战和抚养子女的成本有关。研究表明，当这些成本对父母来说显而易见时，他们倾向于通过对父母身份的理想化来减少失调。他们报告说，他们从孩子身上获得了更大的乐趣，并表示打算花更多时间和他们在一起（Eibach & Mock, 2011）。

决策后的失调可能发生在法庭之上。当然，陪审团必须做出决定，而且通常是基于他们在审判过程中对案件发展的"主导假设"。当后来出现的证据似乎与他们的"假设"相矛盾时,可能会引起失调。在一系列涉及模拟陪审团的实验中,当一名证人的证词与他们对案件的假设相矛盾时,的确会引起失调,尽管当无可争议的 DNA 证据出现时,情况并不如此(Ask, Reinhard, Marksteiner & Granhag, 2010)。

其他文化中是否会出现决策后的失调?一个重要因素似乎是你为谁做出决定,你是为自己做决定还是为家人或朋友做决定?在一系列实验中,欧洲裔加拿大人和日本裔加拿大人被要求从餐馆菜单中选择他们最喜欢的菜肴,所有这些都是免费午餐(Hoshino-Browne, Zanna et al., 2005)。现在,创新点在这里:每一个种族的受试者中有一半被要求自己选择,而另一半被要求想出一个密友,并代表那个朋友做选择。对于欧裔加拿大人来说,决策后的失调发生在他们自己做选择的时候(高估了他们刚刚选择的东西)。然而,当从菜单上为朋友选择菜品时,日本裔加拿大受试者通过贬低排名较低的菜肴来显示决策后失调的证据。显然,在更多的集体或社群文化中,人们被期望根据自己团体成员的福利做出决定,因此为他人做出艰难的选择是一项重要的心理任务。

到目前为止,我们已经讨论了在选择有吸引力的替代方案后出现的决策后的失调。但是,如果我们必须在两种不可取的选项中做出选择,我们会两害相权取其轻吗?一些研究表明,当我们在不合需要的选项中做出选择时,这一决定会导致对我们选择的选项的积极评价增加(Schultz, Léveillé & Lepper, 1999)。

选择性的接受信息

长期以来的一个假设是,人们寻找并记住与他们现有态度"契合"的信息(Eagly, 1996)。购买新车后,你可能只会阅读那些宣扬该车优点的广告,而不会看到那些描述你曾经考虑和拒绝过的其他汽车的广告。失调理论预测人们会寻找减少失调的信息,并避免增加失调的信息(Ehrlich, Guttman, et al., 1957)。然而,选择性暴露效应(selective exposure effect)似乎不可靠(Eagly, 1996)。一些研究表明,人们可能会寻找调和的信息,而不是简单地避免失调的信息(Frey, 1986)。在经过修订的认知失调理论中,费斯汀格(Festinger, 1964)认为,失调的信息并不总是可以避免的,在某些情况下甚至可能更受欢迎。当我们期望失调的信息很容易就遭到反驳时,我们可能会找出这样的信息来增强我们的信心,并减少失调。

在实验室之外,研究人员已经研究了人们对新信息的反应,这些信息驳斥了以前持有的信念(Silverman, 1971; MacDonald & Majunder, 1973; Bishop, 1975)。这些研究涉及理查德·尼克松总统因 1972—1974 年"水门"丑闻辞职后,人们对美国政治人物态度的变化。总的来说,失调理论在研究中得到了证据支持,尽管在公共事务问题上，一些人似乎比其他人容忍了更多的不一致。

一个有趣的情境是关于我们无法控制的事件的信息，比如选举结果。如果我们预计我们支持的候选人之外的其他候选人可能会胜出，我们不会为这一结果感到苦恼。当我们感到强烈的个人参与感时，情况尤其如此（Kay, Jimenez & Jost, 2002）。现在不妨考虑一下政治领域的权威专家和民意测验在竞选期间的影响。如果我们偏好的候选人似乎失去了支持，失调理论表明，我们甚至可能会因为可能的获胜者变得更有吸引力而改变我们的投票。

寻求社会支持

如前一章所述，如果我们认为其他人也会支持行动，我们的态度更有可能导致行动（回想第四章的理性行为理论）。费斯汀格还认为，失调可能是因为其他人表达了与我们不同的意见，尤其是当这个话题很重要而反对者又可信的话，失调就更容易发生了。如下两种认知都是失调的："我是对的"和"他们说我错了"。人们可以加入一个和自己相宜的团体来获得对自己信仰的支持。一些学者（Festinger、Riecken & Schachter, 1956）通过加入世界末日教派研究了社会支持的作用（你可以回忆一下第一章中描述的这项研究）。这个教派的成员相信，他们将乘坐宇宙飞船去遥远的星球，以此逃避世界范围的大洪水。最终，在发生了几次错误警报，即飞船没有像他们的领袖预测的那样出现后，成员们意识到洪水和救援人员都没有到来：预言确实失败了。人们预计，这个迄今为止一直保密的团体会悄悄地解散，成员们会自行其是。事实上，这种情况经常发生（Hardyck & Braden, 1962; Thompson & Oskamp, 1974）。然而，在这种情况下，一些成员非但没有放弃他们的信仰，反而开始积极改变信仰，招募其他人加入他们的事业。他们心安理得地声称，洪水因为他们的美德和善而被取消了，从而也就逃避了他们行动愚蠢的结论。失调就这样解决了。

反态度行为和不充分的理由

也许认知失调理论最重要的应用是态度和行为之间的关系。我们认为，人们会根据他们的态度采取行动——他们的态度是第一位的，他们的行为随之而来。现在，不妨考虑这样一个命题，即人们可以先采取行动，然后改变他们的态度，以便与他们刚刚做的事情保持一致。这个反直觉的建议，即我们可以先采取行动，然后改变态度，已经推动了一些有趣和创造性的研究。想想从认知失调理论中衍生出来的基本原则：**如果我们做了一些与我们的态度相反的事情，并且我们缺乏足够的理由来证明这一行为，那么我们可能会改变态度来与我们的行为保持一致。缺乏足够的理由来采取反态度行动**是态度转变过程的关键。

在一项开创性的实验中（Festinger & Carlsmith, 1959），受试者被单独带到一个实验室，坐在一块木板前，木板上有许多钉孔。他们的任务是将每根桩依次转动四分之一圈，然后继续转动20分钟，这确实是一项乏味的任务。在"实验课"结束时，实验者告诉受试者，实验旨在测试先前的指令对动机的影响，因为他们在对照组，所以没有得到这样的指令。实验者随后说，下一个受试者正在等待，并被告知这项任务有趣且令人愉快，但是应该传递这些信息的助手还没有出现。然后要求每个人代替助手，一半的受试者获得了1美元的帮助，另一半则获得了20美元——在1958年是一大笔钱（相当于今天的150多美元）。大多数受试者同意帮忙，不管他们得到的是1美元还是20美元。

受试者接着告诉等待的"受试者"（实际上是实验者的伙伴），他们所知道这项很无聊的任务非常有趣和愉快。然后在一次实验后的访谈中，作为解说的一部分，受试者被要求评价他们认为实验任务有多无聊或多有趣。问题是："反态度行为（对伙伴撒谎）会不会导致态度的改变，其表现是对这项任务给予了更积极的评价？"

态度的确发生了变化，但这取决于说谎动机的大小。重要的是要理解两个重要的理论预测了相反的结果。基于强化概念的学习理论预测，奖励越大，人们对体验的感受就越积极，即使对于一项无聊的任务也是如此。另一方面，失调理论预测，那些只支付1美元来撒谎的人会表现出更大的态度转变，因为他们的行为没有足够的外部理由（只有1美元）。他们会认为这项任务"有点趣味"，而且事实上他们没有撒谎来减轻这种不适。被支付20美元的受试者可以通过这种支付来证明他们的行为是正当的，因为他们相信任何人都会为了这一笔钱而这样做，而很少有人会因为区区1美元而感到心安理得。

结果支持失调理论（表5.1）。仅得到1美元贿赂的受试者认为这项任务更有趣、更有科学价值，并表示比20美元组的受试者更愿意参与另一项类似的实验。也就是说，支付1美元的人比支付20美元的人态度变化更大。这个实验引发了很多争论。随后又进行了一系列其他实验，其中激励的数量各不相同。总的来说，这一原则得到了强烈支持：当背离态度的行为不是发生在足以证明这个行为是正当的条件下时，他或她往往会经历认知失调，然后可能会在态度上进行调整，以便与所采取的行动保持一致。还有些实验改变了惩罚的威胁，也发现了类似的结果：当惩罚的威胁很轻微，因而不足以证明行为的正当性时，态度发生了变化（Aronson & Carlsmith, 1963; Freedman, 1965; Lepper, Zanna & Abelson, 1970; Wan & Chiou, 2010）。

表 5.1　访谈问题中每个条件的平均评分

访谈问题	实验条件		
	对照组	1 美元	20 美元
有多好玩（-5—+5）	-0.45	+1.35	-0.05
他们学到了多少？（0—10）	3.08	2.80	3.15
科学价值（0—10）	5.60	6.45	5.18
你会再次参与吗？（-5—+5）	-0.62	1.20	-0.25

资料来源：Festinger & Carlsmith（1959）

简而言之，与态度相反的行为可能会引起认知失调，并导致随后的态度改变。如果该人获得小额奖励或受到轻微惩罚的威胁，因此无法以预期的奖励或惩罚来证明该行为的正当性，这种情况尤其可能发生。失调要发生，个人就必须相信该行为是自由选择的，并且该行为表达了公众的信念。仔细的分析和研究增进了人们对认知失调发生的条件的理解。

要点：认知失调理论假设，当发生失调时，会出现一种心理不适状态，导致态度的改变。失调被作为不同选项之间的艰难抉择、选择性的接受信息、寻求社会对个人态度的支持以及被诱发的背离态度的行为的后果而得到了研究。就背离态度的行为而言，当行为是自由选择进行的并且激励不足以证明行为的正当性时，就会引起失调。

认知失调理论的演变

在社会心理学史上，认知失调理论也许是唯一激发了如此多研究和争议的理论。虽然基础研究是在半个多世纪前完成的，但至今仍引起了反响。我们已经意识到，我们可以通过事先改变人们的行为来改变他们的"心灵"。下面的探讨强调了费斯汀格（Festinger, 1957）发表该理论后的几十年里提出的一些问题，它们关系到认知失调究竟是什么以及它什么时候发生的问题。

失调的减少是一个自我辩护的问题吗？

有人认为，只有当矛盾威胁到我们的自我价值感时，它才会让人不舒服，才会激发我们的动力（Greenwald & Ronis, 1978; Steele & Liu, 1983）。事实上，失调研究的早期先驱（Aronson，1984；Thibodeau & Aronson，1992）认为，认知失调的效果实际上相当于自我辩护。让人们意识到他们自己的矛盾是引起失调的有力手段（McGregor，Newby-Clark & Zanna，1999）。简而言之，要让他们对自己的所作所为感到愚蠢或内疚。

在几个实验中，当被要求发表与他们自己的态度相矛盾的演讲时，受试者明显感到内疚或愚蠢。当有人写了一篇反对为残疾大学生提供服务的文章，然后得到反馈说他或她具有富有同情心的自我形象时，这可能会导致态度的改变。然而，如果反馈是关于这个人的创造力的，而这与文章无关，那么这个人不太可能经历失调，态度改变也不大可能发生（Stone，2003）。当受试者相信他们是在对可能被说服使用药物的、易受影响的儿童听众讲话时，认知失调效应是显而易见的（Nel，Helmreich & Aronson，1969）。当受试者受到诱导，相信他们实际上说服了某人，使其认为一项无聊的任务是有趣的，认知失调效应也是显而易见的，但如果这个人似乎没有被说服，情况就不是这样了（Cooper & Worchel，1970）。当受试者被诱导对他们喜欢的人撒谎时，认知失调效应是明显的，但当他们对自己不喜欢的人撒谎时，就不是这样了（Cooper，Zanna & Goethals，1974）。

回想世界末日教派：如果预言失败导致团体中的一个成员出现了失调，那么这个紧密团结的团体的其他成员也可能因为认同该成员而产生同样的基于失调的不适感（Cooper & Hogg，2007）。一项研究（Norton et al.，2003）的结果显示，观察内群体的反态度行为会导致受试者朝着谈话者所倡导的方向改变他或她的态度。在没有这种强烈的内群体亲和力的情况下，观察反态度行为不会导致态度的改变。

认知失调是虚伪吗？

美国一所声望很高的大学的招生办主任以严厉的政策而闻名，她拒绝了简历上不完全真实或不准确的申请人。正如后来披露的那样，她美化了自己的简历，声称拥有自己没有获得的学位。这件事以"贼喊捉贼"现象而闻名（Barkan，Ayal，Gino & Ariely，2012）。有人争辩说，她通过更严厉地评判他人的行为来应对自己严重职业不当行为而引发的失调。因此，她可能认为自己通过惩罚他人维护了机构的道德完整性。

我们中的大多数人对自己支持某种态度却又不按照自己所说的话去做的那些时刻感到愧疚。我们告诉别人，系安全带可以拯救生命，但我们在短途旅行中却忽略了系安全带。我们说自己需要锻炼，然后找借口来回避它。我们甚至会告诉一些人说，自己喜欢他们，然后以背叛我们真实感情的方式行事。当意识到自己的行为与自己公开宣称的态度不一致时，我们可能会产生自己很虚伪的感觉。当然，这是认知失调的一种形式（Kenworthy, Miller, Collins, Rea & Earleywine, 2011）。

环境问题为虚伪的经验提供了肥沃的土壤。我们都知道保护环境、回收垃圾和不乱丢垃圾对我们所有人都有好处，我们也是这么说的，但是我们的行为可能经常不符合我们所宣称的信念。我们可能需要直接的刺激来认识到这种不一致。在实验中，受试者被诱导表达支持节约用水（Dickerson, Thibodeau, Aronson & Miller, 1992）或回收利用（Fried & Aronson, 1995）的态度，然后被告知他们的浪费行为或未能做到回收利用。当这两个条件都满足（意识到他们所陈述的态度和行为）时，他们随后的行为会朝着有益于环境的方向改变。换句话说，当失调被激起，以致我们感觉自己是伪君子，并且我们有机会来纠正自己的行为时，我们会倾向于改变自己的行为。

然而，我们可能会找到另一条出路。在斯通、阿伦森等人（Stone, Aronson et al., 1994）进行的一项托名艾滋防治研究项目的实验中，受试者被弄得对使用避孕套感到虚伪。他们被要求准备一段视频，在视频中，他们提倡使用避孕套来防止性疾病的传播，然后他们被要求想一下过去自己没有使用避孕套的时间以及没有使用避孕套的原因。然后，他们被要求思考为什么男性通常不使用避孕套的原因（规范性原因）。根据预测，在考虑到个人原因后，应当会激发出极大程度的虚伪感。然后，他们可以选择低价购买避孕套（直接减少失调）或者向慈善机构捐赠避孕套（间接减少失调）。结果很清楚：当他们被要求关注未能进行安全性行为的个人原因时，大多数受试者购买了避孕套，而当他们关注普通人时，他们选择了间接捐赠的方式。这种无私的捐赠使他们不用面对自己的避孕套使用问题，就能让自己感觉更好。

最后，考虑一下一些学者（Batson, Kobrynowics et al., 1997）引以为道德虚伪（moral hypocrisy）的东西。它是指，我们受到了激励，在表面上去做了正确的事情，但与此同时，做这件事却是为了我们自己的利益。例如，在一组实验中，受试者可以在两项任务中做出选择：一项被认为既有趣又有可能获得经济利益；另一项被认为枯燥无味，又没有报酬。受试者被告知，他们将在自己和另一个愿意选择其中一项任务的人之间做出决定。大多数受试者纯粹出于自身利益，为自己选择了有吸引力的选项。有趣的是，即使受试者被告知有公平的决定方式，比如掷硬币，也只有大约一半的人同意掷硬币。

因此，当事情涉及我们自己时，我们特别容易产生认知失调。然而，它忽略了这是否只是保护我们自尊的问题。我们真的经历过不舒服的觉醒状态吗？

认知失调是一种觉醒状态吗？

认知失调是不是一种令人不舒服的觉醒状态，而一个人有动机以某种方式来减少或缓解这种状态（Kiesler & Pallak, 1976）？事实上，即使对个人没有任何影响，与态度相悖的行为仍会在一些人身上激起负面情绪（Harmon-Jones, 2000; Williams & Aaker, 2002）。然而，我们的态度和行动的不一致并不总是在所有这种情况下对所有人都是一个问题。如果我们将每个决定和行动合理化，仅仅是为了减少认知失调，那么，我们会发现很难从错误中吸取教训（Schultz & Lepper, 1996）。现在已经发现了一种问卷方法，来测量个人在一致性偏好方面的差异（Guadagno & Cialdini, 2010）。有趣的是，当失调被唤起时，如果任务相对简单，它就会帮助人们更好地完成任务，但如果任务比较复杂，比如任务是去回忆读过的材料，唤起失调似乎会干扰任务的完成（Martinie, Olive & Milland, 2010）。回想一下关于社会促进的探讨：唤起失调改善了简单的任务，阻碍了困难的任务。因此，这当然支持了认知失调涉及生理上的唤醒的观点。

然而，如果有唤醒，它就可以在生理上被测量到。有学者（Gerard, 1967）制造了不同程度的失调，其办法是让受试者从12幅画作的两幅中选出一幅，而这两幅画被这些受试者分别排名为第三位、第四位；其他受试者则要在很受欢迎的画作（排名第三）和不太受欢迎的画作（排名第八）中选出一幅。按照设想，前面一组受试者面临着较为困难的选择，应该比后一组受试者经历较多的决策后的失调。唤醒是通过测量指尖血容量的仪器来评估的，手指血管的收缩与觉醒有关。据发现，在他们做出决定后，处于较高失调状态的受试者的血容量比处于较低失调状态的受试者减少得更多。这与失调会导致生理唤醒的观点是一致的。

另一种研究失调背后的生物过程的方法是通过功能性磁共振成像（fMRI）研究大脑不同区域的血流。例如，众所周知，当一个人面临某种冲突时，背部前扣带皮层会被激活。事实上，当一个人辩称被放置在不舒服的功能性磁共振成像机器中是一种愉快的体验时，这一区域就被激活了，这种体验与体验本身形成了对比，因此被视为引发了认知失调（van Veen, Krug, Schooler & Carter, 2009）。事实上，这导致了该区域的大脑被激活，更有趣的是，这种活动的程度被证明是预示随后将发生态度变化的良好指标。

虽然我们有理由相信唤醒确实发生在失调的条件下，但是唤醒对于态度的改变是**必要的**吗？如果唤醒与导致态度改变的失调是有关系的，那么通过其他方式减少唤醒，态度的改变也应该减轻或消除。在一项研究中（Steel, Southwick & Crltchlow, 1981），受试者被要求写一篇可能会产生失调的反态度文章。之后，实验者以品味不同饮料为幌子，诱导一些受试者饮酒，降低了觉醒。当稍后测试时，那些饮酒的人表现出较少的态度改变。

如果一个人没有将觉醒归因于认知失调，会发生什么？几项研究以巧妙的方式解决了这个问题（Cooper, Zanna & Taves, 1978; Wright, et al. , 1992; McGregor,

Newby-Clark & Zanna，1999）。在一些实验中，实验者要求人们以违背自己态度的方式行事，但是没有给出他们要这样做的充分理由。尽管受试者可能会感到不舒服，因此在做了一些与他们的态度相反的事情后会感到被唤醒，但是，他们中的一些人却被安排了另外的理由，以便为他们可能感觉到的唤醒进行归因。据他们所知，有些人服用了一种能引起唤醒状态的兴奋剂；另一些人被告知房间里的新照明装置可能会让他们感到紧张和不安。这些条件下的受试者没有表现出和那些没有其他安排来解释他们不适感的人同样的态度改变，这再次支持了这样一个观点：认知失调导致的觉醒促使态度发生了变化。

那么什么是认知失调？

费斯汀格（Festinger，1957）将认知失调描述为我们思维中逻辑不一致的结果：我们持有两种认知，A 和 B，但 B 与 A 不一致。例如，他提出，如果一个人观察到某人站在雨中而没有被淋湿，这两种认知就会不一致。然而，随后的研究表明，这并不是一个人实际上经历认知失调的例子。人们可能会被逗乐、惊讶、好奇或担心自己的理智，但不会经历导致态度改变的心理不适。不一致是生活中正常的一部分，大部分时间不会困扰我们（Bem，1970）。重要的是要区分相互冲突的信念（例如，税收对国家有好处，但对我个人来说没有好处）和关于这种冲突的不适感（Newby-Clark，McGregor & Zanna，2002），正是后者构成了认知失调。

保持一致性的需要是西方的个人主义文化所特有的吗？在东方文化中，持有倾向于相互依赖的自我观念的人也会对失调的唤醒做出反应，但是在不同的情境下：这些情境涉及的行为背离的是他们的各种关系，而不是自我信念（Hoshino-Browne，2012；Steele & Liu，1983）。事实上，在选择的情境下，日本的受试者在被告知他们的选择是公开的情况下为自己的选择进行了辩护（失调的减少），而美国的受试者在选择是私人的时候表现出更多的失调，因此与他们自己的自我形象有关（Imada & Kitayama，2010）。在被描述为具有相互依赖倾向的文化中，当群体的身份受到威胁，当人们被迫思考"这就是我们"（Hoshino，2012）时，失调会被唤醒。认知失调的经历似乎是普遍的，但是发生在何时何地会因所涉人群的文化背景而有所不同。

修正的认知失调模型

我们从以上讨论中看到，认知失调涉及生理唤醒状态，只有在个人相关认知不一致的情况下才会引起失调。因此，库珀和法齐奥（Cooper & Fazio，1984）勾勒了修正的认知失调模型（见图5.3）。他们认为，当我们的行为违背自己的信念时，我们会注意到自己行为的后果。只有当我们的行为被认为具有实际或潜在的负面后果时，我们才会寻求解释。如果我们很明显可以自由选择行动，而且后果是可以预见的，那么我们会将责任归于自己。此刻，失调被唤醒，我们经历了心理不适。如果我们将这种不适感归因于我们对自己行动方式的反应，而不是归因于外部来源（例如，药物或情境本身），那么我们就有动机减少失调。

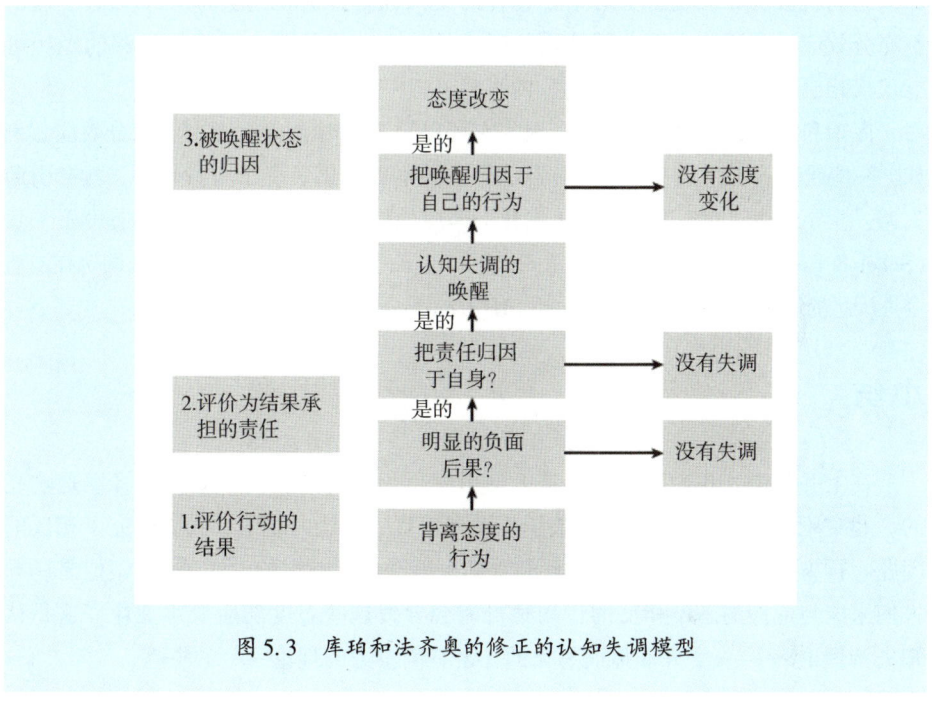

图5.3 库珀和法齐奥的修正的认知失调模型

因此，发生认知失调效应需要四个步骤：

1. 与态度不一致的行为必须产生重大的消极后果。如果我们的行为产生了积极的结果，我们可能会乐享其成，而不会感到不适。

2. 我们必须对这些后果承担个人责任；也就是说，我们必须相信，选择是自由的，后果是可以预见的。

3. 然后，我们会经历一种唤醒状态，一种紧张、不适的感觉，这是我们想要减少的。

4. 我们将这种唤醒或不适归因于我们自己的行为。换句话说，仅仅感觉到被唤醒是不够的，我们必须在行为和唤醒之间建立联系。

注意在这一过程中我们逃脱了认知失调（图5.3）。我们可能会认为自己的行为没有造成伤害。我们可能会确认，自己除了撒谎，真的别无选择，报酬太丰厚了,或者老板命令我们这么做。如果我们确实经历过唤醒,我们可能会忽略唤醒或尽量减小唤醒,将唤醒归因于心理实验中的天气、消化不良或紧张。简而言之,认知失调过程涉及失调唤醒和减少失调的动机,这两个过程都涉及复杂的归因。

当然,重要的是要明白,这通常不是一个关于不一致的有意识的、审慎的过程,而是更符合直觉驱动的"快速思维"路线。有学者(Zentall,2010)提到了一些实验,在这些实验中,如果鸽子费了较大的力气通过啄食来获得食物的话,那么它们就被诱导表现出了对某种食物的更大偏好,这在鸟类世界中类似于理由不充分效应。鉴于鸽子不太可能进行严肃的、有意识的思考,认知失调的经历可能仅仅相当于应用了"快速思维"的直觉。

库珀和法齐奥的模型很有用,因为它可以预测何时会出现理由不充分效应。例如,一些研究表明,当人们觉得对自己行为的不良后果负有个人责任时,就会引起失调,并导致他们的态度随后发生变化,即使他们的行为方式与他们的态度不一致(Scher & Cooper, 1989;Johnson, Kelly & LeBlanc, 1995)。另一方面,失调也在没有令人厌恶的后果的情况下得到了证实(Harmon-Jones et. al., 1996)。

小结

在上一章中,我们质疑态度是否会引发行为。正如我们看到的,答案是响亮的"也许吧",是否真实发生取决于一系列因素。在这一章中,我们研究了相反的问题:行为会导致态度吗?我们已经看到,答案也是响亮的"也许吧",但是诱导人们采取与他们的态度相反的行动很可能会导致这些态度随后发生变化。这是认知失调理论——一个并非显而易见的、富有洞察力的理论——的贡献。

要点:认知失调理论的核心问题是与态度不一致的行为。当与态度不一致的行为威胁到一个人的自我价值感并导致其感到内疚或愚蠢时,就会产生这种效应。虚伪被视为当我们的行为与我们表达的态度不一致时的特例。认知失调已被证明涉及生理唤醒状态。库珀和法齐奥的修订的认知失调模型将失调状态限制在与态度不一致的行为上,这种行为会产生重大后果,使行为者觉得自己对此负有责任,从而导致唤醒状态,然后引发一些改变,以减少唤醒。

由外而内的态度变迁:说服与态度的改变

先前的讨论集中在如何诱导人们采取行动导致随后的态度改变,我们现在转向直接改变态度的尝试。劝说是指某人为改变另一个人的态度而有意做出的尝试。

第五章 态度变迁

在接下来的几节中,在这个主题下将对两个基本问题展开讨论。推动早期研究的第一个问题是,是什么决定了一个人或所有人是否会被信息说服?正如我们将看到的,这种方法促成了很多的研究和一些重要的洞见。然而,它仅限于情境的结构,没有进入说服的实际过程。这是第二种说服方法的目标,这种方法基于第二章中介绍的快速思维/慢速思维认知框架。

专栏5.1 说服还是宣传?

1622年,梵蒂冈成立了传信部(Sacra Congregatio de propaganda),意为"宣传教会信仰的圣部"。由于这涉及改变态度和行为,所以宣传这个词就带有一种意图,即通过任何必要的手段说服人们相信某事(Jowett & O'Donnell, 1992)。宣传的目的可能是鼓动、煽动叛乱或不满,或促进对现有政府或机构的接受和支持(Ellul, 2006)。

想想历史上的三个例子:纳粹统治时期的德国宣传部长约瑟夫·戈培尔(图5.4)、乔治·林肯·洛克威尔(美国纳粹分子,1967年遇刺)和梅尔·卡汉[美国以色列人,后来遇刺,发起了卡赫(Kach)运动,后来在以色列被宣布为非法,

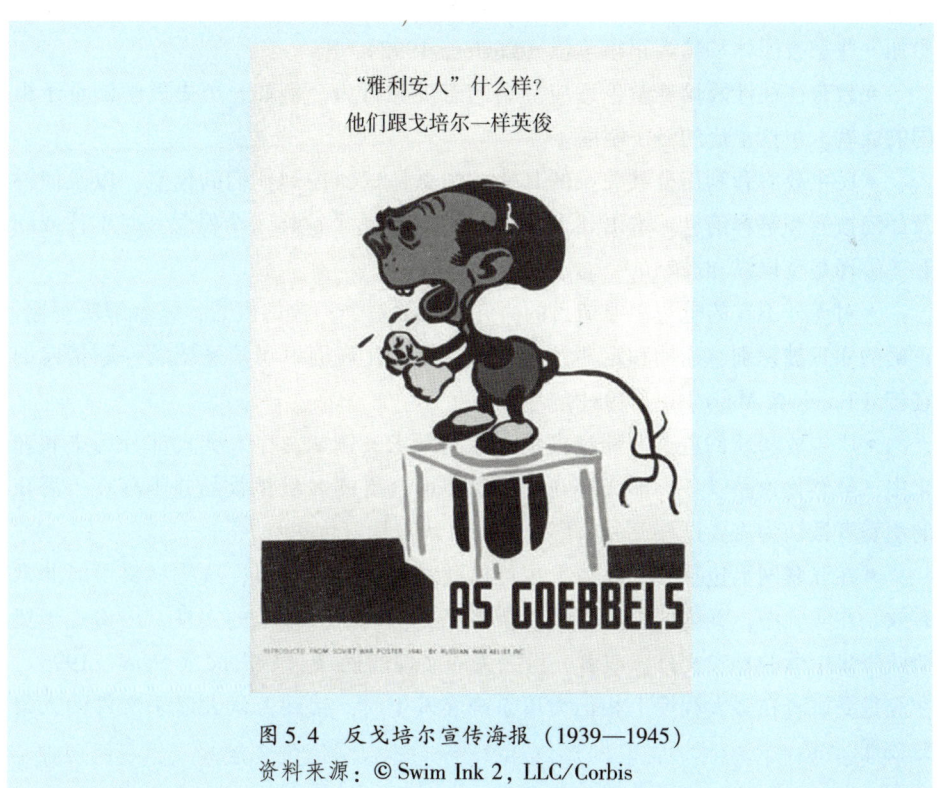

图5.4 反戈培尔宣传海报(1939—1945)
资料来源:© Swim Ink 2, LLC/Corbis

主张将所有阿拉伯人驱逐出以色列]。有学者（Finlay，2007）在他们的修辞中注意到了一些共同的特点。首先是努力培养内群体意识，使个人从属于群体。该群体或国家被描绘成受害者，敌人的威胁表明任何应对措施都是合理的（Renz，2010）。在自己所在的群体中，不认同自己世界观的成员被描绘成对自己的身份缺乏自豪感的自我憎恨的人。通过分析戈培尔日记，还可以发现其他一些宣传原则（Doob，1950）。据说，宣传机构必须考虑到所有决定的宣传含义。请注意，问题的提出对宣传有影响，例如，一个人会用"恐怖主义"一词来描述反对派团体的杀戮行为，而不是自己支持的团体或政府的杀戮行为（Silverstein，1987）。

当然，人们可以用"说服"一词来代替"宣传"：它们是等同的吗？在关于这一主题的一本有名的书（Pratkanis & Aronson，1991）里，作者提出宣传是一种说服方式，在这种方式中，重要信息被隐瞒，事实被有选择性地呈现，策略被用来引发"快速思考"（Kahneman，2011）。

民主社会中的宣传是否以更微妙的形式存在？

考虑以下几点：

- 今天的一些教派在社会隔离甚至感官孤立和群体压力的情况下向其成员不断灌输重复的信息和戈培尔公式的其他元素。有些类似的技术被用来动员新成员参加一些宗教团体和精英军事单位（Pfeifer，1992）。

- 教育往往涉及培养学生适应社会的态度和行为。例如，历史教学侧重于祖国的成就，包括主流的经济制度。

- 民主政府和利用公共关系的其他机构总是试图控制他们的信息，以及何时及如何披露和解释信息。术语"旋转"（spin）传达了这样一个概念：对事件或问题的解释是受操纵和控制的，通常会发生欺骗。

- 对无处不在的电视犯罪节目的研究揭示了一个一致的模式：警察解决犯罪，正确的罪犯被识别、逮捕和定罪。这些节目是否代表刑事司法系统的一厢情愿的宣传（Haney & Manzolatti，1981）？

- 广告成功地创造了一种过去不存在的需求。例如，在人类大部分历史和文化中，虽然化妆品以各种形式存在，但现在可获得的大量化妆品并不存在。潜在的消费者被认为需要这些产品。广告可以被认为是宣传吗？

- 在互联网上包括社交媒体上也可以随时获得宣传材料，这些材料可能非常有效。在实验中，美国的学生受试者获得了一份否认大屠杀的文件，一份关于奥斯威辛集中营的事实文件，或者一份无关的文件的摘录（Yelland & Stone，1996）。在测量受试者在多大程度上相信大屠杀确实发生时，接到否认大屠杀文件的人得分较低。

要点：说服是一种有意改变他人态度的尝试。宣传是说服的特例，其手段包括试图通过有选择地陈述事实和故意隐瞒重要信息来改变或保持态度，这通常会促进内群体意识和受害感。虽然宣传是威权体制的特征，但在民主背景下也很常见。

什么预示着说服？

谁对谁说什么，怎么说？

在哲学著作《修辞学》中，亚里士多德认为有三种说服模式：诉诸说话者的权威或个性的艾索斯（ethos）；诉诸受众情感的帕索斯（pathos）；基于论点本身逻辑的逻各斯（logos）。在20世纪50年代，耶鲁大学传播研究项目（Hovland, Janis & Kelley, 1953）的研究人员为说服性传播研究这一方向奠定了基础。他们研究了说服情境的组成部分，并将其归结为以下四个问题：谁表达了信息？消息的内容是什么？这条消息是给谁的？渠道是什么——也就是说，信息是通过什么方式发送和接收的以及它是如何呈现的？通过将说服的决定因素描述为与消息来源、消息内容、该消息受众的特征以及消息的媒介和语境相关的变量，我们就可以定义有关的特定变量了。这种方法设定了几十年的研究议程。

消息的来源

在政治运动中，政治领导人的可信度始终是一个重要因素。如果我们假设她是真诚的，并且知道她在说什么，我们通常认为信息的来源是可信的。如果受众认为对话者不会从中取得任何个人利益，后者的可信度会显著提高。穿着实验室外套的人（具有专业形象）推销牙膏，普通人推荐洗涤剂，这都不是偶然的。此外，如果人们认为对话者试图给别人留下深刻印象，后者的可信度就会受到损害（Saucier & Webster, 2010）。有趣的是，只有在信息发布之前，而不是发布之后，观众就意识到了这一点，可信度才是有效的（Mills & Harvey, 1972）。如果我们认为对话者不可信，我们就不太可能注意这个信息。

在大多数情况下，信息源的专业知识必须与主题相容，核物理学家在谈论运动或洗涤剂时没有特别的说服力。然而，地位很高或有吸引力的信息源有时甚至在他们的知识领域之外也可能有影响力（Aronson & Golden, 1962; Roskos-Ewoldsen & Fazio, 1992a, 1992b）。例如，运动明星可以被用来销售运动器材，也可以用来销售从饮料到出租汽车的所有东西。另一方面，考虑一下：一个漂亮的女人可以令人信服地销售洗发水，但是她可以销售啤酒吗？事实上，一些研究表明，即使在信息与身体吸引力无关时，比如在卖啤酒或汽车时，信息源的吸引力会影响劝说（Praxmarer, 2011）。

图 5.5 这些广告宣传画中哪一幅是有效的度假广告？为什么？
资料来源：athikan/Shutterstock.com

睡眠者效应

考虑一种常见的情况，在这种情况下，我们不知何故认出了一个名字或面孔，却记不起在哪里见过这个人（Jacoby, Kelley, Brown & Jasechko, 1989）。在一项实验中，受试者阅读了包括"西蒙·韦斯多夫"在内的名单，并被告知名单上没有人出名。随后，受试者阅读了一份名单，包括"西蒙·韦斯多夫"、那个时代一些相对出名的人（罗杰·班尼斯特、米妮·珀尔）和一些不出名的人（瓦莱丽·马什、阿德里安·马尔），并被要求对名单上每个人的名气进行评级。在被展示了第一张名单之后立即被展示了第二张名单的受试者没有把韦斯多夫评为名人，但24小时后被展示了该名单的人却将韦斯多夫评为了名人。进一步调查显示，受试者事实上记不起这个名字的来源。

这对于说服的意义是很清楚的：即使人们记不起消息来源，信息的效果也可能会随着时间的推移而增强。这被称为**睡眠者效应**（sleeper effect）。在一项开创性的实验中（Hovland, Lumsdaine & Sheffield, 1949），一组士兵观看了一部美国陆军宣传电影，另一组则没有。对这部电影主题的态度是在5天之后和9周之后测量的。令人惊讶的是，两组之间的差异在9周之后比5天之后大一些。对此效应最流行的解释是**折扣线索假说**（discounting cue hypothesis）（见第二章），该假说指出电影信息的来源（即美国军队）被认为不可信。这导致士兵们起初忽略了这个信息，从而降低了它的直接影响。但是随着时间的流逝，消息来源和消息之间的联系被遗忘或削弱，而消息本身也被记住了。

然而，研究表明，只有当折扣线索在消息之后被展示时，睡眠者效应才很有可能产生。在一项实验（Pratkanis, Greenwald, Leippe & Baumgardner, 1988）中，受试者收到了一条反对4天工作周的消息和一条折扣线索：编辑的一份说明指出，这个结论可能是错误的。当受试者只收到消息时，最初的态度变化是显著的，但在接下来的6周内逐渐消失。在消息之前给出折扣线索时，态度变化很小；受试者受到了预先警告，于是期待错误的结论。但是，当折扣线索在消息之后给出时，即时态度变化很小，但是6周后态度变化幅度加大了。

消息因素

当然，消息的内容会有明显的效果。信息与受众的态度是否有很大差异，是否使用了幽默，信息是相对简单还是非常复杂，所有这些都会影响说服的结果。我们将在本章的后面部分讨论该消息的内容。在这里，我们将研究其他几个因素。

当试图说服某人时，你应该承认双方的观点，还是仅仅陈述你的片面观点？一些学者（Hovland, Harvey & Sherif, 1957）对这个主题进行了初步研究。在几项发现中，有一项发现是，特别是对于受过教育的受众来说，最好先陈述论点的正反两面，然后再反驳反面证据。然而，当观众在某个问题上立场坚定时（例如，在政党大会上对代表们发表的演讲，父母对孩子的告诫），双面陈述通常是无效的（图5.6）。当然，受众可能想从别人那里听取另一面的信息，这时，你自己通常会更有效地说明正反两面（Karlins & Abelson, 1970）。

随着互联网影响力的日益增强，研究人员将注意力转向广告的这种媒体。一项研究比较了受赞助的内容（产品被植入信息之中）和横幅广告（广告信息悬浮在网页内容之上或者飘过了网页内容）的效果（Tutaj & van Reijmersdal, 2012）。受试者发现受赞助内容这种形式不那么让人厌烦，信息也更丰富，这可能是因为他们对侵扰性较强的横幅广告表达了比较多的怀疑。

负面的政治广告、攻击对方候选人政治记录或个人特征的信息如何？尽管意

图5.6 政治辩手展现的都是片面的信息吗?
资料来源：© Amy Sussman/Corbis

图是显而易见的，但公众可能会"强烈抵制"发起攻击的信息源，或者同种攻击的受害者。在辩论中，侮辱其他候选人或其家人会导致负面反应（Roese & Sande，1993）。在1993年的加拿大联邦选举中，进步保守党播放了两个广告，渲染了自由党领袖让·克雷蒂安扭曲的面部表情（克雷蒂安小时候患上了面神经麻痹）。对当时五个政党领导人的态度的一项准实验研究（Haddock & Zanna, 1997）在这些广告播出之前和之后（广告随后被撤回）分别评估了两批不同受试者的态度。与观看广告前接受测试的人相比，观看攻击性广告后接受评估的人对保守党领导人金·坎贝尔表现出的消极情绪明显要多，对让·克雷蒂安表现出的积极情绪明显要少。

一种广告技术是在产品和其他想要的目标或想法之间建立联系。例如，啤酒和某些品牌汽车的广告可能会使产品与年轻、有吸引力的人产生关联。洗衣粉可能与鲜花、微笑的婴儿、阳光明媚的一天有关。有学者（Dempsey & Mitchell，2010）在两个实验中向人们讲述了两个虚构的钢笔品牌，对它们的描述清楚地表明一个品牌优于另一个品牌。但是后来，在一项看似无关的实验中，受试者在电脑显示器上观看了图片。这些图片中的一些描绘了得到正面评价的劣质钢笔。然后，即使受试者有足够的时间做出选择，甚至当他们被鼓励选择更好的笔时，这些受试者仍倾向于选择劣质笔。

这些结果表明，广告和其他领域的有效说服往往不是基于理性的论证，而是基于让人们对自己的决定感到满意。这也表明，尽管我们不关注广告的内容，但它还是能对我们产生巨大的影响。稍后将讨论的理论（详尽可能性模式）是这一现象的。

首因—近因

如果一个论点的两面都得到了陈述，哪一面有可能取得优势呢？是首先陈述的一面（首因）还是最后陈述的一面（近因）？不妨想象一场政治辩论，在这场辩论中，候选人依次陈述他们的立场：谁有优势，第一个还是最后一个演讲者？大多数早期实验（例如，Lund, 1925; Asch, 1946）表明，首先呈现的信息更有影响力，这就是首因效应（primacy effect）。然而，一些学者（Hovland, Harvey & Sherif, 1957; Luchins, 1957; Anderson, 1959）证明，时间的流逝是一个关键因素。如果一组论点紧接着另一组论点，第一组可能会产生最大的影响（首因）。然而，如果在提出这两个论点之间经过了相当长的一段时间，近因变得更有影响力（Miller & Campbell, 1959; Insko, 1964; Wilson & Miller, 1968）。

信息应该唤起情感还是诉诸理性？

回顾第四章，态度包括情感（情绪）部分和认知（信念）部分。一些有说服力的信息侧重于改变受众的信念，而另一些则试图改变受众的情绪。说服性信息能对态度有选择性的影响吗？这样，情感信息能改变情感而不是信念，而认知信息能产生相反的影响吗？爱德华兹（Edwards, 1990）研究这个问题时，让一些受试者先品尝一种饮料（情感性的），然后阅读关于其表面上对健康有益的信息（认知性的），让其他受试者先阅读信息，然后品尝饮料。她预测，情感或认知的变化会受到展示顺序的影响，并且会发生首因效应。结果发现，当受试者先品尝饮料时，他们对饮料的感觉发生了变化，但是当对健康有益的信息先于品尝被展示时，他们的信念发生了变化。

有学者（Fabrigar & Pitty, 1999）进行了一对匹配情感或信念信息的相似的实验。在一个案例中，受试者被告知他们正在进行市场调查，第一个产品是一种新饮料。他们中的一些人阅读了关于产品的信息，而另一些人品尝了它。然后认知态度部分和情感态度部分得到了测量。实验者通过让受试者评价16种不同的情绪描述饮料给他们带来的感觉（如快乐、兴奋、紧张、愤怒）的程度来衡量情感，又通过让他们指出14种不同特征描述饮料的程度（例如有用、安全、有害、无价值）来衡量认知或信念。正如预测的那样，那些尝过这种饮料的人在情感测量上表现出更积极的态度，而那些接触到信息的人在信念测量上表现出更积极的态度。

恐惧战术有效吗？假设你负责政府公路部门的公共关系，并希望鼓励公民遵守强制性安全带立法。你最好的广告策略是什么？例如，电视广告是否应该展示汽车事故的血腥、致命的后果？还是应该提供关于车祸幸存者的统计数据？

对恐惧信息的研究始于旨在了解各种诉求是如何影响人们的牙齿护理习惯的詹尼斯和菲什巴赫（Janis & Feshbach, 1953）的一项实验。研究人员制造了三种水平的恐惧唤醒。最极端的唤醒方式使用了患病口腔、牙龈和牙齿的彩色照片，最不极端的仅使用了 X 射线并显示了健康口腔的照片。他们发现，最具威胁性的方式效果最差，而最大的变化发生在温和的方式之后。结果似乎表明，煽动高度恐惧会导致信息的回避并干扰学习。也有可能是，由于高度恐惧的境况令人非常不悦，联想降低了信息源的可信度，导致消息"打了折扣"。在一些研究中（例如，Higbee, 1969; McGuire, 1969; Leventhal, 1970），态度的改变随着恐惧的增加而增加。然而，总的来说，低度到中等程度的恐惧似乎会与态度改变成正相关，但是高度的恐惧会降低态度改变的可能性（McGuire, 1968）（见图 5.7）。

图 5.7　预防艾滋病的海报（菲律宾）
资料来源：© Philippe Lissac/Godong/Corbis

总的来说，人们对恐惧信息做出反应，既是为了避免信息中提到的危险，又是为了应对信息直接带来的不愉快的感觉（Sutton, 1982）。此外，恐惧的唤醒必须伴有关于如何减少恐惧的具体、可信的建议（Rogers, 1975）。例如，人们可能认为开车太快是危险的,事故可能会发生在他们个人身上,但不相信他们能改变驾驶习惯,除非开得更慢、更谨慎,看起来是合理的和可取的,否则人们往往会做出防御性的反应,而改变是不大可能的(Janis & Feshbach, 1953)。由于恐惧信息在鼓励人们照顾自己方面非常重要,因此它们经常被用于健康促进方面。第十五章将进一步探讨这项工作。

目标:受众因素

有些人比其他人更容易被说服吗?许多研究致力于可说服程度(persuasibility)是不是一种普遍特征的问题(Hovland et al., 1953; Janis & Hovland, 1959)。研究结果表明,个体在说服程度上确实存在差异,但是相对于其他变量,如信息源和信息特征,这种影响非常小。例如,假设低自尊的人更容易被说服似乎是合理的(回想第三章)。然而,研究表明,自尊对说服能力的影响取决于信息。相对于高自尊者来说,逻辑蹩脚的简单信息更容易改变低自尊者的态度。另一方面,有扎实逻辑支撑的复杂信息对高自尊的人比低自尊的人更有效(Nisbett & Gordon, 1967)。

麦圭尔(McGuire, 1968)认为,证明说服和被说服的个性特征之间的直接关系必定是困难的,因为同一性格会影响个人对信息的关注和理解(接受)以及朝着信息指引的方向做出实际的态度改变的可能性(让步)。例如,自尊心强的人更容易接受有说服力的信息(接受)。然而,与此同时,这些人向有说服力的论点做出让步的可能性较低。事实上,低自尊的人很难接受信息,因此不能被它说服,高自尊的人往往不会屈服,但中等自尊的人最容易被说服,因为他们既能接受信息,又能为信息做出让步(Rhodes & Wood, 1992)。

性格与态度变迁

多年来,社会心理学认为女性比男性更容易受到影响,更容易被说服和顺从。这一假设背后的推理是,在许多社会中,女性通常被社会化为被动和易于屈服的(Middlebrook, 1974)。随后,有学者(Eagly, 1978)全面回顾了关于影响说服程度的性别差异的文献,并得出结论说,前述看法几乎没有得到什么支持,至少在美国样本中是如此,因为大部分研究都是在美国进行的。例如,她指出,一些研究报告的性别差异是由于研究人员使用的实验材料在女性的兴趣和能力上出现了偏差。假设她们对烹饪的了解多于对电动工具的了解,她们可能更容易被一则关于电动工具而非烹饪的信息说服。她还表示,女性可能确实有顺从的倾向,但这种顺从可能体现了对群体和谐的关注,而不是真正的说服。

年龄在考虑性别差异时也很重要。一项研究调查了对旨在营造印象的烟草和酒精广告的反应（例如，个人魅力和生活方式），而不是关注产品质量的广告。虽然女性青少年更倾向于关注旨在营造印象的广告，但同样的性别差异却没有表现在成年人身上（Covell, Dion & Dion, 1994）。

传播渠道

通过电视、电子邮件、推特、电台或书面文件面对面地展示有说服力的信息有什么区别吗？关于这个问题的数据是不一致的（Williams, 1975; Worchel, Andreoli & Eason, 1975）。有些学者（Chaiken & Eagly, 1976）认为，这些不一致也许可以由信息是否容易了解来解释。有证据表明，复杂的信息用书写的形式呈现时比用视频或录音带呈现时更容易被理解（Eagly, 1974）。一项考虑了几个因素的实验（Chaiken & Eagly, 1976）为受试者提供了两种类型的说服性信息：易于理解的信息或难以理解的信息，以及书写形式的信息或音频或视频格式的信息。难以理解的信息用书写形式传播更有效，而简单的信息用录像带形式传播最有效，用书写形式传播效果最差。

这些因素是如何结合在一起的？

当然，在现实生活中，我们不能使四组变量中的三组保持不变，而只改变其中一组。信息源、信息、受众和传播渠道的效果相互作用，我们必须考虑它们是以不同的方式组合在一起的。

一项实验（Wiegman, 1985）录制了两次访谈，每次访谈的对象分别是两位荷兰政治家，他们都是实验者的伙伴，代表着两个主要政党。两个政党都没有就当时是否应该在特定地点修建机场的问题表明立场。在一个访谈中，政治家以沉着、冷静、理性的方式倡导这项提议，而在另一个访谈中，同一位政治家以相当情绪化、坚定的、充满活力的方式发言。这四个访谈在两党会议上向不同的代表群体展示。当态度随后被测量时，数据表明，理性的陈述会导致发言者得到的评价更高，但不会导致更大的态度变化，而较情绪化的陈述会导致更大的态度变化。当然，在信息源和受众属于同一个政党时，态度变化更大。因此，我们可以看到信息源、信息和目标以复杂的方式相互作用。

有说服力的信息源的效果，或者信息本身的效果，是否受到媒体——无论是电视、互联网横幅广告、广播还是杂志——的影响？一项实验显示了媒体（渠道）是如何影响对信息源和信息的感知（Chaiken & Eagly, 1983）。学生认为的演讲者的讨人喜欢程度因演讲者表扬或贬损学生和教师以及他们所在机构的总体质量而有所不同。然后，他们会收到演讲者的视频、音频或书面信息，这些信息主张改变 3 个月学制（即大约 10 周内完成全部课程）。研究发现，当受试者喜欢演讲者时，态度变化更大，但只有当演讲者被看到或听到时才是这样。在书面信息的条件下，喜欢程度不是影响因素。

第三项研究显示了如何为受众定制信息（Snyder & DeBono，1985）。受试者首先要接受自我监视的尺度，这是指人们根据他人的反应来衡量自己行为的程度。他们收到了使用"硬销售"或"软销售"技术的广告。"硬销售"方法强调产品的质量、价值和有用性，"软销售"技术强调产品的形象（颜色、质地）或购买产品的消费者的形象（聪明、富裕、性感、杰出）。据推断，由于高级自我监视者倾向于调整他们的行为以适应社会环境，他们会更关心别人如何看待他们，因此会对于"软销售"对形象的强调更敏感。另一方面，由于低自我监视者更易受内心情感、性格和信念的引导，他们会更容易接受通过"硬销售"来传达的关于产品本身的信息。在三项研究中，数据支持了这些假设，表明这些信息和受众特征的组合最有效地提高了受试者试用产品的意愿以及他们愿意为此支付的金额。

社会神经科学提出了一种截然不同的方法。它从解决这样一个问题开始："感到被说服"是什么意思？使用功能性磁共振成像（fMRI）测量方法，美国和韩国的受试者通过文本或视频形式接触信息（Falk, Rameson, Berkman, et al., 2010）。在所有情况下，感觉被说服（就对信息的评分而言）与后颞上沟和背内侧前额叶皮层的激活有着密切的关系，这两者在早期的研究中都与有意识的深思熟虑相关联。当然，这项研究是关于有意识的思维过程的，而不是涉及认知直觉和其他策略的"快速思维"的。事实上，我们能否将一条信息的说服力等同于实际被说服？人们很容易欣赏广告信息的制作却没有被说服，更不用说购买产品了。

尽管迄今为止所回顾的研究为我们提供了影响说服的各种因素的信息，但它并没有解释人们如何改变他们的态度。基于从社会认知研究中得到的洞见（第二章），当代关于态度变化的研究已经将重点转移到我们改变态度的过程上。我们现在开始探讨这项工作。

要点：耶鲁说服传播模型提出了四类变量：信息源、受众、信息内容和信息呈现的媒介。研究的因素包括信息源的可信度、信息是片面的还是两面的、论点提出时的首因与近因、说服程度的个体差异和性别差异、诉诸理性还是情感，以及这些因素是如何结合起来决定说服的。神经科学已经发现了信息的说服力与大脑中枢的激活之间的联系。

说服与认知：双处理方法

被"说服"认可了某事意味着什么？你可能认为说服是"改变某人的想法"。如果你在超市买洗衣粉，看到了某个品牌，你可能会认出这个品牌，或者回忆起一首吸引人的商业歌曲，然后，你就会买下它。你真的相信这是最好的选择吗？也许当你购买汽车或房子时，你会被说服。这些是大多数人的主要投资，所以你会收集证据，思考你想买什么和花多少钱。但是对于大多数购物来说，我们会受到其他因素的影响，比如信息源的吸引力、品牌的知名度、是否会联想到愉快的体验，或者某个产品放在超市货架上的位置。我们可能并不真正被"说服"，但是我们的态度已经发生了很大的变化，足以让我们购买该产品。

然后，根本问题变成了我们如何处理包含在说服性消息中的信息。为了回答这个问题，首先回顾我们在第二章关于双处理思维概念的讨论：我们以快速、自动和无意识的方式思考，我们也以缓慢、审慎和有意识的方式思考。我们是认知的吝啬鬼，寻找更容易、更快速的思维方式，除非有什么东西提示我们去思考。

现在考虑这些情形：我们收到了一条旨在说服我们为课堂学习准备指定阅读材料、投票给候选人或购买特定品牌肥皂的信息。这项研究确定了我们处理信息内容的两种不同方式。一种被称为说服的系统途径或**说服的中心途径**（central route persuasion），是指仔细考虑提出来的各种观点和证据后再得出结论。当然，这种方式需要花费时间和功夫，而且，正如我们在讨论如何形成对他人的印象和做出对他人的判断时所看到的，我们通常不会花费时间和功夫。也就是说，我们通常求助于第二种方法，称为说服的直觉途径或**说服的外周途径**（peripheral route persuasion），由于我们使用心理捷径（例如，信任专家，被卖啤酒的年轻女性吸引），所以，导致我们态度改变的因素与论证是否严密没有关系。

因此，说服是在双处理框架内进行的，其中，慢思考是指对信息的主动的深思熟虑，快思考则涉及图式和直觉。让我们更仔细地研究一下这种外围的、更肤浅的说服方式，然后转到我们何时真正参与"中心处理"的问题上——思考论点并有意识地得出结论，也就是说，变得对某个看法信服起来。

说服的外周途径

再次考虑一下信息源特性的影响以及它们为什么影响我们。如前所述，人们经常使用简单的图式和直觉处理（Chaikin，1980，1987）。例如，他们可能依赖"信任专家"规则来接受被认为是专家的人提出的有说服力的论点。类似地，他们可能依赖一个被认为有效的经验法则，即"同意自己喜欢的人的观点"，从而接受他们喜欢的人的有说服力的信息。

分心会让人们从对所提出的论点的思考移开。在诺曼（Norman, 1976）的一项实验中，女学生被要求阅读一份陈述，这份陈述指出，人们每天晚上应该睡得比平时短些。沟通要么以单一陈述的形式提出，要么以附有若干合理论点的陈述的形式提出。第二种沟通预计会更加详尽和更有说服力。然而，学生们收到了一张照片和一些关于沟通者的背景信息。一半的受试者看到了一张用来分散注意力的极具魅力的年轻男子的照片，另一半则看到了一张不吸引人的中年男子的照片，他的背景表明了他具有睡眠卫生方面的专业知识。在这张不吸引人的照片中，当提出几个论点时，态度的改变幅度比仅仅提出一个论点时更大。然而，在被展示这张有魅力的人的照片的情况下，态度的改变是实质性的，不管提出了什么论点（Petty, Wells and Brock, 1976）。

运用这种方法时，在涉及主动思考（精细加工）的情况（比如权衡赞成和反对某事的论据）和这个人简单地引用经验法则的情况（比如相信一个有魅力的人或者信任一个专家）之间会形成对比（Petty, Ostrom & Brock, 1981; Eagly & Chaikin, 1984）。现在让我们来研究关于这个双处理框架的有影响力的理论。

详尽可能性模型

"人们有动机保持正确的态度，但是既没有资源仔细处理每一个有说服力的论点，也没有这样的奢侈——也就是说，显然也没有能够忽略所有这些论点的倾向"（Cacioppo, Petty, Kao & Rodriguez, 1986, 1032 页）。作为当代的一种双处理说服理论，**详尽可能性模型**（elaboration likelihood model, ELM）考虑了这样一个事实，即人们可以通过对信息内容的主动认知审查（认知精细加工），或者通过采取较为被动和较为省力的捷径，来对说服信息做出回应（Petty & Cacioppo, 1981; Petty & Briñol, 2012; Petty, Wegener & Fabrigar, 1997）。这一理论关注人们何时会主动处理信息，也就是说，何时对信息作精细加工才是可能的。简而言之，当个体有动力去思考事物时，例如，当结果是现实的和涉及私人的，以及当个体有机会处理信息时，就会出现中心途径的处理。

中心途径的处理往往会导致相对持久和真实的态度变化。事实上，随着对态度对象的思考越来越多，我们倾向于更加肯定自己的态度（Tesser, 1978）。虽然外周途径的态度改变通常更容易发生，因为它们需要花费较少的功夫，但是这些改变往往是短暂的，因为我们还没有被这些论点所说服。在这种情况下，只有当相关线索非常显著时，态度的改变才会持续下来。例如，我们可能会购买特定品牌的啤酒，直到出现与另一个广告的更有吸引力的联想。

人们会认为说服力越强，越有可能说服观众。信息的措辞可能会刺激人们以某种方式思考某个问题（Eiser & Ross, 1977; Eiser & Pancer, 1979）。一项研究测量了受试者处理说服信息时不同大脑中枢的活动。有趣的是，逻辑中心途径的说服信息涉及不同大脑中枢的活动，但同涉及外周影响或直觉影响的活动无关，例如信息源特征、幽默的使用或对"其他所有人"想法的感知（Cook, Warren, et al., 2011）。

或许，这涉及两种处理方式。事实上，重要的是要理解，中心和外周"途径"的隐喻并不意味着相互排斥的处理方式。例如，在一项关于深度接触互联网广告（表明发生了中心处理）的研究中，外周线索，如网页的实际呈现方式（如严肃或有趣、色彩丰富或稳重），可以增强信息实际内容的效果（San Jose-Cabezudo, Gutierrez-Arranz & Gutierrez-Cillán, 2009）。与来源单一的信息相比，人们对来自多个源头的信息有更大的兴趣（Harkins & Pitty, 1987）。详尽可能性模型解释了这种多源效应，人们必须对信息做更多的精细加工或思考，因为每一个新的信息源都要求人们去思考它。同样，信息呈现的语境——包括外周线索或直觉线索——会影响消息的效果。例如，如果你想说服某人购买你的产品，你会把广告放在恐怖的电视节目中，还是放在浪漫的电视节目中？研究表明，如果你想尝试做受欢迎的事情，浪漫的节目将是一个有效的场所。另一方面，如果你想传达产品很稀有的概念，是"限量版"，吓人的节目会更有效（Griskevicius, Goldstein, et al., 2009）。

因此，说服的效果受到很多因素的显著影响。首先，在认知精细加工的条件下，论证即一些信息或某种逻辑会导致态度的改变。其次，外周线索通过激发直觉的"经验法则"也能够影响态度。最后，还有一些状况可以促进认知精细加工。现在，让我们考察一下如何影响人们对眼前问题的思考。

认知精细加工可能发生的条件

我们既没有时间也没有精力去思考所有可能涉及我们态度的事情。认知精细加工，以及由此产生的持久态度变化，更有可能在两种情况下发生：（1）当一个人有机会时（如思考的时间）；（2）当这个人有动力仔细考虑信息中的论点时。例如，研究表明，关于自我定位即你希望自己成为什么样的人或感觉自己应该是什么样的人的信息（回想第三章）往往会使处理信息的方式更偏重于中心途径（Evans & Petty, 2003）。当问题新颖、出人意料或与个人相关时，思考信息的动机也更强（Zuwerink & Devine, 1996）。个人参与可能会被操纵，例如，通过告诉学生受试者学生们都被要求通过专业综合考试。其中，有的人被告知，这将在下一年生效（高度参与）；有的人被告知，这将在10年后生效（低度参与）。正如详尽可能性模型预测的，在高度参与的情况下，强有力的论证比孱弱无力的争论导致更多的态度改变。然而，在低度参与的情况下，信息源的可信度（一个外周线索）对说服的影响比实事求是的论证更大。这些受试者仅仅使用了"专家最了解"这条直觉规则来确定论点的有效性（Petty, Cacioppo & Goldman, 1981）。

其他研究也通过诱导个人参与获得了类似的结果（Hutton & Baumeister, 1992）。然而，如果参与度太高，人们会变得不太愿意接受劝说，可能是因为在这种情况下，他们无法对信息进行精细加工，或者思维不够开放（Sherif & Cantril, 1947; Johnson & Eagly, 1989）。

信息的表述也可能产生重要影响。在一项研究中（Smith & Petty, 1996），不同的信息要么强调加强垃圾回收的好处，要么强调不这样做的成本。这两个论点的不同程度的版本被展示给不同组别的实验受试者。反面表述的消息比正面表述的信息得到了更仔细的处理，因为反面表述的信息中的论点的强度对态度变化的影响更大。当信息的表述方式令人意想不到时，它也会得到仔细的处理。也就是说，如果患者预计医生会发出可怕的警告，他更有可能仔细思考信息，因而，强有力的论证会导致较大程度的态度变化。

在法庭上，不同的时间压力和信息是否易于理解决定了进行认知精细加工的机会（Hafer, Reynolds & Obertynski, 1996）。事前的态度测量表明，大多数人反对控辩交易——一种以被告减刑来换取其认罪的做法。受试者听了一篇主张控辩交易的演讲，演讲中包含了如下各项不同的条件：(1) 演讲看起来是由地位高的人还是地位低的人发表的（一个外周线索）；(2) 演讲中的论证是强有力的还是孱弱无力的（与中心处理有关）；(3) 演讲使用了复杂的语言（如法律术语、非常用词和复杂的语法结构）还是简单的日常演讲。当论证易于理解时，强有力的论证比孱弱无力的论证对控辩交易更容易引起支持的态度。然而，当信息难以理解时，论证是否有力并不影响说服的效果。在这些条件下，说服受到信息源地位的影响：信息源是杰出的法官，还是法律专业的学生。

最后，考虑一下某些外周线索可能会导致人们更多地关注信息本身的可能性。我们已经看到，信息源的某些特征，如其吸引力或专业知识，会影响说服的效果。如果信息源呈现出不一致的特征，比如其没有魅力却具有专业知识，或者非常吸引人但对问题一无所知，那又会怎么样呢？实验表明，在这些情况下，信息的实际内容对态度变化有更大的影响（Ziegler, Diehl & Ruther, 2002）。

详尽可能性的个体差异：认知需求

有的人比别的人更有可能进行认知的精细加工。人和人之间在**认知需求**

(need for cognition)、分析情境的倾向、寻找线索和信息以及解决难题方面存在着差异（Thompson & Zanna, 1995）。这种需求可以通过包括以下各项的量度来测量："我对长时间的艰苦思考感到满意"；"一旦我了解了那些不需要思考的任务，我就会喜欢上它们"；"比起简单的问题，我更喜欢复杂的问题"；"思考不是我的乐趣所在"。请注意，虽然聪明人可能喜欢使用他们的智力，但他们不一定会这样做。

在辩论中，认识需求强烈的人会更抗拒被说服，而更有可能说服他人。例如，一些学者（Shestowsky、Wegener & Fabrigar, 1992）向受试者介绍了一个法律案例。他们根据对认知需求的得分配对，并被要求讨论此案和做出裁决。那些在认知需求上得分较高的人比得分较低的伙伴更有可能有效地反驳他们的观点，并对其伙伴的陈述提出更好的反驳。事实上，他们更有可能在这个共同裁决中说服他们的伙伴。在另一项研究中，受试者观看了警察和辩护律师询问被告的视频。那些认知需求高的人倾向于采用先质问嫌疑人的观点（首因效应），而那些认知需求低的人却同意在这个问题上拥有最后决定权的人的看法（近因效应）（Kassin, Reddy & Tulloch, 1990）。

认知需求高的人更容易受到论证质量的影响，而认知需求低的人更容易受到外周路线因素的影响（Haugtvedt & Petty, 1992）。尽管人们对仔细思考问题的需求有所不同，但他们对自己思考信息中的问题的信心程度也会有所不同。一些学者（Petty, Briñol & Tormala, 2002）已经证明，信心增进了对问题的思考，也就是说，增进了中心处理。高认知需求人群的态度变化往往会持续一段时间（Verplanken, 1991）。

情绪状态与认知精细加工

一个人的情绪也会影响详尽可能性。心情好的人倾向于对孱弱无力的论证和外周线索做出正面的回应。事实上，人们早就知道，当人们快乐时，他们通常更容易接受劝说（例如，Biggers & Pryor, 1982; Petty et al., 1993）。当人们心情不好时，他们倾向于进行批判性思考，更倾向于为论证的质量所折服，而不是被外周的线索说服（Sinclair & Mark, 1992; Sinclair, Mark & Clore, 1994）。

关于说服的研究综述

我们看到了两种不同的说服理论进路，它们研究的是不同的问题。耶鲁模型列出了说服情境的组成要素：谁对谁说什么，以及如何说。这推动了一些研究项目，旨在研究信息源的哪些特征可以预测说服的效果，什么样的消息在什么样的情境下通过哪种传播媒介更有说服力，以及信息接收者的特征如何影响说服的效果。当然，这些因素总是结合起来发挥作用的。

详尽可能性模型暗示，通过说服来改变真实的态度是困难的和非同寻常的。为了进行中心途径的说服，接受者必须有能力和动机来处理信息——当然，这些论证必须合乎逻辑或者有说服力。正如第二章所述，我们经常扮演认知的"吝啬鬼"，会去走捷径并自动行动。因此，在我们这个充满20秒广告和"短平快新闻"的社会中，以外周途径来改变人们的态度变得如此普遍也是自然而然的。

将这两种模式放在一起看，似乎很显然的是，中心途径主要涉及信息的特征，而外周途径的说服涉及消息源和语境的特征。然而，这两种模式的整合会比这更复杂。例如，正如我们前面看到的，一条过于复杂和充满法律术语的信息可能会降低考虑论证是否合理的动机，并导致对外周因素的关注。相反，信息源的特征，如传递消息的人的专业知识，可能会触发简单的直觉法则——信任专家，但也可能会激励接收者关注信息并进而去思考论证的合理性。

如前所述，外周途径的处理并不意味着中心途径的认知精细加工是不可能的，两者可以同时发生。事实上，该理论明确指出，两种途径构成了一个连续体的两端，一端是对问题缺乏思考，另一端是对所有与问题相关的信息和论证的完整的精细加工（Pitty, Wegener & Fabrigar, 1997）。此外，即使是肤浅的态度改变，也能导致与之一致的即时行为改变。此时，如果认知过程被启动，也可能会导致持久的态度变化。因此，详尽可能性模型和认知失调理论是一致的。

要点：说服是在认知的双处理框架内构思的：与论证的中心途径处理相关的慢思维；涉及外周处理和分心的快思维。根据详尽可能性模型，当个体有动力仔细考虑各种论点时，当产生了重大的和涉及私人的结果时，以及当中心途径处理的机会出现时，中心途径的说服更有可能。外周途径的处理更容易导致说服，但这只是暂时的，而中心途径的处理会导致更持久的态度改变。人们通过认知需求来研究中心途径处理时的个体差异，而事实证明，良好的情绪更容易导致外周途径的态度改变。

说服的限度

广泛的说服技巧很容易给人留下深刻印象。无论是作为一对一的对象，还是作为大众受众，我们都受到越来越多有说服力的信息的"攻击"。然而，重要的是要认识到说服的局限性。拥有大量广告预算的企业利用最先进、最专业的技术，很可能仍旧无法销售他们的产品，甚至可能无法生存。许多政客在选举中失利，许多二手车没有售出，我们大多数人仍然不相信我们所看到和听到的许多事情。在大众传播时代，人们似乎调适得相当好。

专栏5.2　态度变化与衰老

一个人的年龄对态度转变的开放性有什么影响？当然，态度会随着兴趣和品味的变化而变化。例如，与啤酒和烈酒相比，随着西方国家的人们年龄的增长，他们对葡萄酒的偏好越来越大（Melo, Colin, Delahunty, Forde & Cox, 2010）。他们对政治和其他问题的态度如何？有两种观点，这两种观点都认为人们年轻时最容易接受态度的改变，但是随着年龄的增长却变得不那么开放。

根据**年龄敏感期假说**（impressionable-years hypothesis），人们在青春期会经历社会化而走向成年，因此，那个时代的事件和历史环境将对他们今后的生活态度产生深远影响。例如，在西方相对自由的政治抗议和社会变革时代——20世纪60年代成年的人，在他们的一生中会保持相对自由的立场，而在较保守的20世纪80年代成年的人在此后会保持相对保守的立场。根据**增长稳定假说**（increasing-persistence hypothesis），人们年轻时可能相对灵活，并乐于改变，但是随着年龄的增长，他们的灵活性逐渐降低，并变得"固定不变"。也许人们的信息处理能力随着年龄的增长而逐渐下降，或者他们积累的知识和经验导致他们的态度随着年龄的增长而变得更加稳定。请注意，这两个假设都预设了生活中态度的改变比以后更早，前者侧重于易受影响的早期，而后者则假定思维僵化是衰老的特征。当然，第三种可能性是，那些在早年非常灵活、乐于改变观点的人在整个生命周期里仍然如此（Sears, 1983）。

在一项关于这个问题的经典纵向研究中，一群女学生在美国本宁顿学院（Newcomb, 1943; Newcomb, Koenig, Flacks & Warwick, 1967; Alwin, Cohen & Newcomb, 1991）。在大学里生活在自由的环境里，这些女性成长于社会经济条件优越的保守家庭。在上大学的岁月里，学生们，特别是那些认同学院并参与其活动的学生们，逐渐走向政治领域的自由主义一端。25年后，当他们再次被采访时，以及大约40年后，尽管在此期间生活发生了重大变化，他们的自由主义态度被证明保持得相当稳定。这些发现证实了在本科学院或大学岁月对态度的影响，支持了年龄敏感期假说。

有学者（Krosnick & Alwin, 1989）为了比较不同年龄组的态度随时间变化的程度，检视了两项关于美国政治态度的纵向研究的数据。第一项研究在1956年总统选举、1958年和1960年总统选举时对1132名成年人进行了全国性的横断面抽样访谈。第二项研究在1980年总统竞选期间，也就是在当年的1月、6月和10月分三次访谈了769名成年人。在这两项研究中，受试者被分成7个年龄组（在第一次访谈时），年龄从最小的18—25岁到最大的66—83岁不等。重要的是，竞选期间的变化和竞选之间的变化都遵循相同的模式。态度变化在最年轻的群体中最大，随后变化的敏感性下降，支持了年龄敏感期假说。与增长稳定假说相反，没有证据表明，33岁以后，这些群体的态度变得越来越稳定。因此，尽管年轻人可能对时代的社会和政治氛围变化最为敏感，但老龄化并不必然导致态度的固定化。

事实上，其他证据表明，一个人对其态度的坚持在中年增强，然后在晚年减弱，这样老年人可能更乐于变化，或对变化抱持较为开放的立场（Visser & Krosnick, 1999; Eaton, Visser, Krosnick & Anand, 2009）。中年人可能更抗拒变化，这是因为他们更加看重自己的态度，或者因为他们的亲友网络的缘故（Boninger, Krosnick, Berent & Fabrigar, 1995）。随着人们从成年的青年时期走向中年，他们越来越多地与许多直系亲属以外的人讨论重要问题。然而，与老年人讨论他们共同关心的问题的人较少（Marsden, 1987）。因此，他们更容易改变态度。

结语

我们社会的老年人经历了几十年快速而剧烈地变化。古代的敌人已经成为朋友或者至少是盟友，古代的偏见已经减少或者消失，宗教在许多国家的影响力已经下降，互联网已经改变了他们与他人交流的方式，大众文化中的性观念和品味已经改变。随着现状的改变，态度也发生了变化。

人们如何抗拒劝说？已经有人研究出来了一些策略（Cameron, Jacks & O'Brien, 2002）。

预警

如果人们知道他们即将成为说服的目标，这是否会导致他们抵制这种企图？区分两种预警很重要。首先，个人可能会在说服意图发出之前产生警惕；其次，他们也可能会知悉信息的内容。在这两种情况下，说服的可能性都会降低，但过程是不同的。当然，当人们仅仅对意图产生警惕时，他们不会考虑反驳。在这种状况下观察到的电阻增加归因于电抗（Hass & Grady, 1975）。换句话说，人们通过坚持自己态度这样的**反应**来保护他们受到威胁的自由。在第二种情况下，人们似乎受到警惕的刺激，在心里预演自己的立场，并产生预期的反驳（McGuire & Papageorgis, 1962）。一些学者（Petty & Cacioppo, 1977）提供了特别有力的证据，表明那些事先通过预警知悉消息内容的受试者审查了他们自己的论点。

免疫效应

通常人们对某个问题的感觉越强烈,他们就越不可能改变主意。然而,矛盾的是,文化真理——绝大多数人持有的不容置疑的态度——特别容易通过说服而改变(McGuire & Papageorgis, 1961)。例子包括:"你应该在每顿饭后刷牙";"民主是政府的最佳形式";"青霉素是人类的福音"。你能从你自己的文化中想到另一个真理——一个被大众认为是真实的真理吗?

McGuire 用了一个医学类比,指出当身体的防御能力弱时,一个人容易感染,为了建立这些防御能力,接种疫苗。这些弱化形式的微生物注射导致身体建立防御系统并抵抗感染。同样,因为真理被普遍接受,个人可能从未听到过相反的观点。因此,他或她必须接受挑战,面对反对真理的有说服力的论点,然后让它们被有效地驳斥。然后,这个人将能够利用这些反论点来阻止将来任何劝说的尝试。

对于反驳应该是被动的还是主动的,存在一些分歧。McGuire 认为积极反驳(例如写一篇反态度的文章)不会有效,因为这会分散注意力,并且因为人们不善于根据需要思考反论点。他更喜欢被动的策略,比如让这个人读一篇理由充分的文章。他的数据和其他研究一样支持这一论点(Bernard、Maio & Olson, 2003)。

自早期工作以来的几十年里,大量的研究文献已经积累起来。在 Banas & rain (2010) 对这项研究的回顾中,免疫效应被发现是强有力的,使得人们能够通过随后对自己位置的强烈攻击来抵制说服。回想一下前文(McCuire & Papageorgis, 1961),这种影响在"文化真理"的情况下最为明显——"文化真理"是指一些信条在受试者自己的环境中得到如此广泛的认同,以至于他们不太可能遇到攻击它们的情形。然而,后来的研究表明,免疫效应在较有争议的话题(如禁枪、卖淫合法化和动物实验)上非常有效(Wood, 2007, Pfau, Semmler, et al., 2009; Nabi, 2003)。

态度一致性假说

有人假设,态度会使得记忆偏向于就我们已有的态度而言易于接受的信息,也就是说,我们倾向于记住与态度一致的信息,而忘记与态度冲突的信息(Eagly & Chaiken, 1998)。为了保护态度不受与它们相矛盾的材料的影响,我们可能不会注意到这些信息,或者对其进行扭曲,或者不把它们存储在记忆中。当然,这与认知失调的解释是一致的。

一些学者(Eagly、Chen、Chaiken & Shaw-Barnes, 1999)对 70 个相关实验进行了元分析,发现结果不一致。因此,研究人员设计了一个简单的实验,预先测量了对某个问题的态度；两周后，受试者被展示了一盘录音带，其中记录了一名发言者在这个问题上采取了赞成或反对的立场。在举行了关于对堕胎、军人同性恋或死刑等的态度的不同实验后，受试者的记忆得到了评估。结果清晰而一致：不管问题如何，不管受试者对自己态度的坚定程度有多深，也不管受试者的记忆是在信息发布后不久还是两周后评估的，与原有的态度相一致和不一致的信息都同样会被人们记住。事实上，无论信息如何，如果受试者在这个问题上表现一定程度的主动性，有着较为坚定的态度，并且记忆是之后立即接受评估的，人们就会记得更清楚。

研究人员的结论是，听到与原有态度不一致的（或不协调的）信息的受试者更有可能采用中心途径而仔细地处理该信息，思考反驳的论点，这使他们能够记住该信息。那些收到与原有态度相一致的信息的人记得这条信息是因为它与他们原有的态度有关。简而言之，中心途径的处理克服了防御性的失调反应。另一项研究发现，讲述一则叙事性很强的、很吸引人的故事成功地瓦解了对说服的抵制，特别是减少了抗拒和反驳（Moyer-Gusé & Nabj, 2010）。

总之，我们能通过灌输让人们树立对劝说的抵抗意识吗？一些项目已经研究了如何帮助青少年抵抗同龄人的压力。在这些项目关注信息源的隐秘动机和目标易被说服的弱点时，灌输抵制说服的意识可能会取得成功（Sagarin, Cialdini, Rice & Serna, 2002）。也就是说，重要的是，一个人要消除不易被说服的错觉，这发生在我们当中的最优秀的人身上。想想看，如果我们成功地抵制了改变我们态度的费力的尝试，我们随后会变得更加自信并坚守我们原来的立场（Tormala & Pitty, 2002）。当然，相反的看法也同样站不住脚。当论点令人信服并且信息源可信时，接受说服并不是坏事。

要点：有说服力的信息往往无法说服人，这是为什么呢？对于说服尝试的预警会导致人们评价自己的立场。免疫效应表明，当人们的态度——特别是从未受到挑战的文化真理——受到相对较弱的攻击时，他们随后会变得更加抗拒强度较大的说服尝试。人们倾向于记住与自己的态度"契合"的信息。让人们关注消息源的隐秘动机据说会增强对说服的抵制。

态度的改变是真实的吗？

尽管最近的一些研究使用了内隐态度测量，但大多数对态度变化的估计仍依赖于个人的自我报告。因此，首要的问题是这些陈述是否反映了潜在态度的真实变化，次要的问题是，说服的效果是不是持久的。

第一个问题强调了区分顺从和态度改变的必要性。凯尔曼（Kelman, 1958, 1961）将顺从（compliance）定义为公开屈服于旨在说服的沟通，在个人不认同的情况下随波逐流。这通常是因为沟通者被认为有能力奖励和惩罚我们，或者因为我们想要得到其认可和喜爱。在没有权势人物的情况下，目标人可能会回归他或她原来的观点。凯尔曼接着指出，如果接收者认同沟通者或者能够将信息内化，可能会发生根本性的变化。身份认同增强了说服力，因为个人被吸引并希望成为沟通者。当新职位符合个人的价值体系并被判断为有用或有价值时，内化就会发生。虽然吸引人的信息源可能会导致认同，但可信的信息源更可能会导致内化（Mills & Harvey, 1972）。沟通者的这些特性不一定是排他性的。如一位父亲或者母亲可能既循循善诱，又有魅力，还可以信赖。

必须注意的是，在实验室调查期间，态度的变化通常是在发出说服信息之后立即予以测量的。因此，被诱致的变化能维持多长时间是未知的。对态度如何随时间变化的调查发现，大多数回复到最初态度的过程进行得相对较快，然后逐渐减弱。例如，麦圭尔（McGuire, 1969）总结了一些实验的结果，得出的结论是，态度改变的"半衰期"约为6个月。换句话说，平均来说，大约50%的初始变化在6个月后依然存在。请记住，这些数据是建立在单次说服信息之上的。再次进行沟通，例如借用不断重复的广告再次进行沟通，更有可能使态度的变化保持下来。

结语

究竟是什么导致我们改变自己的态度呢？或者说，事实上，究竟是什么导致我们抵制那些试图改变我们态度的行为呢？很明显，在当今世界，我们遭到旨在说服我们的信息的轰炸，在某些情况下，它们成功了。在某些情况下，我们对与自我价值观不一致的、挑战自我价值观的事物感到不适，这将导致我们的态度发生改变，即使没有人试图说服我们。换句话说，我们的态度并不存在于某种认知真空中，而是根植于我们与他人的关系和我们对世界和自身的理解中。

内容概要

1. 态度变化可以从产生变化的内部过程和影响变化的外部沟通的角度来看待。

2. 认知失调理论指出，当两种相关认知不一致时，个体有动力通过改变或降低失调认知的重要性或增加协调的认知来减少不适。

3. 认知失调理论的四个重要研究领域是决策后的失调、社会支持、选择性信息搜寻和背离态度的行为之后的失调。

4. 背离态度的行为之后经历的失调程度是执行这一行为的不充足的外部理由的函数。当行动涉及公众信念和自由选择时，就会产生这种效果。

5. 认知失调是一种唤醒状态，当唤醒本身减少或者对由此产生的不适状态进行替代性归因时，这种状态就会减少。

6. 失调不是对逻辑不一致的反应，而是对自我概念中的不一致的反应。

7. 库珀和法齐奥开发了一个"新视角"的归因模型，这个模型解释了何时会发生认知失调来回应背离态度的行为：当后果重大时，当个人承担责任时，当出现唤醒时，当把唤醒归因于行动的后果时。

8. 说服的因素包括信息源、受众、信息和渠道。信息源的可靠性通常是通过判断源的可信度和专业性来确定的。

9. 信息的有效性受到展示的首因或近因的影响。唤醒适度的恐惧可以增加说服力。

10. 说服的详尽可能性模型区分了中心途径（理解论点、思考问题）和外周途径（关注信息源的特征或者信息中的干扰因素，运用直觉）。虽然态度的变化更有可能通过外周途径发生，但在没有显著线索的情况下，变化不太可能持续；中心途径的改变能够持续更长时间。当一个人有动力，有思考的机会，并且有强烈的认知需求时，中心途径的处理更有可能发生。

11. 书面交流往往会导致观众更多地关注论证而不是信息源；在口头或视觉展示中，观众通常更关注信息源。

12. 如果受众预先对说服的企图保持警惕，出现了免疫效应，或者受众遭到了微弱的反论点的挑战，说服的效果降低了。

13. 在确定一个人是否被说服时，有必要把顺从行为表现出来的变化与认同信息源或信息内化有关的变化区分开来。

拓展思考

• 认知失调的关键信息可能是，行为的改变会导致随后的态度改变。你如何应用这个来减轻你所在的社会中的肥胖问题？

• 你如何运用本章的原则，包括认知失调和说服，为你喜欢的候选人设计一场政治竞选运动？

• 本章中我们看到的许多情况表明，态度的改变是肤浅的，但往往足以影响我们的购买方式、投票方式和彼此的行为方式。你如何诱导更多的中心途径的处理，使人们更多地去思考他们的态度和行动？

• 剧作家奥斯卡·王尔德写道，"一致性是缺乏想象力者的最后避难所"。我们在何时、在何地以及为什么需要保持一致？

• 为什么详尽可能性模型（ELM）使我们对说服的理解又前进了一步？我们还可以由此取得什么样的进展？

延伸阅读

Cialdini，R. B.（2007）．Influence：*The psychology of persuasion*．New York：Harper Business． 一位杰出的社会心理学家关于人们影响他人的各种方式的精彩讨论，其中有许多例子来自广告和营销、公共关系、邪教、募款和政治等领域。写作风格是明晰的，非技术性的，甚至还有些诙谐幽默。

Cooper，J.（2007）．*Cognitive dissonance*：*Fifty years of a classic theory*．London：Sage Publications． 这是一份经得起时间考验的、简短的、文笔优美的理论综述。任何对认知失调感兴趣的人都想读这本书。

Dickinson，A.（2011）．*Persuasion*．Toronto：Collins Canada． 这本书以有趣的方式展示了企业家如何利用社会心理学和自己的才能在董事会和市场营销中说服企业高管。这不是一本关于社会心理学的书，但是社会心理学提供了理解的框架。

Eagly，A. H. & Chaiken，S.（1993）．*The psychology of attitudes*．Fort Worth：Harcourt BraceJovanovich． 这是一本态度理论和态度研究的百科全书，它具有全面性、分析性和综合性的优点。即使有些过时，它依然是关于这个话题的不可或缺的读物。

Forgas，J. P.，Cooper，J. & Crano，W.（Eds）．（2010）．*The psychology of attitudes and attitude change*．New York：Psychology Press． 这本书收录了社会心理学家关于态度研究各个重要议题——包括认知失调和其他认知进路以及说服在内——的一系列学术论文。

O'Reilly，T. & Tennant，M.（2010）．*The age of persuasion*：*how marketing ate our culture*．Toronto：Vintage Canada． 在这本书中，一位非常成功的广告专家以内容丰富、诙谐幽默的笔触讲述了广告活动事实上是如何成功地——以及不那么成功地——构思出来并得到应用的。

Perloff，Richard M.（2003）．*Dynamics of persuasion*：*Communication and attitudes in the 21st century*．Mahwah，NJ：Erlbaum． 这本书从态度理论和媒体理论两个角度对关于说服研究的一切知识进行了有益的、最新的概述。一些应用侧重于对于偏见、政治和健康的具体态度。

网页链接

http：//www.influenceatwork.com/，"在工作中发挥影响力"网站：这里介绍了运用说服的社会心理学在商业领域取得成功的经过事实考验的科学。

http：//www.marketingpower.com/Pages/default.aspx，美国市场营销协会网站。

http：//www.youtube.com/watch？v＝korGK0yGIDo，津巴多带领我们体验认知失调的经典实验。

第六章　社会影响

在一个不断想要改变你的世界里，坚持做自己就是最大的成就。

——拉尔夫·瓦尔多·爱默生（Ralph Waldo Emerson）

学习目标

- 解释行为如何只因他人在场就受到影响
- 理解社会模塑效应
- 考察遵守群体规范的基本因素
- 思考能让人们接受请求的特殊策略
- 探究使人们服从或反抗直接命令的影响因素

在安徒生的《皇帝的新衣》里，一个自大狂妄的皇帝被两个"无赖"骗了。他们保证能为皇帝裁剪出一套由特殊布料制成的绝美华服，无能或愚蠢的人欣赏不了它的光彩，所以看不到它。终于，"无赖"装模作样地为皇帝穿上隐形的华服，无论皇帝还是大臣，都看不到任何布料，但是没有人敢讲出来，因为他们害怕别人说他们无能或愚蠢。然后，皇帝游行穿过街道，炫耀他的华服。虽然人群中所有的人都只看到了一个裸体的皇帝，但他们都表达了对皇帝新衣的赞美，也是因为害怕显得愚蠢或无能。每个人都在行为上保持与群体的一致，不想"从人群中凸显出来"。最后，一个小孩一语道破——"皇帝没穿衣服"，因为他还太小，还意识不到群体的从众压力。

我们是社会存在物。因此，我们对其他人的反应很敏感。而且当不经意间从人群中凸显出来时，大多数人会感到某种焦虑，例如，穿着牛仔裤和运动鞋来参加一个社交活动，却发现其他人都是盛装出席，或是被选出来在一群人面前演讲。随着逐渐长大，我们发现，尽管从人群中凸显出来有时能带来积极的关注——成为足球英雄，或是拥有最新款的智能手机，或是成为大家的开心果，但这也有风

图 6.1 皇帝的新衣

资料来源：© Bettmann/Corbis

险，例如有可能被嘲笑，被欺负，或被指责。通过融入集体，避免吸引大家的注意，我们可以减少这些风险。所以，当每个人都在赞美皇帝的新衣时，我们也赞美，从而将风险最小化。

在第五章中，我们考察了社会因素对态度的影响。这一章，我们重点关注他人的影响如何改变我们的行为。首先讨论一下我们如何无意识地影响他人（被影响的人往往也并未意识到）。这些影响包括社会促进（social facilitation）、社会懈怠（social loafing）、镜像神经元活动效应（effects of mirror neuron activity）、社会模塑（social modelling）。然后，转向影响行为的直接努力，包括遵守群体规范的压力。最后，我们将研究服从与反抗。

无意识的社会影响

社会促进

早期的心理学研究者考察了简单的他人在场对个体行为的影响。例如，夏尔·费雷（Charles Féré，1887）用一个测力计——一种通过握柄测量压力的装置，研究了当个体在完成一项实验任务时，他人的在场是如何影响其肌肉压力的。他报告说，当有其他人同时参与相同活动时，个人所用的压力平均是独自一个人时所用压力的两倍（Crary，2001；Stroebe，2012）。为什么会这样呢？他感到好奇。几年后，酷爱骑自行车的心理学家诺曼·崔普里特（Norman Triplett）注意到，当骑手旁边有另一个人骑车更快时，这些骑手会比那些独自一人骑行的骑手更快。这使他开始思考，在没有任何直接互动或交流的情况下，他人的在场是如何影响这类行为的。于是，崔普里特（1898）进行了最早的社会心理学实验之一，尽管教科书经常错误地介绍是他进行了第一次这类实验（Stroebe，2012）。40个9至15岁的男孩和女孩参加了实验。木架子上固定着两个钓鱼竿上的车轮，两米远处分别对应有两个轮子，丝带通过车轮和远处的轮子分别绕成两个4米长的圈。丝带上系着一面小旗，孩子们的任务就是转动车轮，使这面小旗随着丝带总共转动4圈（Stroebe，2012）。完成任务所用时间作为测量依据。每个小孩都进行6次实验，3次是单独完成，3次是与另一个小孩比赛。

与自己单独完成任务相比，有20个小孩在与他人比赛时表现得更好，有10个小孩表现得更差，而另外10个小孩的表现完全没有变化。我们如今习以为常的统计技术在当年尚未得到发展，因此，仅仅通过观察这些数据，崔普里特得出结论：他人的在场似乎释放了一种潜能，使人们表现得更好。这就是后来渐为人知的社会促进现象（Crawford，1939）。不过，最近的一项统计分析表明，事实上崔普里特的结果并未显著摆脱偶然性的影响。尽管如此，他的工作还是为很多其他研究奠定了基础。

随后的社会心理学研究分成了两个方向：**观众效应**（audience effects）研究，发生在一个或多个被动观察者在场的情况下；**同动效应**（coaction effects）研究，发生在受试者自然而独立地完成一项共同任务的情况下。早期的简单观众效应研究（例如，Meumann，1904；Travis，1925）发现，当被动观察者在场时，表现总体上会提高；而对于同动的个人，也发现了相似的结果（Allport，1924）。

然而，其他研究发现，他人的在场实际上损害了个人的表现（例如，Dashiell，1935）。鉴于这种相互矛盾的证据，研究者得出结论，要么这一现象并不稳健，要么表现上的提高或降低反映了受试者的不同个性。这导致研究兴趣的逐渐衰落，直至20世纪30年代末，社会促进研究已完全停止。

但是，扎伊翁茨（Zajonc，1965）在重新阅读既有文献时，找到了新的研究兴趣，并发现了一种模式：他人在场时，人们似乎在完成简单的或非常了解的任务时，表现更好；但当任务很复杂或者人们仍在了解任务时，人们的表现更差。他猜测，他人在场本身增加了自动神经系统的唤起（arousal in the autonomic nervous system），这既可以促进表现，也可以妨碍表现，取决于环境（图 6.2）。

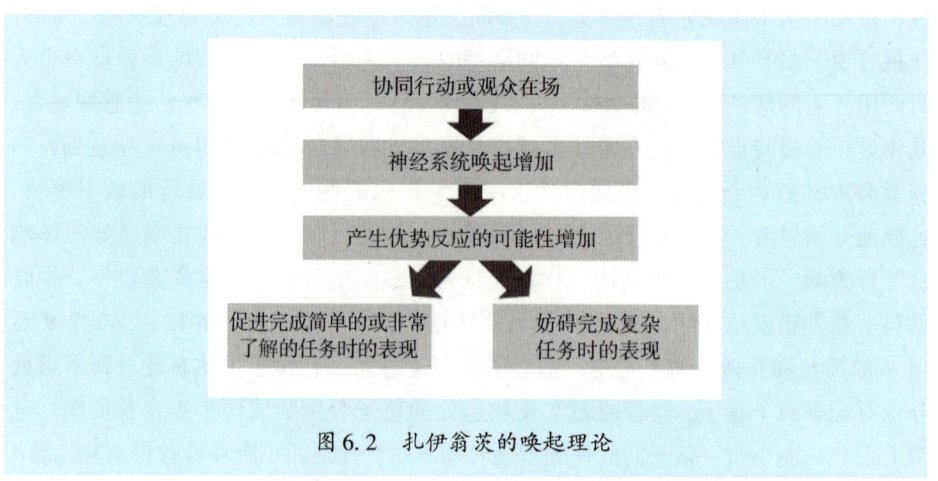

图 6.2　扎伊翁茨的唤起理论

扎伊翁茨这样解释：当我们学习新东西时，不仅要掌握正确的反应，还必须摆脱错误的反应，（例如，弹钢琴时按错键）。通常来说，这些错误的反应会伴随学习过程逐渐消失。但是，他人在场引发的唤起**同时**增加了正确反应和错误反应的强度，这会导致更多的错误。另一方面，当只存在正确反应时，也就是说，当一项活动已被掌握，且错误反应已完全被剔除时，只有正确反应能得到促进，因此表现会更好。如果任务十分简单，因为不需要学习，他人的在场只会促进表现。

这一点在图 6.3 中得到了总结：他人在场引发的唤起，使得困难的任务表现更差，而"容易"（简单或非常了解）的任务表现更好。

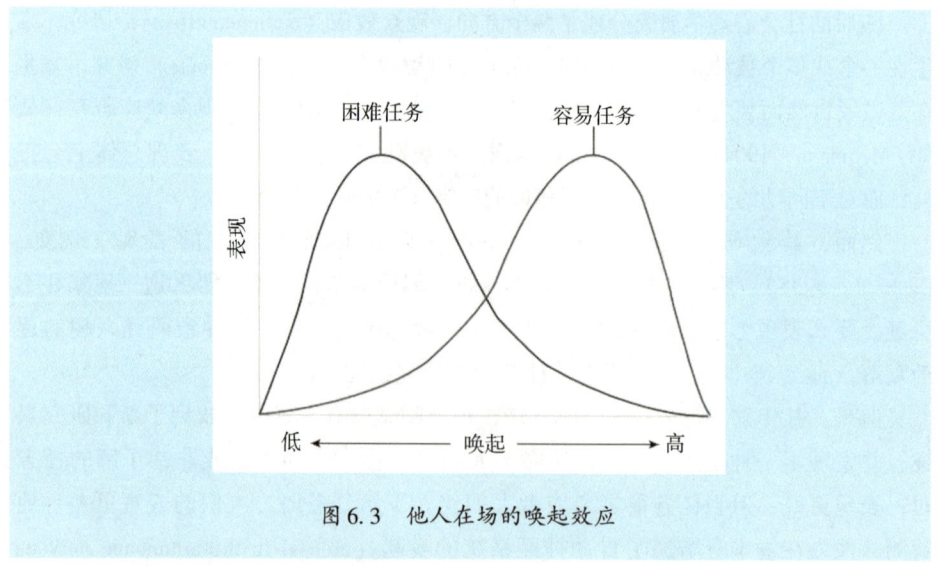

图 6.3　他人在场的唤起效应

评价顾忌

扎伊翁茨认为他人在场导致的生理唤起是天生的。相反,科特雷尔(Cottrell,1972)认为这源于后天习得的评价顾忌(evaluation apprehension)。在童年早期,我们就认识到人们会对我们的行为感到满意或不满,他们的反应教会我们只要他人在场,我们就得小心其评价。科特雷尔做了一个实验来支持这一解释(Cottrell et al.,1968)。受试者在以下情况下完成一项简单的任务:独自一人;有两人在6英尺外观察;有两人"仅是在场",他们被蒙上了眼睛(假装是在为后来的实验做准备)。显然,如果仅是在场就起着决定性的作用,那么后两种观众就会在同等程度上使受试者的表现增强,但是,如果评价顾忌才是关键因素,那么只有在远处观察的观众才会提高任务表现。实验结果支持了评价顾忌解释:独自一人和"仅是在场"条件下,表现并无差别;但当有实际的观察者在场时,表现显著提高。

重要的不是他人真正的在场,而是意识到自己正在被观察。汤普森等人(Thompson et al.,2009)研究了在一个基于网络的项目中,受试者需要花多长时间来掌握任务。这一项目的设计意图是教会受试者如何在大学图书馆网站上查找信息。有些受试者被告知培训活动是被追踪的(实验条件),但另一些人没有收到这一消息(控制条件)。实验者测量了他们的心率。不论在培训过程中,还是在之后,控制条件下的受试者比其他受试者表现得明显更好。而且,实验条件下受试者的心率变化值要更高,而心率与心理负荷有关。

然而,评价顾忌也没有为社会促进提供一种全面的解释;尽管它本身能产生社会促进,但它并非一个**必要**条件(Bond & Titus,1983)。仅是在场本身,没有评价顾忌,就能**充分**产生社会促进,不过评价顾忌可以进一步增强唤起,因而进一步强化优势反应(Schimitt et al.,1986)。

分心

虽然观众效应和同动效应被归因于唤起(Platania & Moran,2001),但造成唤起状态的原因仍有待讨论。如上所述,扎伊翁茨认为唤起和自动生理反应是由他人的在场引起的,而科特雷尔认为是后天习得的评价顾忌引起的。**分心—冲突理论**(distracion-conflict theory)提供了第三种解释(Baron,1986;Sanders,1983)。它认为当把自己的表现与另一正在做相同任务的同动者的表现相比较时,这种分心会造成一种"注意力冲突",从而引起唤起。比较导致"信息超载",受试者的感觉输入超过了他能有效控制的范围,为了应对这一情况,他们将注意力集中到任务上,并屏蔽一切因他人在场产生的令人分心的暗示。这一增加了的注意力提高了简单任务的表现,但复杂或陌生任务的表现却变差,因为这些任务不需要那么多集中或强烈的注意力。马勒和布特拉(Muller & Butera, 2007)的研究表明,当同动者的在场对受试者关于自身努力的评价构成了一种威胁或潜在威胁时,换句话说,当同动者的在场代表了又一次社会比较过程时,这种集中效应最有可能发生。

通过实验,这种社会比较影响得到了清楚的证明。在这一实验中,同动受试者完成相同或不同的数字复制任务(Sanders et al., 1978)。第二个因素是任务复杂度。人们猜测,完成同一项任务的受试者会将自己与他人比较,从而导致分心和社会促进,而当任务不同时,社会比较就不那么重要了,社会促进将会消失或大大减少。关于简单任务,结果确实如此:当任务相同时,输出量更大。然而,对于复杂任务,并无明显影响。

印象管理

邦德(Bond, 1982)提供了另一种视角,他认为社会促进源于印象管理(回顾第三章的讨论),即个人有意地尽力创造一个好印象。在完成不可能失败的简单任务时,印象管理最有可能发生。复杂任务中可能发生的错误会引起尴尬,这会阻碍任务的完成。相似地,卡韦尔(Caver)和谢尔(Scheier)(1981)提出,观众的在场会导致"自我注意"增加,这反过来又会使受试者关注那些能留下好印象的行为,这样一来表现就提高了。他们也解释了在困难任务中表现会降低的原因:自我注意使受试者不时地中断活动,以评估自己的进步。

在一篇文献综述中,一个有趣的例子告诉我们好印象多么重要。这是关于他人在场如何影响人们吃多吃少的研究综述(Herman et al., 2003)。数据显示,当人们在群体中吃饭时,倾向于比自己一个人时吃得更多,这是一种社会促进形式。另一方面,当有一个要么吃很多要么吃很少的模范存在时,人们会被他的行为影响,吃得很多或很少。不过,当人们认为在场的人在评价他们时,就会吃得比自己一个人时要少。这是印象管理的一个清楚例子。

社会懈怠

尽管研究显示,与自己一个人时相比,当他人在场时,我们倾向于在简单或非常了解的任务上更努力,表现更好。但是必须指出,这类研究往往包含了对受试者努力情况的观察,即使只是被研究者观察。在日常生活中,当没有人能测量人们的努力情况时,我们还能看到这些效应吗?

你遇到过车被困在泥潭或雪坑里,必须把它推出来的情况吗?如果有其他人来帮你,你还会使出同样大的力气吗?如果有一点松懈,那么你表现出来的就是

社会懈怠（social loafing）。当完成一项需要群体共同努力的任务时，个人努力减少的现象就是社会懈怠（Murphy et al.，2003）。一百多年前就有人研究过这一效应了。一个法国农业工程师马克斯·林格尔曼（Max Ringelmann）发现，当大家共同完成一项工作时，个人的生产力会随着群体的扩大而显著下降（Ringelmann，1913）。他要求人们拉一根绳子，同时他会测量每个人的努力情况。他发现，随着越来越多的人加入，个人付出的努力就越来越少。为什么会这样呢？随着更多的人加入，每个人都倾向于依靠他人去付出必要的努力，动力的消失导致参与度的下降（Latané，Williams and Harkins，1979）。更有趣的是，个人往往意识不到自己的努力程度降低了（Karau & Williams，1993）。

社会懈怠也可能发生在认知领域。例如，韦尔登和加格诺（Weldon & Gargano，1988）让受试者完成一项复杂判断任务，发现与独自完成任务的人相比，那些在群体中工作，且个人或群体都不需要为结果负责的人给出的答案更简单。

如果你正在泥潭里推车，你很难知道另一个人是否使出了最大力气。这种认知上的缺乏是很重要的，因为研究表明，只有当他人无法对受试者的产出做出评价时，社会懈怠才会发生（Szymanski & Harkins，1987）。如果人们能判断个人的贡献大小，社会懈怠就不会发生。而且当受试者认为群体的总产出会与另一个群体的总产出进行比较时，这种效应也会减弱（Harkins & Szymanski，1989）。因此，正如社会促进的情况一样，评价在其中起着关键作用（Harkins，1987）。

不过，当与自己喜欢的人一起工作时，人们不那么容易"懈怠"（Karau & Hart，1998）。而且，在某些情况下，还会产生所谓的**克勒动机获得效应**（Köhler motivation gain effect）（Köhler，1926；Kerr & Hart，1998），即群体中能力较弱的成员，与他人一起工作时，会比自己单独从事同样工作时表现得更好。特别是在运动领域，团队的成功依赖的是激发出所有成员的最好水平。当群体的总体表现取决于最弱成员的表现时，最容易发生这一效应。不过，在某些任务中，当群体的表现被规定为所有成员表现的总和时，也能看到这一效应（想想接力赛跑的例子）。这里不仅涉及简单的社会促进；激励的一个关键点在于**个人努力对群体成功的不可或缺性**（indispensability of one's effort）。第二个激励因素是**向上社会比较**（upward social comparison）（Kerr & Hertel，2011），也就是说，与更强的伙伴合作时，个人可能会提高自己的目标。最近的一项研究证明了这一点（Osborn et al.，2012）。受试者进行一场四人接力游泳比赛，而夺冠形势岌岌可危。受试者作为接力小组成员，游得比自己一个人时更快，不过团队表现的提高主要归功于那些"较弱"成员速度的提高，也就是那些单独游泳时用时最长的人。

社会模塑

不管是为了达到某个目标（如学会一种舞步），还是为了适应他人（如在群体中打扮成他人那样），或是为了模仿我们崇拜的人（如孩子模仿父亲刮胡子），当我们观察，然后模仿他人的行为时，另一种形式的社会影响就发生了，有时我们并未意识到这一点。这反映了他人对我们行为的直接影响，尽管有时候这些他人可能没有意识到这种影响。社会模塑对于培养健康的行为方式特别重要，因为榜样对我们选择习惯的生活方式具有强大的影响，这些习惯或积极或消极地影响着我们的健康。

社会学习理论（Social learning theory）（Bandura，1977）为这类社会模塑和**观察学习**（observational learning）现象提供了全面的分析。例如，有些第一次使用滑雪升降机的人可能会观察其他人，看他们如何上下，然后试着复制他们的行为。这个模范不需要是实际生活中的人，我们可以看电影、读书，或是仔细阅读工具书（如《自学高尔夫》），然后尽力模仿。

当然，要想发生模塑，观察者也必须有学习的**动力**。如果你对板球或篮球根本不感兴趣，你不可能有动力去观察学习。其次，观察者必须**注意**模范在做什么，并且用图像或单词**记住**观察到的东西。就像在第二章看到的那样，图式（schemata）能强烈影响注意和记忆，因而之前的图式会影响我们的回忆。所有人都有坐在椅子上的图式，但当我们通过观察他人来学习该如何坐上升降椅时，这种图式会给我们提供帮助还是阻碍呢？再次，为了复制观察到的行为，人们必须要有实现它的生理能力。（例如，如果你的身体不允许，你就不可能复制出芭蕾舞者的劈叉动作）。这种观察学习也让我们知道，某种特定行为会产生什么样的后果。如果你看着某人以某种特定的方式坐上升降椅，然后立即摔了下来，那么你就不可能想去复制这种方式了。

模塑也可能会对已经学会的行为有**抑制**或**解除抑制**的作用（inhibiting or disinhibiting effects）。例如，要是你看见集会上有人朝窗户扔了砖头，你会效仿吗？你知道怎么扔砖头，但发生在第一个人身上的事可能会激发或是抑制你这样做的热情。

班杜拉（Bandura）认为**交叉决定论**（reciprocal determinism）在社会学习中也起着重要作用。也就是说，尽管我们生活和工作的环境一定程度上决定了我们的行为——因为环境会强化特定的行为，但是我们也会"交叉作用"（reciprocate），即我们也在一定程度上决定着环境，因而增加或减少特定行为将被强化的可能性。选择加入自行车社而不是合唱团，就决定了个人的行为将会以什么样的方式被什么样的模范强化，而这种强化会影响他或她的行为。

镜像神经元

现代神经科学提供了一种研究无意识社会影响的有趣新路径。研究表明，虽然我们没有意识到，但我们在与他人互动时，常常自动地模仿他人的某些动作。多项证据（Iacoboni, 2009; Heyes, 2011）显示，这种自动模仿是由**镜像神经元系统**（mirror neuron system）造成的（第九章和第十四章也会讨论）。不仅是我们自己开始一项特殊的活动时，这些神经元会受到刺激，而且当我们看到别人在从事相同的活动时，也会如此。例如，观看某人移动右手食指时，观察者自己的右手食指也会产生更多特殊的肌肉激活现象（Catmur, Walsh & Heyes, 2007; Catmur, Gillmeister et al., 2008）。这种**行为模仿**（behavioural mimicry）意味着存在一种模仿周围人行为的生物准备。但是，关于镜像神经元在人类行为中的作用，存在着重大争议，而且，有些证据表明它们的功能并不是与生俱来的，而是在与他人的交往中得到发展的（Heyes, 2010）。如果事实如此，那么它们不仅是在社会交往中发挥作用，而且也是社会交往的产物。

要点：他人的在场导致唤起，这反过来会影响我们的行为。我们的表现是受到促进还是阻碍，取决于任务的类型，以及在群体中活动时，我们的个人努力能否被确认。只有个人的努力不能被确认时，社会懈怠才会发生。在团队活动中，当处在决定胜负的最后关头，且人们努力与否非常明显时，较弱成员的表现可能得到最大程度的提升。当我们为取得特定目标而去模仿他人的动作时，我们的行为总是被他人的行为所影响。

从众

现在，我们转向**从众**（conformity）行为，也就是说，在群体中人们宁愿忽略自己的判断，也要避免表现得与他人不一样。人们为什么从众？一方面，通常来说，这会使生活更容易；群体一般会用社会认可来奖赏听话的成员，而社会认可会让人产生一种共鸣感。另一方面，违背或无视重要社会规范的个人会遭受令人不快的回应，例如放逐的威胁。

而且，如果群体成员顺从，群体的运行往往更为顺畅。因此，人们甚至猜想，自然选择这样塑造我们的神经器官，就是为了使人们更好地服从。例如，斯大伦等人（Stallen et al., 2012）认为，大脑中的一种特殊化学物——催产素（oxytocin），有可能促进从众行为。在他们的研究中，受试者要么摄入了催产素，要么摄入安慰剂，然后被要求对一些视觉刺激做出评价，在此之前，研究者向他们清楚展示了另外一些受试者早些时候对同样的刺激做出的评价。研究证明，摄入了催产素的受试者对早前的评价表现出了更多的从众，而摄入安慰剂的受试者并没有。不过，这一研究还比较新，我们还需要更多的研究才能真正理解这些发现的重要性。

根据**双处理模型**（dual-processing model），至少存在两种从众的动机（Deutsch & Gerrard, 1955）。第一种处理是信息性影响（informational influence），这种情况下，我们从众是因为群体的行为似乎提供了我们需要的信息。如果我们相信这些信息是准确的，我们有可能改变我们的个人观念，因此，最终我们所相信的和所说或所做的之间将不会存在不一致。第二种处理是**规范性影响**（normative influence），也就是说，即使群体的规范与我们的个人观念相矛盾，我们也还是会依照群体规范行动。

信息性影响

想象你要在一个陌生的城市里打发几个小时。你决定去河边钓鱼。当你独自站在桥上钓鱼时，你发现很多人在岸边钓鱼。他们肯定知道自己在干什么，所以，你也走到岸边来钓鱼。这种情况下，你的从众是以如下假设为依据的，即这些人知道你不知道的信息——哪儿是钓鱼的最好地方。但是，假如所有人都不熟悉这座城市，所有人都要靠他人来获得信息呢？20世纪30年代，穆扎费尔·谢里夫（Muzafer Sherif）尝试回答这个问题。他应用了**似动效应**（autokinetic effect）。这一效应是"二战"中飞行员在深夜一个接着一个，排成一行飞行时被发现的，当时为他们指引方向的是前面那辆飞机尾部的小灯。可是，地面上的指挥官感到疑惑，因为报告里说，飞行员看到这些尾灯疯狂地移动，所以他们以为前面飞机的行驶十分不稳定，这有时会造成不幸的撞机事件。据此，人们发现，当我们在漆黑的背景下观察一个光点时，由于没有参照系，视网膜的不断自行运动使大脑得出结论，是光，而不是我们的眼睛在动。如果光在闪烁，这一效应就消失了，因为我们的视觉系统会根据每一次新的闪烁来重建光与空间的位置，因此，现代的飞机配备的都是闪烁的灯。

现在，想象你在一个完全漆黑的房间里，只有面前不远处有一个极小的光点。尽管光实际上是固定不动的，但看起来却在动，而且对某些人来说，它似乎还穿过了很远的距离。由于这种效应是一种幻觉，人们感知到的是一种实际不存在的运动，这就提供了一种有趣的社会影响场景：当不存在实际的运动时，人们对运动的评估如何受他人评估的影响呢？谢里夫（1936，1937）将几组受试者置于这一场景下，并在每一次实验中，要求每一位受试者对灯光移动的距离做出估计。尽管刚开始，受试者的估计差别很大，但逐渐越来越接近，直至几乎看不到差别。谢里夫将这看作社会从众现象的典型例子，在没有任何直接压力的情况下，个人最终会形成一种共同的行为方式——一种**社会规范**，一旦形成，很少发生变化。换句话说，这种情况下的从众是信息性社会影响的结果，而且行为的变动也会减少。

即使其他社会成员并不实际在场，也可能发生这种从众行为。例如，威纳（Wiener）和卡彭特（Carpenter）二人（1957）先是要求受试者为一些模棱两可的设计选择标签，之后给受试者展示了一些假的数据，说这代表了其他受试者的选择——那些他们没见过也不会见到的人。然后让受试者再次选择，这时受试者选择的标签转向了那些"最受欢迎"的标签。"如果所有人都这么做，那这必然是对的"这种假设有时被称作**从众效应**（bandwagon effect）。在现实生活中，只要看到大多数人都在做同一件事，从众效应就会迅速增强。

我们的社会有时在很多方面都可能是模棱两可的。错误可能令人不适，而与别人不一样常常被认为是错误。在模棱两可的情形下，我们经常依靠大多数人对信息的集体判断来决定什么是合适的，这导致的结果是，从众得到强化。

规范性影响

当人们缺少信息时，遵从群体规范显然对自己有利，但从众的发生有时仅仅是因为人们不想要从群体中凸显出来。同侪压力的影响有时是很大的，特别是对于孩子，只有极少数的成年人可以完全逃脱。害怕被一个重要的群体排斥，这种恐惧足以将个人行为拉回群体规范的界限内。不过，即使没有对被排斥的恐惧，大部分人在独自一人脱离群体规范时，都会感到不适。

所罗门·阿施（Solomon Asch）研究了当个人脱离群体时，会发生什么。他使用研究者自己组合出来的陌生人群体，这样一来，害怕被排斥的因素就被排除在外，但他认为，随着逐渐长大，我们认识到，如果我们的行为或观念与群体中的其他成员有分歧，我们会慢慢感到不舒服，而且这往往也是不明智的。

其中一个实验（Asch，1951）解释了个体单独脱离群体时会发生什么。这项研究使用的是一个真实的受试者和若干实验者的同伙。他们的任务是选出三条对比线中与标准线长度一致的那一条（例如图 6.4）。这是一项简单任务，当控制组中的受试者独自做出个人判断时，几乎没有出错的。

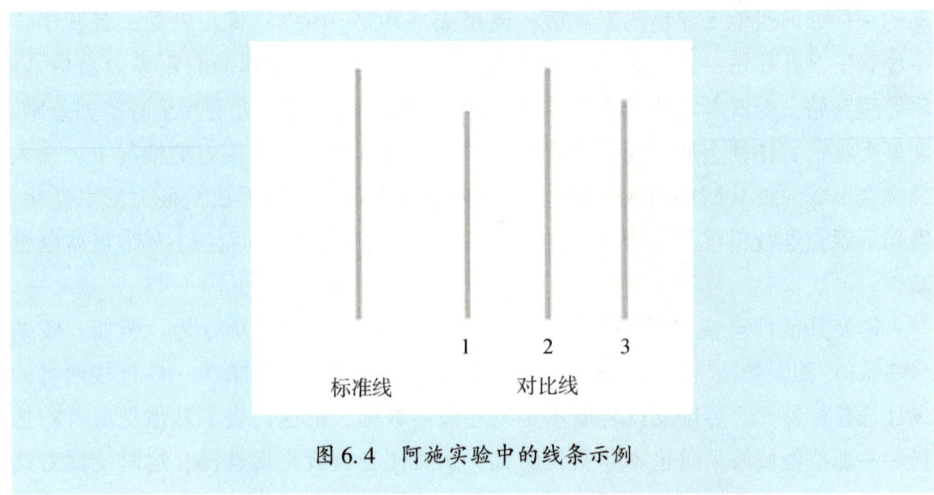

图 6.4　阿施实验中的线条示例

然而，在实验组，只有一位真正的受试者，他被置于一群实验者的同伙中，这些人在 18 次试验中都答错了 12 次，且错误的答案都相同。想象一下如果你是受试者，看着图 6.4，尽管知道第二条线是正确答案，而且第三条线明显比标准线短，但在你之前的所有人都选择了第三条线，这时你会怎么做呢？（这与那些看见皇帝穿着"新衣"，却光着身子的人所面临的处境相似）你会相信你的眼睛呢，还是会依靠他人的判断？或者，你相信自己的判断，但为了不要从群体中凸显出来，你会给出错误答案吗？（当然，你可能会怀疑是不是自己误解了什么，是不是他们知道什么你不知道的东西。）事实上，76% 的受试者至少有一次会追随错误的群体选择。

克拉奇菲尔德（Crutchfield, 1995）扩展了阿施的研究，他设计了一个不需要实验者同伙的实验。每个受试者都独自在一个电话亭中完成任务，在他对面放置着一个亮灯的控制面板，假装向他传达其他受试者的答案。这使得实验者可以呈现出任何想要的"其他受试者的答案"。克拉奇菲尔德可以通过多种刺激再现阿施的工作。例如，79% 的受试者都同意错误的"群体判断"，认为两个（实际相同的）圆圈中有一个更大。

在这些研究中，并不是所有人都会向群体影响屈服，而且只有少数受试者完全屈服，而另一些人则完全抗拒。但是，很显然这种效应是十分强大的，很少有人能保持完全的独立。这里很有必要回顾一下第五章所讲的，上述实验中所观察到的那类行为改变并不必然表示回答者在给出错误答案时相信他们所说的。既然如此，指出这样一点是很有意义的，即当阿施让他的受试者写下自己的答案，而不是说出来时——因而给了他们一些匿名性，从众的答案数量急剧减少。

在假设这些结论可以应用于任何人任何地方之前，我们还必须仔细地考察一下文化和历史因素。阿施的研究是在20世纪50年代的美国进行的，当时的政治和社会环境公开鼓励从众。（想想参议员麦卡锡掀起反共产主义运动，导致左翼政治家和公众人物被拉入黑名单的例子。政治观点的分歧是很危险的。）到了20世纪70年代，政治环境变了，60年代的美国产生了一种表达政治异议的强烈意愿。当拉森（Larsen，1974）在美国重复阿施的研究时，从众的比例大约只有阿施当时所报告的一半。在对1952年至1994年间开展的阿施式研究进行了元分析后，有研究者得出了相似的结论，随着时间的推移，美国人的从众水平稳步下降（Bond & Smith，1996）。

其他国家的人会如何应对这种从众压力呢？当佩林和斯潘塞（Perrin & Spencer，1981）将英国学生置于阿施类型的情境中时，几乎没有发现从众现象。两个国家的受试者对他们的从众和不从众给出了不同的解释：当阿施问美国受试者为什么要随大流时，他们回答说不想"引人注目"，或者让别人觉得自己不正常。另一方面，英国学生报告说他们**不**想随大流，因为他们认为屈服于错误的大多数会让他们看起来"软弱、荒谬和愚蠢"。当然我们也应该记住研究总在不同的时代进行，因此差异不仅体现在文化上，也体现在时代上。

有证据表明，集体主义文化中的人们比个人主义文化中的人们更容易从众，这可能是因为集体主义文化中的人更重视人际关系的和谐，而从众可以部分地促进和谐。可参看上文所说的从众元分析，它分析了17个国家中使用阿施式判断任务进行的从众研究（Bond & Smith，1996）。

专栏6.1 从众压力与公共利益

当人人都行动一致时，我们就无法从他的行动中判断出每个人对于自己的行为持何种态度。但是，如果有人故意从人群中站出来，不管是通过语言还是肢体动作，我们倾向于认为这些行动更代表了此人的真实想法。这一观点是越轨调节理论（deviance regulation theory）的基础（Blanton & Christie），它指出人们在管理自己的行为时，更多考虑的是偏离规范可能带来的消极社会后果，而不是遵守规范可能带来的积极社会后果。因此，从这一观点出发，尽管以积极的方式从人群中脱颖而出可能会受欢迎，例如成为穿得最时髦的人或是最好的运动员，但人们更在意的可能是尽量避免被群体讨厌。

如果想要影响他人，记住下面这点，会对你有好处。想想这样一个例子（Goldstein & Cialdini，2007）：假设你负责设计一个海报，鼓励学生们在咳嗽时捂住自己的嘴，你会选择什么样的信息呢？这取决于规范是什么。如果大多数人确实会捂住嘴，这是规范，那么根据偏离调节理论，这个信息应该强调偏离规范的那些人的消极特征，如不负责任。由于大多数人都不愿被认为是不负责任的，因此这会促使他们更好地遵守规范。另一方面，如果大多数人在咳嗽时还没有捂住嘴，这是规范，那么这个信息需要强调偏离规范的人的积极特征来鼓励人们**偏离**规范，例如将他们描绘成善于为他人着想的。

布兰顿等人（Blanton et al., 2001）验证了这一观点。两周前，大学生们接受了调查，要求他们估计一下校园中使用避孕套的普及度，现在，要他们读一些实验者们以其他大学生的口吻设计出来的说法：要么将使用避孕套的人描述成明智且成熟的，要么将不用的人描述成不明智、不成熟的。结果表明，认为使用避孕套是校园规范的人越多，他们就越会被那些针对不用避孕套的人的消极描述所影响，相反，认为使用避孕套是规范的人越少，他们就越会被那些针对使用避孕套的人的积极描述所影响。

如你所见，从众行为并不总是坏事，它常可以用来为更大的社会公益服务。

尽管群体一般来说是不鼓励偏离群体规范的，但相对于群体中地位低的成员，地位高的成员常常会有更多的余地。这是因为相比他人，地位高的成员对群体效益做出了更多的贡献，已经赢得了**特殊信任**（idiosyncrasy credit）（Hollander, 1985；Homans, 1974）。每一次这样的**有益**行为，都会收获特殊信任，使得地位高的成员，比如，可以穿不符合群体着装要求的衣服。当然，没有人真的"颁发"这种信任；只是这些隐含的信任意味着个人被允许更多地偏离群体规范而不会引起消极反应。不过，一旦如此使用了这种信任，要想继续偏离，就必须赢得更多的信任。当然，放逐是对偏离行为的最后威胁。记住，只有关乎群体的福利和效益时，群体才会允许成员触碰底线。一个幕后电视制作团队很可能会容忍着装的不同，但一个摩托车队很可能不会。

群体规模的作用

当群体变大时，影响会增强吗？拉塔内（Latané, 1981）的**社会作用理论**（social impact theory）认为，有三种因素决定人们是否会被他人的社会影响所干扰。第一，影响的**强度**或重要性。很容易想象，如果你作为唯一的成年人，置身于一群12岁的孩子中间，当他们听到一声巨响，全部冲出房间时，你可能不会跟随他们，但如果他们都是成年人，情况就不一样了。第二，影响的**即时性**。也就是说，如果造成影响的群体近在咫尺，而不是相距甚远，影响会更大。如果你看见一个街区外的人们穿过人行道往街上跑，你可能无动于衷，但如果他们就在你旁边，你可能也会跟着跑起来。第三，这一点与群体大小有关，群体中的人**数量**越多，群体的影响就会越大。

强度或即时性的作用似乎是不证自明的，那么群体大小的作用呢？很多研究考察了这一问题。在与他的基础理论主题相关的很多变量中，阿施（1951）验证了增加群体规模是否会导致更多的从众。当受试者只有一个实验者同伙时，从众比率为3%，当有两个时，从众比率上升至13%，而有三个时，达到最高值32%。群体规模再变大时，不会产生额外影响。不过，另外一些研究者指出，影响最大的同伙数量实际上是4到6人之间。维尔德（Wilder, 1977）认为，群体大小的作用之所以在超出某个特定的数量之后会受到限制，可能是因为，尽管群体成员都是单独的个体，但随着群体规模的增大，受试者不再将他们看作不同的个人。也就是说，当所有成员都做出相同的判断时，受试者很可能认为他们只有一个观点。她做了一个实验，同样数量的两群人，第一群人的判断可以分为两派，第二群人的判断一致，她证明，第一群人的判断对受试者的影响会更大。

坎贝尔和费尔利（Campbell & Fairly, 1989）却认为，群体大小的作用取决于当时的情境启动的是**规范性**机制还是**信息性**机制。人们想要确定自己的判断是否正确时，常常依赖相同情境下从他人那里获取的信息。第一个信息源可能作用最大，每增加一个来源，其作用越小，因为这些信息很可能是多余的。但是，当人们处在如下情境时，即当个人服从群体判断是为了避免与多数人意见不一致可能招致的社会惩罚时，多数人的数量越大，导致的从众现象就越多。

从众与性别

几十年来，社会心理学家认为女性相比于男性，对社会影响和压力更敏感。这种特征与对女性的刻板印象一致——温顺、服从、更感性而非理性。人们想当然地认为这是事实，而且早期研究也支持这一结论。但是，对文献的仔细回顾和后来的研究打破了这一神话（Eagly, 1978 & Wood, 1985）。

大多数的说服研究，并没有显示出性别差异。在这类研究中，受试者会看到一个反证，然后被要求在问卷调查中表明自己的态度（见第五章）。然而，已发表的研究中有三分之一显示，女性更容易向群体压力屈服。让我们思考一下这是为什么。原因之一可能是实际研究中的偏见。一般来说，问题都是要找出"正确答案"——线的长度，几何形状或地理、政治、科学方面的信息。有人指出，在进行这些研究的那个时代，男性可能对这些话题更熟悉，因此，更容易抵抗从众的社会压力。

西斯特朗克和麦克戴维（Sistrunk & McDavid, 1971）的研究开始纠正这一偏见。受试者组成的小组先判断给出的问题是"典型男性化的"（运动汽车，数学，政治），"典型女性化的"（化妆品，厨艺，缝纫）还是中性的。然后调查问卷表被分成男性主题和女性主题。为了引入从众压力,在每一个问题旁边,都会提示受试者大多数学生一般是如何回答的。结果显示,女性在"男性化"项目上更从众,而男性在"女性化"项目上更从众。总的来说,男性和女性在从众水平上并无差别。

有证据显示,当实验由男性主持时,女性会显得更从众(Eagly & Carli, 1981)。并非所有的男性社会心理学家都是男性沙文主义者,故意从一开始就想证实关于女性的刻板印象。不过,他们可能无意识地设计出了一些让男性更舒服的从众环境。另一方面,女性社会心理学家,由于很清楚女性更顺从的这种刻板印象,可能设计出一些让女性感觉更舒服、更自信的实验。无论如何,这种矛盾显示出社会心理学的研究对细微的影响很敏感。

也有人认为,女性和男性在如何回应社会压力和影响这一问题上经历了不同的社会化过程。例如,很多传统性别角色认同测验将"女性气质"与乐善、温暖和擅长表达等品质联系在一起,而将"男性气质"与统治、征服和任务解决能力等联系在一起。不过,我们也可以从积极的角度来看待被贴上消极标签的"服从"和"被动",例如它能增强相互依存而非相互独立(Greenglass, 1982),能反映出女性对维护社会和谐和激励群体内积极情绪的信念(Eagly & Wood, 1985)。这样一来,表达赞同会成为对他人表示关心和支持的一种方式,很多情况下这比给出正确答案更重要。另一个线索是,男性抵制从众,只是因为有别人在看,要展现出一种桀骜不驯的形象。如果没有监控,女性和男性在从众上并没有差异(Eagly, Wood & Fishbaugh, 1981)。

简而言之,我们不能笼统地说女性比男性更易受影响。在实验室中测量到的作用是很小的、不一致的,且局限在特定环境下。这似乎也与另一个因素有关:女性的地位通常比男性的地位低。实际上,有证据表明,由于地位低,人们期望女性更顺从,但是当女性地位很高时,这种期望就消失了(Eagly & Wood, 1982; Conway, Pizzamiglio & Mount, 1996)。刻板印象可能形成自我实现预言,女性可能因为这些期望而从众。随着刻板印象的改变,以及更好的工作机会的出现,即使这种小的差别也会消失。当然,不要忘记文化的作用,性别角色、期望和刻板形象在不同地区显示出巨大差别,而以上所讨论的研究大多都是在北美进行的。

要点:人们有时候从众是因为缺少信息,有时候是因为不想承担被重要群体排斥的风险。在实验室环境中,从众行为不会随着群体规模的扩大而持续增加。在小群体中,当人数达到3至6人之间的某个数目时,从众的程度最高。性别本身对从众并没有显著影响。

直接影响

在上述的实验群体中,对不从众的个人并没有实际的惩罚。相反,真实生活中的群体可能不会这么友善。沙克特(Schachter,1951)开始研究更符合生活实际的群体。在一项研究中,几组男性大学生(每组8至10人),被要求讨论约翰尼·罗科(Johnny Rocco)案件——此人显然是个屡教不改的罪犯。在读了他的作案史之后,每组成员需要说出自己认为应该如何处置约翰尼。观点的表达采用从特别仁慈到特别严厉的5分制。在小组讨论之后,每一个受试者要再次公开说出自己的观点。不过,小组里有3名成员是沙克特安排的实验者同伙,他们在讨论前和讨论过程中按要求以特定的方式行动。其中一人是"越轨者",他从一开始就反对大多数人的观点,而且一直坚持到讨论结束。另一个人是"摇摆者",他起初表现为越轨者,但随着讨论的进行逐渐改变自己的观点,偏向大多数人。第三个人,"主流代表",他从始至终表达的都是大多数人的观点。真正的受试者的最初观点基本上总是比较宽和的(即5分制里给出1分,2分或3分),因此实验者同伙事先有充分理由确定他们应该支持或反对何种立场。

沙克特观察了两个重要过程:一是每一类实验者同伙获得的交流时间的长短;二是讨论结束后,人们是如何对待每个实验者同伙的。图6.5阐释了交流的导向。注意,"主流代表"得到的交流很少,这表示人们认为去说服已经站在自己这边的人是没有价值的。在讨论的早期阶段,群体对摇摆者和越轨者给予了几乎等量的关注,但随着摇摆者的观点逐渐清晰地转向大多数人,群体对摇摆者的关注便减

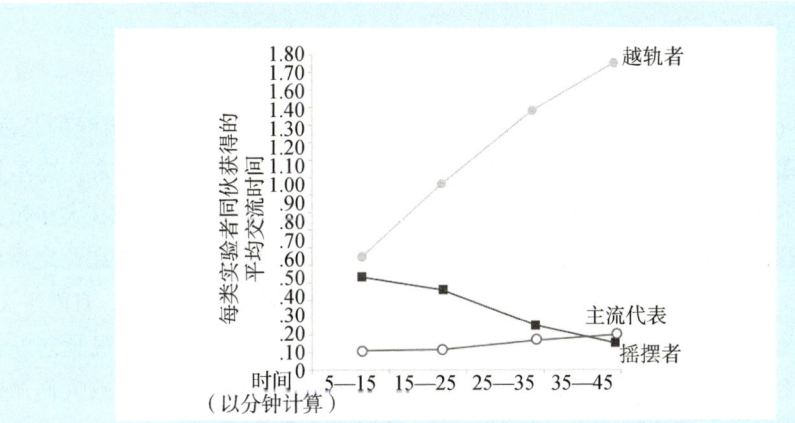

图6.5 受试者与"越轨者"、"主流代表"和"摇摆者"的交流情况
资料来源:基于(Schachter,1961)的数据制作

少,并花更多精力试图去说服始终坚持己见的越轨者。

在讨论结束的时候,沙克特做了两个人际吸引测量。第一个测量需要受试者为每位成员在行政、指导和通讯三个委员会中选择一个加入。无一例外的是,人们为越轨者选择了最没有吸引力(且是最无关紧要)的工作——通讯。第二个测量要求受试者根据想要与之合作的程度为其他人排序评分。这一指令强调的是同质性和相容性。毫不意外的是,相对于主流代表和摇摆者,越轨者被评为最不愿与之合作的成员。而且,摇摆者的例子告诉我们,只要个人最终接受了群体的规范,群体就不会因为他一开始表现得不同而惩罚他。

沙克特的研究中还有一点值得注意。那些最后对越轨者表现出最多排斥(给他最低的评分)的人,一开始随着讨论的进行与越轨者的沟通是逐渐增多的,但当意识到越轨者无论如何不会改变观点后,这种沟通便急剧下降。这些人不仅开始厌讨越轨者,而且最后选择无视他。这种放逐——或英国人所说的被"送到考文垂"——在工业方面被广泛记载。工人群体会给伙伴施压,使他们遵守产量规则。产量过多的"速率克星"或产量过低的"凿工"不仅会承受言语上的压力(或侮辱),还会遭受身体上的侵扰。

显然,当一个越轨者不容易。考虑到多数人所施加的压力和惩罚,难怪大部分人直接选择从众。然而,偏离者也不是完全没有影响,因为在某些环境下,少数人实际上可以对多数人产生重要作用。

要点:偏离群体的人很可能要承担回归群体的压力,而且坚持偏离可能会被群体排斥。

坚定的少数

阿施(1951)发现,只要有另一个人(实验者同伙)正确判断出线的长度,就足以显著减少——有时甚至是整体剔除——错误的从众回答。后来,莫里斯(Morris)和米勒(Miller, 1975)证实了这一观察,他们还表示,如果在大多数人说出错误答案之前出现一个支持者(即一个做出正确判断的人)会比在此之后出现这样的支持者更加有效地减少从众。而且,支持的质量并不是关键,有胜于无。例如,艾伦(Allen)和莱文(Levine)(1971)要求受试者完成一项视觉判断任务。他们给其中一些受试者配备了一名戴眼镜的支持者,眼镜太厚以致人们严重怀疑他能否看清。而给另一些受试者配备的是视力正常的支持者。当没有支持者时,受试者的从众比率是97%,当加入一个"有能力的"支持者,从众比率降到只有36%,但即使支持者"没有能力"——换句话说,他显然看不清楚——从众比率还是降到了64%。所以，不管我们是否相信支持者的观点，支持本身足以减少从众。或许，这是因为当存在支持者时，拒绝从众的受试者就不再是一个人对抗群体了。

莫斯科维奇和同事（Moscovici et al.，1985；Papastamou，1983）考察了坚定的少数如何能影响大多数。在其中一个实验中，由6位女性组成的群体——其中2人是实验者同伙——被要求观看幻灯片并报告她们所看到的颜色。实际上所有的幻灯片都是蓝色的，只是强度不同，但两个实验者同伙坚持说她们看到的是绿色。结果，莫斯科维奇发现，大约8%的受试者回答"绿色"，而32%的受试者至少说了一次"绿色"。而在一个没有实验者同伙的控制组里，几乎没有"绿色"的回答。接下来，当实验者给受试者每人16个盘子——盘子的颜色在确定的蓝色和确定的绿色之间变化，并被要求独立地为每个盘子标上绿色或蓝色时，少数人的影响变得更加惊人了。之前在实验组的受试者比之前在控制组的受试者更容易给盘子标上绿色。在群体环境下没有说"绿色"的受试者此时甚至也开始说"绿色"了。看来，少数人已经影响了所有受试者，即使其中有些人之前不愿意在群体讨论中公开表露出来。

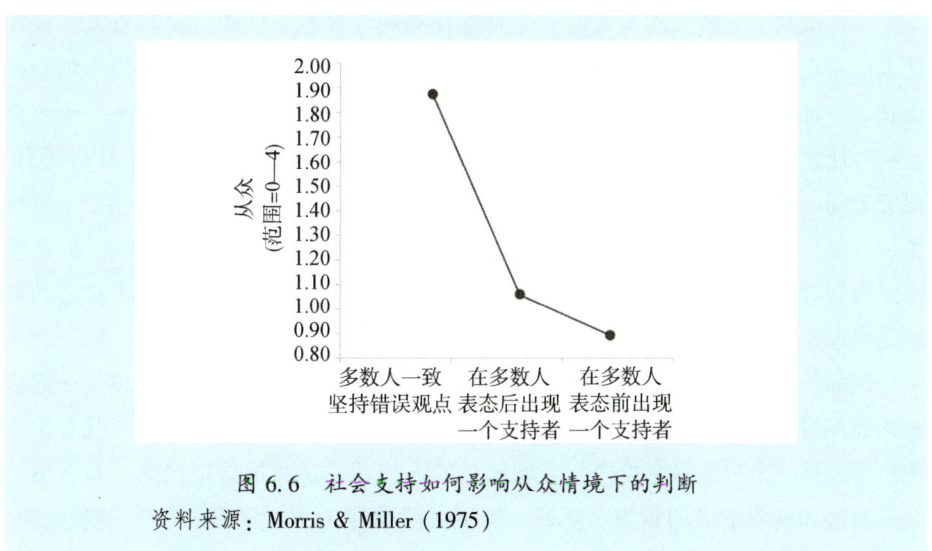

图6.6　社会支持如何影响从众情境下的判断
资料来源：Morris & Miller (1975)

莫斯科维奇团队的另一个实验表明，少数人保持观点始终如一很重要。当同伙被训练以一种更善变、更前后不一的方式进行回答时，上述效应几乎完全消失了。始终如一的少数被认为是勇敢的，因此会得到更多的尊重，而且可能会增强其影响力。此外，始终如一暗示着信心，而信心给人一种印象——这些少数的观点中确实有值得考虑的东西（Nemeth & Chiles，1988）。不过，帕帕斯塔木（Papastamou）和穆尼（Mugny，1985）表示，当少数人的始终如一是灵活的而非死板的时候，才最有效。也就是说，这种始终如一不应该极端化。尽管在重要的观点上始终如一，但这些少数人应该在不那么重要的问题上温和处理或允许协商。

总之，研究表明，多数人压力的结果往往局限于行为层面，而少数人影响却可以真正地改变态度（Maass & Clarke，1984；Moscovici，1980；Personnaz & Personnaz，1994）。少数人的观点能激发更加深刻的分析，而多数人的观点带来的是相对比较肤浅的思考。尽管少数人的立场总是很快被拒绝，但如果始终如一、充满信心地予以表达，就能使他人开始考虑很多可供选择的、独一无二的观点。这种发散性思维有助于形成更理性、更复杂和更稳定的决策（Nemeth，C.J.，1986；Nemeth & Kwan，1987；Martin & Hewstone，1999）。

要点：坚持不懈但又灵活变通的少数人能影响多数人，而且如果这种影响真的成为现实，它不仅会改变行为，也会改变态度。

为从众辩护

当你服从大多数人的观点时，会发生什么呢？日常生活中，我们总是要权衡他人的观点并决定是要接受还是要拒绝。之后我们如何解释自己的决定，则意味深长。一种可能是，直接承认自己向他人的观点屈服了。另一种可能是，说服自己——使之合理化——从众是因为事实就是如此，而不是因为感受到了社会压力。研究表明（例如，Griffin & Buehler，1993；Buehler & Griffin，1994），大多数人选择了后一种，改写历史来为自己的顺从辩护。这个过程是自动的、即时的。而那些承受着多数人压力还继续坚持异见的人也会经历同样的认知过程，认为自己的判断是以事实为依据的。

例如，在一项研究中（Buehler & Griffin，1994），人们给受试者提供了一起事故的新闻报道、证人证词和警察说明。在这起事故中，一个黑人青年驾驶着偷来的汽车，被一个白人警官枪杀，与他同行的人被捕。这些报告中包括了对警察的错误行为和种族主义的指责。然后，受试者要回答十个"解释性的"测量问题，也就是说，从这一测量可以看出他们如何解释——受害人或警察是否要为发生的事情负责。比如，其中一个问题是："根据你对当时情况的印象，说汽车直接冲向两位警官是什么意思？"备选答案有"本可能撞到两位警官"（暗示是受害人的责任）和"方向大概相同"（暗示警察的责任）。受试者重新阅读了报告，并被问到："你同意吗？警官对受害人的死亡至少应付75%的责任。"接着，从众操控来了，受试者被分成四人一组，在等待回答的间歇，每个人都"不经意地"获悉同组的另外三人都认为警察应付75%的责任。现在,受试者必须做出选择,同意还是不同意多数人的观点。决定做出后,他们需要继续完成解释性测量。这为研究者提供了两个信息:受试者是否同意多数人的一致观点,以及他对事故的解释在决定前和决定后是否会发生变化。结果见图6.7。毫不意外,与那些不同意的人相比,那些同意"群体标准"从而认为警察要付75%责任的人开始对警察持有更多的消极看法。但是,不论哪种情况,受试者对受害人和警察作用的解释都越来越极端,越来越倾向于去支持自己之前做出的决定——服从多数或坚持己见。

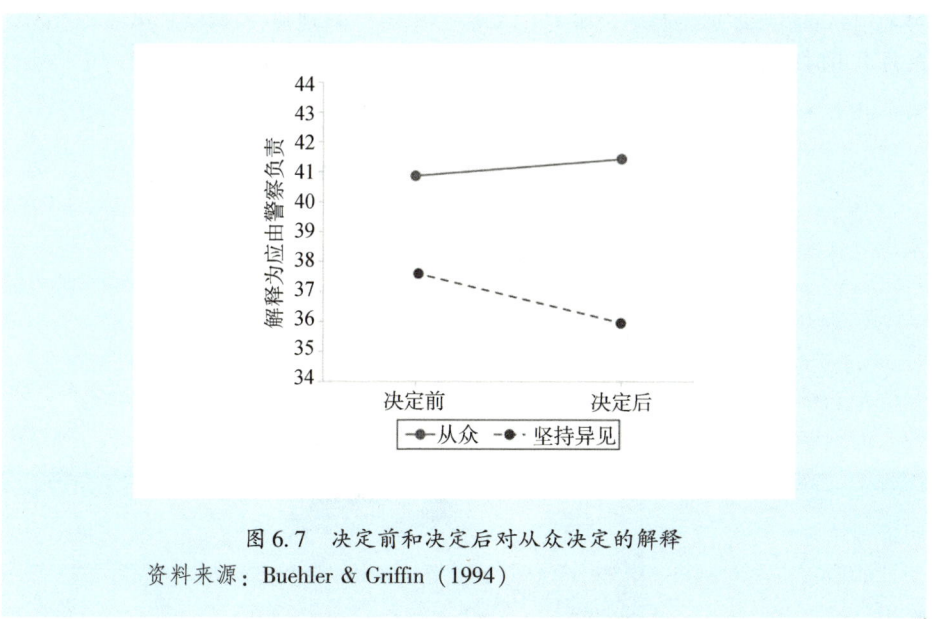

图6.7 决定前和决定后对从众决定的解释
资料来源:Buehler & Griffin (1994)

比勒(Buehler)和格里芬(Griffin, 1994)得出结论,"如果必须二者择其一,要么承认自己只是随意地服从群体标准,要么证明对这一标准的赞同是由事实决定的,那么几乎所有人都会开始忙于重建事实"。

要点:当个人服从群体时,很可能会为自己的决定辩护,将其合理化,认为它是有理有据的。

打破常规与创新

当然,如果每个人总是服从群体的规范,那么生活中永远不会有什么变化。创新才是文明进步的动力,创新不仅仅是以新的方式行事。因此,我们有理由怀疑莱特兄弟是否真的称得上创新者,因为他们只是改进了已有的知识和技术。另一方面，亨利·福特（Henry Ford）对现代工业的贡献——流水线，却完全变革了机械制造过程。这种打破束手束脚的从众心理的能力至关重要。创新者不仅要能抵抗规范的压力，还必须愿意承受失败的风险，承受可能来自公众的嘲笑或轻蔑。回想一下达尔文是如何面对教会和市民的诋毁的（而且他直至今天也依然在某些地区备受轻视），而伽利略又是如何被迫公开放弃自己当时看来离经叛道的观点的——地球不是太阳系的中心。如果一种创新远远超出现存的规范和期望，是不可能被接受的。例如，20世纪70年代，啤酒商在市场上推销"减肥啤酒"，就是犯了相似的错误。根本就卖不出去。过了一些年，当它们改名换姓，以"轻啤酒"重新上市时，却获得大卖，因为那时公众对健康的重视程度已大大增加。

图6.8 想想你生活中发生的那些技术进步：你和你认识的人是在哪个阶段知道并接受它们的？
资料来源：Canadapanda/Shutterstock.com

我们在第十二章将会更详细地讨论群体决策，那时我们会遇到一种特殊的群体技巧——**头脑风暴**（brainstorming），它作为一种催生新观念的方式，已得到大力倡导。在这种群体环境下，受试者必须破除藩篱，提出任何想要提出的想法。一切观点，不论多奇怪，都会受到欢迎。然而，不管头脑风暴倡导者们怎么说，个人独自工作时实际上比置身群体中时会产生更多想法，而且是更多有创意的想法（正如评委评分的结果所表明的）（McGrath，1984）。那么，为什么依然存在着群体创造力这样的幻觉呢？群体成员之所以常常认为头脑风暴有效，是因为他们高估了自己在群体讨论期间所迸发出的想法数量，而且他们也很难将自己的想法与他人的区别开来，于是以为自己在群体环境下，与实际情况相比，产生了更多的想法（Stroebe, Diehl & Abakoumkin, 1992; Paulus et al., 1993）。

罗杰斯（E. M. Rogers, 1962/2003）的书《创新的扩散》问世之后，出现了很多关于新观念和新产品怎么在社会中扩散的研究。在市场营销领域，这本书即使在今天也依然是理解创新如何被接受和传播的奠基之作。他的创新接受分布曲线告诉我们，创新者（发明家、设计师等）大约占总人口的2.5%，而那些很快采用新想法或尝试新产品的早期接受者，又占了13.5%。这些人会影响其他人，先是早到的大部分，接着是后来的大部分，最后加入的是反应比较迟缓的那部分。这一过程对营销商，尤其是那些经营创新性产品的营销商非常重要，以至于他们常在一开始就有意将目标锁定在那些他们所认为的早期接受者身上。当然，广告也起着十分重要的作用，很多人一开始就直接被媒体影响了，只有当被推广的活动或产品需要耗费他们大量时间、资源，存在很大风险时，他们才会去咨询其他人。

早期接受者是风险承担者，因为新想法可能无法实现，而新产品可能令人失望。激励他们的是成为第一个"吃螃蟹"的人的那种自豪和由此带来的地位，以及对新奇产品或想法的好奇心。例如，有学者（Chau & Hui, 1998）研究了Windows 98操作系统的早期接受者，并发现这些人在自己圈子里是电脑方面的意见领袖，但同时也是喜欢追求新奇的人，他们寻求新的进步，并且长期用电脑工作。

要点：创新者需要超越现存的规范，但如果走得太远，他们的创新可能不会被接受。尽管头脑风暴可能有助于找到解决问题的新方法，但个人在独自工作时一般会比在群体中产生更多更好的想法。创新总是先被一小部分早期接受者所采纳，然后这些人会作为意见领袖，影响其他人，让他们也加入进来。

有意识的影响

显然，人们在生活中不仅作为群体成员活动，也常常独自一人。当我们一个人的时候，有人会想要影响我们的行为，比如让我们买某些产品，为某个政客投票，为某项特殊的慈善活动捐款。有些技巧十分老练，经过精心设计，能成功地说服人，却又不被发现。下面我们探讨其中的五种方法。

得寸进尺技巧

得寸进尺技巧（foot-in-the-door technique）是基于这样的观念，即如果你能让某人同意一个小的请求，你就已经把一只脚踏进他家门了，这个人之后就很可能会同意一个更大的请求。这也就是说，如果你想让人帮你做什么事，但不确定他是否愿意，那么你应该首先提出一个他一定会答应的请求。在此思路下，弗里德曼（Freedman）和弗雷泽（Fraser）（1966）研究了家庭主妇（用今天流行的说法是顾家的那位）是否愿意让一个五六人的调查组进到家里并登记所有的家用产品。显然，这是一个比较大的请求。不过，一半的受试者事先与研究者没有接触（接触一次条件），另一半则被用了得寸进尺技巧——九天前她们接到电话，希望她们满足一个小小的请求，回答几个最喜欢的肥皂品牌的问题。在这些接到电话的人中，只有一半的人真的被问了肥皂品牌的问题（实践条件），而其他人只是同意了但并没有真的被问问题（同意条件）。这使得研究者能确定是否只要同意第一个请求就足够了，还是必须将行为付诸实践（也就是说，真的回答那些问题）。进一步的控制排除了初始接触的外在效果（也就是说，是否只是提前被联系过这本身就足以使人们更愿意接受大的请求呢?），在第四种条件（熟悉条件）下的受试者被联系了，并被告知了调查的本质，但既没有被问问题，也没有让他们同意产品登记。研究结果见表6.1。显而易见，同意并实践第一个请求会大大提升接受更大请求的可能性（52.8%）。只是同意会提升一点点效果（33.3%），但最有效的刺激是让人们真正地将小请求付诸实践。

表6.1 受试者同意较大请求的百分比

条件	同意的百分比
付诸实践	52.8
只是同意	33.3
提前熟悉	27.8
接触一次	22.2

资料来源：Freedman & Fraser, 1966

在第二个实验中，弗里德曼和弗雷泽（1966）考察了是否提出第二个更大请求的必须与提出第一个较小请求的是同一个人，而且请求也必须在本质上是相似的（在上一个实验中，两个请求都与产品品牌有关）。方法是一样的，但小请求变了，要么是要求受试者在自家的草坪上竖起一个小标志（提倡安全驾驶或保持加州美丽），要么是签一份请愿书（内容与小标志上的一样）。至于第二个请求则都是相同的，即在自家草坪上放置一个大的"安全驾驶"标志。而提出第一个请求和第二个请求的人总是不同。这项实验的结果之一可见表6.2。进行比较的基准线是一个联系组；在这种情况下，只有 16.7% 的人同意大请求。显然，其他做法都会提升结果，但最显著的提升出现在议题（安全驾驶）与任务（竖一个标志）都与大请求相似的情况下。

表6.2 受试者同意较大请求的百分比

议题	任务	
	相似（都是在草坪上竖标志）	不同（第一个是签请愿书；第二个是在草坪上竖标志）
相似（都与安全驾驶有关）	76.0%	47.8%
不同（第一个请求与保护加州环境有关；第二个请求与安全驾驶有关）	47.6%	47.4%

资料来源：Freedman & Fraser, 1966

有证据显示，提出第二个请求的时机也很重要。沙特朗（Chartrand），平克特（Pinckert）和伯格（Burger）（1999）向已经同意小请求的受试者提出了大请求，一种情况是立即提出，另一种是两天后提出，而且或是由相同的人提出，或是由不同的人提出。与控制组的人相比，**除了**由相同的人立即提出更大的请求这一种情况以外，其他情况下受试者都更可能同意大请求。在这种情况下，受试者同意大请求的可能性比控制条件下还低，可能是因为这种情况下个人感到自己被操控了。基兰多拉（Girandola）（2002）在研究人们是否愿意成为可能的器官捐献者时，也获得了相似的结果。正如研究者在结论中所说，这意味着如果时机不对，得寸进尺可能会导致事与愿违。

为什么同意一个小请求之后，人们更容易同意一个更大的呢？有人提出，小请求会改变受试者的"自我认知"。一旦同意，他们会认为自己是乐于合作和助人的，为了维持这一形象，他们就会同意第二个请求。这反映了一种一致性偏好，而且与这种解释思路一致，其他研究者发现有着强烈一致性偏好的个人——也就是说，当他们的行为不一致时，会感到严重的认知失调——更有可能同意第二个请求（Cialdini, Trost & Newsom, 1995; Guadagno et al., 2001）。

以退为进技巧

以退为进技巧（door-in-the-face technique）是得寸进尺的改编版，我们很多人都在各种场合有意无意地用过。在这种情况下，提出的第一个请求通常非常过分，人们肯定不会答应。而第二个请求则小了很多，而且更合理。恰尔迪尼（Cialdini）等人（1975）已经证明这种策略能有效促使人们同意第二个请求。例如，他们在大街上搭讪大学生，并问他们是否愿意在两年时间内每周抽出两个小时做免费的课程顾问。所有人都表示拒绝。在被拒后，研究者请求学生陪一组少年犯去动物园。这时，50%的学生愿意帮忙，而在另一组没有接到第一个请求的学生当中，只有16.7%的人愿意帮忙。

为什么这种方法有效呢？有两种解释。一种基于**互惠让步**（reciprocal concessions）的观念。当一方将较高的请求降低成了较低的请求，另一方觉得有义务也做出相应的让步。另一种解释与**自我展示**（self-presentation）有关。大多数人都更愿意向人展示出一种积极的形象。通过同意第二个请求，学生们证明自己虽然拒绝了第一个请求，但并非真的如对方原本可能想象的那样不好。与此相关，彭德尔顿（Pendleton）和巴斯东（Baston）（1979）发现，如果人们后来拒绝了比较温和的请求，那么相对于拒绝一个任何有理性的人都会拒绝的极端过分的请求，人们会认为自己在他人眼里将会是"更不乐于助人，更不友善和更不愿关心人的"。

低价法

为了增大销量，并尽可能地提高售价，汽车和其他商品销售人员经常会使用**低价法**（low-ball technique），有时也被称为诱饵法（lure procedure）（Guéguen, Joule & Marchand, 2013）。低价引诱包含"糖衣和炮弹"，它依据的假设是，一旦个人同意进行某种行动，他就会将之付诸实践，尽管这一行动随后可能要付出更大的代价。恰尔迪尼等人（1978）让学生们在早上7点参加一项实验。低价引诱条件下的受试者首先被问到是否愿意参加实验，如果他们同意，那么会被告知实验将在早上7点进行。而控制条件下，实验者会先告知实验将在7点开始，然后再问人们是否同意。研究者测量了两项数据——每种条件下愿意参加的人数百分比，以及在约定时间实际到场的人数百分比。研究结果见表6.3，与控制组相比，被"低价引诱"的学生，愿意参加实验并实际到场的百分比要高得多。

表6.3　受试者同意赴约与实际赴约的百分比

	条件	
	控制组	低价法
同意赴约	31%	56%
实际赴约	24%	53%

资料来源：Cialdini et al., 1978

在另一项实验中（Joule, Gouilloux & Weber, 1989），学生们先是被邀请观看一些有趣的电影片段，但是一旦同意，他们就会被告知没有电影可看，相反，他们需要记忆一串数字。这时47%的学生同意参加记忆任务，而在控制组中，学生只是被要求参加记忆任务，并没有收到一开始的（随后取消的）看电影的邀请，这时只有15%的人同意参加。低价诱惑又一次奏效了。

它为什么可行？很重要的一点必须指出，只有当个人觉得自己是自由地做出第一个决定时，低价法才管用。之后，一旦个人做出了决定，他就不愿改变了（Cialdini et al., 1978）。想想人们在汽车销售领域是如何使用这一方法的。销售人员先让顾客做一个积极的决定——比如，接受一个顾客感兴趣的极低报价。一旦接受且填好必要的表格之后，销售人员就会说，由于价格太低，他必须跟上级请示。于是他会离开几分钟，回来之后就会说上级不同意，因为会亏本。这时他就会提高价格，如果低价法奏效，尽管要花更多的钱，但顾客还是会同意。一开始的决定保持不变。

改进交易："折扣"技巧

"折扣"技巧（"that's-not-all" technique）是指提供一个价格高昂的产品，而且几秒钟之内不让人做出回答，然后通过增加其他商品或降价来促进交易。例如，伯格（Burger, 1986）进行了一次现场实验，在这个实验里，两个实验者坐在不同地点的同一张桌子旁，售卖杯子蛋糕和饼干。杯子蛋糕就在桌上，肉眼可见，而桌上却并没有饼干。实验者告诉走近桌子的人，杯子蛋糕每个75美分（1986年，这个价格很高了）。就在这时，第二个实验者拍了拍第一个的肩膀，他们简短交流了几句后，第一个实验者转头跟消费者说，这一价格还附赠两块饼干。在控制组中，受试者一开始询问杯子蛋糕价格时，就被告知这里面还包括两块饼干。结果，在使用"低价"技巧的条件下，73%的受试者买了杯子蛋糕（和饼干），而在控制条件下，只有40%。

为什么这一技巧能成功呢？伯格（1986）提出了两种可能的解释：互惠原则和态度判断中的不同锚点效应。互惠原则说的是，人们觉得有义务要用相应的礼物、善举和让步来报答对方的好意。在应用"低价"法的场合，卖家改进了交易（添加产品或降低价格），于是买家觉得有义务购买产品作为回报。至于锚定效应，卖家先是给杯子蛋糕报价1美元，建立了一个锚点，留几秒钟让买家消化，然后将价格降至75美分。相比一开始就报价75美分，现在的75美分有了1美元锚点的衬托，看起来更划算。伯格（1986）还用数据表明，在诱导他人顺从方面，这一技巧比以退为进的方法更有效。

负罪感

负罪感对人们的行为具有强大而广泛的影响。例如，当父母想要孩子做什么事时，就可能会成为制造负罪感的专家。"毕竟我已经为你做了……"在针对负罪感的威力进行的实验室调查中，受试者通常会被引导做点坏事，然后再向他们提出请求。例如，弗里德曼、沃林顿和布莱斯（Freedman, Wallington & Bless, 1967）诱导受试者撒谎，然后请他们自愿参加一项附加研究。表 6.4 列出了他们的数据。撒过谎的受试者同意参加的比例几乎是没撒谎的两倍。达林顿（Darlington）和麦克（Macker）（1966）使用了相同的方法来增加个人献血的意愿。

表 6.4　受试者同意请求的百分比

	条件	
	撒了谎	没有撒谎
同意	20%	11%
不同意	11%	20%

资料来源：Freedman, Wellington & Bless (1967)

这一效应不局限于只是帮助让受试者觉得有愧的对象。里甘、威廉斯和斯帕林（Regan, Williams, Sparling, 1972）让一个男性实验者同伙去请女性购物者用他的相机帮他拍张照。当她们准备拍照时，相机却用不了。实验者让一些受试者觉得是她们的错，而确保另一些觉得不关自己的事。这时，第二个实验者同伙背着一袋杂货出现了，但袋子破了，东西一直往外掉。产生"负罪感"的受试者中，有 50% 告诉第二个实验者同伙他的袋子破了，而没有"负罪感"的受试者中只有 15%。尽管没有人直接向他们请求帮助，但已经产生负罪感的个人更有动力去帮助他人，以此赎罪。而且，他们帮助的对象不限于被自己伤害的人。

要点：有很多方法来促使人们答应你的请求。有时我们无意识地使用这些技巧——例如，罪感诱导，而另一些时候，特别是销售人员会有意地使用它们来提高销量。

专栏6.2　另一个视角：劝说的力量

谁会有意使用劝说的技巧呢？销售人员自然是不在话下；政治党派也经常如此；社会活动家偶尔为之。警察呢？你也许会感到吃惊，但是没错，为了让嫌疑人招供，警察也经常故意使用劝说技巧。你可能会问，这又有什么坏处呢？除非使用酷刑，否则没人能说服一个无辜的人去承认自己是杀人犯。基于这种假设，法官和陪审团非常自信地断定，如果一个人承认自己犯了罪，那么他就一定是有罪的。然而，相当多无辜的人虽然后来通过 DNA 证据洗脱了罪名，但在当时无力招架审讯中精心设计的劝说技巧，只好招认并被判决犯下了十恶不赦的罪行。

心理学家蒂莫西·穆尔（Timothy Moore）是里德（Reid）技巧的著名批判者。里德技巧是一种强大的审讯技巧，在北美被警察广泛使用，它能说服某些人承认自己犯了并未犯过的罪行（Moore & Fitzsimmons, 2011）。这种技巧适用于那些放弃请律师的人。如果嫌疑人是无辜的，且认为请了律师就暗示自己有罪，那么他就很有可能放弃请律师。这一技巧会交替使用对峙（confrontation）与缓和（minimization）的方式，使得审讯者某种意义上既是"好警察"又是"坏警察"。对峙就是直接指控嫌疑人有罪，并且只要他想要否认，就故意打断。审讯者往往会告诉嫌疑人，警察已经掌握了能定罪的铁证（不论他们实际掌握与否）。然后，通过缓和，审讯者表现出能够理解，甚至是十分同情的样子，并暗示坦白是解决问题的第一步，这通常意味着只要认罪，法庭会从宽处理。审讯过程可能十分漫长，嫌疑人的孤立、焦虑和疲惫使得他面对这种劝说越来越脆弱。审讯人成功地创造了一种环境，使得认罪似乎成了减轻审讯痛苦的唯一的合理方式。有时，劝说如此成功，以至于嫌疑人至少在当下，已经开始相信自己可能真的有罪，不然，警察怎么会有他们声称的可靠证据呢？而当审讯者假装从技术手段上解释嫌疑人有可能在自己没有意识到的情况下犯了罪时，这种自我欺骗更是会被强化。

但是，与"大人物"技巧相比，里德技巧就黯然失色了。"大人物"技巧在加拿大，有时也在澳大利亚，为卧底警察所用。当警察认为某人犯了重大罪行，但由于缺少证据，并且如果此人不认罪就会逃脱法律的惩罚时，这种技巧就会得到应用。

使用"大人物"技巧进行劝说的场景是这样的（据穆尔所述，Copeland & Schuller, 2009）：

假设你的好朋友被谋杀了，而你是唯一的嫌疑人。尽管你是无辜的，但警察认为你就是凶手，只是没有能给你定罪的证据。这时一群特殊的卧底警察斥巨资搭建了一个可能耗时数月的场景，来诱使你认罪。例如，在你最爱的台球厅，有个陌生人跟你搭话。过了一段时间，你"碰巧"又遇到了那个人，直到有一天，随着你们越来越熟悉，终于坐下来一起喝杯啤酒或咖啡。假设你只是个犯了点小罪的罪犯，当这个熟人无意中提到自己是黑帮的人，而这个帮派正通过不法手段赚得盆满钵满时，你对他产生了兴趣。渐渐地，随着友情升温，你被邀请加入一些小的犯罪行动——可能是在抢劫时帮着盯梢——尽管你一点都不知道，但所有的犯罪活动都是警察伪造的。慢慢地，你认识了越来越多的帮派成员，你们一起喝酒，一起打篮球，他们成了你的兄弟。然后有人故意向你透露，帮派成员要干一票大的，并巧妙地鼓励你也加入帮派。现在，你动心了，但是有人告诉你，要加入帮派，必须获得大佬（"大人物"）的同意。为了给最后的见面场景增添点重量，在真正见到他之前，你"无意间"看到了忤逆他的人的下场——你看到有人被打、被杀或被埋（当然一切都是假的）。当你终于见到"大人物"——当然，他也是个卧底警察——时被告知他知道你所被指控的罪行，因为他的一些帮派成员已经打入了司法系统。"大人物"不在意你是个罪犯，但他不希望在你加入帮派后，还要承担被继续调查的风险。为了让他的内线抹去一切记录，保证警察不再追查你，他向你施压，强烈要求你认罪，这样他才好收拾烂摊子。虽然你是无辜的，但认罪对你来说似乎没什么坏处，而且在某个时刻，"认罪"似乎是摆脱压力，被帮派接受的唯一方法。于是，你认罪了，突然之间，场景变了；戏结束了，你发现这些跟你做了好几个月朋友的人全是警察，他们唯一的目标就是让你以谋杀罪被判处。拷上手铐后，现在的你几乎不可能再说服法官和陪审团——你认罪了，但你是无辜的。你向势不可挡的社会影响和劝说屈服了。幸运的是，一些法官已经开始质疑甚至反对通过"大人物"来让人认罪。

服从

服从法律。服从神明。服从父母、老师、上级、裁判、警官……生活中我们处处被劝诫要服从，有时这是好事，因为没有服从，社会很快会陷入混乱。如果司机随意无视警官；如果学生不服从老师；如果孩子不听家长的话；如果公民任意违法；如果士兵在战场上自行其是；如果冰球选手无视自己的教练；那么，是的，世界将会一片混乱。

但是如果这些总是被教导要服从的人接到的命令是要做坏事呢？例如，为政客的渎职行为保密，隐藏证明某种药品可能存在危险的研究，拷打假想中的国家敌人，甚至灭绝整个民族。"二战"结束后，当人们意识到大屠杀有多么恐怖时，这一问题被提上日程。怎么理解大量德国人，很多还是基督徒，参与了对无辜的犹太人的种族大屠杀，以及对其他"不需要的人"的系统性灭绝行动，例如对罗姆人、同性恋者和有精神残疾的人的灭绝行动呢？被带上纽伦堡国际军事法庭接受审判的纳粹官员们并没有给出令人信服的答案，因为所有人的辩护都是他们"只是在执行命令"。难道他们的恶行只是在盲目地、毁灭性地服从思想邪恶的纳粹领袖的命令吗？

心理学家斯坦利·米尔格拉姆（Stanley Milgram）发现，并非所有的服从都直接指向暴力，但是最让他感兴趣的还是导致大屠杀的"毁灭性服从"。难道德国人的心智与众不同，或者德国军官团关于服从有一套特殊的严密法则（Snow, 1961）？他想知道，如果一个合法的权威命令人们去伤害他人，作为普通的美国成年人，他们是否会服从这一命令。于是他开始尝试一件前所未有的事情，在实验室里研究服从现象（Milgram, 1963, 1965, 1974）。他发现，普通人在被引导去服从命令、伤害无辜者、抵制受害者的时候，竟可以如此轻松、毫无顾忌。这个发现震惊了心理学界，而且这种震惊远远超出了学术圈。米尔格拉姆的研究成为史上最为著名的社会实验研究（Reicher & Haslam, 2011a）。

招募广告

我们将为您的1个小时支付4.00美元的报酬

记忆研究受试者招募

* 有偿招募500名纽黑文男子协助我们完成一项关于记忆和学习的研究。这项研究将在耶鲁大学进行。

* 每位受试者将为约1小时的时间得到4.00美元的报酬（另加50美分交通费）。您只需要花费1个小时的时间，此外无需承担其他任务。您可以选择来的时间（晚上、工作日或周末）。

* 参与者无需受过专门培训、教育或拥有特殊经验。我们招募：

工厂工人	商人	建筑工人
市政工作人员	文员	销售员
体力劳动者	职业人士	白领工人
理发师	电话接线员	其他

申请者应在20—50岁之间。高中生和大学生不能参加。

* 如果您符合这些资格条件，请填写下面的回执并即刻邮寄至纽黑文市耶鲁大学心理学系斯坦利·米尔格拉姆教授处。稍后，您将收到关于研究进行的具体时间和地点的通知。我们保留谢绝受试申请的权利。

* 您到达实验室即可得到4.00美元（另加50美分交通费）。

康涅狄格州纽黑文市耶鲁大学心理学系斯坦利·米尔格拉姆教授（收）

我想参加这项关于记忆和学习的研究。我的年龄在20—50岁之间。我如果参加将会得到4.00美元（另加50美分交通费）。

姓名：（请用印刷体书写）_____

地址_____

电话号码_____方便接电话的时间_____

年龄_____职业_____性别_____

能来的时间：

工作日_____晚上_____周末_____

图6.9 米尔格拉姆实验最开始的招募广告

资料来源：Wikimedia Commons

他开始考察是否实验室环境下实验者简单的权威就足以让普通人产生毁灭性的服从。为了研究，他在报纸上刊登广告，邀请公众参加耶鲁大学的研究，他从中招募了 40 名男性受试者。研究过程如下：两名受试者在约定的时间到实验室报告，但其中一位是实验者同伙。穿着白大褂的实验者与他们见了面，并解释说他们要参加一个有关惩罚如何能促进学习的研究。于是受试者与同伙看似随机地被分配了老师和学生的角色，但实际上选择是受到操控的，受试者总是被指定为老师。学生随后被带到了一个单独的房间，并被绑在了一张能电击胳膊的"电椅"上，这些都会让老师看到。这时，"学生"随口提到自己心脏有问题（当然，事实上学生从未真的受到过电击）。接着，实验者给老师示范了一次电击，可以看到明显的震颤。

然后，老师和实验者回到了主实验室，老师在一个"电击器"前坐下。尽管这实际上是个假的机器，但看起来非常真实，而且有从 15 伏到 450 伏共 30 档电击强度，且上面贴着从"轻微电击"到"危险：强烈电击"的不同标签。

随后，实验者要求老师通过对讲机给学生念一串成对的相关词。老师读出每对中的第一个词后，学生就要在四个可能选项中找出正确的配对相关词进行回答。当学生不能正确回答时，老师被要求使用电击装置，且每回答错误一次，电击强度就要增加一档。

实际上，"学生"的语音回答是标准化的：它们是提前录好的，并且根据不同的电击强度，在特定的时间用录音机播放。比如，在 75 伏时，学生会发出咕噜和呻吟声；150 伏时，他会要求放开他；180 伏时，他会大喊自己疼得受不了了。如果老师坚持到了 300 伏，学生会拒绝继续作答。实验者要求老师将沉默视为错误答案，并继续增强电击。当老师表现出任何犹豫，实验者（还记得吗？就是那个穿着白大褂，看着像个科学家的人）会逐步增强刺激：第一次犹豫，实验者会说"请继续"，第二次会说"实验要求你继续"，最后两次则是"继续是绝对必要的"和"你别无选择，必须继续"。（注意，只有最后这次刺激是真正的明确命令。）

米尔格拉姆的因变量是老师拒绝继续时已经达到的最高电击强度。那么，受试者走了多远呢？尽管多数人都会变得激动和紧张，并反复表示自己希望停止实验，但所有受试者都坚持到了 300 伏，40 个受试者中有 26 个——几乎是三分之二——一直坚持到了最大电击强度，而不管学生的抗议与最后的沉默（Milgram，1963）！这些结果不仅震惊心理学界，也让世人惊骇，因为这似乎表明，仅仅因为盲目服从权威，正派的普通人也能对他人犯下可怕的罪行，即使这一权威不过是个穿着白大褂的男人。

受试者是盲目地、毫无感情地服从实验者的指示吗？不，不是。别误解了；尽管三分之二的人确实坚持到了最高电击强度，但他们并不是像冷血机器一样执行命令。相反,他们表现出了强烈的焦虑和痛苦,甚至是愤怒,而且每个受试者都会在某个时刻产生犹豫,并因为担心学生而对实验者表示质疑。

米尔格拉姆对实验过程做了很多改变,每次调整实验场景中的一个方面,他发现,不同条件下受试者的平均服从情况变化巨大,从100%到接近于0(见图6.10)。早期的模拟研究表明,如果学生毫无反馈,所有受试者都会施加至最大电压。在另外一些研究中,他考察了是否有这种可能,即服从之所以发生,是因为学生和老师在物理上被隔离开了。他发现,当受害者和受试者在空间上离得更近时,服从水平降低了。不过,在离得最近的情况下,受试者被要求在操作电击的同时握住电击盘上受害者的手,此时,竟然还有30%的受试者完成了最高强度的电击!

米尔格拉姆还发现,当实验者不在实验室,而是通过电话传达命令时,服从水平进一步降低了(至20.5%)。而在另一个研究中,老师可以自由选择电击强度,此时,大多数人都只选择了低压电击,而且坚持到最高电压的人少于3%。

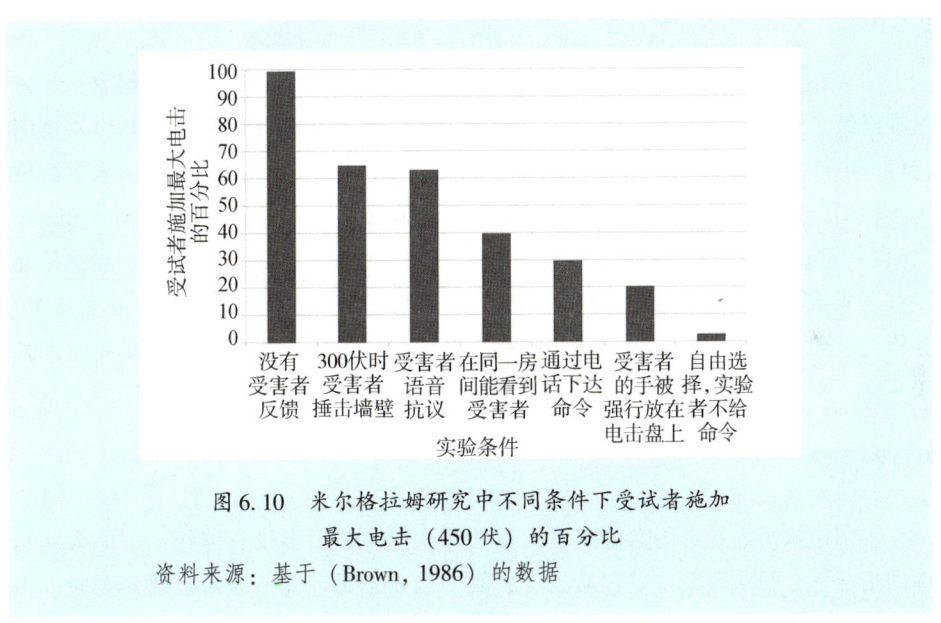

图6.10 米尔格拉姆研究中不同条件下受试者施加最大电击(450伏)的百分比

资料来源:基于(Brown, 1986)的数据

在另外一个研究中,为了消除大学威望所带来的影响,米尔格拉姆将实验地点选在远离大学的一个办公室中。服从水平有一定程度的降低,但仍然有大约一半的受试者坚持到了最高电压。

伦理上的论争

可想而知,米尔格拉姆的研究引发了大量伦理上的担忧,质疑的焦点在于,受试者被置于一个无疑会产生明显心理痛苦的环境之中。因为，从他记录自己研究的电影《服从》（*Obedience*）中可以清楚地看到，至少对部分受试者来说，实验让人非常焦躁不安。尽管米尔格拉姆表示，他的问询十分谨慎，足以保证受试者不会遭受任何长期影响，但还是有很多心理学家认为这是不够的，不应该进行这种实验（例如，Baumrind, 1964）。现代心理学研究的伦理守则有一条要求，就是必须告知受试者他可以随时中止实验，而实验者必须同意，但米尔格拉姆的实验显然无视了受试者想要中断的要求，而且还告诉他们除了继续，别无选择。正如第二章中讨论的那样，这样的一些伦理考虑促进了大学伦理小组的成立，并且在米尔格拉姆的书《服从权威：一种实验观点》（Milgram, 1974）出版后不久，为了对有人类受试者的研究进行规范，美国心理学协会发布了第一套伦理准则，同时，针对此类研究的新的联邦条例开始在美国实施，这一切使得人们几乎不可能继续在这个国家从事此类研究（Blass, 2012）。

国际研究

尽管在70年代中期，关于服从的研究在美国戛然而止，但在其他国家，却依然在继续。约旦（Shanab & Yahya, 1977）、西班牙（Miranda et al., 1981）、德国（Mantell, 1971）和澳大利亚（Kiham & Mann, 1974）的研究都得到了与米尔格拉姆类似的结果：50%到85%的受试者施加了最高强度的电击。布拉斯（Blass）(2012) 重新考察了米尔格拉姆式服从研究，这其中包括已经发表的文章和在另外一些国家或地区所做的博士论文——印度、奥地利、意大利、南非、波多黎各、苏格兰、荷兰、加拿大，结论是平均服从水平与米尔格拉姆在美国的研究发现几乎一致，也就是说，这是一种普遍现象。

现代研究

米尔格拉姆的暴力研究得到了大量关注，但是在很多没有体罚，不那么戏剧性的情况下，服从现象也很容易发生，例如，在公司环境下面对行政命令时。梅乌斯和哈伊梅克斯（Meeus, Raaijmakers, 1986）在荷兰做了一个行政服从的研究。他们让一个受试者负责一场招聘考试，参加考试的是一个假装正在找工作的失业者（实际上是实验者同伙）。受试者被告知，"应聘者"被邀请来实验室参加选拔考试，如果通过，就能得到工作。受试者对应聘者进行口头考试，但被要求在考试过程中通过贬低应聘者的表现和个性来干扰他。实验者向受试者提供了15个贬低性评价，而且随着时间的流逝，这些评价越来越令人苦恼。如果受试者一直持续，直至做出了最令人沮丧的评价，那么，应聘者（实验者同伙）就会表现出无能为力的样子，于是考试失败，失去工作机会。受试者会做出最严厉的评价吗？事实上，91.7%的受试者完成了所有15个评价，导致应聘者根本不可能得到工作。这一结果所显示出的从众水平，比米尔格拉姆和其他研究的要高得多，而且表明此类心理伤害比身体暴行更容易施行。

博加鲁和津巴多（Bocchiaro, Zimbardo, 2010）改良了上述研究所使用的方法，在意大利的一所大学用本科生作为受试者进行了一项研究。30%的受试者完全遵从指示，做出了全部15个越来越恶毒的评价，而另外70%都在某个时刻表示拒绝继续。他们的结论是，虽然美国与意大利之间存在着文化差异，但是他们的发现与米尔格拉姆在有一定可比性的条件下得出的结果几乎一致。

进行上述的行政服从研究是一回事，但是，如果带有完整电击装置的米尔格拉姆研究要在今天被再现出来，将会发生什么呢？社会心理学家将如何以一种道德的方式来进行此类研究呢？未来，虚拟现实可能是一种方法，因为据说如果在米尔格拉姆的实验中使用"虚拟的"而不是真实的人类受试者，它们面对学生的抗议也会给出相同的主观的行为和心理回应，就好像这些虚拟受试者是真的一样（Slater et al., 2006）。同时，如果人们沿用传统的米尔格拉姆方法，但是在受试者可能产生痛苦之前的某个时刻中止实验，且在这个时刻实验者已经可以得出结论——假如让受试者继续，他们有多大可能会施加至最大电压，又会怎么样呢？对米尔格拉姆实验的一种元分析（Packer, 2008）表明，大多数受试者都是在150伏的时候停下来并拒绝继续（尽管在米尔格拉姆原本的实验中，如前所述，每个人都坚持到了至少300伏的水平）。150伏的水平正是学生第一次要求释放，大喊"啊！实验者！够了。让我出去。我说了我心脏有问题。我的心脏现在开始疼了。求求你，让我出去。我的心脏开始疼了。我拒绝继续。让我出去"的时刻（Milgram, 1974, p.56）。熬过了这个时刻的受试者很可能一直坚持到450伏的最大值。帕克（Packer）（2008）解释说，在这个时刻拒绝继续的受试者之所以这样做，是因为在他们看来学生停止实验的权利已经取代了实验者要求继续的命令。不过，还需指出，正如帕克所观察到的那样，对于那些坚持实验的人来说，学生随后逐渐强烈的痛苦表现并不会使他们做出任何不服从命令的行为。

既然那些愿意超过150伏水平的人大多都会坚持到最后，那么，一旦受试者表现出这一意愿，为何不在他还没有感到痛苦的时候，就停止实验呢？我们可以假定那些愿意继续的人本会坚持到最大电压。伯格（2009）在自己的实验里就是这么做的。他的方法和电击装置与米尔格拉姆一致，但最大的不同在于，当受试者达到150伏水平，并同意继续加压时，实验就会停止。与半个世纪前米尔格拉姆的发现相比，他的结果所显示出的服从比例只是略微降低，而且伯格还对受试者进行了筛选，排除了那些由于性格原因，很可能在这种实验环境下无法产生预期结果的人。

模塑效应

伯格（2009）还引入"被模塑的拒绝"条件。他使用了两个同伙，一个作为学生，另一个作为第二老师。两个"老师"并肩坐在电击机器前，但电击强度达到90伏时，同伙老师就会拒绝继续。出乎意料地，这种拒绝对受试者的行为并没有显著影响。这与米尔格拉姆（1974）在他另一个实验中的发现相反。在这一实验中，有三个老师，其中两个是同伙。一个同伙在150伏之后拒绝继续，另一个在超过200伏后拒绝继续。尽管实验者要求真正的受试者独自继续实验，但只有10%的人一直坚持到了最大电压。

文化与性别作用

布拉斯（2012）对服从研究的跨文化再考察发现，南非、德国、澳大利亚、约旦、西班牙、印度、奥地利和意大利进行的类似研究所显示出的平均服从比例与米尔格拉姆在美国的研究结果十分相似。而且，大多数研究显示，男性和女性之间没有差异，只有两个研究特例，一个在澳大利亚，一个在印度，这两个特例显示，女性比男性的服从水平更低。然而，由于服从研究中几乎只使用男性受试者，因此女性对命令的服从水平尚未得到全面研究。米尔格拉姆只在一种实验条件下使用了女性受试者——但即使在这种条件下，学生也还是男性——而且并未发现性别差异。伯格（2009）在研究中也没有发现显著性别差异。

不同年代的服从

西方工业化国家的育儿理念在过去半个世纪里发生了重大变化。长期以来，服从被视为孩子最应该学习的品质，而不服从则是最严重的行为问题（Benjamin & Simpson, 2009）；而在现代社会中，家长们教育的重点大多变成了鼓励独立和自尊。1981年在九个欧共体国家中开展的欧洲价值观调查证实了这一变化：与出生在1936年或之前的人相比，1936年以后出生的人明显更愿意鼓励孩子的独立性和想象力，而不喜欢灌输社会从众和服从的观念（Lesthaeghe & Meekers, 1986）。在美国也发现了相似的趋势（Alwin, 1996）。一般而言，现在的小孩被教育不要表现得像绵羊一样，要为自己考虑，做自己认为正确的事情。有人认为现代人对自信和独立的强调过于成功了：现代的小孩不仅拥有更大的独立性和更高的自尊水平，同时也越来越自恋（Twenge, 2009）。想想第三章的讨论吧。

但是伯格（2009）表示，在服从比率上，他的研究与半个世纪前米尔格拉姆的研究并没有统计差异。而且当布拉斯（2012）对使用米尔格拉姆式方法所做的研究进行再考察时（如前所述），也没有发现服从水平随着时间的推移而有所变化。那么，为什么服从水平没有显著下降呢？很有可能是因为我们在这里犯了严重的归因错误：我们倾向于将行为归因于个人的性格，而忽视了环境的强大影响，这使我们错误地以为，由于育儿理念已经越来越重视个性和不从众，那么在米尔格拉姆式的实验中应该会看到更低的服从比率（Burger, 2009）。

环境的力量

环境好像能催生服从，这又是怎么回事呢？为了更好地理解，想象你自己就是受试者。你同意参加科学研究，并来到大学实验室，实验者看着十分专业，而且你对于参加心理学实验十分期待。你被介绍给另一个受试者，共同参加一项有关惩罚如何激励学习的研究，你被选为老师，而另一个人将要成为学生。目前为止，一切都很有趣。但是，当你发现你的任务是要对另一个房间里被绑在电击装置上的学生进行电击时，你开始觉得有点不安了，当学生提到自己心脏有问题时，这种不安又增加了一点。随着实验的进行，当学生开始痛苦地大叫时，你的不安放大了。然而，奇怪的是，实验者对学生的痛苦似乎毫不在意，而且还强迫你不仅要继续实验，还要持续增加电压，尽管此时电击控制器上的标签显示电压已接近危险强度。这令你非常苦恼。显然这位大学科学家不可能如此冷酷，以至于对学生的痛苦毫不关心——竟然怂恿你加大伤害？有什么东西是你不知道的吗？怎么理解这一切？你会冒着破坏实验的风险，拒绝继续吗？或者对正在发生的事情，有什么合理的解释？

如你所见，米尔格拉姆实验的环境并不是像你一开始可能看到的那样直接。思考一下这些问题：

1. **谁有权威？** 为了证明权威的力量，布什曼（Bushman, 1998）进行了一项现场实验，其中的女性同伙要么着装整洁，要么邋遢，要么身穿制服。实验者站在一个停车自助缴费机旁，假装已经超时，并在找零钱，而同伙则在旁边拦住行人并且提出要求——"这个人停车超时了，他没有零钱。给他一个5分硬币吧！"当她穿着制服时，72%的行人给了硬币；而不穿制服时，不管她衣着整洁还是邋遢，都只有50%的人顺从。此外，当她穿着制服时，没有人质疑她；但当她衣着整洁时，有23%的人质疑，而衣着邋遢时，有29%。

回到米尔格拉姆的实验：研究者看起来像个科学家，他穿着实验室的衣服，且受雇于大学。当他提出要求时，你又怎么会拒绝呢？

2. **谁有责任？** 如果学生受伤了，谁该负责呢？受试者可能很容易认为，不管发生什么伤害，实验者必须负责。这与米尔格拉姆（1974）的分析一致：他认为受试者之所以服从，是因为他们进入了一种**代理状态**（agentic state），不再根据自己的价值观和好恶来行动，而是成了权威的代理人，因此他们遵守命令，是为了完成作为一个实验受试者的职责。

可是，人们能前一秒还是作为个人行动，下一秒就转换角色，作为代理人行动吗？如果变成纯粹的代理人，那么可想而知，他们就会只专注于执行实验者的指令，而不会像我们看到的那样，还会表现出明显的犹豫、困惑和痛苦了。

3. **你是哪个团队的**？尽管米尔格拉姆从服从权威的角度来解释数据，但他也考虑到了另一种可能，即实验中形成的一种共同的社会认同也起着重要作用（Milgram, 1965）。随着受试者与学生分隔，并与实验者共处一室，受试者可能感觉自己与实验者成了一个群体（Reicher & Haslam, 2011a）。与这种可能一致，米尔格拉姆在其中一个实验中发现，当三个人都在同一个房间时，服从水平下降了。（我们在这章讨论不服从时，还会回到这一话题。）

还有一个有趣的观点值得一提：还记得实验者为了刺激受试者继续所说的四句话吗？只有第四句"你别无选择，必须继续"是一种直接命令。在伯格（2009）的研究中，每当实验者说出第四句话时，受试者都拒绝继续，这与米尔格拉姆的解释——人们只是在执行命令——相矛盾，因为如果事实如此，为什么当时他们会停止实验呢？赖歇尔和哈斯拉姆（Reicher & Haslam, 2011a）认为，第四句话——第一句真正的"命令"——可能打破了受试者觉得自己和实验者是一个团队的这种认同感。如此一来，既然受试者与实验者不再是一个团队的，受试者现在就可以解决实验者要求继续和学生要求停止之间的冲突了。也就是说，受试者现在有了正当的理由，去做学生一直在要求的事，并停止实验（Haslam & Reicher, 2012）。

4. **究竟发生了什么**？伯格（2009）提醒我们，这些受试者被放入了一个从未体验过的非常奇怪的场景中，他们唯一的信息来源就是实验者。既然实验者对学生激动的反抗没有任何反应，那么就意味着一切都在正常进行，实际上并未产生什么伤害。当受试者和受害者在同一个房间时，米尔格拉姆实验中的服从率从65%下降到了40%，当受试者为了电击，必须抓住学生的手，放在金属电击盘上时，这一比率降到了30%。我们可以这样解释，这两种情况给受试者提供了更多的信息，使他知道究竟发生了什么，而且信息越多，服从水平越低。

5. **什么时候变得严重的**？米尔格拉姆的方法是否让你想起了第6章前面关于社会影响的讨论呢？思考一下伤害的渐进性：每次受试者施行电击时，强度都只是比前一次稍加提高（15伏）。这正是得寸进尺技巧的翻版：实验者先是让受试者进行轻微电击，然后随着时间推移，慢慢加强。如果电压每次都增加100伏或

200伏，那么服从水平应该会显著降低。当米尔格拉姆起初考虑开展研究时，他思考过，到底是一开始就告诉受试者他可能被要求施行的最高电压值，还是一步一步地分段引导他遵从指令，更容易导致服从（Russell, 2011）。相似的，军事训练中对暴力的使用也是逐渐加大的，而战争本身就像一个慢慢向下倾斜的缓坡，使人滑向越来越大的暴力与恶行。

6. **这真的是"服从"吗？** 米尔格拉姆进行研究是想要理解德国士兵、警官和行刑队的服从行为，这些人将数百万无辜群众集中起来，夺去他们的性命。历史已经清楚证明，杀人的命令大多是以日耳曼人的效率被执行的。然而，为了提高这种效率，保护种族灭绝的机器不被任何软弱的恻隐之心所破坏，纳粹实施了一条"恐怖正义"原则——任何拒绝服从命令——包括残杀无辜平民的命令——的人都会被处以死刑，或者被关入集中营，而且他的家人也可能受到伤害。那些受命杀人的人大多都相信这条恐怖正义原则（Kitterman, 1991）。

对比一下米尔格拉姆研究中的服从情况，受试者没有任何人身危险，唯一的风险仅仅在于，如果拒绝继续进行实验，就要与实验者对峙，这可能会让人不舒服，而且还要退出实验。他们的"服从"与纳粹刽子手的"执行命令"是一回事吗？或者受试者清楚地知道自己是在参加心理学实验，只是不太明白到底发生了什么？吉布森（Gibson, 2011）用（第一章讨论过的）话语心理学（discursive psychology）形式的视角为米尔格拉姆的服从研究提供了另一种有趣的解释。他对米尔格拉姆的录像带中实验者与受试者之间的互动进行了详细分析，并指出这种互动可以归结为以下情境：实验者使用提示，本质上是在论证为什么实验应该继续，而受试者则在用反证解释为什么不能继续。换言之，吉布森认为米尔格拉姆的研究实际上与我们通常所说的服从没有关系，而实验者对不想继续的受试者给出的提示不应被视为以服从为导向的命令，而应被看作为了说服受试者继续实验而做的论证。吉布森继而得出结论，让受试者看似服从的都是间接的提示性命令，而一旦真的给出直接命令时（回想一下第四个提示——"你别无选择，必须继续"），典型的结果不是服从，而是反抗。

即使这种分析也还是遗漏了很重要的信息，因为吉布森指出，米尔格拉姆（1974）说过很多情况下受试者的反抗不是通过语言表达的，而是通过离开面前的桌子。但是由于这类行为的详细记录并没有保存下来，我们也就没办法去分析不满或反抗的非语言化表达了。

谁有权威？谁负责任？受试者如何理解当时的环境？又如何与实验者沟通？所有这些问题都指向一个事实：米尔格拉姆式实验中所产生的行为远比一开始想象的要复杂。也许米尔格拉姆太想发现服从，而忽视了某些甚至更重要的东西：反抗。

反抗

为什么有些人遵从命令，而有些人却反抗，特别是在非实验研究条件下，当反抗可能带来严重的人身危险时？米尔格拉姆想要理解的是纳粹刽子手的服从行为，而基德曼（Kitterman, 1988）却发现，在纳粹统治时期，至少有100个有记载的德国士兵和警官拒绝执行命令——杀害犹太人或其他手无寸铁的平民或战犯——的案例。他考察了85个独立的案例，其中包括将军、警长、党卫军，甚至还有别动队（Einsatzgruppen）——这是一个专门的处决组织——成员。这些案例中，每个人都反抗了杀人的命令，尽管他们被告知只要拒绝就一定会被枪决或是送到集中营。（不过，奇怪的是，实际上他们并没有被处决，而且将近三分之二的人根本没受到任何处罚。有些人后来甚至还因为与拒绝无关的原因被提拔了。）基德曼的结论是，"在每一个有记载的拒绝服从杀人命令的案例中，纳粹体系的强制力都被证明是无效的或不起作用的（第252页）"。

在米尔格拉姆的研究中，同样出现了大量的反抗行为。回想一下他发表的第一份研究（Milgram, 1974），虽然40个人中有26个坚持到了最后，向学生施加了450伏的电击，但还有14个人在某个时刻反抗了指令，并拒绝继续。在他所有的实验中，60%的受试者会在某个时刻表示拒绝继续，因此米勒（Miller, 2009）认为，虽然人们通常用米尔格拉姆的研究来证明人类的天性中存在恶的一面，但上述事实无疑削弱了这种解释力。而且，正如我们看到的那样，学生与老师在物理上越靠近，痛苦越现实，反抗就越强烈。

但是，为什么有的受试者拒绝，有的却仍然继续呢？这与性格有关吗？是那些反抗的人思想更独立、更自信、更有同情心、更有良知或者更易被他人的痛苦所感染吗？似乎不是，因为研究者并没有找到能证明服从和反抗的人之间存在性格差异的可靠证据（Packer, 2008; Burger, 2009; Bocchiaro & Zimbardo, 2010）。那么，该如何解释呢？

让我们暂时后退一步，将视角扩大：最终我们想弄明白的是，为什么世界各地的士兵——叙利亚、利比亚、卢旺达、越南或者大屠杀期间的西欧——要听从命令去杀害无辜的平民。大屠杀的残暴催生了米尔格拉姆的研究，但正如历史学家伊恩·克肖（Ian Kershaw）所说，纳粹政权屠杀的高效并非源自盲目或不情愿地服从命令，而是源自这样一个事实，纳粹领袖**不一定要**下达命令，因为听从命令的人之所以愿意执行，是因为他们相信这样做是对的（Kershaw, 1998）。事实上，现代的分析认为，纳粹官员在纽伦堡声称"只是在执行命令"不过是想在法庭上替自己的行为求得宽恕。

那些执行自己的纳粹上级的命令的人显然是在做自己认为对的事情,同样地,赖歇尔和哈斯拉姆(2012)认为米尔格拉姆的受试者也不是在服从,而是在做自己认为对的事情,也就是科学的实验要求他们做的事。但为什么会有人认为持续向正在抗议且最后沉默的受害者进行电击是"正确的事情"呢?我们也许可以在社会认同理论中找到答案(第十二章对此进行了详细讨论)。赖歇尔、哈斯拉姆和史密斯(Reicher, Haslam & Smith, 2012)认为,米尔格拉姆研究中的受试者要么可以认同实验者——扩展一下就是一般说的科学共同体,要么可以认同学生。这种认同最终会决定他们是遵从实验者的指令,继续电击;还是满足学生的要求,停止实验。到底选择哪种认同方式很有可能是由环境因素决定的。因此,从物理上将"老师"和"学生"隔离开,就会造成对实验者的认同,而且在这种环境下施加的电击确实比老师和学生十分靠近时要多。而且,将实验设置在"进行科学研究的"的著名大学中,也能促进对实验者的认同;与在远离大学的商业大楼里进行实验相比,这种环境下受试者也更容易遵从实验者的指令。一旦受试者认同了实验者,实验者本质上就成了他的领导,于是赖歇尔、哈斯拉姆和史密斯(2012)提出,那些继续施加电击直至最高水平的人,之所以这么做不是因为要服从,而是因为成为领导的坚定追随者之后,他们会有意识地尽其所能以实现领导所设定的目标。

记住,尽管米尔格拉姆的研究揭示了一种意义重大的心理学现象,但盲目服从的概念干扰性太大,使我们忽视了其研究数据中更重要的信息:实验中的受试者之所以愿意伤害他人,并无视其反抗,还有其他可能的原因,即它们想要解决实验者的要求与学生的反抗之间的冲突,或者他们对实验者而不是学生产生了认同,因此上述那些行为在他们看来是正确的。

要点:研究不断表明,不论什么性别,不论跨越了多大的文化差异和时间间隔,在实验室的研究中,大量的个人会遵从命令,向正在抗议的受害者施加电击。但是,这些人所处的环境比乍看之下要复杂得多,而将这种遵从作为"服从"来处理,是具有误导性的。受试者处在一个令人困惑的环境中,他们的语言表达暗示它们想要找到合适的方法来解决实验者的要求和学生(受害者)的要求之间的冲突。以社会认同理论为基础的一种解释指出,继续电击的受试者对实验者产生了认同,因此他们不是在执行命令,而是自愿地在实现自己的"领导"所设定的目标。

结语

我们都会影响他人,有时只是通过简单的在场,有时是作为群体的一员,有时是通过有意的付出来改变某人的观点和行为。在极端情况下，社会影响还包括服从的压力。但是，盲目服从权威并非如米尔格拉姆的研究所揭示的那么普遍。也许米尔格拉姆式研究给我们最重要的启示是赖歇尔和哈斯拉姆（2011b）的警告：那些盲目服从，不知道自己做了错事，或者对此毫不在意的人并不是危害社会的罪魁祸首，我们真正应该警惕的是那些认为自己从事的卑鄙勾当是正义的事业，并且积极追随的人。

内容概要

1. 个人以各种不同方式影响他人。社会影响最基本的形式来自于观众或同伴的简单在场，这会促进在简单或非常了解的任务上的表现，并阻碍在复杂或陌生任务上的表现。

2. 扎伊翁茨假定，只要他人在场，就会引发唤起，这是天生的，而另一些研究者认为这种唤起是社会比较和后天习得的评价顾忌的结果。

3. 分心—冲突理论假设，唤起源于既要留心他人，又要专注任务所引起的冲突。为了化解冲突，引起分心的因素都被屏蔽，导致全部注意力都被放在任务上，于是提高了在简单任务上的表现，却抑制了在复杂或陌生任务上的表现，因为这些任务不需要那么多集中的注意力。

4. 社会懈怠是指个人在群体环境下减少努力的现象。

5. 从众是指为了遵守社会规范、适应群体压力而改变自己的行为的现象。

6. 大部分从众行为都是为了适应大多数人，但是，坚定而自信的少数也能够影响多数。

7. 创新需要思维开阔的个人打破常规。创新通过意见领袖和媒体得到扩散。

8. 这些技巧能让人们更愿意接受你的请求：得寸进尺，以退为进，低价法，改进交易，引发负罪感。

9. 服从是对具有某种权威的人所提出的要求或命令的一种回应。决定服从是否会发生的似乎是环境因素而不是个性特点。

10. 米尔格拉姆范式实际上是很复杂的，新近的解释大多认为受试者是想要与实验者沟通，从而找到一种合适的方法来摆脱令他困惑的处境。

11. 以社会认同理论为基础的一种解释认为，继续施加电击的受试者是对实验者而非对学生（受害者）产生了认同，他们不是在服从，而是在努力实现新"领导"所设定的目标。

拓展思考

● 如果大多数人都争取不从众，并尽力避免向群体压力屈服，这将是一个怎样的社会呢？是一个适合生活的好社会吗？

- 生活在个人主义文化中的人与生活在集体主义文化中的人，对从众现象会有怎样不同的观点呢？
- 广告是一种有效且成功的社会影响形式，而且当它看起来不是广告时，往往能产生最好的效果，例如，在电影中植入产品。社会该如何应对这种操纵技巧呢？禁止，提醒，还是放任？
- 我们训练士兵无条件地服从命令。我们惩罚不按规矩办事的官员。服从是必要的，但反抗不合理的或有害的法律与命令也很重要，我们应该如何平衡这两者呢？
- 社会应该如何对待告密者呢？对那些声称为了公众利益，违反政府或公司法规，公开自己所掌握的秘密信息的人，我们应该赞赏还是惩罚呢？

延伸阅读

Claidière, N. & Whiten, A.（2012）. Integrating the study of conformity and culture in humans and nonhuman animals. *Psychological Bulletin*, 138, 126 – 145. 这篇有趣的文章讨论了动物的从众行为，以及与人类行为之间的进化论关联。

Martin, R. & Hewstone, M.（2012）. Minority influence：Revisiting Moscovici's blue-green afterimage studies. In J. R. Smith & S. A. Haslam（Eds）, *Social psychology：Revisiting the classic studies*. London：Sage Publications.（pp. 91 – 105）. 讨论著名的后象研究（afterimage studies）所做的贡献，以及它们如何促进了少数人影响研究的发展。

Plaut, V. C. & Bartlett, R. P.（2012）. Blind consent？A social psychological investigation of non-readership of click-through agreements. *Law and Human Behavior*, 36, 293 – 311. 这篇文章考察了（几乎）无意识社会影响的一种有趣形式——在没有仔细阅读条款的情况下，当你下载软件或文件后点击"我同意"时，或者当你签订抵押贷款文件、租车协议或保险申请书时，这种无意识的社会影响就会发生。

Prislin, R. & Crano, W. D.（2012）A history of social influence research. In A. W. Kruglanski & W. Stroebe（Eds）, *Handbook of the history of social psychology*. East Essex：Taylor & Francis.（pp. 321 – 340）. 这一章节对社会影响研究的历史进行了有趣的梳理，从早期的实验心理学一直到现在。

Smith, J. R., Louis, W. R. & Schultz, P. W.（Eds）（2011）. Special issue：Social influence in action. *Group Processes & Intergroup Relations*, 14（5）. 这期特刊包括11篇实证论文，代表了社会影响领域的现代研究成果。

网页链接

http：//www. stanleymilgram. com，这是心理学家罗伯特·恰尔迪尼的网站，其中有很多对恰尔迪尼博士的采访,谈到了社会影响的不同方面,内容丰富。

http://www.influenceatwork.com,这是心理学家托马斯·布拉斯为了准确介绍米尔格拉姆的研究及斯坦利·米尔格拉姆本人而创立的网站。

http://www.online-persuasion.com,这一网站由几个心理学家共同管理,主要探讨如何通过互联网提高说服能力。

第七章 语言与沟通

电子通讯永远不会取代面对面的交流,一个有血有肉的人站在面前,能让人们变得勇敢与真诚。

——查尔斯·狄更斯

学习目标

- 理解语言与副语言在沟通中的作用
- 考察语言对沟通、巩固地位和界定群体的影响
- 探究第二语言的习得及其社会心理后果
- 思考沟通中可能存在的性别差异
- 学习不同的非言语沟通方式,以及它们如何与言说共同组成了一种双码沟通系统

回想一下第一章:还是独自被困在了一个荒岛上,但这次不会有人来与你汇合了。被孤独萦绕,你在瓶中放入一张纸条,怀着微茫的希望将它投入水中,愿它能漂到另一个海岸被人捡到,然后来救你。这并不是最好的沟通方式,却是一种沟通的尝试。你的行为是可以理解的,因为大多数人都不喜欢无尽的孤独。当我们与他人在一起时,不管什么形式的沟通,总能让我们分享思想、情感,并协调行动。通过沟通,我们鼓励、打压、威胁、命令、哄骗、赞同、反对,并表达爱恨或矛盾。

人们试图理解沟通中所包含的不同因素,这种尝试至少可以追溯至亚里士多德,他主要研究了由**说话人**、信息**内容**、信息传达的**场合**、**听众**、演说对听众的**影响**所构成的要素链。这一古代模型与香农-韦弗(Shannon-Weaver)模型(Shannon & Weaver, 1949)相似,后者被用来描述通过电话进行的信息传输过程,它包括一个信息源、一个将信息编码成信号的发射器、一个传输信号的频道、一个解码信息的解码器、一个接收器。相似的社会心理模型(Lasswell, 1948)可以被总

结为**谁**通过什么**方式**向**谁**说了**什么**并产生了什么**影响**。这一模型促使研究者将沟通的有效性解释为由说话者的个性、信息的特点、特定媒介（演说、收音机、电视）的影响和听众的特征共同作用的结果。

图7.1　没有人是一座孤岛

资料来源：Anton Brand/Shutterstock.com

让我们将这种模型套用到上述瓶中的信息上。首先，谁：如果你说自己是个青少年，信息所产生的影响将会与你说自己是逃犯，或是"不幸的女人"有所不同吗？信息本身的什么特征会提高得到回应的可能性吗？发现瓶子的人具有何种个性特征会使他更有可能前来营救呢？这种特定的方式——海洋中的漂流瓶——有多大可能会成功实现信息传输呢？

随着万维网的诞生，沟通方式经历了深刻变革，推特（Twitter）和脸书（Facebook）这样的社交媒体改变了整个世界。即使在贫穷仍是主要议题的发展中国家，移动电话的使用也已经普及，而在发达的工业化国家，几乎人人都拥有一部联网的手机，或是电脑，或者二者都有。无数人已经习惯以这种方式与朋友、家人、生意伙伴沟通，而且这些媒体还改变了人们认识新朋友，寻找爱人，组织非暴力反抗，甚至是抗议独裁者的方式。2012年被称为"阿拉伯之春"的一系列革命抗议活动一定程度上就是因为社交媒体才成为可能的。

要点：沟通对于社会交往至关重要。信息源、信息、媒介、接受者的特征都能影响沟通的有效性。

沟通中最重要的是什么呢？尽管我们很快就能想到语言，但是我们也使用手势、面部表情、肢体动作和非语言性的发声来沟通，例如吹口哨、咕哝、呻吟。事实上，非言语沟通是任何直接社会交往的重要组成部分。而且据估计，大约有三分之二的沟通中包含有非言语信号（Chung, 2011）。比起大费口舌，眉毛上扬、嘴唇收缩或者拳头紧握往往更能表达我们的想法或感受。微妙的非言语线索也能反映我们的态度、思想以及我们喜欢或厌恶什么样的观念或行为（Weisbuch & Ambady, 2009）。然而，尽管我们的官方教育投入了巨大精力让我们学习语言的标准规则，但却从未有任何官方指导教我们进行非言语沟通。这些我们只有通过观察和模仿来自学。

无论是言语的还是非言语的沟通，都由它赖以发展的文化所塑造。特定的词汇、短语、手势反映了使用它们的人的沟通需求。尽管你可以像 J. R. 托尔金（Tolkien）在小说《中土世界》(*Middle Earth*) 中为栖居于此的人所做的那样，开发一种你自己的语言也可以想出一套手势和秘密握手的私人系统，但是除非至少有另外一人分享了你的"密码"（专栏7.1），否则这些对于沟通都是无效的。

专栏 7.1　另一个视角：媒介和信息

如果你对人们如何通过语词进行沟通感兴趣——或者是不熟悉短信的习惯表达，那么请想一想词语及其意义是如何以各种不同的方式传达给他人的。尽管一般来说，我们可以将思想转换成词语——**我们的**语言中使用的**我们的**词语——但如果要把这些思想传达给不懂我们语言的人，或者是不能听见我们说话或看见我们写字的人，那就会十分困难，有时甚至是不可能的。只有当他人能理解我们的密码，能"读懂"我们的象征性符号时，真正的沟通才会发生。

有一些语言跟我们的母语很相似，即使我们不懂这门语言，也能猜出一些词语的意思。例如，我们很容易能猜出 Sosiaalipsykolgia 这个芬兰语单词的意思是社会心理学（social psychology）。

但是很多语言不管是口头表达还是书写形式上都与英语没有任何相似性。如果我们不懂特定的语言，或者不认识书写它所使用的字符，我们如何能猜出下面的这些符号也是社会心理学的意思呢？

阿拉伯语

علم النفس الاجتماعي

俄语

социальная психология

我们通常认为语言就是我们口中说出的话或者纸上印出的字词。但是，语言也可以通过视觉、听觉和触觉等很多不同的方式来传达。你觉得下面这些圆点和短线是什么意思？

... --- -.-. .. .- .-.   .--. ... -.-- -.-. .... --
- .-.. --- --. -.--

你可能会一头雾水。但对于50年前的电报员来说，意思是十分清楚的——还是"社会心理学"。而且，如果它们是以一连串长短不一的敲击声的形式出现，电报员可能理解得更快。

下面这些凸起的点又是什么意思呢？用手感受一下。

对于用盲人点字法的读者来说，这同样也是"社会心理学"。对于懂美国手语的人来说，"社会心理学"是这样表达的：

最后，过去的童子军和陆军信号兵团是这样表达的：

对于那些并不共用同一套密码的人来说，特定的声音、动作或面部表情毫无意义，这也就不难理解，为什么从小学习相同语言的人之间会有共鸣感，而对那些说不同语言的人会有距离感。因此，共用一种特定的语言是确定社会身份和群体边界的重要因素，因为相比非言语行为，语言的编码更具有排他性，对社会交往也更关键。它将人们联接起来。另一方面，语言的差异往往使人们分隔，并成为滋生偏见、歧视和攻击的温床。

说了什么：语词

在研究人类的社会活动时，如若不考虑语言的作用，就不可能得出公正的结论，因为语言对于社会心理学的几乎一切领域都至关重要，而且很难想象有哪一种社会交往是完全没有语言参与的（Maynard & Peräkylä, 2003）。不过，尽管变换语词相当容易，但语词并非总能表达我们的思想和感情。人们在沟通中常常会误传，有时甚至是故意地，由此产生的误解可能会在个人、团体甚至国家之间造成严重的冲突。当沟通人员来自不同的文化或语言背景时，沟通失效的风险就更大了。

在社会心理学领域，最先对语言感兴趣的有加拿大麦吉尔大学的华莱士·兰伯特（Wallace Lambert），他职业生涯的大部分时间都在进行双语研究（Taylor, 2011; Vaid et al., 2010）；还有英国的霍华德·贾尔斯（Howard Giles）和彼得·鲁宾逊（Peter Robinson），他们在社会心理学内部成功创立了一个生机无限的语言研究分支领域（Taylor & Usborne, 2007）。正因如此，社会心理学的语言研究在过去25年里飞速发展（Kroger & Wood, 1992），现在关于这一主题有若干专业期刊和一部研讨手册（Robinson & Giles, 2011）。社会心理学家越来越关注语言在众多重要社会现象中所发挥的关键作用，例如归因、社会认同、地位、亲密关系与人际关系（Krauss & Pardo, 2006）。正如在导言章所指出的那样，话语心理学是以语言分析为基础的。

对语言进行社会心理学研究并不容易，因为自然的言说受到很多因素影响，想要在自然的社会环境中弄清这些变量的作用也很困难。尽管很多社会心理学的语言研究都是在实验室环境下进行的，但在把这些研究结论扩展到自然环境下的互动交谈中时，人们必须格外小心（Hughes & Reed, 2011）。

在研究语言的社会心理学之前，我们先考察一下，语言究竟有多么复杂，而且虽然复杂，但我们在说母语时却又是多么自如。一切能够言说的语言都以一套语音系统为基础，在这一系统内，简短而无意义的声音、**音素**（phonemes）被组合成意义单元、**语素**（morphemes）。通过运用相对少量的此类声音（最多45个，由语言决定），并一次将两个、三个或更多声音组合到一起，不同的人类语言由此产生了多达100000个语素（Argyle, 1969）。

我们的祖先从说话到写字迈出了一大步，而且起初每个字都有一个不同的符号（例如，象形文字）。这样的一个系统需要大量的符号。在大多数语言中，最终都是由若干遵循发音规则的字母而非音节或单词替代了成千上万的符号。然而，汉语却发展为一套包含10000个汉字的系统，每个汉字都代表了语言中一个不同的词组元素，并且这些汉字至今仍在使用，这给读写带来了困难，因为想读懂一份报纸，读者至少要认识几千个汉字。但是，有点讽刺的是，实际上汉语更能适应微博的发展，例如将消息长度限制在140个字符的推特。新浪微博，一个与推特类似的中国信息服务平台，为超过3亿用户提供服务，但是由于每个汉字都包含了巨大的信息量，很少有消息会达到140个字符的限制。

语言不仅只是一种沟通工具。语言所提供的强大象征能力丰富了我们的思维，因为它使我们能在头脑中建立一个世界模型，我们可以用这个模型去细想将来的行动会产生的一长串连锁反应，并在无需真的实施这些行动时就思考清楚其后果（Holland，1992）。语言也让我们能利用无数活着或逝去的人以文字、声音和录像形式构建出的巨大知识与思想宝库。我们能研究亚里士多德的哲学，马丁·路德的神学和爱因斯坦的科学推理。我们能因莎士比亚得到灵感，因麦克卢汉（McLuhan）获得鼓舞，因萨德受到惊吓，因陀思妥耶夫斯基感动落泪。我们能听到、读到、了解到政治家、科学家和表演家的观点。语言使社会群体将自己的知识、信念和价值观代代相传，没有了语言，根本就不可能发展出我们所知道的现代文化。

儿童都是自动学习语言的，因为只要生长环境里有语言，他们就会掌握它。正如平克（Pinker，1994）所指出的，在尚未接受正式教育前，儿童就能很快掌握复杂的语法规则，而且随着长大，还能造出"世界历史上从未有过的"（第9页）新奇句子，并能很好理解第一次遇到的全新句法。

语言不一定都包含言说。尽管没有发声，但一切手语都包含了语言的形式特征——名词、动词、语法，例如美国手语。想要交流的想法如此强烈，以至于聋哑儿童在还没有机会学习正式的手语时，发明了自己的一套与他人交流的非言语方式。例如，我们可以想想以色列的阿尔塞伊德（Al-Sayyid）村发生的事情（Kreiner，2011）。由于有着相同的基因条件，村子里有很多先天失聪的人，而在过去的三代中，他们已经逐渐正式地发展出了自己的手语：阿尔塞伊德贝都因手语（Al-Sayyid Bedouin Sign Language，ABSL）。它最初只是一些简单的手势，慢慢地发展出语法规则，现在这门语言已经包含了一切语言所共有的一些特征，例如一种语词顺序偏好：阿尔塞伊德贝都因手语有主语—宾语—动词的语词顺序（例如，我牛奶挤）。这完全是一种自然的发展，因为此地区的任何言说语言中都没有出现这样的语词顺序。不过，在某些其他语言中存在，例如日语。

要点：语言在人类社会中普遍存在；即使未接受语言教育，人们最终也会发展出自己的语言。语言不仅能促进沟通，也有助于思考、计划和将知识代代相传。

怎么说的：副语言

尽管我们使用词句与他人沟通，但真正的沟通远胜于语词。口头沟通实际上是双码的，因为意义的给予不仅由说**什么**，也由**怎么说**决定。这些"超语言"的信息既能改变语词的意义，也能让我们更加了解说话者。此外，其他非言语行为——微笑、皱眉、瞪眼等——也能大大改变语词的意义，这一点我们在本章后面会讨论。

根据说话的方式而非话语本身，我们能更好地判断人们的意图与动机。跟一个沉浸在巧克力中不能自拔的朋友说"你这只猪"时，根据语气的不同，既能表示友好的逗趣，又能表达一种告诫之情。我们会自动地无需思考地根据说话的方式来修改话语的意义。

副语言（paralanguage）指的是"如何"说话，是言说的非语言方面；它包括节奏、音调、响度、重音、停顿等特征，甚至还包括非语言的发声，如清嗓子、咕哝和叹气。前三个，节奏、音调、响度，是语言的**诗体学特征**（prosodic features），而且在口头沟通中至关重要。我们用它们来强调观点，表达怀疑，暗示想法，传达情绪。儿童在其语言发展的早期就学会了如何运用这些诗体学元素。表达与感知话语中的情绪性"语气"的能力对沟通极其重要，这二者中任何一种能力的缺陷都会深刻影响社会关系（Bachorowski, 1999）。例如，当有人在"贬低"我们、命令我们或是乞求我们时，我们是怎么知道的？主要就是通过诗体学特征。某些诗体学类型能传达特定的情绪：低音一般表示攻击或支配，而开心或缺少攻击性通常用更高的音调表达，而且不论是否处于同一文化环境，个人的这种行为几乎都是一致的（Frick, 1985）。

人们能将沟通的这两个方面分离开来，而且当二者不一致时，能对每一方面进行独立解释。例如，在一项研究中（Solomon & Yaeger, 1969），学生们听老师讲评某个学生的作业。当诗体学特征所传达出的情绪与信息的言语内容不相符时，学生倾向于认为言语内容反映的是老师对学生作业的看法，而诗体学信息反映的是老师对学生的看法。实际上，研究表明，副语言确实会破坏人们对话语特定意义的记忆（Hertel & Navarez, 1986）：在回忆一次谈话时（已被录像），受试者将说了什么和怎么说的弄混了。因此，如果有人说了一些批判性的话，但却是以一种友好和开玩笑的方式说的，那么我们之后记起时会感觉这些话没有实际上那么严厉。

为了社交沟通顺利进行，信息接收方必须能识别副语言和其他非言语情绪信号，并将它与言语表达的信息整合起来。当口语转化为文字，必须加上标点符号以弥补非言语信息的丢失，但即使这样，还是可能丢失一些信息（Argyle, 1975）。这自然也是现代电子通讯的问题，邮件、短信、社交媒体有时会产生严重的误解。全球无数人每天耗费数小时坐在电脑前与他们永远不会遇见的陌生人沟通。剔除了能反映情绪状态的一切非言语提示后，这种形式的沟通会如何影响沟通者？又会如何影响他们的相互理解程度，甚至是他们之间的关系呢？随着上网成为越来越多人的日常习惯，社会心理学家对此类沟通与面对面沟通有什么区别，以及电脑网络如何影响工作团体与社交团体的结构等问题产生了浓厚兴趣。

不过，发短信或邮件时人们通常不会意识到由于非言语提示缺失而产生的问题，并且想当然地认为，既然自己能明白自己评论的情绪语境，那么对方也会明白。这种对沟通效果的过度自信似乎反映了一种自恋聚焦，这使人们不能从接收者的角度审视信息（Kruger, Eply, Parker & Ng, 2005）。在中国进行的一项研究（Shuang-shuang, 2010）发现，相比面对面交谈，以电脑为媒介的互动更常出现不礼貌的沟通。另一些研究（Ickes, Park & Robinson, 2012）表明，在以电脑为媒介的互动中，为了在以认可与接受为目标的人际争夺战中获得权力和地位，人们会把陌生人当作工具来利用，态度十分粗鲁。

但是，正如标点的发明能为文字沟通带来一些诗体学元素，基于文本的一些提示也能在以电脑为媒介的沟通中被用来表达情绪（Whalen & Pexman, 2009）。"微笑"表情符:-)的使用就是一种弥补非言语提示缺失的尝试（Provine, Spencer & Mandell, 2007）。一项对电脑网络上的基于文本的沟通与面对面沟通的对比研究发现，在交流情绪语气方面，基于文本条件下的受试者与面对面条件下的受试者一样成功。他们很自然地使用基于文本的提示来替代非言语的情感标志，比如提供个人信息，比如在提出其他选择时先称赞对方已经给出的建议，又比如意见不一致时尽量委婉表达。因此，只要沟通者愿意，基于文本的以电脑为媒介的沟通不一定会阻碍情感的交流。

要点：副语言是沟通的重要组成部分。它能单独提供很多改变话语意义的信息。

谁说的：语言与对说话者的印象

说话方式的差异标志着不同的社会地位和不同的社会与文化身份，以此为基础，我们不仅能推断出一个人的年龄、性别、社会阶层、民族或学历，甚至也能推断其性格、能力和才智（Bradac et al., 1977; Giles & Powesland, 1975; Seligman, Tucker & Lambert, 1972）。比如，与陌生人通电话时，人们只通过声音就能容易地区分出这是一个低学历的英国女青年还是一个高学历的印度成年男性。而且令人吃惊的是，研究表明人们甚至能从一个两句话的声音样本中推测出说话人的身高和体重，并且准确度与看着一张全身照进行推测时几乎一样高（Krauss, Freyberg & Morsella, 2002）！除了声音本身的特质，词语的选择、语法的使用或误用以及发音的错误也能帮助听者做出判断。即使只是语言中一个很小的方面，也能极大地影响听者对说话者的印象。例如，一个总是省掉"g"的说话者——"I was runnin' to the store when I saw a bus speedin'by…（我去商店的时候看到一辆大巴飞驰而过……）"——与一个清晰仔细地发出所有"g"的说话者，给人的印象是不同的（专栏 7.2）。

专栏 7.2　词语的力量

思想，如果能传达给他人，可能比任何武器都危险；正如人们常说的，笔头比剑锋更厉害。不过，词语有时具有一种与其意义无关的力量。想想这样一个生造词，fac。人们可以安全地读出这个单音节词，不用害怕会引起什么不好的反应，至多会有人露出疑惑的表情，可能在想你要说的应该是 fact。现在做点轻微的改变，把它变成另一个单音节词"fuck"。只要在印刷品上看到这个词，特别是在一本受人尊崇的教科书上，这就足以让很多人产生一种不好的情绪，而且在不甚遥远的过去（仅约 40 年前），人们是不会让这本书出版的，因为在大家看来，这是一句非常可怕的下流话。尽管这个词的来源已经不可考（并非如一些市井传说所言，源于诸如"For Undue Carnal Knowledge"即"为不正当性交"的首字母缩写），但几个世纪以来，这小小的音节以及一些与性有关的近义词已经成为一种禁忌。虽然有些人经常使用——几乎都是男性——但不会让"体面的"女性听见，也不会在"高贵的"社交场合使用。1795 年至 1965 年间，没有**任何**一本英语字典收录了这个词。回想（第五章）一下，1959 年一群由大学生组成的实验受试者在阅读一份包括"fuck"等词的单子时，竟然产生了"严重"的不适反应！

近年来，fuck 又派上用场，现在只是用作一个普通的感叹词，或者仅仅是为了表示强调。而且，男性和女性都会使用。事实上，未成年的男生女生也会用，特别是青少年。人们以各种与其本来的性暗示意义无关的方式来使用它，它还被用作名词、动词或是形容词，而且它几乎成了意义最为丰富的英语单词（例如，"You are a stupid fuck"——"你是个蠢货"；"Fuck what the government says"——"政府说的都是鬼话"；"All fucked up"——"全完了"；"I don't give a fuck"——"我不在乎"；"Why the fuck did you do that?"——"你究竟为什么那样做？"）。

怀特（White, 2002）认为，有超过 250 万个网页将 fuck 一词编入索引，"Fuck 是一个无处不在的词，无论在哪儿都能听到，而且以各种意想不到的方式被使用，不分年龄。从校园到电视，从街边咖啡店到广播电台，它的使用如今非常普遍"。（第 21 页）。

这个一度被列为禁忌的词是如何变得像今天这样被广泛使用的？一个本来与性有关的词又为何会承担起如此深的怒气？这又反映了什么样的社会变迁呢？

虽然这个词已被广泛使用，但它能唤起人们不适的这种力量并未完全消退。

学生可能经常使用,但如果一位医生或是大学讲师在讨论性行为时用 fucking 一词,而非 intercourse(交合)或 love-making(做爱),他们还是会感到震惊。

有个服装零售商使用了 FCUK("French Connection, United Kingdom"的首字母缩写)这几个字母作为品牌标志,明显就是想利用相似的 fuck 一词能引起轰动的价值(图7.2)。

图7.2 伦敦的一家以 FCUK 为品牌标志的法国商店
资料来源:Justinc, Wikimedia Commons

此外,这个词的使用有时还是会引起官方强烈的不满,而且由于身处亚文化之中的人相对来说更易使用该词,这可能会导致歧视。怀特(2002)指出,在澳大利亚,土著青年经常会成为因攻击性语言而被选择性执法的受害者。他认为澳大利亚针对攻击性语言的法规是一种通过警察对土著青年进行社会控制的关键机制,这些法规的执行强化了"土著不正常"的流行偏见。

Fuck 一词对现代年轻人来说已经如此常见,以至于他们在使用时根本没有任何冒犯别人的意思,也没有意识到这个词还是能产生深深的攻击性。比如老年人就觉得它具有攻击性,是社会认同和反对权威的一种方式。实际上如德鲁里(Drury, 2003)所说,成年人,特别是那些位高权重的人,通常认为青少年缺乏沟通能力,而脏话的频繁使用强化了这一印象。另一方面,青少年通常认为与成年人沟通之所以存在问题,是因为权力不对等,并且成年人对他们缺乏尊重。

口音与方言

随着逐渐长大,我们日益学会以周围人所"接受"的方式来讲话,而且也不怎么改变,因为人们口头表达自己意思的方式并不会因时间和环境的变化而有什么不同（Pennebaker & King, 1999）。在识别我们当中的外地人时，我们常常是根据不同的讲话方式来判断，即使他们和我们说的是同一种语言。

说同一种语言的方式可以千变万化。**方言**（dialect）就是特定地理区域（地区方言）或社会阶层（社会方言）的人所说的一种语言形式。地区方言告诉他人我们从哪来，社会方言告诉他人我们的社会地位如何（Grondelaers, van Hout & Steegs, 2010）。不同的方言不仅可以通过口音加以区分，在词汇和语法上也有不同。**口音**（accent）特指发音方式，与音调及如何发元音和辅音有关。因此，如果一个英格兰人、一个爱尔兰人和一个苏格兰人朗读同一个句子，语法和词汇将会是一样的，但发音上明显的变化将会反映出口音的不同。不过，如果这三人自然地说话，那区别就不只体现在口音上了；由于词汇和语法的变化，他们可能说出不同的方言。

尽管来自同一个地区的人一般会说同一种方言，但在这个地区之内，也可能会因社会阶层、种族和年龄不同而存在差异。在任何一个社会都能轻易分辨出社会方言，例如，没有受过教育的工人与受过良好教育的律师或教师，说话就明显不一样。类似地，在既定的某种方言内，一个少女与一个中年妇女说话的方式也很可能差别显著。这种差异如此普遍，以至于当人们只看文字，也能分辨出不同。

看看以下两段自然谈话的文字版（Tagliamonte, 2006）：

I don't know, it's jus' stuff that really annoys me. And I jus' like stare at him and jus' go…like, 'huh'.

（不知道啊，只是有些烦心事。我就想看着他，然后……就像，"呃"。）

It was sort-of just grass steps down and where I dare say it had been flower beds and goodness-knows-what …

（下面好像只有一些长草的台阶了，我敢说，原先是有花坛的，天知道是什么……）

我们很容易分辨出哪段话是年轻人说的，哪段话是年长的人说的，因为它们反映了不同的社会方言。你也能猜出说话者的性别。第一段是一个18岁的少女说的，第二段是一个79岁的奶奶说的。"I dare say"（我敢说）和"goodness knows what"（天知道是什么）这种短语的使用，甚至能让你更清楚说话者的身份以及她来自哪里。

在英国，当电视和其他电子媒体还没有影响到人们说英语的方式时，一些语言学家能通过听人说话准确地判断出其出身和社会阶层。（回想一下《窈窕淑女》的台词："从一个英国人说英语的方式绝对能看出他的等级。如果发音不佳，他一开口，就会遭其他英国人鄙视。"）过去，一个人的口音会严重影响其获得社会经济地位提升的机会，而受过教育却有着"错误"口音的人（例如伦敦人）会上朗读课来"纠正"说话方式。

在美国，说话也是了解社会地位的重要方式，而地区差别也是存在的，例如，人们绝不会把布鲁克林口音与上层阶级的波士顿口音或者慢吞吞的德克萨斯口音搞混。但是，事实却更复杂，因为群体环境也会产生影响。例如，在 bear 和 court 这样的单词里，不发 r 的音，如果是在查尔斯顿和南卡罗莱纳州，表明这个人是年长的、尊贵的上层欧裔美国人，而在纽约市，则表明他来自工人阶级或下层群体（Wolfram, 2004）。

几乎每种语言都有不同的口音和方言。印地语，印度 18 种官方语言中最常用的一种，至少有 10 种主要方言。在澳大利亚，语言学家划分出三种澳大利亚英语——文雅的、方言的和普通的（Edwards & Jacobsen, 1987）。虽然传统的纽芬兰口音通常很容易识别，但加拿大英语几乎没有什么口音或方言多样性（Lavov, Ash & Boberg, 2006）。不过，在说法语的加拿大人中，却有很多不同的方言，例如，阿卡迪亚方言就不同于魁北克方言。

第 1，在一个既定的社会中，不是所有特定语言的变体都被同等对待。最有威望的语言形式——被语言学家称作"标准"口音或方言，是有教养的、上层或"高贵"阶级所讲的那一种。遍及全球的研究证明，从孩童时代到成年，使用标准的说话方式是地位和能力的表现（Wiemann & Giles, 1988；Stewart, Ryan & Giles, 1985）。比如在澳大利亚，操着高贵文雅口音的人被视为不仅是最有能力的，也是最有社会吸引力的（Edwards & Jacobsen, 1987）。以这种更"高雅"的方式说话的人，通常认为其他口音或方言是"粗俗的"或"下等的"，甚至一般说非标准方言的人都觉得自己的方言是低级的（Niedzielski & Preston, 2000）。

第 2，但"标准"口音又是如何选出来的呢？所谓的英国英语标准发音（BRP）就更好吗？还是更动听？众所周知的法兰西岛方言或者"巴黎法语"也是因为类似原因成为标准语的吗？当然，很多人都会同意，这两种形式的语言都非常动人、清晰和高雅。而且，我们通过正式的课程学习第二语言时，学到的也是这种声望比较高的语言形式，因此倾向于认为其他形式都是不标准的。但是，如果有些人觉得伦敦腔英语或阿卡迪亚法语不如英国英语标准发音或巴黎法语好听，是不是因为它们确实更难听呢？还是说标准语之所以成为标准是因为历史上统治这个国家的人说的是这种语言，于是现在我们觉得它更好听，因为我们已经学会了要尊重它？想要搞清楚这个有趣的问题，我们可以让不熟悉这种语言的人听一些标准和非标准语的录音，然后让他们根据好听程度评分。如果对不讲法语的人来说，巴黎法语比阿卡迪亚法语更好听，那么就表明，有一些内在的因素使这种方言能成为声望最高的那一种。

贾尔斯、布里斯和戴维斯（Giles, Bourhis and Davies，1977）提出了以下两种可能：

第3，内在价值假说（inherent value hypothesis）。标准方言之所以成为最有声望的语言形式，是因为它是这种语言在美学上的理想形式。

第4，外加规范假说（imposed norm hypothesis）。标准方言和非标准方言在美学上一样动听，但人们对非标准形式的评价之所以比较消极，是因为社会规范对它有偏见。

他们让不懂法语的威尔士学生听由同一个人以三种不同法语口音说的同一段话的录音：巴黎（"标准"）法语，有教养的加拿大法语和工人阶级的加拿大法语。然后，受试者要对语言的舒适度和优美度，以及说话者的地位、智商、可爱度、志向和韧性做出评价。结果并没有发现什么明显的差异，从而支持了外加规范假说。此外，受试者也分辨不出哪一种是最有声望的语言形式。另一个相似实验进一步证实了外加规范假说，一群不懂希腊语的英国大学生听了克里特方言和更有声望的雅典方言，同样地，他们挑不出有声望的那种形式（Giles et al., 1974）。

总之，标准语之所以成为标准并非由于它在美学上更动人，尽管说这种语言的人可能这么认为。它的声望反映了社会分层的历史过程，以及它与上层社会之间的联系。这在有些情况下非常明显。例如，英国的所谓标准发音以前就是女王所说的英语。而在法国大革命之后，接管国家的巴黎无产阶级选择了他们自己的法语（法兰西岛方言）成为国家的标准语，并在学校禁止使用其他口音或方言（Bourhis, 1982）。

尽管每个社会都存在由有教养的阶层所使用的标准口音或方言，但也存在一种在国际层面备受尊崇的口音或方言。即使这种口音或方言并不为当地人使用，但依然被视为最尊贵的。同样，巴黎法语就是例子。英国英语标准发音也是加拿大、美国和澳大利亚这些英语国家最为尊崇的形式，并且在标准—非标准这个体系下，全世界说英语的人都对它评价颇高（Milroy & Milroy, 1999）。在美国西南部一所大学开展的某项研究表明，它在当地的声望超越了英国本土（Morales, Scott & Yorkston, 2012）。受试者听了一段45秒的广告，要么用英国英语标准发音播报，要么用美国南部英语（SAE）口音——在美国使用最为广泛的"非标准"口音。（这二者都不是受试者所使用的本地口音，且实验者表示南方人和英国人一样都将被视为外部群体。）受试者认为不仅英国英语标准发音更动听，而且以这种口音宣传的产品也更吸引人。至少在世界上某些地区，女王所说的英语声望犹在，而且影响深远。

要点：一种语言中最有声望的方言并不是在美学上占优的那种，而是历史上统治社会的掌权者所说的那种。

语体

话语中还有其他方面，承载着超越语词本身的信息。即使在一个由特定的地区方言和社会方言结合在一起的地方，个人说话的**语体**（speech register）也还是会随着环境发生改变（Romaine，2000）。语体是在特定环境下所使用的语言变体。它反映一个人的情绪状态，而且我们仅凭听录音就能判断一个人是愤怒、高兴还是不友善。语体的选择也能反映谈话人之间的关系，以及说话者的相对地位和他对听者自身典型语体的判断。你同修理工讲话时会与同医生或教授讲话时不同吗？对语体的选择能清楚地告诉他人我们是如何看待他的。语体也会随环境而变化，想象一位正以十分威严而雄辩的方式讲课的教授。如果你无意中听到他在餐馆吃晚饭时也以同样的方式跟自己的同伴讲话，那你肯定会觉得这人自大又傲慢，因为在那种场景使用这样的语体是不合时宜的。我们根据情境调整说话方式，在日常生活中会遇到各种不同的情境，因此我们会频繁地改变语体。

由于特定语体的使用反映的是说话者对听者的相对权力，因此语体的选择可以产生弱化作用。有时是因为它提醒听者，他们相对来说是缺少权力和独立性的。例如，有一种我们耳熟能详的语体，即语言学家所说的**儿语**（baby talk，BT）。它不仅指婴儿的说话方式，也指成年人对2—5岁孩子的说话方式。它的特点在于较高的音调和夸张的语调（Caporael, Lukaszewski & Cullbertson, 1983），而且不管什么语言中的儿语都存在这一特点（Ferguson, 1977, 2011）。社会心理学家更关注的是**次级儿语**（secondary baby talk），即不是与婴儿说话时所使用的儿语语体。如果有人以这种方式跟我们说话，大多数人会感到愤怒，并觉得这是对自己的一种贬低。然而，在一些养老机构中这种语体似乎很普遍，而这可能会增加老人的无助感和依赖性。据观察，当人们使用儿语而非正常成年人的语体与老人交谈时，老年人经常"瞬间变老"，也就是说他们的行动、说话和思考速度似乎都变慢了（Giles, Fox & Smith, 1993）。

例如，在加利福尼亚一家养老院进行的一项田野调查显示，护士在护理老年病人时，接近四分之一的对话都是使用儿语（Caporael, 1981）。尽管随后听录音的大学生表示，儿语比非儿语更积极，因为它有一种"照顾人"的感觉，不过只有那些活动非常不便的老人才会喜欢这种方式，而功能正常的人会觉得这样十分傲慢，是对自己的侮辱。另一项研究发现，德国护士与一些老年人说话时也经常使用次级儿语（Sachweh, 1998）。儿语最常见的使用对象是那些身体十分虚弱的老年女患者，医护人员要么不怎么喜欢她们，要么非常喜欢。不过，这项研究也表明，一些患者对这种说话方式反应十分积极。即使旁观者也会被这种居高临下的说话风格影响：某项研究中，受试者要观察养老院中的年长女性，护士在跟她们说话时，或者以屈尊俯就的风格，或者以非屈尊俯就的风格。这些旁观者认为如果护士以屈尊俯就的风格跟一位女士说话，那么这位女士应该更为虚弱。旁观者陷入"归咎于受害者"效应：如果别人跟你说话的方式显得你很虚弱，那必然是你本人虚弱。事实上，在这种机构环境下，儿语可能反映了一种社会控制的建构过程（Ryan et al., 1988）。

如果是与一个还没有很好掌握你的语言的外国人讲话，或是与一个智力有障碍的成年人讲话，你会使用什么语体呢？为了回答这一问题，心理学家在女大学生中进行了一项研究，她们被要求向一个6岁小孩，一个智力有障碍的成年人，一个以英语为第二语言的同学，或者一个以英语为母语的同学教授一个模块设计任务（DePaulo & Coleman, 1986）。研究发现，与小孩讲话时，语言更清晰简单，而且会使用更多的技巧来维持孩子的注意力，其中包括更长的停顿。而对智力有问题的成年人，说话方式类似，不过有时会更幼稚化（例如，总是重复）。另一方面，同以英语为第二语言的同学讲话时，除了更多的重复外，与同英语为母语的同学讲话没有区别。

与人说话的方式能清楚反映出我们对他们的看法。在与老年人或有学习障碍的人讲话时，把他们当成小孩可能会大大强化其无能感和无助感，使其难以发挥出最大的潜力。

直接陈述和间接陈述

如上所见，语言已经十分复杂了，但是还有一种特征我们必须考虑：沟通有时使用**直接陈述**（direct speech）——句子的意思与说话者意图一致，有时使用**间接陈述**（indirect speech）——这时缺少前者的一致性（Searle, 1969, 1975; Sbisà, 2009）。选择直接陈述还是间接陈述，取决于说话者对听者的相对地位。使用间接陈述，我们能避免直接挑战权威或挑战地位较高的人。假设你不同意教授的观点，你可能会这样开头——"我不是很确定我听懂了。我不明白经典条件作用怎么解释……"而另一方面，教授很可能会使用直接陈述——"经典条件作用导致……"

研究证明，有时在可能会丢脸的情况下为了保住"脸面"，也会使用间接陈述（Holtgraves, 1986）。例如，假设你完成了论文，想听听朋友的意见。如果直接问"你觉得我的论文怎么样"，表明你想知道文章质量如何，但是这样存在风险——如果朋友诚实回答了，可能会伤害你的自尊。另一方面，如果你把论文交给朋友，并且毫无热情地说"终于写完了"，这就是在**间接**寻求意见，但同时又暗示这可能不是你最好的水平，如果朋友提出了批评意见，你也不会丢面子。而且不仅我们自己常常想保住面子，日常交往中，我们也经常试图帮助他人"保住面子"。在上述论文的例子中，如果你的朋友认为文章非常差，那么间接的回答"不管怎样，你至少准时完成了"，就能将焦点从质量转移到准时上，于是帮你保住了面子，但同时也间接表达了对质量的较低评价。

要点：我们每日使用不同的语体。语体的选择，以及直接或间接陈述的选择，反映的是我们如何认识自己与听者的相对地位。

语言与性别：女性和男性说话方式不同吗？

只要听到声音，我们就能判断性别。一来，男性的音调总是比女性低沉。不过，虽然由于不同的生理构造，男女音调存在平均差异，但社会因素也起着重要作用。例如，成年波兰男性就比成年美国男性的音调高（Romaine, 2000），而这与生理构造毫无关系。我们可以训练自己以一种与喉头大小和形状并非直接相符的音调讲话。

由于我们倾向于将声音低沉与权力联系起来，因此所谓的女性讲话特征——如更高的音调，更软的音量，更多的起伏和更轻松愉悦的音色——通常会让听者觉得说话者的社会权力和智力水平较低，但待人更温暖（Montepare & Vega, 1988）。

那么，如果女性想听起来更强大、更有权威该怎么做呢？想想前英国首相玛格丽特·撒切尔，她的"女性"声音与她想展现的强硬形象不符。通过声音课程，她学会了以一种更低沉、"更强大"的音调讲话（Fromkin, Rodman & Hyams, 2011）。想要听起来更强大的不仅仅有撒切尔。与男性播音员不同，当女性最初开始播报新闻时，人们根本不当回事，于是她们只好降低音调。与上一代相比，现在女性新闻播报员的音调已经大幅降低了，这不仅发生在英语世界，也发生在日本这样的国家（Karpf, 2006）。也不只是新闻播报员。有人将20世纪40年代中期一些18—25岁澳大利亚女性的录音与20世纪90年代相似女性的录音进行了对比，结果发现，澳大利亚女性整体的平均音调显著降低了（Hewlett & Beck, 2006; Pemberton, McCormack & Russell, 1988）。

很多人相信，除了简单的音调不同外，男性和女性还存在着其他特有的不同说话风格。人们通常认为女性比男性更擅长表达，更有礼貌，情感更丰富，更健谈，在评价人时更积极和更愿意鼓励对方，并更常用试探性语言（"有点冷，对吗？""我可能错了，但是……"），以及更加委婉。有人说，女性比男性说话多，是因为沟通对于她们来说更重要；也有人说女性谈论较多的是关系和感觉，而男性谈论较多的则是事物和事实。此外，据说女性的沟通更具合作性，而男性的沟通更具竞争性，并且更专注于地位。另一方面，人们认为男性会使用较多的粗言秽语，更喜欢争论、批判、说教和发号施令，而且更常谈论生意、政治和运动（Lakoff，1975；Tannen，1990）。也有人说，女性在对话中竞争性和支配性较弱，更有可能寻求妥协并照顾他人的感受。这甚至能延伸到职业层面。例如，霍尔（Hall et al.，1994）研究了男性和女性医生与男性和女性患者的互动。他们发现，相比男医生，女医生在患者身上平均花费的时间更多，更健谈，更常微笑和点头，从患者身上得到的医疗信息更多。这被用来证明，女医生似乎比男医生更善于表达和鼓励，而且更关注人际交往。甚至还有人发现，女性在发邮件时也更善于遣词造句（Fox et al.，2007）。

不同国家进行的大量研究表明，与男性相比，女性更有可能使用较为高级的语言形式（例如，Coates，1993；Gordon，1997；Romaine，2000）。在遍布世界的很多国家中，都发现了这一差异，如英国（Trudgill，1974）、伊拉克（Abu-Haidar，1989）、新西兰（Gordon，1997）和中国（Wang & Ladegaard，2008）。为什么会这样？有各种不同的解释。罗曼（Romaine，2000）表示，对于讲英语的人来说，这要追溯到维多利亚时期，那时要成为"淑女"，必须"说话得体"。特鲁吉尔（Trudgill，1974）认为，这是因为女性更在意礼貌，只有粗鲁的男性才会使用不标准的语言形式。也有人说女性之所以更多地使用有声望的语言形式，是因为女性没有稳固的社会地位，所以对社会规范更敏感。30年前，有人发现，在奥地利的德裔匈牙利人社区，受社会现代化的影响，女性使用的是有声望的语言形式（Gal，1978），据说她们比男性更清楚"说得好"的潜在经济效益。

女性和男性的沟通方式完全不同，这一观念孵化出了大量通俗畅销书，如《男人来自火星，女人来自金星》（Gray，1992），这些书无一例外，告诉公众男人和女人不仅说话方式不同，思维方式也不同。然而，卡梅伦（Cameron，2007）回顾了30年的语言研究，并得出结论：男性和女性的沟通方式完全不同乃是一个神话。对此，利伯和诺伯莱特（Leaper & Robnett，2011）提供了更多证据，他们对考察试探性语言（即看似表达不确定性的语言）的性别使用差异的研究进行了一项元分析，并且发现，试探性语言既不属于男性，也不属于女性，而是男女共同使用的语言。虽然在这一点上，鲜有英语以外的语言研究，但是有一个例子可见一斑，为了弄清楚在试探性语言和委婉语的使用上是否存在男女差异，有人对随机选择的英语和波斯语家庭电影进行了考察（Nemati & Bayer，2007）。结果是不管哪种语言，均未发现这种差异。

性别并不是使用试探性语言的决定性因素，缺少社会权力才是。有些研究已经发现，女性在与男性讲话时，倾向于使用比较柔弱的方式，这表明，即使在现代社会，女性往往还是难以像男性那样身居高位（我们会在第十章继续讨论权力）。不过，两性都会根据听者的性别来调整说话方式。研究表明，女性同男性讨论时，如果使用试探性方式，会比独断自信的方式获得更大影响力；可是，如果同女性讨论，情况则相反。男性的对话风格不会改变其影响力，不管是同男性讨论，还是同女性讨论（Carli, 1990）。

时代在变，儿童教养方式在变，社会规范在变，文化信仰在变。随着儿童教养、社会期望和社会规范中的性别差异的消失，与生理构造无关的语言差异也会逐渐消失。

要点：几乎在任何一个社会，男性都占据了历史上的统治地位，因此，男性的声音特征和男性特有的说话方式被当成了权力的象征。我们无意识地就将这种"权力"附会进了信息里。

语言与歧视

在一个既定的社会内部，语言为传达偏见和造成歧视提供了有效工具（Sachdev, 2007；Ng, 2007）。在吃早餐时，如果父母贬低其他种族成员，开残疾人的玩笑，取笑他人的口音，那么听到这些的孩子就会知道自己的父母是如何看待这些人的。种族歧视和性别歧视的词语会教人种族歧视和性别歧视，而无意中听到父母把无家可归的人叫作"懒汉"或"寄生虫"会强烈影响孩子对这些人的看法。针对同一类人，带有贬损意义的标签（如"基佬"）比简单的类别标签（如"同性恋"）更容易引发不同且更消极的自动联想（Carnaghi & Maass, 2007）。很多语言中都有一种"内置的"性别歧视，它反映了说这种语言的社会本质上是由男性主导的。由于英语中并没有不分性别的第三人称代词，于是"he"（他）和"his"（他的）被用来指代整个人类，例如，"the student put the books in his knapsack（那个学生把书放进了他的背包）"。这一标准用法微妙地让我们以为学生通常都是男性。在"mankind"（人类）、"man-made"（人造的）、"fireman"（消防员）和"chairman"（主席）这些单词中，也能看到相似的偏见。在过去几十年里，特别是在大学里，人们开始齐心协力消除这种偏见："mankind"变成了"humankind"，"chairman"变成了"chair"，指代类的"his"要么被换成了奇怪的"his or her"（他的或她的），要么变成了不符合语法规则的"their"（他/她们的），比如"the doctor examined their patient（那个医生检查了他/她们的病人）"。我们还会在第十二章和十三章回到性别偏见研究。

语言也是表达一般偏见的工具。每一种语言都有一些特别的词，反映该社会对特定少数族群、弱势群体和敌人的消极看法。我们都清楚"nigger"、"wop"和"faggot"（这三个词分别是对美国黑人、美国意大利人和同性恋男子的蔑称。——译者注）等词的毁灭性力量。除了简单的贬损性标签，语言还能以各种其他方式加强歧视，例如种族歧视和性别歧视的各种笑话。

语言还以其他方式强化偏见和歧视。要歧视，首先要认出目标群体的成员。当然，肤色、性别或智力障碍这些身体特征已经提供了现成的基础。不过，我们所说的语言和我们说它的方式同样也是群体身份的有力标识。正如领袖激动人心的语言能鼓励人们团结合作（想想丘吉尔的"鲜血、汗水和眼泪"以及马丁·路德的"我有一个梦想"），它们也能煽起仇恨的飓风（再想想阿道夫·希特勒的反犹演说）。使用语言来锁定并诋毁某个特定群体是十分常见的现象，特别是在战争时期，它创造了一种多诺霍（Donohue，2012）所说的**身份陷阱**，即把所有人都划分到朋友或敌人两个阵营：你要么支持我们，要么反对我们。通过一些约定俗成的话题——例如，总是谈论权力，而绝口不提多数人与少数人之间的共性与联系——说话者强化了自己的群体身份，同时贬低了目标群体。这为歧视提供了如此强大的理由，以至于有时甚至会导致种族灭绝。

要点：语言是偏见和歧视的重要工具。此外，我们所说的语言以及我们说它的方式为识别群体身份提供了有效方法，使那些想要歧视的人更容易识别目标群体。

语言调适与群体边界

在宴会上，如果前一秒与你交谈的是一个受过良好教育的人，而下一秒却是一个没怎么受过教育的人，你会改变说话方式吗？人们总是会转向或**趋近**对方的说话风格（Giles，1973）。**趋同**（convergence）可以是向上的（试图以地位更高者的风格来说话），也可以是向下的（例如，当老板与工人互动时试着表现得像"兄弟"一般）。即使1岁大的孩子也会表现出与父母音调趋同的现象。与父亲在一起时，他们会降低自己咿咿呀呀的音调，而与母亲在一起时则会提高（Giles & Smith，1979）。反之，成人与儿童说话时会使用简单的词汇和语法。

但是，有时我们也会极力避免趋同，甚至会趋异，即强调我们所特有的能区别开"我们与他们"的说话风格和语体。为什么人们有时会改变说话风格和语体，而有时却不会呢？根据**沟通调适理论**（communication accommodation theory）（Giles & Wadleigh，1999），当我们想要融入或是被他人喜欢时，就会改变说话方式，使它更接近于对方的。但过分的趋同看起来就像是讨好,有时甚至很荒谬。想象一下,如果我们突然模仿外国客人的口音、语速和语言表达,他们会有何感想!每一种交流都有一个能获得良好回应的理想趋同水平,如果超出这个水平,很有可能会成为拙劣可笑的模仿(Giles & Smith, 1979)。

沟通调适理论包含了四种不同的社会心理学思想:相似性吸引,社会交换,群体差异,归因。

- 相似性吸引理论(将在第八章讨论)认为,与他人在态度和观念上越相似,他人就越有可能被我们吸引。趋同是提高与他人相似度的一种方式。
- 社会交换理论(将在第八章和第十章讨论)提醒我们,趋同虽然能带来好处,但也有代价。我们必须衡量,是忠于自我,还是保持群体一致性。如果潜在的风险超过了回报,按照社会交换理论的预测,趋同就不会发生(Giles & Smith, 1979)。
- 对于那些感到语言和文化受到威胁的群体来说,保持群体差异(将在第十二章讨论)是一种重要的动力。少数群体的成员在与威胁要同化他们的多数群体成员交流时,很可能会趋异。
- 根据归因理论(在第二章讨论过),我们是否会积极回应他人的趋同行为,取决于我们如何解释背后的动机——是一种友好的表示还是想要操控我们?

语言不仅在个人的社会交往中起到重要作用,它也能帮助群体标记边界、确定身份。例如,青少年的语言虽然受父母影响,但首要目标是保持独特的群体界限,将他们与成人和其他青少年群体区分开来(Eckert, 2003);其次是要强化个人的社会身份,提高所属群体对他们的接纳度(Fortman, 2003)。有时,为了强调群体身份,会产生**趋异**(divergence)而非趋同,个人会有意强调自己的说话风格与他人的差异。美国人把"z"发成"zee"的音,而加拿大人则发"zed",于是同美国人说话时,加拿大人会重读"zed";伦敦人在与"上层阶级"的人谈话时,会强调自己的伦敦腔;一个在巴黎拒绝转换成巴黎口音的诺曼底人,会突出自己的诺曼底口音……捍卫群体身份的方式五花八门,有时也会含蓄地拒绝一切低人一等的暗示。

国家层面的群体身份问题,可以参考一项新西兰人回应澳大利亚人的研究(Babel, 2010):不管澳大利亚人是奉承还是侮辱,新西兰人普遍都会适应澳大利亚人的说话风格。但是,适应的程度与是否支持澳大利亚有关,亲澳大利亚人士更有可能适应其说话风格。另一项研究(Drager, Hay & Walker, 2010)发现,即使他人不在场,趋异和趋同也会自动发生。实验者要求新西兰受试者大声朗读一份单词表,有些单词的元音在新西兰和澳大利亚发音有所区别。一组受试者先了解了一些关于澳大利亚的"好"事（例如，澳大利亚政府为日本海啸赈灾捐款10亿美元，数额之大为世界之最），而另一组了解了一些"坏"事（例如，澳大利亚是2005年世界温室气体人均排放量最大的国家），第三组只是被告知了一些无关好坏的事实。仅仅只是看到有关澳大利亚的积极论述，就能让新西兰人在发音上与澳大利亚人更相似；而反之，消极论述则会降低这种相似度。

有时，不能与对方的语体趋同会导致沟通破裂。一个常见的例子就是，病人感觉没办法与医生沟通。大多数人都觉得医生是成功的、机智的、位高权重的，在与病人的所有医疗交往中，他们确实享有更高的权力（Watson & Gallois, 2002）。当医生让病人脱掉衣服时，几乎没人会问"为什么"。如果医生让病人每天吃两片绿色小药丸，一片红色大药丸，很少有人会问这药到底起什么作用，有什么副作用等。他们不仅是相信，而且不敢问。因此，在与病人交流时，医生的说话风格处处彰显权力并不奇怪。布里斯、罗思和麦奎因（Bourhis, Roth & MacQueen, 1989）考察了医疗工作者如何与病人说话。在研究中，病人和医生都同意医生应该与病人的语体趋同，而非相反。事实上，医生认为尽管他们与其他同行讲医学行话，但在同病人交流时会趋近日常语言。病人表示，在与医生讲话时，他们实际上会尽量使用医学行话。但是，病人却感觉医生几乎没有向自己趋同，实习护士的观察佐证了这一点。这不仅反映出社会权力的不平衡，也常常让病人感到并没有在医生探视时获得想要的所有信息。也许正是这一点导致了不遵"医嘱"的严重问题（参见第十五章）。

有趣的是，在普通医师和专家之间也会出现类似问题，前者往往不熟悉后者所说的专业术语（Barcia, 1985）。医生比病人享有更高的地位和权力，而专家拥有的地位甚至更高。语体由权力较低的人向权力较高的人趋同，这很正常。

互相能讲对方国家语言的人交流时，会如何调适呢？母语在当地是弱势语种的人，会向母语是强势语种的人趋同，这不仅是为了更有效地沟通，也反映出人们有意或无意地想要融入一个更强大的社群（Bourhis, 1990）。当然，语言技能也是重要因素，如果一方两种语言都十分流利，而另一方第二语言并不好，他们会使用双方都觉得更容易的语言。有时，会有一些适用于特定场合的规则。例如，销售会快速转用顾客的语言。使用第二语言进行沟通的意愿在一定程度上也取决于**民族语言学活力**（ethnolinguistic vitality）（Clément, Baker & MacIntyre, 2003）。这个术语意指特定社会结构下一种语言的相对地位和力量（Giles, Bourhis & Taylor, 1977; Harwood & Vincze, 2012）；它反映了这一特定语言群体的人口比例、社会经济地位以及对此语言的制度支持（如学校和报纸）力度。德语的民族语言学活力在苏黎世很高，但在以法语为主导语言的日内瓦就相对较低。因此，如果两人都同时会讲法语和德语，但其中一个是母语为德语的苏黎世人，另一个是母语为法语的日内瓦人,当他们相遇时,很有可能是这样的情况:如果在苏黎世,他们会讲德语;如果在日内瓦,他们则会讲法语。

要点: 我们在谈话时是会趋同还是趋异取决于目标是要促进沟通、"适应"听者还是要强调自己所在群体与听者所在群体的差异。

谁会成为双语通?

随着全球化的深入,越来越多的人正在与来自不同文化和语言背景的人交往。因此,虽然英语已经成为科学和商务领域国际通用的流行语言,但对于有些人来说,越来越有必要熟练掌握母语以外的其他语言。令人吃惊的是,世界上大部分人已经是双语通了(Tucker, 1981)。能讲两种语言在欧洲和亚洲很多国家都是十分常见的,而且欧共体和北美自由贸易区也在推进第二语言的学习。在北美,墨西哥有8600万人讲西班牙语,加拿大有700万人讲法语,他们会把北美共同市场变成一个三语市场(Bourhis, 1994)。

这为社会心理学提出了一些重要问题:我们如何能跨越语言障碍进行有效的沟通?谁会选择成为双语通?谁又能取得成功?以及如何推动双语甚至是多语学习?有些儿童很幸运,他们出生在双语环境中,从小就熟练掌握两种语言。然而,大多数人都需要花费大量额外的努力来学习第二语言。是否有动力学习第二语言,在很大程度上取决于社会环境,这包括家庭和社会的态度(Gardner, 1985)。

成为双语通不仅意味着要学习一门第二语言,也要求掌握一套新的社会规范。我们必须学会区分在第二语言中,何时所说与所想是不一致的,又是如何不一致的。在一种社会环境下使用某种语言的技巧有很多,比如**社会语言能力**(sociolinguistic competence)(Holmes & Brown, 1977)或**交际能力**(communicative competence)(Romaine, 2000)——这种能力很难通过正式的教学来掌握,因为即使是以这种语言为母语的人往往也说不出规则到底是什么。例如,刚学英语的人怎么会知道邀请某人"随时来访"(drop in anytime)并非是邀请他随时降落呢?或者问某人"你介意替我去商店跑一趟吗?"(Would you mind running to the store for me?)并非真的是一个问题,而是一种礼貌的请求,而且也不是真的让你跑着去。在法语中,特别是在法国,当有人想给你什么东西时,你说"谢谢"(Merci)并不仅仅只是"谢谢",而是"不了,谢谢"。在英语中,这种语境下的"谢谢"(Thanks)意思是"好的,谢谢"。

因此,与学生通常的期待不同,成为双语通更多地是一个社会化过程。用第二语言与以此为母语的人交流时,有时会产生意想不到的社会心理学后果。学生会逐渐认识到这些人对自己所属语言群体的刻板印象，这些观念甚至会降低学生的认同感。例如，当你的第二语言已经熟练到可以听懂这些人对你自己的母语群体所开的玩笑或进行的批判时，会发生什么呢？如果你笑了，那么你可能会感到不适，甚至是愧疚；如果你反驳了，你可能被逐出他们的群体。如果是在你自己的语言群体里，你可能会保护第二语言群体不受批判，这又会导致一种疏离感。这种处境下的人会被边缘化——不再是自己群体的普通一员，但也不可能完全融入新的群体。为了避免陷入这种心理失调的处境，有些人可能会放弃第二语言的学习，并且会用一些陈词滥调来替自己辩护，比如"我太老了，学不动了"，而且还会避免跨文化的交往，因为这样就不会产生学习第二语言的需求（Lambert, 1981; Taylor & Simard, 1975）。

为什么即便社会环境并无要求，有些人还是会坚持学习第二语言呢？为什么有些学生继续学习，双语流利；而另一些人，虽然上了好几年课，却还是只能说一种语言？为此，人们已经找到了一些能促进语言学习的因素（Gardner, 1985; Lalonde & Gardner, 1984）：

- **智力**。显然，智力能够影响任何一种学习。因此，相比于智力一般的人，智力高超者通常会觉得学习语言比较容易。

- **独特的语言天赋**。有些人就是比他人更擅长学习语言（Bylund, Abrahamsson & Hyltenstam, 2010）。那些帮助人们将母语学得很好的语言技巧很可能也有助于第二语言的学习。

- **动机**。那些**想要**成为双语通的人更有可能成功。动机不断被证明是成功掌握第二语言的关键性决定因素（Gardner, 1984; Pae, 2008）。那些主要把第二语言当作工具的人（比如为找个好工作）并不如那些想要融入当地文化的人学得好，后者学第二语言是为了看演出、看电影、与朋友聊天或结交异性。例如，匈牙利的一项研究（Csizér & Kormos, 2009）发现，学生学英语的动机是源于意识到了与外国人交往的重要性。有趣的是，人们并不想直接接触讲英语的人，而是只想通过媒体接触——比如，为了看外国电影就是一个重要动机。另一项在智利圣地亚哥开展的研究发现，学生学习英语这门第二语言的动机在于，他们认为英语是一种国际性的语言，希望以此进行国际交流（Kormos, Kiddle & Csizér, 2011）。

动机也部分地取决于社区内的民族语言学活力。两个讲英语的人，一个在巴黎，一个在新德里，前者比后者更有可能想学法语。如果两个语言群体彼此相邻，其中一种语言的民族语言学活力比另一种的低（通常是少数群体的比较低），那么这种语言群体的成员很可能想要学习多数群体的语言，因为熟练掌握多数语言能带来物质上和心理上的好处。但是，如果少数语言群体害怕文化入侵，那么群体身份就会迫使他们反对学习多数语言（Clément, 1987）。魁北克就有人公开表达过这种反对，他们害怕法语和法语文化会被庞大的北美英语区吞没。是否想学习多数语言，也要看哪一种基础动机更强烈。

这与兰伯特（Lambert，1978；Lambert & Taylor，1984）所说的**正向**（additive）**和负向双语制**（subtractive bilingualism）有关。在南非讲英语的人学习南非荷兰语，以色列人学习阿拉伯语或英语，或者讲英语的加拿大人学习法语，他们都不会威胁到自己所属社会语言学群体的继续存在。这些人只是掌握了另一种有用的社交技巧。但是，如果少数群体力求保持自己的同一性，那么学习多数群体的语言就会被认为是负向的，因为这会威胁到自己的语言在当地社会的持续重要性。当双语制对既定群体的影响是正向的时，就会受到鼓励，最差也不过是被忽视而已。但当影响是负向的时，双语制可能会受到打压。

- **焦虑与自信**。如果两种语言群体都拥有较高的民族语言学活力，那么个人因素——对使用第二语言能力的自信，就会成为人们是否想成为双语通的重要决定性因素（Clément，1987）。焦虑是学习第二语言的主要障碍（Bailey, Onwuegbuzie & Daley，2000），而自信的人在学习新语言时不会太焦虑，更有可能成功（Gardner，1985；Young & Gardner，1990）。

如上所述，虽然有被边缘化的风险，但掌握第二语言也有重要的社会心理影响，比如能对目标语言群体产生更多积极的态度。事实上，当学生有机会成为双语通，并且能同时与两个语言群体的成员交往时，障碍的确会减小。吉蒙德（Guimond）和帕尔默（Palmer）（1993）对同时学习对方语言的法语学生和英语学生的态度进行了研究，发现双语制的程度越高，对母语群体的偏袒就会越少。其他研究表明，掌握第二语言能提升人们对外部群体的积极感受，而且当他人的权利受到不公威胁时，更愿意出手帮助（Rubenfeld et al.，2007）。另一方面，第二语言掌握不好可能会导致焦虑，说得不流利的人会错误地将这种焦虑归因于对方，并对这个人、这种语言或是所有说这种语言的人都产生消极反应。

要点：双语能力也包括社会语言能力，即利用和理解社会细微差别的能力。有助于人们成功学习第二语言的因素包括：智力、独特的语言天赋、融入语言社区的动机、自信。

非言语沟通

话语的意义不仅会被言说本身的非言语方面即上述的副语言所改变，同时也会被非言语的行为所改变，如微笑、手势和身体姿态。通常认为，女性比男性更擅长根据场合的不同，发送和收集非言语线索（Brown，1986；Eagly，1987），这也许是因为儿童教养的实践是鼓励女孩表达情感和照顾他人。由于我们很少能完全意识到所接受的非言语信息,因此很容易理解为什么关于女性的直觉一直流行着这样的观点:女性可能会收集男性遗漏的非言语线索,但由于无法确定究竟是哪些线索让她得出了特定的结论,于是就将这种结论叫作"感觉"。

为了充分理解我们的沟通方式,必须研究这些非言语因素,但这并非易事,因为即使是非常简单的互动,也包含相当多难于记录的快速而自然的信息交换。据估算,我们可以做出70万种不同的手势和动作(Pei, 1965),20000种不同的面部表情(Birdwhistle, 1970)和1000种不同的姿势(Hewes, 1957)。要想记录如此多种可能的非言语线索相当困难。起初,关于如何描述这么多不同的动作,人们并未达成一致,因此早期研究严重受阻,但好在编码系统终于发展起来了。它是以分析脸部和身体的大量不同部位在一系列短暂间隔中的变化为基础的(Ekman & Friesen, 1978; Frey et al., 1983)。将涉及全身的所有信息录入电脑,就能对动作进行非常详尽的分析,借此,研究者在测量和量化身体部位或面部表情的变化时的准确度大大提高。

我们在相当年幼时就已经开始发送非言语信号。早在学会言语沟通前,身体动作和面部表情就已经开始帮助我们进行基本沟通了。尽管非言语行为会随着文化不同而发生变化,但在手势发展的早期阶段,似乎也存在一些共通性。布莱克(Blake)等人(2005)系统观察了若干不同文化背景下婴儿手势的发展状况。他们发现,随着时间的推移,儿童对手势的使用会表现出相似的变化。例如,将意裔加拿大婴儿的手势分别与日本婴儿和英裔加拿大婴儿的手势进行比较后表明,虽然后者的文化环境与意裔加拿大婴儿更接近,但是在手势的相似度上却并未超越前者。随着儿童的长大,他们学会了自己社会的**文化表达法则**(cultural display rules)——有关什么是恰当的面部表情、姿势、眼神,与他人应保持多远的距离,交流时身体应朝向何方,何时进行身体接触等问题的法则(Maass, 2009; Masumoto, 2006)。

有时编码和解码非言语信号相当复杂,因为某个特定的非言语信号可能根据个人的相对地位、性别和特定的社会环境而具有不同的意义。更难的是,有时,同一段交流中包含了相互矛盾的非言语信号。我们常常意识不到自己所发送的非言语信号,但却经常自动对社会环境做出回应,而我们的非言语行为反映了适用于这一特定环境的社会规范。例如,当教授在批评你的论文计划时,你将眼睛转向了天花板,这一动作很可能被视为是无礼的,于是会造成人际紧张。但是,如果教授问你是否喜欢自己的兼职,做出同样的动作就是恰当的,并且比语言更能简洁地表达出对兼职的感觉。

由于非言语线索具有文化特殊性,因此,当我们与来自不同文化的人交往时可能会遇到问题。就比如所谓的"摆头",头从一边转向另一边的动作,就像摆头娃娃,这在东印第安人中很常见。这一动作介于点头和摇头之间,加上细微的变化,它可以表示从"是"到"不是"到"我懂"等任何意义。尽管大部分其他印第安人都能清楚分辨,但这却让外国访客感到十分困惑。

起初,研究者以为非言语沟通是一个在言语沟通系统之外添加额外信息(表示强调或表达微妙之意)的独立沟通渠道。但是现在,我们知道言语沟通和非言语沟通并非两个独立的渠道,而是紧密交结的,代表的是大脑中同一个过程的不同表现。尽管我们有意地使用很多手势和表情来进行沟通,但更多的非言语行为是在无目的甚至是无意识的情况下产生的。事实上,研究表明,当两人社交时,虽然互相看不见对方,但还是会产生非言语行为,而且与视觉接触时相比,几乎没有差别(Rimé, 1983)。想想人们在打电话时也会做手势就十分明了了,这里的手势并不能传达任何信息。此类手势与沟通的关系如此紧密,以至于天生失明的人在与另一个盲人讲话时也会使用手势(Iverson & Goldin-Meadow, 1998)。

一般而言,非言语回答和言语回答是高度相关的,除非我们故意隐藏自己的想法或感觉。言语沟通能力实际上是在非言语活动的基础之上发展的,因此非言语行为并不是一套独立产生的回应,而是思想转化为言语过程中的根本性部分(Rimé, 1983)。因此,手势不仅能帮助听者,也能帮助说话者。既然非言语沟通和言语沟通联系如此紧密,而非言语信号随不同语言群体改变,那么从小就学两种不同语言的小孩会怎么样呢?在加拿大的一个纵向研究中(Mayberru & Nicoladis, 2000),实验者观察了生长在英法双语环境下的幼儿在学习两种语言的过程中手势的发展情况。结果与上述观点一致——非言语行为是沟通的内在组成部分而非独立于它,孩子们在学习讲话的过程中使用手势更频繁了,而非相反,而且在说任一种语言时手势的使用情况与对该种语言的掌握程度密切相关。例如,一个法语比英语说得好的孩子在讲法语时会比讲英语时使用更多且更复杂的手势,而对英语说得更好的孩子,情况则恰好相反。

非言语行为的功能

尽管言语沟通以非言语沟通为基础,而且有些非言语行为在说话者进行言语沟通时起辅助作用,但非言语沟通本身也有自己的重要功能(Argyle, 1975; Patterson, 1982, 1983):

1. 在某些环境下,非言语信号能提供一种更优的沟通方式。例如,我们有关形状的词汇是很有限的,当要描述一个复杂图形时,用手来比划比用嘴说要更容易(Holler & Stevens, 2007);或者,在描述一只鸟时,说话者可以指向鸟所在的地方，向听者展示。

2. 作为情绪指示器，非言语信号更自然，更少受控制，因此更有可能传递真实信息。例如，凝视某人的眼睛往往比语言更易表达亲密。我们可以挑选词语来投射某种情绪状态，但我们的非言语行为却更有可能描绘出我们真实的感受。而且人们很善于通过非言语信息感知情绪状态，尽管由于某些原因，这种能力似乎会随着年龄的增长而衰退（Lambrecht, Kreifelts & Wildgruber, 2012）。

3. 非言语信号能快速建立支配关系或促进社交控制（比如，威胁的手势或讨好的微笑）。

4. 非言语信号提供了一个判断说话人特质的基础。手势、面部表情和其他非言语线索能强烈地影响我们对个人吸引力（Morrison et al., 2007）、社会身份（Munhall & Buchan, 2004）和性格（Levesque & Kenny, 1993）的感知。

5. 非言语信号提供了第二沟通渠道，让我们可以在谈话过程中调整言语沟通的流程。在每个语言群体中都存在一些规范，它不仅包括谁应该是下一个说话者，实际上也涵盖了言语交换从始至终的每一个方面。这是自动发生的，通常人们都意识不到，并且是以非言语行为为基础的，这其中也包括之前所讨论的副语言。没有这种谈话控制，谈话将会变成言语大塞车。阿盖尔（Argyle）列举了一些我们会使用的"产生转折"的信号（1988）：

- 逐渐结束一句话。
- 拖长语调——例如，提高或降低音调："Do you like this?"（你喜欢吗?）。
- 副语言学拖延——强化最后一个音节："And then I came ho-o-m-me"（然后我回家了）。
- 肢体动作——如果说话者使用手势，这时手势停了；如果说话者的手看起来很紧张，现在松弛了。随着问题的最后一个音节被说出，说话者的眼睛睁得更大，以暗示听者可以开始回答了；如果是在提问，说话者在最后一个音节处抬起了头。据观察，在电视采访中只有当人们要说完一个观点时才会倾向于直视采访者。
- 言语线索——在句子结尾："I was going to go to the movies tonight, but, uh..."（我今晚本来要去看电影，但是，呃……）。

在谈话控制中会有更多的非言语行为，有时当别人在讲话时，我们想插话，这时想要继续说话的人就会掐掉**试探—抑制信号**（attempt-suppressing signals）：声音保持相同音调；头依然直立；眼光不变；手保持相同姿势；说话者音量可能会稍微放大，速度稍微加快，在语句结尾处，可能会使一只手保持中间姿势（Argyle, 1975）。

说话者怎么知道听者在集中注意力听他讲话呢？听者通常会**反向沟通**（back-channel communication），也就是说，听者不时地点头，或者说"嗯嗯"或"好"。相比北美，反向沟通在日本更常见（White，1989）。因此，一个日本人与一个加拿大人或美国人讲电话时，可能会经常问"你还在听吗"，因为北美人给出反向信号的速度对于说话者来说太慢了。反向沟通不仅能告诉说话者我们在听。巴维拉斯（Bavelas）、科茨（Coates）和约翰逊（Johnson）（2000）开展了一项研究，考察了在讲述者讲故事时它所发挥的作用。他们发现，听者在一定程度上成为了共同讲述者，因为他们对讲述的回应——点头、发出"嗯"的声音、皱眉等——不仅有助于说明故事，也能影响讲述者的表现。当听者分心，以至于无法给出相同的反馈时，讲述者讲得就不那么好了。

最后，当我们想要结束整个谈话时，又会发出什么信号呢？更多的非言语信号。当面对面交谈时，我们倾向于稍微移开身体，眼睛看向别处。（看手表也是一个强烈的信号！）如果是打电话，我们在回话前会停顿更长时间。

要点：非言语行为本质上是与言语沟通相连的，它能改变言语沟通的意义并调控谈话过程。它能提供有关说话者的情绪状态和动机的信息，并可以被用来建立和维持社交控制。

非言语行为的种类

研究者将非言语行为分成很多种（Anderson，2008），其中包括：**身势学**（kinesics），通俗的说法是"身体语言"，它包括除直接接触以外的所有身体动作；**眼神学**（oculesics），眼睛的运动与凝视；**触觉学**（haptics），使用触觉交流；**空间关系学**（proxemics），使用和构造空间进行交流；**语言时位学**（chronemics），使用停顿和沉默，以及人工制品，使用衣服、纹身、穿刺、发型等来表达自我。我们会依次对这些领域进行考察。

身势学

只要观察一下哑剧艺术家，我们就能认识到，眼睛、面部，准确地说是整个身体在表达情感和思想时的力量。虽然略逊于面部，但身体是非言语信息的一个来源。大量的通俗读物承诺说要教会读者如何理解和使用"身体语言"。例如，它们宣称，如果某人与另一个人谈话时，双臂交叉地坐着，这就暗示着一种保护性的情感姿态。但是，此类书籍很少能用经验证据支持其论点，因此在阅读时务必要谨慎。不过，有证据表明，他人总会认为某些特定的姿势能反映特别的情感，不管人们实际上是否这样做了。例如,靠向另外一个人,或与他站得很近或坐得很近,一般来说会被解释为是在向此人表达一种积极的感情。

手势

手势也是一种身势学形式。我们已经讨论过,它是如何在童年早期就开始发展,甚至比说话还要早。手势会随着社会和文化的不同而变化。不知道某个手势的意义已经很麻烦了,更让人苦恼的是,同一种手势在不同文化里还会表示不同的意思。想想那个通用的食指接触大拇指的手势吧。在北美和不列颠群岛,这个手势表示的是一种积极的情感——"好的"或"做得好!"。但是在某些欧洲国家,它表示的是"零",因而被解释为一种侮辱——"你一文不值"。更严重的是,在另外一些国家,包括德国和巴西,人们认为这个手势指代的是肛门,因此是一种非常明显的侮辱。想象一个不知情的游客,在餐馆享受完美食后,用这一手势来向德国服务员致敬,将会是怎样的窘境!此外,在加拿大向两边摆头意味着"不",但在土耳其,表示"不"时,头应该向后移动,且眼球要向上转(Rubin, 1976)。还有很多类似的例子:当我们手指胸脯来表示自己时,日本人会感到惊讶,因为表达同样的意思,他们是指鼻子(DeVos & Hippler, 1969)。手指划过喉咙在加拿大表示"我已经有这个了",而在斯威士兰则表示"我爱你"。(如图7.3,即使只是线条人物也能表达情感。)

图 7.3 线条人物及其情感

资料来源:Hannah Ensor/Shutterstock.com

模仿

大量研究显示，头部和眼睛的移动、面部表情、手势以及说话本身的非言语方面，都会在对话过程中得到协调，使得说话者和听者逐渐产生相似的非言语线索。(回想一下第六章关于模仿和镜像神经元的讨论。) 当个人给出一条非言语线索时，可以预见另一方会做出对称的回应，于是就形成了一种"动态匹配"。因此，非言语线索能影响对话的发展，不仅改变你运动的方式，也指导言语的交流，从而也影响你说话的内容。这种模仿多数都是在无意识的情况下发生的，而且人们已经发现，一般来说，它能使积极情感即对话双方的同理心和共鸣感得到增强，除非参与对话的人相比于一般人更喜欢竞争而非合作（Stel, Rispens, Leliveld & Lokhorst, 2011）。

面部表情

面部表情是一种特别重要的身势学形式。它在沟通中的作用如此重大，以至当语言和表情互相矛盾时，人们往往认为表情才是反映话语意思的更准确的指南（Bugental, Kaswan & Love, 1970）。在日常生活中，我们常常将面部表情当作判断他人真实情感的最好指南。而且，在谈话过程中，我们必须轮流讲话，但面部表情却能提供一种持续的信息流，让我们知道谈话中人们的情绪反映和专注度（Parkinson, 2005）。

图 7.4 微笑和皱眉是展示形象的重要方式
资料来源：sarininka/Shutterstock.com

无论什么文化，微笑所表达的都是对他人的一种积极情感，比如愉悦、没有怒气等。实际上，我们的脸就像一块小小的广告牌，让我们向世界展示自己。不论是在公司手册、地方报纸、学生年鉴还是"脸书"主页上，当我们需要选择一张自己的照片放在姓名旁边时，自我展示就成了最重要的问题。很多纵向的和跨文化的研究都把焦点放在了学生挑选的年鉴照片上。结果发现，存在着一种持续的性别效应：至少在美国（DeSantis & Sierra, 2000）和法国（Guéguen, 2010），照片中的女性比男性更有可能微笑。这种性别效应广泛存在。例如，在一项日本研究中（Kawamura, Komori & Miyamoto, 2008），受试者对 48 个男性面孔的男性气质和 48 个女性面孔的女性气质进行了评分。有一半的脸呈现的是中性表情，另一半是微笑。结果发现，微笑显著减少了男性面孔的平均男性气质评分，特别是当评分者是男性时，而微笑对女性面孔的女性气质评分却没有影响，这表明人们倾向于将微笑与女性联系在一起。另一项研究考察了（DeSantis, Mohan & Steinhorst, 2005）儿童、大龄青少年和成年人的照片。微笑的性别效应是与年龄有关的。在学龄前儿童和小学儿童的照片上找不到这种效应，但在青少年和成年人的照片中这种效应却十分明显，即女性比男性更有可能露出微笑。微笑的倾向性还是比较稳定的：相同的研究者在考察名人成年生活的不同时期的照片时发现，对某一个特定的人来说，在照片中笑还是不笑的倾向性几乎不会随着时间推移有什么变化。

研究者耗费了大量精力试图证明，面部表情（包括微笑）与情感具有内在联系，因此是普遍的。这就是**情感表达模型**（emotion-expression model），直至最近它一直是理解情感与面部表情关系的主流社会心理学模型。这一观念可追溯到达尔文，他在 1872 年提出，人类的情感行为是从更低等的动物进化而来，因此可以推测，一切人类在表达情感的方式上应该都是相似的，也就是说，情感的身体表达一定程度上是天生的。为支撑上述观点，有证据表明某些与情感有关的面部表情与大脑和自动神经系统的特定活动之间存在着根本的一致性（Levenson, Ekman & Friesen, 1990）。此外，研究证明，不同文化的情感面部表情之间存在着相似性；例如，在文化完全不同的土生土长的美国人和西苏门答腊省的米南卡保人之间（Levenson, Ekman, Heider & Friesen, 1992）。一项元分析研究表示，人们普遍能从照片中辨认出不同情感，而且高于随机水平，不过如果判断的对象来自相同的民族或宗教群体，这种能力会更好（Elfenbein & Ambady, 2002）。面部表情的长项似乎在于揭示生存情感——愤怒、厌恶、恐惧、快乐与悲伤；身体动作似乎更善于表达社会状态情感，比如尴尬、愧疚、骄傲和羞耻；而触觉似乎最能表达亲密情感，比如爱和同情（App, McIntosh, Rees & Hertenstein, 2011）。

然而，此类研究也受方法论问题的困扰。一来，这些研究很多测评的都是受试者依据照片判断情绪的能力。但是，照片上的情感是摆出来的，也就是说，人们为拍照刻意想传达某种特定的情感。事实证明，摆出来的和自然的情感表达有着不同的产生机制，信号从大脑传递到面部肌肉时，它们使用的是两条独立的神经通道。一条适用于刻意表情，另一条适用于自然表情。这一点可以通过两种特殊的神经失调现象得到证明：第一个病人，给他讲笑话时，他会产生自然的微笑，但让他笑时，却不能笑；第二个病人，让他笑时，他会笑，但给他讲笑话时，他却没有面部反应（Ekman，1982）。

如果研究者使用的照片展现的是情感的自然表达呢？也就是说，这些照片都是秘密地抓拍的人们受到某种刺激时的脸。在这种情况下，只有开心能被容易地辨认出来，而愤怒和厌恶也能被察觉到，不过只是高于随机水平（Wagner, MacDonald & Manstead, 1986）。

如果给受试者展示的是视频而非照片呢？在一项此类研究中（Hejmadi, Davidson & Rozin, 2000），美国受试者和印度受试者观看了描绘10种经典情感的录像，这些录像配有印度文字：愤怒、厌恶、恐惧、英勇、搞笑、爱、平和、悲伤、惊讶和羞涩（印度语"lajya"，有羞耻、害羞、尴尬之意，但在印度是一种积极情感）。受试者既看到了面部信号，也看到了身体信号。每组受试者，平均有近三分之二时间能够准确判断出视频中所表达的情感。特别值得一提的是，甚至一些"土生土长"的印度情感（平和、英勇和羞涩）也被美国受试者确切辨认出来了，当然，印度受试者的准确度更高一点。这很有意思，因为它表明只要告诉人们处在某种状态意味着什么，他们就能识别出自己都不知道的情感状态。

不过，尽管似乎有比较可靠的证据表明，各种社会的人能"读取"另一种来自完全不同社会的面部情感，但除了开心这种情感以外，这一效应实际上并非十分强大，而且研究并不能排除以下可能性，即个人是根据面部提供的有意行动、喜好、注意等信息来进行推理的，而非情感本身（Parkinson, 2005）。事实上，研究者已经发现，属于同一亚文化或群体的成员，他们的面部情感表达要比来自不同文化或群体的成员更具一致性，这与面部表情具有普遍性的观念相矛盾。此外，观众的在场是很重要的，情感表达模型不能解释这一事实——即使是很强烈的情感也不总是伴随着通常所认为的相应的面部表情，除非有观众在场（Fernandez-Dols & Ruiz-Belda, 1995）。

因此，尽管没有研究者会相信面部的表达完全没有遗传基础，但是直到有清楚的证据能够表明情感的生发会直接地、自动地产生特定的面部动作，否则我们必须对情感表达模型的相关判断持保留态度（Parkinson, 2005）。问题是，这些表达是与情感直接相关，还是与其他和情感有关的因素相关，如社会动机。于是我们便过渡到了**动机沟通模型**（motive-communication model），它假定我们是有意地使用面部的表达，来向沟通的对象传递特定的社会动机（Fridlund, 1994）。据此，面部表达反映的是意图，而不是不小心"泄露"给社交世界的情感。

无论如何，不管生物因素是否在面部情感表达中扮演了重要角色，社会和文化因素肯定如此（Matsumoto，2006）。在西方社会，一般来说，社会规范要求我们在失望时抑制泪水，但在葬礼上可以释放；在派对上我们可以展现喜悦，但如果在壁球场上刚刚羞辱了对手，我们应该控制，不要流露出任何开心的迹象。文化差异可以十分戏剧化。例如，日本人被教导要用大笑或微笑来掩饰愤怒或悲伤（Argyle，1988）。来自加拿大、美国和日本的大学生被要求判断在若干不同环境下的七种基本情感中，每一种的表达是否符合时宜，结果发现，强烈的消极情感表达在日本是不太能被接受的，如愤怒、蔑视和厌恶；不仅如此，与北美学生相比，日本受试者在判断开心或惊喜等积极情感表达时，也更少表示认可（Safdar et al.，2009）。

这样的差异可能与一个社会是个人主义的还是集体主义的有关。马苏达（Masuda）等人（2008）用证据表明，北美对个性的强调导致个体更关注个人的、自由选择的行为，认为他人的希望和期待在做决定时并没有那么重要。另一方面，在东亚文化圈中，特别是在日本，人们在判断一个行为是否得体时，更多地考虑的是，它是否符合在此人生命中十分重要的其他人物的期待和希望，而不是他个人的需要和目标。为了观察这些差异是否会体现在以面部表情为基础的情感判断中，研究者给来自美国和日本的大学生展示了一些卡通形象，其中的主角都在表达一种清晰的感情——高兴、悲伤、愤怒或中立，而背景中的其他角色也在表达一种清晰的感情，要么与主角相同，要么不同。日本受试者在判断主角的情感时，会受背景角色的影响，而美国受试者则不会。在第二项研究中，研究者实际地追踪了受试者的眼球运动，并发现日本人比美国人更常看背景角色。他们得出的结论是，对美国人来说，感情是一种只与个人相关的东西，而对于日本人来说，个人的情感与群体的情感不可分割。

相似的，在一项由来自32个国家（澳大利亚、加拿大、以色列、日本、新西兰、美国、津巴布韦等）超过5000名大学生参与的研究中，受试者被问到，在不同的环境下（有些是私人的而有些是公开的）经历愤怒、蔑视、厌恶、恐惧、快乐、悲伤、惊喜这七种情感中的每一种时，该如何回应不同的人——比如父亲、男性友人、女性教授等。不出所料，来自个人主义社会的受试者一般而言更有可能表达自己的情感，特别是积极情感（Matsumoto et al.，2008）。另一些研究者（Matsumoto，Hwang，Yamada，2012）复制了这一结果，他们发现亚洲人，这里是指日本人和韩国人，比美国人更容易受到情境影响。其数据表明，这些差异与神经质或外向等个人性格差异有关，而不是与社会的个人主义或集体主义性质有关。有趣的是，他们表示，在人们普遍具有更高神经质特征和更低外向性的文化中，个人更少相信人们的面部表情与情感是一致的，而在人们相对具有更高外向性和更低神经质特征的文化中，人们更愿意大方表达自己的情感，因此个人也更能依靠人们的表情来判断情感。

图 7.5　每个人都有很多面部表情
资料来源：tommaso lizzul/Shutterstock.com

在这一令人着迷的领域，研究还在继续，但现在很清楚，在特定的面部形态和特定的情感之间并不存在密切的关联。但大多数人还是相信存在。为什么会这样呢？卡罗尔和罗素（Carroll & Russell, 1997）认为，这源于认知图式构成（见第三章）：随着长大，我们会形成与不同情感状态相联的图式。当然，儿童必须学习如何解读面部表现，以及什么样的面部表达对应何种情感。成长过程中的儿童可能会观察到各种各样的面部动作，比如，与愤怒有关的：某一天，它可能是皱眉；另一天，可能是往下撇嘴的"阿诺德•施瓦辛格式表情"，等等。逐渐会形成一种图式，它由所有这些面部表达混合而成，但很少会同时出现。如果孩子被要求表演愤怒，这个混合的图像就会被呈现出来。事实上，卡罗尔和罗素（1997）认为，小丑和演员，特别是业余演员，在表现特定情感的时候也是这么做的。观察这些小丑和演员的行为会强化孩子的错误图式。这些情感的面部表达，尽管不准确，但会作为认知图式一直存在于我们的头脑中，还有剧院中。

读脸

不论我们是如何学习读脸的，大部分人显然有一定的能力从人们的面部表达中得出一些关于此人的正确结论。我们对此类判断的信心能产生非常重大的社会后果，甚至可能影响我们的选举投票！例如，日本研究者和美国研究者开展了一系列跨文化研究，两个国家的受试者要对来自两国的政治候选人的 5 个性格特征进行评分：能力、支配力、成熟度、可爱度、可信度（Rule et al., 2010）。不论自己或政客来自哪种文化，受试者在评分上表现出了高度的一致性。更有趣的是，他们的判断成功预测了每个来自自己国家的候选人在实际选举中的得票率。

在美国的另一项研究中，受试者只看了一秒国会选举候选人的面部照片，就要对其能力、可信度和可爱度进行评价。获胜者和陪跑者的照片成对出现，而受试者对其能力的评价成功预测了当选者，而且大大超出随机水平，比如，被认为能力更强的一位候选人在 2004 年的参议院竞选中以 68.8% 的比率当选（Todorov et al., 2005）。不过，他们依据照片对可信度和可爱度所做的推论并不能成功预测选举结果。将这一发现推及更大人口范围，研究者得出结论：这样一种基于照片的快速推论，根本没有时间仔细思考，却能对实际的选举投票产生重大影响，而我们常常觉得这些投票主要是出于理性的深思熟虑。

还有一项研究（Antonakis & Dalgas, 2009），实验者给瑞士的成年人看了成对的面部照片，并要求他们对每个人的能力做出评价，而他们并不认识照片中的人。而实际上，这些人是 2002 年法国国会选举中第二轮选举的获胜者和陪跑者。结果发现，被认为看起来最有能力的人是当时以 72% 的比率获胜的当选者，远远高于随机预测水平（图 7.6）。随后，实验者通过一个电脑游戏将这些照片展示给 5—13 岁的儿童，并假设要从特洛伊航行到伊萨卡。他们需要从每组照片中选出那个最适合当船长的人，而他们也选择了选举中获胜者的照片——71% 的比率！因此，儿童和成人一样，只凭借基于照片所做的能力判断，就能以显著高于随机水平的比率选出获胜者。

想一想，当孩子通过挑选想象中的船长，以 71% 的比率指出选举获胜者时，到底发生了什么？在关于成年人的稍早研究中，是对能力而非可信度或可爱度的评价预测了获胜者，但我们没有信息表明获胜者真的比其他人更有能力。更大的问题是：如果这些政客的照片在实验研究中有如此重要的影响力，那么在现实生活中它们也会影响投票者吗？获胜者之所以取胜，与孩子选他为理想的船长的原因相同吗？这一问题有待进一步研究。

假设你要从特洛伊航行至伊萨卡,你会选谁做你的船长?
圈出你所选的人

左边的人　　　　　　　　右边的人

图 7.6　两张实验所选照片示例

资料来源:Antonakis & Dalgas (2009)

对面部线索的不敏感

如果人们没有学会如何辨识面部情感呢?对这一问题我们还需要进行大量研究,但已经有了一些有益的证据。例如,精神变态的罪犯似乎就无法从面部线索中识别出厌恶之情(Kosson et al.,2002),可能正是因为如此,他们在看到肢解场面时也不会表现出惊恐之色(Levenson et al.,2000)。一项关于助人行为的研究发现,相比于受试者的年龄、当时情绪、同情测量得分等因素来说,受试者从面部表达中识别恐惧的能力是最能预测其是否会向他人提供帮助的晴雨表(Marsh, Kozak & Ambady,2007)。如果一个人不能正确地判断他人的情感状态,那么也不可能对他人的痛苦十分敏感。

要点:手势、模仿和面部表情提供了强大的沟通工具。面部表情往往比言语沟通更能表达情感。

眼神学

眼睛的转动和凝视提供了强烈的沟通信号,强大到如果有人专注地盯着某个方向,我们往往也会产生这样做的冲动(Parkinson,2005)。面部表情能轻松地被照片捕捉,但凝视(看向另一个人的脸和眼睛)和眼神交流(相互凝视)却不能。凝视显然是一个重要的非言语线索。例如,荷兰研究者发现,当某人看到另一个人在凝视某物时,他对该物的渴望度会增加(van der Weiden, Veling & Aarts, 2010)。一项针对英国6岁和9岁儿童的研究发现,即使只有6岁,儿童就会以人与人之间的凝视行为为线索来判断个人的动机(Einav & Hood, 2008),而成年人与儿童一样,都将眼神逃避解释为撒谎的线索。

大量证据表明,眼神交流在一定程度上是天生的。出生几天后,婴儿就会与照顾它的人进行眼神交流,并且婴儿最容易聚焦的距离就是哺乳时他与母亲之间的距离(Burgoon, Buller & Woodall, 1989)。他人的凝视对婴儿的唤起,与对其他灵长目动物的唤起没有区别。而且神经成像研究显示,当感觉到某人在与我们进行眼神交流时我们所受到的情感影响实际上是有神经基础的(Kawashima et al., 1999)。与野生动物对视可能会挑起进攻;进入落基山的游客会被特别警告,万一遇到灰熊,不要与它有眼神接触。当然,我们肯定都有过这样的经历,和陌生人眼神交会,又不好意思直接移开。

不同的文化在谈话时具有不同的眼神交流规范。理解"眼睛的非言语语言"能帮助我们理解他人及其情感状态,从而促进我们的日常社会交往(MacRae et al., 2002)。对大多数北美人和欧洲人来说,如果想要与另一个人交流,就会经常直视对方的眼睛。如果这个人也回看了,通常表明他也愿意交流。不过,通过躲避这种凝视,避免让人"捕捉到自己的眼神",个人也可以避开这种交流的义务(Argyle, 1988)。一般来说,凝视的增加意味着对方对自己具有积极的吸引力。在旁人看来,如果两个人频繁进行眼神交流,他们肯定互相喜欢。向某人"放电"是表达爱意或性趣的一种方式。但是,也有大量的眼神接触并非表达爱意,有时当你故意凝视某人时,表达的可能是愤怒或反对。

在很多文化中,眼神接触被认为是不礼貌的,除非有特殊情况。(比如"蔑视"某人,就是用眼神表示不敬。)这有时会使不同文化之间的交往产生很多误解。大多数美国儿童被教导,要直视某人的眼睛以表专注,而不看对方眼睛可能会被认为是心怀愧疚或不诚实。如果成长在这种文化背景的人进入一个习惯避免眼神接触的社会,并且进行在他看来很正常的眼神接触,那么人们就会认为他非常不礼貌。反过来,他会认为,人们不愿进行眼神接触表示他们在撒谎或是躲闪("眼睛看向旁边")(图7.7)。

一般而言,在任何既定的人类社会中,就像在灵长类动物中一样,视觉行为在建立和维持支配地位方面发挥着非常重要的作用(Ellyson & Dovidio, 1985)。尽管我们很少意识到这一点,我们看他人的方式能反映出我们对自己相对社会权力的认知。例如,美国的一项让受试者成对出现的研究发现,地位或权力较高的一方,在说的时候会比听的时候,花差不多或更多的时间看着另一方(图7.8),而地位较低的受试者,在听的时候会比说的时候明显更多地看着对方(表明自己很

图7.7 "眼睛看向旁边"会影响别人对你的看法

资料来源：doglikehorse/Shutterstock.com

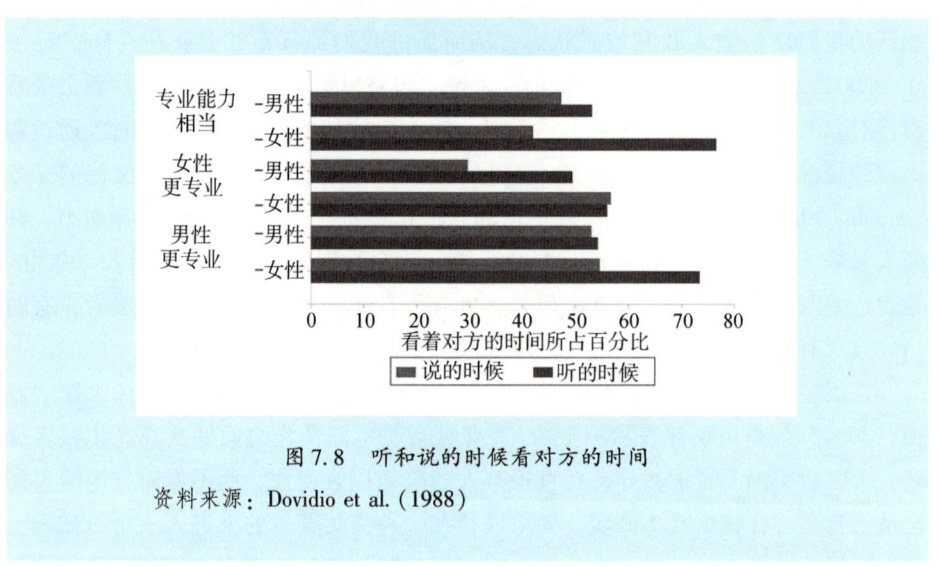

图7.8 听和说的时候看对方的时间

资料来源：Dovidio et al. (1988)

"专注"）（Dovidio & Ellyson, 1985）。这一效应已经在若干不同的权力变量中得到了证明，比如受教育水平、专业能力和军阶等级。这种权力认知的无意识的不同表现可能会给潜在的人际或群际交往带来麻烦。

要点：凝视和眼神交流在建立和维持支配地位方面特别重要。

触觉学

在五种感官中，触觉是婴儿与外界沟通的最重要方式（Knapp & Hall, 1992）。

通过以触觉来探索世界,通过成年看护者的拥抱和怀抱,孩子的认知和情感都开始得到发展。被宠爱和被抚摸对儿童的正常心理成长十分重要,而对成年人来说,被关心自己的人温柔抱住也很重要,特别是在压力很大的时候。

我们通过触觉发送并接受信号。有力地握手、无力地抓着、戳一下肋骨、拍一拍后背、亲一亲嘴唇,这些以及其他很多身体接触都能发送强大的信号,唤起强烈的感情。人们在何时何地触碰另一个人也能表达一些信息;对这些触碰的解释不仅反映了社会环境,也反映了两人之间的关系。例如,在足球比赛中当某人刚进了一球你拍一下他的后背,和当他犯了规你拍他意思就完全不一样。而且,某人触碰另一人的意义当然也因对方的身份不同——比如亲密伙伴、陌生人、病人或偶然认识的人——而有所变化。

身体接触的影响绝不仅限于简单的沟通。例如,研究表明,与他人进行身体接触能显著影响他人对各种要求的顺从度,能改变他人的态度,还能增强归属感。不过,这种行为影响的内在认知机制和神经学机制还有待研究(Gallace & Spence, 2010)。

身体接触的多少因文化不同而差异显著(Schut et al., 2011),以至于某些人类学家将文化分成了"接触"和"非接触"两类。拉丁美洲、希腊、土耳其、阿拉伯国家以及一些非洲国家的人身体接触比较多,而北美洲、北欧和亚洲的人们则相对较少(Argyle, 1988)。

很明显,性别是身体接触的一个重要因素。据观察,与女性碰触男性相比,男性碰触女性的频率更高;人们更喜欢碰触异性而非同性,但在老年人中并未发现这种差异(Henley, 1973; Hall & Veccia, 1990)。美国的研究(Derlega, Catanzaro & Lewis, 2001)发现,异性恋的男女(排除同性恋和双性恋)认为男性之间的身体接触是与传统男性角色不符的,而女性之间或男女之间的身体接触是可以接受的,只要它不违反传统的性别规范。

那么,我们在多大程度上能通过触觉沟通呢?在一项实验中(Hertenstein et al., 2009),两个陌生人不能看见彼此,但可以通过二人之间那堵墙上的一个小孔碰触到对方。令人惊讶的是,事实上他们仅仅通过改变碰触的方式,就能交流很多种情感——愤怒、恐惧、厌恶、爱、感激、同情、快乐和悲伤,而且高于随机水平。至于我们仅凭触觉进行的编码和解码究竟有多可靠,还有待进一步研究。

要点:触觉沟通很能反映二人之间的关系。身体接触的频率具有显著的跨文化差异。

空间关系学

在图书馆当你独自坐在桌边,一个陌生人走过来,坐在了你的身旁,而非你对面或桌子的另一头,这时你会觉得舒服吗?在聚会上,你应该与同你说话的人保持多远的距离?这些例子说明,在社交时我们有一个能让自己舒服的空间舒适圈,它的大小取决于我们跟谁在一起以及我们在做什么。这就是所谓的**个人空间**(personal space),而关于我们如何将空间用作一种非言语信号来调节社会交往的学问就是**空间关系学**(proxemics)。研究表明,一般情况下,不恰当地侵入个人空间会引起焦虑,并会让人产生与焦虑有关的明显的血压和心率变化(Sawada,2003)。

个人空间也具有沟通功能。例如,谈话时允许某人在空间上更靠近自己能表达一种亲近感,反之,增加距离就会传递相反的信息。霍尔(Hall,1966)描述了4种至少在研究所在地美国让人感觉舒适的距离或"区间"(图7.9)。

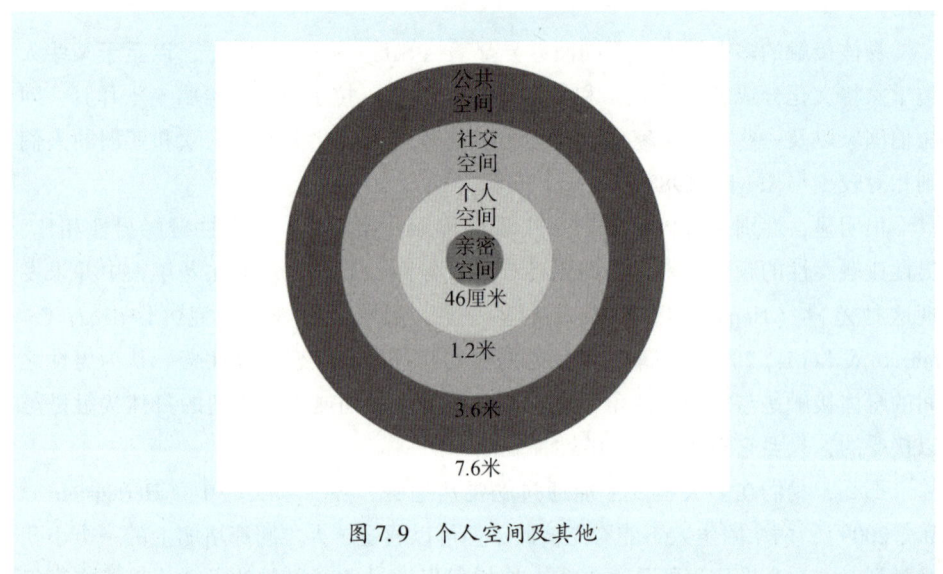

图7.9 个人空间及其他

北美研究发现,与他人的日常交往大约三分之二都是发生在距自己46厘米到60厘米的范围内(Altman & Vinsel,1977)。毫不意外的是,朋友比陌生人离我们近一些(Ashton, shaw Worsham, 1980),而互相有性吸引力的人距离会更近(Allegeier & Byrne, 1973)。这种对个人空间的感觉在我们很小的时候就形成了,对幼儿园小朋友的研究发现,这种感觉大约在4岁就开始发展了(Gifford Price,1979)。当然,长大后我们会从社会习得个人空间的观念,而且它会根据文化的不同而变化多端。北美、英国和瑞典人在谈话时喜欢拥有最大限度的个人空间,而南欧人则站得更近，最近的是拉美人和阿拉伯人（Hall, 1966; Sussman & Rosenfeld, 1982）。亚洲人喜欢中间一点的距离（Beaulieu, 2004）。在北欧人内部甚至还存在差异：针对在法国、英国和荷兰自然发生的对话进行的一项研究（Remland, Jones & Brinkman, 1991）发现，荷兰人在谈话时，互相之间的距离是最远的，其次是法国人，最后是英国人（见图7.10）。

文化	平均距离
荷兰人	25.96
男性与男性之间	22.82
女性与女性之间	28.69
男性与女性之间	25.60
英国人	17.80
男性与男性之间	17.27
女性与女性之间	18.73
男性与女性之间	17.16
法国人	23.66
男性与男性之间	15.00
女性与女性之间	25.17
男性与女性之间	23.57

图 7.10 人与人之间的平均距离

这些差异能引起很多误解。例如，想象一下，一个英裔加拿大人和一个拉美人在聚会上聊天。他们有不同的空间偏好，英裔加拿大人认为与这个拉美人保持一定的距离，离得远一点会让自己感觉最舒服。在不知道这种文化差异的情况下，这两人在房间里跳起了舞，拉美人往前进，英裔加拿大人一直后退。当他们分开后，拉美人可能会觉得这个英裔加拿大人太冷漠了，一点儿也不友好，而英裔加拿大人会觉得这个拉美人太莽撞，表现得过于亲密了。

个人空间甚至还进入了"虚拟"人类的世界：在三维虚拟房间中，当受试者从正面靠近虚拟人时要比从背面靠近时，保持的距离更远，而且当虚拟人与其进行虚拟的眼神交流时，他们也会保持更远的距离（Bailenson et al., 2003）！

最后，考虑到我们经常使用空间语言来交流有关情感和关系的信息，在这种语境下讨论个人空间的问题是很有趣的。我们会说感觉与某人很"亲近"，或者如果有需要愿意"站在他那边"，或者感觉在一段关系中与对方在情感上越来越

"疏远"。甚至社会心理学家在进行研究时也会使用空间作为参考，例如他们用**社交距离**这一术语来描述一个群体在与另一个群体交往时所感受到的舒适程度（Matthews & Matlock, 2011）。

要点：个人空间因文化的不同而变化，以某人不喜欢的方式入侵其个人空间往往会唤起焦虑。

语言时位学

语言时位学（chronemics）是与时间有关的线索，它是非言语沟通的一个重要方面（Jaworski, 1999）。谈话中的停顿能制造紧张，会操纵的说话者可以利用它来向对方施压，迫使对方交代一些事情。如果谈话的节奏并不顺畅，并没有"流动"，那么这可能表明听者并不感兴趣，或者对方想要逃避。停顿和沉默的使用也能对信息的解释产生巨大影响。例如，"你想跟我去看电影吗？""……（停顿）当然，走吧。"回答中的犹豫很可能表明对方并不是很想去。在公共演讲中，停顿也能发挥重大作用，夸张的停顿表明说话人对刚才所发表观点的专门强调，好像是在等待听众完全地消化吸收。在谈判时，长时间的停顿也能产生重要影响，甚至一方可能会在陈述完自己的立场后，集体离开谈判桌，以此给另一方施压，使其屈服。

同样，这里也存在着文化差异。例如，北美人希望对方在自己陈述完毕后立即给出回应，但在某些文化中，人们被教导在回答之前要先留出一段间隙。因此，如果在谈话中出现了沉默，北美人可能会不舒服，但在对此司空见惯的文化中，人们可能会认为北美人太爱说话了，甚至有点不考虑他人的感受，对人不太尊重。

有趣的是，与面对面的沟通相比，停顿和沉默——延迟回答——在以电脑为媒介的沟通中发挥的作用甚至更大，比如在社交媒体上或电子邮件中（Kalman & Rafaeli, 2011）。由于缺少其他形式的非言语线索，如面部表情、身体语言、音调等，沟通中回复的快慢就成了检验回复者是否对沟通感兴趣的重要指示器。当然，回复时间也可能会产生误导作用。回复的延迟可能是因为回复者正在花时间认真考虑你的信息，或者是由于沟通系统出现了一些技术故障。

要点：停顿和沉默的使用为沟通添加了重要信息。语言时位学的使用方式因文化不同而变化。

人工制品

衣服、文身、穿刺、化妆、发型、颜色、眼镜形状、腕表样式和其他"人工制品"也是非言语沟通的方式,能向他人传达有关我们自己和我们所属群体的信息。斜戴帽子,或者用连帽衫上的帽子把头遮住,又或者大面积地露出皮肤,这些都是告诉他人我们是谁的方式。青少年,尤其希望被接纳。他们往往会仔细挑选这些人工制品,以便与自己想要结交的人打成一片。

当然,人工制品的使用不仅限于口红、时髦的太阳镜、最新的潮流和帮派徽章;还有地位的象征,如豪车、昂贵的手表、尖端的小玩意儿;甚至还有更多,比如隆胸和注射肉毒杆菌(Giles & LePoire, 2006)。这些都以不同的方式成为我们与外界沟通的一部分。

图 7.11 此人的穿着和姿势传递出什么样的信息?
资料来源:Cory Thoman/Shutterstock.com

要点:我们的穿着打扮、开的车以及其他很多人工制品提供了关于我们自身和我们所属群体的信息,以及我们想要传达给他人的印象。

结语

我们通过语言和非言语行为来表达自己，但我们这样做的方式传达出很多关于我们自身和我们所属群体的信息。关于权力或偏见、能力或无能、友好或冷漠的细微的且常常无意识的信号可能会改变信息的意义，并形成对我们性格的判断。

内容概要

1. 语言在人类的社会交往中占据中心地位，儿童即使不接受正式的教育，也能掌握它。

2. 说话风格的差异是不同社会地位的标志，能影响我们对他人的印象，同时也是群体界限的标志。

3. 最受尊崇的或标准的语言形式是由掌权者的说话风格发展而来，它反映的并不是该语言在美学上的理想形式。

4. 沟通调适理论认为，由于人们总是希望被他人喜爱或接受，因此，他们会修改自己的说话风格，使其接近周围人的风格（趋同）。然而，如果群体身份受到了威胁，个人可能会强调自己说话风格的特殊性（趋异）。

5. 说话时的性别差异，除了音调以外，大部分反映的都是社会权力的差异，而非性别本身的差异。

6. 第二语言的学习能否成功，影响因素包括智力、特殊的语言学习能力、动机和自信。人们是否具有掌握第二语言的动机，要受第二语言相比于自己语言的地位和民族语言学活力的影响。

7. 成为双语通不仅需要学习另一种语言，还必须掌握相关的社会语言技巧。

8. 当双语制能提供一种有用的社会技能，同时又不威胁母语的存在时，就很可能会受到鼓励，但如果它会导致说话者被多数语言群体同化，那就会受到抵制。

9. 语言通常是连接不同群体的桥梁，但它也能成为多数群体成员歧视少数群体成员的基础。

10. 副语言是话语的非言语组成部分；副语言的诗体学特征（节奏、音调、响度）似乎有一种生物学成分，因为它们会参与情绪的表达。

11. 非言语行为被用来传递关于情感和想法的信息，调节言语互动和其他形式的互动，表达亲密，促进社会控制和目标达成。

12. 非言语行为包括身势学、眼神学、触觉学、空间关系学、语言时位学和人工制品。

13. 情感的面部表达具有一些普遍的特征，但社会环境会改变这种相似性的生物学基础。眼神交流、"身体语言"和手势，还有面部表情，为沟通提供了强大的非言语渠道。

拓展思考

• 想象一个能读唇语的聋哑人,尽管他能对话语进行解码,并观察到非言语行为,但没有副语言线索会给他的沟通带来何种困难呢?

• 假设你能讲一种外语,但讲得并不完美。你来到了说这种语言的国家,但每当你开始说这门外语,人们就以你的母语来回答你,而且带着非常浓重的口音。你会怎么解释他们的行为呢?他们的意思是你的外语讲得不够好,以至于他们无法继续谈话,所以改说你的母语?或者只是想表示礼貌?又或者是在趋同,以表达对你的友好和喜爱?

• 你会如何设计一门课程,来帮助各国移民或商人理解和使用你所在社会的非言语行为?

延伸阅读

Agnihotri, R. K., Khanna, A. L. & Sachdev, I.(1998). *Social psychological perspectives on second language learning.* **London:Sage.** 这本书是以对若干多语言和多文化国家的研究为基础的。它对很多问题进行了深入的讨论,例如有关双语制和多语制,以及少数语言群体的成员想要熟练掌握多数群体语言时所感受到的各种压力。

Axtell, R. E.(1997). *Gestures:The do's and taboos of body language around the world.* **New York:Wiley.** 这是一本关于跨文化非言语沟通陷阱的通俗指南。它分国别对各种手势和动作在不同国家的意义,以及相同的非言语信号在不同的文化环境中具有的完全不同的意义进行了分析。

Guerro, L. L. & Hecht, M. L.(Eds).(2007). *The non-verbal communication reader:Classic and contemporary readings* (3rd ed.). **Prospect Heights, IL:Waveland Press.** 从书名就可以看出,这是一本囊括很多重要研究的论文集,这些研究都是关于沟通中的双方如何被非言语信息影响而往往还不自知的。这是对非言语沟通研究的各种路径的有趣调查。

Hager, M.(2011). *Culture, psychology and language learning.* **Oxford:Peter Lang.** 因为语言与其背后的文化密切相关,因此,这本书认为如果有人准备学习第二语言,那么从一开始就应该同时学习语言和文化。同时,这本书也对成为双语通或双文化通之后会发生的事情进行了有趣的讨论。此外,它还考察了认知处理、情感和动机在学习第二语言中的作用。

Reynolds, W. E. & Lambert, W. E.(1991). *Bilingualism, multiculturalism, and second language learning:The McGill Conference in honour of Wallace E. Lambert.* **London:Routledge.** 这是一本合著,每一章都是由享誉国际的研究者撰写,为了向兰伯特教授在语言和双语制领域为社会心理学所做的贡献致敬。这本书对该领域的研究进行了高水平的回顾,

并为未来的研究提供了启发性的建议。

网页链接

http://center-for-nonverbal-studies.org/1501.html，非言语研究中心（Center for Nonverbal Studies），这个网站提供了丰富的非言语信号信息，包括面部表情、手势和肢体动作。

http://www.noslangues-ourlanguages.gc.ca/index-eng.php，加拿大语言门户网（Language Portal of Canada），这个网站是一个非常好的关于加拿大的语言专业知识的信息来源，包括加拿大所使用的语言，语言的标准化，以及其他语言的网页链接，比如在加拿大现在仍有人使用的澳大利亚土著居民的语言。

http://www.goethe.de/ges/spa/enindex.htm，歌德学院（Goethe Institut, Language），这个网站从德语视角出发，提供了很多有关语言与社会身份、多语制和方言的有趣信息。

第四部分

朋友和敌人

第八章　人际吸引和亲密关系

> 爱的欢愉只能持续片刻，爱的痛苦却是一辈子。
> ——选自让·德·弗洛里安（Jean de Florian）（1755—1794）的诗；贝廖兹（Berlioz）谱曲

学习目标

- 我们何时想要与他人在一起，何时只要特定的某一人
- 为什么感知到的相似性和外表吸引力在初始吸引中如此重要
- 我们喜欢回报我们的人——这一命题何时成立，有何限制
- 社会心理学家如何研究爱情，他们有哪些发现
- 人际亲密关系包括哪些内容
- 关系如何结束，为什么结束

她在伯克郡的一个村庄出生并长大，父母是事业有成的中产阶级，通过邮件销售聚会用品。父亲的家族有一些贵族和政治的关系，母亲的家族是工人。而他出生并成长于伦敦一个非常显赫的家族。父母的婚姻不幸结束后，母亲在一场悲剧中丧生，他当时还小，此后由父亲和祖父母抚养。他们在读大学时相识，并交往数年。他们曾一度分手，他表示自己还没准备好建立忠诚的关系。很快，他们又复合了，不久就宣布订婚。

威廉王子和凯瑟琳·米德尔顿的相爱与成婚，以及两年后乔治小王子的诞生，一直受到英国及全世界无数人的热切关注。他们是陷入爱河的年轻而有魅力的名人。实际上，追寻真爱的过程让我们兴趣盎然。罗密欧与朱丽叶的悲剧反复出现在莎士比亚的戏剧里，出现在电影、歌剧、芭蕾和音乐中，无数的小说、戏剧、电影、肥皂剧和歌剧以此为主题。有名有势的男女之间的爱情故事让无数普通人着迷。

图 8.1 婚礼当天的剑桥公爵及公爵夫人
资料来源：Featureflash/Shutterstock.com

为什么大家对爱情和亲密关系这么感兴趣？正如亚里士多德所说，人类是社会动物，所以我们都渴望他人的陪伴，我们与某些人建立友谊，并在最亲密的关系里找到快乐和绝望。但是，只是在最近一些年，人们才开始使用科学的方法来研究吸引力和亲密关系。

在这一章里，我们会回顾有关吸引力和亲密关系的理论与研究。首先，先看一看我们何时以及为什么需要与他人在一起——也就是归属需要，而何时又只想要特别的他人——即依恋需要。然后考察一下让我们对某人产生初始好感或者说导致我们喜欢某人的因素。接着我们转向亲密关系、亲密、友情和爱情的研究。最后，我们研究关系中存在的问题：分手的过程和孤独。

归属与依恋

人们需要他人。这一需要表现为两种形式。人们需要一种归属感，需要与他人在一起，这就是归属需要。其次，即使是婴儿，也需要与他人建立亲密的联系，这个过程就叫作依恋。在这章后面我们会讨论孤独，并考察当我们的归属需要和依恋需要得不到满足时会产生什么严重的后果。

归属

明显，**归属**（affiliation），即与他人在一起，是人之为人的决定性特征。在某项研究中,受试者同意持续几周戴上沟通装置或传呼机(Csikszentmihalyi & Figurski, 1982)。在清醒的时候,他们会随机接到传呼,被要求完成一个小调查,并说说他们当时正在干什么。研究表明,这些成年人71%的时间都与他人在一起。

实验研究已经发现了一些能增加或降低归属需要的因素。沙克特(Schachter, 1959)的经典实验证明了这一假设,即在某些条件下,人们归属是为了减少恐惧。实验者告知女性受试者,她们将会接受痛苦的电击(高恐惧条件)或者只是轻微刺痛的电击(低恐惧条件)。高恐惧条件下的受试者表示出强烈的想与他人在一起的偏好,而不是独自一人。

理解这一实验的关键在于**社会比较**(social comparison)的过程(第三章)。在特殊环境下,我们会向他人寻求信息,并与处于相同环境下的人比较我们的感受。为了证明这一前提,另一项实验(Schachter, 1959)在不同的受试者群体中唤起恐惧。他们有三个选择:独自等待,与同一实验的其他受试者在一起,或与等待指导老师谈话的学生在一起。正如社会比较理论所预测的那样,感到恐惧的受试者更愿意与处在相同恐惧环境下的人而非不同环境的人待在一起。这就是"同病相怜"。

然而,在一项田野调查(Kulik & Mahler, 1989b)中,研究者对即将进行重大手术的病人进行了采访,询问他们喜欢什么样的室友。病人们表达了强烈的偏好,即他们希望与之同住的是已经结束手术并正在恢复的人,而不是像他们一样正在等待手术的人。这一结果表明,人们可能更愿意与能够分享直接经验并提供可能的慰藉的人在一起,而不是与某个跟自己一样反应会比较情绪化的人在一起。

依恋

在萧伯纳的剧本《皮格马利翁》中——歌舞剧《窈窕淑女》由此改编——伊莉莎·杜立特和她的老师希金斯教授决定要分开。后来,他们发现两人之间有一种联结,不是爱人之间的联结,而是某种亲密而重要的东西。希金斯承认:"我会想你的,伊莉莎。我从你愚蠢的思想中学到了某种东西,我谦卑而感激地承认这一点。而且,我已经习惯了你的声音和容貌。我喜欢它们,真的。"而伊莉莎解释了为何要回到他身边:"我这么做是因为我们在一起时很开心,而且我开始关心你了;不是想让你跟我做爱,也没有忘记我们之间的差别,但却是更友好的喜爱。"在这部杰出的戏剧中,两位主人公都意识到了,这不是浪漫的爱情,而是某种非常强烈的东西。

图 8.2 《窈窕淑女》(1963) 剧照
资料来源：© Sunset Boulevard/Corbis

驱动伊莉莎和希金斯的不是浪漫爱情，而是依恋。社会依恋在婴幼儿早期，也就是在孩子学会辨认熟人——一般是从母亲开始——并以特殊的方式回应他们的时候，就已经开始了。婴儿会对依恋的人微笑并发出声音，当要分开时会表现出痛苦，而且明显能从依恋者那得到安慰。依恋理论的开创者鲍尔比（Bowlby, 1969）认为，依恋有一种生物学基础：它是无助婴儿的一种生存机制。另一方面，社会学习理论家将依恋行为解释为儿童把照顾自己的人，比如母亲，与食物、舒适和物理亲近等回报联系在一起。不论哪种解释，依恋都是我们选择性地与他人建立联系的初次体验。

为什么作为成年人，我们会对特定的人产生依恋呢？从鲍尔比的假设发展而来的依恋理论认为，依恋人物代表的是一个可以抵抗威胁的避风港，一个可以任我们探索和闯荡世界的安全营。这一理论也包含了**情感调节假说**（affect regulation hypothesis）。根据这一原则，具有牢固依恋情结的人可能会因为对某人的依恋而体验到强烈的恐惧或害怕等情绪，即使这个人并不在场（Maunder & Hunter, 2001）。

人们普遍认可，成年人的依恋取向源于早年的经历，但也可以被后来的经历所修改（Mikulincer & Shaver, 2007；Fraley, 2002）。鲍尔比认为，依恋是这样的精神"工作模型"，它与我们如何看待他人眼中的自己是否值得被爱，以及如何将某些人视为安全可靠的"避风港"有关。每个人的精神工作模型或依恋风格都不太一样。大部分人的依恋取向都是安全型的,认为人际亲密是相对轻松、可靠和舒服的。另一些人是**回避型的**(avoidant),当与某人太靠近或太亲密就会感到不舒服;还有一些人是**焦虑型/矛盾型的**(anxious/ambivalent),觉得他人与自己没有想象中那样亲密,有时会十分粘人,以致伴侣可能会离开他们。巴塞洛缪(Bartholomew)和霍罗威茨(Horowitz)(1991)指出,实际上有两种回避型依恋:害怕型回避(渴望与他人亲密,但害怕受伤)和轻蔑型回避(觉得自己不需要或不想要亲密)。这些安全型、回避型、焦虑型的依恋取向已经在成年期得到了确认和测量(Hazan & Shaver, 1987),而且在很多文化中都发现了这些不同的取向(Schmitt et al., 2004)。尽管在大多数样本中,安全型依恋取向都是最标准的取向,但在东亚文化中,忧虑(焦虑型)取向却特别普遍。不过,相比于中国香港和墨西哥这样的集体主义文化,回避型依恋却更多地与个人主义文化中对关系的不满有关(Friedman, Rholes, Simpson, Bond, Diaz-Loving & Chan, 2010)。

依恋风格反映的是某人对关系的图式(Baldwin, 1992),它能指导人们在关系中的行动和反应。比如,安全型依恋风格的人可能会想花更多时间与伴侣相处,告诉对方自己有多么喜爱对方,并且乐于表示亲密。而回避型取向的人可能就没有办法或者不愿意以相同的方式做出回应(Baldwin, Fehr, Keedian, Seidel & Thomson, 1993)。正如其他图式一样,你的依恋取向也可能被他人或环境所影响:你可能在一段关系里感到很安全,但在另一段关系里感到焦虑,或者想要回避(Baldwin, Keelan, et al., 1996)。

一种安全的依恋风格与关系交往中的很多变量相关,这些变量包括一般的婚姻调试和自尊(Murray, Rose, et al., 2002; Gallo & Smith, 2001)。有趣的是,一项针对新婚夫妇前三年婚姻状况进行的研究发现,尽管在蜜月之后婚姻满意度会下降,但依恋的安全感却会随着时间推移而增强(Davila, Karney & Bradbury, 1999)。非安全型依恋风格的人(回避型或焦虑型)更害怕分手(Sprecher, Felmlee, Metts, Fehr & Vanni, 1998),而且经常担心被拒绝会影响他们与伴侣的相处(Murray, Bellavia, Rose & Griffin, 2003)。安全型依恋风格的人会对伴侣表现出更多的支持与信任(Simpson, Rholes & Nelligan, 1992; Keelan, Dion & Dion, 1994)。回避型或焦虑型依恋风格的人可能会爱发脾气,有些人可能会有家暴倾向(Dutton, Starzomski, Saunders & Bartholomew, 1994)。

焦虑型依恋风格的人,对拒绝十分敏感,这会妨碍他们对伴侣的准确感知。他们可能以为自己对某人表达了爱意,但实际上并未清晰表达它。他们认为对方能够而且应该体谅自己的焦虑,并觉察到自己的真实感受,这是一种**信号放大偏见**(signal amplification bias)(Vorauer, Cameron, Holmes & Pearce, 2003)。也就是说,他们希望对方能捕捉到一些关于他的情感的细小线索,并破解出藏在细小线索背后的深层情感。可是他们却不知道对方根本就没有接收到信息，这样就会产生一种自我实现预言，导致最终真的被拒绝。

关于这部分有趣的研究和思想，还有一点必须要注意。一般来说，依恋风格是根据某人对伴侣的依恋取向来测量的。如果目前并没有处在恋爱关系中，那么就必须回忆以前的关系或想象一段未来的关系。想想那些人，在你看来，既是为你遮风挡雨的"避风港"，又是让你放心闯荡世界的"安全营"。一个密友，一个手足，一个大孩子，一个导师、教练或老师，一个同事都有可能成为绝佳的依恋人物。而且，如上所述，我们的依恋风格可能不是始终如一的，某人也许跟伴侣在一起会很焦虑，但跟最好的朋友在一起会很放心。测量成人的依恋取向需要反映依恋经验的多样性。

人际吸引

尽管所有人都需要他人，但我们也是很挑剔的。该领域的研究大多关注的是人际吸引：为什么一个人会喜欢另一个人？研究发现，我们倾向于喜欢那些与我们相似的人，那些回报我们、喜欢我们、离我们很近的人，那些外表迷人的、开朗的、亲切的、有能力的人，或者是善良的、令人倾慕的人。

当然，吸引分很多种。我们可能很享受与飞机上的邻座随意的聊天，但仅此而已。我们可能受某人吸引，想与之交朋友而不是谈恋爱，想成为网球球友而不是亲密朋友，想成为工作伙伴而不是社交伙伴。关于陌生人的吸引法则并不一定适用于亲密关系，比如朋友或爱人。我们先看看对初始吸引的研究。

接近

在产生吸引前，必须要有第一次接触的机会。如果双方的空间距离比较近，那更有可能会相遇并发展关系，这就是**接近效应**（propinquity effect）。费斯汀格、沙克特和巴克（Festinger, Schachter & Back, 1950）的经典研究和后来的重复研究（Athanasiou, Yashioka, 1973）都充分显示了这一点。他们选择了包括两层楼、10户人家和一些楼梯的公寓楼。实验者要求所有住户完成一项"**社交计量测验**"（sociometric test），标记出自己在公寓楼中最亲密的三个朋友。研究发现，隔壁邻居最有可能成为朋友，而房间距离越远，成为朋友的可能性就越小。此外，相比于其他人，住在中间的住户最常被标记为朋友，这可能是因为人们必须经过这里，因此他们有最多的机会注意到对方并产生互动。

为什么人们会被近在咫尺的人吸引呢？最重要的因素是**曝光效应**（mere exposure effect）。与古老的谚语"亲不尊，熟生蔑"相反，大量研究表明，互相熟悉，又不时有一些新的刺激，这样的关系往往能产生更大的吸引力（Suedfeld, Rank & Borrie, 1975; Zajonc, 1970）。在一项实验中，当实验者每周给受试者展示同一个人（这个人与受试者素未谋面）的照片并连续四周这样做时，相比于那些每周看到的照片都不一样的受试者而言，这种条件下的受试者对此人表现出了更强烈的喜爱（Moreland & Zajonc, 1982）。另一项研究发现，观看《芝麻街》（Sesame Street）的学龄前儿童——日裔加拿大人和北美印第安人，更喜欢与同样观看这个节目的孩子玩，而不是没看过的孩子玩（Goldberg & Gorn, 1979）。

最后，心理学家注意到建筑物的风格与设计也会对人际交往产生影响（Baum & Valins, 1977; Baum, Aiello & Calesnick, 1978; Wollin & Montagne, 1981; Russell & Mehrabian, 1978）。因此，建筑师和心理学家开始合作设计更符合居住者特点和交往需求的大学教室与宿舍、精神病院与医院、购物中心与办公场所。

美貌的力量

常识告诉我们"金玉其外，败絮其中"，"不能以貌取人"。因此，人们倾向于低估外表吸引力的作用（Hadjistavropoulos & Genest, 1994）。此外，"情人眼里出西施"也不足以概括全部事实。在给定的文化和年龄组内，受试者被要求对不同目标人物的外表吸引力独立进行评价，结果显示他们的评价具有高度一致性（Berscheid & Walster, 1974a）。独立判断得出的吸引力平均评分能预测其他人将会有多喜欢目标人物（Curran & Lippold, 1975）。而且，我们几乎能在瞬间就做出吸引力的判断。在一项实验中，当屏幕上的人脸只是闪现150毫秒时，受试者做出的吸引力评价与有更长的时间间隔来观察图像时一样（Goldstein & Papageorge, 1980）。

当某人非常有吸引力时，他人渴望与其交往，但可能又害怕被拒绝（Shanteau & Nagy, 1979）。与其冒险承受被拒绝的羞耻，很多人更愿意与吸引力跟自己差不多的人交往。非常有吸引力的人可能会发现自己总是被人远远地欣赏（Shanteau & Nagy, 1979），而长相一般的人更常追求那些与自己的吸引力相当的人（Kalick & Hamilton, 1988）。因此，我们可能会发现身边的朋友或爱人在外表吸引力上总是会大致相似，这是很自然的（Cash & Darlega, 1978; Murstein, 1972; Feingold, 1988）。

虽然两性之间很明显会关注对方的吸引力，但我们也应该记住，在其他种类的关系中，吸引力也很重要。甚至是3岁的小孩也更喜欢好看的伙伴（Dion, 1972; Cavior & Dorecki, 1969）。此外，成年人对待长得好看的和不好看的小孩是

图8.3 莎拉·克劳克兰（Sarah MacLachlan）的美貌会影响我们对其音乐的欣赏吗？
资料来源：s_bukley/Shutterstock.com

有区别的。例如，克利福德（Clifford）和沃尔斯特（Walster）（1973）给五年级的老师一张学生的报告卡。这个学生是研究者杜撰的，卡片上有一张长得好看的或不好看的男孩或女孩的照片。尽管报告卡的其他内容相同，但长得好看的孩子被老师评价为智商更高，未来会更有出息。

这些研究共同表明，美貌的力量是不容忽视的。要注意的是，证据显示，不管什么文化，美的标准还是相当一致的（Ritter, Casey & Langlois, 1991）。事实上，朗格卢瓦等人（Langlois et al., 2000）提出，这种效应可能植根于进化论。让我们来考察一下这种解释。

美、吸引力与进化

思考一下从达尔文的进化论中衍生出的这一基本前提：成功繁殖的冲动，这意味着将我们的基因延续给下一代。为此，我们会被适合繁殖的伴侣所吸引，也就是能生育健康的宝宝，将父母基因传给下一代的人。人们认为有吸引力的人更健康（Kalick, Zebrowitz, Langlois & Johnson, 1996; Hadjistavropoulos, McMurtry & Craig, 1996）。因此，有人说我们为长得好看的人所吸引，是因为他们的繁殖潜力更大。

女性看重男性的哪些特征呢？根据进化心理学家的观点，因为女性能生育的用以延续基因的孩子数量有限，因此相比于能播很多种的男性来说，她们在孩子身上投入更大。女性会寻找一个能生育健康小孩并保护他们的伴侣。因此，她会看重男性的这些特征，如体型和力量，以及经济能力。一个能持续为家庭提供资源的男人是可靠的、稳定的、聪明的和健康的。男性看重女性什么呢？同样的，驱动力是成功的繁殖。因此，他们会被年轻、漂亮的女性吸引，这两个特征意味着健康与生殖力。

所以，吸引力代表的是更适合生养小孩，以延续自己的基因。什么样的特征是适合生育的呢？从石器时代的艺术到当代的选美比赛，我们都可以证明，男性会被腰臀比小于0.7的女性吸引，这种体型意味着良好的生殖力（Singh & Young, 1995）。另一些证据表明，不论男性还是女性，都会被面部特征、手、踝等的对称美（也就是说左边和右边相等）吸引（Thornhill & Gangestad, 1993）。对称偏好被解释为健康的指示器，它意味着适合生育。

这种对称偏好植根于生物学吗？在一项尚不成熟的研究中，实验者发给41名男士每人一件T恤衫，让他们连续两晚穿着睡觉。实验者也对每个人的各种身体数据（耳朵、手指、腰、手臂、踝、脚）进行了测量。然后，女士需要闻每件T恤来推测穿它的男士的吸引力。这些女士与男士素不相识。当然，其他一些嗅觉线索是被控制的，比如，男士不能使用须后水，睡觉用的床单必须是用无味洗剂所清洗，而且不能吃大蒜、意大利辣肠或卷心菜等食物。女士更喜欢身体特征对称的那些男士的气味，但只有当她们处于排卵期，也就是生殖力最强的时候，这一结论才成立。在其他时候，并没有观察到这种偏好（Gangestad & Thornhill, 1998）。作者猜测，对称性通过嗅觉线索反映出来，是因为这些线索意味着健康的身体，因而更适合生育。

如果你描述某人外表属于"平均"水平，这似乎不是一句赞美。但是，一系列研究表明，我们会被特定面部特征或身体特征接近平均水平的人所吸引（Grammar & Thornhill, 1994）。我们可以将每个人脸上成千上万的点输入计算机。通过这些面部照片，能产生一张假想的人脸，它是将所有人的照片平均后的结果：平均大小和形状的鼻子，平均的嘴，平均大小和距离的双眼等等。人们通常认为，这张合成脸比一般真实个人的脸更有吸引力（Langlois & Roggman, 1990）。

此类研究为进化论的解释提供了一些间接依据。但是，它们并没有排除其他替代性解释。当然，外表的"平均"代表的是我们通常所见，而且如上所述，只是因为经常看到或十分熟悉确实就能产生吸引。使用以上所说的相同方法，研究者发现，在评价狗、鸟和腕表时，"平均"与感知到的吸引力之间也存在正向关系，但我们并不会把基因延续到狗、鸟或腕表上（Halberstadt & Rhodes, 2000）。再思考一下，即使正在采取避孕措施，我们也还是不断寻找健康的、有吸引力的伴侣，而这意味着适合生育（Etcoff, 1999）。尽管把进化论应用到深层的亲密生活中时，很难测试其真伪，但这一领域的工作为社会心理学提出了激动人心的挑战。

要注意的是，进化论与主流社会科学观点迥异，后者认为"美是一种普遍标准"的看法几乎就是一个"神话"，关于"美人"的文化多样性与刻板印象已经使这一神话岌岌可危（Wolf, 1991）。尽管不同文化关于美有一些共性，例如对称和"平均"，但远没有形成一个统一的标准，甚至在同一种文化内部，美的标准在不同的时间也会有所不同（Apicella, Little & Marlowe, 2007; Tovée, Swami, Furnham & Mangalparsad, 2006）。

事实上，有证据表明，相比于强调人际依赖的文化，在个人主义文化中外表吸引力在生活中发挥的作用往往更大（Anderson, Adam & Plaut, 2008）。男性比女性更重视对方的外表吸引力（Miller & Rivenbark, 1970; Krebs & Adinolfi, 1975）。一项关于民间故事的跨文化研究发现，这类故事中描述女性外表吸引力的细节比描述男性的多（Gottschall et al., 2008）。作者认为这一发现支持了进化论解释，因为男性将女性的吸引力看成生育力的指示器。男性的生育力不如女性多变，而且更难从外表探测出来，除非是特别年轻、特别老或特别虚弱。因此，人们及其所属社会更看重女性的外表吸引力。不过，也有可能是因为大多数说故事的人是男性，而他们大多对女性的美貌更感兴趣。一项关于视觉艺术作品的研究发现，虽然人们通常认为拥有修长双腿的女性十分有吸引力，但实际上，在这些作品中，腿的长度随着时间的变化呈现出巨大的差异（Sorokowski, 2010）。

既然存在以上的不一致之处，让我们转向另一种关于外表吸引力效应的替代性解释，这种解释不含进化论假设。

美即善

托尔斯泰说，"认为美就是善，这是多么奇怪的错觉啊"。在童话和电影中，男主角总是英俊的，女主角总是美丽的，而反派角色总是丑陋的（例如，灰姑娘和白马王子，丑陋的同父异母的姐姐和邪恶的继母）。因此，当某人被介绍或描述为外表迷人时，往往也会被评价为拥有更善良的性格，更高的职级和地位，更有可能婚姻美满、生活幸福（Dion, Berscheid & Walster, 1972; Adams & Huston, 1975）。这一点在法庭判决中也适用：长得好看的被告比长得不好看的被告得到的定罪和量刑都更轻（Effran，1974）。简言之，在我们对人的印象中，美就意味着善。

但是，在某些情况下，外表的吸引力可能会导致不好的结果。例如，另有研究发现，如果漂亮的女性很显然是利用姿色犯罪，那么她们更有可能被判有罪（Sigall & Ostrove, 1975; Izzett & Fishman, 1976）。此外，与那些没有强烈公平世界信念的人相比，那些相信公正世界的人，即相信人们在生活中会得其所应得，且所得即应得的人（第二章），会认为外表迷人的男性拥有更多社会所认可的特征（Dion & Dion, 1987）。

同样的，应该记住的是吸引力效应并不局限于两性之间。埃弗兰和帕特森（Effran & Patterson，1974）让受试者根据照片对1972年加拿大联邦选举79位候选人的外貌进行评价。对比分析发现，平均来看，外表并不吸引人的候选人所得的选票比外表吸引人的候选人要少。

但是，在对这些研究进行元分析后，伊格利、阿什莫尔、麦克贾尼和隆哥（Eagly, Ashmore, Makhijani & Longo, 1991）发现，外表吸引力对于积极偏见的形成并没有我们想象中那么强大的作用。我们似乎会习惯性地认为有吸引力的人具有比较强大的社交能力（受人欢迎和喜爱，善于社交），至少看起来也更聪明。然而，外表吸引力并不会影响我们对正直（诚实、忠诚）或适应力（高自尊、幸福、成熟）的判断。此外，在不太崇尚个人主义的文化中，例如在中国，人们判断的基础多是与群体相关的特质，如社会地位或家庭背景，更少关注外表吸引力这样一些个人特征（Dion, Pak & Dion, 1990）。最后的分析证明，外表吸引力的作用实际上是比较有限的（Ashmore & Longo, 1995）。

若干动物研究发现，当感知到回报时，特定的大脑中枢会被激活（例如Schultz, 2000），其中包括伏隔核和眶额皮层。其他一些功能性磁共振成像（fMRI）研究表明，当人类受试者正在期望获得或即将获得回报（比如金钱）时，相同的大脑中枢也会被激活（Elliott, Newman, Longe & Deakin, 2004）。一些研究声称，当男性看到他们认为漂亮的女性时，相同的脑回路也会被激活（Cloutier, Heatherton, Whalen & Kelley, 2008）。事实上，他们越觉得女性的吸引力大，大脑就越活跃。但是，当女性看到英俊的男性时，并没有发现相同的激活现象。可见，在择偶时，外表吸引力对男性比对女性更重要。

相似与吸引

我们喜欢在态度、价值观和兴趣上与我们相似的人。在一项经典研究中，为了让美国一所大学的转校生参与实验，研究者为他们提供免费住宿（Newcomb,

1961）。这些学生在入学前互相并不认识。在学期间隙，他们被要求填写一份有关下列信息的调查问卷：(1) 他们关于宗教、政治等问题的价值观和态度；(2) 他们对各自态度的了解；(3) 他们有多喜欢对方。结果显示，友谊与感知到的态度和价值观的相似性之间存在着强相关关系。有趣的是，人们不是先了解到双方的相似性，然后成为朋友的。相反，友谊形成得相当快，而朋友一般一开始会以为他们比事实上的更相似。随着他们逐渐了解对方，友谊会发生变化，以至于真实的态度相似性只与学期最后几周的相互吸引密切相关。换言之，学生们不会改变价值观或态度，他们换的是朋友（Newcomb, 1961）。

在一系列控制良好的实验中，拜恩（Byrne, 1971）将相似吸引原则运用到了实验室。每一个受试者都要填写一份简单的态度调查问卷。然后，实验者暗中填好一份在不同程度上与受试者的观点相似或不同的问卷，并要求受试者对答卷者的吸引力或可爱度做出评价。在外貌、地位和性格等因素被排除的情况下，态度的相似率越高，这位陌生人对受试者的吸引力就越大。这就是著名的**拜恩法则**（Byrne's law）：陌生人对自己的吸引力是态度相似率的函数。

在实验室之外，拜恩法则仍然成立。交往中的对象一般在年龄、宗教信仰、教育背景和外表吸引力（匹配），甚至是身高上都是相似的（Hill, Rubin & Peplau, 1976; Shanteau & Nagy, 1979）。相似性和外表吸引力一样，都能预测大学里对室友的满意度（Carli, Ganley & Pierce-Otay, 1991）。在一项研究中，根据在态度调查问卷上的相似或不同回答，研究者对男性和女性受试者进行了配对。（Byrne, Ervin & Lamberth, 1970）。在介绍他们互相认识之后，每一对都被要求在附近来一次简单的"可乐约会"。（注意：当时"可乐"指的就是那种软饮料！）当他们回来时，有着较高态度相似性的一对会给予对方更多肯定评价，会表示更多好感，甚至会站得更近。

相似和吸引相关性的局限

然而，起作用的可能是相似性的类型。针对青少年友谊的一项研究发现，最好的朋友往往在对待毒品的态度上以及在年龄、年级和民族等特征上具有相似性；但在对待老师和家长的态度上并没有相似性（Kandel, 1978a, 1978b）。希尔和斯塔尔（Hill & Stull, 1981）发现，在大学里，那些选择待在一起或住在一起的女性室友具有十分相似的价值观，而男性室友却没有。最后，一项针对已婚夫妇的纵向研究表明，夫妻的态度和价值观在20年的婚姻中并不会越来越相似；相反，初始的相似性会一直保持不变（Caspi, Herbener & Ozer, 1992）。

回想一下之前所讨论的，在自我监视方面得分较高的人，其行为一般主要受环境引导，特别是受他人的反应所影响，而得分较低的人一般主要受自己的感受和信念引导（第二章）。高度自我监视者喜欢根据外表吸引力来选择爱人，根据相似的兴趣爱好来选择朋友；而低度自我监视者一般会根据相似的性格特征或态度来进行选择（Glick, DeMorest & Hotze, 1988; Jamieson, Lydon & Zanna, 1987）。因此，虽然感知到的相似性会影响吸引力，但在评估相似性时高度和低度自我监视者似乎会考虑不同种类的信息。

最后，在特定环境下，相似可能并不会带来回报。在一项研究中（Novak & Lerner, 1968），受试者被引导相信另一个人最近经历了一次精神崩溃，住进了医院，而且还在看精神科医生。在这种情况下，其他特征上的相似性实际上会降低好感度，因为受试者显然并不想看到自己与这个被污名化的人相似。

相似吸引关系的成因

为什么相似与吸引如此强烈地相关呢？有几种可能的解释。首先，有人同意你的观点是能带来回报效果的，因为这让你对自己的想法更自信。相似的价值观和兴趣给人们创造了一起做事的机会，比如一起打网球，一起做项目或一起去看某场电影。

另一种解释源于**一致性原则**，我们在改变观念那部分谈到过（第五章）。根据海德（Heider）的**人际平衡模型**（interpersonal balance model），喜欢某人但却与之在重大问题上存在分歧是一种很不舒服的心理状态。因此，如果你和朋友在堕胎这个问题上有着完全不同的观点，那么你对这个人的感觉会因此受到影响。当然，意见一致也不一定总是会产生好感。如果约翰和布莱恩都认为苏珊很漂亮，那么可能会导致非常痛苦的竞争。

尽管平衡模型预测，当对某人的偏好与自己的态度产生不平衡时，为了恢复平衡，人们一定会有所改变，但它并不能预测究竟是哪个部分会被改变。例如，如果你喜欢篮球，但你喜欢的人讨厌篮球，你会改变对这个人的偏好，还是改变对篮球的偏好，又或是改变你对此人态度的感知？答案可能取决于你到底是忠于自己的态度，还是感情，又或是对篮球的热爱。如果你已经买了昂贵的赛季票，你可能更大概率会改变对此人的偏好。但如果你已经爱上了此人，你可能会改变对篮球的偏好，或者你可能会认为篮球并不是什么阻碍你们的大问题。

第三种解释挑战了这一命题，即我们之所以被某人吸引，是因为感知到了相似性。日常经验告诉我们要喜欢与自己意见一致的人，因此我们猜想自己所喜欢的人应该是与我们相像的。在一项实验中，当研究者先引导受试者回想与朋友之间最近发生的愉快事件，因而引发对这段关系的满足感后，在接下来的实验中，与事先回想不愉快事件的受试者相比，他们会觉得自己和朋友之间有更多的相似之处（Mory，2005）。事实上，当没有相反信息时，人们一般会假定他人与自己有着相同的态度，甚至是相同的性格特征，因此往往会产生好感（Byrne, Clore & Smeaton, 1986; Murstein, 1972）。但是，值得注意的是，一项关于大学生的友谊研究显示，相识时间越长，越能准确地感知双方是否相似，而一开始所假定的相似性往往是不准确的（Biesanz, West & Millevoi, 2007）。

排斥假说

最后，有人认为相似本身与吸引并无关系，但人们会厌恶那些与自己不同的人（Rosenbaum，1986）。在一项研究中，研究者给受试者展示了一些照片，并告诉他们照片中的人与之态度相似或不同。与**排斥假说**（repulsion hypothesis）一致，在相似态度组和没有信息组，并未表现出吸引力的差别，而在不同态度组，吸引力明显更弱。但是在另一些研究中，当不同态度的数量保持不变时，吸引力会随着相似态度数量的增加而增加（Smeaton, Byrne & Murnen, 1989）。尽管当知道对方和自己有相似态度后吸引力会增加，但相比于相似态度，人们受不同态度的影响可能更大，这是一个消极影响的例子（见第二章）。由于某些原因，年幼儿童的不同—排斥反应更大，而青少年的相似—吸引反应更大（Tan & Singh, 1995）。

虽然态度的相似与不同都能影响吸引力，但证据表明，相比于喜欢与自己相似的人，我们会更讨厌与自己不同的人。例如，在评价政客时，我们可能声称愿他们能始终如一并公开表达自己的想法，但实际上我们会排斥那些与我们的观点或经历不同的人（McCaul, Ployart, Hinsz & McCaul, 1995）。

强化、互惠与吸引

目前为止已经看到，我们一般更喜欢距离我们近的、外表有吸引力的、在某些方面与我们相似的人。很自然，相比于那些通过侮辱让我们感到挫败的人，我们会给予那些通过赞美让我们感觉良好的人更多积极的评价。这其中包括非言语信号——微笑和眼神交流会激发谈话对象的积极情绪，而打哈欠和避免眼神交流会引起消极情绪，并导致消极评价。

现在想象一下，你在一个愉快的聚会上遇到了某人，而在此之前为了庆祝考试成功，你刚刚享用了一顿大餐。**增强情感模型**（reinforcement-affect model）预测，人们会被那个能将其与良好情绪联系起来的人所吸引，即使这个人并不是引起良好情绪的原因（Byrne & Clore, 1970）。例如，受试者在完成性格测试之后，研究者会给他们错误的反馈：一半人被告知他们有很多突出的积极特征，而另一半被告知他们有很多性格问题和缺陷。然后，每个受试者会在等候室遇见一个陌生人。结果表明，那些得到积极反馈的人对这个陌生人会表现出更多的好感。

也许他人能给予我们最好的回报就是喜欢我们（Backman & Secord, 1959）。这是吸引的互惠原则——我们喜欢喜欢我们的人。实际上，伯沙德（Berscheid）和沃尔斯特（Walster）的一项研究（1978）表明，相比于一个赞美了自己7次而批评了1次的人，人们更喜欢那个赞美了自己8次的人。在另一项研究中，一个女性实验者同伙通过保持眼神交流、身体倾斜和专注聆听向男性受试者表示好感。在这种条件下，男性受试者表示被强烈吸引了，尽管他已被告知两人在一些重要问题上意见相左（Gold, Ryckman & Mosley, 1984）。简言之，相似敌不过对方喜欢。最后，研究者提前告知受试者其实验搭档不喜欢他们，然后要求受试者和搭档聊天（Curtis & Miller, 1986）。与受试者认为搭档喜欢自己的情况相比，当受试者认为搭档不喜欢他们时，会更少地敞开心扉，并表现得更加冷漠和不友好。因此，喜欢的互惠效应能形成自我实现的预言。

强化吸引效应的局限

也有证据显示，当某人太过完美时，会提醒我们自己有很多不足，因此，我们反而会更喜欢那些至少有一些缺点的人。阿伦森（Aronson）、维勒曼（Willerman）和弗洛伊德（Floyd）的实验（1966）充分证明了这一点。在录音中，一些受试者听到某个学生回答对了92%的难题，而另一些受试者听到的是只答对了30%。然后两组受试者中分别有一半需要评价，自己有多喜欢该学生。结果，能力更强的学生得到了更高的吸引力平均分。而对剩下的一半受试者，录音会继续播放，他们会听到该学生大叫"噢，天哪！我的咖啡全撒到新衣服上了"。与前半部分受试者相比，这些人对更强学生的好感度评分大大提高了，而对更弱学生的评分则大大降低了。换言之，当证明能力强的人也多少有些缺点之后，对他的评分就会上升。另一项研究表明，这种"粗心之过"效应只会在拥有中等自尊水平的人身上发生。那些高自尊或低自尊的人遇到同样情形对这个人的好感度会降低，前者是因为他们只认同能力更强的人，后者是因为他们崇拜这样的人（Helmreich, Aronson & LeFan, 1970）。

基于同样的道理，当我们发现某人越来越喜欢我们时，这是一种比持续不断的赞美更有说服力的回报。在一项包含一系列复杂情境的实验中，受试者听到一名实验者同伙在七种不同的情况下评价他们。其中一种条件下，实验者同伙不断进行积极评价，而另一种条件下不断进行消极评价。在第三种条件下，实验者同伙一开始消极，然后逐渐积极（"增益"条件）；第四种条件下，一开始积极，然后逐渐消极（"损耗"条件）。随后，受试者需要表明自己对实验者同伙的好感度。不用说，受试者自然喜欢赞美他们的人，不喜欢给出消极评价的人。更重要的是，相比于一直积极的条件，受试者更喜欢增益条件下的实验者同伙；相比于一直消极的条件，受试者更不喜欢损耗条件下的实验者同伙。这就是**增益/损耗效应**（gain/loss effect）。后续的研究表明增益效应往往比损耗效应更强（Clore, Wiggins & Itkin, 1975）。

强化效应的另一个局限体现为社会关系中的**公平**（equity）原则（Walster, Walster & Berscheid, 1978）。虽然我们渴望获得回报性的关系，但我们也并不想感觉自己在利用他人，或被他人利用。事实上，人们有时对他人的好意反应相当消极，特别是当他们无法给予回报，或者是当这意味着自己十分无助，需要依赖他人时（Gergen, Ellsworth, Maslach & Seipel, 1975）。这或许可以部分解释为什么接受救济的人或得到援助的国家并不总是会表示感激或开心。第九章对这一点的讨论更加深入。

亲密与亲密关系

莱文杰和斯诺克（Levinger & Snoek，1972）描述了在情感关系中双方会达到的一个阶段，即两人会互相依赖，每个人都认为有责任为对方着想。在很大程度上，双方会共同建立一些在关系中往往不言而喻的"规则"，并形成一种区别于"你"和"我"的关于"我们"的感觉。自我表露在这样一种关系中具有决定性作用。

自我表露的重要性

感情的发展包括逐渐了解对方，当然这取决于对方的意愿。尽管关于自我表露的过程，已经有了大量研究，但有些问题仍待解决。我们是对喜欢的人表露更多呢，还是表露越多越喜欢对方？自我表露一定是互相的吗？或者我们可以接受某人对我们的了解多过我们对此人的了解？我们会表露得太快太多吗？

显然，相比于不喜欢的人，人们对喜欢的人会表露更多（Chaiken & Derlega, 1974）。不过，试想某个刚认识的人开始告诉你一些个人细节，比如他的家庭、他的愿望和恐惧，他的性需求等。如果太过亲密，陌生人可能会反感。在上述情况下，中等水平的表露能给人更好的印象（Cozby, 1973）。研究（例如，Rubin, 1975）表明，如果表露太多，对方反而可能更不愿意敞开心扉。互惠规范在人类事务中举足轻重：不管是送贺卡，还是透露个人信息，我们总想保持"收支平衡"（Altman，1973；Chaiken & Derlega，1974）。

自我表露也受性别角色影响。在一项研究中，男性和女性实验助手去接近机场候机室的男性和女性乘客（Rubin，1974）。一半的乘客被邀请参加一个笔迹分析研究，另一半被邀请参加自我表露研究。很多人都表示拒绝，而且拒绝的类型十分有趣。不管什么话题，女乘客拒绝男助手的几率都是拒绝女助手的两倍。当被邀请参加自我表露研究时，男乘客拒绝男助手的几率高于拒绝女助手的。总的来说，正如人们所预料的那样，男性往往更不愿意自我表露（Dindia，2000）。

最后，要注意的是，言语上的自我表露和亲密沟通与非言语的沟通是互补的（第七章讨论过）。声音的起伏与变化能揭示或隐藏我们的感受。面部表情、人际距离、眼神交流和身体动向都能表示亲密。社会情境或物理环境也能发挥作用。同样一句话在不同语境下说出来意义也许完全不同，比如它可以是一句动人的情话，也可以是对天气或政治观点的描述。抿一口葡萄酒，可以交流对酒的感觉，也可以交流对同伴的感觉，这取决于（酒或同伴的）品质和年份。

对于有严重婚姻问题的夫妻，沟通的范围会缩小。当关系恶化时，双方会限制愿意谈论的话题数量，但对于这些话题，往往会"完全坦诚"。可能他们是想冒险挽救感情，也可能只是觉得就算开诚布公也没什么可失去的了（Tolstedt & Stokes，1984）。

等价交换与关系

平等，作为对公平的一种感知，在任何关系中都很重要。即便需要做出牺牲，我们也希望在朋友和自己之间保持一种公平感。根据**社会交换**（social exchange）的原则（第十章会详细讨论），我们在关系中会尽量将回报最大化，成本最小化。这最有可能应用在陌生人、一般的熟人之间，以及情感关系的早期阶段。随着双方纽带越来越牢固以及相互关系的发展，直接交换甚至是公平越来越不重要。作为亲密伙伴，我们收获更多，也付出更多，而且越来越在意关系的建设。有趣的是，尽管公平感无法预测一段关系中后期会产生的不满，但反之也成立，当人们感到满意时，他们很可能之后会察觉到不公平（Sprecher，2001a）。

福阿（Foa，1971）提出有六种人际资源可以被交换：爱、地位、信息、金钱、商品和服务。当我们考察这些时就能理解，其中一些资源的价值取决于是谁给的（特殊主义）。例如，对于金钱，不论谁给总有价值，但如果是煲汤，换一个特别的人做可能会更美味（服务），而爱的价值几乎完全取决于是谁付出的爱。**自我中心偏差**（egocentric bias）的存在让社会交换更复杂：人们往往会高估自己的贡献。在一项针对已婚夫妇的研究中，夫妻需要独立对自己在 20 项相关活动（比如打扫卫生，计划休闲活动，照顾孩子）中所承担的责任进行评价。评价是 150 分制的，也就是说丈夫和妻子在同一项活动上的责任评分总和应该是 150。例如，如果丈夫认为自己在照顾孩子上承担了 80 分的责任，那妻子应该就是 70 分。但事实上，73% 的夫妻在各项活动上的平均总分都超过了 150 分（Ross & Sicoly, 1979）。一般来说，满意度更高的伴侣更能承认对方为感情所做出的贡献（Christensen, Sullaway & King, 1983; Sprecher, 2001b）。

交换关系与社群关系

亲密包含一种从**交换关系**（exchange relationships）向**社群关系**（communal relationships）的转变（Clark & Mills, 1993）。如上所述，在交换关系中，人们力求收益最大化和成本最小化。平等由互惠建立起来：你为我挡风，我为你遮雨。社群关系则完全不同，其目标不是互惠，而是为对方提供福利并维持关系。如果关系十分稳定，双方都很满意（即合理的），那么两人都可以放弃直接的回报，而且不需要权衡得失。当人们把对方当成了自己的一部分，想的是"我们"而不是"你"和"我"，那么公平在关系中就不那么重要了（Medvene, Teal & Slavich, 2000）。

意料之中的是，一项针对离婚后再婚人群的研究显示，他们在前段婚姻里感到不公平或被剥削，而在现有婚姻里感到公平。可能更出乎意料的是，女性对现有婚姻的满意度与公平感强烈相关，而男性的满意却源于回报大于付出的感觉（Buunk & Mutsaers, 1999）。也许他们是想要弥补之前的被剥削所造成的"收支失衡"。

亲密关系中的幻想与现实

诗歌告诉我们"爱是盲目的"，这意味着对另一半的幻想是我们浪漫爱情图式的一部分。实际上，大量基于不同感性判断的研究表明，爱情关系是现实与幻想的有趣混合物，它包含对另一半的理想化……但我们的双脚仍坚定地踏在现实中（Fletcher & Kerr, 2010）。当然，虽然爱是盲目的，但我们也希望对方"爱我本来的样子"。

关于这一两难问题的研究给了我们多方面的启示。在一项针对交往对象的纵向研究中，受试者需要预测这段关系的未来，说明自己对浪漫爱情和对当下对象的总体感觉。尽管这些交往对象只相处了不到 6 个月，但其中有三分之一的人预测他们会相守一生——这种高度的乐观主义远远超出了后续研究所显示的水平。这段关系的旁观者，也就是看过他们的匹配调查问卷的人，相比之下更为悲观

(Buehler，Griffin & Ross，1995）。

人们会对伴侣表现出相似的积极幻想吗？在一项研究（Murray，Holmes & Griffin，1996）中，受试者要对自己和伴侣的若干特征（比如善良和深情，喜欢批判和评判，冷漠，情绪化，善解人意）进行评价。然后，他们要在同样的维度上给出"典型伴侣"和"理想伴侣"的评分。总体上，结果证明，人们会将伴侣理想化，对伴侣的评价更接近自己的理想型，而不是伴侣的自评。更重要的结论也许是，以积极眼光——即使带有幻想色彩——看待伴侣的人对关系更满意。

鲁斯布尔特（Rusbult）（例如，Rusbult et al.，2005）提供了另一种有趣视角，即她所说的**米开朗琪罗现象**（Michelangelo phenomenon）。这位伟大的画家和雕塑家显然并不想按照自己的规范为大理石塑形，而是跟随石头本身的特征进行雕琢，让最理想的形象自己呈现出来。也就是说，处于长期亲密关系中的伴侣，其性格特征、兴趣爱好和理想抱负会互相影响。因此，他们会互相支持、相互塑造，以实现他们对伴侣的理想期望（Rusbult，Finkel & Kumashiro，2009；Rusbult，Kubacka，Kumashiro & Finkel，2009）。研究表明，这一过程取决于伴侣在何种程度上支持我们对自己所抱有的理想（Drigotas，Rusbult，Wieselquist & Whitton，1999）。在满意度最高的关系中，双方都能让对方成为最好的自己，靠近某种他们内心都认可的内在理想。

关于幻想和现实，还有一点：很多人认为，一段令人满意的理想关系一定是最亲密的，两人应该无话不说，而研究总体上也支持这一观点。但事实真的一向如此吗？当伴侣穿得很正式时，他们真的希望得到你的诚实评价或鼓励性赞许吗？我们在关系中总是寻求更亲密吗？马谢克（Mashek）、勒（Le）、伊斯雷尔（Israel）和阿伦（Aron）（2011）要求美国本科生受试者描述一下，"想与对象少一点亲密"是什么意思。得到的回答有，需要独处的时间，需要空间，想减少待在一起的时间，或者想要其他兴趣和目标，其中17%的受试者回答"感到窒息"。随后，在一项实验中，受试者需要玩一个字谜游戏，一些人拿到的词有"需要空间"、"感到被困住"和"窒息"，另一些人拿到的是中性词语。那些被灌输了"少一点亲密"词语的人真的会从这个角度看待自己的关系。由于被引导去思考"少一点亲密"及其意义，他们显然在自己的关系里找到了"少一点亲密"的迹象。重要的是，我们必须记住，尽管一般人都希望更加亲密，但有时对某些关系里的某些人而言，这可能不是一件好事，至少有一方可能需要更多的距离和更少的亲密。

忠诚与投资

当一段关系持续了一段时间，我们常常会觉得继续维系它非常重要。换言之，我们对这段亲密关系进行了**投资**（investment），无论是有形的（财产）还是无形的，如我们为维持感情所付出的时间和情感精力（Rusbult，1983）。当意识到这种投资之后，尽管不一定满意，但我们可能会对这段关系保持忠诚。最近一项针对 52 个研究和 11000 名受试者进行的元分析充分证明了这一概念的重要性（Le & Agnew，2003）。

逆境能使人团结，也能让人分离。这取决于两个因素：逆境的困难程度和对关系的忠诚程度——这是**忠诚校正假设**（commitment calibration hypothesis）（Lydon，1999；Lydon，Meana，Sepinwall，Richards & Mayman，1999；Lydon，Fitzsimons & Naidoo，2003）。如果自我感知的逆境困难度低于忠诚度，那么关系就不会受到威胁，无需采取什么行动。假设逆境困难度远高于忠诚度，那么就几乎没有动力再坚持并试图挽救关系了。只有当困难度和忠诚度差不多相等时，我们才会在逆境中采取行动去挽救关系。有趣的是，当我们原谅伴侣所犯的某些错误之后，伴侣对我们和这段关系的信任感会增强，而双方通常对关系都会产生一种更强烈的投入感（Wieselquist，2009）。

同居是一种常见的现代关系形式，即一种不结婚但住在一起的忠诚关系。同居是一种结合两种相反需求的方式：独立性和相关性。也就是说，虽然很多人追求独立和自我，但他们也渴望和需要一种亲密的支持性的关系（Newcomb，Huba & Bentler，1986）。一项针对瑞典和挪威受试者的样本研究支持了这一观点：与已婚人士相比，同居者对关系的满意度更低，更可能考虑结束它。但是，如果他们肯定地回答了打算在未来两年内结婚，那么他们的满意度和稳定性与已婚夫妇并无差别（Wiik，Bernhardt & Noack，2009）。

亲密与网络关系

想象一个机器人，它拥有人类特征，包括触感几乎与人类一样的皮肤，还有说话和表达情感的能力。假设这个机器人总是对你很忠诚，而且十分关心你。你会与它成为朋友或恋人吗？在嘲笑这看似不可能的事情之前，先考虑一下特克尔（Turkel）有关机器人作用的描述，它能为老年人提供"人性"陪伴，而且能通过"交友"和 140 字的个人消息弥补日常生活中人际联系的缺失。现在，你会接受机器人作为人际关系的伙伴吗？特克尔（2011）描述了很多不同年龄段的人表示接受的例子。

当然，互联网为人们提供了一种远距离与人沟通的强大新方式，由此产生了新的关系形式，特别是通过社交网站。而且必须理解的是，人们用互联网通讯是为了各种各样的不同目的：联系远方的亲人和朋友，认识新伙伴，与有相同兴趣的人交往，获取信息（Fogel et al.，2002）。

有些证据显示，孤独与频繁使用网络有关。孤独的人一开始想借此缓解孤独，但如果他们缺少真实的社交，那么实际上可能会更加孤独。网络关系可以说是一种"冷漠的亲密关系"，因为人们的互动局限在单一渠道里，这使得每一方都能完全控制自我表露的广度、深度甚至精度。大多数情况下，双方与各自的家人、朋友或其他关系圈是完全隔离的。而且，大部分可以发现欺骗（第二章）的线索在这里都是缺乏的，因此人们能随心所欲地展示自己。

不难理解，这类关系对那些害羞、缺乏魅力和有行动障碍的人是很有吸引力的。甚至还可以开拓全新的角色：有一个这样的案例，一个残疾女性，在网上变成了一个身体健全的男性精神科医生，他想知道被当成女性是什么感觉并想体验女性之间的亲密友谊（Van Gelder，1996）。由于缺少面对面交往中很重要的生理线索（年龄、性别、吸引力、非言语线索），网络为亲密的自我表露和互相支持提供了一条捷径。

但是网络的人际沟通真的会减少真实的社会交往吗？一项纵向研究（Kraut，Patterson，et al.，1998）考察了受试者开始使用互联网之前和之后一两年内的状况，结果显示，更频繁地使用互联网确实会减少受试者与其他家庭成员的沟通，而现实中与他们每月至少交往一次的人也会减少。更可怕的可能是，那些在网上耗费时间最多的人久而久之会越来越孤独和沮丧。相似地，卡乔波（Cacioppo）和帕特里克（Patrick）（2008）提出有力证据表明，孤独的人确实在互联网社交上耗费了更多时间，而留给面对面交往的时间明显更少。因此，网络关系可能成为了一种难以令人满意的真实社交替代品（Kraut et al.，1998）。

社交补偿假说（social compensation hypothesis）指出，频繁使用网络的人往往是孤独的单身人士，他们缺少必要的社交技巧去通过一般的社交活动找到朋友和爱人（见 Fehr，2008；Amichai-Hamburger & Ben-Artzi，2003；Fogel，Albert，et al.，2002）。但是，**"富人更富"假说**（"rich get richer" hypothesis）主张，拥有强大社交技巧的人在社交网站上会得心应手。一项针对高中生的研究在男孩身上印证了社交补偿假说；那些社交焦虑的男生在网聊时往往能收获更好的友情。相反，"富人更富"假说在女孩身上得到了印证；那些在网上聊天的女生并没有社交焦虑（Desjarlais & Willoughby，2010）。

亲密关系能完全在网上建立吗？还是它最终必须走向面对面的交往？一项针对某音乐社交网络的研究发现——受试者来自48个国家——人们会与有相同音乐热情的人频繁互动。但是，除非有更私人化的沟通，比如见面、发信息或邮件、打电话，否则他们的关系不会超出共同的兴趣（Baym & Ledbetter，2009）。事实上，很多在网上建立的关系确实转向了其他沟通方式（Fehr，2008）。

当网络关系从屏幕转向面对面会发生什么呢？麦克纳和巴奇（McKenna & Bargh, 2000）发现，如果两人之前在网上认识，线下见面时更有可能互相喜欢。那些能在网上向对方表露"真实"自我或内在自我的人更有可能将网络友谊发展为面对面友谊（McKenna, 2002）。

专栏8.1 一个现实问题：线上约会服务的优势和危险

线上约会网站已成为一种全球现象和一门有利可图的生意。芬克尔和伊斯特威克等人（Finkel, Eastwick et al., 2012）对研究进行了全面回顾，并聚焦了线上约会的两个问题：线上约会与其他形式的见面或约会有本质区别吗？线上约会真的比传统的让人互相熟悉和吸引的面对面约会效果更好吗？

关于第一个问题，研究者考察了线上约会网站提供的三种服务：能接触到更多的潜在对象，能以有意义的方式进行沟通，能通过前期的调查问卷根据公式匹配理想对象。通过这些服务，线上形式真的改变了约会和婚配的图景。例如，如果你在酒吧遇到某人，一般能通过随意的聊天获得一些信息，并形成第一印象，但线上约会能在见面前提供关于此人的大量真实信息和印象。而且，线上约会不需要依赖朋友或亲人的建议，而是根据匹配公式配对最合适的人。

至于第二个问题，线上约会更好吗？莱文（Levine, 2000）认为，"虚拟吸引"在几个方面确实不同于一般所理解的社会吸引。自我展示更流畅更自然，而且是个人能控制的（比如，发送或交换声音或图片文件）。自我表露和亲密交流比面对面约会发生得更快，这可能是因为线上风险更小。事实上，受试者有时会惊叹于从线上关系中所得到的陪伴、温暖和亲密（Lea & Spears, 1995）。不过，芬克尔和伊斯特威克等人（2012）发现，关于"线上约会效果是否更好"这一问题，答案是否定的。他们并没有找到证据表明匹配算法所匹配的对象成功率更高，而且虽然线上沟通能使人更亲密，但它也会造成不切实际的期待，一旦见面反而会更加失望。他们还发现，线上约会有让关系商品化的趋势，这导致更多人不再愿意忠诚于一人。

友情

同性友情

一直以来，西方文化的研究都显示，男性之间的友情不如女性之间的亲密和团结。也就是说，女性朋友会谈论困难和感受，而男性会一起参加活动（Bank & Hansford, 2000）。人们认为，这是因为男性缺少来自父亲的角色榜样，他们的父亲也没有更亲密的友情，或者是因为男性的世界更具竞争性。

费尔（Fehr, 1996）讨论了关于这一话题一直存在的疑惑。一个有趣的观点认为，男性在友情中看起来不够亲密，只是因为亲密本就是以女性的方式来定义的。也就是说，如果亲密被定义为言语上的自我表露和互相支持，而女性确实有更多此类行为，那么女性之间的友情的确更亲密。但是，如果我们更广义地将亲密定义为一种情感联结，一种亲近感，或一种关于"我们"的感觉，那么人们既可以通过自我表露（女性方式）也可以通过分享兴趣和活动（男性方式）来获得亲密。很明显，友情里不只有以情感为基础的自我表露（Wellman, 1992）。另一方面，研究也发现，男性和女性在亲密模式上也有重叠，特别是男女都将自我表露视为亲密的题中之意（Monsour, 1992）。

异性友情

布莱斯克–黑谢克和巴斯（Bleske-Recheck & Buss, 2001）从进化论的角度提出，尽管男性和女性为了获得可能的同伴都会与异性建立友谊，但男性在其中也寻求（或者说希望）性的满足，而女性想要的是被保护。两项研究的调查问卷数据都支持这一假设。不过，关于这一话题的文献展现出了一个更为复杂的图景。奥米拉（O'Meara, 1989, 1994）认为异性友情的存续会面临很多挑战。双方必须以一种让两人都觉得舒服的方式来建立情感联结，比如说在互相倾诉时究竟亲密到什么程度。既然友谊建立在平等的基础上，那么性别平等的问题也要考虑进来。此外，拥有异性友情的个人，有时必须面对社会的反对（或者至少是怀疑），不得不向他人"解释"。在某些职业背景和文化中，性别隔离依然存在。

"柏拉图式"友情

分手了还能做朋友吗？B. 柯林斯、基维茨和莱文（Busboom Collins, Givertz & Levin, 2002）就与前任的关系这一主题对大学生进行了采访。与社会交换理论一致，那些从前任那里得到更多资源（帮助、支持等）的人更有可能继续做朋友。但是，一旦有了新的恋人，或者朋友反对，这种关系就会遇到障碍。

一种视角：从吸引到亲密

正如我们所看到的那样，形成初始吸引的那些因素与形成忠诚亲密关系的那些并不相同。在研究了决定约会关系寿命的因素之后，克尔克霍夫和戴维斯（Kerckhoff & Davis, 1962）提出了一个连续过滤模型。首先，人们会比较各自的社会特征和人口统计学特征（宗教、社会经济地位）。然后，他们会寻找态度和价值观上的共同点。如果关系还能继续存在，那么当双方的需求能够互补时，就可能形成长期的忠诚（Winch，1954，1958）。

那么我们该如何描述一段亲密关系呢？人们提出了若干亲密标准：（1）两人之间的互动频率高于其他人；（2）分开时想要重聚；（3）互相自我表露；（4）谈论关系的独特性；（5）期待对方的反应（Brugess & Huston，1979）。为了维持一段长期令人满意的亲密关系，有人（Harvey& Omarzu，1997）将他们的关系归纳为一个"五步走"的过程：

1. 保持相互理解，包括倾听、观察和提问。
2. 关心对方以及所发生的事情，表明自己在乎对方和这段关系。（比如，当情况不对时，我们可以提出疑问。）
3. 接受对方自我表露的内容，尝试安慰和缓解对方的紧张与愤怒。
4. 回应对方的想法、感受和行动。
5. 长期坚持这一过程。

爱情

尽管哲学家、诗人、词曲家和艺术家总是痴迷于爱情这个主题，但当社会心理学家对它进行科学研究时，却可能被认为是鲁莽或冒失的。事实上，有人认为科学进入这一领域是一个错误。一位社会心理学的爱情研究先驱将她的研究经历描述为好像"在雷区行走"（Berscheid，2003）。

施特恩贝格和格拉耶克（Sternberg & Grajek，1984，p. 312）观察到，"人们会以它的名义撒谎、欺骗、偷盗甚至谋杀，但没有人知道它究竟是什么"。想想那些我们用以描述爱情的形容词和同义词：迷恋、小狗之恋（初恋）、绝望的爱、执着的爱、爱欲、浪漫的爱、陷入爱河。尽管爱情似乎是一种普遍的人类体验，但大约有10%的人说自己从未爱过，另一些人认为爱太痛苦，决定以后要躲避它（Tennov，1979）。对于不同的人来说，浪漫爱情可能代表着一种充满激情的情感和生理体验，一种互相操纵的"游戏"，或者一种轻松踏实的友谊。在一项关于爱的模式的研究中（见第二章），费尔（Fehr，1988）要求受试者列出他们认为能表达爱的特征的词，而另一些受试者需要评价每个词的代表性究竟如何。一些特征被认为是体现爱的本质的（比如，信任、关心），而另一些词是更非本质的（比如，紧张、不安）。

事实上，爱情可以成为一种让人上瘾的思维与行为模式，有些人说它与赌博或物质成瘾无法区分，都与大脑中的阿片肽、后叶催产素和多巴胺能系统有关（Reynaud, Karila, Blecha & Benyamina, 2010）。戴蒙德和迪克森（Diamond & Dickerson，2012）证明，爱和性欲与大脑中一些特殊的激活模式相关，尽管也有一些重叠（比如尾状核、前扣带皮层）。实际上，动物研究中的配对和人类的爱情关系都与大脑中的多巴胺奖励系统有关。当母亲看到孩子的照片，或者爱人看到对方的照片时，都能观察到这种系统被激活的现象（Young, 2009）。此外，携带一种特殊人类基因变体（AVPRIA）的人保持单身或经历婚姻危机的概率是没有这种基因变体的人的两倍（Young, 2009）。虽然这些都没有提供关于爱的神经基质的决定性证据，但这种种发现还是很令人着迷的。关于爱情灵药的诺言最终真的能成为现实吗？

我们的论点很简单：既然我们对爱的理解还非常有限，既然爱是人类经验所固有的，那么在其他领域已经非常成功的科学方法，应该也可以在这里使用（Thompson & Borrello, 1992）。关于爱的科学的想法其实并不新鲜（Reis & Aron, 2008）。达尔文认为，进化的基础是成功繁殖，研究配偶选择和依恋是一种自然的进步。弗洛伊德强调爱欲以及那些我们没有意识到的动机在人类生存中的作用。让我们看看社会心理学是怎么说的。

专栏8.2 爱：我们能测量它吗？

如果要把爱作为一种科学现象来研究，就必须测量它。当然，首先必须定义我们要测量的是什么。然后必须要验证，比如证明它与其他相关变量相互关联（见第一章）。历史上对爱的测量有两种不同的方法（Graham, 2011；Hatfield, Bensman & Rapson, 2012）。一种是规定一套爱的范畴或类型，然后对它们进行测量，比如浪漫爱情的初始阶段，朋友之爱，同伴之爱。另一种是以某一种类型的爱为基础，通常是浪漫或激情之爱，然后测量爱的强度。以下是几个例子。

1. 鲁宾（Rubin, 1970a, 1973）是最早尝试测量爱的人之一，其关注点在于区分喜欢和爱。在收集了各种小说家、诗人、临床医生和科学家关于爱的描述之后，他制定了两个量表，并分别测量。关于爱的量表包括这样一些项目："如果我很孤独，我的第一想法是找 X"，"我会为 X 做任何事情"，"我对 X 有很强的占有欲"；关于喜欢是通过这些项目进行测量的："简单认识后，大多数人都会对 X 表示赞许"，"我很相信 X 的良好判断力"，"在我看来，X 是一个非常成熟的人"。

182 对交往对象参加了测试。每个人都要针对自己的对象或最好的朋友来填写量表。喜欢量表和爱的量表上的分数呈现正相关关系，但只是中等程度的相关。虽然喜欢与爱有关，但人们，特别是女性，可以非常喜欢某人，但不爱这个人，也可以很爱某人，但不喜欢这个人。实验室的一项调查发现，在爱的量表上得分很高的情侣在聊天时会更多地凝视对方,且六个月之后,这些人报告说,他们的关系变得更加亲密了。另一项研究(Dermer & Pyszczynski, 1978)表明,那些欲望被唤起的人在爱的量表上(对其对象的)打分明显更高,但在喜欢量表上并非如此。但是,施特恩贝格和格拉耶克(1984)表示,喜欢量表的得分高低才是反映爱情关系能否长久的最重要指标。

2. 对待爱情的态度。李(Lee, 1973)提出,我们可能会以不同的方式思考爱情,或者认为爱具有占有性和依赖性(占有型),或者认为爱应该充满激情(激情型),或者有一张关于理想伴侣特质的理性"购物清单"(实用型),或者将爱视为友谊和陪伴(友谊型),或者认为爱是互相操纵的游戏(游戏型),或者认为爱就是无私奉献(利他型)。亨德里克(Hendrick, 1986)发明了测量这些不同态度的量表。要注意的是,我们可以根据最高得分或者通过一种高低分的模型来定义某人。

3. 激情之爱量表。这一量表是为了测量这样的爱情,即"强烈渴望与对方结合,不管这种渴望是否是相互的"(Hatfield & Sprecher, 1986)。这包括认知成分(比如关注对方,渴望了解对方),情感成分(比如吸引,特别是性吸引,当出现问题时会产生负面情绪,生理唤起)和行为成分(比如尝试理解对方,为对方做一些贴心的事)。这一测量已经在很多国家得到广泛应用,而且与功能性磁共振成像(fMRI)反应模式——在大脑奖励中枢方面特别清楚——以及其他一些关于爱和性的测量相结合。

4. 爱情量表的三角理论。施特恩贝格(1986)的爱情三角理论(后面会详细讨论)已被应用到了三个量表中:激情(包括身体吸引)、亲密(感觉亲近、有共鸣)和承诺(决定携手走向未来)。格雷厄姆(Graham, 2011)从103个受试者样本中收集了数据,并进行了元分析,想弄清楚浪漫爱情背后是否有一些基础性的维度或因素。她发现了三个这样的因素:第一,一般的浪漫爱情,大致包括了以上提到的几种因素;第二,浪漫的迷恋,"如果伴侣一会儿不理我,我就会做一些蠢事来博取关注","能与我的伴侣谈恋爱,让我激动得睡不着觉";第三个爱情维度是很多测量中都有的,被称为"实用的友谊",它包括上面概括的实用型和友谊型爱情,可能比较接近同伴之爱的概念。

总之,通过这些研究,我们可以看出,喜欢与爱有关,但不一样。

爱究竟是什么呢?在回顾这些研究时,伯沙德(Berscheid, 1985)指出,爱与喜欢有几点不同:喜欢在时间的推移中是相对稳定的,而浪漫之爱更脆弱易变。喜欢强烈受制于实际的奖励交换,而浪漫之爱更多由双方对未来的期待所决定。

喜欢以一种合理的方式受到奖励的影响（我们更喜欢奖励我们更多的人），而浪漫之爱常常与此无关，甚至还会因受挫或被拒而更强烈。

图8.4 《爱在黎明前》剧照。电影讲述了一对年轻人在巴黎邂逅并坠入爱河的故事，他们的爱情在两部续集中继续展开。关于爱，我们可以从他们身上学到什么呢？

资料来源：Corbis

当然，浪漫之爱也包含了性，而爱与性的关系也不断被讨论（Hendrick & Hendrick, 2002）。汤普森（Thompson）和博雷洛（Borrello）（1992）认为，浪漫之爱的显著特征就是对所爱之人有一些恋恋不忘的、常常与性有关的想法。研究表明，随着时间的推移，除非一方对关系不满，否则这种恋恋不忘的想法会逐渐消失。但是，与伴侣的深度交往的确能长久保持（Acevedo & Aron, 2009）。而且，纵向研究发现，坠入爱河往往伴随着自我价值感的提升（Aron, Paris & Aron, 1995）。

人们对爱某人和爱上某人做了清晰而严格的区分（Berscheid & Meyers, 1996）。在西方文化中，我们一般先"坠入爱河"（多么有启发性的表述！），然后结婚。注意，在西方文明的中世纪，浪漫爱情被称作"宫廷爱情"，通常是秘密的、充满激情的，有时但不总是会实现身体的和谐。在很多文化中（比如印度），传统上是由父母来安排婚嫁的，而夫妻可能直到婚礼当天才第一次见面。电影《季风婚宴》（*Monsoon Wedding*）描绘了一对现代印度夫妻如何遭遇了来自家庭的传统婚配期待。经历了一路的颠簸，包括得知她与已婚男士有婚外情之后，爱还是战胜了已经发生变化但仍然传统的环境。音乐剧《屋顶上的小提琴手》讲述了一个发生在19世纪俄国的犹太人小村庄的故事。丈夫特伊（Tevye）问妻子，"你爱我吗"？妻子说他们一起生活，同床共枕，养育小孩。但他坚持问"你爱我吗"？最后，她恼怒地大叫："我是你老婆！"他懂了。在那种文化中，爱并不是结婚的动机，而是两人结合的预期结果。

图8.5 《屋顶上的小提琴手》剧照。这对已生儿育女的夫妻怀疑被安排的婚姻能否产生爱。

资料来源：© Robbie Jack/Corbis

你会如何回答下面这个问题：如果你要见的某人拥有一切你所希望的品质，但你并不爱他或她，你会与这个人结婚吗？来自11个国家的人给出了回答。西方国家（美国、英国、澳大利亚）的人明显认为爱是婚姻最重要的前提条件，而发展中的集体主义国家（印度、泰国、巴基斯坦）的人在这种情况下，显然更愿意考虑结婚（Levine, Sato, Hashimoto & Verma, 1995; Schmitt, Youn, et al., 2009）。当然，后一种文化中的人并不否认热烈爱情的存在（Jankowiak, 1995），但他们可能认为把这作为婚姻的基础是不可靠的。

社会心理学发展出了很多爱情理论（Berscheid, 2010; Hendrick & Hendrick, 2000）。

爱情三角模型

施特恩贝格（1986）提出了爱情三角模型（triangular model of love）来表现爱的多样性。一切爱情体验都有三个组成部分，用三角形的三个顶点表示（见图8.6）。这三个部分如下：

亲密

两人之间的亲近或联结，这包括沟通、自我表露和想要关心对方。

激情

在爱情关系中的情感和生理唤起。虽然外表吸引力和性很重要，特别是在关系的早期阶段，但激情体验还包括其他一些强烈的感觉。当想起一些与爱人有关的特别时刻，或者听到一些特别的歌曲时，那种觉得自己"疯狂爱着对方"的情绪可能会涌上心头（Mashek, Aron & Fisher, 2000）。有趣的是，一项针对中国受试者的研究显示，他们对关系的满意度与施特恩贝格模型中的亲密和承诺有关，但与激情无关（Ting Kin & Cheng, 2010）。

承诺

将自己对伴侣的感觉称为爱，并让这一决定一直延续。

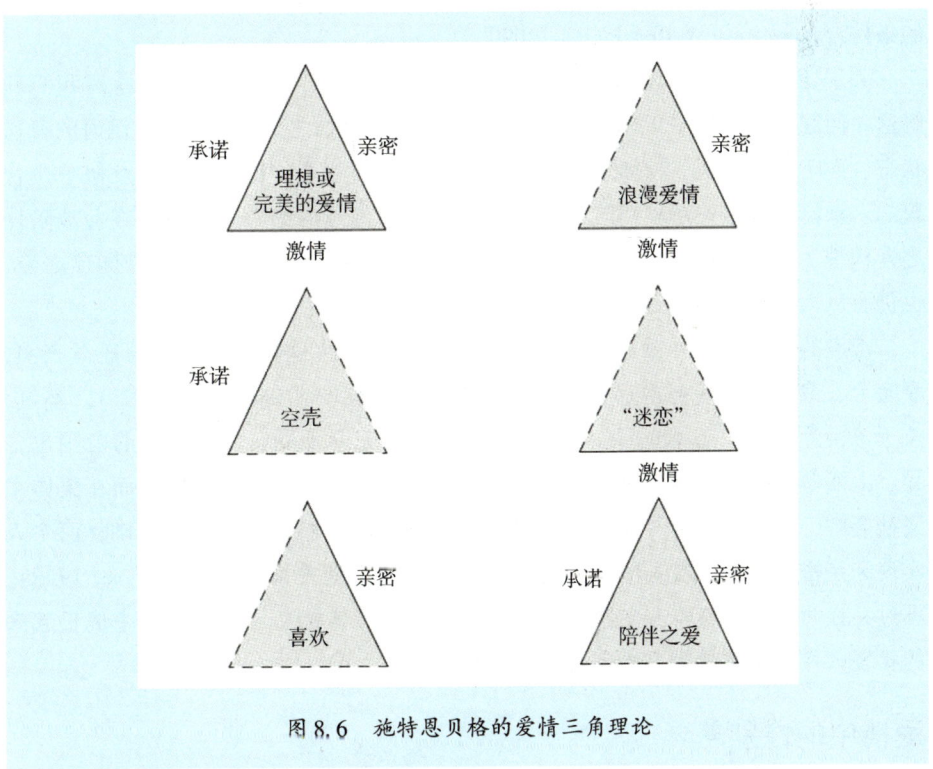

图 8.6　施特恩贝格的爱情三角理论

用这三个组成部分的相对重要性（由图 8.6 中的实线和虚线表示）可以刻画很多不同的爱的体验。例如，朋友之间的喜欢就包括亲密和承诺，但缺少激情。迷恋由激情组成，缺少亲密或承诺。浪漫爱情是亲密和激情的结合，但没有承诺；

如果加上承诺，就变成了理想爱情。同伴之爱包含了亲密和承诺，但激情，至少是生理意义上的激情，已经退却。施特恩贝格还描绘了停滞的爱情关系（"空壳"），承诺还在，但已没有亲密或激情。而理想的完美爱情是由亲密、激情和承诺充分结合而成的等边三角形。

施特恩贝格的框架融合了之前很多的研究发现和概念。例如，费尔（1993）描绘的爱情"蓝本"被认为是一个非常典型的例子。这个"蓝本"标出了三个基础性特征（Aron & Westbay, 1996）：与施特恩贝格的模型刚好一致，也是激情、亲密和承诺。因此，我们在爱情中的行为和体验可以说是由图式——关于爱的图式——驱动的（Fehr & Russell, 1991）。

另一个有趣的问题与时间所引起的变化有关。例如，一般认为，在关系的"蜜月"阶段激情水平较高，而随着关系的持续发展，亲密越来越多。但是，在一段关系中，激情逐渐减少是因为亲密或亲近感增加了吗？尽管有证据显示，人们越亲密，激情反而会越多，但还需要更多的研究才能找出激情随着时间潮涨潮落的条件（Baumeister & Bratslavsky, 1999）。

关于变化的问题，我们可以看一下激情之爱与陪伴之爱的区别，这对我们理解这一问题是有用的（Walster & Walster, 1978）。激情之爱是一种排山倒海的狂喜状态，而陪伴之爱是一种细水长流但又充满忠诚的状态。这样一种观点似乎是合理的：激情之爱是关系早期阶段的特征，而随着蜜月的结束，激情最终会被陪伴之爱代替。然而，研究显示，平均婚龄 33 年的女性对自己的伴侣既有同伴之爱，也仍有巨大的激情（Traupmann & Hatfield, 1981）。

浪漫的爱情是一种普遍的体验还是专属于西方文化呢？人类学的证据表明，事实上，浪漫的爱情普遍存在于大多数文化和社会中（Jankowiak, 1995）。不过，关于浪漫爱情的"蓝本"，不同文化的表达方式完全不同，而且接受的范围也各异。上面概括的"蓝本"适用于个人主义文化，例如加拿大和美国。而在集体主义社会中，例如在印度、中国和日本，浪漫爱情较少被视为婚姻的基础，而个人实现和亲密除了是浪漫爱情的特征，也可以表征家庭关系（Dion & Dion, 1996）。不过，在西方大众媒体占主导地位的时代，在有集体主义传统的社会中成长起来的年轻人往往会接受西方的个人主义价值观。

爱情中的性别差异

至少在西方文化中，男性和女性对浪漫爱情的看法是不一样的（Dion & Dion, 1985；Hendrick & Hendrick, 1986；Peplau & Gordon, 1985）。令人惊讶的是，男性的观点往往**更浪漫**，他们比女性更相信"真正浪漫的"爱情终将到来并永远持续，它会战胜一切藩篱和社会习俗，本质上是奇怪而不可理解的，但一定是婚姻的基础。另一方面，女性似乎更实际，她们相信可以多次坠入情网，爱可能不会长久，随着蜜月的结束，幻想必然逐渐破灭，而经济的安全和友谊才是婚姻更重要的基础。

不过，女性的实际体验并非总是实用主义的。尽管男性声称自己更早陷入爱情，而女性声称她们经历爱情的次数更多、更强烈；但是，女性更常喜欢上甚至理想化自己的伴侣，她们更常表达自己的情感体验和欢愉"症候"，比如"飘在空中"或无法集中注意力（Brehm, 1985）。也许女性在选择恋爱对象和定义爱时更实际，但对爱的感受力更好，更常有强烈的情感体验。或者说，女性可能只是比男性更愿意或更擅长分享强烈的亲密体验。显然，相比于男性，女性更多地认为不应该在错误的对象上浪费过多的时间（Hill, Rubin & Peplau, 1976）。

在揭示性别差异方面，迪翁（Dion, 1976）的研究引人入胜。多伦多的安大略研究中心招募了一些情侣。每个人都需要观察伴侣从"埃姆斯小屋"走过。这个"小屋"是一个梯形的知觉曲解装置，从一端看物体会特别大，而从另一端看则特别小，因为地面和天花板有一部分会合了。对于男性来说，不管是观察伴侣，还是观察陌生人，曲解效应都十分明显。可是，在女性眼里，伴侣外形被曲解的程度明显小于陌生人。爱似乎修改了女性对伴侣的感知，使其更接近现实。

爱与认知

男女都认为爱情关系应该是内在的，以对关系本身和对伴侣的关心为基础；它并不关注外在的回报。为了研究这一观念，塞利格曼、法西奥和赞纳（Seligman, Fazio & Zanna, 1980）招募了一些交往对象，然后在每个话题上都给出一句写好开头的话，以操纵其认知模式。一半的句子包含短语"因为我"，另一半则包含"为了"（比如，"我与男友约会是因为我……"或"我与男友约会是为了……"）。之前的研究显示，不断使用"因为我"这一短语会激发一种内在认知模式，而"为了"会启动一种外在模式，即做某事只是为达到某种目的的手段。与分到内在认知模式的学生相比，分到外在模式的学生在之后的鲁宾爱情量表上得分更低。当受试者意识到可能的外在原因后，爱的感觉实际上减退了。

这一实验并不意味着，思考本身会消减爱。事实上，关于某个问题，你想得越多，态度就会越两极化（Tesser, 1978）。实验者问约会中的学生有多爱自己的伴侣，多久想到对方一次（Tesser & Paulhus, 1976）。这样的问询前后做了两次，间隔两周。收集到的数据表明，爱和思考确实会互相影响：你越爱她，你就越常想到她，反之亦然。

激情之爱可能是一种错误归因吗？

根据很有影响的**浪漫爱情的归因模型**（attributional model of romantic love），"坠入爱河"有三个必要条件（Berscheid & Walster, 1974b）。第一，此人必须成长于相信浪漫爱情的文化中。第二，此人必须感觉到一种被解释为爱的情感唤起状态，它是对这些感觉的一种归因（参见第二章）。第三，必须要出现一个合适的爱恋对象。这一模型的关键在于，人们怎么解释自己的一些生理唤起症候，比如声音颤抖、眩晕、注意力涣散、脸红、心悸、肌肉震颤。也就是说，某人经历了一种唤起状态，在某些线索的引导下，将这些感觉归因为浪漫爱情。

图 8.7　加拿大温哥华的卡皮拉诺吊桥
资料来源：Lissandra Melo/Shutterstock.com

实验研究和实地研究都支持了这一模型。在一项研究中，伴侣需要在两个不同的时间报告自己的感情状况，这两个时间点间隔 6 至 10 个月（Driscoll, Davis & Lipetz, 1972）。在考察了伴随时间所发生的变化之后，研究者在未婚情侣中发现了**一种罗密欧与朱丽叶效应**（Romeo and Juliet effect）：父母干涉越多，浪漫爱情越炽烈。有些因对父母不满而产生的唤起，也会被情侣重新归因，认为它与对伴侣的爱有关。在另一项研究中，当男性受试者走过了摇晃的卡皮拉诺吊桥——它横跨北温哥华的一个深邃峡谷——就会遇到一位迷人的女性实验助手。与那些走过坚固的水泥桥之后遇到年轻女性的男性相比，这些走吊桥的男性后来将女助手描述得更性感，给她打电话的概率也更高。不知怎么的，在空中摇摆时，那种恐惧所带来的唤起随后被错误归因为受到了女助手的吸引。

但是，这种对卡皮拉诺吊桥实验的解释受到了挑战。肯里克和恰尔迪尼（Kenrick & Cialdini, 1977）认为，当受试者遇到年轻女性时，他们感到的是舒了一口气，终于到达了坚实的地面，而并非是因恐惧而产生的唤起。因此，他们将这位女性与这种如释重负的轻松感联系在一起。而其他研究将唤起与吸引相连，即使这种唤起是由运动所产生的（Allen, Kenrick, Linder & McCall, 1989）。假设有合适的人在场，一种模糊的唤起状态可能会被归因为浪漫爱情。

情感问题

最近，社会心理学转向了对情感问题的研究。以前，这是临床学科的领域。亲密关系研究中的理论和方法能帮助我们理解情感破裂和孤独问题。

关系的解体

经过几年表面的幸福生活，随着两位王子的出生以及这位新威尔士王妃的形象越来越闪耀，查尔斯王子和戴安娜王妃之间的紧张关系开始出现在公众视野，小报的不断跟踪使形势更加恶化。这段婚姻终于在 1996 年结束了，此时距离那场世纪婚礼已经 15 年。后来，戴安娜在巴黎不幸离世。

尽管我们不能远距离地诊断这段关系，但婚姻失败一般都源于以下因素（Kurdek, 1993）：（1）社会因素，如社会经济方面的阶层差异，宗教信仰的差异，或经济困难；（2）某些可能让关系变形的个性特征；（3）缺少相互依存性，可能是因为一方或双方有其他选择；（4）伴侣之间的巨大差异，比如个性不合，价值观、态度、兴趣爱好互相冲突。在上述或其他案例中，我们可以将外部环境压力加到这些有毒混合物中。但是，还有很多内容需要学习。

结束一段关系的背景与经过

我们能预测哪些婚姻会存续，哪些最终会破裂吗？若干纵向研究提供了洞见。本特勒和纽科姆（Bentler & Newcomb, 1978）对比了那些后来确实分开的和继续在一起的夫妻的特征。注定要分开的人在年龄、吸引力、个性和艺术兴趣上差异更大。男性描述自己为更外向和更有条理,而女性描述自己为不太注重穿着和不太和蔼可亲。另一项研究发现,不论男女,能存续婚姻的人都更传统,更少神经质(对压力反应过度),更少冲动(Kelly & Conley, 1987)。

分手的过程可以用"级联"效应来描述。可能会分开的伴侣,其沟通方式中会带有较多的对抗、怒气、撤退和抱怨,而较少有喜爱和兴致(Gottman & Levenson, 1992)。而且,这些伴侣的婚姻满意度更低(这是毫无疑问的),身体状况更差。所有这些都会使人更固执,更不愿意互动,并开始认真考虑分开。能将婚姻的破裂与友情的结束相提并论吗?有趣的是,夫妻往往会主动直接终结关系,而朋友更可能使用更被动的策略,比如逃避或撤退,让友情随着时间慢慢"消散"(Fehr, 1996)。

为了理解结束一段亲密关系的过程,希尔、鲁宾和佩普劳(Hill, Rubin & Peplau, 1976)对比了103对已经分手的情侣和117对还在一起的情侣。大多数分手都是由女性提出的。发生性行为的时间早晚或者节欲与否不能预测关系是否会继续。一项研究发现,已经分手的情侣,他们的关系质量更低,而且一般都有一个备选的对象(Simpson, 1987)。此外,他们越是对前任还有感觉,情感上就越痛苦。菲尔姆尼(Felmlee, 1995)对情侣的访问研究发现,有时某些一开始让对方着迷的特质,如"与众不同"、"激动人心"和"捉摸不透",后来却成了分手的原因。

图8.9 这对情侣要分手了吗?(巴勃罗·毕加索作)
资料来源:© The Gallery Collection/Corbis

当然，关系一般会波动，而不是简单地朝着一个方向发展。即使在成功的婚姻关系中，伴侣也会时而亲密，时而疏远或冷淡（Altman, Vinsel & Brown, 1981）。在持续的动态过程中，人们会使亲近和亲密的需求与保持自我和隐私的需求相平衡。当关系恶化时，天平就会向隐私一端倾斜。

为什么人们会继续不如意的关系？

莱文杰（Levinger, 1979）认为，在决定继续还是离开一段婚姻时，人们不仅会考虑留下来的成本与收益，也会考虑离开的成本与收益。（第十章将会更深入地讨论这一点。）某些好处，例如开始另一段关系或者重获单身的自由等，会使人想要离开，而任何使离开的成本大于收益的因素一般都会使人留下来。有人可能会因为担心孩子，害怕朋友关系或社交网被打乱，或者意识到分手意味着重大的财务损失等原因而继续维系一段不如意的婚姻。这就是"空壳婚姻"，婚姻本身并不令人满意，但离开的阻碍又难以克服。正如之前所说，当人们感觉自己已经投入大量时间和精力时，往往会选择继续（Rusbult, 1983）。纵向研究表明，分手的夫妻对婚姻和对伴侣的依赖性一般较小，或者一方对关系的依懒性低于另一方（Drigotas & Rusbult, 1992; Kurdek, 1993）。

虐待与分手。为什么遭受伴侣身体虐待的人有时会选择继续关系？有些人试图用低自尊或受虐狂等个人特质来解释这种行为，但这种解释忽视了环境的重要作用。莱斯巴特和马茨（Rusbult & Martz, 1995）访问了避难所的女性，并发现她们之所以决心继续婚姻，有三个重要因素：（1）虽然存在虐待，但对关系是满意的；（2）缺少外部的可替代性选择，包括教育和工作机会；（3）对关系的投入，包括婚姻的持续时间，共同的孩子和财产，以及对伴侣的依赖感。（之前讨论过的）投资模型在预测各种亲密关系的走向上是十分成功的，不过，虐待性关系竟也遵循相似的模式，确实令人吃惊（Truman-Schram, Cann, Calhoun & Vanwallendael, 2000）。也就是说，人们选择继续与虐待自己的伴侣待在一起，部分是因为已经对这段关系投入太多，不管是精力还是时间。

结束关系的影响

大量研究表明，婚姻的破裂与多种和压力有关的紊乱具有相关性（Bloom, Asher & White, 1978; Burman & Margolin, 1992）。与已婚或从未结过婚的人相比，分居或离婚的人更有可能发生车祸，产生精神疾病，酗酒，自杀，或死于肺结核、肝硬化和某些癌症、冠心病。显然，与离婚有关的各种压力因素——财务困难，性的问题，羞耻感，内疚感或失败感、与孩子的问题和单纯的孤独感——发挥了作用。将这些负担混合起来，可能会产生一种深深的冲突感或矛盾感，每一方都可能对另一方有着既消极又积极的强烈感觉。韦斯（Weiss，1975）发现，当爱消失之后，强烈的依恋往往会持续存在。

有些证据也表明，男性从离婚中遭受的反作用往往大于女性（Chiriboga, Roberts & Stein, 1978）。之前讨论过的友谊中的性别差异也许可以部分地解释这一现象。赖特（Wright, 1982）将女性之间的友谊描述为"面对面的"，而男性之间的为"肩并肩的"。在西方文化中，男性一般不愿意与同性太亲密（Rand & Levinger, 1979），相比于女性，他们更依赖婚姻关系。因此，少了前一段关系中所得到的亲密和支持，男性往往过得并不好。

费希尔和菲利普斯（Fischer & Phillips, 1982）发现，男性婚后往往会放弃友谊，只与一般的熟人联络。而女性则恰好相反，她们的熟人圈缩小了，但亲密友谊不会受到影响。因此，即使有着更大的社交网，但失去浪漫关系的男性可能会陷入情感上的孤立。这也许可以解释为什么离婚的女性认为压力最大的时期是离婚前，而男性却认为离婚后的那段日子是最难熬的（Hagestad & Smyer, 1982）。

孤独

大多数人都经历过孤独的时刻，例如去一个新的国家或地方，暂时与爱人分开。可是，有些人遭遇的却是长期的、性格上的孤独。在大学第一年，75%的学生都表示经历了某种程度的**孤独**（loneliness）（Cutrona, 1982）。而在一年结束时，只有25%的学生表示仍然孤独。这些人往往较多地关注自我，自我表露的风格也不太恰当（Solano, Batten & Parish, 1982）：要么对一个完全陌生的人掏心掏肺，要么非常封闭，即使对很熟的人也紧闭心门。长期孤独的人往往也更不擅长非言语沟通，例如在表达和判断情绪时（Gerson & Perlman, 1979）。他们对自己在社交技巧上的缺陷也更焦虑（Solano & Koester, 1989）。

什么是孤独？珀尔曼和佩普劳（Perlman & Peplau, 1981）发现了三个特征：

第一，它源于个人对关系缺陷的感知。
第二，它令人痛苦和不快。
第三，它是主观的，而非客观的——我们可以在人群中感到非常孤独，但一个人的时候一点也不孤独。（据说，为了描绘孤独，艺术家必须刻画一个与他人在一起的人。）

佩普劳、罗素和海姆（Peplau, Rusell & Heim, 1979）根据韦纳（Weiner）的

成就归因模型（见第二章）概括了一个**孤独的归因模型**（attributional model of loneliness）。韦纳发现，我们在解释成功和失败时，会使用内部原因和外部原因，以及稳定原因和不稳定原因。佩普劳等人（1979）认为，是否感觉孤独，取决于我们如何解释独自一人或相对孤立的时刻或环境，以及我们是否责怪自己。

毫无疑问，已婚人士一般较少感到孤独，特别是相比于离婚或丧偶的人而言（Perlman & Peplau, 1981）。在分居、离婚、丧偶和从未结过婚的人中间，男性的孤独感往往大于女性（Peplau, Bikson, Rook & Goodchilds, 1982; Rubenstein & Shaver, 1982）。但是，萨达瓦（Sadava）和马特希（Matejcic）（1987）发现，新婚夫妇的孤独水平十分惊人。孤独反映的不仅仅是关系存在与否，更是关系的质量。由于受试者刚刚结婚，有些人可能长期孤独，而在选择伴侣时不明智，或者缺少让婚姻更如意的社交技巧。不过，一项针对中国人、英裔美国人和意裔加拿大人的对比研究表明，在中国受试者那里，孤独与对生活的较低满意度并不存在高度相关性，这可能反映了中国文化的社会凝聚力（Goodwin, Cook & Yung, 2001）。

老年人呢？人们通常认为，随着逐渐老去，同龄人开始离世，老年人的生活将会越来越离群索居，越来越孤独。可是，研究表示，孤独在老年人中并不普遍（Pinquart & Sorensen, 2001）。

韦斯（1973）区分了**社交**孤独与**情感**孤独，前者是指缺少朋友、熟人和同事网，后者是指缺少亲密关系。人们可能会因为缺少浪漫爱情、友情、亲情或与更大社区的联系而感到孤独（Sermat, 1978）。研究表明，某一领域的缺失并不必然意味着其他领域的缺失，一种关系也不能弥补另一种关系的不足。

似乎也存在一种普遍的潜在孤独性格或特质，一些量表可以对此进行测量（Rubenstein & Shaver, 1982; Russell, Peplau & Cutrona, 1980）（表8.1）。在孤独量表上得分较高的人一般会表现出内向性、自我意识、缺乏自信、低自尊、焦虑和抑郁（Peplau & Perlman, 1982）。也有证据表明，孤独的人，特别是男性，更有可能表现出敌意或进攻性，尤其是对女性（Check, Perlman & Malamuth, 1985）；过度饮酒的孤独者更容易受到酒精问题的困扰（Sadava & Thompson, 1986）。当然，所有这些个性特点都既有可能是孤独的原因，也有可能是结果。例如，不友善或抑郁的人可能会把关系搞砸，从而增强其孤独感，使其更恼怒或更抑郁。卡乔波（Cacioppo, 2008）证明，长期孤独的人神经递质肾上腺素的水平更高，它与压力有关。认识到自己很孤独，这本身就让人非常痛苦（Hawkley & Cacioppo, 2010），而且会使血压升高（Hawkley, Thisted, Masi & Cacioppo, 2010）。事实上，针对加利福尼亚州一个较大样本的大型流行病学研究发现，长期孤独是早死的预测器（Patterson & Veenstra, 2010; Hawkley & Cacioppo, 2003）。显然，孤独必须被视为一个重要的健康问题。

表 8.1 UCLA 孤独量表

指导语：以下表述描述了人们的一些感受，请说明你产生这种感受的频率。

O 代表"经常"，S 代表"有时"，R 代表"很少"，N 代表"从未有过"
1. 要自己完成这么多事，这让我不开心。   O S R N
2. 我没有人说话。
3. 我不能容忍这么孤独。
4. 我缺少同伴。
5. 我觉得没有人真的理解我。
6. 我发现自己在等待人们的电话或来信。
7. 没有人能让我求助。
8. 我不再与任何人亲密了。
9. 我周围的人不能分享我的兴趣和想法。
10. 我觉得自己被遗忘了。
11. 我感到彻底的孤独。
12. 我无法走出来与周围的人交流。
13. 我的社交关系十分肤浅。
14. 我极度需要同伴。
15. 没有人真的能很好地理解我。
16. 我觉得与他人隔绝了。
17. 我太畏畏缩缩了，这让我不高兴。
18. 交朋友对于我来说很难。
19. 我觉得被他人孤立和排斥了。
20. 人们在我身边，却并不理解我。

计分：O 计 3 分，S 计 2 分，R 计 1 分，N 计 0 分。然后将每题得分相加。

最后，孤独并不是独自一人的同义词。实际上，与很多人在一起的时候仍然觉得孤独是很平常的事。另一方面，独处并不一定是一种消极的体验。事实上，大部分西方人有 30% 醒着的时间都是独自度过的（Larson, Csikszentmihalyi & Graef, 1982）。想想这个悖论：尽管我们有强烈的生物学基础上的依恋、归属、社交和爱的需求，但我们都渴望有时间独处。朗和埃夫里尔（Long & Averill, 2003）概括了独处的几个重要好处。远离了他人的期望和要求，独处能让人自由，不仅是免于他人限制的自由，也是做自己想做之事的自由，这包括沉思或什么都不做。自由是产生创造力的前提，因此，尽管大量创造源于合作，但还有很多这样的形象是我们所熟知的：独自在森林小屋写作的作家，独自在实验室进行研究的科学家，独自在画室作画的画家。很多人在独自一人时仍然能体会到与他人的亲密和联结。最后，一些神秘性的或预言性精神体验也常常发生在独处时。在时刻与媒体"相联"的现代社会，我们是否正在丧失社会生活中这一重要的组成部分呢？

内容概要

1. 归属需要始于婴儿的依恋阶段，并持续一生。某些因素，如强烈的恐惧或压力，会增强归属需要；而其他因素，如社交焦虑，会减弱归属需要。

2. 依恋是对某人的情感联结，此人代表的是一个可以抵抗威胁的"避风港"，一个可以任我们探索世界的"安全营"。依恋取向与在关系中的行为有关，也与健康和幸福有关。

3. 我们往往会被离我们很近的人以及外表有魅力的人吸引。某种程度上，我们会被这样一种刻板印象所影响，即美就是善。而且我们有动机去选择外表吸引力与自己几乎相当的人。

4. 当人们最初开始互相了解的时候，双方的相似性以及交往的回报性会成为吸引的源泉。我们会被与自己态度相似的人吸引，因为与他们在一起能得到回报，而且我们寻求态度与关系的一致性，并且希望我们喜欢的人与我们相似。

5. 如果我们别无选择只能在某种情况下进行互动，我们对中立甚至消极的人的喜爱可能会加强。

6. 相互性包含对相互依赖和亲密的感知。自我表露的互惠性对于亲密很重要。自我表露的深度和广度会随着亲密感的增强而提高，但是会受制于保留隐私的需要以及非言语沟通和言语沟通的使用。

7. 平等或感知到的公平对社会关系非常重要，这包括爱、地位、信息、金钱、商品和服务的交换。在亲密关系中，交换变得更加特殊和灵活，更少以自我为中心。

8. 互补原则在亲密关系后期会更加重要。连续过滤模型表明，相似的价值观在一段关系的早期更重要，但在后期阶段，互补性需要更重要。

9. 浪漫爱情由程度不同的激情、承诺和亲密组成。归因模型认为，如果一种文化宣传的是浪漫爱情的观念，那么在特定认知线索出现时，某种唤起状态就会被归因为"坠入爱河"。

10. 根据进化论的观点，我们是因为潜在的伴侣"适合生育"才会被吸引的，而美貌可能就是适合生育的象征。

11. 是否结束一段关系取决于对离开和留下来的收益和成本的分别考量。

12. 孤独源于对关系缺陷的认知。它本质上可以是社交孤独，也可以是情感孤独，而且可能与独自一人的状态完全无关。

拓展思考

- 在这一章，我们主张人具有与他人在一起并与其中几个建立依恋关系的基本需求。可是，有时我们也有独处的需求。我们该如何平衡这两种需求呢？你能提出一种能经受考验的假说吗？

- 我们喜欢外表有吸引力的人，而且这种喜欢并非都与性吸引力有关。有时我们会因为既不浪漫也与性无关的理由支持外表出众的人。为什么外表吸引力在这种情况下对我们如此重要呢？

- 我们能科学地研究爱情吗？请批判地考察一下这一章所谈到的有关这一主题的研究。
- 有人认为社会让人感到孤独。思考一些支持和反对这一假说的论点。我们该如何验证这样一种假说呢？
- 为相似吸引关系提出三种解释。你能想出这一规则的反例吗？

延伸阅读

Berscheid, E. (2010). Love in the fourth dimension. *Annual Review of Psychology*, 61, 1-25. 这是对各种爱情心理学思想的极具启发性的精妙概述，将一些重要问题和谜团单独列了出来，由本领域的开创性研究者执笔。

Hendrick, C. & Hendrick, S. S. (Eds). (2002). *Close relationships: A sourcebook*. Thousand Oaks, CA: Sage Publications. 这本著作为亲密关系这一快速扩张的社会心理学领域中的理论思考与研究提供了一系列有用评论。

Marche, S. (2012). Is Facebook making us lonely? *Atlantic Magazine*, May 2012. 这是以心理学为基础的一篇有名的媒体文章，它的论点是，我们比任何时候都更紧密地联系在了一起，但却更孤独。

Mikulincer, M. & Shaver, P. R. (2007). *Attachment in adulthood: Structure, dynamics and change*. New York: Guilford Press. 依恋理论如何能被应用到成人研究中？这本书对这方面的研究、理论和思考进行了不可或缺的综述。

Reis, H. T. & Aron, A. (2008). Love. What is it, why does it matter and how does it operate? *Perspectives on Psychological Science*, 3, 80-86. 这篇文章对心理学视角下的爱情进行了生动而学术化的概括，令人信服地论证了科学能够为理解爱情做出贡献。

Rhodes, G. & Zebrowitz, L. A. (Eds). (2002). *Facial attractiveness: Evolutionary, cognitive and social perspectives. Advances in visual cognition*, Vol. 1. Westport, CT.: Ablex Publishing. 一张漂亮的脸蛋应该是什么样的？这是一系列从生物学和进化论、社会地位和跨文化研究角度考察面部吸引力的论文。它挑战了这一观点——美只存在于观看者的眼中。

网页链接

http://www.sexscience.org/，这个网站提供了性研究方面的有用信息。

注意：有很多这样的网站，有关爱情、电脑配对、性、增强吸引力、离婚等。**买者自慎**！

第九章　亲社会行为

> 慈悲不是出于勉强，它是像甘露一样从天上降下尘世；它不但给幸福于受施的人，也同样给幸福于施与的人。
>
> ——威廉·莎士比亚（William Shakespeare）

学习目标

- 理解亲社会行为的含义及其与利他主义的关系
- 考察共情的作用
- 探究个人、社会和环境变量的作用
- 思考亲社会行为的各种不同形式，包括直接帮助、感激、原谅、志愿服务和促进环境的可持续发展
- 研究抑制紧急情况下的干预行为的环境因素
- 分析英雄主义的本质和英雄的品质

1999年，诺贝尔和平奖被颁发给无国界医生组织，以表彰其为全世界近70个国家的难民——战争、内乱或自然灾害的受害者——提供的医疗与人道救援。尽管存在政治绑架、传染病或死于枪林弹雨的风险，但很多志愿者仍坚持提供生命救援服务。

2012年6月，纽约州某小镇68岁的校车驾驶员卡伦·克莱因（Karen Klein）的生活发生了剧烈转变。一群七年级的男孩在后座对她进行言语攻击，使用了"丑陋""贱人""大屁股"等污秽词语。泪水从她脸上滑落，于是其他人也开始残酷地嘲笑她。一个学生将这一幕录了下来并发到网上，很快被疯狂转发。多伦多的一位从未见过克莱因女士的25岁男士看过视频之后，在网上发起了筹款活动，目标是筹到足够多的钱帮克莱因实现一次"梦想假期"。几天之内，人们就为她募集了逾70万美元，现在她似乎没有那么不幸了！

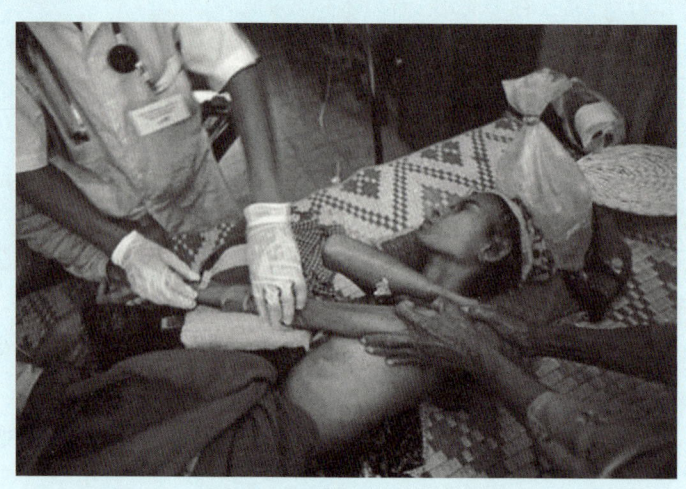

图9.1 无国界医生在救治柬埔寨的患病儿童
资料来源：© Karen Kasmauski/Corbis

我们如何解释这种陌生人愿意提供帮助的现象呢？为什么一些医生要离开祖国舒适的环境，将医疗救援带给远方枪林弹雨下的陌生人呢？为什么成千上万的人愿意给根本不认识也不可能见到的人捐款呢？另一方面，为什么人们有时在紧急情况下却不愿提供帮助呢，甚至只是打电话叫救护车或警察这种对自己完全没有风险的事也不愿意做呢？我们会在这一章探讨帮助和不帮助的行为。

探究亲社会行为的含义

亲社会行为（Prosocial behaviour）是指在没有外部激励（奖赏或害怕不提供帮助会有消极后果）的情况下帮助他人的行为。这一术语经常与利他主义（altruism）交换使用，后者是哲学家奥古斯特·孔德（Auguste Comte）在1832年创造的，用以形容无私帮助他人的行为。不过，传统上，神学家和哲学家都认为利他主义指的是帮助他人不仅没有**外部**激励，而且也没有**自我**奖励。自我奖励可能是指自尊的增强——因为帮助了别人而感觉良好——或者是避免不提供帮助会产生的内疚感和羞耻感。不过，真的有可能完全消除自我奖励的预期吗？在本章后面我们会讨论这一问题。无论如何，只要提供了帮助，我们就应该关心这个人在帮助完成后是否感觉良好吗？

亲社会行为可以有很多形式：直接帮助，紧急干预，志愿工作，与他人合作，保护环境（Kollmuss & Agyeman, 2002），雇工"揭发"（Grundlach, Douglas & Martinko, 2003), 旨在改良社会的政治活动, 帮助他人培养技能, "路见不平, 拔刀相助" (Bergin, Talley & Hamer, 2003)。此外, 我们还会看到, 感戴与原谅也是亲社会行为。但是, 我们怎么判断某人的行为是亲社会的呢? 个人伸出援手是出于善良还是为了得到他人的喜爱? 关于这一问题, 最终还是仁者见仁, 智者见智, 因为这取决于观察者自己如何对此人的行为动机进行归因。当然, 我们往往很难或者说不可能对动机做出评断, 而且有时还会归因错误。当一个正在竞选的政治家帮助一位老人过马路时, 我们可能认为这是为了赢得选票在"作秀", 但我们又怎么能确定, 他或她不是单纯地因为担心老人的安危才这么做的呢? 我们通常也不会认为女警察帮助走失的小孩是一种亲社会行为, 我们可能会说, 她只是在做分内的工作。但如果她冒着生命危险跳入激流去救一个小孩呢? 这是亲社会行为吗, 还是说仍然是"做分内的工作"? 没有人能回答这一问题, 因为即使这位救助者本身也不能确定, 如果她不是警察, 还会不会这样做。

要点: 亲社会行为是指在没有外部激励的情况下意图帮助他人的行为。一种行为是不是亲社会的, 取决于我们如何对它背后的动机进行归因。

亲社会行为的根源

亲社会行为之所以会产生, 是受了很多不同因素的影响, 这其中除了可能的遗传因素, 还包括情感的、社会的、个人的和文化的因素。

可能的进化根源

我们是天生的利他主义者吗? 还是说亲社会行为是后天形成的? 关于这一问题的争论由来已久。显然, 在没有外部奖励的情况下, 哪怕是只有 14 个月的幼童也会自然地表现出亲社会行为以及对他人福祉的关心 (Hepach et al., 2012)。在两岁的时候, 儿童开始对他人的痛苦有了情感回应, 并努力去安慰或帮助他们 (Kärtner, Keller & Chaudhary, 2010)。根据此类证据, 有人主张, 我们生下来的时候是"一视同仁的利他主义者", 但随着不断长大, 社会化使我们在决定帮谁以及何时提供帮助时更有选择性 (Warneken & Yomsello, 2009)。

进化心理学假定, 童年早期的亲社会行为反映了一种自然本性, 至少在某些社会行为和道德行为的背后存在着进化生物学的因素。在进化心理学家看来, 每一个有机体都在进行一场斗争, 要在下一代的基因池里尽可能多地注入自己的基因; 以此为目标的任何行为本身都有可能一代一代地"被选择"和被复制。当然,这种斗争观点只是一个比喻,并不是基因本身有动力去做什么;正因为某个基因变体能使有机体更好地繁殖,它才会被更频繁地复制。

假设这一论点成立,即某种突变能产生一种促使人们去帮助他人的基因,我们可以称之为亲社会基因。这种帮助能提高那些被帮助者的生存和繁殖几率。这样一来,被帮助者就和帮助者一样,都能将自己的基因注入下一代的基因池了,帮助者因而没有了任何繁殖优势。但是,假如帮助者是有选择性地给予帮助呢?由于我们与自己的亲人拥有相同的基因,因此我们可以选择性地给予亲人更多帮助,让他们至少能活到完成生育之后,这样在下一代的基因池里就更有可能会出现我们的基因。可见,即使行为并不能使施行者本人直接受益,不能提高其生育能力,但只要它能使其他至亲受益,也可以被进化过程所"选择"。

这种将动机归于主要是为亲人提供帮助的假设被进化心理学家称为**亲属关系原则**(kinship principle)。这一原则也引出了其他推测:由于男性可以生很多小孩,而女性只能依靠数量相对较少的子女来将自己的基因延续到下一代,因此,对于女性来说,每一个小孩都是更珍贵的基因传播者。于是,根据亲属关系原则,相比于父亲,母亲对孩子会表现出更多的亲社会行为。同样的道理,父母对男孩会比对女孩表现得更加亲社会,因为男孩更有可能将父母的基因传给下一代。

这种进化理论很难被检验,虽然其假设看似很有道理,但在没有确凿证据之前最好还是谨慎对待(Panksepp & Panksepp, 2000, 2001)。其理论支撑大多源于档案数据(比如关于虐待儿童的统计数据)和动物"王国"中的例子。人们还从未识别出任何"亲社会"的基因或基因组合,而且这一理论有一个巨大的缺点——忽视了学习和社会影响的重要性。此外,必须注意的是,虽然进化心理学认为亲社会行为会偏向亲属,但在人类社会中,现实情况却并非如此(Warneken & Tomasello, 2009)。尽管大多数人可能优先帮助家人,但是这其中既包括亲生孩子,也包括领养的孩子;而且,相比于陌生人,我们更愿意帮助好朋友。这表明,基因以外的其他因素一定在帮助行为中起了作用。

不过,对进化理论持保留态度并不是说亲社会行为不受基因影响,因为这是不可能的。其一,性格的发展受基因影响,而性格在亲社会行为中肯定发挥了作用,这一点在本章后面会进行讨论。正如**基因—文化协同进化理论**(gene-culture co-evolution theory)所说,与乐于助人有关的性格特质可能会受到自然选择的青睐(Richerson & Boyd, 2005)。这一理论认为,在社会内部,思想、知识、技能会通过社会学习传给后代,其中一些文化遗产比另外一些更有助于群体的生存,因此,与基因相似,它们也会面临自然选择的压力。也就是说,那些对群体生存繁衍贡献更大的行为更有可能被教给后代。其中一种文化就是,为了他人的利益牺牲自我,而鼓励这种行为的社会比其他更少亲社会取向的社会更有可能在竞争、生存和繁衍中胜出。逐渐地，这一过程的结果是更强大的支持亲社会行为的群体，其规范会跨越时间而得到发展。里彻森和博伊德（Richerson & Boyd，2005）认为，那些能为群体利益做出最大贡献的人通过帮助群体中的其他人，很有可能成为最受欢迎的婚配对象，因而成为在繁殖方面最成功的人。因此，那些对乐于助人有用的基因特征——可能是与焦虑倾向或愧疚和羞耻易感倾向有关的基因——就更有可能被复制到下一代的基因池里。可见，在促进亲社会行为的代际传递方面，基因和文化变量是交互作用的。

要点：认为亲社会行为具有进化论基础的观点缺乏有力的证据。但是，影响此类行为的可遗传特质可能会受到自然选择的青睐，比如某些性格特征。

情感根源

亲社会行为中很重要的一点就是对他人的遭遇产生**共情**（empathy）（Litvack-Miller, McDougall & Romney, 1997）。共情是一种情感反应，在性质上与感知到的正在遭受痛苦的人的情感状态相似（Eisenberg & Fabes, 1990）。也就是说，我们至少在某种程度上真的能感受到他人的痛苦、悲伤或忧愁。共情唤起似乎是一种普遍的人类反应，甚至在刚出生一两天的婴儿身上也能观察到，虽然这种反应是经过经验修改的（Hoffman, 1981）。尽管共情很重要，但是它似乎还不是亲社会行为的**必要**条件。

共情也包括生理唤起，而由于生理响应性因人而异，因此，在给定的环境下，不同的人很可能会体验到不同程度的共情反应（Liew et al., 2003）。唤起的程度非常重要。相对较低的唤起可能不会形成共情，而是产生**同情**（sympathy），它更多的是一种认知反应，是对他人痛苦的强化意识，伴随着一种想要消除这种痛苦的欲望。另一方面，强烈的唤起可能会十分痛苦，以致个人可能会专注于自己的焦虑或不适，而非对方的需求（Eisenberg et al., 1996）。

共情与认知

认知与情感都会在亲社会行为中起作用，决策过程一般分为两个阶段（Dickert, Sagara & Slovic, 2011）。伴随同情而来的认知评价——思考对方的感受是什么——通常会导致情感唤起，而决定给予多少帮助取决于人们对需要帮助的人感受到了多少共情（Levenson & Ruef, 1992）。

如果是由正在遭遇痛苦、需要帮助却又不在身边的人所引发的"远距离共情"，又会如何呢？研究表明，当潜在的帮助者考虑帮助单个的可以识别的受害者，而不是大量受害者时，其共情反应一般更大。这种更愿意帮助单个受害者的现象被称为**可识别受害者效应**（identifiable victim effect）（Slovic, 2007），它似乎可以解释为什么面对大量饥民或其他灾民时，潜在的帮助者常常会表现得相对冷漠。斯洛维奇（Slovic）认为，这是因为，尽管我们可以相对容易地对需要帮助的单个人的信息进行处理，产生共情，但我们很难对大量不可识别的人群体验到共情反应。最坏的情况是，它会导致**对种族灭绝的无视**（genocide neglect），全世界都眼睁睁地看着刽子手杀害几十万甚至几百万人而无动于衷。

可识别受害者效应为以下研究所证明（Small, Loewenstein & Slovic, 2007）：当受试者做完一项心理学实验准备离开时，他们有机会可以给"救救孩子"这个慈善机构捐款至多 5 美元，以帮助非洲一场严重的食品危机的受害者。有三个条件。在第一个条件下（"可识别生命"），他们被告知钱会专门用于救助某个特定的受害者洛基亚（Rokia）——一个遭受饥荒的 7 岁马里小女孩。在第二个条件下（"统计学生命"），没有提到特定的受害者，而是提供了很多统计学信息，告知受试者在非洲这个地区有几百万人急需食物，其中很多都是儿童。在第三个条件下（"有统计数据的可识别生命"），既提供了统计学信息，也提到了洛基亚，并告知受试者的捐款会专门用于对她的救助。图 9.2 概括了研究结果。显然，人们在面对单个的可识别的个体时，比面对大量受害者的统计学信息时，表现得更慷慨。但是，值得注意的是，在谈及洛基亚时增加统计学信息实际上**降低**了捐款数额！似乎面对大量的受害者，反而会稀释我们的共情反应。

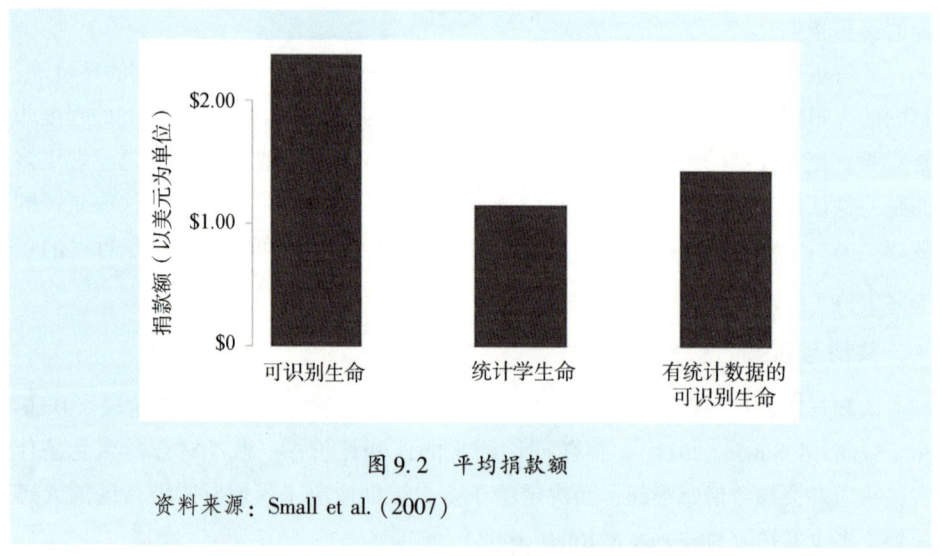

图 9.2　平均捐款额

资料来源：Small et al.（2007）

要点：在决定是否帮助他人时，认知和情感反应同时起作用。

共情与神经科学

共情有时会先于认知评价或在没有认知评价时发生，而且似乎会对处于痛苦中的人进行自动的情感模仿。通常我们想到模仿时，会想到行为，而行为模仿在动物王国中很常见，尽管有些物种比另外一些更擅长模仿（回想一下第六章和第七章的讨论）。想想鹦鹉模仿人类声音的能力，或者猿猴模仿人类活动的癖好——以至于我们有时将某个故意模仿他人的人描述为"猿仿"（aping）那种行为。回想第六章的讨论：人类的行为模仿是自然发生的，证据不断表明，这种自动的模仿是以镜像神经元系统为中介的（Iacoboni, 2009; Heyes, 2011）。当人们被动地观察另一个人的身体动作时，特别的运动神经元会发生反应，选择性地激活被观察者的动作中所用到的肌肉。例如，观察某人移动右手食指会使观察者右手食指上的特定肌肉产生增强的激活现象（Catmur, Walsh & Heyes, 2007）。行为模仿在亲社会行为中可能起到间接作用，因为有人已经发现，它能增强模仿者和被模仿者之间的信任感（Bailenson & Yee, 2005）、亲密感（Hove & Risen, 2009）和相互联接感。这可以增强共情并促进亲社会行为，而且这种效应似乎能影响到被模仿者之外的其他人（Stel, Van Baaren & Vonk, 2007; Stel & Harinck, 2011）。不仅如此，镜像神经元似乎也能引发**情感**模仿，自动地引导个人在某种程度上去直接体验另一个人的情感状态。这表明，我们也许真的能"接通"共情状态（Iacoboni, 2009）。

社会神经科学为共情研究所做的重大贡献已经远远超出了镜像神经元的范围。例如，荷尔蒙后叶催产素似乎对信任和社会依恋的发展起着重要作用（例如，Kosfeld et al., 2005），而且对慷慨也有积极影响（Zak et al., 2007）。此外，正如之前所述，人们从未发现过"亲社会"基因，但越来越多的证据显示，基因因素会影响儿童对父母影响的易感性。克纳福（Knafo）、伊斯雷尔（Israel）和埃布斯坦（Ebstein）（2011）研究了168对双胞胎（平均年龄44个月）的亲社会行为，并报告说基因因素能解释34%至53%的亲社会行为差异。关键在于是否具有一种特殊的多巴胺受体D4，而这是由基因决定的。因此，根据基因条件的不同，当父母鼓励孩子进行各种行为，包括亲社会行为时，孩子的反应大小也会不同。

要点：越来越多的证据表明，神经学和基因因素会影响共情的发展。

共情—利他假说

关于共情在亲社会行为中所起作用的研究再次引爆了这一讨论：真正无私的

利他主义是否存在。一些研究者（例如，Buck，2002）坚持认为确实存在经验证据，证明真正利他主义存在而且还有基因基础。巴特森（Batson）等人（例如 Batson & Powell, 2003）提供了能支持**共情—利他假说**（empathy-altruism hypothesis）的数据，这一假说认为纯粹的利他主义是受共情激发的结果，而共情又是因为看到他人受苦而引发的。虽然帮助他人可能带来外部的奖励，比如赞美和尊重，还有自我奖励，如更高的自尊等，而且它还可能避免消极的后果，比如因没有提供帮助而产生的愧疚，或看到他人受苦而产生的不安，但共情—利他假说认为，终极目标是为了消除他人的痛苦，而这种痛苦正是一开始共情产生的原因（Batson, 2011）。这让我们又回到了古老的哲学争论。巴特森和同事进行了大量实验，并声称能支撑其假说。然而，我们又怎么能肯定，在帮助他人减轻痛苦时，人们不是在通过解除自身的共情痛苦而让自己变得更强大呢？我们怎么能肯定，自豪感、满足感或避免愧疚不是关键动机呢？此外，有人认为，巴特森及其同事所使用的实验条件会产生**人我重合**（self-other overlap）的感觉，即在我和他人之间感受到了一种"我们性"（we-ness）的感觉，可以使用"我们"来描述这种关系（Cialdini et al., 1997; Neuberg et al., 1997）。这种我们性不同于共情痛苦，因为它反映了自我利益。例如，如果你的妹妹要溺水了，你可能会遭受严重的个人损失，于是救她在某种程度上也是自利的。在某些环境下，甚至和陌生人也能产生这种"我们性"。

不过，巴特森（2011）反驳说，这些替代性解释对他的证据并没有说服力，而只会让共情—利他假说成为一种可行的解释。这一问题尚未得到解决。

要点：关于真正利他主义是否存在的争论从未停止。遇到肯定其存在的论断，最好小心为上。

情绪

有证据表明，积极的情绪有助于个体行善助人（Kayser et al., 2010），而消极情绪更常阻碍此类行为（Forgas, 1998）。例如，一项研究发现，与被要求回想悲伤经历或完全不要求回想此事的儿童相比，那些被要求回想快乐经历的儿童随后给慈善机构的捐款更多（Rosenhan, 1972）。在另一项研究中，刚刚看过悲伤电影的受试者比那些看中性电影的受试者捐款更少（Underwood et al., 1977）。由于在某项活动或冒险上的成功往往能让人产生积极情绪，因此，与失败相比，当某人体验过**成功的愉悦**（warm glow of success）后，亲社会行为会更加明显（Isen, 1970）。另一方面，**形象修补假说**（image-repair hypothesis）认为，那些在某些方面失败的人也更有可能提供帮助，不过仅限于那些知道自己失败了的人。这是一种印象管理的形式（见第三章）。实际上，各种研究发现，在公共场合犯错或**失礼**（faux pas）的确会使人们更愿意帮助他人。另一些研究表明，伤害或妨碍过他人的人经常会走向**补偿性利他主义**（reparative altruism）（Baumeister, Stillwell & Heatherton, 1994）。个人试图通过亲社会行为来减少愧疚感，并补偿已造成的伤害，不过这些努力并不总是直接指向受害者本人。

要点：人们帮助他人的意愿并非总是一成不变的。情绪的变化——通常由环境造成，可以使我们对他人的需求反应变得更强或更弱。

社会根源

虽然在其他物种（如猿猴、海豚和大象）中确实也存在合作行为，但只有人类展现出了广泛的亲社会行为与协同合作，而且这些多数都是人类能够建立和执行社会规范的结果（Buckholtz & Marois, 2012）。正如在第六章所看到的，社会规范对我们的行为具有强大而又往往看不见的控制力。本质上，它规定了哪些行为可为，哪些不可为。我们不应该用袖子擦鼻涕；当有人送上咖啡时，我们应该说"谢谢"；不应该偷盗；应该帮助需要帮助的人。我们在生命早期就开始学习社会规范了，因为父母和其他人在塑造我们以适应社会，甚至学龄前儿童也能在同龄人中了解和执行社会规范（Schmidt & Tomasello, 2012）。

有一些规范与亲社会行为特别相关：

互惠规范（norm of reciprocity）促使我们去帮助过去帮助过我们的人；换句话说，我们报答他们的援助（Warnekin & Tomasello, 2009）。这一规范适用于所有文化（Gouldner, 1960），不过也存在些许差异。例如，研究发现，虽然对于好友的馈赠，中国人和加拿大人都觉得有义务回礼，但若是收到一般熟人的礼物，加拿大人一般不觉得必须要回赠，而中国人则相反，如若他们觉得以后不能回赠，他们更有可能会拒绝接受这份礼物（Shen, Wan & Wyer, 2011）。因此，文化影响着互惠规范的应用方式。

社会责任规范（norm of social responsibility）要求我们帮助需要帮助的人，不管他们过去为我们做过什么，或者未来可能做什么（Berkowitz & Daniels, 1963）。

公平规范（norm of equity）规定，我们在对待他人时应遵循公平准则（Walster, Walster & Berscheid, 1978）。公平是根据投入与产出比率相等来定义的。对于某项特定的任务或者一般的生活而言，如果另一个人与我们付出的努力相等，在结果上却不如我们幸运，那么这就是不公平的，而这一规范会促使我们把自己的好运分享一些给此人，因为"这才公平"。但是，如果我们认为此人的不幸是他或她自己造成的，那么，根据这一规范，我们无需提供帮助，因为投入是不同的。因此，出于公平的考量，我们可能会帮助在火灾中"失去一切"的人，而不会帮助在赌场里"失去一切"的人。

在针对英国大学生的系列研究中，受试者需要阅读一些有关灾难的说明：要么是自然灾难，如2004年的日本海啸；要么是人为灾难，如苏丹达尔富尔的种族冲突造成的人道主义危机。随后发现，相比于人为灾难的受害者，受试者更愿意捐款给自然灾难的受害者。受试者认为前者在自救上应该担负更多责任，而且也没有积极主动地开展自救。在没有给出受害者应当担责的实际信息时，受试者就已经产生了这样的观点。无论如何，这与公平规范是一致的：自然灾难的受害者被视为是无辜的，值得更多的帮助，而人为灾难的受害者应该为自己的困境承担更多的责任。

这些规范效力如何？大多数研究文献表明，人们的行为常常偏离规范，而且相当多的环境因素会影响规范行为的产生（Krebs & Miller, 1985）。此外，尽管社会规范在事后解释行为时似乎有用，但有时当必须决定该怎么做时，可能会误导或是迷惑我们。社会规范只提供模糊的方向（比如，"我们应该帮助不如我们幸运的人"），而且会互相冲突（比如，我们被教导"不要多管闲事"，但该出手时又要出手）。有研究指出，为了使这些规范成功激发亲社会行为，人们必须清楚不作为的不利后果，认为个人应该对结果负责，并且认识到自己具有提供救济的能力（Steg & de Groot, 2010）。

要点：虽然规范有时能在亲社会行为中发挥重要作用，但这种作用总是有限的，因为它们一般只提供模糊的方向，并且规范之间有时会互相冲突。

社会学习

如上所述，亲社会行为在生命早期就已经形成。不过，根据社会学习理论（回顾第六章），这种行为与其他任何行为一样，都是通过强化、自我归因和模塑的方式习得的。家长的训练起到了关键作用。

强化

亲社会行为能够习得并持续，至少在某种程度上，是源自行为所产生的结果。严格强化论认为，人类就像机器人一样对外部强化产生反应，而社会学习理论家指出，这种观点具有误导性；在一定程度上，人类会通过**自我**生产的结果来调节行为（Bandura, 1974）。换言之，人们会期望某种特定的行为能产生想要的结果。因此，孩子学着分享玩具或帮助弟妹可能是为了获得奖励，比如父母的称赞，条件是父母曾经表扬过相似的行为。随着孩子的长大，自我奖励（在某些方面自我感觉良好）和自我惩罚（比如感到愧疚）在亲社会行为中越来越重要。也就是说，孩子有动力帮助他人，是因为他或她期望，这么做之后会感觉良好，或者，不这么做就会感到愧疚。

自我归因

自我奖励涉及对自我的归因，即为自己的行为找一个理由。相比于把行为归于害怕惩罚或希望得到奖励等外部原因，当儿童把行为归于内部原因（自己个人的道德）时，更可能有好的表现（Walter & Grusec, 1977）。例如，一个想要偷东西的小孩如果把自己的焦虑归因于道德的自我审判，会比把这种焦虑解释为害怕老师回来，更有可能避免反社会行为。而一个行善的小孩，如果将这种善举归因于对他人福祉的个人关心，会比将其解释为来自家长的压力，更有可能再次做出此种亲社会行为。

模塑

若干研究证明，儿童对行善模范的反应是持久的，而且可以被普遍化。例如，在一项早期研究中，亲眼看到成人向慈善机构捐款的儿童，十天之后，即使是在由不同实验者设置的不同的场景中，也会捐款（Midlarsky & Bryan, 1972）。其他研究表明，有关亲社会行为重要性的直接建议和教导既能即时地影响儿童的亲社会行为，也能产生持久的长远效果（Eisenberg & Mussen, 1997）。但是，如果模范言行不一，就像很多父母有时所表现的那样，那么典型的结果就是孩子会模仿模范的这种不一致：孩子的行为受模范行为影响，而语言则受模范语言的影响（Radke-Yarrow & Zahn-Waxler, 1984）。

电视上的亲社会模范又如何呢？20世纪70年代有很多相关研究。在一项经典研究中（Sprafkin, Liebert & Poulos, 1975），30个一年级孩子要观看三个当时颇受儿童欢迎的半小时节目中的一个：一集《脱线家族》（一个情景喜剧）；一集《灵犬莱西》，这集讲述的是一个男孩冒着生命危险，悬挂在矿井边缘，去拯救一只被困的小狗；还有一集也是来自《灵犬莱西》，但其中并没有提到任何援助行为。然后，孩子要玩一个游戏，其中每个人在某个时刻都必须在继续游戏（会使得分累积并获得奖品）和帮助受苦小狗之间做出选择。结果显示，与另外两组儿童相比，看过含有帮助场景的那集《灵犬莱西》的儿童明显更乐意给予帮助（图9.3）。

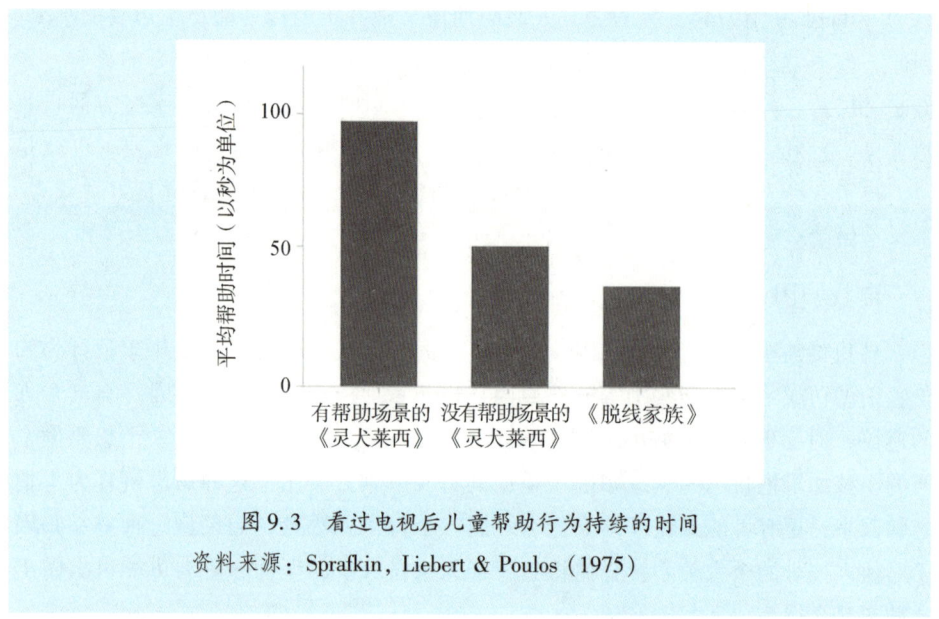

图9.3 看过电视后儿童帮助行为持续的时间
资料来源：Sprafkin, Liebert & Poulos (1975)

另外一些研究也得到了类似的结果。有人对34个涵盖5000多名儿童的有关亲社会电视节目影响的研究进行了元分析，并进一步证明，此类节目确实会对儿童的亲社会行为产生积极影响（Mares & Woodard, 2005）。

当然，现在很多儿童、青少年和年轻人会花更多的时间打电子游戏而非看电视。那么亲社会的电子游戏能否增加亲社会行为呢？金泰尔（Gentile）等人（2009）在三个国家进行了研究，结果如下：在新加坡的中学生间进行的相互关联的研究表明，玩更多亲社会电子游戏的人也会表现得更加亲社会；在日本儿童和青少年中进行的纵向研究发现，亲社会的电子游戏会增加随之而来的亲社会行为；而在美国大学生中进行的实验室研究表明，玩亲社会电子游戏会增强亲社会行为。德国的研究（Greitemeyer, Osswald & Brauer, 2010）发现，此类游戏会增强人们对身处困境者的共情：大学生被要求或者玩一个亲社会的电子游戏《旅鼠》，或者玩一个中立的游戏《俄罗斯方块》；然后需要阅读一个小插曲，它描述的是一个著名人物遭遇了不幸；最后他们得填一个与此人有关的测量受试者共情与幸灾乐祸（schadenfreude）水平的量表。结果显示，亲社会的游戏，而非中立游戏，会使人们对受害者的共情增加，并使幸灾乐祸水平降低。

另一方面，针对儿童和年轻人的研究表明，玩暴力电子游戏会减少亲社会行为，增加攻击性想法、情绪和行为（Anderson & Bushman, 2001; Anderson, Shibuya et al., 2010）。

父母的作用

亲子关系在儿童的社会化中起着独特作用（Maccoby，1992）。父母在促进儿童的共情与亲社会行为发展中扮演着各种角色。首先，他们是塑造孩子行为的强化作用的源泉。当然，他们也是模范，如果父母的行为并不亲社会，那么孩子长大后也不太可能会亲社会。父母也会指导孩子发展出一套个人的价值观和态度，它能在特定环境下激励孩子向他人伸出援手。此外，对亲社会行为的发展最为重要的决定性因素之一就是家庭的情感氛围，以及父母对孩子表现出了多少培养和关爱（Eisenberg，2002）。有人对5个相关研究进行了元分析，这些研究共涵盖了150个有小孩的家庭。他们发现，当儿童遇到情感痛苦时，父母所给予的宽容和免罚回应的多少与儿童的亲社会行为之间存在正相关关系（Roberts，1999）。如果父母以关爱的方式来引导和控制儿童，儿童就可能发展出一套内化的行为密码，能积极为他人着想，对他人的需求和感受比较敏感。考虑到这一点，索伦斯（Soenens）等人（2007）在比利时对十年级和十二年级的学生进行了研究。学生首先需要对母亲的关爱性指导与支持程度做出评价，然后要完成关于共情与观点采择（即换位思考的能力）的测量。结果表明，学生在此量表上的得分情况与关于母亲支持程度的评分（母亲和学生都进行评价）呈正相关关系。

亲社会的性格会贯穿童年和青年吗？显然如此。一项纵向研究考察了受试者童年的亲社会行为（依靠幼儿园的亲社会行为观察与报告来记录）与20多岁时的亲社会特征之间的关系（由受试者本人和朋友所报告）。结果发现，成年人的亲社会性格不仅与童年早期的共情或同情表现有关，也与亲社会行为有关（Eisenberg, Guthrie et al.，2002）。

要点：很多通过社会学习获得的亲社会行为都是直接强化、模塑和自我归因的结果。父母在塑造孩子的亲社会行为上起了关键作用。

文化根源

当然，关于如何教养儿童，存在着巨大文化差异（Kärtner, Keller & Chaudhary, 2010）。而在亲社会行为上差异十分显著（Henrich et al.，2005）。例如，莱文等人（Levine et al.，2001）测量了23个国家的大城市中的帮助行为：当一个研究者"不小心地"且显然没意识地把笔掉在了人行道上；当一个腿上戴着支架，一瘸一拐走路的研究者"不小心地"掉了一堆杂志；当一个带着黑色眼镜、拄着拐杖而又似乎看不见的研究者正要过马路时，行人会帮忙吗？结果，不同的国家差异非常大。例如，在以上三种情况下，里约热内卢的平均帮助率是93%，加尔各答和维也纳这样的城市，也是最乐于提供帮助的。另一方面，在纽约和吉隆坡，帮助率只有45%和40%。研究者还发现，一个国家是个人主义的还是集体主义的，与帮助率之间没有关系。

克纳福、施瓦茨和莱文（Knafo, Schwartz & Levine, 2009）重新分析了莱文等人（Levine et al., 2001）的数据，并在嵌入性（embededness）与帮助陌生人之间发现了强烈的负相关关系（r = -.43）。也就是说，嵌入性越大，帮助陌生人的可能就越小。嵌入性是指一个社会在多大程度上将共同的家庭或内群体目标作为一种关键社会单元进行强调，而不关心这一单元以外的其他人。显然这一发现是有道理的，因为人们越是被教导要将注意力集中在自己的家庭和内群体上，而无视其他人的困境，就越不可能向陌生人提供帮助。

要点：文化因素会影响亲社会行为。这既体现在儿童教育实践中，也体现在一般的文化取向上——是将个人的责任局限在家庭单元或内群体，还是扩大到所有人。

社区

一些研究表明，甚至同一个城市的不同社区之间，帮助陌生人的意愿大小也会不同。例如，霍兰、席尔瓦和梅斯（Holland, Silva & Mace, 2012）使用**丢信法**（lost letter technique）对英国伦敦20个平均收入水平相差巨大的不同社区的帮助率进行了比较。丢信法是指在人行道上丢一封密封且贴了邮票并寄给研究者的信。因变量只是有多少封信被投入邮箱并回到研究者手中。研究发现，在最富裕的社区，87%的信都回去了，而在最贫穷的社区，这一比例只有37%。研究者无法解释这种差异，不过他们指出收入与很多其他因素相关。例如，低收入社区的平均教育水平可能低于高收入地区。

来自农村的人通常比来自城市的人更乐于助人吗？一些研究表明，大城市的人在以上情况下，将信寄回去的可能性更小（Korte & Kerr, 1975），也更少帮助打错电话的人（Milgram, 1970）。在回顾67个相关实证研究时，斯特布雷（Steblay）（1987）发现，农村居民确实明显比城市居民更愿意帮助遇到困难的人。

是因为城市居民本就不同于农村居民吗，还是环境的差异造成的？米尔格拉姆（Milgram, 1970）认为是后者——在城市，四周的人数不胜数，人们必须控制自己的社交范围。他们不可能帮助每一个需要帮助的人，只能选择性地施以援手，才能在城市文化中生存。而且，城市居民显然比小镇居民遇到的陌生人多得多。

此外，城市的特殊社会气候，比如对犯罪的担心，会抑制人们的帮助行为

(House & Wolf, 1978)。而且，虽然农村居民会受到火灾等罕见紧急情况的严重影响，但城市居民对此已经习以为常，认为政府会出面解决。当城市居民碰到紧急情况时，很可能还会有其他目击者在场，或者他们以为肯定有，因此，就像我们看到的那样，这会导致帮助行为的减少（Latané & Darley, 1969）。除此以外，城市人口为了得到服务必须互相竞争（如打车时等），因此一些规范（隐私、冷漠等）得以形成，使人们不必频繁地与人打交道。而且，强大的城市刺激（噪音、污染）可能也会使亲社会行为减少。并且，住在大城市的人比住在小城镇的人更缺乏信任感（Merrens, 1973; Milgram, 1970）。费希尔（Fischer, 1976）提出了另一个城市环境会抑制亲社会行为的原因：大城市往往有各色人等，很可能那个需要帮助的陌生人来自一个陌生的群体，这会让旁观者害怕，从而不太愿意"插手"。

澳大利亚的一项研究（Amato, 1983）也发现，人口规模小是一个强大且一致的帮助预测因子。不过，结果也表明，城市居民不太愿意提供帮助主要是因为如果个人突然遇到了需要帮助的陌生人，相比于农村居民，城市居民会更多地认为这种场景具有潜在的危险性。相似的，在一项针对36个美国城市的研究中，马丁内斯、布雷斯和索莱森（Martinez, Brase & Soreson, 1994）发现，人口规模与多种形式的帮助行为之间存在负相关关系。但是，帮助盲人过马路的可能性几乎不会受到人口密度的影响。虽然城市居民可能学会了要谨慎地对待帮助要求，但当认定没有威胁时还是愿意提供帮助。

要点：尽管住在市中心的人一般比住在农村的人更不愿意向他人提供帮助，但这主要是受环境的影响，而非个人因素。

宗教

宗教如何影响亲社会行为呢？毕竟，基督教、犹太教、伊斯兰教、印度教和佛教都在某种程度上提倡要帮助他人，而且都把无私看成一种美德。但是，帮助是否是一种义务，不同的宗教回答的方式并不相同（Jha, Yadav & Kumari, 1997; Kanekar, 2001）。

2007年全球繁荣中心（Centre for Global Prosperity）的报告显示，无论收入或社会阶层等人口统计学变量如何，宗教人士一般比非宗教人士更加慈善，而且这不仅适用于对会众的捐款，也适用于对世俗的捐款和非正式的赠予（Myers, 2012）。2006年至2008年在140多个国家进行的一项盖洛普世界民意调查（图9.4）显示，"高度宗教化"人士（表示宗教在自己的日常生活中十分重要，并在过去一周内参加过宗教仪式）更有可能报告自己最近进行过慈善捐款。

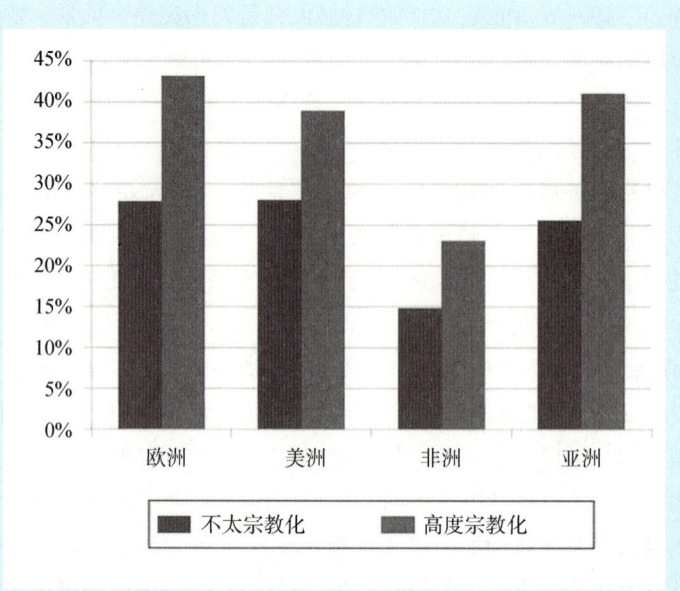

图 9.4 盖洛普世界民意调查中表示自己最近一个月进行过
慈善捐款的人所占的百分比

资料来源：Pelham & Crabtree (2008) © 2008 Gallup, Inc. (保留一切权利。内容经允许使用，但盖洛普保留一切再版权利。)

不过，研究也表明，虽然那些相信帮助他人是自己的宗教职责的人更有可能志愿帮忙（例如，Sappington & Baker, 1995），但仅仅"信教"本身与帮助行为或怜悯有困难的人之间并没有强烈的相关关系（Batson & Gray, 1981）。也许人们**如何**信教更为重要。例如，有些宗教人士——有时被称为**内在取向的**（intrinsically oriented）——将宗教本身看作一种目的，也就是说，他们认为生活中的一切职责最终都是为了服务上帝。另一些人——**外在取向的**（extrinsically oriented）——把宗教当成实现某种目的的手段，一种达到目标的方式，比如为了在社会中获得权力和影响。还有一些人，将宗教看作对意义、理解和终极价值的开放性追求（Batson & Ventis, 1982）。

研究（例如，Batson et al., 1989; Chau et al., 1990）表明，内在的而非外在的宗教取向才与亲社会行为相关。但是，为什么拥有内在宗教取向的人会表现得更加亲社会呢？巴特森（Batson）和格雷（Gray）（1981）对宗教人士在不同场景下是否愿意帮助一位女士的情况进行了考察，一种场景是该女士表示希望得到帮助，另一种场景是她暗示**不需要**帮助。内在取向的宗教人士不论哪种场景，都提供了帮助，而认为宗教是追求意义的人，只在她想要帮助的时候才提供了帮助。内在取向的宗教人士可能将帮助他人看作一种职责，或一种帮助自己在来世获得恩典或奖励的方式。

要点：宗教与亲社会行为相关，但最相关的是个人的宗教取向究竟是内在的还是外在的，或者是否将宗教视为对意义和理解的开放性追求。

个人根源

性格

当然，社会心理学家也试图找出亲社会行为的性格关联因子。但是，没有证据显示存在一种普遍化的"利他主义"性格，一些研究者（例如，Gergen, Gergen & Meter, 1972）认为想要找到一种普遍的帮助行为性格指标是没有意义的。不过，研究发现，那些提供帮助的人比不提供帮助的人具有更强烈的社会导向，在**控制点**（locus of control）上更"内在"。所谓控制点是指人们认为生活中的事件更多是由自己的行为引起的（内在），还是由运气、更高的力量或其他有权力的人引起的（外在）。此外，研究者还发现，具有高**赞许需求**（need of approval）的人在捐款时更大方，特别是当捐款行为是公开进行的时候（Deutsch & Lamberti, 1986）。这一点凭直觉就能理解，通过公开行善，他们能获得他人的赞许和钦佩。

要点：虽然控制点和赞许需求等性格因素可能与亲社会行为有关，但没有证据表明存在一种普遍的"利他主义性格"。

性别

正如我们已经看到的，共情在亲社会行为中起到了重要作用。虽然不清楚共情是否存在性别差异，但女性常常表示自己比男性更易产生共情，不过这反映的可能更多的是人们所期待的她们的样子，而不是某种先天的倾向（Eisenberg & Lennon, 1983）。此外，人们可能会猜想，既然传统的儿童教养允许并鼓励女性对痛苦保持敏感，那么她们可能会承认自己的焦虑和痛苦，因而会更多地被相似情境下他人的痛苦所感染。而人们并不鼓励男性具有此种敏感性，因此他们会试图否认并把个人的焦虑降低到最小程度，当看到他人痛苦时会低估其严重性。

关于帮助行为，男性和女性所遵循的规范也不太一样（Eagly & Crowley, 1986; Eagly, 1987）。不论是在亲密关系中，还是在对待陌生人时，人们都期待男性不仅要拯救他人脱离困境，还要对弱者表现出礼貌和保护欲。相反，人们期待女性通过关心和照顾他人来提供帮助，特别是在亲密关系中。过去，人们不鼓励女性与陌生人交往，这很可能也抑制了女性帮助陌生人的行为。

还必须指出的是，社会心理学的研究通常关注的是与陌生人的短期交往，因此大大忽视了赋予传统女性性别角色的特殊行为，即主要表现在长期亲密关系中的行为（Eagly & Crowley, 1986）。"男子气概"的角色和从中获得的技能使男性更有能力去救助遇到困难的人。话虽如此，但并没有明确证据表明，在帮助他人的意愿上存在性别差异。例如，在之前提到的莱文（Levine）等人（2001）的23国研究中并没有发现性别差异。

要点：没有明确证据表明，在亲社会行为上存在性别差异，而且可能最重要的是社会角色，而非性别本身。

对帮助和伤害的亲社会反应

当某人为我们做了好事，或是伤害了我们，我们会做何反应呢？亲社会行为意味着对前者表示感激，对后者表示原谅。

感戴

感戴（gratitude）不仅意味着承认自己是他人援助的受惠者，还反映了一种想要以亲社会方式报答施惠者的想法。（回想一下互惠规范。）有证据表明，感激他人的善行是一种稳定的性格特点，并且与自身的亲社会动机和行为相关（McCullough, Emmons & Tsang, 2002）。也就是说，具有亲社会行为倾向的人也常常对他人的帮助心怀感激。

感戴具有强化作用，因为它能鼓励施惠者以后再次做出亲社会行为（McCullough et al., 2001）。但是，什么是强化呢？它不仅仅是指帮助者因为受到感谢而高兴，重要的是感戴让帮助者感受到了更多来自他人的社会性重视（Grant & Gino, 2010）。换言之，当某人感谢你的帮助时，意味着你对此人有某种价值。

感戴在我们的日常关系中发挥着重要作用。通过对情侣的一系列研究，戈登（Gordon）等人（2012）发现，感戴有助于亲密联结的维系。当人们越是感受到伴侣因感激而珍惜自己，就越会感恩对方，照顾对方的需求，因而对关系越忠诚。

要点：感戴与亲社会行为的关联在于，它能强化施惠者的帮助行为，并巩固关系中的情感联结。

原谅

原谅（forgiveness）是一种亲社会反应形式，只有当某人遭受恶意或伤害，而非善意或帮助时，才会发生。各式各样的文化和宗教传统都告诉我们原谅是一种"好东西"，一种高贵的品德。英国诗人亚历山大·蒲柏（Alexander Pope）写出了著名的"犯错的是人，原谅的是神"。圣雄甘地教导我们，原谅是强者的特质，只有弱者才永远无法原谅。

原谅对群体的运转至关重要，因为它使人们从紧张的人际交往中恢复过来，并继续合作关系（Van Vugt & Van Lange, 2006）。研究表明，那些能够原谅犯错者的人比那些不能这样做的人在情绪上更稳定，而共情、宗教信仰和环境归因等因素似乎能促进原谅的发生（McCullough, 2000）。

研究还表明，原谅具有很多明显的益处：它能帮助心理康复，促进身心健康——事实上，人们已经发现，乐于原谅的性格是长寿的重要指标（Toussaint, Owen & Cheadle, 2012）。这可能是因为未消解的愤怒减少了，而愤怒是典型的"A型"冠状动脉倾向性人格（见第十五章）。它还恢复了受害者的力量与信心，帮助施害者与受害者达成和解，使人们更加相信其他冲突也能得到解决。

回想一下第四章，纳尔逊·曼德拉（Nelson Mandela）如何从多年的监禁中解放出来并成为南非总统。他并没有寻求对种族隔离政权的罪行进行报复，而是坚持原谅。他告诉国民，"和平的人不应该考虑报复或相互指责。为了和平，勇敢的人不怕原谅"。在他的领导下成立了真理与和解委员会，邀请受害者作证，并鼓励那些在该政权下犯下罪行和侵犯人权的人出面公开对其行为负责，后来这些人大多得到了原谅或至少获得法律特赦。他们受到鼓励，去寻求与受害者和解。阿根廷（国家强迫失踪委员会）、加拿大（印第安人寄宿学校真相与和解委员会）、卢旺达和其他国家也设立了类似的机构。德国承认了纳粹时代的罪行，并向受害者家属提供赔偿，而今天德国和以色列保持着密切的关系。因此，在特定条件下，原谅有时会成为一个关乎国家政策的问题。

但是，原谅某人究竟是什么意思呢？研究者对此并没有形成共识。一般来说，原谅的定义是，对伤害过你的人在态度上的积极的或亲社会的转变。有些人认为它是"放下过去的伤害和苦痛"（Berecz, 2001, 第255页）。另一些人以动机来定义它：更少报复，更多寻求和解（MacCullough, Worthington & Rachal, 1997）。还有人（Exline, Baumeister, 2000）认为原谅是债务的消除；债务这个词在这里更多是一种比喻意义的延伸。

研究表明，原谅会受到环境的激发或抑制。当然，伤害的严重性也有影响，相比于出轨或家暴，我们更容易原谅某人忘记了我们的生日。此外，人们通常会期待施害者承认自己应为伤害负责，并请求原谅；事实上，承担责任非常重要（Wenzel, Woodyatt & Hendrick, 2012）。在恋爱中，我们更有可能原谅那个我们深爱的固定伴侣，而不是某个随意的约会对象（Fincham, Jackson & Beach, 2005）。当然，施害者可能也有寻求原谅的理由，例如，为了恢复自我价值感、重建公平、修复关系或为了印象管理。

有些人比另一些人更容易原谅（Fehr, Gelfand & Nag, 2010）：容易原谅的人在神经过敏症（焦虑）和愤怒量表上得分较低，而在随和性和共情量表上得分较高。原谅作为一种品质，与参加宗教组织之间也有实质性关联，但对此应该谨慎。几乎所有这些研究使用的都是美国基督教的样本，因此不能将结论推广到其他宗教和文化。此外，这些发现反映的大多是在假设情境下的原谅意愿，而这与真实的原谅是不一样的。事实上，相比于真实的原谅，与宗教信仰相关性更强的是对原谅的态度（参见第四章论述态度与行为的巨大差异的部分）。

最后，大脑与文化都会影响原谅。正如之前提过的，神经科学家已经识别出了一套与大脑机制相关的认知机制，它调节着我们的行为以及我们对目标的态度。当严重的伤害发生，即使人们真的想原谅并维持关系，他们可能仍会有一段难以原谅的时期。一系列研究表明，具有高水平的执行能力的人更有原谅的能力和意愿（Pronk et al., 2010）。此处的关键机制是沉思，去深刻思考发生了什么。为了能原谅，人们必须有能力放下消极的想法。执行能力使人们能专注于积极面，消除消极面。

研究者也比较了集体主义社会与个人主义社会中的原谅（Ho & Fung, 2011; Hook et al., 2009）。在个人主义社会里，原谅通常出现在与个人目标相关的人际关系中（比如，维持一段关系或感情），而原谅一般被视为对施害者由消极到积极的情感转变。在集体主义社会里，人们更关心社会利益和人际和谐，原谅被更多地视为一种有意识的决定而非情感的反应。但是，对西欧和拉美原谅观的比较表明，他们之间有着更多的相似点，而非不同点。例如，两个样本中的人都同意，原谅甚至可以延伸至已故之人。也许存在着一种跨文化的"原谅图式"，其中，我们所认为的施害者的意图、伤害的严重程度、施害者的道歉都能影响原谅（Azar & Mullet, 2001）。

要点： 原谅是一种对原谅者和被原谅者都有好处的亲社会行为。

采取亲社会行动：志愿服务

联合国将每年的12月5日定为国际志愿人员日，这是对全世界数百万志愿者工作的认可。**志愿服务**（volunteerism）是指自由选择的帮助活动，它随着时间的推移而扩大，通常是以有组织的方式为有需要的人和重大事务提供服务（Snyder & Omoto, 2008; Mannino, Snyder & Omoto, 2011）。这是亲社会行为的一种重要形式，而且十分盛行。例如，2010年，47%的15岁及以上的加拿大人志愿花时间——总计21亿小时——来帮助非盈利的慈善组织（加拿大统计局，2011）。2012年奥运会期间，成千上万的英国人提供了志愿服务。每年4月，在全球青年服务日这一天，来自全世界120个国家的千百万年轻人会庆祝自己参加了青年志愿运动。

为什么人们会为了某项对自己或对认识的人通常没有任何直接好处的事业而志愿工作数小时呢？当然，存在帮助他人的强烈动机，例如，找到某种疾病的治愈方法，或帮助贫困儿童。埃勒姆斯（Ellemers）和波兹曼（Boezeman）（2010）对荷兰志愿组织成员进行了研究（比如，一个致力于为糖尿病研究募资的组织）并发现了能预测志愿者满意度以及是否愿意继续在组织工作的两个因素：（1）因在组织工作而自豪，坚信志愿工作的重要性；（2）因志愿组织向个人提供了任务支持，有一种被尊重的感觉。这与欧马托（Omato）和斯奈德（Snyder）（1995）的**志愿过程模型**（volunteer process model）一致。根据这一模型：（1）个人动机等性格因素、社会需要和当前环境会影响初始的志愿决定；（2）个人是否会继续志愿服务或再次成为志愿者取决于是否对志愿服务的环境和体验形成了积极评价。当欧马托和斯奈德为了检验这一模型去研究帮助艾滋病患者的志愿者时，他们发现对组织的满意和积极感觉与志愿服务的时间长短直接相关，而且决定服务时间的是以自我为中心的动机而非亲社会的动机。另一方面，后来的一项对艾滋病志愿者的研究（Penner & Finkelstein, 1998）发现，与服务时间有关的唯一动机就是亲社会的动机——想要帮助他人；西班牙的一项艾滋病志愿者研究也得到了相似的发现（Fuertes & Jiménez, 2000）。因此，这些研究表明，自我奖励（自豪、得到尊重）和亲社会目标都是重要的动机。

我们已经看到，有证据表明，亲社会行为会受到宗教的影响，那么，这种影响会扩展到志愿服务上吗？迈尔斯（Myers, 2012）引用了美国一项民意调查的证据，34%的宗教活跃分子表示他们在志愿组织中也很活跃，而在非宗教人士中，这一比例只有15%。他继续引用了盖洛普世界民意调查的结果，"高度宗教化"人士（认为宗教在自己的日常生活中十分重要，并在过去一周内参加过宗教仪式）更有可能表示自己一直在参加志愿组织的活动（图9.5）。

最后，虽然我们可以怀疑某些或所有这些动机都是自利的，即通过实现宗教理想来让自己感觉更好，但是，无论动机是外在的还是内在的，对受到帮助的人来说，并没有太大的影响。

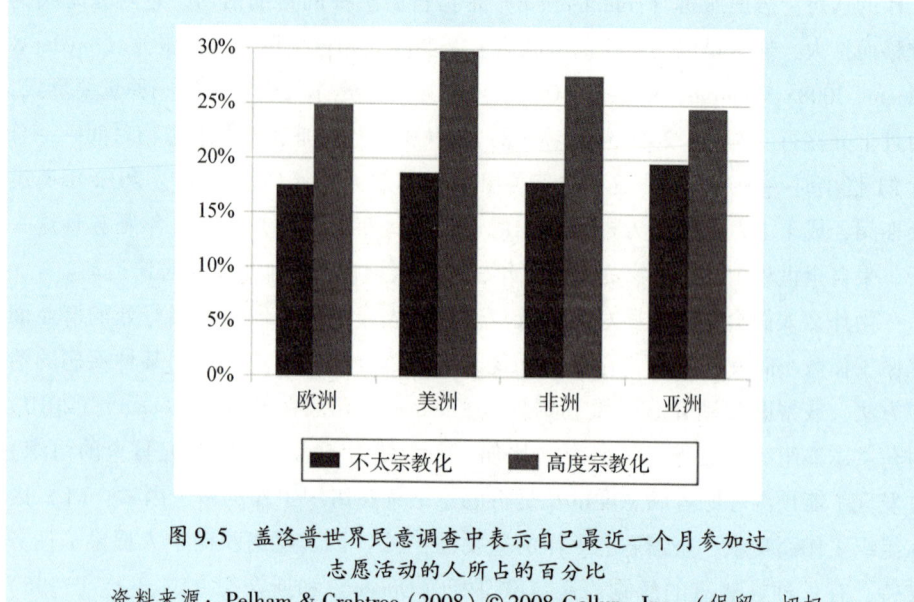

图9.5 盖洛普世界民意调查中表示自己最近一个月参加过志愿活动的人所占的百分比

资料来源：Pelham & Crabtree (2008) © 2008 Gallup, Inc. （保留一切权利。内容经允许使用，但盖洛普保留一切再版权利。）

要点：志愿者的活动既受亲社会目标，也受自豪和尊重等自我奖励因素的激励。在宗教事务上比较活跃的人也会在志愿服务上比他人更活跃。

旁观者效应

在亲社会行为的所有形式中，干预是最剧烈的。干预是指个人志愿在紧急情况下提供援助，而这往往要冒生命风险。例如，2013年，孟加拉国的一个服装厂坍塌，数百工人丧生，普通民众冲进废墟，帮助政府开展危险的救援工作。

紧急情况都有一些使其独一无二的元素（Darley & Latané, 1970）：

1. 一般都会对受害者形成威胁或伤害。进行干预的人至多能阻止伤害继续蔓延，或使一切恢复到紧急情况发生前的样子。

2. 潜在损失往往很大，这包括法律诉讼，甚至死伤。

3. 比较罕见，因此很少有人知道怎么处理。

4. 不可预见，毫无预警地突然发生，必须立即采取行动。因此，人们通常无法为紧急情况做准备，也无法与他人商量该如何应对。

5. 形式上千差万别，应对方式也各不相同，几乎不可能通过几条简短的规则来教会人们如何应对紧急情况。

图 9.6　孟加拉国坍塌的服装厂
资料来源：© Anwar Shamim/Demotix/Corbis

虽然我们可能会为那些牺牲自己利益去保护他人的人感到高兴，但全世界到处都是令人不安的例子。当看到有人处于极度痛苦中时，路人毫无作为，甚至连打急救电话这么简单的行为都没有。他们是铁石心肠吗？他们有情感障碍吗？他们害怕参与进来？思考一下这些故事：

2012 年 1 月，纽西兰罗托鲁瓦：一个 24 岁的女子在商店被一名陌生女子袭击，这家商店坐落在市内最繁华的一条街上。这名生气的女子将她拖出商店，指责她"和自己丈夫有染"，并在 20 个正在等公交的人面前毒打她。没有一个人上前帮忙，甚至没人报警。

这种在紧急情况不提供帮助的现象被称为**旁观者效应**（bystander effect）：当人们碰上紧急情况，周围的人越多，任何一个特定个人提供帮助的可能性就越小。1964 年 3 月纽约耸人听闻的谋杀事件（见专栏 9.1）使人们开始关注旁观者不作为的现象，也正因为如此，社会心理学家开始在实验室中研究这一现象。

专栏 9.1　姬蒂·吉诺维斯（Killy Genovese）谋杀案

心理学教材一般是这样描述这起事件的：在深夜的纽约，凯瑟琳（"姬蒂"）·吉诺维斯在走回家的路上，被一名男子用刀袭击。她的叫喊声使邻居们走到窗前，卧室灯光的突然点亮和人们的说话声暂时吓走了袭击者。但是，当男子发现并没有人出来帮助凯瑟琳时，他再次袭击了她。随后，凯瑟琳第二次逃过一劫，可是虽然她一直呼喊救命，却还是无人应答。男子竟又一次回来袭击她——这次夺走了她的性命。从第一次袭击到最后致命，整个过程持续了半个小时。虽然38个人从窗户看到男子袭击凯瑟琳，并反复向她捅刀，但竟无一人打电话报警。当后来被问到为什么不报警时，大多数目击者都说他们害怕被搅进来，但似乎并不能解释为什么会有这种害怕。各种社会科学家对这种不作为提出了五花八门的暂时性解释（Latané & Darley, 1970）：因"人格解体"而导致的异化和冷漠；长期浸淫于电视暴力而混淆了虚幻与现实；虐待狂冲动的替代满足。

但是，目击者并不是麻木的。他们没有离开并无视街上所发生的事情："被吸引了，入迷了，难受，不愿行动但又不能离去，他们的行为既无用也不英勇；但并不是冷漠或麻木……"（Darley & Latané, 1970）。据报道，这一事件过去15年之后，仍有一些目击者认为自己应为凯瑟琳的死负责（Walster, Walster & Berscheid, 1978）。

曼宁、莱文和科林斯（Manning, Levine & Collins, 2007）认为，这个扭曲的悲剧故事已经成了一个社会心理学的寓言，这个寓言不幸地暗示，团体和群众是与消极行为联系在一起的。（见第十一章关于群众的讨论。）但是，从现有证据来看，这个故事已经严重偏离了真实的事件细节。目击者并没有38人之多，也没有一个人完整看到了整整30分钟的袭击过程，因为他们只能看到吉诺维斯女士和袭击者几分钟。没有人真的看到了捅刀的动作。而且，确实有人打电话报警了，虽然当时这是一个更为困难的任务，因为那时还没有911专线。

不过，重点是：有时，虽然有很多人在场，但受害者还是会被忽视。还有时，帮助者也可能成为受害者。2010年4月在纽约，雨果·阿尔弗莱德·特奥-亚克斯（Hugo Alfredo Tale-Yax）看到一名女子被一名男子用刀威胁，于是上前干预，结果挨了刀子，他在人行道上流血超过1小时，却没有人帮忙。当救护车来到的时候，他已经身亡。随后，从监控视频可以看到，至少25人从他身边走过。有一个人用手机拍了一张照片，另一个人将他的身体翻过来，露出了流血的伤口。但没有一个人采取任何帮助措施。

怎么解释旁观者效应，即他人在场产生的抑制效应？如果人们不是麻木的，如果他们的行为并不是冷漠无情的；那么是什么在阻碍他们去帮助困境中的人呢？这往往并非因为缺乏关心：一些研究发现，当人们看到他人受伤害时，会表现出明显的情感扰动，比如喘气、四处乱跑、手心流汗或颤抖，而且与焦虑有关的生理反应会增强（Walster, Walster & Berscheid, 1978）。

有时人们会认为，不愿帮助他人意味着，社会规范调节社会行为的能力遭遇了发人深省的溃败。但是，正如我们之前所述，虽然社会规范能够影响亲社会行为，但它们的作用是有限的。在紧急情况下，规范并不是十分有用的指南，一方面是因为它们太模糊，并没有明确告诉人们该怎么做，另一方面是因为规范之间是相互冲突的（Darley & Latané, 1970）。假设一个寒冷的冬夜，你走在情人巷，看到一对情侣一动不动地坐在停着的车里，但引擎还开着。一条规范告诉你应该帮助需要帮助的人；如果他们马上要死于一氧化碳中毒，你应该做点什么。但另一条规范告诉你要尊重他人的隐私。毕竟，他们在情人巷：如果他们在亲热，你不应该打扰。旁观者效应反映的似乎并不是社会规范的溃败，而只是这些规范在特定环境下的不足。

他人在场的抑制效应

很多紧急情况都比较模糊，而且很奇怪的是，常常很难判断是否真的在发生紧急情况。如果你所住公寓楼里的新邻居似乎发生了争吵，而你听到了墙那边的尖叫声，这时你应该直接干预呢，还是打电话报警？很难判断这种情况下某人是否有危险，而且人们一般（特别是男性）会担心，如果干预了，但事实上没有紧急情况，就会显得很愚蠢。他们不想这样。

在面对这种模糊状况时，我们该如何判断是否有紧急情况呢？如果周围没有其他人，我们可能会不顾这种模糊性进行干预，因为如果确实需要帮助，只有我们自己能提供。另一方面，如果周围还有其他人，我们可能会依据他人的反应来决定是否需要干预。但是，如果每个人都不确定到底发生了什么，都在等待他人的反应，每个人可能都在犹豫是否要做出反应，既然没有任何反应，那么人们可能会互相安慰——不需要反应，没有紧急情况。当然，这不太可能发生在熟人之间，因为他们很可能会在做出判断之前先对情况进行讨论。

关于旁观者效应的一个早期实验研究（Latané & Rodin, 1969）表明，他人在场的影响十分明显。受试者以为自己参加的是一项市场调查研究，在实验过程中，他们中的一名女子起身离开去了隔壁房间，她假装爬上椅子去拿什么东西，然后摔倒在地并呼喊救命。受试者听到了这些。他们可以直接跑去她的房间（两间房之间只隔了一道帘子），可以去走廊寻求帮助或者可以给她打电话，看看自己能提供什么帮助。在第一种条件下，每个受试者都是独自一人在场，结果70%的人进行了干预。当有两名互不认识的受试者时，干预率降到了40%。当其中一名是一个被动不作为的实验者同伙时，只有7%的受试者进行了干预，这表明受试者认为，实验者同伙的被动不作为就意味着没有紧急情况。

为了将模糊性效应与纯粹因他人在场产生的效应分隔开来,拉塔内和达利(Latané & Darley, 1968)进行了一个实验,其中受试者需要填写一份调查问卷。他们或者独自一人完成任务,或者跟两个"被动"实验者同伙一起,又或者跟两个真正的受试者一起。当组织实验的人离开房间几分钟之后,从墙上的通风口飘进了烟雾。4分钟后,房间内充满了刺鼻浓烟,模糊了视线。当受试者独自一人时,只有75%离开了房间,去向某人报告烟雾情况。当三个真正的受试者在一起时,只有38%的组合实施了某种干预。其他人竟忍受着烟雾,继续填写问卷!当一个受试者和两个被动实验者同伙在一起时,只有10%的受试者报告了烟雾情况。剩下的那些人在咳嗽、揉眼睛,甚至打开了窗户,但没有人离开房间。

这些结果支持了以下解释:与事件本身的模糊性无关,正是他人的被动会促成情况的模糊性。换句话说,我们会通过他人的反应来判断是否存在紧急情况,什么行动才是合适的。

不过,有没有可能,之所以对行动有所犹豫是因为害怕如果做了"错事"会显得愚蠢呢?为解决这一问题,罗斯(Ross)和布拉本德(Braband)(1973)进行了一项研究,他们在两种紧急条件下,分别使用了一个假装成盲人的实验者同伙和一个看得见的实验者同伙。在"内部"紧急条件下,受试者和假装成盲人的实验者同伙在一个充满无味烟雾的房间做任务,由于"盲人"看不见烟雾,他不能提供任何信息让受试者知道什么样的反应才是合适的。在"外部"条件下,房间外的一声尖叫触发了紧急情况;这时,盲人也能意识到紧急情况,他的反应可以作为合适行为的参考。事实上,在内部条件下,受试者反应之快与独自一人的控制条件下没有区别。有人会说,这些受试者根本不担心自己的行为是否合适,因为盲人看不到他们。但这种解释是站不住脚的,因为在盲人的反应可以作为参考的外部条件下,受试者的行为受到抑制的程度与和一个看得见的实验者同伙在一起时是一样的。

还有一项经典研究值得讨论(Darley & Latané, 1970):如果某人知道他人也能意识到紧急情况,但却看不到他们是否有所反应呢?在这一实验中,受试者独自一人坐着,但却受了引导,以为自己正通过内部通信系统参与一场有关大学生适应问题的讨论。受试者被告知,实验者不会听他们的初始讨论,机械开关装置会自动轮流给每位受试者两分钟时间发言,此时其他人的麦克风会被关闭。事实上,真正的受试者不知道的是,其他的"受试者"都只是录音。受试者听到第一个人说自己有癫痫症,压力大的时候特别麻烦。随后在讨论中,当此人再次发言时,声音越来越大,越来越语无伦次,而且还结结巴巴地喊救命。他用沙哑的声音断断续续地说自己要死了,并再次呼救,然后就安静了。当"癫痫"发作的时候,真正的受试者以为所有受试者都能听到,而只不过仅有发言者的麦克风是开着的。

这一研究中,主要的自变量就是受试者团体的表面规模,而因变量是受试者去向实验者报告紧急情况所花的时间。认为其他人也在听,对受试者干预的比率和速度都有强烈影响(见表9.1)。团体越大,受试者做出反应的可能性越小;而如果有所反应,耗费的时间也越长。

表9.1 《社会问题杂志》所刊论文的一些题目

团体规模	癫痫发作结束之后做出反应的百分比	6分钟之内做出反应的百分比	平均反应时间(以秒为单位)
2人(受试者和受害者)	85	100	52
3人(受试者、受害者、另外一"人")	62	85	93
6人(受试者、受害者、另外四"人")	31	62	166

资料来源:Latiné & Darley(1970)

因此,如果他人在场,或认为他人在场,即使不存在他人的被动性造成的模糊性,人们提供帮助的可能性也会变小。在这一研究中,没有报告紧急情况的受试者并没有表现出麻木或冷漠的迹象。实际上,当实验者最后走进房间并结束实验时,受试者看起来非常不安,而且十分关心受害者。他们处于一种矛盾的状况中,一方面担心受害者,担心自己不帮忙会愧疚;另一方面又怕显得愚蠢,怕反应过度,怕离开房间会毁了实验。当他人似乎在场时(这一案例中是通过内部通信系统),受试者所担负的责任就会变小。换言之,发生了**责任分散**(diffusion of responsibility):"其他人也在听,所以不该指望我一个人采取行动;有人很可能已经行动了。"

不过,其他研究已经清楚地证明,在紧急情况下,决定人们是否会提供帮助的不仅只是有多少人在场,还包括这些人互相之间的关系。某些情况下,增加旁观者的数量会进一步抑制帮助行为,例如,当旁观者之间互相不认识时;但另一些情况下,却会促进帮助行为,例如,当旁观者都是朋友时(Levine & Crowther, 2008)。

要点:他人的在场往往会抑制旁观者干预。一方面是因为他人的不帮忙会让情况是否严重变得模糊不清;另一方面是因为责任分散,相比于独自与受害者在一起，他人在场时，个人所担负的责任更小。

旁观者提供帮助的回报与成本

并非所有的研究都发现了旁观者效应。在纽约这个没什么杰出的利他声誉的城市，有人进行了一项经典的现场实验：当一名实验者同伙在行驶的地铁上摔倒时，并没有发现什么旁观者效应。这一实验还考察了受害者的某些特征（他看上去是喝醉了还是生病了，是黑人还是白人）对所获帮助量的影响。实验者猜想，假装"喝醉了"的实验者同伙（文件袋里装着酒瓶，身上有酒气）会比假装生病了的（拄着拐杖的）同伙得到的帮助更少，因为人们可能会认为醉汉比较令人讨厌和尴尬或比较暴力。但最令人惊讶的结果是，在所有条件下，帮助率几乎都很高。事实上，"生病了的"人得到了95%的帮助率，甚至"喝醉了的"人也得到了50%的帮助率。而且，在提供帮助时，在60%的情况下，帮助者多于一人。由于生病并非病人自己选择的，而醉汉之所以需要帮助显然是自己造成的，因此人们相对而言，更不愿意帮助醉汉，因为他的痛苦是"应得的"（Piliavin, Rodin & Piliavin, 1969）。(但是，要注意的是，这一实验中，人们没有自己也会成为受害者的明显风险。)

普利阿文（Piliavin）和同事提出了关于帮助的**唤起：成本—回报模型**（arousal: cost-reward model）（Piliavin et al., 1981; Dovidio, Piliavin et al., 1991）。它认为，当我们遇到他人有难时，会体验到一种不愉快的唤起，我们很自然地想去减少这种唤起。我们可以选择帮忙或逃避（二者都可以减少焦虑），或者什么都不做。这一模型预测：(1) 随着唤起的增加，一个或多个旁观者采取某种行动的可能性就会增加；(2) 在一定的唤起水平下，随着帮助成本的增加，直接帮助的可能性会减少，而间接帮助或离开的可能性会增加；(3) 在一定的唤起水平下，随着不帮助的成本的增加，帮助的可能性会增加。因此，潜在的帮助者面临着帮助还是逃避的矛盾。不帮助的潜在成本（愧疚、可能的公众批评）和帮助的潜在成本（可能的尴尬、可能的笨手笨脚、如果受害者死亡就要与警察打交道）都很高。

对回报和成本的分析受若干因素的影响：

1. **在场他人的数量**。如果只有我们自己，什么都不做可能会更愧疚；但如果进行干预，也可能会面临更多潜在的伤害。

2. **其他旁观者的反应**。他们表现得越不安，我们就越会被唤起；他们越被动，我们的唤起就越少。

3. **受苦者的特征**。相比于看到成人受苦，当我们看到一个小孩受苦时会更不安；相比于看到醉汉跌倒，当我们看到某人因心脏病发而跌倒时会更不安。

4. 受苦者与我们的亲密程度。相比于受苦者是陌生人的情况,当受苦者是朋友或亲人时,我们体验到的唤起会更多。相似的,相比于受苦者来自外群体的情况,当受苦者与我们来自同一群体或亚群体时,我们的唤起也会更多。

为什么在达利和拉塔内的实验室研究中观察到了如此多不作为现象,而在普利阿文的现场实验里却没有呢?为什么在地铁里的责任分散现象更少?这两个研究之间有着重大差异。第一,普利阿文的研究中,人们可以完全看到受害者,因此帮助需求没有那么模糊。第二,自然环境下的群体比实验室里的群体规模大得多。因此,任何可能发生的责任分散或许都已经被大群体里所增加的某人实际提供帮助的可能性而抵消或超过了。换句话说,地铁实验中旁观者的更大数量可能增加了其中某人作出亲社会反应的可能性(Piliavin & Piliavin, 1972)。而且,普利阿文研究中的受试者比拉塔内和达利研究中的受试者更难离开现场或回避受害者,因为还有几分钟才能到下一站。

还应该考察一下逃避的容易度。某人是否会帮助另一个人可能取决于逃避这种帮助场景究竟有多容易。为验证这一假设,有人组织了一次实验,一个实验者同伙分别在人行道的通道上(难于逃避)和在过马路时(易于逃避)摔倒,要么捂着胸口,要么捂着膝盖(为了改变严重度)。从表9.2可以看出,相比于易于逃避的情况,当难于逃避时,更多的人提供了帮助。实际上,在难于逃避的条件下,人们几乎总是会去帮助看上去心脏病发作的人。(这也表明,人们所认为的需要帮助的程度也会影响帮助行为。)有趣的是,相比于体型正常的实验者同伙,若是一个肥胖的实验者同伙捂着胸口,那么他更有可能得到帮助;这也许是因为更多的受试者认为超重的人是心脏病发作了。

表9.2 帮助或拒绝帮助的人数

	膝盖疼		心脏疼	
	帮助	不帮助	帮助	不帮助
易于逃避	2	12	5	7
难于逃避	9	7	14	2

资料来源:Staub (1974)

要点:当面临紧急情况,帮还是不帮都会有相关的回报和成本。很多时候,逃避紧急情况的容易度也会大大影响帮助行为。

危险的干预

之前的研究大多是在干预者没有个人危险的情况下进行的。新近的研究（Fisher et al.，2006）已经开始关注危险在紧急情况中的作用了。当旁观者面临着严重的人身风险时，你认为会发生什么呢？看起来应该会降低干预的可能性。但是，这些研究者预测，在真正危险的情况下，不会发生旁观者效应，首先是因为模糊性大大降低，其次是因为不帮助的成本更高。在他们的实验中，受试者被引导相信自己正通过电视屏幕观看另一间屋子里的一男一女的现场互动，当然，事实上他们看到的只是提前准备好的录像。受试者或独自一人或与一名被动实验者同伙一起观看。屏幕中，男子开始对女子进行性骚扰；当女子反抗时，男子将她推到房间另一边；当她想离开房间时，男子堵住了出口。在整个过程中，女子一直在大声呼救。在危险很大的条件下，男子"体格强壮，像个暴徒"；而在低危险条件下，男子"矮小瘦弱"。不出所料，当干预危险较低时，并没有发现旁观者效应，而且，当受试者独自一人时，提供帮助的可能性更大；但当潜在危险较高时，受试者不管是独自一人，还是与他人在一起，提供帮助的可能性是相同的。

其他研究者也得出了类似的结果：费希尔等人（Fischer et al.，2011）对1960年至2010年间的旁观者干预研究进行了元分析，发现相比于医疗上的紧急事故等对旁观者不构成危险的情况，当危险显而易见时，比如遇到袭击，干预者可能会面临人身危险时，旁观者效应会减少或消失。实际上，在危险情况下，随着旁观者人数的增加，干预一般也会<u>增加</u>。研究者用唤起来解释这些发现，即上面所说的成本—回报模型。危险的紧急情况一般不太模糊，因此旁观者很快就能识别，并因受害者的苦痛产生更强的生理唤起。除此以外，如果旁观者干预之后真的会发生危险，则会导致更多的唤起。当为受害者提供帮助之后，唤起会减少。而且，如果存在人身危险，而旁观者又并非独自一人，那么<u>一旦干预者被攻击，其他旁观者也可能会上前帮忙</u>。事实上，有些情况非常危险，以至于一个人解决不了，必须几个人合作才能提供必要的帮助。

要点：研究表明，在危险的情况下，旁观者效应会减少或消失，而且随着在场旁观者人数的增加，干预也会增加。

英雄主义

1944年6月，来自温尼伯（Winnipeg）的27岁飞行官安德鲁·查尔斯·米纳斯基（Andrew Charles Mynarski）在驾驶一辆 RCAF 兰开斯特轰炸机袭击德军阵地的时候，飞机被击中，机身着火。除了被破门困在小后舱的尾炮手帕特·布洛菲（Pat Brophy），其他机组成员都跳伞到了安全地点。而米纳斯基没有选择自救，而是蹒跚地穿过火焰，试图去解救布洛菲。虽然门上沾满了炙热的液压油，但他仍试图徒手把门打开。最后，在救出布洛菲的前一秒，在大火的追赶下，他站起来向布洛菲敬了一个礼。米纳斯基没有活下来的机会了：他的降落伞着火了。讽刺的是，当载着炮弹的飞机坠毁时，这位尾炮手被甩了出去，居然毫发无伤。正是根据这位尾炮手的证词，米纳斯基被追授了维多利亚十字勋章。

这种类型的故事相比于我们之前讨论的紧急干预又前进了一步。这样的英雄主义会受到所有社会的高度赞赏。但英雄主义的内涵究竟是什么呢？由于它以感知和归因为基础，所以很难下定义，但是，一般来说，人们认为英雄主义与面对非同寻常的个人风险时所进行的干预有关。弗朗哥、布劳和津巴多（Franco, Blau & Zimbardo, 2011）将英雄主义分为三个大的范畴：（1）军事的，涉及一系列职业可能面临的极端人身风险，包括警察、消防员、医护人员和军人；（2）民事的，也涉及极端风险，但与个人的常规活动或培训无关；（3）社会的，一般来说不涉及人身危险，但确实会面临其他风险，比如经济损失、社会放逐或可能的慢性病等严重后果。

1904 年，卡内基英雄基金委员会（Carnegie Hero Fund Commission）在美国成立，以表彰"在美国和加拿大发生的无私英雄主义的杰出行为"，为那些冒着牺牲个人生命的巨大风险，去拯救或试图拯救他人生命的平民颁发英雄勋章。奖章不能颁发给任何有明显个人动机去实施救援行为的人，比如父母或急救人员。截至 2012 年，该组织共表彰了约 9539 人，几乎所有人都是独自救援。英国的卡内基英雄基金信托（Carnegie Hero Fund Trust）成立于 1908 年，至今已认可了约 6000 名英雄（见图 9.7）。欧洲大陆也建立了 9 个类似的卡内基基金。

图 9.7 英国的卡内基英雄勋章

英雄主义与性别

看过了有关旁观者干预的文献，我们就不该再奇怪为何英雄总是独自行动了。但是大多数受到承认的英雄都是男性，而几乎所有卡内基英雄勋章的获得者也都是男性。我们该怎么解释这一现象呢？诚然，男性一般比女性更高大、更强壮，因此出现紧急情况时更有可能出手干预。但是，这并非主要原因。并不是说女性天生与英雄主义无缘，而是英雄主义的概念本就是以充满刻板印象的男性话语（由男性）来定义的（Polster, 1992）。例如，卡内基英雄委员会根本不考虑那些拯救家人生命的人，除非救援者牺牲或受了重伤，因此，如果女性（根据传统的女性性别角色的要求，她们应该特别关心孩子的安危）冒着生命危险去救自己的孩子，她们不会被认为是英雄！随着社会越来越平等，男女性别角色的差异越来越小，区分越来越不严格，认为女性不如男性英勇的惯性思维毫无疑问会被改变。

红花侠：救陌生人脱离暴政

《红花侠》是男爵夫人奥尔西（Baroness Orczy）创作的一本小说，故事发生在法国大革命时期，主人公就是红花侠。红花侠是来自英国贵族，本可以在自己的国家养尊处优，却选择冒着生命危险，帮助巴黎的法国贵族偷渡出国，逃脱上断头台的命运。

在第三帝国时期，这个虚构的英雄主义故事一遍又一遍地在现实中上演：据估算，当时有5万至50万人反复冒着牺牲自己（往往也包括家人）性命的风险，帮助犹太人逃脱纳粹的魔掌（Oliner & Oliner, 1992）。他们中很多人都为此付出了生命；大多数人从未为人所知，只有相当小的一部分因其勇气闻名于世。

1960年对阿道夫·艾希曼（Adolf Eichmann）的审判使人们开始关注此类救援行动。艾希曼被控告因积极推行纳粹的种族灭绝政策对犹太民族和整个人类犯下了罪行。审判期间提及了那些将犹太人从集中营中救出来的基督徒。随后，社会心理学家等人开始尽可能多地追踪这些救助者，想要知道他们在性格或家庭背景上是否有一些共同点。

大屠杀纪念馆（Yad Vashem）是以色列的一个组织，致力于纪念和记录大屠杀。它在世界范围内开展了一个项目，以表彰那些在大屠杀中冒着生命危险救助犹太人的人。迄今为止已有24811人获得了它所授予的"国家正义者"称号。其中大多数都是普通人，其功绩还是相对不为人知。而另一些人，也许是因为社会地位更高，得到了更多的表彰。拉鲁尔·瓦伦贝里（Raoul Wallenberg），一个富裕的瑞典外交官，通过签发假的瑞典文书，拯救了近10万名匈牙利犹太人（Henry, 1985/1986）。德国工业家奥斯卡·辛德勒（Oskar Schindler）（他的故事因电影

《辛德勒的名单》而经久不衰）拯救了1200多名犹太人，因为他说服了纳粹官方，使其相信他需要这些人去经营对战争至关重要的工厂。还有阿尔贝特·戈林（Albert Göring），纳粹高级领导人赫尔曼·戈林（Hermann Göring）的弟弟，他显然非常鄙视纳粹，并冒着生命危险拯救了数百名犹太人。有时他会弄到出行许可，将他们从集中营中带出来；有时会把他们偷运至境外的安全地点。大屠杀纪念馆正考虑要授予他"国家正义者"荣誉。（回顾第六章关于做出反抗行为的纳粹分子的讨论。）

是什么让人们愿意为了陌生人去冒生命危险？社会心理学家试图回答这一问题。一项早期研究锁定了27个救助者和42个被救助者（London, 1970），但后来因资金短缺不得不终止。随后，一项范围大大扩展的研究即"利他型人格计划"采访了406名救助者——大屠杀纪念馆记录了他们的事迹——和150名幸存的被救助者（Oliner & Oliner, 1992）。研究者将这些救助者与126名非救助者——在本可以成为救助者的情况下选择不救的人——进行了对比。他们想知道是什么驱使救助者做出了英勇的行为，但是却找不到一个共同的动机。一些人是有意去拯救犹太人的，另一些人根本没多想就参与进来了，或者甚至是误打误撞的：其中一人在答应秘书让她的犹太丈夫周末待在他的办公室以躲避纳粹时是不太情愿的。但一旦参与进来，他就越陷越深，对帮助过的人产生了极大的同情，最后冒着极大的风险和损失拯救了约200人。有一些救助者对宗教十分虔诚，有一些是无神论者，还有一些甚至是反犹的！

至少有三种不同的动机（Oliner & Oliner, 1992）：（1）对犹太人遭遇的共情，有些时候，这种共情主要是因为对特定的受害人有情感依恋，因此会产生责任感和关爱之情；（2）为遵守教会会众等让自己有强烈归属感的群体的社会规范（比如"善待他人"）；（3）对小部分人来说，是为了奉行以正义与社会责任为基础的一套道德准则。道德驱动的救助者不论喜欢受害者与否，也不论之前认识与否，都会实施救助（Fogelman & Weiner, 1985；Fogelman, 1994）。

救助者的特征

救助者有什么共同的个人特征呢？在早期的研究中，伦顿（London）（1970）虽然提醒大家救助者所接受的家庭教育可能不具有代表性，但他还是指出，很多救助者表示自己的父母在言语和行为上都经常强调帮助他人的重要性，也强调群体、种族和文化的差异并不会使人高人一等或低人一等。伦顿的研究中，最典型的救助者出生在一个关系亲密的家庭中，父母对孩子充满爱意，并传递着互相关爱的价值观。父母在关心他人方面设定了高标准，并鼓励孩子们发展可靠、独立和责任感等与关爱有关的品质。父母在训练孩子时，很少使用体罚，也几乎从未有过不必要的攻击，他们会经常讲道理，向孩子解释为什么有些行为是不合适的，会给他人带来什么后果（为了对比，参见第十一章关于养育儿童与攻击的讨论）。

此外，并非所有的救助者都有如此强烈的道德观念。例如，奥斯卡·辛德勒一开始显然是出于个人利益，为了获得廉价的工厂劳动力才救人的（Rappoport & Kren, 1993），但随着时间的推移，他越来越受亲社会动机驱使。

这些研究让我们想到了之前关于亲社会行为的模塑效应和父母作用的一般性讨论。认同具有亲社会取向的父母——他们既用言语也用行动告诉孩子关爱和帮助他人十分重要——对于个人学会无私这一品质至关重要。大多数将犹太人从纳粹手里救出来的勇士都曾被父母教导要相信正义适用于所有人，而不仅仅只是自己的族群、阶层或国家（Reykowski, 2002）。类似的，研究者发现，20世纪50年代晚期和60年代早期，"全身心投入"的美国公民权利工作者也有这样的特征，即强烈认同注重道德的父母。这些活动家的父母曾教导他们，不仅要相信某些原则，还要去实践它（Rosenhan, 1970）。

要点：每个人对英雄主义的定义都有所不同，但因某些行为而被认为是英雄的人，往往从小就被教育要相信正义原则，相信帮助他人的重要性。

鼓励旁观者干预

在紧急情况下，我们该怎么鼓励个人去帮助他人呢——即使有不作为的人在场？换言之，我们该如何帮助人们应对旁观者效应呢？有这样几个可能有用的行动方案：

在学校鼓励紧急干预

我们总是教孩子听话和顺从。相比于教他们如何采取亲社会行为，我们更在意教他们什么**不能**做。当孩子遇到紧急情况时，总会在想要帮忙和想要举止得体之间备受折磨；相比于直接禁止，缺少干预许可往往才有着更大的抑制作用（Staub, 1974）。这种影响可能会持续到成年期。也许我们应该教孩子当他人需要帮助时，打破规则也没关系。

在家庭鼓励紧急干预

定期地给孩子安排一些关心或帮助他人的任务（在大家庭往往是自动的），也许就能使他们养成对他人福祉的一种个人责任感。我们可以教孩子，干预行为是令人向往的；甚至可以让他们演练这类行为，并给予奖励。不过，紧急情况是很难规划的，将某种情况定义为紧急情况也注定会产生问题。

提升领导力

在紧急情况下，一旦有人掌控全局，并开始下达命令，大多数旁观者是很愿意帮忙的："你，去叫救护车！""你，让人群退后！""你，拿些毯子过来！"但问题是，大多数情况下，没有人担当领导者的角色。

实验室研究（Baumeister et al., 1988）发现，当意料之外的紧急情况发生时，在实验环境中（例如在讨论小组中）被指定为团队领导的受试者，很可能继续担任领导者角色，即使干预意味着要违背实验指令。也就是说，在已经承担过责任和领导角色的人身上，并不会发生责任分散现象，而那些处于服从地位的团队成员一般都不会进行干预。

不是所有人都能当领导，但是，我们可以让孩子练习在不同情况下担任领导角色，并告诉他们紧急情况下领导力的重要性，这样可以鼓励他们，一旦此类危机发生，"掌控全局"和承担责任是正确的做法。

提高公众对旁观者效应的认识

对群体大小会影响旁观者干预的有关信息进行宣传，当人们意识到自己在帮助时为什么会犹豫，干预率可能会有所提升。大多数人并不知道旁观者效应，也不知道它经常发生，而且它似乎与"负责任的行为"的得体礼节互相矛盾。要减少这一效应，还有很多教育工作有待完成。读者朋友们，你们现在已经对它十分熟悉了，下次遇到相关情况，你会站在一边，还是会想起这一效应并采取行动呢？

受惠者

在结束有关亲社会行为的讨论之前，还有一个重点需要研究——受惠者。之前我们将关注点放在帮助者和需要帮助的情境上。但是，不仅某些人比另一些人更有可能提供帮助，还有一些人比另一些人更有可能**被**帮助。"善良的撒玛利亚人"（图9.8）愿意一视同仁地帮助所有人吗？想一想这个问题。你可能愿意帮助一个穿着考究的老年人换轮胎，但如果他或她看上去喝醉了，你可能就**不**愿意了。一般来说，某人对另一人的依赖程度也会显著影响帮助的力度。一些研究已经发现，潜在受惠者的依赖度与帮助量的大小之间存在正相关关系，但只有帮助者所要耗费的成本较小时，这一关系才成立（Krebs, 1970; Gruder, 1974）。

当帮助的成本很高时，我们可能会因为求助者加诸我们身上的负担而感到怨恨（Berkowitz, 1973）。他人对我们的依赖度越高，我们就越感到提供帮助是一种义务，"抗逆性"也会越高，也就是说，我们想要重建我们的独立和自由（Brehm,

图 9.8 《善良的撒玛利亚人》（文森特·梵·高根据德拉克洛瓦的原画所作）

资料来源：© Todd Gipstein/Corbis

1966）。我们可能会很乐于帮助某人上下轮椅，除非我们觉得这是一种义务。也许"感觉是一种义务"会夺去正常条件下当我们志愿帮助某人时会获得的良好感觉。

归因在决定谁会或不会得到帮助时起了重要作用。如前所述，相比于他人的需要是由不可控的环境因素造成的，当他人的需要是可控的，即此人要对他或她所面临的困境负责时，我们的帮助意愿可能会更小（Weiner, 1980）。

还有一些因素能影响得到帮助的几率：外表吸引力（West & Brown, 1975）、需要的紧急程度（Staub & Baer, 1974）、感知到的求助者和帮助者之间的相似性（Sole, Marton & Hornstein, 1975）。因此，你更有可能帮助某个外表很吸引你的、急需帮助的并且与你同属一个群体（种族、社会阶层）的人。

最后，我们要考察一个被社会心理学严重忽视的重要视角：社会中某些群体的相对弱势。回想一下姬蒂·吉诺维斯谋杀案。彻丽（Cherry, 1995）认为，不能只从个人行为的角度来理解此类袭击，社会心理学家必须转而关注弱势群体遭受暴力时不予干预的长期历史。长久以来，女性都是暴力的受害者，还有儿童、老人以及少数种族的成员。如果吉诺维斯是一位衣着考究的男士，会有人出来干预吗？

种族主义呢？在美国一项研究中，孔斯特曼和普兰特（Kunstman & Plant, 2008）创造了一个实验室情境，每个受试者通过闭路电视看到并听到另一个同性的受试者——表面上是即将与受试者共同完成任务的搭档，实际上是一个实验者同伙——遭遇了紧急情况：在另一个房间的这位实验者同伙，坐在椅子上往后靠，然后摔倒了。在"紧急程度较低的"条件下，实验者同伙表现出痛苦，但仍可以站起来，不过明显受伤了，因为疼痛身体还在颤抖。在"紧急程度较高的"条件下，实验者同伙尝试站起来，但又重重地跌倒了，一直在地上痛苦地呻吟。研究者感兴趣的是，受试者与受害者的种族会如何影响受试者提供帮助所耗费的时间。在第一个实验中，所有受试者都是白人，而实验者同伙是白人或黑人。在低紧急条件下，给白人受害者或黑人受害人提供帮助的速度并没有显著差异（图9.9）；在高紧急条件下，对白人受害者的反应速度明显比低紧急条件下更快，但对黑人受害者并非如此。

在第二个实验中，受试者既有白人又有黑人，种族再次发挥了重要作用。对于黑人受试者来说，不论受害者的种族如何，提供帮助的速度都没有显著差异。但是，白人受试者对黑人受害者却花了明显更长的反应时间。研究者还指出，当受害者为黑人而非白人时，白人受试者会认为高紧急条件并没有那么严重，自己也没有太大的责任去提供帮助。这种解释使白人受试者可以为自己的拖拉辩护，并让自己看起来并没有偏见。

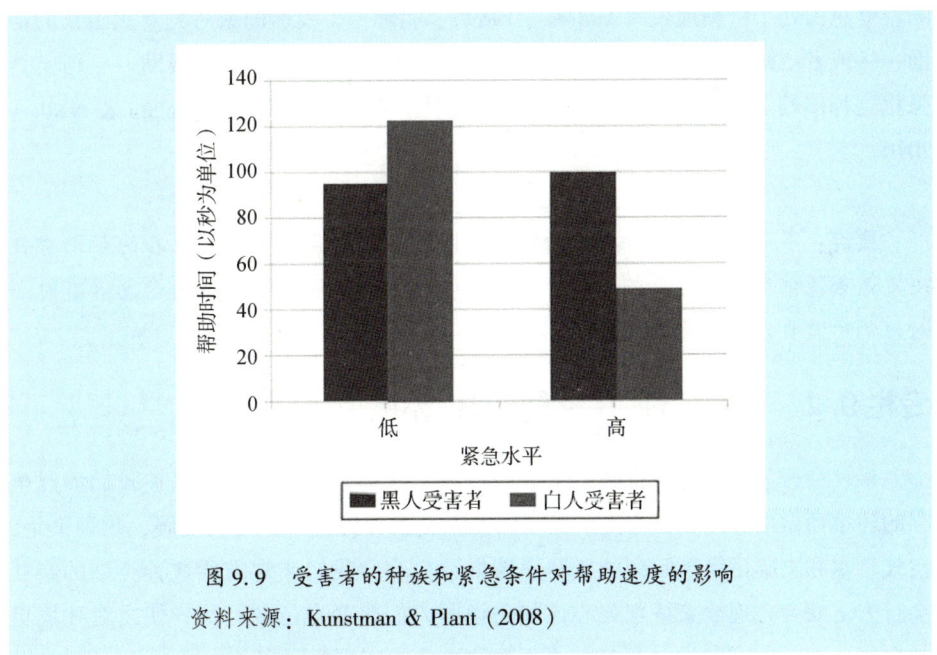

图9.9 受害者的种族和紧急条件对帮助速度的影响
资料来源：Kunstman & Plant（2008）

受惠者的反应

回想一下关于感戴的讨论。重要的是要理解，不是所有的帮助行为都能得到感戴,这是因为提供帮助这种行为不仅清晰地区分了帮助者和受惠者,也划出了一个权力等级(Worchel,1984)。如果被帮助者无论如何也无法进行回报,那么——至少在西方社会——接受帮助就将此人置于更低等的位置,他甚至可能会丢面子(Fisher,1983)。如果你急需用钱,某人给了你钱并拒绝接受偿还,你可能会觉得不舒服——当然,除非施惠者的这种慷慨给予是合理的(比如,施惠者是你的父母)。一般来说,对自尊的伤害越大,接受者越可能对帮助者产生消极情绪(Fisher, Nadler & Whitcher-Alagna, 1982;Fisher, Nadler & DePaulo, 1983)。

针对美国、瑞典和日本的受试者进行的实验研究发现,相比于什么回报都不要的捐赠者,受试者对那些要求回报的捐赠者的评价更积极(Gergen et al.,1975)。当捐赠者是亲密朋友而非陌生人时,就更是如此(Nadler & Fisher, 1984),因为人们更不愿意在朋友面前有低人一等的感觉。实际上,大多数人怕"丢面子"的这种担心都是不必要的,因为几乎没有证据表明,捐赠者认为受惠者低人一等(Rosen et al., 1980)。

在国际层面上,也存在对不求回报的捐赠者产生消极评价的现象。发展中国家如果不能回报发达国家的援助,那么它们可能不会特别感激,因为这种援助意味着受惠国处于依赖地位(Andreas,1969)。实际上,发达国家对欠发达国家的帮助——或者占统治地位的更高阶层的社会群体对较低阶层群体的帮助——确实会强化这种依赖关系,并使现存的不公平的社会制度继续存在(Halabi & Nadler, 2010)。

要点:不是所有人在需要帮助时都有同等的机会得到帮助;潜在的帮助者在决定是否提供帮助时会受若干因素的影响。而且,不能给予回报的受惠者有时会对他们所需要的帮助反应消极。

专栏9.2 可持续性——帮助保护环境

亲社会行为不仅指向特殊的个人或群体,它也可以表现在为保护我们赖以生存的环境而做出的无私努力上。为了保证人类在资源耗尽,全球变暖,物种灭绝,空气、水和土壤污染等问题的威胁下能继续生存,我们非常需要这种类型的亲社会行为。社会心理学家特别关心该如何说服人们改变自己的行为,使之对环境更加友好(Alcock, 2006)。思考一下下面两个此类应用型研究。

恰尔迪尼(Cialdini)等人(2006)认为,鼓励公众保护环境的说服性呼吁能否奏效,取决于这些信息是重在告诉人们应该做什么,还是不应该做什么。研究者在亚利桑那州化石森林国家公园考察了一些敦促游客不要偷取化石木材的信息的作用。有一些信息是一些**描述性**规范（参考他人的行为），表现为两种形式：（1）弱化（积极）表述："过往的游客绝大多数都将化石木材留在了公园中，保存了化石森林的自然状态"；或（2）强化（消极）表述："很多过往游客把化石木材带出了公园，改变了化石森林的状态"。另外一些信息包含**命令式**规范，告诉人们要做什么和不要做什么。它们也有两种形式：（1）弱的（积极的）："请把化石木材留在公园内"；或（2）强的（消极）的："请不要把化石木材带出公园"。如图9.10显示，研究发现，强化表述的命令式信息最能阻止偷盗，而强化表述的描述性信息与偷盗的联系最强！

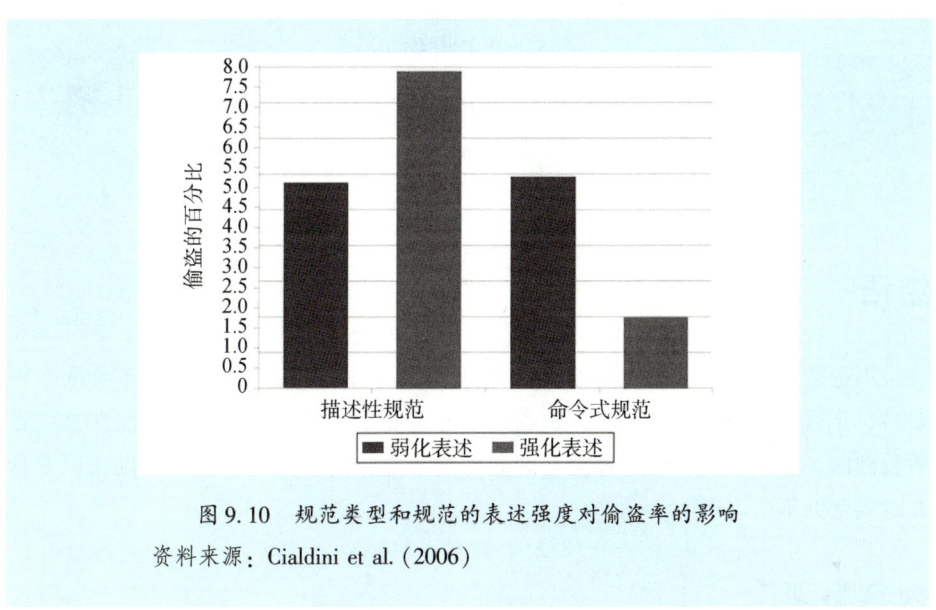

图9.10 规范类型和规范的表述强度对偷盗率的影响
资料来源：Cialdini et al.（2006）

另一个例子：为了帮助保护环境，目前多数大型连锁酒店都会请顾客每天重复使用毛巾，以减少清洗毛巾所需的水和洗涤剂用量。戈尔茨坦（Goldstein）等人（2008）组织了两个现场实验来研究什么样的方式最能激励顾客遵守规则。在第一个实验中，他们对美国西南部一家中等价位的全国性连锁酒店中的客人进行了监控，这些人分布在190个房间中，且至少停留两晚。房间被随机配置了两个条件中的其中一个。第一个条件下的标语（标准的环保信息）只是请顾客重复使用毛巾以帮助保护环境。第二个条件下的标语（描述性的规范信息）邀请顾客"加入其他客人的行列，共同帮助保护环境"。结果显示，"在后一种条件下，几乎有75%的客人使用毛巾的次数超过了一次"。描述性规范条件下的毛巾重复使用率（44.1%）明显高于环保条件下的（35.1%），这表明酒店客人在得知其他人也这么做之后，更有动力重复使用毛巾（图9.11）。

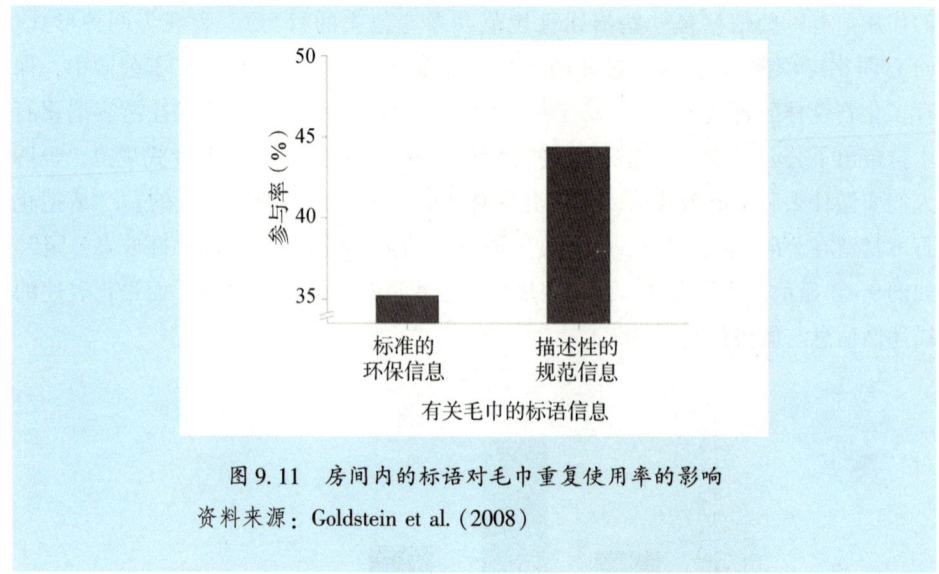

图9.11 房间内的标语对毛巾重复使用率的影响
资料来源：Goldstein et al. (2008)

结语

不论是直接帮助个人，还是做慈善工作，亦或是帮助保护环境（参见专栏9.2），亲社会行为都是保证社会顺利运行的重要助力。不过，正如我们在这一章所看到的，有很多重要的因素决定谁会得到帮助，何时人们会提供帮助，以及什么时候帮助不会出现。

内容概要

1. 相比于"利他主义"，心理学家更喜欢"亲社会行为"这个词，因为它不涉及对内在自我奖励的判断。

2. 有一些证据表明，亲社会行为具有以共情为中介的基因基础，但有关遗传和进化所起作用的问题还未完全解决。

3. 共情在亲社会行为的很多形式中都起着重要作用。

4. 亲社会行为可能会受某人的情感状态所影响，而且也可能与修复自我形象的意图有关。

5. 互惠规范、社会责任规范和公平规范能影响亲社会行为，但它们的作用通常比较小。

6. 社会学习理论强调，亲社会动机和行为是通过强化、自我归因、模塑和父母训练获得的。

7. 亲社会行为受文化、宗教和地域（城市或农村）等多种因素影响。

8. 性格和性别也能决定人们何时以何种方式向他人提供帮助。

9. 感戴和原谅是两种与直接帮助他人无关的亲社会行为形式。感戴能让帮助者觉得自己具有社会价值。原谅对于团队的运行很重要，因为它使人们从人际伤害中恢复并继续合作关系。

10. 志愿服务是指自由选择的帮助活动，它随着时间的推移而扩大，通常是以组织方式为有需要的人和重大事务提供服务。

11. 紧急情况意味着对潜在受害者存在威胁或伤害，它比较罕见且不可预测，形式和应对方法多种多样，且可能给施惠者带来风险和损失。

12. 旁观者效应的发生有两种情况：第一，每一个旁观者都觉得，既然有其他可能采取行动的人在场，那么自己对受害者的责任就降低了（责任分散）；第二，由于他人的不作为，情况的紧急性变得模糊，每个旁观者都不知道是否需要帮助或怎样的行为才是合适的。

13. 唤起：成本—回报模型解释了旁观者的行为也会受预期的帮与不帮的回报与成本的影响。

14. 为帮助他人而反复表现出英勇行为的人一般都成长在十分亲密有爱的家庭。在这样的环境下训练不会采取体罚的形式，而且父母会教导孩子关爱他人的重要性。

15. 越多的人意识到旁观者效应，旁观者干预的可能性就会越高。通过教导孩子必要时可以"打破规则"，训练他们主动承担帮助他人的责任，并鼓励他们担任领导角色，可以减小旁观者效应的影响。

16. 当求助者被认为太过依赖别人，或他们的需要是可控的，由自己的行为造成的时，他们得到帮助的可能性会更小。

17. 不能给予回报的受惠者有时会对人们的帮助产生怨恨。

拓展思考

- 回想一下可识别的受害者效应。慈善机构经常使用受害者个人的照片来说服人们提供帮助。这种行为是否会带来这样的风险，即人们会聚焦于少数"名人受害者"，而忽略了广大无名受害者的困境？

- 我们的社会责任和道德责任有界限吗？在一个陌生的国家，当你遇到沿街乞讨的小孩，直接忽视是不是太冷漠了？如果你给予了帮助，又有十几个同样的小孩冲过来，那么你的帮助什么时候才能结束？

- 英雄主义在社会中有什么作用？它仅仅只是对做出英勇无私行为的人的一种认可吗，或者不仅如此？我们真的需要英雄来激励我们，并让我们对自己的社会或群体感觉良好吗？

- "给予比接受更好"这句格言在鼓励慈善的同时，是否也间接反映了对需要帮助者的否定态度？

延伸阅读

Batson, C. D. (2011). *Altruism in humans.* New York: Oxford University Press. 这一著作对共情利他主义假说及支撑这一假说的数据进行了深入探讨。

Fischer, P., Greitemeyer, T., Pollozek, F. & Frey, D. (2006). The unresponsive bystander: are bystanders more responsive in dangerous emergencies? *European Journal of Social Psychology*, 36, 267–278. 这一研究探讨了危险对旁观者干预的作用。

Franko, Z. E., Blau, K. & Zimbardo, P. G. (2011). Heroism: A conceptual analysis and differentiation between heroic action and altruism. *Review of General Psychology*, 15, 99–113. 这篇文章探讨了各种各样的英雄主义以及它们与利他主义的关系。

Stout, L. (2011). *Cultivating conscience.* Princeton, NJ: Princeton University Press. 这一著作对各种能激发良知并促进无私助人行为的因素进行了富有见地的讨论。

Stürmer, S. & Snyder, M. (Eds) (2010). *The psychology of prosocial behaviour.* Chichester, UK: Blackwell. 这一著作对目前亲社会行为方面的理论和研究方向进行了概括。

网页链接

http://www.youtube.com/watch?v=E0MmAg6wo0g "公众对种族屠杀的冷漠",在这一视频中,心理学家保罗·斯洛维奇(Paul Slovic)讨论了哪些因素导致了公众对种族灭绝行为的冷漠。

http://www.youtube.com/watch?v=3jkOwYKBJEI,"老鼠的同情和帮助行为"这一视频表明,共情驱动的帮助行为有很强的生物学基础。

第十章　合作与冲突

各家自扫门前雪，整个世界就会焕然一新。
　　　　　　——约翰·沃尔夫冈·冯·歌德（Johann Wolfgang von Goethe）

学习目标

- 从社会心理学角度理解冲突的本质
- 研究社会交换理论及其在关系冲突中的应用
- 考察博弈实验在解释冲突过程中的作用
- 学习集体行动悖论及其广泛影响
- 探究影响冲突过程的秉性变量
- 理解冲突环境下威胁、承诺、沟通和力量的作用
- 思考冲突环境下第三方干预者的作用

半个多世纪以前，也就是1962年的秋天，地球从未如此接近核战世界末日。继美国在土耳其和意大利部署远程核武器以及入侵古巴失败之后，苏联决定在其盟友古巴境内布置核弹头导弹。运载着导弹的苏联船只驶向古巴。为了应对这种威胁，美国人在海上建立起了封锁线（图10.1），并威胁任何想要越过封锁线的船只都会被击沉。几艘苏联船只想要越过封锁，美国舰队得到命令，先开几枪以示警告，如果船只不掉头，就开火——这可能会引发全面核战。没有一方想要让步，全世界都屏息以待。最后，在联合国秘书长吴丹（U Thant）的协助下，谈判顺利进行，成功避免了一场灾难：苏联同意召回船只，美国承诺不再入侵古巴，并移除土耳其和意大利的远程导弹。危机解除了，正因为是和平解决的，你们才能在这儿读到这个故事。

所有人在生活中都会经历很多冲突。大多数冲突很小，很快就能解决。有一些比较严重，很难处理。而且不仅是个人，群体也必须应对冲突，有时是群体内

图 10.1　1962 年 11 月 12 日美国驱逐舰拦截苏联货船
资料来源：© Bettmann/Corbis

部的——比如有一部分人想要减少会费但另一部分人不愿意，有时是群体之间的——比如动物保护组织想要取消一年一度的狩猎而猎人组织想要保留它。实际上，社会中的冲突无处不在。重要的是要理解，所有的冲突，无论是你和朋友之间的还是两个敌对国家之间的，其根本点基本都是一致的，当然，后一种情况显然更复杂。

在这一章，我们先讨论人际冲突即两个个人之间的冲突，然后再扩展到个人的集合体——在这个集合体中，每个人的行动都是出于个人利益。然后，我们会讨论群体之间的冲突，最后我们会讨论化解此类冲突的一些有效方法。

有时我们作为个人进行交往，有时作为群体的一员，而群体由我们的领袖所代表。有时我们的交往表现为为实现共同目标而进行的合作：如果我们想一起出门享受大餐就必须合作，同样的，拴在一条绳上的登山者在攀登险峰时也必须合作才能到达顶峰。有时交往表现为竞争甚至攻击：在棋类比赛或战场上，几乎不可能合作，不过，即使这类情况下，对手之间也必须合作，至少必须要遵守基本的规则和惯例。大多数交往都是由合作与竞争的"混合动力"推动的。为了实现想要达成的目标，曲棍球手、芭蕾舞女演员和政客都必须与团队的其他人合作，不过，大多数人也必须与团队成员开展竞争——在谁得到最高分，谁被选为主角，谁成为内阁部长这些方面。即使在古巴导弹危机中，美国和苏联虽然陷入双方都不让步的巨大冲突中，但最终为了避免互相毁灭还是选择了合作。

人们为什么要合作呢？如果有权力，为什么不为所欲为呢？合作的原因之一在于，它总能为个人带来好处。

仅凭一己之力很难建一个谷仓，正如俗语所说"众人拾柴火焰高"（图10.2）。但是，人们只是出于个人利益才与他人合作的吗？

图10.2　20世纪早期安大略湖兰辛市，人们在建谷仓

合作行为是亲社会行为的一种形式，但它又不仅限于帮助需要帮助之人。缴税、参加居民联防、废品回收再利用乃至投票都是大范围的合作行为。没有了很多个人的合作，社会就将崩塌（Henrich & Henrich, 2007）。但是，如果大部分人在此类活动中都合作了，那么其他人不管合作与否都能享受福利，既然如此，为什么还要合作呢？

与一般的亲社会行为类似，人类的合作也可能是基因与文化共同进化的结果（回顾第九章的讨论），也就是说基因因素和文化需求，都支持合作行为的发展和文化传承（Henrich & Henrich, 2007）。合作的产生如此自然，以至于认知神经科学研究认为，即使是在相对简单的实验游戏（本章后面会讨论）背景下，它也与关涉奖励和愉悦的大脑区域的激活有关（Decety et al., 2004; Tabibnia & Lieberman, 2007）。因此，我们似乎有一种内在的合作倾向，只不过这种倾向当然会被性格因素、自身的社会学习经历以及社会规范所修改。

冲突（conflict）这个词一般被用作战争或攻击的同义语，但是冲突与攻击有重要区别。攻击是一种旨在伤害他人的行为，而冲突，至少在其社会心理学意义上，是指相互依赖的双方或多方的利益或期望互不相容的一种情况。晚上你想和伴侣去看电影,但伴侣却想一起去看曲棍球比赛。这就是冲突。企业想削减工资,而工会却想提高工资。这就是冲突。英国和阿根廷都声称拥有福克兰群岛(马尔维纳斯群岛)。这就是冲突。在这些情况下,任何一方想获得自己所想都必须拒绝对方所想。不过,对手不同,结果也会不同,冲突可能会友好解决,也可能会导致离婚、罢工或战争等恶果。

但是,尽管有些冲突会导致可怕的暴力,但冲突本身并非坏事或不好。它们往往是环境变化的产物。随着个人或群体的发展,需求和目标也会改变(图10.3)。例如,随着儿童成长为青少年,对父母定的规矩,以前他们能接受,现在却会不满,有些东西必须要改变。随着婚姻关系逐渐成熟,伴侣的个人需求和目标可能会朝不同的方向发展,有些东西必须要改变。当经济环境促使工人要求更高工资,或公司坚持更低工资时,有些东西必须要改变。和平地、建设性地解决冲突使人们可以适应变化的环境,避免孩子与父母疏远,避免婚姻破灭、公司倒闭和工人失业。

图 10.3　2012 年英国伦敦反对政府财政紧缩的游行
资料来源:© Mike Kemp/In Pictures/Corbis

当然,有时对抗者对情况的理解非常不准确。例如,已婚夫妇可能认为他们最大的问题源于"不适合",但真正的原因可能是因认知偏差或糟糕的沟通而无法真正理解对方的需求。另一些冲突可能与归因错误有关:争执双方将出现的困难错误地归咎于对方。例如,在大学财政紧缩的时候,学生可能会责怪教授对自己的关注不够,而教授反过来会批评学生过度占用自己的时间。事实上,学生和教授有一个共同的矛头——控制预算的机构(例如,政府)。但另一些冲突可能源于错误的前提，例如，工会错误地以为企业有远多于实际的资金可供使用，于是组织罢工。

建设性的（constructive）冲突解决方式是指双方合作，针对不同的目标，找到双方都能接受的方案。如果找不到呢？一种可能的结果就是直接终止交往：国家之间有时会断交；工厂有时会永久关门；夫妻有时会离婚。但是，在另外一些情况下，关系中的冲突还会继续存在，得不到解决，特别是在没有更好的替代性关系时更是如此。如果分开比继续在一起让夫妻更痛苦，如果关掉工厂比继续营业给工厂主造成的损失更大，如果继续罢工可能会让工人工资更低，如果在这种情况下断交会导致贸易上无法接受的损失，那么，虽然存在冲突，可能还是维持关系更好。当然，其中一方很可能会利用身体上、经济上、政治上或军事上的强力将自己想要的解决方案强加给对方，特别是在一方比另一方更强大的时候。这种冲突解决方式短期看来可能是成功了，但实际上是**破坏性的**（destructive）。潜在的冲突仍然会爆发，而且由于使用了强力，冲突会变得更加难以解决。

要点：当双方或多方有互不相容的目标时，就会发生冲突。可以通过找到互相都能接受的替代性方案来建设性地解决冲突，也可以通过使用强力破坏性地（暂时性地）克服冲突，或者通过直接断绝关系来结束冲突。

社会交换理论

很多冲突都可以用双方之间的社会交换来理解。这种交换可能涉及工会与企业间的金钱与利益纠纷，两个国家之间的贸易、领土或环境问题，或者夫妻间的感情、金钱、家务、育儿和情感支持等事情。交换在某些层面上可能是积极的（比如，一个国家要买石油，另一个国家需要钱；夫妻享受对方的陪伴，不论是在网球场，还是舞池），但在另外一些层面上可能是消极的（比如，两个国家之间持续的领土争端；夫妻之间持续的财务争端）。

社会交换理论（social exchange theory）（Homans, 1985; Thibaut & Kelley, 1959）关心的是哪些因素能决定行动的方向——面对困难，是选择离开，还是继续维持关系。它为理解各种社会冲突情形提供了有用的框架，例如，婚姻关系的质量（Tallman, Burke & Gecas, 1998），家人对家庭成员酗酒的反应（Ruben, 1998），青少年恋爱（Laursen & Jensen-Campbell, 1999），照顾家中老人（Keefe & Fancey, 2002）。虽然社会交换理论已经不再是研究焦点，但它对于我们生活中遇到的很多冲突情形仍然具有解释力。

根据这一理论路径，所有的社会交往都可以被看作经济交往的一种，在这种交往中，个人（或群体）能获得某种利益，但前提是要付出某种成本。结果或"利润"就是收益与成本之差，而个人对无利可图的交往多半是不乐意的。

结果 = 收益 − 成本

让我们将这一公式应用到家庭中来，不过要记住的是，类似的分析适用于一切形式的交往，不管是个人、团体还是国家之间的交往。假设约翰和玛莎同居了一年。起初，他们非常幸福，很合拍。约翰会花大量时间在家陪玛莎，而且他也享受玛莎的陪伴，虽然这样一来，他与朋友相处的时间就大大减少了。他所获得的结果是正的，因为与玛莎在一起的收益超过了朋友之间相处减少的成本。玛莎也得到了正的结果，因为虽然她为维持住所整洁付出了额外的时间和精力（因为约翰是一个不爱干净的人），但与约翰在一起所感受到的快乐超过了这种成本。他们是幸福的一对。

但是后来情况发生了变化。约翰加入壁球俱乐部，两人的关系开始紧张起来。玛莎对壁球不感兴趣，但约翰现在每周有三个晚上都和朋友们待在壁球俱乐部。玛莎开始不满，她觉得自己被忽视了，因此，维系这段关系的成本增加了。而当她开始向约翰抱怨这些时，他表现得十分消极，并指责她想控制他的生活。玛莎的成本上升，以至于她的结果现在已经变为负的。由于约翰认为玛莎"唠叨"，因此他维系关系的成本也上升了。但是，他从关系中得到的收益仍然高于成本，因此他的结果仍然是正的。

玛莎会因为强烈的被忽略感而离开这段关系吗？约翰会被激怒，以至于他的成本超过收益，于是离开吗？社会交换理论认为，决定关系继续或解体的不仅只有结果，还有两个其他的重要因素。第一，关系中的**满意度**不仅取决于"结果"，还取决于期望。它是由当前的结果与人们期待的结果之差——**比较水平**（comparison level, CL）决定的。因此，玛莎可能会将她当前的结果与她的女性朋友们在关系中获得的结果进行对比，或者与她在过去的关系中所获得的结果进行对比。她的满意度可以总结如下：

满意度 = 结果 − 比较水平（CL）

当她这样思考时，会想起前男友酗酒；而约翰不酗酒。她最好的两个女性朋友都遭受了家暴；而她没有。她认为父母的感情非常好，但父亲经常要出差。考虑到这些，她与约翰的关系虽然不是最理想的，但似乎也不坏。另一方面，约翰以前的对象都非常顺从，从来没抱怨过他与朋友在一起的时间太长，而且他的朋友们的对象似乎也不介意这一点，因此当他将当前的结果与比较水平进行对比时，他的满意度就变成了负的。

但是，即使满意度为负，也不足以让一个人离开一段关系。这时第二个因素就登场了。个人有多依赖这段关系来满足他或她的需求？这是"唯一的选择"吗？这取决于还有什么替代性选择，这些选择是否更好。如果有一个更好的替代性选择——蒂博和凯利（Thibaut & Kelley, 1959）称之为**选项比较水平**（comparison level for alternatives，CLalt），那么这个人对当前关系的依赖性并不强，很有可能会离开。

依赖度 = 结果 − 选项比较水平（CLalt）

即便约翰想要开始另一段关系（或单身），他要考虑的也不只是新的关系或状态可能带来的正向收益，还要考虑的是离开玛莎的成本——可能的经济损失；与玛莎分手可能会遇到的困难；面对朋友或亲戚时的尴尬或羞愧；如果有孩子，分手对孩子生活的影响。所有这些可能的成本都会被列入选项比较水平的考量。

依赖度等于当前结果与选项比较水平之差。因此，如果没有更好的替代性选择，即使关系不能令人满意，处在这种痛苦关系中的人可能还是会选择在一起。但是，如果约翰在壁球俱乐部遇到了贝蒂，并成为朋友，他逐渐发现贝蒂比玛莎更能满足自己的情感需求，于是决定与玛莎分手。此时，与贝蒂在一起的潜在正向收益超过了离开玛莎的成本。可见，只有当某人从关系中得到的结果大于他或她的选项比较水平时，关系才能继续（图10.4）。

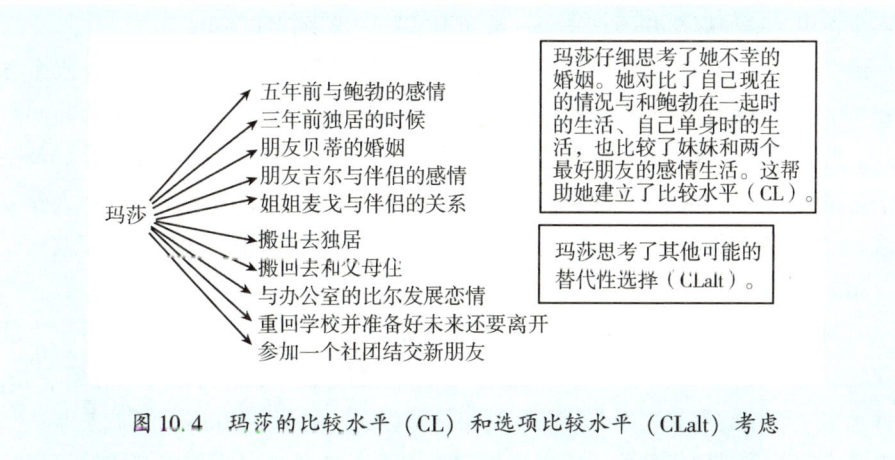

图10.4　玛莎的比较水平（CL）和选项比较水平（CLalt）考虑

当然，在社会交往中，一方总是试图去影响另一方对维持关系的收益和离开关系的成本的认知。较弱的那一方有时为了使离开关系的成本更高（愧疚或社会良知），会通过增加对较强一方的依赖度来巩固关系。例如，夫妻中并不幸福但又具有依赖性的一方可能会想办法丢掉工作，这样一来，如果伴侣此时"弃之不顾"，他或她的愧疚感就会更强，被社会排斥的风险也更大。另一方面，较强的一方为了阻止伴侣离开，可能会给予对方更多东西作为交换，例如承诺更多的金钱或关爱。

要点：用社会交换来理解冲突，可以帮助我们预测一段关系究竟是会继续还是会解体。

作为"博弈"的社会冲突

1944年，冯·诺依曼（Von Neumann）和摩根斯坦（Morgenstern）发表了经典的《博弈论与经济行为》，它提供了一个新的冲突模型，不仅影响了政治科学和经济理论，也影响了社会心理学。与社会交换理论一样，**博弈论**（game theory）将所有冲突都视为涉及物质商品、服务或情感等各种资源的交换。冲突的每一方都被认为是"理性的"，也就是说能够针对不同的结果调整自己的偏好（比如，重视爱情胜过友情；重视友谊胜过仇恨），并且能选择使个人损失最小化、个人收益最大化的行为。简言之，它假定在社会交换中，每个人都是想为自己谋取最大利益的理性经济人。20世纪60年代和70年代，很多社会心理学家使用博弈实验来研究受试者究竟在多大程度上是以这种符合经济理性的方式来行动的，并且考察了大量心理学变量在交往中的作用。但是，结果显示，不论是在实验室还是在现实生活中，这种理性并不总是——甚至不常——出现在冲突中。

最广义的"博弈"实际上是指任何一种这样的情形，即独立的双方或多方（或"玩家"）根据规则做出影响对方的决策。决策的结果取决于玩家的共同行动。有两类主要的博弈。在**零和博弈**（zero-sum games）中，一方的收益恰好就是另一方的损失，收益和损失之和总是为零，没有合作的可能性（比如，两人扑克游戏）。在**非零和博弈**（non-zero-sum games）中，有一些结果会让某些玩家共同受益。稍后会讨论此类博弈。

有时，很难评估收益和损失对玩家的价值，因为金钱或其他资源对每个人的重要性是不一样的，1美元对一个穷人的价值远远高于对一个富人的。有鉴于此，博弈论需要使用的是效用而非某些客观的价值标准。**效用**（utility）指的是某一结果对某个人的重要性或价值。博弈论假定人们可以根据效用给很多不同的可能结果进行排序。例如，一个新的智能手机很可能比一杯水效用更大——除非你身处沙漠。理性行为者的行动都是为了获得最大的可能效用。

但是，关于理性的这一基础性假设并不意味着人们的行为总是受纯粹的自私动机所驱动，因为，它涉及的是某一结果的效用，而非客观价值，有时他人的满意对我们也有效用。如果一个成年人和一个孩子玩纸牌，成年人最大的效用可能并不是自己获胜，而是让孩子获胜。那些以善良和慷慨为荣的人，可能会认为找到"公平"的资源分配方式，而非谋取不平等的个人利益，才是莫大的效用。

囚徒困境

有些冲突很难解决，因为个人层面的理性可能会导致集体的非理性或互相之间毁灭性的结果。这一问题的原型就是所谓的**囚徒困境博弈**（Prisoner's Dilemma Game，PDG）。过去它一直是关于冲突的实验室研究的主流，虽然现在使用并不那么频繁了，但仍然是一个重要的工具（例如，Balliet, Li & Joireman, 2011; Dijk et al., 2011）。这是一种特殊的非零和博弈，它的得名源于以下困境：

想象你是一个坏人，你和同伙实施了恶劣的抢劫行为，并且带着大量现金逃跑了，在这一过程中，被抢劫者受了重伤。在缺少确凿证据的情况下，根据情报，你和同伙都被捕了，并被控抢劫和严重袭击。你们被关在不同的牢房，互相无法交流。

警察非常确定，你们俩有罪，但缺少必要的证据来定罪。一位聪明的检察官决定进行一个小的控辩交易，并分别探望了你们。她告诉你们，不可能没有认罪就给你们定罪，但她承诺，如果**你**认罪，并指控你的搭档，她会减少对你的控告，将你定为从犯。根据你的证词，你的搭档会被定罪，并被监禁15年，而你因为只是从犯，只会监禁6个月。不过，她继续说，如果你们俩**都**认罪了，她就不能对你们俩都宽大处理了，但是会向法官请求减刑，最后你们每人会被监禁10年而不是15年。她还透露，如果你们俩都不认罪，她最多只能控告你们潜逃和拒捕，如此一来，你们每人都只需被监禁2年。然后，她让你考虑一下她的提议，不过，她也告诉你，会给你的搭档相同的提议。

你需要思考，究竟是继续对搭档保持忠诚，还是坦白。事实证明，你们俩都对博弈论有一定了解，因此，每人都在牢房的墙上画了一个"支付矩阵"（图10.5）。

如果你认罪了，你在接下来的15年内都不用担心会面对你的搭档！但这样太自私了，于是你又仔细想了想这个矩阵，并告诉自己，"无论我的搭档怎么做，为了我自己的判决，我最好认罪。首先，如果他认罪了呢？那么我最好的选择就是认罪，这样我得被监禁10年，但是，如果我不认罪，就得被监禁15年。另一方面，如果他不认罪呢？这时如果我认罪，只会被监禁6个月，但如果我不认罪，就要监禁2年"。但是过了一会儿，你又想，"等等，我怎么能这样出卖我的搭档

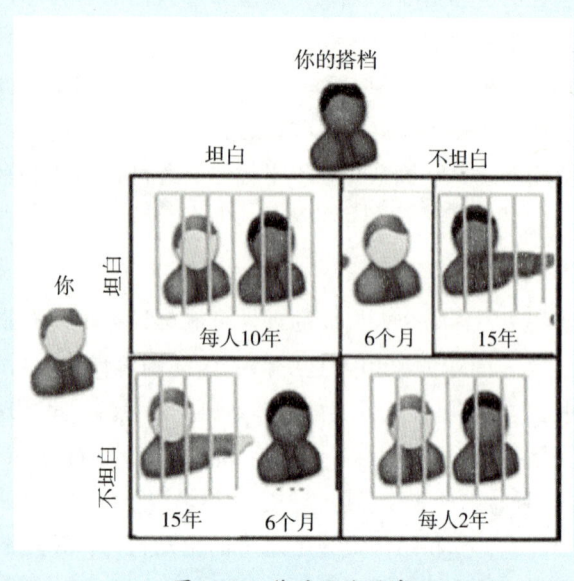

图 10.5 你的囚徒困境

呢？我的搭档又在想什么呢？即使我把个人利益放在一边，拒不认罪，我又怎么能确定我的搭档不会认罪呢？毕竟，如果搭档不认罪，他就必须得准备好要被监禁 2 年而不是 6 个月，而且他还必须相信我也不会认罪，否则 2 年就会变成 15 年"。

更困难的情况是，你和搭档并不是非常了解对方，因此不存在真正的信任基础，而且，你们俩都是粗暴的小偷。由于不能交流，且缺乏信任，你们每人都会选择理性上最好的结果——认罪。无论对方怎么做，通过这种方式，你们每人都能将自己的损失最小化。最后，检察官很高兴两人都认罪了，于是你们俩都被判处 10 年监禁。两个个人的理性选择产生了一个集体的非理性选择，因为如果你们俩都拒不认罪，两人都只需被监禁 2 年。

你可能会觉得这种互相供认的"规范性"（理论性）结果并不能令人完全满意。你肯定会问，两个人不会以这种非理性的方式集体行动，不是吗？这是一个很好的实证问题。某些研究使用了与这种困境相同的矩阵（结果是分数或金钱，而非监禁），而且玩家连续多次进行了相同的博弈，结果证明，真正的玩家一般很少合作（合作相当于在囚徒困境里都不认罪）。互相合作的比率总是非常低（大概 30% 至 40%）。

但是，在与囚徒困境相似的现实生活环境下，信任、猜疑、两人之间的情感关系等因素也十分重要。再想象一下囚徒困境，但这次假设嫌疑人是一对恋人，即亨利和玛丽。相比于两个普通罪犯，这两个人将更难接受，任何一人 6 个月之后就重归自由而另一个人要遭受 15 年的牢狱之苦。二人所获结果的效用不仅涉及自己的自由，也涉及爱人的自由，以及他们在一起的能力。而且，双方都"知道"（信任）对方也是这么想的。对这些玩家来说，只有两种结果值得考虑，要么都认罪，要么都不认罪。由于每一方都强烈地相信另一方也会做出同样的选择，因此，没有人认罪，最后他们 2 年之后就出狱了。无论在什么样的冲突环境下，信任都能促进合作，因为它减少了对被利用的恐惧，增加了公平的重要性（De Cremer, 1999）。

现在，假设检察官劝说亨利和玛丽，对方喜欢上了第三者。在这种情况下，他们可能会修改自己对对方的效用结构的判断，并修改自己的效用结构。判断对方的效用排序显然非常重要，因为如果一方判断错误，例如，如果玛丽相信亨利有另外一个女朋友，或者认为亨利将自己的自由置于她的自由或与她在一起之上，那么她的行为选择就会反映这种错误判断。在现实生活的各种谈判环境中，人们总是试图隐藏自己的真实效用偏好，故意误导对方，而且还想要改变对方的效用（比如，"我真的很喜欢这辆车，除非价钱非常好，不然我不会卖"或者"这套西装穿在你身上真的非常精神"）。

囚徒困境中一个典型的约束条件就是，不能沟通。虽然沟通渠道本身并不总是会导致更多的合作，但在囚徒困境这样简单的情境下，不管对方相信与否，能够沟通至少给了双方一个机会去告诉对方自己的想法。毕竟，囚徒困境中的不合作反应可能只是在这种假设下——对方只会出于个人利益来行动——做出的防御性动作，而非进攻性动作。事实上，如果允许囚徒困境中的玩家进行沟通，合作水平会发生积极变化。例如，在一个重复性的囚徒困境中（Miettinen & Suetens, 2008），当两名玩家可以沟通，而且事先同意合作时，最后的合作水平是最高的。但是，在现实生活中，囚徒困境中的沟通有时只是为了操纵对方，而不是为获得互利结果而协调行动。

很多日常情境都与囚徒困境的结构相似。想想专业运动员使用兴奋剂的例子（Schneier, 2012）。假设你是一名正在为重大赛事做训练的专业自行车手，你在思考要不要服用能提高表现的药物，虽然这样有可能被抓住并禁赛（或者将来丢掉所有的奖牌——想想阿姆斯特朗，因为被发现服用兴奋剂，2012 年被收回了 7 项环法自行车赛的头衔）。假设你认为被抓住的风险很低，而获胜的收益非常大。为了让分析简单一点，假设你只有一个对手。你们实力相当，因此很难判断谁会赢得这场关键比赛。"支付矩阵"见图 10.6；对角线下方的条目代表的是你的每一种选择组合的结果，对角线上方的是对手的。

当然，如果双方都不服用兴奋剂，就没有人会拥有优势，也不会有被抓住的风险（右下方的格子）。如果你服用了，而对手没有服用，那么你会处于优势地

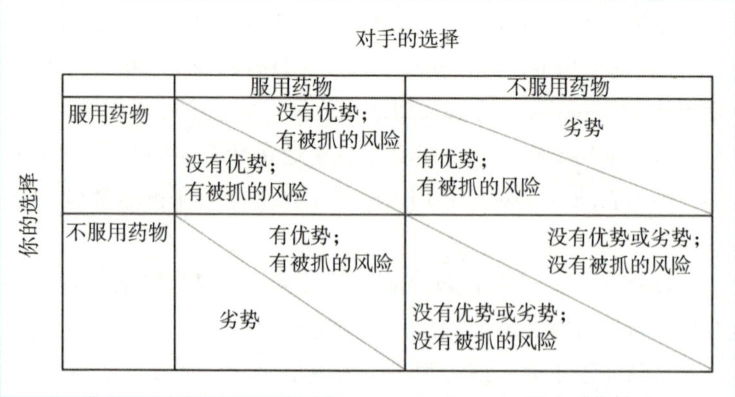

	对手的选择	
你的选择	服用药物	不服用药物
服用药物	没有优势；有被抓的风险 / 没有优势；有被抓的风险	劣势 / 有优势；有被抓的风险
不服用药物	有优势；有被抓的风险 / 劣势	没有优势或劣势；没有被抓的风险 / 没有优势或劣势；没有被抓的风险

图 10.6 服用兴奋剂的囚徒困境博弈

位，很有可能赢得比赛（右上方格子的下半部分），但也会承担被抓住的风险。但是，你怀疑对手可能会服用，这时如果你不服用的话就会处于劣势，很可能会输掉比赛（左下方格子的下半部分）。如果你们俩都服用（左上方格子），兴奋剂带来的优势会互相抵消，而且你们都会承担被抓住的风险——显然没有人想要这种结果。该怎么办呢？正如困境中的囚徒一样，你的推理是，如果对手服用了药物，你最好也服用，否则你就会处于绝对劣势。而且，如果对手不服用药物，你最好还是服用，因为这样你就有了优势。因此（还是假设被抓住的可能性极低），不论对手做什么，你的最佳策略都是服用兴奋剂。而你的对手也经历了相同的推理过程，并得出了相同的结论，于是你们最后得到了最坏的结果，两人都没有优势，而且还承担了被发现的风险。这一结果显然比都不服用兴奋剂（右下方的格子）更差。个人的理性决策再一次导致了集体的非理性结果。

要点：囚徒困境这样的博弈实验让研究者可以对冲突情境的基本面进行研究，特别是个人理性选择导致集体非理性的情况。

危险博弈

回想一下本章开头的插图：苏联船只挑战封锁线；美国威胁要让船只沉没；我们的星球处在核战危机的边缘。如果双方都不让步，结果就是共同的灾难。当苏联船只最终撤退，美国国务卿迪恩·拉斯克（Dean Rusk）评论道，"我们怒目相对，我想是对方先眨眼了"。

往前推至 2012 年：虽然遭到世界各国警告，特别是美国和以色列，但据报道伊朗正在建造核武器。以色列担心,伊朗作为一个公开反对其存在的敌对国,如果拥有了这些武器会做出不利的事情,于是,以色列暗中威胁,要在这些武器得到充分发展之前采取先发制人的措施来终止这一计划。伊朗发誓要继续核武器计划,并威胁一旦遭到袭击,就会在中东国家的支持下进行大规模的报复。但是,一次袭击就会对伊朗的核工业造成严重破坏。如果双方都不退让,战争不可避免。如果伊朗单方面让步,领导人会颜面尽失,未来再进行威胁也会丧失可信度,而且可能会激怒国内民众。如果以色列单方面让步,就会面临潜在的核袭击。最好的结果是双方都让步,以色列撤回要发动攻击的威胁,伊朗提供令人信服的保证,显示它没有建造核武器。你可以轻松地自己画一个体现这一冲突的支付矩阵。

在博弈论里,此类冲突是典型的**危险博弈**(dangerous games),之所以说它危险,是因为如果双方都不退让,很可能都会遭受灾难性损失。现实生活中有一个例子,即20世纪五六十年代的**斗鸡博弈**(the game of Chicken):两个青少年驾驶着自己的汽车高速向对方开去,谁转弯了,谁就丢了面子,也就是变成了"鸡"。在等价的实验室环境下,可以用支付矩阵来表示这种情况(图10.7;A玩家的结果在对角线之下,B玩家的在对角线之上)。如果两位玩家都退让(转弯),两位在旁观者眼里都丢了一点颜面(在矩阵中是负10分)。如果两位都不退让,每人都会遭受灾难性损失,用负1000分来代表剧烈的撞车。但是,如果只有一人"临阵退缩",此人会颜面尽失(负100分),而另一个"保持前进方向"的人会赢得旁观者的赞赏(正100分)。

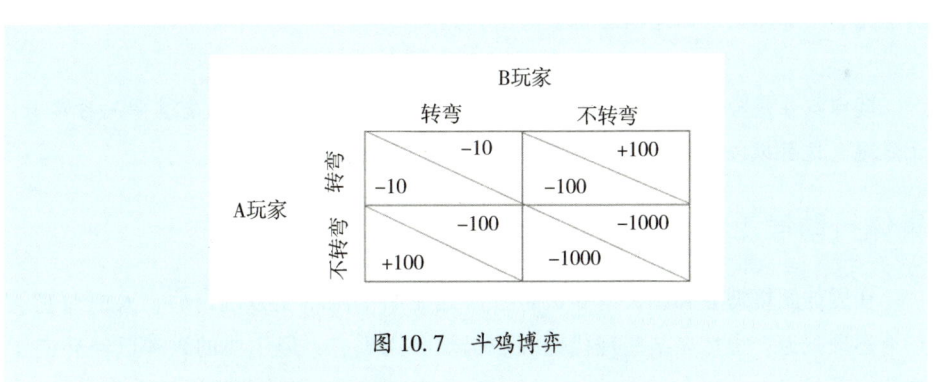

图10.7 斗鸡博弈

危险博弈是不可协商的。除非双方同时退让,否则只可能有一个赢家;另一方必然会输,当然,有可能双方都输得很惨。例如,在与汽车有关的斗鸡博弈中,合作是不可能的,而且其中一方的任何一点调和举动——稍稍偏离笔直方向——都会鼓励另一方继续向前。不过,在某些情况下,与当前博弈无关的、关于未来行动的协议可能会有助于化解眼前的危险博弈。例如,在古巴导弹危机中,苏联人"输了";他们让步了,按照美国的要求撤回了船只。但是,他们也能挽救一些颜面,不是在"危险博弈"本身的语境下,而是因为美国人做出了关于未来的承诺——不再试图入侵古巴,撤回东欧的导弹。

有时在这种情况下,一方虽然实际上并没有准备好接受一损俱损的结果,却表现得已经准备好这样做了(在效用结构上欺骗对方),以此迫使对手退让。例如,虽然不太可能发生,假设其中一位青少年作势要将方向盘扔出窗外。此时,只有另一位车手才能避免灾难,而且为此他必须退让。20世纪60年代的冷战时期也发生过此类行为:为了将美国置于劣势,苏联领导人声称,他们已经准备好接受全面核战会损失60%公民的这种结果了,这就相当于把方向盘扔出窗外。如果政府首脑能表现得足够冷酷或疯狂,以至于对这种损失漠不关心,他们就能在对峙中"抢占先机",迫使对方退让,以避免一场看似必然的共同灾难。

关于博弈的决策研究受到了军事战略家的重视。越南战争是史上"博弈性"最强的战争,上述讨论的博弈类型在军事策略的制定中都得到了应用。还有一些博弈理论家将2003年入侵伊拉克解释为美国的"斗鸡"策略(Roddy, 2003)。

你可能会好奇,博弈研究在解释日常生活中的人际冲突时有什么局限。研究表明,当决策的结果不仅取决于某人自己的行为选择,也取决于对方时,我们往往会用一种心理支付矩阵将这种情况概念化,而这些不同的矩阵对应着与斗鸡或囚徒困境等博弈实验相联的支付矩阵(Halevy, Chou & Murnighan, 2012)。我们不需要正式地建构一个支付矩阵来表示我们的选择,但只要我们以这种方式将冲突概念化了,那么这一概念模型就会决定我们的行为。

要点:在危险博弈中,双方可能会面临互相损毁的结果,只有其中一方退让,才能避免这种风险。如果发生在现实生活中,后果可能不堪设想。

集体行动悖论

在囚徒困境博弈和相关博弈被各种研究使用了成千上万次以后,人们对它的热情逐渐减退,虽然在某些现代研究中仍然会用到它,但主要的兴趣已经转向了**集体行动悖论**(collective dilemmas)(Dawes, 1980),有时也称为社会行动悖论。集体行动悖论更接近很多现实生活中的冲突情境,而且涉及很多受试者,是囚徒困境的一种扩展形式。当相互作用的各方出于**个人理性**的行动最终导致了一个**集体**不愿看到的结果时,集体行动悖论就发生了。换言之,人们必须在遵从个人利益行动(最大化自己的结果)和合作行动(最大化集体的结果)之间做出选择。与囚徒困境相似,这种行动悖论的产生也是因为,每个人的行动都是自私的,假如他们合作了，**每个人**的收益都会更多。例如，假设燃油发动机所造成的污染使空气质量严重下降，而公众得知还有其他使用无污染能源的发动机可供选择，例如电能或氢能。但是，换一种新的能源需要一些成本。"理性的"人应该怎么做呢？你会怎么做？至少短期内，"理性的"选择，即能将个人利益最大化的选择是什么都不做。但是，当我们所呼吸的空气越来越糟糕，这种选择又怎么会是理性的呢？道理很简单，如果大部分人都选择了更清洁的发动机，那么即使你什么都不做，空气质量也会得到改善，因此这时你花费一些成本去换成清洁能源，并不能产生明显的额外收益。另一方面，如果只有少数人换成了清洁能源，你的投入就会是浪费时间，因为即使你投入了，空气质量也不会改善（图10.8）。这种悖论之所以产生，是因为作为个人，无论你做什么，效果都是极小的，而整件事情的结果取决于大多数他人的行动。

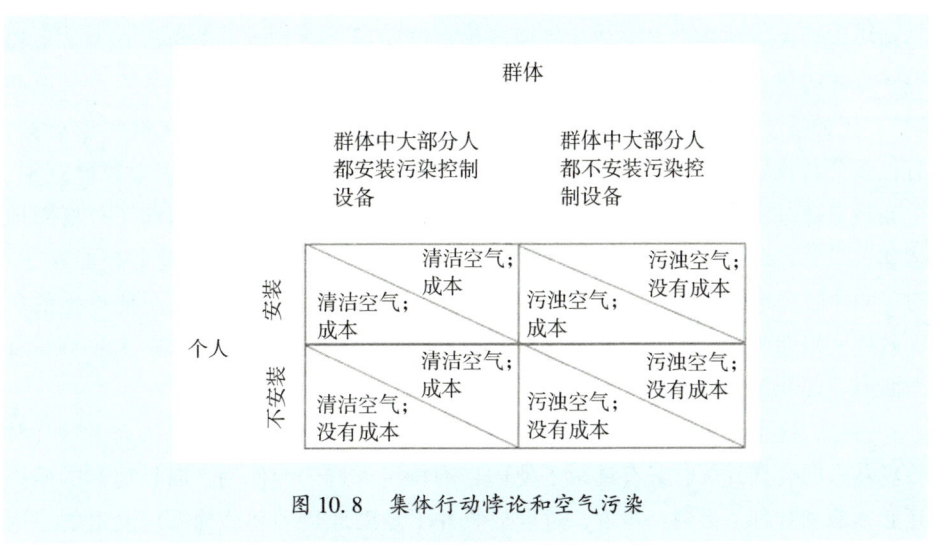

图 10.8 集体行动悖论和空气污染

因此，如果事情关乎很多人的行动，那么，任何特定个人的贡献对结果所起的作用通常微乎其微，而且无论此人有没有贡献，他或她所得到的收益实际上都是相同的。于是，个人的自我利益对集体利益产生了不利影响，而且，个人利益最终也会受到损害。早在约2500年前，希腊历史学家修昔底德就描述过这种情况，他写道：

人们"……花极少的时间考虑公共目标，花大部分时间实现个人目标。同时，每个人都幻想这种忽视不会造成任何伤害，而且其他人有义务为他照看一切；于是，当所有人都各自分享这样一种相同的观念时，公共事业在不知不觉中就衰竭了"（修昔底德，《伯罗奔尼撒战争史》第一卷，转引自Lipp，2001，第92页）。

人口增长往往也会面临同样的困境。在一个人口过剩的国家，虽然政府鼓励控制生育，但贫穷的农民怎么会愿意只生一两个小孩呢？假设他们需要依靠孩子来养老——没有养老金，那么孩子越多，未来的生活可能就越有保障，虽然从长远来看，这不利于整个社会的发展。

现实中，有些人将集体行动悖论看作剥削他人的一次机会，例如，让其他人为清洁空气买单，而另一些人认为这正是应该互相合作的时候（例如，Brann & Foddy, 1987）。有时候，人们可能会犹豫要不要合作，不是因为他们不想为群体目标做贡献，而是因为他们怀疑或误解了其他人的动机（Alcock & Mansell, 1977）。

集体行动悖论有两种基本形式：**资源两难**（resource dilemma）和**公共物品供给困境**（provision of public goods dilemma）。

资源两难

资源两难的问题，关乎一种群体成员可以任意使用的已经存在的物品。个人必须决定每人应该拿走多少公共资源以供自己使用，过度使用会给所有人带来损失。资源两难在文献中经常被称为**公地问题**（common problem），参考"公地悲剧"。正如哈丁（Hardin, 1968）所说，事情原委是这样的：在19世纪的英国，有很多公共牧场被划分出来供大家使用。但是，由于个体的农民扩大牧群规模，公地最后被过度放牧，以致很多牧群都缺少食物。这种过度放牧引起了一场圈地运动，最后公地都被围栏圈了起来，很多人因此失去了牧场。问题的核心在于，对于每个牧民来说，扩大牧群能产生的正面效用远远大于过度放牧可能产生的负面效用。短期获利比可能的长期损失更具诱惑性。因此，每个人都扩大牧群，直至所有牧民利益受损。

不过，这个英国公地故事与真实的历史并不完全相符。实际上，大多数公共牧场从未向公众开放，只有继承了使用权的特定人群才能使用，而且他们的使用还必须服从管理。更进一步说，过度放牧并不是圈地运动和公地系统衰退的原因（Cox, 1975）。但是，不管怎样，这个故事抓住了很多现代资源两难问题的本质。例如，由于世界各地的渔船扩大在纽芬兰格兰德班克（the Grand Banks of Newfoundland）的鳕鱼捕捞量，过度捕捞威胁了鳕鱼捕捞业的持续生存，因而，必须全面禁止鳕鱼捕捞。这种集体行动悖论是逐渐发展的，早在渔业还未出现明显危机时就开始了。要注意的是，资源两难一般都有一个重要的时间因素；它本质上是一个后果延迟的困境。集体的负面结果只会在后期出现，而追求个人利益的收益和合作行动的成本是即时的。由于显而易见的原因，与这种时间滞后有关的集体行动悖论有时被称为社会陷阱（Platt, 1973）。

公共物品供给困境

资源两难涉及的是个人汲取公共资源，而公共物品供给困境涉及的是个人对集体或公共物品的贡献，而这些公共物品会造福所有人——无论是贡献者还是非贡献者（例如，献血、支持公共电视或安装市政污染监控系统）。只要大多数人依照公众利益行动，那么没有贡献的个人与做出贡献的人从大多数人的努力中获得的利益将会是一样的。既然为了获益，个人没必要做出贡献，那么经济上"理性的"选择就是不做贡献。但是，如果人人如此，就不会有公共物品了。例如，如果每个人都诚实购票，就没有必要在市郊往返列车上收票。但是，这样一种系统很可能会崩溃，因为搭便车者会利用这种情况。因此，公共物品供给困境有时被称为**搭便车者**（free rider）问题。

从个人所面临的决定来看，这种困境与资源两难是一样的。他或她必须决定是根据个人的自我利益来行动，还是根据集体利益来行动。前者的风险在于，如果大多数其他人也这样做，那么将会造成负面结果；后者需要个人付出一定成本，而且除非大多数其他人都这样做，否则不会给自己带来任何正面结果。必须强调的是：这两种困境的问题之所以产生，是因为每个人的行为对群体结果只有相对很小的影响，而总群体的行为对每一个人的结果影响巨大。

加强集体行动悖论中的合作

人们应该如何应对集体行动悖论呢？在哲学家伊曼努尔·康德（Immanuel Kant）看来，人们应该遵循这一律令："要只按照你同时认为也能成为普遍法则的准则去行动"（Joad, 1957, p. 393）。因此，只有当你愿意让其他人也这样做时，你才应该继续在花园里使用杀虫剂；只有当你愿意允许其他人也这样做时，你才会把口香糖纸扔在人行道上；只有你愿意接受其他人也这样做时，你才会继续驾驶油耗巨大的运动型多功能汽车（SUV）。如果我们都按照康德的律令行动，那么我们的行动就是符合公共利益的，因为公共利益与个人利益将是一致的，集体行动悖论自然会消失。但是，总体上，人们是不会按照康德的格言行事的，因为这违背了个人的短期利益。那么，该如何鼓励合作呢？

当然，正向激励能促进合作。想想节约用水的例子。如果政府奖励那些减少用水的人，那么很多人都会乐于这样做。另一方面，强制也是有效的。有时，通过社会压力进行强制，例如，当某人公然乱扔垃圾时，立即表示反对就足以阻止他这种无视公共利益、只考虑自我利益的行为（Samuelson, Messick, Rutte & Wilke, 1984; Allison & Messick, 1985）。哈丁（Hardin, 1968）认为，相互强制、相互商定是走出公地困境的唯一方式。在很多情况下，这种做法已经十分普遍了：我们都同意通过我们所选出来的代表来纳税，并惩罚那些不纳税的人。而且很多城市已经禁止在维护园林时使用杀虫剂了。另外一些水资源短缺的城市会对用水过度者征收罚款。实际上，大量经验证据表明，让搭便车者付出成本——舆论谴责、罚款甚至监禁——可以成功地维持合作（Kiyonari & Barclay, 2008）。

如果正向激励和强制都能产生令人满意的集体结果，那么是否其中一种方式比另一种更有效呢？对集体行动悖论研究的元分析（Balliet, Mulder & Van Lange, 2011）发现，强制和正向激励都能促进合作，且效力相同。因此，为了鼓励人们在高峰时段拼车，我们既可以颁布一条法律禁止高峰时段在主路上单独用车，并对不遵守的人征收罚款，也可以建立一套激励系统，比如一条多乘客车道，只奖励那些合作的人，为他们提供更高速的行驶体验。通常，激励和强制会被结合使用。

此外，某一单独的个人如果以合作方式行动，往往也会促使其他人也这样做。回想一下第六章关于服从行为的讨论：即使只有一个人不服从，也足以导致其他受试者根据自己的个人判断去行动。想象这一发现在群体和组织语境下的含义。群体需要成员合作以实现共同的目标，但对至少某些人来说，搭便车简直轻而易举。怎么办呢？韦伯和穆尼根（Weber & Murnighan, 2008）提出了一种解决方案。通过研究，他们发现，在社会行动悖论的情境下，如果一个人始终如一地为群体事业做贡献，这会促使其他人也做出更多贡献、进行更多合作，而这通常也会使那个始终如一的贡献者获益。这种影响之所以会产生，是因为此人始终如一的贡献改变了群体其他成员对群体规范和合作重要性的看法。

但是，始终如一的贡献者也不是什么风险都没有，因为结果显示，虽然他或她可能加强群体的合作，但也可能被群体拒绝。一项研究（Parks & Stone, 2010）发现，不仅是那些自私的对公共利益毫无贡献的群体成员会被驱逐，那些无私的为公共利益做出巨大贡献的成员也面临同样的遭遇。为什么会这样呢？那些赞成驱逐的人，或者认为无私奉献的人在群体中建立了一个令人厌恶的过高行为标准，或者认为他或她破坏了群体规范。

近年来，关于冲突的社会心理学研究已经将关注点从排除沟通的实验博弈转向了涉及实际谈判协商的博弈（Pruitt, 2012），这包括对面对面谈判和以计算机为媒介的谈判进行比较（Thompson, Wang & Gunia, 2010）。无论如何，以上讨论的各种博弈以最简单的形式教会了我们有关冲突的重要知识，这可以帮助我们理解现实世界中冲突的本质。

要点：社会生活中的很多问题都表现为集体行动悖论。相对于其他人的集体贡献，个人的贡献是很小的，而且个人无论贡献与否，都能分享集体结果，因此，如果大多数人或所有人都做出了个人的"理性的"自利选择，就会产生一个人们非常不愿看到的集体结果。

影响冲突走向的因素

当然,现实生活比任何矩阵博弈都要复杂。冲突中的对抗者究竟会和平解决问题还是依靠强力,主要取决于三类变量:(1)秉性变量,指对抗者的性格特征、文化结构以及过去的交往历史;(2)结构变量,与冲突情境的本质直接相关(比如,这种情境是完全可以合作的,还是根本不可能合作;能否做出承诺或威胁;是否有沟通可能;对抗者的权力是否对等);(3)策略变量(比如,一位或多位对抗者是否表现出了调和姿态)。

秉性变量

对秉性变量的研究既关注对抗者之间过去交往的历史,也关注对抗者的性格特征,还有冲突是发生在为自我利益而行动的个人之间,还是代表群体的领导者之间。在后面的章节中,我们会讨论性格特征与领导力之间的关系,不过显而易见的是,如果你不得不和希特勒而非甘地谈判,或者不得不和丘吉尔而非斯大林谈判,谈判的走向很可能完全不同。不同的人应对冲突的方式会受到性格变量、文化背景、年龄、性别和互相之间的看法等的影响。

性格

当你停下来思考片刻,可能就会发现,在人际交往中,有些人似乎比较愿意合作并为他人考虑,而另一些人似乎主要受个人利益驱动。在实验博弈中也有相同发现:虽然在面对竞争性较强的人时也会表现出竞争性,但有些人就是比另外一些人更倾向于合作(Alcock & Mansell, 1977; Kelley & Stahelski, 1970)。不仅如此,他们还更可能带动其他一些人进行合作。由于有了这些经验,他们了解到有些人是可以合作的,有些人不是,于是他们会根据对方的行为来调整自己的行动。

另一方面,不论对手怎么做,竞争取向的人通常会一如既往的好胜。这种取向可能会激发出与之交往的另一方的竞争性,因此,这种人很可能认为自己的好胜是合理且正常的,因为其他人也一样的好胜。研究也证明了这一点并且发现,合作者认为合作是明智的、对社会有益的行为方式,而好胜的人认为他人的合作是软弱的表现,自己的好胜是强大的表现(Komorita & Parks, 1995)。

这些合作与竞争的取向被表述为不同类型的**社会价值取向**(social value orientation)(Emonds et al., 2011)。合作倾向被称为"亲社会的",而竞争倾向被称为"亲自我的"。从标签就可以看出,亲自我的个人一般更加以自我中心,在社会交换中更精于算计，总是会选择最符合自我利益的策略。另一方面，亲社会的人往往会寻求一个互利共赢的结果。相比于亲自我的人，他们会表现出更多的社会责任感，也更有可能回报对方的行为（De Cremer & Van Langge, 2011）。在实验性冲突情境下进行交往时，不同社会价值取向的人，其大脑中的神经激活表现是不一样的，可见，这两种不同的取向是根本性的（Emonds et al., 2011）。神经科学研究已经对与社会冲突情境中的重要因素——比如信任、对社会规范的服从、延迟满足的能力、情绪调节——有关的神经机制进行了探究。由于其中显然涉及社会判断，因此，发现前额皮质在此类情境中的重大作用就不足为怪了（Rilling & Sanfey, 2011）。

信任

从之前的囚徒困境已经可以清楚地看出，信任在社会冲突情境下起着关键作用。如果你打算投资安装污染监测设备，那么只有其他多数人也这样做时，你的投资才能对环境改善产生重要作用。即使你想做好事，但如果你无法信任其他人，你可能仍不会投资。

信任不仅取决于某人相信或不相信他人的一贯倾向，也取决于某人之前与此人打交道的历史。由于性格使然，某些人总是愿意相信他人，除非事实证明这些人不可信，而另一些人总是更谨慎，除非有足够证据表明对方值得信赖，否则他们不会轻易相信。当然，要建立信任很难，但要摧毁信任却很容易。如果多年的好友偷了你的钱包，你可能很难再信任他或她了。

信任影响冲突行为的程度似乎与社会价值取向有关。一项研究（Boone, Declerck & Kiyonari, 2010）发现，对群体中其他人的信任度会显著地影响具有亲社会价值取向的人，而激励对他们的影响显然更小。另一方面，激励会强烈影响具有亲自我价值取向的人，而信任的影响并不是很大。这也是有道理的。激励符合亲自我者的个人利益，而且既然不想为一个共同目标与人合作，那么也没什么必要信任他人。相反，亲社会者关心集体目标，因此他们不会太重视与个人提升有关的激励。

文化因素

文化对个人如何应对冲突起着重要作用，这一点我们不该感到奇怪。文化确实存在重要的差异，特别是就西方文化和非西方文化而言（Pruitt, 2012）。正如这本教材之前所述，西方国家的人更加个人主义，更关注自我利益的最大化，而非西方社会的人更加集体主义，更关注群体而非个人的福利。

与此相一致的是，中国人解决冲突的方式就与西方人明显不同。由于长期受儒家思想影响，人们认为和谐是支配一切的指导性原则，并从这一点出发来看待差异与分歧（Leung et al., 2011）。面对冲突时要维持和谐，这一目标反映出中国人十分重视保持并提升人际关系的质量（Leung, 1997）。

印度也不一样。种姓制度造成长期以来地位与权力的严格差异，因此，毫不奇怪的是，直至最近，在冲突管理中基于地位与权力的考量还是占据着重要地位。甚至在博弈实验中也能看到这一点。例如，多年前的一项实验（Alcock, 1975）组织来自加拿大和印度的大学生分别成对参加讨价还价的博弈。在第一种条件下，他们拥有相同的潜在收益；在第二种条件下，每一个玩家表面上都占据优势（比如，每一个看上去都是"优胜者"）；在第三种条件下，每个玩家表面上都处于劣势（"劣势者"）。如果是加拿大学生，当博弈双方都认为自己是优胜者时，他们更乐于合作，似乎更愿意分享可能的收益。另一方面，当双方好像都是劣势者时，他们更加坚持自己的立场，而且在谈判过程中竞争性更强。印度学生则相反：当博弈双方似乎都有优势时，他们的竞争性都会变强，但当双方都处于劣势时，他们更愿意妥协与合作。这种强烈的跨文化差异反映了两国之间社会结构的巨大不同。一般而言，西方国家鼓励人们发挥出最大潜能，当处于劣势时也不能投降，而在当时受严格的等级制度所统治的印度，那些天生在社会结构中占据优势地位的人学会了要去统治那些处于劣势的人，而那些天生处于劣势的人学会了要毫无怨言地向社会等级更高的人屈服。

这只是两个例子，表明文化可以对冲突的解释和管理方式产生重大影响。

年龄和性别

随着孩子从青少年到成年，竞争性似乎逐渐增强（McClintock & Nuttin, 1969; Levwnthal & Lane, 1970）。至于性别，似乎西方社会的男性过去通常比女性更具竞争性，很多公开发表的研究都证明了这种差异。另一方面，人们认为女性的合作性是其性别角色的反映，比如对他人的需求很敏感。但是，过去40年西方社会的性别角色发生了巨大变化，现在人们允许并鼓励女孩像男孩一样勇于竞争并以目标为导向，于是，以上所说的性别差异已经不再明显。事实上，最近一项针对社会行动悖论中合作的性别差异所做的元分析发现，男性和女性在总体的合作上并没有差异。（不过，研究确实发现，在混合性别交往中，女性比男性更具合作性。）

过往关系与看法

冲突双方先前关系如何也有很大的影响。两个快要淹死的人为了自救，想爬到一块浮板上，但这块浮板太小，还不够一个人的空间。此时，如果这是两个陌生人，那么他们合作的可能性会远远小于两个家人或情人。而且人们是不会忘记过去与对方交往的情况的。正如老话所说，"愚我一次，你之耻辱；愚我两次，我之耻辱"。我们可以从他人的行为中判断能否相信他们会以无私的方式行动，或者他们是否完全只考虑个人利益，甚至会欺骗或是耍手段。此外，互惠也是一个作用因素。如果某人曾经帮助过你，你更有可能回报或反过来帮助此人。因此，不论是个人、群体还是国家之间，过去交往的历史以及互相之间的看法都会显著地影响他们在当前冲突中的行为。

要点：与个人有关的很多因素都会影响冲突的走向，比如性格、年龄、性别、文化、过往关系等。

结构性因素

虽然这些秉性因素十分重要，但博弈研究中的证据表明，与环境变量的作用相比，它们也只能屈居下风。也就是说，有些人即使自认为乐于合作，并且的确有合作性交往的历史，但在特定的环境下也会表现出竞争性。有些环境更容易激发竞争，这很容易理解：再想想两人想要爬上一块浮板的例子。假设这是两个陌生人，但如果浮板大到足以容纳他们两人，而不是勉强只够一个人，他们应该更愿意互相帮助。而且，相比于发现老公出轨，当妻子发现他吃光了一整盒巧克力时——这是她送给他的生日礼物——所发生的冲突显然更容易解决。在这些例子中，环境因素比秉性变量更能决定个人在应对冲突时会选择合作还是竞争。

当冲突发生时，有若干特殊的环境因素起着关键作用，其中包括沟通、承诺和威胁的使用以及力量。

沟通

虽然博弈实验的受试者一般都不允许进行沟通，但在现实生活的冲突中，对抗者之间完全没有沟通的情况非常罕见，即使有时一方可能并不想听。沟通肯定能帮助人们应对冲突；对社会行动悖论研究的元分析发现，沟通整体上能促进合作（Balliet, 2010）。但事实也并不总是如此：即使进行了沟通，也不能保证人们就能互相理解或信任了，而且如果因此产生了误解或不信任，那么沟通不仅无甚助益，反而会点燃对抗的火焰，使冲突更为严重。沟通的类型也很重要；充满敬意的沟通能释放出对方很有价值和能力的信号，有助于合作的产生，而贬低对方的沟通显然没有这种作用（Anderson, Saribay & Thorpe, 2008）。通过沟通，双方可以澄清各自对对方意图的认识，并提供做出承诺的机会，这也有助于合作（Orbell, Van-de-Kragt & Dawes, 1989）。只要遵守了承诺，合作就能得到巩固。

跨文化沟通有它独特的考量。例如，一项研究（Brew et al., 2011）对比了在澳大利亚上学的中国大学生和有欧洲背景的澳大利亚大学生,想看看他们在评价若干冲突情节时有什么不同。这些情节涉及不同的沟通风格,包括"建设性争议"、"建设性外交"、"和缓"(寻求和谐)和"破坏性对峙"。结论是,中国受试者更关心沟通是否**合宜**,也就是说,争论者的沟通风格是否符合此类冲突应该遵守的社会规范;而澳大利亚受试者更关注**效率**,即哪种沟通方式能最有效地找到问题的解决方案。这与我们之前的讨论是一致的,即在中国这样一个总体上的集体主义社会,人们往往更关心和谐,即维持和建立关系;而个人主义社会的人更有可能通过明确表达和公开"讨论"来快速得到结果。因此,正如布鲁(Brew)等人(2011)所说,当与来自集体主义社会的人陷入冲突时,个人主义者会很沮丧,因为他们认为"和缓"的沟通方式是无效的,而集体主义者面对个人主义者时,也常常会被惹怒,因为在他们看来直接亮出观点或意见并不是合乎时宜的策略,这可能会破坏关系的平衡。

承诺与威胁

有时,为了解决冲突,人们会做出承诺。想象一下,如果父亲想让孩子打扫房间,但孩子想玩。为了影响这一简单利益冲突的结果,父亲可能会做出**承诺**(promise)——"如果你把自己的房间打扫干净,我们就去公园玩"或者更一般的"如果你做A,我就会给你B(某个人们想要的结果)"。

威胁(threat)就像承诺一样,只不过结果B是人们不想要的。例如,"如果你做A(不打扫房间),我就会让B发生(你今晚就不能看最喜欢的电视节目)"。研究表明,至少在实验室里,威胁总是能成功地让人在谈判中妥协(Sinaceur et al.,2011)。但是,长远看来,威胁可能会产生消极后果。我们在本章后面会讨论这一点。不管怎样,承诺或威胁要想成功,首先必须要是可信的。可信度取决于三个因素:

(a)过去的信用。如果那位父亲过去一贯都会履行承诺和威胁,孩子很可能会相信,如果她做了A,B一定会发生。另一方面,如果过去做出承诺或威胁的人并没有付诸实施,可信度会很低,这种承诺或威胁会丧失效力。如果没有历史来证明可信度呢?一种建立可信度的方式是说服对方,你除了遵守承诺或威胁,别无选择。例如,你承诺某人,如果完成某个特定的行为,你就会给予金钱奖励,为了让这个承诺看上去非常可信,你可以把钱交给中立的第三方,一旦想要的行为发生,第三方就会把钱支付给对方。或者,假设工会主席威胁要罢工,为了使威胁更可信,他可以说服管理层,如果不罢工,工会就会投票换掉他这个主席。

(b)合理性。威胁或承诺必须是合理的。父亲如果承诺孩子,只要他打扫了房间,就再也不用去上学了,这就是不可信的。而威胁也不能给任何一方带来过大的损失，否则会丧失可信度。慈爱的父母如果威胁孩子，表现不好就送你去孤儿院，这就是不可信的；因为这种威胁若是真的付诸行动，父母和孩子都会遭受过大的损失。

（c）条件性。必须有理由相信承诺或威胁的 B 确实是以 A 为条件的。如果父母承诺，孩子获得了高分就带她出国旅行，但是，孩子却无意中听到父母说，无论如何全家人也要出国旅行，那么，这个承诺就丧失了可能的效用。另一方面，威胁的行动也必须对威胁者有一定的消极后果，这样才能向被威胁者保证，如果服从了，威胁的行为就不会发生。例如，如果父亲警告藏在床底下的孩子，如果不马上出来，就会挨打，但是如果孩子认为，无论出不出来都会挨打，威胁就没用了。孩子需要相信，父亲并不喜欢打人，而且只要孩子听了父亲的话，父亲就不会打他。承诺要想奏效就必须保证诺言能够实现，而威胁要想有用必须保证威胁的行为可以不发生。打一个无视威胁的不听话的孩子，会增加未来威胁的可信度，但也意味着当前的威胁实际上失败了。

但是，与承诺不同（除非没有实现），威胁本质上就对冲突的解决过程有消极影响，本来可以是建设性的过程，往往会被它变成破坏性的过程。虽然威胁通常是有效的，但它会破坏双方的关系，以致未来再发生冲突，会更难解决。不幸的是，威胁的高效使得其使用频率很高，人们忍不住将威胁用作一种捷径，让冲突快速终止。但是，一旦发出威胁，冲突的性质就变了，最严重的就是恐吓。在很多文化中，屈服于威胁或压迫是很丢脸的（Goffman，1955），于是，当个人受到威胁，其主要目标就变成了保全颜面。这导致人们更加坚定地"保持自己的立场"，受到威胁的人可能会反威胁甚至采取攻击性行动。除非有人退让，不然就会引发一系列更严重的威胁，形成**威胁—反威胁螺旋**（threat-counter-threat spiral）。

情感顾问经常会遇到这样的威胁—反威胁螺旋：情侣会在一些相对琐碎的小事上产生分歧，比如晚上去哪玩，为了让对方听自己的，其中一人使用了威胁（"也许我就应该待在家里"），这使得另一方进行了反威胁（"好吧，如果你不想去，我就自己一个人去了，而且没有你，我也会玩得很开心"）。现在，争议很快从晚上去哪玩的小冲突变成了谁会先退让的挑战。在不断的回避—进攻、进攻—回避之间，争论形成了。待在家里的威胁可能升级为离婚的威胁，尽管双方都不想看到这样的结果。此时，冲突就很难解决了，因为实际的问题已经淹没在了一场保全颜面的斗争中。不幸的是，这种威胁升级通常会自动延续：如若一定程度的威胁成功了，"赢得"斗争的人未来可能会再次使用；如若失败了，通常会使解决方式更强硬，甚至产生更严重的威胁。

对大多数人来说，保全颜面很重要，这不足为奇，因为它不仅关乎自尊，而且对未来的交往也很关键，现在屈服于威胁可能会导致未来更多的威胁。这种对未来的考量不仅对个人很重要，对群体和机构同样如此。例如，如果政府现在答应了恐怖分子的要求，未来其他恐怖分子可能会提出更多类似的要求。

让我们回到开始的那幅图：世界上仅有的两个超级大国美国和苏联之间持续冷战，在此背景下发生了古巴导弹危机。这两个国家当时正在进行军备竞赛，每一方都害怕另一方，为了防御另一方都在建立自己的军械库，而且每一方都认为对方建立军械库是为了发动攻击。这种军备竞赛就是一个威胁—反威胁螺旋，而且军备竞赛通常会快速升级。此方增加军械，即使只是为了自保，对彼方来说也是一种威胁，于是彼方也会增加军械，而这又被理解为一种威胁而非防御，这样一来此方需要再次增加军械。

力量

当然，要将威胁付诸实施，拥有力量也很重要。如果父亲威胁要揍儿子，但儿子是 17 岁的拳击冠军，那么这位父亲多半是没有力量将这种威胁付诸实施的。如果一个强大的个人、群体或国家与一个显然更弱的对手陷入冲突，会发生什么呢？当然，有时力量决定一切：纳粹不仅毫不犹豫地使用其压倒性的力量去支配单个公民，也支配邻国。幸运的是，大多数的冲突都不会动用到如此强大的力量，而且有证据（Pruitt, 1976）表明，当冲突双方的力量对比不悬殊时，他们更可能使用强制措施。乍看上去这可能是违反直觉的，但只要理解了这一点就很清楚了：如果一方相对另一方几乎没有力量，那么使用它就是无效的；如果一方相对另一方力量强大，那么使用它就会导致破坏性结果，而且会摧毁未来与之建立积极关系的机会。举一个更日常的例子，如果你正守着饼干罐，当孩子未经允许拿了饼干，而你唯一的强制性反应只能是说"太糟了，太糟了"，这对孩子来说没有任何作用，那么，为什么还要使用呢？相似地，如果你唯一的强制性力量就是抽鞭子，你也不可能仅仅为了这么一点小事就使用它。

要点：冲突情境的结构性特点往往比冲突双方的个人特点更能影响冲突的走向。威胁这种冲突解决方式虽然很有吸引力，但一旦使用，就会改变冲突的性质，而且可能会产生威胁—反威胁螺旋。

策略

无论是下棋还是打仗，买车还是谈判，很多人都会事先制定一个计划或**策略**（strategy）。一个正式的策略就是一个计划，它包含一些指示，告诉你在每一种能想到的条件下该怎么做。理论上，任何"游戏"都可以简化为一系列的选择。例如，在井字棋游戏中，你可以这样计划："如果她第一步占角，我就占中。如果她第二步不占对角线上的角，而是占其他角，那我就占两角的中间。但是，如果她选择……"这种内心独白可以一直继续，直至游戏结束。有很多不同的可能策略，但一旦选择了其中一个，就决定了一切。但是，在棋类游戏中，可能的策略太多了，个人不可能把每一种都想出来（因此，下棋计算机在这方面有很大的优势）。

不过，在实验研究常用的典型 2×2 矩阵博弈中，策略的建构相对比较容易，因为可能的选择类型是有限的。为了检验某一特定策略的效果，一般会有一位遵从预定策略的实验者同伙或用电脑产生回应来代表"另一个玩家"（受试者通过电脑终端进行实验）。很多策略性因素都能得到研究。例如，一个只有10%的时间愿意合作的对手，相比于一个90%的时间都在合作的对手，会给受试者带来更大还是更小的影响呢？事实已经证明，此类固定策略对受试者的影响非常小（Vinacke, 1969）。无条件的合作或无条件的"强硬"策略都无法使对手给出合作性反应（Solomon, 1960）。

动态的策略更能影响受试者的行为。其中之一就是所谓的**针锋相对策略**（tit-for-tat strategy）（或者说"延迟配合"策略），即实验者同伙先给出合作性反应，然后在下一轮给出受试者在上一轮所给出的反应。（换句话说，在一系列互动中，受试者每给出一次合作性反应，实验者同伙或电脑就在下一次给出合作性反应。）这种策略以积极的方式回应对方的合作，但并没有强化对方的非合作性行动。大量实证表明，这是激发对方合作性反应的最好方式（Wing-Tung & Komorita, 2002）。

有研究（Axelrod & Dion, 1988）发现，要想让针锋相对策略产生稳定的合作，必须满足三个重要条件：(1) 友善——使用此策略的人必须首先伸出橄榄枝，表示愿意合作；(2) 可刺激性——对方第一次给出非合作性反应后，必须进行反击，也就是说下一轮必须给出非合作性反应；(3) 原谅——适当反击过后，必须再次给出合作性反应。换句话说，针锋相对策略要让对方认识到，此人"公平而坚定"（Komorita, Hilty & Parks, 1991; Van Lange & Visser, 1999）。事实上，这一"策略"经常被推荐给父母，用以强化行为的"后果"。当孩子表现不好时，给出适当的惩罚，比如警告、暂时拿走孩子最喜欢的玩具等；当孩子表现好时，给出积极的反应，比如表扬孩子。

策略研究也会用于谈判类博弈，例如两个玩家为"销售"某个商品而讨价还价的买卖博弈。在这种语境下，强硬的策略（非常直接的要价和少量让步）是最有可能获得较大收益的（Chertkoff & Conley, 1967）。另一方面，平和的策略往往会导致压榨。总的来说，大量证据表明，在冲突或讨价还价的环境下，过于大方或过于强硬的态度都不利于双方的合作。最有效的策略是坚决反对压榨，同时回馈对方的合作行为。

要点：一般来说，在实验博弈或谈判中，应对冲突最有效的策略是反对压榨但回馈对方的合作行为。

群际冲突

在后面的一章（第十二章），我们会考察群体及其领导力以及内群体和外群体之间的相互关系。在本章，我们重点关注冲突情境下个人独自行动或作为群体一员行动是否会有区别。作为集体的一员，个人要经历很多的压力和社会影响，特别是作为领袖。如果独自行动，个人只需要考虑自己的利益。但是，作为群体一员行动，就要面对来自群体成员的压力，比如要使用群体认可的方法，要寻求群体认可的目标。如果不这样做，很可能会遭到强烈反对。如果个人屈服于群体压力，并压制自己对过度竞争的保留意见，结果将是这个群体作为一个整体的竞争性会比任何个人从个人动机出发所能预想的要大得多，而合作性会小得多。这一常见的现象被称为**个人间—群体间不连续效应**（interindividual-intergroup discontinuity effect）（Wolf et al., 2008）。思考一下这样一个例子：你加入一个新成立的工会，且正在参加一场会议，会议的目标是要选择在谈判时以何种立场应对管理层。即使你一开始表现出合作倾向，也不难想象这种提倡妥协的调和观点很可能会被要求强硬行动的呼声所淹没，因为人们认同的是工会及其集体目标。

与个人之间的交往相比，陷入冲突的群体一般不仅更具竞争性，更关注自我利益，而且也更有可能利用对手的合作行为（Wildschut, Insko & Pinter, 2007）。这是因为，群体中的个人特别是他们的领袖觉得有压力为群体谋取利益。这种效应不仅出现在个人主义社会，也出现在更集体主义、更相互依赖的社会，比如日本（Takemura & Yuki, 2007）。

在这一章前面讨论个人之间的冲突时，我们把过往历史列为一个重要的秉性变量。而当群体陷入冲突时，过往历史同样也是一个重要因素。群体之间的冲突——有时会导致暴力，往往植根于长久的民族、宗教或国家群体身份争议。据联合国估计，全世界有5000多个少数民族，且各民族不断地被卷入全球各种旷日持久的冲突之中。1945年以来，世界共发生了超过250场战争，造成至少3000万人死亡，其中1000万是儿童。想想这些事件引起的可怕暴力：北爱尔兰的新教与天主教冲突，阿拉伯与以色列的冲突，2001年的"9·11事件"，还有1994年的卢旺达内乱——致使50万平民丧生，大部分是图西族人。这些冲突涉及的问题远不止资源分配不均那么简单。群体和社会拥有能超越几个世纪的集体记忆，且很多群体间和国家间的冲突都与历史上长久的相互憎恨以及伴随它的集体观念密切相关。因铭记这些历史而产生的群体间偏见，以及"我们对抗他们"的这种习惯性思维，是产生破坏性冲突的强大温床（Hewstone, Rubin & Willis, 2002）。想想以下这些例子：

图10.9　北爱尔兰的街道壁画
资料来源：© Richard Baker/In Pictures/Corbis

- 每个爱尔兰小学生都知道1690年的重要性。作为新教徒的荷兰执政威廉三世，奥兰治王室的领袖，受英国一些强大的清教徒政治人物的邀请，夺取了其岳父英国国王詹姆士二世的王位，后者是一个虔诚的罗马天主教徒。詹姆士逃到了法国，但后来在爱尔兰士兵的帮助下，开始夺回王位的斗争。这一尝试在博伊奈河岸一场决定性的战役中失败了。爱尔兰天主教徒从未忘记他们在博伊奈战争中的失败。爱尔兰的新教徒也从未忘记，并且每年7月12日，北爱尔兰的新教橙带党成员都要组织仪式性的游行来纪念新教徒的历史性胜利，而这总是激起罗马天主教徒的不满。为了添油加料，橙带党成员坚持要去天主教的社区游行，直至最近，事态才得以平息。

- 1999年，科索沃的塞尔维亚族基督徒发动了一场"种族清洗"，数千名穆斯林同胞被残酷杀害。这一卑劣罪行的发生是冲突持续发酵的结果，而这一冲突源于可怕的科索沃平原战役。1389年6月28日，约8万个塞尔维亚骑士——基督教信仰的捍卫者——与来自奥斯曼帝国的穆斯林入侵军展开了激战。塞尔维亚人战败，并交出了自己的领土。结果，到20世纪晚期，阿尔巴尼亚族的穆斯林占据了科索沃人口的90%。但是，塞尔维亚人从未忘记科索沃平原战役。例如，1989年6月28日，战役发生600周年纪念日，超过100万塞尔维亚人（约占塞族人口的10%）踏上了去战役发生地的朝圣之旅，以纪念几百年前战败的塞尔维亚英雄。

爱德森（Eidelson）（2003）发现了五类对群际冲突至关重要的核心集体观念，这些观念往往提供了定义该群体并使其紧密团结的偏见：

1. 优越感——认为自己群体的成员在很多重要方面都比其他群体成员更优越。这有时是受神学影响，某个群体认为自己的宗教才是唯一真正的宗教，其他一切都是异教，甚至是邪恶的。有时种族起源可能是最重要的因素，比如纳粹德国认为雅利安人是最高等的种族。有时冲突双方对另一方的看法是一致的，就像照镜子一样，每一方都出于相同的原因觉得另一方很可怕而且更低等。美苏冷战期间，美国人普遍认为共产主义是一种低于资本主义的邪恶制度，共产主义的苏联要统治全世界并摧毁美国。然而，苏联人民对美国人也持有同样的观点，认为资本主义是邪恶的制度，资本主义的美国想要侵略并统治苏联（Bronfenbrenner, 1961）。

2. 不公正——认为对方群体曾对自己的群体犯下了严重的错误，必须要复仇来讨回公道。科索沃的穆斯林受迫害就反映了塞尔维亚人的这种观念。

3. 易损性——认为自己的群体特别容易受到对方群体的伤害。例如，以色列人和巴勒斯坦人都觉得自己很容易被对方伤害，这导致资源和领土争端被视为基本生存问题。

4. 不信任——认为对方群体的领袖和成员都不可信任，且善于欺骗。一般冲突双方都持这种观点，这使得建设性的冲突解决方案很难形成。

5. 无助感——集体的无助感会阻碍群体去反抗对手。南非黑人在种族隔离制度下都有这种无助感，以致他们对反抗白人统治者的运动缺乏热情。这种观念虽然能维持现状，但也会阻碍一切能解决征服者与被征服者之间根本冲突的行动。

这有助于我们理解那些长期难以解决的冲突，比如中东地区的冲突，以及那些好心想要带来持久和平的调停者和领导者为什么会反复失败。如果冲突双方都认为另一个群体、国家或宗教的成员更低等、可怕、不值得信任，或是对自己的群体或国家犯下了严重错误，那么恶意的行为迟早会发生，并进一步强化这些观念。对于寻求世界和平的人来说，世代相传的集体观念仍将是一个严峻的挑战。

要点：相比于群体中的特定个人，作为整体的群体要更具竞争性、更少合作性。过去交往的历史和互相之间的集体观念可以让冲突一代又一代不断延续。

专栏10.1 恐怖主义

当群体或国家之间的冲突无法和平解决时，结果有时就是暴力，因为每一方都想用武力来实现自己的目标。帮派争斗、强行镇压工人与工会的暴力活动、非法游行与警察行动、内战与国家之间的战争都是使用暴力方法达到所要目标的尝试。有时这种斗争会像第一次和第二次世界大战一样，达成伟大的均衡。有时，较弱的一方会向较强的一方投降，正如1956年苏联军队入侵匈牙利时一样。

当更强的一方征服更弱的一方时会发生什么呢？有时，支配是绝对的，抵抗是无用的。但是，抵抗运动往往会得到发展，以至于虽然在武装和人力上比较弱小，但通过破坏性活动和恐怖主义，也能在一定程度上挫败敌人。

谁会被贴上恐怖分子的标签，取决于是谁在贴标签。对于征服了美洲的欧洲人来说，那些土著抵抗者可能就是今天所说的恐怖分子。对于纳粹占领者来说，当法国抵抗运动的成员炸毁桥梁或军火站，谋杀纳粹军官及其团伙时，他们毫无疑问就是恐怖分子。但是，在本民族人看来，这些破坏者和暗杀者都是勇敢无畏的英雄人物。相似地，2012年叙利亚内战时，叙总统巴沙尔·阿萨德（Bashar Al-Assad）的武装力量炸毁自己的城市，杀死众多平民，而且给反抗自己统治的人都贴上了"恐怖分子"的标签。

但是，武装抵抗与恐怖主义之间是有区别的。恐怖主义，从它的名字就可以看出，是指通过直接和随机袭击平民在人群中制造恐慌。公交车站的炸弹，丢进餐馆的燃烧瓶——目的就是要让平民害怕，从而向政府施压，迫使它同意恐怖分子的要求。自杀式的恐怖主义威胁特别大，因为很难阻止。在武力威胁下，人们一般会屈服，当警察用枪指着某人时，由于害怕中枪甚至死亡，此人很可能会放弃实施恐怖行为。即便只是被威胁会被抓起来或关进监狱，很多恐怖分子也会悬崖勒马。但是，一旦某人在此过程中一心求死，任何威胁将失去效力。

恐怖主义对民主社会最管用，因为专制政体本身就会肆意使用暴力，通过大规模地报复恐怖分子的家人邻里，它至少在某种程度上能震慑恐怖主义，甚至是自杀式恐怖主义。想想这个可怕的例子：1947年5月27日，自由捷克的特工在布拉格杀死了党卫军总队长莱茵哈德·海德里希（Reinhard Heydrich）。为了报复，纳粹分子处死了所有他们认为与此次暗杀有关的人，共计1000余人。此外，捷克的小村庄利迪策被控在暗杀海德里希事件中包庇刺客，因而遭到了清洗：所有16岁以上的男性都被枪决，所有妇女和儿童都被送到了集中营。这还不够：整个小镇被夷为平地，它的名字也被从所有德国地图上抹去，原来的地方变成了一片麦田。面对这样一个完全无视人性的敌人，恐怖分子是不可能成功的。不过，长远来看，此类大规模的报复行为会增加人们对恐怖分子的同情。

近年来，自杀式恐怖袭击变得十分常见（见图10.10）。

自杀式恐怖主义是弱者的典型武器，因为如果能使用其他方式达到同样的目标，他们断不会通过自杀来杀害或恐吓他人。但是也存在政府支持的恐怖主义：有时，国家会利用自杀式恐怖主义的力量给敌国制造恐慌，但又避免正式开战。

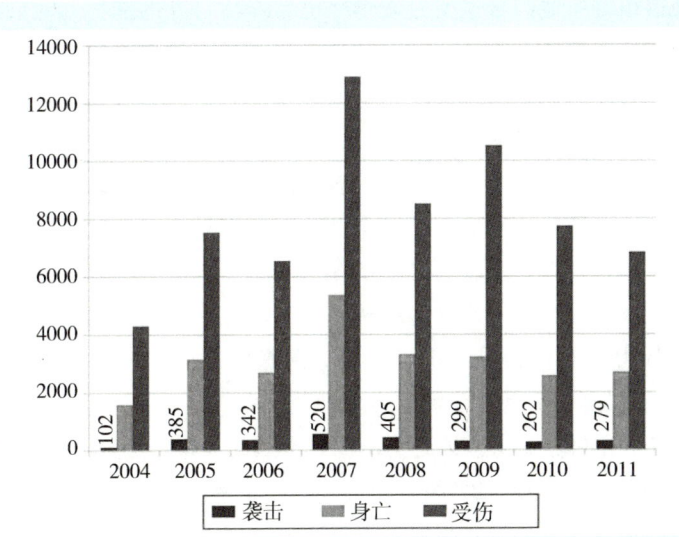

图 10.10　2004—2011 年全球自杀式袭击数量

数据来自美国政府全国反恐中心的全球事故追踪系统
资料来源：Jeffrey Lewis (2013) The human use of human beings: a brief history of suicide bombing, *Origins*, 6 (7)

现代的自杀式恐怖主义始于 20 世纪 80 年代早期，从那时开始，几乎所有的恐怖袭击都是由持宗教激进主义思想的团体所发动，唯一的例外是斯里兰卡的泰米尔猛虎组织（Tamil Tigers）（Merari, 2010）。绝大多数袭击者都是男性，而且大部分都是 30 岁以下的单身青年。大部分（90%）袭击发生在阿富汗、伊拉克、以色列、巴基斯坦和斯里兰卡这五个国家，但总共有 37 个国家都发生过袭击（Merari, 2010），包括纽约市的双子塔恐袭。此类袭击与非自杀式恐怖行为一起——比如 2004 年马德里的火车站爆炸、2005 年伦敦的地铁和双层巴士爆炸，2008 年孟买泰姬陵酒店的协同轰炸和枪击，2013 年波士顿马拉松比赛终点线上埋下的炸弹——清楚地表明，任何国家都有可能遭受恐怖主义的袭击。

当悲剧发生，当自杀式炸弹袭击者引爆他或她的爆炸物，我们倾向于关注人，关注炸弹袭击者，这样一来很容易忽视环境的力量。我们很容易认为恐怖分子一定是精神错乱了，或者是被首领洗脑了，又或者是为了殉道能入天堂的诺言。但是，这样想是错的。佩普（Pape, 2006）考察了 1980 年至 2003 年世界范围内发生的 315 起恐怖袭击事件，总计 462 名袭击者，并发现所有这些袭击都无法用精神疾病、社会疏离或宗教狂热来解释。没有一个袭击者有严重的犯罪史或是反常的社会行为，而且他们既不抑郁也不绝望。实际上，他们大多数来自工人阶级或中产阶级家庭，只有一小部分人真的很穷或处于失业状态。有趣的是，这些人大部分本可以发展得很好；他们普遍受过教育，也有养活自己的能力。他们的思想也并没有被某种宣传所歪曲；除了一些温和的教义，他们并没有服膺任何东西，而且大部分人都是自愿进行自杀式袭击，此前也并没有接受过任何训练。

　　为什么社会心理学家对这些恐怖分子感兴趣呢？因为恐怖主义最好被理解为一种反映共同信仰和价值观的群体现象。自杀式恐怖分子之所以会实施袭击，是因为他们所处的社会环境让他们相信，自己会因这种行为而被铭记和尊重，成为英雄和殉道者。部署自杀式恐袭的必要条件之一就是袭击者所处的社群相信此类暴力是合理和有效的，和平的或其他的选择都不可取或者已经失败了。如果他们的社群或社会认为此类行为是懦弱、可耻或愚蠢的，那么就不会有人这样做了（Merari, 2010）。很多人都是为了改变族人的命运才出此下策，他们认为本民族遭受了不公的待遇和羞辱；另一些人是为了成为永远的英雄。还有一些是为了报复：车臣的"黑寡妇"——一个臭名昭著的自杀式恐怖主义团体，就是一个很好的例子。这一团体的很多成员都想要报复俄罗斯军队，因为它们杀死了自己心爱的人（Pape, 2006）。确实可能有些人一定程度上是为了宗教所允诺的能入天堂的回报。但是，对那些未能成功引爆炸弹的自杀式袭击者的采访表明（Merari, 2010），即使他们坚定地认为自己的死会使其殉道并进入天堂，但这也并不是他们实施袭击的主要原因。

　　另一方面，正如布卢姆（Bloom, 2007）所说，不论个人的动机是什么，训练和武装这些恐怖分子的组织都做了精心筹划，并小心翼翼地利用恐慌来达到某种特殊目的，比如政治独立或结束外国占领。

　　恐怖主义代表着解决冲突的建设性方式的悲剧性失败，无论冲突是发生在依靠强权的独裁者与一心想要自由的公民之间，还是发生在认为本国受到了剥削和羞辱的人们与他们所指责的强国之间，也不论它是否为了纠正古老而又不断恶化的错误。

冲突的解决

　　我们该如何促进冲突的建设性解决呢？假设某人想要大声放音乐，而邻居想要安静。被打扰的邻居可能会报警投诉，如果有市政条例防止噪音过大，那么此人可能不得不调低音量。或者不报警，冲突一方直接屈服。又或者通过协商，双方达成妥协，如达成一个互相都能接受的约定，即可以大声放音乐，但只能在特定的时间。另一个可能性是其中一方"离开现场"，比如搬到别的地方去。但事实往往相反，人们常常会陷入僵局。

　　现在我们来探讨一些能促进冲突解决的因素，包括对群体的认同、引入上级目标和第三方干预。

群体认同

要想成功地减少群体内部的冲突，并促进合作，方法之一是增加个人对群体的认同感（Croson & Marks, 1998）。群体认同，即我们在多大程度上认为自己是某个特殊群体的一部分，在我们的生活中发挥着重要作用。关于这一点，我们在后面的章节中会详细讨论。当冲突发生时，如果你认同某个特殊的群体，而且想起了这一点，你很可能会以有利于整个群体的方式来行动。如果大声放音乐的年轻人不把邻居看成爱管闲事的老怪物，被激怒的邻居也不把对方看成自私的朋克小子，相反，双方都认为自己属于一个共同的群体时，如产生"我们是邻居"的意识时，问题就更有可能得到解决。

思考一下这个真实的例子：1991年加利福尼亚的干旱造成了严重的水危机，人们发现单个市民限制个人用水量进行合作的意愿与他们对社区的认同感有关。而且，那些对社区具有强烈认同感的人更多地认为，市政府对用水量过高的人进行处罚是公平且合理的（Tyler & Degoey, 1995）。

上级目标

如上所述，群体认同十分重要，因此，如果两个陷入冲突的群体能找到共同点，即能认同一个包容两个群体的更大集体，那么，他们可能会更好地解决冲突。我们会看到，联合的共同目标有助于实现这一点。

当两个群体持续摩擦，以至小矛盾变成大冲突，这时只是协商可能不足以让关系恢复和谐。有时，如果两个愤怒的群体能聚焦于一个对双方都很重要的上级目标，就有可能形成一种新的积极关系。谢里夫（Sherif, 1958）的一项经典研究证明了这一点。他招募了一群互不相识的11岁男孩来参加在俄克拉何马州的强盗洞穴州立公园（Robbers' Cave State Park）举办的夏令营。男孩们被随机分为两个团体，在夏令营的第一周互相隔离。在第二周，两个团体开始互动，为了团体奖牌而展开运动竞赛。这使得两个团体之间产生了摩擦和斗争，每个团体的成员都开始将另一个团体的成员描述为"敌人"，而且形成了对他们的成见。超过90%的人都只选择本团体的成员做朋友。

在第三周，即最后一周，谢里夫和同事试图减少由他们的人为操纵所产生的冲突。首先，他们尝试了简单的群际联系：两个团体一起看电影，一起参加活动等。但这并没能减少冲突。然后，他们设定了共同的目标，比如故意破坏营地的水源供给，使得男孩们必须要共同努力去修复它；他们还让男孩们合作等款，以便在营地放映电影。为了这些上级目标而共同努力使得男孩们之间的敌意逐渐减少，到第三周结束的时候，两个团体的男孩已经打成一片了。

这一研究结果表明，简单的联系并不足以减少两个敌对群体之间的冲突，但为了共同的目标，合作性互动却能成功地减少敌意。不过，要记住的是，这两组男孩之间一开始并没有根本的内在冲突。

尽管这一发现已经被很多短期的和小规模的研究所证实，但从未有过与原始研究同等规模的复制（Campbell，1986）。而且现代的研究必须遵循较高的伦理准则，所以此类研究很难再现。无论如何，大量经验证据表明，敌对群体的成员一般都会高估双方在重要问题上的差异，每一方都认为只有自己的行为是以事实和客观性为依据的（Robinson et al.，1995），但是，通过为某个共同目标一起努力，他们能更好地互相理解，形成更加积极的互动。

第三方干预

事实已经证明，当有第三方在场时，冲突通常更有可能得到解决，即使这个第三方并没有积极地参与协商（Meeker & Shure，1969）。

正如之前所讨论的，冲突往往伴随着双方对各自动机和价值观的误解和歪曲，从而导致更大的敌意。为了建设性地解决冲突，每一方都必须务实而准确地认识环境，认识对方，这一点至关重要。如果你认为伴侣不开心是因为你的收入不足以支撑两人买房，但真实原因是他或她认为你把工作看得比感情更重要，那么你将很难解决这一问题。这时，第三方也许就能帮你们解除误会，澄清真正的冲突（Carnevale & Pruitt，1992；Fisher，1989）。

第三方能做的不仅如此：即使双方对各自的动机有着准确的认识，关于资源、地位和权力的冲突依然会存在。正如我们所见，一旦使用了威胁或强制，保全颜面就会比解决原本冲突变得更加重要。因此，为了减少冲突，这个第三方显然要找到一种方式使双方达成妥协但又不会丢面子。不论是情感顾问解决情感纠纷，还是国际仲裁员解决国际"事件"，都会考虑到这一点。第三方有很多方法可供选择。有时由争议双方共同决定采取哪种方式，有时由法律决定（比如劳动纠纷）。两个常见的方法是调解和仲裁。

调解

调解（mediation）一般是协助协商过程，而不是真正提供任何直接的问题解决方案。换句话说，调解员为双方创造一个沟通的渠道（避免他们正面对峙）。调解员也可能会教纠纷者合适的谈判技巧，或尝试改变他们的动机导向，例如，引导他们从相互竞争转向问题解决。回想这一章开头的插图：联合国秘书长在调解美苏纠纷中发挥了重要作用。

费希尔（Fisher）和同事发现了调解的一种变化形式（Fisher, 1998; Keashly & Fisher, 1996; Keashly, Fisher & Grant, 1993）。在这种情况下，第三方顾问关心的不仅是解决当前的冲突，还有整体关系的改善。与常常将受试者互相隔离的传统调解不同，高超的调解员会帮助双方分析冲突并寻找互相都能接受的解决方案。（回想之前讨论过的，为了共同的上级目标一起努力能增进双方的关系。）

仲裁

仲裁（arbitration）与调解的区别在于，干预者会决定什么是解决冲突的公平方式，而且这一决定通常是具有约束力的。也就是说，纠纷双方必须事先同意接受仲裁者的决定。仲裁一般都涉及内容的干预，而不仅仅是像调解员一样只是推动协商的进程。仲裁员直接考虑争议的实际内容。他们会给出解决方案，如果必要的话还会强制施行。

仲裁主要分为两类：**常规仲裁**和**最终提案仲裁**（final-offer arbitration）。在常规仲裁中，仲裁员会听双方的说法，对其观点进行评估并做出决定。如果双方知道常规仲裁的一般结果都是妥协折中，那么夸大自己的诉求对他们就是有利的，因为这样就可以抵消此类决定的影响。

在**最终提案仲裁**中，每一方都向仲裁员展示自己的最终立场，然后仲裁员从中选择一个较为公平的方案，因此不存在妥协。诺茨（Notz）和施塔克（Starke）（1987）对这两类仲裁进行了研究，以确定在冲突元素都相同的情况下，不同的方法是否会导致不同的结果。在常规仲裁中，决定依据的大多是"折中"（平等）原则。而最终提案的决定依据的更多是公平原则，仲裁员要考虑生产力和支付可比工资的能力等因素，并将它们与劳动者的要求和管理层的提议进行比较。不过，最终提案仲裁对双方的风险都更大，因此更有可能在给出最终提案前就做出妥协与让步。

最近，人们对结合了调解与仲裁的混合程序进行了研究。结果发现，如果争议双方先经历过仲裁程序并知道了仲裁是如何进行的，然后再进入调解程序，那么他们更有可能在调解过程中达成对双方都有好处的协议。如果他们先尝试了调解并且失败了，然后再进入仲裁，那么成功的可能性更小（Conlon, Moon & Ng, 2002）。原因可能在于，先经历仲裁程序会鼓励争议双方自己解决冲突，因为他们知道如果自己不解决，仲裁员会怎么做（Ross & Conlon, 2000）。

结语

社会心理学能帮助我们更好地理解和管理冲突。本章所讨论的概念与本书关于其他主题的知识相结合，能为我们提供重要洞见，帮助我们减少和解决冲突。想象一位想帮助夫妻解决情感问题的顾问，其咨询能力将会与其所掌握的社会心理学知识密切相关。例如，人们如何建立关于自己和对方的图式；社会认知和误解是如何发展的；态度和观念是如何产生和改变的；沟通如何总是双向编码，以至于每个人都能"说对话"，却又通过副语言和手势传达完全不同的信息。我们每个人，只要掌握这些重要的知识，就能更好地解决日常生活中出现的很多冲突。

内容概要

1. 当独立的双方或多方的利益或期望不相容时就会发生冲突。
2. 社会交换理论关注的是每个人如何衡量一段关系中回报与成本的相对值，它由他人在此种情况下的比较水平（CL）和此段关系的选项比较水平（CLalt）决定。
3. "博弈"是指这样一种情况：独立的双方或多方根据规则做出影响对方的决定。博弈分为零和博弈（其中，一方的收益等于另一方的损失）和非零和博弈（混合动机）——其中，有些结果对双方都有利。
4. 囚徒困境这样的博弈以这一假设为基础，即人们的行为是理性的，以效用最大化为目的。
5. 危险博弈是不可协商的（只有一个赢家），而且这种有目的的行为具有威胁性，博弈双方都有可能遭受灾难性损失。
6. 当个人的理性行为造成集体不愿看到的结果时，集体行动悖论就产生了（比如，公地问题和公共物品供给困境）。
7. 威胁要想可信，需满足以下条件：威胁者过往的行为具有一致性；威胁的行为不仅对被威胁者也对威胁者具有消极后果；威胁的后果须符合当下情境，不能太过分。
8. 威胁往往会强化冲突，因为人们需要"保全颜面"；这可能会产生威胁—反威胁螺旋。
9. 沟通有时可以减少冲突，因为它可以澄清双方的意图，但它也可能被用来操纵和欺骗对方。
10. 谈判中最有效的策略是坚决抵制剥削，同时回报对方的合作行为。
11. 调解和仲裁是两种减少冲突的第三方干预方式。

拓展思考

- 没有冲突的世界会是什么样子？还会有变化和进步吗？没有冲突的世界会到处洋溢着幸福，还是会陷入普遍的无聊？
- 假设你们办公室的咖啡区是无人监管的。为了分摊费用，你和其他同事每取一次咖啡和松饼都会在钱箱里放一点钱？但很明显至少有一个人没有付钱。如果没人承认自己搭了便车，而且情况也没有变化，你会怎么办呢？

- 你曾在亲密关系里陷入过威胁—反威胁螺旋吗？如果有，那么下次碰到此类情况你该怎么做？能否既避免螺旋，但同时又不显得很弱或者遭受过分的责备呢？
- 很多科幻小说家都写过这样的主题，即外星军团给地球造成了威胁，而且这种外部威胁使得所有地球人迅速忘记了互相之间的差异，团结一致共同抗敌。根据本章所讨论的内容，思考一下外部威胁有多大可能减少群际冲突，它又能持续多久？

延伸阅读

Carpenter, J. & Cardenas, J. C. (2011). An intercultural examination of cooperation in the commons. *Journal of Conflict Resolution*, 55, 632–651. 此文引人入胜地探讨了文化背景对公地困境的影响。

Klapwijk, A. & Van Lange, P. A. M. (2009). Promoting cooperation and trust in 'noisy' situations: The power of generosity. *Journal of Personality and Social Psychology*, 96, 83–103. 此文饶有趣味地探讨了慷慨作为一种策略对解决冲突的有效性问题。

Platt, J. (1973). Social traps. *American Psychologist*, 28, 641–651. 这是一篇经典的论文，描述了我们如何轻易地陷入集体非理性行为的陷阱和模式。

Pruitt, D. G. (2012). A history of social conflict and negotiation research. In A. W. Kruglanski & W. Stroebe (Eds), *Handbook of the history of social psychology.* **New York: Psychology Press. (pp. 431–452).** 此文全面透彻地介绍了关于社会冲突和谈判的社会心理学研究。

Thompson, L. L., Wang, J. & Gunia, B. C. (2010). Negotiation. *Annual Review of Psychology*, 61, 491–515. 此文回顾了近年来关于谈判过程的社会心理学和组织心理学研究。

网页链接

http://www.peacepsych.org. 和平、冲突与暴力研究协会（Society for the Study of Peace, Conflict and Violence）。这是美国心理学协会和平心理学部的网站。其目标是促进有关非暴力冲突解决和有关破坏性冲突的起因、后果及预防的心理学研究和培训。

第十一章 攻 击

将邪恶变为正义需要付出多少代价？

一个人不能杀人，否则就是谋杀……但一个国家或民族却可以随心所欲地杀人，而且并不算谋杀，相反是正义的、必要的、令人称道的和正确的。

只要得到足够多人的同意，对人类的大规模屠杀就完全是无辜的。但这需要付出多少代价呢？

——阿丁·巴鲁（Adin Ballou），《不抵抗主义者》，1845年2月5日

学习目标

- 理解定义攻击概念所面临的困难
- 探究生物因素与人类攻击行为的相关性
- 考察社会学习对攻击行为的作用
- 考察媒体上的暴力对现实生活暴力的影响
- 学习是哪些因素导致了对女性的暴力
- 思考减少攻击的方法

2011年7月22日，挪威奥斯陆：首相办公室所在的政府大楼前发生了汽车爆炸案，炸弹藏在汽车尾部。8人死亡，209人受伤。两小时后，一名全副武装伪装成警察的男子在挪威的于特岛向一个青年夏令营团体开火。69人死亡，超过100人受伤。32岁的右翼极端分子安德斯·布雷维克（Anders Breivik）因这两起袭击事件被捕并被定罪。

2009年6月30日，安大略省金斯敦：一辆载有三个青少年姐妹和一个成年女子的小汽车掉进了河里，车上人员全部溺水身亡，她们都来自两年前移民到加拿大的一个阿富汗家庭。这并不是偶然事故，三姐妹的父母和兄弟随后被认定为凶手——这是由三姐妹的约会行为引发的荣誉谋杀事件。

事实上，世界似乎总是充满了暴力——新闻头条报道的恐怖袭击、种族灭绝、对持不同政见团体的暴力镇压、帮派暴力等。以 207 个国家的数据为基础的《全球凶杀案研究》（联合国毒品和犯罪办公室［United Nations Office on Drugs and Crime］，2011）显示，2010 年全世界有 468000 人被杀害。此外还有战争：新闻报道总是充斥着世界某地正在发生战争的故事，但这并不新鲜。"二战"结束之后的 40 年内，全球共发生了约 150 场战争，没有战火的日子总共只有 26 天（Sluka，1992）。

然而，大多数暴力——性侵、家暴、虐童、"路怒"、霸凌——换言之，日常生活中的暴力并不会登上新闻头条。有些暴力是一时冲动，是突然的强烈爆发；有些是精心算计，是冷血无情；还有一些是长期的、日复一日的，特别是家庭暴力。

尽管对人类状况有如此悲伤的评论，但新闻并不全是坏的，因为我们这个物种似乎正逐渐进步，随着时间的推移，我们的暴力程度已经显著降低了。平克（Pinker，2011b）引用了大量证据表明，所有种类的暴力——战争、种族灭绝、谋杀、折磨、强奸，甚至是打孩子——在过去几千年内都一直在减少，他由此断言，我们生活的这个时代是人类历史上最和平的时代。然而，对于世界各地正在遭受暴力之苦的人来说，这算不上太大的安慰。

为什么人类总是要诉诸暴力呢？布雷维克为什么要残杀无辜的陌生人？不管多么"没面子"，父母或兄弟怎么会杀害自己的亲人呢？另一方面，为什么又有这么多人从没使用过暴力呢？社会心理学家试图找到这些问题的答案。

在这一章中，我们首先讨论一些在定义和测量攻击时会遇到的困难。然后，我们考察一下进化和生物学在多大程度上能预先决定我们的攻击行为。接下来，我们会探讨社会学习如何导致个人攻击性变强或变弱，以及媒体上的攻击模型如何影响这一过程。考虑到情感中的暴力——特别是对女性的暴力——是当代社会特别关注的问题，我们将会考察一下社会心理学在此领域的研究。最后，我们会讨论一下与攻击有关的文化因素和性格因素。

探究攻击的内涵

看到攻击行为时，所有人都能认出，对吧？但是思考片刻之后，我们可能会发现情况并非如此。因为"攻击"这个词被用来描述各种各样的行为，而这些行为无论是在行动上，还是在与之相关的情感和动机方面都有着巨大差异。一个绊倒孩子的恶霸邻居；一个违规冲撞对手的曲棍球手；一个对孩子大吼大叫的母亲；一个为夺回心爱玩具殴打另一个孩子的小孩；一个为博观众高兴在响铃之后仍然击打对手的拳击手；一个向下面几英里的地方看不见的目标投放大量炸弹的空军投弹手；一个侵犯下班回家路上的女性的强奸犯；一个因感到一丝轻蔑就大打出手的后街混混——所有这些人都会被描述为实施了攻击行为，但他们的行为、情感和动机却迥然不同。

实际上，对攻击的判断本质上也是仁者见仁，智者见智，因为根据所发生的社会环境的不同，一种行为既可以被认为是攻击性的，也可以被认为是非攻击性的。用拳头击打某人的腹部是攻击吗？这取决于这一拳是意在伤害对手，还是想要替吃饭噎住的同伴把食物从喉咙弄出来。那么，攻击的决定性特征是什么呢？它绝不只是一种能导致痛苦或疼痛的有意行为，否则给挣扎反抗的小孩打针的医生也会被认为是攻击者。想使人痛苦或受伤肯定是攻击概念的核心所在，但某人实际受到了伤害是不是必要条件，或者说试图伤害某人是不是充分条件呢？情感的牵涉（愤怒）是不是必要条件？攻击的对象一定是人吗，踢墙或捶桌子是否也是"攻击"？

考虑到这些因素，社会心理学家通常将**攻击**（aggression）定义为**旨在伤害或摧毁他人的行为**。因此，假如一个人想要开枪击中他人，即使没有射中，也会被认为是实施了攻击行为。而且攻击也能是间接的——匿名诽谤信、传播流言蜚语（图 11.1）、故意冷落、言语攻击、散布可怕谣言以毁掉他人婚姻（Hamilton & Tafoya, 2012）。**暴力**（violence）这一术语常被用来描述那些更为极端的攻击行为。

图 11.1 传播谣言就是一种间接攻击

资料来源：auremar/Shutterstock.com

当然，有些攻击行为看着十分冷血且经过策划，而另一些则是一种愤怒的爆发。同样是恶霸，一个是故意把你找出来伤害或羞辱你，而另一个是被你不小心撞翻了热咖啡并且洒到了他腿上，因愤怒而攻击你：这二者显然不同。正因为存在认知和情感上的这些差异，心理学家区分了**主动性攻击**（proactive aggression）和**反应性攻击**（reactive aggression），前者是为达到某种目的预先策划的且不伴随愤怒，后者伴随着愤怒且首要目标是施加伤害（Anderson & Bushman, 2002; Richetin & Richardson, 2008）。后续还会更多地讨论这一点。不过，我们不仅要关注导致攻击的因素，也要关注抑制攻击的因素（专栏11.1）。

专栏11.1 另一个视角：抑制

像圣雄甘地和马丁·路德·金这样著名的社会活动家尽管受到了很多挑衅，但他们并没有发怒。相反，他们是和平主义者，竭力以和平方式改变社会的阴暗面。有些人天生就具有和平主义倾向，还是说这是后天习得的？显然，生理因素和环境因素再一次共同发挥了作用。

研究表明，有些人的基因决定了他们在面对侮辱或其他情感唤起刺激时很难抑制自己的反应。例如，由于童年的调节，"不"这个词可以阻止或停止大多人的行为。但是，内莉等人（Nelly et al., 2009）发现，在听到"不"后，虽然很多具有某种特殊基因变体的人，其大脑中与判断和控制愤怒有关的额叶会被激活；但具有该基因另一种变体的人，其大脑额叶活动会**减弱**，而与唤起有关的大脑边缘系统的活动却会增强。后一种唤起模式意味着愤怒被激活，对愤怒的控制会减弱，因此很容易产生攻击性反应。

也许这在一定程度上能解释为什么有些人总是无法避免突然的、不合时宜的发怒和攻击，虽然之后他们可能会意识到这样的反应几乎是毫无道理的。关于间歇性爆发型失调的精神病诊断也适用于长期具有此种问题的人。此类攻击一般都与自动唤起的增加有关，而且有证据表明，两种神经传递素——血清素和多巴胺，发挥着重要作用：额叶中血清素的分泌减少会降低前额皮质的控制能力，同时具有激发作用的多巴胺分泌会增加。这种组合会使个人迅速发怒，而且控制怒火的能力会降低，如果个人受到的压力足够大，可能会产生攻击行为（Seo, Parick & Kennealy, 2008）。不过，虽然冲动型攻击看上去总是不可控的、非理性的，但必须记住的是，即使在这种情况下，也会涉及归因过程。例如，如果将某句评论解释为侮辱，大脑边缘系统就会被唤起，但如果解释为无关紧要的话，这种效应就不会产生（Bandura, 1983）。

当然，抑制也是社会学习的产物。随着逐渐长大，我们了解到，攻击在某些情况下会导致消极的后果，于是我们发展出了抑制攻击性反应的能力，而且这种抑制在大多数情况下几乎已经成为一种无意识的过程。不过，某些时候有意的说理也会产生抑制："等等，保持冷静，愤怒并不能解决问题。"此外，情感的反应也会起到抑制作用。例如，假设某人羞辱了你，怒火中烧之下，你握紧拳头向他挥过去，此时他哭了。如果眼泪激起了你的同情之心，那么怒火很可能迅速熄灭。当然，我们都知道另一种情感——恐惧——肯定也能抑制攻击性反应。当对手身形与你一样，或比你弱小时，你可能会朝他大吼大叫并推推搡搡，但一旦对手有一个更高大强壮的朋友加入进来，你可能很快就会抑制住自己的攻击性。

由于个体在神经水平、学习历史、行动习惯（是否提前思考后果）和情感反应方面存在着差异，因此他们抑制攻击倾向的能力也会各不相同。而且这种抑制能力还会随着时间和环境而改变。我们都知道，有些性格温和的人在酒精的影响下会变得非常具有攻击性，而且高龄人士大脑的变化会使抑制能力降低，导致更多冲动型攻击。当然，我们也不能忘记，随着不断长大，大多数人都学会了使用语言而非拳头来处理冲突，学会了在分享食物时应该合作而不是竞争，学会了寻找除暴力以外的其他方式来解决冲突。

要点：攻击意味着意图伤害他人；暴力是更为严重的攻击形式。攻击可以是主动性的——为达到某种结果有意为之；也可以是反应性的——主要受情感驱使，以伤害对方为目标。

研究攻击

该怎么研究攻击呢？我们不能简单地依靠直接观察，因为当事人如果知道自己正在被观察，我们感兴趣的行为很有可能就会受到影响，而且无论如何很难在正确的时间正确的地点观察到自然发生的攻击行为。如果用隐藏摄像机呢？有些情况下可能有用。例如，佩普勒（Pepler）和克雷格（Craig）（1995）使用了不显眼的摄像机和无线麦克风来观察儿童在校园内任意地方的互动，所有孩子都不知道自己一直处于他人的观察之中。由于是儿童，所以只需要征得他们父母的同意即可。但如果想要研究成年人的攻击就不行了：我们该如何获得成年人的同意，却又不告知他们将会被观察呢？

如果在实验室研究攻击呢？由于攻击的定义是意图伤害他人，而我们很难对意图进行评判，因此大多数实验室研究干脆忽略这一点，转而从操作层面以特定的行为来定义攻击。例如，常用的操作性定义即米尔拉格姆的老师—学生范例中电击的数量和强度（见第六章）。但是，忽略意图会模糊攻击反应的本质。受试者施加电击是为了伤害呢，还是认为自己实际上是在帮忙？鲁尔和内斯戴尔（Rule & Nesdale，1974）比较了两组受试者的行为，一组被告知增强电击会帮助学生，另一组被告知这会阻碍学习。此外，在学习过程中，每一组中都有一半受试者受到了学生（实验者同伙）的侮辱。平均来看，被告知增强电击能帮助学生的受试者施加了最高强度的电击，**前提是他们没有受到学生的侮辱**（图 11.2）。虽然他们认为自己给学生造成了痛苦，但他们也相信为了受害者的利益，这是值得的。但是，如果他们受到了侮辱，施加的电击就会**更弱**，这意味着侮辱降低了他们帮助学生的意愿。另一方面，在没有受到侮辱的情况下，相比于被告知电击会有助于学习的受试者而言，那些被告知电击会阻碍学习的受试者施加的电击更弱，而在受到侮辱的情况下，施加的电击更强。很显然，在这一案例中，强烈的电击既可以被看作一种有益的行为，也可以被看作是有害的，这取决于如何引导受试者。因此，当遇到将电击等同于攻击的研究时，我们心中必须亮起红灯。

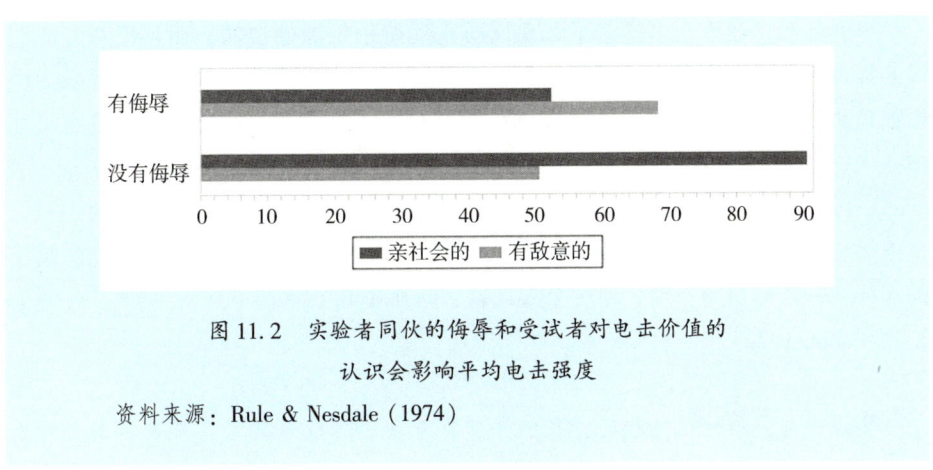

图 11.2 实验者同伙的侮辱和受试者对电击价值的
认识会影响平均电击强度

资料来源：Rule & Nesdale（1974）

攻击的根源

我们该如何解释人类对他人施加的暴力呢？是否如弗洛伊德所说，我们无法控制，因为暴力存在于我们的基因之中？或者我们是卢梭所说的"高贵野蛮人"，天生善良温柔，但随着时间的推移被养育我们的社会腐化了？

本能因素

我们经常说某人因某事"气炸了"，需要"发泄"。关于攻击的本能理论认为，存在一种内在的"攻击"能量，受各种抑制性力量的影响而被困于体内，但最终一定会通过攻击或与攻击有关的活动（比如有身体接触的运动）被释放出来。弗洛伊德把这种释放称为**宣泄**（catharsis）（Freud, 1933）。他认为，不管采取何种形式，攻击是不可避免的，我们只能努力疏导和控制它。根据弗洛伊德的观点，捶打沙袋可以"排解"怒气，或者只是观看拳击比赛也能实现某种程度的宣泄，降低个人的攻击性。随后我们会发现，数据证明他的观点并不正确。弗洛伊德的学说并不是唯一的本能理论，但几乎所有的本能理论都过于简单。简言之，并不存在关于攻击本能或人类的攻击"能量"的经验证据。

宣泄

撇开本能理论，关于宣泄的观念是否有价值呢？这一概念由来已久。亚里士多德将宣泄描述为观众在观看悲剧时被唤起的怜悯和恐惧感的清除：观众认同主人公，通过感受主人公的痛苦，这些情感得到表达和消除。另一方面，柏拉图认为目睹情感的释放实际上会增强而非减轻情绪感受。

事实证明，亚里士多德错了。现代研究支持柏拉图的说法，而且反对宣泄假设的证据十分具有说服力。观看或参加攻击性运动，直接攻击物体，观看暴力电影或口头攻击他人等，都不是减轻敌对性唤起的有效方式，相反，它们更有可能增强人们的攻击想法和感觉，推动攻击行为的产生（如 Bushman, Baumeister & Stack, 1999; Verona & Sullivan, 2008）。例如，一项研究发现，在个人受到了侮辱或被激怒的情况下，相比于给他机会去面对对手并说出烦恼——像宣泄论所暗示的那样——反而是简单地让他一个人待着，其血压和敌意会下降得更快（Vantress & Williams, 1972）。

要点：与流行的观点相反，我们并不存在攻击本能或能量，而且参加或观看攻击性活动实际上会增加而非减少攻击性。

挫折是攻击的根源之一

没有人会一直生气或一直具有攻击性。早期研究比较关注特定环境下的挫折效应，而且有人推测可能存在一种与某种挫折有关的先天攻击倾向。这种**挫折攻击假说**（frustration-aggression hypothesis）最先由多拉德（Dollard）等人（1939）提出，它认为每一种挫折（它将挫折定义为有目标的行为受到的干扰）都会导致某种攻击倾向，每一种攻击都是由某种挫折引起。学习和环境因素都能决定究竟会采取哪种攻击形式，以及谁会成为攻击目标。但是，研究表明，这种假说同弗洛伊德的理论一样，是站不住脚的。虽然挫折能导致攻击，但它同样也能导致其他行为，例如被动的撤退。而且，攻击并非总是由挫折引起。

不过，大家都知道，处在痛苦或疼痛中时——比如锤子砸到了大拇指——人们会更易怒，而且即使没有受到刺激，也更有可能冲他人发火。有鉴于此，伯科威茨（Berkowitz, 1983, 2012a, 2012b）发明了一个攻击行为的**新联想主义认知模型**（cognitive neo-associational model）（就是以两种刺激之间的"联想"为基础的一种新形式的模型）。该模型先给出一种反向刺激（疼痛、过高的温度、可怕的新闻等），这种刺激能产生与自动神经系统的唤起（所谓的"或战或逃"反应）有关的消极情感（恐惧、焦虑、愤怒），继而使人产生逃避倾向或攻击倾向。因此，根据这一模型，反向刺激能直接引发愤怒、恐惧或焦虑。

与这种反应相关的情感也会唤起各种过去与该情感或该情境有关的想法和记忆。有些想法（比如，"没人敢这样对我，休想侥幸逃脱"）可能会使人做出攻击性反应，而另一些想法（比如，"我必须保持冷静，控制住局面"）却会抑制自动的唤起。但是，如果唤起水平太高，也许认知还来不及起作用，人们就已经做出反应了（"盲目的愤怒"）。攻击者随后可能会一脸真诚地冷静下来，"我并不想伤害任何人"。因此，这一模型预测，攻击行为有时可以毫无意识地发生，连攻击者也不知道自己的动机是什么（Berkowitz, 1994）。

过高的温度就是一种反向刺激，在伯科威茨看来，它能直接导致愤怒和攻击。这也许可以解释为什么城市暴力总是发生在漫长而炎热的夏季？虽然实验数据并不一致，但有一定证据能支持这一观点——温度升高时，更有可能发生攻击，但升高到一定的水平，发生攻击的可能性又会降低，因为温度太高时，人们可能会感到乏力（Bell, 2005）。高温引起的不适会使敌意和攻击性上升，这会导致攻击行为增加。美国的研究（Rotton & Cohn, 2000）支持这一结论：对气温和有关严重袭击事件的警察报告进行相关性研究之后发现，在春季的白天，气温不高不低，此时报警的攻击行为较少，而在其他时候，随着气温的上升，攻击行为会增加。

让我们再思考一下由伯科威茨模型引申的另一个观点：**武器效应**（weapons effect）。它认为，由于电影和电视中枪支与攻击行为反复同时出现，因此，一把枪就能引发经典的条件性唤起和攻击性想法，某些情境下这会触发攻击行为。若干研究已经证明了这一效应，而且当受试者处于愤怒或受挫状态中时，这种现象最有可能发生（Carlson, Marcus-Newhall & Miller, 1990）。本章后面还会详细讨论这一点。

要点：反向刺激可能会使自动唤起和由情境引发的想法增加，当它与过去同攻击联系在一起的环境线索相结合时，可能更容易触发攻击行为。

进化因素

在研究人类的社会行为方面，进化心理学（第八章和第九章讨论过）是一个相对较新且仍受争议的方式。尽管所有人都同意基因因素和环境因素共同影响行为，但基因究竟**如何**影响仍然处于争论之中。进化心理学家认为，就像身体对环境的适应会进化一样（例如直立行走），某些曾帮助人类生存繁衍的特征和行为倾向（例如攻击）也会遵循同样的进化过程（Confer et al., 2010; Salmon & Crawford, 2008）。正如所有人现在都是直立行走的一样，这些经过进化的特征和行为倾向如今也是普遍的，虽然表现方式可能会受社会因素和正常基因变异的影响。正是这两种因素使我们与他人在很多方面都区别开来。

生存竞争依靠的通常是"腥牙血爪"，也就是说要有强壮的身体，去打败外面那些想要吃掉你的捕食者，去战胜那些想要统治你的竞争者，去吓跑那些想要偷走你伴侣的人。因此，攻击反应实际上是内生于很多物种的，而且进化心理学家认为，和其他哺乳动物一样，人类在进化中也获得了一种倾向，在特定情境下会对他人产生攻击性（Buss & Shackelford, 1997）。据推测，人类也具有一些与攻击倾向有关的特定的基因或基因组合，而且这些基因受到了自然选择的青睐，至少对男性如此，因为攻击性更强的男性更有可能找到配偶，因而更多地繁育后代，这样一来，他们体内与攻击有关的基因就会更加普遍地出现在后代的基因池里（Buss, 1994）。相似地，也有人认为，与基因有关的男性性嫉妒也受到了自然选择的青睐，因为通过控制配偶，男性可以保证自己的基因而非其他男性的基因被传给下一代。据说，这种不断进化的男性攻击性以及由此导致的男女权力差异正是现代社会以性别为基础的等级制度的来源。

这种推理方式可以得出某些特定的假设，它们都基于这样一种观点：任何有机体都有动力使自己的基因尽可能多地传给下一代。例如，回想一下**亲属关系原则**（kinship principle）（第九章）：由于个人与近亲之间有很多相同的基因，因此，当某些亲属繁育后代时，个人至少有一些基因也会遗传下来。对这些亲属进行致命攻击是违背这种遗传观念的，因此，男性的攻击性在遇到近亲时会被抑制。这意味着，现代男性更有可能攻击血缘关系较远而非较近的人（Daly & Wilson, 1988）。例如，继父母谋杀继子女的概率就明显高于亲生父母谋杀亲生子女的概率。这一事实可以支持以上结论，虽然你可能会想到对此的另一个非生物学的解释。

进化心理学既有坚定的拥护者（例如，Confer et al., 2010; Machery & Barrett, 2006），也有顽强的批评者（例如，Buller, 2005; Gannon, 2002）。常见的批评是，进化心理学是以无法证伪的方式来"解释"行为的，而且论点不可检验。例如，关于亲生孩子和非亲生孩子的杀人率差异，并没有直接的基因证据能支持这一结论，而且批评者提出了其他可能的解释，比如（这也是你想出来的解释吗？），亲生孩子一出生就与父母在一起，但收养的孩子却并非如此，他们缺少在婴儿期与养父母培养亲密情感关系的机会。因此，某些情况下，继父母与继子女之间的情感纽带不如亲生父母与亲生子女之间的那样牢固。无论这能否解释杀人率的差异，重点是要清楚，除了基因不同，还有其他很多差异可能会使亲生孩子与收养孩子之间的对比变得更加复杂。

男性支配女性、父权制社会、性嫉妒又如何呢？批评者指责进化心理学家完全无视有关亲属关系和配对模式的大量历史证据和人类学证据（McKinnon，2005）。伍德和伊格利（Wood & Eagly, 2002）主张，两性之间的地位差异并不是因为男性以基因为基础的攻击性更强，而是因为男女在生理上有不同的专长，这样在从事某些活动时就能更有效率。例如，只有女性能生养小孩，这对于群体内的劳动分工和社会组织具有重大影响。由于男性不会受到怀孕和照顾孩子的限制，他们可以更好地猎取食物，获得资源，甚至掌握和练习能提升地位和权力的新技能。于是，以性别为基础的劳动分工被制度化了。随着时间的推移，父母也开始以性别化的角色和模式来教育自己的孩子。

总之，尽管关于进化心理学的争论还在继续，但由于它具有可检验性问题，并且除了不符合基因模型的证据，它还低估社会心理变量的影响。因此，目前明智的做法是对它的论点保持谨慎。但是，我们也不能忘记，虽然进化心理学家提出的某些观点仍有争议，但我们确实是进化的产物。正如我们下面要讨论的，基因决定的大脑机制很可能至少影响着我们的某些攻击倾向。不过，由于基因变异，此类行为的倾向很可能因人而异。

要点：尽管进化过程塑造了我们的大脑和神经系统，但人类的攻击由自然选择进化而来的论点仍然备受争议。

基因根源

不论是否存在与攻击直接相关的基因，基因与环境之间的相互作用无疑会决定儿童未来的攻击性大小。即使刚出生，婴儿的**气质**（temperament）也会有明显差异，这表现为婴儿是否容易激动，以及能否快速平静下来（Jong et al., 2010; Rothbart, Ahadi & Evans, 2000）。在医院的育婴室撞响铙钹，所有的孩子都会哭，但有些很快就停下来了，还有一些会一直哭个不停。这种反应可能表明，他们的自动神经系统天生存在差异，而且这些差异与环境因素相互作用，会导致他们日后面对威胁或挑衅时的反应大相径庭。

某些特殊基因似乎对理解攻击和反社会行为尤其重要。例如，为了理解为什么有些童年受到虐待的孩子会产生反社会行为，而另一些却不会，卡斯皮（Caspi）等人（2002）对一组男孩样本进行了从出生到成年的跟踪研究。尽管父母的虐待经常导致孩子的攻击和反社会行为，但他们发现，具有某种特殊基因型（与单胺氧化酶基因有关，它会编码一种使特定神经递质失活的酶）的孩子虽然受到了父母虐待，但他们产生此类行为的可能性更小。卡斯皮等人得出结论：特殊的基因型能降低孩子对虐待作用的敏感度。

另一些研究发现，三种特殊基因的某些类型似乎会使个人在压力环境下表现得更具攻击性（Simons et al., 2012）。不过，这种影响是间接的，因为遗传获得的并不是个人的攻击倾向，而是社会环境下对刺激的更高敏感度。对此，这些研究者通过**差别易感性模型**（differential susceptibility model）进行了解释：由于基因变异，某些大脑比另一些更"具有可塑性"，而且随着个人的成长，可塑性越强，大脑的发育就越会受到环境因素的影响。所以，与缺少易感性的人相比，具有此类易感性的人如果遭到父母虐待或成长在充满暴力的社区，其大脑的发育很可能会更多地受到这些环境的影响。反过来，由于更敏感，加之成长在负面的社会环境中，这些人更有可能认为社会是充满敌意和威胁的。为了应对这种状况，他们可能会变得强硬而好斗。

要点：基因在大脑结构的发育中起着主要作用，但它对攻击性的影响很可能是间接的。

神经根源

让我们把基因放下，来看看大脑功能与攻击性有何关系。鉴于过去几年神经科学研究的爆炸式增长，人们重新开始关注特殊的大脑结构和神经递质对攻击行为的影响。但是，并非所有的攻击行为都是同质的：回想一下主动性攻击和反应性攻击的区别。毫不奇怪的是，反应性攻击与控制情感的大脑边缘系统联系更紧密，而主动性攻击包含更多的思考和更少的情感，因此它似乎主要受高阶皮质功能调节，特别是前额皮质——一个对认知评价和判断很重要的区域。如果这一区域受损或发育不全会怎么样呢？额叶损伤有时会伴随着攻击行为的增加，而且一些针对反社会、精神病和暴力人群的脑成像研究表明，这些人的大脑前额区域受到了损伤（Yang, Glenn & Raine, 2008；Yang & Raine, 2009）。

要点：主动性攻击似乎与前额皮质有关，而反应性攻击与边缘系统联系更紧密。这些区域的损伤能对攻击倾向的表现产生重要影响。

激素根源

很多物种在攻击性方面都有本质的性别差异：通常来说，雄性比较好斗，而雌性并非如此，除非是为了保护自己的孩子（Archer，1976）。这些差异似乎并不是学习的结果，因此人们不禁好奇，所谓的性激素在其中发挥了什么作用。阉割会去除一种重要的性激素——睾丸激素，当种马、公牛或其他动物被阉割之后，会变得更加温顺，且很少反抗。当服用睾丸激素之后，它们会恢复"正常"的攻击性，这表明睾丸激素在动物的攻击行为中起着重要作用。阉割似乎也会减少男人的攻击性（Johnson，1972），当正常成年女性服用了睾丸激素之后，她们的体力和整体攻击性往往会增加至一般男性的水平（Bardwick，1971）。也有证据表明，孕期所吸收的睾丸激素量大小会影响攻击性（Collaer & Hines，1995）。麦克安德鲁（McAndrew，2009）认为，作为自然选择的结果，当地位受到竞争或挑战时，男性的睾丸激素水平会上升，这种上升是后续一切攻击的必然要素。他还指出，男性之间的攻击行为最容易发生在青少年时期和成年早期，因为此时睾丸激素水平是最高的，并且对地位和伴侣的竞争也是最激烈的。

但是，不能因此认为睾丸激素和攻击之间具有直接的因果关系。例如，雄性激素也能增强肌肉组织、提升体力，并且如何使用这些增强的体格和能量也取决于社会化的情况（Eagly & Steffen，1986）。（由于睾丸激素能塑造肌肉、增强体力，因此，在药物管制和药物测试政策出台之前，它成了某些运动员的首选激素。）此外，睾丸激素水平实际上也受社会因素影响，这包括对环境的认知和解释；研究表明，与攻击有关的线索可能会引发睾丸激素水平的上升，这反过来会提高攻击反应发生的可能性。例如，在一项实验中（Klinesmith，Kasser & McAndrew，2006），与控制组相比，操作枪支的男性受试者睾丸激素水平上升得更多。因此，无论睾丸激素与攻击有什么关系，但毫无疑问，这是一种既包含生理因素，也包含社会和文化因素的复杂关系。

要点：睾丸激素似乎在某些攻击行为中发挥着重要作用，但它本身并不能解释人类的攻击行为。

社会根源

虽然基因、大脑结构和激素发挥着作用，但它们只能部分地解释为什么某些人比另一些人表现出更多的攻击性，而且只用生理因素来解释攻击，实际上是忽视了社会学习和社会结构的强大影响。

社会学习理论

根据社会学习理论（social learning theory），儿童是通过直接强化行为和模仿他人两种方式来学习如何攻击、何时攻击和攻击何人的（Bandura，1973）。多数研究已经表明，生命早期是学习攻击的关键时期（Olweus, 1972）。这种学习过程大概是以如下方式进行的（Sawrey & Telford, 1975）：新生儿以单一、分散的情感反应模式（与共情神经系统唤起有关）对有限范围内的刺激——大的响声、降落的感觉、一阵冷风、活动受阻——做出反应，这些反应可能会被贴上"兴奋"或"害怕"的标签。通过经典的调节，其他刺激也能引发同样的反应。婴儿的"惊讶"反应既伴随着内在的生理变化，也伴随着行为的变化。首先是身体的僵硬，之后是类似发脾气的行为，这包括扭动身体、胳膊和腿不协调地晃动，还有大哭。正是通过减少这些不适，婴儿才学会了在害怕时"攻击"或"退缩"。如果孩子的爆发能有效地去除这些讨厌的刺激，那么分散的爆发就可能被固定化。不过，更有可能的是，这种反应模式的某些特征在特定的环境下才更有效。例如，挥动胳膊可能会让过于热情的猫停下前进的脚步，但此时如果哭鼻子可能就完全无效。

最终，语言使儿童获得了对行为的一些控制。虽然推搡或击打也许能减少或消除痛苦或沮丧，但儿童也了解到，攻击在某些情境下会遭遇反攻击。于是，明显的攻击可能会被言语攻击或象征性攻击所取代。而且，以语言进行沟通的儿童，学会了用言语方式（比如奉承或劝说）而不再是暴力方式来达到目标。而语言习得有困难的儿童可能永远也无法完全学会用话语替代拳头。

在成长过程中，小孩对攻击的了解程度以及人们对攻击的接受程度会对其社会行为产生非常强烈的影响（Huesmann & Guerra, 1997）（图 11.3）。在某些社会和某些家庭中，人们会鼓励儿童，特别是男孩，要主动出击，要"捍卫自己"，而

图 11.3　水枪会触发孩子的攻击行为吗？还是只会把衣服弄湿？

另一些孩子则被教导要更加和善，要试着用非攻击性的方式来解决冲突。但是，儿童的身体条件与环境相互作用，会产生一系列特殊的经历，这些经历本身会促进或阻碍对攻击反应的学习。例如，在同龄人中身形比较矮小的孩子就不太可能骄横跋扈，而身形高大的孩子可能很快就会认识到攻击是获取特定目标的有效方式。（目标之一可能仅仅是通过攻击获得关注。）另一方面，矮小的孩子可能厌倦了忍气吞声、备受欺凌，最终采取行动，变得更加强大，甚至可能成为一个霸凌者，而高大的孩子可能会被甩在后面，因为他们从来不需要培养与攻击有关的身体技能。

虽然直接强化对攻击行为的发展和持续十分重要，但儿童也可以仅仅通过观看他人攻击就习得攻击行为。攻击模范身上发生什么会让孩子认识到强化这种偶然行为是有效的呢？如果攻击模范获得了奖励，比如实现了某个特定目标，或者至少没有受到惩罚，那么孩子在遇到相似情况时，很有可能就会模仿此类行为。班杜拉（Bandura）和同事（Bandura, Ross & Ross, 1963a, b）进行的一系列经典实验都证明了以上结论。例如，实验者给孩子看一个影片，影片中一个男孩拒绝与第二个男孩分享玩具。于是后者攻击了第一个男孩，而且向他的玩具车投掷飞镖。关于结尾有两个版本，在第一版中，攻击者最后得到了所有的玩具，影片展示的就是他拿走一切的场景；在第二版中，攻击者受到了惩罚，第一个男孩回击了他。虽然多数孩子都说自己不赞同攻击，但与看到第二版结尾或完全没看影片的孩子相比，那些看到第一版结尾（攻击没有遭遇反抗）的孩子在随后的游戏中表现出了更多的攻击性。在城市日托中心进行的一项自然研究也支持这一结论。戈尔茨坦等人（Goldstein et al., 2012）发现，如果看到另一个孩子的攻击行为产生了积极结果，而非消极结果，那么孩子更有可能表现出攻击性。

模范的作用以及对其行为后果的观察会持续影响我们的生活。例如，如果足球比赛的观众看到某人向裁判扔啤酒罐却没有任何消极后果，那么这个观众很可能也会扔东西。模范的攻击行为也能增强情感唤起，当遇到合适的情境线索，就会促发攻击反应。

童年的一次次经历，不论是个人的，还是通过观察模范的行为所习得的，都会导致**认知脚本**（cognitive scripts）的形成（Huesmann, 1988）。它就像第二章所讨论的事件图式一样，告诉我们在特定环境下可能会发生什么，应该如何反应，结果可能是什么。这些脚本不仅是通过个人经历及其结果被写就，而且也是通过观察他人的日常生活以及媒体的描述形成的。例如，如果某人更喜欢看把警察描绘成骗子和恶棍的电视节目，就表明他对警察有一种消极脚本，而且通过观看此类节目又会强化这一脚本。这些脚本会逐渐自动化，在无意识的情况下，影响我们对情境的认知评价，影响我们的行动选择以及我们对结果的解释（Huesmann,

2007；Huesmann & Kirwill，2007）。它们总是会形成自我实现预言。例如，如果某人的脚本中包含这样的观念——"你不能相信警察，他们在抓你"，那么与警察的互动就会变得十分消极，而这反过来又会强化这一脚本。

要点：社会学习在决定行为方面起着关键作用，这其中就包括攻击行为。强化、模型和认知脚本的学习都是决定个人是否会攻击的重要因素。

父母的影响

父母是孩子的模范。从社会学习的角度来看，孩子长大是否会具有攻击性，主要取决于父母——他们在很大程度上控制着幼儿的世界——的行为。父母也会教育孩子如何解释社会环境；他们管理孩子的行为，树立执行的标准并强化规则；他们还充当老师的角色，直接教授知识、传递价值观并鼓励孩子养成特定的态度和习惯（Klama，1988）。

如你所知，要研究父母的性格行为、养育风格与孩子之后的攻击性之间的关系并不容易。研究者无法控制自变量或去除一切无关变量，因此通常的研究都会考察教育风格的各个方面与孩子的行为或性格之间的相关性。一般来说，此类研究都要依赖父母对孩子行为的评价，以及孩子的自我报告，但这些信息来源有可能极具误导性。

不过，虽然存在困难，但一批有关父母特点和养育风格对孩子攻击性影响的研究已经逐渐涌现（Coie & Dodge，1997）。经常使用体罚或威胁来规训孩子的父母，扮演的就是攻击模范的角色，他们会间接地教会孩子，当某人手握权力时，攻击是"有效"的。此外，当孩子与其他小孩发生争执时，习惯体罚的父母更有可能会强化和纵容孩子的攻击行为。而且，一旦在家庭内部通过攻击来解决冲突，那么孩子不仅学会了攻击是有效的，同时也被剥夺了学习用非暴力策略解决问题的机会，而这可能是最重要的影响（G. R. Patterson，1982），日后当生活中出现冲突时，他们很有可能只会以攻击行为做出反应（Moore et al.，1989）。还要记住的是，正如之前提到的，生理因素似乎会使某些孩子对父母的规训更为敏感。

而且，我们不能忘记关于主动性攻击和反应性攻击的讨论。研究表明，它们往往源于童年的不同经历：主动性攻击一般形成于直接或间接强化攻击行为的环境中，而反应性攻击主要形成于危险而严厉的环境中，比如冷漠或家暴的父母（Brendgen et al.，2006）。随后，当孩子进入校园，会面对一整套全新的同侪关系，这些关系会鼓励或抑制某些特殊行为。表现出反应性攻击行为的孩子往往会被同伴拒绝或虐待，而且还会受到成人的惩戒，而另一方面，表现出主动性攻击行为的孩子,即使是小恶霸,也会更多地被容忍,而且他们的行为会更多地被其他孩子强化,特别是那些与之攻击性相似且结为好友的孩子(Poulin & Boivin, 2000)(专栏11.2)。

专栏11.2 另一个视角:霸凌

如果父母的养育风格是惩罚性的,并且家中冲突不断,又缺乏合理的解决策略,那么往往就会使孩子产生一些"外化行为",比如反抗、偷盗、恶意破坏、打架和霸凌(Brubacher et al., 2009)。有些孩子随着长大成熟而不再霸凌,但有些在社会交往中仍会存在问题。这种校园霸凌可能会演变成日后生活中的情感暴力(Pepler et al., 2002)。虽然人们总是认为男孩比女孩更容易产生霸凌行为,但最近的研究表明,性别并不是一个重要的决定性因素(Hong & Espelage, 2012)。不过,女孩明显更有可能成为性霸凌的受害者,其中很多都是言语性的。

只有少部分孩子会成为霸凌者,而其余大部分都是受害者。曾经,人们认为霸凌是"成长的一部分",所以父母会鼓励孩子,特别是男孩,在遭受霸凌时要勇敢反抗。但现在,霸凌被认为是一种普遍的暴力形式,它会在很多孩子成长过程的某一个阶段,当他们缺少资源做出恰当回应时,给他们的生活带来痛苦。有些孩子会因此遭受严重而长期的情感障碍。而且,在这个电子化的时代,霸凌已经具有了全新的现代形式——网络霸凌。通过电子邮件、"脸书"或其他社交媒体,孩子可能会被一个匿名恶霸纠缠与羞辱。

霸凌者会骚扰那些最没有能力保护自己的人,而发育困难的孩子最有可能被挑选为目标(Marini, Fairbairn & Zuber, 2001)。此外,英国(Rivers, 2001)和美国(Birkett, Espelage & koenig, 2009)的研究都表明,无论在言语上还是身体上,被认为是同性恋或双性恋的学生遭受霸凌的概率都比其他学生高得多。相似地,不够"阳刚"的异性恋男孩也可能成为目标。英国一项对伦敦12所学校的11岁至14岁男孩进行的研究(Phoenix, Frosh & Pattman, 2003)发现,这些男孩有一个共同的感受,即他们必须恰当地展现自己的男子气概,以防被其他男孩霸凌或被贴上"同性恋"的标签。

霸凌是一个世界性的问题。在西班牙、意大利和英国进行的一项覆盖6000名青少年的问卷调查表明,有3%至7%(各国有所不同)的人回答说自己曾被霸凌过,而网络霸凌是很重要的一种形式(Ortega et al., 2012)。有人在12岁及以上的捷克居民中选择了一个具有代表性的大型样本,并对这些人进行了面对面的访谈,结果显示,有将近10%的网民表示自己曾是网络霸凌的受害者(Ševčíková & Šmahel, 2009)。这些研究发现,无论是直接的,还是网络的,霸凌都对大多数受害者造成了情感创伤,这会导致学业和社会心理受阻、低自尊、抑郁,有时还会产生敌意外化。另一方面,有些受害者表示自己没有受到任何影响,因此,我们有必要弄清楚,究竟是什么使某些受害者能更快恢复。

虽然人们总是从霸凌者本身的特征来理解霸凌,但这其中往往还涉及一个奖励霸凌和鼓励继续霸凌的群体性过程,因为霸凌在同侪群体中具有一定的社会作用(Salmivalli,2010)。群体中的其他人可能不会亲自直接霸凌目标人物,但他们的反应,比如大笑,也会鼓励霸凌,并会进一步对目标造成羞辱。为了赢得霸凌者或群体中其他人的青睐,有些孩子会模仿霸凌者的行为。由于霸凌者在群体中总是占据着支配性地位,因此即使有人想要保护目标人物,也可能因害怕自己也成为目标而放弃。

即使孩子离开了校园,霸凌也不会停止。成年人在被霸凌时,往往也会遭受严重的毁灭性的后果。霸凌普遍存在于工作场所、军队、监狱和其他很多社会机构中(Monks et al.,2009)。例如,日本的一项研究(Giorgi et al.,2012)表示,工作场所的霸凌发生率达到了15%。之前提到的捷克共和国网络霸凌研究(Ševčíková & Šmahel,2009)发现,有些50岁的人,甚至更年长的人,也声称自己是网络霸凌的受害者。

家庭暴力的影响

虽然我们倾向于认为父母总是尽最大努力以安全而健康的方式来养育孩子,但在任何一个特定的社会中,大多数暴力行为都可以用家庭暴力来解释(Tolan,Gorman-Smith & Henry,2006),而且其中大部分暴力都指向儿童。虐童是一个世界性问题(Newton & Vandeven,2010),而且被虐待的孩子很可能形成严重的心理和行为适应障碍。家庭内部的身体虐待是男孩和女孩产生攻击行为的重要指标(Muller & Diamond,1999),而且大量证据表明,这种虐待会抑制孩子自我效能感和自我掌控感的发展。这会延续到成年期,不仅造成情感障碍,甚至会形成持续至老年的严重健康问题(Sachs-Ericsson et al.,2011)。不过,至于什么是虐童,却因社会而异。例如,在瑞典,掌掴孩子就是虐童,而在其他很多国家,人们认为这是一种正常而无害的惩罚。

父母对青少年的言语和身体攻击与这些青少年成长为年轻人之后在浪漫关系中的言语和身体攻击密切相关(Cui et al.,2010)。此外,纵向研究也表明,严厉的儿童教养方式会被固定下来,因为每一代新的父母都会重复自己曾经经历过的那套教养技巧。目前已经在三代人中观察到了这种效应(Huesmann,Eron & Yarmel,1987;Bailey et al.,2009)。

即使并没有直接被虐待,但只要见证了家庭暴力(比如,看着母亲挨打),就可能对孩子造成同样的心理创伤（Jaffe et al.，1986）。可悲的是，很多孩子经常性地看到夫妻暴力。对 12 个月大的孩子的研究发现，只要处于愤怒的环境中，即使怒火并非指向他们，这些孩子也会表现出痛苦，有时还会产生攻击行为（Emercy，1989）。而且，有些从小见证父母暴力的孩子日后也会以相似的方式对待自己的伴侣（Moore et al.，1989；Emery，2010；Smith et al.，2011）。

但是，虐童和成年暴力之间的联系并不是简单直接的。我们要小心，不能认为每个被虐待过的或是看着家庭暴力长大的孩子都会变成严厉而暴力的父母。虽然经验证据表明，如果父母幼年被虐待过，那么他们虐童的概率更大，但实际上，大多数虐童者本人从未被虐待过，大多数罪犯幼年没有被虐待过，大多数被虐待过的孩子没有变成罪犯（Glasser et al.，2001；Widom，1989；World Health Organization，2007）。而且，小的时候攻击性强，并不代表成年后也如此。对蒙特利尔 1000 多名男孩进行的一项为期 15 年的纵向研究发现，幼儿园时攻击性特别强的男孩中，只有八分之一在进入高中后依然如此（Nagin & Tremblay，1999）。这是否表明，虐童的后果并不像人们担心的那样严重呢？答案是否定的。虽然我们还无法解释，为什么有些被虐待过或被忽视过的孩子会变得更具攻击性，而另一些会变得抑郁、畏缩，甚至自我毁灭，还有一些似乎没受到什么影响。有些孩子好像就是比另一些恢复得更快。儿童的各种心理特征，以及家庭生活中除暴力以外的其他各个方面，都会决定暴力对孩子的影响；儿童对家庭暴力的评价和认知过程很可能也是一个重要因素（Rutter，1987；Werner，1989）。有些孩子也许能从情感上将自己与家庭暴力隔离开来，而且不认为这是由于自己的缺点造成的（Moore & Pepler，1989）。对一些孩子来说，如果存在一个对他们的人生非常重要并能让他们感到温暖和安全的人，这将很大程度上避免心理失调和攻击行为的出现（Gonzales et al.，2012）。

在结束这一话题之前，必须指出，除了虐童和见证家庭暴力之外，忽视儿童也会产生消极后果，而且这种忽视甚至比身体虐待更常见（Éthier, Palacio-Quintin & Jourdan-Ionescu，1992）。成年后，曾被忽视的孩子有时甚至会比被虐待过的孩子表现出更多的攻击性（Widom，1989）。

要点：父母建立和控制了孩子大多数的环境以及对偶然事件的强化，因此他们很大程度上决定了孩子如何理解攻击行为的有效性和可取性。

媒体影响

登广告的人肯定相信电视会影响态度与行为，因为他们为此耗资数亿。而且，考虑到模范的强大影响，考虑到多数孩子都会花很多时间看电视、视频，或是玩电子游戏，因此，暴力在媒体中的呈现方式很可能会显著影响他们的行为。

加拿大马尼托巴省温尼伯湖边有一个传统的克里族人社区——挪威屋，那里的人把电视称为"*koosapachigan*"（克里语），意思是"摇晃的帐篷"，在这里过去的巫师会召唤出活着和死去的灵魂，其中一些灵魂不太友好。事实上，电视上展现的大部分东西都不太友好，而且有关媒体暴力（无论是在电影院、电视还是网络中）是否会使人（特别是儿童）攻击性更强的争论由来已久。此外，现代以年轻人为受众的音乐和电子游戏总是包含暴力主题，有些以女性、少数种族以及警察等不受欢迎的权威人物为目标。儿童通过媒体不仅能接触到攻击性模范，也能接触到非攻击性模范，孩子越是认同和接近模范，模塑作用就越容易发生（Eron, 1980）。

但这种影响究竟有多显著呢？成年人同样也会受模范影响，但大多数媒体暴力影响研究都以儿童为对象，这是因为儿童的思想、价值观和态度正快速发展，因此他们更容易受影响。过去的研究证据多少有点混乱，但最近几年，越来越多证据表明，媒体暴力与观看者在真实生活中的攻击之间确实具有重要的正向联系（Bushman & Anderson, 2001）。即使是未满学龄的同胞兄弟姐妹，在看了暴力的电视节目之后，互相之间也会表现出更多攻击行为（Miller et al., 2012）。不过，这些发现一般指的都是相对温和的攻击行为，比如孩子在做游戏时或受试者在实验室环境中发生的行为。另一方面，媒体暴力的影响——包括暴力的交互式电子游戏——与犯罪行为之间似乎没有多大关系（Ferguson, 2013；Ferguson & Kilburn, 2009）。记住这一点对接下来的讨论十分重要。

社会心理学对观看暴力电视节目的影响进行了研究，分为以下几种形式：

- 实验室研究：让受试者观看暴力或非暴力的影片，然后制造攻击机会，观察其反应。
- 实地研究：给自然状态下（一般是在居民区）的儿童随机限定电视节目，暴力程度有高有低，然后观察和测量其攻击性。
- 关联研究：在此类研究中，有些是纵向的，对暴力电视节目观看量的测量与对攻击性的测量相互关联。

虽然实验室研究可以有效地考察现实生活中各种重要变量之间的相互关系，而且此类研究已经清楚地表明，在实验室观看暴力电视节目或电影会导致在实验室内的攻击行为增多，但是，如果要把这些结论扩展至其他地方，我们一定得谨慎。例如，我们并不清楚，实验室内对攻击的测量（比如，通过按按钮对他人施加电击）与现实生活中的攻击究竟有多大关系。更重要的是，实验室的环境要求意味着实验者允许或同意受试者在给定的机会下实施攻击行为。此外，还要指出的是，在现实生活中，没有人会只看一部暴力影片；人们一般会在数年内定期地观看暴力电视节目。而且，电视暴力会被大量非暴力的节目所打断，这很可能会阻碍暴力影响的发挥。

大部分纵向研究都发现，观看暴力电视节目与攻击性之间存在正相关关系。不过，有没有可能并非电视暴力导致了攻击，而是攻击性强的人本身所具有的攻击倾向促使他选择观看暴力电视节目？休斯曼（Huesmann）、拉格斯佩茨（Lagerspetz）和埃伦（Eron）（1984）在美国对 758 名儿童，在芬兰对 220 名儿童进行了从一年级到五年级的纵向研究。他们发现，观看暴力电视节目确实不仅与现在的攻击性有关，也与未来的攻击性有关。不过，他们的结论是，尽管简单的观看媒体暴力的确对攻击性有某些影响，但这种影响可能与发现攻击对解决问题具有明显作用之后所产生的态度转变有关。没有证据表明，看起来具有先天性攻击倾向或父母攻击性强的孩子比其他孩子更易受电视暴力影响。

在德国进行的另一项纵向研究（Krahé, Busching & Möller, 2012）考察了青少年媒体暴力消费与两年内自我报告的和老师评价的攻击行为之间的关系。随着时间的推移，媒体暴力消费同时预测到了自我报告的和老师评价的攻击行为。而随着研究的进行，媒体暴力消费减少的受试者，攻击性也相应降低了。

如今，暴力电子游戏越来越流行，特别是在年轻男性中间，而担忧也与日俱增——人们害怕此类游戏会导致玩家在处理现实生活中的冲突时也采用身体攻击的方式。安德森（Anderson）和布什曼（Bushman）（2001）对 35 个关于暴力电子游戏影响的研究进行了元分析，并得出结论：玩此类游戏绝对与攻击行为的增多有关系。他们表示，这种关系的强度就和使用避孕套与感染艾滋病病毒风险降低之间的关系强度一样！当然，虽然使用避孕套与艾滋病病毒传播率降低之间的因果关系凭直觉我们就可以理解，但谈到暴力电子游戏与攻击行为，如果它们之间真的存在因果关系，究竟是怎样的因果关系呢？目前尚不清楚。不过，布什曼和安德森（2002）的另一项研究展示了一种可能性：受试者要么玩一个暴力的，要么玩一个非暴力的电子游戏，然后读一个模糊的故事简介，而这个故事中包含了潜在的人际冲突。随后，受试者要猜测随着故事的发展，主角会怎么做、怎么说或怎么想。与玩非暴力游戏的人相比，玩暴力游戏的人认为主角会更加愤怒，有更多攻击性想法，并且表现出更多攻击行为。研究者的结论是，暴力电子游戏会让人产生一种"敌意期望偏见"，这是一种期待他人在冲突中做出攻击性反应的倾向。

其他研究发现，玩暴力电子游戏的影响在游戏结束之后依然能持续很久。布什曼和吉布森（Gibson）（2011）让受试者玩 20 分钟的暴力或非暴力游戏，然后要求每组一半的人回味这个游戏，或者说，琢磨游戏的暴力方面。一整天过去之后，那些玩暴力游戏的人比玩非暴力游戏的人表现出了更多的攻击性，但前提是这些人之前被引导去回味了游戏的暴力面（图11.4）。研究者的结论是，回味能让人记住攻击性的想法、情绪和倾向。有趣的是，研究者只在男性身上看到了这些影响，女性并没有。这可能是因为男性比较享受这类游戏带来的生理唤起。某项研究发现，在玩暴力游戏时，伴随着强大的音效，男性玩家的心率会上升，这是唤起的表现；而女性玩家的血压会上升，这意味着压力（Tafalla, 2007）。也许这就是为何女性相比男性更少被此类游戏吸引的原因之一（Hartmann & Klimmt, 2006）；她们可能倾向于避免玩暴力游戏，因为这会让她们产生压力反应。

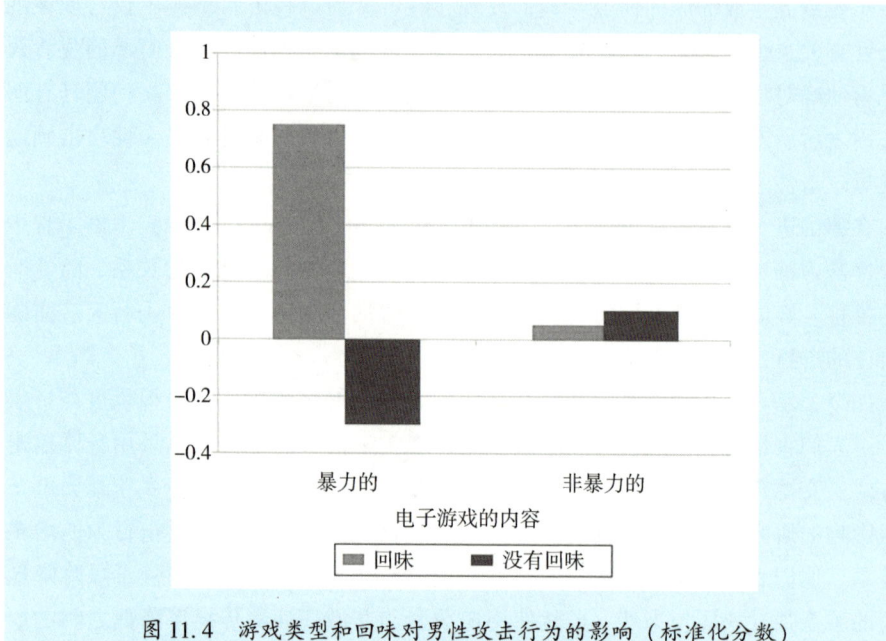

图11.4 游戏类型和回味对男性攻击行为的影响（标准化分数）
资料来源：基于 Bushman & Gibson, 2011 提供的信息

很多不同的文化中都已经发现了暴力游戏的这种攻击促进效应。安德森（Anderson）等人（2010）在日本和一些西方国家对于有关暴力电子游戏对攻击行为的影响的研究进行了跨文化的元分析，结果充分证明，接触暴力电子游戏可能会引起攻击想法、情绪和行为的增加，同时会导致共情和亲社会行为的减少。还有研究（Huesmann & Rowell, 2010）表示此类结论不仅适用于男性，也适用于女性。

不过，虽然存在以上研究，但研究者在媒体暴力是否**真的**会导致攻击行为增加这一问题上仍然存在分歧（Ferguson, 2013）。为什么还有犹豫呢？一些研究者（例如，Ferguson & Kilburn, 2010）指出，某些对媒体暴力与攻击关系的研究存在方法论上的缺陷，而且发现的也只是一种较弱的关系，缺少来自现实世界的统计学依据。另一种担心是，媒体暴力总是与兴奋混淆——暴力电视节目、电影或电子游戏通常比一般中性节目更令人兴奋或疲惫。因此，在研究受试者看过暴力电视节目或玩过暴力电子游戏之后的行为变化时，就无法确定攻击性的上升究竟是因为兴奋，还是因为暴力。而且还有另一个可能混淆的因素：不论暴力与否，电子游戏一般都包含竞争。研究者（Adachi & Willoughby, 2011）让受试者玩过暴力或非暴力游戏之后，对他们的攻击性行为进行了比较，结果发现，无论是否暴力，竞争性更强的游戏会导致更多的攻击行为。

所以，争议的继续不仅涉及媒体暴力对攻击的影响强度，甚至涉及这种影响的存在本身。这一争论已经持续了数十年，毫无疑问，未来还会继续。2011年12月，国际攻击研究协会成立了一个由媒体暴力领域国际公认的研究者组成的特别委员会，来考察媒体暴力与攻击之间的关系。报告（2012年媒体暴力委员会报告）的结论是：

>……接触媒体暴力不仅能增加各种形式的攻击行为，还能增加攻击想法、攻击情绪、生理唤起，并减少亲社会行为。媒体暴力的影响因人而异，而且可能会十分微妙，特别是在考察某人的一生时。在所有类型的媒体中都已经发现了媒体暴力的影响（电视、电影、电子游戏、音乐、动画片等）。

报告接着说：

>有些评论员认为媒体暴力特别是暴力电子游戏是校园枪击的主要起因。另一些评论员认为没有确凿证据表明媒体暴力具有任何有害影响，这样的结论往往是基于一两个研究结果。这一领域的大量研究都不支持这两种极端看法。可以确定的是，无论是短期还是长期来看，接触媒体暴力都是攻击增加的一个风险因素。

而这确实是目前为止关于媒体暴力最好的说法了——它是攻击增加的一个风险因素，但绝不必然导致攻击。比如，这本教材的大多数读者肯定都看过很多暴力的电视或电影，但并没有成长为攻击性过强的人。

除了直接影响之外，媒体暴力还会产生一些间接影响：

模仿

当媒体过分关注暴力犯罪者时，某些寻求关注的人可能会仿效这种暴力行为，以期获得名人的地位。这种**模仿性攻击**（copycat aggression）很常见，即使是在19世纪，有关开膛手杰克恶行的新闻就在英国乡间引发了一系列肢解妇女的案件

(Berkowitz, 1971)。1963年美国总统肯尼迪被暗杀后,世界各地出现了一阵暗杀狂潮(Weisz & Taylor, 1969),而且在这起暗杀和其他一些广为人知的谋杀案之后,美国的暴力犯罪率出现了异常的提高(Berkowitz & Macaulay, 1971)。某项研究发现,四分之一的青年暴力袭击者表示,自己曾尝试过模仿性犯罪(Surette, 2002)。此外,电视和影视剧,特别是那些经过仔细研究,并且花费大量精力详细呈现出犯罪活动细节的剧集,确实有可能教会人们一些特别的犯罪方法。

刺激联结

回想一下武器效应。伯科威茨(1984)推测,如果电视上反复地把暴力和武器联系在一起,这种"刺激联结"可能就会赋予武器一种力量,让人看到它就有了攻击的想法,在愤怒或害怕的情况下,还会引发攻击行为。在30多年前的一项开创性研究中,伯科威茨和勒佩奇(LePage)(1967)证明,在实验室环境下,相比于羽毛球拍,枪支的出现能产生更高的报复性攻击水平。正如之前提到过的,很多研究者已经成功地在不同环境下复制了这一研究。并不一定要有真实的武器:一张武器的照片,或者只是一种武器的名称,都能产生相似的效果(Anderson, Benjamin & Bartholow, 1998)。

不过,虽然人们已经充分证明,与攻击有关的线索十分重要(Carlson, Marcus-Newhall & Miller, 1990),但另外一些研究表明,此类线索究竟能产生多大效果,取决于个人过去多常使用暴力(Josephson, 1987)。

脱敏作用

研究证明,习惯性的接触媒体暴力,会导致脱敏现象,也就是说,情感反应会减弱。研究者认为,有脱敏现象的人不太可能注意到通常会引发道德评价的线索,因而也不太可能做出回应(Funk 2005;Huesmann, 2007;Huesmann & Kirwil, 2007)。因此,人们可能会发动或容忍攻击行为,而不考虑任何道德含义,也会忽视以亲社会方式进行干预的机会(Bushman & Anderson, 2009)。例如,某项研究(Krahé et al., 2011)报告说,有习惯性媒体暴力接触史的人,在观看暴力电影片段时,皮肤的电导率会降低(一般当某人兴奋、焦虑或害怕时电导率会上升),但在观看悲伤或搞笑电影时不会,这表示此人唤起较少,而且只对暴力内容产生脱敏反应。在另一项研究(Strenziok et al., 2011)中,受试者反复观看暴力程度不同的视频,与此同时,他们的大脑活动会通过功能性磁共振成像(fMRI)受到监测。尽管这些视频一开始会如预期一样,在特定大脑区域产生唤起,但是,反复观看更加暴力的视频反而会导致唤起减少,这支持了以下结论:反复观看攻击性内容会使个人的情感反应变得迟钝。其他研究发现,玩暴力电子游戏会导致玩家在面对现实的暴力描述时，生理唤起减少（Arriaga, Monteiro & Esteves, 2011; Bailey, West & Anderson, 2011）。在某项研究（Carnagey, Anderson & Bushman, 2007）中，受试者只玩了20分钟暴力电子游戏，然后观看了一部涉及现实暴力的电影。与没有玩暴力游戏的人相比，这些人的心率和皮肤电导率都更低，这表明确实发生了生理脱敏现象。

但是，这种脱敏现象真的会导致攻击行为增加吗？当然，有些实验研究似乎肯定了这一点（Englehartd et al., 2011）。但是，暴力电子游戏产生的脱敏反应能持久吗？或者说游戏结束后它就会迅速消失吗？在一项实验（Mullin & Linz, 1995）中，研究者给大学男生看了一系列暴力电影，每部电影间隔两天。在观看电影的过程中，受试者自我报告的情感反应和实际测量到的生理唤起都减少了。而且，在看完系列电影最后一部后的第三天，这些受试者与控制组的人相比，对家庭暴力的受害者所表现出的同情明显少得多。不过，在第五天的时候，这种同情又回到了与控制组相同的水平。这一研究证明，由于观看暴力内容而对暴力的敏感性有所降低的人可以很快恢复敏感性。但是，一个长期稳定地观看暴力电影的人还能成功恢复对暴力的敏感性吗？研究者尚未给出答案。

对价值观和态度的影响

长期稳定地接触媒体暴力有可能使价值观和态度发生变化，比如，会更加容易接受暴力。暴力电视节目给人的暗示是，至少在电视的世界里，暴力通常是实现个人目标的有效手段：暴力总是得不到惩罚，而执法部门又总是以暴制暴。即使观众一般不看暴力的内容，但要想操纵观众的情绪，让他们喜欢电影中的暴力并不难。有些故事引导我们去同情受害的个人或群体，这些人在故事中总是被迫为了自己的权利"站起来反抗"，并且在这一过程中征服了折磨他们的人。即使使用了暴力和违法手段，但这类故事能让人产生积极情绪，这会使人形成之前讨论过的为攻击行为辩护的认知脚本。

担忧增多

过去的二十年，大多数西方国家的暴力犯罪率逐年下降（Tseloni et al., 2010）。但是，媒体暴力却培养了这样一种认知——社会是一个危险的地方，人们必须时刻保持警惕。电视和电影固化了一些与现实几乎没有关系的罪犯及罪行的刻板印象。例如，大多数电视剧中的杀人案都是陌生人所为，但在加拿大，超过80%的杀人犯都认识受害者（Gartner, 1995）。

媒体中的性暴力

虽然大部分考察媒体暴力影响的研究都不怎么关注与性有关的话题，但有一些研究者特别关心色情描写，尤其是涉及暴力色情活动的描写是否会导致性暴力。

在不久的过去，无论在世界哪个地方，媒体描绘色情行为或者仅仅是展现裸体几乎都是违法的。时代变了，过去二十年，随着色情作品在很多国家的公开发行，社会标准发生了翻天覆地的变化。如今在多数西方国家，电影中涉及性和暴力时"怎么都行"，但儿童色情作品除外。在这些国家，现在的儿童、青少年和年轻人从小就能轻易接触到色情作品，因此他们的态度和反应与父母或祖父母那一辈已经明显不同了。不论父母知情与否，互联网上无处不在的 X 级（17 岁以下禁止观看）素材使很多儿童和青少年有机会去观看未经审查的内容——有时是暴力的，有时是低级的，无论年龄大小。

当然，色情作品所传达的信息千差万别。切克（Check，1985）对色情作品（明确表现性的各种材料，强调性快感的分享，而不仅仅是满足男性的需求和幻想）做了重要区分：非暴力的去人化色情作品（把女性描绘为男性的玩物，并且享受性屈辱）和暴力的色情作品（女性被强迫进行各种痛苦或危险的性行为）。很明显，如果此类媒介确实会导致暴力，那么更令人担忧的是暴力色情作品。不过，将女性描绘为享受性屈辱的去人化色情作品也会使强奸事件增多。此外，这些作品可能会让青少年男性观众误以为女性在发生性行为时"需要被强迫"，而且她们最终会喜欢上这种感觉。可见，非暴力的去人化色情作品会导致对女性的性冷酷，并且会使人们对强奸的后果不再那么担忧（Check & Guloien, 1989）。

无论如何，尚不能确定的是，以性为主题的媒体作品对青少年的态度和行为究竟会有什么影响（Braun-Courville & Rojas, 2009；Escobar-Chaves et al., 2005），目前得到的数据在某种程度上是相互矛盾的。例如，某一纵向研究（Ybarra et al., 2011）报告说，接触 X 级材料，特别是暴力的 X 级材料，与日后生活中的性侵行为之间有强烈相关性。不过，另一方面，对美国现有数据的检查，似乎又排除了色情作品消费与强奸之间的任何因果关系（Ferguson & Hartley, 2009）。但是，在对有关青少年性侵犯与非性侵犯之间的比较研究进行了大量元分析之后（Seto & Lalumière, 2010），人们又得出了这样的结论：青少年性侵犯更有可能经历过性暴力、儿童期被虐待或被忽视、社会隔离以及过早接触色情作品。但是，此类数据并不能表明，色情作品确实是他们变成性侵犯的原因，或许这只能反映，正是他们本身的反社会倾向才促使他们去消费色情作品，并且成为性侵犯。

也许，关于色情作品可能产生的问题，最合理的回应是，制作一些节目来教育男性特别是青少年男性，告诉他们女性对被强迫的性行为会有哪些反应，并且坚决抵制那些可能对女性造成伤害的态度（Donnerstein, Linz & Penrod, 1987）。即使只是一点点信息也能发挥巨大作用：研究者（Sinclair, Lee & Johnson, 1995）考察了某个单一的"社会比较线索"会如何影响大学男生对色情电影、暴力情欲电影和暴力非情欲电影的反应。这个线索就是，在电影片段放映结束之前，一位男性实验者同伙大声说——"这太恶心了！这是对女性的极大侮辱"。这一线索足以让男性受试者的评价发生改变，他们会认为无论是在色情电影片段中，还是在暴力的非情欲电影片段中，对女性的描绘都更消极。而且，随后这些受试者参加了一个表面上与这一实验无关的米尔格拉姆式学习实验，在这后一个实验中，他们有机会向某个女性实验者同伙施加电击，结果显示，他们所施加的电击强度降低了。这表明，给男性适当的社会比较信息可以减少他们对女性的暴力行为。不过，尚不清楚应该如何使这类社会比较线索既有用又相关。

如果电子游戏或电影中出现了强硬又霸气的女性形象呢？弗格森（Ferguson，2012）做了一个研究，年轻人需要看一段中性的或情欲暴力的视频，每一段视频中有一个或强硬或温顺的女性角色。如果女性角色是温顺的，那么观看情欲暴力视频的女性受试者就会比观看中性视频的女性受试者表达出更多的焦虑。另一方面，如果女性角色是强硬的，那么这对男性和女性受试者的焦虑感或态度都没有影响。弗格森把这种现象称为**巴菲效应**（Buffy effect），源于电视剧《吸血鬼猎人巴菲》中的强硬的女性角色。但是，由于这一研究的结论是以某个大学生样本的自我报告为基础的，因此还比较初级。

激发转移

对于色情和暴力的混合，还有一种说法，那就是可能发生**激发转移**（excitation transfer）。大卫·柯南伯格（David Cronenberg）在1996年的电影《欲望号快车》（图11.5）中应用了这一概念：人们让自己发生车祸，从而产生生理唤起，

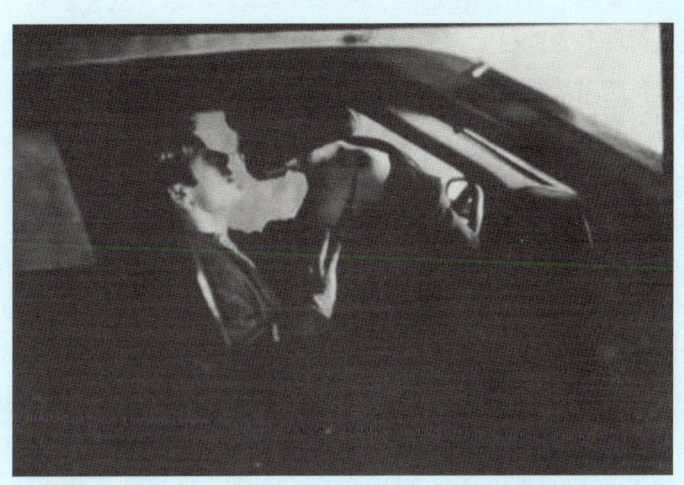

图11.5 《欲望号快车》剧照（大卫·柯南伯格，1996）
资料来源：© Ronald Siemoneit/Sygma/Corbis

以此放大自己的情欲快感。性唤起、攻击唤起以及其他种类的唤起反映的是相同的交感神经系统激活。愤怒或身体疼痛所引起的激发，与性欲或性行为所引起的激发并没有什么不同，而且仅在神经系统活动的基础上，个人根本无法区分"性的"或"攻击的"激发（Zillmann，1984）。因此，性唤起后的激发剩余可以强化后续的情绪状态，比如与攻击有关的情绪状态，正如攻击唤起后的激发剩余能强化后续的性反应。这可以解释为什么恋人争吵之后的"补偿性做爱"会更有激情：既然怒火已平，与愤怒有关的神经系统唤起剩余就被解释为额外增加的性唤起，因此会增强这种愉悦的情绪状态。

要点：电影和电子游戏中的暴力可能会导致攻击行为的增加，但是，这一结论还缺少清晰的数据支撑。脱敏作用、把攻击作为解决问题的技巧，也是这类媒体暴力的可能影响。暴力和色情的混合使得情况更加复杂。

文化影响

我们知道，亲密伴侣之间的暴力存在文化差异，但除此以外，世界各国的总体杀人率也存在戏剧性的差异。看一下 2004 年的杀人率（以每 10 万人为单位）（联合国毒品和犯罪问题办公室 [United Nations Office on Drugs and Crime]，2004）：冰岛，1.0；英格兰和威尔士，1.6；加拿大，1.75；美国，5.8；海地，35；哥伦比亚，53。我们该如何解释这种戏剧性差异呢？

显然，这并非源于某种进化过程、神经结构或性激素。这种差异与文化有关，而不同的文化对攻击的重视度大不相同。有些文化予以鼓励——想一想某些社会所说的男人要有"男子气概"这一观念；而有些文化不遗余力地拒绝一切形式的暴力。例如，刚果的俾格米人，美国西南部的祖尼印第安人，锡金的雷布查人和加拿大的因纽特人在历史上一直是爱好和平的群体。虽然西方文化的影响正在改变这类群体中一些人的价值观和行为，但我们仍然能找到喜爱和践行一种非攻击性存在的群体，这一事实说明暴力在社会生活中并不是不可避免的。印度的耆那教徒对非暴力深信不疑，而且发誓要避免伤害他人。阿米什人和哈特人宣布放弃一切武力，在他们的现实生活中，从未发生过犯罪。这样的文化不但不会奖赏或鼓励攻击行为，反而会强调以和平主义作为自己的生活方式。虽然这些儿童在社会化的过程中会经受严重的压力（会产生挫败感），但他们也避免了人际攻击（Bandura & Walters，1963）。

因此，虽然个人和群体中总是会不时发生冲突，但文化很大程度上决定了我们会如何处理冲突，是协商谈判，还是用拳头说话，又或者刀刃相向。多数西方国家的儿童总是被教导，取得胜利很重要，而攻击往往是实现这一目标的一种方式。相反，从传统上讲，日本人是不鼓励儿童争吵的。儿童学习的是，相比于一味坚持个人目标，退让是更光荣、更受人欢迎的。当孩子开始争辩或吵架时，传统的日本母亲会告诉他们"负けるが胜ち"（Makeru ga kachi），字面意思是"输就是赢"。为了团体的和平与和谐，做出让步，收回自己坚持的东西，这样的孩子会得到母亲的肯定，并被认为是更成熟的（Azuma, 1984）。

有些文化保留了一套**荣誉准则**（code of honour），这套准则坚持要对给个人和家族带来不名誉的行为实施暴力报复（Osterman & Brown, 2011）。因此，在一些非常传统的社会，比如阿富汗，如果女性破坏了父权制文化所设立的规则，特别是与男性交往的规则，有时就会被自己的父亲和兄弟杀害，这种谋杀是清除家庭不名誉的唯一可接受的方式。荣誉准则的残余甚至还存在于某些现代西方国家。

要点：不同的文化对攻击与暴力的支持与打压程度是不一样的，这再次反映了社会学习和性别角色对理解攻击的重要性。

社区影响

随着孩子的长大，同侪影响越来越重要，群体压力使孩子不得不顺从（回想第六章）。成长在一个充满暴力的社区，孩子就更有可能认为攻击是解决问题的方式，而强硬是抵御攻击的方式。这种观点不仅会因同侪压力，也会因攻击性成人模范的存在而被激发。（回想之前的讨论，有一种基因会影响儿童对社会环境影响的易感性。）**社会资本**（social capital）是指能促进居民合作的社区参与形式。这包括社交网络（比如教堂、居委会）、信任共享、和严格的互惠规范。所有这些都能使个人有能力寻求和接受他人的帮助（Coleman, 1990）。社会资本较低的社区更容易滋生暴力和犯罪；这种暴力和犯罪是社会环境的一面镜子（Kawachi, Kennedy & Wilkinson, 1999）。有人（Kawachi et al., 1999）使用美国的数据发现，实际上，社会资本的大小是暴力犯罪（杀人、袭击、抢劫）的最强相关项。经济的匮乏往往是某些社区社会资本低、功能失调的原因。另一些研究发现，不论是在一国内的不同地区之间，还是在不同国家之间，杀人率和其他犯罪率与经济不平等存在正相关关系（Fajnzylber, Lederman & Loayza, 2002）。

要点：成长在贫穷、经济匮乏的社区的人，更有可能诉诸攻击，至少部分原因在于，同侪的影响和攻击性模范的存在。

个人根源

当然,包括性别和性格在内的个人因素对所有的行为都有重要影响,攻击行为也不例外。

性别

性别似乎与攻击有着重要关联。历史上,是男性而非女性征战沙场;是男性而非女性为了捍卫荣誉决斗至死;是男性而非女性依靠体力优势支配他人(图11.6)。但是,在何种程度上,攻击主要是一种男性行为呢?

图11.6 1829年3月21日威灵顿公爵与温奇尔西伯爵决斗
资料来源:© Lebrecht Music & Arts/Corbis

发展心理学家表示,攻击上的性别差异在生命早期就显现出来了,例如,27个月时,男孩抢其他孩子玩具的几率就比女孩大得多(Campbell, Shirley & Caygill, 2002)。尽管身体攻击一般在4岁时达到峰值,并从此开始减少,与此同时,孩子也越来越多地以非身体方式解决冲突,但是,大约10%的孩子(其中大部分是男孩)会保持相对较高的攻击水平,甚至一直到11岁,而且攻击上的这种性别差异会持续到成年期(Archer, 2004)。对1400名来自不同国家——中国、哥伦比亚、约旦、意大利、肯尼亚、菲律宾、瑞典、泰国、美国——的7岁至10岁儿童的研究发现,男孩比女孩表现出了更多的身体攻击行为(Lansford et al., 2012)。此外,研究还表明,将近三分之一的孩子在童年期几乎没有什么攻击行为,而其中大部分都是女孩（Archer & Côté, 2005）。

当孩子成长到青少年晚期，一部分会走向暴力犯罪，这种趋势在成年早期达到顶峰。但值得注意的是，在这些暴力犯罪案件中，攻击者和受害者几乎全都是男性（Archer, 2004, 2009）。在加拿大和美国，因暴力犯罪被捕的80%都是男性（加拿大统计局［Statistics Canada］, 2012；美国司法部［United States Department of Justice］, 2010），而在世界范围内，将近80%的暴力犯罪者都是男性（United Nations Office on Drugs and Crime, 2011）。

我们该如何解释这种明显的一边倒式的性别效应呢？以下是几种考虑：

生理学解释

我们已经知道进化心理学家的主张是非常具有争议性的，他们认为自然选择使男性更具攻击性，更能控制性伴侣。我们也讨论过睾丸激素的作用，并强调虽然它对于男性的攻击性有一定作用，但它本身并不能解释这种攻击性。

规避风险

有些研究者认为，性别差异之所以产生，不仅是因为男性攻击性更强，也是因为女性害怕受伤，所以她们尽量避免陷入争斗，转而采取间接攻击的方式。实际上，对来自不同文化背景——比如波兰、芬兰、意大利、以色列、澳大利亚、阿根廷、加拿大、美国——的女性进行的研究发现，她们更喜欢间接攻击（Vaillancourt, 2005）。在进行间接攻击时，女性的攻击性与男性的攻击性并无明显区别（Archer & Coyne, 2005）。

而且，北美的实验室研究——受试者不用担心出了实验室会被报复——并没有发现在攻击性上存在强烈的性别效应。虽然有些研究显示，男性具有更多的身体攻击行为，但这种差异相对较小，而且如果把挑衅考虑在内，差异就大大减少了（Eagly & Steffen, 1986；Loeber & Hay, 1997）。当受到足够强的挑衅时，女性也会如男性一样，以攻击行为进行回应（Bettencourt & Miller, 1996）。

文化角色和刻板印象

在几乎所有文化中，男子气概都与力量、勇气、冒险，以及必要时愿意战斗等品质有关（Weinstein, Smith & Wiesenthal, 1995；Garbarino, 1999），因此，男孩往往非常不愿意表现出情感上的"软弱"。于是，面对威胁时，如果男性后退，就会被认为是"娘炮"或"女子气"。父母常常公开鼓励男孩长大要"做一个男人"，而女性传统上都会被鼓励不要具有攻击性，要更注意维护人际关系的和谐。也许正因为如此，女性在想要攻击时通常会更愧疚或焦虑，会更关心受害者将会经受哪些伤害，以及攻击会给自己带来哪些风险（Eagly, 1987）。

不过，当代媒体——电视、音乐视频、电子游戏——正越来越多地呈现出很多具有攻击性的女性角色（Snethen & Van Puymbroeck，2008），这为成长中的女孩提供了通常只有男孩才会接触到的攻击性模范。

力量

大多数攻击都是强者施诸弱者的。平均来说，男性比女性更强壮，伴随着这种体型和力量上的优势，男性通过父权制结构在几乎所有社会行使着权力。因此，传统上女性只能"待在自己的位置上"，而且绝不允许有攻击性行动。在世界上很多地方，女性在权力分配上仍具有巨大劣势。在某些国家，她们不能选举，不能开车，甚至不能在没有男性家人陪同的情况下走出家门。

不过，在过去的几十年间，人们一直在努力减少西方社会的父权制色彩，并消除有利于男性的社会权力差异。也许正因为如此，最近几年，人们已经清晰地看到，女性也能具有攻击性，而且这一趋势似乎还在上升。例如，我们可以看看加拿大的数据：在暴力袭击率方面，只有青春期女孩的数据是唯一持续增长的，不过，尽管如此，相对于男孩，这一概率仍然很低（Leschied et al.，2001）。此外，1991年至2011年，成年男性的暴力犯罪率显著降低了，而女性的却增加了34%，然而，男性被控进行暴力犯罪的概率仍然高达80%或更多（Statistics Canada，2012）。在美国，因身体攻击被捕的女孩增多了，而男孩却减少了（不过，尚不清楚，女性被捕数量增加是否因为执法政策变了，所以警察不太可能再对女性的攻击视而不见）。

对女性的性暴力

男性的某些暴力行为是专门针对女性的，而包括强奸在内的性侵是世界各地普遍存在的悲剧性的严重问题。例如，统计表明，在荷兰，七分之一的女性表示自己曾遭受过性虐待，在美国，六分之一的女性表示自己是强奸或强奸未遂的受害者（Bohner et al.，2002）。对于很多强奸犯来说，大部分的满足都源于强奸所带来的支配感和控制感（Malamuth），而且令人羞耻的是，在战争中强奸总是被用作实现统治的可怕工具。在第二次世界大战中，日本军队就在韩国、中国、菲律宾使用了这一策略——对女性平民进行系统性强奸。这一策略也被用在孟加拉国独立战争期间，在非洲和巴尔干最近的内战中以及波斯尼亚-黑塞哥维那的1992—1995年冲突中，其中，在最后一场冲突中，估计有2万至5万名穆斯林妇女被塞族士兵系统性地强奸了（Watts & Zimmerman，2002）。

社会心理因素使得女性在被性侵之后往往很难伸张正义，特别是在女性权力极低的社会中。如果女性完全依赖丈夫和丈夫的家庭，那么对她们的身体攻击或性攻击不仅更平常，而且总是被认为是可以接受的（Archer，2000a，b）。**公平世**

界信仰（belief in a just world）（见第二章）可以使对强奸犯的部分或全部责难都转向受害者："大晚上一个人走路时，她不该穿着低胸衬衣。"而且各种各样的"强奸神话"也极大地降低了性侵的严重性。例如，"如果女人并没有身体上的反抗，就不能说是强奸"（Payne, Lonsway & Fitzgerald, 1999）或者"如果女人第一次约会时去了男人的公寓，那就表明她愿意发生性关系"（Burt, 1980）。这类神话不仅使犯罪者有了为自己辩护的理由，而且还会影响医疗人员和司法系统的反应。

亲密伴侣暴力

但是，大多数针对女性的暴力并不是性暴力，而是身体暴力，而且并不是对陌生人的，而是对亲密伴侣的。亲密伴侣暴力是一个世界性的问题（世界卫生组织［World Health Organization］, 2005），而且数据是令人震惊的：之前提到过的全球凶杀研究（United Nations Office on Drugs and Crime, 2011）表明，在全球近50万凶杀案受害者中，绝大多数都是被前任或现任男性伴侣杀害的女性。根据地区的不同，这种暴力使全球30%至60%的女性受害（Morse et al., 2012）。根据欧委会议会大会（Parliamentary Assembly of the Council of Europe, 2000）披露的数据，每天有五分之一的欧洲女性是暴力的受害者，15岁至44岁的女性因暴力生病或致死的概率与因癌症生病或致死的概率相等（Venis & Horton, 2002）。中国的研究者表示，将近20%的中国妻子在人生的某个时刻受到过丈夫的虐待，其中最常见的是情感虐待，其次是身体暴力和性暴力（Tang & Lai, 2008）。在中东国家，根据经验估计，女性一生中遭受亲密伴侣暴力的几率在32%至43%之间（Morse et al., 2012）。有研究者（Moradian, 2009）报告说，68%的伊朗已婚女性在结婚第一年都遭受过丈夫或其姻亲的家暴。在北美，家暴也是最常见的暴力形式（Widom, 1989）。在加拿大2008年受到身体袭击的女性中，有51%都是被现任或前任丈夫或男友袭击的。相比之下，在遭受袭击的男性中，只有12%是被前任妻子或女友袭击的。在美国也有相似的发现（Vaillancourt, 2010）。越来越多的证据表明，在青少年的约会关系中，暴力也会频繁出现（Pedersen & Thomas, 1992; Princz, 1992）。喝酒往往是此类暴力行为的催化剂（Moore et al., 2011）。

嫉妒（第八章讨论过）是此类暴力的主要触发器之一（Puente & Cohen, 2003），而基于嫉妒的暴力在很多文化中被认为是正当的。而且，正如之前提到的，在某些社会，强大的荣誉准则不仅允许而且鼓励男性家庭成员惩罚甚至杀死违反某些严厉的社会规则的女性家庭成员，特别是涉及情感和性行为的规则。这正是我们在本章开头所描述的案例。

虽然我们已经讨论了很多关于性别和攻击的内容，但研究还表明，在亲密伴侣暴力中，西方发达国家的女性，与男性一样，都有可能攻击自己的异性伴侣（Archer, 2000a, b; Kwong, Bartholomew & Dutton, 1999; Cross & Campbell, 2011）。该如何解释这一发现与之前警察的报告——大多数亲密伴侣暴力的受害者都是女性——之间的差异呢？对在美国开展的研究进行的一项元分析（Archer, 2004）为我们提供了线索。分析结果表明，女性进行身体攻击确实比男性更容易一点，但是，男性更有可能造成严重伤害，而且被伴侣伤害的，62%都是女性。由于体型上存在差别，被女性攻击的男性受害者不太可能被纳入警察的数据库。警察数据的另一个可能偏差也许是因为很多男性不愿承认自己被女性打伤了。

虽然在发达西方社会，谈到对伴侣的身体攻击，男性和女性几乎是一样的，但是，在其他很多国家，事实绝非如此。阿彻（Archer, 2006）对在分布在全球的16个国家开展的亲密伴侣暴力研究进行了元分析并发现，性别越平等、个人主义越盛行的国家，女性受害者的数量就越是减少，男性受害者的数量就越是增多。另一项针对52个国家的数据进行的分析也得出了相似的结果（Archer, 2006）。这表明，随着女性获得解放，她们也获得了权力，而且相对权力似乎是亲密伴侣暴力的基础。

要点：虽然生理因素不可忽视，但社会和文化因素，包括性别角色、男女权力分配，对攻击中性别差异的产生发挥了更为重要的作用。

性格

有些性格理论家认为性格是反应模式或特质的集合。有攻击性这一性格特质吗？我们能用攻击性格更强或更弱描述某人吗？虽然，正如我们之前提到过的，有证据表明，某些性格特征中是含有基因成分的（Miles & Carey, 1997），与环境互动的某些天生倾向会在儿童身上形成一定的反应模式。这些倾向很可能影响儿童与父母的互动，而这反过来又会改变社会环境。

但是，并没有单一的特质集合来描述具有攻击性的人。根据年龄或性别的不同，同样的行为可能被判定为攻击性的或非攻击性的。而且，研究显示，一般而言，环境因素比性格因素更能影响攻击行为。例如，与畅通无阻的情况相比，在交通严重堵塞时，司机更有可能感受到攻击性和压力（Hennessy & Wiesenthal, 1999; 2002）。不过，虽然把攻击性本身作为一种性格特质来谈论的条件并不充足，但确实存在一些影响攻击性的个人特征。

智力

在对智力水平及其与攻击的关系进行了为期22年的纵向研究之后（Eron et al., 1987），人们发现，多数幼儿的攻击性会随着年龄的增长逐渐降低，并学会其他应对策略，其中很多是以言语为基础的。但是，儿童的智商越低，就越难学会应对冲突的各种策略或言语解决技巧。实际上，智商较低的儿童，干什么都更难成功，这会导致愤怒和攻击的增长。反过来，老师或同学可能会回避这些具有攻击性的儿童，因此他们的学习机会又减少了。

自尊和自恋

正如第三章所讨论的，自尊是一个核心人格变量。但是，自尊与攻击之间的关系尚未完全明了（Ostrowsky，2010）。人们一直认为，低自尊是导致攻击行为的主要因素。对自尊的威胁，比如批评或侮辱，往往会引起愤怒和攻击（daGloria，1984）。事实上，骄横跋扈的霸凌者有时是缺乏安全感的人，他们想通过强硬来巩固自己的形象。但是，越来越多的证据显示，通常并不是低自尊而是与自恋有关的**过度**自尊（回想第三章）引发了攻击倾向。自尊程度高但不稳定的人（自恋者）更有可能认为他们从外界接收到的反馈是不符合对自我的高期望的，因此更容易发怒并产生攻击行为。而且这种反应并不仅仅针对明显的评价不公，也针对其他任何挑战和威胁其高自尊的情况（Baumeister，Smart & Boden，1996；Bushman & Baumeister，1998；Kernis et al.，1989）。

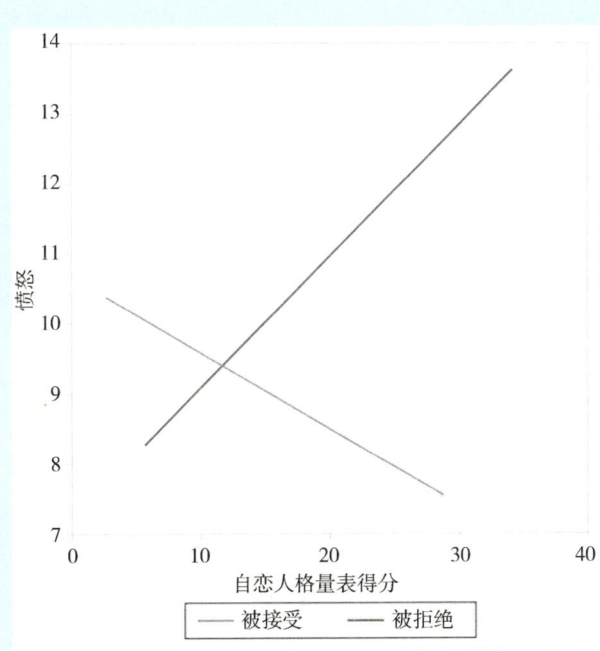

图 11.7　自恋人格量表得分与被社会接受或拒绝之后的愤怒水平之间的函数关系

资料来源：Twenge & Campbell（2003）

不论是真实的还是想象的，社会拒绝必然是对自我形象的威胁，而且，研究发现，自恋者在被拒绝后更有可能产生愤怒和攻击反应。一项研究（Twenge & Campbell，2003）要求受试者先填写自恋量表（自恋人格量表），然后与他人互动，最后每人都被带到一个单独的房间。一半的受试者被引导相信自己得到了他人的好评，另一半被告知没有人想要与他们进一步交往。此时，受试者被要求完成愤怒测量。如图11.7显示的，听说自己被接受了的人，愤怒得分随着自恋水平的上升而下降，这可能反映出自恋水平更高的人具有更高的被接受需求，而且在被接受后会更满足。另一方面，听说自己被拒绝了的人，愤怒得分随着自恋水平的上升而剧烈上升。

每名受试者随后又玩了几轮电子游戏，而且实验者让他们相信自己是在与另一个人对战。受试者被告知，对手每输一次，自己就有权提前设置对手耳机中噪音的大小。噪音越大，对手就越不舒服，因此噪音大小就是攻击在操作层面的定义。结果显示，自恋水平高的人经历了社会拒绝后，会更具攻击性，但若是经历了社会接受，就不会如此（图11.8）。不论对手是陌生人还是原来团队的成员，这一结论都是成立的。这表明，自恋与社会拒绝结合，是攻击的强大预测器。

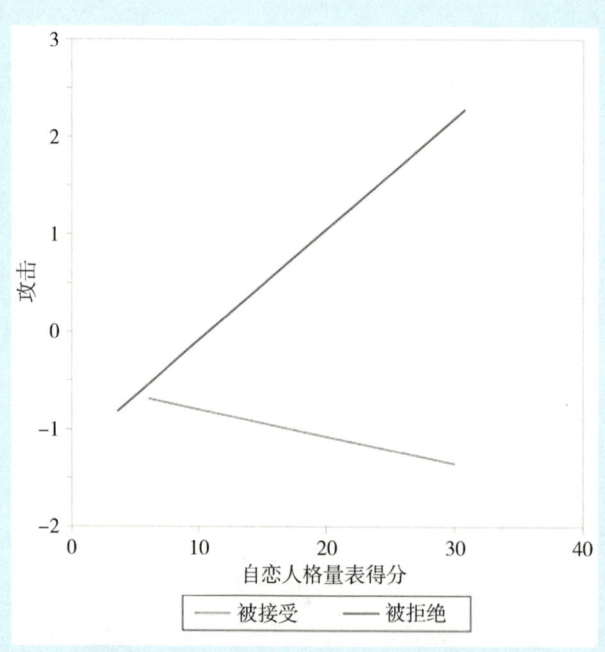

图11.8 自恋人格量表得分与被社会接受或
拒绝后攻击无辜第三方之间的函数关系
资料来源：Twenge & Campbell（2003）

其他研究（Ferriday, Vartanian & Mandel, 2011）强调，对自恋者自尊的威胁必须是公开的，这一点很重要。研究发现，只有当对个人的侮辱是在公开场合发生而非私底下发生时，才会引发自恋者的攻击行为。这有一定的道理，因为当他人知道了对你的这种批评时，对自尊的打击可就大得多了。这与之前的研究并没有冲突，虽然之前负面信息是私底下传达给个人的，但告诉受试者没有人想要再与他有任何的交集，这已经是一种公开的谴责了。

威权主义

威权主义（authoritarianism）是一种人格综合症，其特征是认知僵化、偏见、过度关注权力（见第十三章）。男性的威权主义水平更高，与女性被性骚扰的可能性更高也有关系（Begany & Milburn, 2002），而且还可能伴随着威权主义的攻击——权威人物表现出的攻击行为（Altemeyer, 1988：782）。

自我控制

每个人控制攻击冲动的能力都不同。控制力弱的人就会有明显的攻击问题，他们很容易生气，而且一遇到挫败或挑衅，就会用身体攻击。关于这一问题，可以回想一下有关神经因素的讨论。另一方面，过多的控制有时会产生更大的风险（Megargee, 1966）。这样的人严格控制自己的行为和情绪，即使遇到挫败或挑衅，在表达愤怒时也会"有所保留"。经验证据表明，"过度控制"型人格的人更有可能勃然大怒。这是因为这样的人在压抑的环境下，自尊经受了更多的压力和更大的挑战（Neighbors, Vietor & Knee, 2002）。

黑暗三性格

大多数自恋者并不会变成罪犯。但是，近几年有些研究者开始关注人格特质中的"**黑暗三性格**"（dark triad），它们似乎总是一起出现——自恋、精神变态、马基雅维利主义（Paulhus & Williams, 2002; Lee & Ashton, 2005）。人们认为，一些成功的独裁者，比如古怪而不疯狂的萨达姆·侯赛因和穆阿迈尔·卡扎菲，还有一些冷酷的恐怖分子，比如本章开头讨论的安德斯·布雷维克和奥萨马·本·拉登，可能就是这类人格特质的拥有者（Furnham, Richards & Paulhus, 2013）。我们已经讨论过自恋的影响了。马基雅维利主义是指一种操控和欺骗模式，而精神变态是指与反社会行为密切相关的一种特殊的人格特质群。精神变态者一般缺乏同情心，不知道悔恨和愧疚，不关心他人的感受和幸福，自控力弱，极端自私，冲动，寻求刺激，不怕惩罚，无法从其行为的消极后果中得到教训。某些具有精神变态人格的人在社会中能相对较好地生存，但当他们暴力犯罪时，会受到更严重的刑罚，而且一旦进了监狱，会比其他囚犯表现得更为残暴（Hare & McPherson, 1984)。有人对加拿大监狱中被定罪的杀人犯进行了研究并发现,精神变态者的罪行通常都很"冷血",而且虽然有时是为了复仇,但多数时候都缺少明确的动机。这些人的情感发育不健全,而且抑制攻击的能力很弱(Williamson, Hare & Wong, 1987)。不幸的是,旨在减少其危险性的治疗项目有时实际上增加了这种危险性(Rice, 1997)。

这三种特质虽然有所重叠,但完全不同,必须单独处理(O'Boyle et al., 2012)。有趣的是,现代流行文化中的一些英雄,比如詹姆斯·邦德(James Bond)(图11.9)、豪斯医生(Dr Gregory House)或蝙蝠侠,肯定都具有黑暗三性格的特质(Jonason et al., 2012)。这是否意味着,某些情况下,公众看到了这些特征的益处呢?

图11.9 最新的詹姆斯·邦德——丹尼尔·克雷格(Daniel Craig)
照片来源:Piotr Zajac/Shutterstock.com

暴力是病吗?

大多数攻击都可以用心理因素和社会因素解释。我们已经讨论了很多不同的影响,这些影响会使特定的人在特定的环境下做出攻击性反应。我们在第十章也看到了,现实中的战争和恐怖主义也可以是一种精心策划的为解决冲突而进行的尝试。

但是,还有另一种类型的暴力,似乎总是让人无法理解,因为它是无意义的,攻击者袭击陌生人,而且往往是越多越好,有时最后还会结束自己的生命。想想世界各地这些臭名昭著的例子：2011 年，32 岁的安德斯·布雷维克在挪威造成 77 人死亡，数百人受伤；2013 年，年龄分别为 19 岁和 25 岁的萨奈伊夫（Tsarnaev）兄弟被控要对波士顿马拉松爆炸事件负责，这一事件造成 3 人死亡，264 人受伤；1989 年，25 岁并声称自己是"反女权主义者"的马克·莱皮纳（Marc Lépine）在 20 分钟内杀死了蒙特利尔理工学院的 14 名女性和 4 名男性，然后自杀；2012 年，20 岁的亚当·兰扎（Adam Lanza）在杀死自己的母亲后，走到康涅狄格州牛顿市的桑迪霍克小学的走廊，杀死了 20 名幼童和 6 名成年工作人员，然后自杀；2012 年，24 岁的前研究生詹姆斯·伊根·霍姆斯（James Eagan Holmes）在蝙蝠侠电影《黑暗骑士崛起》的开幕之夜进入科罗拉多州奥罗拉的一家电影院，开枪射击，造成 12 人死亡，15 人受伤；2007 年，23 岁的韩国大四学生赵承熙（Seung-Hui Cho）在弗吉尼亚州的两所大学校园中发动袭击，造成 32 人死亡，17 人受伤，然后自杀；2008 年，芬兰，22 岁的马蒂·朱哈尼·萨里（Matti Juhani Saari）向塞伊奈约基大学的同学开火，造成 10 人死亡，然后自杀；2007 年，芬兰图苏拉，18 岁的佩卡–埃里克·奥维宁（Pekka-Eric Auvinen）在自己的高中枪杀了 8 人；2002 年，德国爱尔福特，19 岁的罗伯特·施泰因霍伊泽（Robert Steinhaeuser）在被学校开除后杀死了 13 名教师，2 名前同学和 1 名警察，然后自杀；1996 年，澳大利亚塔斯马尼亚，29 岁的马丁·布莱恩特（Martin Bryant）在一个海滨度假胜地杀害了 35 人，现在正在监狱的精神病院服刑；1996 年，苏格兰邓布兰，43 岁的托马斯·汉密尔顿（Thomas Hamilton）开枪打死了 16 名幼儿园儿童和他们的老师，然后自杀；2009 年，阿塞拜疆，29 岁的法达·加德罗夫（Farda Gadyrov）向国家石油学院的同学开火，造成 12 人死亡，然后自杀……名单还在继续。

这些杀手都是男性，几乎所有人都是青年或 20 来岁，很多人都受到了良好的教育，没有人的行为是因贫困而滋生的绝望的后果。有些人是受政治的、宗教的或自己独特的意识形态的驱使：例如，布雷维克和莱皮纳的动机至少部分来自他们扭曲的意识形态——布雷维克是激进右翼思想，莱皮纳则是反女权主义。但是，很多持这种异常观点的人并没有成为大规模杀人案的凶手。

他们有精神病吗？在审判前，布雷维克被诊断出患有自恋型人格障碍，这是之前讨论过的黑暗三性格的一部分，但这是一种功能失调人格，并不是"疯狂"。赵承熙的异常行为以及他以暴力为主题的作品都曾在他大肆杀戮前多次引起了人们的担心，但是，同样的，这些特征并不会直接使人成为凶手。患有精神疾病的人很少变得残暴，大部分大规模杀人案都是由非精神病患者所为。而且，很多有暴力幻想的人并不会真的大开杀戒。重点是，大规模杀人案的凶手并不一定是"疯狂的"或患有精神病的，很多甚至是"正常的"，虽然并不快乐。这些通常不是因一时的情绪狂乱而产生的犯罪。事实上，好几个凶手，包括布雷维克和莱皮纳，都提前进行了谋划。

很难找到一种能对大规模杀人案的凶手进行解释的模型，部分是因为这种行为是非常少见的（Melody et al., 2004）。但是，有一些数据与此有关：美国的一项研究（Melody et al., 2001）考察了34名大规模杀人案的青少年犯罪者，并报告说，将近四分之一的人有精神病史，但只有6%的人在杀人时被认为是精神病患者。（更常见的是曾有抑郁症状和反社会行为。）他们大多数都是滥用药物或酗酒的"孤独者"，而且具有暴力幻想，几乎一半的人曾被霸凌过。多数情况下，都会有一个诱发性事件，比如感情受挫或学业失败。因此，研究者认为，大规模杀人案的青少年犯罪者，其暴力通常是"掠夺性的"，而非情绪化的，因此在犯罪发生前，一般没有高度情绪化的警告标志。

研究者随后将这34名青少年与30名成年大规模杀人案凶手进行了比较（Melody et al., 2004）。与青少年一样，一些成年人也有各种各样的精神问题和功能失调的人格特质，但同样的，精神病并不能解释这一行为。"战士心态"是大多数成年人和青少年凶手的前置因素，大多数人在大规模杀人案发生前的几天或几个小时内都经历了严重的拒绝或损失。

美国的另一项研究（Kennedy-Kollar & Charles, 2012）调查了28名男性大规模杀人案凶手的背景。并没有发现特殊的能将之与其他种类的杀人犯或暴力人群区别开来的心理特征，但是，他们中的大多数在犯罪时都承受着经济、社会、感情或心理压力。研究者的结论是，这些压力源对他们的男性身份构成了威胁，他们希望通过暴力来巩固自己的男子气概。

我们可以据此得出什么结论呢？大规模杀人案的凶手受到了一系列复杂因素的交互影响，有些与人格有关，有些与家庭背景有关，有些与当前的压力有关，但并没有一个模型能预测，在什么样的情况下，什么类型的个人会产生大规模杀人的动机。

要点：很多性格特征与攻击倾向之间存在正向相关关系。这包括自尊、自恋、精神变态、马基雅维利主义、威权主义和自我控制，以及一般的智力水平。大规模杀人案的凶手并没有特殊的心理特征。

一般攻击模型

通常，科学家在研究攻击时，都只聚焦于一种或几种影响攻击行为的因素。有些只关注个人的学习经历，另一些更重视情感唤起或认知过程。**一般攻击模型**（general aggression model）是一个新近的综合性理论，它旨在解释不同个人在各种环境下的不同攻击性（DeWall，Anderson & Bushman，2011；Gilbert & Daffern，2011）。为什么有些人在有些情境下会具有攻击性，而其他人却没有？为什么有些人不论在什么情境下，总是比另一些人更具有攻击性？这一理论综合了很多影响——包括生理因素、性格、社会过程、基本认知过程和决策过程的作用。此外，它试图把一些小型的攻击理论，例如社会学习和认知脚本，整合进一个大的支柱性理论中，这个理论会为我们理解攻击提供一个框架。

这一理论强调能影响个人攻击性的特殊心理结构的重要性，包括与攻击有关的知识结构、适应不良的认知、愤怒（Gilbert & Daffern，2011）。根据这一理论，一般而言，只有当一系列因素同时具备时——包括性格特征、愤怒、情境因素，攻击才会发生。影响攻击行为的性格特征是长时间积累而成的，因此，攻击行为在很大程度上取决于个人过去的经验，这些经验使得个人在特定类型的情境下会表现出攻击性。这种学习经历会产生一套攻击认知脚本，这个脚本在特定情境下会被激发。越来越多的证据表明，那些总是比其他人更具有攻击性的人，已经建立了一套攻击认知脚本（Collie，Vess & Murdoch，2007）。

当个人表现出攻击性时，他人可能会以牙还牙，也可能会后退；若个人没有表现出攻击性，他人可能也会和平应对，但也可能得寸进尺，变得更加嚣张。因此，这样一种反馈循坏也会影响攻击倾向的增减，有时甚至会导致暴力升级（DeWall & Anderson，2011）。

一般攻击模型的主要特征见图11.10。首先，有着攻击或非攻击倾向的特殊个人会与特定的情境交互作用。例如，易怒的哈利和不易怒的玛莎被餐厅拒之门外，经理告诉他们没有位置了，但他们已经预定了晚餐。这一情境会让人同时产生认知反应和情绪反应。哈利经历了强烈的自动唤起，而且他的认知脚本是这样的——"你不能让人占你便宜"。而玛莎并没有如此强烈的自动唤起，而且她的认知脚本是"人难免会犯错，这并不是针对个人的"。在这样的想法和情绪影响下，哈利认为当下的情境必须立刻采取行动（评价和决策过程），他冲了回去（冲动行为），开始训斥经理（社会遭遇）。另一方面，玛莎决定不再计较，但是她会给餐厅写一封投诉信。哈利的举动导致经理威胁要报警，他只能离开，但却更为生气。因此，在特定的情境下，个人的性格特征会产生一些决定事件结果的认知后果和情绪后果。这种结果的性质反过来又会影响个人未来对此类情境的判断。

虽然不无批判之声，例如，有人认为这一模型已经失去实用性（Ferguson & Dyck，202），但是，这一综合性模型却得到了大量经验证据的支持，而且其创立者表示，它可以帮助我们理解很多不同的攻击行为，例如，陌生人之间的人际暴力、夫妻和家庭暴力、群体间暴力。此外，它还能解释为什么特定的人在特定的环境下会缺乏攻击性。

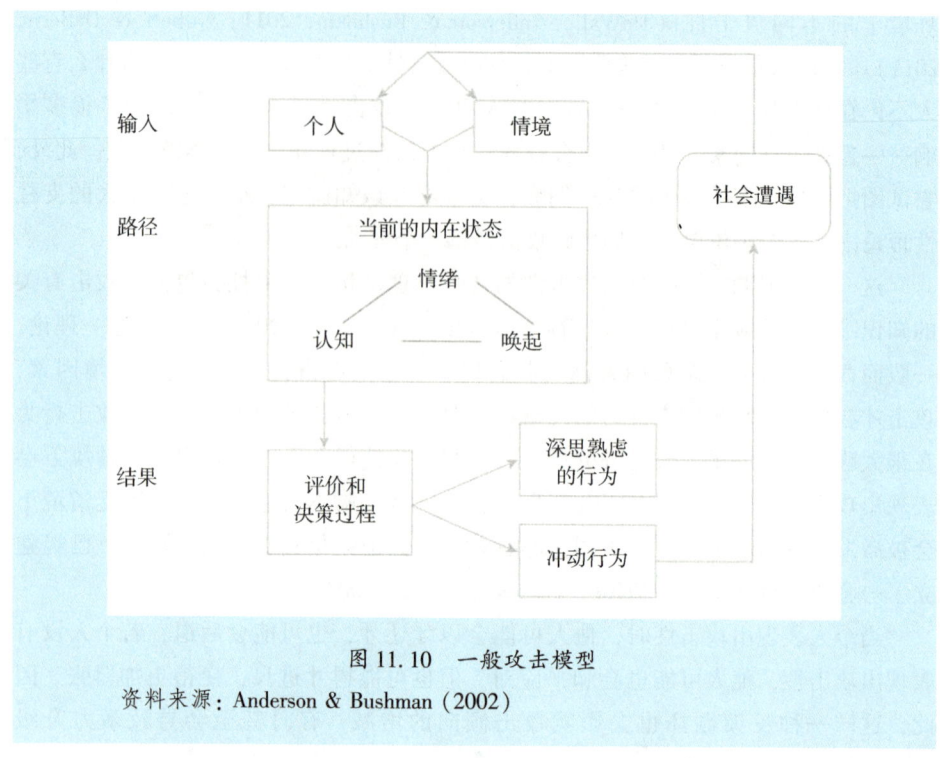

图 11.10 一般攻击模型

资料来源：Anderson & Bushman (2002)

要点：一般攻击模型把很多影响攻击的因素，包括生理因素、性格、社会学习、认知脚本和基本认知过程，综合进了一个理论。尽管它得到了大量支持，但有些研究者认为它已经失去了实用性。

减少攻击

我们不可能在社会中完全消除攻击。一方面，它往往是社会不平等、不公正的表现：如果一个群体在经济上和社会上都处于劣势，它往往会使用暴力，因为这似乎是强迫多数人的群体承认少数人的需求并矫正这种不公正现象的最可靠、最快捷的方式。相似的，在个人层面，电视上展示的生活方式远远超出弱势群体能力所及，这会提高他们对生活的期望，同时增加了他们的无力感。因此，他们很可能以暴力做出回应（Lore & Schultz, 1993）。

但是，我们可以看看这些减少攻击的建议，这是从社会心理学的文献中摘录出来的：

● **减少和批判媒体暴力**。只要暴力依然被描绘为一种解决问题和获得正义的有效的、往往还是光荣的有男子气概的方式，人们就会继续使用它，并用积极的眼光看待它。为了减少媒体暴力的影响，我们可以教孩子对看到的东西要更具分析性和批判性（Nathanson，2003）。

● **教育父母**。要想减少攻击，必须教育父母。很多父母并没有做好准备去面对这项极其艰巨的任务——训练、教育孩子，使孩子社会化。他们不知道、也没想过什么样的教育风格能减少孩子的攻击性。正如之前讨论过的，儿童教育实践中如果过度使用了体罚这一方式，很有可能会鼓励而非抑制攻击行为。虽然儿童的攻击行为确实需要立即制止，但为了有效地改变孩子未来的行为，特别是长期行为，讨论和解释也是必须的（Singer & Singer，1986）。提高对暴力的产物——痛苦、更多的敌意——的敏感度，已经被证明，可以减少愤怒和攻击。

● **干预风险儿童**。有些儿童似乎有产生攻击行为的风险，那些专门针对这些儿童的项目对克服这种倾向有着重要作用。例如，某个项目（大城市儿童研究小组［Metropolitan Area Child Study Research Group］，2007）就是以攻击性高于平均水平的学龄幼童为对象，研究他们的攻击行为、幻想和观念。这类不仅改变儿童的行为也改变其认知的干预方式可以成功地减少攻击倾向。

结语

尽管人际攻击和群际攻击依然是世界性的大问题，但我们也不应该灰心，因为改变价值观、教育人们教孩子以和平的方式解决冲突、矫正社会不公需要很长时间。还记得，奴隶制曾经也是一种大家认可的规范，正如吸烟一样。但改变是可能的。我们对攻击的根源了解得越多，就越有可能减少攻击。

内容概要

1. 攻击是指意图造成伤害或毁灭的行为。
2. 攻击可以是主动性的——为实现想要的目标；或者是反应性的——因愤怒而起，意在伤害对方。
3. 本能理论认为被压抑的攻击性能量最终必须被直接或间接地释放出来（宣泄）。但是，并没有证据表明，宣泄是减少攻击行为的一种方式。
4. 挫折攻击假说并没有经验证据支撑，但攻击确实可能是由于特定环境下的挫折引起的。伯科威茨的新联想主义认知模型认为反向刺激会产生消极情感（愤怒或恐惧），这反过来会导致攻击或逃避。
5. 基因、神经和激素的作用是间接的，可能会影响个人控制攻击行为的能力。
6. 社会学习是通过直接强化、惩罚和观察他人实现的。它告诉孩子如何攻击、何时攻击、攻击谁。

7. 认知脚本包括：在特定情境下可能会发生什么，我们该如何反应，可能会有什么结果。这些脚本是通过经验习得的，它们会自动运行。

8. 某些儿童教育实践可能会加强儿童的攻击性。与攻击联系最为紧密的社会化因素是体罚，特别是在被拒绝的环境下。不过，事实上，相比于身体虐待，被忽视的孩子成年后走向暴力的可能性反而更高。

9. 童年时遭受或见证过经常性家暴的人，成年后可能会不断施暴，或虐待儿童。

10. 霸凌及其现代形式网络霸凌会对大多数受害者造成破坏性的情感影响。这种影响可能包括学业和社会心理障碍、低自尊、抑郁，有时还包括敌意的外化。

11. 关于媒体暴力的影响，特别是对儿童的影响，已有大量研究。人们一致认为，观看暴力和攻击行为确实会提高儿童施暴的可能性，而且还有长期影响。但是，并非所有的儿童都会有相同的反应，家庭环境起着重要的调节作用。

12. 色情作品，不论是暴力的还是非暴力的，都有可能让男性对女性产生消极态度，而且会使他们误以为女性喜欢被强迫的性行为，即使她们表示了反抗。

13. 攻击行为在不同文化中的普遍性大不相同。某些文化积极鼓励攻击，而另一些文化反对一切攻击，而且在这些文化中，几乎很少发生攻击行为。

14. 社会资本低的社区或国家，暴力犯罪率更高。

15. 性别与攻击并没有直接关系。在某些环境下，女性与男性具有同样的攻击性。习得的性别角色是一个重要因素，它鼓励男性的攻击性，抑制女性的攻击性。

16. 亲密伴侣暴力是最为常见的暴力形式，并且男性和女性发动攻击的可能性是相同的，只不过女性遭受严重后果的可能性比男性大得多。

17. 某些性格类型的人，攻击倾向会更高。并没有找到能将大规模杀人案凶手与其他杀人犯或暴力人群区别开来的系列因素。

18. 一般攻击模型是一个支柱性的社会认知模型，它囊括了生理因素、性格发展、社会过程、基本认知过程和决策过程的影响。

19. 为了减少暴力，我们可以限制媒体暴力，教导父母如何用合适的规训方式让孩子社会化。

拓展思考

- 回想一下你自己的成长过程，你的攻击倾向或和平主义倾向是如何受父母规训、朋友间的社会规范或媒体影响的？
- 根据你自己的经验，说女性是**更温柔**的那种性别，这种分类方式还能成立吗？
- 你认为父母如何应对孩子的愤怒和攻击与国家如何应对敌人的挑衅，这二者之间有什么关系？
- 儿童有时会被教育当遇到霸凌时要勇于反击。这种建议以及遵循这种建议会如何影响孩子对攻击的理解呢？

延伸阅读

Borum, R., Fein, R. & Vossekuil, B. (2012). A dimensional approach to analyzing lone offender terrorism. *Aggression and Violent Behavior*, 17, 389–396. 此文讨论了一种特殊形式的暴力袭击者，他们单独行动，在教室、工作场所、电影院或其他公共街道开火，并且明显想让尽可能多的人丧命。

DeWall, C. N., Anderson, C. A. & Bushman, B. J. (2011). The general aggression model: Theoretical extensions to violence. *Psychology of Violence*, 1, 245–258. 此文对一般攻击模型进行了展开讨论。

Dutton, D. G. (1995). *The domestic assault of women: Psychological and criminal justice perspectives.* Vancouver: University of British Columbia Press. 这一著作深入地探讨了袭击者的社会心理、这些男性与其他男性的区别、此类袭击对受害者的影响以及刑事司法系统对虐妻行为的处理。

Monks, C. P. & Coyne, I. (Eds) (2011). *Bullying in different contexts.* New York: Cambridge University Press. 在这一著作中，各国研究者讨论了各种环境下——如家庭、校园、工作场所、网络空间以及各种机构中的霸凌行为。

Shaver, P. R. & Mikulincer, M. (Eds) (2011) *Human aggression and violence: causes, manifestations, and consequences.* Washington, DC: American Psychological Association. 在这一著作中，各国专家展示了攻击和暴力领域最新的心理学研究成果。

网页链接

http://www.who.int/violence_injury_prevention/violence/world_report/en/summary_en.pdf. 《世界卫生组织：世界暴力与健康报告》这一报告对世界很多地区的暴力行为及其影响进行了调查。

National Consortium for Violence Research: http://www.ncovr.heinz.cmu.edu/. 这是美国的一个组织，旨在推进与暴力有关的研究、培训和数据资源共享。

第五部分

群体中的人

第十二章　社会认同、群体和领导

> 没有谁是一座孤岛，在大海里独踞；每个人都像一块小小的泥土，连接成整个陆地。如果有一块泥土被海水冲刷，欧洲就会失去一角……
> ——约翰·多恩（John Donne，1572—1631）

学习目标

- 分析社会分类、社会认同和社会比较过程
- 研究社会信念结构如何促进或抑制社会变革
- 探讨群体的性质和群体成员的影响
- 了解不同类型的社会权力和领导的本质
- 思考文化和性别对领导风格和领导者做选择的影响
- 了解群体中的决策是如何进行的

诺贝尔奖获得者威廉·戈尔丁（William Golding）的小说《蝇王》讲述了一群受到过良好教育的英国男孩被困在荒岛上的故事。这些孩子彼此之间大都是陌生人，在他们中间既没有群体结构，也没有纲纪规则，同时也缺少成年人的监督。在他们尝试对自己进行组织和管理的过程中，享受权力的领导者出现了，理性被非理性压倒，渐渐地，这群孩子堕落成为一群野蛮人。这个故事的寓意在于：如果去掉覆盖于我们生活之上的社会结构，我们的社会就会陷入混乱。

如今，几乎没有人独自在洞穴中生活，我们都生活在群体当中。人们的信念、态度和行为会受到所在群体的影响，正如我们反过来也会影响这些群体一样。能够帮助我们定义自己的社会结构由许多群体组成，每个群体都有自己的领导者和追随者。我们将这种社会结构看作是理所当然的，除非有灾难降临，或是发生戈尔丁笔下的那些男孩遭遇到的事情，社会结构才会瓦解。

图 12.1　在伦敦上演的《蝇王》
资料来源：© Robbie Jack/Corbis

　　本章讨论的内容是群体，如何对人进行分类，如何在很大程度上通过群体成员来定义自己的身份。截至目前，我们的关注点都主要放在了个体身上。这种研究社会行为的**个人主义**方法可以追溯到弗劳德·奥尔波特（Floyd Allport）1924年出版的教科书《社会心理学》。在奥尔波特看来，仅仅了解构成群体的个体行为和态度，就可以理解群体现象。因此，要想了解你的家庭如何运作，我们只需分析每位家庭成员的人格、态度和行为。这种"自下而上"的方法专注于通过群体中的个体来了解群体，却完全忽略了群体成员、社会和文化在塑造群体中的个人的行为和态度上发挥的强大作用。你是否思考过，如果在不同的家庭或不同的社会中长大，你还会拥有跟现在一样的态度、价值和信念吗？

　　从另一方面来说，系统方法仍然是社会学和政治学的基本方法，它注重研究各个群体和人类各个阶层如何相互关联和相互影响。因此，它是从"自上而下"的角度来研究人类行为的。也就是说，它认为，个体展开社会互动的最重要的特征主要受到大范围的因素决定，例如文化背景、教育程度或是社会经济状况。从这个角度出发，研究文化和社会经济因素对家庭规模、父母干预和家庭生活等问题的影响，就可以深入了解特定家庭——比如说你的家庭——如何运转。

　　多年来，社会心理学家一直致力于研究群体现象。然而，自20世纪60年代起，同欧洲和亚洲的社会心理学家相比，北美的社会心理学家更倾向于个人主义的方法，甚至几乎完全摒弃了系统的观点。这反映了个人主义意识形态在美国的主导地位（Sampson，1977）（回顾第四章）。这样一来，群际冲突和国际冲突这类系统的问题便大部分交由社会学家和政治学家来进行研究了（Brewer & Kramer，1985）。

折中的办法是利用**交互作用进路**（interactionist approach），它能够兼顾个体和群体的影响。这一方法最先在社会心理学领域得到了美国少数心理学家的支持，比如所罗门·阿施（Solomon Asch）、穆扎费尔·谢里夫（Muzafer Sherif）和库尔特·勒温（Kurt Lewin）（参见第六章），在过去的半个世纪里，它已融入英国的亨利·泰弗尔（Henri Tajfel）、约翰·特纳（John Turner）和霍华德·贾尔斯（Howard Giles），法国的赛尔日·莫斯科维奇（Serge Moscovici）和伯纳德·佩尔索纳（Bernard Personnaz）以及瑞士的威廉·杜瓦斯（Willem Doise）和让-克洛德·德尚（Jean-Claude Deschamps）等欧洲心理学家的工作中。本章将从这个角度出发来探讨群体行为。

在本章中，我们先来探讨如何根据人们所属的群体对人进行分类以及对群体的归属是如何帮助我们获得身份认同感的。本章后面将重点介绍小型群体，在这些群体中各个成员直接发生接触，同时我们还将就群体如何实现自我管理、领导者的产生和群体决策机制进行讨论。

社会分类、社会认同和社会比较过程

如果不能够面对面进行交流，那么同他人的互动，特别是同那些我们不太熟悉的人进行互动将会困难得多。知道我们刚认识的某个人（她）是交响乐团的女性小提琴手，男性职业足球运动员、政治家或是高中教师，会对与该个体的互动产生重大影响，因为诸如此类的社会分类为我们了解个体的人格、兴趣及能力提供了有利指导。我们将会惊讶于小提琴家喜欢猥琐的更衣室笑话，而足球运动员则酷爱现代艺术。此外，正如我们所见，这种分类不仅会影响我们对他人的看法，同时也适用于我们对自我的理解。

但是，将我们自己和他人归类到各个群体之中有一个显著的缺点。亨利·泰弗尔（图12.2）的研究表明，人们总是不自觉地倾向于把自己和他人归属于某个群体，而这正是产生歧视和偏见的基础。透过泰弗尔的成长经历，我们很容易理解他对这一问题的关注：泰弗尔是出生于波兰的犹太人，年轻时曾到法国学习化学。在他刚上学不久，第二次世界大战就爆发了。之后，他加入法国军队。后来德国人俘虏了他，幸运的是，他们并未发现他是犹太人。战争结束之后，泰弗尔返回家园，却震惊地发现他的直系亲属和大多数朋友都在大屠杀中丧生。在苦于应对这些可怕的遭遇之时，他逐渐被心理学研究吸引。在英国，他致力于研究群际关系和偏见，并努力探究群体成员如何对其他群体的成员产生仇恨。

图12.2　亨利·泰弗尔（1919—1982）

泰弗尔阐明了**社会分类**（social categorization）、**社会认同**（social identification）和**社会比较**（social comparison）过程，通过这些过程构建起的认知模型不仅可以让我们在社会环境中识别自己和他人，也可以告诉我们对他人的态度和行为应该作何期待。

社会分类

正如我们在第二章所谈到的，**社会分类**（social categorization）过程是自动的，我们会不自觉地将人们分成我们已经了解的类别或图式（例如："男性，青少年，辍学"）。试着想到你认识的任何人，而不考虑这个人所属的社会类别或群体——这是很难做到的。你必然会将一些人自动识别成家庭成员或亲戚，另一些人是同学，其他的是教授、秘书或公交车司机。借助快速分类，人们可以基于对他（她）所属类别或群体的了解，做出"适宜"的行为并大致了解对他人应作何期待。

对于每个类型或群体，我们都有一个**原型**（prototype）（这同样在第二章讨论过），即一种图式，这种图式代表着对该群体中"典型"个体的感受、态度和行为，也代表着将该群体与其他群体区分开来的特征。当你想到典型的警察或教师形象时，你脑海中出现的就是原型。原型反映了**偏对比原则**（meta-contrast principle）。这一原则有时也被称为**社会分化效应**（social differentiation effect）（Lemaine, Kastersztein & Personnaz, 1978）或**外群体同质效应**（out-group homogeneity effect）（Simon, 1992）。也就是说，我们在强调类型内的相似点的同时，还放大了群体之间的差异（Hogg, 2006）。这反映出众所周知的同化和对比的感知现象。举个例子，如果我们对摩托车俱乐部知之甚少，那么所有摩托车手看上去可能与我们截然不同，但他们彼此间却在服装风格、态度等方面看起来非常相似。事实上，无论我们怎样从外界去看待一个群体，都会倾向于把该群体中的成员看成是同一个模子里刻出来的，尽管我们很容易就能认识到自己所属群体的成员之间存在很大差异。这种效应的出现是因为作为个体的我们很容易与同一群体的成员建立联系，并获取彼此更多的信息，而对于其他群体的成员却缺乏这种了解。

杜瓦斯、德尚和迈耶（Doise, Deschamps & Meyer, 1978）通过若干实验证实了这一效应。其中的一项实验是把瑞士的学龄儿童分为两组，每组的男生数量和女生数量相同。其中一组受试者是"无预期的"，即他们仅被告知要对自己社会类型的成员进行描述，这里所说的社会类型特指性别。实验人员分别向他们展示了三张陌生儿童的照片，随后要求他们从24个形容词中挑选出形容每个儿童的词语。评价完成后，实验人员将照片替换为三张异性儿童的照片，并要求受试儿童重复上述过程。

另一组"有预期"的受试者则知晓他们要同时对同性和异性进行描述。实验人员将六张照片一次性展示给这些儿童，但要求他们首先对同性别孩子的三张照片进行评价。

实验数据表明，与没有预期的儿童相比，有预期的一组，即知道要对男孩和女孩一同进行评价的儿童当中存在着更大的类型间（男孩—女孩）差异和更小的类型内差异（性别类型内的差异），这就表明了社会分化（偏对比原则）。只是叫一个人知道他要对不同性别的人进行评价，就会让性别成为区分两种类型的显著变量。另外一项用语言作为主要维度的实验中也得到了类似的结论。

交叉分类

一个人的某些社会属性可能对你而言会比其他属性更为重要，这取决于你在哪一场合遇到这个人。与此同时，随着交往的继续，每一属性或维度的重要性可能还会发生变化。假设你是个女性的古典钢琴家，不论是否受过去经历的影响，你都认为男足球运动员是"大男子主义的笨蛋"。倘若你在派对上遇到一个人，在你得知他是大学足球队的后卫时，你会理所当然地认为他很可能是个"大男子主义的人"，不自觉地就想离他远些。可他随后坐在钢琴旁，弹奏了一曲动人的"月光奏鸣曲"。现在你是什么反应？很显然，他同时属于两个类型，一个是你特别看重的，而另一个是你否定的。

每当我们遇到与我们同属某一群体或类型（即群体内成员）却也同时属于外

群体的某个人时，都会出现这种进退两难的情况。这被称为**交叉分类**（cross-categorization），由于我们都隶属于许多重叠的群体和类型，这种交叉分类可能会经常发生，尤其在多元化社会里更为常见（Crisp，2010；Crisp & Hewstone，1999）。思考一下你用来标识自己的所有方式以及你所属的所有群体或类型。你可能是一位生活在温哥华的年轻华裔女工程师，一位在巴黎工作的英国音乐家，或是一名效力于某所苏格兰大学校足球队的荷兰学生。你的父母可能来自不同的种族背景，但你同他们的家庭都能相处得轻松自在。通常这些多重身份之间并不是相互割裂的，不论现实存在哪些刻板印象，你可能会很满足于自己是一位年轻的女工程师。你会分别与其他工程师、与年轻人、与其他女性共享一个类型，当然，你还同年轻女士共享一个更小的类型，不论她们是不是工程师。

交叉分类有助于打破固有观念，尽管它也可能存在某些缺陷：具备两种外群体类别的人处于"双重外群体"（例如女性社会主义者在高度保守和厌恶女性的社会里），可能会面临双倍的排斥。

"交叉分类法"被广泛运用于大量研究。德尚和杜瓦斯（Deschamps & Dosie，1978）以青年学生为样本，要求其中一组学生（"简单"条件组）利用形容词清单对女性、男性、青年人和成年人进行描述，另一组学生（"混合"条件组）则对"交叉"类型进行描述：年轻女性、年轻男性、成年女性和成年男性（图12.3）。

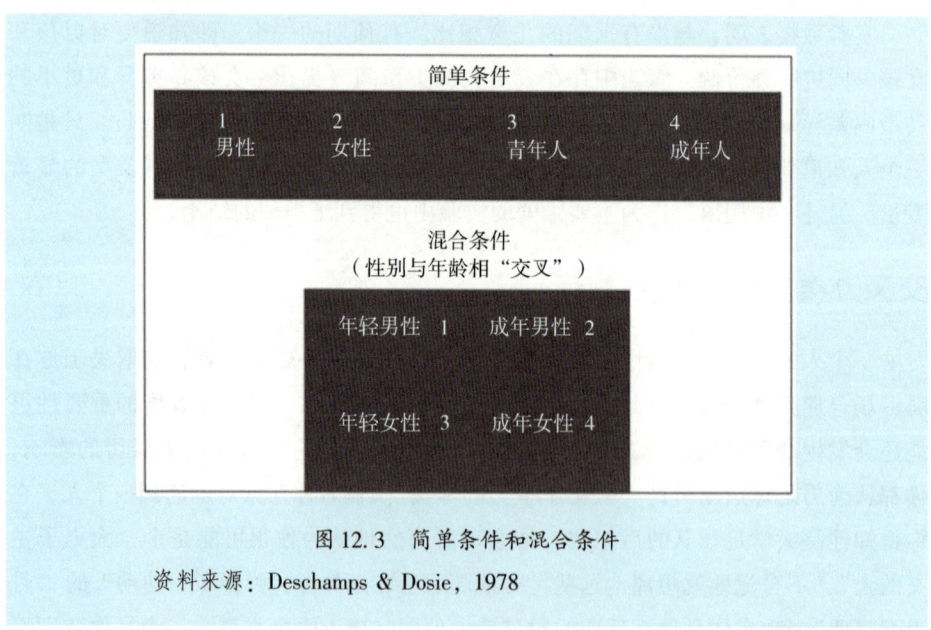

图12.3 简单条件和混合条件

资料来源：Deschamps & Dosie，1978

类型的交叉重叠会导致社会分化的缩小。例如，简单条件组的受试者所评价的男性和女性之间的差异要远大于混合条件组的受试者对年轻男性和年轻女性之间差异的评价。值得注意的是，虽然每个受试者分属于男性类型或女性类型当中，但所有人都共同归属于"年轻人"的类型。他们对成年男性和成年女性进行评价时，其差异也小于对男性和女性整体的评价。同样，尽管受试者都不是成年人，但他们显然都是男性或女性。因此，受试者在对不同群体的人的特征进行描述时，如果评价对象同时涉及两个类型，并且受试者同属于其中一个类型，那么受试者对于差异的感知会小于基于单个特征而进行的比较。

德尚和杜瓦斯（1978）同时发现，虽然简单地把人分为不同的群体可以使受试者对自己所属的群体产生积极偏见，但引入第二个中性特征（即该特征不会产生偏见）可以消除这种歧视。这次，参与实验的是9岁和10岁的男孩及女孩。其中一半受试者归为简单类型（男性与女性），其他受试者处于交叉类型：一半男孩和一半女孩被归为"红色"类型，另一半被分配到"蓝色"类型。孩子们各自进行了一系列纸笔游戏。之后，他们被要求估计出除自己之外其他每个孩子正确完成游戏的数量。简单类型的受试者将其同性别受试者完成游戏的正确数量估计得要显著高于异性受试者的正确数量。而在交叉类型的受试者当中则没有这样的差别（例如红色男性与红色女性），即使区分红蓝色本身并不会产生任何差异。因此，仅仅添加一个无意义变量，并将其与性别变量相互交叉，就可以消除性别歧视。在其他旨在促进社会合作的实验中也有类似的发现（Wit & Kerr, 2002）。

科泽尔（Coser, 1967）在阐明群际冲突有助于社会元素的整合这一观点时，就曾预测到交叉类型的重要性。他认为社会由许多类型组成，这些类型之间往往相互冲突，然而，由于每个人分属于许多不同的类型，因此特定的一小撮人是不太可能在每一场冲突中都站在同一阵营的。这样一来，一位女性可能在涉及性别平等的问题上反对某位男性，却在环境问题上同这位男性达成一致。正因为这样，社会才交织为一体。对国家来说，这种黏合机制更是显而易见的。在加拿大，法裔和英裔、本地居民和移民、东方人和西方人可能会在不同的问题上发生冲突。在美国，支持和反对枪支管制的群体之间可能会发生激烈争吵。在欧盟，西班牙、德国和法国公民也许会在经济和移民问题上产生碰撞。然而，只要每项重大议题在语言、种族或地理边界上没有显著划分，那么如果这些类型同其他类型相互"交叉"（例如男性与女性、资本家与社会主义者、环境主义者与"掠夺者"），整个社会就还将团结在一起。

最后，如果一个人同时归属于两个在主流的刻板印象看来是相悖的类型，那么观察者会试图通过更多地关注这个人的个人特征来解决这种不一致性。应对此类不一致的类型可以提高对外群体的宽容度。瓦西尔维奇和克里斯普（Vasiljevic & Crisp, 2013）认为，这方面的体验还可以推广到其他情形并产生持续性影响。他们在研究中要求受试者组合出自己身上与主流刻板印象一致（例如男性消防员）

或不一致（男性助产士）的独特的社会类型集合。他们推测，通过对不一致的类型进行组合会推动认识的灵活性和提高对外群体的宽容度。许多实验都证实了这一推测：对不一致的类型进行组合会减少对诸如老年人、残疾人和艾滋病病毒携带者群体的偏见。更有意思的是，他们曾在前南斯拉夫的马其顿共和国进行实地调查。那里受民族问题的影响而变得四分五裂，但有迹象表明，不一致类型的任务有利于提高对种族外群体的宽容度和信任。

要点：我们会无形中把人们划分为不同的群体和类型，这在推动社交互动的同时，也能帮助我们预测对方的态度和行为。我们倾向于放大其他群体的人彼此之间的相似性，也会放大其他群体的人同我们自己之间的差异性。但当我们发现对方属于多个类型且同我们共同属于其中某一类型时，这种倾向性会减弱。

社会认同

在第三章我们探讨了人类如何"了解自己"。我们会像归类其他人那样归类我们自己，尽管我们可能并不会常常意识到这一点。我们的自我图式包含了我们的个性、期望和经历，除此之外的一个核心要素则来自于我们所处的社会环境。通过**社会认同**（social identification）（Tajfel & Turner, 1979），我们能够根据我们所属的社会类型和群体来定义自己。泰弗尔（1972）将社会认同定义为个体认识到他（或她）属于特定的社会群体，同时也认识到作为群体成员带给他（或她）的情感和价值意义。

当人们认为与某些人共享一些完全区别于他人的属性时，那么一个群体就产生了（霍格 Hogg, 2006）。因此，属于特定国籍、宗教、种族或政党的人——譬如加拿大人、德国人、童子军、环保主义者——可以被视为构成了不同的群体。（为了防止本章后面出现混乱，你会发现当研究人员研究少数可以直接互动的群体之间的行为时，"群体"的定义会有所不同。）显然，我们每个人都属于许多不同的社会群体，其数量可能会比我们意识到的要多得多：我们可以是男性、女性、英国人、加拿大人、澳大利亚人、美国人、黑人、白人、修理工、裁缝、士兵等。我们也属于那些基于宗教、年龄、种族、地理和婚姻状况而产生的各种群体。虽然这些类型对我们而言可能并不总是有意义的，但在某些情况下，它们也可能变得非常重要。比如：一篇批判高中生自私自利的报纸文章可能并不会使你感到困扰，因为你不属于那个类型。但是一篇批评大学生态度的文章可能会引起截然不同的反应：现在你成了人们谈论的对象。

社会认同有两个重要的作用。回忆一下第三章的内容，我们既希望能够自我感觉良好（自我提升），同时也想认识和了解自己（减少不确定性）。在自我提升方面，作为一名大学生，你不会感到稍许满意吗？或为你的国家（至少在你眼里）是世界上更好的国家之一而感到自豪？或者为奥运会上身披本国国旗的运动员喝彩，即使他们都是陌生人？至于减少不确定性，请回顾第六章关于人们在不舒适的环境下感到不安的相关讨论。我们身为某一特定群体或类型的成员的身份会为我们提供某些行为上的规范，帮助我们成为"群体中的一员"，从而减少或消除不确定性。

泰弗尔（1974）认为社会行为在**人际—群际连续统**（interpersonal-intergroup continuum）中是不同的。在人际关系的维度中，人与人之间的互动是他们彼此之间的个人关系及其个体特征的结果。另一方面，在群际关系维度，他们的社会群体成员身份决定着他们彼此之间的行为。

社会认同是连接个体行为和群体现象的关键（Haslam, Reicher & Reynolds, 2012），这是因为一旦我们认同了某一类型或群体，那么区别该类型或群体与其他类型或群体的某些规范、态度和行为将对我们自己的态度和行为产生强大影响（Turner, 1982, 1985）。负面影响当然也可能会存在：当个体的自我概念主要聚焦于群体，即完全维系在社会身份上时，就会产生对其他群体或类别的偏见和歧视（Hogg & Williams, 2000）。但是，群体成员并非是彼此的克隆人。每个人都具有超越其社会认同的独特性，即自我图式。除社会认同外，人类还拥有受个性因素和特定的个人经历决定的个人身份。即便如此，群体经历往往也会在个人身份的发展中起重要作用（图12.4）。

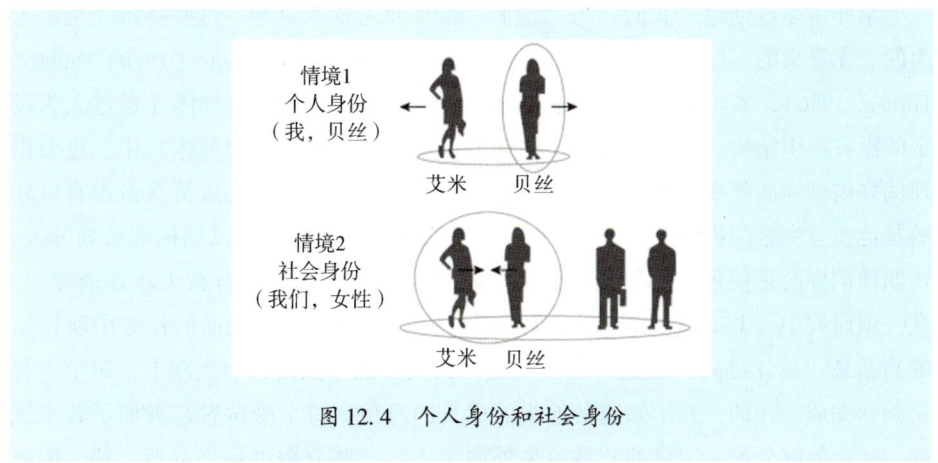

图12.4 个人身份和社会身份

要点：我们所属的群体和类型构成了我们社会认同的基础。这种社会认同带来了自我提升和不确定性的减少。同时，我们还拥有个人身份，它反映了我们个体的态度和行为。

内群体—外群体偏见

社会认同不仅突出了内群体，即我们所属的群体和类型，同时也勾勒出外群体，即不是我们所属的群体和类型。这通常会在不同社会类型的成员之间产生竞争关系。不管是小学拼写比赛、体育锦标赛还是国际奖牌赛，我们都希望"我们的"团队，或与我们同龄的、同性别的人，我们的社区、城市或国家取得胜利。实际上，世界上大多数冲突都发生于群体成员之间，不论这些群体是基于宗教、种族、民族还是政治信仰产生的。对内群体和外群体——我们和他们——的强调会不可避免地导致人们认为一些群体或类型在某些方面是优越的，而其他群体或类型则是劣等的。这无疑是滋生偏见的土壤。

回忆一下，泰弗尔曾为了理解纳粹对特定类型的群体的仇恨而开始研究社会认同和群体成员。他并不是第一个试图对纳粹可怖的世界观进行探究的人。美国的心理学家也在探索纳粹罪恶行为产生的根源，但这种探索带有强烈的美国式个人主义风格。他们关注的焦点并不是群体在偏见产生和发展过程中的巨大作用，而是群体成员里个人的盲从和偏执。在他们的努力下产生了诸如独裁主义人格等概念。（我们将在下一章详细讨论偏见。）然而，泰弗尔相信，对于偏见和歧视一定有比仅仅分析个体人格更为重要的理解方式。他认为，之所以会将人们划分为内群体和外群体，区分成"我们"与"他们"，一定还有一些根本性的原因，而这些原因正是偏见产生的根源。

泰弗尔通过创建"我们"与"他们"的场景来探求真相，这些场景完全是人为的、无意义的。他与同事一起进行了一系列实验（例如，Tajfel, 1970; Tajfel & Turner, 1986），实验证明，把个体随意甚至随机分配到极小的群体（通过人为设定的没有组织结构、没有预先存在的规范也有没有任何历史的群体）中，也会出现偏好内群体的歧视。关于群体规模的设定是为了消除除群体成员身份本身以外的其他所有变量的影响。打个比方，你可能会根据一些毫无意义的标准来划分人，比如他们穿的是黄色还是黑色的T恤，或者他们的生日是在奇数天还是偶数天。在一项研究中（Tajfel, 1970），表面上看，受试者是按照在之前的任务中所做出的判断是"估计过高"还是"估计不足"而被分到不同的组。实际上，每个人都是独立完成工作的，并不知道其他组的成员的身份。每个受试者都参加了若干试验，从而能够分配一定量的分数给另外两个人。这些分数可用来兑换金钱，因此具有真正的价值。在某些实验中，受试者必须将一定量的分数分配给两名与他（或她）同组的成员，而在另一些试验中，则需要分配给其他组的两名成员，此外,还有的要把分数同时分给一名同组成员和一名其他组的成员。

当受试者有机会将分数分配给组内的两名成员或组外的两名成员时,基本上都会分配均衡,即每人取得的分数相当。但是,如果分配对象变成一名组内成员和一名组外成员时,绝大多数受试者都把更多的分数给了同组成员而非他组成员。他们这样做是为了自己所在的群体而歧视其他群体:(1)尽管他们并不知道与自己同组的和不同组的都是谁;(2)尽管分组是基于某个微不足道的标准;(3)尽管他们的选择最终并不会对自己产生任何益处。值得注意的是,这种歧视是在事先没有预设任何对抗性关系和互动的情况下发生的。

为什么实验受试者会这样做?多年来,我们都曾体会过内群体—外群体偏见是怎样通过潜移默化的方式受到鼓励和支持的,比如,作为儿童,无论在足球比赛还是学校辩论中,我们都被鼓励希望我们的队伍赢得比赛。泰弗尔(1970)认为,这可能是因为即使没有直接的个人利益,也不存在任何敌意或偏见,人们或多或少都会不自觉地歧视外群体并支持他们自己的群体。他把这种普遍的反应称为**非特定外群体歧视规范**(generic norm of out-group discrimination)。可是,他后来认为这种解释过于模糊,转而认为这种群内偏袒有助于增加内群体的积极独特性(Tajfel, 1974)。当我们属于一个优秀的群体时,我们的自尊心得到了提升,因而我们希望我们的团队做得更好。所以,即使内群体是任意划分而来并且毫无意义,我们也会支持自己的群体。

内群体偏见有时会导致外群体成员的**低人化**(infrahumanization)(Paladino &Vaes, 2009; Leyens et al., 2001)。也就是说,外群体的人可能会拥有较少的人性特质(例如理性、道德感、骄傲和内疚),仿佛他们天生缺乏这些人类特质。这种低人化偏见似乎只发生在高地位群体看待低地位群体时,有研究表明,低地位群体中的个体并不会对高地位群体中的人产生低人化偏见(DasGupta, 2004)。例如,卡波扎等人(Capozza et al., 2012)曾在现实群体——意大利北部和南部——和人为产生的群体(认为社会经济地位是被操纵的)成员中间进行研究。不论是现实群体还是人为产生的群体,拥有较高地位的群体的成员都认为群体内部的人具有比外群体成员更多的"人类"特征,并且将"动物性"——多指人类与动物共享的初级情感——归到地位较低的群体成员身上。然而,无论是人性还是动物性,低地位群体都没有对内群体和高地位群体的成员进行区分。

在另一项研究中(Capozza, Boccato et al., 2009),实验人员向意大利北部的受试者展示了一组照片,照片中除明确是人类或猿的头像外,还穿插着一些含混不清的、似人似猿的头像。受试者被要求辨认出每张照片中的头像究竟属于人类还是猿类。在其中一组条件下("内群体条件"),实验人员告知受试者照片中的人类面孔是北部意大利人,而在另一组条件下("外群体条件"),受试者则被告知人类面孔是南部意大利人。果然，在面对那些明确无疑义的照片时，两组受试者的反应没有任何差异，因为他们很容易就可以辨别出照片中的究竟是人类还是猿类。但是内群体条件组的受试者更倾向于把难以分辨的头像归类为猿人，而外群体条件组的受试者却没有表现出这类倾向。笔者将其解释为内群体规避"动物污染"，仿佛受试者正在思考："如果这张看起来不是很像人类，那它必然不是我们当中的一员，所以它肯定是猿。"另一方面，当他得知难以辨识的那部分头像是猿人或南部意大利人时，他的想法就变成："它可能是两者里的任意一种，我最好仔细观察一下再做决定。"

思考一下实验室中观察到的现象和种族主义、种族灭绝的相似之处。横跨大西洋的奴隶贸易正是在一定程度上通过把非洲人视为动物而非健全的人类才能畅行无阻。纳粹宣称犹太人是"次等人"，从而大肆屠杀犹太人；"次等人"的说法后来还扩大到指俄罗斯人、乌克兰人和波兰人。非人化总是能轻易发生，它的根源可以追溯到人类对内群体的自动偏袒和由此产生的对外群体的消极看法。（我们将在第十三章展开讨论这一话题。）

社会比较

社会认同不可避免地会导致**社会比较**（social comparison）。第三章里谈到了我们经常会通过与其他人进行比较来评价自己。现在我们来探讨如何比较我们所属的类型、群体与其他类型、群体之间地位与权力的高低。如上所述，群体成员通常会给予本群体积极评价（Tajfel and Turner, 1979）。尽管有的时候这种积极评价仅仅来自于对群体的满意度，可更为常见的是通过将群体与其他群体进行比较即通过竞争手段来实现的，（Gagnon & Bourhis, 1996）。实际上，社会认同的积极方面和我们对特定群体或类型中成员的重视程度取决于该群体同其他群体之间的比较。你会因为自己是一名大学生而感觉良好吗？如果会，难道不是由于与非大学生之间进行了隐性比较的缘故吗？如果所有人都是大学生，那么作为其中一份子你的自豪感就无从而来。

当社会比较发生于国家层面时，后果可能会非常严重。一项在加拿大和澳大利亚进行的研究（Amiot & Aubin, 2013）表明，当社会认同主要围绕成为群体成员的满足感时，它更有可能导致个体自尊心和爱国情感的增强，但当把重心放到与其他群体进行比较时，由此产生的相互竞争可能会增加民族主义的风险，而以往这种民族主义常常会显示出惊人的破坏力。

要点：社会比较是一个竞争过程，有助于提高我们所属群体的重要性。

社会认同理论和自我归类理论

社会分类、社会认同和社会比较这三个过程是社会认同理论（Tajfel, 1972; Tajfel & Turner, 1979）及其延伸——自我归类理论（Turner, 1985）——的核心。这些理论对现代社会心理学产生了重大影响，特别是影响着我们对待诸如偏见、刻板印象、民族优越感和群际冲突等重大社会现象的理解。我们已经了解到，社会认同理论是怎样探讨群体和类型的成员身份如何塑造我们的社会身份。现在，我们继续来探讨它的衍生——自我归类理论，它描述了个体是如何统一于一个心理化群体的（Turner, 1985; Turner & Oakes, 1986）。

特纳（1985）注重研究把自我与他人进行归类的重要性，他认为这不仅是社会认同的根基，同时也是与之相关的群体和群际现象的基础。这一理论在一定程度上回应了美国社会心理学界对社会认知日益增长的兴趣。根据自我归类理论，倘若没有对社会身份的认知过程，群体行为将无从谈起（Turner, 1982; Hogg, 2006）。社会身份的共享导致了共同的社会理想和社会规范，并且为合作和领导提供了基础。正因为我们认同自己是群体中的成员，我们的思想、价值和行为才会受到群体共同信念的影响。比如说，如果你是一名环保组织的志愿者，你的成员身份将进一步促使你关注某些重大环境问题并提供解决这些问题的行动方案。我们具有多重社会身份，而根据具体情况，某一身份将在特定时间处于显著地位。正如特纳所指出的那样，我们的社会身份是我们作为个体和作为社会存在者之间的关键支点（Turner, 1982; Haslam, Reicher & Reynolds, 2012）。

但是，在某一时刻，我们基于什么来对自己进行归类？也就是说，为什么在特定时刻，处于显著地位的是其中一个社会身份而不是另一个呢？在某些时候你会考虑到自己是男性还是女性吗？如果接下来等待你的是某种对男性或女性的批判意见的话，你有可能会这样做。或许你现在正把自己当成是一名学生，或是一名美国人、足球队队员、曼联或多伦多枫叶队的球迷等。同样的，这都取决于社会环境。根据自我归类理论，不同类型正是基于类型之间的差别大于类型内部差别这一事实而形成的。比如说，当你跟一群澳大利亚同胞一起待在伊斯坦布尔的一家酒吧里，同时邻桌坐着一群美国人，那么也许在这个时候，作为一名澳大利亚人成为对你而言最重要的社会身份，因为美国人同澳大利亚人之间的差别大于澳大利亚人之间的差别。但是突然之间，酒吧爆发了骚动，人们开始用土耳其语大喊大叫，你和你的同伴们以及在场的美国人都不明白发生了什么。在这个时刻，澳大利亚人和美国人或许会觉得他们同属于讲英语的群体，因为他们之间的差别又小于他们与其他所有说土耳其语的人之间的差异。这里，偏对比原则再一次发挥了作用：随着事态发展，你发现自己身上与美国人的共同点变多了。（再次进行了交叉分类。）这个例子表明，人们会因时制宜地判断自己与他人相似或不同。与他人一起成为某一群体的一部分并非是基于人际关系的吸引力和对他人的喜爱，而是基于那些可以相互感知的相似性，这些相似性构成了某种群体身份。

如果我们如何定义自己主要受社会身份影响，那么**人格解体**（depersonalization）就会发挥作用。这本质上是对自我的一种固化观念：我们认为自己不是独特的个体，而是我们所属的群体和类型的原型成员。有些人对特定群体太过认同，以至于他们的社会身份和个人身份之间的界限几乎消失殆尽。我们称之为**认同融合**（identity fusion），即"发自内心地"充当群体的一份子（Swann et al, 2012）。在这种情况下，个体愿意为了群体竭尽全力，有时甚至达到了愿意牺牲自己生命的地步。某些极端的动物权利活动人士和反堕胎活动人士即符合这一点。需要注意的是，这并非是基于对领导者的服从意识，因为对于这些"融合的"个体而言，即使他们接到上级的命令，也会拒绝从事对本群体有害的行动。他的这种遵从性是基于对群体路线和目标的接受程度。

要点：社会认同理论描述了我们的社会认同是如何由我们所属的群体和类型所塑造的，而自我归类理论则描述了个体如何聚集在一起并感受到自己是统一群体中的一部分。

社会信念结构

在某些群体中，成员之间共享的群体信念不仅可以将他们与非群体成员区分开来，而且对群体成员如何看待自己以及如何被他人看待起到至关重要的作用。比如，宗教团体的成员可能会共享关于道德、往生、教皇的权威以及只许吃符合犹太饮食法的食物等这些信念。这种群体信念非常重要，它们通常用来划分内群体和外群体之间的界限，展示他人与"我们"的不同之处，甚至鼓励成员在思想和行动上拥有优越感。（回想一下第十章中的讨论：群体信念可以使解决冲突变得极为困难。）一些群体信念也与可以感受到的群体地位有关。同时群体信念还充当着成员理解新信息的过滤器（Bar-Tal, 1986）。比如说，GLBT群体（男同性恋者、女同性恋者、双性恋者和跨性别者）中的成员可能会共享一些关于群体之外的人怎样看待他们的共同信念，而这些信念可能会影响他们对外界信息的理解和判断。

社会认同理论认为，这种共同信念构成了社会信念结构，这一结构不仅解释了一个人所属的群体相较于其他群体的相对地位，还描述了他们之间界限的**正当性**、**稳定性**和**不可渗透性**（Tajfel, 1974）。

正当性很重要，因为如果所有人都接受了某种地位结构，那么就不存在变革的可能。例如在几个世纪以来，印度的种姓制度就与生死轮回的信念紧密相连，这种信念在所有人——无论是顶层阶级还是底层阶级——看来都是正当的。它被简单地视作既定事实。其结果是，底层阶级的民众中间缺乏推翻等级制度的革命热情。可是，当弱势群体对他们弱势地位的正当性不认可的时候，对于稳定性和渗透性的考虑可能会对他们的行为起到引导作用（Hogg & Williams，2000）。

稳定性是指地位结构固定且不易发生改变的程度。比如说，在150年前，几乎没有人会想象得到有朝一日女性拥有投票权。一个世纪以前，英国人不会料想到等级森严的阶级结构会迅速土崩瓦解；印度人也决计不会预料到，他们的种姓制度会在1997年弱化到让一名"不可接触者"当选总统；而且南非人和美国人都不会想到黑人会成为他们的总统。

渗透性是指跨越群体或阶级边界的难易程度。比如说，英国的东区佬跻身成为上层社会的一分子，或低种姓印度人、美国黑人、加拿大原住民在本国社会进入更高等级。弱势群体是否试图对不公平的社会结构进行改变取决于该社会结构的渗透性和稳定性（Hogg & Williams，2000）：

不可渗透且不稳定

如果人们共有的信念指向群体边界和地位关系既不可渗透又不稳定，那么地位较低的群体的成员可能会为了改变或打破群体边界而同地位较高的群体展开竞争。基于此，南非黑人（以及一些富有同情心的白人）努力寻求社会变革并最终实现了种族隔离的终结。

可渗透且稳定

如果人们相信群体边界和地位关系是可渗透的、稳定的，那么不受青睐的群体当中的某些个体可能会试图融入更受优待的群体中来。例如，伟大的犹太作曲家古斯塔夫·马勒（Gustav Mahler）在皈依天主教时就是这样做的。作为犹太人，他永远无法获得维也纳国家歌剧院里他朝思暮想的那个职位，但马勒改信天主教后即被授予该职务。尽管如此，他从未被天主教完全接纳。

不可渗透且稳定

如果相信群体边界和地位关系是不可渗透的（禁止群体间的流动）、稳定的，那么试图改变它们的动机也就消失了。在南非种族隔离期间，掌握权力的白人以肤色划分边界，许多白人和黑人也持有这种观点。那么，当群体边界既不可渗透又稳定时，弱势群体要怎么样才能增强自尊？这时人们通常会找到一个不会直接威胁强势群体的地位和权力的新的比较基础用来进行补偿（Lemaine，Kastersztein

& Personnaz，1978）。也就是说，他们找到了一种通过关注他们认为自己优越的其他特征来弥补他们明显劣势的办法。现代研究发现，道德、能力和社交是内群体—外群体比较的基本要素。当你属于低等群体时，你可能会承认高地位群体拥有更高的能力，但会自称本群体在道德和社交上面要更胜一筹（Capozza et al.，2012）。比如说，北部意大利人通常被认为比南意大利人取得了更高的经济成就，但两个群体都认为北方人成就动机高，而南方人则更具情感表现力，更注重维持人际关系（Jost et al.，2005；Capozza et al.，2012）。再比如，在几年前的一项研究中，人们发现种族隔离时期，南非的东印度人会认为自己在科技和经济上不如白人，却在精神和社交事务上更胜一筹（Mann，1963）。

一系列在儿童中间开展的实地调查也证实了这一补偿过程（Jamous & Lemaine，1962；Lemaine，1966；Lemaine & Kastersztein，1972）。其中一项实验（Lemaine，1974）要求两组男孩共同角逐某一奖项，但在他们中间并没有直接互动。每队都必须在森林中建造一间小屋。其中一组——由抛掷硬币产生——被允许使用绳子，而另一组则不被允许。"先天不足"缺少绳索的一组组织工作效率较低，他们都关注于自己的劣势，想要退出比赛。他们最终决定全力以赴完成任务以前，浪费了很长的时间用来观察另一组。在这之后，他们"大门紧闭"，阻止占据有利地位的群体成员来观察他们在做什么。这些儿童用了与另外一组完全不同的方式来补偿自己的不足。尽管目标是要建造一间小屋，但处于弱势的小组通过讨论决定重新定义小屋，他们建造的物品还包括另一组并未建造的花园、桌子和壁炉。同样，拉隆德（Lalonde，1992）研究了排名最末的曲棍球队的球员对他们无法获胜做何反应。在 8 场比赛的每一场结束之后，他都要求球员分别对本队、对方球队和本人进行评价。他发现弱队球员对他们自己缺乏技巧了然于心，但他们却通过宣称自己占领了道德制高点来与其他球队相区分，因为他们的对手打"脏球"更甚。

要点：对群体边界的稳定性和渗透性的信念能够促使处于劣势地位的人要么试图改变这些界限，要么试图越过边界成为更理想群体的一分子，或接受现状找寻增强群体满意度的方法。

群体可以改变吗？

社会信念结构的另一个重要方面在于，我们认为群体——特别是那些怀有敌意和侵略性的群体——能够在多大程度上发生积极的转变。

心理学家在以色列—巴勒斯坦冲突持续不断的背景下开展了一项研究（Halperin et al., 2011）：首先，对 500 名参与实验的以色列犹太人进行评估，评估内容包括他们是否相信群体可以发生改变，以及他们对巴勒斯坦人持什么态度。不出所料，越是认为群体不会发生改变的人，他们对巴勒斯坦人的看法就越消极。随后，实验者又重新抽选出部分以色列犹太人并重复了这一实验。这时，有一半的受试者事前被要求阅读一篇描述侵略群体可以通过改变来减少侵略性的文章（"成长型思维"），而另一半受试者阅读的文章是讲这些群体从未真正发生改变（"固定型思维"）。两篇文章都没有提到巴勒斯坦人。在这之后，他们对巴勒斯坦人的态度则截然不同。人们发现，那些阅读了成长型思维方式文章的人与阅读固定型思维方式文章的人相比，对巴勒斯坦人展现出更为积极的态度，同时对和解表现出更大的愿望。因此，仅仅通过改变以色列人对群体可变性的信念，甚至没有一言半语谈及巴勒斯坦人，也可以导致他们对巴勒斯坦人的态度发生重大而积极的变化，萌生和解的愿望。

研究人员在巴勒斯坦人那里重复了这项研究，结果证实，即使是最"强硬"的受试者通过阅读成长型思维方式文章，也对以色列人产生了更为积极的态度，同时更愿意做出重大妥协。但是，研究人员还想弄明白，假若巴勒斯坦人生活在以色列，是否更容易改变观点？实验在生活于西岸地区的巴勒斯坦人中间再次开展。那些阅读成长型思维方式文章的人再次表现出对以色列人更为积极的态度，同时也更愿意支持有利于地区和平稳定的重大妥协。此外，相较于其他受试者，阅读成长型思维方式文章的人看起来也更乐意参与同以色列人的互动。

这项研究表明，对外群体甚至是敌对群体的态度，可以在不提及外群体本身，不试图增加对外群体的理解或同情，并且不与外群体进行任何现实的或想象的互动的情况下受到积极影响。仅仅通过向受试者传达某些观念，如群体可以发生改变的，他们并非永远"邪恶"或具有侵略性，就可以导致积极的结果（Dweck, 2012）。

小群体

我们在本章前面提到过，在一些社会心理学家眼里，"群体"一词的定义有所不同，他们更多关注于群体成员数量较少并且成员之间可以直接发生互动的小型群体。回想一下，在社会认同理论和自我归类理论中，"群体"一词本质上用来指代某一类型，比如，特定条件下，你可以将自己归类为学生、加拿大人或罗马天主教徒等。但在小群体研究中，成为群体中的一分子意味着更多。其定义的标准如下：

1. **相互认识和影响**：首先，有两个或两个以上的人发生互动，他们彼此之间相互认识并相互影响。缺乏相互影响即不构成群体。当你在机场的行李传送带前同他人一道等行李时，你不会认为自己加入了一个群体。或者说，当行走在街道上时，你可能会将人们分类为"司机"和"行人"，但你不会把周围的司机或行人等同于两个不同的群体；他们可能并不认识彼此，对他们的分类只是暂时的，因为行人可能稍等一会儿就成为司机，而司机在下车后就会变成行人。

2. **持久的联系**：只是相互认识和影响并不能定义为一个群体。试想一个司机开车飞溅到一个行人身上时，他们之间彼此察觉，司机的行为显然对行人造成了影响，而行人的反应可能也会影响到司机。但是他们二人并不能构成一个群体，因为他们之间的互动缺乏持续性。司机和行人可能永远不会——至少不会以司机和行人的身份——再次相遇。群体要在相对稳定的框架内拥有持久的联系。家庭、纸牌俱乐部和地方慈善组织都具备持久联系，一些不成文的规则（"规范"）指导群体成员产生互动并持久地充当某个角色。

3. **共同的目标**：可是，这些标准还是不够完整。监狱里的囚犯和警卫之间无疑也会产生相互影响，而且他们在非常稳定的框架内建立起了某种持久的联系，但我们很难将他们视为同属于一个群体。他们彼此对立。然而，作为群体中的一部分，群体成员要共享某一愿望或目标。

4. **归属感**：还缺少点什么。假设你每天早晨都与同样一群人在公共候车亭等车。你们之间或多或少会有一些相互影响，而且尽管时间很短，可这种关系还是会以一种相对稳定的方式持续存在。不仅如此，每个个体都拥有同一个目标——上车。但他们不太可能会将自己看成是这个"群体"当中的一部分。归根结底，与社会认同理论的观点相似，群体的关键特征在于成员相信他们归属于某一群体，并且相信各自是某一特定实体当中的一部分（Tajfel, 1978, 1982）。

要点：社会心理学家以两种互不相同但彼此相关的方式运用"群体"一词。在社会认同理论的背景下，群体是由认为自己共享某一区别于其他人的特性的若干个体组成。另一方面，致力于研究小群体的社会心理学家则把群体定义为拥有数量较少的成员，并且成员之间相互认识、相互影响，处于持续及相对稳定的关系中，拥有共同目标，相信自己归属于该群体。

当然，群体是各式各样的。孩子们不能选择自己的家庭，人们也不能选择自己的陪审团成员，大多数群体里都包含了自发加入的成员。为什么一个人加入的是这个群体而不是另一个呢？人们有时会为了实现特定的目标而加入某一群体，而有时只是为了与他人进行互动。以任务为导向的群体会专注于目标；群体成员的目标可能是赢得奖杯、阻止全球变暖或提高他们的摄影能力。其余的群体则以社交为导向；社交即是它们存在的理由——玩桥牌、谈论书籍、曲棍球比赛。这些群体提供伙伴、娱乐和信息，允许有共同兴趣的人们进行互动。一些正式群体具有明确的组织结构和规章制度。其余的则是一些非正式群体，好比每周五晚上在酒吧聚会的几个朋友。

群体内的差异化

角色和地位

绝大多数群体，特别是以任务为导向的群体里，每位成员都履行着不同的职责。这些角色可能是非正式的，并且处于持续发展变化当中，又或许他们被组织赋予了"秘书"或"主席"的头衔。在大多数以任务为导向的群体里经常会存在两个重要的非正式角色，即"任务专家"和"社会情感专家"。群体里被认为最有能力带领群体达成目标的人通常会充当第一个角色。但是，这个人可能并不适合去解决群体在实现目标过程中出现的一切情绪干扰。那么这项任务就交给社会情感专家，他会试图消除群体内的所有人际冲突。

在任何一个群体里，都具有某种"权势等级"（pecking order）。高地位的成员往往在小组讨论中占主导地位，在决策中发挥更为重要的作用，同时对低地位成员具有更大的影响力。高地位成员自然更有可能担任领导角色；关于领导这个话题随后将在本章展开。群体中的高地位可以从许多因素中获得，比如在实现群体目标时发挥了重大作用、拥有个人声望或在群体中公认的重要角色（比如说召集人）。

规范

正如前文所述，规范是指对某些行为是否可以接受的共同信念。它通常包括对某部分群体成员的某种评判，比如你是一名工人，工厂并没有明确规定工人的劳动生产率，但当你始终比你的同事生产更多的时候，就可能会招致他们的不满。当发生较为严重的违规行为时，群体成员通常会采取措施，使违规者改过自新。当然，终极威胁是从群体中除名。在某种程度上，成为某一特定群体当中的一员至关重要，而这种除名的威胁会促使群体成员遵守规范。让我们回忆一下沙克特（Schachter，1951）关于群体排斥的研究，"越轨者"最终被排除在小组讨论之外（第六章）。

群体社会化

为什么人们加入的是这个群体而不是另一个呢？群体如何吸引个体，而个体又如何使得群体吸纳他（或她）成为其中的一员？成为群体的一部分、被群体接受并尝试适应群体的规则规范，这一过程被称作**群体社会化**（group socialization）。群体社会化主要涉及三个基本过程（Moreland & Levine, 1982）。首先是评估过程。个体和群体会就彼此能够为双方的目标做出多少贡献而进行评估。随着个体越来越深入地参与到群体当中，每一方都会考虑他们的期望与实际的差距，并且通常会尝试着减少这些差距。假设你加入了一家摄影俱乐部，当你发现成员们花费了大量的时间聊一些与拍摄照片不相关的话题时，你或许会感到失望；你如果还没有完全放弃希望，可能会试图影响他们并将他们的关注点转移到摄影上来。抑或，在你谈论太多的时候，群体成员可能会试图平息你的喋喋不休。

第二个过程是承诺。此时，根据评估过程的结果，个体和群体之间要么建立起稳定的关系，要么彼此远离。在建立承诺之后，则是第三个过程，即逐渐进行角色转换。角色转换是指变为群体中的新成员，这反映了评估过程中取得了积极结果，或许还意味着在协助群体实现目标时责任感的增强。

这只是对整个社会化过程的简要描述。一些研究人员（例如，Anderson, Riddle & Martin, 1999; Myers & Anderson, 2008）提出了更为详尽的五阶段过程，其中沟通起到了关键作用。这种详尽的办法会帮助我们理解为什么有些群体非常成功，而有些群体却随着成员壮大而露出衰微之势。

要点：成为群体一员的过程比最初看上去要更为复杂，因为个体和群体成员之间会相互评估。一旦评估结果令人满意，群体社会化过程将会先后经过承诺和角色转换的过程，与此同时，作为新成员也会承担越来越多的责任。

群体内部的相互吸引

是什么将群体团结在一起？群体对于其成员的吸引力又被称为**凝聚力**（cohesiveness）。这是一个难以定义（和衡量）的概念，但总的来讲，它是指群体成员对群体和群体任务的忠诚度（Cota et al., 1995）。一个有凝聚力的群体会团结一致，大家同心同德，一派和谐。在群体当中，将个体留在群体里的因素越多，诱使他们离开群体的因素越少，群体就越有凝聚力。

有利于形成群体凝聚力的因素包括成员之间的个人吸引力、群体目标和个体目标的一致性以及群体满足个体需求的唯一性。比如说，你处在一个扑克小组当中，喜欢玩扑克的你并不认识小组成员以外的其他玩家，那么离开这个小组对于你而言将会是极大的损失。反过来说，如果有其他各种各样的扑克小组不断邀请你与他们玩扑克，那么你对于现在这个小组的忠诚就得建立在其他因素上，比如说个别成员的吸引力或是玩牌的技术。（回想一下社会交换理论和选项比较水平）

通常群体凝聚力会随着群体对成员重要性的增加而递增，例如，当群体同其他群体之间发生竞争或是面临某种外部威胁时就是如此。

凝聚力可以促进或妨碍任务导向的群体的效率。具有高度凝聚力的群体中的成员通常受群体规范的影响更大，因为群体成员的身份对于他们而言十分重要（Berkowitz, 1954）。因此，如果群体规范要求提高效率，凝聚力也会使他们提高效率；而如果要求降低效率（某些工业领域的工人可能会这样），凝聚力会促使他们减少输出量（Mullen & Copper, 1994）。倘若凝聚力高的群体的成员由于相互吸引而耗费大量时间用于互动，或是过分沉溺于社交而忽略了群体目标，这样也会导致生产效率受损（Langfred, 1998）。

要点：群体如果始终对成员保持吸引力，那该群体就会团结一致，充满凝聚力。

领导

> 欲先民，必以身后之……太上，不知有之；其次，亲而誉之；其次，畏之；其次，侮之。信不足焉，有不信焉。悠兮其贵言。功成事遂，百姓皆谓："我自然。"
>
> ——老子（公元前 6 世纪）

尽管群体的权力和影响力在成员中分配，其中某些成员拥有较多，其余成员拥有较少，但通常还是有一人相较其他人而言最具影响力。这个人无论是否被任命，他都是领导者，他能够统筹协调，带领追随者努力实现群体目标（Van Vugt, Hogan & Kaiser, 2008, 2008）。一个群体可能同时拥有不止一个领导者；最具知识和技能，能够帮助群体实现目标的成员可以充当任务领导者，而其他成员可能扮演了社会情感领导者这一关键角色，他们通过处理群体中出现的情绪问题来维持凝聚力，并激励群体成员各尽其能（Hamblin, 1958）。此外，通过正式选举成为群体"首领"的人有时并不会自动成为真正的领导者。"首领"往往是由外部强加而来的，而领导者则是从内部出现的。如果你是一名士兵，而你的上司是一位被人瞧不起的弱小中士，那么队伍中另一个能力出众、备受尊敬的人——比如说一位下士——将会成为真正的领导者。中士可能拥有法律赋予的权力，但下士却更能有效管理军队。渐渐地，中士也许会意识到这一点，并在实际上屈从于下士的这种隐形权力。

长期以来，社会心理学家一直都在致力于寻找成为群体领导者的决定性因素，但尚未就一名优秀的领导者应该具备哪些优良品质这一问题给出令人满意的答案。社会认同理论为领导力及其产生提供了独特视角（Hogg，2001）：群体中最具典型性的成员（原型）——即最能体现与群体相关的积极属性的某人——成为事实上的领导，他或她通过提供其他成员努力遵守的模型来发挥其最大的影响力，这一群体过程的结果被称为领导力。这种影响力反过来又为领导者带来了地位。得益于这种原型的身份，追随者理所当然地会认为此人同他们具有相同的目标和愿望。这一观点经过了实验的证实：一项研究表明，与群体原型最为相似的领导者最受好评（Platow et al.，2006）；另有研究表明，在正式组织中，在信仰、态度和动机上与组织最为匹配的个体最可能成为领导者（Hains, Hogg & Duck, 1997）。

如果领导者代表了群体成员的典型特征，那么他们又是如何能够领导成员走向新方向的？也就是说，群体和组织怎样变化？成功的领导者有时需要做出决策，并且与相互对立的群体领导达成妥协。那时会发生什么？他们会出局吗？事实上，群体并不总是以对待违规成员的方式来对待违规的领导者。回顾一下第六章谈到的特殊信任的概念。霍兰德（Hollander, 1958）认为，成功的领导者获得了特殊信任，使得他们在偏离群体规范方面具有一定的自由度。因此，有效的领导者通常被称为"正面"违规者（Abrams et al.，2008），并因其为创新和变革所做出的努力而受到尊敬。

要点：领导者倾向于充当群体积极属性的典范。有效的领导者通常在偏离群体规范方面拥有更大的自由度。

社会权力

领导者当然是拥有权力的，但在任何群体里，特别是以任务为导向的群体里，某些追随者同样享有比其他人更多的权力。同样的，社会上的某些群体也会比其他群体拥有更多权力。

权力指的是影响其他人或群体按照他的意志行事的能力（Pruitt，1976）。正如校园欺凌者所表现出的那样，权力的最原始的形式源自于身体的力量。同样的，权力也来自于社会地位、经济实力和政治影响力。权力总是引起社会学家和哲学家的兴趣和好奇，有人甚至将权力看作社会科学的主要焦点。用英国哲学家伯特兰·罗素（Bertrand Russell，1962）的话来说，"正如能量是物理学中的基本概念，权力就是社会科学中的基本概念"（Pollard, Mitchell et al.，1972，第9页）。迄今为止，权力并未在社会心理学中占据如此重要的地位。（但是，我们回想一下导言一章中曾提到过的批判心理学这一在欧洲新兴的心理学分支。它认为主流心理学在很大程度上忽视了个人之间及群体之间权力差异的影响,而其研究则十分重视权力在人类事物当中的作用。)

尽管缺乏对这一概念的充分关注,但在主流社会心理学中已经形成了各种社会权力理论。六种权力的主要来源或"类型"在文献中得以讨论(Stahelski & Frost, 1989; Hinkin & Shriesheim, 1989; Raven, Schwarzwald & Koslowsky, 1998)。

奖赏性权力

一个人可以因为某人服从了他的愿望或要求来奖励某人(比如通过金钱、赞许和爱等)。一位母亲可以承诺奖励儿子一块巧克力蛋糕来让他整理房间。如果这个男孩想要这块蛋糕,却没有其他办法可以获得它,那么他就有可能会按照母亲要求的那样做。

强制性权力

一个人可以因另一人违规而对他进行惩罚。如果孩子没有打扫房间,这个母亲可以用打屁股的方式来威胁孩子。只要她比孩子大,这种威胁就可以继续进行。

合法性权力

社会赋予权威(例如教师和警察)以履行职责的权力。个体通常接受他们的权威性来服从这些人的要求。尽管这类权力最终是由强制性权力进行保障的,但如果个体认同某种权威性,则不需要对他们进行强制。

专家性权力

是指个人因具有某种重要的专门知识和技能而拥有的权力。我们遵循医生的指令并不是因为受到强迫,而是因为相信医生比我们更加了解如何才能保持身体健康。

信息权力

"知情人士"(报纸编辑、新闻秘书、大学教授)有权提供或隐瞒信息(Pruitt, 1976)。

参照性权力

这种权力源自于对领导者的尊敬和钦佩。假设你是某一政党的成员,对于党的领导人充满钦佩和尊敬,那么你可能会服从领导的安排,因为你认为这样做是恰当的,同时也因为你想要表现得同领导一致。

对于权力来源的分类还需进行进一步的研究。这里列举的并非面面俱到,而且权力的各种形式之间也不是相互割裂的。

权力会滋生腐败吗?

尽管在私人关系中,人们可能会拥有权力,但只有少数人才能够在公司、政府或大学等机构中掌管权力。人们在获得权力之后会改变吗?事实上,权力通常被视为滋生腐败的温床,用阿克顿勋爵的话说就是:"权力导致腐败,绝对的权力导致绝对的腐败。"诚然,权力给个体行为和个性上带来的变化有时会让人失望。被阿谀奉承的人包围着,可能会导致个体对个人重要性的放大。此外,权力还会带来视角的改变。试想一下,在公司环境里,当一个人还是普通员工时可能会非常体贴地对待他人,但当他或她晋升为经理之后,为了推进工作可能需要得罪人,这或许会被他人解读为性格上的变化。如果新晋升的经理发现,与员工保持心理距离并且避免情感上的交流(孤家寡人)更容易管理他们,那么这种感知上的变化还会加大。下属可能会更加认为掌权的人变了并且不再关爱他们。有时,拥有权力的人会越来越把"下属的"功劳归功于自己,这将导致下属的努力和能力发生贬值。渐渐地,和谐的人际关系变得越来越难以维持。

基普尼(Kipnis,1972)进行的一项实验证明了权力对权力持有者与权力服从者之间关系的影响。在实验中,每个受试者都被赋予了"经理"这一角色,负责支配一些据说在另一个房间的工人。但实际上并不存在什么工人。经理可以对工人说话,但他们被告知无法得到工人的回应。经理的任务是使工人的产出实现最大化。每隔三分钟就有一份预先编写好的生产记录从(不存在的)工人那儿交给经理。

实验有两种条件。在其中一种条件下,经理有权给予工人奖励(额外工资)、惩罚(扣工资)或是将工人调动到更加单调乏味的岗位上。第二种条件则没有赋予经理这些权力。正如预测的那样,实验结果如下:

- 有权力的受试者比没有权力的受试者更多地试图影响工人。很少有受试者(16%)完全依赖于劝说:大多数人都使用了他们可以支配的权力。权力的存在似乎起到了它的作用。
- 有权力的受试者比没有权力的受试者更加贬低工人的价值,并且他们更容易把工人的努力仅仅归因于获得报酬的动机。只有28%的权力持有者认为工人表现出了努力工作的主观能动性,而这一比例在没有持有权力的受试者那里是72%。
- 权力持有者的心理距离更大:没有权力的受试者中有79%愿意与工人会面,而在权力持有者那里只有35%。

以上的研究结果证实:至少在制度化的环境里,拥有凌驾于他人之上的权力会导致权力服从者的努力发生贬值,同时增加他们之间的心理距离。近来有研究表明,当人们拥有凌驾于他人之上的权力时,会倾向于将下属物化为实现目的的工具,而不是具有独特人格的个人(Gruenfeld et al.,2008)。

掌权的人有时会相信某些表明他们优越地位的刻板印象（Fiske，1993）——比如说，政客们往往将街头流浪汉的无家可归归咎于他们天生懒惰。这样的刻板印象得以流传多是由于当权者没有注意或是根本不想注意无权无势的人以有悖于刻板印象的方式行事的信息（吉诺特 Guinote 和菲利普斯 Phillips，2010）。

基辛格曾说过："权力是最好的春药。"事实表明，他的这一论断在某些情况下并没有错：有学者通过一系列实验发现（Kunstman & Maner，2011），当管理者被赋予管理异性下属的权力时会引发性话题，包括对下属某一部分的性关注，研究人员认为这可能是权力有时会导致性骚扰的原因之一。

要点：权力具有多种形式，它经常会改变掌权者和下属之间的关系，有时还会导致权力持有者贬低下属的能力和努力。

领导力和文化

近年来，世界变得越来越小。依赖于先进的交通和通讯技术——特别是互联网——我们生活在马歇尔·麦克卢汉所说的"地球村"里，跨国组织再也不能认为在本国备受钦佩的首脑特质将被所有文化所接受、尊敬并取得成功。

领导力和权力的价值以及对权力使用方式的期待在不同的文化中都存在很大差异。从广义上说，在个人主义色彩较为浓厚的社会里，我们或许会期待有更多通过竞争来提高地位的机会，即能够超越他人而步步高升。而另一方面，在偏重集体主义的社会里——试想一下柏林墙倒塌前的东欧诸国以及如今许多的亚洲国家，一个人的社会地位可能较少决定于他的实际成就，而更多倚赖"你认识什么人"，或是出生于什么样的家庭或等级。

有学者（Brodbeck et al.，2000）研究了22个欧洲国家的领导原型，发现一名好的领导者和一名成功的领导者具备显著不同的特质。史密斯、杜甘和特朗皮纳斯（Smith, Dugan & Trompenaars，1996）曾就来自43个国家的10000名员工和管理者的行为意图和个人价值观的相关数据进行了研究。在其他调查中，他们还指出了世界各国、甚至是东欧和西欧国家之间在如何看待权力和领导力方面的主要差异。在一些社会中，人们期望他们的领导者和管理者能够高效领导并且以任务为导向。在其他社会中，领导力和家长制并行，人们期待领导关心下属的个人生活和职业生活，下属则回报以尊敬和忠诚（Gelfand, Erez & Aycan，2007）。这种家长式的领导在某些国家中（比如印度）与职业满意度息息相关，但在美国这种奉行个人主义的社会中就不会如此（Pellegrini, Scandura & Jayaraman，2010）。

为了实现领导的有效性，一方面需要领导者的特质和风格相匹配，另一方面也需要符合文化期望。[这同本章后面将要讨论的权变模型一致,该模型明确了领导者品质和情景条件之间相互匹配的需要(Muczyk & Holt, 2008)]。霍夫斯泰德(Hofstede & Hofstede, 2005; de Mooij & Hofstede, 2010)指出了在考察某一特定社会中最适宜的领导风格时需要考虑的五个文化维度:(1)个人主义与集体主义——社会倾向于个人主义或集体主义的程度;(2)不确定性规避——人们在特定社会中遇到不确定事件及非常规态势时的适应程度;(3)男性化与女性化——文化中对所谓的"男性"进攻性、独断性等支配性特征的强调程度;(4)权力距离——人们对社会权力和地位差异的接受度;(5)长期取向与短期取向——社会上对于长期目标和眼前的短期目标的重视程度。这五种文化维度并不一定完整,别的研究者在此基础上还添加了其他维度。

要点:文化因素在判断特定社会里哪些是好的领导力上面发挥着重要作用。

领导者的特质

人们常说,英雄创造了历史。事实上,我们经常会透过历史上的某位领导人物来看待某段历史,这里仅举几例:成吉思汗、查理曼、圣女贞德、拿破仑、叶卡捷琳娜大帝、丘吉尔、尼赫鲁、毛泽东、曼德拉。是什么成就了这些领导者的卓越?他们身上的哪些性格特征促成了他们的伟大?或是哪些时局使得他们恰好在正确的时间、正确的地点出现?社会心理学家就这些可能性做了详细地探讨,提出了**领导力的伟人进路**(great person approach to leadership)(特质论)和**领导力的情境进路**(situational approach to leadership)。近来提出的**交互作用进路**(interactionist approach)则同时强调了领导特质和情境的重要性。

伟人进路

在19世纪,弗朗西斯·高尔顿(Francis Galton)调查了"伟人"的遗传学背景,并试图在遗传能力的基础上解释领导力(Stogdill, 1974)。他认为,好的领导者是与生俱来的,而不是后天造就的。遗传会对人的领导能力产生决定性影响吗?尽管这一问题经过了详细研究,但很少有经验证据能够证明这种领导力的伟人进路。但还是有研究(Albright & Forziati, 1995)发现了那些在某一任务中担任领导职务的人在其他不同的任务中也有可能继续担任领导,同时,在某一群体中的领导者他日在由其他人构成的另外的群体中也有可能会成为领导者。这表明似乎确有一些特征与是否能够成为领导者息息相关。实际上,这些特征有许多已经得到了确认：

智力：智力因素无疑与领导力密切相关，这是由于领导力至少部分地建立在领导者有能力为追随者提供他们无法自己获取到的东西上。然而，如果领导者和追随者之间智力差距过大，就会导致追随者的不满，他们或许既无法认同领导者也难以跟上领导者的思路（Gibb，1969）。

体格：还有证据表明领导力与身高、健康以及身体上的吸引呈正相关。这些相关性是否归因于该特征对于追随者视觉上施加的影响？或者它们是否通过影响其他人的反应而对人格产生早期和间接的作用？例如，一个高个子的人可能会受到他人的尊敬从而拥有强大的自信。这些日积月累的自信心（而不是身高本身）或许会促进他的领导能力。事实上，领导者通常会比追随者拥有更强的自信心（Gibb，1969）。

专栏 12.2　领导力和对身高的感知

人们倾向于高估高地位人群的身高（Keyes，1980）。成人的身高较为稳定，但随着年龄增长，可能还会变矮。然而有研究表明，人们会根据目标对象的地位和声望来调整对其身高的估计（Carment，1992；Higham & Carment，1992）。在1988年加拿大联邦大选前后，受访者被要求判断出布赖恩·马尔罗尼、约翰·特纳和艾德·布劳本特这三位政治领袖的身高。大选之前，当时的总统特纳被认为比反对党领袖马尔罗尼要高，而布劳本特则被看作是最矮的。但随着马尔罗尼赢得大选，他在受访者眼里变得高大了，而与此同时，特纳的身高却萎缩了，被马尔罗尼超越。布劳本特仍旧被看作是最矮的一个。并且候选人实际上越高，他获得的票数就越多：马尔罗尼身高185厘米，特纳181.7厘米，布劳本特180厘米，这正是选举结果的顺序！同样，研究人员考察了1789年开始的历届美国总统的选举结果，他们发现，有58%的选举由较高的候选人赢得，并且这些人还在67%的普选中领先，这再次显示出身高所带来的领导力优势。历史上只有七位总统矮于男性平均身高（Stulp，Buunk，Verhulst & Pollet，2013）。大量研究表明，高大威猛的人更有可能获得权力；最近又有研究发现，当要求人们估计自己的身高时，那些有影响力的人实际上会高估他们的身材（Duguid & Goncalo，2012）。

在美国的另一项研究发现，具有身高优势的人可以赚到更多的钱，这一数据约为每英寸1500美元（Landsberg，2009）。此外，根据佩西科等人的观点（Persico et al.，2004），由身高所带来的益处在很早就显现出来，他们发现，那些在青少年时期比同龄人更矮的人，尽管他们后来长高了，但收入仍然较少。

布莱克等人（Blaker et al.，2013）曾要求受试者通过观察某些商业领袖的照片来评价他们的领导特质。其中,一半受试者看到的是每位领导者较矮的形象,另一半则看到的是较高的形象。那些看起来较高的领导者被评价为更像是领导,并且这种身高带来的优势在男性领导者中间会比女性领导者更甚。进一步调查发现,受试者认为这种身高优势同健康和主导权息息相关。这一结论同人们生来偏向于更高的领导者这一推测相一致,因为在进化过程中,强大而健康的领导者领导的群体将更具生存优势(Van Vugt, Hogan & Kaiser, 2008)。那么小个子的领导者究竟如何?这里不难想到拿破仑,他被英国人称为"小伍长"。可他当时并非那么矮小,事实上,他和英国的民族英雄纳尔逊一样,身高172.7厘米或5.8英尺,这也是那个时候法国男性的平均身高。用"小"称呼他是英国人的刻意贬低。

虽然身高与对领导力的感知之间具有某种进化关系,但要记住,即使有遗传因素的影响,环境在塑造我们的行为方面也发挥着重要作用。戴高乐本身就是一个身材高大的人,他曾经打趣地说,高大的人值得信任,因为他们从孩提时代起就从同龄人里脱颖而出,若是他们犯了错,很容易就会被大人们发现,他们不得不认识到诚实守法的重要性。

健谈:这是另一个被确认过的领导力特征,实际上,研究人员发现,群体当中最健谈的成员最有可能被选为领导者(Mullen, Salas & Driskell, 1989),这一现象多见于印度和美国(Janowski & Malloy, 1992;Ruback & Dabbs, 1988)。为什么领导力会与健谈拉上关系?这可能是因为人们会把参与对话的程度当作是衡量某人有多乐于成为群体成员并协助群体实现目标的指标。交谈还有利于个人展示自身的专业度和领导特质。或许这种凸显性导致人们将参与对话程度较高的人视为领导者的热门人选。反之,那些由于害羞而参与对话程度低的人不会被看作具备领导特质,甚至别人还可能觉得他们不太聪明。

外向性:在五大人格理论中(外向性、宜人性、责任心、神经质或情绪稳定性以及开放性),外向性同某人是否可以成为领导者以及他人对领导者效益的评价都有着最为紧密的联系。外向性与健谈有关,但实际上这种关系似乎是建立在外向性需要通过健谈来表达上(Van Vugt, Hogan & Kaiser, 2008)。

支配性:更愿意支配他人的个体也就更有可能成为领导者(Nyquist & Spence, 1986)。这里要提到一项针对加拿大军官候选人的历时四年的跟踪研究(Bradley et al., 2002)。该研究发现,支配性是预测谁将成为领导者的首要因素。

然而,尽管这些特征都与领导力的产生有一定关联,但它们整体影响并不大,特质理论无法解释为什么有些人会成为领导者,而其他人却并没有成为领导者。

进化在决定谁有可能成为领导者中间是否占有一席之地?因为我们祖先的进化发生在群体环境中,他们共同狩猎、觅食、养育后代、进行防卫,进化心理学家认为,通过自然选择来促进规划、沟通、冲突管理、协调和群体决策的特定心理适应性被传承下来,并导致产生了与领导者和追随者相关的遗传特征(Kenrick, Li & Butner, 2003; Van Vugt, Hogan & Kaiser, 2008)。这并非人类所特有的,在许多昆虫和非灵长类动物中间,它们在合作和群体活动过程中都发现了简单的领导者—追随者机制(Couzin et al., 2005)。一些经验证据表明,遗传因素在确定谁成为领导者方面的确发挥着一些作用。自然,有时这种影响会是间接的。如专栏 12.1 所述,身高受遗传因素制约并且与领导潜力相关,这种关联性反映了遗传的间接影响。可德内夫等人(DeNeve et al., 2013)的研究表明,特定的基因型与谁更可能成为领导者有关。他们研究了大量的双胞胎样本以及多达 4000 人的基因型,并且调查了他们工作的相关信息以及他们是否担任领导职务,最终发现基因型的存在与领导力之间存在着显著的相关性。实际上,他们推断,双胞胎之间领导行为的差异中,大约有四分之一的部分可以用遗传基因来解释。然而,尽管这种基因型似乎会对决定谁成为领导者产生重要影响,但研究人员强调,虽说基因可能会在这类技能的形成中发挥促进作用,领导技能的养成才是确定谁成为领导者的至关重要的因素。

情境进路

领导力的另一种进路是基于这样的观点,即不同的情境需要不同类型的领导者,并且那些恰好具备特定情境要求的特征和能力的人将成为领导者。例如,丘吉尔是一位伟大的战时领导人,但在战争结束后即竞选失败。看来,战后的英国人更想要一个不同类型的领导者来重建这个国家。当一个群体面临危机时,领导者会有更大的影响力;然而,如果原来的领导者无法应对危机,该群体可能会寻找新的继位者(Hamblin, 1958)。(尽管你可能会对此感到惊讶,但在现代社会,人们在危机时刻往往更有可能倾向于女性领导者,本章后面将对此进行详述。)

交互作用进路

不仅是领导者在影响追随者,追随者反过来也在影响领导者,一名成功的领导者需要与追随者的期望和需求保持一致(Hollander, 1992; Sims & Manz, 1984),这也是社会认同理论所秉持的观点。因此,成功的领导者是"正确的领导"和"正确的情境"的结合,换句话说,是领导特质和情境因素交互作用下的产物。与特质进路相比,情境进路无法预测出在某种情境下的优秀领导者在其他情境之内是否也能够胜任。

早期对领导效能的研究主要集中于不同情景下的领导风格是民主还是专制上。民主型领导强调群体成员共同参与决策,而非简单发号施令,这样追随者的满足感较高(Shaw, 1981)。但它是否会带来生产效率的提高?有一些研究表明,它确实有助于提高生产效率（Kahn & Katz, 1953）；而也有一些研究表明，专制型领导在生产效率上更为行之有效（Hare, 1962）。进一步的研究发现，情境本身充当着关键因素。在较为紧张的环境下，专制型领导更能够提高生产率，而在较为宽松的环境下，民主型领导则更胜一筹（Rosenbaum, 1971）。所以，并没有任何一种领导风格是可以放之四海而皆准的。

菲德勒（Fiedler, 1967, 1971, 1981）提出了一种领导有效性的**权变理论**（contingency theory），他认为，领导风格具有两种基本形式（任务导向和社会情感导向），而领导有效性则取决于领导风格和具体情境的匹配程度。以任务为导向的领导者不会过分关注被领导者的感受和个人需求。以社会情感为导向的领导者会努力建立起良好的人际关系，即使要以实现群体目标的效率为代价。权变理论指出，衡量领导倾向的最佳途径是评估领导者对群体内"最难共事者"（least preferred co-worker，LPC）的态度。LPC 由领导者指定，是指他或她在工作中遇到的所有人里面最难以合作的那个人。随后领导者分别以 18 对相反的形容词（见表格 12.1）——例如"无聊—有趣"——为衡量标准来给该 LPC 打分，分值为 1—8 分。如果领导者以消极的方式评价 LPC，他就是低 LPC 型领导者；如果领导者以积极的方式评价 LPC，那么他是高 LPC 型领导者。高 LPC 的领导者更为注重人际交往，而低 LPC 型领导者则更偏向于以任务为导向。

表 12.1　LPC 样表

按照要求，领导者要选择出他们在整个职业生涯里最不愿意共事的人，并依据如下所列各项为其打分：

友好	8 7 6 5 4 3 2 1	不友好
讨人喜欢	8 7 6 5 4 3 2 1	惹人讨厌
令人愉快	8 7 6 5 4 3 2 1	使人不愉快
配合	8 7 6 5 4 3 2 1	不配合
有帮助	8 7 6 5 4 3 2 1	令人沮丧

通过将分值相加计算出 LPC 总分。用消极方式评价 LPC 则得分较低，这些个体被称为低 LPC 型领导者，而 LPC 总分较高的领导者称为高 LPC 型领导者。

在菲德勒的模型里，领导风格与**情境控制**——即领导者可以对群体成员施加的控制力大小——相互作用。这取决于三种因素的结合：（1）领导者和追随者之间的情感关系；（2）群体任务的结构化程度；（3）领导者奖励或惩罚的权力。其中权力是三种因素中最不重要的。该理论认为，当领导风格与情境相匹配时，成员的生产效率和士气都会提高（Chemers, 1983）。

根据权变理论，以任务为导向的领导者会在情境非常有利或非常不利时最为成功。在不利的领导条件下（任务不清晰、上下级关系恶化、领导力低下），群体可能会更偏向于接纳能够带领群体朝着目标前进的领导者；一个人际导向的领导者或许会花费过多的时间用来促进人际和谐，从而没有足够的时间来实现群体目标。当条件非常有利时（结构化任务、上下级关系良好、领导力强），群体正在朝着目标有条不紊地前进，以任务为导向的领导者可能会更加"想民之所想"。另一方面，在人际关系和谐的情境下，以人际为导向的领导者可能会谋求自我扩张，从而证实自己是一名**不折不扣的**领导者。事实上，这样做会导致领导者失去部分追随者的尊敬，同时也缺乏对任务的足够关注（Fiedler, 1971）。当情况介于非常有利和非常不利的中间时，群体成员之间的摩擦可能会变得更加严重，那么此时，人际关系导向型的领导方式最能够应对群体需要（图12.7）。

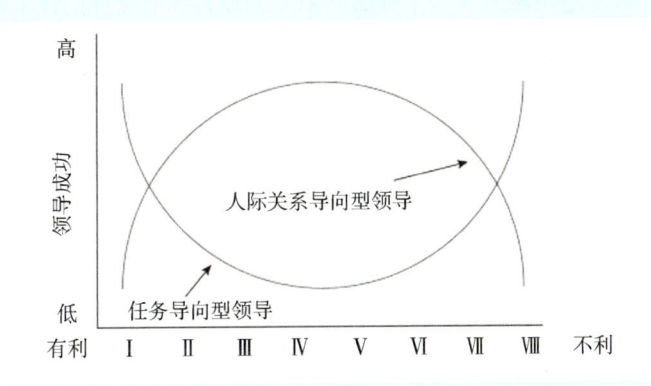

图12.7 领导力和群体表现的权变模型

在此，我们试想有某支球队和球队教练。当球队表现不佳时，通常需要一个任务导向的（低LPC）教练，而当球队表现良好时，则需要教练尽可能少的干预球队（可能还是低LPC）。可是，当球队成绩处于中游，则可能会需要高LPC教练的鼓励和支持。

权变理论得到了许多不同研究的大力支持（Strube & Garcia, 1981），随着时间的推移，它被认为是确定领导有效性的最有效的办法之一（Peters, Hartke & Pohlmann, 1985）。然而，这一理论的重点是领导者和成员之间的关系，而忽略了有效领导的另一些重要方面，其中最突出的一点是任务的实现程度。在商界，领导者实现组织目标的程度自然才是最为至关重要的。史蒂夫·乔布斯无疑是一位杰出的领导者，他的苹果公司在业内摘得桂冠，但从各个方面来看，他的 LPC 很低：他粗暴、高傲、难以相处。乔布斯并非通过做个"老好人"来影响他的员工。虽然说他可能是个例外，但心理学家在列举能够帮助个体影响群体中的其他成员努力工作并实现群体目标的诸多能力时，经常会遗漏掉某些促使领导者成功的重要条件。这是由于心理学家通常关注的是一些学者所指的**什么样**的领导力（Kaiser, McGinnis & Overfield, 2012）：领导者如何带领群体实现目标？然而在现实世界的组织中，**做了什么**也同样重要：领导者在设立目标、挑选员工、组织和分配资源、计划行动以及管控绩效时做了什么？有学者（Kaiser et al., 2012）通过调查数百名高管的上司、同级以及下属等多达数千人对他们的评级之后发现，人际关系技巧（什么样）以及组织能力（做了什么）对于判断领导有效性同样重要。

要点：某人可能在某些情况下是一位优秀的领导者，但在另外的情况下却不然。伟大的领导通常是在"正确的时间"处于"正确情况"下的"正确的人"。

变革型领导

韦伯（Weber, 1947）提出了**魅力型领导**（charismatic leader）（如今也称为变革型领导）这一概念，其中**超凡魅力**（charisma 希腊语中的"神圣的天赋"）指的是领导人具有特殊的魅力或超人的天赋之类的特殊品质，这使他或她的身边聚集了大量的门徒。马丁·路德·金、温斯顿·丘吉尔、皮埃尔·特鲁多、约翰·肯尼迪、圣雄甘地、纳尔逊·曼德拉，甚至是阿道夫·希特勒都是变革型领导者，他们政治生涯所取得的成就在相当大的程度上来源于超凡魅力。追随者们把他们视为能够带领自己改善生活、能够为国家注入新的生命和目标的领导者——这或许对任何人而言都是不可能完成的任务。

魅力型领导的特点在于领导者和追随者之间存在着强烈的个人关系。他们能够激发追随者对于领导者的服从、忠诚、热爱和奉献（Howell & Frost, 1989），而作为回报，领导者会要求追随者完成一些超越个人利益和当下需要的任务。他们激发了对美好未来的愿景并且提出了远大的目标和理想（Bass, 1990; Conger & Kanungo, 1998; Conger, Kanungo & Menon, 2000）。领导者对追随者有很高的期望和信任，因而追随者的自尊心得到了加强，这又进一步促使他们达成预期目标。当然，这种超凡魅力并不总是对追随者有利，许多邪教领袖都极具魅力，他们利用其强大的影响力促使追随者接受某种个人独断专行的、高度独裁的社会结构（Raubolt, 2003）。

一般来讲，那些魅力型领导在表达愿景时所使用的短语在语言学上会具有持久的纪念意义。试想一下：马丁·路德·金的"我有一个梦想……"；丘吉尔的"我们永不投降"；特鲁多呼吁建立的"公正社会"；甘地表达了脱离英国统治的愿望（"退出印度！"）；希特勒对德意志过去和未来荣耀的推崇（"德意志觉醒！"）；以及约翰·肯尼迪呼吁的爱国主义（"不要问国家能为你做些什么……"）。

这些领导者是如何向追随者挥舞手中的权力的？他们又是如何能够在原始的情感方面吸引到他们的追随者？豪斯（House，1977）指出，魅力型领导具有一些特征：

1. 极强的自信心。
2. 极高的支配性。这类领导人似乎非常需要去影响他人，这会驱使他们获得更多说服他人的技巧。
3. 对信仰的理想道义怀有坚定的信念。魅力型领导者经常会给追随者提供行为榜样和价值观体系，有时这种影响力甚至会在领导者去世很久后仍然得以保持。比如说，甘地在去世后仍然广受尊敬和钦佩，数百万包括印度人民在内的民众仍然谨遵他的教诲。尽管某些魅力型领导者并非真正有某种信念，但却能够表现出有的样子。事实上，历史上的确有一些魅力型的宗教领袖后来被证实是为了自身目的一手打造了自己的克里斯马形象。

此外，感染力、创造力、善于言辞等诸如此类的个人特征同样也是获得追随者爱戴的重要因素（Sashkin，1977）。

但是，克里斯马（非凡魅力）并不仅仅系于领导者本身；它取决于具有克里斯马品质的领导者与更容易让人受到克里斯马形象影响的情境之间的关系上（Klein & House，1998）。魅力型领导者常常在紧张时期出现，他或她通常会集中体现追随者内心深处的情感。随着形势的变化，魅力型的领导者可能会失去他或她的感召力；一旦紧张态势解除，公众会迅速摆脱对领导者的迷恋。

要点：变革型领导者不仅可以领导，而且还激励他人努力实现看似不可能实现的目标。具有高度的自信心、支配性、极强的信念感是魅力型领导的常见特征。

性别与领导力

直至今天，国家统治几乎没有例外都是男性的特权。当然了，历史上的确有着一些著名的女性领导人，比如说克利奥帕特拉、叶卡捷琳娜大帝、伊丽莎白一世和维多利亚女王，她们以丰富的活力和技巧在运行着她们的帝国，但是她们的权力都来自于血统。总统和总理——这些在人类历史上最近才出现的国家政权的最高领导人角色都由男子充当。世界上首位民选的女性国家领导人是西丽玛沃·班达拉奈克,她于1960年当选为斯里兰卡(原名锡兰)总理。之后,在1966年,印度第一任总理贾瓦哈拉尔·尼赫鲁的女儿英迪拉·甘地成为该国第一位(也是迄今为止唯一一位)女总理。1969年,果尔达·梅厄成为以色列第一位(也是迄今为止唯一一位)女总理。1979年,玛格丽特·撒切尔成为英国第一位(也是迄今为止唯一一位)女总理。1993年,金·坎贝尔成为加拿大第一位(也是迄今为止唯一一位)女总理(虽然她的政府只存在了几个月)。2006年,米歇尔·巴切莱特成为智利第一位女总统。

但是,在2012年当选的女性国家领导人数量再创新高,其中不乏像德国总理安格拉·默克尔和巴西总统迪尔玛·罗塞夫这样的著名人士,尽管这一数字在随后的2013年略有下降(表12.2)。

表12.2 女性国家领导人(2013年)

国家	领导人
德国	总理 安格拉·默克尔
利比里亚	总统 埃伦·约翰逊·瑟里夫
阿根廷	总统 克里斯蒂娜·费尔南德斯·德基什内尔
孟加拉国	总理 谢赫·哈西娜·瓦杰德
冰岛	总理 约翰娜·西于尔扎多蒂
立陶宛	总统 达利娅·格里包斯凯特
哥斯达黎加	总统 劳拉·钦奇利亚
特立尼达和多巴哥	总理 卡姆拉·珀塞德-比塞萨尔
斯洛伐克	总理 伊维塔·拉迪乔娃
巴西	总统 迪尔玛·罗塞夫
科索沃	总统 阿蒂费特·亚希亚加
泰国	总理 英拉·西那瓦
丹麦	首相 赫勒·托宁·施密特
牙买加	总理 波蒂亚·辛普森·米勒
马拉维	总统 乔伊斯·班达
韩国	总统 朴槿惠
斯洛文尼亚	总理 阿伦卡·布拉图舍克
北塞浦路斯	总理 西贝尔·席贝尔

可是，正如表12.3的数据所显示的，政治领域的性别平等仍然进展缓慢。

表12.3 2012年各国议会中女性所占的百分比

排名	国家	总席位	女性	女性占比%
1	卢旺达	80	45	56.3
2	安道尔	28	14	50.0
3	古巴	586	265	45.2
4	瑞典	349	156	44.7
11	挪威	169	67	39.6
24	德国	620	204	32.9
27	新西兰	121	39	32.2
34	瑞士	200	57	28.5
37	阿富汗	249	69	27.7
38	法国	577	155	26.9
47	澳大利亚	150	37	24.7
47	加拿大	308	76	24.7
60	英国	650	145	2.3
82	美国	430	73	17.0
110	印度	545	60	11.0
123	巴西	513	44	8.6
144	也门	301	1	0.3
145	沙特阿拉伯	52	0	0.0

以上数据来源于2012年对190个国家政府机构中女性百分比进行调查的部分结果。加拿大排名第47位，英国排名第60位，美国排名第82位。其中只有23个国家中的女性占到议会席位的三分之一以上，可这一结果至少与各国议会联盟在2003年进行的类似的调查结果相比有所改善，当时这个数字只有9个。

受历史原因的限制，女性难以获得权力地位（见第十三章），把男性与权力捆绑起来的刻板印象也可能导致女性丧失行使权力的机会，甚至会导致她们手中的权力被低估（Ragins & Sundstrom, 1989）。男性似乎比女性更有可能使用专家性权力和合法性权力，而女性则更倾向于使用参照性权力，后者依赖于获取下属的钦佩和尊敬。这意味着女性通常会制定与男性不同的策略来影响他人，而当她们面临意料之外的奖赏性权力或强制性权力时，这种策略则可能会失效（Carli,

1999）。有些女性或许会认为，行使合法性权力与女性的气质不符，从而避免参与到与此类权力相关的情境和职务当中。

女性在男女混合的群体里要成为领导者仍然面临着许多障碍。在很多情况下，男性能够更迅速地去尝试接管领导职位，尽管他们的工作能力并不及他的女同事（Mezulis et al., 2004）。事实上，不论是男性还是女性，他们都更倾向于把男性而不是女性视为男女混合群体里的领导者（Eagly & Karau, 1991）。鉴于大多数当代的成年人都是在父权制社会中长大，父亲充当着家庭的最终权威，那么出现这样的结果一点都不令人意外。也许关键之处在于，许多男性和女性都认为女性并不"适合"做领导者，因此也就出现了我们常常听到的限制女性晋升到高层位置的**玻璃天花板**（glass ceiling）。在性别的刻板印象里，男性被描述为坚韧、自信、勇敢和具有权威，而女性则被刻画成温柔、娇弱、多变和顺从的角色。与此同时，女性不仅在男女混合的群体里难以担任领导职务，而且即使要担任领导职务，也会受到更为苛刻的审查。具有讽刺意味的是，在混合性别群体里，女性领导者手下的女性下属比同一领导手下的男性下属对领导者的评价更为负面（Eagly & Karau, 1991）。换句话说，成功女性要应对同时来自于两种性别的消极态度。

这些关于性别的刻板印象，再加上世界上大多数国家中女性社会地位的低下，给女性领导人造成了更多的阻力：她们不太可能从权力等级相同或更高的人（包括男性和女性）那里获得和男性领导者同等的待遇。在会议上，对她们所提观点的关注度可能较低，而且讲话过程中间也更容易被打断，甚至是被其他女性打断。柯尼希等人（Koenig et al., 2011）描述了人们对领导角色的需求和女性的刻板印象之间存在的文化失衡的现象。虽然自信心、竞争力和执行力这些品质更可能与男性而非女性相关，一些譬如同情心、维持社会和谐以及友好待人的"女性"品质也与优秀领导者的要求不符。因此，与刻板的女性印象相比，刻板的男性印象更加符合对领导力要求的文化认知。事实上，对于领导力需要"男子气概"这一刻板印象的形成受到了广泛社会背景的强烈影响（Koenig et al., 2011），女性由于缺乏这些特质从而更加难以担任领导角色。这是否意味着女性应该采取更为男性化的领导风格，比如强硬、果断、咄咄逼人？讽刺的是，当她们真的这样做了，对她们领导能力的负面评价可能会更甚（Eagly, Makhijani & Klonsky, 1992），并且由于她们身上缺乏女性应有的善良和同情心，会被同事们更加厌恶（Rudman & Glick, 1999, 2001）。因此，不建议女性表现得过于男性化或过于女性化。此外，通过呈现男性风格而在领导岗位上取得成就的女性有可能会感受到领导角色和她们"女性气质"之间的矛盾。而男性并不会拥有这样的矛盾。

但是，尽管历史上存在过歧视，可越来越多的女性在政府和业界担任领导角色，如上所述，她们正在成为最高领导人当中一支日益重要的力量（Adler,

1999a）。事实上，工业和通讯网络的全球化可能会带来对领导力的截然不同的需求。世界领导人必须应对各种群体、社会之间的不同目标、期望和文化价值，而不是领导单个群体或社会。有观点认为，女性领导者身上的"女性"特质是世界领导人面临挑战时所必备的特质，譬如说人际关系敏感度高、对折中妥协的愿望大于支配控制。

值得注意的是，在现代，女性在群体面临危机的期间更有可能成为领导者，这种现象与前面提到的玻璃天花板不同，被称作**玻璃悬崖**（glass cliff）(Bruckmüller & Branscombe, 2010)。在这种情况下晋升的领导者，其跌落悬崖遭遇失败的风险很高，这是由于当群体陷入困境时，倘若她无法力挽狂澜，帮助群体驶入正轨，就会因面临到的重重困难而受到指责。有学者（Ryan & Haslam, 2005）曾研究了伦敦证券交易所的上百家公司，结果表明，在研究期间若公司若持续不景气，女性更有可能被任命为执行董事会成员。他们随后在实验室中跟进了这项研究，结果发现，当受试者认为某一群体表现不佳时，对举荐女性领导者的倾向会比在运行良好的群体内更为强烈。

为什么在危机出现时，对女性领导候选人的评价会更为正面呢？对玻璃悬崖的实验研究表明，与男性和领导力一样，这种选择都或多或少地同对女性及其领导能力的看法有关。也就是说，女性似乎能够给领导角色带来某种人情味，而据刻板印象看来，男性在这方面存在不足，并且由于"男性"的办法行不通，组织就会走投无路转而选择"女性"的办法（Bruckmüller & Branscombe, 2010）。

男性和女性通常会对领导角色的看法略有不同：林克等人（Rink et al., 2012）曾在146名荷兰商学院的学生中间进行了一项研究。实验要求他们想象自己受雇于一家正经历金融危机的大型公司，并且这家公司要他们接管最高领导职务，并负责解除危机。有三种不同的实验条件：在控制条件下，受试者被告知可以利用社会资源和财政资源，即管理层答应提供额外的资金支持且这一任命已获得员工认可。"无社会资源"条件下，管理层会提供额外资金，员工却不赞同这一任命。在"无财政资源"条件下，则管理层不提供额外资金，员工对该任命持认可态度。实验结果在不同性别间存在显著差异：男性认为，缺乏财政资源是该职位最不利的因素，而女性则认为缺乏社会资源是最不利因素。

后续研究再次对这一发现进行了深入探究。结果发现，女性不愿在缺乏社会资源的情况下承担起艰巨的领导职务，这是由于她们预见到了被群体接纳的困难性，而男性则不愿意担任财政资源有限的职位，因为他们预测自己无法成功完成任务。女性认为，领导者能够被接纳对能否成功完成任务至关重要，而男性则认为随着他们展现出执行指定任务的能力，员工的认可也会随之而来。

可在领导力上男性和女性当真有所不同吗？

经过对性别和领导力之间关系的多年研究，可以得出一个确切的结论，那就是领导力的性别差异取决于领导力发生的情境（Butterfield & Grinnell, 1999）。例如，在一项研究中（Gardiner & Tiggemann, 1999），女性主导的行业中（幼儿教育、护理、美发），女性会比男性更倾向于采用以人际关系为导向的领导风格，而在男性为主导的行业中（学术、信息技术、汽车行业、林业）则没有这种性别差异。尽管如此，在男性主导的行业里，采用人际关系导向这一领导风格的女性比没有这种风格的女性更能承受较大的压力和较差的心理状态。相反，同样是在男性主导的行业里，选择人际交往风格的男性事实上比没有采取这一风格的男性拥有更良好的心理状况。因此，性别对领导风格以及领导结果的影响取决于情境变量——而不仅仅取决于性别。因此，男性通常会在男性化角色（例如武装部队）当中更容易起作用，而女性则在专制主义色彩较弱的、参与性较强的情况下（例如在教育和社会服务组织里）更加胜任（Eagly, Karau & Makhijani, 1995）。

要点：在历史上，大多数文明中的领导一直都是男性的特权。女性在担任高层领导职务方面也开始取得重大进展。在某种程度上，阻止女性担任高级领导职位的"玻璃天花板"正在为"玻璃悬崖"所取代，女性在危机时刻晋升为高级管理人员，却也面临着很高的失败风险。

线上领导

我们生活在一个全球化和即时全球通信时代。越来越多的商业决策和政府决策都是通过互联网在线讨论完成的。处于这种互动当中的人们都是**虚拟群体**（virtual groups）的成员，这些群体只存在于特定的电子环境当中。在某些情况下，个体成员之间永远不会产生面对面的交流。然而，正如其他任何一个群体一样，目的和意图以及实现这些目的的手段至关重要。近期开展了一项针对虚拟群体如何影响领导者和追随者的活动和观念的研究。尽管如此，领导的基本任务仍然是相同的：活动仍需要协调；个体仍需要得到激励；结果需要加以监控。同面对面互动的群体一样，领导力也十分重要，领导者要实现有效沟通、说服他人追求共同的目标、激发热情、建立信任、指导下属、监督和管理社会懈怠（DasGupta, 2011）。

群体决策

社会中最重要的决定是由一群人做出的，无论他们是在经商、从政或是担任陪审团成员。群体常常会面临要在不同风险程度的行为中做出选择。20世纪60年代后期，群体冒险成为北美社会心理学的一个主要的研究领域，实验人员观察受试者在假设的情境中做出的决定。通常，一组受试者（通常是四人）首先要单独填写问卷，例如"两难困境问卷"（表12.4）。

表12.4 两难困境问卷的样题

> E先生是美国一家轻金属公司的总裁。该公司发展势头猛烈并正准备在另外一个地方扩大规模建造厂房。此时E先生面临如下选择：在有稳健投资回报率的美国新建工厂或是在外国建厂。该国具有低廉的劳动力和充足的原材料，这意味着在该国建厂会带来更高的投资回报率。可与此同时，这一国家在历史上政局动荡。事实上，该国的少数党领袖正在不断推进国有化改革——即接管所有的海外投资。
>
> 试想一下，你要给E先生提供建议。下表罗列出了该国政局持续保持稳定的几种可能性。
>
> 请指出你认为E先生的公司最不可能在当地建厂的一种情况。
> ——该国保持政局稳定的概率是十分之一
> ——该国保持政局稳定的概率是十分之三
> ——该国保持政局稳定的概率是二分之一
> ——该国保持政局稳定的概率是十分之七
> ——该国保持政局稳定的概率是十分之九
> ——若您认为E先生的公司无论如何都不应在国外建造工厂，请在此处打勾

在该调查问卷中，每个项目都描述了一种情况，即个人被迫需要在追求有吸引力但有风险的结果或者一个吸引力较小但更确定的结果之间做出决定，并且要求每位受试者在选择风险较高的结果之前，标出最低限度的成功概率。然后，受试者就情境进行讨论，并要求达成一致的小组决定（共识）。这之后，由每个受试者填写相同的问卷。衡量标准如下：（1）个人的初始选择与群体共识之间的差异；（2）个人初始和最终选择之间的差异。

研究表明，相比于个人的初始决策，群体决策和个人的最终决策都更为"冒险"，即使实验情境涉及受试者实际的经济利益或损失，或者受试者要遭受风险带来的痛苦和冲击，这种**风险转移**（risky shift）仍然存在（Bem, Wallach & Kogan, 1965）。但是，要产生这种效应，小组讨论和达成共识都是必要的；如果在未经讨论的情况下即进行投票，或经过讨论未达成集体决策时，该效应就不会产生。

有关风险转移效应的解释多种多样，例如责任分散（见第九章），即一个群体共同完成决策时群体中的每个个体的责任感就会偏弱（Kogan & Wallach, 1967）。还有人认为，由于在西方社会中，冒险是很有价值的精神，因此，相较于审慎的

态度，在讨论中会产生更多支持风险的论调，这是因为群体中的成员不乐意显得笨拙和保守，他们会选择风险更高的提议（Brown，1986）。

然而，风险转移只为一个更为普遍的现象提供了具体范例，这个现象被称为群体极化（group-induced attitude polarization）。许多情况表明，群体决策被认为比个人的初始决策和多数人的观点更为极端，而不仅仅表现为更冒险。冒险群体转向冒险一极，保守群体转向保守一极（Turner，Wetherell & Hogg，1989）。群体极化效应在群体攻击的情境下也很明显，群体攻击中个体的攻击性倾向在群体中得到放大；此外，在禁止旁观者进行干预的群体情境下，个体为了避免让自己看上去愚蠢，群体极化现象也会凸显。

极化的来源

群体极化的原因是什么？为什么群体会偏离一般态度？对于这一问题的研究集中于以下四种可能的解释。

1. 社会比较：对极化效应的社会比较解释是，个体会尽可能地试图以有利的方式看待自己并且向他人展示自己；这被称为**自我提升偏差**（self-enhancement bias）（Krueger，1998）。为此，个体会认真观察其他人如何表现或表达自己，并趋于偏向群体的倾向性。

2. 说服论证：群体讨论是发生极化效应的根源。在群体讨论中，个体就某一特定立场进行辩论，表达支持或反对，根据这种观点，只有当成员提出对其他个体而言新颖的有说服力的论据时，才会发生群体转移。任一群体的转移方向都取决于具有说服力的和新颖的优势论据的倾向（Isenberg，1986）。基于这一解释，有研究（Brauer，Judd & Gliner，1995）发现，重复表达意见会导致群体转移到更为极端的立场上，也就是说，群体成员就一个问题讨论的越多，就越会发生极化。当受试者得到指示，在讨论中要使用彼此的论点，这时所发生的极化效应会比他们接到避免这样做的指令时更为显著。

3. 社会认同：如前所述，社会认同是一个过程，个人通过这个过程来定义自己与其他人的关系，并遵守与其群体相关的规范和刻板印象。因此，决策群体中的某些人可能会这样想："我是一名警察，是群体中的一员，我不想失去这身份，也不想因为与其他人差异太大而遭到排斥；其他人会表现出冒险的立场，这是因为警察往往是勇敢的并且经常承担着许多风险。"按照这一解释来说，个体对他所属群体的刻板印象比实际情形要更加极端，并且他（或她）有遵循这种极端的群体规范的动机。

4. 集中式决策过程（Zuber，Crott & Werner，1992）：根据这一观点，群体极化是由于采用了非正式的决策规则（例如"多数规则"）而导致的意见的转变，个体会根据大多数人的意见来改变自己的个人意见。

上述解释都有经验作为支持（Isenberg, 1986；Mackie, 1986；Zuber et al., 1992）。在特定情境下，哪一种解释最为准确可能取决于具体情况和个体性格。例如，当对投入进行合理性评估时，或许更需要运用到说服论据这一解释。可当群体成员在这一问题上偏情绪化，那么说服的效果就会降低。这在一定程度上受到了情感的影响，并且假设这种情感存在，他们可能事先就已经考量并拒绝了不同观点。

以计算机为媒介的沟通

社交媒体提供了一个绝佳的机会，人们可以对任何感兴趣的事进行快速而广泛的评论。鉴于在线讨论的重要性日益增加，一些研究人员在这一背景下研究了群体极化效应。有研究表明，个体在在线讨论时会比面对面讨论更倾向于极端化的立场，但其他研究却并未发现这一效应（Taylor & MacDonald, 2002）。有研究人员（Yardi & Boyd, 2010）在推特上为该效应寻找证据：堪萨斯州的一名堕胎医生被反堕胎份子谋杀后，他们检查了美国范围内有关这一话题的 30000 条推文，它们当中有的反对人工流产合法化，有的主张人工流产的合法性。结果发现，在 24 小时的间隔内极端观点几乎没有发生变化。

要点：群体决策通常会比个人做出的决策更为极端。这种极化可能是出于个体会将他们的观点转向他们认为的群体中其他人的倾向，或是由于他们被他人的论点所说服，由于他们对于所属的群体持有刻板印象，或者是因为想要试着符合共同的决策规则。

小团体意识

当美国和少数几个盟国在 2003 年入侵伊拉克时，布什总统称这次入侵为"反恐战争"，声言伊拉克领导人萨达姆·侯赛因是纽约"9·11"恐怖袭击事件的幕后主使并且在伊拉克存在大规模杀伤性武器。事实证明，这两项指控都是假的。霍滕（Houghten, 2008）认为，**小团体意识**（groupthink）是导致入侵伊拉克这一错误决定的部分原因。小团体意识是指群体中特别是精英群体中的成员，在没能充分考虑到所有可能发生的情况时，就臆断他们已经得出了最佳的解决方案。当需要思考的问题比较复杂且没有十分容易的解决办法时，或是群体面临来自外界的威胁（包括危机或时间压力）时，最容易产生小团体意识。可是，尽管很少有人否定，某些从众心理对于群体和整个社会的顺利运行来讲是必要的，但小团体意识中的从众压力可能会导致非常严重的后果。

小团体意识的产生需要具备以下几个因素：群体成员通常具有同一类型的社会背景和意识形态，并倾向于把自己与不同意见隔离开来；他们夸大了群体的有效性，充分信任群体决策的正确性；群体成员过分乐观并且愿意冒险；轻视有关首选方案风险的告诫。随着讨论的进行，群体成员抛开了所有的个人顾虑，导致产生了意见一致的错觉。最后，自封的**精神守护人**（mind guards）将可能会给群体决策带来威胁的外部信息以及来自群体外的对立信息视作错误的和虚假的。产生小团体意识的另一个重要的触发因素在于，群体的领导者在讨论初期提出了一个广受欢迎的决策方案（Whyte，1998）。基于这样一个原理，霍滕（2008）认为，布什政府的大部分成员实际上不仅仅认为萨达姆·侯赛因拥有大规模杀伤性武器，显然，他们也想如此认为。任何反对这种观点的人都被迫保持沉默，如果他们进一步反对，会被认为脱离了这个团队，从而逐渐丧失与总统的关系。萨达姆·侯赛因被推翻了，却并没有发现大规模杀伤性武器，伊拉克仍在为实现稳定和民主而苦苦挣扎，战争给美国留下了数万亿美元的债务，这一结果——除却推翻了侯赛因——是决策者未曾预料到的。

伊拉克战争并非孤例。詹尼斯（Janis，1972，1982）通过分析一系列由美国决策委员会通过的（他称之为"铸成大错"的）政治决策，得出了小团体意识的初步构想。尽管委员会的建议对国家而言意义重大，但这些群体中的成员更为关心的是保持内部团结，而非表达不受欢迎的见解（尽管这些见解有可能是正确的），这样的做法也可能会产生破坏性影响。类似这样的决定比比皆是，其中就包括：在朝鲜战争期间，美军冲过"三八线"追击溃败的朝鲜军队，此举引来了中国的反击；发动猪湾事件、入侵古巴；古巴导弹危机（美国封锁古巴港口并要求苏联拆除导弹）；掩盖水门事件（Raven，1998）；投入越南战争；明知存在安全隐患的情况下仍然决定发射挑战者号航天飞机（Badie，2010；Moorhead, Ference & Neck，1991）；以及伊朗门事件（Whyte，1989）。国际案例包括英国的管理决策，这些决策对英国航空公司和玛莎百货公司（Eaton，2001）产生了严重的负面影响，并且导致了瑞士航空公司的财务危机（Hermann & Rammal，2010）。

泰洛克（Tetlock，1979）分析了贾尼斯最初考察过的美国重要决策者——总统哈里·杜鲁门、约翰·肯尼迪以及林登·约翰逊——在危机期间所做发言的内容，研究结果有力支持了贾尼斯模型。政策制定者在危机期间的公开声明更为简化，并且更加针对他们自己的群体。他还发现了精神守护人会筛选外界信息，导致决策群体对外部的反对意见几乎一无所知。

小团体意识模型为理解群体决策过程提供了良好的基础（Esser, 1998; Kramer, 1998）。但显然，这种情况下的从众既愚蠢又危险，因为它没有给个性或创新留下空间。事实上，有研究（Nemeth, 1986, p. 31）认为"强烈的异议不仅仅是民主原则的体现，而且还是提出更佳解决方案和做出更好决策的必要机制"。小团体意识碾压了这些异议。

要点：当具有相对共同的背景和经历的决策者在面临时间压力或外部威胁时需要做出重要决策，以及当领导者提出一个受欢迎的行动方案时，群体成员有时会不理睬相反的信息，并高度自信地达成一致，从而去支持某一种行动方案，而该方案随后被证实是考虑不周的，甚至有时会是灾难性的。

结语

我们并非是独居一隅的孤岛。我们的大部分时间都是在群体环境中度过的，并且会受到来自群体压力的影响，有时这些压力甚至是无形的。而且我们常常不知道自己所属的群体和类型会在多大程度上决定他人对我们的看法和评价，同时也包括我们对自身的看法和评价。通过理解社会身份的本质和群体动态能够帮助我们更好地了解自己。

内容概要

1. 我们根据社会类别来构建我们的社会，并根据特定情况下的突出类型来管理我们的行为。
2. 个体倾向于认为特定群体的成员会比他们实际上的情况更为相似，并且倾向于将不同群体成员之间的差异性放大（社会分化）。
3. 每个个体都同时属于不同的类型，这种交叉分类可以减少冲突和歧视的发生。
4. 正如我们会根据他人所属的群体对其他人进行分类一样，我们也会对自己进行分类。这被称作社会认同。
5. 社会认同导致社会比较，社会比较有助于提高群体成员的重要性。
6. 我们的一个基本差别存在于我们所属的群体（内群体）和其他群体（外群体）之间。即使不存在任何自身利益或对外群体的敌意，内群体偏袒也会导致对外群体的歧视。
7. 社会认同理论和自我归类理论分别解释了群体成员如何塑造自己的身份以及人们是如何聚集在一起并组成一个统一的群体的。
8. 社会信念结构阐释了我们对群体界限的看法以及我们所属的群体相较于其他群体的

相对地位。

9. 对群体有归属感、群体成员间相互作用和影响、有持续的和相对稳定的关系、拥有共同的目标是定义小群体的特性。

10. 在小群体里，成员可能会承担不同的角色，群体成员的行为受到规范的约束。

11. 领导力要根据领导者的风格、情境的特点以及领导者和群体特征的相互作用来进行阐释。

12. 菲德勒提出的关于领导有效性的权变理论融合了群体特征与任务导向以及人际关系为导向的领导风格。

13. 被描述为变革型或"魅力型"的领导者倾向于拥有较强的自信心，并用坚定的信念占据支配地位；他们为追随者树立起远大目标和价值典范。

14. 对性别和文化的考虑对于理解领导力的成功至关重要。

15. 相较于个体决策，群体决策往往更加极端化。对此心理学家提出了四种解释：社会比较、说服论证、社会认同以及对诸如"多数规则"这样的决策规则的遵循。

拓展思考

- 思考一下你所属的一些群体。这些群体在多大程度上帮助你塑造自己的角色，以及它们在多大程度上受到你对它们的影响？
- 思考一下交叉分类。在你的经验中，你能想到处于矛盾对立的两个群体中产生的二级分类可能会减少群体之间的冲突吗？
- 回顾第六章关于劝说和从众压力的讨论。阿施从众实验中的情况与持有小团体意识的高层会议之间可能存在哪些异同之处？
- 第二次世界大战期间，温斯顿·丘吉尔的领导有何特别之处？他是只在事后才被认为是一位伟大的领袖——因为纳粹被击败了，还是纳粹被击败的部分原因正在于他是一位伟大的领袖？

延伸阅读

Brown, R. & Capozza, D. (Eds) (2006). *Social identities: Motivational, emotional, cultural influences.* New York: Psychology Press. 本书汇集了杰出社会心理学家的研究成果，并对社会认同理论及其在群体间行为研究中的应用（包括偏见引起冲突）进行了卓越的探索。

Conger, J. A. & Kanungo, R. N. (1998). *Charismatic leadership in organizations.* Thousand Oaks, CA: Sage Publications. 本书比较了魅力型领导的诸多理论，并提供了支持理论的证据，其中包括对魅力型领导者的举例说明。

Gelfand, M. J., Erez, M. & Aycan, Z. (2007) Cross-cultural organizational behavior. *Annual Review of Psychology*, 58, 479–514. 这篇文章全面阐释了对组织行为的跨文化研究，包括领导、协商及此类研究面临的困难等主题。

Mugny, G. & Perez, J. A. (2010). *The social psychology of minority influence*. Cambridge, UK: Cambridge University Press. 这本书从心理学出发考察了少数意见对于社会的创新发展和传播的重要性，综述了作者关于少数派影响、态度改变和群际冲突的研究。

网页链接

https://facultystaff.richmond.edu/~dforsyth/gd/，"群体动态资源网站"，该网站提供了大量与群体、权力和领导力等社会心理学相关的参考资料。

http://www.psysr.org/about/pubs_resources/groupthink%20overview.htm，"小团体意识"，该网页举例分析了小团体意识，并附有参考书目。

第十三章 偏 见

偏见是缺乏判断的意见。

——伏尔泰（1694—1778）

学习目标

- ■ 理解偏见的直接形式和不易察觉的形式
- ■ 刻板印象是关于某一群体的僵化的、社会共享的图式，这些印象可能准确也可能不准确，并且会随时间而发生变化
- ■ 认识偏见的情感成分，包括仇恨的作用
- ■ 认识针对外群体的行为边界
- ■ 评估个性和社会因素对偏见的影响
- ■ 认识偏见如何影响其所针对的对象
- ■ 认识如何减少偏见，特别是群际接触的影响
- ■ 性别歧视是一种特殊形式的偏见

随便翻阅一下新闻就会发现，偏见仍然是所有社会的文化的共同问题。例如：

- 对于美国、英国、澳大利亚、德国、法国等国家来说，不同文化群体的移民仍然是他们面临的一个主要问题（Zick, Pettigrew & Wagner, 2008）。
- 同性恋群体的权利问题一直是引发激烈争论的话题，针对同性恋群体的"打击"活动依旧存在。俄罗斯和乌干达等国已制定反同性恋法。
- 在印度、巴基斯坦、孟加拉国和斯里兰卡，印度教徒、锡克教徒、泰米尔人、僧伽罗人等的仇恨有时会演变成暴力事件。
- 在中东、欧洲和北美重新出现反犹太主义，还包括对大屠杀的否认，部分原因在于与以色列政府的政策分歧。

图 13.1 全球化背景下的新欧洲
资料来源：michaeljung/Shutterstock.com

- 在宗教极端主义这一意识形态的推动下，纽约、马德里、耶路撒冷、巴厘岛、摩加迪沙、孟买和伦敦等地发生恐怖分子发动的大规模袭击。
- 尽管南非已经从一个奉行种族隔离政策的种族主义国家变为一个由多数黑人统治的社会，但在许多国家，针对黑人的种族偏见仍然存在，正如我们本章所讨论的，这种偏见通常会以不易察觉的形式出现。
- 加拿大、美国、拉丁美洲、澳大利亚等国的原住民社区经常遭受贫穷和歧视。

另一方面，仇恨有所减少或已经消失。继美国选举出第一位信奉罗马天主教的总统的半个世纪之后，一位非裔美国人再次当选美国总统并得以连任。妇女在实现男女完全平等方面取得了重大进展。经过几个世纪的冲突和仇恨，即使面临经济和群体间的种种挑战，欧洲仍然处于和平状态。在全球化背景下，群际接触达到了前所未有的和谐。正如我们所见，偏见并非是不治之症。

偏见

偏见（prejudice）被定义为"个体对群体或群体成员的态度，该态度可以创造或维持成员间的等级地位关系"（无论是积极的还是消极的）（Dovidio, Hewstone, Glick & Esses, 2010，第 7 页）。请注意此定义的内容。偏见既可以是有利的，也可以是不利的，但心理学家几乎只在消极意义下使用这一术语。大多数人往往会将偏见与种族、民族或宗教群体联系在一起，但也存在对其他人群的偏见：基于他人的年龄、性别、性取向、居住地、职业、偏好的音乐以及形体等产生的偏见。

怀有偏见意味着对某人身上拥有的与他或她所属的群体相关联的某些特征产生"偏见"。一旦人们确定自己属于一个群体（内群体）而其他人属于另一个群体（外群体），不论产生这种社会分类的初始原因是什么，他们都倾向于找到群体之间的差异，甚至会在必要的时候创造差异（Tajfel & Turner, 1979）。与此同时，他们可能还会将群体内部的相似性估计得过高（参看第十二章）。

对偏见的掩饰

在当代社会，公然表达偏见并不被社会接受。在这种情况下，偏见会以一种更不易察觉的形式出现，其中被称为"现代种族主义"的就是这样一种形式。这种观念认为，许多人是自相矛盾的：他们希望自己看上去公平公正、不偏不倚，可他们仍然会对某些群体感到不适或是更糟（Dovidio, Kawakami, Smoak & Gaertner, 2008）。在某些情况下，这种态度还会演变为厌恶情绪；怀有偏见的人会避免可能导致暴露其偏见的情况发生。

请思考以下列举的不易察觉的偏见：一些英国学生接受了一份有关抢劫案的案例研究，案件的被告要么是黑人，要么是白人（Hodson, Hooper, Dovidio & Gaertner, 2005）。当证据充分并且无疑义时，不论被告是黑人还是白人，受试者都认为他有罪。但是，当法官对某条罪证信息不予采信而导致证据含混不清时，黑人被告比白人被告更有可能被定罪。即使受试者知道不应该将不予采信的证据考虑在内，但他们还是更有可能由于罪证不足而假定白人被告无罪。

社会规范也会导致性别歧视（Glick & Fiske, 2001）。作为男人和女人，我们既彼此需要也彼此密切相关。有观点认为，女性会将保护她们及她们后代的男性理想化，而男性则会将他们所爱的和爱他们的女性理想化。与此同时，女性可能会因为男性拥有权力而感到愤愤不平，男性则可能会贬低那些坚定自信的女性。因此，两性在同一时间既可以相互敌对又能够彼此和睦。这一模型得到了许多国家的研究支持（Glick, Lameiras, et al., 2004），本章后面会对此进行讨论。

请注意，衡量这种偏见需要更为巧妙的手段和内隐的态度（回顾第四章）。对以色列的批评态度是否掩盖了反犹太人的态度？在有些时候确实如此。当然，批评任何政府的任何政策都是可能的、合理的。但是，要求某一群体或国家接受一套行为标准，却不期望其他人（包括我们自己）也履行这套标准，这就是另外一回事了。恐惧管理理论假定，当一个人意识到自己的死亡是不可避免时，会尝试树立起自己的世界观以取代死亡。在对美国的受试者展开的一系列研究中（Crandall & Eshleman, 2003），通过向受试者展示与死亡相关的词汇和图像，他们在脑海中思考了自己的死亡，并由此激发出了种族中心主义的观点。在这种情况下，受试者表达出对以色列政府政策更为严厉的批评态度以及更为普遍的反犹主义倾向。事实上，这两种态度显然是相互关联的，这表明，至少有一些对以色列政府的不合理的批判态度是出于对犹太人的偏见，比如，批评以色列却不批评印度和俄罗斯侵犯人权。总的来说，偏见常常会受到一般规范和价值观的抑制，但它会在刻板印象或其他事件提供了正当理由时再次显现。

抱有偏见的人掩盖偏见的另外一种方法是申明他们自己没有偏见："我并非心怀偏见……但是……"已经有话语分析的方法被运用于"解构"这类声明的含义和语境（Potter & Wetherell, 1987; Wetherell & Potter, 1992）。西方社会已经探索出一条既能让种族主义和其他偏见"发声"，同时又能保持平等的价值信仰的道路。举一个有趣的例子，美国有线电视新闻网（CNN）主持人和嘉宾展开了一场电视辩论，一方面拒绝种族主义，另一方面对移民的谴责通过使用"暗语"来掩盖自己的种族主义意图（Chiang, 2010）。公然表达偏见是为社会所不容的，特别在公共场所，人们倾向于表现得不偏不倚。他们或许还会忙于建立不偏不倚的个人形象。定性研究方法在解读单词和短语的隐含意义方面很有价值。

要点：偏见被定义为对群体或群体成员产生的、能够创造或维持成员间的等级地位关系的个体态度。它可能适用于根据种族、年龄、性别、性取向、体形等定义的群体。对某一个体的"偏见"是基于对群体特征的认识。鉴于在现行规范中，公然表达偏见是不被允许的，所以它通常会以更为隐蔽或变相的形式出现。运用话语分析的方法可以揭示一部分不易察觉的偏见。

偏见的本质

与其他态度一样，偏见同样包含以下组成部分：认知、情感和行为。让我们来依次了解一下。

认知成分：刻板印象

构成偏见认知成分的信念被称作刻板印象（见第二章）。通常，"刻板印象"这一用词被归于美国记者沃尔特·利普曼（Walter Lippman, 1922），他从印刷业中借用该词来描述对于团体成员的"头脑中的印象"。但鲁德明（Rudmin，

1989）指出，英国作家詹姆斯·莫里尔（James Morier）才是实际意义上第一个在著作《哈吉巴巴历险记》（1824 年）中使用"刻板印象"一词来形容人类行为的人。

刻板印象是关于特定群体成员的认知。这些认知尽管不一定是错误的或不合逻辑的，但它们通常很简单，往往过于概括，而且常常不准确（Taylor & Lalonde, 1987）。从某种意义上说，刻板印象有助于我们更有效地应对周遭环境。它们可以被当作是认知的"节能装置"（Macrae, Milne & Bodenhausen, 1994）。比如说，假设你见到的每一个陌生人都必须被视为一个单独的实体而不是包含于青少年、修女、建筑工人或教授等类别中，那会有多么复杂。借助你的刻板印象——将新人归入某个类别——你就可以像已经很了解似的开始交往了。

用来区分不同群体的（真实的或想象的）关键性特征被称为性质判断。例如，把苏格兰人认定为聪明人并不能很好地将他们与其他人区分开来，因为许多种族或国家的群体在这方面都被如此看待。然而，人们可能会利用他们认为的群体中的不同，不论这些认识正确与否，如苏格兰人很吝啬。这种区分更为有用，因为它将苏格兰人同英国人、威尔士人、美国人以及加拿大人区别开来（Ford & Stangor, 1992）。刻板印象不仅仅是对群体类别的抽象概括，它们还充当着我们利用、忽略或解释信息的"认知过滤器"。博登豪森（Bodenhausen, 1988）发现，人们很容易回忆起某人身上与刻板印象相一致的信息。除了对于群体成员特定属性的刻板印象外，我们可能会有更为抽象的和象征性的看法，这些看法暗示某一群体在威胁（或拥护）社会价值及规范（Esses, Haddock & Zanna, 1993；Donakowski & Esses, 1996）。

面对不同的时间和群体，刻板印象是否具有普遍性和持久性？它们是否准确？我们来看看下面的证据。

普遍性

伦敦、利物浦、格拉斯哥和加的夫的居民是否对某一特定的外群体持有相同的刻板印象？一项在美国的经典研究（Allport & Kramer, 1946）发现，在几乎没有黑人和犹太人居住的南达科他州，对黑人和犹太人的刻板印象要比那些拥有大量黑人和犹太人的州更为负面。贝利和卡林（Berry and Kalin, 1993, 1995）询问蒙特利尔、多伦多和温哥华的受访者，当他们周围的个体都是来自于以下哪种群体时会感觉到舒适：一、如果这些人是移民到加拿大的；二、如果他们是在加拿大出生并长大的。三个城市的结果差异很大，蒙特利尔是最负面的。

刻板印象的持久性

刻板印象有多持久？它们是否容易改变，或者说它们是否会持续很长一段时间?与所有态度一样,刻板印象通常也会随着时间的推移而改变。很明显的例子就是第二次世界大战期间对日本人或德国人的描述,以及可能发生恐怖事件时对阿拉伯人的看法。不出所料,在暴力面前,对外群体的刻板印象会更为负面,但当面临不那么激烈的(经济的和社会的)冲突时,也会产生类似的结果。

毫不奇怪的是,当面临失业率上升的局面时,政府往往会限制移民。事实上,如果存在诸如就业岗位等资源的竞争,对于移民的态度可能会变得更加消极(Berry, Kalin & Taylor, 1977; Esses, Jackson & Armstrong, 1998)。帕尔默(Palmer, 1996)指出,调查结果证实,并非所有反对移民的观点都出自于种族主义。事实上,最强烈的反对意见来自于忧心工作和职业的年轻人,尽管作为群体,他们通常会比老年人更为宽容。

在美国历史上有三项经典研究(Katz & Braly, 1933; Gilbert, 1951; Karlins, Coffman & Walters, 1969),由于它们都是在普林斯顿大学进行的并且采取了相同的程序,因此常常被称作"普林斯顿三部曲",尽管三项研究跨越了36年之久。受试者被要求从列举的大量特征中选取最能够描述10个族群成员的特征,这10个族群包括:美国人、中国人、英国人、德国人、爱尔兰人、意大利人、日本人、犹太人、土耳其人和黑人。在1933年卡茨和布莱利的研究中,黑人最常被赋予"迷信"、"懒惰"、"随遇而安"、"无知"和"擅长音乐"等特征。随着时间的推移,选择"迷信"和"懒惰"的人越来越少,而更多的人则选择了"擅长音乐"。在最近一项由马东、盖伊尔等人开展的类似的研究(Madon, Guyll, et al., 2001)中,有数据表明,尽管受试者对于10个族群和民族的特征描述取得了更大的共识,但刻板印象的内容已经发生了改变,并且通常是向着有利的方面发生转变。比如说,在早期的研究中,非洲裔美国人被描述为"迷信"、"懒惰"和"无知",而在最近的研究中,受试者则选择了诸如"擅长音乐"、"笃信宗教"和"忠于家庭关系"等描述。作为共识的刻板印象似乎仍然存在,至少在美国的大学生中间尚是如此,但其内容可能会随着文化而改变。

但是,我们必须考虑到这项研究的局限性。首先,这些数据来自大学生,正如第一章所述,他们不一定代表一般人群。其次,我们不知道是否有其他相同的贬义特征取代了原来的特征。第三,社会期望偏差可能会产生一定的作用(见第一章)。实际上,如上所述,厌恶感或"现代"种族主义可能并不会反映在形容词列表上。受试者的回答是反映了他们的真实想法,还是他们只是做出了人们期望的回答?为了检验这种可能性,西加利和佩奇(Sigall and Page, 1971)重复了卡林斯等人的研究,但采取了不同的程序。他们将受试者与一台假的测谎仪进行连接,这导致有一半的受试者相信他们所说的任何谎言都会被发现。这部分受试者给出了更为显著的负面评价。

德维纳和埃利奥特（Devine and Elliot, 1995）的一项研究也表明某些刻板印象并未消退。他们与来自威斯康星大学的白人学生重复了普林斯顿三部曲研究，并增加了实验条件。他们不仅要求受试者列出"组成黑人文化上刻板印象"的形容词，还要列出"你自己认为能够描述黑人特征的形容词"。他们由实验数据得出以下结论，对黑人的负面刻板印象仍然一贯存在着。怀有偏见与不怀偏见的个体对刻板印象的认识并无不同，但他们在对刻板印象的接受程度上却有很大差异。这项研究还有一个有趣的注脚：虽然所有受试者都愿意完成有关刻板印象的任务，但有21%的受试者拒绝了个人想法这一项。

受社会期望和工作场所的和谐等因素的影响，负面的刻板印象经常会受到压制。表面上看来，这似乎是一件好事。但有一个有趣的问题：为什么这些负面的刻板印象同许多人的个人想法不一致，可它们还会持续存在？显然，大部分人，不论是不偏不倚者还是心怀偏见者，都知晓现下盛行的刻板印象。

刻板印象准确吗？

正如研究人员指出的那样（Jussim, McCauley & Lee, 1995），大多数人认为刻板印象是不准确的和夸大的，并且认为只有种族主义者、性别歧视者和其他各式各样的偏执狂才会对推广刻板印象感兴趣。但是否有些刻板印象是有一定道理的？比如说，断定某特定群体的所有或大部分成员都要接受社会救济，这显然是错误的，但在所有社会中，不同群体之间确实存在着社会经济地位的平均差异。德国人往往办事很有效率，图书管理员的性格趋于内向，这种说法在描述某一群体的典型成员时或许是符合事实的。但是，对某一群体持有某种刻板印象可能会让我们留意能够验证这一刻板印象的例子，譬如内向的图书管理员和高效的德国人。刻板印象的实质是将某一隶属于该群体的成员臆断成高效的或是内向的，由群体推广到个体是一种逻辑谬误。由于刻板印象既死板又存在对群体内个体差异的忽略倾向，所以人们会基于对个体所属群体的刻板印象，对他或她产生成见。

可是有人认为，刻板印象既然看上去持久并且无处不在，那么它们至少在某种程度上必然具有一定的真实性（真相核心假设）。然而，有许多理由可以反驳这一观点：

• 同时存在针对同一群体的相互矛盾的刻板印象（"犹太人固执己见"；"犹太人坚持自我"）。

• 对同一行为由于其分属于不同的群体而做出的正面或负面的形容（"荷兰人十分节俭并且谨慎处理财务问题"；"苏格兰人吝啬小气"）。

• 刻板印象的变化常常并不伴随目标群体的任何变化而产生（"移民是富有活力并且可靠的劳动者"；"移民过度劳动并且侵占了当地人的工作机会"）。

- 将刻板印象应用于群体的所有成员并没有考虑个体差异（"威尔士人歌唱得好"——无疑有些人唱得并不好）。

然而，在某些情况下，刻板印象似乎也具有一定的准确性。来自西班牙和智利的人确实倾向于讲西班牙语，篮球运动员也通常体格高大健壮。必须明确的一点是，将某一特征归于某群体或归于群体中的典型成员，并不意味着也能够将该特点归于群体中的任何一个个体。可是，当缺乏与个体相关的信息或信息不明确时，人们确实会依赖这种刻板印象（Nelson, Biernat & Manis, 1990）。

图13.2　此图代表的是苏格兰人吗？
或者是反映了某种刻板印象？
资料来源：© Richard T. Nowitz/Corbis

群体之间在标准化智力测验中的分数差异很大，这表明了智力的先天差异。在我们得出这一结论之前，必须仔细观察这一研究。这一系列测验在不同的种族之间是否做到了标准化，所得的分数是否出自"公平的竞争环境"？"智力"究竟代表着什么？比如说，我们是否可以假设在学术领域取得较高成就的人与解决实际问题、训练一支队伍或是汽车修理方面的成功者表现出的是相同的"智力"？最后，智商测试中的群体差异对于推断个体的"智力"意味着什么？假设智力分数呈正态分布，两群体间平均分数的差异也意味着二者分布的重叠，弱势群体中许多人的得分仍然高于优势群体中的许多人。在此基础上，我们足以断言，仅仅根据某人所属的群体成员的智力水平来推断他或她的智力是毫无根据的。

检验刻板印象准确性的困难之一在于找到目标特征的可靠计量。例如，可以对一个群体"随遇而安"、"吝啬"或"聪明"的程度进行合理精确的估计吗？阿什顿和艾瑟斯（Ashton & Esses, 1999）以学术表现为目标特征来研究这一问题，他们让本科生来评估多伦多高中 9 个种族的高中生的学业表现。由于这些都是真实的学生，他们的在校分数可用来与评估进行比较。结果表明，这些评估事实上是非常准确的，并且没有任何一个种族群体被过分高估或者低估。但需要注意的是，与一些长期与种族主义相关的情绪化的用语相比，"学术表现"所体现的刻板印象可能并不会那么强烈。

最后，在职场各群体之间，甚至是在同一职业里的分支之间也存在刻板印象。比如说，足球运动员对守门员、内科医生对外科医生、数学教授对心理学教授都可能有刻板印象。在舞蹈界，芭蕾舞演员和现代舞演员对于彼此有着不同的刻板印象。在一项研究中（Clabaugh & Morling, 2004），两个舞种的舞者各填写了一份人格测试，随后他们被要求预测出另一组的成员通常会做哪些回答。有趣的是，两组的受试者都准确预测出另外一组成员的回答，但都有所夸大。例如，尽管芭蕾舞演员对负面评价的恐惧更强，但现代舞演员对他们这种反应的预测会比他们实际上的反应更为强烈。

刻板印象内容模型（Cuddy, Fiske & Glick, 2008）

在讨论偏见的认知成分时，迄今为止所有的研究都是基于这一手段：受试者会选择哪些用来描述特定群体的形容词。我们对某一群体成员的描述建立在什么基础之上？根据刻板印象内容模型，我们是通过外群体与我们所属群体之间的相对地位来看待外群体成员的。区分刻板印象的有两个维度：热情和能力。与热情有关的刻板印象受竞争力的影响——我们认为竞争力较弱的群体更加热情。关于能力的刻板印象受到群体在社会中的地位的影响——地位越高的群体就越被认为有能力。

尽管不同群体（和个体）在这些维度上可能各不相同，但是通过使用"高"和"低"的描述，这一模型得到了简化。回想上一章的内容：如果认为某一群体的成员既热情又有能力，那么他们通常是内群体或是参照群体的成员。同时，另一群体的成员可能被认为是既缺乏热情也缺乏能力，例如穷人、流浪汉和依赖社会福利生活的人们，有些人可能会对他们心生厌恶、嗤之以鼻。当然了，某些群体的成员可能在其中一方面较高而另一方面较低。老年人可能会被评价为热情但缺乏能力，人们或许会对他们表示同情。某些群体被认为是能干却不热情，比如富有的专业人士、犹太人或亚洲人，他人可能会对其心怀妒忌。菲斯克（Fiske，2011）指出，由比较所产生的情绪可能会"伤害到比较者"（Fiske，2011，第698页）。嫉妒使人们对他所感受到的不公正感到愤怒，这可能会加重他们的偏见。鄙视情绪会导致人们无视他人的需求。在混合群体（热情和能力中某一个较高同时另外一个较低）中，刻板印象也具有混合性。我们可能把某人看作是懒惰无能的好人，并以家长式的做派对待他，隐隐透出一丝对他的同情和不敬；我们可能会对老人报以热情，却认为他们需要的是关心而不是支持和尊重。相比之下，当我们看到某些有能力而不热情的群体（例如非传统女性、犹太人和亚洲人）时，他们会因其严格的职业道德而受到钦佩，却不会因为"工作太努力"而受到尊重，对他们的嫉妒之心也就随之而来（Fiske, Cuddy, Glick & Xu, 2002）。需要注意的是，卡迪、菲斯克等人（Cuddy, Fiske, et al., 2009）进行了一项研究，实验的受试者分别来自于七种具有个人主义色彩的欧洲文化和三种集体主义特征的亚洲文化，研究进一步证实了这些发现。也就是说，地位较高的群体的人被认为是有能力的但不一定是热情的，被视为最具竞争力的人也被视为缺乏热情。刻板印象确实看上去像是源自社会地位等级，并且许多刻板印象是矛盾的，即热情但不称职，或有能力但不热情。最后，杜兰特、沃尔帕托和菲斯克（Durante, Volpato & Fiske, 2010）利用档案数据分析了"二战"时期意大利法西斯杂志的内容，发现对外群体的刻板印象是根据能力和热情两个维度产生的。有趣的是，尽管在面对有能力但不热情的外群体时会产生嫉妒，但并没有发现任何家长式的做派，这可能反映了当时的法西斯主义意识形态。

错觉相关与刻板印象

有研究人员提出（Hamilton & Sherman, 1989），许多刻板印象都是通过错觉相关效应得以产生并维持的，错觉相关是一种信息处理上的偏差，即对特征或事件之间的关联过分高估（见第二章）。汉密尔顿和吉福（Hamilton & Gifford, 2000）假定错觉相关的一个基础在于，观察者倾向于高估特殊罕见事件共同发生的频率。比如说，一位护士有几次注意到了，恰好在月圆之夜产科病房会特别忙碌——这就引发了一个普遍却错误的信念即这两个事件有所关联。在其中一项研究中，受试者被告知有两个目标群体A和B。随后他们拿到一份陈述列表，列表中的每一条都描述了其中某一群体成员的正面表现和负面表现；例如，A群体中的一位成员并不总是对小额金钱足够坦诚。受试者被告知，在现实世界里，A群体的成员多于B群体，因此有关A群体的陈述也多于B。在39条陈述中，有26条是关于A

的，13 条是关于 B 的。与此同时，在这 39 条陈述里，27 条是正面的，12 条是负面的。总之，每个群体所列举出的陈述正负比例相同。在群体 A 中，18 条是正面的，8 条是负面的；在群体 B 中，9 条是正面的，4 条是负面的（正负比均为 9：4）。可见并没有理由能够证明其中哪一个群体比另一群体更为正面。可是实验结果却显示出了严重的偏差。当要求受试者将这 39 条陈述匹配到两个群体时，他们高估了少数群体（B）的不良行为，并忽视了 A 和 B 两个群体的相对规模。

思考一下，这项研究告诉我们哪些有关刻板印象的内容。当某一群体"出现"的频率低于另一个群体时——也就是说，当某一群体是少数群体时，在某种偶然行为发生的时候，研究表明，观察者可能会高估该群体成员发生这种行为的频率。因此，当我们看到少数群体中的某一成员以令人讨厌的方式行事时，我们就会注意到这种巧合，并倾向于将这一行为归纳固化成该群体的典型行为。这种关联一旦产生，就会使随后一系列的判断都偏向同一方向。与中立的或被证实了的信息相比，人们对偏离实际的刻板印象的认识更为缓慢并且遗忘得也更快（Hamilton & Rose, 1980; Hilton & Von Hippel, 1996）。换句话说则是"所信即所见"。

刻板印象和偏见

刻板印象是否必然会带来偏见？如果认为刻板印象必然会带来偏见，那么就忽视了了解刻板印象和接受刻板印象之间的区别。如前所述，没有任何有力证据表明，仅仅是知晓刻板印象就会带来偏见（Devine, 1989; Taylor & Lalonde, 1987）。更为复杂的情况是，个体可能对某一群体持矛盾的态度。卡茨和哈斯（Katz & Hass, 1988）指出，美国白人常常将黑人视为异类和弱势群体。这种二元性导致厌恶和同情两种情绪的产生。人们或许认为黑人既值得被帮助，又觉得他们不够自力更生。

要点：偏见包括认知、情感和行为三部分。认知部分即刻板印象是指对某一群体成员共同特征的呆板认识，即与群体成员有关的图式。刻板印象在社会中相当普遍，但它们并不一致并且常常随着时间的推移而发生变化。刻板印象可能具有一定的准确性，但并不一定都是准确的。刻板印象内容模型将热情和能力作为基本维度，人们基于这两个维度对群体做出反应。对刻板印象的过度简化表现为错觉相关。

刻板印象激活

尽管我们已经对某个文化共有的负面刻板印象有所了解，但它们可能并不会影响我们对该群体的个人进行评判。这一现象经常发生在诸如职场或团体运动中，即使某位同事是来自于某个拥有刻板印象的群体，但我们仍然可能认为他或她很讨人喜欢。但如果是该群体中有名成员恰好行为乖张、令人讨厌，或许会让人们再一次回归到刻板印象上去：我们会认为，他之所以这样做是因为属于这个群体，而不是因为他恰好心情不好。某个人发表的种族主义言论可能会使得白人对黑人的刻板印象重新得以激活，并且这些言论可能还会导致对黑人负面评价的出现。

德维纳（Devine, 1989）认为，在某些条件下，刻板印象只会出现在我们的脑海中，例如同性恋的男人都偏女性化。通常，我们可以有意识地压制这种刻板印象，也许是通过简单地提醒自己，以这种方式把人们一概而论是不公平的，也许是通过回想起我们知道的那些不以女性化的方式行事的男同性恋者。然而，偏见严重的人，会依照这种刻板印象采取行动，无论他们是否意识到了这一点（Fazio, Jackson, Dunton & Williams 1995）。

我们是将刻板印象装进头脑中（激活它们）还是抑制它们，或许取决于自我提升的动机（Sinclair & Kunda, 2000; Kunda & Spencer 2003）。当对其他人的刻板印象会使一个人的自我感觉变得更好，或是对于状况的了解有所帮助时，该刻板印象则更容易被记起并且得到运用。回顾第二章的内容，刻板印象作为认知结构，对于自我提升和增进了解有所裨益（Wheeler & Petty, 2001）。

在一项实验里，白人男性学生就一系列设计好的、用来评估他们人际交往能力的问题进行了回答，随后他们收到了由白人或黑人"管理员"录制的视频反馈。每组有一半的受试者得到了积极的反馈，而另外一半得到的是负面评价。辛克莱和孔达（Sinclair & Kunda, 2000）预测，那些从黑人管理员那里得到积极反馈的人会抑制他们对黑人的负面刻板印象，而在那些接受过黑人管理员负面评价的人当中，刻板印象会被激活。

他们用十分巧妙的方式对这种刻板印象的激活状况进行了评估。继"管理员评估"程序之后，受试者被要求参加一项据说与该事件无关的另外一项研究。他们拿到了一些不完整的单词，并被要求将单词补充完整。某些单词碎片可能会被认为是代表种族，例如：＿＿ACK 可以补充为"black"（黑人）、"stack"（堆叠）或"shack"（棚子）；有的单词影射了对黑人的负面刻板印象，例如：CR＿＿＿可以完成为"crime"（犯罪）、"crisp"（酥脆的）或"cream"（奶油）。结果正如预料的一样。在那些受到黑人管理员称赞的受试者当中，种族刻板印象要比受到白人管理员评估的对照组更少，这表明刻板印象得到了抑制。反过来，那些被黑人管理员评价不佳的受试者同所有其他的受试者相比，填了更多与种族歧视有关的单词，这表明刻板印象已被激活。

在另一项研究中，辛克莱和孔达（Sinclair & Kunda, 2000）发现，在针对女性的刻板印象里也有类似的情况发生。只有当男性受试者在女性讲师的课程中得到的分数较低时，才会把女性讲师评价为比男性讲师更不称职。如果是他们得分都很高，则不会发现任何差异。事实上，他们对男性讲师的评价并不受成绩高低的影响。这项研究表明，我们既可以把刻板印象抛诸脑后，也可以用它来挽救我们受伤的自尊。

激活刻板印象的另一个因素在于，我们认为其他群体的成员对我们同样抱有刻板印象。比如说，沃劳尔、曼和奥康奈尔（Vorauer, Main & O'Connell, 1998）发现，曼尼托巴大学的白人学生认为，加拿大土著把白人视为持有偏见、自私、傲慢、物质至上的人。毫不意外，那些对于当地人的这种元刻板印象（meta-stereotypes）最为坚信不疑的人更有可能对他们表示出更多的偏见。

要点： 与所有图式一样，刻板印象也可以被激活。同样地，我们还可能持有元刻板印象，认为他人是如何对我们抱有刻板印象的。

偏见的情感成分

刻板印象常常伴随有情绪，这些情绪通常表现为从极端消极（例如：蔑视、厌恶、讨厌）到非常积极（例如：钦佩、喜欢、认同）这样一个区间。人们的各种情绪可能伴随着交感神经系统的激活，而生理活动则可以通过皮肤电反应（GSR）来测量。至少出于研究目的，这类反应可以运用于受试者情绪反应的确定，即使受试者不能或者不愿公开表达它。通过这一方式，波里埃和洛特（Porier and Lott, 1967）证实，相较于民族优越感不够高的受试者来说，民族优越感很强（相信自己的种族或文化群体的优越性）的人，当他们面对黑人研究助理时，表现出了比面对白人助理时更为强烈的皮肤电反应。

荷兰的一项研究（Dijker, 1987）表明了情感和态度之间的关系，研究考察了来自苏里南（前荷兰殖民地）、土耳其和摩洛哥的移民。通过对数据的分析发现，所有群体表达的情绪共分为四种：积极（例如钦佩）、愤怒（例如恼火）、焦虑（例如害怕）和担忧（例如担心）。积极的情绪更能用来预测对苏里南人的态度，荷兰人普遍对苏里南人表示赞赏，而对不被接纳的土耳其人和摩洛哥人的态度，则可以通过愤怒和担忧来更好地预测。

思考一下，焦虑和偏见之间有何联系。显然，在我们这个全球化和多元化的世界里，群体间的接触能够带来压力（Crocker, Major & Steele, 1998），这一点已经通过对生理反应的监测得到证实（Amodio, 2009）。对于某种意义上"与众不同"的人产生的不适感本身就可能导致对这些人的负面偏见，负面的刻板印象被用来确定或验证个体的这种感受。此外，如前所述，在当今的多种社会环境下，人们既不希望自己遭受偏见，也不希望看起来对外群体的成员有偏见，因此这类碰面往往内心暗流汹涌，充满着焦虑（Trawalter, Adam, et al., 2012）。焦虑感也可能来自某种不确定性，即对有文化差异的人应抱有何种期待并做出何种反应。由此，有学者（Stephan & Stephan, 1985）提出了群际焦虑模型：群际焦虑阻碍了两个群体成员间的交往，并且与偏见的增强息息相关（Swart, Hewstone, Christ & Voci, 2011）。

在针对外群体的情绪反应中有一特殊的主题：对不正常性行为的厌恶感（Adorno et al., 1950），乃至是对性胁迫或性侵害的恐惧。显然，避免外群体成员侵犯的愿望与对该群体的偏见有关。此外，一项研究表明（Navarette, Fessler, Fleishman & Geyer, 2009），在月经周期内最容易受孕的时段里，黑人和白人妇女对于侵犯的恐惧和对于其他种族群体的偏见都是最强的。这可以在进化的框架内进行解释，即女性倾向于回避那些有可能危及她们并导致她们意外怀孕的人和环境。当然，这一解释也取决于对危险的感知，而这些感知与社会上流传的刻板印象息息相关。

恐惧和厌恶虽然一向伪装得很好，但也可能以间接的方式表达着偏见。有人曾开展过一项针对一般情况下对外群体的厌恶感的问卷调查（例如"当有其他种族的人侵入我的个人空间时我会感觉到厌恶"）。结果发现这些变量同衡量对穆斯林的偏见态度有关（Choma, Hodson & Costello, 2012）。在霍马、霍德森和科斯特洛（Choma, Hodson & Costello, 2012）开展的另一项研究中，他们将曾被证明能够引起恐惧、悲伤或幸福的电影剪辑出来并展示给不同的群体。与其他情绪相比，当恐惧感被激发时，对外群体的厌恶感同对穆斯林的消极态度之间联系更为紧密。显然，情绪对于感受和表达偏见起到关键作用。

情绪也会影响到刻板印象的激活。艾瑟斯和赞那（Esses and Zanna, 1995）在加拿大进行的研究发现，与持有中立或积极情绪的个体相比，拥有负面情绪的个体更可能给外群体（特别是加拿大人、巴基斯坦人和阿拉伯人）冠以不利的刻板印象。当一个人被认为受到了委屈时，这种反应会被放大。然而，当我们认为我们的群体对另一个群体犯下错误时，集体内疚感会导致对错误的纠正行为。例如，加拿大政府负担起了土著（原住民）儿童的抚养责任，并将他们安置在寄宿学校，但在那里许多儿童都受到虐待。

专栏13.1 另一个视角：仇恨和仇恨法律

我们倾向于把偏见等同于仇恨，并且假定偏见必然来自于仇恨。事实上，人们普遍认为，仇恨是所有偏见所共有的情感。让我们来看一下仇恨意味着什么，然后再看它是不是偏见的必然组成部分。

图 13.3 新纳粹分子在布拉格示威反对"吉普赛人"
资料来源：© Jim McDonald/Corbis

显然，仇恨是一种强烈的情感（Allport，1954），它的同义词包括厌恨、鄙视、憎恶、反胃等。人们普遍认为，仇恨并非是短暂的情绪状态；你或许会在某个时刻某一环境下对某人生气，但仇恨往往更为持久。从这个意义上讲，仇恨具有与爱相同的特征，事实上，有些人把爱与恨当作是天秤的两端。实际上，与爱情的三角理论（第八章）——即激情，亲密和承诺相对应，斯滕伯格（Sternberg，2008）已经提出了一种仇恨的"二元说"。这一仇恨模型包括有以下内容：

- 拒绝亲密关系——距离感、排斥、厌恶；
- 激情——情绪觉醒，表现为愤怒、厌恶和/或恐惧；
- 信奉——当某人意识到对某一群体的讨厌和鄙视后，他或她往往会努力影响他人来分享这种仇恨。

这三者可以在各种仇恨类型当中任意组合。比如说，**冷酷的**仇恨其特点是有厌恶感，不愿与目标群体产生任何瓜葛。冷酷的仇恨往往会将目标群体评价为卑劣的、或许是缺乏人性的，因此应当鄙弃他们或是更糟。与之相反，**火热的**仇恨往往是关乎激情的，使人感到强烈的愤怒或恐惧。最后，考虑一下**炽热的**仇恨，这时，对目标群体的辱骂或许会引起**暴烈的**仇恨，这种仇恨将上述的三种元素全部包含在内，并且往往会伴随着消灭目标群体这一愿望。这些仇恨的共同点在于将"我们与他们"严重割裂开来，认为目标群体不仅仅是与我们不同，而是卑劣的或有道德缺陷的，以致他们不值得受到同"我们"一样的对待（Staub，2005）。

针对这一理论有一些批评意见。首先，为了强调恨与爱之间的对应，该理论忽略了常见的群体层面的仇恨；人们很容易就能想到群体成员对其他群体的共同的仇恨，却很难以相同的方式想到爱。实际上，仇恨往往被描述成一种独特的情感，它通常以群体为目标，并且受到该群体本质上是邪恶的这一判断的驱使（Halperin，2008）。同样，我们可以将仇恨看作是偏见的一部分，但它并不是所有偏见的必要组成部分；例如，性别歧视通常不是受到对女性的仇恨所驱使的，而是受什么是女性及女性应该是什么样子的刻板印象所驱动。

最后，如前所述，现如今的许多偏见都在以更巧妙的形式存在着，比如说隐性偏见和厌恶性偏见（Dovidio, Gaertner & Pearson, 2005）。当受到威胁或激怒时，这种潜在形式的偏见很可能会变本加厉地成为更强烈的仇恨，人们会在思想上试图证明目标群体的劣等地位，这些仇恨他人的群体成员会认为自己才是真正的受害者。

仇恨犯罪是指仅仅因为某人是特定群体的成员即对其进行伤害或恐吓的言论或行为。这些罪行包括对特定群体成员的人身攻击、对墓地或宗教机构进行丑化、烧十字架、否认大屠杀、诅咒性取向不同的人（Herek，2009）。某些国家颁布法律来禁止散布仇恨言论，并对煽动针对少数群体成员仇恨的行为进行处罚。这些法律遭到了部分人的反对，他们认为这侵犯了言论自由，可另一部分人反驳道，言论自由没有给任何人在拥挤的房间里大喊"开火！"的权利。这些法律是减少还是增加了社会偏见呢？有一些人为这些法律辩护，他们认为应尽可能地遏制偏见，因为社会已明确将其判定为错误的。其他人担心这些法律最终会成为偏执狂们表达观点的公共平台，此举会使这些观点成为合法性辩论的问题。加拿大的一个高度公开的案件中有证据表明，在法庭上对煽动仇恨的人进行宣判并不会影响公众对于目标群体的看法（Weimann & Winn, 1986）。

要点：偏见通常伴随有情绪的觉醒，这种情绪常常体现为群际焦虑。有时这些情绪表现为厌恶，并且往往与性问题联系在一起。仇恨有时会伴随偏见而来，包括拒绝亲密关系、激情以及对偏见的信奉。

歧视：偏见的行为成分

偏见是一种态度，而歧视是指对外群体成员的消极行为。它可能会表现为躲避、敌意、开粗鲁的"玩笑"、损坏财产或人身攻击。在大多数西方国家以及许多其他国家中，歧视都是非法的或是受到限制的。少数群体的成员可以通过就业、投票、结婚以及以其他方式融入他所在的社会。举个例子，1989年在加拿大，当时著名的加拿大皇家骑警同意了让锡克教的军官戴头巾而不是传统的宽边帽，此举在当时受到了争议。但很快此事就平息了。当然，歧视很难根除，但也是可以做到的。

图 13.4　南非种族隔离时期的制度化歧视
资料来源：© Alain Nogues/Sygma/Corbis

有趣的是，多元化社会的理想有时会与主流的社会规范发生冲突，这就引发了一个问题：少数群体应为他们所属的社会做出哪些"合理的调整"？移民群体的成员是否应该为社会的主流文化规范和价值观做出合理的调整？考虑到不同文化对于女性都有着不同的约束规范，这会导致她们可能同以色列、美国、欧洲以及其他地方的政府和主流规范发生冲突。

如下所示，歧视可能发生在个体之间的互动层面上，也有可能以含蓄或清晰的方式在制度中得到支持和确定。例如，在法国、加拿大魁北克省和其他地方的立法中就有规定，在公共机构禁止佩戴明显的宗教物品。回想一下 1948 年至 1994 年的南非种族隔离制度，该制度秉承着白人至上的原则推行种族隔离，在这种情况下法律也认可了这种歧视。即便是在民主社会里，受到国家认可的歧视也比比皆是；在第二次世界大战期间，加拿大和美国的日裔被剥夺了所有的财产并被迫在外流离失所。同样的，对土著居民的待遇既有居高临下的家长主义也有彻头彻尾的种族主义（Backhouse, 1999）。在仍然推行死刑的地区，来自于少数群体的成员更容易被判处死刑（Avio, 1987；Hooker, 1988）。有人认为，20 世纪 70 年代，在魁北克省颁布的旨在促进法语并限制英语的《语言法》构成了对歧视的法律支持,许多人认为这种歧视是为了能够在北美环境中拯救法语,因而是合理的(参见 Bourhis,1994 关于魁北克地区对种族和语言的态度的综述)。

图 13.5　最后一颗钉。1885 年摄于加拿大不列颠哥伦比亚省克雷盖拉希。这是加拿大历史上最著名的照片之一,唐纳德·史密斯钉下了最后一颗铁钉,标志着横跨大陆的太平洋铁路竣工,他的周围聚集着权贵和商人。尽管有超过 15000 名中国劳工修建了这条铁路,可他们没有一人受邀参加合照

历史会重演吗?纽约世贸中心和华盛顿五角大楼遭到恐怖袭击之后,美国动用武力在各国控制了数千人,其中大部分是年轻的穆斯林男子。这些人被拘押在美军基地,被剥夺了一切权利,甚至连《日内瓦公约》规定的战俘权利都无法享受。在北爱尔兰问题期间,英国政府对爱尔兰共和军的囚犯施加了类似的监禁。

很多时候,歧视来自于人们相信某些种族在遗传上劣于其他种族,这引发了非常严重的后果。纳粹对集中营的囚犯进行的所谓"医学实验"就是在这种态度的影响下实现其合理化的。此外,人类的首次避孕药人体试验选择了波多黎各妇女,这或许也并非偶然。这种遗传上的优劣概念是随着本世纪初美国最先对移民进行智力测试而盛行起来的。不出所料,许多来自其他文化类型的移民被指有"智力缺陷"。有的人基于此认为,某些种族群体具有"遗传劣势",从而移民数量多年来都在受配额限制(Kamin,1974)。

反向歧视

随着社会上对种族问题愈发敏感,许多人都表示出对偏见的抵制。实际上,

有些人甚至会表现出他们极为宽容的一面，对特定的外群体采取比面对一般人时更为积极的态度。这被称作反向歧视，达顿及其同事通过一系列研究证明了这一点（Dutton, 1971, 1973; Dutton & Lake, 1973; Dutton & Lennox, 1974）。他们在温哥华和多伦多进行了第一项实验，参与实验的白人夫妇和黑人夫妇被要求到同一家餐厅就餐，每对夫妇中的丈夫都身穿高领毛衣，但这并不符合餐厅要求男士戴领带的着装规定。只有30%的白人夫妇成功就坐，而黑人夫妇却有75%。显然，餐厅经理尽力表现出非歧视性。于是，达顿（Dutton, 1973）猜测，公众眼中受歧视最严重的少数群体会受到最多的反向歧视。调查显示，温哥华的中产阶级白人认为黑人和土著人是歧视的焦点，而亚洲人不是。随后，达顿让土著人、黑人和亚洲人向慈善机构募捐，结果发现，正如他所预料的那样，土著人和黑人得到的金额要高于亚洲人。

值得注意的是，这种效应似乎在受过教育的中产阶级和社会中上阶层的白人当中最为常见，他们特别在意自己是否显得不够宽容。达顿和莱克（Dutton & Lake, 1973）选择了80名公认的不具有反黑偏见并且注重平等的学生。他们通过给予其中一半学生错误的反馈而使得这些学生认为自己或许抱有偏见；其余的学生作为控制组参与实验。实验期结束后，他们叫白人乞丐和黑人乞丐接近所有的受试者。那些受实验引导而怀疑自己对黑人宽容度的受试者给了黑人乞丐更多的钱。而该实验并未影响付给白人乞丐的金钱数额。

这些研究中所提到的行为相对平常。但上述行为中表现出宽容的人不太可能在接下来继续表现出反向歧视。在达顿和伦诺克斯（Dutton and Lennox, 1974）的一项研究中，通过引导，三组学生对他们是否宽容黑人产生了怀疑。随后，其中一个小组被一个黑人乞丐接近，第二组被一个白人乞丐接近，而第三组没有遇到乞丐。第二天，他们都被要求拿出一些时间来进行一项"跨种族兄弟会活动"。遇到过黑人乞丐的学生愿意拿出的时间要少于其他两组。需要注意的是，反向歧视往往局限于相对不重要的行为，并且可能对真正的和持久的宽容产生适得其反的效果。

我们通过认知、情感和行为三部分探索了偏见的本质。现在我们将注意力转向偏见的来源。

要点：歧视是偏见的行为组成部分，包括躲避、表达敌意和攻击行为。这些行为可能是个人层面的，也可能是制度化层面的。在全球化背景下，作出"合理的调整"已变得尤为重要。反向歧视旨在证明某人没有偏见。

偏见的来源

先天还是后天？

赫布和汤普森（Hebb & Thompson，1968）认为，高等动物——如黑猩猩和人类——对陌生和异样存在着本能的恐惧。倘若这一判断是正确的，那么将这一倾向看作是构成偏见的基础，那就是合理的，因为偏见针对的就是那些被认为在某种程度上与我们不同的人。人们普遍对于他们不了解的情况会感到焦虑或恐惧。或许针对外群体成员的负面情绪是在新刺激的作用下自发产生的。三个月大小的婴儿就能够区分母亲与陌生人。尽管在这个年龄段，他们对于陌生的刺激并没有表现出躲避或恐惧的迹象，但到9个月大的时候，厌恶的反应就会经常出现，这往往会让母亲们感到尴尬（例如，当孩子受到祖母的陌生刺激时）。

由扎荣茨（Zajonc，1968）首次提出的发现或许能够用来佐证赫布有关人们对于熟悉的人具有固有偏好的观点。扎荣茨发现，某一刺激的频繁出现会使其更具吸引力（回顾第八章）。起初人们认为，不论人的初始态度如何，这种曝光效应都会发生，但随后的研究表明（Perlman & Oskamp，1971），只有正面的或中性的刺激才会使偏好增强。对一开始就让人感到厌恶的刺激的评价不太可能改善。

群际冲突

在第十章中，我们讨论了群体之间经常存在的各种冲突。在这里，我们继续就这些冲突是否能够充分解释偏见来进行讨论。显然，当群体之间发生冲突时，偏见和歧视往往会增强。事实上，在某些情况下，冲突可能与刻板印象的"镜像"有关，例如，每个群体在某种程度上都将另一个群体视为威胁或认为该群体在某些方面较差。那么问题就在于因果关系上——偏见究竟是引发冲突的原因还是冲突造成的结果呢？

根据现实冲突理论，在资源有限的情况下，群体可能会认为自己处于冲突当中，此时偏见会增加。回想一下谢里夫（Sherif）的强盗洞穴州立公园实验（第十章），那时，两组男孩之间的冲突引发了对另外一组的咒骂和偏见。

同样，当失业率很高并且就业机会紧缺时，对移民的负面态度也会增加（Palmer，1996）。艾瑟斯、杰克逊和阿姆斯特朗（Esses, Jackson & Armstrong，1998）进行了一些研究，以证明就业紧张是否会导致对移民产生消极态度，或者这些消极态度是否会导致人们在稀缺工作上面与他们发生冲突。实验受试者分别阅读了关于加拿大移民的两份报道。其中一份侧重于对就业紧张以及移民的就业倾向进行描述,而另外一份则并未提及就业问题。随后受试者通过阅读了解到有一批新移民抵达加拿大。这一虚构的移民群体被正面地描述为踌躇满志、刻苦勤奋、聪明、顾家并且笃信宗教。然而,当受试者优先以工作上的"现实冲突"出发来考虑移民问题时,他们会用负面的方式来解读这些特征。比如说,"顾家"被解读为不接纳他人。与控制组相比,这些受试者对一般的移民特别是这一群体的移民表达了更强烈的反对意见。

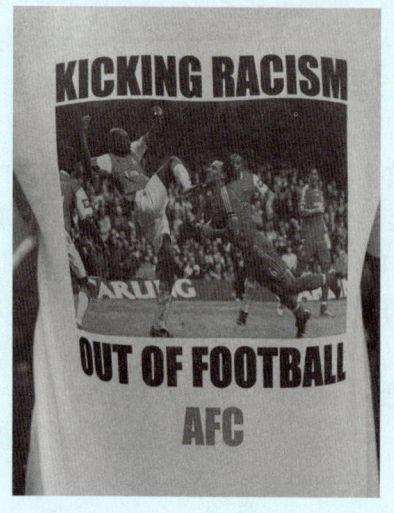

图 13.6 反对体育运动中的种族主义
资料来源:© Mark Leech/OFFSIDE/Corbis

偏见人格

由于人们在偏见的程度上存在很大差异,不论是在助长偏见的社会里还是在抑制偏见的社会里,研究的焦点都集中在抱有偏见的人与同龄人具有哪些不同的人格特征。一些研究人员从基本人格的角度出发提出了诸如"大五人格"的理论,这涉及责任心、开放性、外向性、神经质和宜人性。但是,元分析表明,人格特质与偏见之间的关系在很大程度上取决于人格当中的两个方面,即右翼威权主义和社会支配倾向(Sibley & Duckitt, 2008),因此,我们接下来着重对这两方面进行思考。

威权主义

经历过第二次世界大战的浩劫后,一部分心理学家承担起了找出"潜在的法西斯主义者"（Adorno, Frenkel-Brunswik, Levinson & Sanford, 1950）的心理特征的任务。研究人员发现了**威权主义**（authoritarian）人格的一系列典型表现，这极大地促进了随后几十年的科学研究（Christie & Jahoda, 1954; Cherry & Byrne, 1977）。研究发现，那些具有威权主义人格特点的人对权威持有刻板的观点，并以绝对的黑或白、优或劣、我们或他们的方式来看待世界。F量表的开发正是用于测量该类人格的典型表现，这一量表在随后多年的诸多研究中都得到了运用。

威权主义者也可能会遭受偏见。阿多诺（Adorno）和他的同事最初比较关注反犹太主义，但后来他们将注意力扩大到了种族中心主义，致力于研究对某种程度上"不同"的人的排斥态度。对于美国白人来说，这可能包括黑人、全体外国人、同性恋者和生活方式不同的人。作为研究的一部分，他们构建起了许多尺度来衡量反犹太主义的态度和泛化的种族中心主义。总的来说，那些排斥犹太人的人也表现出了对其他外群体的偏见。

由阿多诺等人（Adorno et al., 1950）提出的人格动力学在随后的研究中并没有取得一致性。实际上，环境和文化的强大作用被低估了（Pettigrew, 2001）。最近，阿尔泰迈耶（Altemeyer, 1981, 1988）通过对**右翼威权主义**（right-wing authoritarianism, RWA）的研究重振了威权主义的核心思想，建立起了衡量这一特征的标尺。右翼威权主义包含如下内容：对权威（被认为拥有合法权力的人）的高度服从、对传统社会价值观的坚决信奉以及对偏离社会价值观的人抱有敌意和惩罚倾向。（见表13.1的样题。）威权主义者除了表现出更为传统、高度服从权威以及对他们眼中的低劣的或是"不同"的人抱有敌意这些特点之外，阿尔泰迈耶（Altemeyer, 1988）发现，他们还具有道德优越感。据艾瑟斯、哈多克和赞纳

表13.1　右翼威权主义量表中的样题

- 鉴于这个国家的现状，必须通过大量的"强效药"才能解决掉那些麻烦制造者、罪犯和变态者。
- 如果有关部门能够对杂志和电影进行审查，让垃圾内容远离年轻人，那对所有人都是最好的。
- "美好生活"的要义是服从、守纪和中规中矩。
  威权主义者会同意上述几项而不同意下述几项：
- 婚前性行为没有错。
- "言论自由"意味着人们甚至可以通过言论和著述来要求推翻政府。
- 裸体营地绝对没有错。

资料来源：阿尔泰迈耶（Altemeyer, 1981）

（Esses, Haddock & Zanna, 1993）的调查，按照阿尔泰迈耶的衡量标准，具有威权主义人格的英裔加拿大人比威权主义程度较低者对法裔加拿大人、土著居民、巴基斯坦移民以及同性恋者表现出了更为负面的态度。澳大利亚的一项研究证实了右翼威权主义与针对亚洲人和澳大利亚土著人的偏见之间存在联系（Heaven & St. Quintin, 2003）。

威权主义的另一种表现形式是找他人做替罪羊，这类情况往往发生于个体无法直接控制或改变的条件和环境里，诸如在犯罪率、经济状况等问题上。当这种挫败感难觅其踪时，就可能会引起对外群体的紧张和敌意。随后，人们将正在经历的苦恼和困难统统归咎于这个外群体。这种寻找替罪羊的行为有一个经典事例，即对美国南方黑人施加私刑（法外谋杀）与透过世界棉花价格所反映出的经济困难息息相关（Hovland & Sears, 1940）。当棉花价格低迷时，私刑数量增加。但是，我们应该对这一发现持审慎态度，这是因为格林、格拉泽和里奇（Green, Glaser & Rich, 1998）在试图复制该研究时，并未发现经济条件（例如失业）与针对同性恋群体、非裔美国人、亚裔美国人或犹太裔美国人的犯罪行为之间有相关性。

社会支配性取向

在是否希望看到自己的群体与社会其他群体相比具有支配性地位以及是否愿意看到自己的群体具有压制其他群体的价值观和行为方面，也就是在**社会支配性取向**（social dominance orientation，或 SDO）上，人们各不相同。多国开展的研究表明，社会支配性取向较高的人群中具有较强的对外群体的贬低和对本群体的认同。

尽管威权主义与社会支配性取向之间似乎存在着重叠的部分，但有一些研究表明，社会支配性取向和右翼威权主义同时对偏见产生影响（Duckitt & Sibley, 2010）。那么如何把有关右翼威权主义和社会支配性取向的研究结果与偏见相联系呢？这二者似乎可以预计偏见的不同形式或功能。右翼威权主义水平较高的人忌惮与他们不同的人，例如少数群体，而社会支配性取向较高的人则注重权力，并将世界看作是一个竞技场，因此他们排斥弱势群体。在威权主义和社会支配性取向两个概念之间看上去有着相当大的重叠，约斯特和格拉泽等人（Jost, Glaser et al., 2003）认为，他们事实上代表了政治保守主义的不同方面。许多问题仍然有待于研究，特别是在非西方文化里，保守主义可能代表着截然不同的世界观。

最后，偏见只是愚蠢的问题吗？在日常生活中，我们有时会将偏见归咎于无知，这意味着要么是缺乏准确的知识，要么是对尝试理解群体差异不感兴趣。实际上，研究发现，智力与偏见之间呈现出负相关（Adorno, Frenkel-Brunswik, Levinson & Sanford, 1950; Deary, Batty & Gale, 2008）。霍德森和布塞里（Hodson & Busseri,

2012）利用英国和美国的样本数据发现了相关证据，证明了较低的智力水平会促进右翼威权主义的发展，并导致与外群体成员的接触减少，从而最终引发偏见。或许，偏见远比我们意识到的更加牢牢扎根于无知。

要点：偏见来自于多种因素。有证据表明，人类具有排斥差异的本能。群体间争夺有限资源的冲突会激活或加剧偏见。右翼威权主义和社会支配性取向是典型的偏见人格。

偏见受害者

尽管人们已经写了许多有关偏见是如何发展及维持的文章，可是对于受害者是怎样回应这些偏见和歧视的关注仍然较少。他们是如何捍卫自己的？40年前，戈登·奥尔波特（Gordon Allport, 1954）就发现了15种以上受到迫害后可能发生的结果，其中包括退出、被动接受、装傻、斗争、敌视本群体以及自我厌弃。在某些情况下，少数群体的成员会对自己的群体抱有敌意，而其他群体的成员则会表现出对本群体的忠诚和对外群体的攻击性。泰弗尔和特纳（Tajfel and Turner, 1979）发展了奥尔波特的研究方法。他们假定有三种不同类型的反应：尽管受害者心有不甘，可仍旧对他们的处境逆来顺受；他们也可以依靠个人力量挣脱束缚，取得社会成就；或者他们可以通过采取集体行动来提高群体自身的地位。在这之后的研究进一步加深了我们对于个体和集体对偏见的不同反应的理解。（回顾第十二章对这一问题的讨论。）

当人们遭遇由歧视造成的失败或挫折时，或许会将这种挫折归咎于歧视，也可能归咎于他们所属群体的特征，或者为了避免指责群体中的其他成员而将罪责归于己身（Ruggiero & Taylor, 1995, 1997）。迪翁（Dion, 1989）指出，人们普遍认为，他们所属群体受到的歧视要比个体遭受到的歧视更多。比如说，一项针对女大学生的调查显示，受访者普遍认为针对女性的歧视总体上要多于她们自己的亲身经历（Taylor, Wright & Porter, 1994）。为什么弱势群体（例如妇女）的个体会对他们经历的个人歧视作最低估计？这一方面建立在群体成员不愿意承认他们的失败源于歧视，因为这会表明在他们身上发生的事情都是由他人掌控的。一个不幸的后果是，倘若个体将失败归咎于他们自身的缺点，从而忽视由群体成员身份引起的歧视，那么他们就不太可能通过抗议或法律的方式来提高他们或他们所属群体的地位。例如，在一项研究中，女性学生回答了一份看上去是有关未来职业成就的测试，并被告知得分较高的人将有资格获得50美元的奖金。她们获悉将会有一组男生对她们进行评估，在不同的实验条件下，女性学生分别认为男生中有100%、75%、50%、25%或没有人歧视女性。然后所有的受试者都被告知她们没有通过测试。当询问她们的表现为何如此糟糕时，不出所料，那些得知将由一群大男子主义者来对她们进行评估的女学生都将失败归咎于这种歧视。然而，其他实验组的女性受试者则倾向于自责——事实上，那些被告知有75%的几率成为歧视受害者的人和那些被告知只有25%几率的人，她们都表现出了同等的自责。这意味着，只要有任何怀疑的余地，她们都会否认自己是性别歧视的目标。人们似乎更能够接受他们所属的群体是歧视的目标，但常常会否认自身是歧视的直接受害者（Foster & Matheson, 1999）。

迪翁和他的同事（Dion & Earn, 1975; Dion Earn & Yee, 1978）还研究了当少数群体的成员认为他们是偏见的目标时会做出哪些其他的反应。在这类研究中，他们创造出一种实验情境，即外群体的成员（例如犹太人、中国人和女性）被要求完成一项任务，而任务的成功或失败将取决于内群体成员的行动（例如基督徒、男性）。研究结果发现，对偏见的感知加强了犹太人和女性对于自身的积极印象。然而，中国人的反应则更具有防守性，他们否认了消极的刻板印象，并将自己的成功归因于他们自身，将失败归因于外部因素。由于我们的个体身份会受到群体成员身份——宗教、种族、民族、性别——的强烈影响，设想一下利群偏差，即我们把成功归因于正面的群体特征而把失败归因于诸如歧视这样的外部因素。在某些情况下，将失败和挫折归咎于自己使偏见的受害者可以防止人们感到沮丧（Major, Kaiser & McCoy, 2003）。

此外，或许还有自尊及压力大小的因素。克罗克和她的同事们（Crocker, 1999; Crocker & Lawrence, 1999; Crocker & Quinn, 1998）发现，许多由于种族身份或肥胖等身体特征而遭受侮辱的人，他们并不缺乏自尊心，这是因为他们的自尊心有不同的来源。因此，并不缺乏自尊心的非裔美国人不太可能受到贬低和歧视的影响。换句话说，他们将这些受到歧视的经历归因于偏见而不是他们自身的不足。此外，令人惊讶的是，亚裔美国人的平均自尊水平要显著低于其他群体。克罗克认为，这是因为他们将自尊建立在了他人的认可上。因此，对于他们而言，偏见和歧视至少在一定程度上反映了真实的个人缺陷。

毫无疑问，这些研究目标也承受着一定程度的压力。例如，受试的犹太人在面对反犹主义时表现出了愤怒、悲伤和焦虑。显然，歧视是具有威胁性的，在某些情况下，遭受歧视的人可能会公然反对优势群体。例如，当偏见和歧视导致了就业或教育机会分配的不平等时，可能会引发暴力斗争。卡普兰和佩奇（Caplan and Paige, 1968）发现，参与美国20世纪60年代种族骚乱的黑人对歧视表现得更为敏感。据报告称，他们更常遭受歧视；并且与没有参加骚乱的黑人相比，他们更加不愿意接受黑人处于劣势的刻板印象。

实际上，成为偏见的受害者会对一个人的身心健康产生严重的后果。例如，许多男同性恋、女同性恋和双性恋者所遭受的耻辱、偏见、歧视甚至是暴力威胁都会使他们面临长期的社会压力。无论他们是接受这些恐同的态度还是隐瞒自己的性取向，或是生活在他人的敌意和拒绝当中，都有证据表明，在他们当中精神疾病的患病率相对较高，而这都与应激反应有关（Meyer，2003）。

思考一下，刻板印象是如何成为自我实现的预言的。也就是说，人们可能会接受强加于他们的刻板印象并按照这一印象行事。例如，在一项研究中（Rosenthal & Jacobsen，1968），教师们在引导下相信，一些（随机选择的）儿童在智力测试中的表现要远低于他们的能力。据此，这些教师采取了不同的方式去对待这些孩子，他们更加努力地去唤醒他们"应有的"才能，结果这些孩子一年之后的表现实际上要好于他们的同龄人。正如萧伯纳在《卖花女》中所指出的那样："淑女和卖花女之间的区别不在于她的行为举止，而在于她如何被对待。"自我实现的预言不但可以强烈影响人们对于积极关注的反应，还会影响人们对于偏见的反应。如果长期向人们灌输这样一种思想，即你们是低等的，是不会取得什么成就的，那么许多人就会接受他们确实是低等的，并且将一事无成。

最后，有些人并不接受外界施加他们所属群体的刻板印象，或许还会表现出对该刻板印象的愤怒（Dion，2002）。例如，对老年人群体的刻板印象或许既包括有诸如睿智的、阅历丰富的积极属性，也包含有行动缓慢、死板，甚至是认识能力低下这样的消极印象。但有许多人通过拒绝承认他们"老了""上了年纪"来抵制这些刻板印象，同时发掘关于自己的正面信息，通过培养补偿性行为来防止刻板印象成为自我实现预言（Zebrowitz，2003）。然而，当刻板印象被激活后，它们仍然会影响其他人对老年人的行为。

刻板印象威胁效应

受到负面刻板印象规定的群体成员当面临与该刻板印象相关的情境时就会处于不利地位，此时他们不得不同那些已广被接受的刻板印象作斗争。由此产生的焦虑和顾忌将破坏他们的表现，这被称为**刻板印象威胁效应**（stereotype threat effect）（Steele，1997）。

斯蒂尔和阿伦森（Steele & Aronson，1995）在一项实验中证实了这种效应，参加实验的白人或黑人学生得知，他们将接受一项"极难"的测验。实验人员将该测试定义为"智力水平诊断"或"仅仅是实验室里的练习"。研究人员推断，鉴于测试的高难度，所有的受试者都会认真对待。可事实是，如果测试是作为对智力水平的检测，黑人受试者既对有关黑人智力水平的刻板印象感到焦虑，同时也对测试本身感到焦虑，他们的表现也因此受到了损害。当该测验仅仅是一项

"实验室练习"时,黑人受试者和白人受试者的表现旗鼓相当。但当它涉及智力检测时,黑人的表现要远逊于白人。另一项研究则是针对不同性别在数学方面的差异(图13.7)。如果是受试者提前得知了女性不擅长数学的刻板印象,那么女性的表现就会受到影响;而在没有这类提示的情况下,女性和男性的表现同样出色(Spencer, Steele & Quinn, 1999)。

图 13.7　女性和数学:刻板印象威胁效应?
资料来源:© Peter M. Fisher/Corbis

这种效应已从不同文化当中的各种现存的刻板印象那里得到了证实(Smith, 2004)。其中包括:有精神病史的人;学生运动员在数学考试前会将自己当作运动员;参加模拟驾驶的女性;以及当拥有较低社会经济地位的人得知要参加智力测试时。以上情况似乎都会存在着某些能够影响表现的心理过程(Schmader, Johns & Forbes, 2008; Steele, 1997)。这些能够干扰人们表现的生理激发会导致人们在试图抵制刻板印象时注意力不集中;导致他们在感到担心的同时试图避免失败却不是取得成功;此外,还会让人们"不再认同"刻板印象所指向的领域,认为在教育、体育或是其他任何有关方面取得的成功都变得不再重要,或是不再将它们与自己的自尊挂钩。需要注意的是,当对于"低等"群体的负面刻板印象十分突出之时,不受负面刻板印象影响的人(例如学习数学的男性)可能会从中获得刻板印象的**助力**,从而导致他们的表现有所提高(Walton & Cohen, 2003)。

要点:作为偏见的受害者,人们可能会被动地接受他们的处境,也可能会依靠个人力量挣脱束缚,或者通过采取集体行动来提高群体自身的地位。他们通常会尽量低估自己亲身经历过的偏见，并将这些偏见看作是针对他们所属的群体。偏见的受害者们往往自尊心有所减弱，他们的身心健康可能会受到伤害。刻板印象可能会产生自我实现的预言。刻板印象威胁效应会导致人们遭受到额外的压力，从而妨碍他们的表现。

是否可以减少或消除偏见？

歧视这种行为可以通过法律手段进行控制，例如：妇女和少数群体公平就业的强制规定，有关选举权以及仇恨言论的法律规定等。然而，偏见态度显然不能以同样的方式处理。我们已经了解了如何通过认知失调或说服来改变态度（第五章）。我们是否可以减少偏见并让个体变得更为宽容呢？

多年来，许多研究都在致力于解决这一问题，可尽管我们已经取得了不少进展，问题仍旧未解决。一些相关研究（见 Paluck & Green, 2009 的综述）致力于探讨在不同环境和干预下所产生的碰撞，特别是在多元化社会里——这在当今的全球化世界里日益成为现实。其他研究则利用实验、准实验和现场实验的手段来探究改变态度的各种方式。

其中一项比较有趣的实验叫作"拼图教室"，它是由布莱尼、斯蒂芬等人在 1977 年首次提出并试验的（Blaney, Stephan et al., 1977）。教室可以是一个竞争激烈的场所，尤其是当学生们为了"正确"答案和获得老师夸奖而相互竞争的时候。在德克萨斯州和加利福尼亚州（当时刚刚被解除种族隔离）的学校里，研究人员设计出一种新的、更强调协同合作的教育模式。学生们被安置到小型团体中，每个团体都包含有不止一个种族。要掌握的课程被分割成一个一个的主题，每位学生学习知识拼图中的一部分（必要时老师会提供帮助）并负责教导团体当中的其他人。简而言之，这使得每个人都拥有一个自己专长的知识领域，团体内每位成员的成功都必须依赖其团体内的其他成员。这种方法有利于学习知识，同样重要的是，学生在学校里会感到更加快乐，会拥有更强的自尊心，同时也会减少对其他种族的偏见。

让我们根据上述的不同分类和身份来思考这些结果。据共同内群体身份模型（common in-group identity model）（Gaertner & Dovidio, 2009），受条件影响，实验程序使每个成员较少关注他们所属的种族，并将其他群体的成员看作是能够帮助他们在学业上取得成功的个人。随后他们把内群体的概念重新调整为他们所属的学习小组，而不是根据种族划分。突出共同内群体的经历可以打破内群体—外群体偏见。（回顾第十二章关于交叉分类的讨论）

更为重要的是，该实验在规定条件下使得分属于两个群体的成员保持着持续性接触。在一个开放的多元化社会中，不同群体——种族、宗教、社会经济阶层、性取向——的成员要在不同环境下相互接触。群际接触所带来的碰撞是大量研究文献探讨的主题。让我们看看都发现了些什么。

群际接触

人们通常认为，不同群体成员之间的互动会增进彼此之间的理解和好感。显然，接触的频率与接触的性质同样重要。戈登·奥尔波特（Gordon Allport, 1954）曾写过经典社会心理学是如何对待偏见的，并在其中指出了在哪些条件下群际接触可以导致偏见的减少，并且这些发现都在研究当中得到了证实（Amir, 1976; Pettigrew, 1998）：

1. 不同群体的成员必须具有相同的地位（例如：相同的收入群体或拥有类似的职业），或者少数群体中成员的地位高于大多数群体的成员。

2. 群际接触发生在良好的氛围当中，并始终伴随着某种法律或社会习俗，接触必须是有益并且愉快的。事实上，研究人员发现，能够促使某一群体的成员站在其他群体的角度上思考并看待事物的情况同样也有助于减少偏见（Vescio, Sechrist & Paolucci, 2003）。

3. 两个群体应当具有共同的目标，需要互相依赖、协同合作。回想一下第十章中描述的谢里夫的强盗洞穴州立公园实验（Sherif et al., 1961）。

现实中的群体之间很少能够同时满足这些条件。比如说，旅游业一直被宣扬成能够增进和改善国内和国际了解的手段，但假设人们主要是透过大巴车的窗子或纪念品商店来获得旅游体验，那么它就不符合上述的任何一个条件。

然而，近期的研究文献指出了一个简单而明确的结论：接触通常会在一定程度上导致偏见的减少（Lolliot, Schmid, et al., 2013; Pettigrew & Tropp, 2011）。尽管诸如奥尔波特（Allport, 1954）提出的某些情况可以增加接触的影响，或者事实上减弱了这种影响力或者将其最小化了，但整体的结论显然都是通过不同的研究方法、针对不同文化和不同种族群体而得出的。这或许不过是一种**曝光效应**（mere exposure effect）（第六章）。我们倾向于偏好自己熟悉的、频繁遇到的人和事物。很明显，这也适用于外群体成员，并且适用于外群体本身（见下文）。

如果接触能够带来友谊，那么偏见就会进一步减少（Davies, Tropp, et al., 2011）。这让人想起奥尔波特（Allport, 1954）认为的：不同群体的成员之间的真正意义上的接触——而不是售货员和顾客、奴仆和雇主之间的固定角色的关系——会带来益处。事实上，当人们表现出真正的友谊，例如相互之间袒露心声、彼此花费大量的时间呆在一起的时候，这对于跨群体友谊是最有益的。佩蒂格鲁

(Pettigrew，1997，1998）和他的同事突出强调了亲密关系的重要性，他们在四个欧洲国家进行了调查。结果发现，那些表示自己有外群体朋友的受访者更为宽容，并且通常对外群体有更为正面的看法。

实际上，我们甚至可能并不需要同外群体成员进行直接的面对面接触。我们可能会在社交网站上结识这些人，这样既能够在平等自在的环境下促进联系（Amichai-Hamburger & McKenna，2006），同时又不会带来焦虑。发生在以色列犹太人和阿拉伯学生之间的这种接触使得他们对待彼此的态度更为积极。特纳、克里斯普和兰伯特（Turner, Crisp and Lambert, 2007）进一步超越了虚拟联系，他们让人们想象直接与群体外的成员发生接触。这种心理意象练习导致了对外群体态度的改善（Crisp & Turner, 2011），包括刻板印象的改变（Brambilla, Ravenna & Hewstone, 2012）。最后，研究人员还探讨了"爱屋及乌"（extended contact）的概念，即知道本群体中已经有人和其他群体的人建立了友谊（Turner, Hewstone et al., 2007）。同样的，研究表明，偏见的减少不需要建立在直接的个人联系上。

可是我们的认识还存在一个巨大的盲点。大量研究表明，在群体接触的环境下，一般人群和学生群体的平均偏见水平会有所降低。也就是说，中等偏见水平的人表现出了偏见的减少。但是，群际接触是否对于最想从中受益的个体——高度偏见的人——有效呢？从第五章可以看出，极端的、极化的态度最能够抵抗变革。霍德森（Hodson, 2011）回顾了与这个问题直接相关的证据，并得出结论，如果群际接触和群体间的友谊的确存在，那么它们可能会减少焦虑和威胁，或是增加共情，从而对心胸狭窄的人产生重大意义。但是我们仍要学习怎样去改变偏执和偏见。

最后，我们必须就接触和偏见之间的因果关系进行思考。宾德尔等人（Binder et al., 2009）展开了一项纵向研究，对来自比利时、德国和英国的多数民族和少数民族的学生进行了追踪。他们发现，接触确实能够减少偏见，但偏见也能导致后续接触的减少。事实上，对于少数群体的成员来讲，接触效应可以忽略不计，而他们当中怀有偏见的人会避免与其他群体进行接触。后面这种现象产生于对接触结果的焦虑。因此，在现实世界里，人们或许需要接触，但只有当接触真实发生后它才会产生益处。

让我们来了解一些相关研究。为了在加拿大考察接触假说，克莱门特、加德纳和斯迈思（Clement, Gardner and Smythe, 1977）对来自伦敦和安大略省的379名以英语为母语的八年级学生进行了研究。其中约一半学生（181人）到魁北克市游览，而另一部分对照组（198人）则留在家里。所有学生在旅行前后都完成了一系列测试。依据学生在游览过程中同说法语的人展开的互动量，研究人员将访问魁北克市的学生分为两组。不论是同接触程度较低的组还是同对照组相比，接触程度较高的组对法语加拿大人和将法语作为第二外语来学习都表现出了更为积极的态度。而接触程度低的组实际上在旅行之后对法语学习的态度要比之前更为消极。同时，研究人员发现，发生在德国学习的德国人和土耳其人学生之间的接触表明，只有闲暇时间的接触才会减少偏见，并且这种现象只出现在德国学生中间。而不论接触是发生在邻里、学校还是闲暇时间，土耳其学生都不会受到影响（Wagner, Hewstone & Machleit, 1989）。

一项由亨德森—金和尼斯贝特（Henderson-King & Nisbett, 1996）展开的研究表明，少数群体的成员即使只表现出了少量的负面行为也会产生重大的影响。他们发现，受试的白人受试者会受到某一位黑人的负面行为的影响，从而加深对黑人群体的刻板印象，并且之后还会躲开他们遇到的黑人。事实上，仅仅是偶然间听到的某个黑人被指控犯有罪行的事情，就足以导致对黑人负面刻板印象的加深和内群体偏好的增强。用于标识群体的标签也可能产生同样微妙而强烈的效果。例如，多纳科夫斯基和艾瑟斯（Donakowski and Esses, 1996）分别用土著人、原住民、加拿大本土人或印第安人来标识某一群体。他们发现，当使用"加拿大本土人"和"原住民"的标签时，受试者表现出了更为消极的态度。多纳科夫斯基和艾瑟斯认为，之所以产生这样的结果可能是由于这些标签引发了有关政治性的信念。

图13.8 奥林匹克赛场上的群际接触。这符合减少偏见的适当条件吗？
资料来源：© Leo Mason/Corbis

群际接触会推广吗？如果某一刻板印象确实由于群际接触而发生了一些积极的改变，那么这种变化是否可以推广到同一群体的其他成员身上？很可惜，研究

（Cook, 1984; Esses & Seligman, 1996）表明，这种态度可能不会延伸到该情形之外或是扩展到群体中的其他成员。这是由于参与接触的个体或许不会在更大的范畴内被当作"模型"。奥尔波特（Allport, 1954）将这种现象称为"重设围栏"（re-fencing）。当分类与情况发生冲突时，特殊情况会被排除在外，而分类则保持不变（Kunda & Oleson, 1995）。

总之，处理不确定刻板印象的信息时，应将它：（1）与典型的外群体模型联系起来；（2）呈现给高度积极的感知者；（3）在不引起群际焦虑的情况下呈现（Hewstone, 1989）。这当然是说起来容易做起来难。因此，很显然，即使存在接触的机会，许多人也并不会利用它。

群际接触的障碍

在与拥有负面刻板印象的外群体的成员进行接触时，有许多阻碍因素。首先就是群际焦虑（Stephan & Stephan, 1985）。与另一群体待在一起的焦虑感或许会导致人们避开其他群体，这种焦虑感可能出于对未知事物的恐惧（Plant & Devine, 2003）。

除此之外，群际接触还提高了个体产生某些负面心理后果的风险。人们通常对其他群体成员的价值观、规范、非言语行为和期望知之甚少。这种对于另一群体的"主观文化"的无知（Triandis, 1972）可能会导致人们在群际交往中担心尴尬或者是担心把自己的无能表现出来。这些担忧可能非常现实。比如说，假设你是一名印度人。如果一位印度教徒在你家中就餐，而当你为其他客人提供牛肉时是否会冒犯该人？或者把欧洲人介绍给日本人的时候，欧洲人是否应该鞠躬，如果要鞠躬，腰应该弯多低？同时，人们有时在试图建立联系时还会害怕被外界拒绝、嘲笑或是反对（Wilder and Shapiro, 1989）。

然而，根据前面的讨论，如果我们能够用某种方式将怀有偏见的个体置于恰当的社会环境中去，则可能会出现一些积极的改变。库克（Cook, 1970）在美国进行了大量能够证实这一观点的实验室研究。他利用模拟游戏，让白人妇女和黑人妇女在游戏中互动一个月。所有的黑人妇女和一半的白人妇女都属于同一阵营。而实验的真正受试者——所有的白人妇女——在起初都对黑人持消极态度。（该态度是在不同的背景下测量得出的，并且看上去与本次研究无关。）游戏要求受试者们在地位平等的条件下密切联系、通力合作。如果是游戏胜利，则受试者平分奖金。游戏每隔两小时会设置中场休息，在此期间，黑人妇女会将话题引向与种族相关的问题上。同时，她还会发表能够突出个性、并把自己与刻板印象区分开来的个人评论。通过比较受试者在实验前与实验后的态度，研究人员发现，大约有40%的白人受试者对黑人的态度变得更为宽容，而对照组中的这一数据只有12%。

显然，这种接触是有效的——尽管大部分白人女性的态度并未发生改变，并且令人难以理解的是，有少数人的偏见加深了。

如果是为了减少偏见而在广大公众当中推行类似这样的项目，那么会面临高昂的费用并且难度也会很大，可如果在学校里创造类似的情境，却有相当的可行性，因为在学校中学生需要共同合作完成很多教育项目。有关这一方面的例子可以回顾我们之前讨论过的拼图教室。

赛克斯（Six, 1989）开展的一项大型研究突出强调了使用一种以上的教育方法来修改偏见的重要性。该项研究旨在减少德国学生对土耳其学生的偏见。为此，研究人员制作了两部电视片，分别展示了两位在德国的土耳其少男少女生活中的积极方面和消极方面。与此同时，他们还制定了一份与电视片目标类似的教学计划，即提供新的讯息，教导学生社会分类的不同方法，了解偏见的一般内容并且创造积极的情感参与。年龄在10岁至15岁之间的学生被按照以下条件进行分配：(1) 只观看电视片；(2) 只收听影片配音；(3) 只参与教学计划；(4) 简化的教学计划及电视片；(5) 空白对照组。研究人员对偏见水平进行了为期10周的监测，分别是在实验处理的一周前、结束当下以及结束后的第3周、第6周和第9周。所有的实验处理都会带来短期的改变，但只有在电视片和教学计划相结合的情况下才能实现长期变化。此外，曾经遭受越多偏见的学生，他们内心的偏见就越难减轻。实际上，电视片（视频或只有音频）对有高度偏见的学生没有造成影响。由此看来，预先存在的偏见会导致信息的贬值和歪曲。在教学计划的帮助下，学生对电视片做了一定的准备，从而使得预先存在的偏见的负面影响有所降低，而电视片也因此变得更为有效。

要点：尽管用法律手段来纠正歧视或许会有一定效果，但偏见是一种很难改变的态度。虽然从一般意义上来说，接触往往会产生有利的结果。即便是对于偏见很深的人来说，这种可能性也会随着群际接触的友好、群体间的平等以及相互之间共同的目标和依存关系而得以增加。如果可能建立起密切的人际交往和友谊，那么接触将会变得更为积极。群际焦虑，尤其是对拒绝的害怕，成为建立友好群际接触的障碍。

文化适应和多元文化

拥有不同种族群体的国家非常有可能发生群际接触，例如加拿大、澳大利亚、美国和越来越多的欧洲国家。接触的多少以及对互动的渴望可以影响每个群体在价值观、态度和行为上的改变程度。这一文化适应过程发生在"具有持续性直接接触的两个群体中,其中一个群体或两个群体的原始文化模式随之发生改变"(Redfield,1955,第149页)。

正如贝里(Berry,1986,1992)指出的那样,在多元社会中存在着两个重要的群际问题:保持文化独特性的愿望和种族间接触的倾向。如第十二章所述,我们的身份在很大程度上来自于我们认识的群体。保持文化的独特性和与其他群体建立接触,这二者并非真正兼容,而这两种动机也构成了四种可能的组合。贝里(Berry,1984,1999)构建了一个用以区分这四种组合潜在结果的框架(图13.9)。他总结出了同化、整合、分离(或隔离)以及边缘化四种模式。当一个群体放弃自身的文化特征并被更广大的社会所吸收("熔炉"概念)时,就会产生同化。当群体既保持了自身文化,又同其他群体进行互动时,就会产生整合的结果。当群际接触不受欢迎,并且文化得以保全时,就会产生隔离(该群体为弱势群体)或分离(该群体更为强势)的结果。最后一种可能的结果是边缘化,发生于传统文化消失并且与更广大的社会几乎没有接触之时。边缘化还通常伴随有混乱、焦虑、敌对及疏离感,这种表现也被称为**文化适应压力**(acculturative stress)(Berry,1987)。

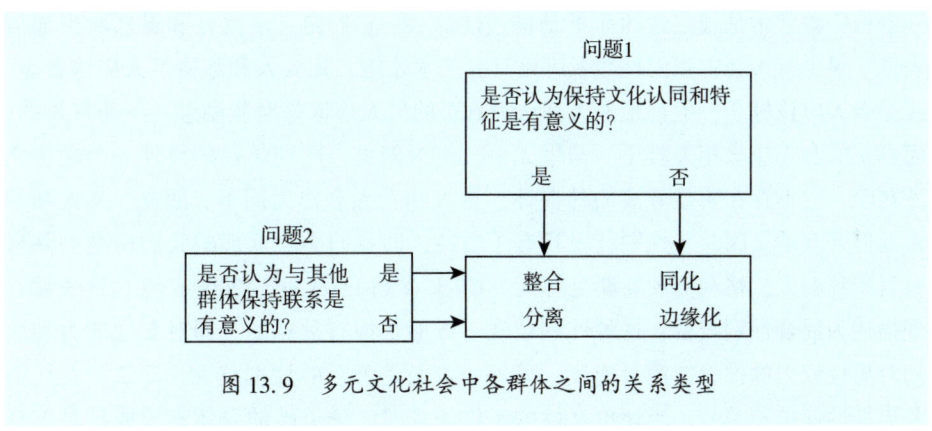

图13.9 多元文化社会中各群体之间的关系类型

在加拿大、以色列等国家,第二语言的学习与态度之间的联系也受到了广泛关注。第七章详细论述了双语制的社会心理学效应,然而在这里要谈的是,若个体的出发点是整合性的(对文化的兴趣)而非工具性的(提高就业能力),那么那些掌握第二语言的个体看上去对其他文化的群体表现出的态度更为积极(Lambert et al.,1963)。事实还表明,具有整合动机的、讲英语的父母对法语人士持积极态度,即便他们可能对后者一无所知(Gardner & Lambert,1959)。这种态度以及整合型动机与外语能力之间的关系已经在缅因州、路易斯安纳州、康涅狄格州和菲律宾等许多地区得以发现(Gardner,Gliksman & Smythe,1978)。

要点：当一个社会中存在大量的两个或两个以上的群体时，他们可能会同化、整合、相互隔离或被社会边缘化。多元文化社会中的个体通常具有多种社会身份。教育可以促进群体间的接受和整合，其中包括在适当的情况下进行第二语言的学习。

性别歧视

在遭受偏见和歧视的诸多群体中，迄今为止最广泛的是女性群体。在许多国家，女性经历了长时间的不懈奋斗，才取得了她们今日所拥有的地位。可在别的地方，这种进展很微小或者根本就裹足不前。在整个人类历史上，女性依然处于劣势地位。对女性的偏见包含有认知成分，尤指刻板印象，也包括行为成分即歧视，但往往并不会伴随有经常性的针对外群体的明显敌意（除伴侣和配偶过于频繁的暴力外，如第十一章所述）。几十年来，社会心理学致力于研究和记录被大多数人（男性和女性）忽略的那些更难察觉的性别歧视（Swim & Hyers, 2009）。

出于以下几种原因，性别歧视在各类型的偏见当中是独一无二的。首先，性别刻板印象常常是规范性的而不是描述性的——它们定义了女性和男性应当如何表现。很少有人会主张同性恋者应该具有艺术才能，犹太人和苏格兰人应该吝啬，或是老人应该健忘，但是很多人都认为真正的男人应该是坚毅隐忍、不苟言笑的，而真正的女人应该相夫教子、与世无争。作为偏见，性别歧视的另外一个独特之处在于：它不存在明显分离的外群体，男人和女人会作为同事、朋友、恋人和爱人而展开互动。因此，性别歧视具有矛盾性，即我们会贬低那些我们所爱的并且盲目崇拜的人。格利克和菲斯克等人（Glick & Fiske et al., 2001）将这种矛盾心理描述为混合性别歧视：这种性别歧视一方面是抱有敌意的，即对女性能力和她们对男性权力的挑战持消极态度；另外一方面是善意的性别歧视，即认为女性需要男性的保护和关爱。当评价女性的工作表现时，赞美她的身体素质或许是善意的性别歧视的一种表现。

在很多社会中，女性身份意味着能力不足并且地位低于男性，可与此同时，它也意味着拥有其他的美好特征，比如说温暖和富于表现力（Deaux, 1985）。社会上流传的（来自于男性及女性的）许多有关女性的刻板印象都与角色分工有关。某些职业，例如护士、秘书和卡车司机都被标记上了性别的色彩，而那些相反性别的人进入非正统职业可能会被视为异类。同样的，男女两性在进入职场高层方面往往也建立在不平等的基础之上。尽管女性或许在低层岗位上拥有同等的表现，但我们仍旧能发现，在工业或商业领域中掌权的女性数量相对较少（"玻璃天花板"）。在历史上，她们被简单地认为不如男性能干（Broverman, Vogel et al.,

1972；Deaux & Emswiller, 1974; Bechtold, Naccarato & Zanna, 1986)。

卡林和霍金斯（Kalin & Hodgins, 1984）指出，只有在没有其他信息可供参考的抽象条件下，性别角色一致性才会变得重要。可事实上，手握雇用权的人通过面试、邮件和简历能获取大量有关应聘者背景和个人特征的信息。他们勾勒出了一个有关职业匹配度的社会认知模型，该模型始于应聘者—职位模式，包括以下内容：(1) 诸如性别和职业这些社会分类之间的联系（例如："银行出纳"与女性相关，"建筑工人"与男性相关）；(2) 社会分类（性别、职业）与个人特征之间的关系（这是人们对男人、女人、保险代理、卡车司机、心理学教授等的刻板印象）；(3) 不同个人特征之间的关系〔例如："友好"与"值得信赖"相关联（内隐人格理论）〕。因此，获取与社会分类和个人特征的信息后，我们会基于它们二者之间的关联模式做出评价。当我们只了解类别时，在性别和职业之间我们可以简单地使用一致性规则（例如："合适的卡车司机是男性"）。可当我们掌握了有关个人特征的信息后，就会更多地依赖这些印象，并将其与职业的刻板印象相匹配。如果该职业具有强烈的性别色彩，那么与职业有关的刻板印象将包括"男性化"或"女性化"的特征。

霍金斯和卡林（Hodgins and Kalin, 1985）通过两项实验验证了这个模型，实验主体（大学生）被要求扮演指导顾问的角色。他们获取了有关3名男高中生和3名女高中生的简要描述，并被要求对这些学生与4种男性职业（旅行推销员、测量师、工程技术员和销售经理）和4种女性职业（社会工作者、护士、图书管理员和职业理疗师）之间的匹配度进行评估。在仅掌握少量信息的条件下，受试者表现出了将学生性别与职业的性别色彩相匹配的强烈倾向。然而，在第二项实验中，受试者还得到了有关个性的简要描述，其中还包括先前由其他受试者评定的"男性化"（自信、强壮、果断、机会主义）、"女性化"（温暖、多情、敏感、迷人）或"中性化"（端庄、冷静、坚定）的个性特征。在这一条件下，受试者会将性格特征的性别色彩与职业的性别色彩进行匹配，而忽略掉他们真实的评价对象是男性还是女性。这项研究中间被挑选出的男性职业和女性职业都经过前期研究证实具有平等的地位。然而，尽管女性已经可以充当某些"男性"职业的高层，但大多数女性仍然在从事着"女性"职业，而这些职业的地位和薪资都相对较低（Greenglass, 1982）。

正如我们所看到的，受刻板印象威胁效应的影响，刻板印象会导致遭受刻板印象的人表现欠佳。试想一下在诸如数学和工程学的领域，女性被刻板地认为不如男性。在某项研究中（Logel, Walton et al., 2009），工科男生首先完成了一份对性别歧视态度的测试，随后他们要与另外一位据称同样是学工科的女性助手发生互动。观察结果表明，与性别歧视水平较低的男生相比，性别歧视测试中得分较高的男生对该女生表现出了更强的支配性和性态度。但这会对女生的表现产生影响吗？在二次研究中，男性助手们首先接受训练，他们与之前观察到的真正的学生一样，表现出了较强的支配性和性态度。女性受试者则在随后的工程学测验中得分较低。可她们表示，她们更多地是被"性别歧视"的助手所吸引，而不是那些没有这种表现的人。研究人员推断，这些刻板印象已在这些女性当中被激活，而这种刻板印象威胁会引发焦虑，从而干扰了她们与工程学相关的表现（Logel, Walton, et al., 2009）。然而，还有另外一种可能的解释：也许这些女性是在性别歧视助手的影响下产生了性"兴奋"，从而在对待手头的任务时有所分心。研究人员还设计并进行了另外一项实验。该实验中的部分女性接受了数学考试，同时另一部分女性则接受了英语考试（该领域不适用于刻板印象）。受到性别歧视的女性，她们的表现再次受到干扰，但这种干扰仅限于在数学考试当中，却不包括英语考试。显然，能够带来刻板印象威胁反应的是刻板印象的激活，而不是性侵扰。事实上，只是让某位助手随便提一下实验者似乎有性别歧视，就足以妨碍女性在与性别刻板印象相关的任务上的表现（Adams, Garcia, et al., 2006）。

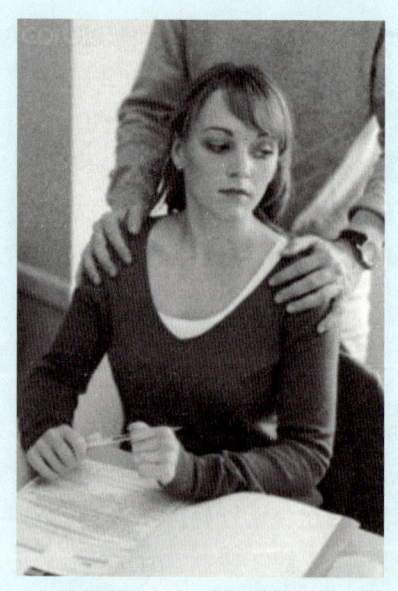

图 13.10　职场性骚扰
资料来源：© Burger/phanie/Phanie Sarl/Corbis

与此同时，研究发现（Conway, Pizzamiglio & Mount, 1996），不论男性还是女性，被认为地位较低的个体同具有较高地位的个体相比，也会被看作更具社群属性（一种刻板的女性特征），并且主观能动性（一种刻板的男性特征）较低。同样的，职业地位较低的男性与职业地位较高的男性相比，他们往往不占优势、不够自信（主观能动性较低），而职业地位较高的女性会比职业地位较低的女性敏感度更低，同时更注重领导力（社群性较弱）。性别似乎不仅仅赋予职业以地位，恰恰相反的是，不论人们的性别是什么，职业地位赋予了职位上的人以男性或女性特征。幸运的是，除了消除职业选择障碍和消除同一职业的工资不公平之外，社会也逐渐意识到基于职业性别分类的不公平现象。这种意识体现在"同工同酬"的口号中。

格利克、吉翁和纳尔逊（Glick, Zion and Nelson, 1988）指出，尽管雇主雇用男性还是女性或许首先要追溯于他心中的刻板印象，但职业一旦被打上了"男性"或"女性"的标签，即使刻板印象发生改变，歧视也依然会存在。克雷夫廷、贝格尔和华莱士（Krefting, Berger and Wallace, 1978）发现，要推断某种职业的性别色彩，最好的办法就是计算不同职业男性和女性所占的百分比，而工作的实际内容——即人们需要做什么——却并不重要。这意味着性别刻板印象的减少或消除至少在短时间内不会对现实的就业问题产生显著影响。

对女性的歧视并不只局限于工作场所。例如，历史上曾有一项众所周知的实验（Goldberg, 1968），评判者对完全相同的文章进行评价。其中一半的文章"作者"被标记为男性；另外一半为女性。表面上看，由男性撰写的文章得分较高。可也有一些研究并不完全赞同戈德堡（1968）的观点，即女性通常被认为不如男性。斯威姆、博尔吉道和丸山（Swim, Borgida and Maruyama, 1989）回顾了123项研究，并得出结论，几乎没有证据能够支持戈德堡的这一初始结论。可随后20年，通过对58项对照实验的回顾，斯威姆和桑纳（Swim & Sanna, 1996）发现了非常一致的结果：当男性在某项任务中取得成功时，观察者会将他的成功归功于能力，而女性在类似任务上的成功却往往被归功于工作努力。同时，若是男性在类似的任务上遭遇失败，观察者会认为是他运气不佳或缺乏努力，可当主人公换成女性时，则会认为她能力较差。

例如，研究人员（Simpson, McCarrey and Edwards, 1987）针对某一大型机构的管理者展开了研究，他们发现，那些对女性抱有传统观念的人会认为，女性比男性差的地方包括：（1）独立自主领导下属；（2）帮助下属发展事业；（3）有效监督下属的日常表现。此外，这些管理者不愿将技术性的核心项目交给女性。同样的，迪翁（Dion, 1987）和舒勒（Schuller, 1991）发现，使用女士（Ms）称谓的女性被刻板地认为更具有成就导向，她们的社交自信和活跃度高于使用太太（Mrs）和小姐（Miss）称谓的人，但也不如后者温暖。与女士称谓相关的刻板印象包括那些成功的中层领导，而与传统的称谓相关的刻板印象则没有包括他们。

尽管公开场合下老式的性别歧视或许已逐渐减少，但性别歧视还远远没有消亡，性别的刻板印象仍然存在（Martin，1986）。托加斯和她的同事们（Tougas, Brown, Beaton & Joly, 1995）提出了一种新的性别态度，即**新性别主义**，它的定义是"平等价值观与对女性残存的负面情感之间的冲突表现"。这一概念类似于现代种族主义。在这一背景下，公开表达与性别相关的想法会受到抑制，但一些潜在的偏见仍然存在，而这些偏见则可能体现在变相的歧视中。

传统的性别歧视具有以下特点：支持传统的性别角色，对男女区别对待以及认为女性能力较弱的刻板印象。现代的性别歧视则否认歧视的存在。与此同时，过去几十年间，不同社会中的性别歧视的态度和实践都发生了显著变化。上述的许多早期研究都是针对某一时刻某一地点的简要描述，可能并不适用于当今和全球环境下的其他文化。

要点：性别歧视是偏见的最为普遍的形式，它的独特之处在于具有约定俗成的规范性，而敌意通常不是它的组成部分。许多研究都证实了微妙的或是隐性性别歧视的存在。性别角色的刻板印象会随着文化和历史时期的变化而发生变化。

内容概要

1. 偏见是对人们感知到的差异或特征所抱有的积极或消极态度，这些差异或特征被不公正地推广到群体中的所有成员。该术语现如今几乎只在消极意义下使用。正如其他态度一样，性别歧视也具有三个组成部分：认知、情感和行为。

2. 刻板印象是指对其他群体成员的认识或信念。它们通常过度简约，而且并不准确。

3. 刻板印象会随着社会环境的变化和不同群体成员之间关系的变化而变化。

4. 具有一定效力的刻板印象可能是源自于"自我实现预言"的作用以及偏见造成的环境压力。

5. 偏见的行为成分叫作歧视，其中更为极端的形式包括种族主义。尽管通过立法手段确定了歧视的非法性，但仍然存在许多不易察觉的歧视形式，例如就业不公。

6. 对陌生和异样的本能恐惧或许是产生偏见的原始基础。大约3岁的儿童最初会从家庭中获得偏见。父母、老师、同伴和传媒会在不同的时间段内影响这一过程。

7. 某些个体会产生威权主义人格。他们容易心怀偏见并且持种族中心主义的观点，同时还可能会对外群体怀有敌意。

8. 被抑制的敌意会通过寻找替罪羊这一行为表现出来，个体将他或她经历的挫折归咎于外群体。

9. 在适当的条件下，群际接触可以减少偏见。但不幸的是，群体间的焦虑往往会阻碍人们与其他群体的成员展开互动。

10. 文化适应是指当群体间发生直接接触时发生的价值观、态度和行为上的变化。

11. 偏见的受害者可能会表现出敌意、自尊心减弱、对群体忠诚度的变化或是对本群体抱有的积极或消极刻板印象的改变。

12. 刻板印象威胁可能会削弱正遭受刻板印象的群体成员的表现。

13. 性别歧视通常针对妇女，其中包括就业方面的差别待遇。

拓展思考

- 个体作为偏见的目标会受到哪些更为微妙的影响？
- 刻板印象是否至少在某种程度上是准确的？我们能否认为刻板印象有助于我们融入环境？
- 偏见（包括性别歧视）是不是环境的产物？为什么有些人比其他人偏见程度更深？
- 有人认为，类似于奥运会、戴维斯杯和世界杯这样的国际体育赛事能够将来自不同文化和种族的人们聚集在一起，在和平与欢乐之中展开竞争。而其他人则认为，此类赛事只会加剧紧张态势并增加偏见。根据你对群际接触的了解，你有哪些看法？
- 研究人员观察到，人们对音乐和服装风格不同的人抱有刻板印象和偏见。这一切都源于内群体—外群体效应吗？

延伸阅读

Aboud, F. (1988). *Children and prejudice.* **Oxford：Basil Blackwell.** 本书通过描述不容忍的形成和发展而形成了一种新的关于偏见的社会认知理论。

Allport, G. W. (1954). *The nature of prejudice. Reading*：**Addison-Wesley.** 本书对于偏见的发展及维持的经典论述至今仍然具有现实意义。

Anderson, K. J. (2010). *Benign bigotry：the psychology of subtle prejudice.* **New York：Cambridge University Press.** 这本可读性强、屡获殊荣的书概述了一项长期研究项目的研究成果，并讨论了父母、宗教和教育在威权主义态度发展中所起的作用。

Dovidio, J., Hewstone, M. & Esses, V. (2010). *The SAGE handbook of prejudice, stereotyping and discrimination.* **London：Sage.** 这是国际专家关于偏见的各方面论述的文献汇编。

Backhouse, C. (1999). *Colour-coded：a legal history of racism in Canada,* **1900 - 1950.** Toronto：The Osgoode Society for Canadian Legal History. 本书考察了直接的和间接的种族主义对加拿大法律框架和司法制度的影响。

Eberhardt, J. L. & Fiske, S. T. (Eds). (1998). *Confronting racism：the problem and the response.* **Thousand Oaks, CA：Sage Publications Inc.** 这部文集论述了能够导致种族主义的内心、人际和群际过程。

Fiske, S. (1998). Prejudice, stereotyping and discrimination. In D. Gilbert, S. Fiske & G. Lindzey (Eds). *Handbook of social psychology* (4th ed.). Vol. 1. New York: McGraw-Hill. 这书对本章主题，尤其是刻板印象做了出色论述。

Hodson, G. & Hewstone, M. (Eds). *Advances in intergroup contact.* New York, NY, US: Psychology Press. 这是一部论述群际接触最新成果的论文集。

Paluck, E. L. & Green, D. P. (2009). *Prejudice reduction: What works? A review and assessment of research and practice.* Annual Review of Psychology, 60, 339 – 367. 这是对我们所知道的减少偏见的各种方法的最新论述。

Yueh-Ting Lee, Lee J. Jussim, and Clark R. McCauley (Eds). *Stereotype accuracy. Towards appreciating group differences.* Washington, DC: American Psychological Association. 这一文集指出，有证据表明，刻板印象并不总是不准确的，虽然它们可能被夸大，可这或许并不是一件坏事。

Swim, J. K. & Stangor, C. (Eds). (1998). *Prejudice: The target's perspective.* San Diego, CA: Academic Press. 这是关于偏见受害者的研究综述。

网页链接

http://www.understandingprejudice.org/. "了解偏见"，该网站提供了一系列很好的教育资料。

https://implicit.harvard.edu/implicit/. "内隐联结测验"，自己点开看一下吧！

www.adl.org. "反诽谤联盟"该组织1913年成立于美国，是一个长期存在的重要民权/人际关系机构，致力于反对反犹主义思想和偏见的斗争。

第十四章 人群和集体行为

你问我什么事情是特别应该注意去避免的？我说，是人群。因为到目前为止，你还不能放心地把自己交付于人群之中。

——塞涅卡（公元前4年—公元65年）

学习目标

- 探索人群行为的本质
- 研究行为和情绪的传染
- 思考大规模心理疾病的成因
- 调查谣言、都市传说和阴谋论是如何传播的，以及他们所服务的需求
- 了解社会运动的发展和延续

2001年5月，整个新德里州被一条铺天盖地的新闻席卷：新德里州的人们在睡梦中被一个浑身毛茸茸的"猴人"袭击。据描述，这个"猴人"有4英尺高，深色的脸，大大的眼睛，金属爪子，以及拥有能够跳到6米高的超能力和隐形能力。据悉，这名"猴人"使得100人受伤。而仅仅在一晚上的时间里，就有50起类似袭击事件的报告。事件发生后，新德里州增派1000名警察在街头巡逻，人们开始搭伙入睡，以便使自己得到更多的保护。据新闻报道，恐惧感笼罩着这座城市。然而，之后一个专家委员会得出结论，世上没有"猴人"，这些报道都是谣言以及集体性癔症所造成的，这波报道的浪潮也就随即消失。

2011年8月6日至11日，在英国伦敦，一名男子在交通瘫痪时被警察开枪打死，数千人走上街头纵火、抢劫，并与警察发生冲突。这场骚乱通常被称为"夏季骚乱"或"黑莓骚乱"，这是因为许多人使用他们的智能手机和社交媒体来组织和吸引其他人加入这场混战，混战很快蔓延到英格兰的其他地区和城市，最终导致了5人死亡以及价值数亿英镑的财产损失。

这些事件无法轻易用人际和群际的过程——比如我们目前已经讨论过的社会促进、从众、服从和顺从——来解释。这些人没有像他们往常那样表现,是因为社会压力迫使他们做出这样的行为。在社会压力之下,人们既不需要承受预先存在的社会群体结构的压力,也不需要服从领导。相反的,大量事先几乎没有什么交集的人成了大型社交活动的积极受试者。一个人声称他看到了猴人,这并不具有新闻价值,也不会引起广泛的恐慌。一个人,甚至是几个人向商店窗户扔石头也不会引起骚乱。然而,当许多人举报看到猴人,或者当几十人在街上打碎窗玻璃时,其他人就会注意到,并且最初几个人的行为会吸引很多人做出类似的反应。无论是集体睡觉的方式寻求保护,还是暴跳如雷,当这种自发的、不协调的、计划之外的、在很大程度上不受现存社会规则控制的行为在一大群人中蔓延时,我们称之为**集体行动**(collective behaviour)。

图 14.1　2011 年 8 月发生在英格兰克拉珀姆交汇站的夏季骚乱
资料来源:© mirrorimage photos/Demotix/Corbis

这类活动与其他人群现象是连续的统一体,其中有一些有计划性,同时至少有某种最低限度的协调性。例如,在 2012 年春夏两季,蒙特利尔成千上万的学生罢课,他们日复一日地走上街头,抗议省政府提高学费的决定。虽然事件观察员最初认为抗议活动会很快终止,但事实并非如此。抗议活动仍然在继续,并且活动的参与人数有所增加——一些示威活动涉及人数甚至多达 10 万——类似的抗议活动也在魁北克的其他地区发展起来(图 14.2)。一天又一天过去了,那些支持示威者的市民们敲打着锅碗瓢盆以示支持。这最终演变成了加拿大历史上规模最大的抗议之一,其关注焦点由最初学生们对学费涨价的不满转向了对教育质量和教育机会的更大关注。

图 14.2　数千名魁北克学生集会抗议学费上涨，蒙特利尔
资料来源：© Darren Ell/Demotix/Corbis

有时，这种集体行动会发展为社会运动（本章后面会讨论），在运动中有正式的发言人，有具体的要求，有精心策划的活动战术和战略计划。

专栏 14.1　集体行动与虚拟人群

互联网是世界上已知的覆盖最广泛的社交网络。它给我们带来了广泛交流、思想碰撞、组织和参与活动、寻找失散多年的亲人和朋友以及获取无穷无尽的信息来源的奇妙能力——尽管这些信息并不总是准确的。思考下列示例：这些电子互联的个体是如何成为"虚拟群体"并一起为善或作恶的。

快闪：快闪是一群人受社交媒体或病毒式电子邮件的倡议组织，突然自发地在公共场所聚集并且开展一些特定的活动——这些活动可以是跳舞，或者唱歌，或者是一些毫无意义但引人注目的活动——随后人群快速散开。

网络霸凌：被赋予互联网的力量后，霸凌呈现出了一种新的丑陋形式。尽管任何人都有可能成为受害者，但网络霸凌对于青少年和未成年人来说尤其成问题，因为几乎所有这些年龄段的人都使用电子通信，而且大多数人都是社交媒体的活跃受试者。欺凌包括针对个人的令人尴尬的、侮辱的或贬低的信息，当这些信息通过社交媒体传播时，在孩子的眼中，他们认为，"所有人都知道了这件事"。糟糕的是，实施网络霸凌的人可以将自己的真实身份隐藏在一个网名背后，这样受害者就不知道谁是实施霸凌的人。更糟糕的是，其他人也可能会加入进来，使网络霸凌行为变得像鲨鱼一样疯狂撕咬觅食，导致孩子感到被孤立、被许多或大多数同龄人嘲笑和羞辱。不幸的是，这种欺凌不仅会给孩子带来巨大的痛苦，有时还会导致青少年自杀。

什么是集体行动？

上面的例子说明了集体行动的三个根本性的特征（Milgram & Toch，1969）。它们是：

1. 自发地出现在一个集体（如一群人或者整个社会）中的一种相对罕见的现象。

2. 无计划性和相对无组织性，在发生初期没有正式的管理，也没有正式团体特有的具体规则和规范。

3. 以被受试者之间的相互刺激为发展动力——也就是说，在集体行为中，个体受到他人行为的影响，而他们的反应反过来又会影响到影响他们的人。

有时候集体行动包括预期反应的加强。例如，当青少年去听摇滚音乐会时，他们可能期待着即将体验到的兴奋感，但是观众之间的互动可以创造出一种集体的体验，这种体验比青少年本人预期的兴奋感要强大得多，比一个人单独或在小群体中经历的任何事情感受都要强烈。集体中人与人之间的相互刺激作用会在某种程度上得到加强，否则行为会很快消失。如果一个人用石子击碎了窗户玻璃，而他的行为受到了他人的劝诫，那么他的这种行为就不太可能会传播开来。然而，如果人群中有人因此而欢呼，那么可能会有第二、第三个人打破窗户，这种行为可能会很快在人群中传播开来。

对集体行动的研究是社会心理学的一个重要组成部分，不仅仅是因为它本身，而且是因为几乎所有社会行为的方方面面都会通过某种类型的集体事件表现出来，有时甚至会以极端的方式表现出来（Milgram & Toch，1969）。例如，偏见有时会通过包含攻击行为在内的聚众滋事表现出来。在时尚和潮流方面，态度变化和印象管理都是显而易见的；人们采取早些时候看起来有些轻佻的行为（如击掌），甚至是令人反感的行为（如身体穿孔）。

然而，集体行动是很难去研究的。由于实践和伦理的原因，实验室研究几乎是不可能的。一个人能设计出一个相当于摇滚音乐会或者聚众滋事的实验室实验吗？又或者模仿一种潮流、时尚或者暴乱？或者发起一场社会运动？不太可能！话虽如此，在伦理审查委员会成立之前，对此类研究的尝试时有发生。在一项此类研究中（Meier, Mennenga & Stoltz, 1941），研究人员显然成功地使受试者相信有人犯下了一项可怕的罪行，然后研究人员的同伙试图组织并引导一群暴民去寻找肇事者！只有大约12%的受试者倾向于加入这群暴民。在另一项研究中，弗兰茨（French，1944）试图通过把受试者锁在一个房间里，然后拉响火灾警报，同时迫使烟雾从门下进入房间来模拟恐慌。然而，撇开伦理道德不谈，这项研究是失败的：一组受试者平静地讨论着他们的心理反应可能在被观察，而在第二组的实验中，第一个注意到烟雾朝屋内蔓延的人立刻把门踢开了，并且打翻了放烟雾的机器。也有报道称，纳粹通过将囚犯置于真实的恐慌情境中来研究恐慌（Farago，1942）。

研究集体行为的另一个困难是，集体行为是自发的、不可预测的，不允许研究人员预先去做准备。此外，我们通常不可能分解并且衡量所有起作用的相关变量，因为即使是受试者也不太可能意识到施加于他们身上的所有影响。然而，我们不应该因为它们不符合我们的研究方法而忽视这些重要的社会现象。相反，即使我们对集体行动缺乏我们通常期望的那种经验控制力，我们也应该试着对与之相关的各种因素进行一定了解。

要点：集体行动自发地出现在一群人当中，其中许多人彼此之间不认识，这些行动往往没有计划并且相对缺乏组织性。它通过人群中人与人之间的相互刺激而传播，个体行为在他人的反应下得到强化。

拥挤的人群

我们都听说过人群的"疯狂"，以及人群是如何发展出"自己的思想"的。但到底什么是**拥挤的人群**（crowd）呢？它是一个相对较大的群体，尽管这些人之间没有特定的关系，但他们彼此之间关系的亲密程度足以影响到彼此的行为。它是**无组织的、匿名的、偶然的和暂时的**（Milgram & Toch，1969）。由于没有形成团体架构和适当的规范，这种人群是发展集体行动的理想群体。然而，处于拥挤的人群当中并不等同于感到拥挤，而在拥挤的地方，如繁忙的街道或购物中心，并不等同于处于拥挤的人群中。也就是说，即使有一群人的身体非常接近，可他们每个人都专注于他或她当前的特定目标，这与心理学意义上的拥挤的人群是有区别的，后者是指人群中的每个人已经形成了一个共同的焦点。

拥挤

拥挤（crowding）是当一个人觉得"人太多"时所产生的不舒服的主观感觉。一个人在某一特定时间感到"拥挤"的情况，可能在另一个人眼中并不显得拥挤，而特定的个体在某些情况下可能很享受"拥挤"的感觉，而在其他一些情况下他可能会厌恶"拥挤"。例如,你可能在听音乐会或者看曲棍球比赛时很享受在高密度人群中的状态,但你在图书馆或在高峰期的公共汽车上时会非常厌恶这种高密度人群状态。我们都知道,在有些情况下也可以"三人成群"。因此,我们的拥挤感取决于很多因素,包括社会和文化规范、我们在当时所处的角色、我们对当时情形的控制程度以及在那个特定的时刻我们是在寻求刺激还是寻求隐私的环境(图14.3)。

图 14.3 印度勒克瑙拥挤的火车
资料来源:© PAWAN KUMAR/Reuters/Corbis

但是,如果我们生活在拥挤的环境中,而这种拥挤无法控制怎么办?**社会病理学假说**(social pathology hypothesis)表明,严重的过度拥挤会导致高犯罪率和精神疾病。这一观点源于一项早期研究(Calhoun, 1962),该研究发现,动物的过度拥挤与它们的生理应激有关,并且会导致动物的异常行为,包括攻击行为和社交失序。然而,对于人类拥挤的研究结果并不一致,而且人们似乎通常能够应付拥挤的环境(Ramsden, 2009)。这并不意味着拥挤的生活环境是健康的生活环境。事实上,一项在洛杉矶进行的实验表明,居住拥挤对儿童在行为问题、数学、阅读成绩和身体健康方面的良好表现所产生的负面影响虽然很小,但仍然显著(Solari & Mare, 2012)。

为什么感到拥挤会给人以压力感呢?对于这个问题,有以下四种解释:

1. **感官超载**

米尔格拉姆(Milgram)认为拥挤使人产生压力,这是因为拥挤导致人**感官超**

载（sensory overload）：太多人和太多的活动压倒了我们的感官。人们对此的第一反应是屏蔽掉大部分的刺激，尽量减少社交，将关注点聚焦在那些似乎很重要的或者是不同寻常的事情上。米尔格拉姆的分析或观察是基于他在纽约这个有着独特氛围的城市所做的观察，我们不知道超负荷的症状是否会在所有的城市同样明显。也许，即使在拥挤的城市里，社会互动方面的信任和文化规范对人际关系的影响也至少与刺激水平同样重要。

2. 密度—强度

弗里德曼（Freedman，1975）观察到，高密度情形要么使人感到极度的不快或极度的压力，要么令人感到非常愉快或兴奋（图14.4）。高密度的情形似乎会放大我们对环境通常的反应，就像在一定范围内调大音响的音量，会放大我们对音乐的反应是一样的道理。这一概念与我们的许多亲身经历相吻合。如果我们喜欢聚会，当聚会上有很多客人时，我们会更享受。事实上，一个大房间里的几个客人通常会聚集在房间的某一个角落，以增加人群的密度。如果我们不喜欢乘坐公交车，那么一辆拥挤的公交车会使人感到加倍不快。

图14.4　2012年布拉格圣查尔斯桥的游客
在人潮滚滚的时候，你会兴奋还是会不知所措？

实验室研究成果支持了这种**密度—强度假说**（density-intensity hypothesis）。在一项研究中（Freedman，1975），几个由6—8个组员组成的小组分别完成解字谜的任务，有的组被分配在一个大房间里（低密度），有的组被分配在一个小房间里（高密度）。在每一种人口密度条件下（低密度或高密度），一半的小组被分配了相对简单的问题，并成功地解决了大部分的问题。另一些人面临着一些极其困难的问题，只能在有限的时间内解决其中的几个问题。随后，所有的受试者均被要求对自己的这次经历打分。那些在较小房间里成功解出字谜的人比那些在大房间里虽然同样成功解出了字谜的人认为这次经历更有趣、更活泼、更积极。另一方面,在小房间中任务失败的组别比大房间里任务失败的组别对这次经历感到更加消极。因此,增大的密度放大了成功和失败对人的影响。同样值得我们注意的是,无论任务进行得成功与否,那些在拥挤房间里的人们对彼此的评价通常都更加正面。

3. 失控

当许多人同时聚集在一个很小的空间里时,每个人都不太能够自由移动,也不能够避免令人反感的或不必要的社交或者身体接触,而拜伦和罗丁(Baron & Rodin, 1978)认为这种**失控**(loss of control)会让人感到无助、脆弱和压力。因此,我们在游戏时和聚会上不会感到拥挤,是因为在这些场合我们期望看到很多人;我们选择留在这个场合中并且知道自己可以随时离开。研究证实了这一点:在一项研究中(Sherrod, 1974),两组实验被试者在高密度的环境下工作,其中一组受试者被提供了一个按钮,他们可以使用这个按钮向实验者发出他们想要离开这次实验的信号,而另一组受试者没有被提供可以结束这次实验的途径。结果,第一组受试者在实验工作表现和主观报告方面表现出的压力要比没有得到这种控制力的第二组受试者小得多。只要一个人可以自由地离开拥挤的环境,就能把压力感降到最低。

4. 归因理论与拥挤

虽然文化在一定程度上影响我们对拥挤的反应,但在特定的文化当中,个体对拥挤环境的反应是各不相同的。为了解释这一点,**拥挤的归因理论**(attributional theory of crowding)(Worchel&Teddlie, 1976; Schmidt & Keating, 1979)假设,感到拥挤的人第一次感到情绪激动是因为个人空间受到侵犯,然后他们把这种情绪的激动归因于拥挤的环境。因此,如果你没有经历过这样的激动情绪,你就不会感到拥挤,但是即使你很激动,如果你把这种情绪上的激动归因于私人空间被侵犯时,你也只会感到拥挤。事实上,许多高人口密度的场合都是令人心情愉悦的,究其原因,要么是因为人们不觉得他们的空间被侵犯了,要么是因为他们做出了积极的归因,将个人情绪的唤起归因于这个场合的整体兴奋状态。

要点:在拥挤环境中我们感觉愉快还是不愉快,这取决于我们是否被感官刺激所压倒;即使没有处于拥挤环境里,我们通常也会判断该环境是愉快的还是不愉快的,这取决于我们是否认为我们可以自由地离开这个环境,以及我们如何解释拥挤产生的任何唤起。

疯狂的人群

让我们回到所谓的"疯狂人群"的危险性上,这是指一群疯狂的不理智的暴徒，他们的行为透着兽性，并且他们所到之处，每个人都会遭到损失。这种观点有道理吗？早期的社会学家当然会这么认为。例如，法国社会学家古斯塔夫·勒庞（Gustave Le Bon）在他的开创性著作《乌合之众：大众心理研究》（1895/1960）中指出，一大群人聚集在一起时，会产生一种压倒性的力量感，同时也会产生一种无名感和个人责任感的降低。[这会使人想起达利和拉塔内（Darley & Latane，1968）的旁观者不干预模型，我们在第九章评述过]。他认为，一种无意识的观念的出现，会伴随着一种具有催眠力的影响，使人们很容易受到暗示，而忽视自己的个人判断。因此，他认为这导致了通常被压抑的"野蛮的兽性本能"的解放。集体中的成员随后开始模仿他们身边人的行为，并且相应地也影响了他们身边的人做出和他们相似的行为，所以仅仅靠研究他们每个个体的性格和行为动机是不能够预测他们的行为的。

勒庞显然意识到了人群的危险性，并且他担心，如果这些不守规矩的群众控制了社会，文明就会崩溃，取而代之的将是暴虐的野蛮行径。这很可能是"群众"对当时社会结构构成威胁的一种反应。受这些我们可感知到的威胁的影响，群体行为被解释成病态的行为，这导致了研究人员将主要的研究注意力集中在其明显的无意识性和狂热上，不再关注群体成员之间的关系，或者是他们作为群体一起行动的原因（Apfelbaum & McGuire，1986）。尽管被误导了，但勒庞的作品至少激发了现代社会心理学对于群体和集体行为的兴趣。然而，这种兴趣并不总是良性的：墨索里尼和希特勒都认为勒庞为他们大规模操纵人群的行为提供了理论基础（Reicher，1996）。

在人群中迷失自我

尽管勒庞依据动物本能来描述"人群"的概念，并且他关于集体的想法是幼稚的和有错误的，但他的基本思想已经被打磨并重新包装为**去个体化**（deindividuation），这是由费斯汀格、佩皮通和纽科姆（Festinger & Pepitone & Newcomb，1952）创造的一个术语。津巴多（Zimbardo）将去个体化描述为一个复杂的过程，在这个过程中，一系列先前造就的社会条件导致了个人自我感知的变化；一个人会把自己更多地看作一个群体的一员，而不是一个个体。这反过来导致人们日常受约束行为的门槛降得更低，当条件成熟时，就会孕育出反社会的行为。因此，这种学说认为，集体行为与其说涉及在人群中传播情感，不如说使人丧失个性，导致人们在相对匿名的状态下蔑视社会规范。

依据津巴多（Zimbardo，1970）的理论，去个体化是由以下五个因素导致的：
1. **身份未知**，发生于一个人在一群陌生人群当中时，或一个人戴着面具时。
2. **不负责任**，当许多人同时参与暴力活动时，降临在每个人身上的责任似乎会减少。

3. 团体实际接触的活动，这样的活动会令群情激昂并且会持续很长时间，例如，当每个人都在摇滚音乐会上欢呼、尖叫时，这种刺激很容易导致其他人也一起欢呼和尖叫起来。

4. 有限的时间观，那些"活在当下"的人，会忽视他们过去应尽的义务和未来应当承担的责任。

5. 新奇的或非结构化的情况，缺乏可能能够约束人们行为的环节或许会导致人们受到的约束减少。例如，警察是暴力行为制止结构中非常重要的一环。他们的缺席有时会导致破坏行为甚至暴乱的爆发。

在匿名条件下进行的很多研究都支持去个体化假说。例如，当受试者被要求在一个小组中讨论关于他们父母亲的话题时，如果他们穿着灰色的实验服，或者坐在一个光线昏暗的房间里时，那么与他们更容易被人认出来的时候相比，讨论中会出现更多的负面评论（Festinger et al., 1952）。在另一项研究中，津巴多（1969）比较了两种情况下大学生的"攻击性"行为（定义为给予模拟受害者的冲击次数和强度）。在第一种情况中，受试者坐在一个黑暗的房间里面，穿着不像样的外套，戴着的兜帽遮住了他们的脸，这样的外型使人联想到美国臭名昭著的种族主义组织三K党。没有受试者能看到其他两名受试者会对一个模拟受害者造成多大程度的攻击。在第二种情况下，受试者没有穿戴兜帽和外套，坐在光线充足的房间里，并且穿戴着名牌。这一研究得到的结论与去个体化假设相一致，匿名状态下的受试者要比在另一种情况下的受试者更具"攻击性"。

然而，尽管这项研究似乎为去个体化提供了有说服力的支持，但这是否意味着受试者实际上会对社会规范做出相应回应呢？约翰逊和唐宁（Johnson & Downing, 1979）通过一个有趣的改变重复了这项研究。在第一种情况下，受试者通过穿戴类似三K党的服装和兜帽达到匿名的目的。然而，在另一项同样匿名的研究中，受试者们都穿着护士学校的校服。相比于那些衣着整齐的受试者，那些穿着貌似三K党的受试者更具攻击性，那些打扮成护士的人则攻击性更小！这一发现支持了一种规范性解释，即受试者会受到与他们所穿戴服饰相关的规范性暗示的影响。

津巴多和他的同事们（Haney, Banks, 和 Zimbardo, 1973；Zimbardo et al., 1982）进行了一项很有名的模拟研究，他们雇佣了模拟囚犯和模拟狱警，这项研究支持了去个体化假说（专栏14.2）。

专栏14.2　斯坦福监狱实验

有时，心理实验室的人为情境会变得惊人的真实。研究人员（Haney et al.,

1973; Zimbardo et al., 1982; Zimbardo, 2007) 在斯坦福大学心理学系的地下室创建了一个模拟监狱，试图模拟他们所认为的监狱环境的去个体化条件。志愿者随机扮演看守和囚犯的角色。那些被指定为"看守"的人都得到了相同的卡其布制服、反光太阳镜、警棍、手铐、哨子和一套钥匙。这些"囚犯"第一天从家中被警车接走，带到警察局接受"处理"，然后蒙上眼睛被带到"监狱"。他们都分到了号码作为身份证明，并且穿着相同的像医院常见的那种长袍，头戴长筒袜。警卫奉命维持"法律和秩序"，随后研究得以展开。

虽然受试者最初以轻松愉快的方式进行角色扮演，但情况很快就开始恶化。狱警对囚犯的虐待和惩罚越来越严重，甚至脱光他们的衣服，强迫他们做俯卧撑，而囚犯则变得被动、无助，表现出哭泣、激动、困惑和抑郁等压力症状。有一段时间，囚犯们把自己关在牢房里，这引起了狱警的强烈反应。即使是首席研究员津巴多（Zimbardo）也发现自己满脑子都是"越狱"的谣言，忘记了作为科学家的责任。截至第6天，计划为期两周的实验被终止。对受试者来说，实验角色已经成为现实。

这个实验受到了来自多方面的批评（Banuazizi & Movahedi, 1975; Thayer & Saarni, 1975）。受试者签署了同意书，表示他们同意参与到研究中并获取报酬，也同意他们的一些权利将被放弃。因此，他们可能感到有道义上或法律上的义务来将实验继续下去，为摆脱这种继续进行实验的义务，他们可能夸大了他们的痛苦。这些"狱警"可能是按照他们对狱警的刻板印象行事，以便成功地成为"好的受试者"，因为为了让研究更真实，人们期望他们这样做。（这与本章稍后将讨论的社会认同模型是一致的。）其中也有一些个体差异；有些囚犯没有变得冷漠或痛苦，有些看守也没有出现虐待行为。

2002年，BBC电视台在两位心理学家斯蒂芬·赖歇尔（Stephen Reicher）和亚历山大·哈斯拉姆（Alexander Haslam）（Reicher & Haslam, 2006）的监督下，重复了斯坦福大学的实验。研究人员对受试者进行了筛选，以排除情感不健全的人。在这种情况下，囚犯们最终联合成一个有凝聚力的团体，挑战看守的权威。另一方面，这些看守并不认同这个角色，因此没有共同的社会身份。结果，他们不愿维护自己的权威，也不愿做出强制性的反应。最终，囚犯和看守们同意建立一个平等的公社。然而，当受试者无法就一套适用于所有人的规则达成一致时，有4个人试图接管公社，并在他们的控制下建立一个严格且严厉的政权。他们还没能够达到这个目标，这项研究就被故意终止了（Fagan, 2011）。结论是，少数人走向暴政的运动并非是不受控制或盲目的群体行为的结果，而是群体崩溃和他们无力行使权力的结果。如果这些团体成功地组成了一个平等主义的公社，暴君们就不会有机会出现。赖歇尔和哈斯拉姆（Reicher & Haslam, 2006）的结论是，当人们无法创建具有共同社会身份的社会系统时，他们才会更愿意接受他人提出的极端解决方案。在重新解释津巴多（Zimbardo）监狱研究时，他们注意到，该研究中的囚犯最初形成了共同的身份，并威胁要控制看守。当他们被告知不能退出研究时，情况发生了变化。就在那时，他们陷入混乱，不再相互团结反对看守。他们作为一个群体的瓦解使得看守们有机会对他们专横跋扈。因此，尽管群体团结往往被视为导致暴政的行为，但未能形成或维持共同的社会身份才是暴政的真正温床。

去个体化的概念对很多人来说是有吸引力的，因为它为群体环境中原本毫无意义的行为提供了一个有趣的解释：个体与他们的个人责任感脱节。甚至在南非的几次谋杀审判中，它也被认为是一个可以减轻罪责的因素（Colman, 1991）。有一次，某一个备受欢迎的领导人的葬礼后的夜晚，人们载歌载舞情绪高涨，1000多人追赶几名攻击该群体的治安维护者。1名治安员被杀，6人因涉嫌杀人而被捕。法庭在看完一个记者对整个事件的录像，并听取了来自一名心理学家（这名心理学家认为被告很可能在杀人时"去个体化"）的专家证词后，得出结论，认为去个体化是一个情有可原的因素，因此只判处被告监禁。

然而，尽管去个体化假说在表面上很吸引人，实际上却很少有证据支持它。对60项独立研究的元分析发现，几乎没有证据支持去个体化、反规范行为或去个体化状态的存在（Postmes & Spears, 1998）。对"不受控制的行为"更可能的解释只是当匿名导致惩罚或社会制裁不太可能发生时，人们的反社会行为受到的约束更少（Freedman, 1982）。而现实是，大多数时候，人群的行为并不会不恰当或不理性。事实上，人们经常特意为了消遣而寻找人群——比如当他们在节日或游行中大量聚集的时候。仔细想一下：毫无疑问，无论是在体育赛事上，或在观看游行时，或在集会上，或参加政治示威，你有时属于这个人群有时又处于另一人群当中。你在这种时候失去个性了吗？你是否把你的思维过程的控制权交给了某个没有头脑的集体？你是否第二天早上困惑地醒来，发现自己被人群占据了思维并震惊于你的所作所为？不太可能。

一般情况下，我们对拥挤人群的个人经验与我们通常（即使在现代）被告知的有关人群的信息完全不同，对此一些社会科学教科书也负有一定责任：社会学家施韦因格鲁伯（Schweingruber）和沃尔施泰因（Wohlstein）（2005）再次回顾了20本入门教科书并发现，所有这些教科书都将许多实际上没有任何充分证据的关于人群的断言列作事实。这些"荒诞的说法"包括：

1. 自发性的神话——群体形成时，没有任何社会规范来管理他们，导致自发的集体行为不受通常隐含的社会控制的约束。没有有力证据表明处于拥挤人群中的人们能免于社会控制。

2. 易受暗示影响的神话——人群中的人变得过度易受暗示性影响，并且很容易受一个新领导人的影响。同样，没有很有力的证据支持这一点。如果群众是如此容易受暗示，如此愿意追随领导人，那么当当局要求他们这么做时，他们为什么不立即解散呢（Couch，1968）？显然，群众并不受任何领导人的左右，如果人们抗议当局，当局的命令不太可能得到尊重。

3. 非理性的神话——群体变得非理性，这种非理性导致暴力。事实上，人群几乎总是和平的，大多数人都想避免暴力。

4. 情绪性的神话——人们在人群中的反应比他们离开人群时更情绪化。没有证据表明，仅仅因为人们在拥挤的人群中，他们就会自然而然地变得更情绪化。然而，这并不是说，一个人的正常情绪反应不能因为人群的存在而增强；毕竟，回想一下前面讨论的密度—强度假说。

5. 匿名的神话——由于身处人群中可以匿名，个人更有可能失去他们的顾忌和责任感，然后以违反整个社会的社会规范的方式行事。同样，没有很有力的证据支持这一点。同样重要的是要记住，拥挤人群中的大多数个体实际上并不完全是"匿名的"；他们经常和朋友或熟人待在一起，直到人群散去。

6. 全体一致的神话——个人聚集在拥挤人群中并作为一个整体行动。事实并非如此：实际上，拥挤人群通常是由相互认识的一小群人组成的，他们彼此之间的影响力比一些新兴的领导者对他们的影响更大。拥挤人群作为一个整体行动是非常罕见的。

7. 破坏性的神话——拥挤人群通常是危险的或暴力的。这不是真的。虽然人们很容易联想到关于暴力人群的新闻报道，比如英国的夏季骚乱，但这反映了易得性直觉（第二章）。实际上，很少有人群会变得暴力。即使在这样的人群中，大多数人也只是旁观者。只有少数人应对暴力事件负责，而且没有任何经验证据表明，他们的暴力行为是由人群塑造的。群体暴力事件发生时，它通常与过度消费酒精或其他兴奋剂有关，或发生在这样一种情况下：一个规模很大的人群人身受到限制，并以这种方式阻止人们自由移动，这样就夺走了他们的个人控制感（McPhail，1991）。

然而，尽管没有很有力的证据表明个体在拥挤人群中变得更容易受暗示或失去理性，但这种情况发生在旁观者身上却不足为奇。例如，如果你在海边游泳时，看到别人从海水中逃出来，那你也会这么做。如果随后发现，原来是有人误把沙滩球当成鲨鱼，才引发了人群涌上海滩，那么岸上的观察者可能会得出这样的结论：人们太容易受影响了，以致他们就像受惊的绵羊一样逃跑。然而，每个人做出的逃到岸边的决定，实际上是相当理性的，因为假定人们出于某种原因逃离海水要比坐以待毙来得安全些——举个例子，当鲨鱼来临的时候，可能就来不及逃跑了。

有意思的是，研究人员（Reicher, Spears & Postmes, 1995）指出，正如勒庞的理论对他那个时期被感知到的社会秩序的威胁和大规模动荡的风险作出的反应一样，津巴多（Zimbardo）的去个体化理论也是对20世纪60年代末席卷美国大城市的都市抗议浪潮做出的回应。的确，津巴多（Zimbardo）自己也写道，他的社会处于"酒神力量"的控制之下，导致"毫无动机的谋杀、毫无意义的破坏和失控的暴民暴力"（1969，第248页）。

拥挤人群的行为与社会认同理论

回想前面的内容（第十二章），社会认同理论描述了一个由三部分组成的过程：（1）个体首先将自己和他人划分为不同的类别或群体；（2）与类别或群体有关的规范和刻板印象变得非常突出；（3）人们遵守与群体相关的规范，也接受与其相关的刻板印象。**去个体化效应的社会认同模型**（Social Identity Model of Deindividuation Effects, SIDE）（Reicher, Spears & Postmes, 1995）把这些扩展到了拥挤人群的环境下，假定在没有正式的组织和领导下，拥挤人群中的人们会向其他身边的人——通常是陌生人，但有时是他们认识的人——寻求关于什么是社会群体和社会身份的突出线索。SIDE模型预测的是与特定群体或社会身份相关的规范的一致性，而不是与更大规模社会的一般规范的一致性。因此，可能被认为是由匿名造成的去个体化并不是不受控制的行为，它恰恰反映了群体在增强特定社会身份方面起到的作用，并为群体成员提供了表达这种身份的机会（Fagan, 2011）。举个例子，如果你是一名学生，正身处一个大的团体中，而该团体正在抗议学校的某些政策，你应该如何表现？无论是你周围其他人的行为，还是你自己对什么是适当的抗议行为的刻板印象，都可能导致你的行为与你平时的行为大不相同。

同样，在去个体化研究中使用的实验操作，实际上可能会增强新形成的集体的显著性（例如，"我在扮演狱警，其他人也在扮演狱警，我们与那些扮演囚犯的人不同"）。这导致与特定社会身份或与该群体相关的刻板印象相关的规范的一致性。有人认为，匿名性和光线昏暗的房间可能会增强群体成员之间的互换性——即不重视个人身份——从而增强群体而非个人的显著性（Reicher, Spears & Postmes, 1995; Drury, Reicher & Stott, 2003）。

因此，假设你是一群学生中的一员，而他们占领了大学校长的办公室，抗议糟糕的校园住宿条件。在这种情况下，你的显著的社会身份是学生抗议者，而你对学生抗议者是什么样的人以及他们会有什么样的行为有一定的刻板印象，这是基于你自己的经验和过去通过书本和电视学到的知识。其他抗议者也有类似的刻板印象。当大学当局威胁要驱逐你的时候,你的社会身份就会变得更加鲜明,"我们"和"他们"之间的区别就会更明显,而隐含的压力也会越来越大,这会迫使你按照学生抗议者的刻板印象行事——那就是,不要道歉,然后回家!因此,这个群体的成员可能最终以反社会的方式行事,完全不符合一般的社会规范和他们自己通常的行为模式。虽然在旁观者看来,这些学生已经形成了某种集体性的疯狂,但他们实际上是被与他们当前社会身份相关的社会规范所控制。

再想想津巴多(1969)在实验室里所做的大衣和兜帽的实验:在实验室里所谓的"去个体化"行为实际上是无法控制的。受试者并没有发疯。的确,当被认为去个体化时,他们会施加更多的电击,但他们已经被许可这样做了。实际上,没有证据表明受试者在当时变得反社会或自控能力下降(Freedman, 1982)。想象一下你自己在津巴多监狱研究中被分配了一个狱警的角色。那么以下这种情况难道不可能发生吗——你看过所有有关狱警的电影都给你留下了一种咄咄逼人的刻板印象,而这种印象又会影响你在这种人为情境下的行为?

对 SIDE 模型的证据支持由前面提到的元分析(Postmes & Spears, 1998)提供,该分析未能找到去个体化假说的证据,其他一些研究也是如此(如 Douglas & McGarty, 2002;Kugihara, 2001)。人们不再"去个体化",而是遵循特定情境的规范。对 SIDE 模型的进一步验证来自于在互联网上进行的研究。电子邮件通信和互联网聊天室的普及,使得来自世界各地的人们在社交互动中可以实现不同程度的匿名,这为"去个性化"行为的观点提供了一个天然的试验场地。例如,泰勒和麦克唐纳(Taylor & MacDonald, 2002)调查了电子邮件讨论组中个人的匿名程度和群体认同强度,然后检查了通信的内容,找出了其中"疯狂"的评论,也就是说,找出了与一般社会规范相悖的评论。在匿名盛行的情况下,记者愿意传播不受欢迎的信息的程度要高多少?事实上,这些数据没有为去个体化假说提供任何支持,但却为 SIDE 视角提供了支持。

当我们结束对去个体化的讨论时,重要的是要注意,试图解释一群人的行为是不明智的,就好像每个人的反应方式都是相似的,或者受到环境的影响也是相似的。事实上,对人群的经验观察表明,他们很少是同质的。骚乱人群中的一些人可能对目标怀有极大的敌意,而另一些人可能只是在享受刺激,还有一些人可能试图逃避。

要点:人群是一个相对较大且无组织的群体,是暂时聚集在一起的人,他们之间没有特定的关系。没有证据支持这样的说法,即个人在群体中迷失了自我,或者群体通常倾向于以非理性或攻击性的方式行事。最好用当时最突出的社会身份来解释群体行为。人群中的受试者受到与这种突出身份相关的刻板印象的影响。

传染

传染（contagion）是一个社会心理隐喻，指的是情绪、信念和行为在拥挤人群或人们中的迅速传播，有点类似于疾病在人与人之间的传播。然而，与勒庞关于催眠影响和群体思维发展的观点不同，传染是由群体成员之间可见的相互刺激带来的（Wright，1978）。例如，你注意到一个人站在一个角落里抬头看，所以你也做了同样的事情来看看那个人在看什么。反过来这个人会看到你在看天空，从而强化了他或她的信念，即一定有东西值得看。其他人过来后也开始加入进来，每个人都在影响别人，同时也在被他人影响。

在这种情况下，人们有意识地选择模仿他人的行为，而在另一种情况下，我们可能会自动模仿所观察到的行为，即使我们并不打算这样做（Heyes，2011）。想想孩子们经常玩的游戏"西蒙说"，在这个游戏中，受试者必须模仿领导者"西蒙"的动作，但只是在当西蒙的动作之前有"西蒙说做这个"的时候才模仿。而没有听到这个短语的模仿者会被淘汰出局。然而，在这种情况下，无论有无口头指示，都很难避免自动模仿西蒙的行为。玩"西蒙说"游戏的孩子们即使不能总是控制他们的模仿，他们也能意识到自己的模仿，但还有一种更基本的模仿形式——行为模仿（回忆第六、七和九章的讨论），它包括自动和无意识地模仿另一个人的动作和手势。例如，在一项研究中（Chartrand & Bargh，1999），隐藏摄像机记录了受试者和实验助手在讨论一组照片时的互动。在一种情况下，助手反复触摸她的脸，而在另一种情况下，她频繁地移动她的脚。在第一种情况下，受试者触摸他们的脸的次数多于他们移动脚的次数，而在第二种情况下正好相反，这表明他们模仿了运动反应。然而，受试者报告说他们并没有意识到这种模仿。

事实上，越来越多的神经学和进化学研究表明，我们生来就是很好的模仿者。在出生后的几周内，婴儿会模仿一些动作，比如手指的移动，嘴巴的张开，或者舌头从嘴唇中露出来。这种行为不仅仅是条件反射的结果（Meltzoff & Moore，1977）。尽管最初只有简单的模仿，但18个月大的婴儿就开始控制自己的模仿——例如，当他们观察别人模仿实验者的情绪，而紧接着实验者做出生气的回应时，相比于实验者做出愉快或中立的回应，他们模仿别人的可能性就会降低（Repacholi & Meltzoff，2007；Repacholi, Meltzoff & Olson，2008）。似乎自动模仿是由我们在前几章就讨论过的镜像神经元系统导致的（Heyes，2011）。关于镜像神经元对社会行为影响的研究正在进行中，尽管还需要进行大量的研究才能够完全理解镜像神经元的作用（Gallese et al.，2011）。

但这与人群中情绪的传播有什么关系呢？记住，我们永远不会"看到"别人的情绪，我们只是观察他们的行为。我们当然都熟悉他人情绪的**表达**对我们的影响。在电影院，如果别人笑得很大声，我们更有可能笑得更多；这就是许多电视喜剧都以预先录制的笑声为背景的原因。或者，如果你意外地走进一群正在抗议校园停车规定变化的愤怒人群中，你可能会感到自己也变得更加愤怒，尤其是如果你也担心停车的问题。越来越多的证据表明，这种情绪感染是一种真实的现象。例如，诺伊曼和斯特拉克（Neumann & Strack，2000）告诉受试者，他们正在进行一项关于文本理解的研究，然后让受试者听一段以略带悲伤或快乐的方式阅读的文本的声音。然后，研究人员通过问卷调查来评估受试者的情绪，结论是，快乐或悲伤的声音确实会让听者产生一种一致的情绪状态。当然，这并不令人惊讶，因为我们知道，即使我们知道是优秀的演员在表演，我们的情绪也很容易被他们的情绪所改变。（回想一下第九章关于共情的讨论。）这项研究关注的是对另一个人的情绪的反应，而其他研究则关注了在自然环境中一小群工人的情绪。例如，在一项研究中，65 个社区 13 个小组的护士连续三周每天记录他们的情绪和压力。研究发现，他们的情绪和团队成员的情绪之间存在着显著的相关性，而这种相关性并不是因为他们有相同的压力（Totterdall et al.，1998）。

似乎共同情绪的产生只是无意识地模仿面部表情的结果。研究表明，当人们看到面部表情时，相应面部肌肉的模仿反应往往会在一秒钟内自动发生，即使个体可能没有意识到这种反应，而这种简单的运动模仿随后会引发情绪反应（Moody et al.，2007）。也就是说，作为自动模仿表情的结果，面部反馈会引发类似于被模仿者的情绪反应。这就是所谓的**面部反馈假说**（facial feedback hypothesis）（Hatfield, Cacioppo & Rapson，1994；McIntosh，1996）：情绪体验直接受到大脑接收到的面部表情反馈的影响。（这能解释为什么当我们周围的人打哈欠时，我们很难不打哈欠，然后感到昏昏欲睡吗？）这一观点实际上可以追溯到查尔斯·达尔文，而且它不断得到越来越多的实证支持（Wild, Erb & Bartels，2001；Soussignan，2002）。这表明，如果你经常微笑，那么这或许真的比皱眉让你的心情更好。也许这可以解释一些心理治疗师所说的关于"微笑疗法"的益处。所谓"微笑疗法"就是鼓励压力大、抑郁或慢性疼痛的病人笑，即使他们是强颜欢笑。

这种模仿行为会产生非常显著的社会后果。研究发现，随着模仿者和被模仿者之间相互联系的感觉增强，这种情绪与信任感的增强（Bailenson & Yee，2005）和归属感的增强（Hove & Risen，2009）有关。这些感觉似乎会延伸到其他人身上，从而促进总体上的共情和亲社会行为（Stel & Harinck, 2011）。虽然人们更有可能与模仿他们行为的人合作，但他们也更有可能模仿那些他们希望与之建立信任关系的人（Van Baaren et al., 2004）。我们倾向于模仿我们喜欢的人，或者是我们圈子里的一员，而不是我们不喜欢的人，或者是圈子外的人（Stel & Harinck, 2011）。

研究人员（Stel & Harinck, 2011）研究了这种模仿行为对荷兰投票意向的影响。有人认为，如果模仿行为导致亲社会行为的增加，它应该导致人们倾向于左翼政治态度，这种态度与对他人福利的日益关注有关。受试者与一个助手互动，在一种情况下，这个助手模仿他们的一些行为，而在另一种情况下则没有。在与实验表面上不相关的部分中，受试者被问到，如果选举在那个时候举行，他们会投哪个政党的票。在刚刚被模仿的受试者中，左翼选民的比例明显高于没有被模仿的受试者。

要点：模仿实际上是一个自动的过程，经常在无意识的情况下发生。模仿行为可以引发相应的情绪反应，因此，行为和情绪都可以在人群中传播。

传染的类型

情绪和行为的传染通常根据所涉及的主要情绪或目标来分类。我们将依次讨论情绪、狂热、焦虑、恐惧和敌意的传染。

情绪传染

情绪传染除了情感释放外，没有任何特定的目标，无论这些情绪是由喜悦、悲伤、沮丧还是内疚激发的（Klapp, 1972）。尽管这种行为可能会影响整个社会，但它往往在拥挤的人群中表现得最为明显。表达情绪的人群可能会聚集在一起，向新教皇致敬，或为斯坦利杯冰球队冠军的归来欢呼。另一个例子是，一群气喘吁吁的青少年聚集在摇滚明星周围，而这种情绪似乎正在传染。这种传染在一定程度上要归功于人群本身：随着情绪的不断传染，越来越多的人被吸引去看教皇，或为球队加油，或围绕着摇滚明星，这使得这一事件变得越来越重要，反过来吸引更多的人加入人群。

这种狂热有时会导致灾难。例如，1979 年 12 月 3 日，流行乐队 the Who 计划在俄亥俄州辛辛那提市的滨河体育馆演出，座位事先未被预定。当体育馆的门打开时，外面的一大群人开始向入口挤去，25 人在离入口不远的地方摔倒在地上。尽管他们周围的人试图帮助他们站起来，或者保护他们不受汹涌的人群的冲击，但巨浪仍在继续,人们被迫越过那些倒下的人。这起事故造成 5 人死亡,但在距离现场不远的地方,人们没有意识到有人摔倒,并继续向前推进,试图进入体育场。事件造成 11 人死亡。媒体将这一令人悲伤的事件描述为一场由暴徒心理引发的踩踏事件,但事实远非如此,因为意识到出了问题的人们尽了最大的努力去帮助别人(Henein & White, 2009)。当一大群人试图朝向一个特定的地点移动的时候,这种**前后沟通失灵**(front-to-back communications failure)随时都会发生。

狂热传染

郁金香于 16 世纪中叶从土耳其传入西欧。在接下来的 100 年里,它们成为人们崇拜的对象,尤其是在荷兰,任何一个没有收藏足够数量球茎的有钱人都受到了一些鄙视。在 1634 年至 1636 年期间,人们对郁金香的兴趣非常浓厚,乃至形成了"郁金香热"。这波热潮席卷了荷兰、英国和法国。球茎的价格飙升,以至于大片的土地,甚至是大量的钱,有时都被用来交换一颗球茎。在阿姆斯特丹和鹿特丹的证券交易所,特别安排了稀有郁金香球茎的销售。投机者贪婪入市,富人和穷人都急于从不断上涨的郁金香市场中获利,以至于荷兰的正常产业被严重忽视了;整个国家都为郁金香疯狂。最后,被投机者人为推高的郁金香球茎市场崩溃了,许多人突然意识到,他们已经放弃了自己的大部分财产,转而购买了一批没人想要的郁金香球茎。郁金香狂热就是一个**狂热传染**(contagion of enthusiasm)的例子(图 14.5)。

图 14.5 郁金香狂热

这种传染包含一种不寻常的希望或妄想的传播，而这些希望通常与变得富有有关。因此，1858 年开始的卡里布淘金热吸引了成千上万的人来到英属哥伦比亚（当时英属哥伦比亚的正常人口只有 7000 人），几乎所有人都梦想着一夜暴富。40 年后，"克朗代克热"（Klondike Fever）因大量可轻易获得黄金的传言而升温，导致数万人前往育空（Yukon）金矿（图 14.6），其中大多数人此前从未开采过金矿，对北方的生存也一无所知。很少有人赚到钱，就像其他传染一样，泡沫最终破裂了。

图 14.6　1898 年通过奇尔库特山口的金矿工人
资料来源：© Michael Nicholson/Corbis

焦虑传染

焦虑传染（contagion of anxiety）涉及在民众中迅速传播夸大的恐惧，它往往导致失控的情绪化。本章开头提到的新德里猴人就是一个很好的例子。伊利诺斯州马顿市的幻影麻醉师也是如此，据报道，在 20 世纪 40 年代，他在小镇上鬼鬼祟祟地拿着一个农用喷雾罐，晚上往人们的窗户里喷有毒气体（Johnson，1945）。就像猴人不存在一样，幻影麻醉师也不存在。

这种现象并不新鲜，历史上有很多戏剧性的例子。例如，在 15 世纪，德国的一位修女产生了咬其他修女的冲动，而这些修女反过来又开始咬其他人。渐渐地，这种奇怪的狂热蔓延到了意大利、荷兰和德国的修道院。在 18 世纪，又流行起了修女们像猫一样叫。它始于一位法国修女开始学猫叫，不久她修道院的其他修女也开始学猫叫。最后，修道院里所有的修女每天都在特定的时间喵喵叫几个小时。这种情况一直持续到邻居们的抱怨引来了士兵，士兵们威胁修女们，如果她们不停止喵喵叫，就会受到惩罚，这个难题才到此为止（Bartholomew，2001）。

这些看似奇怪的社会行为表现为两种不同的形式（Bartholomew & Goode, 2000；Boss, 1997；Wessely, 1987），尽管两种类型可以同时出现（Ali-Gombe, Guthrie& McDermott, 1996）。第一种，也是最常见的一种，通常是由突然的压力引发的，包括一般与焦虑相关的身体症状，如过度换气、恶心、昏厥、头晕和头痛。这些症状通常在一天左右就会消失。第二种形式包括运动行为——回忆一下上面描述的咬别人和学猫叫——例如抽动、面部抽搐、过度大笑、歇斯底里的跳舞、交流困难、假癫痫和惊厥症状。在这种情况下，症状的发生通常是渐进的，但症状可能会持续很长一段时间。

有时焦虑表现为疾病。此时，健康的人在没有任何实际的身体疾病的情况下会开始感到非常不舒服，除此之外，这种表面上的疾病还会迅速传播给其他人。这是**群体心因性疾病**（mass psychogenic illness）（Colligan, Pennebaker & Murphy, 1982）也被称为流行性歇斯底里症（Boss, 1997）、群体性社会源性疾病（Weir, 2005；Wessely, 2002）、传染性转化障碍或集体歇斯底里症。其中焦虑是核心。我们知道，当我们感到焦虑时，我们可能会感到头晕或胃不舒服，通常伴随心率加快和呼吸急促。如果一个人没有正确地将这些症状归因于焦虑，而是将其解释为身体疾病的症状，会发生什么？在其他人身上看到疾病症状，而这些人也有同样的焦虑或压力，这可能会在自己身上引发类似的症状（Wessely, 2002）。然后，当几个人开始讲述自己的身体症状时，就引起了媒体的兴趣，而新闻报道则起到了传播症状的作用。现代通讯，包括短信和社交媒体，几乎可以瞬间煽起焦虑传染的火焰。

思考下列事例：

- 1983年，以色列占领的约旦河西岸有900人抱怨他们头痛、胃痛、手臂和腿青紫，甚至失明，其中大多数是阿拉伯女学生。起初，阿拉伯领导人指责以色列人故意传播毒素，造成了这种疾病，而以色列领导人则声称这些症状是故意捏造的。然而，受害者名单增加到包括了一些以色列军方和警察人员。10天后，中毒的情况被排除了，当局的结论是，症状来自于歇斯底里传染（Hefez, 1985）。

- 1990年，对"生殖器窃贼"的恐惧在尼日利亚蔓延，以至于在人群中与陌生人发生任何意外接触后，男子都会迅速抓住自己的生殖器，以确保它们还在那里。有时，"受害者"会和一个假想的小偷搭讪，公开指控他。然后一群人聚集在一起，"受害者"会脱光衣服，表明盗窃已经发生。毫无疑问，阴茎还在那里，人们推断小偷是在警报响起后把它放回去的。受害者经常抱怨阴茎萎缩，"小偷"遭到殴打——有时甚至被打死，人们试图强迫他把阴茎恢复到正常大小（Bartholomew & Goode, 2000）。

- 1993年4月，一股昏迷的浪潮席卷了埃及的学校，有1000多名女学生被波及，这引发了大规模的学校停课和政治辩论。医生无法找到昏厥和恶心的医学依据。
- 2005年2月，墨尔本图拉玛林机场维珍蓝航空公司的一名工作人员发牢骚说感觉不舒服，几小时内就有47人报告出现呼吸问题、头晕、恶心和呕吐。40人被救护车送往医院，航站楼被疏散，60架维珍蓝航班被取消，14000人被困。报告的症状在短时间内得到缓解，随后的调查没有发现报告症状的医学依据（Balaratnasingam & Janca, 2006）。

群体心因性疾病通常发生在广泛性、弥漫性焦虑的人群中，这些人没有认识到其真正的病因。随着一些由焦虑引发的突发事件的发生，"疾病"就诞生了。焦虑本身就能产生不适、出汗、心悸、恶心、呕吐、恐惧甚至昏厥，当一个人认为自己中毒或得了某种可怕的疾病时，焦虑就会加剧，这些症状更有可能表现出来。性格因素也可能在这种歇斯底里症的易感性中发挥着作用：缺乏安全感的人，或处于社会结构边缘从而较少受群体规范约束的人可能更容易受到伤害，尽管没有研究证明任何特定的人格特征会使人更容易受到这种社会影响。同时，文化因素也很重要，在较为传统的社会中，疾病的爆发更有可能涉及身体行为，正如上面的一些例子所示（Bartholomew & Sirois, 1996）。

一旦一个人开始显现出某些症状，其他经历同样压力和焦虑的人目击了这个人的反应，或通过口口相传听说过它，或通过正式媒体和社会媒体的报道，就会变得更加焦虑，然后依据假想的疾病来解释他们自己的症状。如果涉及运动行为，往往会发生无意识的模仿。当疾病明显开始蔓延时，流行病学家会迅速寻找原因，因为人们无法自行判断说这种症状没有医学依据。然而，一旦进行了仔细的试验，他们就会发现，受感染的人实际上身体健康，这种能消除疑虑的发现通常足以结束这种"流行病"。

这样的事件并不少见。1973年至1993年期间，全世界有70次大规模精神疾病爆发的记录，其中美国34次，印度7次，新加坡7次，英国5次，马来西亚3次，加拿大2次，其他12个国家各1次（Boss, 1997）。

要点：群体心因性疾病涉及将焦虑的症状归因于某个似乎可以解释这些症状的外部事件。同样焦虑的人由于受到社会影响也会产生同样的症状。

恐惧传染

群体性突发行为（mass emergency behaviour）是指在**群体性突发事件**（mass emergency event）中可能发生的一切理性或非理性的群体行为。当大量的人面临严重威胁，往往是死亡威胁，并且他们面临可行的但有时间限制的逃生途径时，类似的事件就会发生（Quarantelli，2001）。人们普遍认为，在这种情况下，人们会感到"恐慌"，并在试图逃跑时做出疯狂而非理性的反应。这种观点如此普遍，以至于当局有时会为了防止引起恐慌，而犹豫是否要发出警报。例如，1956年在海上沉没的安德里亚·多利亚号游轮上的警铃就是因为这个原因而没有被拉响，尽管它必然会与驶来的船只发生相撞。

当"仓皇出逃"确实发生时，那是因为人们虽然可以逃跑，但逃跑通道正在迅速关闭（Fritz& Marks，1954）。想想两艘失事客轮上发生的事情吧：1914年，爱尔兰皇后号正在驶往利物浦的途中，船上载有1500人，在圣劳伦斯河遭遇了浓雾。它很快向一侧倾斜，却只来得及放出三艘救生艇。1012人没有办法逃脱，他们遇难了。然而，根据幸存者的报告称，当时并没有出现"恐慌"。另一方面，1949年在多伦多港着火的诺龙号游轮上却立即发生了恐慌。在这种情况下，所有人都有可能逃脱，但尽管救援近在咫尺，消防部门也迅速赶到，但在随后的混乱中，共有121人丧生。

思考一下当一条逃生路线被认为很快就会关闭时所产生的集体行动悖论（回顾第十章的讨论）。每个人都有两种选择：要么保持冷静，然后依次前进，要么跑着冲向出口。如果你选择保持冷静，其他人也是如此，那么也许所有人都会逃离。然而，如果其他人逃跑，那么门口很可能发生拥挤，许多人可能会死亡；在这种情况下，保持冷静，你可能无法逃脱。而立即做出反应，跑向出口并推搡他人可能会提高你生存的机会。因此，逃跑变得"非社会性和非理性"（Quarantelli，1957），因为此时个人只考虑到自己的人身安全，而忽略了这种行为可能会损害集体利益。个人的"理性"行为对集体来说是非理性的，这也许会导致许多人死去，而当出口有序运行时或许可以保证每一个人都成功逃离。军队等有组织的团体很少参与恐慌，这是因为他们训练有素，服从领导的命令。只有当领导结构崩溃时，才存在仓皇出逃的风险。

然而，对几种不同文化中实际发生的灾难的分析表明，混乱的逃离实际上是相对罕见的（Pastel，2001）。大多数人会设法保持理性的方式并做出相对平静的反应。研究人员在研究发生火灾的高层酒店时发现，大多数人并不恐慌，而那些错过逃生机会的人之所以恐慌，是因为判断失误，而不是非理性行为（Keating & Loftus，1981）。2001年9月纽约世贸中心遇袭后，情况也是如此：大楼里的人反应相对平静、理性。尽管大火的危险性很明显，但并没有人从拥挤的楼梯井中蜂拥而下，相反，人们轮流帮助那些需要帮助的人，结果是大多数位于飞机撞击区域下方的人成功安全逃离（Drury & Reicher，2010）。因此，我们不能将群体性突发事件中的所有群体性行为都一概而论，尽管它不可避免地会涉及恐慌。事实上，当一个人在紧急情况下将自己视为试图逃离危险的人群中的一员时，这种共同的身份感更有可能使他或她的行为反映出对他人安宁的关心。对 11 起大规模突发事件的 21 名幸存者的研究支持了这一观点（Drury，Cocking & Reicher，2009）。此外，该研究还得出结论，即使在陌生人之间，由于他们都有相同的紧急情况经历，也可能出现一种共享的身份认同。（回想一下第十二章关于自我分类理论的讨论。）

如果大规模恐慌相对不常见，那么恐慌人群的概念从何而来？现实情况是，关于群体行为在面临危险时的报道可能非常具有误导性，在媒体报道中，群体行为通常被“病态化”，而实际上，个体并没有做出不理性的行为（Drury，2002）。回想一下发生在 1939 年的一次著名的恐慌逃离。当时，奥森・威尔斯的《水星剧场广播》节目将威尔斯的科幻小说《世界大战》以广播形式播出，其中涉及火星人登陆地球的假消息。尽管很多人提醒说，这些新闻报道是虚构的，但成千上万的人无视这些提醒，认为入侵是真实的，他们表现出“惊慌失措”，并竭力逃跑。报道称，人们逃之夭夭，纷纷“向山上跑”，去寻找藏身之处，这导致交通变得混乱起来（Cantril，1940）。这种戏剧性的描述只有一个问题：恐慌逃离实际上从未发生过。即使许多人被他们在广播中听到的内容吓坏了，也没有什么证据表明他们除了试图报警之外还做了什么（Bartholomew，2001；Campbell，2010）（图 14.7）。

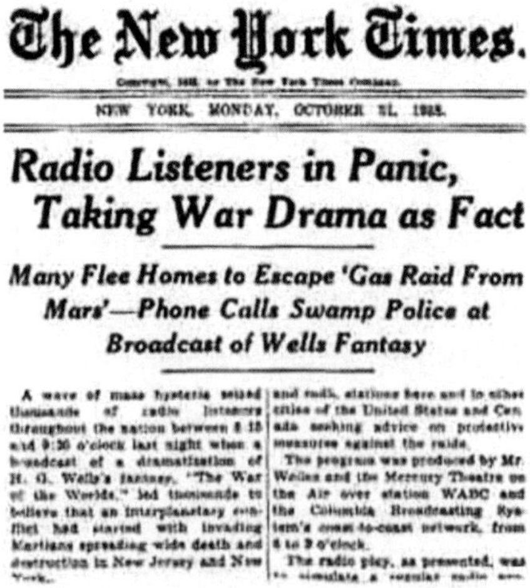
The New York Times.

NEW YORK, MONDAY, OCTOBER 31, 1938.

Radio Listeners in Panic, Taking War Drama as Fact

Many Flee Homes to Escape 'Gas Raid From Mars'—Phone Calls Swamp Police at Broadcast of Wells Fantasy

A wave of mass hysteria seized thousands of radio listeners throughout the nation between 8:15 and 9:30 o'clock last night when a broadcast of a dramatization of H. G. Wells's fantasy, "The War of the Worlds," led thousands to believe that an interplanetary conflict had started with invading Martians spreading wide death and destruction in New Jersey and New York.

... and radio stations here and in other cities of the United States and Canada seeking advice on protective measures against the raids.

The program was produced by Mr. Welles and the Mercury Theatre on the Air over station WABC and the Columbia Broadcasting System's coast-to-coast network, from 8 to 9 o'clock.

The radio play, as presented, was ...

图 14.7 《纽约时报》头条新闻——火星人来了

另一种常见的误解是,一旦迫在眉睫的危险过去之后,人们就会坐在那里发呆,无所适从。然而,在现实中,只有少数的灾难受害者会陷于淡漠和震惊当中,而且这种淡漠和震惊只会存在很短的时间。一般来说,人们会对自己的处境做出迅速而合乎逻辑的反应。在这种情况下,趁乱打劫实际上非常罕见,这也与人们普遍的看法相反。"灾难综合症"的荒诞说法可能是由于人们看上去是在漫无目的地跑来跑去,而实际上他们是在拼命寻找失踪的朋友和亲属(Killian,1952)。

集体抑制

自主神经系统的唤醒是恐惧的基础,但同时也是兴奋和快乐的基础。当某一事件的发生带来强烈的自主神经唤醒,而这种唤醒来自于危险,同时存在可供逃跑的路线时,逃跑可能会随之而来。周围人的行为会提高或降低兴奋水平,并帮助人们做出适当的反应,如果这种唤醒被理解成兴奋,可能就没有人试图逃跑了。如果其他人保持冷静,你可能会把情况评估为可控的,然后冷静下来,并对下一步做出理性的决定。如果把这种集体冷静发挥到极致,那么它本身就可能导致悲剧。例如,在1980年1月1日的前几个小时,魁北克省查贝斯的一个社交俱乐部在新年前夕的派对上发生火灾。44名遇难者中的大多数人本可以逃脱,但他们却站成半圆形,看着大火继续蔓延。人群的兴奋、嘈杂的音乐、酒精以及避免让自己看上去显得愚蠢或懦弱的想法——所有这些因素加在一起抑制了逃跑行为。当恐慌逃离发生时,人们不得不穿越火墙。可一切都太晚了,事故造成了许多人死亡。

敌意的传染

好斗人群为敌对情绪的传染提供了实例——考虑一下本章开头提到的夏季骚乱的例子。然而,这种传染的持续时间可能比人群中的一般情况要长得多,有时潜在的沮丧和敌意会通过对替罪羊的暴力表现出来。这些替罪羊是指安全、容易攻击的目标。"替罪羊"一词来自《圣经》中希伯来人的故事,他们把自己的罪恶加诸一只被允许逃到旷野的山羊身上,而另一只山羊则被献祭给上帝,以此来摆脱罪恶。如今,替罪羊无法逃脱了,他们成为敌对和暴力的对象,参见第十三章。

在中世纪,一些司空见惯的事情——歉收、冰雹、死胎——都被归咎于女巫的行为,她们成了所发生的一切坏事的替罪羊。在15世纪到17世纪之间的欧洲,成千上万的人被判犯有巫术罪,并被烧死在火刑柱上。1692年,在马萨诸塞州的塞勒姆,对女巫的敌意传染的规模则要小得多。一些涉猎黑魔法的年轻女孩患上了歇斯底里症,表现为抽搐。她们把自己的问题归咎于女巫,并毫不犹豫地指出

"有罪的"成年人。疫情从塞勒姆蔓延到了波士顿。有20个人，包括一名牧师和两条狗，被当作女巫处死。

敌意传染的另一种丑陋的形式是煽动性的人群（Mann，1981）。这一人群经常会聚集在某个意图跳楼自杀的个体周围。这些人们并不是劝阻这个人或寻找防止自杀的方法，而是高喊"跳，跳……"幸运的是，煽动性人群的情况并不多见。

要点：焦虑、恐惧、愤怒都可以通过集体行动表现出来，人与人之间的相互刺激既可以使这种行为合理化，也可以强化该行为。

谣言

虽然集体行动通常与人群有关，但人群并不是集体行动出现的必要条件。它可以很容易地发生在没有身体接触的一个群体内。事实上，那些最具戏剧性的集体行动的例子，比如谣言传播（制造一个集体的信仰或恐惧）、时尚和潮流，通常发生在没有拥挤人群的地方。

谣言（rumour）是"一种具体的……主张或信念，通常通过言语在人与人之间传播"（Allport& Postman，1947，第 ix 页）。谣言在多种集体行动中起着重要的作用，它往往是一种机制，某种情景的集体观念在人群中通过这种机制形成（Wright，1978）。我们都很熟悉谣言——谣传首相要辞职了，一位重要的公众人物有外遇了，我们工作的公司或上的大学可能会破产。有些谣言是有根据的，但更多地是对无知的恐惧的反映，或者由编织而成的一个连贯故事里的猜测和八卦组成。

成为谣言的主角可能是一种极其艰难的经历，因为谣言一旦开始，就很难停止。对谣言的否认往往导致许多人更加相信谣言，因为有的人认为，只有罪犯才会抗议。市场上的谣言也可能产生毁灭性的影响，它不仅仅使商品减价，甚至会影响一家公司的生死存亡。您是否会忽略这个谣言，即一个新的糖果产品与几个孩子的死亡有牵连，特别当你为人父母时？如果说，一家大型的国际快餐连锁店由撒旦教所有，或者一个主要品牌的泡泡糖含有蜘蛛卵，你能忽略这样一个谣言吗？这些都是真实的谣言的例子。它们先是盛传起来，然后逐渐消亡（Koenig，1985）。

谣言即使基于事实，也会带来严重的危害。事实上，在第二次世界大战期间，同盟国就特别关心这件事。美国政府制定了一系列措施，试图消除可能危及国家安全或动摇民心的谣言（图14.8；14.9）。社会心理学家致力于研究和寻找与谣言作斗争的方法，他们建立了大量的"谣言诊所"，试图减少谣言通过公共教育传播

(Faye, 2007)。

今天,伴随着几乎即时的全球通讯,无论对个人还是对国家而言,谣言可以十分迅速地带来戏剧性的负面后果(Fine & Ellis, 2010)。如果有谣言说某个国家将货币贬值,或者一家大型国际银行即将倒闭,那么股票市场可能会遭受巨大的损失。一个国家如果在很大程度上依赖于旅游业,那它可能会由于某种疾病的谣言或者其他将游客置于危险境地的谣言而蒙受巨大的经济损失。

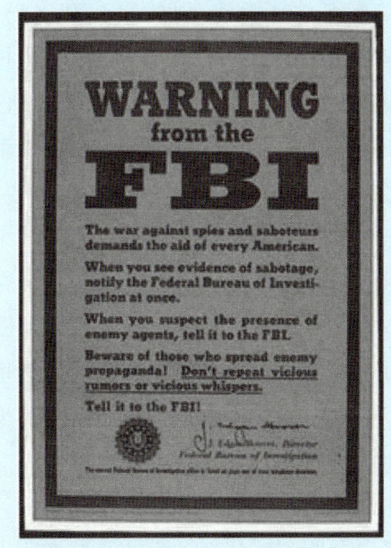 

图14.8 战时美国对谣言的抵制　　图14.9 战时英国对谣言的抵制

因此,营销人员自然会对研究谣言的传播展现出相当大的兴趣。当消费者对他们将要购买的产品做出选择时(Allsop, Bassett, & Hoskins, 2007),口碑似乎是最有效的交流方式。鉴于此,正面信息的口口相传成了许多营销活动中的特定目标(DuBois, Rucker & Tormala, 2011)。积极正面的流言可以提高产品销量,而负面的谣言可以彻底摧毁一个品牌。

为什么会形成谣言?为什么它们经常会被不加鉴别地重复?影响谣言发展和传播的有四种因素(Rosnow, 1991):普遍存在的不确定性、可信度、结果的相关性与个人焦虑。

普遍存在的不确定性

普遍存在的不确定性是指在集体中普遍持有的怀疑和忧虑——对一个一直"在城里闲逛"的陌生人身份的不确定;对养鱼场是否即将关闭,所有人将被解雇的不确定；对于市长突然辞职的原因的不确定；对于当局是否告知我们居住在核电站附近的风险的不确定。当存在不确定性时，通过正式渠道获得的信息是不充分的，人们（无论是朋友还是陌生人）都依赖彼此互相填补信息空白（Shibutani，1966）。

不确定性的重要性在一项经典研究中得到了证明。在这项研究中，一则谣言在一所女子学校中广泛传播（Schachter & Burdeck 1955）。研究对象一共有6个班级，其中每两个班适用以下三种实验条件中的一种：（1）认知模糊的条件，即营造一种模糊（不确定性）的情境；（2）谣言的条件，即散布谣言；（3）认知模糊—谣言条件相结合。为了制造认知的模糊性，校长去了处于条件（1）和（3）的4间教室，并做了一件前所未有的事：她指着其中一个女孩"K"，并命令她把帽子、外套和书拿出来，然后陪她走出房间。想必学生们会寻求对这一奇怪事件的解释。然后在条件（2）和（3）下，谣言在班上传开了：老师在每个班级中都对两个女生展开询问："你知道有试卷被从办公室拿走是怎么回事吗？"按照要求，老师们要把学生询问他们的所有问题记录下来，那么这些信息再加上那天结束时从所有学生的单独采访中收集到的信息就提供了基本数据。结果证明，几乎每个女孩都听到了这个散布出来的谣言并询问了一个或多个老师。几乎所有的问题都是"K怎么了？"或"为什么校长把K带出了教室？"在产生认知模糊的班级里谣言的影响最大。这些班上的女生报告说，与没有进行模糊操作的班级中的女生相比，她们花了两倍的时间用来讨论这一谣言。

谣言的传播绝不局限于散布谣言。学生们自己又制造了大量的新谣言。图14.10显示了在每种条件下发现的新谣言数量以及听到这些新谣言的受试者所占的百分比。新的谣言在陷入认知模糊的条件下最盛行，因为在这种条件下，人们可能更需要根据模糊的信息来弄清楚情况。注意，在图14.10中，仅认知模糊这一

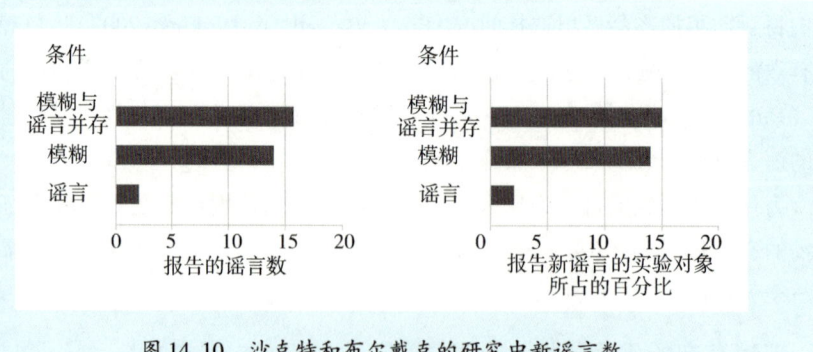

图14.10 沙克特和布尔戴克的研究中新谣言数以及报告新谣言的学生比例

资料来源：Rosnow & Fine (1976)

条件本身就导致了与在认知模糊与谣言相结合的条件下所产生的一样多的新谣言。

在这个瞬息万变的现代世界里，我们被来自各种各样源头的信息轰炸着，有些我们相信，有些我们不相信。当人们试图理解这些混乱的信息时，谣言很难被忽视，因为它们可能全是真的，也可能部分是真的。有时，那些制造谣言的人知道他们在谈论什么，但无论如何谣言本身并没有携带很多关于散布谣言的人在多大程度上真的相信它的信息。有时谣言是为了得到他人的证实或否认而故意传播的（Fine & Ellis，2010）。

当谣言从一个人传到另一个人的时候，最初关于谣言内容的不确定性可能会减少，而且随着时间的推移，它似乎变得越来越真实。因此，一开始显然被视为谣言的信息可能逐渐会被视为事实，因为最初与之联系在一起的不确定性会随着反复的复述而减少。相反，随着时间的推移，事实信息反而可能会被当作谣言，因为与之相关的初始确定性随着复述而减少。

在一项实验中（DuBois，Rucker & Tormala，2011），以4人为一组的受试者参与了信息传递游戏。每一信息链条的第一个参与都会得到一个消息——一个"负面谣言"，他或她被要求在得到这个消息5分钟后尽可能准确地传递给这个链条上的第二个人。其中有两种条件。在第一个条件下，某一特定餐厅在汉堡中使用蠕虫肉的信息传达给了第一个人，同时也暗示了信息真实性的不确定。在控制条件下，没有提到不确定性。在每个受试者收到消息后，他或她将以书面形式报告所收到消息的内容以及他或她对此的确定程度。如图14.11所示，当告知受试者谣

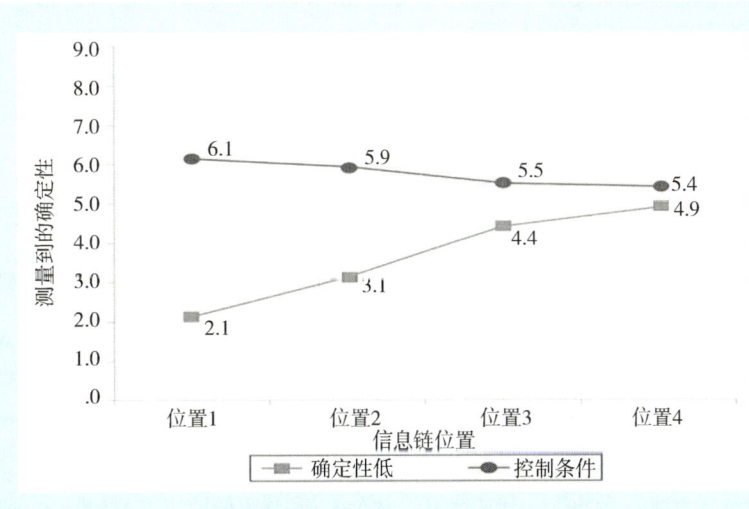

图14.11　由于确定性操纵和信息链位置不同所产生的差异
来源：DuBois，Rucker & Tormala（2011）

言真实性不是很确定时，这个信息的影响会随着复述次数的增加而减少，因此，到第四次复述时，这种影响几乎就消失了。随后，同一波研究者进行了一项实验，他们发现无论一条信息是否伴随着确定性或不确定性的陈述，两者的影响在复述过程中同样会减弱。换句话说，对观点的信任和确定性是相互独立的，并且即使观点的内容保持不变，它的确定性程度也可能会减少（Tormala & Ricker 2007）。

可信度

当然，谣言本身的内容，无关于讲述者的确定性或不确定性，是决定它是否可能扩散的一个重要因素。一个谣言越是看起来能提供对模棱两可事件的合理解释，同时谣言的源头越是被认为可信，这个谣言就越有可能被认为是正确的，因为它有助于减少不确定性。人们已经观察到，毫无疑问，可信的谣言往往比难以置信的谣言传播得更广，并且人们经常以一种通过省略较可疑成分来增加其可信度的方式来重复一个谣言（Rosnow, Yost & Esposito, 1986）。因为"猫王"还活着并且过得很好的谣言听起来太不可思议，所以这个谣言被大多数人忽视了，尽管有很多人声称"猫王"在世界各地都有露面。

结果的相关性

然而，我们并不是对每一个谣言都做出同样的回应。如果谣言包含与我们相关的信息，我们更有可能关注并把它重复给别人听。如果这家养鱼场与我们无关，我们就不太可能传播它关闭的谣言。然而，这种参与并不一定是直接的。我们可能会卷入有关某一特定事件的谣言。比如演员的婚姻问题或者蕾哈娜最新的性取向，如果我们对这些人感兴趣，或是喜欢被八卦或喜欢用这种闲言碎语八卦别人的话。

个人焦虑

在这里，个人焦虑指的是对一个即将来临的并且不想要的结果的恐惧而产生的急性或慢性的焦虑（Rowsnow, 1991）。如果你在养鱼场工作而且产量下降了，你可能有理由担心你的工作，并急切地想知道发生了什么，这就让你更容易受到谣言的影响。焦虑反过来又可能削弱人们对不确定性的承受能力（Rosnow & Fine, 1976）。认知失调理论认为，当人们感到焦虑又找不到好的理由时，他们会努力找到一个原因来减少"我焦虑"与"我没有理由焦虑"之间的认知失调。谣言可能会减少这种不协调（例如，"我焦虑是因为战争迫在眉睫"）。

沃克和贝克勒（Walker & Beckerle, 1987）要求学生们重新参加一场他们以前参加过的考试，表面上是帮助教授评估测试的有效性。一半的受试者被分配到"高度焦虑"条件组：在候考时，他们看到一个实验者的同伙考试不及格。另一半受试者被分配到一种"低焦虑"状态：他们没有见到考试失利的同伙，而只是单纯回顾那些简单的试题。这个同伙还散布了一个有关为什么考生要重考的"真实"谣言。相比较低焦虑状态的受试者，高焦虑的受试者更有可能重复这一谣言。

要点：谣言的产生是由于人们需要在关于原因的信息不明确时对异常事件或情况进行解释。普遍存在的不确定性、来源的可信度、谣言对个人而言的重要性和个人的焦虑都会影响一个人是否会相信和/或重复谣言。关于谣言准确性的不确定性信息常常随着谣言的重复而被抛诸脑后。

都市传说

都市传说与谣言有很多相似之处（Cornwell & Hobbs, 1992）。都市传说是关于一些令人惊讶和难以置信的事件的描述，这些事件可能从未发生过，却被当作"真实"的故事而反复讲述。它们的源头通常是"朋友的朋友"。例如，布伦万（Brunvand, 1981, 1986）推测短吻鳄生活在纽约的下水道里（这有可能是人们往马桶里冲过作为宠物送给孩子们的鳄鱼幼崽的结果）；有个水泥卡车司机撞见他的妻子和一个陌生人躺在床上，然后他把陌生人的敞篷车里装满水泥；有个女人用微波炉烘干她家湿漉漉的狗；有个男人在大城市旅行，醒来却发现自己赤身裸体地躺在一个装满冰块的浴缸里，身上还有个很大的切口，旁边有一张纸条告诉他立即拨打911，因为他刚刚被切除了一个肾！许多这样的故事经久不衰，成为我们民间传说的一部分，并且它们经常反映出社会或科技的变化。有些似乎反映出广泛存在的潜在焦虑。例如，微波炉中烘干狗的故事就是当人们担心微波炉可能泄露微波能量的时候被广泛流传的。

阴谋论

有时谣言会形成并源于一系列相互关联的信念，这些信念是关于某些被认为是邪恶的群体的，这些群体正在阴谋策划对个人或社会的破坏。将中世纪的黑死病归咎于医生或犹太人就是一个例子。这种现象被称为**阴谋论**（conspiracy theory）（Graumann & Moscovici, 1987）：一些人开始对一群所谓的阴谋者持有一套共同却不理性的观点，然后他们会将非常理性并且固执的逻辑应用在这些观点上（Groh, 1987）。例如，如果医生正在传播瘟疫，就用石头砸死医生。

像谣言一样，阴谋论被人相信，很可能是因为它对一个受模糊性和社会不确定性困扰的群体而言有一定的解释力（Kruglanski, 1987）。极端的政治运动往往倾向于滋生阴谋论。阴谋的概念不仅能在情感和理智上把这个团体团结在一起，而且能解释为什么群体成员似乎无法实现他们的目标（Inglehart，1987）。一个最新的例子是美国的"出生地"阴谋论。"阴谋论者"认为，巴拉克·奥巴马当选总统是非法的，他们声称，他不是按照美国宪法所要求的土生土长的美利坚合众国公民。当奥巴马出示出生证明，证明他确实出生在美国时，出生论者认为那份文件是伪造的。哈里斯民意调查在2010年的一项调查发现，25%的受访者（45%的共和党人）都认为奥巴马不是在美国出生的，因此他没有资格成为总统。当然，如果这是真的，那么许多人必然参与了帮助他伪造自己的出生证明并获得总统职位的过程中。我们该如何解释这么荒谬的观点？一项涉及美国大学生的研究（Hehman, Gaertner & Dovidio, 2011）报道说，这些关于奥巴马的奇怪观点反映了种族偏见。作者认为，受现代社会规范影响，尤其是在大学环境中，公然表现种族偏见是不恰当的，那么有种族偏见的个体可能觉得有必要通过关注一些与种族无关的事情来使他们的负面情绪合法化。认为他的总统职位是不合法的，因为他不是土生土长的美国人，这使得人们在表达自己的消极情绪时看起来并不是种族主义者。

灾难往往是阴谋论的温床，因为公众总是试图搞清楚到底发生了什么。谣言的形成通常遵循一种危机管理模式，然后是指责，再然后是阴谋（Fine & Elllis, 2010）。一开始，人们在处理困惑和焦虑时，会试图控制局面。他们尝试通过与他人交谈收集信息，比较他们的印象，以便处理紧急情况，并且为接下来可能发生的一切做好准备。一旦局势稍微安定下来并且稳定的局面得以恢复，谣言的焦点通常会转移到确定谁应该为这场灾难负责，然后人们对适当的正义和惩罚的愿望就会增强。看上去，阴谋论似乎简单地解释了导致这一灾难的原因，并确定了某一个或多个敌人。这使得模糊的焦虑更加具体，并且提高了内群体的凝聚力（Campion-Vincent, 2005）。阴谋论通常不会从过去被积极看待的群体中制造敌人；相反，它们更有可能瞄准已经陷入某种怀疑或蔑视的群体中的人们（Fine & Ellis, 2010）。

在互联网出现之前，谣言、都市传说、阴谋论主要是通过口口相传的方式得以传播。如今，互联网成为快速和广泛传播的引擎，大量的人相对匿名地与网络信息进行交互而不做任何准确性的筛选。

要点：都市传说包含一些吸引眼球的故事，这些故事被不加批判地接受；他们有时反映出普遍存在的潜在焦虑。阴谋论要严肃得多，而且经常是基于对某些特定目标群体的潜在偏见。他们声称能鉴别出一种造成威胁的潜在原因，最终导致将责任归咎于目标群体。

风潮和时尚

在14世纪的英国,人们热衷于用木头或金属制成的圆环箍在腰间旋转,这种热情席卷了全国,孩子和成年人都参与其中。1957年,源自美国的一种类似的狂热席卷了世界大部分地区——这次是用塑料制成的圆环。6个月内,呼啦圈的销量达到了两千万个。然而,没过多久,呼啦圈的热情就消退了,尽管呼啦圈的用途还没有完全消失。

图14.12 孩子们和呼啦圈

资料来源:© Bettmann/Corbis

这是一种**风潮**(fad),是最常见的集体行动之一。风潮是一种短暂的、极端的、轻浮的行为,因为"每个人都在这么做"而变得有趣(Klapp,1972)。通常情况下,风潮让我们措手不及,发展迅速,会广泛流行一段时间,然后消失,并常常永远不会再出现。一些时尚,比如前面提到的20世纪70年代的"裸奔"风潮,实际上是几十年前就已经来了又去的潮流的重生。其他的,比如坐旗杆、吞金鱼和电话亭填充,来了又去,至少到目前为止,它们从未回来过。

风潮的行为涉及大量匿名的人际互动。人们不会直接交流是否应该吞下一条金鱼或在人群中裸奔,但都知道这种行为是否与时俱进。他们能预测别人对他们的反应。没有人能预测什么时候会出现一种潮流,或者它的实质是什么。

时尚(fashion)比风潮更严肃,因为它源于一些被认为是必要的东西:我们都需要衣服。在世界各地,数十亿美元都被花费在服装上,因此服装的时尚具有相当大的影响力。相对于风潮来讲，时尚更可能是周期性的，过去的时尚往往会再次流行起来。时尚在自我定义和人际关系中扮演着重要的角色。对时尚的选择往往反映了一个人的群体成员身份，或一个人渴望加入的群体的品味。新时尚有时是"有风险的"，因为它们攻击或违反了现有的社会规范，而早期的弄潮儿无疑喜欢这些新时尚所带来的关注。可尽管如此，今天被视为有伤风化的行为，明天可能就会变得索然无味。例如，当胸罩首次出现时，穿胸罩的女性被认为是无耻的，因为内衣会凸显胸部线条。然而，20世纪60年代，当一些女性开始像她们的祖母和曾祖母那样不穿胸罩时，她们也受到了类似的批评。21世纪初，年轻女性穿的低腰牛仔裤也被老一辈人视为挑逗。而时尚不仅仅包含服装：胡子在20世纪50年代是绝对"过时的"，但在70年代和80年代却绝对"流行"。在20世纪60年代和70年代初作为反主流文化的象征的长头发在主流社会中逐渐被接受（在艺术家和音乐家中普遍存在），但随后的潮流转向了短发。到21世纪初，耳环几乎成了青少年男性的时尚。然而，在耳朵上穿耳环只是一个更大的时尚潮流的一部分，后者让许多老年人更加吃惊：身体穿洞已经变得流行起来，并且几乎覆盖了身体的所有部位，包括眉毛、嘴唇和性器官。

既然时尚在不断地变化，它必然发挥了一些重要的作用。虽然这方面没有很深入的研究，但社会学家认为，"赶时髦"既可以标志一个人的地位——或者至少是对地位的渴望，也可以使现代科技社会不那么平淡乏味（Klapp, 1972）。

身份标示

衣服上的**身份标示**（status marking）是为了传达穿戴者的身份（真实的或向往的）。甚至像穿孔这样的时尚也可以用来表明一个人在特定群体中的地位，并可以用来将自己与更"传统"或更保守的人区分开来。然而，近年来，在某些圈子里一直存在着反身份标示的潮流：在新兴的创造性的互联网公司尤其推崇着装要尽可能地随意，它本身也成为一种身份的象征，代表这个人足够重要，因此他没有必要遵循某种着装规范。就在几年前，医生们还穿着实验室的外套，护士们穿着白色的衣服，戴着帽子，人们很容易能从修女的习惯中将她们辨认出来，大学教授们穿着学位服，教职员们穿着商务装。所有这些都反映了特殊的社会秩序，通过一个人的穿着很容易知道他的身份。如今，人们已经不能仅仅根据着装来区分职业人士了。

当然，身份标示并不是什么新鲜事。从历史上看，时尚，尤其是服装时尚，把不同社会阶层的人区分开来，使人们很容易认出贵族或农民。然而，对于那些买得起的人来说，总是有一种诱惑，那就是模仿地位稍高一些的人的服装，这就解释了精英阶层不断变化时尚的一个原因：他们不断寻求与低地位的模仿者区分开来。事实上，有时法律本身就被用来阻止人们穿得比实际社会地位高。例如，英国中世纪的《禁奢法》规定了不同社会阶层的人可以穿什么类型和颜色的衣服，以及用什么装饰。通过禁止人们穿得比他们的身份高，可以避免社会混乱，同时这些法律也禁止奢侈消费和进口外国纺织品。

当然，时尚如今不仅由精英阶层决定；几乎任何一个群体都可能是某种新风尚的来源。因此，时尚不仅仅是为了表明社会阶层；它还可以告诉他人某个人的态度、价值观和生活方式。一个总是穿西装打领带的教授和一个穿运动衫和牛仔裤的教授所表达的观点是截然不同的。对有些人来说，"与时俱进"很重要；他们从"穿着得体"中获得关注和尊重，这可能导致他们盲目地追随时尚潮流。似乎还有一种被广泛理解的服装"语言"，可以让人们"读懂"别人，或者告诉别人关于自己的事情。（回想一下第七章讨论的用来沟通的人工制品。）例如，在英国的一项研究中（Gibbins & Coney，1981），十几岁的女孩基本上对着装风格不同的女孩的特征保持意见一致，包括这些女孩是抽烟还是喝酒，以及她们可能有多少男朋友。这种时尚感是早期获得的：四年级和六年级的孩子已经被发现根据所穿牛仔裤的品牌对他人进行性格推断——包括对友好和受欢迎程度的推断（Solomon，1986）。

平庸

新奇的事物似乎是人类行为的主要助推器（Berlyne，1960）；我们似乎倾向于好奇和被新的刺激吸引。如果所有的车都是灰色的，很多人会更喜欢红色或黄色的车；如果每个人都穿白色的衬衫，有人可能会穿蓝色的衬衫来显得"有点不同"。改变时尚，无论是在服装还是汽车上，都可以对抗平庸，彰显我们的个性。

时尚是如何传播的？虽然这其中包含着传染的要素，但我们有理由相信，大多数人在冒着被嘲笑或被拒绝的风险接受某种新时尚之前都会犹豫。而时尚有着**沟通的两个流程**（two-step flow of communication）（Katz & Lazarsfeld，1955；Rogers，2003/1962）：某地最了解流行趋势的意见领袖是第一个穿上新衣服的人，而他们的行为则向其他人表明，这种时尚是可以接受的。（回顾第六章关于接受创新的讨论。）

要点：风潮是无聊的行为，它在整个社会中迅速传播，除了新奇和作为快速发展的社会趋势的一部分所带来的乐趣以外，通常没有任何目的。虽然在过去，服装时尚是用来划分阶级界限的，但现在已经不是这样了，一个人对服装的选择是为了表达自己，也为了对抗无聊和平庸。

社会运动

2011年9月,"占领华尔街"运动占领了纽约市华尔街地区的祖科蒂公园,这次运动由总部位于加拿大的反消费主义组织 Adbusters 发起,他们曾出版了以 Adbusters 为名称的著名的国际运动杂志。这些反对者的口号是:"我们是99%。"旨在引起人们对收入最高的1%人群的巨大财富与其他人群相对微薄收入之间收入差距的关注,他们的目标是实现银行改革、公平分配财富、社会平等和复兴民主。但是,即使当局有动机去做某些改变,但由于该运动没有对上述目标实现的程度提出具体要求,这使得当局无法考虑任何形式的妥协。短短几周内,这个理念迅速传播开来,占领抗议运动迅速在世界各地的城市爆发,从亚美尼亚到加拿大,塞浦路斯到以色列、新西兰、尼日利亚和瑞士。总共82个国家、城市的公共空间经常有示威者竖立起的帐篷。虽然此举得到了社交媒体的声援,但为什么占领运动的信息会在如此多的不同意识形态的社会中产生如此强烈的共鸣?这是一场全球性社会运动的开始吗?它为什么没有持续下去?

社会运动(social movement)被定义为自发组成大型团体以实现成员共同目标的行动建立起来的广泛群体(Milgram & Toch,1969)。对社会运动的研究与我们已经了解到的人类群体行为有着重合之处,因为这类运动包括集会、抗议游行,有的甚至会引发骚乱。一般来说,社会运动要么是为了促进社会变革,要么是为了抵制社会变革,它吸引的是那些认为存在问题并且可以采取措施解决问题以及想要采取些措施的人们(Toch,1965)。最初,并没有明确的规则、规范或者程序来定义人与人之间的互动。然而,随着人们开始联合,领导者逐渐显现出来,他们明确了运动的具体目标,选择了运动策略,并进行了人员招募工作。现代历史上发生了许多社会运动,它们的发生对社会发展有着戏剧性的和基础性的影响。例如,妇女投票权运动、美国民权运动、现代女权运动、同性恋权利运动、甘地的退出印度运动、曼德拉的反种族隔离运动等。这些社会运动被认为是集体行动的一种形式,因为它们最初的发展和传播或多或少是自发的,不受运动发起者的控制。一场运动能否真正扎根并成为社会变革的主要力量,不是任何个人和团体所能决定的。

社会运动通常开始得很慢。有些组织很快就会消亡,而另一些组织则会成长并最终演变成一个正式的组织,并继续追求渴望的社会变革。这样的群体可以持续数年、数十年甚至更长时间。罗灵格和斯诺(Rolinger & Snow,2003)已经确定组成社会运动的四个基本概念:不满、象征、情感和身份。

1. 不满:如果人们没有广泛的、共同的不满,社会运动就永远不会出现。

2. 象征：这是指人们如何选择一个特定的目标来作为他们不满的象征，然后决定他们需要采取的行动来减少或者消除这些不满。领导者能够清晰地表达他们的目标，激励人们采取行动，并向更广泛的公众解释他们的目标，从而吸引更多的人加入运动中来。

3. 情感：情感因素在社会运动的发展中起着重要作用，正如它在许多集体性行为中所起的作用一样。对某一问题的强烈情感会促使个人全身心地投入运动中去，并为这项社会运动而努力工作。这样即使在短期内遇到挫折，运动也能长期持续下去。

4. 身份：那些参加社会运动的人通常会对它产生强烈的认同，并有一种"我们与他们"的感觉。这种认同有助于激励人们坚持这项运动，并努力实现这项社会运动的目标。

但是，既然这个世界充满了不满，为什么社会运动会在某些情况下出现，而不是在其他情况下出现呢？社会运动的出现不能简单地归咎于饥饿和贫困，或社会和经济的不平等，因为这些状况在世界许多地方已经存在了几个世纪，却没有可能导致社会运动的具体迹象。通常重要的往往不是实际的贫困程度，而是相对贫困程度。（回想一下第三章和第十章我们关于社会比较的讨论）。当人们把自己和其他相应的群体进行比较，发现其他人——看上去不公平的——比他们自己生活得更好时，人们会产生失望和不满的情绪。这为社会动荡提供了基础，而社会动荡是社会运动发展的基础。在英属哥伦比亚、新南威尔士或者新德里生活的贫苦的人们，当他们与比自己拥有更好的房子和更高收入的邻居做比较时，可能会感到沮丧，但如果他们不认为自己是被剥夺群体的一部分——也就是说，他们的比较停留在人与人之间的比较（而非群体与群体之间的比较），那么集体性的行动就不太可能出现。正是群体与群体之间的比较助长了社会运动，而这种比较不一定是在住房、食物或者物质财富方面；它可能反映出在更广泛的社会中权利或地位的感知差异。但是，要发动社会运动，贫困群体的成员也必须认识到他们的贫困是不公平的。如果人们认为这些权力和财富的差异是上天注定的，或者是由于他们的自卑造成的，他们很可能会顺从地接受自己的地位。当然，只有人们觉得有机会发生改变时，他们才会开始酝酿变革。在有些国家，对变革的要求可能会引发大规模的报复，社会运动很快就会被扼杀。（回顾第十二章关于群体边界的合法性、稳定性和不可渗透性的讨论。）

然而，那些领导和参与社会运动的人往往不是穷人，不是处于劣势地位的人，也不是"芸芸众生"。社会运动通常由受过良好教育、原则性强、剥夺感不强的个人所领导，这些人会主动为公平对待那些太过软弱、组织太过混乱、政治观念太过幼稚、无法满足自身需求的人而奋斗。世界上的圣雄甘地和纳尔逊·曼德拉之所以发起运动，并不是由于他们自身被剥夺，而是因为他们对人类同胞的原则性关怀。

最后，值得注意的是，并非所有的社会运动都源于被压迫者的正当不满。例如，想想一些欧洲国家的反移民社会运动，其中一些已经演变为政党。美国右翼势力茶党运动是另一个例子；它利用公众对政治体制的愤怒来促进减税和减少政府开支，要求政府不干涉人民生活和反对"社会主义的"医疗保健政策。

社会运动的类型

社会运动的目标有的非常一般（例如为妇女争取平等权利，或为发展中国家争取更好的工作条件），也有的非常具体（例如防止英属哥伦比亚森林的砍伐或者反对世界贸易组织）。**改革运动**（reform movements）和**革命运动**（revolutionary movements）有一个很重要的区别。改革运动接受社会的基本结构，并尝试部分修正它（Blumer, 1969），而革命运动则寻求推翻现有的社会秩序。因此，革命运动往往地下运作，而改革运动则往往显得体面，并试图通过讨论和说服来获得支持。改革运动试图赢得中产阶级的支持，而革命运动通常吸引那些被压迫或痛苦的社会群体。

社会运动的过程

虽然有例外，然而社会运动通常经过以下一系列的四个发展阶段（Blumer, 1969；Macionis & Gerber, 2011）。

1. 出现：一场社会运动在其诞生之初，往往反映的不过是社会动荡，对当代社会的不公的不满以及对新社会的梦想。在这个阶段，往往只有不满。妇女参政运动、妇女解放运动和同性恋解放运动都是在不同的个人对自己在社会中扮演的角色表达不满时开始的。此时社会运动还没有明确的目标，鼓动者很可能会扮演重要的角色，因为他们试图让人们意识到当代社会的缺点。这种"意识进步"很重要，因为除非其他人意识到他们明显承受的问题，否则他们不太可能对这场运动表现出兴趣。

2. 联合：渐渐地，关于问题原因和目标的更明确的想法出现了，大众的兴奋感递增。越来越多的人被吸引到这个运动中来，一些人是由于他们认同这个运动而加入，另一些人则是因为他们认为加入这项运动的潜在利益大于成本（Simon et al., 1998）。当代社会秩序面临的挑战更加频繁、更加艰巨。然而，这往往会引发那些在社会中掌握正式权力的人的抵制。

3. 制度化：随着社会运动动力的积聚，它逐渐呈现出有领导者进行领导，有职责分工、有议事日程的层次分明的组织形式（Blumer, 1951）。正式的政策得以出台，政治家当选社会运动的领导者。一种意识形态或者一套社会信念、神话和学说也随之发展起来。这种意识形态界定和捍卫了该群体的目标，谴责了现有的社会秩序，概述了他们的政策和策略，并包含了该群体的一些神话故事。这个群体的知识分子通常提供了一种非常受人尊敬的正式意识形态，并且可以抵御运动之外的某些知识分子的攻击。然而，由情感符号、刻板印象等构成的意识形态也十分受大众欢迎。

4. 衰落：每一项社会运动都有走向衰落的时候，衰落要么因为成功，要么因为失败。社会运动失败的原因有很多：由于内部分歧而分裂成相互竞争的派别；当局的镇压；或者被领导者放弃。社会运动的成功也会导致它的衰落。随着时间的推移，社会运动在社会中获得了更多的支持，激进的要求逐渐减少（Milgram & toch, 1969）。这使得该组织对整个社会的威胁减少，并导致社会运动制度化，演变为一个具有正式结构和具体职责分工的固定组织，并成为常规社会的一部分。另一种结局是，社会运动可能会被现有的、更强大的社会组织吸收或者兼并，而这个更强大的社会组织会被认为更适合承担该运动的事业。

社会运动是一个重要的变革引擎，它迫使社会对长期被忽视的社会问题或者不断变化的社会需求做出反应。随着昨天的社会运动成为今天的制度，新兴运动以及一些大规模和相对较小的运动都逐渐成长起来。即使在僵化的社会中，社会运动有时也会生根发芽，尽管它的发展遭受了强劲的阻力。回想一下纳尔逊·曼德拉（我们在第三章中讨论过），他是怎样在南非的监狱里度过了很多年之后得以雄起，成了这个国家的总统。

要点：社会运动是社会变革的引擎，它们在世界各地的社会中持续发挥着重要的作用。它们的发展反映了社会内部普遍存在的不满情绪，以及为消除不满情绪而改变社会的努力。

结语

让我们回想一下约翰·邓恩所说的"没有人是一座孤岛，在大海里独居。每个人都像一块小小的泥土，连成整个陆地"。当我们更深地了解到自己天生具有模仿他人的倾向，当我们看到情绪、行为和信仰是如何在群体或整个社会中传播时，邓恩的话就具有新的含义。无论我们是否意识到，我们彼此之间的相互影响都是持续而有力的。

内容概要

1. 集体行动是在一群人中自发出现的行为。它是相对无组织和无计划的，是参与者之间相互刺激的产物。

2. 有一种观点认为，拥挤的人群具有共同的思想，人群中的个体放弃了自己的个性、责任和理性。这种观点是错误的，但却成为一个广为流传的神话的一部分。

3. 人口密度并不等同于拥挤，拥挤是一种令人厌恶的心理状态，文中提出了拥挤的四种模型：感官超载；高密度；失控；以及一种归因模式。一般来说，一个人的控制感似乎决定了一个高人口密度的环境是否拥挤。

4. 集体行动可能会在没有人际接触的情况下发生。这些行动包括风潮、时尚以及情绪、狂热、焦虑、恐惧和敌意的传染。

5. 传染是指通过暗示、谣言和模仿的方式在人群中迅速传播信念、情绪和行为。

6. 对反社会行为的一种解释来源于"去个体化理论"，它指的是个人认同感的丧失导致行为的正常约束的降低。据说，导致去个体化的因素包括丧失可识别的特征（如戴着面具）、丧失责任感、刺激性的团体活动、有限的时间观以及个人生活中出现的失去通常约束的新情境。

7. 去个体化理论缺少有力的实证支持。最近的一项理论研究——去个体化理论的社会认同模型（SIDE）——已经得到了相当广泛的经验支持。它基于社会认同理论以及与突出的社会身份相关的规范。

8. 群体心因性疾病是指在没有身体原因的情况下，伴随着强烈的情绪反应而产生的身体症状的传播。这通常是由一些不寻常的事件引发，它们发生在持续的压力或焦虑的心理背景之下，并与谣言的传播相关。

9. 不确定性、结果相关性、个人焦虑和可信度都会影响一个人是否可能受到谣言的影响并传播谣言。

10. 风潮和时尚与身份标示有关。身份标示代表人们对特定群体的认同，以及将自己与其他群体区分开来的愿望。

11. 社会运动是为支持共同目标而自发形成的大规模群体。它们往往是通过社会动荡、群体兴奋、正规化和制度化等阶段发展起来的。

拓展思考

- 为什么普遍认为群体会发展出自己的思想，而作为个体，我们却并不认为自己在人群中会放弃理性？
- 大规模的反社会行为发生时，当该行动的受试者接受采访时，他们说自己并不知晓在他们身上发生了什么事情，他们只是路过被卷入正在行动的人群当中。这种说法是故意逃避责任，还是说他们这样解释更倾向于为他们自己内心的负罪感进行自我开脱？

●如果你身上有文身或者穿孔，你是做了一个理性的选择，还是出于试图与对你来说重要的人打成一片的考虑并同时为了将自己与其他社会阶层的人区分开来而这样做？

●毫无疑问，我们都助长了谣言的传播。如果似乎有重要的事情正在发生，但又缺少直接信息，那不去散布谣言是明智的吗？

延伸阅读

Bartholomew, R. E. (2001). *Little green men, meowing nuns and head-hunting panics: A study of mass psychogenic illness and social delusion.* **Jefferson, NC: McFarland.** 这是一份对各时代集体行动的优秀研究成果。作者运用中世纪至今的案例历史，探讨了大众歇斯底里症和社会妄想心理学。

Fine, G. A. & Ellis, B. (2010). *The global grapevine: Why rumours of terrorism, immigration and trade matter.* **New York: Oxford University Press.** 作者探讨了当代谣言的四个主要焦点：移民、恐怖主义、国际贸易和旅游。该研究是根据这些集体行动如何反映出它们所在文化的焦虑而展开的。

Goodwin, J. & Jasper, J. M. (Eds) (2009). *The social movements reader: Cases and concepts.* **New York: Wiley.** 这是关于世界各地社会运动的文章汇编，讨论了社会运动理论和经验方法的研究动态。

Mackay, C. (1841/1932). *Extraordinary popular delusions and the madness of crowds.* **New York: Farrar, Straus and Giroux.** 这是19世纪中期的一部经典作品，讲述了历史上一些大型的集体妄想。符合时代精神的集体行动被认为是非理性的，甚至是病态的。

网页链接

http://www.badfads.com/，一个娱乐网站，展示了无数来了又去的风潮。

http://www.snopes.com/，一个可信度非常高的网站，致力于探讨都市传说、谣言和神话。

http://www.prisonexp.org/，菲利普·津巴多的网站，致力于讨论和描述他在斯坦福监狱的研究。

http://www.bbcprisonstudy.org/bbc-prison-study.php?p=17，一个描述BBC复制斯坦福监狱研究的网站。

第十五章 应用社会心理学

没有什么比一条好理论更富实践意义。

——库尔特·勒温（Kurt Lewin）

学习目标

- 了解在司法审判中目击者证言的局限性
- 了解陪审团的动机以及研究方法
- 理解两种类型的正义，以及我们如何判定一个判决是否公正
- 了解人们对于公正的基本信仰
- 了解心理学对健康、社会经济地位、压力、社会支持、认知控制、个性气质的影响
- 了解亲密关系可以保护健康，孤独会危害健康
- 探讨医疗保健治疗的心理过程，包括病人和医师之间的沟通，以及令人烦恼的病人不服从医嘱的问题
- 运用理论模型来研究人们是如何做关于自身健康的决定以及如何按照这些决定行事的
- 了解康乐并非只是没有疾病

社会心理学远不只是一门学术性的科目，在悠久的历史中，它的理论和研究成果被广泛应用于现实世界的各个场合——学校、医院、体育、劳资谈判、环境规划、国际冲突解决等。在前几章中，我们已经看到了应用社会心理学的许多实例。例如：对语言的研究使得第二语言的学习方法得到了改进；关于亲密关系的研究已经应用在增进人际关系上；关于说服的研究衍生出许多行之有效的广告技术。当然了，除此之外，关于偏见的研究在反对歧视的社会斗争中也扮演着重要的角色。

在本书的最后一章，我们聚焦当代社会心理学应用的两个重要领域：正义与法律以及健康和幸福。在有人被误判为有罪的情形下，社会心理学可以告诉我们什么？为什么目击证词通常是不可靠的，如何对它进行改进？成千上万的人死于吸烟，我们该怎么办？社会心理学可以被用来帮助现在的吸烟者放弃这种自我毁灭的行为吗？

社会心理学和法律

图 15.1 　法庭场景
资料来源：Everett Collection/Shutterstock

现代生活中很少有事件会像刑事审判那样有着引人注目的戏剧效果。不计其数的小说、电影以及电视节目都围绕着一系列熟悉的法律事件展开。那些紧张而富有对抗性的气氛，被告、受害者、家属和律师所面临的后果，以及对同一证据的不同解释所产生的冲突，都为观察人类社会行为提供了一个引人入胜的舞台。因此，心理学者们从法律规则构建伊始就开始关注法律体系，也就不足为奇了（Munsterberg，1908）。审判庭中的事件构建出一个微型人类社会，在这个微型社会中，因为成败在此一举，所以日常的社会心理过程都被放大了（Pennington & Hastie，1990）。思考下列问题：

- 警察接受目击者报告。目击证人是否可以准确地回忆并进行报告？
- 警方在目击者和其他证据的基础上对犯罪行为提出假设。这些假设是怎样影响他们的犯罪调查以及他们对证据的解读的？

- 犯罪嫌疑人被警方逮捕并列入辨认队列。警方是否可以巧妙地向证人施加压力促使其辨认身份，或者队列本身就偏向了某一身份？
- 案件正在审理阶段。控方和辩方律师的说服力如何影响陪审团？陪审团的偏见是怎样影响判决结论的？

审判

证人

尽管物证——比如一个手印、一份文件或者 DNA——或许是可以取证的，但最有说服力和决定性的证据往往是目击证人的证词。目击者是一个可以识别犯罪者并且描述案发事实的人（Loftus, 1974, 1979; Lindsay, Wells & O'Connor, 1989）。

即使目击证人可能试图诚实地陈述事实并做到真实准确，我们也应当要考虑两个问题：（1）目击证人的证词通常准确吗？（2）那些法官和陪审团相信这样的证词吗？让我们基于研究证据来考虑这些问题。

目击证人的准确度

在过去，一个素描艺术家会和目击证人坐在一起，他会基于目击证人描述的细节作画。现如今，复杂的软件可以提供许多不同类别的面部特征素材（比如发型、下巴、耳朵、眼睛），在每个类别中会有许多选项，例如，有33种山羊胡和593种鼻子形状。一旦一个特征被选中，它可以根据目击证人的提示来移动或者调整大小。在几个目击者各自绘制出目标人物的草图后，软件会将各种图像组合成一个合成图，这个合成图像通常比每个人单独绘制的草图更为精确（图15.2）。

我们能信赖目击者的准确性吗（Wells, 1978）？思考以下事实：将无辜的人错误地判处有罪，最常见的原因就是目击证人的错误陈述（Wells, Memon & Penrod, 2006）。然而即使如此，研究者发现，陪审团依然还会高估目击证人证词的准确度（Wells & Hasel, 2008）。

几十年前，也就是在1972年，美国最高法院出台了评估目击证人证词的五条标准：

1. 目击证人在犯罪时间犯罪现场有清晰见到罪犯的机会。
2. 目击证人关注这起事件的程度。

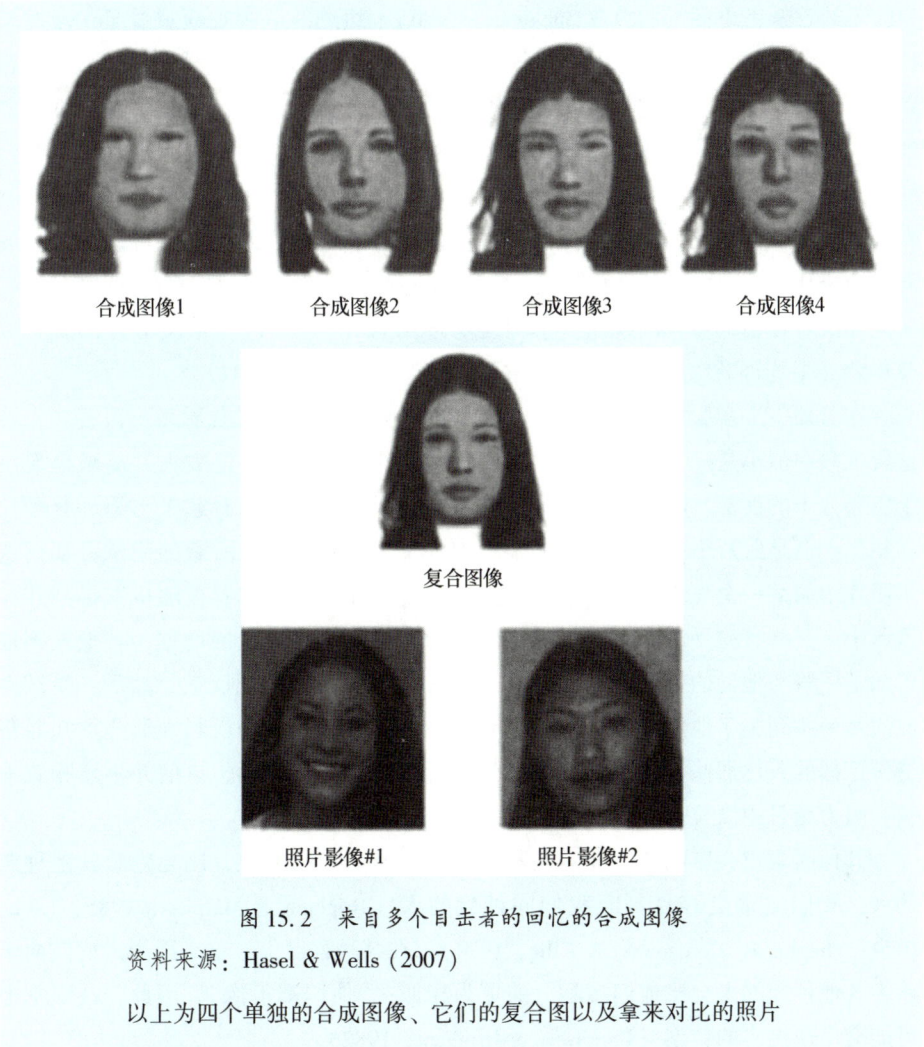

图 15.2 来自多个目击者的回忆的合成图像
资料来源：Hasel & Wells (2007)
以上为四个单独的合成图像、它们的复合图以及拿来对比的照片

3. 目击证人在会见被告人之前对犯罪分子的描述是否准确。
4. 目击证人对他/她看到的事情的自信程度。
5. 犯罪事件和证词的时间差。

  大多数人，比如陪审团，会认为这些标准是合理的（Kassin & Barndollar，1992），但并没有充分的理由使我们确信，它们中的任何一个能确保我们免受证人错误的影响（Wells& Murray，1983；Krug，2007）。例如，有研究表明，事件发生期间（日间、黄昏、夜晚）的光照水平不一定会使预测的精确度提高。此外，自信程度和精确度之间的关系并不一致（Wells，Olson & Charman，2002）。

不妨看一下下面的研究（Buckhout，1980）。纽约的电视观众观看了一段时长127秒的模拟视频，在这段录像中，一个小偷偷走了一位女士的钱包，然后径直跑向了摄像头。随后，研究人员向观众展示了6个人的辨认队列，其中包括真正的罪犯，然后这些观众被邀请去鉴别哪个是真正的罪犯。在2145名打电话给电视台的观众中，只有15.3%的人正确地指认出了抢劫犯，这与人们纯粹凭运气就能预料到的情况非常接近。事实上，33%的人鉴别出了那个白人攻击者可能是黑人或者是西班牙裔，一些人甚至认为同一个演员过去也曾伤害过他们！在其他实验中，研究受试者在估计罪犯的身高（平均误差为20厘米）、发色（错误率为83%）以及年龄（平均误差为8岁）上显示出了巨大差异（Loftus，1979）。

在另外一个实验中（Wells & Olson，2002），实验受试者观看了一段视频，在这段视频中似乎是一个恐怖分子正在安放一颗炸弹。镜头一度放大并清晰地聚焦于犯罪分子的面部。随后受试者看到了6张辨认照片，他们看起来与恐怖分子长相相似，但是照片中的人都不是那个恐怖分子。尽管如此，所有的受试者都指认了照片中的某一个人为犯罪分子。在他们做出选择后，受试者被随机安排到几种情形中。一些实验受试者得知了一些似乎能够证实罪犯身份的证据，其他人则被告知了一些与他们的指认相悖的证据，还有一些人没有得到反馈。然后，受试者被问及一系列关于他们对自己的选择有多自信的问题。正如所料，那些得知罪犯身份证据的人比那些没有得知证据的受试者更有信心。然而，自信并不意味着准确：因为题目中没有一个选项是正确的。

其他因素也会影响我们准确判断一个人的能力。比如说，比起判断其他种族的人，我们通常更容易判断我们同种族的人（Brigham & Malpass，1985；Luce，1974；Shepherd, Deregowski & Ellis，1974）。在某种程度上，这是因为人们倾向于认为其他种族的人会比他们实际上的更为相似；"他们都很像"，因此，在识别上可能会出现更多的错误（Barkowitz & Brigham，1982）。

通过对涉及16950名研究受试者的128个相关实验的元分析，夏皮罗和彭罗德（Shapiro and Penrod，1986）发现，许多变量都会影响面部识别的准确性。这些研究包括受试者是否会推测心理特征或者寻找面部的独特特征；目标人物的面部是否被视为独特的或不同寻常的；目标人物的面部是否在从目击到确认这个时间段内以某种方式（眼镜、发型或者表情）发生了变化；以及这种识别（即记忆）是否在与目击时相同的环境中被验证过。

记忆扭曲

目击者日后可能会接触到有关该事件的、往往具有误导性新信息或者是调查人员、律师提出的"引导性问题"。因此，对事件的回忆可能会变得扭曲（Loftus，

1992)。在一项调查研究中，受试者观看了一场模拟交通事故。然后他们收到了一份事故的书面报告，这份书面报告提供了某些不正确的信息。例如一个停止标志被报告为一个让行标志，受试者观看这个报告后倾向于认为他们曾看到是一个让行标志（Zaragoza & Mitchell，1996）。

目睹真实的或是潜在的暴力所带来的压力可能会扭曲证人对事件的记忆（Yarmey & Jones，1983a）。比起罪犯，证人们更倾向于关注那些不同寻常的事情或者重要的物件，如武器或者伤者（参见 Yarmey & Jones，1983b；Christianson & Loftus，1991）。关于情感压力和记忆之间的关系的研究表明，在这些条件下，目击者在重要细节方面的记忆往往相对准确，但对周边细节的记忆则相对不够准确（Christianson，1992）。然而，在另一项实验中（Porter，Spencer & Birt，2003），受试者观看了一系列事先展示的能唤起正面情绪或者不安情绪的照片（如一场死亡事故的照片），或者是中立的照片。然后，每组中有一半的人被暗示了诸如图片中有巨大的动物这样的误导性问题。然后，所有的受试者都被要求回忆这些场景并且被提问了一系列问题，其中一些问题包括了并不存在于图片中的动物。正如所料，那些先前接触过误导性信息的受试者增加了对这幅画的错误记忆，特别是当强烈的负面情感被唤起的时候。

警方的队列辨认

在队列辨认中，一个目击者被要求从一群长相相似的人中指认出罪犯，目击者们更倾向于从辨认队列中指认出罪犯——而且他们往往是错的——而不是指认某一嫌疑人（Gonzalez，Ellsworth & Pembroke，1993；Brewer & Palmer，2011）。这是为什么呢？有人认为，指认出一个嫌疑人需要绝对的判断——"这就是我看到的那个人"，而一排人会导致一个相对的判断，即哪一个人最符合目击者对行凶者的记忆。此外，目击者的信心并不能表明他判断的准确性（Sporer，Penrod，Read & Cutler，1995）。

在某种意义上，警察在测试他们对于嫌疑犯的假设（Yarmey，1979；Wells & Luus，1990），据此，我们可以将队列辨认看作某种类似的研究程序（参见第一章）。这个过程可能会受到"实验者偏差"的影响，例如，嫌疑犯可能置身于一群身着制服的警官中间，这些警官往往将目光微微转向被告（Gilligan，1977）。在其他情况下，整个队列都是案件中的嫌疑人，这可能会增加误判的可能性，因为他们都显示出紧张的迹象（Wells & Turtle，1986）。不同的提示（例如受试者是否被告知罪犯分子在队列中）同样会影响被试者的反应（Kohnken & Maass，1988）。给目击者看脸部照片可能会使后来的辨认产生偏差（Brigham and Cairns，1988）。队列的关键特征不是绝对人数，而是有效人数。例如，如果已知嫌疑人是胖子，并且队列中只有两个胖子,那么有效人数只有两人,并且其中一个被完全偶然地识别出来的可能性是50%。

研究表明,辨认队列中的一些变化会提高准确性(Brigham& Pfeifer, 1994; Wells, Small, et al., 1998)。首先,队列阵容必须足够大,以使随机选择错误的人的概率相对较低(Wells, 1984)。更好的办法是采用类似于药物研究的双盲程序,即进行调查的个人和队列中的其他人都不知道嫌疑人是谁。与法律专业人士合作的社会科学家可以制定在科学上站得住脚并且符合司法公正的列队方法(Brewer& Palmer, 2011)。

要点:目击者的证词,无论是在审判中还是在警方的队列辨认中,通常都是不准确的,并且往往会由于陈述和引导性问题而被歪曲。目击证人的自信并不一定意味着证词准确。

证词

怎样才能成为可信的证人?

许多判决取决于证人的可信度。证人通常有两种类型:目击者和专家证人。专家证人可以协助陪审团评估他们可能难以理解的证据,如受虐待妇女对施暴一方做出的暴力性反击。当专家证人对被殴打妇女的受虐综合征和压力情况或是她所处的社会环境做出阐释后,模拟陪审团会做出更为宽大的判决,或者接受自卫的申辩(Schuller, 1992; Schuller & Hastings, 1996)。他们也可能指出,公众通常对于虐待的看法——如"女性随时可以自由地走开"——是不准确的(Schuller, 1994; Schuller & Vidmar, 1992)。有趣的是,那些强烈认为在"公正世界"里受害者应对自己的命运承担责任(回忆第二章)的人,是不太可能接受诸如受虐综合征这样的专家证词的(Schuller, Smith& Olson, 1994)。

事实上,心理学家经常在民事案件和刑事案件中充当专家证人,为相应的心理学主题(如目击者的可靠性)作证,并提供有关临床评估、认知的发展因素以及心理研究的其他相关领域的信息(Cutler & Kovera, 2011; Loftus, 1983)。然而,一些心理学家认为这样的证词是不合时宜和不必要的,并且不大可能对陪审团产生很大的影响(McCloskey & Egeth, 1983; Maass, Brigham & West, 1985)。此外,模拟陪审团的研究表明,专家证人并不总是被陪审员采信,他的证词并不一定会影响审判结果(Neal, Christiansen, Bornstein & Robicheaux, 2012)。然而,当陪审团成员从严格的法律适用中解脱出来,并被鼓励亲自进行判断时,他们更有可能接受这样的专家证词(Schuller & Rzepa, 2002)。

引导性提问

许多国家的审判都是建立在律师毫无保留地为某一方进行辩护的制度之上。接到传唤的证人提供支持其中一方的证据,并且可以接受另一方的盘问和质疑。盘问有时会通过某些细节上的错误来推翻证人的证词。然而即使目击者的证词受到了质疑,陪审团有时依然会采信这些证词(Loftus,1974),大部分研究表明,目击证人的证词的确会受引导性问题的影响而被质疑(Kennedy & Haygood,1992)。

一系列的实验表明,证词会受到语言或者问题的影响(Loftus,1979)。在其中一项研究中,研究人员向受试者展示了一段视频,视频中有一辆绿色汽车途径了摩托车的事故现场。看完视频后,研究受试者立即被问及他们看到了什么。有些人被提问,"经过事故现场的那辆蓝色汽车车顶上有滑雪架吗"?另外一些人被问到同样的问题,但问题中不含有"蓝色"这个误导项。之后,研究受试者被要求从一组色卡中辨认汽车的颜色。大多数被问及绿色汽车的受试者选择了一种与汽车实际颜色十分匹配的绿色。然而,那些被问及蓝色汽车的人选择了与前面引导问题中一致的蓝色。这种引导效果在间隔20分钟之后出现并且可以持续一周以上。

当然,精明的律师知道运用引导性问题的技巧。抗辩过程的本质可能会产生微妙的偏见。在谢帕德和维德马(Sheppard & Vidmar1980)的一项研究中,研究人员向受试者展示了一段打斗录像。他们被告知将要在一场模拟审判中作证,并讲述他们所看到的一切,而审判前律师可能会联系他们。其他没有观看录像的学生被分配到了律师的角色,他们当中有的代表原告,有的代表被告,还有一些代表法庭的中立角色。观看过录像的受试者接受了与"律师"的谈话,并且陈述了他们的证词。一名"法官"和两名观察员对证词的准确性和倾向性进行了评估。观察员和法官都发现那些被中立律师采访过的证人的证词没有什么倾向性。然而,那些受某一方律师采访的人却给出了有利于该方的证词。在实验结束并接受采访时,没有一个研究受试者意识到自己受到了律师提问方式的影响。

提高证词可信度

研究表明,提供证词的程序可以被改进(Wells & Olson,2003)。在一项研究中(Marquis, Marshall & Oskamp, 1972),研究受试者观看了一部电影,电影中两个年轻人目睹了一名女性行人被一辆汽车撞倒,随后她的男同伴和司机发生了争执,旁观者也随之卷入了争吵。训练有素的观察员先前已经确定了844个关于电影中人物和事件的截然不同的事实。所有研究受试者首先被要求尽可能详细地报告所发生的事情。随后他们受到以下四种形式之一的提问：(1) 宽泛的一般性的问题；(2) 直接询问具体问题；(3) 强迫选择引导性问题，相当于咄咄逼人的盘问；(4) 大多数学生熟悉和喜爱的多项选择题。结果表明，每种提问技术各有优缺点。不加限制的进行回忆能够提供更为准确的信息，但同时也缺少细节。在更直接的询问下，准确性有所下降，但证词变得更加完整。也许在提供证词的早期阶段，证人应该被允许在限制尽可能少的情况下自由地陈述。然后接下来的提问才可以引出更多的细节。

要点：证人证言可能会被引导性问题扭曲，但在具体的封闭式问题前提出一般性的开放式问题可以提高证词的准确性。

陪审团

像加拿大、美国、英国、澳大利亚和新西兰这样的国家都将"同行陪审团"奉为审判原则，并假设这个陪审团是"公正的"群体（Vidmar & Schuller, 2001）。在法国、俄国和巴西，陪审团审判的是更加严重的罪行；而在印度、荷兰和中国则没有推行陪审团制度，有罪或无罪只由法官决定。日本和德国采用法官和陪审团混合制度。显然，陪审团制度的性质会随着国家、历史和文化的不同而不同（Kaplan & Martin, 2006）。

陪审团是一个互动的群体。事实上，对陪审团如何做出决定的研究不仅有助于法律体系的发展，也有助于我们理解群体是如何发挥作用的（Bornstein & Greene, 2011）。然而，恰当地设计有关这种社会心理过程的研究是具有挑战性的，实验不太可能直接干预实际审判。在某些司法辖区，在审判后采访陪审员是不合法的。因此，研究者运用模拟审判，在这些模拟审判中将证据和论点以口头或者书面的形式简明地呈现给实验受试者，也许是律师的论点，也许是法官的指示，也许是证人亲自上场或者是扮演在录像中的角色。有时还会由演员们来扮演律师、法官、证人和被告的角色。随后，小组必须仔细讨论并且做出裁决（Bray & Kerr, 1982）。

这些模拟是否展示了法庭上的真实情景？真实的陪审团接触到的信息要丰富得多，包括重要的非语言线索。此外，真正的陪审团做出的决定可能会产生严重的后果。这一结论得到了一项模拟研究的证实，其中一组学生被告知要对一个被指控作弊的学生进行判决，引导员将接纳他们的判决，而其他组被告知这个事件是假的。在看上去真实的案件中，陪审员更有可能将被告定性为有罪，并且判决不太可能受到被告性格的影响（Wilson & Donnerstein, 1976）。有证据表明，在进行裁决时，由学生组成的模拟陪审团比起从现实陪审团中挑选的群体更有可能将被告无罪释放（Simon & Mahan，1971），尽管麦肯和基尔（MacCoun & Kerr，1988）事先排除了学生组和社会组受试者之间的偏差。然而，模拟陪审团可以有相当程度的实验现实主义（第一章），所以不能被排除在外。

陪审团公正吗？

陪审团制度的基本概念是一群"同行"审判的权利，他们被认为是公正的。但这一预期是合理的吗？研究表明，陪审团的潜在偏见可以通过多种方式产生——通过法官的指令；通过媒体提供的信息；以及在实验中，通过实验者给出的指令（Burke & Freedman，1996；Pfeifer，1999）。

那么媒体对此有哪些影响呢？涉及法律的节目是否存在系统性偏见？如果是这样，这种偏见会影响潜在的陪审员吗？其中一种偏见就是所谓的 CSI 效应。它是依据一个很受欢迎的电视节目《犯罪现场调查》（*Crime Scene Investigation*）而命名的，该节目讲述了利用科学来解决案件的过程（Kim，Barak & Shelton，2009）。看过这一节目的陪审员有时会期望法庭提供 DNA 等法医物证，如果没有这样的物证，他们会假定没有提出证明有罪的证据，从而对证据的怀疑超出了合理的范围（Hayes-Smith & Levett，2011；Park，2011）。

长期热播的《法律与秩序》（*Law and Order*）这部电视连续剧则是另一个可能导致陪审员产生偏见的例子。谢德曼（Shniderman，2013）认为，该节目和其他类似节目传达的信息削弱了无罪推定，掩盖了对被告权利的侵犯。在这部剧中，其中一个警官偶尔会在审讯过程中对嫌疑人采取强制甚至暴力的行为，而这侵犯了那个人的权利。此外，在该剧中，人们对目击者证词准确性的信任超过了实证研究所能证明的程度。

我们能通过认真挑选组成陪审团的成员来降低陪审团的偏见吗？在美国，社会心理学家会充当选择陪审团成员的顾问，尽管大家对于他们的贡献会有所怀疑（Lieberman，2011）。我们能在多大程度上预测某个陪审团成员的倾向？年龄较大、受教育程度较低和社会经济水平较低的陪审员更有可能判定嫌疑人为有罪（Nemeth，1981）。男性和女性陪审员只有在强奸案中才表现出不同的看法；女性陪审员更有可能判定有罪并支持严厉的判决（Nemeth，1981）。在询问潜在的陪审员时，明显的偏见会比较容易发现。然而，更微妙的偏见可能会影响他们的决定。在一项研究中（Pfeifer，1999），作为陪审员的研究受试者观看了一场审判的视听演示。由一名男性或女性扮演的检察官正积极地向一名顺从的男性而非女性被告提问，研究受试者认为当检察官是女性时，被告被判有罪的可能性较小。有趣的是，男性陪审员也认为女性检察官比女性陪审员更有效率。因此，研究受试者以一种间接的或"象征性"的方式表达了他们的性别歧视,他们通过投出"无罪"票来降低违背了刻板印象的女性检察官的地位。

许多陪审员在陪审期间被隔离了很长一段时间,他们经常感到压力、抑郁、无望和无助,难以集中注意力和记忆力,自信心下降并且感到孤独:这是一种"孤独综合征"(Chopra, Dahl & Wrightsman, 1996)。这不利于公正和谨慎的决策。

当然,法官可以通过法律条文和对证据的肯定来影响陪审团。当模拟陪审团认为一个案件中女被告杀死了虐待她的配偶,采取"客观"标准的法律条文(一个普通人在这种情况下会如何表现)往往会比采用"主观标准"(即被告人是否认为自己当时处于危险当中)的人更有可能被定罪(Terrance, Matheson & Spanos, 2000)。请注意,陪审团并不总是听从法官的指示,例如无视证据(Tanford & Penrod, 1984)。如果法律条文冗长且技术性很强,陪审团成员们可能无法理解它们(Hafer, Reynolds & Obertynski, 1996)。

要点: 由于不可能对实际的陪审团审议过程进行研究,大多数研究者都是利用给定案例摘要的模拟审判团进行讨论和决定来进行研究。许多潜在的偏见可能会影响到陪审团。

判决结果

陪审员在做出裁决时经历了怎样的认知过程?彭宁顿和黑斯蒂(Pennington and Hastie, 1992)观察到,陪审团要根据庭审中提供的信息来构建一个故事,从而讲述所发生的事情。事件和受试者意图之间的关系对决策至关重要。当然,证人的可信度和律师的论点将影响陪审员如何将各种信息拼凑成对他们有意义的叙述。事实上,陪审员和法官都倾向于忽略纯粹的统计证据,更多依赖于目击者的描述,而这些陈述据我们所知是容易出错的(Wells, 1992)。

最后,判决结果必须在陪审团投票判定后宣布。陪审团成员的社会价值观和个人价值观都会影响判决结果(Lau, Tyson & Bond, 2009;McKee & Feather, 2008)。根据费瑟(Feather, 1999)的模型,我们既要评判被告的责任程度,也要评判罪行的严重性。这两个因素加在一起使我们得出结论:这个人是否应该受到惩罚,以及这种惩罚要有多重。

欺骗与责任

为了确定被告有罪,法官和陪审员必须经常就谁说了真话、谁没说真话做出判断,并且必须要被告为他的行为后果承担责任。但是人们是如何发现欺骗行为并追究责任的呢？一些有趣的研究已经解决了这些问题（DePaulo, Lindsay et al., 2003）。

研究发现，一般来说，人们对真理和谎言的辨别能力只是比偶然水平略高一点（Miller & Burgoon, 1982; Zuckerman, DePaulo & Rosenthal, 1981）。令人惊讶的是，那些受过培训的和有经验的人在这个问题上似乎并不是很有效率。例如，当执法人员和学生同时观看个人访谈录像带时，训练有素的警官在辨别真实和不真实的反应方面并不比学生们做得更好（DePaulo & Pfeifer, 1986）。在另一项研究中，模拟海关检查的对象是真正的航空公司乘客，其中一些人走私各种违禁品。在观看录像带时，受过训练的海关官员的表现并不比外行人好（Kraut & Poe, 1980）。然而，另一项研究发现，当研究受试者认为目标人物是专家时，他们隐藏事实的成功率会比较低（Fugita, Hogrebe & Wexley, 1980）。

欺骗的标志是什么？通常当人们说谎时，他们讲话的音调更高，他们会更紧张，说话不流利，停顿的时间更长，并且他们在回答之前犹豫的时间越长，给出的答案越简短也越不可信（Kraut, 1978; Ekman & Friesen, 1969）。当个人想要通过控制面部表情来欺骗他人时，他们会较少注意到身体其他部分的"语言"（Ekman & Friesen, 1974）。观察者通常通过观察身体比观察面部更能准确地察觉伪装者的情绪，但当涉及事实材料时，例如，一个人在走私货物的问题上撒谎，基于面部表情的判断可能更为准确（Littlepage & Pineault, 1979）。然而，请注意，人们可能会过于依赖某些线索，特别是在与有经验的说谎者打交道时（Alcock, 1996）。例如，说谎的人可能会瞳孔放大，声调提高，这些都是紧张的表现，但他们可能会因为各种各样的原因紧张，除了撒谎，还有担心受到不公正的指责，等等。

在一项有趣的研究中（De Paulo & Rosenthal, 1979），研究人员对一组男女同学进行了录像，让他们描述一下几个喜欢的、或者喜恶参半的、或者不喜欢的熟人。然后，他们按照要求必须说谎，假装把不喜欢的人说成是喜欢的，反之亦然。研究受试者观看了录像并试图识别欺骗行为。他们善于识别欺骗的发生，但不善于识别真实的潜在情感。然而，一个人识别欺骗行为的技能是可以通过练习来提升的（Zuckerman, Koestner & Alton, 1984）。事实上，其他的研究表明，一些专业的执法人员和临床心理学家通过上专业的测谎培训班就可以大大提高他们测谎的准确性（Ekman, O'Sullivan & Frank, 1999）。

专栏 15.1　来自实验室的洞察：测谎和测谎仪

显然，除非我们能够确定真相，否则就不能在刑事司法体系中实现公正。在中世纪的英国，被告被要求吞下一块"审判"面包和奶酪。据推断，不能吞咽可能意味着口干，这或许代表被告人在说谎。这项技术的高科技产物是测谎仪，而这种仪器是有争议的。

图 15.3　匹诺曹的鼻子是更精确的测谎仪吗？
资料来源：Olivier Juneau/Shutterstock.com

测谎技术可以测量生理变化，尤其是皮肤电导（它可以显示人的出汗程度），以及血压和呼吸速率。一般来说，测谎仪可以显示人在回答各种问题时的生理神经变化。因为我们通常不能有意识地控制这些反应，测谎仪可以比较我们在不同情况下的反应。但是，我们不能由于某人在面对关键问题（例如"你谋杀了你的妻子吗？"）时表现出警觉就推断他在说谎。引起警觉的原因有很多：对谋杀的悲伤，对被诬告的恐惧，对被警察怀疑的羞愧，对被问如此离谱的问题的愤怒。

因此，我们使用了更多复杂的技术。例如，对人们回答批判性和中立性问题时的反应进行比较。有理由认为，即便某人可能会对任何引发情绪不安的问题都表现出情绪变化，但当这种不安来自于说谎时会表现出更为明显的情绪变化。因此，可以比较人们对一般性、控制性问题（"有人谋杀了你的妻子吗？"）的反应，然后再询问具体的问题（"是你谋杀了你的妻子吗？"）。

另一个技巧是询问细节，而这个细节只有行凶者和警察知道。例如，当受害者穿着一件绿色毛衣时，你可以问一系列是或否的问题：受害者穿的是白色毛衣吗？还是一件蓝色滑雪衫？还是一件绿色毛衣？还是一件灰色皮质大衣？如果嫌疑人对所有的问题以"不知道"来应答，但只在提及绿色毛衣的时候情绪有所上升，那我们可能会发现一些东西。

研究表明，测谎仪的准确率约为70%，似乎很可观，但这并非万无一失或能够超越合理怀疑（Lykken，1974；Yarmey，1979；Horvath，1977，1984）。此外，随着研究证据的积累，有资质的研究人员和专业人士对测谎仪的有效性以及是否应该将其作为证据采纳的质疑也在增加（Iacono & Lykken，1997）。有趣的是，公众对此也持怀疑态度。在一项研究中，受试者了解到某个案例的小插曲。三个不同的版本分别呈现给了不同的受试者，其中包括：被告"通过"或者"未通过"测谎测试，以及被告没有进行任何测谎测试。结果发现，无论被告是否通过了测谎测试，测谎结果都没有对判决结果产生重要的影响。

如今，我们使用了更为复杂的生理指标，如大脑诱发电位（ERPs）和功能性磁共振成像技术（fMRI），这可能更加有效。例如，在一项研究中，受试者被按照两种程序来从队列中识别罪犯。在其中一种情境下，他们被要求尽量准确地识别罪犯；在另一种情境即欺骗的情境下，他们要隐瞒对罪犯的识别，假装他们不知道。当受试者看向罪犯时，即便有的人需要隐藏自己的发现，他们的脑诱发电位还是会做出回应（P300）（Lefebvre，Marchand，Smith & Connolly，2009）。

然而，某些人或者那些事先接受过训练的人可以通过在关键问题上分散自己的注意力或者在中性问题上咬住自己的舌头等技巧来"反测谎"（Honts，Hodes & Raskin，1985）。同时，现实中也出现了一些重要的伦理和法律问题，例如侵犯隐私以及自证其罪。也许，最终并没有什么能够取代干练并且专业的警察工作。

法律责任的概念是很重要的。现代法律责任的概念是基于行为人的意图，而不仅仅是行为本身；也就是说，要进行归因（详见第二章）。行为人的行为结果同样扮演着重要角色。回想一下，在第二章中描述的某个研究（Walster，1966）中，与一个肇事造成行人轻伤然后逃逸的司机相比，驾驶一辆刹车失灵车辆的驾驶员要担负更大的责任。

法律也接受责任归因。1843年，一个名叫丹尼尔·麦克·南顿的年轻人企图谋杀英国首相罗伯特·皮尔爵士，结果却误杀了首相的私人秘书。这位谋杀者的律师提出一种新颖的辩护词，即行为人不应对其行为负法律责任，因为他有一种疯狂的错觉，认为自己总是在被首相追捕。由于被告并不知道他的行为的性质，或即使他知道行为的性质，他也不知道他的行为是错误的，因此法官对其做出无罪判决，这一判决具有历史性意义，被称为**麦克·南顿规则**（M'Naghten Rule）。尽管存在一些争议，但精神病法律标准仍然存在（Stover & Nightingale，1985）。

要点：审判的判决过程是基于人们如何识别欺骗的迹象，以及人们认为被告应如何对行为负责。

正义

社会科学家长期关注社会行为中的正义概念（Homans, 1961, 1974; Lerner, 1977; Walster, Walster & Berscheid, 1978）。社会心理学的理论学家和研究者们的一个主要关注点是**分配正义**（distributive justice），即某种资源的分配或某一事件的结果会被判定为正义或不正义。其他一些研究者则关注**程序正义**（procedural justice），也就是通常所说的公平竞争，即做出决定或取得结果的过程。换句话说，社会心理学家既关心决定了什么，又关心决定是如何达成的。

然而，正义在不同文化中的概念是有区别的，例如，思考以下两种情况：（1）出于自私的原因，一个人未经允许就从他人的大衣口袋中拿走人家的火车票；（2）出于自私的原因，有些人在最好朋友的婚礼上没有把婚戒递给他。第一种行为侵犯了某些人的权益，而后者违背了人际交往中的责任和他人的期望。在一项比较研究中，我们发现美国的研究受试者优先考虑公正问题，而印度的研究受试者更倾向于将人际责任当作优先于公正问题的道德问题（Miller & Bersoff, 1992）。

图15.4 正义的化身

资料来源：ER_09/Shutterstock.com

分配正义

无论是在法庭上还是在生活中,我们都是在分配规则或者规范的基础上做出公正或公平的决定的,这些规则或规范是我们价值体系的组成部分。这些规则似乎是通用的,尽管他们的应用方式和原因可能因文化而异。分配正义的三个主要准则已经确定:即公平、平等和需求(Austin,1979)。

公平

亚里士多德认为,分配正义需要比例平等;我们用我们的贡献和价值来衡量我们的收获。因此,像"薪酬公平"这样的概念并不意味着每个人都得到同样的薪酬,但薪酬反映了工作所需的责任感、教育和努力。公平的衡量还可能涉及个人对他人的贡献的价值(如医学),或工作的危险程度(如警察、采矿业)。这一概念进一步被发展为权益理论(Adams,1965;Austin,1979;Walster,Walster & Berscheid,1978;见第九章)。权益理论与认知失调理论相关,即公平可以通过改变行为或改变观点来恢复。该理论指出,当投入和产出成正比时,双方之间的关系是公正的(Austin,1979)。**相对剥夺**(relative deprivation)原则在这里很重要,它代表我们的经验值和期望值之间的比较(Walker & Smith,2002)。

平等

有时,即使受试者的付出并不平等,资源分配也是平等的。当优先考虑团队稳定性和团队精神时,以不同的方式分配成果可能会造成混乱(Sampson,1975)。研究表明,如果受试者是女性并且将再次见面时,分配很有可能是平等的(Major & Deaux,1982)。这些基于性别的差异已被证实存在于7岁的儿童中(Vinacke & Gullickson,1964)。有人提出(Benton,1971;Weinstein,DeVaughan & Wiley,1969),女性比男性更关注所处环境的人际关系,会避免可能破坏群体和谐的行为。当上升到国家层面时,将收入和资源从富人那里重新分配给穷人经常被认为是合理的,这样会给所有的公民提供适当水平的食物、住房、医疗保障和最低生活标准。

需求

分配公平的另一项准则是需求,即需求最多的人应该得到的也最多。需求与社会责任规范密切相关,同时还会影响慈善捐款等活动(见第九章)。群体中的人际关系也会考虑到需要。例如,资源匮乏的人(Leventhal,Weiss & Long,1969)可能会在工作当中获得超出应得份额的回报(Taynor & Deaux,1973),但前提是该员工的不幸不是自己一手造成的。

程序正义

社会心理学家对**程序正义**（procedural justice）的兴趣（例如，Thibaut & Walker, 1975; Tyler & Lind, 2001; Napier & Tyler, 2008）主要集中在达成决定的方法和认为决定是公正的感知之间的关系上。例如，教师能否公平公正地给论文评分，政治家的实际决策在多大程度上受到投票决定的影响，这些都会强烈影响到研究受试者对政治家和教师的评价（Tyler & Caine, 1981）。

正如人们预料的那样，结果会影响到人们对正义的感知。如果人们希望赢得法律诉讼，他们对程序正义问题就不那么敏感（Heuer & Penrod, 1986; Conlon, Lind & Lissak, 1989）。另一方面，不公平的程序可以为不利的结果提供可信的解释（van den Bos, Bruins, Wilke & Dronkert, 1999）。例如，当学生们得到的分数低于他们自己的预期时，他们会怀疑评分的过程。当我们被迫缴纳我们认为过高的税款时，我们对程序正义的感觉可能会受到侵犯（Tyler, Rasinski & McGraw, 1985）。

当然，正义的概念在不同的文化中各不相同，甚至在不同的历史时期也有所不同。由于研究主要是在西方社会进行的，我们不能自动地将人们如何解释程序正义的问题推广适用于其他的社会形态。除了理解正义的具体内容外，我们还必须思考是否存在超越特定社会形态的程序正义的普遍规则。

要点：公平的观念建立在这样一种评价之上，即受试者获得了公平的报酬（分配正义），并且产生这样结果的过程是公平的（程序正义）。

公平世界

你是否认为我们得到了应得的，并且我们值得拥有所得到的东西？人们的**公平世界信仰**（belief in a just world, BJW）各不相同，其后果可能是深远的。想象一下，作为莱尔纳和西蒙斯的一个经典实验（Lerner & Simmons, 1966）的受试者，你要看着另一名受试者承受痛苦的电击。在备受折磨的10分钟之后，你可以在下一次观看另一个无辜的人受到电击之前休息一下。现在要征求你对实验受试者和实验情境的评价。你会像实际研究当中的受试者那样做吗？他们把自己实验时感受的痛苦归咎于受害者，而非实验者！莱尔纳和西蒙斯（1966）认为，那些认为痛苦是不可避免的人会诋毁受害者，以证明他们所看到的事情是他们无力阻止的。请注意，对公平世界的信仰源于我们需要相信我们可以掌控艰难曲折的命运（Hafer & Bégue, 2005）。

事实上，看到无辜的人受害会动摇这种信念。因此，具有强烈公平世界信念的人倾向于对患有精神疾病的人持消极态度，因为他们乐于相信世界是公正的并且人们得到了他们所应得的（Bizer, Hart & Jekogian, 2012）。有趣的是，一些证据显示，有的人会认为世界对其他人是公平公正的，而对他们自己则不是这样（Bégue & Bastounis, 2003）。

与此同时，那些坚信公平世界的人往往对施加于他们身上的不公平的情况没有很强烈的反应。他们会设法让自己的想法合理化。例如，在两个实验中，研究者（Hafer and Olson, 1989）发现，那些公平世界的信徒即使收到他们在一项任务中失败的反馈，也不会像那些不相信公平世界的人那样感到愤愤不平。同样的，一系列研究表明，无论是在实验室实验中，还是在工作上面对各种不如意状况的职业女性中，公平世界的信徒都不会像那些对公正世界信念较弱的人那样感受到不公、愤怒和怨恨（Hafer & Olson, 1993）。

在极端情况下，公平世界的信仰使我们对邪恶的事物漠不关心（Ellard, Miller, Baumle & Olson, 2002）。在一项比较研究中，（种族隔离时期的）南非白人在公平世界评估上的得分要高于英国的白人受试者（Furnham, 1985）。事实上，有些人甚至认为，600 万被屠杀的犹太受害者是默许被屠杀的，因此在某种程度上，他们要对自己的命运负责。这些人忽视了针对受害者的压倒性的、野蛮的压迫力，以及发生于集中营的英勇起义（Davidowicz, 1975）。

要点：人们对这个世界是公正的以及他们在生活中得到了应得的东西的相信程度各不相同。这些对我们如何判断受害有很大的影响。

感到生活可能是不公平的

什么时候人们会感到不公平或不公正？研究已经确认了三个因素（Mikula, 1994）：（1）权利受到侵犯，即人们认为他们被剥夺了他们所期望的权利；（2）因果关系，即人们将这一权利的剥夺归咎于某种外部因素（他人、政府、法院）而不是他们自己；（3）决定或行为缺乏正当理由。因此，比如在法庭判决中，如果诉讼败诉方有赢得诉讼的实事求是的期望，并且认为这是他们应得的，他们就会感到不公平。

单从客观结果来看，不公正的感觉可能是无法预测的。不公正感通常与相对剥夺有关，是指一个人得到的结果与参考点之间的一种感知差异（Olson & Hafer, 1996）。我们可能因为拥有足够的食物和干净的水而感到幸运，但当我们将自己与那些能吃到更好食物的人相比较时，我们会感觉自己的权利被剥夺。此外，正如

第十三章中所述，人们经常说他们所在群体受到的剥夺多于他们自己所遭受到的剥夺（Taylor，Wright，Moghaddam & Lalonde，1990），有时人们可能会夸大他们群体所遭受的不公正待遇，以便索赔更多的利益（Olson & Hafer，2001）。

我们还必须考虑个人所认为的**正义的范围**（scope of justice）。正义的边界被认为是相对的（Hafer & Olson，2003）。在某些情况下，我们的判断不会受到公正或公平动机的影响。例如，大多数人都愿意杀死某些种类的动物（比如蚊子和老鼠），但是，当面对是否应伤害提供食材的动物或者在实验中使用的小动物时，我们的正义范围会存在分歧。种族灭绝和奴隶制可能是将整个群体的人排除在正义范围外的结果，即不把这些受害者当人（Waller，2002）。

要点：人们对不公正的看法会受到与他人比较的影响，有时会导致相对剥夺的感觉。一个人所认为的正义的范围决定了他将公平和正义的考虑扩展到谁。

司法体系的抗辩模式和纠问模式

我们对审判的大多数探讨都会涉及英国、加拿大、澳大利亚、新西兰和美国法院的**抗辩程序**（adversarial procedure），即由原被告双方或其律师对案件进行陈述、辩论和辩护，并提交给中立的法官和陪审团。在法国和其他欧洲国家的**纠问程序**（inquisitorial procedure）中，法官的职责是监督证据的收集，并偶尔询问目击者（van Koppen & Penrod，2003）。抗辩式审判程序和纠问式审判程序的关键差异在于谁控制了审判的过程（Houlden，Latour，Walker & Tibaut，1978）。在抗辩制下，原被告双方控制了收集证据、传唤证人和进行辩论的过程；而在纠问制下，法官至少会在一定程度上指导证据的收集和提出。毫不奇怪的是，讲英语的民主国家的人民更喜欢他们所熟悉的抗辩制（Houlden，Latour，Walker & Thibaut，1978；Lind，Kurtz，Musante，Walker & Thibaut，1980）。然而，有趣的是，在法国，许多人也表示他们更喜欢抗辩程序（Lind，Erickson，Friedland & Dickenberger，1978）。最大限度地提高受试者的过程控制感，往往会导致对公平的感知；受试者更相信案件的所有重要方面都会被呈现。在纠问程序中，人们可能会觉得一些重要的东西被忽略或误解了（Thibaut & Walker，1975）。

贝内特和费尔德曼（Bennett and Feldman，1980）认为，在抗辩制下，陈述事件过程更连贯的一方，无论真实情况如何，往往更易赢得诉讼。在一项实验中，研究人员向受试者展示了一场凶杀案的场景，该凶杀案设计由一名52岁的男子结束了自己49岁身患绝症的妻子的生命。录像当中有三种不同的情况：（1）死亡是由于拔下呼吸器造成的，或是由于向头部开枪造成的；（2）被告是否情绪悲伤或者情绪低落；(3) 对陪审团的指示是否允许行使"陪审团否决权"，这是一项法律原则，即陪审团可以在他们认为合适的情况下自由决定，而不顾法官的指示和法律本身如何。当受试者意识到陪审团有可能使用"陪审团否决权"时，他们不太可能给被告定罪。当死亡是由于呼吸器被断开而引起时，陪审员们也更愿意接受安乐死的观点，这比头部受枪击更加被动。有趣的是，在公众的观念里，病人的愿望并不总是起决定性作用。在另一项研究中，即使患者正处于无法忍受的疼痛中并请求死亡，也只有大约一半的受试者建议安乐死（Darley, Loeb & Hunter, 1996）。

具体司法问题

判定受害者：强奸案

2013年在新德里发生的强奸案中，一名23岁的女子在上公交车时遭到了袭击，4名男子被控强奸和谋杀。该案件引起了印度和世界各地的广泛关注，几周后在肯尼亚也发生了类似案件。有关强奸或性侵犯的案件尤其令人为难。通过模拟陪审团和其他方法，研究人员发现，与大多数其他犯罪不同，受害者往往也受到了审判。一些情况也与案件有关，比如原告和被告在以前是否有过性行为（Schuller & Hasting, 2002; Shotland & Goodstein, 1992）。而女性的婚姻状况、性经验和职业往往会影响对案件的判决（Feldman-Summers & Lindner, 1976）。同时，没有表现出明显痛苦的强奸受害者似乎会被认为不那么值得相信（Calhoun, Selby & King, 1976）。如果受害者当时是醉酒状态，她很可能会遭到更多非议。受试者在了解一起性侵犯案件时还知晓了是否其中一方或者双方都是醉酒的状态。当受害者是醉酒状态时，人们会做出更残酷的判断，因为很明显，人们认为她在性方面更随意，因此更加不像是受害者一方（Wall & Schuller, 2000）。

显然，包括强奸在内的许多罪行没有报案的原因有很多：害怕被报复、无助感，以及认为警察无法逮捕和惩罚侵犯者（Kidd & Chayet, 1984; Yurchesyn, Keith & Renner, 1992）。

专栏15.2 安乐死

协助自杀一类的委托行为通常被认为是不可接受的，而不作为的忽略行为，如终止治疗或静脉注射，则是更易令人接受的（Wellman & Sugarman, 1996）。随着医疗技术的发展和人口老龄化，安乐死的问题越来越突出。有些人可能常年处于植物人状态。以色列前总理阿里埃勒·沙龙在政治生涯的巅峰时期中风，昏迷了8年，直到2014年去世。越来越多处于痛苦的临终期的病人要求获得协助自杀的权利。在一些国家，这一权利在某些情况下得到了承认。

我们必须对如何实施安乐死进行仔细研究。在有些情况下，这项行为可能是积极的，比如医生故意开了过量的药。在其他情况下，安乐死是消极的，例如通过停止治疗或停止食物供给的方式致死。研究人员发现，公众更易接受被动安乐死（Ho & Penney, 1992）。回想一下我们在前面讨论过的研究，其中涉及用枪击头部或者断开呼吸器的方式实施安乐死。我们还必须区分个人表达死亡意愿的情况和其他一些可能处于昏迷状态无法做出回应的个例。

事实上，研究发现，比起由他人实施安乐死，由医生实施安乐死是更容易令公众接受的（Albright & Hazler, 1995）。对安乐死所持的态度以及对"死亡权利"的接纳也受到各种因素的影响，如这样做是否可以有效地缓解痛苦。毕竟，这样一个不可撤销的决定可能是在当事人严重抑郁的情况下做出的，同时，个体可能会为了减轻他人的压力而接受安乐死（Soifer, 1996）。

要点：在抗辩程序中，案件由争议双方或律师陈述、辩论和辩护，并提交给中立的法官和陪审团。在纠问程序中，就像法国和其他欧洲国家所运用的那样，法官的职责是对收集到的证据和审讯过程进行监督。每种方式都有其各自的优缺点。

健康和幸福

我们是以何种方式死亡的？到21世纪中期，来自天花、结核病、黑死病和霍乱的威胁在发达国家几乎已经消除。诸如安全供水、废物管理、接种疫苗、鼓励母乳喂养以及使用蚊帐等公共卫生措施在世界各地产生了巨大的健康效益。工业化国家人民的主要死亡原因是慢性病（冠状动脉和循环系统疾病、呼吸系统疾病、糖尿病、癌症）和意外事故（图15.5）。请注意，国家的分类是基于该国的中等收入水平。

卫生保健是保障公民权益的优先项，它的前景在许多国家一直是一个重大的政治问题。然而，几乎完全侧重于疾病治疗的卫生政策并不能解决公共健康的一些主要问题。请注意，图15.5中的许多死亡原因是由个人行为选择决定的或影响的，例如吸烟、驾驶习惯、饮食及运动、枪械管制和环境保护。世界卫生组织确定了三个重要的目标或"挑战"，这些目标已经指导了公共政策的方向长达几十年（Health and Welfare Canada, 1987年）。

- 减少影响人们健康的现象，如收入和机会的严重不平等；

- 加大预防伤害、疾病和慢性残疾的努力，其方法包括为在校儿童接种疫苗以预防更多种类的疾病、采取措施确保供水安全、减少酒后驾车和吸烟、鼓励锻炼身体并促进产前和新生儿保健；
- 提高人们应对抑郁症、呼吸系统疾病、高血压和关节炎等慢性疾病和残疾的能力，帮助可能丧失部分生活能力的老年人尽可能自由、独立地生活。

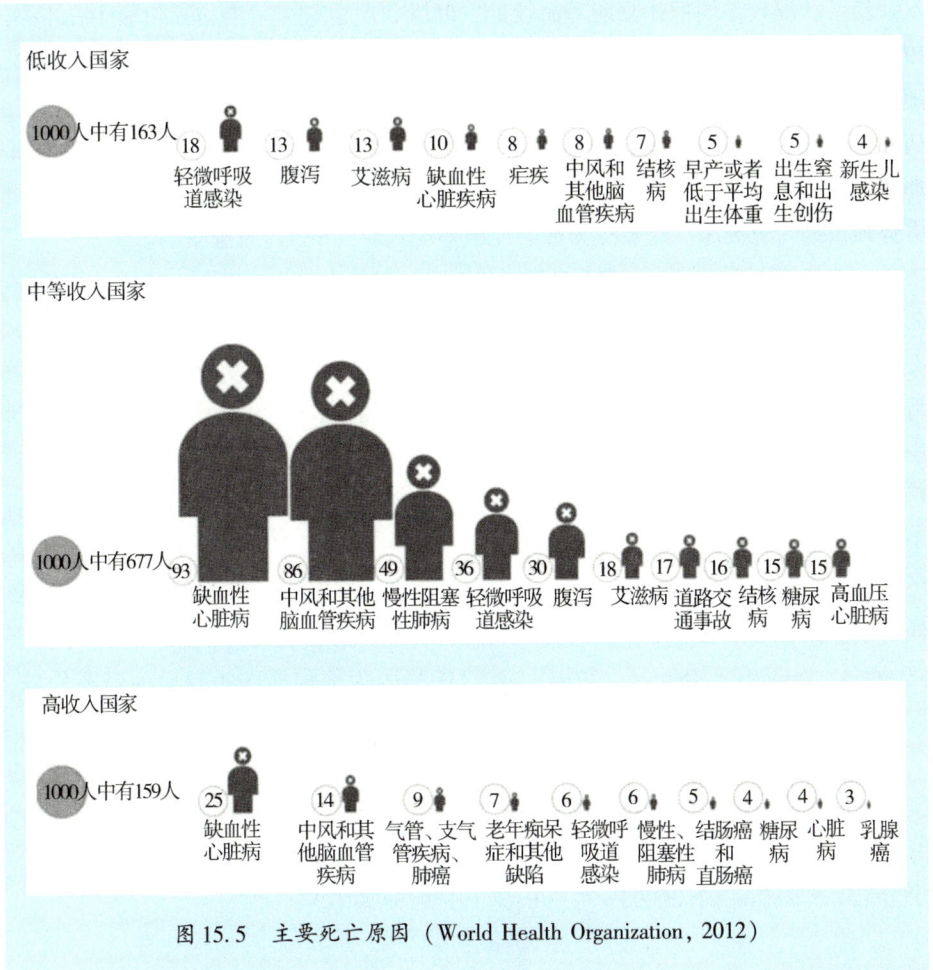

图15.5 主要死亡原因（World Health Organization，2012）

你可能想知道社会心理学家如何帮助解决那些似乎属于医学领域的问题，让我们首先从社会心理学的角度审视一些重要的健康风险。然后，我们开始研究治疗和康复的过程。接着，我们讨论社会心理学是如何有助于公共卫生和疾病预防的。最后，我们转向积极心理学关于幸福的观点，延伸到疾病以外的范围。

心理健康风险

健康的社会经济梯度

经济状况较差的群体预期寿命较低，健康状况也较差（Townsend & Davidson, 1982）。然而，社会经济地位对健康的影响并不仅限于贫穷生活带来的可怕影响。随着社会经济地位的提高，健康状况有所改善，人们的预期寿命延长，许多慢性病和传染病的发病率也降低了。也就是说，那些处于高社会经济水平的人往往比那些处于劣势地位的人更健康，而处于劣势经济地位的人又反过来比那些处于更劣势地位的人更健康。这被称为社会经济梯度效应（SES）对健康的影响。

一些研究正试图解开 SES 梯度效应之谜（Matthews & Gallo, 2011; Adler et al., 1994; Marmot, Ryff et al., 1997）。有一种假说认为，那些在生活中（至少在社会经济方面）取得成功的人，可能从一开始就被赋予了更好的健康状况。古特佛里森（Gottfredson, 2004）提出了一种有争议的解释：社会经济梯度对健康的影响可以用一般智力的差异来解释。那些聪明的人不仅能在生活中成功，而且能更好地照顾自己。然而，高智商并不等同于智慧，智商非常高的人也可能在生活中做出非常不明智的决定。例如，研究表明，在一些国家，社会地位高的人更有可能沉溺于高热量的食物（McLaren, 2007）。然而，总体而言，研究人员发现，处于较高社会地位的人往往在饮食、锻炼、吸烟和药物使用方面更能照顾好自己（Pampel, Krueger & Denney, 2010），这可能是因为他们能知悉较多的健康信息，拥有获得健康食品、医疗和锻炼的较多途径。

虽然我们在职业阶梯的层级上会受到来自工作的压力，但工作通常在更高的层次上给人以更内在的回报和成就感。事实上，即使暂且不考虑收入和生活方式对健康的影响，认为自己处于失业状态的年轻人的健康状况往往较差（Sadava, O'Connor & McCreary, 2000）。

要点：社会经济梯度效应反映了更高的社会经济水平与更好的健康状况之间的联系。

健康行为：照顾好你自己

思考一下所有可能影响到我们健康的行为：我们的饮食选择，吸烟，酗酒，锻炼身体，系安全带以及安全驾驶习惯，涂防晒霜，穿防晒服以避免太阳对我们暴露的身体部分造成伤害，打疫苗，拒绝暴力和虐待行为，安全地表现性感，充足的睡眠，刷牙并且用牙线清洁牙齿，按规定服药，以及高效应对压力。我们始终做到了照顾好自己吗？

人们会陷入给健康带来风险的行为模式吗？杰西和他的同事（Jessor & Jessor, 1977; Jessor, 1993）认为，在青少年中间，酗酒和吸毒是包括撒谎、偷窃、性早熟和无保护措施的性行为在内的较为普遍的行为模式的一部分（Donovan, Jessor & Jessor, 1983; Jessor, Donovan & Widmer, 1980; Sadava & Forsyth, 1977a, 1977b）。然而，健康风险行为模式或"综合征"的假设只得到了部分人的支持（Willoughby et al., 2003）。实际上，虽然有些人可能经常锻炼身体，但他们不一定饮食健康，或者他们可能吸烟（Sadava, DeCourville & McCreary, 1996; Donovan, Jessor & Costa, 1993）。研究表明，我们会经常忽略我们的行为对健康的影响（Gibbons, Kingsbury & Gerrard, 2012）。

特定的健康风险可能在不同的人身上会有很大差异。例如，只通过饮酒量是无法准确预测酗酒风险的（Sadava, 1985; DeCourville & Sadava, 1997）。研究发现，大量饮酒的女性比大量饮酒的男性更容易受到不良后果的影响（Wilsnack, 1982），这可能是由于男女生理上的差异，也可能是因为不同的性别角色行为预期。严重酗酒者在非常孤独或生活压力大的情况下更容易因饮酒而遭受不良后果的影响（Sadava & Thompson, 1986; McCreary & Sadava, 2000）。

模塑的影响

在前面的论述中已经证明（见第六章），我们的行为经常是模仿他人而来的（Bandura, 1977）。以饮酒为例，历史研究表明，当父母酗酒时，青少年倾向于交酗酒的朋友，然后以同样的方式饮酒（Huba, Dent & Bentler, 1980）。在一项实验室研究中（Caudill & Marlatt, 1975），研究人员要求受试者品尝几种葡萄酒，并对每种葡萄酒的味道、香味等特征进行评分。这项任务中的受试者被允许不限量地盛每一种酒——只盛一小口或者随意饮用容器内所有的酒。一名实验人员假扮成研究受试者，喝了大量的或者是少量的葡萄酒。研究人员发现，与大量饮酒的研究人员一起参加实验的受试者比与少量饮酒的研究人员一起参与实验的人的饮酒量更大。这个实验情境在一个酒吧中重现了（Reid, 1978），在酒吧里，一个对顾客表现得热情友好的酒保比一个对顾客冷漠疏远的酒保更能影响顾客的饮酒量。在酒吧开展的自然主义研究也观察到了模塑对人们饮酒的影响（Hennessy & Saltz, 1993）。请注意，人数较多的群体往往在酒吧中停留的时间更长（轮流点酒），因此群体中的个体往往消费得更多（Sykes, Rowley & Schaeffer, 1993）。

在饮食行为上也被证实有模塑效应。例如，一项研究发现，暴饮暴食在一些大学生公寓中比在其他住宅中更为常见。到学年结束时，一个人的暴饮暴食可以通过她朋友的暴饮暴食行为预测出来（Crandall，1988）。

要点：与健康相关的行为可能会构成"照顾好自己"的行为模式的一部分；但证据是混杂的。这可能是由于要涉及其他考虑因素，例如社会规范。与健康相关的行为也会受到社会模塑的影响。

压力

我们的论述从汉斯·塞尔耶（Hans Selye，1956）的开创性研究开始，人们普遍认为压力会对我们的健康状况产生负面影响（Cohen & Williamson，1988；Watson & Pennebaker，1989）。的确，压力会引起免疫系统中对健康有负面影响的激素释放，从而使人更容易受到疾病的侵害（Johansson，Collins & Collins，1983；McClelland，Alexander & Marks，1982）。首先，理解压力系统的两个组成部分是很重要的：压力源，即对身体系统的挑战（例如人际冲突，即将到来的考试），以及压力反应，即身体系统如何应对这个挑战，首先表现为精神亢奋，最终筋疲力尽。

衡量压力源的一种常见方法是生活事件，列举一份最近发生的主要生活变化的清单，用这些经历给我们造成的影响来衡量压力源的大小（Holmes & Rahe，1967）。此类事件的例子包括离婚、丧失亲人、入狱服刑、被解雇或下岗、与上司不合和两性问题，以及（通常是）正面的事情，如结婚和怀孕。此外，日常生活中的烦恼也会带来负面影响（Kanner, Coyne et al.，1981），比如对家庭成员体重、健康的担忧、物价上涨、家务、太多要做的事情、放错地方的东西、犯罪、一个人的外貌。这些研究表明，身体健康和情绪健康之间存在显著联系（Stone & Neale，1982；DeLongis, Coyne et al.，1982）。一项长期的研究表明，亲密关系中的冲突是到目前为止日常生活中最重要的压力来源（Bolger, DeLongis et al.，1989）。

当然，正如塞尔耶（Selye，1956）所指出的，压力是生活中固有的，也可以促进健康和毅力。许多人经历过非常消极的环境，他们或许会变得很悲伤，但也会变得更理智。事实上，这一领域的研究人员正在研究创伤后的成长，人们以令人叹为观止的复原力处理了令人厌恶的事情（Bonanno，2004）。此外，积极的日常经历对积极的、更好的健康状况有促进作用（Brown & Siegel，1988）。

专栏 15.3　另一个视角：关联压力、社会支持和普通感冒

虽然压力已被充分证明是导致疾病（包括普通感冒在内）的一个因素，但谢尔登·科恩（Sheldon Cohen）和他的研究小组进行的一系列实验验证了压力和疾病之间的因果关系（Cohen, Tyrrell & Smith, 1993；Cohen, Frank, et al., 1998）。经过两天的初步筛选，他们确定了所有的受试者都是健康的。在实验中，受试者被使用了滴鼻剂，其中一些滴鼻剂里面含有感冒病毒。受试者随后被隔离了9天。在此期间，护士们采集了他们的生命体征和黏液样本，寻找感冒的迹象，如流鼻涕、流泪和喉咙疼痛。

在实验阶段结束时，没有服用安慰剂的一组人全部没有感冒，但82%接触病毒的人都感冒了，46%的人表现出了感冒症状。现在的问题是：我们有可能预测哪些接触了病毒的人会患感冒吗？事实上，科恩可以判断出来。在那些报告显示压力较大的人群中（通过问卷调查得出），53%的人都感冒了，而低压力组只有40%的人感冒——虽然高压力组和低压力组在相同条件下的患病数据没有巨大的差异，但是这些数据在统计学上是可靠的。那些近期经历过长期压力如持续的婚姻问题或者失业的人比那些经历单个压力事件的人更容易生病。在进一步的研究中，科恩和他的同事们还发现，接触病毒的人当中，那些在问卷调查中表现得更善于社交的受试者对病毒的抵抗力更强；因此，这印证了社会支持对压力的缓冲效应。在调查中，受试者的社会经济地位也同样经过了调查，从中获得了一个惊人的发现。虽然实际收入水平或者受教育程度不能预测人的脆弱程度，但那些认为自己在经济上处于劣势地位的人更容易患感冒（图15.6）。

图 15.6　为了安全起见，不要让任何人向你的鼻子喷射感冒病毒
资料来源：Creativa/Shutterstock.com

因此，压力似乎会削弱免疫系统的功能，使人更容易患上普通感冒（Kiecolt-Glaser, McGuire, Robles & Glaser, 2002）。压力对免疫系统的这些影响可能会在保护性因子——如支持性的社会环境和一个人对自己社会地位的满意程度——的作用下有所减弱。

要点：压力可以理解为压力源对身体系统的挑战，以及压力反应，即系统对压力源的反应。压力源包括改变生活的重大事件和日常生活中的烦恼。

社会支持

当战争来临时，士兵们是如何应对的？詹尼斯（Janis, 1951, 1958）发现那些凝聚力强的战斗部队能够承受巨大的压力，而那些不属于这类团队的人则经常经历心理崩溃。这种效应同样适用于护士等卫生保健工作者（Walters, Lenton, et al., 1996）。随后的研究表明，那些缺乏与他人的支持性纽带的人更容易生病（Burman & Margolin, 1992; Cohen & Herbert, 1996）。

社会支持对一个人从严重的病情中康复也很重要（Lynch, 1977; Fontana, Kerns et al., 1989）。大手术过后，已婚患者在住院期间得到配偶的陪护，随后服用的药物也较少，康复速度也比不太受照顾的患者更快（Kulik & Mahler, 1989a）。有趣的是，当夫妻一方病重时，夫妻关系中的公平考量也就变得不那么重要了（Kuijer, Buunk, Ybema & Wobbes, 2002）。在此时，重要的是感觉到被重视。一项跟踪冠状动脉搭桥手术患者的纵向研究发现，那些得到伴侣重视和尊重的患者，感到不适的症状较少（King, Reis, et al., 1993）。虽然大多数癌症患者得到支持和照顾的程度较高，但还是有一些患者加入癌症患者自助小组，参与这些小组的患者得到了来自互助小组的支持，这对治疗结果有着积极作用（Spiegel, Bloom et al., 1989）。

另一项纵向研究跟踪了几组年轻的妈妈在她们怀孕期间和孩子出生后的情况（Unger & Wandersman, 1985）。来自家人、朋友、邻居和孩子爸爸的支持能够促进年轻母亲对现状的适应以及为人父母对孩子的影响，甚至这些支持对孩子的出生体重和随后的健康状况都有积极的影响。

为什么社会支持与健康息息相关？

为什么社会支持能够治愈创伤？根据一种假说，社会支持具有**压力缓解效应**（stress-buffering effect）。事实上，当人们处于压力之下时，如果他们保持与其他人的互动，而不是保持孤立，他们显然能够更好地避免疾病，并从任何疾病中恢复过来（Roy, Steptoe & Kirschbaum, 1998; Scrimshaw, 2002）。我们在应对其他压力来源方面也有类似的发现，包括军事任务（Britt & Bliese, 2003；Langholtz 1998）和其他职业压力（Bellman, Forster, Still & Cooper, 2003；Bradley & Cartwright, 2002）。

社会支持也可能间接地促进健康。例如，获得他人支持的人更有可能愿意接受治疗、戒烟或更好地照顾自己。在人们流动频繁、离婚几乎同样频繁的社会中，缺乏持续的社会支持已成为一个日益明显的问题。在这种情况下，社区服务比如防强奸危机中心、家庭服务、互助团体、托儿所、旅店或为老年人提供服务是非常重要的事情（Pilisuk & Minkler, 1985）。

当然，文化也是一个原因。人们可能会认为，相信集体主义文化的人、认同相互依靠的人比认同个人主义文化的人更有可能寻求他人的支持。实际上情况刚好相反，来自东亚文化的人不太可能寻求社会支持，因为他们担心这会破坏团队和谐（Taylor, Welch, Kim & Sherman, 2007）。当然可以肯定的是，亚洲文化的成员得到的社会支持与那些来自更独立文化的人收到的支持是不相上下的，并且有些证据表明，他们遭受到的与压力相关的疾病更少（Cross & Vick, 2001）。但是他们通常不直接寻求帮助，而是会暗示他人他们在生活中遇到了麻烦（Kim, Sherman & Taylor, 2009）。

健康、亲密关系和孤独

自豪斯、兰迪斯和乌姆博森（House, Landis & Umberson, 1988）的一篇开创性论文以来，密切的社会关系促进健康的证据在与日俱增（Cohen, 1988；Ryff, Singer, Wing & Love, 2001）。例如，来自许多不同国家的研究表明，普遍来看，已婚人士比未婚人士身心健康的几率更大（Burman & Margolin, 1992；Kiecolt-Glaser & Newton, 2001；Slatcher, 2010；Loving & Slatcher, 2013）。亲密关系对健康的这种影响不能仅仅归因于我们与社会的全面融合，也不能仅仅归因于社会的支持。为了我们的健康和幸福，我们需要与他人建立起坚定的情感纽带。

研究表明，缺乏安全感的依恋取向（见第八章）与健康状况不佳和频繁地去医院看医生有关（Cooper, Shaver & Collins, 1998；Maunder & Hunter, 2001）。在另一方面，充满安全感的情感纽带与减轻压力、获得更多的社会支持以及更积极的情感状态等所有这些有助于健康的因素息息相关（Maunder & Hunter, 2001；Sadava, Busseri et al., 2011）。

孤独

另一种观点是缺乏社会支持本身就是一种压力源。孤独，是一种普遍存在的因缺乏令人满意的人际关系而产生的痛苦感（第八章），它已经被认为是一种健康风险。回想一下，孤独被定义为一个人在人际关系中能够感知到的缺陷，它是一种主观状态。也就是说，独自一人不等同于孤独；有时你在人群中会感到孤独，而有时一个人的时候你会感到怡然自得。卡乔波（Cacioppo，2008）认为，孤独可能有一个"遗传恒温器"，它为不同的人设定了不同的档位，使一些人更容易感到孤独。研究发现，孤独的人免疫功能受损的风险更高，更容易受到病毒感染（Dixon et al., 2001；Cacioppo, Hawkley, et al., 2002）。来自芝加哥的一项纵向研究进行了数年的跟踪调查（Hawkley, Thisted & Cacioppo, 2009；Cacioppo, Hawkley & Thisted, 2010），结果发现，孤独感的增加预示着随后体育锻炼水平的下降，以及抑郁程度的增加。事实上，长期处于孤独状态的人往往睡眠质量较差，患高血压的风险也更高（Cacioppo et al., 2002）。所有这些发现都表明，孤独应该被视为健康风险。

还需指出的一点是，我们一直在讨论，由于亲密关系会提供社会支持，因而它能对相关人员产生积极影响。思考一场严重的疾病对这段关系的影响。一项针对一方患癌症的夫妻关系的研究（Manne & Badr，2010）强调了伴侣愿意向对方表露自己对癌症和消耗性治疗的感受和恐惧的重要性。在缺乏这种情感交流的地方，两个人之间的亲密感就会减弱，双方的痛苦感也会增加。

要点：与他人有着强烈的情感联系和亲密关系的人会更健康。社会支持可以缓冲压力的影响。很明显，孤独是一种健康风险。

性格与疾病

越来越多的研究表明，性格与患五种疾病的风险有关：哮喘、慢性头痛、消化性溃疡、关节炎、循环系统和心脏病（Scheier & Bridges，1995；Angell，1985；Friedman & Booth-Kewley，1987）。引起这些疾病的三种性格因素被确认为（在一致性最强的情况下）焦虑、抑郁、愤怒或敌意。例如，抑郁与过敏和免疫系统的缺陷有关（Herbert & Cohen，1993，Levy & Heiden，1990）。此外，所谓的冠心病易发性格被确认为：好胜、成就导向、相当缺乏耐心和有点敌意——即所谓的 A 型综合征（Rosenman, Brand, et al., 1975；Nielson & Neufeld，1986）。然而，在多国开展的数据研究（Myrtek，2001）发现了一种不可名状的"愤世嫉俗的敌意"，即人们往往希望倒霉的是其他人，这种"敌意"是预示慢性高血压（Raikkonen et al., 1999）和冠心病（Booth-Kewley & Friedman，1987；Weidner, Istvan & McKnight，1989）的具体指标。

当人们认为无法掌控自己的生活时，他们的健康便会受到影响（Lachman &

Andreoletti,2006)。研究表明,人们的控制欲给他们提供了抵抗压力的能力,无论这种控制力是否切实存在(Glass & Singer, 1973; Cramer, Nickels and Gural, 1997)。缺乏个人控制感也可能通过影响与健康相关的行为而间接地影响健康(Pampel, Krueger & Denney, 2010)。然而,值得注意的是,有些证据表明,在集体主义的亚洲文化中,人们在缺乏个人控制力的情况下也很难感受到压力(Sastry & Ross, 1998)。所以,在这种文化中,家庭、群体和社团显得尤为重要,也就不足为奇了。

有时候,即使是出于好心(但终究是居高临下的)的善意也会让人失去控制感,造成预料之外的伤害。出于帮助和保护的初衷,我们有时对待长辈就像对待孩子一样,好像他们需要被照顾一样,这在一定程度上剥夺了他们的个人控制力。这往往是制度化养老的一个重要问题,老人生活中的所有决定都由他人代劳。在一项经典的现场试验中,兰格和罗丹(Langer and Rodin, 1976)调查了老年人在养老院失去他人管控的后果。在那里居住的老年人和工作人员被分为了两组,其中一层楼的居民被告知他们将受到很好的照顾,工作人员将会承担起所有的决定和责任,这是在这类护理机构中常见的情形。另一组的老年人被告知他们将要对自己的生活负责,例如,他们将自己照看房间里摆放的植物,选择要看的电影和要参加的活动。

3周后,那些对自己日常生活拥有更多控制权的老年人被发现感觉更快乐、更健康,护士们认为他们更活跃、更乐观。18个月后,这两组老年人在参加活动、身体活力和社交能力等方面的差异更加显著(Rodin & Langer, 1977)。此外,受到管控的那组老年人中有30%在研究期间去世,而要对自己负责的老年人中只有15%去世。这些发现在对老年患者的另一项研究中再次得到了印证(Stirling & Reid, 1992)。然而,在治疗方面,一些患者希望能参与决策,而另一些患者则希望将决定权留给专业人士(Mahler & Kulik, 1991; Cromwell, Butterfield, Brayfield & Curry, 1977)。由此可见,众口难调。

要点:性格特点在引发患哮喘、慢性头痛、消化性溃疡、关节炎、循环系统疾病和心脏病等疾病的风险上扮演着重要角色,A型人格是一种竞争性强、时间观念强、会在不经意间表露出敌意的性格,这种性格的人患冠状动脉疾病的风险更大。缺乏严格的自我控制力会阻碍对压力的承受,并会带来健康隐患。这样的情形有:某人受到了他人最好的照顾,却丧失了自我管控的能力。

治疗与康复

现在思考一下患病和寻求治疗的过程。一个成功的健康护理需要一系列的步骤和治疗模式（见第二章）：

- 病人提出需要进行医疗护理的症状。
- 病人把患病症状告诉医生。
- 医生诊断出问题并选择治疗方案。
- 医生向病人介绍治疗方案，提出转诊建议，或向病人提出其他建议。
- 病人认同并服从医生的建议。
- 病人状况好转或痊愈。

以上的每一个步骤都涉及医生和病人的期望、图式和行为（Ditto & Hilton, 1990; Jones, 1990）。因此，病人的行为特点——她如何与家人或医生沟通，是否遵照了医嘱——以及家人和朋友对这个人患病的反应，构成了一系列重要的社会心理现象。

作为社会角色的疾病

我们通常说某个人生病了是什么意思？医生诊断疾病的依据是病人对症状的自述、体检结果以及其他可观察到的症状线索。另一方面，当人们感到"不舒服"时，他们通常会认为自己生病了。请注意，头痛可能是感冒、流感、脑瘤、佩戴不合格的眼镜、缺乏咖啡因或者是缺乏睡眠等引起的。对疾病的判断与经历的症状和无法进行日常活动有关。

社会心理因素在定义某些疾病时起到一定的作用，它们帮助我们确定什么时候"生病"了。考虑一下经期前综合症（PMS）。虽然人们普遍认为，许多女性在月经周期后期会出现紧张或抽筋等症状（Hurt & Schnurr, 1992），但社会定义使情况变得更为复杂。例如，妇女每天对自己情绪的记录或是她们进行的认知测试几乎都没有证明她们有月经周期的波动，即使在那些声称自己患有经期前综合症的人中也是如此（Hardie, 1997; Sommer, 1992）。一些科学家认为，经期前综合症在很大程度上是一种社会构建的障碍，尽管这一观点也存在争议（Rodin, 1992）。

尤其对于患慢性病、残疾或患有危及生命的疾病的患者来说，他或她可能会被视为按照生病的角色图式在行事（Alcock, 1986）。该角色还定义了其他人如何看待和对待病人。无论是在家还是在工作场所，生病的人可以免于他们的正常职责，但是他们被期待以适当的方式行事。病人们应该尽自己所能好好休息，必要时寻求治疗。我们不能指望一个感染流感的人在家去花几个小时拿着电话跟朋友谈笑风生，或者在跑步机上锻炼。因为这样的行为与他们作为病人的身份不符。试想一下，如果一个工人声称自己因残疾而无法工作，却在家花费数小时打理花园，他的邻居、家人会作何反应。现如今，做园艺可能不会加重病人的病痛，但日常工作中需要完成的任务会使人的病痛感增加。但是其他人看不到病人的痛苦，他们只会用一句话来形容这件事，在花园里做园艺表明，也许病痛并不像人们所说的那么严重以至于很多事情都做不了。他人的这些反应会令受伤的工人很快放弃园艺，并且按照别人的期望，用一个受伤的人该有的行为方式行事。因此，伤者或者病人会像上述那样表现；他们会避免体育活动，看上去很悲伤或者苦恼，并且会逐步加强这种病态行为。一个自我实现的预言被建立起来，由于心血管机能的改变以及缺乏运动，肌肉更加萎缩，这最终可能导致真正的残疾。

另一方面，患有严重疾病的人往往出于为他们家庭考虑的原因会尽量将病痛表现得最小化。然而，这往往是不可能的，因为疾病给人带来的身体变化是不可能被掩盖的。试想一个正在经受危及生命的癌症病痛折磨的人（Dunkel-Schetter, Feinstein, et al., 1992）。研究人员发现，一个人由疾病引起的外表和行为的变化会成为疾病和相应治疗方案的长期提示器，从而成为他或她周围人焦虑的来源（Dunkel-Schetter & Wortman, 1982）。此外，人们经常会感到焦虑和困惑，不知道该说什么或做什么作为回应。这会导致沟通障碍。一项针对经历过乳腺癌根治性乳房切除术妇女的调查结果显示，绝大多数人在住院前或住院期间没有和她们的丈夫讨论过任何细节，只有50%的人在出院后讨论过（Krantz & Johnson, 1978）。通常，人们选择告诉对方"他们想听到的情况"，尽可能做"积极"的叙述。事实上，抗癌"勇士"的范例告诉我们，患者可以通过加强表达、积极勇敢的心态来战胜疾病（Doan & Gray, 1992）。著名作家苏珊·桑塔格（Susan Sontag, 1978）已就癌症或艾滋病等严重疾病患者的社会角色进行了详尽的论述。

疼痛

社会心理因素在疼痛感受以及我们如何向他人传递疼痛信号方面起着重要作用（Alcock, 1986）。我们在幼年时期开始学会如何判断及处理疼痛。当孩子跌倒并开始哭泣时，父母经常会问孩子"哪里疼"，即使孩子可能是因为害怕或惊讶而哭泣，家长们也要将关注点放在孩子的疼痛上。还有一部分父母只是安慰孩子"你很好——不要哭"。通过家长们这样的反应，孩子们认识到了疼痛（一些真正令人难过的事情或一些我们可以忍受的事情）的重要性，孩子们学会了如何恰当地表述疼痛，以及对他人作何期望（Craig, 1978）。在某些情况下，孩子会对疼痛感到焦虑。因此，疼痛不仅会带来强度或大或小的身体不适，而且还会引发人的思考，这种思考常常导致疼痛的强度和意义有所扩大，并且使人感到无助（Sullivan, Bishop & Pivik, 1995; Sullivan, Rodgers & Kirsch, 2001; Tennen et al., 1992）。当人处于疼痛状态时，小题大做的倾向会带给人更强烈的痛感和情绪上的苦恼（Sullivan et al., 2001）。

鉴于儿童的文化背景和教育背景各不相同,他们对于疼痛的反应也会受不同文化背景的影响而有所不同,也就不足为奇了。不同种族的人也往往会以不同的方式感受疼痛和表述疼痛(Lipton & Marbach, 1984; Peacock & Patel, 2008),而这都可能具有重要的临床意义(Tait & Chibnall, 2005)。研究发现,人们在承受痛苦的临界点(即感觉疼痛刺激的最小强度水平)上具有强烈的文化和种族差异(Rahim-Williams, Riley, et al., 2012),这种差异还体现在人们对痛苦的表述以及他人如何感知某人正处于痛苦之中。例如,虽然亚洲的病人通常不会向医生隐瞒症状,但是他们倾向于将症状不带情绪地表达出来(Lai & Linden, 1993)。在美国进行的一项研究(Zborowski, 1969)发现,来自新英格兰州的患者认为哭泣或抱怨不会对病情好转有任何裨益,他们倾向于自己默默忍受病痛。而爱尔兰裔的美国男性患者虽然也在压抑自己的抱怨,但只是为了维护男性的自我形象。意大利裔美国人则恰恰相反,他们更能够表达出他们希望得到家人和专业人士的帮助。然而,值得注意的是,随着移民群体的文化适应程度不断提高,他们的后代逐渐采纳了主流文化的规范和行为(Lai & Linden, 1993)。

要点:生病被视为一种具有规范和规定行为的社会角色,这些行为包括了有义务配合他人并实现康复。这个角色也定义了其他人如何看待和对待病人。一个"好病人"被期待开朗乐观,并且没有沟通障碍。正在遭受着痛苦的人可能经常会做出拒绝承认痛苦或者小题大做的反应,这会使情况变得更糟。文化差异在上述所有方面都是显而易见的。

医患沟通

正如在任何关系中一样,沟通也是医患关系的基础,但还是有一些特殊之处要加以考虑。人们与家庭医生的预约通常是简短的、开门见山的(Nelson & McLemore, 1988)。在此期间,医生可能会与病人建立或重建信任和合作的情感关系,获取病史信息,了解病人的主诉,指导病人进行正确的身体检查,安排对症的治疗和步骤,并讨论进一步诊断和治疗方案。很明显,沟通技巧对于高效医疗是十分必要的。事实上,社会心理学家已经在医学院设计了一系列能够培训医生进行更有效沟通的课程(Roter & Hall, 1992)。

如前所述,生病的角色规定了成为一名"好病人"意味着什么。大多数人都试图与权威医师合作,并且尽可能地保持心情愉悦。医生会更喜欢那些身体状况和情绪状况都有所好转并且对治疗比医生本人更满意的病人(Hall, Epstein, Deciantis & McNeil, 1993)。正因为如此,病人可能不愿意透露那些看起来微不足道的信息（Taylor，1979）。患者可能为此付出的代价是，他们可能并不清楚自身的健康状况和治疗状况（Abramson，Seligman & Teasdale，1978）。

正如我们在第七章中讨论的，医生和病人之间的许多人际交流是非语言性的（Friedman. 1982）。在一项实验中，医生们被要求以不同的方式对待不同的病人。同一个医生，当他们身体前倾而不交叉双臂，并对病人给出的意见点头回应时，病人对他们的评价最高（Harrigan & Rosenthal，1983）。在一项针对25名家庭医生的研究中，他们对自己的非语言表达能力进行了自我评估。在接下来六个月的研究中，我们发现，那些情感表达能力更强的医生更受病人的欢迎（Friedman，Prince，Riggio & DiMatteo，1980）。据报道，女性医生会对病人进行更长时间的探视，询问更多的问题，做出更多的非语言回应，并且对病人笑得次数更多。无论是男性还是女性患者，都会对这些女性医生透露更多与病情相关的信息（Hall et al.，1993）。

应该告诉病人什么

医生应该告诉病人多少关于他们病情的信息，特别是关于危及生命的疾病或是痛苦治疗过程的信息？这个问题对双方来说都很难。一方面，变成一个病人并不意味着他牺牲了自己获得信息的权利，而这些信息是病人做出与健康有关的决定时必须要知道的。另一方面，医生对病人负有法律和道德上的责任，他们可能认为，完完全全向病人披露他的病情会进一步损害病人的健康。此外，作为一个普通人，医生也不愿意传达坏消息（Saul & Kass，1969；Tesser & Rosen，1975），而那些病重的人可能更愿意依赖幻想和希望生存下去（Miller & Mangan，1983），即使他们大部分人嘴上说希望被告知病情（Blumenfeld，Levy & Kaufman，1979）。

如果医生必须向病人传达令人不快的消息，那么以一种平静和令人安心的方式传达这些消息将会被患者更好地接受并更准确地记住（Shapiro，Boggs，Melamed & Graham-Pole，1992）。同样的道理也适用于让病人为某一次痛苦的治疗过程做准备（Johnson & Leventhal，1994）。当人们必须面临大手术时，那些焦虑感适中的人实际上在术后恢复中表现最好（Janis，1958）。这些人倾向于寻找相关信息，并为即将到来的手术去做好心理准备，那就是"去担心的工作"。

要点：病人和医生间的沟通是很重要的，无论是在向医生提供重要信息方面还是在提高病人抗病士气方面。在这个过程中，非语言交流也很重要。

病人不服从现象

通常，病人去看医生的时候，医生会给出一个或多个建议，比如严格控制饮食，或者按照医嘱服药。然而，在不同文化中进行的研究表明，总体上，病人不遵守医嘱的情况比例只有50%左右（Haynes, McKibbon & Kanani, 1996）。例如，许多患者没有遵守每天使用眼药水来治疗青光眼的治疗方案，不遵照这个简单建议是导致患者失明的主要原因（Goldberg, 2000）。虽然医生们在让患者遵循治疗方案方面也尽了最大的努力，例如监测血糖水平，严格限制饮食或按处方服药等（见Werthemier & Santella, 2007；van Dulmen, Siuijs, et al., 2007）。癌症等严重疾病患者的依从性较高，糖尿病和心血管疾病患者的依从性略低，高血压患者的依从性最低。

高血压是常见疾病，是很容易诊断的，但是，如果不加以治疗，就可能会导致中风、心力衰竭、肾功能衰竭、失明和心脏病（Herd & Weiss, 1984）。许多患者错误地认为，他们可以判断自己的血压何时升高，他们的判断依赖于一些不可信赖的线索，如脉搏加快（Leventhal, Meyer & Nerenz, 1980）。高血压可以得到有效的治疗，主要是通过药物治疗、体重控制、限制钠摄入的饮食习惯以及身心的放松。然而，70%到90%的高血压患者不能做到按时服药或者遵循其他建议（Leventhal & Hirschman, 1982）。

图15.7 医生、病人和处方
资料来源：iofoto/Shutterstock.com

研究表明，当病人认为他们的医生友好、关心他们、对他们感兴趣，并且对他们有充分的了解时，他们会更愿意遵医嘱（DiNicola & DiMatteo, 1984）。当然，在一个多元文化的世界中，熟悉患者的语言和文化对于获得患者的依从性是至关重要的（Villagran, Hajek, Zhao, Peterson & Wittenberg-Lyles, 2011）。罗丁（Rodin）和詹尼斯（Janis）还建议医生可以通过鼓励患者公开病情来增进医患关系，给予患者积极的、接受性的反馈，询问患者是否理解医生所给出的这些治疗建议，并暗示患者他们对自己的治疗拥有最终的控制权和责任。当医生能够给患者确切的随访，以跟踪病情的进展时，患者也更有可能遵从医生的意见（DiMatteo et al., 1993）。然而，尝试提高依从性的研究结果很令人沮丧。这种影响相当微弱，并且不会持久（Roter et al., 1998; Haynes, McKibbon & Kanani, 1996; van Dulmen et al., 2007）。无论是对医疗系统还是对患者来说，不遵守规定的代价都是巨大的。

要点：如今，病人不遵守医务人员的建议被看作是一个主要问题。

维持现状还是病情复发

虽然许多人开始了锻炼计划，身体状况也有了显著改善，但即使在心脏康复项目中，能够保持锻炼的人也相对较少（Oldridge & Streiner, 1990）。限制高热量的饮食可能会对健康有所帮助，尽管人们每年总共会减掉几吨重的脂肪，但很少有人能保持一年以上的时间（Tinker & Tucker, 1997; Wilson, 1984）。尽管许多酗酒者、海洛因成瘾者和吸烟者都成功完成了治疗或是自行戒除，可约有三分之二的人会在三个月之内复吸（Hunt, Barnett & Branch, 1971）。

要理解人们为什么会在某一次失足后失去控制，重要的是要理解人们如何解释这种一时的失足，这被称作**破堤效应**（abstinence violation effect）（Marlatt & Gordon, 1979）。这些人在失足行为和作为前吸烟者、节食者或戒酒者的自我形象之间存在有认知失调。此外，他们会倾向于做出性格归因，用个人的弱点和不足来解释这种失足，而不是把它看作是一时的判断失误。随之而来的是失去控制的挫败感和沮丧感，而且这种感觉又演变成自我实现的预言。一时的失足就成了复发。

罗宾斯、黑尔策和戴维斯（Robins, Helzer & Davis, 1975）指出了一个**拒绝复吸**的惊人例子。尿液检查显示，在越南战争中，相当大比例的美国士兵每日服用高纯度的海洛因从而上瘾。他们回到美国后就停止了这种行为。他们复吸了吗？两年后，这些士兵当中的近900人接受了采访。虽然他们大多数人报告说，他们随时可以得到海洛因，但是只有12%的人再次上瘾，尽管也有一些人表示他们偶尔使用海洛因。显然，海洛因的使用是在特定的环境中建立的，在大多数情况下并没有进一步推广到他们的家庭环境。

要点：向更健康的行为转变往往以复发和失败告终。破堤效应由两个社会心理过程构成：在行为失误和自我形象之间的认知失调，以及行为的性格归因。

社会心理学与公共卫生

到目前为止，我们已经看到我们的行为对自己的健康有很大的影响。只有健全的公共卫生政策才能改变那些危害他人健康的行为。考虑一下这个问题：为什么即使人们意识到有健康风险，他们仍然坚持以对自己有害的方式行事？关键之处似乎在于必须给他们一个可行的替代方案。在研究两种决策模型时，请记住这一点。

健康信念模型

有哪些东西在引导着我们改变行为方式，让它们更有益于我们的健康？这个变化过程有两个阶段。首先，我们必须决定自己必须"做点什么"来保护我们的健康；例如减肥、加强锻炼、戒烟。然后，我们必须决定做什么以及如何实现这一目标。**健康信念模型**（health beliefs model）（图15.8）就说明了这样两个阶段（Becker, 1974）。

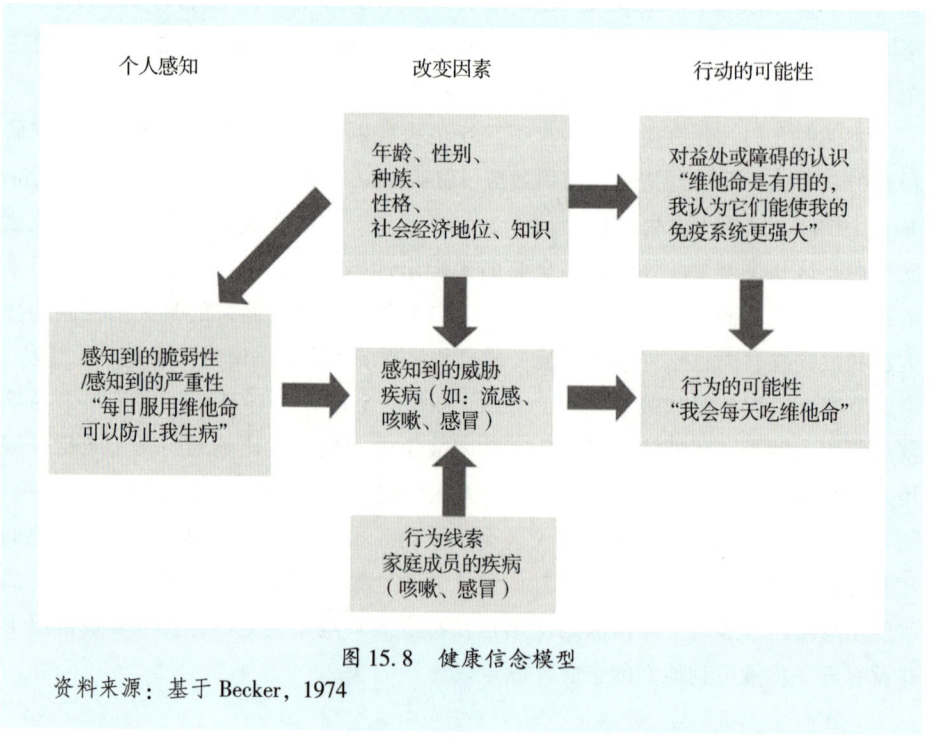

图 15.8　健康信念模型

资料来源：基于 Becker, 1974

让我们以罗伯托为例，他在办公室工作，看着电视上的体育节目，过着久坐不动的生活。他的医生建议他做一些锻炼，以促进心血管健康，减少患心血管疾病的风险。

这个过程始于一个人对某件事的判断。罗伯托渐渐意识到，他的身体**容易**出问题：如果不采取行动，他可能会早发心脏病。他的朋友乔安妮在一次心脏病发作后住院，这提醒了他患心脏病的危险性，而他也注意到，当他不得不跑着去赶上下班火车时，他的心跳会加速。

如果认识到可能患病的威胁的同时还伴有行为线索，比如家人的催促，他就会决定去"做点什么"。现在他必须决定做什么。行动的选择将取决于各种替代方案的相对成本和收益。罗伯托一直被"推销"有氧运动，它作为一种有效的预防措施，也有助于减重，并且会让他看上去更健康。他考虑加入他姐姐的健身俱乐部。然而，可以认识到的障碍包括了所需的时间和会费。在权衡了长期利益和成本之后，罗伯托认为这事值得一试，他很可能会开始进行有氧运动。简而言之，他相信冠状动脉疾病是真实存在的，他认为运动是一种有效的能够减少这种威胁的方法，并且不需要个人付出过多的代价。

总的来说，这个模型有助于揭示健康的信念是如何转化为行动的（Janz & Becker，1984；Harrison，Mullen & Green，1992；Strecher，Champion & Rosenstock，1997）。例如，它揭示了骑车者为什么要戴防护头盔（Quine，Rutter & Arnold，2000），以及为什么要提高对艾滋病相关性行为的警惕（Lollis，Johnson & Antoni，1997）。这一模型还揭示了青少年对胰岛素依赖型糖尿病的药物治疗方案的依从性（Bond，Aiken & Somerville，1992）和作为女性早期乳房癌症检测手段的乳房自检的必要性（Savage & Clarke，1996）。

要点：健康信念模型指出，在人们做出决定，要将行为方式调整成更有利于健康的模式时会经历两个阶段。首先，一个人必须决定做点什么来保护健康，而这与对个体风险的感知有关。第二阶段是做决定，也就是做什么，而这是由其感知到的替代行为所产生的成本和收益而决定的。

保护动机模型

在第五章中，我们讨论了唤起恐惧情绪的信息具有说服力的问题（Rogers，1975，1983）。简单地说，**保护动机理论**（protection motivation theory）认为，个体从事健康行为的动机是为了保护自己免受威胁。它涉及两个判断或评价过程：威胁评价和应对评价。个人首先评估威胁——这是一个严重的威胁吗？个人容易受到影响吗？然后，他们评估对威胁的行为反应——这种行为会有效吗？这种行为有哪些障碍？注意，这四种评估——威胁的严重性、个人的脆弱性、行为的效益和与障碍相关的自我效能——与健康信念模型中提出的内容相似。

但是，这些因素并不足以让人们采取行动。这个人还必须相信自己有能力始终如一地采取这些行动，即具有自我效能感（Wulfert & Wan, 1993; Seydel, Taal & Wiegman, 1990）。例如，自我效能可以预测当工人们暴露在有害的噪音水平下时，他们是否会使用防护装置（Melamed, Rabinowitz, et al., 1996）。在另一项研究中，当研究受试者觉得自己有能力戒烟时，该理论成功预示出人们对吸烟致癌的反应（Sturges & Rogers, 1996）。

总而言之，恐惧信息同时引发两种需求，即两个并行的过程（Witte, 1994; Maloney, Lapinski &Witte, 2011）。其中一个过程需要掌握信息中包含的危险。一个使用避孕套的决定就可以解决感染性病的危险。另一个过程要管理当时由信息引起的情绪状态。个体很可能会把注意力集中在恐惧本身，并采取行动，如通过忽视信息，分散注意力，幽默或者贬损信息源，来减少这种恐惧（这些内容在第五章均有论述）。

最后，促进健康的说服力还包括：以上方法都是基于我们对影响我们健康的行动做出理性决定这一假设（Ronis, 1992）。然而，我们很多与健康相关的行为并不是计划好的，而是自发地、不假思考地发生的（Gibbons, Kingsbury & Gerrard, 2012）。此外，人们在做出有益或有害健康的行为时也许会有些与健康无关的理由。例如，节食往往反映的是对外表的关注，而不是对健康的关注。当人们说骨质疏松症会伤害外形而不是健康问题时会增加风险人群锻炼和服用钙剂的可能性（Klohn & Rogers, 1991）。

要点：基于恐惧的说服性信息的保护动机理论有两个过程。首先，根据健康后果的严重性和个人可替代性对威胁进行评估。然后，个体必须评估行动是否有效和可行。当接触到恐惧信息时，个体需要同时管理对健康的危害和由信息本身引起的情绪状态。

康乐：不仅仅是没有疾病

一系列在多个国家进行的研究中，受试者被简单地要求对自己目前的健康状况进行评分，评分通常是按照李克特量表的形式：由差到好。随后，研究人员对这些受试者进行长达27年的随访。结果是惊人的：他们对自己健康状况的主观评分是对他们多久会生一次病以及会活多久的一个强有力的预测因素（Idler & Binyamini，1997）。值得注意的是，这些预测是在控制了其他可能预测健康状况的因素后得出的，这些因素包括目前的健康状况和问卷调查时进行的实验室测试、个人病史、某些疾病的家族史。康乐感似乎与较好的健康状况有关。

　　康乐的感觉对你来说意味着什么？你会从你的情绪状态，快乐与否，或你对生活的满意程度来判断它吗？或许你会看得更深入，并从生活的意义——如你与他人的关系，你能力的充分发挥，以及为你的生活找到一个目标——当中找到幸福感？这两个幸福的概念并不相同（Keyes，Shmotkin & Ryff，2002）。

　　前者被称为**享乐论的康乐**（hedonic well-being），意味着你积极和消极的情绪状态以及你对生活的满意度（Diener & Lucas，2003）。注意，它们可能以各种方式组合在一起。例如：你可能会发现自己心情很好，但对现在的生活并不满意（Busseri，Sadava & DeCourville，2007；Busseri & Sadava，2011）。事实上，或许你是那种情绪激烈的人，无论是积极的还是消极的情绪；又或许，你是一个情绪稳定的人。积极的情绪并不仅仅是消极情绪的对立面（Frederickson，2001）。大量的研究将积极情绪与健康甚至长寿联系起来（Pressman & Cohen，2005），这与之前的讨论是一致的。

　　相反，**幸福论的康乐**（eudaimonic）将康乐定义为过着于个人而言有意义的生活。里夫（Ryff，1989）指出，心理健康（psychological well-being，PWB）的模型有 6 个维度：自我接纳，与他人的积极关系，塑造环境以满足个人需求的能力，个人自主和自决，充分利用个人才能（个人成长）并找到生活的意义或目的。那些幸福论意义上的康乐中得分较高的人也表现出较低的生物应激指标，较低的心血管疾病风险和较长的睡眠时间（Ryff，Singer & Love，2004）。

哪些因素有助于康乐感的产生？

　　当然，钱很重要，但没人们想得那么重要，至少在贫困线以上时是这样（Akin，Norton & Dunn，2009；Fischer & Boer，2011；Oshi & Schimmack，2010）。你所生活的国家肯定会对你的生活产生影响：你的工作机会和收入，你成为暴力受害者的风险，你获得医疗保健的机会，以及你对于国家的自豪感。在对 128 个国家的 132516 名受访者进行的调查中，采用自锚定阶梯进行测量（图 15.9），结果显示生活满意度与国家满意度相关。图中，底部的梯级代表可能的最糟糕的生活，顶部梯级代表可能的最好的生活（Morrison，Tay & Diener，2011）。然而，在最贫穷的国家和收入较低的人群中，对生活满意度和国家的满意度之间的关系最为密切。研究人员还发现，在集体主义的非西方国家，生活满意度和对自己国家的满意度之间存在更强的联系。

图 15.9　生活满意度的自锚定阶梯

资料来源：Kilpatrick & Cantril, 1960

基尔帕特里克和坎特里尔提出了一种方法，即把你的生活想象成一个梯子——上面代表你可能拥有的最好的生活，最低的梯级代表你可能拥有的最糟糕的生活

要点：个人康乐感与健康状况和死亡率有很强的联系。享乐论的主观康乐概念包含了高水平的生活满意度和积极情绪，以及低水平的消极情绪。幸福论的有意义生活的概念，即多维度的心理健康（PWB）由6个维度组成：自我接纳，与他人的积极关系，塑造环境以满足个人需求的能力，个人自主和自决，充分利用个人才能（个人成长）并找到生活的意义或目的。影响幸福感的因素有很多，包括健康、经济状况、人际关系质量和民族差异。衡量幸福的一个常用标准是生活满意度的坎特里尔阶梯量表（图15.9）。

内容概要

1. 在许多情况下，目击者证词的可靠性值得怀疑。它受到嫌疑人队列、压力、事件和回忆之间的间隔时间、人物性格以及有偏差的提问的影响。

2. 对模拟陪审团的研究结果表明，陪审员的偏差与威权主义尤其相关。

3. 欺骗可能是由于做错事（说谎）或疏忽（隐瞒或遗漏某事）而发生的。个人使用言语和非言语线索来检测欺骗的能力各不相同。

4. 责任的归属受到行为后果严重程度的影响。

5. 对正义的理解既涉及什么是公平的（分配正义），也涉及如何做出这样的决定（程序正义），并受到公平世界信仰的影响。

6. 分配正义遵循公平（投入与产出之比与他人相比公平）、平等（资源的统一分配）或需要（根据需要分配资源）的规则。

7. 卫生保健是一个全球性的问题，涉及的不仅仅是疾病的医学治疗，社会心理因素也起了一定作用。

8. 社会经济地位梯度效应将健康与社会相对地位联系起来。

9. 人们的行为可能会带来健康风险，也可能会促进健康，而且各种行为之间似乎没有一致性。社会模塑是一个主要影响因素。

10. 压力可能来自生活中的重大事件和日常生活中的烦恼。社会支持通过缓冲压力的影响和减轻孤独感来促进健康。

11. 缺乏控制会影响健康。与心脏病发作风险相关的A型人格的特点包括高成就取向，缺乏耐心，尤其是对他人表现出明显的愤世嫉俗的敌意。

12. 与特定他人的亲密关系可以增强健康，而孤独是一个健康风险。

13. 健康信念模型始于认识到处于患病的危险之中，并准备采取行动，而是否转化为一种行动取决于该行动所带来的回报和成本。如果要采取适当和现实的行动来处理威胁，那么引起恐惧的信息就是有效的。

14. 生病可以被视为带有生病脚本的社会角色。

15. 病人不遵守医护人员的建议，包括服用处方药的建议，是一个普遍存在的问题。

16. 在有益的行为改变之后，旧病复发很常见。成瘾行为特有的戒断破坏效应会将一时的疏忽转变为全面的复发。

17. 康乐有两种模式。一种是主观的或享乐论的，在这里，康乐被定义为高积极影响、低消极影响和积极的生活满意度。另一种是心理上的或幸福论的康乐，即过一种对个人有意义的生活，包括自我接纳，建立与他人的积极关系，拥有自我效能感以及找到生活的意义。

拓展思考

• 公正的司法制度所追求的理想是公正的审判。根据本章所提供的证据，你将如何改变审判制度以确保公平？

• 你认为媒体（电影、电视、网络、小说）如何影响我们看待审判和司法系统的方式？这些影响是有利的还是不利的？

• 想一想社会认知的基本过程（第二章）在陪审员如何形成对被告的印象和判断中的反映。考虑一下这两种思维过程（快思维和慢思维）的参与程度。

- 对分配和程序的考虑如何影响我们对正义的看法？我们生活在一个相对公正的世界吗？
- 抗辩制和纠问制的优点和缺点是什么？
- 和他人尤其是和对我们重要的人在一起对我们有好处，而孤独是不健康的，这一点似乎是显而易见的。但是为什么呢？
- 为什么人们不能更好地照顾自己以避免生病，并在生病时恢复健康呢？
- 健康意味着什么？感觉健康吗？这比"不生病"更重要吗？

延伸阅读

L. Bagnoli & G. B. Traverso（Eds）（2013）. *Psychology and law in a changing world：New trends in theory, practice and research.* **London：Routledge.** 这本书收录了社会心理学和犯罪学各方面的文章，重点关注了国家、文化和法律制度之间的一致性和差异性。

D. R. Bobocel, A. C. Kay, M. P. Zanna & J. M. Olson（Eds）（2011）. *The psychology of justice and legitimacy：The Ontario symposium*（Vol. 11）. **New York：Psychology Press.** 一本由这一新兴领域的知名学者撰写的优秀论文集。

Kaplan, M. F. & Martin, A. N.（2006）. *Understanding world jury systems through social psychological research.* **New York：Psychology Press.** 这是一本对各种审判司法制度特别是陪审团制度的文件汇编。

Lampinen, J. M., Neuschatz, J. S. & Cling, A. D.（2012）. *The psychology of eyewitness identification.* **New York：The Psychology Press.** 这本书从基础心理学研究的角度，对我们所了解到的目击者证词的准确性和可靠性进行全面的和最新的回顾。

Revenson, T. A., Kayser, K. & Bodenmann, G.（Eds）（2005）. *Couples coping with stress：Emerging perspectives on dyadic coping.* **Washington, D. C.：American Psychological Association.** 一部深入探讨夫妻如何处理家庭内外压力以及来自身体和心理的压力的论文集。

网页链接

http：//www.apa.org/research/action/law.aspx，法律与心理学网站。

www.acjnet.org，对于立法、了解司法、组织、数据库和讨论非常有用的链接。

http：//www.healthpsychology.net/pages/290031/index.htm，健康心理学网，本网站包含循证治疗、研究主题和如何获得健康心理学专业培训的相关资料。

http：//www.socialpsychology.org/health.htm#general，卫生部门和社会心理学网络，本网站包含关于社会心理学和健康的大量资源。

参考文献

Abrahamson, A.C., Baker, L.A. & Caspi, A. (2002). Rebellious teens? Genetic and environmental influences on the social attitudes of adolescents. *Journal of Personality and Social Psychology, 83*, 1392–1408.

Abrams, D. & Hogg, M.A. (1990). The social context of discourse: Let's not throw out the baby with the bath water. *Philosophical Psychology, 3*, 219–225.

Abrams, D., Randsley de Moura, G., Marques, J.M. & Hutchison, P. (2008). Innovation credit: When can leaders oppose their group's norms? *Journal of Personality and Social Psychology, 95*, 662–678.

Abramson, L.Y., Seligman, M.E.P. & Teasdale, J.D. (1978). Learned helplessness in humans: Critique and reformulation. *Journal of Abnormal and Social Psychology, 87*, 49–74.

Abu-Haidar, F. (1989). Are Iraqi women more prestige conscious than men? Sex differentiation in Baghdadi Arabic. *Language in Society, 18*, 471–481.

Acevedo, P. & Aron, A. (2009). Does a long-term relationship kill romantic love? *Review of General Psychology, 13*, 59–65.

Achterberg, P., Aupers, S., Heilbron, J. & Houtman, D. (2011). A cultural globalization of popular music? American, Dutch, French, and German pop charts (1965–2005). *American Behavioral Scientist, 55*, 589–608.

Adachi, P.J.C. & Willoughby, T. (2011). The of videogame competition and violence on aggressive behavior: Which characteristic has the greatest influence? *Psychology of Violence, 1*, 259–274.

Adair, J.G. (1973). *The human subject.* Boston: Little, Brown.

Adair, J.G. (1980). Psychology at the turn of the century: Crises, challenges, promises. *Canadian Psychologist, 21*, 165–178.

Adair, J.G., Dushenko, T.W. & Lindsay, R.C.L. (1985). Ethical regulations and their impact on research practice. *American Psychologist, 40*, 59–72.

Adams, G. & Huston, T. (1975). Social perception of middle-aged persons varying in physical attractiveness. *Developmental Psychology, 11*, 657–658.

Adams, G., Garcia, D., Purdie-Vaughns, M. & Steele, C.M. (2006). The detrimental effects of a suggestion of sexism in an instruction situation. *Journal of Experimental Social Psychology, 42*, 602–615.

Adams, J.S. (1965). Inequity in social exchange. In L. Berkowitz (Ed.), *Advances in experimental social psychology* (Vol. 2). (pp. 267–295). New York: Academic Press.

Adams, M. (2003). *Fire and ice. The United States, Canada and the myth of converging values.* Toronto: Penguin Books.

Adler, N.E., Boyce, T., Chesney, M.A., Cohen, S., Folkman, S., Kahn, R.L. & Syme, S.L. (1994). Socioeconomic status and health: The challenge of the gradient. *American Psychologist, 49*, 15–24.

Adler, N.J. (1999a). Global leaders: Women of influence. In G.N. Powell (Ed.), *Handbook of gender and work* (pp. 239–261). Thousand Oaks, CA: Sage Publications.

Adler, N.J. (1999b). Global leadership: Women leaders. In W.H. Mobley (Ed.), *Advances in global leadership* (Vol. 1). (pp. 49–73). Stamford, CT: JAI Press, Inc.

Adorno, T.W., Frenkel-Brunswick, E., Levinson, D.J. & Sanford, R.N. (1950). *The authoritarian personality.* New York: Harper.

Ajzen, I. (1985). From intentions to actions: A theory of planned behavior. In J. Kuhl & J. Beckmann (Eds), *Action-control: From cognition to behavior* (pp. 11–39). Heidelberg: Springer.

Ajzen, I. (1987). Attitudes, traits and actions: Dispositional prediction of behaviour in personality and social psychology. In L. Berkowitz (Ed.), *Advances in experimental social psychology* (Vol. 20). (pp. 1–63). New York: Academic Press.

Ajzen, I. (1991). The theory of planned behavior. *Organizational Behavior and Human Decision Processes, 50,* 179–211.

Ajzen, I. & Fishbein, M. (1980). *Understanding attitudes and predicting social behavior.* Englewood Cliffs, NJ: Prentice-Hall.

Akin, L.B., Norton, M. & Dunn, E.W. (2009). Wealth and well-being: Money matters but less than people think. *Journal of Positive Psychology, 4,* 523–527.

Albright, D.E. & Hazler, R.J. (1995). A right to die? Ethical dilemmas of euthanasia. *Counselling and Values, 39,* 177–189.

Albright, L. & Forziati, C. (1995). Cross-situational consistency and perceptual accuracy in leadership. *Personality and Social Psychology Bulletin, 21,* 1269–1276.

Alcock, J.E. (1975). Motivation in an asymmetric bargaining situation: A cross-cultural study. *International Journal of Psychology, 10,* 69–81.

Alcock, J.E. (1986). Chronic pain and the injured worker. *Canadian Psychology, 27,* 196–203.

Alcock, J.E. (1996). Training, experience and the detection of lying. *Legal Medical Quarterly, 20,* 20–23.

Alcock, J.E. (1997). Social psychology and mental health. In S.W. Sadava & D.R. McCreary (Eds), *Applied Social Psychology* (pp. 113–135). Upper Saddle River, NJ: Prentice-Hall.

Alcock, J.E. (2006). Believe in survival. In E. Laszlo & P. Seidel (Eds), *Global survival* (pp. 85–100). New York: SelectBooks.

Alcock, J.E. & Mansell, D. (1977). Predisposition and behaviour in a collective dilemma. *Journal of Conflict Resolution, 21,* 443–458.

Alexander, M.J. & Higgins, E.T. (1993). Emotional trade-off of becoming a parent: How social roles influence self-discrepancy effects. *Journal of Personality and Social Psychology, 65,* 1259–1269.

Ali-Gombe, A., Guthrie, E. & McDermott, N. (1996). Mass hysteria: One syndrome or two? *British Journal of Psychiatry, 168,* 633–635.

Allegeier, E.R. & Byrne, D. (1973). Attraction toward the opposite sex as a determinant of physical proximity. *Journal of Social Psychology, 90,* 213–219.

Allen, J.B., Kenrick, D.T., Linder, D.E. & McCall, M.A. (1989). Arousal and attraction: A response-facilitation alternative to misattribution and negative-reinforcement models. *Journal of Personality and Social Psychology, 57,* 261–270.

Allen, V.L. & Levine, J.M. (1971). Social support and conformity: The role of independent assessment of reality. *Journal of Experimental and Social Psychology, 7,* 48–58.

Allison, S.T. & Messick, D.M. (1985). Effects of experience on performance in a replenishable resource trap. *Journal of Personality and Social Psychology, 49,* 943–948.

Alloy, L.B. & Abramson, L.Y. (1979). Judgements of contingency in depressed and non-depressed students: Sadder but wiser. *Journal of Experimental Psychology: General, 108,* 441–485.

Allport, F.H. (1924). *Social psychology.* Boston: Houghton-Mifflin.

Allport, G.W. (1935). Attitudes. In C.M. Murchison (Ed.), *Handbook of social psychology* (pp. 798–844). Worchester, MA: Clark University Press.

Allport, G.W. (1954). *The nature of prejudice.* Reading, MA: Addison-Wesley.

Allport, G.W. & Kramer, B.M. (1946). Some roots of prejudice. *Journal of Psychology, 22,* 9–39.

Allport, G.W. & Postman, L.J. (1947). *The psychology of rumour.* New York: Holt, Rinehart & Winston.

Allport, G.W. & Vernon, P.E. (1931). *A study of values.* Boston: Houghton-Mifflin.

Allsop, D.T., Bassett, B.R. & Hoskins, J.A. (2007). Word-of-mouth research: Principles and applications, *Journal of Advertising Research, 47,* 388–411.

Altemeyer, B. (1981). *Right-wing authoritarianism.* Winnipeg: University of Manitoba Press.

Altemeyer, B. (1988). *Enemies of freedom.* San Francisco: Jossey-Bass.

Altemeyer, B. & Hunsberger, B. (1992). Authoritarianism, religious fundamentalism, quest, and prejudice. *The International Journal for the Psychology of Religion, 2,* 113–133.

Altemeyer, B. & Hunsberger, B. (1993). Religion and prejudice: Lessons not learned from the past: Reply to Gorsuch. *International Journal for the Psychology of Religion, 3,* 33–37.

Altman, I. (1973). Reciprocity of interpersonal exchange. *Journal of the Theory of Social Behavior, 3*, 249-261.

Altman, I. & Vinsel, A.M. (1977). Personal space: An analysis of E.T. Hall's proxemics framework. In I. Altman & J.F. Wohlwill (Eds), *Human behavior and environment: Advances in theory and research* (pp. 181-259). New York: Plenum.

Altman, I., Vinsel, A. & Brown, B.A. (1981). Dialectic conceptions in social psychology: An application to social penetration and privacy regulation. In L. Berkowitz (Ed.), *Advances in experimental social psychology* (Vol. 14). (pp. 107-160). New York: Academic Press.

Alwin, D.F. (1996). From childbearing to child-rearing: The link between declines in fertility and changes in the socialization of children. *Population and Development Review, 22*, 176-196.

Alwin, D.F., Cohen, R.L. & Newcomb, T.M. (1991). *Political attitudes over the life span: The Bennington women after fifty years.* Madison: University of Wisconsin Press.

Amato, P.R. (1983). Helping behavior in urban and rural settings: Field studies based on a taxonomic organization of helping episodes. *Journal of Personality and Social Psychology, 45*, 571-586.

Ames, D.L. & Fiske, S.T. (2010). Cultural neuroscience. *Asian Journal of Social Psychology, 13*, 72-82.

Amichai-Hamburger, Y. & Ben-Artzi, E. (2003). Loneliness and Internet use. *Computers in Human Behavior, 19*, 71-80.

Amichai-Hamburger, Y. & McKenna, K.Y.A. (2006). The contact hypothesis reconsidered: Interacting via the Internet. *Journal of Computer-Mediated Communication, 11*, 825-843.

Amiot, C.E. & Aubin, R.M. (2013). Why and how are you attached to your social group? Investigating different forms of social identification. *British Journal of Social Psychology, 52*, 563-586.

Amir, Y. (1976). The role of intergroup contact in change of prejudice and ethnic relations. In P.A. Katz (Ed.), *Towards the elimination of racism* (pp. 245-308). Elmsford, NY: Pergamon Press.

Amodio, D.M. (2009). Intergroup anxiety effects on the control of racial stereotypes: A psychoneuroendocrine analysis. *Journal of Experimental Social Psychology, 45*, 60-67.

Amodio, D.M. & Ratner, K.G. (2011). A memory system model of implicit social cognition. *Current Directions in Psychological Science, 20*, 143-148.

Andersen, S.M., Saribay, S.A. & Thorpe, J.S. (2008). Simple kindness can go a long way: Relationships, social identity, and engagement. *Social Psychology, 39*, 59-69.

Anderson, C.A., Benjamin, A.J. Jr. & Bartholow, B.D. (1998). Does the gun pull the trigger? Automatic priming effects of weapon pictures and weapon names. *Psychological Science, 9*, 308-314.

Anderson, C.A. & Bushman, B.J. (2001). Effects of violent video games on aggressive behavior, aggressive cognition, aggressive affect, physiological arousal, and prosocial behavior: A meta-analytic review of the scientific literature. *Psychological Science, 12*, 353-359.

Anderson, C.A. & Bushman, B.J. (2002). Human aggression. *Annual Review of Psychology, 53*, 27-51.

Anderson, C.A., Lepper, M.R. & Ross, L. (1980). Perseverance of social theories: The role of explanation in the persistence of discredited information. *Journal of Personality and Social Psychology, 39*, 1037-1049.

Anderson, C.A. & Sedikides, C. (1990). Thinking about people. Contributions of a typological alternative to associationistic and dimensional models of person perception. *Journal of Personality and Social Psychology, 60*, 203-217.

Anderson, C.A., Shibuya, A., Ihori, N., Swing, E.L., Bushman, B.J., Sakamoto, A, Rothstein, H. R. & Saleem, M. (2010). Violent video game effects on aggression, empathy, and prosocial behavior in Eastern and Western countries: A meta-analytic review. *Psychological Bulletin, 136*, 151-173.

Anderson, C.M., Riddle, B.L. & Martin, M.M. (1999). Socialization processes in groups. In L.R. Frey, Gouran, D. & Poole, M.S. (Eds). *The Handbook of Group Communication Theory and Research.* (pp. 139-166). London: Sage.

Anderson, N.H. (1959). Test of a model of opinion change. *Journal of Abnormal and Social Psychology, 59*, 371-381.

Anderson, N.H. (1965). Adding versus averaging as a stimulus combination rule in impression formation. *Journal of Experimental Psychology, 70*, 394-400.

Anderson, N.H. (1978). Cognitive algebra: Integration theory applied to social attribution. In L. Berkowitz (Ed.), *Cognitive theories in social psychology.* New York: Academic Press.

Anderson, P. (2008). *Nonverbal communication: Forms and functions* (2nd Ed.). Long Grove, IL: Waveland Press.

Anderson, S.L., Adams, G. & Plaut, V.C. (2008). The cultural grounding of personal relationships: The importance of attractiveness in everyday life. *Journal of Personality and Social Psychology, 95*, 352–368.

Andreas, C.R. (1969). 'To receive from kings ...' An examination of government-to-government aid and its unintended consequences. *Journal of Social Issues, 25*, 167–180.

Angell, M. (1985). Disease as a reflection of the psyche. *New England Journal of Medicine, 312*, 1570–1572.

Antonakis, J. & Dalgas, O. (2009). Predicting elections: Child's play! *Science, 323*, 1183.

Apfelbaum, E. & McGuire, G.R. (1986). Models of suggestive influence and the disqualification of the social crowd. In C.F. Graumann & S. Moscovici (Eds), *Changing conceptions of crowd mind and behavior* (pp. 27–50). New York: Springer-Verlag.

Apicella, C.L., Little, A.C. & Marlowe, F.W. (2007). Changing perceptions of attractiveness as observers are exposed to a different culture. *Perception, 36*, 1813–1829.

App, B., McIntosh, D.N., Reed, C.L. & Hertenstein, M.J. (2011). Nonverbal channel use in communication of emotion: How may depend on why. *Emotion, 11*, 603–617.

Archer J. (2004). Sex differences in aggression in real-world settings: A meta-analytic review. *Review of General Psychology*, 8, 291–322.

Archer, J. (1976). Biological explanations of psychological sex differences. In B. Lloyd & J. Archer (Eds), *Exploring sex differences* (pp. 241–266). New York: Academic Press.

Archer, J. (2000a). Sex differences in aggression between heterosexual partners: A meta-analytic review. *Psychological Bulletin, 126*, 651–680.

Archer, J. (2000b). Sex differences in physical aggression to partners: A reply to Frieze (2000), Leaery (2000), and White, Smith, Koss and Figueredo (2000). *Psychological Bulletin, 126*, 697–702.

Archer, J. (2006). Cross-cultural differences in physical aggression between partners: A social-role analysis. *Personality and Social Psychology Review*, 10, 133–153.

Archer J. (2009). Does sexual selection explain human sex differences in aggression? *Behavioural and Brain Sciences, 32*, 249–311.

Archer, J. & Côté, S. (2005). Sex differences in aggressive behavior: A developmental and evolutionary perspective. In: R. Tremblay, W.W. Hartup & J. Archer (Eds), *Developmental origins of aggression*. New York: Guilford. pp. 425–443.

Archer, J. & Coyne, S.M. (2005). An integrated review of indirect, relational, and social aggression. *Personality and Social Psychology Review, 9*, 212–9,230.

Arendt, H. (1963). Eichmann in Jerusalem: A report on the banality of evil. New York: Viking.

Argyle, M. (1969). *Social interaction*. London: Tavistock.

Argyle, M. (1975). *Bodily communication*. London: Methuen & Co.

Argyle, M. & Dean, J. (1965). Eye-contact, distance and affiliation. *Sociometry, 28*, 289–304.

Arkin, R.M. & Baumgardner, A.H. (1985). Self-handicapping. In J.H. Harvey & G. Weary (Eds), *Attributions: Basic issues and applications* (pp. 169–202). New York: Academic Press.

Armitage, C.J. & Conner, M. (2001). Efficacy of the theory of planned behaviour: A meta-analytic review. *British Journal of Social Psychology, 40*, 471–499.

Arndt, J. & Crane, E. (1975). Response Bias, yea-saying, and the double negative. *Journal of Marketing Research, 12*, 218–220.

Arnett, J.J. (2002). The psychology of globalization. *American Psychologist, 57*, 774–783.

Arnett, J.J. (2009). The neglected 95%, a challenge to psychology's philosophy of science, *American Psychologist, 64*, 571–574. DOI: 10.1037/a0016723

Aron, A. & Westbay, L. (1996). Dimensions of the prototype of love. *Journal of Personality and Social Psychology, 70*, 535–551.

Aron, A., Paris, M. & Aron, E.N. (1995). Falling in love: Prospective studies of self-concept change. *Journal of Personality and Social Psychology, 69*, 1102–1112.

Aronson, E. (1984). *The social animal* (4th ed.). New York: W.H. Freeman.

Aronson, E. & Carlsmith, J.M. (1963). Effect of the severity of threat on the devaluation of forbidden behavior. *Journal of Abnormal and Social Psychology, 66*, 584–588.

Aronson, E. & Carlsmith, J.M. (1968). Experimentation in social psychology. In G. Lindzey & E. Aronson, (Eds), *Handbook of social psychology* (2nd ed.). (Vol. 2). (pp. 1-79). Reading, MA: Addison-Wesley.

Aronson, E. & Golden, B.W. (1962). The effect of relevant and irrelevant aspects of communicator credibility on attitude change. *Journal of Personality, 30*, 135-146.

Aronson, E., Willerman, B. & Floyd, J. (1966). The effect of a pratfall on increasing personal attractiveness. *Psychonomic Science, 4*, 157-158.

Aronson, E., Wilson, T.D. & Brewer, M.B. (1998). Experimentation in social psychology. In G. Lindzey, D. Gilbert & S.T. Fiske (Eds), *The handbook of social psychology, 4th edition, Volume 1*. (pp. 99-142). New York: Oxford University Press.

Aronson, E., Wilson, T.D. & Akert, R. (1994). *Social psychology: The heart and the mind*. New York: HarperCollins.

Arriaga, P., Monteiro, M.B. & Esteves, F. (2011). Effects of playing violent computer games on emotional desensitization and aggressive behavior. *Journal of Applied Social Psychology, 41*, 1900-1925.

Asch, S.E. (1946). Forming impressions of personality. *Journal of Abnormal and Social Psychology, 41*, 258-290.

Asch, S.E. (1951). Effects of group pressure upon the modification and distortion of judgements. In H. Guetzkow (Ed.), *Groups, leadership and men* (pp. 177-190). Pittsburgh: Carnegie Press.

Asendorpf, J.B., Banse, R. & Muecke, D. (2002). Double dissociation between implicit and explicit personality self-concept: The case of shy behavior. *Journal of Personality and Social Psychology, 83*, 380-393.

Ashmore, R.D. & Longo, L.C. (1995). Accuracy of stereotypes: What research on physical attractiveness can teach us. In Lee, Yueh-Ting (Ed.); Jussim, Lee J. (Ed.); McCauley, Clark R. (Ed.), (1995). *Stereotype accuracy: Toward appreciating group differences*, (pp. 63-86). Washington, DC, US: American Psychological Association.

Ashton, M.C. & Esses, V.M. (1999). Stereotype accuracy: Estimating the academic performance of ethnic groups. *Personality and Social Psychology Bulletin, 25*, 225-236.

Ashton, M.C., Danso, H.A., Maio, G.R., Esses, V.M., Bond, M.H., Keung, D.K.Y. (2005). Two dimensions of political attitudes and their individual difference correlates: A cross-cultural perspective. In R. M. Sorrentino, D. Cohen, J. Olson & M.P. Zanna, (Eds) *Cultural and social behavior: The Ontario Symposium*, Vol 10. (pp. 1-29). Hillsdale, NJ: Erlbaum.

Ashton, N.L., Shaw, M.E. & Worsham, A.P. (1980). Affective reactions to interpersonal distances by friends and strangers. *Bulletin of the Psychonomic Society, 15*, 306-308.

Ask, K., Reinhard, M., Marksteiner, T. & Granhag, P.A. (2010). Elasticity in evaluations of criminal evidence: Exploring the role of cognitive dissonance. *Legal and Criminological Psychology, 16*, 289-306.

Athanasiou, R. & Yashioka, G. (1973). The spatial character of friendship formation. *Environmental Behavior, 5*, 43-65.

Austin, W. (1979). Justice, freedom, and self-interest in intergroup conflict. In W.G. Austin & S. Worchel (Eds), *The social psychology of intergroup relations* (pp. 121-144). Monterey, CA: Brooks/Cole.

Avio, K.L. (1987). *The quality of mercy: Exercise of the Royal Prerogative in Canada*. Unpublished manuscript, Department of Economics, University of Victoria.

Axelrod, R. & Dion, D. (1988). The further evolution of cooperation. *Science, 242*, 1385-1390.

Azar, F. & Mullet, E. (2001). Interpersonal forgiveness among Lebanese: A six-confession study. *International Journal of Group Tensions, 30*, 161-181.

Azuma, H. (1984). Secondary control as a heterogeneous category. *American Psychologist, 9*, 970-971.

Bable, M. (2010). Dialect divergence and convergence in New Zealand English. *Language in Society, 39*, 437-456.

Bachorowski, J.-A. (1999). Vocal expression and perception of emotion. *Current Directions in Psychological Science, 8*, 53-57.

Backhouse, C. (1999). *Colour-coded: A legal history of racism in Canada, 1900-1950*. Toronto: The Osgoode Society for Legal Canadian History.

Backman, C.W. & Secord, P.F. (1959). The effect of perceived liking on interpersonal attraction. *Human Relations, 12*, 379-384.

Badie, D. (2010). Groupthink, Iraq, and the War on Terror: Explaining US policy shift toward Iraq. *Foreign Policy Analysis, 6*, 277-296.

Bailenson, J. N. & Yee, N. (2005). Digital chameleons: Automatic assimilation of nonverbal gestures in immersive virtual environments. *Psychological Science, 16*, 814–819.

Bailenson, J.N., Blascovich, J., Beall, A.C. & Loomis, J.M. (2003). Interpersonal distance in immersive virtual environments. *Personality and Social Psychology Bulletin, 29*, 819–833.

Bailey, J. A., Hill, K. G., Oesterle, S. & Hawkins, J. D. (2009). Parenting practices and problem behavior across three generations: Monitoring, harsh discipline, and drug use in the intergenerational transmission of externalizing behavior. *Developmental Psychology, 45*(5), 1214–1226. doi: 10.1037/a0016129

Bailey, K., West, R. & Anderson, C.A. (2011). The association between chronic exposure to video game violence and affective picture processing: An ERP study. *Cognitive, Affective, and Behavioral Neuroscience, 11*, 259–276.

Bailey, P., Onwuegbuzie, A.J. & Daley, C.E. (2000). Correlates of anxiety at three stages of the foreign language learning process. *Journal of Language and Social Psychology, 19*, 474–490.

Bakan, D. (1966). *The duality of human existence.* Chicago: Rand McNally.

Balaratnasingam, S. & Janca, A. (2006). Mass hysteria revisited. *Current Opinion in Psychiatry, 19*, 171–174.

Baldry, A.C. (2004). 'What about bullying?' An experimental field study to understand students' attitudes towards bullying and victimisation in Italian middle schools. *British Journal of Educational Psychology, 74*, 593–598.

Baldwin, M.W. (1992). Relational schemas and the processing of social information. *Psychological Bulletin, 112*, 461–468.

Baldwin, M.W., Fehr, B., Keedian, E., Seidel, M. & Thomson, D.W. (1993). An exploration of the relational schemata underlying attachment styles: Self-report and lexical decision approaches. *Personality and Social Psychology Bulletin, 19*, 746–754.

Baldwin, M.W., Keelan, J.P., Fehr, B., Enns, V. & Koh-Rangarajoo, E. (1996). Social-cognitive conceptualization of attachment working models: Availability and accessibility effects. *Journal of Personality and Social Psychology, 71*, 94–109.

Baldwin, M.W. & Sinclair, L. (1996). Self-esteem and 'if … then' contingencies of interpersonal acceptance. *Journal of Personality and Social Psychology, 71*, 1130–1141.

Balliet, D. (2010). Communication and cooperation in social dilemmas: A meta-analytic review. *Journal of Conflict Resolution, 54*, 39–57.

Balliet, D., Li, N.P., Macfarlan, S.J. & Van Vugt, M. (2011). Sex differences in cooperation: A meta-analytic review of social dilemmas. *Psychological Bulletin, 137*, 881–909.

Balliet, D., Li, P. & Joireman, J. (2011). Relating trait self-control and forgiveness within prosocials and proselfs: Compensatory versus synergistic models. *Journal of Personality and Social Psychology, 101*, 1090–1105.

Balliet, D., Mulder, L.B. & Van Lange, P.A.M. (2011). Reward, punishment, and cooperation: A meta-analysis. *Psychological Bulletin, 137*, 594–615.

Ball-Rokeach, S.J., Rokeach, M. & Grube, J.W. (1984). *The great American values test. Influencing behavior and belief through television.* New York: The Free Press.

Banas, J.A. & Rains, S.A. (2010). A meta-analysis of research on inoculation theory. *Communication Monographs, 77*, 281–311.

Bandura, A. (1973). *Aggression: A social learning analysis.* Englewood Cliffs, NJ: Prentice-Hall.

Bandura, A. (1974). Behavior theories and the models of man. *American Psychologist, 29*, 859–869.

Bandura, A. (1977). *Social learning theory.* Englewood Cliffs, NJ: Prentice-Hall.

Bandura, A. (1983). Psychological mechanisms of aggression. In R.G. Geen & E.I. Donnerstein, (Eds), *Aggression: Theoretical and empirical reviews* (Vol. 1). (pp. 1–40). New York: Academic Press.

Bandura, A., Ross, D. & Ross, S.A. (1963a). Vicarious reinforcement and imitative learning. *Journal of Abnormal and Social Psychology, 67*, 601–607.

Bandura, A., Ross, D. & Ross, S.A. (1963b). A comparative test of the status envy, social power, and secondary reinforcement theories of identificatory learning. *Journal of Abnormal and Social Psychology, 67*, 527–534.

Bandura, A. & Walters, R. (1963). *Social learning and personality development.* New York: Holt, Rinehart & Winston.

Bank, B.J. & Hansford, S.L. (2000). Gender and friendship: Why are men's same-sex friendships less intimate and supportive? *Personal Relationships, 7*, 63-78.

Banuazizi, A. & Movahedi, S. (1975). Interpersonal dynamics in a simulated prison: A methodological analysis. *American Psychologist, 30*, 152-160.

Barcia, D. (1985). Communication between psychiatrists and general practitioners. *Actas Luso-Espanolas Neurol. Psiquiat. Cienc. Afines, 13*, 259. Cited by Bourhis, Roth & MacQueen, 1989.

Bardi, A. & Goodwin, R. (2011). The dual route to value change: Individual processes and cultural moderators. *Journal of Cross-Cultural Psychology, 42*, 271-287.

Bardwick, J.M. (1971). *Psychology of women: A study of bio-cultural conflicts.* New York: Harper & Row.

Bargh, J.A. & Chartrand, T.L. (1999). The unbearable automaticity of being. *American Psychologist, 54*, 462-479.

Barkan, R., Ayal, S., Gino, F. & Ariely, D. (2012). The pot calling the kettle black: Distancing response to ethical dissonance. *Journal of Experimental Psychology: General, 141*, 757-773.

Barkowitz, P.B. & Brigham, J.C. (1982). Recognition of faces: Own-race bias, incentive and time delay. *Journal of Applied Social Psychology, 12*, 255-268.

Baron, R.A. (1998). Cognitive mechanisms in entrepreneurship: Why and when entrepreneurs think differently than other people. *Journal of Business Venturing, 13*, 275-294.

Baron, R.A. (2000). Counterfactual thinking and venture formation: The potential effects of thinking about 'what might have been'. *Journal of Business Venturing, 15*, 79-92

Baron, R.M. & Rodin, J. (1978). Perceived control and crowding stress: Processes mediating the impact of spatial and social density. In A. Baum & Y. Epstein (Eds), *Human response to crowding.* Hillsdale, NJ: Erlbaum Associates.

Baron, R.S. (1986). Distraction – conflict theory: Progress and problems. In L. Berkowitz (Ed.), *Advances in experimental social psychology* (Vol. 19). (pp. 1-40). New York: Academic Press.

Bar-Tal, D. (1986, June). Group political beliefs. Annual Meeting, International Association of Political Psychology, Amsterdam.

Bartholomew, K. & Horowitz, L.M. (1991). Attachment style among young adults: A test of a model. *Journal of Personality and Social Psychology, 61*, 226-244.

Bartholomew, R. E. (2001). *Little green men, meowing nuns and head-hunting panics.* Jefferson, North Carolina: McFarland & Company.

Bartholomew, R.E. & Goode, E. (2000). Mass delusions and hysterias: Highlights the past millennium. *Skeptical Inquirer, 24(3)*, 20-28.

Bartholomew, R.E. & Sirois, F. (1996). Epidemic hysteria in schools: An international and historical overview. *Educational Studies, 22*, 285-311.

Bass, B.M. (1990). From transactional to transformational leadership: Learning to share the vision. *Organizational Dynamics, 18*, 19-31.

Batanic, B. & Göritz, A.S. (2009). How does social psychology deal with new media? *Social Psychology, 40*, 3-5.

Batson, C. D. (2011). *Altruism in humans.* New York: Oxford University Press.

Batson, C.D. & Gray, R.A. (1981). Religious orientation and helping behaviour: Responding to one's own or the victim's needs? *Journal of Personality and Social Psychology, 40*, 511-520.

Batson, C.D. & Powell, A.A. (2003). Altruism and prosocial behaviour. In T. Millon & M. Lerner (Eds), *Handbook of psychology: Personality and social psychology* (Vol. 5). (pp. 463-484). New York: John Wiley & Sons, Inc.

Batson, C.D., Kobrynowics, D., Dinnerstein, J.L., Kampf, H.C. & Wilson, A.D. (1997). In a very different voice: Unmasking moral hypocrisy. *Journal of Personality and Social Psychology, 72*, 1335-1348.

Batson, C.D., Oleson, K.C., Weeks, J.L., Healy, S.P., Reeves, P.J., Jennings, P. & Brown, T. (1989). Religious prosocial motivation: Is it altruistic or egoistic? *Journal of Personality and Social Psychology, 57*, 873-884.

Batson, C.D. & Ventis, W.L. (1982). *The religious experience: A social psychological perspective.* New York: Oxford University Press.

Baum, A., Aiello, J.R. & Calesnick, L.E. (1978). Crowding and personal control: Social density and the development of learned helplessness. *Journal of Personality and Social Psychology, 36*, 1000-1011.

Baum, A. & Valins, S. (1977). Architecture and social behavior. *Psychological studies and social density.* Hillsdale, NJ: Erlbaum.

Bauman, C.W. & Skitka, L.J. (2010). Making attributions for behaviors: The prevalence of correspondence bias in the general population. *Basic and Applied Social Psychology 32*, 269-277.

Baumeister, R.F. (1997). Evil. *Inside human cruelty and violence*. New York: W.H. Freeman and Company.

Baumeister, R.F. & Bratslavsky, E. (1999). Passion, intimacy and time: Passionate love as a function of change in intimacy. *Personality and Social Psychology Bulletin, 3*, 49-67.

Baumeister, R.F., Bratslavsky, E., Muraven, M. & Tice, D.M. (1998). Ego depletion: Is the active self a limited resource? *Journal of Personality and Social Psychology, 74*, 1252-1265.

Baumeister, R.F., Bushman, B.J. & Campbell, W. (2000). Self-esteem, narcissism, and aggression: Does violence result from low self-esteem or from threatened egotism? *Current Directions in Psychological Science, 9*, 26-29

Baumeister, R.F., Campbell, J.D., Krueger, J.I. & Vohs, K.D. (2003). Does high self-esteem cause better performance, interpersonal success, happiness or healthier lifestyles? *Psychological Science in the Public Interest, 4*, 1-44.

Baumeister, R.F., Chesner, S.P., Senders, P.S. & Tice, D.M. (1988). Who's in charge here? Group leaders do lend help in emergencies. *Personality and Social Psychology Bulletin, 14*, 17-22.

Baumeister, R.F., Heatherton, T.F. & Tice, D.M. (1994*). Losing control. How and why people fail at self-regulation*. San Diego, CA.: Academic Press.

Baumeister, R. F., Hutton, D. & Tice, D. (1989). Cognitive processing during deliberate self-presentation: How self-presenters alter and misinterpret the behavior of interaction partners. *Journal of Experimental Social Psychology, 25*, 59-78.

Baumeister, R.F., Smart, L. & Boden, J.M. (1996). Relation of threatened egoism to violence and aggression: The dark side of high self-esteem. *Psychological Review, 103*, 5-33.

Baumeister, R.F. & Sommer, K.L. (1997). What do men want? Gender differences and two spheres of belongingness: Comment on Cross and Madson. *Psychological Bulletin 122*, 38-44.

Baumeister, R.F., Stillwell, A.M. & Heatherton, T. F. (1994). Guilt: An interpersonal approach. *Psychological Bulletin, 115*, 243-267.

Baumeister, R., Vohs, K.D. & Tice, D.M. (2007). The strength model of self-control. *Current Directions in Psychological Science, 16*, 351-355.

Baumrind, D. (1964). Some thoughts on ethics of research: After reading Milgram's 'Behavioral study of obedience'. *American Psychologist, 19*, 421-423.

Bavelas, J.B., Coates, L. & Johnson, T. (2000). Listeners as co-narrators. *Journal of Personality and Social Psychology, 79*, 941-952.

Baym, N.K. & Ledbetter, A. (2009). Tunes that bind? Predicting friendship strength in a music-based social network. *Information Communication and Society, 12*, 408-427.

Beasley, R.K. & Joslyn, M.R. (2001). Cognitive dissonance and post-decision attitude change in six presidential elections. *Political Psychology, 22*, 521-540.

Beaulieu, M.J.C. (2004). Intercultural study of personal space: A Case Study. *Journal of Applied Social Psychology, 34*, 794-805.

Bechtold, A., Naccarato, M.E. & Zanna, M.P. (1986, June 19). Need for structure and the prejudice-discrimination link. Annual Meeting of the Canadian Psychological Association, Toronto.

Becker, M.H. (Ed.). (1974). The health belief model and personal health behavior. *Health Education Monographs, 2*, (whole no. 4).

Begany, J.J. & Milburn, M.A. (2002). Psychological predictors of sexual harassment: Authoritarianism, hostile sexism and rape myths. *Psychology of Men & Masculinity, 3*, 119-126.

Bègue, L. & Bastounis, M. (2003). Two spheres of belief in justice: Extensive support for the bidimensional model of belief in a just world. *Journal of Personality, 71*, 435-463.

Bell, B.E. & Loftus, E.F. (1989). Trivial persuasion in the courtroom: The power of (a few) minor details. *Journal of Personality and Social Psychology, 56*, 669-679.

Bell, P.A. (2005). Reanalysis and perspective in the heat-aggression debate. *Journal of Personality and Social Psychology, 89*, 71-73.

Bellman, S., Forster, N., Still, L. & Cooper, C.L. (2003). Gender differences in the use of social support as a moderator of occupational stress. *Stress & Health, 19*, 45-58.

Bem, D. J. (1970). *Beliefs, attitudes, and human affairs*. Stamford, CT: Brooks/Cole.

Bem, D.J. (1972). Self-perception theory. In L. Berkowitz (Ed.), *Advances in experimental social psychology* (Vol. 6). (pp. 1-62). New York: Academic Press.

Bem, D.J., Wallach, M.A. & Kogan, N. (1965). Group decision making under risk of aversive consequences. *Journal of Personality and Social Psychology, 1,* 453–560.

Bem, S.L. (1974). The measurement of psychological androgyny. *Journal of Consulting and Clinical Psychology, 42,* 155–162.

Bem, S.L. (1985). Androgyny and gender schema theory: A conceptual and empirical integration. In T.B. Sonderegger (Ed.), *Nebraska symposium on motivation: Psychology and gender* (pp. 179–226). Lincoln, NE: University of Nebraska Press.

Benjamin, L.T. & Simpson, J.A. (2009). The power of the situation: The impact of Milgram's obedience studies on personality and social psychology. *American Psychologist, 64,* 12–19.

Bennett, W.C. & Feldman, M.S. (1980). *Reconstructing reality in the courtroom: Justice and judgement in American culture.* New Brunswick, NJ: Rutgers University Press.

Bentler, P.M. & Newcomb, M.D. (1978). Longitudinal study of marital success and failure. *Journal of Consulting and Clinical Psychology, 40,* 1053–1070.

Bentler, P.M. & Speckart, G. (1981). Attitudes 'cause' behavior: A structural equation analysis. *Journal of Personality and Social Psychology, 40,* 226–238.

Benton, A.A. (1971). Productivity, distributive justice, and bargaining among children. *Journal of Personality and Social Psychology, 18,* 68–78.

Berecz, J. M. (2001). All that glitters is not gold: Bad forgiveness in counseling and preaching. *Pastoral Psychology, 49,* 253–275.

Bergin, L., Talley, S. & Hamer, L. (2003). Prosocial behaviors of young adolescents: A focus group study. *Journal of Adolescence, 26,* 13–32.

Berkowitz, L. (1954). Group standards, cohesiveness, and productivity. *Human Relations, 7,* 509–519.

Berkowitz, L. (1971). The contagion of violence: An S-R mediational analysis of some effects of observed aggression. *Nebraska Symposium on Motivation 1970.* Lincoln: University of Nebraska Press.

Berkowitz, L. (1973). Reactance and the unwillingness to help others. *Psychological Bulletin, 79,* 310–317.

Berkowitz, L. (1983). Aversively stimulated aggression: Some parallels and differences in research with animals and humans. *American Psychologist, 38,* 1135–1144.

Berkowitz, L. (1984). Some effects of thoughts of anti- and prosocial influences of media events: A cognitive-neoassociation analysis. *Psychological Bulletin, 95,* 410–427.

Berkowitz, L. (1994). Is something missing? Some observations prompted by the cognitive-neoassociationist view of anger and emotional aggression. In L.R. Huesmann (Ed.), *Aggressive behavior: Current perspectives* (pp. 35–57). New York: Plenum Press.

Berkowitz, L. (2012a). A cognitive-neoassociation theory of aggression. In P.A.M. van Lange, A.R. Kruglanski & E.T. Higgins (Eds), *Handbook of theories of social psychology (Vol. 2).* Thousand Oaks, CA: Sage Publications Ltd. pp. 99–117.

Berkowitz, L. (2012b). A different view of anger: The cognitive-neoassociation conception of the relation of anger to aggression. *Aggressive Behaviour, 38,* 322–333.

Berkowitz, L. & Daniels, L.R. (1963). Responsibility and dependency. *Journal of Abnormal and Social Psychology, 66,* 664–669.

Berkowitz, L. & Donnerstein, E. (1982). External validity is more than skin deep: Some answers to criticism of laboratory experiments. *American Psychologist, 37,* 245–257.

Berkowitz, L. & LePage, A. (1967). Weapons as aggression-eliciting stimuli. *Journal of Personality and Social Psychology, 7,* 202–207.

Berkowitz, L. & Macaulay, J. (1971). The contagion of criminal violence. *Sociometry, 34,* 238–260.

Berlyne, D.E. (1960). *Conflict, arousal and curiosity.* New York: McGraw-Hill.

Bernard, M.M., Maio, G.R. & Olson, J.M. (2003). The vulnerability of values to attacks: Inoculation of values and value-relevant attitudes. *Personality and Social Psychology Bulletin, 29,* 63–75.

Berns, G.S., Bell, E., Capra, M., Prietula, M., Moore, S., Anderson, B., Ginges, B. & Atran, S. (2012). The price of your soul: Neural evidence for the non-utilitarian representation of sacred values. *Philosophical Transactions of the Royal Society B, 367,* 754–762.

Bernstein, W.M., Stephan, W.G. & Davis, M.H. (1979). Explaining attributions for achievement. A path analytic approach. *Journal of Personality and Social Psychology, 37,* 1810–1821.

Berry, J.W. (1978). Social psychology: Comparative, societal and universal. *Canadian Psychological Review, 19,* 93–104.

Berry, J.W. (1984). Multicultural policy in Canada: A social psychological analysis. *Canadian Journal of Behavioural Science, 16*, 353-370.

Berry, J.W. (1986). Ethnic minorities and immigrants in a cross-cultural perspective. In L.H. Ekland (Ed.), *Selected papers from the regional IACCP conference: Ethnic minority and immigrant research.* Lisse: Swets and Zeitlinger.

Berry, J.W. (1987). Finding identity: Separation, integration, assimilation, or marginality. In L. Driedger (Ed.), *Ethnic Canada: Identities and inequalities.* Toronto: Copp-Clark-Pitman.

Berry, J.W. (1992). Acculturation and adaptation in a new society. *International Migration, 30*, 69-85.

Berry, J.W. (1999). Intercultural relations in plural societies. *Canadian Psychology, 40*, 12-21.

Berry, J.W. (2011). Integration and multiculturalism: Ways towards social solidarity. *Papers on Social Representations, 20*, 1-21.

Berry, J.W. (2013). Achieving a global psychology. *Canadian Psychology, 54*, 55-61.

Berry, J.W., Kalin, R. & Taylor, D. (1977). *Multiculturalism and ethnic attitudes in Canada.* Ottawa: Supply and Services Canada.

Berry, J.W. & Kalin, R. (1993, May). *Multicultural and ethnic attitudes in Canada: An overview of the 1991 national survey.* Canadian Psychological Association annual meeting, Montreal.

Berry, J.W. & Kalin, R. (1995). Multicultural and ethnic attitudes in Canada: An overview of the 1991 national survey. *Canadian Journal of Behavioural Science, 27*, 301-320.

Berry, J.W., Wintrob, R.M., Sindell, P.S. & Mawhinney, T.A. (1982). Psychological adaptations to cultural change among the James Bay Cree. *Naturaliste Canadien, 109*, 965-975.

Berscheid, E. (1985). Interpersonal attraction. In G. Lindzey & E. Aronson (Eds), *The handbook of social psychology* (3rd ed.). New York: Random House.

Berscheid, E. (2003). On stepping on land mines. In R.J. Sternberg (Ed.), *Psychologists defying the crowd: Stories of those who battled the establishment and won* (pp. 33-44). Washington, DC: American Psychological Association.

Berscheid, E. (2010). Love in the fourth dimension. *Annual Review of Psychology, 61*, 1-25.

Berscheid, E. & Meyers, S.A. (1996). A social categorical approach to a question about love. *Personal Relationships, 3*, 19-43.

Berscheid, E. & Walster, E. (1974a). Physical attractiveness. In L. Berkowitz (Ed.), *Advances in experimental social psychology* (Vol. 7). (pp. 152-215). New York Academic Press.

Berscheid, E. & Walster, E. (1974b). A little bit about love. In T.L. Huston (Ed.), *Foundations of interpersonal attraction.* (pp. 356-382). New York: Academic Press.

Berscheid, E. & Walster, E. (1978). *Interpersonal attraction.* Reading, MA: Addison-Wesley.

Bettencourt, B.A. & Miller, N. (1996). Gender differences in aggression as a function of provocation: A meta-analysis. *Psychological Bulletin, 119*, 422-447.

Beyer, S. (1998). Gender difference in self-perception and negative recall bias. *Sex Roles, 38*, 103-133.

Bickman, L. (1972). Environmental attitudes and actions. *Journal of Social Psychology, 87*, 323-324.

Biesanz, J.C., West, S.G. & Millevoi, A. (2007). What do you learn about someone over time? The relationship between length of acquaintance and consensus and self-other agreement in judgments of personality. *Journal of Personality and Social Psychology, 92*, 119-133.

Biggers, T. & Pryor, B. (1982). Attitude change as a function of the emotion-eliciting qualities of the environment. *Personality and Social Psychology Bulletin, 8*, 203-214.

Billig, M. (1987). *Arguing and Thinking.* Cambridge: Cambridge University Press.

Billig, M. (1991). *Ideology and opinions. Studies in rhetorical psychology.* London: Sage.

Billig, M. (1996). *Arguing and thinking. A rhetorical approach to social psychology.* Cambridge, UK: Cambridge University Press.

Billig, M. (2009). Discursive psychology, rhetoric and the issue of agency. *Semen, 27*, 157-184.

Binder, J., Zagefka, H., Funke, R., Kessler, F., Mummendey, T., Maquil, A., Demoulin, A. & Leyens, A. (2009). Does contact reduce prejudice or does prejudice reduce contact? A longitudinal test of the contact hypothesis among majority and minority groups in three European countries. *Journal of Personality and Social Psychology, 96*, 843-856.

Birdwhistle, R. (1970). *Kinesics and context: Essays on body movement communication.* Philadelphia: University of Pennsylvania Press.

Birkett, M., Espelage, D.L. & Koenig, B. (2009). LGB and questioning students in schools: The moderating effects of homophobic bullying and school climate on negative outcomes. *Journal of Youth and Adolescence, 38*, 989–1000.

Bishop, G.F. (1975). Resolution and tolerance of cognitive inconsistency in a field situation: Change in attitude and beliefs following the Watergate affair. *Psychological Reports, 36*, 747–753.

Bizer, G.Y., Hart, J. & Jekogian, A.M. (2012). Belief in a just world and social dominance orientation: Evidence for a meditational pathway predicting negative attitudes and discrimination against individuals with mental illness. *Personality and Individual Differences, 52*, 428–432.

Blake, J., Vitale, G., Osborne, P. & Olshansky, E. (2005). The cross-cultural comparison of communicative gestures in human infants during the transition to language. *Gesture, 5*, 201–217.

Blaker, N.M., Rompa, I., Dessing, I.H., Vriend, A.F., Herschberg, C. & van Vugt, M. (2013). The height leadership advantage in men and women: Testing evolutionary psychology predictions about the perceptions of tall leaders. *Group Processes and Intergroup Relations, 16*, 17–27.

Blaney, N.T., Stephan, C., Rosenfield, D., Aronson, E. & Sikes, J. (1977). Interdependence in the classroom: A field study. *Journal of Educational Psychology, 69*, 121–128.

Blanton, H. & Christie, C. (2003). Deviance regulations: A theory of action and identity. *Review of General Psychology, 7*, 115–149.

Blanton, H., Stuart, A.N. & VandenEijnden, R.J.M.M. (2001). An introduction to deviance-regulation theory: The effect of behavioural norms on message framing. *Personality and Social Psychology Bulletin, 27*, 848–858.

Blanton, H., VandenEijnden, R.J.J.M., Buunk, B.P., Gibbons, F.X., Gerrard, M. & Bakker, A. (2001). Accentuate the negative: Social images in the prediction and promotion of condom use. *Journal of Applied Psychology, 31*, 274–295.

Blass, T. (2012). A cross-cultural comparison of studies of obedience using the Milgram paradigm: A review. *Social & Personality Psychology Compass, 6*, 196–205.

Blaxter, M. (1990). *Health and lifestyles.* London: Tavistock/Routledge.

Bleske-Recheck, A.L. & Buss, D.M. (2001). Opposite sex friendship: Sex differences and similarities in initiation, selection and dissolution. *Personality and Social Psychology Bulletin, 27*, 1310–1323.

Bloom, B., Asher, S.J. & White, S.W. (1978). Marital disruption as a stressor: A review and analysis. *Psychological Bulletin, 85*, 867–894.

Bloom, M. (2007). *Dying to kill: The allure of suicide terror.* New York: Columbia University Press.

Blumenfeld, M., Levy, N.B. & Kaufman, D. (1979). The wish to be informed of a fatal illness. *Omega, 9*, 323–326.

Blumer, H. (1951). Social movements. In A.M. Lee (Ed.), *New outline of the principles of sociology* (2nd ed.). (pp. 199–220). New York: Barnes & Noble.

Blumer, H. (1969). *Symbolic interactionism.* Englewood Cliffs, NJ: Prentice-Hall.

Bocchiaro, P. & Zimbardo, P. (2010). Defying unjust authority: An exploratory study. *Current Psychology, 29*, 155–170.

Bodenhausen, G.V. (1988). Stereotype biases in social decision making and memory: Testing process models of stereotype use. *Journal of Personality and Social Psychology, 55*, 726–737.

Bogaert, A.F. (2005). Sibling sex ratio and sexual orientation in men and women: New tests in two national probability samples. *Archives of Sexual Behaviour, 34*, 111–116.

Bohner, G., Bless, H., Schwarz, N. & Strack, F. (1988). What triggers causal attributions? The impact of valence and subjective probability. *European Journal of Social Psychology, 18*, 335–345.

Bohner, G., Danner, U., Siebler, F. & Samson, G.B. (2002). Rape myth acceptance and judgments of vulnerability to sexual assault: An Internet experiment. *Experimental Psychology, 49*, 257–269.

Boker, S.M. & Rotondo, J.L. (2002). Symmetry building and symmetry breaking in synchronized movement. In M. Stamenov & V.P.V. Gallese (Eds), *Mirror neurons and the evolution of brain and language* (pp. 163–171). Amsterdam: John Benjamins.

Bolger, N., DeLongis, A., Kessler, R.C. & Schilling, E.A. (1989). Effects of daily stress on negative mood. *Journal of Personality and Social Psychology, 57*, 808–818.

Bonanno, G.A. (2004). Loss, trauma, and human resilience: Have we underestimated the human capacity to thrive after extremely aversive events? *American Psychologist, 59*, 20–28.

Bond, C.F., Jr. & Titus, L.J. (1983). Social facilitation: A meta-analysis of 241 studies. *Psychological Bulletin, 94*, 265–292.

Bond, C.F., Jr. (1982). Social facilitation: A self-presentational view. *Journal of Personality and Social Psychology, 42*, 1042–1050.

Bond, G.G., Aiken, L.S. & Somerville, S.C. (1992). The health beliefs model and adolescents with insulin-dependent diabetes mellitus. *Health Psychology, 11*, 190–198.

Bond, M.H. (1988). Finding universal dimensions of individual variation in multicultural studies of values: The Rokeach and Chinese value surveys. *Journal of Personality and Social Psychology, 55*, 1009–1015.

Bond, R. & Smith, P.B. (1996). Culture and conformity: a meta-analysis of studies using Asch's line judgement task. *Psychological Bulletin, 119*, 111–137.

Boninger, D.S., Krosnick, J.A., Berent, M.K. & Fabrigar, L.R. (1995). The causes and consequence of attitude importance. In R.E. Petty & J.A. Krosnick (Eds), *Attitude strength: Antecedents and consequences* (pp. 159–189). Mahwah, NJ: Erlbaum.

Boone, C., Declerck, C. & Kiyonari, T. (2010). Inducing cooperative behavior among Proselfs versus Prosocials: The moderating role of incentives and trust. *Journal of Conflict Resolution, 54*, 799–824.

Booth-Kewley, S. & Friedman, H.S. (1987). Psychological predictors of heart disease: A quantitative review. *Psychological Bulletin, 101*, 343–362.

Bornstein, B.H. & Greene, E. (2011). Jury decision-making: Implications for and from psychology. *Current Directions in Psychological Science, 20*, 63–67.

Boss LP. (1997). Epidemic hysteria: A review of the published literature. *Epidemiologic Reviews, 19*, 233–243.

Boucher, H.C. (2010). Understanding Western-East Asian differences and similarities in self-enhancement. *Social and Personality Psychology Compass, 4*, 304–317.

Boulding, K.E. (1980). Science: Our common heritage. *Science, 207*, 831–836.

Bourhis, R.Y. (1979). Language in ethnic interaction: A social psychological approach. In H. Giles & B. Saint-Jacques (Eds), *Language and ethnic relations*. Oxford: Pergamon.

Bourhis, R.Y. (1982). Language policies and language attitudes: Le monde de la francophonie. In E.R. Ryan & H. Giles (Eds), *Attitudes towards language variation* (pp. 34–62). London: Edward Arnold.

Bourhis, R.Y. (1990). Organizational communication in bilingual settings: The linguistic work environment survey. In H. Giles, N. Coupland & J. Coupland (Eds), *Contexts of accommodation: Developments in applied psycholinguistics*. Cambridge: Cambridge University Press.

Bourhis, R.Y. (1994). Ethnic and language attitudes in Quebec. In J.W. Berry & J.A. La Ponce (Eds), *Ethnicity and culture in Canada: The research landscape* (pp. 322–360). Toronto: University of Toronto Press.

Bourhis, R.Y., Roth, S. & MacQueen, G. (1989). Communication in the hospital setting: A survey of medical and everyday language use among patients, nurses and doctors. *Social Science and Medicine, 28*, 339–346.

Bowlby, J. (1969). *Attachment and loss: Vol. 1 Attachment*. New York: Basic Books.

Bradac, J.J., Davies, R.A., Courtright, J.A., Desmond, R.J. & Murdock, J.I. (1977). Richness of vocabulary: An attributional analysis. *Psychological Reports, 41*, 1131–1134.

Bradley, G.W. (1978). Self-serving bias in the attribution process: A re-examination of the fact-or-fiction question. *Journal of Personality and Social Psychology, 36*, 56–71.

Bradley, J.P., Nicol, A.A.M., Charbonneau, D. & Meyer, J.P. (2002). Personality correlates of leadership development in Canadian Forces officer candidates. *Canadian Journal of Behavioural Science, 34*, 92–103.

Bradley, J.R. & Cartwright, S. (2002). Social support, job stress, health and job satisfaction among nurses in the United Kingdom. *International Journal of Stress Management, 9*, 163–182.

Braithwaite, V.A. & Scott, W.A. (1991). Values. In J.P. Robinson, P.R. Shaver & L.S. Wrightsman (Eds), *Measures of personality and social psychological attitudes*. New York: Academic Press.

Brambilla, M., Ravenna, M. & Hewstone, M. (2012). Changing stereotype content through mental imagery: Imagining intergroup contact promotes stereotype change. *Group Processes & Intergroup Relations, 15*, 305–315.

Brann, P. & Foddy, M. (1987). Trust and the consumption of a deteriorating common resource. *Journal of Conflict Resolution, 31*, 615–630.

Brauer, M., Judd, C.M. & Gliner, M.D. (1995). The effects of repeated expressions on attitude polarization during group discussions. *Journal of Personality and Social Psychology, 68*, 1014–1029.

Braun, O.L. & Wicklund, R.A. (1989). When discounting fails. *Journal of Experimental Social Psychology, 25*, 450–461.

Braun-Courville, D.K & Rojas, M. (2009). Exposure to sexually explicit web sites and adolescent sexual attitudes and behaviors. *Adolescent Health, 45*, 156–162.

Bray, R.M. & Kerr, N.L. (1982). Methodological considerations in the study of the psychology of the courtroom. In N.L. Kerr & R.M. Bray (Eds), *The psychology of the courtroom* (pp. 287–323). Orlando, FL: Academic Press.

Breckler, S.J. (1984). Empirical validation of affect, behavior and cognition as distinct components of attitude. *Journal of Personality and Social Psychology, 47*, 1191–1205.

Brehm, J.W. (1966). *A theory of psychological reactance*. New York: Academic Press.

Brehm, J.W. & Cohen A.R. (1962). *Explorations in cognitive dissonance*. New York: Wiley.

Brehm, S.S. (1985). *Intimate relationships*. New York: Random House.

Brendgen, M., Vitaro, F., Boivin, M., Dionne, G. & Pérusse, D. (2006). Examining genetic and environmental effects on reactive versus proactive aggression. *Developmental Psychology, 42*, 1299–1312.

Brew, F.P., Tan, J., Booth, H. & Malik, I. (2011). The effects of cognitive appraisals of communication competence in conflict interactions: A study involving Western and Chinese cultures. *Journal of Cross-Cultural Psychology, 42*, 856–874.

Brewer, M.B., Dull, V. & Lui, L. (1981). Perception of the elderly: Stereotypes as prototypes. *Journal of Personality and Social Psychology, 41*, 656–670.

Brewer, M.B. & Kramer, R.M. (1985). The psychology of intergroup attitudes and behavior. *Annual Review of Psychology, 36*, 219–243.

Brewer, N. & Palmer, M.A. (2011). Eyewitness identification tests. *Legal and Criminological Psychology, 15*, 77–96.

Brigham, J.C. & Cairns, D.L. (1988). The effect of mugshot inspections on eyewitness identification accuracy. *Journal of Applied Social Psychology, 18*, 1394–1410.

Brigham, J.C. & Malpass, R.S. (1985). The role of experience and contact in the recognition of faces of own- and other-race persons. *Journal of Social Issues, 41*, 139–156.

Brigham, J.C. & Pfeifer, J.E. (1994). Evaluating the fairness of lineups. In D.F. Ross & M.P. Toglia (Eds), *Adult eyewitness testimony: Current trends and developments* (pp. 201–222). New York: Cambridge University Press.

Britt, T.W. & Bliese, P.D. (2003). Testing the stress-buffering effects of self-engagement among soldiers on a military operation. *Journal of Personality, 71*, 245–265.

Brodbeck, F.C., Frese, M., Akerblom, S., Audia, G., Bakacsi, G., Bendova, H. et al. (2000). Cultural variation of leadership prototypes across 22 European countries. *Journal of Occupational and Organizational Psychology, 73*, 1–29.

Brody, N., Davis, D.C., Drushel, B.E., Green-Hamann. S., Hall, J.A., Johnson, A., Johnson, B., Kuznekoff, J.H. & Cunningham, C. (Eds) (2012). *Social Networking and Impression Management: Self-Presentation in the Digital Age*. London: Rowman & Littlefield.

Bronfenbrenner, U. (1961). The mirror image in Soviet-American relations: A social psychologist's report. *The Journal of Social Issues, 17*, 45–56.

Broverman., I.K., Vogel, S.R., Broverman, D.M., Clarkson, F.E. & Rosenkrantz, P.S. (1972). Sexual stereotypes: A current appraisal. *Journal of Social Issues, 28*, 59–78.

Brown, J.D.,& Siegel,J.M. (1988). Exercise as a buffer of life stress: A prospective study of adolescent health. *Health Psychology, 7*, 341–353.

Brown, R. (1986). *Social Psychology* (2nd ed.). London: Collier MacMillan.

Browning, C.R. (1992). *Ordinary Men. Reserve Police Battalion 101 and the Final Solution in Poland*. New York: HarperCollins.

Brubacher, M.R., Fondacaro, M.R., Brank, E.M., Brown, C.E. & Miller, S.A. (2009). Procedural justice in resolving family disputes: Implications for childhood bullying. *Psychology, Public Policy, and Law, 15*, 149–167.

Bruckmüller, S. & Branscombe, R. (2010). The glass cliff: When and why women are selected as leaders in crisis contexts. *British Journal of Social Psychology, 49*, 433-451.

Bruner, J.S. & Tagiuri, R. (1954). The perception of people. In G. Lindzey (Ed.), *Handbook of Social Psychology* (pp. 634-654). Reading, MA: Addison-Wesley.

Brunvand, J.H. (1981). *The vanishing hitchhiker: American urban legends and their meanings.* New York: Norton.

Brunvand, J.H. (1986). *The choking Doberman.* New York: Norton.

Buck, R. (2002), The genetics and biology of true love: Prosocial biological affects and the left hemisphere. *Psychological Review, 109*, 739-744.

Buckholtz, J.W. & Marois, R. (2012). The roots of modern justice: Cognitive and neural foundations of social norms and their enforcement. *Nature Neuroscience, 15*, 655-661.

Buckhout, R. (1980). Nearly 2000 witnesses can be wrong. *Bulletin of the Psychonomic Society, 16*, 307-310.

Buehler, D. & Griffin, D. (1994). Change of meaning effects in conformity and dissent: Observing construal process over time. *Journal of Personality and Social Psychology, 67*, 984-996.

Buehler, R., Griffin, D. & Ross, M. (1995). It's about time: Optimistic predictions in work and love. In W. Stroebe & M. Hewstone (Eds), *European Review of Social Psychology*, (Vol. 6). (pp. 1-32). London: Wiley.

Buehler, R. & Ross, M. (1993). How do individuals remember their past statements? *Journal of Personality and Social Psychology, 64*, 538-551.

Bugental, D.E., Kaswan, J.E. & Love, L.R. (1970). Perception of contradictory meanings conveyed by verbal and nonverbal channels. *Journal of Personality and Social Psychology, 16*, 647-655.

Buller, D.J. (2005), Adapting minds: Evolutionary psychology and the persistent quest for human nature. Cambridge, MA: MIT Press.

Bulman, R.J. & Wortman, C.B. (1977). Attributions of blame and coping in the 'real world': Severe accident victims react to their lot. *Journal of Personality and Social Psychology, 35*, 351-363.

Burger, J.M. (1981). Motivational biases in the attribution of responsibility for an accident: A meta-analysis of the defensive attribution hypothesis. *Psychological Bulletin, 90*, 496-513.

Burger, J.M. (1986). Increasing compliance by improving the deal: The that's-not-all technique.
Journal of Personality and Social Psychology, 51, 277-283.

Burger, J.M. (2009). Replicating Milgram: Would people still obey today? *American Psychologist, 64*, 1-11.

Burgess, E.W. & Huston, T.L. (Eds). (1979). *Social exchange in developing relationships.* New York: Academic Press.

Burgoon, J. K., Buller, D. B. & Woodall, W. G. (1989). *Nonverbal communication: The unspoken dialogue.* New York: Harper & Row.

Burke, T.M. & Freedman, J.L. (1996, August). *The effects of pretrial publicity on jurors' verdicts.* 104th Convention of the American Psychological Association, Toronto.

Burman, B. & Margolin, G. (1992). Analysis of the association between marital relationships and health problems: An interactional perspective. *Psychological Bulletin, 112*, 39-63.

Burr, V. (1995). *Social constructionism.* East Sussex: Routledge.

Burt, M.R. (1980). Cultural myths and support for rape. *Journal of Personality and Social Psychology, 38*, 217-230.

Burton, M. & Kagan, C. (2009). Towards a really social psychology: Liberation Psychology beyond Latin America. In M. Montero & C. Sonn (Eds), *The psychology of liberation. Theory and applications* (pp. 51-72). New York: Springer.

Busboom, A.L., Collins, D.N., Givertz, M.D. & Levin, L.A. (2002). Can't we still be friends? Resources and barriers to friendship quality after romantic relationship dissolution. *Personal Relationships, 9*, 215-223.

Busenitz, L.W. & Barney, J.B. (1997). Differences between entrepreneurs and managers in large organizational biases and heuristics in strategic decision-making. *Journal of Business Venturing, 12*, 9-31.

Bushman, B.J. (1988). The effects of apparel on compliance: A field experiment with a female authority figure. *Personality and Social Psychology Bulletin, 14*, 459-467.

Bushman, B.J. & Anderson, C.A. (2001). Media violence and the American public: Scientific facts versus media misinformation. *American Psychologist, 36*, 477-498.

Bushman, B.J. & Anderson, C.A. (2002). Violent video games and hostile expectations: A test of the General Aggression Model. *Personality and Social Psychology Bulletin, 28*, 1679-1686.

Bushman, B.J. & Baumeister, R.F. (1998). Threatened egotism, narcissism, self-esteem, and direct and displaced aggression: Does self-love or self-hate lead to violence? *Journal of Personality and Social Psychology*, 75, 219–229.

Bushman, B.J. & Baumeister, R.F. (2002). Does self-love or self-hate lead to violence? *Journal of Research in Personality*, 36, 543–545.

Bushman, B.J., Baumeister, R.F. & Stack, A.D. (1999). Catharsis, aggression, and persuasive influence: Self-fulfilling or self-defeating prophecies? *Journal of Personality and Social Psychology*, 76, 367–376.

Bushman, B.J. & Gibson, B. (2011). Violent video games cause an increase in aggression long after the game has been turned off. *Social Psychological and Personality Science*, 2, 29–32.

Buss, D.M. (1994). *The evolution of desire: Strategies of human mating*. New York: Basic Books.

Buss, D.M. & Shackelford, T.K. (1997). Human aggression in evolutionary psychological perspective. *Clinical Psychology Review*, 17, 605–619

Busseri, M.A. & Sadava, S.W. (2011). A review of the tripartite structure of subjective well-being: Implications for conceptualization, operationalization, analysis, and synthesis. *Personality and Social Psychology Review*, 15, 290–314.

Busseri, M.A., Sadava, S.W. & DeCourville, N. (2007). A hybrid model for research on subjective well-being: Examining common- and component-specific sources of variance in life satisfaction, positive affect, and negative affect. *Social Indicators Research*, 83, 413–445.

Butterfield, D.A. & Grinnell, J.P. (1999). Reviewing gender, leadership, and managerial behavior: Do three decades of research tell us anything? In G.N. Powell (Ed.), *Handbook of gender and work* (pp. 223–238). Thousand Oaks, CA: Sage Publications.

Buunk, A.P., Zurriaga, R. & Peiro, J.M. (2010). Social comparison as a predictor of changes in burnout among nurses. *Anxiety, Stress & Coping*, 23, 181–194.

Buunk, B.P., Collins, R.L., Taylor, S.E., Van Yperen, N.W. & Dakof, G.A. (1990). The affective consequences of social comparison: Either direction has its ups and downs. *Journal of Personality and Social Psychology*, 59, 1238–1249.

Buunk, B.P. & Mutsaers, W. (1999). Equity perceptions and marital satisfaction in former and current marriage: A study among the remarried. *Journal of Social and Personal Relationships*, 16, 123–132.

Bylund, E., Abrahamsson, N. & Hyltenstam, K. (2010). The role of language aptitude in first language attrition: The case of pre-pubescent attriters. *Applied Linguistics*, 31, 443–464.

Byrne, D. (1971). *The attraction paradigm*. New York: Academic Press.

Byrne, D. & Clore, G.L. (1970). A reinforcement model of evaluative responses. *Personality: An International Journal*, 1, 103–128.

Byrne, D., Clore, G.L. & Smeaton, G. (1986). The attraction hypothesis. Do similar attitudes affect anything? *Journal of Personality and Social Psychology*, 51, 1167–1170.

Byrne, D., Ervin, C. & Lamberth, J. (1970). Continuity between the experimental study of attraction and real-life computer dating. *Journal of Personality and Social Psychology*, 51, 157–165.

Cacioppo, J.T, Hawkley, L.C., Crawford, E., Ernst, J.M., Berleson, M.H., Kowalewski, R.B., Malarkey, W.B., Van Cauter, E. & Berntson, G.G. (2002). Loneliness and health: Potential mechanisms. *Psychosomatic Medicine*, 64, 407–417.

Cacioppo, J.T., Hawkley, L.C. & Thisted, R.A. (2010). Perceived social isolation makes me sad: 5-year cross-lagged analyses of loneliness and depressive symptomatology in the Chicago Health, Aging, and Social Relations Study. *Psychology and Aging*, 25, 453–463.

Cacioppo, J.T. & Patrick, W. (2008). *Loneliness: Human nature and the need for social connection*. New York: Norton.

Cacioppo, J.T., Petty, R.E., Kao, C. & Rodriguez, R. (1986). Central and peripheral routes to persuasion: An individual difference perspective. *Journal of Personality and Social Psychology*, 51, 1032–1043.

Calhoun, J.B. (1962). Population density and social pathology. *Scientific American*, 206, 139–148.

Calhoun, L.G., Selby, J.W. & King, H.E. (1976). *Dealing with crisis*. Englewood Cliffs, NJ: Prentice-Hall.

Cameron, D. (2007). *The myth of Mars and Venus: Do men and women really speak different languages?* New York: Oxford University Press.

Cameron, K.A., Jacks, J.Z. & O'Brien, M.E. (2002). An experimental examination of strategies for resisting persuasion. *Current Research in Social Psychology*, 7, 205–224.

Campbell A., Shirley L. & Caygill L. (2002). Sex-typed preferences in three domains: Do two-year-olds need cognitive variables? *British Journal of Psychology*, 93, 203-217.

Campbell, D.T. (1963). Social attitudes and other acquired behavioral dispositions. In S. Koch (Ed.), *Psychology: A study of a science* (Vol. 6). (pp. 94-172). New York: McGraw-Hill Campbell, D.T. (1986). Introduction to the Wesleyan edition. In Sherif, M., Harvey, O.J., White, B.J., Hood, W.R. & Sherif, C., *The Robbers Cave experiment: Intergroup conflict and cooperation*. Middletown, Conn; Wesleyan University Press. (pp. xiii-xxi).

Campbell, J.B. & Fairly, P.J. (1989). Informational and normative routes to conformity: The effect of faction size as function of norm extremity and attention to the stimulus. *Journal of Personality and Social Psychology*, 57, 457-468.

Campbell, J.D. (1986). Similarity and uniqueness: The effects of attribute type, relevance, and individual differences in self-esteem and depression. *Journal of Personality and Social Psychology*, 50, 281-293.

Campbell, J.D., Trapnell, P.D., Heine, S.J., Katz, I.M., Lavallee, L.F. & Lehman, D.R. (1996). Self-concept clarity: Measurement, personality correlates and cultural boundaries: Correction. *Journal of Personality and Social Psychology*, 70, 141-156.

Campbell, T.A. & Campbell, D.E. (1997). Faculty/student mentor program: Effects on academic performance and retention. *Research in Higher Education*, 38, 727-742.

Campbell, W.J. (2010). *Getting it wrong: Ten of the greatest misreported stories in American Journalism*. Berkeley: University of California Press.

Campion Vincent, V. (2005). From Evil Others to Evil Elites: A Dominant Pattern in Conspiracy Theories Today. In G.A. Fine, V. Campion Vincent & C. Heath (Eds), *Rumor mills: The social impact of rumor and legend*. New Brunswick, NJ: Aldine Transaction. (pp. 103-122).

Cantor, N. & Mischel, W. (1979). Prototypes in person perception. In L. Berkowitz (Ed.), *Advances in experimental social psychology*, 3-52 (Vol. 12). New York: Academic Press.

Cantril, H. (1940). *The invasion from Mars*. Princeton, NJ: Princeton University Press.

Caplan, N.S. & Paige, J.M. (1968). A study of ghetto rioters. *Scientific American*, 219, 15-21.

Caporael, L.R. (1981). The paralanguage of care-giving: Baby talk to the institutionalized aged. *Journal of Personality and Social Psychology*, 40, 876-884

Caporael, L.R., Lukaszewski, M.P. & Culbertson, G.H. (1983). Secondary baby talk: Judgments by institutionalized elderly and their caregivers. *Journal of Personality and Social Psychology*, 44, 746-754.

Capozza, D., Andrighetto, L., Di Bernardo, G.A. & Falvo, R. (2012). Does status affect intergroup perceptions of humanity? *Group Processes & Intergroup Relations*, 15, 363- 377.

Capozza, D., Boccato, G., Andrighetto, L. & Falvo, R. (2009). Categorization of ambiguous human/ape faces: Protection of ingroup but not outgroup humanity. *Group Processes & Intergroup Relations*, 12, 777-787.

Carli, L.L. (1990). Gender, language, and influence. *Journal of Personality and Social Psychology*, 59, 941-951.

Carli, L.L. (1999). Gender, interpersonal power and social influence. *Journal of Social Issues*, 55, 81-99.

Carli, L.L., Ganley, R. & Pierce-Otay, A. (1991). Similarity and satisfaction in roommate relationships. *Personality and Social Psychology Bulletin*, 17, 419-426.

Carlson, M., Marcus-Newhall, A. & Miller, N. (1990). Effects of situational aggressive cues: A quantitative review. *Journal of Personality and Social Psychology*, 58, 622-633.

Carlston, D.E. & Skowronski, J.J. (1994). Savings in the relearning of trait information as evidence for spontaneous trait generation. *Journal of Personality and Social Psychology*, 66, 840-856.

Carnagey, N.L., Anderson, C.A. & Bushman, B.J. (2007). The effect of video game violence on physiological desensitization to real-life violence. *Journal of Experimental Social Psychology*, 43, 489-496.

Carnaghi, A. & Maass, A. (2007). In-group and out-group perspectives in the use of derogatory group labels. *Journal of Language and Social Psychology*, 26, 142-156.

Carnevale, P.J. & Pruitt, D.G. (1992). Negotiation and mediation. *Annual Review of Psychology*, 43, 531-582.

Carroll, J.M. & Russell, J.A. (1997). Facial characteristics in Hollywood's portrayal of emotion.

Journal of Personality and Social Psychology, 72, 164–176.

Carver, C.S., Lawrence, J.W. & Scheier, M.F. (1999). Self-discrepancies and affect: incorporating the role of feared selves. Personality and Social Psychology Bulletin, 25, 783–792.

Carver, C.S. & Scheier, M.F. (1981). The self-attention-induced feedback loop and social facilitation. Journal of Experimental Social Psychology, 17, 545–568.

Carver, C.S. & Scheier, M.F. (1998). On the self-regulation of behavior. New York: Cambridge University Press.

Carver, C.S. & Scheier, M.F. (2011). A model of behavioral self-regulation. In P.A. Van Lange, A. Kruglanski & E.T. Higgins (Eds), Handbook of theories of social psychology, Vol. 1 (pp. 237–259). London: Sage.

Cash, T.F. & Derlega, V.J. (1978). The matching hypothesis: Physical attractiveness among same-sexed friends. Personality and Social Psychology Bulletin, 4, 240–243.

Caspi, A., Herbener, E.S. & Ozer, D.J. (1992). Shared experience and the similarity of personalities: A longitudinal study of married couples. Journal of Personality and Social Psychology, 62, 281–291.

Caspi, A., McClay, J., Moffitt, T.E., Mill, J., Martin, J., Craig, I.W., Taylor, A. & Poulton, R. (2002). Role of genotype in the cycle of violence in maltreated children. Science, 297, 851–854.

Catmur, C., Gillmeister, H., Bird, G., Liepelt, R., Brass, M. & Heyes, C. (2008). Through the looking glass: Counter-mirror activation following incompatible sensorimotor learning. European Journal of Neuroscience, 28, 1208–1215.

Catmur, C., Walsh, V. & Heyes, C. M. (2007). Sensorimotor learning configures the human mirror system. Current Biology, 17, 1527–1531.

Caudill, B.D. & Marlatt, G.A. (1975). Modelling influences in social drinking: An experimental analogue. Journal of Consulting and Clinical Psychology, 43, 405–415.

Cavior, N. & Dorecki, P.R. (1969, April). Physical attractiveness and popularity among fifth grade boys. Meetings of the Southwestern Psychology Association, Austin, TX.

Chaiken, A.L. & Derlega, V.J. (1974) Self-disclosure, Morristown, NJ: General Learning.

Chaiken, S. (1980). Heuristic versus systematic information processing and the use of source versus message cues. Journal of Personality and Social Psychology, 39, 752–766.

Chaiken, S. (1987). The heuristic model of persuasion. In C.P. Herman, M.P. Zanna & E.T. Higgins (Eds), Social Influence: The Ontario Symposium (pp. 3–39). Hillsdale, NJ: Erlbaum.

Chaiken, S. & Eagly, A.H. (1976). Communication modality as a determinant of message persuasiveness and message comprehensibility. Journal of Personality and Social Psychology, 34, 605–614.

Chaiken, S. & Eagly, A.H. (1983). Communication modality as a determinant of persuasion: The role of communicator salience. Journal of Personality and Social Psychology, 45, 241–256.

Chaiken, S. & Stangor, C. (1987). Attitude and attitude change. Annual Review of Psychology, 38, 575–630.

Chandler, T.A., Shama, D.D., Wolf, F.M. & Planchard, S.K. (1981). Misattributional causality: A five cross-national samples study. Journal of Cross-Cultural Psychology, 12, 207–221.

Chapman, L.J. & Chapman, J.P. (1969). Illusory correlations as an obstacle to the use of valid psychodiagnostic signs. Journal of Abnormal and Social Psychology, 74, 271–280.

Chartrand, T., Pinckert, S. & Burger, J.M. (1999). When manipulation backfires: The effects of time delay and requester on the foot-in-the-door technique. Journal of Applied Social Psychology, 29, 211–221.

Chartrand, T.L. & Bargh, J.A. (1999). The chameleon effect: The perception–behavior link and social interaction. Journal of Personality and Social Psychology, 76, 893–910.

Chau, L.L., Johnson, R.C., Bowers, J.K. & Darvill, T.J. (1990). Intrinsic and extrinsic religiosity as related to conscience, adjustment, and altruism. Personality and Individual Differences, 11, 397–400.

Chau, P.Y.K. & Hui, K.L. (1998). Identifying early adopters of new IT products: A case of Windows 95. Information & Management, 33, 225–230.

Check, J.V.P. (1985). The effects of violent and nonviolent pornography. Ottawa: Department of Justice.

Check, J.V.P. & Dyck, D.G. (1986). Hostile aggression and Type A behavior. Personality and Individual Differences, 7, 819–827.

Check, J.V.P. & Guloien, T.H. (1989). Reported proclivity for coercive sex following repeated exposure to sexually violent pornography, nonviolent dehumanizing pornography, and erotica. In D. Zillmann & J. Bryant (Eds), *Pornography: Research advances and policy considerations* (pp. 159–184). Hillsdale, NJ: Erlbaum.

Check, J.V.P., Perlman, D. & Malamuth, N.M. (1985). Loneliness and aggressive behavior. *Journal of Social and Personal Relationships, 2,* 243–252.

Chemers, M.M. (1983). Leadership theory and research: A systems-process integration. In P.B. Paulus (Ed.), *Basic group processes.* New York: Springer-Verlag.

Chen, S., Bond, M., Chan, B., Tang, D. & Buchtel, E.E. (2009). Behavioral manifestations of modesty. *Journal of Cross-Cultural Psychology, 40,* 603–626.

Cherry, F. (1995). *The 'stubborn particulars' of social psychology.* London: Routledge.

Cherry, F. & Byrne, D. (1977). Authoritarianism. In T. Blass (Ed.), *Personality variables in social behavior.* Hillsdale, NJ: Erlbaum.

Chertkoff, J.M. & Conley, M. (1967). Opening offer and frequency of concession as bargaining strategies. *Journal of Personality and Social Psychology, 7,* 181–185.

Chiang, S-Y. (2010). 'Well I'm a lot of things but I'm sure not a bigot': Positive self-presentation in confrontational discourse on racism. *Discourse and Society, 21,* 273–294.

Chiriboga, D., Roberts, J. & Stein, J.A. (1978). Psychological well-being during marital separation. *Journal of Divorce, 2,* 21–36.

Chiu, C., Gries, P., Torelli, C. J. & Cheng, S. Y. Y. (2011). Toward a social psychology of globalization. *Journal of Social Issues, 67,* 663–676.

Choi, I. & Nisbett, R.E. (1998). Situational salience and cultural differences in the correspondence bias and actor-observer bias. *Personality and Social Psychology Bulletin, 24,* 949–960.

Choi, I., Nisbett, R.E. & Norenzayan, A. (1999). Causal attribution across culture: Variation and universality. *Psychological Bulletin, 125,* 47–63.

Choma, B.L., Ashton, M.C. & Hafer, C.L. (2010). Conceptualizing political orientation in Canadian political candidates: A tale of two (correlated) dimensions. *Canadian Journal of Behavioural Science, 42,* 24–33.

Choma, B.L. Busseri, M.A. & Sadava, S.W. (2009). Liberal and conservative political ideologies: Different routes to happiness? *Journal of Research in Personality, 43,* 502–505.

Choma, B.L., Hodson, G. & Costello, K. (2012). Intergroup disgust sensitivity as a predictor of Islamophobia: The modulating effect of fear. *Journal of Experimental Social Psychology, 48,* 499–506.

Chomsky, N. & Herman, E. (1988). Manufacturing consent: The political economy of the mass media. New York: Pantheon Books.

Chopra, S.R., Dahl, L.M. & Wrightsman, L.S. (1996, August 9–13). *The sequestered juror syndrome.* 104th convention of the American Psychological Association, Toronto.

Christensen, A., Sullaway, M. & King, C.E. (1983). Systematic error in behavioural reports of dyadic interaction. *Behavioural Assessment,* 5, 129–140.

Christensen, L. (1988). Deception in psychological research: When is its use justified? *Personality and Social Psychology Bulletin, 14,* 664–675.

Christianson, S. (1992). Emotional stress and eye-witness memory: A critical review. *Psychological Bulletin, 112,* 284–309.

Christianson, S. & Loftus, E.F. (1991). Remembering emotional events: The fate of detailed information. *Cognition and Emotion, 5,* 81–108.

Christie, R. & Jahoda, M. (Eds). (1954). *Studies in the scope and method of 'The Authoritarian Personality'.* New York: Free Press.

Chung, L.C. (2011). Crossing boundaries: Cross-cultural communication. In K.D. Keith (Ed.), *Cross-cultural psychology: Contemporary themes and perspectives.* West Sussex, England: Blackwell Publishing Limited, (pp. 400–420).

Cialdini, R.B., Brown, S.L., Lewis, B.P., Luce, C. & Neuberg, S.L. (1997). Reinterpreting the empathy-altruism relationship: When one into one equals oneness. *Journal of Personality and Social Psychology, 73,* 481–494.

Cialdini, R.B., Cacioppo, J.T., Bassett, R. & Miller, J.A. (1978). Low-ball procedure for producing compliance: Commitment then cost. *Journal of Personality and Social Psychology, 36,* 463–476.

Cialdini, R.B., Demaine, L.J., Sagarin B.J., Barrett, D.W., Rhoads, K. & Winter, P.L. (2006). Managing social norms for persuasive impact. *Social Influence, 1,* 3–15.

Cialdini, R.B., Trost, M.R. & Newsom, J.T. (1995). Preference for consistency: The development of a valid measure and the discovery of surprising behavioral implications. *Journal of Personality and Social Psychology, 69,* 318–328.

Cialdini, R.B., Vincent, J.E., Lewis, S.K., Catalon, J., Wheeler, D. & Darby, B.L. (1975). Reciprocal concessions procedure for inducing compliance: The door-in-the-face technique. *Journal of Personality and Social Psychology, 31,* 206–215.

Clabaugh, A. & Morling, B. (2004). Stereotype accuracy of ballet and modern dancers. *The Journal of Social Psychology, 144,* 31–48.

Clark, M. & Mills, J. (1993). The difference between communal and exchange relationships. What it is and is not. *Personality and Social Psychology Bulletin, 19,* 684–691.

Clément, R. (1987). Second language proficiency and acculturation: An investigation of the effects of language status and individual characteristics. *Journal of Language and Social Psychology, 5,* 271–290.

Clément, R., Baker, S.C. & MacIntyre, P.D. (2003). Willingness to communicate in a second language: The effects of context, norms, and vitality. *Journal of Language and Social Psychology, 22,* 190–209.

Clément, R., Gardner, R.C. & Smythe, P.C. (1977). Interethnic contact: Attitudinal consequences. *Canadian Journal of Behavioural Science, 9,* 205–215.

Clifford, M. & Walster, E. (1973). The effects of physical attraction on teacher expectation. *Sociology of Education, 46,* 248.

Clore, G.L., Wiggins, N.H. & Itkin, G. (1975). Gain and loss in attraction: Attributions from non-verbal behavior. *Journal of Personality and Social Psychology, 31,* 706–712.

Cloutier, J., Heatherton, T.F., Whalen, P.J. & Kelley, W.M. (2008). Are attractive people rewarding? Sex differences in the neural substrates of facial attractiveness. *Journal of Cognitive Neuroscience, 20,* 941–951.

Coates, J. (1993). *Women, men and language: A sociolinguistic account of gender differences in language.* (2nd ed.). London: Longman.

Cohen, A.B. (2009). Many forms of culture. *American Psychologist, 64,* 194–204.

Cohen, S. (1988). Psychosocial models of the role of social support in the etiology of physical disease. *Health Psychology, 7,* 269–297.

Cohen, S., Frank, E., Doyle, W.J., Skoner, D.P., Rabin, B.S. & Gwaltney, J.M. Jr. (1998). Types of stressors that increase susceptibility to the common cold in healthy adults. *Health Psychology, 17,* 214–223.

Cohen, S. & Herbert, T.B. (1996). Health psychology: Psychological factors and physical disease from the perspective of human psychoimmunology. *Annual Review of Psychology, 47,* 113–142.

Cohen, S. & Williamson, G.M. (1988). Perceived stress in a probability sample of the United States. In S. Spacapan & S. Oskamp (Eds), *The social psychology of health* (pp. 31–67). Beverly Hills, CA: Sage Publications.

Cohen, S., Tyrrell, D.A.J. & Smith, A.P. (1993). Negative life events, perceived stress, negative affect and susceptibility to the common cold. *Journal of Personality and Social Psychology, 64,* 131–140.

Coie, J.D. & Dodge, K.A. (1997). Aggression and antisocial behavior. In W. Damon & N. Eisenberg (Eds), *Handbook of child psychology: Vol. 3 Social, emotional and personality development* (5th ed). New York: Wiley.

Coleman, J.S. (1990). *The foundations of social theory.* Cambridge, MA: Harvard University press.

Collaer, M.L. & Hines, M. (1995). Human behavioral sex differences: A role for gonadal hormones during early development? *Psychological Bulletin, 118,* 55–107.

Collie, R.M., Vess, J. & Murdoch, S. (2007). Violence-related cognition: Current research. In T.A. Gannon, T. Ward, A.R. Beech & D. Fisher (Eds), *Aggressive offenders' cognition: Theory, research, and practice.* Chichester, England: John Wiley & Sons (pp. 179–198).

Collier, G., Minton, H.L. & Reynolds, G. (1991). *Currents of thought in American social psychology.* New York: Oxford.

Colligan, M.J., Pennebaker, J.W. & Murphy, L.R. (1982). *Mass psychogenic illness.* Hillsdale, NJ: Erlbaum.

Collins, R.L. (1996). For better or worse: The impact of upward social comparison on self-evaluations. *Psychological Bulletin, 119,* 51–69.

Colman, A.M. (1991). Crowd psychology in South African murder trials. *American Psychologist, 46,* 1071–1079.

Confer, J.C., Easton, J.A., Fleischman, C.D., Goetz, C.D., Lewis, D.M.G., Perilloux, C. & Buss, D.M. (2010). Evolutionary psychology: Controversies, questions, prospects and limitations. *American Psychologist, 65,* 101–126.

Conger, J.A. & Kanungo, R.N. (1998). *Charismatic leadership in organizations.* Thousand Oaks, CA: Sage Publications.

Conger, J.A., Kanungo, R.N. & Menon, S.T. (2000). Charismatic leadership and follower effects. *Journal of Organizational Behavior, 21,* 747-767.

Conlon, D.E., Moon, H. & Ng, K.Y. (2002). Putting the cart before the horse: The benefits of arbitrating before mediating. *Journal of Applied Psychology, 87,* 978-984.

Conlon, S.E., Lind, E.A. & Lissak, R.I. (1989). Nonlinear and nonmonotonic effects of outcome on procedural and distributive fairness judgements. *Journal of Applied Social Psychology, 19,* 1085-1099.

Conway, L.G., Dodds, D.P., Towgood, K.H., McCure, S. & Olson, J.M. (2011). The biological roots of complex thinking. Are heritable attitudes more complex? *Journal of Personality, 79,* 101-134.

Conway, L.G., Suedfeld, P. & Tetlock, P.E. (2001). Integrative complexity and political decisions that lead to war or peace. In D.J. Christie & R.V. Wegner (Eds), *Peace, conflict and violence: Peace psychology for the 21st century* (pp. 66-75). Upper Saddle River, NJ: Prentice-Hall.

Conway, M., Pizzamiglio, M.T. & Mount, L. (1996). Status, communality, and agency: Implications for stereotypes of gender and other groups. *Journal of Personality and Social Psychology, 71,* 25-38.

Cook, I.A., Warren, C., Pajot, S.K., Schairer, D. & Leuchter, A.E. (2011). Regional brain activation with advertising images. *Journal of Neuroscience, Psychology and Economics, 4,* 147-160.

Cook, S.W. (1970). Motives in a conceptual analysis of attitude-related behavior. In W.J. Arnold & D. Levine (Eds), *Nebraska symposium on motivation, 1969* (pp. 179-235). Lincoln, NE: University of Nebraska Press.

Cook, S.W. (1984). *Experimenting on social issues: The case of school desegregation.* 92nd Annual Convention of the American Psychological Association, Toronto.

Cook, S.W. & Selltiz, C. (1964). A multiple-indicator approach to attitude measurement. *Psychological Bulletin, 62,* 36-55.

Cooley, C.H. (1902). *Human nature and the social order.* New York: Scribner.

Cooper, J. (2011). Cognitive dissonance theory. In P.A. Van Lange, A. Kruglanski & E.T. Higgins (Eds). *Handbook of theories of social psychology,* (Vol. 1). (pp. 377-397). London: Sage.

Cooper, J. & Fazio, R.H. (1984). A new look at dissonance theory. In L. Berkowitz (Ed.), *Advances in experimental social psychology* (Vol. 17). (pp. 229-266). New York: Academic Press.

Cooper, J. & Hogg, M.A. (2007). Feeling the anguish of others: A theory of vicarious dissonance. In M.P. Zanna (Ed.) *Advances in Experimental Social Psychology, 39,* 359-403. San Diego,CA. Academic Press.

Cooper, J. & Worchel, S. (1970). Role of undesired consequences in arousing cognitive dissonance. *Journal of Personality and Social Psychology, 16,* 199-206.

Cooper J., Zanna, M.P. & Goethals, G.R. (1974). Mistreatment of an esteemed other as a consequence affecting dissonance reduction. *Journal of Experimental Social Psychology, 10,* 224-233.

Cooper, J., Zanna, M.P. & Taves, P.A. (1978). Arousal as a necessary condition for attitude change following induced compliance. *Journal of Personality and Social Psychology, 36,* 1101-1106.

Cooper, M.L., Shaver, P.R. & Collins, N.L. (1998). Attachment style, emotion regulation and adjustment in adolescence. *Journal of Personality and Social Psychology, 74,* 1380-1397.

Corcoran, K. & Mussweiler, T. (2010). The cognitive miser's perspective: Social comparison as a heuristic in self-judgments. *European Review of Social Psychology, 1,* 7-113.

Corenblum, B. & Annis, R.C. (1993). Development of racial identity in minority and majority children: An effect discrepancy model. *Canadian Journal of Behavioural Science, 25,* 499-521.

Cornwell, D. & Hobbs, S. (1992). Rumour and legend: Interactions between social psychology and folkloristics. *Canadian Psychology, 33,* 609-613.

Coser, L.A. (1967). *Continuities in the study of social conflict.* New York: Free Press.

Cota, A.A., Evans, C.R., Dion, K.L. & Longman, R.S. (1995). The structure of group cohesion. *Personality and Social Psychology Bulletin, 21,* 572-580.

Cottrell, N.B. (1972). Social facilitation. In C.G. McClintock (Ed.), *Experimental social psychology.* New York: Holt, Rinehart & Winston.

Cottrell, N.B., Wack, D.L., Sekerak, G.J. & Rittle, R.H. (1968). Social facilitation of dominant responses by the presence of an audience and the mere presence of others. *Journal of Personality and Social Psychology, 9,* 245-250.

Couch, A. & Keniston, K. (1960). Yeasayers and naysayers: Agreeing response set as a personality variable. *The Journal of Abnormal and Social Psychology, 60*, 151–174. doi: 10.1037/h0040372

Couch, C.J. (1968). Collective behaviour: An examination of some stereotypes. *Social Problems, 15*, 310–312.

Couzin, I.D., Krause, J., Franks, N.R. & Levin, S.A. (2005). Effective leadership and decision-making in animal groups on movement. *Nature, 434*, 513–516.

Covell, K., Dion, K.L. & Dion, K.K. (1994). Gender differences. In evaluations of tobacco and alcohol advertisements. *Canadian Journal of Behavioural Science, 26*, 404–420.

Cox, S.J.B. (1985). No tragedy of the commons. *Environmental Ethics, 7*, 49–61.

Cozby, P.C. (1973). Self-disclosure: A literature review. *Psychological Bulletin, 79*, 73–91.

Craig, K.D. (1978). Social modelling influences on pain. In R.A. Sternbach (Ed.), *The psychology of pain* (pp. 73–110). New York: Raven Press.

Craig, W.M. & Pepler, D.J. (2007). Understanding bullying: From research to practice. *Canadian Psychology, 48*, 86–93.

Cramer, K.M., Nickels, J.B. & Gural, D.M. (1997). Uncertainty of outcomes, prediction of failure, and lack of control as factors explaining perceived helplessness. *Journal of Social Behavior & Personality, 12*, 611–630.

Crandall, C.S. (1988). Social contagion of binge eating. *Journal of Personality and Social Psychology, 55*, 588–598.

Crandall, C.S. & Eshleman, A. (2003). A justification-suppression model of the expression and experience of prejudice. *Psychological Bulletin, 129*, 414–446.

Crary, J. (2001). Suspensions of perception: Attention, spectacle, and modern culture. Cambridge, MA: MIT Press.

Crawford, C. & Krebs, D. (Eds). (1998). *Handbook of evolutionary psychology: Ideas, issues, and applications.* Mahwah, NJ: Lawrence Erlbaum Associates.

Crawford, M.P. (1939). The social psychology of the vertebrates. *Psychological Bulletin, 36*, 407–466.

Crisp, R.J. (2010). Prejudice and perceiving multiple identities. In J.F. Dovidio, M. Hewstone, P. Glick, & V.M. Esses (Eds). *Sage handbook of prejudice, stereotyping, & discrimination* (pp. 508–525). Thousand Oakes: Sage.

Crisp, R.J. & Hewstone, M. (1999). Differential evaluation of crossed category groups: Patterns, processes, and reducing intergroup bias. *Group Processes and Intergroup Relations, 2*, 307–333.

Crisp, R.J. & Turner, R.N. (2011). Cognitive adaptation to the experience of social and cultural diversity. *Psychological Bulletin, 137*, 242–266.

Crittenden, K.S. (1983). Sociological aspects of attribution. *Annual Review of Sociology, 9*, 425–446.

Crocker, J. (1999). Social stigma and self-esteem: situational construction of worth. *Journal of Experimental Social Psychology, 35*, 89–107.

Crocker, J. & Lawrence, J.S. (1999). Social stigma and self-esteem: The role of contingencies of worth. In Prentice, D.A. & Miller, D.T. (Eds), *Cultural divides: Understanding and overcoming group conflict* (pp. 364–392). New York: Russell Sage Foundation.

Crocker, J. & Major, B. (1989). Social stigma and self-esteem: The self-protective properties of stigma. *Psychological Review, 96*, 608–630.

Crocker, J., Major, B. & Steele, C. (1998). Social Stigma. In D.T. Gilbert, S.T. Fiske & G. Lindzey (Eds), *The handbook of social psychology, Vols. 1 and 2* (4th ed.). (pp. 504–553). New York: McGraw-Hill.

Crocker, J. & Quinn, D. (1998). Racism and self-esteem. In J.L. Eberhardt & S.T. Fiske (Eds), *Confronting racism: The problem and the response.* Thousand Oaks, CA: Sage Publications, Inc.

Cromwell, R.L., Butterfield, E.C., Brayfield, F.M. & Curry, J.L. (1977). *Acute myocardial infarction: Reaction and recovery.* St. Louis, MO: Mosby.

Croson, R. & Marks, M. (1998). Identifiability of individual contributions in a threshold public goods experiment. *Journal of Mathematical Psychology, 42*, 167–190.

Cross, C.P. & Campbell, A. (2011). Women's aggression. *Aggression and Violent Behavior, 16*, 390–398.

Cross, S. &. Vick, N. (2001). The interdependent self-construal and social support: The case of persistence in engineering. *Personality and Social Psychology Bulletin, 27*, 820–832.

Cross, S.E. & Madson, L. (1997). Models of the self: Self-construals and gender. *Psychological Bulletin, 122*, 5–37.

Crutchfield, R.A. (1955). Conformity and character. *American Psychologist, 10*, 191–198.

Csikszentmihalyi, M. & Figurski T.J. (1982). Self-awareness and overside experience in everyday life. *Journal of Personality, 50,* 15–28.

Csizér, K. & Kormos, J. (2009). Modelling the role of inter-cultural contact in the motivation of learning English as a foreign language. *Applied Linguistics, 30,* 166–185.

Cuddy, A., Fiske, S.T., Kwan, V.S.Y., Glick, P. & 20 others (2009). Stereotype content model across cultures: Towards universal similarities and some differences. *British Journal of Social Psychology, 48,* 1–33.

Cuddy, A., Fiske, S.T. & Glick, P. (2008). Warmth and competence as universal dimensions of social perception: The stereotype content model and the BIAS map. In M.P. Zanna (Ed.). *Advances in experimental social psychology,* (Vol. 40). (pp. 61–149). San Diego, CA, US: Elsevier Academic Press.

Cui, M., Durtschi, J.A., Donnellan, M.B., Lorenz, F.O. & Conger, R.D. (2010). Intergenerational transmission of relationship aggression: A prospective longitudinal study. *Journal of Family Psychology, 24,* 688–697.

Curran, J.P. & Lippold, S. (1975). The effects of physical attraction and attitude similarity on attraction in dating dyads. *Journal of Personality, 43,* 528–538.

Curtis, R.C. & Miller, K. (1986). Believing another likes or dislikes you; Behavior makes the beliefs come true. *Journal of Personality and Social Psychology, 51,* 284–290.

Cutler, B.L. & Kovera, M.B. (2011). Expert psychological testimony. *Current Directions in Psychological Science, 20,* 53–57.

Cutrona, C.E. (1982). Transition to college: Loneliness and the process of social adjustment. In L.A. Peplau & D. Perlman (Eds), *Loneliness: A sourcebook of current theory, research and therapy* (pp. 291–309). New York: Wiley.

Da Gloria, J. (1984). Frustration, aggression and the sense of justice. In A. Mummendey (Ed.), *Social psychology of aggression: From individual behavior to social interaction* (pp. 127–142). New York: Springer-Verlag.

Dalal, A.K. & Misra, G. (2002). Social psychology in India: Evolution and emerging trends. In A.K. Dalal & G. Misra (Eds), *New directions in Indian psychology,* (Vol. 1). (pp. 1–26). New Delhi: Sage.

Daly, M. & Wilson, M. (1988). *Homicide.* New York: Aldine De Gruyter.

Damian, S., Phelps, E. & Banaji, M. (2008). The neural basis of implicit attitudes. *Current Directions in Psychological Science, 17,* 164–170.

Danziger, K. (1983). Origins and basic principles of Wundt's Volkerpsychologie. *British Journal of Social Psychology, 22,* 303–313.

Danziger, K. (1997). The varieties of social construction. *Theory and Psychology, 7,* 399–416.

Darley, J. (1999). Method for the study of evil-doing actions. *Personality and Social Psychology Review, 3,* 269–275.

Darley, J.M. & Latané, B. (1968). Bystander intervention in emergencies: Diffusion of responsibility. *Journal of Personality and Social Psychology, 8,* 377–383.

Darley, J.M. & Latané, B. (1970). Norms and normative behavior: Field studies of social interdependence. In J. Macaulay & L. Berkowitz (Eds), *Altruism and helping behavior* (pp. 83–101). New York: Academic Press.

Darley, J.M., Loeb, I. & Hunter, J. (1996). Community attitudes on the family of issues surrounding the death of terminal patients. *Journal of Social Issues, 52,* 85–104.

Darlington, R.B. & Macker, D.F. (1966). Displacement of guilt-produced altruistic behavior. *Journal of Personality and Social Psychology, 4,* 442–443.

Darwin, C. (1872). *Descent of man.* New York: D. Appleton & Company.

DasGupta, P. (2011). Literature review: e-leadership. *Emerging Leadership Journeys, 4,* 1–36.

Dashiell, J.F. (1935). Experimental studies of the influence of social situations on the behavior of individual human adults. In C. Murchison (Ed.), *Handbook of social psychology* (pp. 1097–1158). Worcester, MA: Clark University.

Davidowicz, L.C. (1975). *The war against the Jews, 1933–1945.* Holt, Rinehart & Winston: New York.

Davidson, A.R. & Morrison, D.M. (1983). Predicting contraceptive behavior from attitudes: A comparison of within- versus across-subjects procedures. *Journal of Personality and Social Psychology, 45,* 997–1009.

Davies, K., Tropp, L.R., Aron, A., Pettigrew, T.F. & Wright, S.C. (2011). Cross-group friendships and intergroup attitudes: A meta-analytic review. *Personality and Social Psychology Review, 15,* 332–351.

Davila, J., Karney, B.R. & Bradbury, T.N. (1999). Attachment change processes in early marriage.

Journal of Personality and Social Psychology, 76, 783–802.

Dawes, R.M. (1980). Social dilemmas. *Annual Review of Psychology, 31*, 169–193.

De Cremer, D. (1999). Trust and fear of exploitation in a public goods dilemma. *Current Psychology, 18*, 153–163.

De Cremer, D. & Van Lange, P.A.M. (2011). Why prosocials exhibit greater cooperation than proselfs: The rules of social responsibility and reciprocity. *European Journal of Personality, 15*, S5–S18.

De Mooij, M. and Hofstede, G. (2010). The Hofstede model: Applications to global branding and advertising strategy and research. *International Journal of Advertising, 29*, 85–110.

DeNeve, J-E., Mikhaylov, S., Dawes, C.T., Christakis, N.A. & Fowler, J.H. (2013). Born to lead? A twin design and genetic association study of leadership role occupancy. *The Leadership Quarterly, 24*, 45.

Deary, I.J., Batty, G.D. & Gale, C.R. (2008). Bright children become enlightened adults. *Psychological Science, 19*, 1–6.

Deaux, K. (1984). From individual differences to social categories. *American Psychologist, 39*, 105–116.

Deaux, K. (1985). Sex and gender. *Annual Review of Psychology, 36*, 49–81.

Deaux, K. & Emswiller, T. (1974). Explanations of successful performance on sex-linked tasks: What is skill for the male is luck for the female. *Journal of Personality and Social Psychology, 29*, 80–85.

Decety, J., Jackson, P.L., Somerville, J.A., Chaminade, T. & Meltzoff, A.N. (2004). The neural basis of cooperation and competition: An fMRI investigation. *Neuroimage, 23*, 744–751.

DeCourville, N. & Sadava, S.W. (1997). The structure of problem drinking in adulthood: A confirmatory approach. *Journal of Studies on Alcohol, 58*, 146–154.

Dehghani, M., Atran, S., Iliev, R., Sachdeva, S. & Medin, D. (2010). Sacred values and conflict over Iran's nuclear programme. *Judgment and Decision Making, 5*, 540–546.

Dejong, W. (1979). An examination of self-perception mediation of the foot-in-the-door effect. *Journal of Personality and Social Psychology, 37*, 2221–2239.

DeLongis, A., Coyne, J.C., Kakof, G., Folkman, S. & Lazarus, R.S. (1982). Relationship of daily hassles, uplifts and major life events to health status. *Health Psychology, 1*, 119–136.

Demorest, S.M., Morrison, S.J., Beken, M., Richards, T.L. & Johnson, C. (2010). An fMRI investigation of the cultural specificity of music memory. *Social Cognition and Affective Neuroscience, 5*, 282–291.

Dempsey, M.A. & Mitchell, A.A. (2010). The influence of implicit attitudes on choice when consumers are confronted with conflicting attribute information. *Journal of Consumer Research, 37*, 614–625.

DePaulo, B.M. & Coleman, L.M. (1986). Talking to children, foreigners, and retarded adults. *Journal of Personality and Social Psychology, 51*, 945–959.

DePaulo, B.M., Lindsay, J.J., Malone, B.E., Muhlenbruck, L., Charlton, K. & Cooper, H. (2003). Cues to deception. *Psychological Bulletin, 129*, 74–118.

DePaulo, B.M. & Pfeifer, R.L. (1986). On-the-job experience and skill at detecting deception. *Journal of Applied Social Psychology, 16*, 249–267.

DePaulo, B.M. & Rosenthal, R. (1979). Telling lies. *Journal of Personality and Social Psychology, 37*, 1713–1722.

Derlega, M.J., Catanzaro, D. & Lewis, R.J. (2001). Perceptions about tactile intimacy in same-sex and opposite-sex pairs based on research participants' sexual orientation. *Psychology of Men and Masculinity, 2*, 124–132.

Dermer, M.L. & Jacobsen, E. (1986). Some potential negative social consequences of cigarette smoking: Marketing research in reverse. *Journal of Applied Social Psychology, 16*, 702–725.

Dermer, M.L. & Pyszczynski, T.A. (1978). Effects of erotica upon men's loving and liking responses for women they love. *Journal of Personality and Social Psychology, 36*, 1302–1309.

De Rosa, A.S. (1986). The social representation of mental illness in children and adults. In W. Doise & S. Moscovici (Eds), *Current issues in European social psychology* (pp. 47–138). New York: Cambridge.

DeSantis, M., Mohan, P.J. & Steinhorst, R.K. (2005). Smiling in photographs: Childhood similarities between sexes become differences constant in adulthood. *Psychological Reports, 97*, 651–665

DeSantis, M. & Sierra, N. (2000). Women smiled more often and openly than men when photographed for a pleasant, public occasion in 20th Century United States Society. *Psychology: A Journal of Human Behaviour, 37*, 21–31.

Deschamps, J.C. & Doise, W. (1978). Crossed category memberships in intergroup relations. In H. Tajfel (Ed.), *Differentiation between social groups: Studies in the social psychology of inter-group relations* (pp. 141–158). London: Academic Press.

Desjarlais, M. & Willoughby, T. (2010). A longitudinal study of the relation between adolescent boys' and girls' computer use with friends and friendship quality: Support for the social compensation or the rich-get-richer hypothesis: *Computers in Human Behavior, 26*, 896–905.

Deutsch, F.M. & Lamberti, D.M. (1986). Does social approval improve helping? *Personality and Social Psychology Bulletin, 12*, 149–158.

Deutsch, M. & Gerard, H.B. (1955). A study of normative and informational social influences upon individual judgment. *The Journal of Abnormal and Social Psychology, 51*, 629–636.

Deutsch, M. & Solomon, L. (1959). Reactions to evaluations by others as influenced by self-evaluations. *Sociometry, 22*, 92–113.

Devine, P.G. (1989). Stereotypes and prejudice: Their automatic and controlled components. *Journal of Personality and Social Psychology, 56*, 5–18.

Devine, P.G. & Elliot, A.J. (1995). Are racial stereotypes really fading? The Princeton trilogy revisited. *Personality and Social Psychology Bulletin, 21*, 1139–1150.

DeVos, G.A. & Hippler, A.E. (1969). Cultural psychology: Comparative studies of human behavior. In G. Lindzey & E. Aronson (Eds), *The handbook of social psychology* (2nd ed.). (Vol. 4). (pp. 322–417). Reading, MA: Addison-Wesley.

DeVries, D.L. & Edwards, K.J. (1974). Student teams and learning games: Their effects on cross-race and cross-sex interaction. *Journal of Educational Psychology, 66*, 741–749.

DeWall, C.N. & Anderson, C.A. (2011). The General Aggression Model. In M. Mikulincer & P.R. Shaver (Eds), *Understanding and reducing aggression, violence, and their consequences*. Washington, DC: American Psychological Association. (pp. 15–33).

DeWall, C.N., Anderson, C.A. & Bushman, B.J. (2011). The general aggression model: Theoretical extensions to violence. *Psychology of Violence, 1*, 245–258

Diamond, L.M. & Dickenson, J.A. (2012). The neuroimaging of love and desire: review and future directions. *Clinical Neuropsychiatry: Journal of Treatment Evaluation, 9*, 39–50.

DiBartolo, P.M. & Rendón, M.J. (2012). A critical examination of the construct of perfectionism and its relationship to mental health in Asian and African Americans using a cross-cultural framework. *Clinical Psychology Review, 32*, 139–152.

Dickerson, C., Thibodeau, R., Aronson, E. & Miller, D. (1992). Using cognitive dissonance to encourage water conservation. *Journal of Applied Social Psychology, 22*, 841–854.

Dickert, S., Sagara, N. & Slovic, P. (2011). Affective motivations to help others: A two-stage model of donation decisions. *Journal of Behavioral Decision Making, 24*, 361.

Diener, E. (1984). Subjective well-being. *Psychological Bulletin, 95*, 542–575.

Diener, E. & Lucas, R.E. (2003). Personality and subjective well-being. In D. Kahneman, E. Diener, & N. Schwarz (Eds). *Well-being: Foundations of hedonic psychology* (pp. 213–229). New York: Russell Sage Foundation.

Dijk, C., Koenig, B., Ketelaar, T. & de Jong, P.J. (2011). Saved by the blush: being trusted despite defecting. *Emotion, 11*, 313–319.

Dijker, A.J.M. (1987). Emotional reactions to ethnic minorities. *European Journal of Social Psychology, 17*, 305–325.

Dijltstra, P., Groothof, H.A.K., Poel, G.A., Laverman, T.T.G., Schrier, M. & Buunk, B.P. (2001). Sex differences in the events that elicit jealousy among homosexuals. *Personal Relationships, 8*, 1–54.

DiMatteo, M.R., Sherbourne, C.D., Hays, R.D., Ordway, L., Kravitz, R.L., McGlynn, E.A., Kaplan, S. & Rogers, W.H. (1993). Physicians' characteristics influence patients' adherence to medical treatment: Results from the medical outcomes study. *Health Psychology, 12*, 93–102.

Dindia, K. (2000). Sex differences in self-disclosure, reciprocity of self-disclosure, and self-disclosure and liking: Three meta-analyses reviewed. In K. Dindia & S. Duck, (Eds) *Communication and personal relationships* (pp. 147–162). New York: John Wiley.

DiNicola, D.D. & DiMatteo, M.R. (1984). Practitioners, patients and compliance with medical regimes: A social psychological perspective. In A. Baum, S.E. Taylor & J.E. Singer (Eds),

Handbook of psychology and health (Vol. 4). (pp. 55–64). Hillsdale, NJ: Erlbaum.

Dion, K.K. (1972). Physical attractiveness and evaluations of children's transgressions. *Journal of Personality and Social Psychology, 24,* 207–213.

Dion, K.K., Berscheid, E. & Walster, E. (1972). What is beautiful is good. *Journal of Personality and Social Psychology, 24,* 285–290.

Dion, K.K. & Dion, K.L. (1985). Personality, gender and the phenomenology of romantic love. *Review of Personality and Social Psychology, 6,* 209–20.

Dion, K.K. & Dion, K.L. (1996). Cultural perspectives on Romantic love. *Personal Relationships, 3,* 5–17.

Dion, K.K., Pak, A.W. & Dion, K.L. (1990). Stereotyping physical attractiveness: A perspective. *Journal of Cross-Cultural Psychology, 21,* 378–398.

Dion, K.L. (1987). What's in a title? The Ms. stereotype and images of women's titles of address. *Psychology of Women Quarterly, 11,* 21–36.

Dion, K.L. (1989). *Ethnicity and perceived discrimination: A comparative survey of six ethnic groups in Toronto.* 10th Annual Conference of the Canadian Ethnic Studies Association, Calgary.

Dion, K.L. (2002). The social psychology of perceived prejudice and discrimination. *Canadian Psychology, 43,* 1–10.

Dion, K.L. & Dion, K.K. (1976). The Ames phenomenon revisited: Factors underlying the resistance to perceptual distortion of one's partner. *Journal of Personality and Social Psychology, 33,* 170–177.

Dion, K.L. & Dion, K.K. (1987). Belief in a just world and physical attractiveness stereotyping. *Journal of Personality and Social Psychology, 52,* 775–780.

Dion, K.L., Dion, K.K., Coambs, R. & Kozlowski, L. (1990, June). *Smokers and drinkers: A tale of two stereotypes.* Annual Convention of the Canadian Psychological Association, Ottawa.

Dion, K.L. & Earn, B.M. (1975). The phenomenology of being a target of prejudice. *Journal of Personality and Social Psychology, 32,* 944–950.

Dion, K.L., Earn, B.M. & Yee, P.H. (1978). The experience of being a victim of prejudice: An experimental approach. *International Journal of Psychology, 13,* 197–214.

Dion, K.L. & Kawakami, K. (1996). Ethnicity and perceived discrimination in Toronto: Another look at the personal/group discrimination discrepancy. *Canadian Journal of Behavioural Science, 28,* 203–213.

Dion, K.L. & Schuller, R.A. (1991). The Ms. Stereotype: Its generality and its relation to managerial and marital status stereotypes. *Canadian Journal of Behaviour Science, 23,* 25–40.

Ditecco, D. & Schlegel, R.P. (1982). Alcohol use among young males: An application of problem-behavior theory. In J.R. Eiser (Ed.), *Social psychology and behavioral medicine.* (pp. 199–233). Chichester: J.R. Wiley.

Ditto, P.H. & Hilton, J.L. (1990). Expectancy processes in the health care interaction sequence. *Journal of Social Issues, 46* (2), 97–124.

Dixon, D., Cruess, S., Kilbourne, K., Klimas, N., Fletcher, M., Ironson, G., Baum, A., Schneiderman, N. & Antoni, M.H. (2001). Social support mediates loneliness and human herpesvirus Type 6 (HHV-6) antibody titers. *Journal of Applied Social Psychology, 31,* 1111–1132.

Doan, B.D. & Gray, R.E. (1992). The heroic cancer patient: A critical analysis of the relationship between illusion and mental health. *Canadian Journal of Behavioural Science, 24,* 253–266.

Doise, W., Deschamps, J-C. & Meyer, G. (1978). The accentuation of intra-category similarities. In H. Tajfel (Ed.), *Differentiation between social groups: Studies in the social psychology of intergroup relations* (pp. 159–168). London: Academic Press.

Dollard, J., Doob, L.W., Miller, N.E., Mowrer, O.H. & Sears, R.R. (1939). *Frustration and aggression.* New Haven: Yale University Press.

Dollinger, S. J., & Clancy, S. M. (1993). Identity, self, and personality: II. Glimpses through the autophotographic eye. *Journal of Personality & Social Psychology, 64,* 1064–1071.

Dollinger, S. J., Preston, L. A., O'Brien, S. P., & DiLalla, D. L. (1996). Individuality and relatedness of the self: An autophotographic study. *Journal of Personality and Social Psychology, 71,* 1268–1278.

Dompierre, S. & Lavellée, M. (1990). Degré de contact et stress acculturatif dans le procéssus d'adaptation des refugiés africains. *International Journal of Psychology, 25,* 417–437.

Donakowski, D.W. & Esses, V.M. (1996). Native Canadians, First Nations, or aboriginals: The effect of labels on attitudes toward native peoples.

Canadian Journal of Behavioural Science, 28, 86–91.

Donnerstein, E., Linz, D. & Penrod, S. (1987). The question of pornography. New York: Free Press.

Donohue, W. A. (2012).The identity trap: The language of genocide. Journal of Language and Social Psychology, 31, 13–29.

Donovan, J.E., Jessor, R. & Costa, F.M. (1993). Structure of health-enhancing behaviors in adolescence: A latent-variable approach. Journal of Health and Social Behavior, 34, 346–362.

Donovan, J.E., Jessor, R. & Jessor, L. (1983). Problem drinking in adolescence and young adulthood. A follow-up study. Journal of Studies on Alcohol, 44, 109–137.

Doob, L.W. (1950). Goebbels' principles of propaganda. Public Opinion Quarterly, 14, 419–322.

Doosje, B. & Branscombe, N. R. (2003). Attributions for the negative historical actions of a group. European Journal of Social Psychology, 33, 235–248.

Douglas, K.M. & McGarty, C. (2002). Internet identifiability and beyond: A model of the effects of identifiability on communicative behavior. Group-Dynamics. 6, 17–26.

Dovidio, J.F. & Ellyson, S.L. (1985). Patterns of visual dominance behavior in humans. In S.L. Ellyson & J.F. Dovidio (Eds), Power, dominance, and nonverbal behavior (pp. 129–149). New York: Springer-Verlag.

Dovidio, J.F., Gaertner, S.L. & Pearson, A.R. (2005). On the nature of prejudice: The psychological foundations of hate. In R. Sternberg (Ed.). The psychology of hate (pp. 211–234). Washington, DC: American Psychological Association.

Dovidio, J.F., Hewstone, M., Glick, P. & Esses, V.M. (Eds) (2010). The SAGE handbook of prejudice, stereotyping and discrimination. London: Sage Publications.

Dovidio, J.F., Kawakami, K., Smoak, N. & Gaertner, S.L (2008). The nature of contemporary racial prejudice: Insight from implicit and explicit measures of attitudes. In R. Petty & R. Fazio (Eds). Attitudes: Insights from the new implicit measures (pp. 165–192). New York: Psychology Press.

Dovidio, J.F., Piliavin, J.A, Gaertner, S.L., Schroeder, D.A. & Clark, R.D. (1991). The arousal: cost-reward model in the process of intervention: a review of the evidence. Review of Personality and Social Psychology, 12, 83–118.

Drager, K., Hay, J. & Walker, A. (2010). Pronounced rivalries: Attitudes and speech production. Te Reo, 53, 27–53.

Draguns, J.G. (1988). Personality and culture: Are they relevant for the enhancement of quality of mental life? In P.R. Dasen, J.W. Berry & N. Sartorius (Eds), Health and Cross-cultural Psychology: Towards applications. Newbury Park, CA: Sage.

Drewnowski, A., Henderson, S.A. & Barratt-Fornell, A. (2001). Genetic taste markers and food preferences. Drug Metabolism and Disposition, 29, 535–538.

Drigotas, S.M. & Rusbult, C.E. (1992). Should I stay or should I go? A dependence model of breakups. Journal of Personality and Social Psychology, 62, 62–87.

Drigotas, S.M., Rusbult, C.E., Wieselquist, J. & Whitton, S.W. (1999). Close partner as sculptor of the ideal self: Behavioral affirmation and the Michelangelo phenomenon. Journal of Personality and Social Psychology, 77, 293–323.

Driscoll, R., Davis, K.W. & Lipetz, M.E. (1972). Parental interference and romantic love. Journal of Personality and Social Psychology, 24, 1–10.

Drury, J. (2002). When mobs are looking for witches to burn, nobody's safe. Discourse and Society, 13, 41–73.

Drury, J. (2003). Adolescent communication with adults in authority. Journal of Language and Social Psychology, 22, 66–73.

Drury, J., Cocking, C. & Reicher, S. (2009). Everyone for themselves? A comparative study of crowd solidarity among emergency survivors. British Journal of Social Psychology, 48, 47–506.

Drury, J. & Reicher, S.D. (2010). Crowd control: How we avoid mass panic. Scientific American Mind, 21(5), 58–65.

Drury, J., Reicher, S.D. & Stott, C. (2003). Transforming the boundaries of collective identity: From the 'local' anti-road campaign to 'global' resistance? Social Movement Studies, 2, 191–212.

DuBois, D., Rucker, D.D. & Tormala, Z.L. (2011). From rumors to facts, and facts to rumors: The role of certainty decay in consumer communications. Journal of Marketing Research, 48, 1020–1032.

Duckitt, J. & Sibley, C.G. (2010). Personality, ideology, prejudice, and politics: A dual-process motivational model. Journal of Personality, 78, 1861–1893.

Duguid, M.M. & Goncalo, J.A. (2012). Living large: The powerful overestimate their own height. *Psychological Science, 23*, 36–40.

Dunham, Y., Chen, E. & Banaji, M.R. (2013). Two signatures of implicit intergroup bias: Developmental invariance and early enculturation. *Psychological Science.* Published online before print April 4, 2013. doi:10.1177/0956797612463081

Dunkel-Schetter, C., Feinstein, L.G., Taylor, S.E. & Falke, R.L. (1992). Patterns of coping with cancer. *Health Psychology, 11*, 79–87.

Dunkel-Schetter, C. & Wortman, C.B. (1982). The interpersonal dynamics of cancer: Problems in social relationships and their impact on the patient. In H.S. Friedman & M.R. DiMatteo (Eds), *Interpersonal issues in health care* (pp. 69–100). New York: Academic.

Durante, F., Volpato, C. & Fiske, S. (2010). Using the stereotype content model to examine group depictions in fascism: An archival approach. European Journal of Social Psychology, *40*, 465–483.

Dutton, D.G. (1971). Reactions of restaurateurs to blacks and whites violating restaurant dress requirements. *Canadian Journal of Behavioural Science, 3*, 298–331.

Dutton, D.G. (1973). The relationship of amount of perceived discrimination toward a minority group on behaviour of majority group members. *Canadian Journal of Behavioural Science, 5*, 34–45.

Dutton, D.G. & Aron, A.P. (1974). Some evidence for heightened sexual attraction under conditions of high anxiety. *Journal of Personality and Social Psychology, 30*, 510–517.

Dutton, D.G. & Lake, R. (1973). Threat of own prejudice and reverse discrimination in interracial situations. *Journal of Personality and Social Psychology, 28*, 94–100.

Dutton, D.G. & Lennox, V.I. (1974). The effect of prior 'token' compliance on subsequent interracial behaviour. *Journal of Personality and Social Psychology, 29*, 65–71.

Dutton, D.G., Starzomski, A.J., Saunders, K. & Bartholomew, K. (1994). Intimacy-anger and insecure attachment as precursors of abuse in intimate relationships. *Journal of Applied Social Psychology, 24*(15), 1367–1386.

Duval, S. & Wicklund, R.A. (1972). *A theory of objective self-awareness.* New York: Academic Press.

Dweck, C.S. (2012). Mind sets in human nature: Promoting change in the Middle East, the schoolyard, the racial divide, and willpower. *American Psychologist, 67*, 614–622.

Eagly, A.H. (1974). Comprehensibility of persuasive arguments as a determinant of opinion change. *Journal of Personality and Social Psychology, 29*, 758–773.

Eagly, A.H. (1978). Sex differences in influenceability. *Psychological Bulletin, 85*, 85–116.

Eagly, A.H. (1987). *Sex differences in social behavior: A social-role analysis.* Hillsdale, NJ: Erlbaum.

Eagly, A.H. (1996, August 16–21). *Attitudes and the processing of attitude-relevant information.* XXVI International Congress of Psychology, Montréal.

Eagly, A.H., Ashmore, R.D., Makhijani, M.G. & Longo, L.C. (1991). What is beautiful is good but ... A meta-analytic review of research on the physical attractiveness stereotype. *Psychological Bulletin, 110*, 109–128.

Eagly, A.H. & Carli, L.L. (1981). Sex of researcher and sex-typed communications as determinants of sex differences in influenceability: A meta-analysis of social influence studies. *Psychological Bulletin, 90*, 1–20.

Eagly, A.H., Chen, S., Chaiken, S. & Shaw-Barnes, K. (1999). The impact of attitudes on memory: An affair to remember. *Psychological Bulletin, 125*, 64–89.

Eagly, A. H., & Chaiken, S. (1984). Cognitive theories of persuasion. In L. Berkowitz (Ed.) *Advances in experimental social psychology* (Vol. 17, pp. 267–359). New York: Academic Press.

Eagly, A.H. & Chaiken, S. (1998). Attitude structure and function. In D.T. Gilbert, S.T. Fiske & G. Lindzey (Eds). *Handbook of social psychology* (4th ed.) (Vol. 1). (pp. 269–322). New York: McGraw-Hill.

Eagly, A.H. & Chaiken, S. (1992). *The psychology of attitudes.* Fort Worth, TX: Harcourt Brace Jovanovich.

Eagly, A.H. & Chaiken, S. (1998). Attitude structure and function. In D.T. Gilbert & S.T. Fiske (Eds), *The handbook of social psychology* (pp. 269–322). Boston, MA: McGraw-Hill.

Eagly, A.H. & Crowley, M. (1986). Gender and helping behavior: A meta-analytic review of the social psychological literature. *Psychological Bulletin, 100*, 283–308.

Eagly, A.H. & Karau, S.J. (1991). Gender and the emergence of leaders: A meta-analysis. *Journal of Personality and Social Psychology, 60*, 685–710.

Eagly, A.H., Karau, S.J. & Makhijani, M.G. (1995). Gender and the effectiveness of leaders: A meta-analysis. *Psychological Bulletin, 17*, 125–145.

Eagly, A.H., Makhijani, M.G. & Klonsky, B.G. (1992). Gender and the evaluation of leaders: A meta-analysis. *Psychological Bulletin, 111*, 3–22.

Eagly, A.H. & Steffen, V.J. (1986). Gender and aggressive behavior: A meta-analytic review of the social psychological literature. *Psychological Bulletin, 100*, 309–330.

Eagly, A.H. & Wood, W. (1982). Inferred sex differences in status as a determinant of gender stereotypes about social influence. *Journal of Personality and Social Psychology, 43*, 915–928.

Eagly, A.H. & Wood, W. (1985). Gender and influenceability: Stereotype versus behavior. In V.E. O'Leary, R.K. Unger & B.S. Wallston (Eds), *Women, gender and social psychology* (pp. 225–256). Hillsdale, NJ: Erlbaum.

Eagly, A.H., Wood, W. & Chaiken, S. (1978). Causal inferences about communicators and their effects on opinion change. *Journal of Personality and Social Psychology, 36*, 424–435.

Eagly, A.H., Wood, W. & Fishbaugh, L. (1981). Sex differences in conformity: Surveillance by the group as a determinant of male non-conformity. *Journal of Personality and Social Psychology, 40*, 384–394.

Eaton, A.A., Visser, P.S., Krosnick, J.A. & Anand, S. (2009). Social power and attitude strength over the life course. *Personality and Social Psychology Bulletin, 35*, 1646–1660.

Eaton, J. (2001). Management communication: The threat of groupthink. *Corporate Communications: An International Journal, 6*, 183–192.

Eaves, L. & Hatemi, P.K (2008). Transmission of attitudes toward abortion and gay rights: Effects of genes, social learning and mate selection. *Behavior Genetics, 38*, 247–256.

Eckert, P. (2003). Language and adolescent peer groups. *Journal of Language and Social Psychology, 22*, 112–118.

Edwards, J. & Jacobsen, M. (1987). Standard and regional standard speech: Distinctions and similarities. *Language in Society, 16*, 369–380.

Edwards, K. (1990). The interplay of affect and cognition in attitude formation and change. *Journal of Personality and Social Psychology, 59*, 202–216.

Effran, M.G. (1974). The effect of physical appearance on the judgment of guilt, interpersonal attraction, and severity of recommended punishment in a simulated jury task. *Journal of Research in Personality, 8*, 45–54.

Effran, M.G. & Patterson, E.W.J. (1974). Voters vote beautiful: The effect of physical appearance on a national election. *Canadian Journal of Behavioural Science, 6*, 352–356.

Ehrlich, D., Guttman, I., Schonbach, P. & Mills, J. (1957). Post-decision exposure to relevant information. *Journal of Personality and Social Psychology, 54*, 98–102.

Ehrlinger, J. & Dunning, D. (2003). How chronic self-views influence (and potentially mislead) estimates of performance. *Journal of Personality and Social Psychology, 84*, 5–17.

Eibach, R.P. & Mock, S.E. (2011). Idealizing parenthood to rationalize parental investments. *Psychological Science, 22*, 203–208.

Eidelson, R.J. & Eidelson, J.I. (2003). Dangerous ideas. Five beliefs that propel groups toward conflict. *American Psychologist, 58*, 182–192.

Einav, S. & Hood, B.M. (2008). Tell-tale eyes: Children's attribution of gaze aversion as a lying cue. *Developmental Psychology, 44*, 1655–1667.

Eisenberg, N. (2002). Empathy-related emotional responses, altruism, and their socialization. In R.J. Davidson, and A. Harrington (Eds). *Visions of compassion: Western scientists and Tibetan Buddhists examine human nature* (pp. 131–164). London, Oxford University Press.

Eisenberg, N. & Fabes, R.A. (1990). Empathy: Conceptualization, assessment, and relation to prosocial behavior. *Motivation and Emotion, 14*, 131–149.

Eisenberg, N., Fabes, R.A., Murphy, B., Karbon, M., Smith, M., & Maszk, P. (1996).The relations of children's dispositional empathy-related responding to their emotionality, regulation, and social functioning. *Developmental Psychology, 32*, 195–209.

Eisenberg, N., Guthrie, I.K., Cumberland, A., Murphy, B.C., Shepard, S.A., Zhou, Q. & Carlo, G. (2002). Prosocial development in early adulthood: A longitudinal study. *Journal of Personality and Social Psychology, 82*, 993–1006.

Eisenberg, N. & Lennon, R. (1983). Sex differences in empathy and related capacities. *Psychological Bulletin, 94*, 100–131.

Eisenberg, N. & Mussen, P.H. (1997). *The roots of prosocial behavior in children.* Cambridge: Cambridge University Press.

Eiser, J.R. (1987). *The expression of attitude.* New York: Springer-Verlag.

Eiser, J.R. & Pancer, S.M. (1979). Attitudinal effects of the use of evaluatively biased language. *European Journal of Social Psychology, 9,* 39–47.

Eiser, J.R. & Ross, M. (1977). Partisan language, immediacy and attitude change. *European Journal of Social Psychology, 7,* 477–489.

Eiser, J.R. & Van Der Pligt, J. (1984). Attitudes and social factors in adolescent smoking: In search of peer group influences. *Journal of Applied Social Psychology, 14,* 348–363.

Ekman, P. (1982). *Emotion in the human face.* New York: Cambridge.

Ekman, P. & Friesen, W.V. (1969). Nonverbal leakage and clues to deception. *Psychiatry, 32,* 88–106.

Ekman, P. & Friesen, W.V. (1974). Detecting deception from the body or face. *Journal of Personality and Social Psychology, 29,* 188–198.

Ekman, P. & Friesen, W.V. (1978). *Facial action coding system.* Palo Alto, CA: Consulting Psychologists Press.

Ekman, P., O'Sullivan, M. & Frank, M.G. (1999). A few can catch a liar. *Psychological Science, 10,* 263–266.

Elfenbein, H.A. & Ambady, N. (2002). On the universality and cultural specificity of emotion recognition: A meta-analysis. *Psychological Bulletin. 128,* 203–235.

Ellard, J.H., Miller, C.D., Baumle, T. & Olson, J.M. (2002). Just world processes in demonizing. In M. Ross & D.T. Miller (Eds). *The justice motive in everyday life* (pp. 350–362). New York: Cambridge University Press, 2002.

Ellemers, N. & Boezeman, E.D. (2010). Empowering the volunteer organization. In S. Stürmer, S. & M. Snyder (Eds) *The psychology of prosocial behaviour.* Chichester, UK: Blackwell. (pp. 245–266).

Elliott, R., Newman, J.L., Longe, O.A. & Deakin, J.F.W. (2004). Instrumental responding for rewards is associated with enhanced neuronal response in subcortical reward systems. *Neuroimage, 21,* 284–290.

Ellul, J. (2006). The characteristics of propaganda. In Jowett, G.S. & O'Donnell B. (Eds). *The characteristics of propaganda.* (pp. 176–197). Thousand Oaks, CA., USA: Sage.

Ellyson, S.L. & Dovidio, J.F. (Eds). (1985). *Power, dominance, and nonverbal behavior.* New York: Springer-Verlag.

Emery, C.R. (2010). Controlling for selection effects in the relationship between child behavior problems and exposure to intimate partner violence. *Journal of Interpersonal Violence, 26,* 1541–1558.

Emery, R.E. (1989). Family abuse. *American Psychologist, 44,* 321–328.

Emonds, J., Declerck, C.H., Boone, C., Vandervliet, E.J.M. & Parizel, P.M. (2011). Comparing the neural basis of decision making in social dilemmas of people with different social value orientations, a fMRI study. *Journal of Neuroscience, Psychology and Economics, 4,* 11–24.

Endler, N. & Speer, R.L. (1998). Personality psychology: Research trends for 1993-1995. *Journal of Personality, 66,* 621–669.

Englehartd, C.R., Bartholow, B.D., Kerr, G.T. & Bushman, B.J. (2011). This is your brain on violent video games: Neural desensitization to violence predicts increased aggression following violent video game exposure. *Journal of Experimental Social Psychology, 47,* 1033–1036.

Eron, L.D. (1980). Prescription for reduction of aggression. *American Psychologist, 35,* 244–252.

Eron, L.D., Huesmann, L.R., Dubow, E., Romanoff, R. & Yarmel, P.W. (1987). Aggression and its correlates over 22 years. In N.H. Crowell, R.J. Blanchard, I. Evans & C.R. O'Donnel (Eds), *Childhood aggression and violence: Sources of influence, prevention and control.* New York: Academic Press.

Escobar-Chaves, S.L., Tortolero, S.R., Markham, C.M., Low, B.J., Eitel, P. & Thickstun, P. (2005). Impact of the media on adolescent sexual attitudes and behaviors. *Pediatrics, 116,* 303–326.

Esser, J.K. (1998). Alive and well after 25 years: A review of groupthink research. *Organizational Behavior and Human Decision Processes, 73,* 116–141.

Esses, V.M. & Seligman, C. (1996). The individual-group distinction in assessments of strategies to reduce prejudice and discrimination: The case of affirmative action. In R.M. Sorrentino & E.T. Higgins (Eds), *Handbook of motivation and cognition: (Vol. 3) The interpersonal context.* New York: Guilford Press.

Esses, V.M., Dovidio, J.F. & Hodson, G. (2002). Public attitudes toward immigration in the United

States and Canada in response to the September 11, 2001 'Attack on America'. *Analyses of Social Issues and Public Policy, 2,* 69–85.

Esses, V.M., Haddock, G. & Zanna, M.P. (1993). Values, stereotypes, and emotions as determinants of intergroup attitudes. In D.M. Mackie & D.C. Hamilton (Eds), *Affect, cognition and stereotyping: Interactive processes in group perception* (pp. 137–166). New York: Academic Press.

Esses, V.M., Jackson, L.M. & Armstrong, T.L. (1998). Intergroup competition and attitudes towards immigrants and immigration. *Journal of Social Issues, 54,* 699–724.

Esses, V.M. & Zanna, M.P. (1995). Mood and the expression of ethnic stereotypes. *Journal of Personality and Social Psychology, 69,* 1052–1068.

Etcoff, N. (1999). *Survival of the prettiest: The science of beauty.* New York: Doubleday.

Éthier, L.S., Palacio-Quintin, E. & Jourdan-Ionescu, C. (1992). Abuse and neglect: Two distinct forms of maltreatment? *Canada's Mental Health, 40,* 13–18.

Evans, L.M. & Petty, R.E. (2003). Self-guide framing and persuasion: Responsibility increasing message processing to ideal levels. *Personality and Social Psychology Bulletin, 29,* 313–324.

Evans. J. St. B.T. (2008). Dual-processing accounts of reasoning, judgment and social cognition. *Annual Review of Psychology 59,* 255–278.

Exline, J.J. & Baumeister, R.F. (2000). Expressing forgiveness and repentance: Benefits and barriers. In M.E. McCullough, K.I. Pargament & C.E. Thoresen (Eds), *Forgiveness: Theory, research, and practice* (pp. 133–155). New York: Guilford Press.

Fabrigar, L.R. & Petty, R.E. (1999). The role of the affective and cognitive bases of attitudes in susceptibility to affectively and cognitively based persuasion. *Personality and Social Psychology Bulletin, 25,* 363–381.

Fagan, G.G. (2011). *The lure of the arena.* Cambridge: Cambridge University Press.

Fajnzylber, P., Lederman, D. & Loayza, N. (2002). Inequality and violent crime. *Journal of Law and Economics, 45,* 1–40.

Falk, A. & Heckman, J.J. (2009). Lab experiments are a major source of knowledge in the social sciences. *Science, 326,* 535–538.

Falk, E.B., Ramneson, L., Berkman, E.T., Liao, B. & Kang, Y. (2010). The neural correlates of persuasion: A common network across cultures and media. *Journal of Cognitive Neuroscience, 22,* 2447–2459.

Farago, L. (1942). *German psychological warfare.* New York: G.P. Putnam's Sons.

Faye, C. (2007). Governing the grapevine: the study of rumour during World War II. *History of Psychology, 10,* 1–21.

Fazio, R.H., Blascovich, J. & Driscoll, D.M. (1992). On the functional value of attitudes: The influence of accessible attitudes on the ease and quality of decision making. *Personality and Social Psychology Bulletin, 18,* 388–401.

Fazio, R.H., Jackson, J., Dunton, B.C. & Williams, C.J. (1995). Variability in automatic activation as an unobtrusive measure of racial attitudes: A bona fide pipeline. *Journal of Personality and Social Psychology, 69,* 1013–1027.

Fazio, R.H., Sanbonmatsu, D.M., Powell, M.C. & Kardes, F.R. (1986). On the automatic activation of attitudes. *Journal of Personality and Social Psychology, 50,* 229–238.

Feather, N.T. (1999). *Values, achievement, and justice: Studies in the psychology of deservingness.* Dordrecht, Netherlands: Kluwer Academic Publishers.

Fehr, B. & Russell, J.A. (1991). The concept of love viewed from a prototype perspective. *Journal of Personality and Social Psychology, 60,* 425–438.

Fehr, B. (1988). Prototype analysis of the concepts of love and commitment. *Journal of Personality and Social Psychology, 4,* 557–579.

Fehr, B. (1993). How do I love thee? Let me consult my prototype. In S. Duck (Ed.), *Individuals in relationships* (Vol. 1). (pp. 87–120). Newbury Park, CA: Sage.

Fehr, B. (1996). *Friendship processes.* Thousand Oaks, CA: Sage.

Fehr, B. (2008). Friendship formation. In S. Sprecher, A. Wenzel & J. Harvey (Eds). *The handbook of relationship initiation* (pp. 29–54). Thousand Oaks, CA: Sage.

Fehr, R., Gelfand, M.J. & Nag, M. (2010). The road to forgiveness: A meta-analytic synthesis of its situational and dispositional correlates. *Psychological Bulletin, 136,* 894–914.

Feinberg, T.E. & Keenan, J.P. (Eds). (2005). *The lost self. Pathologies of the brain and identities.* New York: Oxford University Press.

Feingold, A. (1988). Matching for attractiveness in romantic partners and same-sex friends:

A meta-analysis and theoretical critique. *Psychological Bulletin, 104*, 226–235.

Feldman-Summers, S. & Lindner, K. (1976). Perceptions of victims and defendants in criminal assault cases. *Criminal Justice Behavior, 3*, 135–149.

Felmlee, D.H. (1995). Fatal attractions: Affection and disaffection in intimate relationships. *Journal of Social and Personal Relationships, 12*, 295–311.

Feltovich, N., Harbaugh, R. & To, T. (2002). Too cool for school? Signalling and countersignalling. *RAND Journal of Economics, 33*, 630–649.

Féré, Charles (1897). Sensation et mouvement: Etudes experimentales de psycho-mecanique. Paris: Alcan.

Ferguson, C.A. (1977). Baby talk as a simplified register. In C.E. Snow & C.A. Ferguson (Eds), *Talking to children: Language input and acquisition.* New York: Cambridge University Press.

Ferguson, C.A. (2011). Baby talk in six languages. *American Anthropologist, 66*, 103–114.

Ferguson, C.J. & Dyck, D. (2012). Paradigm change in aggression research: The time has come to retire the General Aggression Model. *Aggression and Violent Behavior, 17*, 220–228.

Ferguson, C.J. (2012). Positive female role-models eliminate negative effects of sexually violent media. *Journal of Communication*, first published online: 27 August 2012. DOI: 10.1111/j.1460-2466.2012.01666

Ferguson, C.J. (2013). Violent video games and the Supreme Court: Lessons for the scientific community in the wake of Brown v. Entertainment Merchants Association. *American Psychologist, 68*, 57–74.

Ferguson, C.J. & Hartley, R.D. (2009). Pleasure is momentary … The expense damnable? The influence of pornography on rape and sexual assault. *Aggression and Violent Behavior, 14*, 323–329.

Ferguson, C.J. & Kilburn, J. (2009). The public health risks of media violence: A meta-analytic review. *Journal of Pediatrics, 154*, 759–763.

Ferguson, C.J. & Kilburn, J. (2010). Much ado about nothing: The misestimation and overinterpretation of violent video game effects in Eastern and Western nations: Comment on Anderson et al. (2010). *Psychological Bulletin, 136*, 174–178.

Fernández-Dols, J. M. & Ruiz Belda, M. A. (1995). Are smiles a sign of happiness? Gold medal winners at the Olympic Games. *Journal of Personality & Social Psychology, 69*, 1113–1119.

Ferriday, C., Vartanian, O. & Mandel, D.R. (2011). Public but not private ego threat triggers aggression and narcissists. *European Journal of Social Psychology, 41*, 564–568.

Festinger, L. (1954). A theory of social comparison processes. *Human Relations, 7*, 117–140.

Festinger, L. (1957). *A theory of cognitive dissonance.* Stanford, CA: Stanford University Press.

Festinger, L. (1964). *Conflict, decision and dissonance.* Stanford, CA: Stanford University Press.

Festinger, L. & Carlsmith, J.M. (1959). Cognitive consequences of forced compliance. *Journal of Abnormal and Social Psychology, 58*, 203–210.

Festinger, L., Pepitone, A. & Newcomb, T. (1952). Some consequences of deindividuation in a group. *Journal of Personality and Social Psychology, 47*, 382–389.

Festinger, L., Riecken, H.W. & Schachter, S. (1956). *When prophecy fails: A social and psychological study of a modern group that predicted the destruction of the world.* New York: Harper.

Festinger, L., Schachter, S. & Back, K.W. (1950). *Social pressures in informal groups: A study of human factors in housing.* New York: Harper & Brothers.

Fiedler, F.E. (1967). *A theory of leadership effectiveness.* New York: McGraw-Hill.

Fiedler, F.E. (1971). *Leadership.* Morristown, NJ: General Learning Press.

Fiedler, F.E. (1981). Leadership effectiveness. *American Behavioral Scientist, 24*, 619–632.

Fiedler, K., Semin, G.R., Finkenauer, C. & Berkel, I. (1995). Actor–observer bias in close relationships: The role of self-knowledge and self-related language. *Personality and Social Psychology Bulletin, 21*, 525–538.

Fields, J.M. & Schuman, H. (1976). Public beliefs about beliefs of the public. *Public Opinion Quarterly, 40*, 427–448.

Fincham, F.D., Jackson, H. & Beach, S.R.H. (2005). Transgression severity and forgiveness. Different moderators for objective and subjective severity. *Journal of Social and Clinical Psychology, 24*, 860–875.

Fine, G.A. & Ellis, B. (2010). *The global grapevine: Why rumors of terrorism, immigration and trade matter.* New York: Oxford University Press.

Finkel, E.J., Eastwick, P.W., Karney, B.R., Reis, H.T. & Sprecher, S. (2012). Online dating: A critical analysis from the perspective of psychological science. *Psychological Science in the Public Interest, 13*, 3–66.

Finlay, W.M. (2007). The propaganda of extreme hostility: Denunciation and regulation of the group. *British Journal of Social Psychology, 46*, 323–341.

Fischer, C.S. (1976). *The urban experience.* New York: Harcourt, Brace, Jovanovich.

Fischer, C.S. & Phillips, S.L. (1982). Who is alone? Social characteristics of people with small networks. In L.A. Peplau & D. Perlman (Eds), *Loneliness: A sourcebook of current theory, research and therapy* (pp. 21–39). New York: Wiley Interscience.

Fischer, K., Schoeneman, T.J. & Rubanowitz, D.E. (1987). Attributions in the advice columns: II. The dimensionality of actors' and observers' explanations for interpersonal problems. *Personality and Social Psychology Bulletin, 13*, 458–466.

Fischer, P., Greitemeyer, T., Pollozek, F. & Frey, D. (2006). The unresponsive bystander: are bystanders more responsive in dangerous emergencies? *European Journal of Social Psychology, 36*, 267–278.

Fischer, P., Krueger, J.I., Greitemeyer, T., Vogrincic, C., Kastenmüller, A., Frey, D., Heene, M., Wicher, M. & Kainbacher, M. (2011). The bystander-effect: A meta-analytic review on bystander intervention in dangerous and non-dangerous emergencies. *Psychological Bulletin, 137*, 517–537.

Fischer, R. & Boer, D. (2011). What is more important for national well-being: Money or autonomy? A metal-analysis of well-being, burnout ad anxiety across 63 societies. *Journal of Personality and Social Psychology, 101*, 164–184.

Fishbein, M. & Ajzen, I. (1975). *Belief, attitude, intention and behavior: An introduction to theory and research.* Reading, MA: Addison-Wesley.

Fisher, J.D., Bell, P.A. & Baum, A. (1984). *Environmental psychology* (2nd ed.). New York: Holt, Rinehart & Winston.

Fisher, J.D., Nadler, A. & DePaulo, B.M. (1983). *New directions in helping.* (Vol. 1). New York: Academic Press.

Fisher, J.D., Nadler, A. & Whitcher-Alagna, S. (1982). Recipient reactions to aid. *Psychological Bulletin, 91*, 27–54.

Fisher, R.J. (1989). *The social psychology of inter-group conflict resolution.* New York: Springer-Verlag.

Fisher, R.J. (1998). Applying group processes to international conflict analysis and resolution. In R.S. Tindale & L. Heath (Eds), *Theory and research on small groups: Social psychological applications to social issues* (Vol. 4). (pp. 107–126). New York: Plenum Press.

Fiske, S.T. (1980). Attention and weight on person perception. *Journal of Personality and Social Psychology, 38*, 889–906.

Fiske, S.T. (1993). Controlling other people: The impact of power on stereotyping. *American Psychologist, 48*, 621–628.

Fiske, S.T. (2010). Envy up, scorn down: How comparisons divide us. *American Psychologist, 65*, 698–706.

Fiske, S.T. (2011). *Envy up, scorn down.* New York: Russell Sage Foundation.

Fiske, S.T. (2011). *Envy up, scorn down: How status divides us.* New York: Russell Sage Foundation.

Fiske, S.T., Cuddy, A., Glick, P. & Xu, J. (2002). A model of (often mixed) stereotype content: Competence and warmth respectively follow from perceived status and competition. *Journal of Personality and Social Psychology, 82*, 878–902.

Fletcher, G.J.O. & Kerr, P.S.G. (2010). Through the eyes of love: Reality and illusion in intimate relationships. *Psychological Bulletin, 136*, 627–658.

Flett, G.L. & Hewitt, P.L. (Eds) (2002). *Perfectionism: Theory, research and treatment.* Washington, D.C.: American Psychological Association.

Flett, G.L., Hewitt, P.L., Blankenstein, K.R. & Mosher, S.W. (1991). Perfectionism, self-actualization and personal adjustment. In Jones, A. & Crandall, R. (Eds) *Handbook of self-actualization (Special Issue). Journal of Social Behavior and Personality, 6*, 147–160.

Flett, G.L., Hewitt, P.L., Blankenstein, K.R. & O'Brien, S. (1991). Perfectionism and learned resourcefulness in depression and self-esteem. *Personality and Individual Differences, 12*, 61–68.

Foa, U.G. (1971). Interpersonal and economic resources. *Science, 171*, 345–351.

Fogel, J., Albert, S.M., Schnabel, F., Ditkoff, B. & Neugut, A.I. (2002). Internet use and social support in women with breast cancer. *Health Psychology, 21*, 398–404.

Fogelman, E. (1994). *Conscience and courage: Rescuers of Jews during the Holocaust.* New York: Doubleday.

Fogelman, E. & Wiener, V.L. (1985). The few, the brave, the noble. *Psychology Today, 19*, 61–65.

Fontana, A.F., Kerns, R.D., Rosenberg, R.L. & Colonese, K.L. (1989). Support, stress and recovery from coronary heart disease: A longitudinal causal model. *Health Psychology, 8*, 175–193.

Forbes, C.E. & Grafman, J. (2013). Social neuroscience: The second phase. *Frontiers in Human Neuroscience, 7*, 20. Published online 2013 February 6. doi: 10.3389/fnhum.2013.00020

Ford, T.E. & Stangor, C. (1992). The role of diagnosticity in stereotype formation: Perceiving group means and variances. *Journal of Personality and Social Psychology, 63*, 356–367.

Forgas, J.P. (1998). Asking nicely? The effects on mood of responding to more or less polite requests. *Personality and Social Psychology Bulletin, 24*, 173–185.

Forrester, M.A. (2010). Doing qualitative research in psychology: A practical guide. London: Sage.

Fortman, J. (2003). Adolescent language and communication from an intergroup perspective. *Journal of Language and Social Psychology, 22*, 104–111.

Foster, M. & Matheson, K. (1999). Perceiving and responding to the person-group discrimination discrepancy. *Personality and Social Psychology Bulletin, 25*, 1319–1329.

Fox, A.B., Bukatko, D., Hallahan, M. & Crawford, M. (2007). The medium makes a difference: Gender similarities and differences in instant messaging. *Journal of Language and Social Psychology, 26*, 389–397.

Fox, D. & Prilleltensky, I. (1997). *Critical Psychology: An Introduction*. London: Sage.

Fox, D., Prilleltensky, I. & Austin, S. (Eds) (2009). Critical psychology: An introduction (2nd ed.). London: Sage.

Frable, D.E.S. & Bem, S.L. (1985). If you are gender schematic, all members of the opposite sex look alike. *Journal of Personality and Social Psychology, 49*, 459–468.

Fraley, R.C. (2002). Attachment stability from infancy to adulthood: meta-analysis and dynamic modelling of developmental mechanisms. *Personality and Social Psychology Review, 6*, 123–151.

Franco, Z.E., Blau, K. & Zimbardo, P.G. (2011). Heroism: A conceptual analysis and differentiation between heroic action and altruism. *Review of General Psychology, 15*, 99–113.

Frankel, A. & Prentice-Dunn, S. (1990). Loneliness and the processing of self-relevant information. *Journal of Social and Clinical Psychology, 9*, 303–315.

Frankl, V. (1963). *Man's search for meaning*. New York: Washington Square Press.

Franklin, S. (1977). *A time of heroes 1940/1950*. Toronto: Natural Science of Canada Ltd.

Frederickson, B.L. (2001). The role of positive emotions in positive psychology. *American Psychologist, 56*, 218–226.

Freedman, J.L. (1965). Long-term behavioral effects of cognitive dissonance. *Journal of Experimental Social Psychology, 1*, 145–155.

Freedman, J.L. (1975). *Crowding and behavior*. New York: Viking Press.

Freedman, J.L. (1982). Theories of contagion as they relate to mass psychogenic illness. In M.J. Colligan, J.W. Pennebaker & L.R. Murphy (Eds), *Mass psychogenic illness* (pp. 171–182). Hillsdale, NJ: Erlbaum.

Freedman, J.L. & Fraser, S.C. (1966). Compliance without pressure: The foot-in-the-door technique. *Journal of Personality and Social Psychology, 4*, 195–202.

Freedman, J.L., Wallington, S.A. & Bless, E. (1967). Compliance without pressure: The effect of guilt. *Journal of Personality and Social Psychology, 7*, 117–124.

French, J.R.P. (1944). Organized and unorganized groups under fear and frustration. *University of Iowa Studies of Child Welfare, 20*, 231–308.

Frenkel, O. & Doob, A. (1976). Post-decision dissonance at the polling booth. *Canadian Journal of Behavioural Science, 8*, 347–350.

Freud, S. (1933). *New introductory lectures on psycho-analysis*. New York: Norton.

Frey, D. (1986). Recent research on selective exposure to information. In L. Berkowitz (Ed.), *Advances in experimental social psychology* (Vol. 19). (pp. 41–80). New York: Academic Press.

Frey, S., Hirsbrunner, H.P., Florin, A., Daw, W. & Crawford, R. (1983). A unified approach to the investigation of nonverbal and verbal behavior in communication research. In W. Doise & S. Moscovici (Eds), *Current issues in European social psychology* (Vol. 1). (pp. 143–199). Cambridge: Cambridge University Press.

Frick, R.W. (1985). Communicating emotion: The role of prosodic features. *Psychological Bulletin, 97*, 412–429.

Fridlund, A.J. (1994). *Human facial expression: An evolutionary view.* San Diego, CA: Academic Press.

Fried, C. & Aronson, E. (1995). Hypocrisy, misattribution and dissonance reduction: A demonstration of dissonance in the absence of aversive consequences. *Personality and Social Psychology Bulletin, 21,* 925-933.

Friedman, H.S. (1982). Nonverbal communication in medical interaction. In H.S. Friedman & M.R. DiMatteo (Eds), *Interpersonal issues in health care* (pp. 51-68). New York: Academic Press.

Friedman, H.S., Prince, L., Riggio, R. & DiMatteo, M. (1980). Understanding and assessing nonverbal expressiveness. *Journal of Personality and Social Psychology, 14,* 351-364.

Friedman, M. & Booth-Kewley, S. (1987). The 'disease-prone personality': A meta-analytic view of the concept. *American Psychologist, 42,* 539-555.

Friedman, M., Rholes, S.W., Simpson, J., Bond, M., Diaz-Loving, R. & Chan, C. (2010). Attachment, avoidance and the cultural fit hypothesis: A cross-cultural investigation. *Personal Relationships, 17,* 107-126.

Fritz, C.E. & Marks, E.F. (1954). The NORC studies of human behavior in disaster. *Journal of Social Issues, 10,* 26-41.

Fromkin, V., Rodman, R. & Hyams, N.M. (2011). An introduction to language. Boston: Wadsworth/Cengage Learning.

Frost, R.O., Marten, P., Lahart, C. (1990). The dimensions of perfectionism. *Cognitive Therapy and Research, 14.* 449-468.

Fuertes, F.C. & Jiménez, L. (2000). Motivation and burnout in volunteerism. *Psychology in Spain, 4,* 75-81.

Fugita, S.S., Hogrebe, M.C. & Wexley, K.N. (1980). Perception of deception: Perceived expertise in detecting deception, successfulness of deception and nonverbal cues. *Personality and Social Psychology Bulletin, 6,* 637-643.

Funk, J.B. (2005). Children's exposure to violent video games and desensitization to violence. *Child and Adolescent Psychiatry Clinics of North America, 14,* 387-404.

Furnham, A. (1985). Just world beliefs in an unjust society: A cross-cultural comparison. *European Journal of Social Psychology, 15,* 363-366.

Furnham, A., Richards, S.C. & Paulhus, D.L. (2013). The Dark Triad of personality: A 10 year review. *Social and Personality Psychology Compass, 7/3,* 199-216.

Gaertner, S.L. & Dovidio, J.F. (2009). A common ingroup identity: A categorization-based approach for reducing intergroup bias. In T.D. Nelson (Ed.). *Handbook of prejudice, stereotyping, and discrimination* (pp. 489-505). New York: Psychology Press.

Gagnon, A. & Bourhis, R.Y. (1996). Discrimination in the minimal group paradigm: Social identity or self-interest? *Personality and Social Psychology Bulletin, 22,* 1289-1301.

Gal, S. (1978). Peasant men can't get wives: Language change and sex roles in a bilingual community. *Language in Society, 7,* 1-16.

Gallace, A. & Spence, C. (2010). The science of interpersonal touch: an overview. *Neuroscience and biobehavioral reviews, 34,* 246-259.

Gallagher, H., Jack, A.I., Roepstorff, A. & Frith, C.D. (2002). Imaging the intentional stance in a competitive game. *Neuroimage, 16,* 814-821.

Gallese, V., Gernsbacher, M.A., Heyes, C., Kickok, G. & Iacoboni, M. (2011). Mirror neuron forum. *Perspectives on Psychological Science, 6,* 369-407.

Gallo, L.C. & Smith, T.W (2001). Attachment style in marriage: Adjustment and response to interaction. *Journal of Social and Personal Relationships, 8,* 263-289.

Gallois, C., Terry, D., Timmins, P., Kashima, Y. & McCamish, M. (1994). Safe sexual intentions and behavior among heterosexuals and homosexual men: Testing the theory of reasoned action. *Psychology & Health, 10,* 1-16.

Gangestad, S.W. & Thornhill, R. (1998). Menstrual cycle variation in women's preferences for the scent of symmetrical men. *Proceedings of the Royal Society of London, 265,* 927-933.

Gannon, L. (2002). A critique of evolutionary psychology. *Psychology, Evolution & Gender, 4,* 173-218.

Garbarino, J. (1999). *Lost boys: Why our sons turn violent and how we can save them.* New York: The Free Press.

Gardiner, M. & Tiggemann, M. (1999). Gender differences in leadership style, job stress and mental health in male- and female-dominated industries. *Journal of Occupational and Organizational Psychology, 72,* 301-315.

Gardner, R.C. (1984). *Social psychological aspects of second language learning.* London: Edward Arnold.

Gardner, R.C. (1985). *Social psychology and second language learning*. London: Edward Arnold.

Gardner, R.C. & Desrochers, A. (1981). Second language acquisition and bilingualism: Research in Canada (1970-1980). *Canadian Psychology, 22*, 146-162.

Gardner, R.C., Gliksman, L. & Smythe, P.C. (1978). Attitude and behaviour in second language acquisition: A social psychological interpretation. *Canadian Psychological Review, 19*, 173-186.

Gardner, R.C. & Lambert, W.E. (1959). Motivational variables in second language acquisition. *Canadian Journal of Psychology, 13*, 266-272.

Gartner, R. (1995). Homicide in Canada. In J.I. Ross (Ed.), *Violence in Canada* (pp. 186-222). Don Mills: Oxford University Press.

Gawronski, B. (2009). Ten frequently asked questions about implicit measures and their frequently supposed, but not entirely correct answers. *Canadian Psychology, 50*, 141-150.

Gelfand, M.J., Erez, M. & Aycan, Z. (2007). Cross-cultural organizational behavior. *Annual Review of Psychology, 58*, 479-514.

Gelfand, M.J.,Triandis, H. & Chan, D. (1996). Individualism versus collectivism or versus authoritarianism? *European Journal of Social Psychology, 26*, 397-410.

Gentile, D.A., Anderson, C.A., Yukawa, S., Ihori, N., Saleem, M., Ming, L.K., Shibuya, A.,Liau, A.K., Khoo, A., Bushman, B.J., Huesmann, L.R. & Sakamoto, A. (2009). The effects of prosocial video games on prosocial behaviour: International evidence from correlational, longitudinal and experimental studies. *Personality and Social Psychology Bulletin, 35*, 752-763.

Gerard, H. (1967). Choice difficulty, dissonance, and the decision sequence. *Journal of Personality, 35*, 91-108.

Gergen, K.J. (1985). The social constructionist movement in modern psychology. *American Psychologist, 40*, 266-275.

Gergen, K.J., Ellsworth, P., Maslach, P. & Seipel, M. (1975). Obligation, donor resources, and the reactions to aid in three nations. *Journal of Personality and Social Psychology, 31*, 390-400.

Gergen, K.J., Gergen, M.M. & Meter, K. (1972). Individual orientations to prosocial behavior. *Journal of Social Issues, 28*, 105-130.

Gerson, A.C. & Perlman, D. (1979). Loneliness and expressive communication. *Journal of Abnormal Psychology, 88*, 258-261.

Gianakos, I. & Subich, L. (1988). Student sex and sex role in relation to college major choice. *The Career Development Quarterly, 36*, 259-268.

Gibb, C.A. (1969). Leadership. In G. Lindzey & E. Aronson (Eds), *Handbook of social psychology* (2nd ed.). (Vol. 4). Reading, MA: Addison-Wesley.

Gibbins, K. & Coney, J.R. (1981). Meaning of physical dimensions of women's clothes. *Perceptual and Motor Skills, 53*, 720-722.

Gibbons, F.X. & Wicklund, R.A. (1976). Selective exposure to self. *Journal of Research in Personality, 10*, 98-106.

Gibbons, F.X., Kingsbury, J.H. & Gerrard, M. (2012). Social-psychological theories and adolescent health risk behavior. *Social and Personality Psychology Compass, 6*, 170-183.

Gibson, S. (2011), Milgram's obedience experiments: A rhetorical analysis. *British Journal of Social Psychology*. Published online: 18 OCT 2011. doi: 10.1111/j.2044-8309.2011.02070.x.

Gifford, R. & Price, J. (1979). Personal space in nursery school children. *Canadian Journal of Behavioural Science, 11*, 318-326.

Gigerenzer, G. (2010). Moral satisficing: Rethinking moral behavior as bounded rationality. *Topics in Cognitive Science, 2*, 528-554

Gigerenzer, G. & Brighton, H.J. (2008). Homo heuristicus: Why biased minds make better inference. *Topics in Cognitive Science, 1*, 107-143

Gigerenzer, G. & Gray, J.A.M. (Eds) (2011). *Better doctors, better patients, better decisions: Envisioning healthcare in 2020*. Cambridge, Mass: MIT Press.

Gilbert, D.T. & Hixon, J.G. (1991). The trouble of thinking: Activation and application of stereotypic beliefs. *Journal of Personality and Social Psychology, 60*, 509-517.

Gilbert, D.T. & Malone, P.D. (1995). The correspondence bias. *Psychological Bulletin, 117*, 21-38.

Gilbert, F. & Daffern, M. (2011). Illuminating the relationship between personality disorder and violence: Contributions of the General Aggression Model. *Psychology of Violence,1*, 230-244.

Gilbert, G.M. (1951). Stereotype persistence and change among college students. *Journal of Abnormal and Social Psychology, 46*, 245-254.

Giles, H. (1973). Accent mobility: A model and some data. *Anthropological Linguistics, 15*, 87-105.

Giles, H., Bourhis, R.Y. & Davies, A. (1977). Prestige speech styles: The imposed norm and inherent value hypotheses. In W.C. McCormack & S. Wurm (Eds), *Language and society: Anthropological issues*. The Hague: Mouton.

Giles, H., Bourhis, R.Y. & Taylor, D.M. (1977). Towards a theory of language in ethnic group relations. In H. Giles (Ed.), *Language, ethnicity and intergroup relations* (pp. 307–348). London: Academic Press.

Giles, H., Bourhis, R.Y., Trudgill, P. & Lewis, A. (1974). The imposed norm hypothesis: A validation. *The Quarterly Journal of Speech*, 60, 405–410.

Giles, H. & LePoire, B.A. (2006). Introduction. The ubiquity and social meaningfulness of nonverbal communication. In V.L. Manusov & M.L. Atterson, *The Sage handbook of nonverbal communication*. London: Sage. (pp. xv–xviii).

Giles, H. & Powesland, P. (1975). *Speech style and social evaluation*. London: Academic Press.

Giles, H. & Smith, P.M. (1979). Accommodation theory: Optimal levels of convergence. In H. Giles & R. St. Clair (Eds), *Language and social psychology*. Oxford: Basil Blackwell.

Giles, H. & Wadleigh, P.M. (1999). Accommodating nonverbally. In H. Giles, P.M. Wadleigh, K. Floyd, A. Ramirez Jr., J.K. Burgoon, J.N. Cappella, P.A. Andersen, N. Miczo & L. Allspach (Eds), *The nonverbal communication reader: Classic and contemporary readings* (2nd ed.). Prospect Heights, IL: Waveland Press.

Gilligan, C. (1982). *In a different voice: Psychological theory and women's development*. Cambridge, MA: Harvard University Press.

Gilligan, F. (1977). Comments: Eyewitness identification. *Military Law Review*, 58, 183–207.

Giorgi, G., Ando, M., Arenas, A., Shoss, M.K. & Leon-Perez, J.M. (2012). Exploring personal and organizational determinants of workplace bullying and its prevalence in a Japanese sample. *Psychology of Violence*, 3, 185–197.

Girandola, F. (2002). Sequential requests and organ donation. *Journal of Social Psychology*, 142, 171–178.

Glass, D.C. & Singer, J.E. (1973). Experimental studies of uncontrollable and unpredictable noise. *Representative Research in Social Psychology*, 4, 165–183.

Glass, G.V., McGaw, B. & Smith, M.L. (1981). *Meta-analysis in Social Research*. Beverly Hills, CA: Sage.

Glasser, M., Campbell, D., Glasser, A., Leitch, I. & Farrelly, S. (2001). Cycle of child sexual abuse: Links between being a victim and becoming a perpetrator. *The British Journal of Psychiatry*, 179, 482–494.

Glick, P. & Fiske, S.T. (2001). Ambivalent stereotypes as legitimizing ideologies: Differentiating paternalistic and envious prejudice. In J.T. Jost & B. Major (Eds). *The psychology of legitimacy: Emerging perspectives on ideology, justice, and intergroup relations* (pp. 278–). New York: Cambridge University Press, 2001.

Glick, P., Demorest, J.A. & Hotze, C.A. (1988). Self-monitoring and beliefs about partner compatiblity in romantic relationships. *Personality and Social Psychology Bulletin*, 14, 485–494.

Glick, P., Fiske, S.T., Mladinic, A., Abrams, J.L. & 28 others (2000). Beyond prejudice as simple antipathy: Hostile and benevolent sexism across cultures. *Journal of Personality and Social Psychology*, 79, 763–775.

Glick, P., Lameiras, M., Fiske, S.T., Eckes, T.M. & 11 others (2004). Bad but bold: Ambivalent attitudes toward men predict gender inequality in 16 nations. *Journal of Personality and Social Psychology*, 86, 713–728.

Glick, P., Zion, C. & Nelson, C. (1988). What mediates sex discrimination in hiring decisions? *Journal of Personality and Social Psychology*, 55, 178–186.

Goffman, E. (1955). On face-work: An analysis of ritual elements in social interaction. *Psychiatry*, 18, 213–231.

Goffman, E. (1959). *The presentation of self in everyday life*. New York: Doubleday.

Gold, J.A., Ryckman, R.M. & Mosley, N.R. (1984). Romantic mood induction and attraction to a dissimilarly other: Is love blind? *Personality and Social Psychology Bulletin*, 10, 358–368.

Goldberg, I. (2000). Compliance with the medical management of glaucoma. *Asian Journal of Ophthalmology*, 2, 3–6.

Goldberg, M.E. & Gorn, G.J. (1979). Television's impact on preferences for non-white playmates: Canadian Sesame Street inserts. *Journal of Broadcasting*, 23, 27–32.

Goldberg, P. (1968). Are some women prejudiced against women? *Trans-Action*, 5, 28–30.

Goldstein, A.G. & Papageorge, J. (1980). Judgments of facial attractiveness in the absence of eye movements. *Bulletin of the Psychonomic Society, 15*, 269–270.

Goldstein, N.E., Arnold, D.H., Rosenberg, J.L., Stowe, R.M. & Ortiz, C. (2001). Contagion of aggression in day care classrooms as a function of peer and teacher responses. *Journal of Educational Psychology, 93*, 708–719.

Goldstein, N.J. & Cialdini, R.B. (2007). Using social norms as a lever of social influence. In A.R. Pratkanis (Ed.), *The science of social influence*. New York: Psychology Press (pp. 167–191).

Goldstein, N.J., Cialdini, R.B. & Griskevicius, V. (2008). A room with a viewpoint: Using social norms to motivate environmental conservation in hotels. *Journal of Consumer Research, 35*, 472–482.

Golimbet, V.E. Alfimova, M.V. Gritsenko, I.K. Ebstein, R.P. (2007). Relationship between dopamine system genes and extraversion and novelty seeking. *Neuroscience and Behavioral Physiology, 37*, 601–606.

Gonzales, G., Chronister, K.M., Linville, D. & Knoble, N.B. (2012). Experiencing parental violence: A qualitative examination of adult men's resilience. *Psychology of Violence, 2*, 90–103.

Gonzales, R., Ellsworth, P.C. & Pembroke, M. (1993). Response biases in lineups and showups. *Journal of Personality and Social Psychology, 64*, 525–537.

Goodwin, R., Cook, O. & Yung, Y. (2001). Loneliness and life satisfaction among three cultural groups. *Personal Relationships, 8*, 225–230.

Gordon, A.M., Impett, E.A., Kogan, A., Oveis, C. & Keltner, D. (2012). To have and to hold: Gratitude promotes relationship maintenance in intimate bonds. *Journal of Personality and Social Psychology, 103*, 257–274.

Gordon, E. (1997). Sex, speech and stereotypes: Why women use prestige speech forms more than men. *Language in Society, 26*, 47–63.

Gosling, S.D., Sandy, C.J., John, O.P. & Potter, J. (2010). Wired but not WEIRD: The promise of the Internet in reaching more diverse samples. *Behavioral and Brain Sciences, 33*, 94–95.

Gottfredson, L. (2004). Intelligence: Is it the epidemiologists' elusive 'fundamental cause' of social class inequities in health? *Journal of Personality and Social Psychology, 86*, 174–199.

Gottlieb, B.H. (1985). Social networks and social support: An overview of research, practice and policy implications. *Health Education Quarterly, 12*, 221–238.

Gottman, J.M. & Levenson, R.W. (1992). Marital processes predictive of later dissolution: Behavior, physiology and health. *Journal of Personality and Social Psychology, 63*, 221–233.

Gottschall, J., Anderson, K., Burbank, C., Burch, J. & 27 others (2008). The 'beauty myth' is no myth. *Human Nature, 19*, 174–188.

Gouldner, A.W. (1960). The norm of reciprocity: A preliminary statement. *American Sociological Review, 25*, 161–179.

Graham, J., Haidt, J., Nosek & B.A. (2009). Liberals and conservatives rely on different sets of moral foundations. *Journal of Personality and Social Psychology, 96*, 1029–1046

Graham, J.M. (2011). Measuring love in a romantic relationship: A meta-analysis. *Journal of Social and Personal Relationships, 28*, 748–771.

Grammar, K. & Thornhill, R. (1994). Human (Homo sapiens) facial attractiveness and sexual selection: The role of symmetry and averageness. *Journal of Comparative Psychology, 108*, 233–242.

Grant, A.M. & Gino, F. (2010). A little thanks goes a long way: Explaining why gratitude expressions motivate prosocial behavior. *Journal of Personality and Social Psychology, 98*, 946–955.

Graumann, C.F. & Moscovici, S. (Eds). (1987). *Changing conceptions of conspiracy*. New York: Springer-Verlag.

Gray, J. (1992). *Men are from Mars, women are from Venus*. New York: HarperCollins.

Green, D.P., Glaser, J. & Rich, A. (1998). From lynching to gay bashing: The elusive connection between economic conditions and hate crime. *Journal of Personality and Social Psychology, 75*, 82–92.

Greenberg, J. & Prszcynski, T. (1985). The effect of an overheard slur on evaluation of a target. *Journal of Experimental Social Psychology, 21*, 61–72.

Greenberg, J., Prszcynski, T. & Soloman, S. (1994). Role of consciousness and accessibility of death-related thoughts in mortality salience effects. *Journal of Personality and Social Psychology, 67*, 627–637.

Greenglass, E.R. (1982). *A world of difference: Gender roles in perspective*. Toronto: Wiley.

Greenwald, A.G. & Banaji, M.R. (1995). Implicit social cognition: Attitudes, self-esteem, and stereotypes. *Psychological Review, 102*, 4–27.

Greenwald, A.G., Banaji, M.R., Rudman, L., Farnham, S.D., Nosek, B.A. & Mellott, D.S. (2002). A unified theory of implicit attitudes, stereotypes, self-esteem and self-concept. *Psychological Review, 109*, 3–25.

Greenwald, A.G. & Ronis, D.L. (1978). Twenty years of cognitive dissonance: A case study of the evaluation of a theory. *Psychological Review, 85*, 53–57.

Greenwald, A.G., McGhee, D.E. & Schwartz, J.L.K. (1998). Measuring individual differences in implicit cognition: The implicit association test. *Journal of Personality and Social Psychology, 74*, 1464–1480.

Greenwald, A.G., Poehlman, T.A., Uhlmann, E. & Banaji, M.R. (2009). Understanding and using the Implicit Association Test: III. Meta-analysis of predictive validity. *Journal of Personality and Social Psychology, 97*, 17–41.

Greenwood, J.D. (2004). *The disappearance of the social in American social psychology.* New York: Cambridge University Press.

Greitemeyer, T., Osswald, S. & Brauer, M. (2010). Playing prosocial video games increases empathy and decreases schadenfreude. *Emotion, 10*, 796–802.

Griffin, D. & Buehler, R. (1993). Role of construal processes in conformity and dissent. *Journal of Personality and Social Psychology, 65*, 657–669.

Griffith, K.H. & Hebl, M.R. (2002). The disclosure dilemma for gay men and lesbians: 'Coming out' at work. *Journal of Applied Psychology, 87*, 1191–1199.

Griskevicius, V., Goldstein, N.J., Mortensen, C.R., Sundie, J.M. & Cialdini, R.B. (2009). Fear and loving in Las Vegas: Evolution, emotion and persuasion. *Journal of Marketing Research, 46*, 384–395.

Groh, D. (1987). The temptation of conspiracy theory, or: Why do bad things happen to good people. Part I: Preliminary draft.

Grondelaers, S., van Hout, R. & Steegs, M. (2010). Evaluating regional accent variation in standard Dutch. *Journal of Language and Social Psychology, 29*, 101–116.

Grove, J.R., Hanrahan, S.J. & McInman, A. (1991). Success/failure bias in attributions across involvement categories in sport. *Personality and Social Psychology Bulletin, 17*, 93–97.

Grube, J.W., Weir, I.L., Getzlaf, S. & Rokeach, M. (1984). Own value system, value images, and cigarette smoking. *Personality and Social Psychology Bulletin, 10*, 306–313.

Gruder, C.L. (1974). Cost and dependency as determinants of helping and exploitation. *Journal of Conflict Resolution, 18*, 473–485.

Gruenfeld, D.H., Inesi, M.E., Magee, J.C. & Galinsky, A.D. (2008). Power and the objectification of social targets. *Journal of Personality and Social Psychology, 95*, 111–127.

Guadagno, R.E., Asher, T., Demaine, L. & Cialdini, R.B. (2001). When saying yes leads to saying no: Preference for consistency and the reverse foot-in-the-door effect. *Personality and Social Psychology Bulletin, 27*, 859–867.

Guadagno, R.E. & Cialdini, R.B. (2010). Preference for consistency and social influence: A review of current research findings. *Social Influence, 5*, 152–163.

Guéguen, N. (2010). Smile and gender in students' yearbook: A cultural replication. *Research Journal of International Studies, 14*, 4–7.

Guéguen, N., Joule, R-V. & Marchand, M. (2013). La technique du leurre: Impact du délai, du solliciteur et de l'implication sur la soumission. *Canadian Journal of Behavioural Science/Revue Canadienne Des Sciences Du Comportement, 45*, 138–147.

Guimond, S., Bégin, G. & Palmer, D.L. (1989). Education and causal attributions: The development of 'person-blame' and 'system-blame' ideology. *Social Psychology Quarterly, 52*, 126–140.

Guimond, S. & Dubé, L. (1989). La représentation des causes de l'infériorité économique des québecois francophones. *Revue Canadienne des Sciences du comportement, 21*, 28–39.

Guimond, S. & Palmer, D.L. (1993). Developmental changes in ingroup favouritism among bilingual and unilingual francophone and anglophone students. *Journal of Language and Social Psychology, 12*, 318–351.

Guinote, A. & Phillips, A. (2010). Power can increase stereotyping: Evidence from managers and subordinates in the hotel industry. *Social Psychology, 41*, 3–9.

Gundlach, M.J., Douglas, S.C. & Martinko, M.J. (2003). The decision to blow the whistle: A social information processing framework. *Academy of Management Review, 28*, 107–123.

Gutchess, A.H., Welsh, R.C., Boduro lu, A. & Park, D.C. (2006). Cultural differences in neural function associated with object processing. *Cognitive, Affective and Behavioral Neuroscience, 6*, 102–109.

Haddock, G. & Zanna, M.P. (1997). Impact of negative advertising on evaluation of political candidates: The 1993 Canadian Federal elections. *Basic and Applied Social Psychology, 19*, 205–223.

Haddock, G. & Zanna, M.P. (1998). Assessing the impact of affective and cognitive information in predicting attitudes toward capital punishment. *Law and Human Behavior, 22*, 325–339.

Hadjistavropoulos, T. & Genest, M. (1994). The underestimation of the role of physical attractiveness in dating preferences: Ignorance or taboo? *Canadian Journal of Behavioural Science, 26*, 298–318.

Hadjistavropoulos, T., McMurtry, B. & Craig, K.D. (1996). Beautiful faces in pain: biases and accuracy in the perception of pain. *Psychology and Health, 11*, 411–420.

Hafer, C.L. (2000). Do innocent victims threaten the belief in a just world? Evidence from a modified Stroop task. *Journal of Personality and Social Psychology, 79*, 165–173.

Hafer, C.L. & Bègue, L. (2005). Experimental research on just-world theory: Problems, developments and future challenges. *Psychological Bulletin, 131*, 126–167.

Hafer, C.L. & Olson, J.M. (1989). Beliefs in a just world and reactions to personal deprivation. *Journal of Personality, 57*, 799–823.

Hafer, C.L. & Olson, J.M. (1993). Beliefs in a just world, discontent, and assertive actions by working women. *Personality and Social Psychology Bulletin, 19*, 30–38.

Hafer, C.L. & Olson, J.M. (2003). Analysis of empirical research on the scope of justice. *Personality and Social Psychology Review, 7*, 311–323.

Hafer, C.L., Reynolds, K.L. & Obertynski, M.A. (1996). Message comprehensibility and persuasion: Effects of complex language in counterattitudinal appeals to laypersons. *Social Cognition, 14*, 317–337.

Hagestad, G.O. & Smyer, M.A. (1982). Dissolving long-term relationships: Patterns of divorcing in middle-age. In S. Duck (Ed.), *Personal relationships, 4: Dissolving relationships* (pp. 211–235). New York: Academic Press.

Haggard, L.M. & Williams, D.R. (1992). Identity affirmation through leisure activities: Leisure symbols of the self. *Journal of Leisure Research, 24*, 1–18.

Hagger, M.S., Chatzisarantis, N.L.D. & Biddle, S.J.H. (2002). A meta-analytic review of the theories of reasoned action and planned behavior in physical activity: Predictive validity and the contribution of additional variables. *Journal of Sport and Exercise Psychology, 24*, 3–32.

Hagger, M.S., Wood, C., Stiff, C. & Chatzisarantis, N.L.D. (2010). Ego depletion and the strength model of self-control: a meta-analysis. *Psychological Bulletin, 136*, 495–525.

Hains, S.C., Hogg, M.A. & Duck, J.M. (1997). Self-categorization and leadership: Effects of group prototypicality and leader stereotypicality. *Personality and Social Psychology Bulletin, 23*, 1087–1100.

Halabi, S. & Nadler, A. (2010). Receiving help: Consequences for the recipient. In S. Stürmer, S. & M. Snyder (Eds) (2010). *The psychology of prosocial behavior*. Chichester, UK: Blackwell. (pp. 121–138).

Halberstadt, J. & Rhodes, G. (2000). The attractiveness of nonface averages: Implications for an evolutionary explanation of the attractiveness of average faces. *Psychological Science, 11*, 285–289.

Halevy, N., Chou, E.Y. & Murnighan, J.K. (2012). Mind games: The mental representation of conflict. *Journal of Personality and Social Psychology, 102*, 132–148.

Hall, E.T. (1966). *The hidden dimension*. New York: Doubleday.

Hall, J.A., Epstein, A.M., Deciantis, M.L. & McNeil, B.J. (1993). Physicians' liking for their patients: More evidence for the role of affect in medical care. *Health Psychology, 12*, 140–146.

Hall, J.A., Irish, J.T., Roter, D.L., Ehrlich, C.M. & Miller, L.H. (1994). Gender in medical encounters: an analysis of physician and patient communication in a primary care setting. *Health Psychology, 13*, 384–392.

Hall, J.A. & Veccia, E.M. (1990). More 'touching' observations: New insights on men, women and interpersonal touching. *Journal of Personality and Social Psychology, 59*, 1159–1162.

Halperin, E. (2008). Group-based hatred in intractable conflict in Israel. *Journal of Conflict Resolution, 52*, 713–736.

Halperin, E., Russell, A.G., Trzesniewski, K.H., Gross, J.J. & Dweck, C.S. (2011). Promoting the

Middle East peace process by changing beliefs about group malleability. *Science, 333,* 1767–1769.

Hamamura, T. (2012). Are cultures becoming more individualistic? A cross-temporal comparison of individualism-collectivism in the United States and Japan. *Personality and Social Psychology Review, 16,* 3–24.

Hamamura, T. & Heine, S.T. (2008). Approach and avoidance motivation across cultures. In T. Hamamura & S.T. Heine (Eds). *Handbook of approach and avoidance motivation* (pp. 557–570). New York, N.Y., U.S: Psychology Press.

Hamblin, R.L. (1958). Leadership and crises. *Sociometry, 21,* 322–335.

Hamill, R., Wilson, T.D. & Nisbett, R.E. (1980). Insensitivity to sample bias: Generalizing from atypical cases. *Journal of Personality and Social Psychology, 39,* 578–589.

Hamilton, D.L. & Gifford, R.K. (2000). Illusory correlation in interpersonal perception: A cognitive basis of stereotypic judgments. In C. Stangor (Ed.), *Stereotypes and prejudice: Essential readings. Key readings in social psychology* (pp. 161–171). Philadelphia, PA: Psychology Press.

Hamilton, D.L. & Rose, T.L. (1980). Illusory correlation and the maintenance of stereotypes. *Journal of Personality and Social Psychology, 39,* 832–845.

Hamilton, D.L. & Sherman, S.J. (1989). Illusory correlations: Implications for stereotype theory and research. In D. Bar-Tal, C.F. Graumann, A.W. Kruglanski & W. Stroebe (Eds), *Stereotyping and prejudice: Changing conceptions* (pp. 59–82). New York: Springer-Verlag.

Hamilton, D.L. & Zanna, M.P. (1972). Differential weighting of favorable and unfavorable attributes in impressions of personality. *Journal of Experimental Research in Personality, 6,* 204–212.

Hamilton, M.A. & Tafoya, M.A. (2012). Toward a collective framework on verbal aggression: Hierarchical and antagonistic processes. *Journal of Language and Social Psychology, 31,* 112–130.

Haney, C., Banks, C. & Zimbardo, P. (1973). Interpersonal dynamics in a simulated prison. *International Journal of Criminology, 1,* 69–97.

Haney, C. & Manzolatti, J. (1981). Television criminology: Network illusions of criminal justice reality. In E. Aronson (Ed.), *Readings about the social animal* (3rd ed.). (pp. 125–136). San Francisco: W.H. Freeman.

Hanselmann, M. & Tanner, C. (2008). Taboos and conflicts in decision-making: Sacred values, decision difficulty and emotion. *Judgment and Decision Making, 3,* 51–63.

Hansen, E.M., Kimble, C.E. & Biers, D.W. (2001). Actors and observers; Divergent attributions of constrained unfriendly behavior. *Social Behavior and Personality, 29,* 87–104.

Hardie, E. A. (1997). PMS in the workplace: Dispelling the myth of cyclic dysfunction. *Journal of Occupational and Organizational Psychology, 70,* 97–102.

Hardin, G. (1968). The tragedy of the commons. *Science, 162,* 1243–1248.

Hardyck, J.A. & Braden, M. (1962). When prophecy fails again: A report of a failure to replicate. *Journal of Abnormal and Social Psychology, 65,* 136–141.

Hare, A.P. (1962). *Handbook of small group research.* Glencoe, NY: Free Press.

Hare, R.D. & McPherson, L.M. (1984). Violent and aggressive behavior by criminal psychopaths. *International Journal of Law and Psychiatry, 7,* 35–50.

Harkins, S.G. (1987). Social loafing and social facilitation. *Journal of Experimental Social Psychology, 23,* 1–18.

Harkins, S.G. & Petty, R.E. (1987). Information utility and the multiple sources effect. *Journal of Personality and Social Psychology, 52,* 260–268.

Harkins, S.G. & Szymanski, K. (1989). Social loafing and group evaluation. *Journal of Personality and Social Psychology, 56,* 934–941.

Harmon-Jones, E. (2000). Cognitive dissonance and experienced negative affect: Evidence that dissonance increases negative affect even in the absence of aversive consequences. *Personality and Social Psychology Bulletin, 26,* 1490–1501.

Harmon-Jones, E., Brehm, J.W., Greenberg, J., Simon, L. & Nelson, D.E. (1996). Evidence that the production of aversive consequences is not necessary to produce cognitive dissonance. *Journal of Personality and Social Psychology, 70,* 5–16.

Harrigan, J.A. & Rosenthal, R. (1983). Physicians' head and body positions as determinants of perceived rapport. *Journal of Applied Social Psychology, 13,* 496–509.

Harris, L.T. & Fiske, S. (2009). Social neuroscience evidence for dehumanized perception. *European Review of Social Psychology, 20*, 192–231.

Harris, R.N., Snyder, C.R., Higgins, R.L. & Schrag, J.L. (1986). Enhancing the predictability of self-handicapping. *Journal of Personality and Social Psychology, 51*, 1191–1199.

Harrison, J.A., Mullen, P.D. & Green, L.W. (1992). A meta-analysis of studies of the health beliefs model with adults. *Health Education Research, 7*, 107–116.

Hartmann, T., and Klimmt, C. (2006). Gender and computer games: Exploring females' dislikes. *Journal of Computer-Mediated Communication, 11*, 910–931

Harvey, J.H. & Omarzu, J. (1997). Minding the close relationship. *Personality and Social Psychology Review, 1*, 224–240.

Harwood, J. & Vincze, L. (2012). Ethnolinguistic identity and television. *Journal of Media Psychology, 24*, 135–142

Haslam, S.A. & Reicher, S.D. (2012). Contesting the 'nature' of conformity: What Milgram and Zimbardo's studies really show. *PLoS Biology, 10*(11): e1001426.

Haslam, S.A., Reicher, S.D. & Reynolds, K.J. (2012). Identity, influence, and change: Rediscovering John Turner's vision for social psychology. *British Journal of Social Psychology, 51*, 201–218,

Hass, R.G. & Grady, K. (1975). Temporal delay, type of forewarning, and resistance to influence. *Journal of Experimental Social Psychology, 11*, 459–469.

Hatemi, P.K., Funk, C., Medland, S.E., Maes, H., Silberg, J., Martin, N. & Eaves, L.J. (2009). Genetic and environmental transmission of political attitudes over a life time. *Journal of Politics, 71*, 1141–1156.

Hatemi, P.K., Hibbing, J.A., Alford, J., Martin, N. & Eaves, L. (2009). Is there a party in your genes? *Political Research Quarterly, 62*, 584–600.

Hatemi, P.K., Medland, K.I. Morley, A.C., Heath, A.C. & Martin, N.G. (2007). The genetics of voting an Australian twin study. *Behavior Genetics, 37*, 435–448.

Hatfield, E. & Rapson, R.L. (2009). Unmasking passionate love: The face and the brain. In Freitas-Magalhães, A. (Ed.). *Emotional expression: The brain and the face.* (pp. 194–220). Porto, Portugal: Edições Universidade Fernando Pessoa.

Hatfield, E., Bensman, L. & Rapson, R.L. (2012). A brief history of social scientists' attempts to measure passionate love. *Journal of Social and Personal Relationships, 29*, 143–164.

Hatfield, E., Cacioppo, J. & Rapson, R. (1994). *Emotional contagion.* New York: Cambridge Press.

Hatfield, E. & Sprecher, S. (1986). Measuring passionate love in intimate relations. *Journal of Adolescence, 9*, 383–410.

Haugtvedt, C.P. & Petty, R.E. (1992). Personality and persuasion: Need for cognition moderates the persistence and resistance of attitude changes. *Journal of Personality and Social Psychology, 63*, 308–319.

Hawkley, L.C. & Cacioppo, J.T. (2003). Loneliness and pathways to disease. *Brain, Behavior, and Immunity, 17*(Suppl.1), Special issue: Biological mechanisms of psychosocial effects on disease: Implications for cancer control, S98–S105.

Hawkley, L.C. & Cacioppo, J.T. (2010). Loneliness matters: A theoretical and empirical review of consequences and mechanisms. *Annals of Behavioral Medicine, 4*, 218–227.

Hawkley, L.C., Thisted, R.A. & Cacioppo, J.T (2009). Loneliness predicts reduced physical activity: Cross-sectional & longitudinal analyses. *Health Psychology, 28*, 354–363.

Hawkley, L.C., Thisted, R.A., Masi, C.M. & Cacioppo, J.T. (2010). Loneliness predicts increased blood pressure: 5-year cross-lagged analyses in middle-aged and older adults. *Psychology and Aging, 25*, 132–141.

Hayes-Smith, R.M., Levett L. (2011). Jury's still out: How television and crime show viewing influences jurors' evaluations of evidence. *Applied Psychology in Criminal Justice, 7*, 29–46.

Haynes, S.G., McGibbon, K.A. & Kanani, R. (1996). Systematic review of randomized trials of intervention to assist patients to follow prescriptions for medications. *Lancet, 348*, 336–348.

Hazan, C. & Shaver, P.R. (1987). Romantic love conceptualized as an attachment process. *Journal of Personality and Social Psychology, 59*, 270–280.

Health and Welfare Canada (1987). *The active health report: Perspectives on Canada's health promotion survey*, 1985. Catalogue No. H-39-109/1987 E, Ottawa: Supply and Services Canada.

Heatherton, T.F. (2011). Neuroscience of self and self-regulation. *Annual Review of Psychology, 62*, 363–390.

Heaven, P. & St. Quintin, D. (2003). Personality factors predict racial prejudice. *Personality and Individual Differences, 34*, 625–634.

Hebb, D.O. & Thompson, W.R. (1968). The social significance of animal studies. In G. Lindzey & E. Aronson (Eds), *The handbook of social psychology* (2nd ed.). (Vol. 1). (pp. 729–774). Reading, MA: Addison-Wesley.

Hefez, A. (1985). The role of the press and the medical community in the epidemic of 'mysterious gas poisoning' in the Jordan West Bank. *American Journal of Psychiatry, 142*, 833–837.

Hehman, E., Gaertner, S.L. & Dovidio, J.F. (2011). Evaluations of presidential performance: Race, prejudice, and perceptions of Americanism. *Journal of Experimental Social Psychology, 47*, 430–435.

Heider, F. (1958). *The psychology of interpersonal relations.* New York: Wiley.

Heine, S.J. & Lehman, D.R. (1995). Cultural variation in unrealistic optimism: Does the West feel more invulnerable than the East? *Journal of Personality and Social Psychology, 68*, 595–607.

Heine, S.J. & Lehman, D.R. (1999). Culture, self-discrepancies and self-satisfaction. *Personality and Social Psychology Bulletin, 25*, 915–925.

Heine, S.J. (2011). Evolutionary explanations need to account for cultural variations. *Behavioral and Brain Sciences, 34*, 26–27.

Heine, S.J., Lehman, D.R., Markus, H.R. & Kitayama, S. (1999). If there a universal need for positive self-regard? *Psychological Review, 106*, 766–794.

Heine, S.J., Takata, T. & Lehman, D. (2000). Beyond self-presentation: Evidence for self-criticism among Japanese. *Personality and Social Psychology Bulletin, 26*, 71–78.

Hejmadi, A., Davidson, R.J. & Rozin, P. (2000). Exploring Hindu Indian emotional expressions: Evidence for accurate recognition by Americans and Indians. *Psychological Science, 11*, 183–187.

Helmreich, R., Aronson, E. & LeFan, J. (1970). To err is humanizing sometimes: Effects of self-esteem, competence, and a pratfall on interpersonal attraction. *Journal of Personality and Social Psychology, 16*, 259–264.

Henderson-King, E.I. & Nisbett, R.E. (1996). Anti-black prejudice as a function of exposure to the negative behaviour of a single black person. *Journal of Personality and Social Psychology, 71*, 654–664.

Hendrick, C. & Hendrick, S. (1986). A theory and a method of love. *Journal of Personality and Social Psychology, 50*, 392–402.

Hendrick, S. & Hendrick, C. (2000). Romantic love. In C. Hendrick & Susan Hendrick (Eds), *Close relationships: A sourcebook* (pp. 203–215). Thousand Oaks, CA: Sage Publications.

Hendrick, S. & Hendrick, C. (2002). Linking romantic love with sex: Development of the perceptions of Love and Sex scale. *Journal of Social and Personal Relationships, 19*, 361–378.

Henein, C.M. & White, T. (2009). Front to back communication in a microscopic crowd model. In Klingsch, W.W.F., Rogsch, C., Schadschneider, A. & Schreckenberg, M. (Eds), *Pedestrian and evacuation dynamics 2008.* New York: Springer. (pp. 321–334).

Henley, M. (1973). Status and sex: Some touching observations. *Bulletin of the Psychonomic Society, 2*, 21–27.

Hennessy, D.A. & Wiesenthal, D.L. (1999). Traffic congestion, driver stress, and driver aggression. *Aggressive Behavior, 25*, 409–423.

Hennessy, D.A. & Wiesenthal, D.L. (2002). Aggression, violence, and vengeance among male and female drivers. *Transportation Quarterly, 56*, 65–75.

Hennessy, M. & Saltz, R.F. (1993). Modelling social influences on public drinking. *Journal of Studies on Alcohol, 54*, 139–145.

Henrich, J., Boyd, R., Bowles, S., Camerer, C., Fehr, E., Gintis, H., McElreath, R., Alvard, M., Barr, A., Ensminger, J., Hill, K., Gil-White, F., Gurven, M., Marlowe, F., Patton, J.O., Smith, N. & Tracer, D. (2005). 'Economic man' in cross-cultural perspective: Behavioral experiments in 15 small-scale societies. *Behavioural and Brain Sciences, 28*, 795–855.

Henrich, J., Heine, S.J., & Norenzayan, A. (2010a). Most people are not WEIRD. *Nature, 466*, 29.

Henrich, J., Heine, S.J. & Norenzayan, A. (2010b). The weirdest people in the world? *Behavioural and Brain Sciences, 33*, 61–83.

Henrich, N. & Henrich, J. (2007). *Why humans cooperate.* Oxford: Oxford University Press.

Henry, F. (1985/86). Heroes and helpers in Nazi Germany: Who aided Jews? *Humboldt Journal of Social Relations, 13*, 306–319.

Hepach, R., Vaish, A. & Tomasello, M. (2012). Young children are intrinsically motivated to see others helped. *Psychological Science, 23*, 967–972.

Herbert, T.B. & Cohen, S. (1993). Depression and immunity: A meta-analytical review. *Psychological Bulletin, 113*, 472–486.

Herd, J.A. & Weiss, S.M. (1984). Overview of hypertension: Its treatment and prevention. In J.D. Matarazzo, S.M. Weiss, J.A. Herd, N.E. Miller & S.M. Weiss (Eds), *Behavioral health* (pp. 789–804). New York: Wiley.

Herek, G.M. (2000). The social construction of attitudes: Functional consensus and divergence in the US public's reactions to AIDS. In G. Maio & J. Olson (Eds), *Why we evaluate: Functions of attitudes* (pp. 325–364). Mahwah, NJ: Lawrence Erlbaum.

Herek, G.M. (2009). Hate crimes and stigma-related experiences among sexual minority adults in the United States: Prevalence estimates from a national probability sample. *Journal of Interpersonal Violence, 24*, 54–74.

Herman, C.P., Roth, D.A. & Polivy, J. (2003). Effects of the presence of others on food intake: A normative interpretation. *Psychological Bulletin, 129*, 873–886.

Hermann, A. & Rammal, H.G. (2010). The grounding of the 'flying bank'. *Management Decision, 48*, 1051.

Hertel, P.T. & Navarez, A. (1986). Confusing memories for verbal and nonverbal communication. *Journal of Personality and Social Psychology, 50*, 474–481.

Hertenstein, M.J., Holmes, R., McCullough, M. & Keltner, D. (2009). The communication of emotion via touch. *Emotion, 9*, 566–579.

Hertwig, R. & Ortmann, A. (2008). Deception in social psychological experiments: Two misconceptions and a research agenda. *Social Psychology Quarterly, 71*, 222–227.

Hessing, D.J., Elffers, H. & Weigel, R. (1988). Exploring the limits of self-reports and reasoned action: An investigation of the psychology of tax-evasion behavior. *Journal of Personality and Social Psychology, 54*, 405–413.

Heuer, L. & Penrod, S. (1986). Procedural preference as a function of conflict intensity. *Journal of Personality and Social Psychology, 51*, 700–710.

Hewes, G.W. (1957). The anthropology of posture. *Scientific American, 196*, 123–132.

Hewitt, P.L., Flett, G.L. Sherry, S.B., Habke, M., Lam, R.W., McMurtry, B. Ediger, E.F., Stein, M.B. (2003). The interpersonal expression of perfection: Perfectionistic self-presentation and psychological distress. *Journal of Personality and Social Psychology, 84*, 1303–1325.

Hewlett, N. & Beck, J.M. (2006). *An introduction to the science of phonetics*. Mahweh, NJ: Lawrence Erlbaum.

Hewstone, M. (1989). Changing stereotypes with disconfirming information. In D. Bar-Tal, C.F. Graumann, A.W. Kruglanski & W. Straube (Eds), *Stereotyping and prejudice: Changing conceptions* (pp. 207–223). New York: Springer-Verlag.

Hewstone, M. & Jaspars, M.F. (1984). Social dimensions of attribution. In H.Tajfel (Ed.), *The social dimension* (pp. 379–404). Cambridge: Cambridge University Press.

Hewstone, M., Rubin, M. & Willis, H. (2002). Intergoup bias. *Annual Review of Psychology, 53*, 575–604.

Heyes, C. (2010). Where do mirror neurons come from? *Neuroscience and Biobehavioural Reviews, 34*, 575–583.

Heyes, C. (2011). Automatic imitation, *Psychological Bulletin, 137*, 463–483.

Higbee, K.L. (1969). Fifteen years of fear arousal: Research on threat appeals: 1953–1968. *Psychological Bulletin, 72*, 426–444.

Higgins, E.T. (1987). Self-discrepancy: A theory relating self and affect. *Psychological Review, 94*, 319–340.

Higgins, E.T. (1996). The 'self-digest': Self-knowledge serving self-regulatory functions. *Journal of Personality and Social Psychology, 71*, 1062–1083.

Higgins, E.T. (2011). Regulatory focus theory. In P.A. Van Lange, A. Kruglanski & E.T. Higgins (Eds). *Handbook of theories of social psychology*, (Vol. 1). (pp. 483–505). London: Sage.

Higgins, E.T. & Bryant, S.L. (1982). Consensus information and the fundamental attribution error: The role of development and in-group versus out-group knowledge. *Journal of Personality and Social Psychology, 43*, 889–900.

Higham, P.A. & Carment, D.W. (1992). The rise and fall of politicians: The judged heights of Broadbent, Mulroney and Turner before and after the 1988 Canadian federal election. *Canadian Journal of Behavioural Science, 24*, 404–409.

Hill, C.T., Rubin, Z. & Peplau, L.A. (1976). Breakups before marriage: The end of 103 affairs. *Journal of Social Issues, 32*, 147–168.

Hill, C.T. & Stull, D.E. (1981). Sex differences in the effects of social and value similarity in same-sex friendships. *Journal of Personality and Social Psychology, 41*, 488–502.

Hilton, J.L. & Von Hippel, W. (1996). Stereotypes. *Annual Review of Psychology, 47*, 237–271.

Hinduja, S. & Patchin, J.W. (2010). Bullying, cyberbullying, and suicide. *Archives of Suicide Research, 14*, 206–221.

Hinkin, T.R. & Schriesheim, C.A. (1989). Development and application of new scales to measure the French and Raven (1959) bases of social power. *Journal of Applied Social Psychology, 74*, 561–567.

Hirt, E.R., Deppe, R.K. & Gordon, L.J. (1991). Self-reported versus behavioral self-handicapping: Empirical evidence for a theoretical distinction. *Journal of Personality and Social Psychology, 61*, 981–991.

Ho, M.Y. & Fung, H.H. (2011). A dynamic process model of forgiveness: A cross-cultural perspective. *Review of General Psychology, 15*, 77–84.

Ho, R. & Penney, R.K. (1992). Euthanasia and abortion: Personality correlates for the decision to terminate life. *Journal of Social Psychology, 132*, 77–86.

Hodgins, D.C. & Kalin, R. (1985). Reducing sex bias in judgements of occupational suitability by provision of sex-typed personality information. *Canadian Journal of Behavioural Science, 17*, 346–358.

Hodson, G. (2011). Do ideologically intolerant people benefit from intergroup contact? *Current Directions in Psychological Science, 20*, 154–159.

Hodson, G. & Busseri, M. (2012). Bright minds and dark attitudes: Lower cognitive ability predicts greater prejudice through right-wing ideology and low intergroup contact. *Psychological Science, 23*, 187–195.

Hodson, G., Hooper, H., Dovidio, J. F. & Gaertner, S.L. (2005). Aversive racism in Britain: The use of inadmissible evidence in legal decisions. *European Journal of Social Psychology, 35*, 437–448.

Hoffman, C., Lau, I. & Johnson, D.R. (1986). The linguistic relativity of person cognition. An English-Chinese comparison. *Journal of Personality and Social Psychology, 51*, 1097–1105.

Hoffmann, M.L. (1981). Is altruism a part of human nature? *Journal of Personality and Social Psychology, 40*, 121–137.

Hofstede, G. (1983). Dimensions of national cultures in fifty countries and three regions. In J.B. Deregowski, S. Dziurawiec & R.C. Annis (Eds), *Explications in cross-cultural psychology* (pp. 335–355). Lisse: Swets & Zeitlinger B.V.

Hofstede, G. (2001). *Culture's consequences: comparing values, behaviors, institutions, and organizations across nations* (2nd ed.). Thousand Oaks, CA: Sage.

Hofstede, G. & Hofstede, G.J. (2005). *Cultures and organizations: Software of the mind* (2nd ed.). New York: McGraw-Hill.

Hogg, M.A. (2001). A social identity theory of leadership. *Personality and Social Psychology Review, 5*, 184–200.

Hogg, M.A. (2006). Social identity theory. In P.J. Burke (Ed.), *Contemporary social psychological theories* (pp. 111–136). Palo Alto, CA: Stanford University Press.

Hogg, M.A. & Williams, K.D. (2000). From I to we: Social identity and the collective self. *Group Dynamics: Theory, Research, and Practice, 4*, 81–97.

Holland, J., Silva, A.S. & Mace, R. (2012). Lost letter measure of variation in altruistic behaviour in 20 neighbourhoods. *PLoS One, 7(8):* e43294

Hollander, E.P. (1958). Conformity, status, and idiosyncrasy credit. *Psychological Review, 65*, 117–127.

Hollander, E.P. (1992). The essential interdependence of leadership and followership. *Current Directions in Psychological Science, 1*, 71–75.

Holler, J. & Stevens, R. (2007). The effect of common ground on how speakers use gesture and speech to represent size information. *Journal of Language and Social Psychology, 26*, 4–27.

Holmes, J. & Brown, D.F. (1977). Sociolinguistic competence and second language learning. *Topics in Culture Learning, 5*, 72–82.

Holmes, T.H. & Rahe, R.H. (1967). The social readjustment rating scale. *Journal of Psychosomatic Research, 11*, 213–218.

Holtgraves, T. (1986). Language structure in social interaction: Perceptions of direct and indirect speech acts and interactants who use them. *Journal of Personality and Social Psychology, 51*, 305–314.

Holtzworth-Munroe, A. & Jacobson, N.S. (1985). Causal attributions of married couples: When do they search for causes? What do they conclude when they do? *Journal of Personality and Social Psychology, 48,* 1398–1412.

Holzkamp, K. (1983). *Grundlegung der psychologie.* Frankfurt: Campus.

Homans, G.C. (1958). Social behavior and exchange. *American Journal of Sociology, 63,* 597–606.

Homans, G.C. (1961). *Social behavior: Its elementary forms.* New York: Harcourt, Brace and World.

Homans G.C. (1974). *Social behavior: Its elementary forms* (Revised ed.). New York: Harcourt Brace Jovanovich.

Homer, P.M. & Kahle, L. (1988). A structural equation test of the value-attitude-behavior hierarchy. *Journal of Personality and Social Psychology, 54,* 638–646.

Hong, J.S. & Espelage, D.L. (2012). A review of research on bullying and peer victimization in school: An ecological system analysis. *Aggression and Violent Behavior, 17,* 311–322.

Honts, C.R., Hodes, R.L. & Raskin, D.C. (1985). Effects of physical counter measures on the physiological detection of deception. *Journal of Applied Psychology, 70,* 177–187.

Hooghiemstra, P. (2000). Corporate communication and impression management: New perspectives on why companies engage in corporate social reporting. *Journal of Business Ethics, 27,* 55–68.

Hook, J.N., Worthington, E.L. Jr. & Utsey, S.O. (2009). Collectivism, forgiveness, and social harmony. *The Counseling Psychologist, 37,* 821–847.

Hooker, S. (1988, May 9). It's still a question of black and white. *The Globe and Mail.*

Horvath, F. (1977). Effect of selected variables on interpretation of polygraph records. *Journal of Applied Psychology, 62,* 127–136.

Horvath, F. (1984). Detecting deception in eyewitness cases: Problems and prospects in the use of the polygraph. In G.L. Wells & E.F. Loftus (Eds), *Eyewitness testimony: Psychological perspectives* (pp. 214–255). Cambridge: Cambridge University Press.

Hoshino-Browne, E. (2012). Cultural variations in motivations for cognitive consistency: Influence of self-systems on cognitive dissonance. *Social and Personality Psychology Compass, 6,* 126–141.

Hoshino-Browne, E., Zanna, M., Spencer, S.J., Zanna, M.P., Kitayama, S. & Lackenbauer, S. (2005). On the cultural guises of cognitive dissonance: The case of Easterners and Westerners. *Journal of Personality and Social Psychology, 89,* 294–310.

Hotta, M. & Strickland, L.H. (1991). Social psychology in Japan. *Canadian Psychology, 32,* 596–611.

Houghton, D.P. (2008). Invading and occupying Iraq: Some insights from political psychology. *Peace and Conflict, 14,* 169–192.

Houlden, P., Latour, S., Walker, L. & Thibaut, J. (1978). Preference for modes of dispute resolution as a function of process and decision control. *Journal of Experimental Social Psychology, 14,* 13–30.

House, J.S., Landis, K.R. & Umberson, D. Social relationships and health. (1988). *Science, 241*(4865), 540–545.

House, J.S. & Wolf, S. (1978). Effects of urban residence on interpersonal trust and helping behavior. *Journal of Personality and Social Psychology, 36,* 1029–1043.

House, R. (1977). A 1976 theory of charismatic leadership. In J.G. Hunt & L. Larson (Eds), *Leadership: The cutting edge* (pp. 189–207). Carbondale: Southern Illinois University Press.

Hove, M.J. & Risen, J.L. (2009). It's all in the timing: Interpersonal synchrony increases affiliation. *Social Cognition, 27,* 949–960.

Hovland, C.I., Harvey, O.J. & Sherif, M. (1957). Assimilation and contrast effects in reactions to communications and attitude change. *Journal of Abnormal and Social Psychology, 55,* 244–252.

Hovland, C.I., Janis, I. & Kelley, H.H. (1953). *Communication and persuasion.* New Haven: Yale University Press.

Hovland, C.I., Lumsdaine, A.A. & Sheffield, F.D. (1949). *Experiments on mass communication.* Princeton, NJ: Princeton University Press.

Hovland, C.I. & Sears, R.R. (1940). Minor studies of aggression: VI. Correlation of lynchings with economic indices. Journal of Psychology: *Interdisciplinary and Applied, 9,* 301–310.

Howard, P.N., Duffy, A., Freelon, D., Hussain, M., Mari, W. & Mazaid, M. (2011). Opening closed regimes: What was the role of social media during the Arab Spring? *Working Paper 2011.1, project on Information Technology and Political Islam.* Downloaded on February 27, 2013 from http://pitpi.org/wp-content/uploads/2013/02/2011_Howard-Duffy-Freelon-Hussain-Mari-Mazaid_pITPI.pdf

Howell, J.M. & Frost, P.J. (1989). A laboratory study of charismatic leadership. *Organization Behavior and Human Decision Processes, 43*, 243–269.

Huba, G.J., Dent, C. & Bentler, P.M. (1980, September). *Causal models of peer-adult support and youthful alcohol use.* American Psychological Association, Montréal.

Huesmann, L.R. (1988). An information processing model for the development of aggression. *Aggressive Behavior, 14*, 13–24.

Huesmann, L.R. (2007). The impact of electronic media violence: Scientific theory and research. *Journal of Adolescent Health, 41*, S6–S13.

Huesmann, L.R., Eron, L.D., Lefkowitz, M.M. & Walder, L.O. (1984). Stability of aggression over time and generations. *Developmental Psychology, 20*, 1120–1134.

Huesmann, L.R., Eron, L.D. & Yarmel, P.W. (1987). Intellectual functioning and aggression. *Journal of Personality and Social Psychology, 52*, 232–240.

Huesmann, L.R. & Guerra, N.G. (1997). Children's normative beliefs about aggression and aggressive behavior. *Journal of Personality and Social Psychology, 72*, 408–419.

Huesmann, L.R., Lagerspetz, K. & Eron, L.D. (1984). Intervening variables in the TV violence–aggression relation: Evidence from two countries. *Developmental Psychology, 20*(5), 746–775.

Huesmann, L.R. & Kirwil, L. (2007). Why observing violence increases the risk of violent behavior by the observer. In D.J. Flannery, A.T. Vazsony & I. Waldman (Eds), *The Cambridge handbook of violent behavior and aggression* (pp. 545–570). Cambridge: Cambridge University Press.

Huesmann, L.R. & Rowell (2010). Nailing the coffin shut on doubts that violent video games stimulate aggression: Comment on Anderson et al. (2010). *Psychological Bulletin, 136*, 179–181.

Hughes, R. & Reed, B.S. (2011). Learning about speech by experiment: Issues in the investigation of spontaneous talk within the experimental research paradigm. *Applied Linguistics, 32*, 197–214.

Hunsberger, B. (1995). Religion and prejudice: The role of religious fundamentalism, quest, and right-wing authoritarianism. *Journal of Social Issues, 51*, 113–129.

Hunsberger, B. (1996). Religious fundamentalism, right-wing authoritarianism, and hostility toward homosexuals in non-Christian religious groups. *International Journal for the Psychology of Religion, 6*, 39–49.

Hunsberger, B., Lea, J., Pancer, S.M., Pratt, M. & McKenzie, B. (1992). Making life complicated: Prompting the use of integratively complex thinking. *Journal of Personality, 60*, 95–114.

Hunsberger, B., Pratt, M. & Pancer, S.M. (1994). Religious fundamentalism and integrative complexity of thought: A relationship for existential content only? *Journal for the Scientific Study of Religion, 33*, 335–346.

Hunt, W.A., Barnett, L.W. & Branch, L.G. (1971). Relapse rate in addiction programs. *Journal of Clinical Psychology, 27*, 455–456.

Hurt, S.W. & Schnurr, P.P. (1992). 'Using daily ratings to confirm premenstrual syndrome/late luteal phase dysphoric disorder: I. and II.': Comment. *Psychosomatic Medicine, 54*, 723–725.

Hurt, W., Schnurr, P.P., Severino, S.K., Freeman, E.W., Gise, L.H., Rivera-Tovar, A. & Steege, J.E. (1992). Late-luteal phase dysphoric disorders in 670 women evaluated for premenstrual complaints. *American Journal of Psychiatry, 149*, 525–530.

Huston, M. & Schwartz, P. (1995). The relationships of lesbians and of gay men. In J.T. Wood & S. Duck. (Eds). *Under-studied relationships: Off the beaten track.* (pp. 89–121). Thousand Oaks, CA: Sage Publications.

Hutton, D.G. & Baumeister, R.F. (1992). Self-awareness and attitude change: Seeing oneself on the central route to persuasion. *Personality and Social Psychology Bulletin, 18*, 68–75.

Iacoboni, M. (2009). *Mirroring people: The science of empathy and how we connect with others.* New York: Picador.

Iacono, W.G. & Lykken, D.T. (1997). Forensic 'lie detection': Procedures without scientific basis. *Journal of Applied Psychology, 82*, 426–433.

Ickes, W., Park, A. & Robinson, R. (2012). F#!%ing rudeness: predicting the propensity to verbally abuse strangers. *Journal of Language and Social Psychology, 31*, 75–94

Idler, E.L. & Binyamini, Y. (1997). Self-rated health and mortality: A review of 27 community studies. *Journal of Health and Social Behavior, 38*, 21–37.

Imada, T. & Kitayama, S. (2010). Social eyes and choice justification: Culture and dissonance revisited. *Social Cognition, 28*, 589–608.

Inglehart, R. (1987). Extremist political positions and perceptions of conspiracy: Even paranoids have real enemies. In C.F. Graumann & S. Moscovici (Eds), *Changing conceptions of conspiracy* (pp. 231–244). New York: Springer-Verlag.

Insko, C.A. (1964). Primacy versus recency in persuasion as a function of the timing of arguments and measures. *Journal of Abnormal and Social Psychology, 69*, 381–391.

Ip, G.W. & Bond, M.H. (1995). Culture, values and the spontaneous self-concept. *Asian Journal of Psychology, 1*, 29–35.

Isaacson, W. (2011). *Steve Jobs.* New York: Simon & Schuster.

Isen, A.M. (1970). Success, failure, attention and reaction to others. *Journal of Personality and Social Psychology, 15*, 294–301.

Isenberg, D.J. (1986). Group polarization: A critical review and meta-analysis. *Journal of Personality and Social Psychology, 50*, 1141–1151.

Iverson, J.M. & Goldin-Meadow, S. (1998). Why people gesture as they speak. *Nature, 396*, 228.

Izzett, R. & Fishman, L. (1976). Defendant sentences as a function of attractiveness and justification for actions. *Journal of Social Psychology, 100*, 285–290.

Jacoby, L.L., Kelley, C., Brown, J. & Jasechko, J. (1989). Becoming famous overnight: Limits on the ability to avoid unconscious influences of the past. *Journal of Personality and Social Psychology, 56*, 326–338.

Jaffe, P., Wolfe, D., Wilson, S. & Zak, L. (1986). Similarities in behavioural and social adjustment among child victims and witnesses to family violence. *American Journal of Orthopsychiatry, 56*, 142–146.

Jamieson, D.W., Lydon, J.E. & Zanna, M.P. (1987). Attitude and activity preference similarity: Differential bases of interpersonal attraction for low and high self-monitors. *Journal of Personality and Social Psychology, 53*, 1052–1060.

Jamous, H. & Lemaine, W. (1962). Compétition entre groupes d'inégales resources. Expérience dans un cadre naturel. *Psychologie française, 7*, 216–222.

Janis, I.L. (1951). Air war and emotional stress: Psychological studies of bombing and civilian defense. New York: McGraw-Hill.

Janis, I.L. (1958). *Psychological stress.* New York: Wiley.

Janis, I.L. (1972). *Victims of groupthink.* Boston: Houghton Mifflin.

Janis, I.L. (1982). *Groupthink* (2nd ed.). Boston: Houghton Mifflin.

Janis, I.L. & Feshbach, S. (1953). Effects of fear-arousing communications. *Journal of Abnormal and Social Psychology, 48*, 78–92.

Janis, I.L. & Hovland, C.I. (1959). An overview of persuasibility research. In C.I. Hovland & I.L. Janis (Eds), *Personality and persuasibility* (pp. 1–28). New Haven, CT: Yale University Press.

Jankowiak, W. (1995). *Romantic passion: A universal experience?* New York: Columbia University Press.

Janowski, C.L. & Malloy, T.E. (1992). Perceptions and misperceptions of leadership: Components, accuracy and dispositional correlates. *Personality and Social Psychology Bulletin, 18*, 700–708.

Janz, N.K. & Becker, M.H. (1984). The health belief model: A decade later. *Health Education Quarterly, 11*, 1–47.

Javidan, M. & House, R.J. (2001). Cultural acumen for the global manager: Lessons from Project GLOBE. *Organizational Dynamics, 29*, 289–305.

Jaworski, A. (1999). The power of silence in communication. In L.K. Guerrero, J.A. DeVito & M.L. Hecht (Eds), *The nonverbal communication reader* (pp. 156–162). Prospect Heights, IL: Waveland Press.

Jenkins, A.C. & Mitchell, J.P. (2011). Medial prefrontal cortex subserves diverse forms of self-reflection. *Social Neuroscience, 6*, 211–218.

Jessor, R. (1993). Successful adolescent development among youth in high-risk settings. *American Psychologist, 48*, 117–126.

Jessor, R., Donovan, J.E. & Widmer, K. (1980). Psychosocial factors in adolescent alcohol and drug use: The 1978 national sample study and the 1974–78 panel study. Boulder, CO: Institute of Behavioral Science, University of Colorado. 1–161 (unpublished report).

Jessor, R. & Jessor, S.L. (1977). *Problem behavior and psychosocial development: A longitudinal study of youth.* New York: Academic Press.

Jha, P.K., Yadav, K.P. & Kumari, U. (1997). Gender difference and religio-cultural variation in altruistic behaviour. *Indian Journal of Psychometry and Education, 28*, 105–108.

Jia, L., Hirt, E.R. & Karpen, S.C. (2009). Lessons from a faraway land: The effects of spatial distance on creative cognition. *Journal of Experimental Social Psychology, 45*, 1127–1131.

Jin, S-A.A (2011). My avatar behaves well and this feels right. *Social Behavior and Personality, 39,* 1175–1182.

Joad, C.E.M. (1957). *Guide to philosophy.* New York: Dover.

Johansson, G., Collins, A. & Collins, V.P. (1983). Male and female psychoneuroendocrine response to examination stress: A case report. *Motivation and Emotion, 7,* 1–9.

Johnson, B.T. & Eagly, A.H. (1989). Effects of involvement on persuasion: A meta-analysis. *Psychological Bulletin, 106,* 290–314.

Johnson, D.M. (1945). The 'Phantom Anesthetist' of Mattoon: A field study of mass hysteria. *The Journal of Abnormal and Social Psychology, 40,* 175–186.

Johnson, J.E. & Leventhal, H. (1974). Effects of accurate expectations and behavioral instructions on reactions during a noxious medical examination. *Journal of Personality and Social Psychology, 29,* 710–718.

Johnson, R.D. & Downing, L.L. (1979). Deindividuation and valence of cues: Effects on prosocial and antisocial behavior. *Journal of Personality and Social Psychology, 37,* 1532–1538.

Johnson, R.D., Stone, D.L. & Nichole, P.T. (2008). Relations among ethnicity, gender beliefs, attitudes and intentions to pursue a career in information technology. *Journal of Applied Social Psychology, 38,* 999–1022.

Johnson, R.N. (1972). *Aggression in man and animals.* Philadelphia: Saunders.

Johnson, R.W., Kelly, R.J. & Leblanc, B.A. (1995). Motivational basis of dissonance: Aversive consequences or inconsistency? *Personality and Social Psychology Bulletin, 21,* 850–855.

Jonason, P.K., Webster, G.D., Schmitt, D.P., Li, N.P. & Crysel, L. (2012). The antihero in popular culture: Life history theory and the dark triad personality traits. *Review of General Psychology, 16,* 192–199.

Jones, E.E. & Baumeister, R. (1976). The self-monitor looks at the ingratiator. *Journal of Personality, 44,* 654–674.

Jones, E.E. & Davis, K.E. (1965). From acts to dispositions: The attribution process in person perception. In L. Berkowitz (Ed.), *Advances in experimental social psychology* (Vol. 2). (pp. 220–266). New York: Academic Press.

Jones, E.E., Davis, K.E. & Gergen, K. (1961). Role playing variations and their informational value for person perception. *Journal of Abnormal and Social Psychology, 63,* 302–310.

Jones, R.A. (1990). Expectations and delay in seeking medical care. *Journal of Social Issues, 46* (2), 81–95.

Jones, E.E. & Harris, V.A. (1976). The attribution of attitude. *Journal of Experimental Psychology, 3,* 1–24.

Jones, E.E. & Pittman, T.S. (1982). Towards a general theory of strategic self-presentation. In J. Suls (Ed.), *Psychological perspectives on the self* (pp. 231–262). Hillsdale, NJ: Erlbaum.

Jong, J.T., Kao, T., Lee, L.Y., Huang, H.H., Lo, P.T. & Wang, H.C. (2010). Can temperament be understood at birth? The relationship between neonatal pain cry and their temperament: A preliminary study. *Infant Behavioral Development, 33,* 266–272.

Josephson, W.L. (1987). Television violence and children's aggression: Testing the priming, social script, and disinhibition predictions. *Journal of Personality and Social Psychology, 53,* 882–890.

Jost, J.T., Federico, C.M. & Napier, J.L. (2009). Political ideology: Its structure, functions, and elective affinities. *Annual Review of Psychology, 60,* 307–337.

Jost, J.T., Glaser, J., Kruglanski, A.W. & Sulloway, F. (2003). Political conservatism as motivated social cognition. *Psychological Bulletin, 129,* 339–375.

Jost, J.T., Kivetz, Y., Rubini, M., Guermandi, G. & Mosso, C. (2005). System-justifying functions of complementary regional and ethnic stereotypes: Cross-national evidence. *Social Justice Research, 18,* 305–333.

Joule, R.V., Gouilloux, F., and Weber, F. (1989). The lure: A new compliance procedure. *Journal of Social Psychology, 129,* 741–749.

Jowett, G.S. & O'Donnell, V. (1992). *Propaganda and persuasion, Second Edition.* London: Sage.

Jussim, L., Madon, S. & Chapman, C. (1994). Teacher expectations and student achievement: Self-fulfilling prophecies, biases and accuracy. In L. Heath, R.S., Tindale, J. Edwards, E. Posovac, F.B. Bryant, E. Henderson-King, Y. Suarez-Balcazar & J. Myers (Eds), *Applications of heuristics and biases to social issues* (pp. 303–333). New York: Plenum Press.

Jussim, L.J., McCauley, C.R. & Lee, Y. (1995). Why study stereotype accuracy and inaccuracy?

In Y. Lee & L.J. Jussim (Eds), *Stereotype accuracy: Toward appreciating group differences* (pp. 3–27). Washington, DC: American Psychological Association.

Kahneman, D. (2011). *Thinking fast and slow.* New York: Farrar, Straus and Giroux.

Kahneman, D., Knetsch, J.L. & Thaler, R.H. (1990). Experimental tests of the endowment effect and the Coase Theorem. *Journal of Political Economy, 98*, 1325–1348.

Kahneman, D. & Tversky, A. (1982). The simulation heuristic. In D. Kahneman, P. Slovic & A. Tversky (Eds), *Judgements under uncertainty: Heuristics and biases.* New York: Cambridge University Press.

Kaiser, F.G., Byrka, K. & Hartig, T. (2010). Reviving Campbell's paradigm for attitude research. *Personality and Social Psychology Review, 14*, 351–367.

Kaiser, R. B., McGinnis, J. & Overfield, D. V. (2012). The how and the what of leadership. *Consulting Psychology Journal: Practice and Research, 64*, 119–135.

Kalick, S.M. & Hamilton, T.E. (1988). A closer look at a matching simulation. *Journal of Personality and Social Psychology, 54*, 447–452.

Kalick, S.M., Zebrowitz, L.A., Langlois, J.H. & Johnson, R.M. (1996, August 9–13). *Does attractiveness advertise health or are we blinded by beauty?* American Psychological Association, Toronto.

Kalin, R. & Berry, J.W. (1982). The social ecology of ethnic attitudes in Canada. *Canadian Journal of Behavioural Science, 14*, 97–109.

Kalin, R. & Hodgins, D.C. (1984). Sex bias in judgements of occupational suitability. *Canadian Journal of Behavioural Science, 16*, 311–325.

Kalman, Y.M. & Rafaeli, S. (2011). Online pauses and silence: Chronemic expectancy violations in written computer-mediated communication. *Communication Research, 38*, 54–69.

Kamas, L. & Preston, A. (2012). The importance of being confident: Career choice and willingness to compete. *Journal of Economic Behavior and Organization, 83*, 82–97.

Kamin, L.J. (1974). *The science and politics of I.Q.* New York: Halsted Press.

Kandel, D.B. (1978a). Convergences in prospective longitudinal surveys of drug use in normal populations. In D.B. Kandel (Ed.), *Longitudinal research on drug use: Empirical findings and methodological issues.* Washington, DC: Hemisphere.

Kandel, D.B. (1978b). Similarity in real-life adolescent friendship pairs. *Journal of Personality and Social Psychology, 36*, 306–312.

Kanekar, S. (2001). Helping norms in relation to religious affiliation. *Journal of Social Psychology, 141*, 617–626.

Kanner, A.D., Coyne, J.C., Schaefer, C. & Lazarus, R.S. (1981). Comparison of two models of stress measurement: Daily hassles and uplifts versus major life events. *Journal of Behavioral Medicine, 4*, 1–29.

Kaplan, M.F. & Martin, A.N. (2006). *Understanding world jury systems through social psychological research.* New York: Psychology Press.

Karau, S.J. & Hart, J.W. (1998). Group cohesiveness and social loafing: Effects of a social interaction manipulation on individual motivation within groups. *Group Dynamics, 2*, 185–191.

Karau, S.J. & Williams, K.D. (1993). Social loafing: A meta-analytic review and theoretical integration. *Journal of Personality and Social Psychology, 65*, 681–706.

Karlins, M. & Abelson, H.I. (1970). *How opinions and attitudes are changed* (2nd ed.). New York: Springer.

Karlins, M., Coffman, T.L. & Walters, G. (1969). On the fading of social stereotypes: Studies in three generations of college students. *Journal of Personality and Social Psychology, 13*, 1–16.

Karpf, A. (2006). *The human voice: The story of a remarkable talent.* London: Bloomsbury Publishing.

Kärtner, J., Keller, H., & Chaudhary, N. (2010). Cognitive and social influences on early prosocial behavior in two socio-cultural contexts. *Developmental Psychology, 46*, 905–914.

Kassin, S.M. & Barndollar, K.A. (1992). The psychology of eyewitness testimony: A comparison of experts and prospective jurors. *Journal of Applied Social Psychology, 22*, 1241–1249.

Kassin, S.M., Reddy, M.E. & Tulloch, W.F. (1990). Juror interpretation of ambiguous evidence: The need for cognition, presentation order and persuasion. *Law and Human Behavior, 14*, 43–55.

Katz, D. & Braly, K. (1933). Racial stereotypes of one hundred college students. *Journal of Abnormal and Social Psychology, 28*, 280–290.

Katz, E. & Lazarsfeld, P.F. (1955). *Personal influence: The part played by people in the flow of mass communication.* Glencoe, IL: Free Press.

Katz, I. & Hass, R.G. (1988). Racial ambivalence and American value conflict: Correlational and priming studies of dual cognitive structures. *Journal of Personality and Social Psychology, 55,* 893–905.

Kawachi, I., Kennedy, B.P. & Wilkinson, R.G. (1999). Crime: Social disorganization and relative deprivation. *Social Science & Medicine, 48,* 719–731.

Kawamura S., Komori, M. & Miyamoto, Y. (2008). Smiling reduces masculinity: Principal component analysis applied to facial images. *Perception,* 37, 1637–1648.

Kawashima, R., Sugiura, M., Kato, T., Nakamura, A., Hatano, K., Ito, K., Fukuda, H., Kojima, S. & Nakamura, K. (1999). The human amygdala lays an important role in gaze monitoring: A PET study. *Brain, 122,* 779–783. Cited by McRae et al. (2002).

Kay, A.C., Jimenez, M. & Jost, J.T. (2002). Sour grapes, sweet lemons and the anticipatory rationalization of the status quo. *Personality and Social Psychology Bulletin, 28,* 1300–1312.

Kayser, D.K., Greitemeyer, T., Fischer, P. & Frey, D. (2010). Why mood affects help giving, but not moral courage: Comparing two types of prosocial behaviour. *European Journal of Social Psychology, 40,* 1136–1157.

Keashly, L. & Fisher, R.J. (1996). A contingency perspective on conflict interventions: Theoretical and practical considerations. In J. Bercovitch (Ed.), *Resolving international conflicts: The theory and practice of mediation* (pp. 235–261). Boulder, CO: Lynne Rienner Publishers.

Keashly, L., Fisher, R.J. & Grant, P.R. (1993). The comparative utility of third party consultation and mediation within a complex simulation of intergroup conflict. *Human Relations, 46,* 371–391.

Keating, J.P. & Loftus, E.F. (1981). The logic of fire escape. *Psychology Today, 15*(6), 14–18.

Keefe, J.M. & Fancey, P.J. (2002). Work and eldercare: Reciprocity between older mothers and their employed daughters. *Canadian Journal on Aging, 21,* 229–241.

Keelan, J.P.R., Dion, K.L. & Dion, K.K. (1994). Attachment style and heterosexual relationships among young adults: A short-term panel study. *Journal of Personal and Social Relationships, 11,* 201–214.

Keinan, G. & Hobfoll, S.E. (1989). Stress, dependency and social support: Who benefits from the husband's presence in delivery? *Journal of Social and Clinical Psychology, 8,* 32–44.

Kelley, H.H. (1950). The warm-cold variable in first impressions of persons. *Journal of Personality, 18,* 431–439.

Kelley, H.H. (1972). Attribution in social interaction. In E.E. Jones, D.E. Kanouse, H.H. Kelley, R.E. Nisbett, S. Valins & B. Weiner (Eds), *Attribution: Perceiving the causes of behavior* (pp. 1–26). Morristown, NJ: General Learning Press.

Kelly, L.E. & Conley, J.J. (1987). Personality and compatibility: A prospective analysis of marital stability and marital satisfaction. *Journal of Personality and Social Psychology, 52,* 27–40.

Kelley, H.H. & Stahelski, A.J. (1970). The social interaction basis of cooperators' and competitors' beliefs about others. *Journal of Personality and Social Psychology, 16,* 66–91.

Kelman, H.C. (1958). Compliance, identification, and internalization: Three processes of attitude change. *Journal of Conflict Resolution, 2,* 51–60.

Kelman, H.C. (1961). Processes of opinion change. *Public Opinion Quarterly, 25,* 57–78.

Kelman, H.C. (1967). Human use of human subjects: The problem of deception in social psychological experiments. *Psychological Bulletin, 67,* 1–11.

Kempf, D.S. (1999). Attitude formation from product trial: Distinct roles of cognition and affect for hedonic and functional products. *Psychology & Marketing, 16,* 35–50.

Kennedy, T.D. & Haygood, R.C. (1992). The discrediting effect in eyewitness testimony. *Journal of Applied Social Psychology, 22,* 70–82.

Kennedy-Kollar, D. & Charles, C.A.D. (2012). Hegemonic masculinity and mass murderers in the United States. *The Southwest Journal of Criminal Justice, 8,* 61–73.

Kenrick, D.T. & Cialdini, R.B. (1977). Romantic attraction: Misattribution versus reinforcement explanations. *Journal of Personality and Social Psychology, 35,* 381–391.

Kenrick, D.T., Li, N.P. & Butner, J. (2003). Dynamical evolutionary psychology: Individual decision rules and emergent social norms. *Psychological Review, 110,* 3–28.

Kenworthy, J.B., Miller, N., Collins, B.E., Read, S.J. & Earleywine, M. (2011). A trans-paradigm theoretical synthesis of cognitive dissonance theory:

Illuminating the nature of discomfort. *European Review of Social Psychology, 22,* 36–113.

Kerckhoff, A.C. & Davis, K.E. (1962). Value consensus and need complementarity in mate selection. *American Sociological Review, 27,* 295–303.

Kernis, M.H., Grannemann, B.D. & Barclay, L.C. (1989). Stability and level of self-esteem as predictors of anger arousal and hostility. *Journal of Personality and Social Psychology, 56,* 1013–1022.

Kerr, N. L. & Hertel, G. (2011). The Köhler Group Motivation Gain: How to motivate the 'weak links' in groups. *Social and Personality Psychology Compass, 5,* 43–55.

Kerr, N.L., Messé, D-H., Sambolec, R.B. & Park, E.S. (2007). Psychological mechanisms underlying the Köhler motivation gain. *Personality and Social Psychology Bulletin, 33,* 828–841.

Kershaw, I. S (1998). *Hitler 1889–1936: Hubris.* New York: W.W. Norton.

Keyes, C.L.M., Shmotkin, D. & Ryff, C.D. (2002). Optimizing well-being: The empirical encounter of two traditions. *Journal of Personality and Social Psychology, 82,* 1007–1022.

Keyes, R. (1980). *The height of your life.* Boston: Little, Brown.

Kidd, R.F. & Chayet, E.F. (1984). Why do victims fail to report? The psychology of criminal victimization. *Journal of Social Issues, 40,* 39–50.

Kiecolt-Glaser, J.K., McGuire, L., Robles, T.F. & Glaser, R. (2002). Psychoneuroimmunology: Psychological influences on immune function and health. *Journal of Consulting and Clinical Psychology, 70,* 537–547.

Kiecolt-Glaser, J.K. & Newton, T.L. (2001). Marriage and health: His and hers. *Psychological Bulletin, 127,* 472–503.

Kiesler, C.A. (1968). Commitment. In R.P. Abelson, E. Aronson, W.J. McGuire, T.H. Newcomb, M.J. Rosenberg & P.H. Tannenbaum (Eds), *Theories of cognitive consistency: A sourcebook* (pp. 448–455). Skokie, IL: Rand-McNally.

Kiesler, C.A. & Pallak, M.S. (1976). Arousal properties of dissonance manipulations. *Psychological Bulletin, 83,* 1014–1025.

Kihlstrom, J.F., Cantor, N., Albright, J.S., Chew, B.R., Klein, S.B. & Niedenthal, P.M. (1988). Information processing and the study of the self. In L. Berkowitz (Ed.), *Advances in experimental social psychology* (Vol. 21). (pp. 145–178). New York: Academic Press.

Kilham, W. & Mann, L. (1974). Level of destructive obedience as a function of transmitter and executant roles in the Milgram obedience paradigm. *Journal of Personality and Social Psychology, 29,* 692–702.

Killian, L.M. (1952). The significance of multiple-group membership in a disaster. *American Journal of Sociology, 57,* 309–314.

Kim, H.S., Sherman, D.K. & Taylor, S.E. (2009). The irony of cultural psychology research. *American Psychologist, 64,* 564–565.

Kim, Y.H., Cohen, D. & Au, W. (2010). The jury and abjury of my peers. The self in face and dignity cultures. *Journal of Personality and Social Psychology, 98,* 904–916.

Kim, Y.S., Barak, G. & Shelton, D.E. (2009). Examining the 'CSI-effect' in the cases of circumstantial evidence and eyewitness testimony: Multivariate and path analyses. *Journal of Criminal Justice, 37,* 452–460.

Kimmell, A.J. (2011). Deception in psychological research – A necessary evil? *The Psychologist, 24,* 580–585.

King, K.B., Reis, H.T., Porter, L.A. & Norsen, L.H. (1993). Social support and long-term recovery from coronary artery surgery: Effects on patients and spouses. *Health Psychology, 12,* 56–63.

Kipnis, D. (1972). Does power corrupt? *Journal of Personality and Social Psychology, 24,* 33–41.

Kitayama, S. & Markus, H.R. (1994). Culture and the self: How culture influences how we view ourselves. In D. Matsumoto (Ed.), *People: Psychology from a cultural perspective* (pp. 17–37). Pacific Grove, CA: Brooks/Cole.

Kitayama, S., Markus, H.R., Matsumoto, H. & Norasakkunkit, V. (1997). Individual and collective processes of self-esteem management: Self-enhancement in the United States and self-depreciation in Japan. *Journal of Personality and Social Psychology, 72,* 1245–1267.

Kitterman, D.H. (1988). Those who said 'no': Germans refuse to execute civilians during World War II. *German Studies Review, 11,* 241–254.

Kitterman, D.H. (1991). Those who said 'no' to the Holocaust. *Nonviolent Sanctions, 2*(4), 3.

Kiyonari, T. & Barclay, P. (2008). Cooperation in social dilemmas: Free riding may be thwarted by second-order reward rather than by punishment.

Journal of Personality and Social Psychology, 95, 826–842.

Klama, J. (1988). *Aggression.* Burnt Hill: Longman.

Klapp, O.E. (1972). *Currents of unrest.* New York: Holt, Rinehart & Winston.

Klapwijk, A. & Van Lange, P.A.M. (2009). Promoting cooperation and trust in 'noisy' situations: The power of generosity. *Journal of Personality and Social Psychology, 96,* 83–103.

Klein, J.G. (1991). Negative effects in impression formation: A test in the political arena. *Personality and Social Psychology Bulletin, 17,* 412–418.

Klein, K.J. & House, R.J. (1998). On fire: Charismatic leadership and levels of analysis. In F. Dansereau & F.J. Yammarino (Eds), *Leadership: The multiple-level approaches: Contemporary and alternative. Monographs in organizational behavior and industrial relations, 24,* Part B. (pp. 3–52). Stamford, CT: JAI Press, Inc.

Kliger, D. & Kudryavtsev, A. (2010). The availability heuristic and investors' reaction to company-specific events. *Journal of Behavioral Finance, 11,* 50–65.

Klinesmith, J., Kasser, T. & McAndrew, F.T. (2006). Guns, testosterone, and aggression: an experimental test of a mediational hypothesis. *Psychological Science, 17,* 568–571.

Kling, K.C., Hyde, J.S., Showers, C.J. & Buswell, B.N. (1999). Gender differences in self-esteem: A meta-analysis. *Psychological Bulletin, 125,* 470–500.

Klohn, L.S. & Rogers, R.W. (1991). Dimensions of the severity of a health threat: The persuasive effects of visibility, time of onset and rate of onset on young women's intentions to prevent osteoporosis. *Health Psychology, 10,* 323–329.

Knafo, A., Israel, S. & Ebstein, R.P. (2011). Heritability of children's prosocial behaviour and differential susceptibility to parenting by variation in the dopamine receptor D4 gene. *Development and Psychopathology, 23,* 53–67.

Knafo, A., Schwartz, S. H. & Levine, R. V. (2009). Helping strangers is lower in embedded cultures. *Journal of Cross-Cultural Psychology, 40,* 875–879.

Knapp, M.L. & Hall, J.A. (1992). *Nonverbal communication in human interaction* (3rd ed.). Fort Worth, TX: Harcourt Brace.

Knox, R.E. & Inkster, J.A. (1968). Postdecision dissonance at post time. *Journal of Personality and Social Psychology, 8,* 319–323.

Koenig, A.M., Eagly, A.H., Mitchell, A.A. & Ristikari, T. (2011). Are leader stereotypes masculine? A meta-analysis of three research paradigms. *Psychological Bulletin, 137,* 616–642.

Koenig, K. (1985). *Rumor in the marketplace.* Dover, MA: Auburn House.

Kogan, N. & Wallach, M.A. (1967). Risk taking as a function of the situation, the person, and the group. In G. Mandler, P. Mussen, N. Kogan & M.A. Wallach (Eds), *New directions in psychology III.* New York: Holt, Rinehart & Winston.

Köhler, O. (1926). Kraftleistungen bei Einzel- und Gruppenabeit [Physical performance in individual and group situations]. *Industrielle Psychotechnik, 3,* 274–282.

Kohnken, G. & Maass, A. (1988). Eyewitness testimony: False alarms on biased instructions? *Journal of Applied Psychology, 73,* 363–370.

Kollmuss, A. & Agyeman, J. (2002). Mind the gap: Why do people act environmentally and what are the barriers to pro-environmental behavior? *Environmental Education Research, 8,* 239–260.

Komorita, S.S., Hilty, J.A. & Parks, C.D. (1991). Reciprocity and cooperation in social dilemmas. *Journal of Conflict Resolution, 35,* 494–518.

Komorita S.S. & Parks, C.D. (1995). Interpersonal relations: Mixed-motive interaction. *Annual Review of Psychology, 46,* 183–207.

Koole, S.L., Dijksterhuis, A. & van Knippenberg, A. (2001). What's in a name? Implicit self-esteem and the automatic self. *Journal of Personality and Social Psychology, 80,* 669–685.

Kormos, J., Kiddle, T. & Csizér, K. (2011). Systems of goals, attitudes, and self-elated beliefs in second-language-learning motivation. *Applied Linguistics, 32,* 495–516.

Korte, C. & Kerr, N. (1975). Response to altruistic opportunities in urban and non-urban settings. *The Journal of Social Psychology, 95,* 183–184.

Kosfeld, M., Heinrichs, M., Zak, P.J., Fishchbacher, U. & Feh, E. (2005). Oxytocin increases trust in humans. *Nature, 435,* 673–676.

Kosson, D.S., Suchy, Y., Mayer, A.R. & Libby, J. (2002). Facial affect recognition in criminal psychopaths. *Emotion, 2,* 398–411.

Kouzakova, M., Ellemers, N., Harinck, F. & Scheepers, D. (2012). The implications of value conflict: How disagreement on values affects self-involvement and perceived common ground.

Krahé, B., Busching, R. & Möller, I. (2012). Media violence use and aggression among German adolescents: Associations and trajectories of change in a three-wave longitudinal study. *Psychology of Popular Media Culture, 1*, 152–166.

Krahé, B., Möller, I., Huesmann, L., Kirwil, L., Felber, J. & Berger, A. (2011). Desensitization to media violence: Links with habitual media violence exposure, aggressive cognitions, and aggressive behavior. *Journal of Personality and Social Psychology, 100*, 630–646.

Kramer, R.M. (1998). Revisiting the Bay of Pigs and Vietnam decisions 25 years later: How well has the groupthink hypothesis stood the test of time? *Organizational Behavior and Human Decision Processes, 73*, 236–271.

Krantz, M.J. & Johnson, L. (1978). Family members' perceptions of communications in late-stage cancer. *International Journal of Psychiatry in Medicine, 8*, 203–216.

Kraus, S.J. (1995). Attitudes and the prediction of behavior: A meta-analysis of the empirical literature. *Personality and Social Psychology Bulletin, 21*, 58–75.

Krauss, R.M., Freyberg, R. & Morsella, E. (2002). Inferring speakers' physical attributes from their voices. *Journal of Experimental Social Psychology*, 38, 618–625.

Krauss, R.M. & Pardo, J.S. (2006). Speaker perception and social behaviour: Bridging social psychology and speech science. In P.A.M. van Lange (Ed.), *Bridging Social Psychology: The Benefits of Transdisciplinary Approaches* (pp. 273–278). Hillsdale, NJ: Erlbaum.

Kraut, R.E. (1978). Verbal and non-verbal cues in the detection of lying. *Journal of Personality and Social Psychology, 36*, 380–391.

Kraut, R.E., Patterson, M., Lundmark, V., Kiesler, S., Mukopadhyay, T. & Scherlis, W. (1998). Internet paradox: A social technology that reduces social involvement and psychological well-being. *American Psychologist, 53*, 1017–1031.

Kraut, R.E. & Poe, D. (1980). Behavioral roots of person perceptions: The deception judgements of the customs inspectors and laymen. *Journal of Personality and Social Psychology, 39*, 784–798.

Krebs, D.L. (1970). Altruism: An examination of the concept and a review of the literature. *Psychological Bulletin, 73*, 258–302.

Krebs, D.L. & Adinolfi, A.H. (1975). Physical attractiveness, social relations and personality style. *Journal of Personality and Social Psychology, 31*, 245–253.

Krebs, D.L. & Miller, D.T. (1985). Altruism and aggression. In G. Lindzey & E. Aronson (Eds), *Handbook of social psychology* (3rd ed.). (Vol. 2). (pp. 1–71). New York: Random House.

Krefting, L.A., Berger, P.K. & Wallace, M.J. (1978). The contribution of sex distribution, job content, and occupational classification to job sex-typing: Two studies. *Journal of Vocational Behavior, 13*, 181–191.

Kreiner, D.S. (2011). Language and culture: Commonality, variation, and mistaken assumptions. In K.D. Keith (Ed.), *Cross-cultural psychology: Contemporary themes and perspectives*. West Sussex, England: Blackwell Publishing Limited, (pp. 383–399).

Kristiansen, C.M. (1986). A two-value model of preventive health behavior. *Basic and Applied Social Psychology, 7*, 173–183.

Kristiansen, C.M. & Matheson, K. (1990). Value conflict, value justification, and attitudes toward nuclear weapons. *Journal of Social Psychology, 130*, 665–675.

Kristiansen, C.M. & Zanna, M.P. (1988). Justifying attitudes by appealing to values: A functional perspective. *British Journal of Social Psychology, 27*, 247–256.

Kroger, R.O. & Wood, L.A. (1992). Whatever happened to language in social psychology? *Canadian Psychology, 33*, 584–594.

Krosnick, J.A. & Alwin, D.F. (1989). Aging and susceptibility to attitude change. *Journal of Personality and Social Psychology, 57*, 416–425.

Krosnick, J.A. & Petty, R.E. (1995). Attitude strength: An overview. In R.E. Petty & J.A. Krosnick (Eds), *Attitude strength: Antecedents and consequences; Ohio State University series on attitudes and persuasion*. (Vol. 4). (pp. 1–24). Mahwah, NJ: Lawrence Erlbaum Associates.

Krueger, J. (1998). Enhancement bias in descriptions of self and others. *Personality and Social Psychology Bulletin, 24*, 505–516.

Krug, K. (2007). The relationship between confidence and accuracy: Current thoughts of the literature and a new area of research. *Applied Psychology in Criminal Justice, 3,* 7.

Kruger, J., Eply, N., Parker, J. & Ng, Z-W, (2005). Egocentrism over e-mail: Can we communicate as well as we think? *Journal of Personality and Social Psychology, 89,* 925–936.

Kruglanski, A.W. (1987). Blame-placing schemata and attribution research. In C.F. Graumann & S. Moscovici (Eds), *Changing conceptions of conspiracy* (pp. 191–202). New York: Springer-Verlag.

Kruglanski, A.W. (2001). That 'vision thing': The state of theory in social and personality psychology at the edge of the new millennium. Journal of *Personality and Social Psychology, 80,* 871–875.

Krull, D.S. (2001). On partitioning the fundamental attribution error: Dispositionism and the correspondence bias. In G.B. Moscowitz (Ed.), *Cognitive social psychology. The Princeton Symposium on the Legacy and Future of Social Cognition* (pp. 211–227). Manwah, NJ: Erlbaum

Krull, D.S., Loy, M., Lin, J., Wang, C., Chen, S. & Zhao, X. (1999). The fundamental attribution error. Correspondence bias in individualistic and collectivist cultures. *Personality and Social Psychology Bulletin, 25,* 1208–1219.

Kugihara, N. (2001). Effects of aggressive behaviour and group size on collective escape in an emergency: A test between a social identity model and deindividuation theory. *British Journal of Social Psychology, 40,* 575–598.

Kuijer, R.G., Buunk, B.P., bema, J.F. & Wobbes, T. (2002). The relation between perceived inequity, marital satisfaction and emotions among couples facing cancer. *British Journal of Social Psychology, 41,* 39–56.

Kulbok, P.A. & Cox, C.L. (2002). Dimensions of adolescent health behavior. *Journal of Adolescent Health, 31,* 394–400.

Kulik, J.A. & Mahler, H.I.M. (1989a). Stress and affiliation in a hospital setting: Preoperative roommate preferences. *Personality and Social Psychology Bulletin, 15,* 183–193.

Kulik, J.A. & Mahler, H.I.M. (1989b). Social support and recovery from surgery. *Health Psychology, 8,* 221–238.

Kunda, Z. & Oleson, K.C. (1995). Maintaining stereotypes in the face of disconfirmation: Constructing grounds for subtyping deviants. *Journal of Personality and Social Psychology, 65,* 657–669.

Kunda, Z. & Spencer, S.J. (2003). When do stereotypes come to mind and when do they colour judgment? A goal-based theoretical framework for stereotype activation and application. *Psychological Bulletin, 129,* 522–544.

Kunstman, J.W. & Maner, J.K. (2011). Sexual overperception: Power, mating motives, and biases in social judgment. *Journal of Personality and Social Psychology, 100,* 282–294.

Kunstman, J.W. & Plant, E.A. (2008). Racing to help: Racial bias in high emergency helping situations. *Journal of Personality and Social Psychology, 95,* 1499–1510. doi: 10.1037/a0012822

Kurdek, L.A. (1993). Predicting marital dissolution: A five-year prospective longitudinal study of newlywed couples. *Journal of Personality and Social Psychology, 64,* 221–242.

Kurdek, L.A. (2000). Attractions and constraints as determinants of relationship commitment: Longitudinal evidence from gay, lesbian, and heterosexual couples. *Personal Relationships, 7,* 245–262.

Kutner, B., Wilkins, C. & Yarrow, P.R. (1952). Verbal attitudes and overt behavior involving social prejudice. *Journal of Abnormal and Social Psychology, 47,* 649–652.

Kwong, M.J., Bartholomew, K. & Dutton, D.G. (1999). Gender differences in patterns of relationship violence in Alberta. *Canadian Journal of Behavioural Science, 31,* 150–160.

Kyung, E.J., Menon, G. & Trope, Y. (2010). Reconstruction of things past: why do some memories feel so close and others so far away? *Journal of Experimental Social Psychology, 46,* 217–220.

Lachman, M.E. & Andreoletti, C. (2006). Strategy use mediates the relationship between control beliefs and memory performance for middle-aged and older adults. *The Journals of Gerontology: Series B: Psychological Sciences and Social Sciences, 61B(2),* 88–94.

Lai, J. & Linden, W. (1993). The smile of Asia: Acculturation effects on symptoms reporting. *Canadian Journal of Behavioural Science, 25,* 303–313.

Lakoff, R. (1975). *Language and the woman's place.* New York: Harper & Row.

Lalonde, R.N. (1992). The dynamics of group differentiation in the face of defeat. *Personality and Social Psychology Bulletin, 18,* 336–342.

Lalonde, R.N. & Cameron, J.E. (1993). An intergroup perspective on immigrant acculturation with a focus on collective strategies. *International Journal of Psychology, 28*, 57–74.

Lalonde, R.N. & Gardner, R.C. (1984). Investigating a causal model of second language acquisition: Where does personality fit? *Canadian Journal of Behavioural Science, 16*, 224–237.

Lamal, P.A. (1979). College student common beliefs about psychology. *Teaching of Psychology, 6*, 336–342.

Lambert, G. (2012). The marketplace of perceptions. *Harvard Magazine, 375*, 1–15.

Lambert, W.E. (1978). Some cognitive and sociocultural aspects of being bilingual. In J.P. Alatis (Ed.), *International dimensions of bilingual education*. Washington, DC: Georgetown University Press.

Lambert, W.E. (1981). Bilingualism and language acquisition. *Annals of the New York Academy of Sciences, 379*, 9–22.

Lambert, W.E., Gardner, R.C., Barik, H.C. & Tunstall, K. (1963). Attitudinal and cognitive aspects of intensive study of a second language. *Journal of Abnormal and Social Psychology, 66*, 358–368.

Lambert, W.E. & Taylor, D. (1984). Language and the education of ethnic minority children in Canada. In R.J. Samuda, J.W. Berry & M. Laferriere (Eds), *Multiculturalism in Canada*. Toronto: Allyn & Bacon.

Lambrecht, L., Kreifelts, B. & Wildgruber, D. (2012). Age-related decrease in recognition of emotional facial and prosodic expressions. *Emotion, 12*, 529–539.

Landsberg, M. (2009). *The tools of leadership: Vision, inspiration and momentum*. London: Profile Books.

Langer, E.J. (1975). The illusion of control. *Journal of Personality and Social Psychology, 32*, 311–328.

Langer, E.J. (1989). *Mindfulness*. Reading, MA: Addison-Wesley.

Langer, E., Blank, A. & Chanowitz, B. (1978). The mindlessness of ostensibly thoughtful action: The role of 'placebic' information in interpersonal interaction. *Journal of Personality and Social Psychology, 36*, 635–642.

Langer, E.J. & Rodin, J. (1976). The effects of choice and enhanced personal responsibility for the aged: A field experiment in an institutional setting. *Journal of Personality and Social Psychology, 34*, 191–198.

Langfred, C.L. (1998). Is group cohesiveness a double-edged sword? An investigation of the effects of cohesiveness on performance. *Small Groups Research, 29*, 124–143.

Langholtz, H.J. (Ed.) (1998). *The psychology of peacekeeping*. Westport, CT: Praeger.

Langlois, J.H., Kalakanis, L, Rubenstein, A.J., Larson, A., Hallam, M. & Smoot, M. (2000). Maxims or myths of beauty? A meta-analytic and theoretical review. *Psychological Bulletin, 126*, 390–423.

Langlois, J.H. & Roggman, L.A. (1990). Attractive faces are only average. *Psychological Science, 1*, 115–121.

Lansford, J.E., Skinner, A.T., Sorbring, E. & 15 Others (2012). Boys' and girls' relational and physical aggression in nine countries. *Aggressive Behavior, 38*, 298–308.

LaPiere, R.T. (1934). Attitudes vs. actions. *Social Forces, 13*, 230–237.

Larsen, K. (1974). Conformity in the Asch experiment. *Journal of Social Psychology, 94*, 303–304.

Larson, R., Csikszentmihalyi, M. & Graef, R. (1982). Time alone in daily experience: Loneliness or renewal? In L.A. Peplau & D. Perlman (Eds). *Loneliness: A sourcebook of current theory, research and therapy* (pp. 40–53). New York: Wiley.

Lasch, C. (1979). *The culture of narcissism: American life in an age of diminishing expectations*. New York: Norton.

Lasswell, H. (1948). The structure and function of communication in society. In L. Bryson (Ed.), *The communication of ideas* (pp. 117–130). Urbana, IL: University of Illinois Press.

Latané, B. (1981). The psychology of social impact. *American Psychologist, 36*, 343–356.

Latané, B. & Darley, J.M. (1968). Group inhibition of bystander intervention. *Journal of Personality and Social Psychology, 10*, 215–221.

Latané, B. & Darley, J.M. (1969). Bystander 'apathy'. *American Scientist, 57*, 244–268.

Latané, B. & Darley, J.M. (1970). *The unresponsive bystander: Why doesn't he help?* New York: Appleton-Century-Crofts.

Latané, B. & Rodin, J. (1969). A lady in distress: Inhibiting effects of friends and strangers on bystander intervention. *Journal of Experimental Social Psychology, 5*, 187–202.

Latané, B., Williams, K. & Harkins, S. (1979). Many hands make light the work: The causes and consequences of social loafing. *Journal of Personality and Social Psychology, 37,* 822-832.

Latour, S., Houlden, P., Walker, L. & Thibaut, J.W. (1976). Some determinants of preferences for modes of conflict reduction. *Journal of Conflict Resolution, 20,* 319-356.

Latourette, T.R. & Meeks, S. (2000). Perceptions of patronizing speech by older women in nursing homes and in the community: Impact of cognitive ability and place of residence. *Journal of Language and Social Psychology, 19,* 463-473.

Lau, G.D.M., Tyson, G.A. & Bond, M.H. (2009). To punish or to rehabilitate: Sentencing goals as mediators between values, axioms and punitiveness towards offenders. *Journal of Psychology in Chinese Societies, 10,* 57-84.

Lau, R.R., Hartman, K.A. & Ware, J.E. (1986). Health as a value: Methodological and theoretical considerations. *Health Psychology, 5,* 25-43.

Lau, R.R. & Russell, D. (1980). Attribution in sports pages. *Journal of Personality and Social Psychology, 39,* 28-38.

Laursen, B. & Jensen-Campbell, L.A. (1999). The nature and functions of social exchange in adolescent romantic relationships. In W. Furman, B.B. Brown et al. (Eds), *The development of romantic relationships in adolescence: Cambridge studies in social and emotional development* (pp. 50-74). New York: Cambridge University Press.

Lavov, W., Ash, S. & Boberg, C. (2006). The atlas of North American English: Phonetics, phonology, and sound change. Berlin: Walter de Gruyter.

Le, B. & Agnew, C.R. (2003). Commitment and its theorized determinants: A meta-analysis of the investment model. *Personal Relationships, 10,* 37-57.

Lea, M. & Spears, R. (1995). Love at first byte? Building personal relationships over computer networks. In J.T. Wood & S. Duck (Eds), *Understudied relationships: Off the beaten track* (pp. 197-233). Thousand Oaks, CA: Sage.

Leach, M.M. & Harbin, J.J. (2009). Psychological ethics codes: A comparison of 24 countries. *Psychology: IUPsyS Global Resource.* http://e-book.lib.sjtu.edu.cn/iupsys/ethics/ethics_info.htm.

Leaper, C. & Robnett, R.D. (2011). Women are more likely than men to use tentative language, aren't they? A meta-analysis testing for gender differences and moderators. *Psychology of Women Quarterly, 35,* 129-142.

LeBon, G. (1895/1960). *The crowd: A study of the popular mind.* London: Ernest Benn.

Lee, J.A. (1973). Colours of love: an exploration of the ways to loving. Toronto: New Press.

Lee, K. & Ashton, M.C. (2005). Psychopathy, Machiavellianism, and Narcissism in the Five-Factor Model and the HEXACO model of personality structure. *Personality and Individual Differences, 38,* 1571-1582.

Lee, K., Ashton, M.C., Pozzebon, J.A., Visser, B.A. & Bourdage, J.S. (2009). Similarity and assumed similarity in personality reports of well-acquainted persons. *Journal of Personality and Social Psychology, 96,* 460-472.

Lee, S.W.S., Oyserman, D. & Bond, M. (2010). Am I doing better than you? That depends on whether you ask me in English or Chinese: Self-enhancement effects of language as a cultural mindset prime. *Journal of Experimental Social Psychology, 46,* 785-791.

Lefebvre, C.D., Marchand, Y., Smith, S.M. & Connolly, J.F. (2009). Use of event-related brain potentials (ERP's) to assess eyewitness accuracy and deception. *International Journal of Psychophysiology, 73, 218-*225.

Lefkovitz, M., Blake, B.R. & Mouton, M.J. (1955). Status factors in pedestrian violation of traffic signals. *Journal of Abnormal and Social Psychology, 51,* 704-706.

Leith, K.P. & Baumeister, R.F. (1996). Why do bad moods increase self-defeating behavior? Emotion, risk-taking and self-regulation. *Journal of Personality and Social Psychology, 71,* 1250-1267.

Lemaine, G. (1966). Inégalité, comparison et incomparabilité: Esquisse d'une théorie de l'originalité sociale. *Bulletin de Psychologie, 20,* 24-32.

Lemaine, G. (1974). Social differentiation and social originality. *European Journal of Social Psychology, 4,* 17-52.

Lemaine, G. & Kastersztein, J. (1972). Recherches sur l'originalité sociale, la différentiation et l'incomparabilité. *Bulletin de Psychologie, 25,* 673-693.

Lemaine, G., Kastersztein, J. & Personnaz, B. (1978). Social differentiation. In H. Tajfel (Ed.), *Differentiation between social groups: Studies in the social psychology of intergroup relations* (pp. 269-300). London: Academic Press.

Lennox, R.D. & Wolfe, R.N. (1984). Revision of the self-monitoring scale. *Journal of Personality and Social Psychology, 46*, 1349–1364.

Lepper, M.R., Zanna, M.P. & Abelson, R.P. (1970). Cognitive irreversibility in a dissonance reduction situation. *Journal of Personality and Social Psychology, 16*, 191–198.

Lerner, M.J. (1977). The justice motive: Some hypotheses as to its origins and forms. *Journal of Personality, 45*, 1–52.

Lerner, M.J. & Simmons, C.H. (1966). Observer's reaction to the 'innocent victim': Compassion or rejection? *Journal of Personality and Social Psychology, 4*, 203–210.

Leschied, A.W., Cummings, A.L., Van Brunschot, M., Cunningham, A. & Saunders, A. (2001). Aggression in adolescent girls: Implications for policy, prevention, and treatment. *Canadian Psychology, 42*, 200–215.

Lesthaeghe, R. & Meekers, D. (1986). Value changes and the dimensions of familism in the European Community. *European Journal of Population, 2*, 225–268.

Leung, K. (1997). Negotiation and reward allocations across cultures. In P.C. Earley & M. Erez (Eds), *New perspectives on international industrial organizational psychology*. San Francisco: New Lexington. (pp. 640–675).

Leung, K., Bond, M.H., Carment, D.W., Krishnan, L. & Liebrand, W.B.G. (1990). Effects of cultural femininity on preference for methods of conflict processing: A cross-cultural study. *Journal of Experimental Social Psychology, 26*, 373–388.

Leung, K., Brew, F.P., Zhang, Z-X & Zhang, Y. (2011). Harmony and conflict: A cross-cultural investigation in China and Australia. *Journal of Cross-Cultural Psychology, 42*, 795–816.

Leung, L. (2002). Loneliness, self-disclosure and ICQ ('I seek you') use. *CyberPsychology and Behavior, 5*, 241–251.

Levenson, R.W., Ekman, P. & Friesen, W.V. (1990). Voluntary facial action generates emotion-specific autonomic nervous system activity. *Psychophysiology, 27*, 363–384.

Levenson, R.W., Ekman, P., Heider, K. & Friesen, W.V. (1992). Emotion and autonomic nervous system activity in the Minangkabau of West Sumatra. *Journal of Personality and Social Psychology, 62*, 972–988.

Levenson, R.W. & Ruef, A.M. (1992). *Journal of Personality and Social Psychology, 63*, 234–246.

Levenston, G.K., Patrick, C.J., Bradley, M.M. & Lang, P.J. (2000). The psychopath as observer: Emotion and attention in picture processing. *Journal of Abnormal Psychology, 109*, 373–385.

Leventhal, G.S. & Lane, D.W. (1970). Sex, age, and equity behavior. *Journal of Personality and Social Psychology, 15*, 312–316.

Leventhal, G.S., Weiss, T. & Long, G. (1969). Equity, reciprocity, and reallocating the rewards in the dyad. *Journal of Personality and Social Psychology, 13*, 300–315.

Leventhal, H. & Hirschman, R.S. (1982). Social psychology and prevention. In G.S. Sanders & J. Suls (Eds), *Social psychology of health and illness* (pp. 387–401). Hillsdale, NJ: Erlbaum.

Leventhal, H., Meyer, D.C. & Nerenz, D. (1980). The common sense representation of illness danger. In S. Rachman (Ed.), *Medical psychology* (Vol. 2). (pp. 184–211). New York: Pergamon.

Levesque, M.J. & Kenny, D.A. (1993). Accuracy of behavioral predictions at zero acquaintance: A social relations model. *Journal of Personality and Social Psychology, 65*, 1178–1187.

Levine, D. (2000). Virtual attraction: what rocks your boat. *CyberPsychology and Behavior, 3*, 565–573.

Levine, M. & Crowther, S. (2008). The responsive bystander: How social group membership and group size can encourage as well as inhibit bystander intervention. *Journal of Personality and Social Psychology, 95*, 1429–1439.

Levine, R., Sato, S., Hashimoto, T. & Verma, J. (1995). Love and marriage in eleven cultures. *Journal of Cross-Cultural Psychology, 26*, 554–571.

Levine, R.V., Martinez, T.S., Brase, G. & Sorenson, K. (1994). *Journal of Personality and Social Psychology, 67*, 69–82.

Levine, R.V., Norenzayan, A. & Philbrick, K. (2001). Cross-cultural differences in helping strangers. *Journal of Cross-cultural Psychology, 32*, 543–560.

Levinger, G.A. (1979). A social psychological perspective on marital dissolution. In G.A. Levinger & O.C. Moles (Eds). *Divorce and separation*. New York: Basic Books.

Levinger, G.A. & Snoek, J.D. (1972). *Attraction in relationships: A new look at interpersonal attraction*. Morristown, NJ: General Learning.

Levy, B. (1996). Improving memory in old age through implicit self-stereotypes. *Journal of Personality and Social Psychology, 71*, 1092–1107.

Levy, S.M. & Heiden, L.A. (1990). Personality and social factors in cancer outcome. In H.S. Friedman (Ed.), *Personality and disease* (pp. 254–279). New York: Wiley.

Lewin, K. (1948). *Resolving social conflicts.* New York: Harper & Row.

Lewin, K. (1951). *Field theory in social science.* New York: Harper.

Lewin, K., Lippitt, R. & White, R.K. (1939). Patterns of aggressive behavior in experimentally created social climates. *Journal of Social Psychology*, 10, 271–301.

Lewis, R.J., Derlegjt, V.J., Berndt, A., Morris, L.M. & Rose, S. (2001). An empirical analysis of stressors for gay men and lesbians. *Journal of Homosexuality*, 42, 63–88.

Loving, T.J., & Slatcher, R.B. (2013). Romantic relationships and health. In J. Simpson & L. Campbell (Eds), *The Oxford handbook of close relationships* (pp. 617–637). Oxford: New York.

Leyens, J. Ph., Rodriguez, A.P., Rodriguez, R.T., Gaunt, R., Paladino, M.P., Vaes, J. & Demoulin S. (2001). Psychological essentialism and the differential attribution of uniquely human emotions to ingroups and outgroups. *European Journal of Social Psychology*, 31, 395–411.

Lieberman, J.D. (2011). The utility of jury selection: Still murky after 30 years. *Current Directions in Psychological Science*, 20, 48–52.

Liew, J., Eisenberg, N., Losoya, S.H., Fabes, R.A., Guthrie, I.K. & Murphy, B.C. (2003). Children's physiological indices of empathy and their socioemotional adjustment: Does caregivers' expressivity matter? *Journal of Family Psychology*, 17(4), 584–597.

Lifton, R.J. (1986). *The Nazi doctors: Medical killing and the psychology of genocide*. New York: Basic Books.

Lind, E.A., Erickson, B.E., Friedland, N. & Dickenberger, M. (1978). Reactions to procedural models for adjudicative conflict resolution. *Journal of Conflict Resolution*, 22, 318–341.

Lind, E.A., Kurtz, S., Musante, L., Walker, L. & Thibaut, J. (1980). Procedure and outcome effects on reactions to adjudicated resolution of conflicts of interest. *Journal of Personality and Social Psychology*, 39, 643–653.

Linder, D.E., Cooper, J. & Jones, E.E. (1967). Decision freedom as a determinant of the role of incentive magnitude in attitude change. *Journal of Personality and Social Psychology*, 6, 245–254.

Lindsay, R.C.L. Wells, G.L. & O'Connor, F.J. (1989). Mock juror belief of accurate and inaccurate eye-witnesses: A replication and extension. *Law and Human Behavior*, 13, 333–339.

Lipp, R.F. (2001). Tragic, truly tragic: The Commons in modern life. In T.R. Machan (Ed.), *The Commons: Its tragedies and other follies.* (pp. 89–12). Stanford, CA: Hoover Press.

Lippmann, W. (1922). *Public opinion.* New York: The Free Press.

Lipton, J.A. & Marbach, J.J. (1984). Ethnicity and the pain experience. *Social Science & Medicine*, 19, 1279–1288.

Liska, A.E. (1984). A critical examination of the causal structure of the Fishbein/Ajzen attitude-behavior model. *Social Psychology Quarterly*, 47, 61–74.

Littlepage, G.E. & Pineault, M.A. (1979). Detection of deceptive factual statements from the body and the face. *Personality and Social Psychology Bulletin*, 5, 325–328.

Litvack-Miller, W., MacDougall, D. & Romney, D.M. (1997). The structure of empathy during middle childhood and its relationship to prosocial behaviour. *Genetic, Social and General Psychology Monographs*, 123, 303–324.

Lockwood, P. & Kunda, Z. (1997). Superstars and me. Predicting the impact of role models on the self. *Journal of Personality and Social Psychology*, 73, 91–103.

Lockwood, P. (2002). Could it happen to you? Predicting the impact of downward social comparison on the self. *Journal of Personality and Social Psychology*, 82, 343–358.

Lockwood, P. & Kunda, Z. (1999). Increasing salience of one's best selves can undermine inspiration by outstanding role models. *Journal of Personality and Social Psychology*, 76, 214–228.

Lockwood, P., Marshall, T.C. & Sadler, P. (2005). Promoting success or preventing failure: Cultural differences in motivation by positive and negative role models. *Personality and Social Psychology Bulletin*, 31, 379–392.

Loeber, R. & Hay, D.F. (1997). Key issues in the development of aggression and violence from childhood to early adulthood. *Annual Review of Psychology*, 48, 371–410.

Loftus, E.F. (1974). Reconstructing memory: The incredible eyewitness. *Psychology Today*, 8, 116–119.

Loftus, E.F. (1979). *Eyewitness testimony.* Cambridge, MA: Harvard University Press.

Loftus, E.F. (1983). Silence is not golden. *American Psychologist, 38*, 504-572.

Loftus, E.F. (1992). When a lie becomes memory's truth: Memory distortion after exposure to misinformation. *Current Directions in Psychological Science, 1*, 121-123.

Logel, C., Walton, G.M., Spencer, S.J., Iserman, E.C., Von Hippel, W. & Bell, A.E. (2009). Interacting with sexist men triggers social identity threat among female engineers. *Journal of Personality and Social Psychology, 96*, 1089-1103.

Lolliot, S., Schmid, K., Hewstone, M., Al Ramiah, A., Tausch, N. & Swart, H. (2013). Generalized effects of intergroup contact: The secondary transfer effect. In G. Hodson & M. Hewstone, (Eds). *Advances in intergroup contact* (pp. 81-112). New York: Psychology Press.

Lollis, C.M., Johnson, E.H. & Antoni, M.H. (1997), The efficacy of the health belief model for predicting condom usage and risky sexual practices in university students. *AIDS Education and Prevention, 9*, 551-563.

London, P. (1970). The rescuers: Motivational hypotheses about Christians who saved Jews from the Nazis. In J. Macaulay & L. Berkowitz (Eds), *Altruism and helping behavior* (pp. 241-250). New York: Academic Press.

Long, C.R. & Averill, J.R. (2003). Solitude: An exploration of benefits of being alone. *Journal of the Theory of Social Behavior, 33*, 21-44.

Lore, R.K. & Schultz, L.A. (1993). Control of human aggression. *American Psychologist, 48*, 16-25.

LoSchiavo, F.M. & Shatz, M.A. (2009). Reaching the neglected 95%. *American Psychologist, 64*, 571-574.

Lubek, I. (1990). Interactionist theory and disciplinary interactions: Psychology, sociology and social psychology in France. In W. Baker, R. Hezeuijk, B. Hyland & S. Terwee (Eds), *Recent trends in theoretical psychology, 2*, (pp. 347-350). New York: Springer-Verlag.

Luce, T.S. (1974). *The role of experience in inter-racial recognition.* Annual meeting of the American Psychological Association, New Orleans.

Luchins, A.S. (1957). Experimental attempts to minimize the impact of first impressions. In C.I. Hovland et al. (Eds), *The order of presentation in persuasion* (pp. 62-75). New Haven: Yale University Press.

Lund, F.H. (1925). The psychology of belief: IV. The law of primacy in persuasion. *Journal of Abnormal and Social Psychology, 20*, 183-191.

Lussier, Y. & Alain, M. (1986). Attribution et vécu émotionnel post-divorce. *Canadian Journal of Behavioural Science, 18*, 248-256.

Lydon, J.E. (1999). Commitment and adversity: A reciprocal relation. In A. Jeffrey & J. Warren (Eds). *Handbook of interpersonal commitment and relationship stability* (pp. 193-203). New York: Plenum Press.

Lydon, J.E., Fitzsimons, G.M. & Naidoo, L. (2003). Devaluation versus enhancement of attractive alternatives: A critical test using the calibration paradigm. *Personality & Social Psychology Bulletin, 29*, 349-359.

Lydon, J.E., Meana, M., Sepinwall, D., Richards, N. & Mayman, S. (1999). The commitment calibration hypothesis: When do people devalue attractive partners? *Personality and Social Psychology Bulletin, 25*, 152-161.

Lykken, D. (1974). Psychology and the lie detector industry. *American Psychologist, 29*, 725-739.

Lynch, J. (1977). *The broken heart: The medical consequences of loneliness.* New York: Basic Books.

Maass, A. (2009). Cultures two routes to embodiment. *European Journal of Social Psychology, 39*, 1290-1293.

Maass, A., Brigham, J.C. & West, S.G. (1985). Testifying on eyewitness reliability: Expert advice is not always persuasive. *Journal of Applied Social Psychology, 15*, 207-229.

Maass, A. & Clarke, R.D. III. (1984). Hidden impact of minorities: Fifteen years of minority influence research. *Psychological Bulletin, 95*, 428-450.

Maccoby, E.E. (1992). The role of parents in the socialization of children: An historical overview. *Developmental Psychology, 28*, 1006-1017.

MacCoun, R.J. & Kerr, N.L. (1988). Asymmetric influence in mock jury deliberation: Juror's bias for leniency. *Journal of Personality and Social Psychology, 54*, 21-33.

MacDonald, D., Jr. & Majunder, R.K. (1973). On the resolution and tolerance of cognitive inconsistency in another naturally occurring event: Attitudes and beliefs following the Senator Eagleton incident. *Journal of Applied Social Psychology, 3*, 132-143.

MacDonald, T.K. & Zanna, M.P. (1998). Cross-dimension ambivalence toward social groups: Can ambivalence affect intentions to hire feminists? *Personality and Social Psychology Bulletin, 24*, 427-441.

Machery, E. & Barrett, H.C. (2006). Essay review: Debunking adapting minds. *Philosophy of Science*, 73, 232–246.

Macionis, J.J., Clarke, J.M. & Gerber, L.M. (1994). *Sociology.* Scarborough: Prentice Hall Canada.

Macionis, J.J. & Gerber, L.M. (2011). *Sociology (7th Canadian Edition).* Toronto: Pearson.

Mackie, D.M. (1986). Social identification effects in group polarization. *Journal of Personality and Social Psychology*, 50, 720–728.

Maclean, H. & Kalin, R. (1994). Congruence between self-image and occupational stereotypes in students entering gender-dominated occupations. *Canadian Journal of Behavioural Science*, 26, 142–162.

Macrae, N., Alnwick, K.A., Milne, A.B. & Schloerscheidt, A.M. (2002). Person perception across the menstrual cycle: Hormonal influences on social-cognitive functioning. *Psychological Science*, 13, 532–536.

Macrae, C.N., Milne, A.B. & Bodenhausen, G.V. (1994). Stereotypes as energy-saving devices: A peek inside the cognitive toolbox. *Journal of Personality and Social Psychology*, 66, 37–47.

Maday, B.C. & Szalay, L.B. (1976). Psychological correlates of family socialization in the United States and Korea. In T. Williams (Ed.), *Psychological anthropology* (pp. 276–324). The Hague: Mouton.

Madden, T.J., Ellen, P.S. & Ajzen, I. (1992). A comparison of the theory of planned behavior and the theory of reasoned action. *Personality and Social Psychology Bulletin*, 18, 3–9.

Maddux, W.W., Yang, H., Falk, C., Adam, H., Adair, W., Endo, Y., Carmon, Z. & Heine, S.J. (2010). For whom is parting with possessions more painful? Cultural differences in the endowment effect. *Psychological Science*, 21, 1910–1917.

Madill, A. & Gough, B. (2008). Qualitative research and its place in psychological science. *Psychological Methods*, 13, 254–271.

Madon, S., Guyll, M., Aboufadel, K., Montiel, E., Smith, A., Palumbo, P. & Jussim, L. (2001). Ethnic and national stereotypes: The Princeton trilogy revisited and revised. *Personality and Social Psychology Bulletin*, 27, 996–1010.

Mahajan, N., Martinez, M.A., Gutierrez, N.L., Diesendruck, G., Banaji, M.R. & Santos, L.R. (2011). The evolution of intergroup bias: Perceptions and attitudes in rhesus macaques. *Journal of Personality and Social Psychology*, 100, 387–405.

Mahler, H.I.M. & Kulik, J.A. (1991). Health care involvement preferences and social-emotional recovery of male coronary-artery bypass patients. *Health Psychology*, 10, 399–408.

Major, B. & Deaux, K. (1982). Individual differences in justice behavior. In J. Greenberg & R. Cohen (Eds), *Equity and justice in social behavior* (pp. 43–76). New York: Academic Press.

Major, B., Kaiser, C.R. & McCoy, S.K. (2003). It's not my fault; When and why attributions to prejudice protect self-esteem. *Personality and Social Psychology Bulletin*, 29, 772–781.

Malamuth, N.M., Linz, D., Heavey, C.L., Barnes, G. & Acker, M. (1995). Using the confluence model of sexual aggressiveness to predict men's conflict with women: A 10-year follow-up study. *Journal of Personality and Social Psychology*, 69, 353–369.

Malkawi, A.H. (2011). Males' and females' language in Jordanian society. *Journal of Language Teaching and Research*, 2, 424–427.

Maloney, E.K., Lapinski, M.K. & Witte, K. (2011). Fear appeals and persuasion: A review and update of the Extended Parallel Process Model. *Social and Personality Psychology Compass*, 5, 206–219.

Mandela, N. (1994). *Long walk to freedom: The autobiography of Nelson Mandela.* New York: Back Bay Books.

Mann, J.W. (1963). Rivals of different rank. *Journal of Social Psychology*, 61, 11–27.

Mann, L. (1981). The baiting crowd in episodes of threatened suicide. *Journal of Personality and Social Psychology*, 41, 703–709.

Manne, S. & Badr, H. (2010). Intimacy processes and psychological distress among couples coping with head and neck or lung cancers. *Psycho-Oncology*, 19, 941–954.

Manning, R., Levine, M. & Collins, A. (2007). The Kitty Genovese murder and the social psychology of helping: The parable of the 38 witnesses. *American Psychologist*, 62, 555–562.

Mannino, C.A., Snyder, M. & Omoto, A.M. (2011). Why do people get involved? Motivations for volunteerism and other forms of social action. In D. Dunning (Ed.), *Social motivations* (pp. 127–146). New York: Psychology Press.

Mantell, D.M. (1971). The potential for violence in Germany. *Journal of Social Issues*, 27, 101–12.

Mantler, J., Schellenberg, E.G. & Page, J. (2003). *Canadian Journal of Behavioural Science 35*, 142-152.

Marecek, J. (2001). After the facts: Psychology and the study of gender. *Canadian Psychology, 42*, 254-267.

Mares, M-L. & Woodard, E. (2005). Positive effects of television on children's social interactions: A meta-analysis, *Media Psychology, 7*, 301-22.

Marini, Z., Fairbairn, L. & Zuber, R. (2001). Peer harassment in individuals with developmental disabilities: Towards the development of a multi-dimensional bullying identification model. *Developmental Disabilities Bulletin, 29*, 170-195.

Markus, H. (1977). Self-schemata and processing information about the self. *Journal of Personality and Social Psychology, 35*, 63-78.

Markus, H., Hamill, R. & Sentis, K. (1987). Thinking fat: Self-schemas for body weight and processing of weight-relevant information. *Journal of Applied Social Psychology, 17*, 50-71.

Markus, H. & Kitayama, S. (1991). Culture and the self: Implications for cognition, emotion and motivation. *Psychological Review, 98*, 224-253.

Markus, H. & Nurius, P. (1986). Possible selves. *American Psychologist, 41*, 63-78.

Markus, H., Smith, J. & Moreland, R. (1985). Role of the self-concept in the perception of others. *Journal of Personality and Social Psychology, 49*, 1494-1512.

Marlatt, G.A. & Gordon, J.R. (1979). Determinants of relapse: Implications for the maintenance of behavior change. In P. Davidson (Ed.), *Behavioral medicines: Changing health lifestyles* (pp. 410-452). New York: Brunner/Mazel.

Marmot, M., Ryff, C.D., Bumpass, L.L., Shipley, M. & Marks, N.F. (1997). Social inequalities: Next questions and converging evidence. *Social Science and Medicine, 44*, 901-910.

Marquis, K.H., Marshall, J. & Oskamp, S. (1972). Testimony validity as a function of question form, atmosphere and item difficulty. *Journal of Applied Social Psychology, 2*, 167-186.

Marsden, P.V (1987). Core discussion networks of Americans. *American Sociological Review, 52*, 122-131.

Marsh, A.A., Kozak, M.N. & Ambady, N. (2007). Accurate identification of fear facial expressions predicts prosocial behaviour. *Emotion, 7*, 239-251.

Marsh, H. W., & Alexander, S. Y. (1999). The lability of psychological ratings: The chameleon effect in global self-esteem. *Personality and Social Psychology Bulletin, 25*, 49-64.

Martin, C.L. (1986). A ratio measure of sex stereotyping. *Journal of Personality and Social Psychology, 52*, 489-499.

Martin, R. & Hewstone, M. (1999). Minority influence and optimal problem solving. *European Journal of Social Psychology, 29*, 825-832.

Martinie, M., Olive, T. & Millard, L. (2010). Cognitive dissonance induced by writing a counter-attitudinal essay facilitates performance on simple tasks but not on complex tasks that involve working memory. *Journal of Experimental Social Psychology, 46*, 587-594.

Mashek, D., Aron, A. & Fisher, H. (2000). Identifying, evoking and measuring intense feelings of romantic love. *Representative Research in Social Psychology, 24*, 48-55.

Mashek, D., Le, B., Israel, K. & Aron, A. (2011). Wanting less closeness in romantic relationships. *Basic and Applied Social Psychology, 33*, 333-345.

Maslach, C. & Jackson. S.E. (1982). Burn-out in health professions. A social psychological analysis. In G.S. Sanders & J. Suls (Eds). *Social psychology of health and illness* (pp. 227-252. Hillsdale: Lawrence Erlbaum.

Masuda, T., Ellsworth, P.C., Mesquita, B., Leu, J., Tanida, S. & Van de Veerdonk, E. (2008). Placing the face in context: Cultural differences in the expression of facial emotion. *Journal of Personality and Social Psychology, 94*, 365-381.

Matlin, M. & Stang, D. (1978). *The Pollyanna principle: Selectivity of language, memory and thought*. Cambridge, MA: Schenkman.

Matsumoto, D. (2006). Culture and nonverbal behaviour. In V.L. Manusov & M.L. Atterson, *The Sage handbook of nonverbal communication*. London: Sage. (pp. 219-236).

Matsumoto, D. Hwang, H.S. & Yamada, H. (2012). Cultural differences in the relative contributions of face and context to judgments of emotion. *Journal of Cross-Cultural Psychology, 43*, 198-218.

Matsumoto, D., Yoo, S. H., Fontaine, J. & 56 others. (2008). Mapping expressive differences around the world. The relationship between emotional display rules and individualism versus collectivism. *Journal of Cross-Cultural Psychology, 39*, 55–74.

Matthews, J.L. & Matlock, T. (2011). Understanding the link between spatial distance and social distance. *Social psychology, 42*, 185–192.

Matthews, K.A. & Gallo, L. (2011). Psychological perspectives on pathways linking socioeconomic status and physical health. *Annual Review of Psychology, 62*, 501–530.

Matthews, K.A., Glass, D.C., Rosenman, R.H. & Bortner, R.W. (1977). Competitive drive, Pattern A and coronary heart disease: A further analysis of some data from the Western Collaborative Study. *Journal of Chronic Disease, 30*, 489–498.

Maunder, R.G. & Hunter, J.J. (2001). Attachment and psychosomatic medicine: Developmental contributions to stress and disease. *Psychosomatic Medicine, 63*, 556–567.

Mayberry, R.I. & Nicoladis, E. (2000). Gesture reflects language development: Evidence from bilingual children. *Current Directions in Psychological Science, 9*, 192–196.

Maynard, D.W. & Peräkylä, A. (2003). Language and social interaction. In J. Delamater (Ed.), *Handbook of Social Psychology*. New York: Kluwer Academic.

McAndrew, S.T. (2009). The interacting roles of testosterone and challenges to status in human male aggression. *Aggression and Violent Behaviour, 14*, 330–335.

McCaul, K.D., Ployart, R.E., Hinsz, V.B. & McCaul, H.S. (1995). Appraisal of a consistent versus a similar politician: Voter preferences and intuitive judgments. *Journal of Personality and Social Psychology, 68*, 292–299.

McCauley, C. (1989). The nature of social influence in group-think: Compliance and internalization. *Journal of Personality and Social Psychology, 57*, 250–260.

McClelland, D.C. (1967). *The achieving society*. New York: Free Press.

McClelland, D.C., Alexander, C. & Marks, E. (1982). The need for power, stress, immune function and illness among male prisoners. *Journal of Abnormal Psychology, 91*, 61–70.

McClintock, C.G. & Hunt, R.G. (1975). Nonverbal indicators of affect and deception in an interview setting. *Journal of Applied Social Psychology, 5*, 54–67.

McClintock, C.G. & Nuttin, J.M., Jr. (1969). Development of competitive game behavior in children across two cultures. *Journal of Experimental Social Psychology, 5*, 203–218.

McCloskey, M. & Egeth, H.E. (1983). Eyewitness identification: What can a psychologist tell a jury? *American Psychologist, 38*, 550–563.

McCreary, D.R. (1990). Multidimensionality and the measurement of gender role attributes: A comment on Archer. *British Journal of Social Psychology, 29*, 265–272.

McCreary, D.R. & Korabik, K. (1994). Examining the relationship between socially desirable and undesirable aspects of agency and communion. *Sex Roles, 31*, 637–651.

McCreary, D.R. & Sadava, S.W. (1995). Mediating the relationship between masculine gender role stress and work satisfaction: The influence of coping strategies. *Journal of Men's Studies, 4*, 141–152.

McCreary, D.R. & Sadava, S.W. (2000). Stress, alcohol use and alcohol problems: The mediating role of negative and positive affect in two cohorts of young adults. *Journal of Studies on Alcohol, 61*, 466–474.

McCullough, M.E. (2001). Forgiveness: Who does it and how do they do it? *Current Directions in Psychological Science, 10*, 194–197.

McCullough, M.E., Emmons, R.A. & Tsang, J. (2002). The grateful disposition: A conceptual and empirical topography. *Journal of Personality and Social Psychology, 82*, 112–127.

McCullough, M.E., Kilpatrick, S.D., Emmons, R.A. & Larson, D.B. (2001). Is gratitude a moral affect? *Psychological Bulletin, 127*, 249–266.

McCullough, M.E., Worthington, E.L., Jr. & Rachal, K.C. (1997). Interpersonal forgiving in close relationships. *Journal of Personality and Social Psychology, 73*, 321–336.

McFarland, C. & Buehler, R. (1998). The impact of negative affect on autobiographical memory: The role of self-focussed attention to moods. *Journal of Personality and Social Psychology, 75*, 1424–1440.

McFarland, C., Ross, M. & Giltrow, M. (1992). Biased recall of older adults: The role of implicit theories in aging. *Journal of Personality and Social Psychology, 62*, 837–850.

McGee, B.J., Hewitt, P.L., Sherry, S.B., Parkin, M. & Flett, G.L. (2005). Perfectionistic self-presentation, body image and eating disorder symptoms. *Body Image, 2*, 29–40.

McGrath, J. (1984). *Groups: Interaction and performance*. Englewood Cliffs, NJ: Prentice-Hall.

McGregor, I., Newby-Clark, I.R. & Zanna, M.P. (1999). Epistemic discomforts as moderated by simultaneous accessibility of inconsistent elements. In E. Harmon-Jones & J. Mills (Eds), *Cognitive dissonance theory 40 years later: A revival with revisions and controversies* (pp. 166–192). Washington, DC: American Psychological Association.

McGuire, W.J. (1968). Personality and susceptibility to social influence. In E.F. Borgatta & W.W. Lambert (Eds), *Handbook of personality: Theory and research* (pp. 1130–1187). Chicago: Rand-McNally.

McGuire, W.J. (1969). The nature of attitudes and attitude change. In G. Lindzey & E. Aronson (Eds), *The handbook of social psychology* (2nd ed.). (Vol. 3). (pp. 136–314). New York: Addison-Wesley.

McGuire, W.J. & McGuire, C.V. (1988). Content and process in the experience of self. In L. Berkowitz (Ed.), *Advances in experimental social psychology* (Vol. 21). (pp. 97–144). New York: Academic Press.

McGuire, W.J. & Papageorgis, D. (1961). The relative efficacy of various types of prior belief-defense in producing immunity against persuasion. *Journal of Abnormal & Social Psychology, 62*, 327–337.

McGuire, W.J. & Papageorgis, D. (1962). Effectiveness of forewarning in developing resistance to persuasion. *Public Opinion Quarterly, 26*, 24–32.

McIntosh, D.N. (1996). Facial feedback hypotheses: Evidence, implications, and directions. *Motivation and Emotion, 20*, 121–147.

McKee, I.R. & Feather, N.T. (2008). Revenge, retribution and values: Social attitudes and punitive sentencing. *Social Justice Research, 21*, 138–163.

McKelvie, S. (2000). Quantifying the availability heuristic with famous names. *North American Journal of Psychology, 2*, 347–356.

McKenna, K.Y.A. (2002). Relationship formation on the Internet. What's the big attraction? *Journal of Social Issues, 58* (1), 9–31.

McKenna, K.Y.A. & Bargh, J.A (2000). Plan 9 from cyberspace: The implications of the Internet for personality and social psychology. *Personality and Social Psychology Review, 4*, 57–75.

McKinnon, S. (2005). Marriage: A critique of the genetic and gender calculus of evolutionary psychology. In S. McKinnon & S. Silverman (Eds), *Complexities: Beyond nature & nurture*. Chicago, IL: University of Chicago Press (pp. 106–131).

McLaren, L. (2007). Socioeconomic status and obesity. *Epidemiological Review, 29*, 29–48.

McLuhan, M. (1972). *Culture is our business*. New York: Ballantine Books.

McLuhan, M. & Powers, B.R. (1989). The global village: Transformations in world life and media in the 21st century. New York: Oxford University Press.

McPhail, C. (1991). *The myth of the madding crowd*. New York: Aldine De Gruyter.

Meadon, M. & Spurrett, D. (2010). It's not just the subjects – there are too many WEIRD researchers. *Behavioural and Brain Sciences, 33*, 104–105. doi:10.1017/S0140525X10000208

Medvec, V.H., Madey, S.F. & Gilovich, T. (2002). When less is more: Counterfactual thinking and satisfaction among Olympic medalists. In T. Gilovich, D. Griffin & D. Kahneman (Eds) *Heuristics and biases: The psychology of intuitive judgment.* (pp. 211–222). Cambridge, UK: Cambridge University Press.

Medvene, L.J., Teal, C.R. & Slavich, S. (2000). Including the other in the self: Implications for judgments of equity and satisfaction in close relationships. *Journal of Social and Personal Relationships, 19*, 396–419.

Meeker, R.J. & Shure, G.H. (1969). Pacifist bargaining tactics: Some 'outsider' influences. *Journal of Conflict Resolution, 13*, 487–493.

Meeus, W. & Raaijmakers, Q. (1986). Administrative obedience as a social phenomenon. In W. Doise & S. Moscovici (Eds), *Current issues in European social psychology.* (Vol. 2). (pp. 19–52). Cambridge, UK: Cambridge, University Press.

Megargee, E.I. (1966). Undercontrolled and overcontrolled personality types in extreme anti-social aggression. *Psychological Monographs, 80*, whole issue.

Mehrabian, A. (1971). Nonverbal betrayal of feeling. *Journal of Experimental Research in Personality, 5*, 64–73.

Meier, N.C., Mennenga, G.H. & Stoltz, H.J. (1941). An experimental approach to the study of mob behavior. *Journal of Abnormal Psychology, 36*, 506–524.

Melamed, S., Rabinowitz, S., Feiner, M., Weisberg, E. & Ribak, J. (1996). Usefulness of the protection motivation theory in explaining hearing protection device use among male industrial workers. *Health Psychology, 15*, 209–215.

Melo, L., Colin, J, Delahunty, C., Forde, C. & Cox, D.N. (2010). Lifetime wine drinking, changing attitudes and associations with current wine consumption: A pilot study indicating how experience may drive current behavior. *Food Quality and Preference, 21*, 784–790.

Meloy, J.R. Hempel, A.G., Gray, B.T., Mohandie, K., Shiva, A.A. & Richards, T.C. (2004). A comparative analysis of North American adolescent and adult mass murderers. *Behavioral Sciences and the Law, 22*, 291–309.

Meloy, J.R. Hempel, A.G., Mohandie, K., Shiva, A.A. & Gray, B.T. (2001). Offender and offense characteristics of a nonrandom sample of adolescent mass murderers. *Journal of the American Academy of Child & Adolescent Psychiatry, 40*, 719–728.

Meltzoff, A.N. & Moore, M.K. (1977). Imitations of facial and manual gestures by human neonates. *Science, 198*, 75–78.

Menon, T., Morris, M., Chiu, C. & Hong, Y. (1999). Culture and the construal of agency: attribution to individual versus group dispositions. *Journal of Personality and Social Psychology, 76*, 701–717.

Merari, A. (2010). *Driven to death.* Oxford: Oxford University Press.

Merrens, M.R. (1973). Nonemergency helping behavior in various sized communities. *Journal of Social Psychology, 90*, 327–328.

Metropolitan Area Child Study Research Group (2007). Changing the way children 'think' about aggression: Social-cognitive effects of a preventive intervention. *Journal of Consulting and Clinical Psychology, 75*, 160–167.

Meumann, E. (1904). Haus-und schularbeit: Experimente an kindern der volksschule. *Die Deutsche Schule, 8*, 278–303, 337–359, 416–431.

Meyer, I.H. (2003). Prejudice, social stress and mental health in lesbian, gay and bisexual populations: Conceptual issues and research evidence. *Psychological Bulletin, 129*, 674–697.

Mezulis, A.H., Abramson, L.Y., Hyde, J.S. & Hankin, B.L. (2004). Is there a universal positive bias in attributions? A meta-analytic review of individual, developmental and cultural differences in the self-serving bias. *Psychological Bulletin, 130*, 711–747.

Middlebrook, P.N. (1974). *Social psychology and modern life.* New York: Alfred A. Knopf.

Midlarsky, E. & Bryan, J.H. (1972). Affect expressions and children's imitative altruism. *Journal of Experimental Research in Personality, 6*, 195–203.

Miettinen, T. & Suetens, S. (2008). Communication and guilt in a Prisoner's Dilemma. *Journal of Conflict Resolution, 52*, 945–960.

Mikula, G. (1994). Perspective-related differences in interpretations of injustice by victims and victimizers: A test with close relationships. In M.J. Lerner & G. Mikula (Eds), *Entitlement and the affectional bond: Justice in close relationships. Critical issues in social justice* (pp. 175–203). New York: Plenum Press.

Mikulincer, M. & Shaver, P.R. (2007). *Attachment in adulthood: Structure, dynamics and change.* New York: Guilford Press.

Miles, D. R. & Carey, G. (1997). Genetic and environmental architecture on human aggression. *Journal of Personality and Social Psychology, 72*, 207–217.

Milgram, S. (1963). Behavioral study of obedience. *Journal of Applied Social Psychology, 67*, 371–378.

Milgram, S. (1964). Issues in the study of obedience: A reply to Baumrind. *American Psychologist, 19*, 848–852.

Milgram, S. (1965). Some conditions of obedience and disobedience to authority. *Human Relations, 18*, 57–76.

Milgram, S. (1970). The experience of living in cities. *Science, 167*, 1461–1468.

Milgram, S. (1974). *Obedience to authority.* New York: Harper & Row.

Miller, A.G. (2009). Reflections on 'replicating Milgram' (Burger, 2009). *American Psychologist, 64*, 20–27.

Miller, D.T. & Porter, C.A. (1983). Self-blame in victims of violence. *Journal of Social Issues, 39*, 139–152.

Milgram, S. & Toch, H. (1969). Collective behavior: Crowds and social movements. In G. Lindzey & E. Aronson (Eds), *The handbook of social psychology* (2nd ed.). (Vol. 4). (pp. 507–610). Reading, MA: Addison-Wesley.

Miller, G.E., Dopp, J.M., Myers, H.F., Stevens, S.Y. & Fahey, J.L. (1999). Psychosocial predictors of natural killer cell mobilization during marital conflict. *Health Psychology, 18*, 262–271.

Miller, G.R. & Burgoon, J.K. (1982). Factors influencing judgments of witness credibility and truthfulness. In N.L. Kerr & R.M. Bray (Eds), *The psychology of the courtroom* (pp. 169–194). New York: Academic Press.

Miller, J.G. (1984). Culture and the development of everyday social explanation. *Journal of Personality and Social Psychology, 46*, 961–978.

Miller, J.G. & Bersoff, D.M. (1992). Culture and moral judgment: How are conflicts between justice and interpersonal responsibilities resolved? *Journal of Personality and Social Psychology, 62*, 541–554.

Miller, L.E., Grabell, A., Thomas, A., Bermann, E. & Graham-Bermann, S.A. (2012). The associations between community violence, television violence, intimate partner violence, parent–child aggression, and aggression in sibling relationships of a sample of preschoolers. *Psychology of Violence, 2*, 165–178.

Miller, N. & Campbell, D.T. (1959). Recency and primacy in persuasion as a function of the timing of speeches and measurement. *Journal of Abnormal and Social Psychology, 59*, 1–9.

Miller, R.M. & Rivenbark, W. (1970). Sexual differences in physical attractiveness as a determinant of heterosexual liking. *Psychological Reports, 27*, 701–702.

Miller, S.M. & Mangan, C.E. (1983). Interacting effects of information and coping style in adapting to gynecologic stress. Should the doctor tell all? *Journal of Personality and Social Psychology, 45*, 223–236.

Mills, J. & Harvey, J. (1972). Opinion change as a function of when information about the communicator is received and whether he is attractive or expert. *Journal of Personality and Social Psychology, 21*, 52–55.

Milroy, James, and Lesley Milroy (1999), *Authority in Language: Investigating Standard English*, (3rd ed.), Routledge: New York.

Minton, H.L. (1992). Root metaphors and the evolution of American social psychology. *Canadian Psychology, 33*, 547–553.

Miranda, F., Caballero, B., Gomez & Zamorano M. (1981). 'Obediencia a la autoridad [Obedience to Authority]'. *Psiquis* 2: 212–221.

Mitchell, J., McCrae, C. & Banaji, M. (2004). Encoding-specific effects of social cognition on the neural correlates of subsequent memory. *Journal of Neuroscience, 24*, 4912–4917.

Moghaddam, F.M. (1987). Psychology in the three worlds, as reflected by the crisis in social psychology and the move toward indigenous third-world psychology. *American Psychologist, 42*, 912–920.

Moghaddam, F.M. (1990). Modulative and generative orientations in psychology: Implications for psychology in the three worlds. *Journal of Social Issues, 46*, 21–41.

Molnar, D.S., Sadava, S.W., Flett, G.L. & Colautti, J. (2012). Perfectionism and health: A mediational analysis of the roles of stress, social support and health-related behaviours. *Psychology & Health, 27*, 846–864.

Mongrain, M. & Vettese, L.C. (2003). Conflict over emotional expression: Implications for interpersonal communication. *Personality and Social Psychology Bulletin, 29*, 545–555.

Monks, C.P., Smith, P.K., Naylor, P., Barter, C., Ireland, J.L. & Coyne, I. (2009). Bullying in different contexts: Commonalities, differences and the role of theory. *Aggression and Violence, 14*, 146–156.

Monson, T.C. & Hesley, J.W. (1982). Causal attributions for behaviors consistent or inconsistent with an actor's personality traits: Differences between those offered by actors and observers. *Journal of Personality and Social Psychology, 18*, 416–432.

Monsour, M. (1992). Meanings of intimacy in cross- and same-sex friendships. *Journal of Social and Personal Relationships, 9*, 277–295.

Montepare, J.M. & Vega, C. (1988). Women's vocal reactions to intimate and casual male friends. *Personality and Social Psychology Bulletin, 14*, 103–113.

Moody, E.J. (2001). Internet use and its relationship to loneliness. *CyberPsychology and Behavior, 4*, 393–401.

Moody, E.J., McIntosh, D.N., Mann, L.J. & Weisser, K.R. (2007). More than mere mimicry? The influence of emotion on rapid facial reactions to faces. *Emotion, 7*, 447–457.

Moore, T. E., Copeland, P., & Schuller, R. (2009). Deceit, betrayal and the search for truth: Legal and psychological perspectives on the 'Mr Big' strategy. *Criminal Law Quarterly, 55*, 349–405

Moore, T.E. & Fitzsimmons, C.L. (2011). Justice Imperiled: False Confessions & the Reid technique *Criminal Law Quarterly, 57*, 509–542.

Moore, T.E., Pepler, D., Mae, R. & Kates, M. (1989). Child witnesses to family violence: New directions for research and intervention. In B. Pressman, G. Cameron & M. Rothery (Eds), *Intervening with assaulted women: Current theory, research, and practice* (pp. 75–91). Hillsdale, NJ: Lawrence Erlbaum Assoc.

Moore, T.M., Elkins, S.R., McNulty, J.K., Kivisto, A.J. & Handsel, V.A. (2011). Alcohol use and intimate partner violence perpetration among college students: assessing the temporal association using electronic diary technology. *Psychology of Violence, 1*, 315–328.

Moorhead, G., Ference, R. & Neck, C.P. (1991). Group decision fiascos continue: Space shuttle Challenger and a revised groupthink framework, *Human Relations, 44*, 539–550.

Moos, R.H. (1982). Coping with acute health crises. In T. Millon, C. Green & R. Meagher (Eds), *Handbook of clinical health psychology* (pp. 129–151). New York: Plenum.

Moradian, A. (2009). Domestic violence against single and married women in Iranian society. *Tolerancy International.* http://en.tolerancy.org/index.php?option=com_content&view=article&id=176:2009-09-15-08-37-55&catid=43:events-a-reports&Itemid=90. Retrieved September 29, 2012.

Morales, A.C., Scott, M.L. & Yorkston, E.A. (2012). The role of accent standardness in message preference and recall. *Journal of Advertising, 41*, 33–45.

Moreland, R.L. & Levine, J.M. (1982). Socialization in small groups: Temporal Changes in individual-group relations. In L. Berkowitz (Ed.), *Advances in Experimental Social Psychology*, (Vol. 15). (pp. 137–193). London: Academic Press.

Moreland, R.L. & Zajonc, R.B (1982). Exposure effects in person perception: Familiarity, similarity and attraction. *Journal of Experimental Social Psychology, 18*, 395–415.

Morris, M. & Peng, K. (1994). Culture and cause: American and Chinese attributions for social and physical events. *Journal of Personality and Social Psychology, 67*, 949–971.

Morris, W.N. & Miller, R.S. (1975). The effects of consensus-breaking and consensus preempting partners on reduction of conformity. *Journal of Experimental Social Psychology, 11*, 215–223.

Morrison, E.R., Gralewski, L., Campbell, N. & Penton-Voak, I.S. (2007). Facial movement varies by sex and is related to attractiveness. *Evolution and Human Behavior, 28*, 186–192.

Morrison, M., Tay, L. & Diener, E. (2011). Subjective well-being and national satisfaction: Findings from a worldwide survey. *Psychological Science, 22*, 166–171.

Morry, M.M., Kito, M. & Ortiz, L. (2011). The attraction-similarity mode and dating couples: Projection, perceived similarity and psychological benefits. *Personal Relationships, 18*, 125–143.

Morse, D.S., Paldi, Y., Egbarya, S.S. & Clark, C.J. (2012). 'An effect that is deeper than beating': Family violence in Jordanian women. *Families, Systems & Health, 30*, 19–31.

Moscovici, S. (1980). Toward a theory of conversion behavior. In L. Berkowitz (Ed.), *Advances in experimental social psychology* (Vol. 13). (pp. 202–239). New York: Academic Press.

Moscovici, S. (1981). On social representations. In J.P. Forgas (Ed.), *Social cognition: Perspectives on everyday understanding* (pp. 211–254). London: Academic Press.

Moscovici, S. & Hewstone, M. (1983). Social representation and social explanation: From the naive to the amateur scientist. In M. Hewstone (Ed.), *Attribution theory: Social and functional explanations* (pp. 145–189). Oxford: Basil Blackwell.

Moscovici, S., Mugny, G. & Van Avermaet, E. (1985). (Eds). *Perspectives on minority influence.* Cambridge: Cambridge University Press.

Moss, E.M.A. (2012). Voices silenced, tweets heard. *Foreign Service Journal, 89*, 11.

Moyer-Gusé, E. & Nabi, R.L. (2010). Explaining the effects of narrative in an entertainment television programme: Overcoming resistance to persuasion. *Human Communications Research, 36*, 26–52.

Muczyk, J.P. & Holt, D.T. (2008). Toward a cultural contingency model of leadership. *Journal of Leadership & Organizational Studies, 14*, 277–286.

Mullen, B. & Copper, C. (1994). The relation between group cohesiveness and performance: An integration. *Psychological Bulletin, 115*, 210–227.

Mullen, B., Salas, E. & Driskell, J.E. (1989). Salience, motivation, and artifact as contributions to the relation between participation rate and leadership. *Journal of Experimental Social Psychology, 25*, 545–559.

Muller, D. & Butera, F. (2007). The focusing effect of self-evaluation threat in coaction and social comparison. *Journal of Personality and Social Psychology, 93*, 194–211.

Muller, R.T. & Diamond, T. (1999). Father and mother physical abuse and child aggressive behaviour in two generations. *Canadian Journal of Behavioural Science, 31*, 221-228.

Mullin, C.R. & Linz, D. (1995). Desensitization and resensitization to violence against women: Effects of exposure to sexually violent films on judgments of domestic violence victims. *Journal of Personality and Social Psychology, 69*, 449-459.

Munhall, K.G. & Buchan, J.N. (2004). Something in the way she moves. *Trends in Cognitive Sciences, 8*, 51-53.

Munsterberg, H. (1908). *On the witness stand: Essays on psychology and crime.* New York: Doubleday Page.

Muraven, M. & Baumeister, R.F. (2000). Self-regulation and the depletion of limited resource. Does self-control resemble a muscle? *Psychological Bulletin, 126*, 247-259.

Murphy, P.L. & Miller, C.T. (1997). Post-decisional dissonance and the commodified self-concept: A cross-cultural examination. *Personality and Social Psychology Bulletin, 23*, 50-62.

Murphy, S.M., Wayne, S.J., Liden, R.C. & Erdogan, B. (2003). Understanding social loafing: The role of justice perceptions and exchange relationships. *Human Relations, 56*, 61-84.

Murray, S.L., Bellavia, G.M., Rose, P. & Griffin, D.W. (2003). Once hurt, twice hurtful. How perceived regard regulates daily marital interactions. *Journal of Personality and Social Psychology, 84*, 126-147.

Murray, S.L., Holmes, J.G. & Griffin, D.W. (1996). The benefits of positive illusions: Idealization and the construction of satisfaction in close relationships. *Journal of Personality and Social Psychology, 70*, 79-98.

Murray, S.L., Rose, P., Bellavia, G., Holmes, J.G. & Kusche, A. (2002). When rejection stings: How self-esteem constrains relationship-enhancement processes. *Journal of Personality and Social Psychology, 83*, 556-573.

Murstein, B.I. (1972). Physical attractiveness and marital choice. *Journal of Personality and Social Psychology, 22*, 8-12.

Myers, D.G. (2012). Reflections on religious belief and prosociality: Comment on Galen (2012). *Psychological Bulletin, 138*, 913-917. doi: 10.1037/a0029009

Myers, S.A. & Anderson, C.M. (2008). *The fundamentals of small group communication.* London: Sage.

Myrtek, M. (2001). Meta-analyses of prospective studies on coronary heart disease, type A personality, and hostility. *International Journal of Cardiology, 79*, 245-251.

Nabi, R.L. (2003). 'Feeling' resistance: Exploring the role of emotionally evocative visuals in inducing inoculation. *Media Psychology, 5*, 199-223.

Nadler, A. & Fisher, J.D. (1984). Effects of donor-recipient relationship on recipient's reactions to aid. In E. Staub, D. Bar-Tal, J. Karylowski & J. Reykowski (Eds), *Development and maintenance of prosocial behavior* (pp. 397-418). New York: Plenum Press.

Nagin, D. & Tremblay, R.E. (1999). Trajectories of boys' physical aggression, opposition, and hyperactivity on the path to physically violent and non-violent juvenile delinquency. *Child Development, 70*, 1181-1196.

Napier, J. & Tyler T. (2008). Does moral conviction really override concerns about procedural justice? A reexamination of the value protection model. *Social Justice Research 21*, 509-528.

Nathanson, A.I. (2003). The effects of mediation content and form on children's responses to violent television. *Human Communication Research, 29*, 111-134.

Navarette, C.D., Fessler, D.M.T. & Eng, S.J. (2009). Elevated ethnocentrism in the first trimester of pregnancy. *Evolution and Human Behavior, 28*, 60-65.

Neal, T.M.S., Christiansen, A., Bornstein, B.H. & Robicheaux, T.R. (2012). The effects of mock jurors' beliefs about eyewitness performance on trial judgments. *Psychology Crime and Law 18*, 49-64.

Neighbors, C., Vietor, N.A. & Knee, C.R. (2002). A motivational model of driving anger and aggression. *Personality and Social Psychology Bulletin (PSPB), 28*, 324-335.

Nel, E., Helmreich, R. & Aronson, E. (1969). Opinion change in the advocate as a function of the persuasibility of his audience. *Journal of Personality and Social Psychology, 12*, 117-124.

Nelly, A-K, Goldstein, R.Z., Tomasi, D., Woicik, P.A., Moeller, S.J. et al. (2009). Neural mechanisms of anger regulation as a function of genetic risk for violence. *Emotion, 9*, 385-396.

Nelson, C. & McLemore, T. (1988). *National Centre for Health Statistics. The National Ambulatory Medical Care survey: U.S. 1975–1981 and 1985 trends.* Vital and Health Statistics, series 13, no. 93, DHHS pub. no. (PHS) 88-1754. Washington, DC: US Government Printing Office.

Nelson, T. E., Biernat, M. R., Manis, M. (1990). Everyday base rates (sex stereotypes): Potent and resilient. *Journal of Personality and Social Psychology, 59*, 664–675.

Nemati, A. & Bayer, J.M. (2007). Gender differences in the use of linguistic forms in the speech of men and women: a comparative study of Persian and English. *Language in India, 7*, 2–12.

Nemeth, C. (1981). Jury trials: Psychology and law. *Advances in Experimental Social Psychology, 14*, 309–367.

Nemeth, C. (1986). Differential contributions of majority and minority influence. *Psychological Review, 93*, 23–32.

Nemeth, C.J. & Chiles, C. (1988). Modelling courage: The role of dissent in fostering independence. *European Journal of Social Psychology, 18*, 275–280.

Nemeth, C.J. & Kwan, J.L. (1987). Minority influence, divergent thinking and detection of correct solutions. *Journal of Applied Psychology, 17*, 788–799.

Neuberg, S.L., Cialdini, R.B., Brown, S.L., Luce, C., Sagarin, B.D. & Lewis, B.P. (1997). Does empathy lead to anything more than superficial helping? Comment on Batson et al. (1997). *Journal of Personality & Social Psychology, 73*, 510–516.

Neumann, R. & Strack, F. (2000). 'Mood contagion': The automatic transfer of mood between persons. *Journal of Personality and Social Psychology, 79*, 211–223.

Newby-Clark, I.R., McGregor, I. & Zanna, M.P. (2002). Thinking and caring about cognitive inconsistency: When and for whom does attitudinal ambivalence feel uncomfortable? *Journal of Personality and Social Psychology, 82*, 157–166.

Newcomb, M.D. & Bentler, E.M. (1980). Cohabitation before marriage: A comparison of married couples who did and did not cohabit. *Alternative Life Styles, 3*, 65–85.

Newcomb, M.D., Huba, G.J. & Bentler, E.M. (1986). Determinants of sexual and dating behavior among adolescents. *Journal of Personality and Social Psychology, 50*, 428–438.

Newcomb, T.M. (1943). *Personality and social change: Attitude formation in a student community.* New York: Dryden.

Newcomb, T.M. (1961). *The acquaintance process.* New York: Holt, Rinehart & Winston.

Newcomb, T.M., Koenig, L.E., Flacks, R. & Warwick, D.P. (1967). *Persistence and change: Bennington College and its students after twenty-five years.* New York: Wiley.

Newell, A. & Simon, H.A. (1972). *Human problem solving.* Englewood Cliffs, NJ: Prentice-Hall.

Newman, L.S. & Erber, R. (Eds) (2002). *Understanding genocide. The social psychology of the Holocaust.* New York: Oxford University Press.

Newton, A.W. & Vandeven, A.M. (2010). Child abuse and neglect: A worldwide concern. *Current Opinion in Pediatrics, 22*, 226–233.

Ng, S.H. (2007). Language-based discrimination: Blatant and subtle forms. *Journal of Language and Social Psychology, 26*, 106–122.

Nicks, S.D., Korn, J.H. & Mainieri, T. (1997). The rise and fall of deception in social psychology and personality research, 1921 to 1994. *Ethics and Behavior, 7*, 69–77.

Niedzielski, Nancy A., and Dennis R. Preston (2000). *Folk Linguistics*, Berlin: Mouton de Gruyter. Cited by Morales et al. (2012).

Nielson, W.R. & Neufeld, R.W.J. (1986). Utility of the uncontrollability construct in relation to the Type A behaviour pattern: A multidimensional investigation. *Canadian Journal of Behavioural Science, 18*, 224–237.

Nisbett, R.E. & Borgida, E. (1975). Attribution and the psychology of prediction. *Journal of Personality and Social Psychology, 32*, 932–943.

Nisbett, R.E. (2003). The geography of thought: How Asians and Westerners think differently… and why. New York: Free Press.

Nisbett, R.E., Caputo, C., Legant, P. & Maracek, J. (1973). Behavior as seen by the actor and as seen by the observer. *Journal of Personality and Social Psychology, 27*, 154–164.

Nisbett, R.E. & Gordon, A. (1967). Self-esteem and susceptibility to social influence. *Journal of Personality and Social Psychology, 5*, 268–276.

Nisbett, R.E. & Wilson, T.D. (1977). Telling more than we can know: Verbal reports on mental processes. *Psychological Review, 84*, 231–259.

Norenzayan, A. & Heine, S.J. (2005). Psychological universals: What are they and how can we know? *Psychological Bulletin, 135*, 763–784.

Norenzayan, A. & Nisbett, R. (2000). Culture and causal cognition. *Current Directions in Psychological Science, 9*, 132-135.

Norman, R. (1976). When what is said is important: A comparison of expert and attractive sources. *Journal of Experimental Social Psychology, 12*, 294-300.

Norman, R.N.G. (1985). *The nature and correlates of health behaviour.* Ottawa: Health Promotion Directorate.

Northoff, G. & Panskepp, J. (2008). The trans-species concept of self and subcortical-cortical midline system. *Trends in Cognitive Sciences 12*, 259-264.

Norton, M.I., Monin, B., Cooper, J. & Hogg, M.A. (2003). Vicarious dissonance: Attitude change from the inconsistency of others. *Journal of Personality and Social Psychology, 85*, 47-62.

Nosek, B., Banaji, M.R., Greenwald, A.G. (2002). Math = male, me = female, therefore math not = me. *Journal of Personality & Social Psychology, 83*, 44-59.

Notani, A.S. (1998). Moderators of perceived behavioral control's predictiveness in the theory of planned behavior: A meta-analysis. *Journal of Consumer Psychology, 7*, 247-271.

Notz, W.W. & Starke, F.A. (1987). Arbitration and distributive justice: Equity or equality? *Journal of Applied Psychology, 72*, 359-365.

Novak, D. & Lerner, M.J. (1968). Rejection as a consequence of perceived similarity. *Journal of Personality and Social Psychology, 9*, 147-152.

Nuttin, J.M. (1987). Affective consequence of mere ownership: The name letter effect in twelve European languages. *European Journal of Social Psychology, 17*, 381-402.

Nyquist, L.V. & Spence, J.T. (1986). Effects of dispositional dominance and sex role expectations on leadership behaviors. *Journal of Personality and Social Psychology, 50*, 87-93.

O'Boyle, E.H., Forsyth, D.R., Banks, G.C. & McDaniel, M.A. (2012). A meta-analysis of the Dark Triad and work behavior: A social exchange perspective. *Journal of Applied Psychology, 97*, 557-579.

O'Meara, J.D. (1989). Cross-sex friendship: four basic challenges of an ignored relationship. *Sex Roles, 21*, 525-543.

O'Meara, J.D. (1994). Cross sex friendships opportunity challenge: Uncharted terrain for exploration. *Personal Relationships Issues, 2*, 4-7.

Oldridge, N.B. & Streiner, D.L. (1990). The health belief model: Predicting compliance and dropout in cardiac rehabilitation. *Medicine & Science in Sports & Exercise, 22*, 678-683.

Oliner, S.P. & Oliner, P. (1992). *The altruistic personality: Rescuers of Jews in Nazi Europe.* San Francisco: Free Press.

Olson, J.M. (1990). Self-inference processes in emotion. In J.M. Olson & M.P. Zanna (Eds), *Self-inference processes: The Ontario symposium* (Vol. 6). (pp. 17-42). Hillsdale, NJ: Erlbaum.

Olson, J.M. & Hafer, C.L. (1990). In Olson, J. & Zanna, M.P. (Eds), *Self-inference processes: The Ontario Symposium* (Vol. 6). (pp. 293-320). Hillsdale, N.J.: Erlbaum.

Olson, J.M. & Hafer, C.L. (1996). Affect, motivation and cognition in relative deprivation research. In R.M. Sorrentino & E.T. Higgins (Eds), *Handbook of motivation and cognition* (pp. 85-117). New York: Guilford.

Olson, J.M. & Hafer, C.L. (2001). Tolerance of personal deprivation. In J. Jost & B. Major (Eds), *The psychology of legitimacy: Emerging perspectives on ideology, justice, and intergroup relations* (pp. 157-175). New York: Cambridge University Press, 2001.

Olson, J.M., Hafer, C.L., Couzens, A., Kramins, I. & Taylor, L. (1997). *Resentment about deprivation: A self-presentation perspective.* Unpublished manuscript, University of Western Ontario.

Olson, J.M., Vernon, P.A., Harris, J.A. & Jang, K.L. (2001). The heritability of attitudes: A study of twins. *Journal of Personality and Social Psychology, 80*, 845-860.

Olson, J.M. & Zanna, M.P. (1993). Attitude and attitude change. *Annual Review of Psychology, 44*, 117-154.

Olweus, D. (1972). *Personality and aggression.* In Nebraska symposium on motivation, 1972 (pp. 261-323). Lincoln, NB: University of Nebraska Press.

Omato, A. & Snyder, M. (1995). Sustained helping without obligation: Motivation, longevity of service, and perceived attitude change among AIDS volunteers. *Journal or Personality and Social Psychology, 68*, 671-687.

Orbell, J.M., Van-De-Kragt, A.J. & Davies, R.M. (1989). Explaining discussion-induced cooperation. *Journal of Personality and Social Psychology, 54*, 811-819.

Orne, M.T. (1962). On the social psychology of the psychology experiment: With particular reference to demand characteristics and their implications. *American Psychologist, 17,* 776–783.

Ortega, R., Elipe, P., Mora-Mercha, J.A., Genta, L., Brighi, A., Guarini, A., Smith, P.K., Thompson, F. & Tippett, N. (2012). The emotional impact of bullying and cyberbullying on victims: A European cross-national study. *Aggressive Behaviour, 38,* 342–356.

Osborn, K.A., Irwin, D.C., Skogsberg, N.J. & Feltz, D.L. (2012). The Köhler effect: Motivation gains and losses in real sports groups. *Sport, Exercise, and Performance Psychology, 1,* 242–253.

Osgood, C.E., Suci, D.J. & Tannenbaum, P.H. (1957). *The measurement of meaning.* Urbana, IL: University of Illinois Press.

Oshi, S. & Schimmack, U. (2010). Culture and well-being: A new inquiry into the psychological wealth of nations. *Perspective on Psychological Science, 5,* 463–471.

Osterman, L.L. & Brown, R.P. (2011). Culture of honour and violence against itself. *Personality and Social Psychology Bulletin, 37,* 1611–1623.

Ostrowsky, M.K. (2010). Are violent people more likely to have low self-esteem or high self-esteem? *Aggression and Violent Behavior, 15,* 69–75.

Owen, I.R. (1995). Social constructionism and the theory, practice and research of psychotherapy: A phenomenological psychology manifesto. *Boletin de Psicologia, 46,* 161–186.

Oyserman, D., Coon, H. M. & Kemmelmeier, M. (2002). Rethinking individualism and collectivism: Evaluation of theoretical assumptions and meta-analyses. *Psychological Bulletin, 128,* 3–72.

Oyserman, D.L. & Lee, S.W.S. (2008). Does culture influence what and how we think? Effects of priming individualism and collectivism. *Psychological Bulletin, 134,* 311–342.

Packer, D.J. (2008). Identifying systematic disobedience in Milgram's obedience experiments: A meta-analytic review. *Perspectives on Psychological Science, 3,* 301–304.

Pae, T-I. (2008). Second language orientation and self-determination theory: A structural analysis of the factors affecting second language achievement. *Journal of Language and Social Psychology, 27,* 5–27.

Paladino, M-P & Vaes, J. (2009). Ours is human: On the pervasiveness of infra-humanization intergroup relations. *British Journal Of Social Psychology, 48,* 237–251.

Palmer, D.L. (1996). Determinants of Canadian attitudes toward immigration: More than just racism. *Canadian Journal of Behavioural Science, 28,* 180–192.

Paluck, E. & Green, D. P. (2009). Prejudice reduction: What works? A review and assessment of research and practice. *Annual Review of Psychology, 60,* 339–367.

Pampel, F.C., Krueger, P.M. & Denney, J.T. (2010). Socioeconomic disparities in health behaviors. *Annual Review of Sociology, 16,* 149–170.

Pancer, S.M., Brown, S.D., Gregor, P. & Claxton-Oldfield, S.P. (1992). Causal attributions and the perception of political figures. *Canadian Journal of Behavioural Science, 24,* 371–381.

Pancer, S.M., Jackson, L.M., Hunsberger, B., Pratt, M.W. & Lea, J. (1995). Religious orthodoxy and the complexity of thought about religious and nonreligious issues. *Journal of Personality, 63,* 213–232.

Panksepp, J. & Panksepp, J.B. (2000). The seven sins of evolutionary psychology. *Evolution and Cognition, 6,* 108–131.

Panksepp, J. & Panksepp, J.B. (2001). A continuing critique of evolutionary psychology: seven sins for seven sinners, plus or minus two. *Evolution and Cognition, 7,* 56–80.

Papastamou, S. & Mugny, G. (1985). Rigidity and minority influence: The influence of the social in social influence. In S. Moscovici, G. Mugny & E. Van Avermaet (Eds). *Perspectives on minority influence* (pp. 113–136). Cambridge: Cambridge University Press.

Papastamou, S. (1983). Strategies of minority and majority influence. In W. Doise & S. Moscovici (Eds). *Current Issues in European Social Psychology* (Vol. 1). (pp. 33–83). Cambridge: Cambridge University Press.

Pape, R.A. (2006). *Dying to win.* New York: Random House.

Park, K. (2011). Estimating juror accuracy, juror ability and the relationship between them. *Law and Human Behavior, 35,* 288–305.

Park, N., Peterson, C. & Seligman, M.E.P. (2004). Strengths of character and well-being. *Journal of Social and Clinical Psychology, 23,* 603–610.

Parker, I. (1999). Critical Psychology: Critical Links, *Radical Psychology* also *Annual Review of Critical Psychology, 1,* 3–18.

Parker, P.A., Middleton, M.S. & Kulik, J.A. (2002). Counterfactual thinking and quality of life among women with silicone breast implants. *Journal of Behavioral Medicine, 25,* 317–335.

Parkinson, B. (2005). Do facial movements express emotions or communicate motives? *Personality and Social Psychology Review, 9,* 278–311.

Parkovnick, S. (1992). The implications of social influence research for a conceptual framework for psychological social psychology. *Canadian Psychology, 33,* 619–622.

Parks, C.D. & Stone, A.B. (2010). The desire to expel unselfish members from the group. *Journal of Personality and Social Psychology, 99,* 303–310.

Parliamentary Assembly of the Council of Europe (2000), http://assembly.coe.int/Main.asp?link=http%3A%2F%2Fassembly.coe.int%2FDocuments%2F-WorkingDocs%2Fdoc00%2FEDOC8667.HTM. Downloaded September 29, 2012.

Pastel, R.H. (2001). Collective behaviors: Mass panic and outbreaks of multiple unexplained symptoms. *Military Medicine, 166,* 44–46.

Patterson, A.C. & Veenstra, G. (2010). Loneliness and risk of mortality: A longitudinal investigation in Alameda County, California. *Social Science and Medicine, 71,* 181–186.

Patterson, G.R. (1982). *Coercive family processes.* Eugene, OR: Castilia Press.

Patterson, M.L. (1982). A sequential functional model of nonverbal exchange. *Psychological Review, 89,* 231–249.

Patterson, M.L. (1983). *Nonverbal behaviour: A functional perspective.* New York: Springer.

Paulhus, D.L. (1990). Measurement and control of response bias. In J.P. Robinson, P.R. Shaver & L.S. Wrightsman (Eds), *Measures of personality and social psychological attitudes* (pp. 17–59). San Diego, CA: Academic Press.

Paulhus, D.L. & Bruce, M.N. (1992). The effects of acquaintanceship on the validity of personality impressions: A longitudinal study. *Journal of Personality and Social Psychology, 63,* 816–824.

Paulus, P.B., Ozindolet, M.T., Poletes, G. & Camacho, L.M. (1993). Perception of performance in group brainstorming: The illusion of group productivity. *Personality and Social Psychology Bulletin, 19,* 78–89.

Paulhus, D.L. & Reid, D.B. (1991). Enhancement and denial in socially desirable responding. *Journal of Personality and Social Psychology, 60,* 307–317.

Paulhus, D.L. & Williams, K.M. (2002). The dark triad of personality: Narcissism, Machiavellianism and psychopathy. *Journal of Research in Personality, 36,* 556–563.

Payne, D.L., Lonsway, K.A. & Fitzgerald, L.F. (1999). Rape myth acceptance: Exploration of its structure and its measurement using the Illinois rape myth acceptance scale. *Journal of Research in Personality, 33,* 27–68.

Peacock, S. & Patel, S. (2008). Cultural influences on pain. *Reviews in Pain, 1,* 6–9.

Pedersen, P. & Thomas, C.D. (1992). Prevalence and correlates of dating violence in a Canadian university sample. *Canadian Journal of Behavioural Science, 24,* 490–501.

Pei, M. (1965). *The story of language* (2nd ed.). Philadelphia: Lippincott.

Pelham, B.W., Mirenberg, M.C. & Jones, J.T. (2002). Why Susie sells seashells by the seashore: Implicit egoism and major life decisions. *Journal of Personality and Social Psychology, 82,* 469–487.

Pellegrini, E., Scandura, T. & Jayaraman, V. (2010). Cross-cultural generalizability of paternalistic leadership: An expansion of leader-member exchange theory (LMX). *Group and Organization Management, 35,* 391–420.

Pemberton, C., McCormack, P. & Russell, A. (1998). Have women's voices lowered across time? A cross-sectional study of Australian women's voices. *Journal of Voice, 12,* 208–213.

Pendleton, M.G. & Batson, C.D. (1979). Self-presentation and the door-in-the-face technique for inducing compliance. *Journal of Personality and Social Psychology, 5,* 77–81.

Pennebaker, J.W. & King, L.A. (1999). Linguistic styles: Language use as an individual difference. *Journal of Personality and Social Psychology, 77,* 1296–1312.

Penner, L.A. & Finkelstein, M.A. (1998). Dispositional and structural determinants of volunteerism. *Journal or Personality and Social Psychology, 74,* 525–537.

Pennington, N. & Hastie, R. (1992). Explaining the evidence: Tests of the story model for juror decision making. *Journal of Personality and Social Psychology, 62,* 189–206.

Pentian, I., Taylor, D.G. & Voelker, T.A. (2009). The role of self-discrepancy and social support in young females' decision to undergo cosmetic procedures. *Journal of Consumer Behavior, 8,* 149–165.

Peplau, L.A. (2003). Human Sexuality: How do men and women differ? *Current Directions in Psychological Sciences, 12,* 37–40.

Peplau, L.A., Bikson, F.K., Rook, K.S. & Goodchilds, J.D. (1982). Being old and living alone. In L.A. Peplau & D. Perlman (Eds), *Loneliness: A sourcebook of current theory, research, and therapy* (pp. 327–349). New York: Wiley Interscience.

Peplau, L.A. & Gordon, S.L. (1985). Women and men in love: Gender differences in close heterosexual relationships. In V.E. O'Leary, R.K. Unger & B.S. Wallston (Eds), *Women, gender, and social psychology* (pp. 257–291). Hillsdale, NJ: Erlbaum.

Peplau, L.A. & Perlman, D. (1982). Perspectives on loneliness. In L.A. Peplau & D. Perlman (Eds), *Loneliness: A sourcebook of current theory, research and therapy* (pp. 1–20). New York: Wiley.

Peplau, L.A., Russell, D. & Heim, M. (1979). The experience of loneliness. In I.H. Frieze, D. Bar-Tal & J.S. Carroll (Eds), *New approaches to social problems: Applications of attribution theory.* San Francisco: Jossey-Bass.

Pepler, D.J. & Craig, W.M. (1995). A peek behind the fence: Naturalistic observations of aggressive children with remote audiovisual recording. *Developmental Psychology, 31,* 548–553.

Pepler, D.J., Craig, W.M., Connolly, J. & Henderson, K. (2002). Bullying, sexual harassment, dating violence, and substance use among adolescents. In C. Wekerle & A-M. Wall (Eds), *The violence and addiction equation: Theoretical and clinical issues in substance abuse and relationship violence* (pp. 153–168). New York: Brunner-Routledge.

Perlini, A.H. & Ward, C. (2000). HIV prevention interventions: The effects of role-play and behavioural commitment on knowledge and attitudes. *Canadian Journal of Behavioural Science, 32,* 133–143.

Perlman, D. & Oskamp, S. (1971). The effects of picture content and exposure frequency on evaluations of Negroes and Whites. *Journal of Experimental Social Psychology, 7,* 503–514.

Perlman, D. & Peplau, L.A. (1981). Toward a social psychology of loneliness. In S. Duck & R. Gilmour (Eds), *Personal relationships 3: Personal relationships in disorder.* London: Academic Press.

Perrin, S. & Spencer, C. (1981). Independence or conformity in the Asch experiment as a reflection of cultural and situational factors. *British Journal of Social Psychology, 20,* 205–209.

Persico, N., Postlewaite, A. & Silverman, D. (2004). The effect of adolescent experience on labor market outcomes: The case of height. *Journal of Political Economy, 112,* 1019–1053.

Personnaz, M. & Personnaz, B. (1994). Perception and conversion. In S. Moscovici, F. Mucchi & A. Maass, (Eds), *Minority influence* (pp. 165–183). Chicago: Nelson-Hall.

Peters, J.H., Hock, M. & Krohne, H.W. (2012). Sensitive maintenance. A cognitive process underlying individual differences in memory for threatening information. *Journal of Personality and Social Psychology, 102,* 200–213.

Peters, L.H., Hartke, D.D. & Pohlmann, J.T. (1985). Fiedler's contingency theory of leadership: An application of the meta-analytic procedure of Schmidt and Hunter. *Psychological Bulletin, 97,* 274–285.

Peterson, C. (2006). Strengths of character and happiness: Introduction to special issue. *Journal of Happiness Studies, 7,* 289–291.

Peterson, C. & Seligman, M.E.P. (2003). Character strengths before and after September 11. *Psychological Science, 14,* 381–384.

Pettigrew, T.F. (1997). Generalized intergroup contact effects on prejudice. *Personality and Social Psychology Bulletin, 23,* 173–185.

Pettigrew, T.F. (1998). Intergroup contact theory. *Annual Review of Psychology, 49,* 65–85.

Pettigrew, T.F. (2001). Personality and sociocultural factors in intergroup attitudes: A cross-national comparison. In M. Hogg & D. Abrams (Eds), *Intergroup relations: Essential readings* (pp. 18–29). New York: Psychology Press.

Pettigrew, T.F. & Tropp, L.R. (2011). *When groups meet: The dynamics of intergroup contact.* New York: Psychology Press.

Petty, R.E. & Briñol, P. (2012). A multiprocess approach to social influence. In Kenrick, D.T., Goldstein, N.J. & Braver, S.L. (Eds), *Six degrees of social influence: Science, application, and the psychology of Robert Cialdini,* (pp. 49–58). Oxford, UK: Oxford University Press.

Petty, R.E., Briñol, P. & Tormala, Z.L. (2002). Thought confidence as a determinant of persuasion: The self-validation hypothesis. *Journal of Personality and Social Psychology, 82,* 722–741.

Petty, R.E. & Cacioppo, J.T. (1977). Forewarning, cognitive responding, and resistance to persuasion. *Journal of Personality and Social Psychology, 35*, 645–655.

Petty, R.E. & Cacioppo, J.T. (1981). *Attitude and persuasion: Classic and contemporary approaches.* Dubuque, IO: W.C. Brown.

Petty, R.E., Cacioppo, J.T. & Goldman, R. (1981). Personal involvement as a determinant of argument-based persuasion. *Journal of Personality and Social Psychology, 41*, 847–855.

Petty, R.E., Ostrom, T.M. & Brock, T.C. (1981). *Cognitive responses in persuasive communication: A text in attitude change.* Hillsdale, NJ: Erlbaum.

Petty, R.E., Schumann, D.W., Richman, S.A. & Strathman, A.J. (1993). Positive mood and persuasion – different roles for affect under high- and low-elaboration conditions. *Journal of Personality and Social Psychology, 64*, 5–20.

Petty, R.E., Wegener, D.T. & Fabrigar, L.R (1997). Attitude and attitude change. *Annual Review of Psychology, 48*, 609–647.

Petty, R.E., Wells, G.L. & Brock, T.C. (1976). Distraction can enhance or reduce yielding to propaganda: Thought disruption versus effort justification. *Journal of Personality and Social Psychology, 34*, 874–884.

Pfau, M., Semmler, S.M., Deatrick, L.,Lane, L., Mason, A., Nisbett, G., Craig, E., Cornelius, J. & Banas, J.A. (2009). Nuances about the role and impact of affect and enhanced threat in inoculation. *Communication Monographs, 76*, 73–98.

Pfeifer, J.E. (1992). The psychological framing of cults: Schematic representations and cult evaluations. *Journal of Applied Social Psychology, 22*, 531–544.

Pfeifer, J.E. (1999). Perceptual biases and mock juror decision making: Minority religions in court. *Social Justice Research, 12*, 409–419.

Pfeiffer, U.J., Timmermans, B., Vogeley, K., Frith, C.D. & Schilbach, L. (2013). Towards a neuroscience of social interaction. *Frontiers of Human Neuroscience, 7*: 22. Published online 1 February, 2013. doi: 10.3389/fnhum.2013.00022

Pheterson, G.I., Kiesler, S.B. & Goldberg, P.A. (1971). Evaluation of the performance of women as a function of their success, achievements, and personal history. *Journal of Personality and Social Psychology, 19*, 114–118.

Phoenix, A., Frosh, S. & Pattman, R. (2003). Producing contradictory masculine subject positions: Narratives of threat, homophobia and bullying in 11–14-year-old boys. *Journal of Social Issues, 9*, 179–195.

Piliavin, I.M. & Piliavin, J.A. (1972). The effect of blood on reactions to a victim. *Journal of Personality and Social Psychology, 23*, 253–261.

Piliavin, I.M., Rodin, J. & Piliavin, J.A. (1969). Good Samaritanism: An underground phenomenon? *Journal of Personality and Social Psychology, 13*, 289–299.

Piliavin, J.A., Dovidio, J.F., Gaertner, S.L. & Clark, R.D. (1981). *Emergency intervention.* New York: Academic Press.

Pilisuk, M. & Minkler, M. (1985). Supportive ties: A political economy perspective. *Health Education Quarterly, 12*, 93–106.

Pinker, S. (1994). *The language instinct: How the mind creates language.* New York: William Morrow and Company.

Pinker, S. (2011a). Representations and decision rules in the theory of self-deception. *Behavioral and Brain Science, 34*, 35–37.

Pinker, S. (2011b). *The better angels of our nature: The decline of violence in history and its causes.* London: Allen Lane.

Pinquart, M. & Sorensen, S. (2001). Influences on loneliness in older adults: A meta-analysis. *Basic and Applied Social Psychology, 23*, 245–266.

Plant, E. & Devine, P.G. (2003). The antecedents and implications of interracial anxiety. *Personality and Social Psychology Bulletin, 29*, 780–792.

Platania, J. & Moran, G.P. (2001). Social facilitation as a function of the mere presence of others. *The Journal of Social Psychology, 141*, 190–197.

Platek, S. & Krill, A. (2009). Self-face resemblance attenuates other-race face effect in the amygdala. *Brain Research, 1284*, 155–160.

Platow, M., van Knippenberg, D., Haslam, S. et al. (2006), 'A special gift we bestow on you for being representative of us: Considering leader charisma from a self-categorization perspective'. *British Journal of Social Psychology, 45*, 303–320.

Platt, J. (1973). Social Traps, *American Psychologist, 28*, 641–651.

Polivy, J., Hackett, R. & Bycio, P. (1979). The effect of perceived smoking status on attractiveness. *Personality and Social Psychology Bulletin, 5*, 401–404.

Polivy, J. & Herman, C.P. (2000). The false-hope syndrome: Unfulfilled expectations of self-change. *Current Directions in Psychological Science, 9*, 128–131.

Polivy, J. & Herman, C.P. (2002). If at first you don't succeed. False hopes of self-change. *American Psychologist, 57*, 677–689.

Pollard, W.E. & Mitchell, T.R. (1972). Decision theory analysis of social power. *Psychological Bulletin, 78*, 433–446.

Polster, M.F. (1992). *Eve's daughters: The forbidden heroism of women*. New York: Jossey-Bass.

Pomerantz, E.M., Chaiken, S. & Tordesillas, R.S. (1995). Attitude strength and resistance processes. *Journal of Personality and Social Psychology, 69*, 408–419.

Porier, G.W. & Lott, A.J. (1967). Galvanic skin responses and prejudice. *Journal of Personality and Social Psychology, 5*, 253–259.

Porter, S., Spencer, L. & Birt, A.R. (2003). Blinded by emotion? Effect of the emotionality of a scene on susceptibility to false memories. *Canadian Journal of Behavioural Science, 35*, 165–175.

Postmes, T. & Spears, R. (1998). Deindividuation and antinormative behavior: A meta-analysis. *Psychological Bulletin, 123*, 238–259.

Potter, J. (1996). Discourse analysis and constructionist approaches: theoretical background. In J.T.E. Richardson (Ed.) *Handbook of qualitative research handbook of qualitative research methods*, (pp. 125–140). Leicester: B.P.S. Publications.

Potter, J. (2012). Discourse analysis and discursive psychology. In H. Cooper, (Ed.). *APA handbook of research methods in psychology: Vol. 2. Quantitative, qualitative, neuropsychological, and biological*, (pp. 111–130). Washington: American Psychological Association Press.

Potter, J. & Wetherell, M. (1987). *Discourse and social psychology: Beyond attitudes and behaviour*. London: Sage.

Poulin, F. & Boivin, M. (2000). The role of proactive and reactive aggression in the formation and development of boys' friendships. *Developmental Psychology, 36*, 233–240. doi: 10.1037/0012-1649.36.2.233

Powers, T.A., Koestner, R., Zuroff, D.C., Milyavskaya, M. & Gorin, A.A. (2011). The effects of self-criticism and self-oriented perfectionism on goal pursuit. *Personality and Social Psychology Bulletin, 37*, 964–975.

Pratkanis, A.R. & Aronson, E. (1991). *Age of propaganda. The everyday use and abuse of persuasion*. New York: Freeman.

Pratkanis, A.R., Greenwald, A.G., Leippe, M.R. & Baumgardner, M.H. (1988). In search of reliable persuasion effects. III. The sleeper effect is dead. Long live the sleeper effect. *Journal of Personality and Social Psychology, 54*, 203–218.

Pratt, M.W., Pancer, M., Hunsberger, B. & Manchester, J. (1990). Reasoning about the self and relationships in maturity: An integrative complexity analysis of individual differences. *Journal of Personality and Social Psychology, 59*, 575–581.

Praxmarer, S. (2011). How a presenter's perceived attractiveness affects persuasion for attractiveness-unrelated products. *Quarterly Review of Marketing Communications, 30*, 839–865.

Pressman, S.D. & Cohen, S. (2005). Does positive affect influence health? *Psychological Bulletin, 131*, 905–971.

Princz, M. (1992). Dating violence: Not an isolated phenomenon. *Vis-à-vis, 9*, 1–4.

Pronk, T.M., Karremans, J.C., Overbeek G., Vermulst, A.A., Wigboldus, D.H. (2010). What it takes to forgive: When and why executive functioning facilitates forgiveness. *Journal of Personality and Social Psychology, 98*, 119–131.

Provine, R.R., Spencer, R.J. & Mandell, D.L. (2007). Emoticons punctuate website text messages. *Journal of Language and Social Psychology, 26*, 299–307.

Pruitt, D.G. (1976). Power and bargaining. In B. Seidenberg & A. Snadowsky (Eds), *Social psychology: An introduction*. (pp. 343–376). New York: Free Press.

Pruitt, D.G. (2012). A history of social conflict and negotiation research. In A.W. Kruglanski & W. Stroebe (Eds), *Handbook of the history of social psychology*. New York: Psychology Press. (pp. 431–452).

Puente, S. & Cohen, D. (2003). Jealousy and the meaning (or nonmeaning) of violence. *Personality and Social Psychology Bulletin, 29*, 449–460.

Pyke, S. (2001). Feminist psychology in Canada: Early days. *Canadian Psychology, 42*, 268–275.

Quarantelli, E.L. (1957). The behavior of panic participants. *Sociology and Social Research, 41*, 187–194.

Quarantelli, E.L. (2001). Sociology of panic. In N.J. Smelser & P.B. Baltes (Eds), *International*

Encyclopedia of the Social and Behavioral Sciences (pp. 11020–11023). New York: Pergamon Press.

Quine, L., Rutter, D.R. & Arnold, L. (2000). Comparing the Theory of Planned Behavior and the Health Beliefs Model: The example of helmet use among schoolboy cyclists. In P. Norman & C. Abraham (Eds), *Understanding and changing health behavior: From health beliefs to self-regulation* (pp. 73–98). Amsterdam: Harwood Academic Publishers.

Quist, R.M. & Wiegand, D.M. (2002). Attributions of hate: The media's causal attributions of a homophobic murder. *American Behavioral Scientist, 46,* 93–107.

Radke-Yarrow, M. & Zahn-Waxler, C. (1984). Roots, motives, and patterns in children's prosocial behavior. In E. Staub, D. Bar-Tal, J. Karylowski & J. Reykowski (Eds), *Development and maintenance of prosocial behavior* (pp. 81–99). New York: Plenum Press.

Radsch, C.C. (2012). Unveiling the revolutionaries: Cyberactivism and the role of women in the Arab uprisings. James A. Baker III Institute for Public Policy, Rice University. Downloaded February 27, 2013 from http://www.scribd.com/doc/98088364/Unvieling-the-Revolutionaries-Cyberactivism-and-the-Role-of-Women-in-the-Arab-Uprisings.

Ragins, B.R. & Sundstrom, E. (1989). Gender and power in organizations: A longitudinal perspective. *Psychological Bulletin, 105,* 51–88.

Rahim-Williams, W.B., Riley, J.L., Williams, S.K. & Fillingim, R.B. (2012). A quantitative review of ethnic group differences in experimental pain response: Do biology, psychology and culture matter? *Pain Medicine, 13,* 522–540.

Rai, T.S. & Fiske, A. (2010). ODD (observation- and description-deprived) psychological research. *Behavioural and Brain Sciences, 33,* 107–108. doi:10.1017/S0140525X10000221

Raikkonen, K., Matthews, K.A., Flory, J.D. & Owens, J.F. (1999). Effects of hostility on ambulatory blood pressure and mood during daily living in healthy adults. *Health Psychology 18,* 44–53.

Ramsden, E. (2009). The urban animal: Population density and social pathology in rodents and humans. *Bulletin of the World Health Organization, 87,* 82. doi: 10.2471/BLT.09.062836

Rand, M. & Levinger, G. (1979). Implicit theories of relationships: An intergenerational study. *Journal of Personality and Social Psychology, 37,* 645–661.

Rappoport, L. & Kren, G. (1993). Amoral rescuers: The ambiguities of altruism. *Creativity Research Journal, 6,* 129–136.

Raubolt, R.R. (2003). Attack on the self and authoritarian group supervision. *Group, 27,* 65–77.

Raven, B.H., Schwarzwald, J. & Koslowsky, M. (1998). Conceptualizing and measuring a power/interaction model of interpersonal influence. *Journal of Applied Social Psychology, 28,* 307–332.

Regan, D.T. & Totten, J. (1975). Empathy and attribution: Turning observers into actors. *Journal of Personality and Social Psychology, 32,* 850–856.

Regan, D.T., Williams, M. & Sparling, S. (1972). Voluntary expiation of guilt: A field experiment. *Journal of Personality and Social Psychology, 24,* 42–45.

Reicher, S. (1996). 'The crowd' century: Reconciling practical success with theoretical failure. *British Journal of Social Psychology, 35,* 535–553.

Reicher, S. & Haslam, S.A. (2006). Rethinking the psychology of tyranny: The BBC Prison Study. *British Journal of Social Psychology, 45,* 1–40.

Reicher, S. & Haslam, S.A. (2011a). After shock? Towards a social identity explanation of the Milgram 'obedience' studies. *British Journal of Social Psychology, 50,* 163–169.

Reicher, S. & Haslam, S.A. (2011b). Stanley Milgram taught us we have more to fear from zealots than zombies. Http://www.guardian.co.uk/science/blog/2011/sep/01/stanley-milgram-research-zealots-zombies. Downloaded December 1, 2012.

Reicher, S. & Haslam, S.A. (2012). Obedience: Revisiting Milgram's shock experiments. In J.R. Smith & S.A. Haslam (Eds), *Social psychology: Revisiting the classic studies.* London: Sage. (pp. 106–125).

Reicher, S., Haslam, S.A. & Smith, J.R. (2012). Working towards the experimenter: Reconceptualizing obedience within the Milgram paradigm as identification-based followership. *Perspectives on Psychological Science, 7,* 315–324.

Reicher, S., Spears, R. & Postmes, T. (1995). A social identity model of deindividuation phenomena. *European Review of Social Psychology, 6,* 161–198.

Reid, J.B. (1978). Study of drinking in natural settings. In G.A. Marlatt & P. Nathan (Eds),

Behavioral approaches to alcoholism (pp. 58–75). New Brunswick, NJ: Rutgers Center of Alcohol Studies.

Reis, H.T. & Aron, A. (2008). What is it, why does it matter, and how does it operate? *Perspectives on Psychological Science, 3*, 80–86.

Reisenzein, R. (1986). A structural equation analysis of Weiner's attribution-affect model of helping behavior. *Journal of Personality and Social Psychology, 50*, 1123–1133.

Remland, M. S., Jones, T. S. & Brinkman, H. (1991). Proxemic and haptic behaviour in three European countries. *Journal of Nonverbal Behaviour, 15*, 215–232.

Rennie, D. (2002). Qualitative research: History, theory and practice. Special Issue, *Canadian Psychology, 43*, 179–189.

Rentsch, J.R. & Heffner, T.S. (1994). Assessing self-concept: Analysis of Gordon's coding scheme using 'Who am I?' responses. *Journal of Social Behavior and Personality, 9*, 283–300.

Renz, B.B. (2010). *Our own worst enemy as protector of ourselves.* Lanhan, MD: University Press of America.

Repacholi, B.M. & Meltzoff, A.N. (2007). Emotional eavesdropping: infants selectively respond to indirect emotional signals. *Child Development, 78*, 503–521.

Repacholi, B.M., Meltzoff, A.N. & Olsen, B. (2008). Infants' understanding of the link between visual perception and emotion: 'If she can't see me doing it, she won't get angry'. *Developmental Psychology, 44*, 561–574.

Report of the Media Violence Commission (2012). *Aggressive Behavior, 28*, 335–341.

Reykowski, J. (2002). The justice motive and altruistic helping: Rescuers of Jews in Nazi-occupied Europe. In M. Ross & D.T. Miller (Eds), *The justice motive in everyday life* (pp. 251–270). New York: Cambridge University Press.

Reynaud, M., Karila, L., Blecha, L. & Benyamina, A. (2010). Is love passion an addiction? *American Journal of Alcohol and Drug Abuse, 36*, 261–267.

Rhodes, N. & Wood, N. (1992). Self-esteem and intelligence affect influenceability: The mediating role of message reception. *Psychological Bulletin, 111*, 156–171.

Rice, M.E. (1997). Violent offender research and implications for the criminal justice system. *American Psychologist, 52*, 414–423.

Richerson, P.J. & Boyd, R. (2005). Not by genes alone: How culture transforms human evolution. Chicago: University of Chicago Press.

Richetin, J. & Richardson, D.S. (2008). Automatic processes and individual differences in aggressive behavior. *Aggression and Violent Behavior, 13*, 423–430.

Riess, M., Rosenfeld, R., Melburg, V. & Tedeschi, J.T. (1981). Self-serving attributions: Biased private perceptions and distorted public descriptions. *Journal of Personality and Social Psychology, 41*, 224–231.

Rilling, J.R. & Sanfey, A.G. (2011). The neuroscience of social decision-making. *Annual Review of Psychology, 62*, 23–48.

Rimé, B. (1983). Nonverbal communication or nonverbal behavior? In W. Doise & S. Moscovici (Eds), *Current issues in European social psychology* (Vol. 1). (pp. 85–141). Cambridge: Cambridge University Press.

Ringelmann, M. (1913). Recherches sur les moteurs animés: Travail de l'homme. *Annales de l'Institut National Agronomique, 2e Série-tome XII*, 1–40.

Rink, F., Ryan, M.K., Stoker, J.I. (2012). Influence in times of crisis: how social and financial resources affect men's and women's evaluations of glass-cliff positions. *Psychological Science, 23*, 1306–1313.

Ritter, J.M., Casey, R.J. & Langlois, J.H. (1991). Adults' responses to infants varying in appearance of age and attractiveness. *Child Development, 62*, 68–82.

Rivers, I. (2001). The bullying of sexual minorities' at school: Its nature and long-term correlates. *Educational and Child Psychology, 18*, 33–46.

Rivis, A., Sheeran, P. & Armitage, C.J. (2009). Expanding the affective and normative components of the theory of planned behavior: A Meta-analysis of anticipated affect and moral norms. *Journal of Applied Social Psychology, 39*, 2985–3019.

Roberts, W.L. (1999). The socialization of emotional expression: Relations with prosocial behaviour and competence in five samples. *Canadian Journal of Behavioural Science, 31*, 72–85.

Robins, L.N., Helzer, J.E. & Davis, D.H. (1975). Narcotic use in Southeast Asia and afterward: An interview study of 898 Vietnam returnees. *Archives of General Psychiatry, 32*(8), 955–961.

Robinson, M.D. & Ryff, C.D. (1999). The role of self-deception in perceptions of past, present and future happiness. *Personality and Social Psychology Bulletin, 25*, 595–606.

Robinson, R.J., Keltner, D., Ward, A. & Ross, L. (1995). Actual versus assumed differences in construal: Naive realism in intergroup perception and conflict. *Journal of Personality and Social Psychology, 68*, 404–417.

Robinson, W.P. & Giles, H. (2001). *The new handbook of language and social psychology.* West Sussex, England: John Wiley and Sons.

Roddy, D.B. (2003, March 16). Bush is playing 'chicken' not only with Saddam, but with the U.N. and allies, as well *Pittsburg Post-Gazette.* Downloaded on September 24, 2003 from http://www.post-gazette.com/nation/20030316brinkmanship0316p3.asp.

Rodin, J. (1992). The social construction of premenstrual syndrome. *Social Science and Medicine, 35*, 49–56

Rodin, J. & Janis, I.L. (1979). The social power of health care practitioners as agents of change. *Journal of Social Issues, 35*, 60–81.

Rodin, J. & Langer, E.J. (1977). Long-term effects of a control-relevant intervention with the institutionalized aged. *Journal of Personality and Social Psychology, 35*, 897–902.

Roese, N.J. (1997). Counterfactual thinking. *Psychological Bulletin, 121*, 133–148.

Roese, N.J. & Olson, J.M. (1997). Counterfactual thinking: The intersection of affect and function. In M.P. Zanna (Ed.). *Advances in experimental social psychology* (pp. 1–59). San Diego, USA: Academic Press.

Roese, N.J. & Sande, G.N. (1993). Backlash effects in attack politics. *Journal of Applied Social Psychology, 23*, 632–653.

Rogers, E.M. (2003/1962). *Diffusion of innovations.* New York: Free Press.

Rogers, R.W. (1975). A protection motivation theory of fear appeals and attitude change. *Journal of Psychology, 91*, 93–114.

Rogers, R.W. (1983). Cognitive and physiological processes in fear appeals and attitude change: A revised theory of protection motivation. In J.T. Cacioppo & R.E. Petty (Eds), *Social psychophysiology: A sourcebook* (pp. 153–176). New York: Guilford.

Rogers, T.D., Kuiper, N.A. & Kirker, W.S. (1977). Self-reference and the encoding of personal information. *Journal of Personality and Social Psychology, 35*, 677–688.

Rohan, M.J. (2000). A rose by any name? The values construct. *Personality and Social Psychology Review, 4*, 255–277.

Rohlinger, D.A. & Snow, D.A. (2003). Social psychological perspectives on crowds and social movements. In Delamater, J. (Ed.), Handbook of Social Psychology. New York: Kluwer Academic. (pp. 503–527).

Rokeach, M. (1968). *Beliefs, attitudes, and values.* San Francisco: Jossey-Bass.

Rokeach, M. (1979). *Understanding human values: Individual and societal.* New York: Free Press.

Romaine, S. (2000). *Language in society: An introduction to sociolinguistics* (2nd ed.). Cary, NC, USA: Oxford University Press.

Ronis, D.L. (1992). Conditional health threats: Health beliefs, decisions and behaviors among adults. *Health Psychology, 11*, 127–134.

Rorum, R., Fein, R. & Vossekuil, B. (2012). A dimensional approach to analyzing lone offender terrorism. *Aggression and Violent Behavior, 17*, 389–396.

Rosen, S., Tomarelli, M.M., Kidda, M.L., Jr. & Medvin, N. (1986). Effects of motive for helping recipient's inability to reciprocate, and sex on devaluation of the recipient's competence. *Journal of Personality and Social Psychology, 50*, 729–736.

Rosenbaum, L.L. & Rosenbaum, W.B. (1971). Morale and productivity consequences of group leadership style, stress and type of task. *Journal of Applied Psychology, 55*, 343–348.

Rosenberg, M. (1957). *Occupations and values.* Glencoe, IL: Free Press.

Rosenbaum, M.E. (1986). The repulsion hypothesis: On the nondevelopment of relationships. *Journal of Personality and Social Psychology, 51*, 1156–1166.

Rosenberg, M.J. (1965). When dissonance fails: On eliminating evaluation apprehension from attitude measurement. *Journal of Personality and Social Psychology, 1*, 28–42.

Rosenhan, D. (1970). The natural socialization of altruistic autonomy. In J. Macaulay & L. Berkowitz (Eds), *Altruism and helping behavior.* New York: Academic Press.

Rosenhan, D. (1972). Learning theory and prosocial behavior. *Journal of Social Issues, 28*, 151–164.

Rosenman, R.H., Brand, R.J., Jenkins, C.D., Friedman, M., Straus, R. & Wurm, M.

(1975). Coronary heart disease in the Western Collaborative Group Study: Final follow-up experience of 8 years. *Journal of the American Medical Association, 233,* 872–877.

Rosenthal, R. (1966). *Experimenter effects in behavioral research.* New York: Appleton-Century-Crofts.

Rosenthal, R, & Jacobsen, L. (1968). *Pygmalion in the classroom: Teacher expectation and pupils' intellectual development.* New York: Holt, Rinehart and Winston.

Rosenzweig, J.M. & Daley, D.M. (1989). Dyadic adjustment/sexual satisfaction in women and men as a function of psychological sex-role self-perception. *Journal of Sex and Marital Therapy, 15,* 42–56.

Roskos-Ewoldsen, D.R. & Fazio, R.H. (1992a). On the orienting value of attitudes: Attitude accessibility as a determinant of an object's attraction of visual attention. *Journal of Personality and Social Psychology, 63,* 198–211.

Roskos-Ewoldsen, D.R. & Fazio, R.H. (1992b). The accessibility of source likeability as a determinant of persuasion. *Personality and Social Psychology Bulletin, 18,* 19–25.

Rosnow, R.L. (1991). Inside rumor. *American Psychologist, 46,* 484–496.

Rosnow, R.L. & Fine, G.A. (1976). *Rumor and gossip: The social psychology of hearsay.* New York: Elsevier.

Rosnow, R.L., Yost, J.H. & Esposito, J.L. (1986). Belief in rumor and likelihood of rumor transmission. *Language and Communication, 6,* 189–194.

Ross, A.S. & Braband, J. (1973). Effect of increased responsibility on bystander intervention II: The cue value of a blind person. *Journal of Personality and Social Psychology, 25,* 254–258.

Ross, L. (1977). The intuitive psychologist and his shortcomings: Distortions in the attribution process. In L. Berkowitz (Ed.), *Advances in experimental social psychology* (Vol. 10). New York: Academic Press.

Ross, L., Amabile, T.M. & Steinmetz, J.L. (1977). Social roles, social control and biases in social perception processes. *Journal of Personality and Social Psychology, 35,* 485–494.

Ross, L., Greene, D. & House, P. (1977). The 'false consensus effect': An egocentric bias in social perception and attribution processes. *Journal of Experimental Social Psychology, 13,* 279–301.

Ross, M. (1989). Relation of implicit theories to the construction of personal histories. *Psychological Review, 96,* 341–357.

Ross, M. & Conway, M. (1985). Remembering one's own past: The construction of personal histories. In R. Sorrentino & E.T. Higgins (Eds), *Handbook of motivation and cognition* (pp. 122–144). New York: Guilford.

Ross, M., McFarland, C., Conway, M. & Zanna, M.P. (1983). Reciprocal relation between attitude and behavior recall: Committing people to newly formed attitudes. *Journal of Personality and Social Psychology, 45,* 257–267.

Ross, M. & Sicoly, F. (1979). Egocentric biases in availability and attribution. *Journal of Personality and Social Psychology, 37,* 322–336.

Ross, M. & Wilson, A.E. (2002). It feels like yesterday: Self-esteem valence of personal past experiences and judgments of subjective distance. *Journal of Personality and Social Psychology 82,* 792–803.

Ross, W.H. & Conlon, D.E. (2000). Hybrid forms of third-party dispute resolution: Theoretical implications of combining mediation and arbitration. *Academy of Management Review, 25,* 416–427.

Roter, D.L. & Hall, J.A. (1992). *Doctors talking with patients/Patients talking with doctors.* Westport, CT: Auburn House.

Roter, D.L., Hall, J.A., Merisca, R. & Nordstrom, B. (1998). Effectiveness of interventions to improve patient compliance: A meta-analysis. *Medical Care, 36,* 1138–1161.

Rothbart, M.K., Ahadi, S.A. & Evans, D.E. (2000). Temperament and personality: Origins and outcomes. *Journal of Personality and Social Psychology, 78,* 122–135.

Rotton, J. & Cohn, E.G. (2000). Violence is a curvilinear function of temperature in Dallas. *Journal of Personality and Social Psychology (JPSP), 78,* 1074–1081.

Roy, M.P., Steptoe, A. & Kirschbaum, C. (1998). Life events and social support as moderators of individual differences in cardiovascular and cortisol reactivity. *Journal of Personality and Social Psychology, 75,* 1273–1281.

Ruback, R.B. & Dabbs, J.M. (1988). Group vocal patterns and leadership in India: Effects of task, language, and sex of subjects. *Journal of Cross-Cultural Psychology, 19,* 446–464.

Ruben, D.H. (1998). Social exchange theory: Dynamics of a system governing the dysfunctional family and guide to assessment. *Journal of Contemporary Psychotherapy, 28*, 307-325.

Rubenfeld, S., Clément, R., Vinograd, J., Lussier, D., Amireault, V., Auger, R. & Lebrun, M. (2007). Becoming a cultural intermediary: A further social corollary of second-language learning. *Journal of Language and Social Psychology, 26*, 182-203.

Rubenstein, C.M. & Shaver, P. (1982). The experience of loneliness. In L. Peplau & D. Perlman (Eds), *Loneliness: A sourcebook of current theory, research and therapy.* New York: Wiley.

Rubin, J. (1976). How to tell when someone is saying no. *Topics in Culture Learning, 4*, 61-65.

Rubin, Z. (1973). *Liking and loving: An invitation to social psychology.* New York: Holt, Rinehart & Winston.

Rubin, Z. (1974). Lovers and other strangers: The development of intimacy in encounters and relationships. *American Scientist, 62*, 182-190.

Rubin, Z. (1975). Disclosing oneself to a stranger: Reciprocity and its limits. *Journal of Experimental Social Psychology, 11*, 233-260.

Ruby, C.L. & Brigham, J.C. (1996). A criminal schema: Role of chronicity, race and SES in law enforcement officials' perception of others. *Journal of Applied Social Psychology, 26*, 95-111.

Rudman, L.A. & Glick, P. (1999). Feminized management and backlash toward agentic women: The hidden costs to women of a kinder, gentler image of middle-managers. *Journal of Personality and Social Psychology, 77*, 1004-1010.

Rudman, L.A. & Glick, P. (2001). Prescriptive gender stereotypes and backlash toward agentic women. *Journal of Social Issues, 57*, 743-762.

Rudmin, F.W. (1985). William McDougall in the history of social psychology. *British Journal of Social Psychology, 24*, 75-76.

Rudmin, F.W. (1989). The pleasure of serendipity in histological research: On finding 'stereotype' in Morier's (1824) Hajji Baba. *Cross-Cultural Psychology Bulletin, 23*, 8-11.

Ruggiero, K.M. & Taylor, D.M. (1995). Coping with discrimination. How disadvantaged group members perceive the discrimination that confronts them. *Journal of Personality and Social Psychology, 68*, 826-838.

Ruggiero, K.M. & Taylor, D.M. (1997). Why minority group members perceive or do not perceive the discrimination that confronts them. Role of self-esteem and perceived control. *Journal of Personality and Social Psychology, 72*, 373-389.

Rule, B.G. & Adair, J. (1984). Contributions of psychology as a social science to Canadian society. *Canadian Psychology, 25*, 52-58.

Rule, B.G. & Nesdale, A.R. (1974). Differing functions of aggression. *Journal of Personality, 42*, 467-481.

Rule, N.O., Ambady, N, Adams, R.B., Ozono, H., Nakashima, S., Yoshikawam, S. & Watabe, M. (2010). Polling the face: Prediction and consensus across cultures. *Journal of Personality and Social Psychology, 98*, 1-15.

Rusbult, C.E. (1983). A longitudinal test of the investment model: The development (and deterioration) of satisfaction and commitment in heterosexual involvement. *Journal of Personality and Social Psychology, 45*, 101-117.

Rusbult, C.E., Finkel, E.J. & Kumashiro, M. (2009). The Michelangelo phenomenon. *Current Directions in Psychological Science, 18*, 305-309.

Rusbult, C.E., Kubacka, K.E., Kumashiro, M. & Finkel, E.J. (2009). 'The part of me that you bring out'. Ideal similarity and the Michelangelo phenomenon, *Journal of Personality and Social Psychology, 96*, 61-82.

Rusbult, C.E. & Martz, J.M. (1995). Remaining in an abusive relationship: An model analysis of nonvoluntary dependence. *Personality and Social Psychology Bulletin, 21*, 558-571.

Rusbult, C.E., Kubacka, K.E., Kumashiro, M. & Finkel, E.J. (2009). 'The part of me that you bring out'. Ideal similarity and the Michelangelo phenomenon, *Journal of Personality and Social Psychology, 96*, 61-82.

Rusbult, C.E., Kumashiro, M., Wolf, S.L. & Scott T. (2005). The Michelangelo Phenomenon in Close Relationships. In A. Tesser, J.V. Wood. & D.A. Stapel (Eds), *On building, defending and regulating the self: A psychological perspective* (1-29). New York: Psychology Press.

Russell, D., Peplau, L.A. & Cutrona, C.E. (1980). The revised UCLA loneliness scale: Concurrent and discriminant validity evidence. *Journal of Personality and Social Psychology, 39*, 472-480.

Russell, J.A. & Mehrabian, A. (1978). Approach-avoidance and affiliation as functions of the emotion-eliciting quality of an environment. *Environment and Behavior, 10*, 355-388.

Russell, N.J.C. (2011). Milgram's obedience to authority experiments: Origins and early evolution. *British Journal of Social Psychology, 50*, 140–162.

Rutter, M. (1987). Psychological resilience and protective mechanisms. *American Journal of Orthopsychiatry, 57*, 316–331.

Ryan, E.B., Bartolucci, G., Giles, H. & Henwood, K. (1986). Psycholinguistics and social psychological components of communication by and with older adults. *Language and Communication, 6*, 1–22.

Ryan, M.K. & Haslam, S.A. (2005). The glass cliff: Evidence that women are over-represented in precarious leadership positions. *British Journal of Management, 16*, 81–90.

Ryff, C.D. (1989). Happiness is everything, or is it? Explorations on the meaning of psychological well-being. *Journal of Personality and Social Psychology, 57*, 1069–1081.

Ryff, C.D., Singer, B.H. & Love, G.D. (2004). Positive health: connecting well-being with biology. *Philosophical Transactions of the Royal Society, London, 359*, 1383–1394.

Ryff, C.D., Singer, B., Wing, E., & Love, G.D. (2001). Elective affinities and uninvited agonies: Mapping emotion with significant others onto health. In C.D. Ryff & B. Singer (Eds), *Emotion, social relationships and health* (pp. 133–175). New York: Oxford University Press.

Sabbaugh, C. & Golden, D. (2007). Reflecting upon etic and emic perspectives on distributive justice. *Social Justice Research, 20*, 372–387.

Sabini, J., Siepman, M. & Stein, J. (2001). The really fundamental attribution error in social psychological research. *Psychological Inquiry, 12*, 1–15.

Sachdev, I. (2007). Communication, language and discrimination: A prologue. *Journal of Language and Social Psychology, 26*, 101–105.

Sachs-Ericsson, N., Medley, A.N., Kendall-Tackett, K. & Taylor, J. (2011). Childhood abuse and current health problems among older adults: The mediating effects of self-efficacy. *Psychology of Violence, 1*, 106–120.

Sachweh, S. (1998). Granny darling's nappies: Secondary babytalk in German nursing homes for the aged. *Journal of Applied Communication Research, 26*, 52–65.

Sadava, S.W. (1985). Problem behavior theory and consumption and consequences of alcohol use. *Journal of Studies on Alcohol, 46*, 392–397.

Sadava, S.W., Busseri, M., Molnar, D.S., Perrier, C. & DeCourville, N. (2011). Adult attachment orientation and health: Investigating a four-pathway model in university undergraduate and adult clinical sample. *Journal of Social and Personal Relationships, 26*, 604–633.

Sadava, S.W., DeCourville, N. & McCreary, D. (1996). Depression and health: Linkages to health-protective behaviours. Canadian Psychological Association: Hamilton, Ontario.

Sadava, S.W. & Forsyth, R. (1977a). Person-environment interaction and college student drug use: A multivariate longitudinal study. *Genetic Psychology Monographs, 96*, 211–245.

Sadava, S.W. & Forsyth, R. (1977b). Turning on, turning off and relapse: Social psychological determinants of status change in cannabis use. *International Journal of the Addictions, 12*, 509–528.

Sadava, S.W. & Matejcic, C. (1987). Generalized and specific loneliness in early marriage. *Canadian Journal of Behavioural Science, 19*, 56–66.

Sadava, S.W., O'Connor, R. & McCreary, D.R. (2000). Employment status and health in young adults: Economic and behavioural mediators? *Journal of Health Psychology, 5*, 549–560.

Sadava, S.W. & Thompson, M.M. (1986). Loneliness, social drinking and vulnerability to alcohol problems. *Canadian Journal of Behavioural Science, 18*, 133–139.

Safdar, S., Friedlmeier, W., Matsumoto, D., Yoo, S.H., Kwantes, C.T., Kakai, H. & Shigemasu, E. (2009). Variations of emotional display rules within and across cultures: A comparison between Canada, US and Japan. *Canadian Journal of Behavioural Science, 41*, 1–10.

Sagarin, B.J., Cialdini, R.B., Rice, W.E. & Serna, S.B. (2002). Dispelling the illusion of invulnerability: The motivations and mechanisms of resistance to persuasion. *Journal of Personality and Social Psychology, 83*, 526–541.

Salmivalli, C. (2010). Bullying and the peer group: A review. *Aggression and Violent Behavior, 15*, 112–120.

Salmon, S. & Crawford, C. (2008). Evolutionary psychology: The historical context. In C. Crawford & D. Krebs (Eds), *Foundations of evolutionary psychology*. New York: Taylor & Francis. (pp. 1–21).

Sampson, E.E. (1975). On justice as equality. *Journal of Social Issues, 31*, 45–64.

Sampson, E.E. (1977). Psychology and the American ideal. *Journal of Personality and Social Psychology, 35,* 767-782.

Samuelson, C.D., Messick, D.M., Rutte, C.G. & Wilke, H. (1984). Individual and structural solutions to resource dilemmas in two cultures. *Journal of Personality and Social Psychology, 47,* 94-104.

Sande, G.N. (1990). The multifaceted self. In J.M. Olson & M.P. Zanna (Eds), *Self-inference processes: The Ontario symposium* (Vol. 6). (pp. 1-16). Hillsdale, NJ: Erlbaum.

Sanders, G.S. (1983). An attentional process model of social facilitation. In A. Hare, H. Blumberg, V. Kent & M. Davies (Eds), *Small Groups.* London: Wiley.

Sanders, G.S., Baron, R.S. & Moore, D.L. (1978). Distraction and social comparison as mediators of social facilitation effects. *Journal of Experimental Social Psychology, 14,* 291-303.

San Jose-Cabezudo, R., Gutierrez-Arranz, A.M. & Gutierrez-Cillán, J. (2009). The combined influence of central and peripheral routes in the online persuasion process. *CyberPsychology & Behavior, 12,* 299-308.

Sappington, A.A. & Baker, J. (1995). Refining religious belief-behavior relations. *International Journal for the Psychology of Religion, 5,* 38-48.

Sashkin, M. (1977). The structure of charismatic leadership. In J.G. Hunt & L.L. Larson (Eds), *Leadership: The cutting edge* (pp. 212-218). Carbondale: Southern Illinois University Press.

Sastry, J. & Ross, C.E. (1998). Asian ethnicity and the sense of personal control. *Social Psychology Quarterly, 61,* 101-120.

Saucier, D.A. & Webster, R.J. (2010). Social vigilantism: Measuring individual differences in belief superiority and resistance to persuasion. *Personality and Social Psychology Bulletin, 36,* 19-32.

Saul, E.V. & Kass, T.S. (1969). Study of anticipated anxiety in a medical school setting. *Journal of Medical Education, 44,* 526.

Saulnier, K. & Perlman, D. (1981). The actor-observer bias is alive and well in prison: A sequel to Wells. *Personality and Social Psychology Bulletin, 7,* 559-564.

Savage, S.A. & Clarke, V.S. (1996). Factors associated with screening mammography and breast self-examination intentions. *Health Education Research, 11,* 409-421.

Sawada, Y. (2003). Blood pressure and heart rate responses to an intrusion on personal space. *Japanese Psychological Research, 45,* 115-121.

Sawrey, J.M. & Telford, C.W. (1975). *Adjustment and personality* (5th ed.). Boston: Allyn & Bacon.

Sbisà, M. (2009). Speech act theory. In J. Verschueren & J.- O. Östman (Eds), *Key notions for pragmatics.* Amsterdam: John Benjamins Publishing Company. (pp. 229-245).

Schachter, S. (1951). Deviation, rejection and communication. *Journal of Abnormal Social Psychology, 46,* 190-207.

Schachter, S. (1959). *The psychology of affiliation.* Stanford, CA: Stanford University Press.

Schachter, S. (1964). The interaction of cognitive and physiological determinants of emotional state. In L. Berkowitz (Ed.), *Advances in experimental social psychology,* (Vol. 1). (pp. 48-81). New York: Academic Press.

Schachter, S. & Burdeck, H. (1955). A field experiment on rumour transmission and distortion. *Journal of Abnormal and Social Psychology, 50,* 363-371.

Scheier, M.F. & Bridges, M.W. (1995). Person variables and health: Personality predispositions and acute psychological states as shared determinants for disease. *Psychosomatic Medicine, 57,* 255-268.

Scher, S.J. & Cooper, J. (1989). Motivational basis of dissonance: The singular role of behavioral consequences. *Journal of Personality and Social Psychology, 56,* 899-906.

Schlegel, R.P., D'Avernas, J.R., Zanna, M.P., De Courville, N.H. & Manske, S.R. (1992). Problem drinking: A problem for the theory of reasoned action. *Journal of Applied Social Psychology, 22,* 358-385.

Schlegel, R.P., Manske, S.R. & D'Avernas, J.R. (1985). Alcohol and drug use in young adults. Selected findings in a longitudinal study. *Bulletin of the Society of Psychologists in Addictive Behavior, 4,* 213-225.

Schmader, T., Johns, M. & Forbes, C. (2008). An integrated process model of stereotype threat effects on performance. *Psychological Review, 115,* 336-356.

Schmidt, D.E. & Keating, J.P. (1979). Human crowding and personal control. *Psychological Bulletin, 86,* 680-700.

Schmidt, M.F.H. & Tomasello, M. (2012). Young children enforce social norms. *Current Directions in Psychological Science, 21,* 232.

Schmitt, B.H., Gilovich, T., Goore, N. & Joseph, L. (1986). Mere presence and social facilitation: One more time. *Journal of Experimental Psychology, 22*, 242–248.

Schmitt, D.P., Alcalay & 128 others (2004). Patterns and universals of adult romantic attachment across 62 cultural regions: Are models of self and others pancultural constructs? *Journal of Cross-Cultural Psychology, 35*, 367–402.

Schmitt, D.P., Youn, G., Bond, B., Brooks, S., Frye, H., Johnson, S., Klesman, J., Peplinski, C., Sampias, J., Sherrill, M. & Stoka, C. (2009). When will I feel love? The effects of personality, culture, and gender on the psychological tendency to love. *Journal of Research in Personality, 43*, 830–846.

Schneier, B. (2012). Lance Armstrong and the Prisoners' Dilemma of doping in professional sports. *Wired.com*. Retrieved 2012.11.01

Schoeneman, T.J. & Rubanowitz, D.E. (1985). Attributions in the advice columns: I. Actors, observers, causes and reasons. *Personality and Social Psychology Bulletin, 11*, 315–325.

Schuller, R.A. (1992). The impact of battered woman syndrome evidence on jury decision processes. *Law and Human Behavior, 16*, 597–620.

Schuller, R.A. (1994). Application of battered woman syndrome evidence in the courtroom. In M. Costanzo & S. Oskamp (Eds), *Violence and the law. The Claremont Symposium on Applied Social Psychology* (pp. 113–134). Thousand Oaks, CA: Sage.

Schuller, R.A. & Hastings, P.A. (1996). Trials of battered women who kill: The impact of alternative forms of expert evidence. *Law and Human Behavior, 20*, 167–187.

Schuller, R. A. & Hastings, P. A. (2002). Complainant sexual history evidence: It impact on mock jurors' decisions. *Psychology of Women Quarterly, 26*, 252–261.

Schuller, R.A. & Rzepa, S. (2002). Expert testimony pertaining to battered woman syndrome: Its impact on jurors' decisions. *Law and Human Behavior, 26*, 655–673.

Schuller, R.A., Smith, V.L. & Olson, J.M. (1994). Jurors' decisions in trials of battered women who kill: The role of prior beliefs and expert testimony. *Journal of Applied Social Psychology, 24*, 316–337.

Schuller, R.A. & Vidmar, N. (1992). Battered woman syndrome evidence in the courtroom: A review of the literature. *Law and Human Behavior, 16*, 273–291.

Schultz, T.R. & Lepper, M.R. (1996). Cognitive dissonance as constraint satisfaction. *Psychological Review, 103*, 219–240.

Schultz, T.R., Léveillé, E. & Lepper, M.R. (1999). Free choice and cognitive dissonance revisited: Choosing the 'lesser evils' versus 'greater goods'. *Personality & Social Psychology Bulletin, 25*, 40–48.

Schultz, W. (2000). Multiple reward signals in the brain. *Nature Reviews Neuroscience, 1*, 199–207.

Schut, C., Linder, D., Brosig, B., Niemeier, V., Ermler, C., Madejski, K., Saad, S., Gieler, U. & Kupfer, J. (2011). Appraisal of touching behavior, shame and disgust: A cross-cultural-study. *International Journal of Culture and Mental Health, 6*, 1–15.

Schwartz, S. (1994). Heuristics and biases in medical judgement and decision making. In L. Heath, R.S. Tindale, J. Edwards, E.J. Posavac, F.B. Bryant, E. Henderson-King, Y. Suarez-Balcazar & J. Myers (Eds) *Applications of heuristics and biases to social issues*. New York: Plenum Press. (pp. 45–72).

Schwartz, S. (1996). Value priorities and behavior: Applying a theory of integrated value systems. In C. Seligman, J.M. Olson & M.P. Zanna (Eds), *The Psychology of values: The Ontario symposium* (Vol. 8). (pp. 1–24). Hillsdale, NJ: Lawrence Erlbaum Associates.

Schwartz, S.H. (1992). Universals in the content and structure of values: Theoretical advances and empirical tests in 20 countries. In M. Zanna (Ed.), *Advances in experimental social psychology* (Vol. 25). (pp.1–65). New York: Academic Press.

Schwartz, S.H. (1994). Are there universals in the content and structure of values? *Journal of Social Issues, 50*, 19–45.

Schweingruber, D. &. Wohlstein, R.T. (2005). The madding crowd goes to school: Myths about crowds in introductory sociology. *Teaching Sociology, 33*, 136–153.

Scrimshaw, E.W. (2002). Social support, conflict and integration among women living with HIV/AIDS. *Journal of Applied Social Psychology, 32*, 2022–2042.

Searle, J.R. (1969). *Speech acts*. Cambridge: Cambridge University Press.

Searle, J.R. (1975). Indirect speech acts. In P. Cole & J.L. Morgan (Eds), *Syntax and semantics*

3: *Speech acts* (pp. 283–298). Hillsdale, NJ: Erlbaum.

Sears, D.O. (1983). The person-positivity bias. *Journal of Personality and Social Psychology, 44*, 233–250.

Seaton, M., Marsh, H.W. & Craven, R.G. (2009). Earning its place as a pan-human theory: Universality of the big-fish-little-pond effect across 41 culturally and economically diverse countries. *Journal of Educational Psychology, 101*, 403–419.

Sedikides, C. & Anderson, C.A. (1994). Causal perception of intertrait relations: The glue that holds person types together. *Personality and Social Psychology Bulletin, 21*, 294–302.

Seligman, C., Fazio, R.H. & Zanna, M.P. (1980). Effects of salience of extrinsic rewards on liking and loving. *Journal of Personality and Social Psychology, 38*, 453–460.

Seligman, C., Tucker, G.R. & Lambert, W.E. (1972). The effects of speech style and other attributes on teachers' attitudes towards pupils. *Language in Society, 1*, 131–142.

Selye, H. (1956). *The stress of life*. New York: McGraw-Hill.

Seo, D., Patrick, C.J. & Kennealy, P.J. (2008). Role of serotonin and dopamine system interactions in the neurobiology of impulsive aggression and its comorbidity with other clinical disorders. *Aggression and Violent Behaviour, 13*, 383–395.

Sermat, V. (1978). Sources of loneliness. *Essence, 2*, 271–276.

Seto, M.C. & Lalumière, M.L. (2010). What is so special about male adolescent sexual offending? A review and test of explanations using meta-analysis. *Psychological Bulletin, 136*, 526–575.

Settle, J.E., Dawes, C.T., Christakis, N.S. & Fowler, J.H. (2010). Friendships moderate an association between dopamine gene variant and political ideology. *Journal of Politics, 72*, 1189–1198.

Ševčíková, A. & Šmahel, D. (2009). Online harassment and cyberbullying in the Czech Republic: Comparison across age groups. *Zeitschrift für Psychologie /Journal of Psychology, 217*, 227–229.

Seydel, E., Taal, E. & Wiegman, O. (1990). Risk-appraisal, outcome and efficacy expectancies: Cognitive factors in preventive behavior related to cancer. *Psychology and Health, 4*, 99–109.

Shanab, M.E. & Yahya, K.A. (1977). A behavioral study of obedience in children. *Journal of Personality and Social Psychology, 35*(7), 530–536. doi:http://dx.doi.org/10.1037/0022-3514.35.7.530

Shannon, C. & Weaver, W. (1949). *The mathematical theory of communication*. Urbana, IL: University of Illinois Press.

Shanteau, J. & Nagy, G.F. (1979). Probability of acceptance in dating choice. *Journal of Personality and Social Psychology, 37*, 522–533.

Shapiro, D.E., Boggs, S.R., Melamed, B.G. & Graham-Pole, J. (1992). The effects of varied physician affect on recall anxiety and perceptions in women at risk for breast cancer: An analogue study. *Health Psychology, 11*, 61–66.

Shapiro, D.M. & Stelcner, M. (1987). Earning disparities among linguistic groups in Québec, 1970–1980. *Analyse de politique, 13*, 97–104.

Shapiro, P.N. & Penrod, S. (1986). Meta-analysis of facial identification studies. *Psychological Bulletin, 100*, 139–156.

Shaw, L.H. & Gant, L.M. (2002). In defence of the Internet. The relationship between Internet communication and depression, loneliness, self-esteem and perceived social support. *CyberPsychology and Behavior, 5*, 157–171.

Shaw, M.E. (1981). *Group dynamics: The psychology of small group behavior* (3rd ed.). New York: McGraw-Hill.

Shen, H., Wan, F. & Wyer, R.S. (2011). Cross-cultural differences in the refusal to accept a small gift: The differential influence of reciprocity norms on Asians and North Americans. *Journal of Personality and Social Psychology, 100*, 271–281. doi: 10.1037/a0021201

Shepherd, J.W., Deregowski, J.B. & Ellis, H.D. (1974). A cross-cultural study of recognition memory for faces. *International Journal of Psychology, 9*, 205–211.

Sheppard, B.H. & Vidmar, N. (1980). Adversary pretrial procedure and testimonial evidence: Effects of lawyer's role and Machiavellianism. *Journal of Personality and Social Psychology, 39*, 320–332.

Sherif, M. (1936). *The psychology of social norms*. New York: Harper & Row.

Sherif, M. (1937). An experimental approach to the study of attitudes. *Sociometry, 1*, 90–98.

Sherif, M. (1958). Superordinate goals in the reduction of intergroup conflict. *American Journal of Sociology*, 349–356.

Sherif, M. & Cantril, H. (1947). *The psychology of ego involvement: Social attitudes and identification*. New York: Wiley.

Sherif, M., Harvey, O.J., White, B.J., Hood, W.R. & Sherif, C. (1961). *Intergroup conflict and cooperation: The Robbers Cave experiment.* Norman, OK: University of Oklahoma Press.

Sherman, M. (1997). *Why people believe weird things.* New York: Freeman.

Sherman, S.J., Chassin, L., Presson, C.L. & Agostinelli, G. (1984). The role of evaluation and similarity principles in the false consensus effect. *Journal of Personality and Social Psychology, 47,* 1244–1262.

Sherrod, D.R. (1974). Crowding, perceived control and behavioral after effects. *Journal of Applied Social Psychology, 4,* 171–186.

Shestowsky, D., Wegener, D.T. & Fabrigar, L.R. (1992). Need for cognition and interpersonal influence: Individual differences in dyadic decisions. *Journal of Personality and Social Psychology, 74,* 1317–1328.

Shibutani, T. (1966). *Improvised news: A sociological study of rumor.* Indianapolis, IL: Bobbs-Merrill.

Shniderman, A.B. (2013). Ripped from the headlines. Juror perceptions in the 'Law and Order' era. *Law and Psychology Review,* 38 in press.

Shoemaker, D.J., South, D.R. & Lowe, J. (1973). Facial stereotypes of deviants and judgments of guilt or innocence. *Social Forces, 51,* 427–433.

Shotland, R.L. & Goodstein, L. (1992). Sexual precedence reduces the perceived legitimacy of sexual refusal: An examination of attributions concerning date rape and consensual sex. *Personality and Social Psychology Bulletin, 18,* 756–764.

Shteynberg, G. (2010). A silent emergence of culture. The social tuning effect, *Journal of Personality and Social Psychology, 99,* 683–689.

Shuang-shuang, L. (2010). A tentative study of the impoliteness phenomenon in computer-mediated communication. *Cross-cultural communication, 6,* 92–107.

Sibley, C. G. & Duckitt, J. (2008). Personality and prejudice: A meta-analysis and theoretical review. *Personality and Social Psychology Review, 12,* 248–279

Sibley, C.G. & Duckitt, J. (2008). Personality and prejudice: A meta-analysis and theoretical review. *Personality and Social Psychology Review, 12,* 248–279.

Sidanius, J., Levin, S., Federico, C.M. & Pratto, F. (2001). Legitimizing ideologies: The social dominance approach. In J.T. Jost & B. Majors (Eds), *The psychology of legitimacy: Emerging perspectives on ideology, justice, and intergroup relations* (307–331). New York: Cambridge University Press.

Siem, F.M. & Spence, J.T. (1986). Gender-related traits and helping behaviors. *Journal of Personality and Social Psychology, 51,* 615–621.

Sigall, H. & Ostrove, N. (1975). Beautiful but dangerous: Effects of offender attractiveness and nature of the crime on juridic judgement. *Journal of Personality and Social Psychology, 31,* 410–414.

Sigall, H. & Page, R. (1971). Current stereotypes: A little fading, a little faking. *Journal of Personality and Social Psychology, 18,* 247–255.

Silver, R.L., Boon, C. & Stones, M.H. (1983). Searching for meaning in misfortune: Making sense of incest. *Journal of Social Issues, 39,* 81–100.

Silverman, I. (1971). On the resolution and tolerance of cognitive consistency in a natural occurring event: Attitudes and beliefs following the Senator Edward M. Kennedy incident. *Journal of Personality and Social Psychology, 17,* 171–178.

Silverstein, B. (1987). Toward a science of propaganda. *Political Psychology, 8,* 49–59.

Simon, B. (1992). The perception of ingroup and outgroup homogeneity: Reintroducing the intergroup context. *European Review of Social Psychology, 3,* 1–30.

Simon, B., Loewy, M., Stürmer, S., Weber, U., Freytag, P., Habig, C., Kampmeier, C. & Spahlinger, P. (1998). Collective identification and social movement participation. *Journal of Personality and Social Psychology, 74,* 646–658.

Simon, R.J. & Mahan, L. (1971). Quantifying burdens of proof: A view from the bench, the jury and the classroom. *Law and Society Review, 5,* 319–330.

Simons, R.L., Lei, M.K., Stuart, E.A., Beach, S.R.H., Brody, G.H., Philibert, R.A. & Gibbons, F.X. (2012). Social adversity, genetic variation, street code, and aggression: A genetically informed model of violent behaviour. *Youth Violence and Juvenile Justice, 10,* 3–24.

Simpson, J.A. (1987). The dissolution of romantic relationships: Factors involved in relationship stability and emotional distress. *Journal of Personality and Social Psychology, 53,* 683–692.

Simpson, J.A., Rholes, W.S. & Nelligan, J.S. (1992). Support seeking and support giving within couples in an anxiety-provoking situation: The role of attachment styles. *Journal of Personality and Social Psychology, 62*, 434–446.

Simpson, S., McCarry, M. & Edwards, H.P. (1987). Relationship of supervisors' sex role stereotypes to performance evaluation of male and female subordinates in non-traditional jobs. *Canadian Journal of Administrative Science, 4*, 15–30.

Sims, H.P. & Manz, C.C. (1984). Observing leader verbal behavior: Toward reciprocal determinism in leadership theory. *Journal of Applied Psychology, 69*, 222–232.

Sinaceur, M, Van Kleef, G.A., Neale, M.A., Adam, H. &, Haag, C. (2011). Hot or cold: Is communicating anger or threats more effective in negotiation? *Journal of Applied Psychology, 96*, 1018–1032.

Sinclair, C. (1993). Codes of ethics and standards of practice. In K.S. Dobson & D.J.G. Dobson (Eds), *Professional psychology in Canada*. Germany: Hogrefe and Huber.

Sinclair, C. (2002). A brief history of ethical principles in professional codes of ethics. Retrieved on May 28, 2013 from http://e-book.lib.sjtu.edu.cn/iupsys/ethics/eth3_sin.html.

Sinclair, C., Poizner, S., Gilmour-Barrett, K. & Randall, D. (1987). The development of a code of ethics for Canadian psychologists. *Canadian Psychology, 28*, 1–8.

Sinclair, L. & Kunda, Z. (2000). Motivated stereotyping of women. She's fine if she praised me but incompetent if she criticized me. *Personality & Social Psychology Bulletin, 26*, 1329–1342.

Sinclair, R.C., Lee, T. & Johnson, T.E. (1995). The effect of social-comparison feedback on aggressive responses to erotic and aggressive films. *Journal of Applied Social Psychology, 25*, 818–837.

Sinclair, R.C. & Mark, M.M. (1992). The influence of mood state on judgement and action: Effects on persuasion, categorization, social justice, person perception and judgmental accuracy. In L.L. Martin & A. Tesser (Eds), *The construction of social judgements* (pp. 165–193). Hillsdale, NJ: Erlbaum.

Sinclair, R.C., Mark, M.M. & Clore, G.L. (1994). Mood-related persuasion depends on (mis)attributions. *Social Cognition, 12*, 309–326.

Singer, J.L. & Singer, D.G. (1986). Family experiences and television viewing as predictors of children's imagination, restlessness and aggression. *Journal of Social Issues, 42*, 107–124.

Singh, D. & Young, R.K. (1995). Bodyweight, hip-to-waist ratio, breasts and hips: Role in judgments of female attractiveness and desirability for relationship. *Ethology and Sociobiology, 16*, 483–507.

Singh, R. & Ho, S.Y. (2000). Attitudes and attraction: A new test of the attraction, repulsion and similarity-dissimilarity asymmetry hypothesis. *British Journal of Social Psychology, 39*, 197–211.

Sistrunk, F. & McDavid, V.W. (1971). Sex variable in conformity behavior. *Journal of Personality and Social Psychology, 17*, 200–207.

Six, U. (1989). The functions of stereotypes and prejudices in the process of cross-cultural understanding: A social psychological approach. In P. Funckle (Ed.), *Understanding the U.S.A.: A cross-cultural perspective*. Tubingen: Narr.

Skowronski, J.J. & Carlston, D.E. (1989). Negativity and extremity biases in impression formation: A review of explanations. *Psychological Bulletin, 105*, 131–142.

Slatcher, R.B. (2010). Marital functioning and physical health: Implications for social and personality psychology. *Social and Personality Psychology Compass, 4*, 455–469.

Slater, M., Antley, A., Davison, A., Swapp, D., Guger, C., Barker, C., Pistrang, N. & Sanchez-Vives, M.V. (2006). A virtual reprise of the Stanley Milgram obedience experiments. *PLoS One, 1*, e39.

Slovic, P. (2007). 'If I look *at* the mass I will never act': Psychic numbing and genocide. *Judgment and Decision Making, 2*, 179–95.

Sluka, J. (1992). The anthropology of conflict. In C. Nordstrom & J. Martin (Eds), *The paths to domination, resistance, and terror*. Berkeley: University of California Press. (pp. 18–36).

Small, D.A., Loewenstein, G. & Slovic, P. (2007). Sympathy and callousness: The impact of deliberative thought on donations to identifiable and statistical victims. *Organizational Behavior and Human Decision Processes, 102*, 143–153.

Smeaton, G., Byrne, D. & Murnen, S.K. (1989). The repulsion hypothesis revisited: Similarity irrelevance or dissimilarity bias? *Journal of Personality and Social Psychology, 56*, 54–59.

Smith, C.P. (1983). Ethical issues: Research on deception, informed consent, and debriefing. In L. Wheeler & P. Shaver (Eds), *Review of personality and social psychology* (Vol. 4). (pp. 297–328). Beverly Hills, CA: Sage.

Smith, E.R. & DeCoster, J. (2000). Dual-process models in social and cognitive psychology: Conceptual integration and links to underlying memory system. *Personality and Social Psychology Review, 4*, 108-131.

Smith, J.L. (2004). Understanding the process of stereotype threat: A review of mediational variables and new performance goal directions. *Educational Psychology Review, 16*, 177-206.

Smith, K.B., Oxley, R., Hibbing, M.V., Alford, J.R. & Hibbing, J.R. (2011). Reconceptualizing political ideology. *Political Psychology, 32*, 369-397.

Smith, P.B. (2005). Is there an indigenous European social psychology? *International Journal of Psychology, 40*, 254-262.

Smith, P.B., Dugan, S. & Trompenaars, F. (1996). National culture and the values of organizational employees. *Journal of Cross-Cultural Psychology, 27*, 231-264.

Smith, S.M., & Petty, R.E. (1996). Message framing and persuasion: A message processing analysis. *Personality and Social Psychology Bulletin, 22*, 257-268.

Snethen, G. & Van Puymbroeck, M. (2008). Girls and physical aggression: Causes, trends and intervention guided by Social Learning Theory. *Aggression and Violent Behavior, 13*, 346-354.

Snow, C.P. (1961) Either-or. *Progressive*, 25 (2), 24.

Snyder, M. (1979). Self-monitoring processes. In L. Berkowitz (Ed.), *Advances in experimental social psychology* (Vol. 12). (pp. 85-128). New York: Academic Press.

Snyder, M. & DeBono, K.G. (1985). Appeals to image and claims about quality: Understanding the psychology of advertising. *Journal of Personality and Social Psychology, 49*, 586-597.

Snyder, M. & Omoto, A.M. (2008). Volunteerism: Social issues perspectives and social policy implications. *Social Issues and Policy Review, 2*, 1-36.

Soenens, B., Vansteenkiste, M., Lens, W., Luyckx, K., Goossens, L., Beyers, W., et al. (2007). Conceptualizing parental autonomy support: Adolescent perceptions of promotion of independence versus promotion of volitional functioning. *Developmental Psychology, 43*, 633- 646.

Soifer, E. (1996). Euthanasia and persistent vegetative state individuals: The role and moral status of autonomy. *Journal of Social Issues, 52*(2), 31-50.

Solano, C.H., Batten, P.G. & Parish, E.A. (1982). Loneliness and patterns of self-disclosure. *Journal of Personality and Social Psychology, 43*, 524-531.

Solano, C.H. & Koester, N.H. (1989). Loneliness and communication problems: Subjective anxiety or objective skills? *Personality and Social Psychology Bulletin, 15*, 126-133.

Solari, C.D. & Mare, R.D. (2012). Housing crowding effects on children's well-being. *Social Science Research, 41*, 464-476.

Sole, K., Marton, J. & Hornstein, H.A. (1975). Opinion similarity and helping: Three field experiments investigating the bases of promotive tension. *Journal of Experimental Social Psychology, 11*, 1-13.

Solomon, D. & Yaeger, J. (1969). Effect of content and intonation on perceptions of verbal reinforcers. *Perceptual and Motor Skills, 28*, 319-327.

Solomon, L. (1960). The influence of some types of power relationships and game strategies upon the development of interpersonal trust. *Journal of Abnormal and Social Psychology, 61*, 223-230.

Solomon, M.R. (1986). Dress for effect. *Psychology Today, 20*(4), 20-28.

Sommer, B. (1992). Cognitive performance and the menstrual cycle. In J.T. Richardson (Ed.), *Cognition and the menstrual cycle: Research, theory and culture* (pp. 249-277). New York: Springer-Verlag.

Sommer, R. (1969). *Personal space: The behavioral basis of design*, Prentice-Hall, Englewood Cliffs.

Song, Z. & Chon, K. (2012). General self-efficacy's effect on career choice goals via vocational interests and person–job fit: A mediation model. *International Journal of Hospitality Management, 31*, 798-808.

Sontag, S. (1978). *Illness as metaphor*. New York: Farrar, Straus & Giroux.

Sorokowski, P. (2010). Did Venus have long legs? Beauty standards from various historical periods reflected in works of art. *Perception, 39*, 1427-1430.

Soussignan, R. (2002). Duchenne smile, emotional experience, and autonomic reactivity: A test of the facial feedback hypothesis. *Emotion, 2*, 52-54.

Spence, J.T. (1985). Gender identity and its implications for the concepts of masculinity and femininity. In T.B. Sonderegger (Ed.), *Nebraska symposium on motivation: Psychology and gender* (pp. 59-95). Lincoln, NE: University of Nebraska Press.

Spence, J.T. & Helmreich, R.L. (1979). Comparison of masculine and feminine personality attributes and sex-role attitudes across age groups. *Developmental Psychology, 15*, 583–594.

Spencer, S.J., Steele, C.M. & Quinn, D.M. (1999). Stereotype threat and women's math performance. *Journal of Experimental Social Psychology, 35*, 4–28.

Spiegel, D., Bloom, J.R., Kraemer, H.C. & Gottheil, E. (1989). Psychological support for cancer patients. *Lancet, 2*, 1447.

Sporer, S.L., Penrod, S., Read, D. & Cutler, B. (1995). Choosing, confidence and accuracy: A meta-analysis of the confidence-accuracy relation in eyewitness identification studies. *Psychological Bulletin, 118*, 315–327.

Sprafkin, J.N., Liebert, R.M. & Poulos, R.W. (1975). Effects of a prosocial televised example on children's helping. *Journal of Experimental Child Psychology, 20*, 119–126.

Sprecher, S. (2001a). Equity and social exchange in dating couples: Associations with satisfaction, commitment and stability. *Journal of Marriage and the Family, 63*, 599–613.

Sprecher, S. (2001b). A comparison of emotional consequences of and changes in equity over time using global and domain-specific measures of equity. *Journal of Social and Personal Relationships, 18*, 477–501.

Sprecher, S., Felmlee, D., Metts, S., Fehr, B. & Vanni, D. (1998). Factors associated with distress following breakup of a close relationship. *Journal of Social and Personal Relationships, 15*, 791–809.

Srull, T.K. & Wyer, R.J. (1980). Category accessibility and social perception: Some implications for the study of personal memory and interpersonal judgements. *Journal of Personality and Social Psychology, 38*, 841–856.

Srull, T.K. & Wyer, R.J. (1989). Person memory and judgement. *Psychological Review, 96*, 58–83.

Stahelski, A.J. & Frost, D.E. (1989). Use of socially dependent bases of power: French and Raven's theory applied to workgroup leadership. *Journal of Applied Social Psychology, 19*, 283–297.

Stalde, D.R. (2012). The role of dissonance, social comparison and marital status in thinking about divorce. *Journal of Social and Personal Relationships, 29*, 302–323.

Stallen, M., De Dreu, C.K.W., Shalvi, S., Smidts, A. & Sanfey, A.G. (2012). The herding hormone: Oxytocin stimulates in-group conformity. *Psychological Science, 23*, 1288–1292.

Stark, C. (2001). Psychological climate changes for women in academic psychology: Forecasts, sources, and implications. *Canadian Psychology, 42*, 286–300.

Statistics Canada (1989). *Homicide in Canada 1988: A statistical perspective.* Ottawa: Ministry of Supply and Services.

Statistics Canada (2002). Sexual and physical assault. http://www.statcan.ca/english/freepub/85-224-XIE/85-224-XIE00002.pdf

Statistics Canada (2011). *Family Violence in Canada: A Statistical Profile.* Ottawa: Canadian Centre for Justice Statistics.

Statistics Canada (2012). *Police-reported crime statistics in Canada, 2011.* Ottawa: http://www.statcan.gc.ca/pub/85-002-x/2012001/article/11692-eng.htm#a16. Downloaded October 1, 2012.

Staub, E. (1974). Helping a distressed person: Social, personality and stimulus determinants. In L. Berkowitz (Ed.), *Advances in experimental social psychology* (Vol. 7). (pp. 294–341). New York: Academic Press.

Staub, E. (2005). The origins and evolution of hate, with notes on prevention. In R.J. Sternberg (Ed.), *The psychology of hate* (pp. 51–66). Washington, DC: American Psychological Association.

Staub, E. & Baer, R.S. (1974). Stimulus characteristics of a sufferer and difficulty of escape as determinants of helping. *Journal of Personality and Social Psychology, 30*, 279–285.

Steblay, N.M. (1987). Helping behavior in rural and urban environments: A meta-analysis. *Psychological Bulletin, 102*, 346–356.

Steele, C.M. (1997). A threat in the air. How stereotypes shape intellectual identity and performance. *American Psychologist, 52*, 613–629.

Steele, C.M. & Aronson, J. (1995). Stereotype threat and the intellectual test performance of African Americans. *Journal of Personality and Social Psychology, 69*, 797–811.

Steele, C.M. & Liu, T.J. (1983). Dissonance process as self-affirmation. *Journal of Personality and Social Psychology, 45*, 5–19.

Steele, C.M., Southwick, L.C. & Critchlow, B. (1981). Dissonance and alcohol: Drinking your troubles away. *Journal of Personality and Social Psychology, 41*, 831–846.

Steg, L. & de Groot, J. (2010). Explaining prosocial intentions: Testing causal relationships in the norm activation model.

British Journal of Social Psychology, 49, 725-743

Stel, M. & Harinck, F. (2011). Being mimicked makes you a prosocial voter. *Experimental Psychology, 58,* 79-84.

Stel, M., Rispens, S., Leliveld, M. & Lokhorst, A.M. (2011). The consequences of mimicry for prosocials and proselfs: Effects of social value orientation on the mimicry-liking link. *European Journal of Social Psychology, 41,* 269-274

Stel, M., Van Baaren, R.B. & Vonk, R. (2007). Effects of mimicking: Acting pro-socially by being emotionally moved. *European Journal of Social Psychology, 38,* 965-976.

Stephan, W.G. & Stephan, C.W. (1985). *Intergroup anxiety. Journal of Social Issues, 41,* 157-175.

Sternberg, R.J. (1986). A triangular theory of love. *Psychological Review, 93,* 119-135.

Sternberg, R.J., Conway, B.E., Ketron, J.L. & Bernstein, M. (1981). People's conception of intelligence. *Journal of Personality and Social Psychology, 41,* 37-55.

Sternberg, R.J. & Grajek, S. (1984). The nature of love. *Journal of Personality and Social Psychology, 47,* 312-329.

Sternberg, R.J. & Sternberg, K. (2008). *The nature of hate.* New York: Cambridge University Press.

Stewart, M., Ryan, E. & Giles, H. (1985). Accent and social class effects on status and solidarity evaluations. *Personality and Social Psychology Bulletin, 11,* 98-105.

Stirling, G. & Reid, D.W. (1992). The application of participatory control to facilitate patient well-being: An experimental study of nursing impact on geriatric patients. *Canadian Journal of Behavioural Science, 24,* 204-219.

Stogdill, R. (1974). *Handbook of leadership.* New York: Free Press.

Stone, A. & Neale, J.M. (1982). Development of a methodology for assessing daily experiences. In A. Baum & J.E. Singer (Eds), *Advances in environmental psychology* (Vol. 4). (pp. 49-83). Hillsdale: Erlbaum.

Stone, J. (2003). Self-consistency for low self-esteem in dissonance processes: The role of self-standards. *Personality and Social Psychology Bulletin, 29,* 846-858,

Stone, J., Aronson, E., Crain, A.L., Winslow, M.P. & Fried, C. (1994). Inducing hypocrisy as a means of encouraging young adults to use condoms. *Personality and Consumer Research, 28,* 636-649.

Storms, M.D. (1973). Videotape and the attribution process: Reversing actor's and observer's points of view. *Journal of Personality and Social Psychology, 27,* 165-175.

Stover, E. & Nightingale, E.O. (1985). *The breaking of bodies and minds. Torture, psychiatric abuse, and the health professions.* New York: W.H. Freeman.

Strauman, T.J. (1996). Stability within the self: A longitudinal study of the structural implications of self-discrepancy theory. *Journal of Personality and Social Psychology, 71,* 1142-1153.

Strecher, V.J., Champion, V.L. & Rosenstock, I.M. (1997). The health beliefs model and health behaviour. In D.S. Gochman et al. (Eds), *Handbook of health behaviour research: 1. Personal and social determinants* (pp. 71-91). New York: Plenum Press.

Strenziok, M., Krueger, F., Deshpande, G., Lenroot, K., van der Meer, E. & Grafman, J. (2011). Fronto-parietal regulation of media violence exposure in adolescents: A multi-method study. *Social Cognitive and Affective Neuroscience, 6,* 537-547.

Strickland, L.H. (1958). Surveillance and trust. *Journal of Personality, 26,* 200-215.

Strickland, L.H. (1991). Russian and Soviet social psychology. *Canadian Psychology, 32,* 580-595.

Stroebe, M.S. & Stroebe, W. (1983). Who suffers more? Sex differences in health risks of the widowed. *Psychological Bulletin, 93,* 279-301.

Stroebe, W. (2012). The truth about Triplett (1898), but nobody seems to care. *Perspectives on Psychological Science,* 7, 54-57. doi: 10.1177/1745691611427306

Stroebe, W., Diehl, M. & Abakoumkin, G. (1992). The illusion of group effectivity. *Personality and Social Psychology Bulletin, 18,* 643-650.

Strube, M.J. (2005). What did Triplett really find? A contemporary analysis of the first experiment in social psychology. *American Journal of Psychology, 118,* 271-286.

Strube, M.J. & Garcia, J.E. (1981). A meta-analytic investigation of Fiedler's contingency model of leadership effectiveness. *Psychological Bulletin, 90,* 307-321.

Stulp, G., Buunk, A.P., Verhulst, S & Pollet, T.V. (2013). Tall claims? Sense and nonsense about the importance of height of US presidents. *The Leadership Quarterly, 24*, 159–171.

Sturges, J.W. & Rogers, R.W. (1996). Preventive health psychology from a developmental perspective: An extension of protection motivation theory. *Health Psychology, 15*, 158–166.

Suedfeld, P. (2000). Reverberations of the Holocaust fifty years later: Psychology's contributions to understanding persecution and genocide. *Canadian Psychology, 41*, 1–9.

Suedfeld, P. (2003). Canadian space psychology: The future may be almost here. *Canadian Psychology, 44*, 85–92.

Suedfeld, P. & Bluck, S. (1993). Changes in integrative complexity accompanying significant life events: Historical evidence. *Journal of Personality and Social Psychology, 64*, 124–130.

Suedfeld, P. & Piedrahita, L.E. (1984). Intimations of mortality: Integrative simplification as a precursor of death. *Journal of Personality and Social Psychology, 47*, 848–852.

Suedfeld, P. & Rank, A.D. (1976). Revolutionary leaders: Long-term success as a function of changes in conceptual complexity. *Journal of Personality and Social Psychology, 34*, 169–176.

Suedfeld, P., Rank, A.D. & Borrie, R. (1975). Frequency of exposure and evaluation of candidates and campaign speeches. *Journal of Applied Psychology, 5*, 118–126.

Sullivan, M.J.L., Bishop, S.R. & Pivik, J. (1995). The Pain Catastrophizing Scale: Development and validation. *Psychological Assessment, 7*, 524–532.

Sullivan, M.J.L., Rodgers, W.M. & Kirsch, I. (2001). Catastrophizing, depression and expectancies for pain and emotional distress. *Pain, 91*, 147–154.

Suls, J., Wan, C.K. & Sanders, D.S. (1988). False consensus and false uniqueness in estimating the prevalence of health-protective behaviors. *Journal of Applied Social Psychology, 18*, 66–79.

Sumi, K. & Kanda, K. (2002). Relationships between neurotic perfectionism, depression, anxiety and psychosomatic symptoms: a prospective study among Japanese men. *Personality and Individual Differences, 32*, 817–826.

Super, D.E. (1980). A life-span life-space approach to career development. *Journal of Vocational Behaviour, 16*, 282–298.

Surette, R. (2002). Self-reported copycat crime among a population of serious and violent juvenile offenders. *Crime and Delinquency, 48*, 46–49.

Sussman, N.M. & Rosenfeld, H.M. (1982). Influence of culture, language and sex on conversational distance. *Journal of Personality and Social Psychology, 42*, 66–74.

Sutton, S. (1998). Predicting and explaining intentions and behaviour. *Journal of Applied Social Psychology, 28*, 1317–1338.

Sutton, S.R. (1982). Fear-arousing communications: A critical examination of theory and research. In J.R. Eiser (Ed.), *Social psychology and behavioral medicine* (pp. 303–338). New York: Wiley.

Swann, W. (1990). To be adored or to be known? The interplay of self-enhancement and self-verification. In R.M. Sorrentino & E.T. Higgins (Eds), *Motivation and cognition* (pp. 414–448). New York: Guilford Press.

Swann, W. (1992). Seeking 'truth', finding despair: Some unhappy consequences of a negative self-concept. *Current Directions in Psychological Science, 1*, 15–18.

Swann, W., Jetten, J., Gómez, A., Whitehouse, H. & Bastian, B. (2012). When group membership gets personal: A theory of identity fusion. *Psychological Review, 119*, 441–456.

Swann, W., Stein-Seroussi, A. & Giesler, R.B. (1992). Why people self-verify. *Journal of Personality and Social Psychology, 62*, 392–401.

Swart, H., Hewstone, M., Christ, O. & Voci, A. (2011). Affective mediators of intergroup contact: A three-wave longitudinal study in South Africa. *Journal of Personality and Social Psychology, 101*, 1221–1238.

Sweeney, P.D., Anderson, K. & Bailey, S. (1986). Attribution style in depression: A meta-analytic review. *Journal of Personality and Social Psychology, 50*, 974–991.

Swim, J., Borgida, E. & Maruyama, G. (1989). Joan McKay versus John McKay: Do gender stereotypes bias evaluation? *Psychological Bulletin, 105*, 409–429.

Swim, J. & Hyers, L.L. (2009). Sexism. In T.D. Nelson (Ed.), *Handbook of prejudice, stereotyping, and discrimination* (pp. 407–430). New York: Psychology Press.

Swim, J. & Sanna, L.J. (1996). He's skilled, she's lucky: A meta-analysis of observers' attributions for women's and men's successes and failures. *Personality and Social Psychology Bulletin, 22*, 507–519.

Sykes, R.E., Rowley, R.D. & Schaeffer, J.M. (1993). The influence of time, gender and group size on heavy drinking in public bars. *Journal of Studies on Alcohol, 54,* 133–138.

Szymanski, K. & Harkins, S. (1987). Social loafing and self-evaluation with a social standard. *Journal of Personality and Social Psychology, 53,* 891–897.

Tabibnia, G. & Lieberman, M.D. (2007). Fairness and cooperation are rewarding: Evidence from social cognitive neuroscience. *Annals of the New York Academy of Science, 1118,* 90–101.

Tafalla, R.J. (2007). Gender differences in cardiovascular reactivity and game performance related to sensory modality in violent videogame play. *Journal of Applied Social Psychology, 37,* 2008–2023.

Tagliamonte, S.A. (2006). *Analyzing sociolinguistic variation.* Cambridge: Cambridge University Press.

Tait, R.C. & Chibnall, J.T. (2005). Racial and ethnic disparities in the evaluation and treatment of pain. Psychological Perspectives. *Professional Psychology: Research and Practice, 36,* 595–601.

Tajfel, H. (1970). Experiments in intergroup discrimination. *Scientific American, 223*(5), 96–102.

Tajfel, H. (1972). La catégorization sociale [Social categorization]. In S. Moscovici (Ed.), *Introduction à la psychologie sociale,* (Vol. 1), Paris: Larousse.

Tajfel, H. (1974). Social identity and intergroup behaviour. *Social Science Information, 13,* 65–93.

Tajfel, H. (Ed.) (1978). *Differentiation between social groups: Studies in the social psychology of inter-group relations.* London: Academic Press.

Tajfel, H. (1982). Social psychology of intergroup relations. *Annual Review of Psychology, 33,* 1–39.

Tajfel, H. & Turner, J.C. (1979). An integrative theory of intergroup conflict. In W.G. Austin & S. Worchel (Eds), *The social psychology of inter-group relations* (pp. 33–47). Monterey, CA: Brooks/Cole.

Tajfel, H. & Turner, J.C. (1986). The social identity theory of intergroup relations. In S. Worchel & W.G. Austin (Eds) *The social psychology of intergroup relations* (pp. 7–24). Monterey, CA: Brooks/Cole.

Takemura, K. & Yuki, M. (2007). Are Japanese groups more competitive than Japanese individuals? A cross-cultural validation of the interindividual-intergroup discontinuity effect. *International Journal of Psychology, 42*(1), 27–35.

Tallman, I., Burke, P.J. & Gecas, V. (1998). Socialization into marital roles: Testing a contextual developmental model of marital functioning. In T.N. Bradbury et al. (Eds), *The developmental course of marital dysfunction* (pp. 312–342). New York: Cambridge University Press.

Tan, D.T.Y. & Singh, R. (1995). Attitudes and attraction: A developmental study of the similarity-attraction and dissimilarity-repulsion hypotheses. *Personality and Social Psychology Bulletin, 21,* 975–986.

Tanford, S. & Penrod, S. (1984). Social influence processes in juror judgements of multiple offence trials. *Journal of Personality and Social Psychology, 95,* 189–225.

Tang, C. S.-K. & Lai, B. P.-Y. (2008). A review of empirical literature on the prevalence and risk markers of male-on-female intimate partner violence in contemporary China, 1987–2006. *Aggression and Violent Behavior, 13,* 10–28.

Tannen, D. (1990). *You just don't understand: Women and men in conversation.* New York: Morrow.

Taylor, D.M. (1981). Stereotypes and intergroup relations. In R.C. Gardner & R. Kalin (Eds), *A Canadian social psychology of ethnic relations* (pp. 151–171). Toronto: Methuen.

Taylor, D.M. (2011). Where it all began: A tribute to Wallace E. Lambert. *Journal of Language and Social Psychology, 20,* 259–263.

Taylor, D.M. & Lalonde, R.N. (1987). Ethnic stereotypes: A psychological analysis. In L. Driedger (Ed.), *Ethnic Canada: Identities and inequalities.* Toronto: Copp Clark Pittman.

Taylor, D.M. & Moghaddam, F.M. (1987). *Theories of intergroup relations: International social psychological perspective.* New York: Praeger.

Taylor, D.M. & Simard, L. (1975). Social interaction in a bilingual setting. *Canadian Psychological Review, 16,* 240–254.

Taylor, D.M. & Usborne, E. (2007). Is the social psychology of language a genuine field of study? *Journal of Language and Social Psychology, 16,* 204–211.

Taylor, D.M., Wright, S.C. & Porter, L.E. (1994). Dimensions of perceived discrimination: The personal/group discrimination discrepancy. In M.P. Zanna & J.M. Olson (Eds), *The Ontario symposium. Vol. 7: The psychology of prejudice* (pp. 233–255). Hillsdale, NJ: Erlbaum.

Taylor, D.M., Wright, S.C., Moghaddam, F.M. & Lalonde, R.N. (1990). The personal/group discrimination discrepancy: Perceiving my group but not myself to be a target of discrimination. *Personality and Social Psychology Bulletin, 16*, 254–262.

Taylor, J. & Macdonald, J. (2002). The effects of asynchronous computer-mediated group interaction on group processes. *Social Science Computer Review, 20*, 260–274.

Taylor, J. & Riess, M. (1989). Self-serving attributions to valenced causal factors. *Personality and Social Psychology Bulletin, 15*, 337–348.

Taylor, S.E. (1979). Hospital patient behavior: Reactance, helplessness or control? *Journal of Social Issues, 35*, 156–184.

Taylor, S.E. & Brown, J.D. (1988). Illusion and well-being: A social-psychological perspective on mental health. *Psychological Bulletin, 103*, 193–210.

Taylor, S.E., Falke, R.L., Shoptaw, S.J. & Lichtman, R.R. (1986). Social support, support groups and the cancer patient. *Journal of Consulting and Clinical Psychology, 54*, 608–615.

Taylor, S.E., Welch, W.T., Kim, H.S. & Sherman, D.K. (2007). Cultural differences in the impact of social support on psychological and biological stress responses. *Psychological Science, 18*, 831–837.

Taynor, J. & Deaux, K. (1973). Equity and perceived sex differences: Role behavior as defined by the task, the mode, and the actor. *Journal of Personality and Social Psychology, 32*, 381–390.

Tedeschi, J.T. (1983). Social influence theory and aggression. In R.G. Geen & E.I. Donnerstein (Eds), Aggression—Theoretical and methodological reviews (Vol. 1, pp. 135–162). New York: Academic Press.

Tennen, H., Affleck, G., Urrows, S., Higgins, P. & Mendola, R. (1992). Perceiving control, construing benefits and daily processes in rheumatoid arthritis. *Canadian Journal of Behavioural Science, 24*, 186–203.

Tennov, D. (1979). *Love and limerance: The experience of being in love.* New York: Stein and Day.

Terrance, C.A., Matheson, K. & Spanos, N.P. (2000). Effect of judicial instructions and case characteristics in a mock jury trial of battered women who kill. *Law and Human Behavior, 24*, 207–228.

Tessari, T., Rubaltelli, E., Tomelleri, S., Zorzi, C. & Pietroni, D. (2011). €1 €1.: Coins versus banknotes and people's spending behavior. *European Psychologist, 16*, 238–246.

Tesser, A. (1978). Self-generated attitude change. In L. Berkowitz (Ed.), *Advances in experimental social psychology* (Vol. 11). (pp. 288–338). New York: Academic Press.

Tesser, A. (1988). Toward a self-evaluation maintenance model of social behavior. In L. Berkowitz (Ed.), *Advances in experimental social psychology* (Vol. 21). (pp. 181–227). New York: Academic Press.

Tesser, A. & Paulhus, D.L. (1976). Toward a causal model of love. *Journal of Personality and Social Psychology, 34*, 1095–1105.

Tesser, A. & Rosen, S. (1975). *Why subjects say they would or would not communicate affectively-toned messages.* Annual Meeting of Southeastern Psychological Association, Atlanta, GA.

Tetlock, P.E. (1979). Identifying victims of groupthink from public statements of decision makers. *Journal of Personality and Social Psychology, 37*, 1314–1324.

Tetlock, P. E. (1984). Cognitive style and political belief systems in the British House of Commons. *Journal of Personality and Social Psychology, 46*, 365–375.

Tetlock, P.E. (1986). A value pluralism model of ideological reasoning. *Journal of Personality and Social Psychology, 50*, 819–827.

Tetlock, P.E. (2000). Cognitive biases and organizational correctives: Do both disease and cure depend on the politics of the beholder? *Administrative Science Quarterly, 45*, 293–326.

Tetlock, P.E. (2003). Thinking the unthinkable: Sacred values and taboo cognitions. *Trends on Cognitive Science, 7*, 320–324.

Tetlock, P.E., Armor, D. & Peterson, R.S. (1994). The slavery debate in antebellum America: Cognitive style, values conflict and the limits of compromise. *Journal of Personality and Social Psychology, 66*, 115–126.

Thayer, S. & Saarni, C. (1975). Demand characteristics are everywhere (anyway): A comment on the Stanford prison experiment. *American Psychologist, 30*, 1015–1016.

Thebaud, S. (2010). Gender and entrepreneurship as a career choice: Do self-assessments of ability matter? *Social Psychology Quarterly, 73*, 288–304.

Thibaut, J.W. & Kelley, H.H. (1959). *The social psychology of groups.* New York: Wiley.

Thibodeau, R. & Aronson, E. (1992). Taking a closer look: Reasserting the role of the self-concept in dissonance theory. *Personality and Social Psychology Bulletin, 18*, 591–602.

Thibaut J.W. & Walker L. (1975). *Procedural justice: A psychological analysis*. Hillsdale, New Jersey: Erlbaum,

Thompson, B. & Borrello, G.M. (1992). Different views of love: Deductive and inductive lines of inquiry. *Current Directions in Psychological Science, 1*, 154–156.

Thompson, K.S. & Oskamp, S. (1974). Difficulties in replicating the proselytizing effect in doomsday groups. *Psychological Reports, 35*, 971–978.

Thompson, L.F., Sebastianelli, J.D. & Murray, N.P. (2009). Monitoring online training behaviors: Awareness of electronic surveillance hinders e-learners. *Journal of Applied Social Psychology, 39*, 2191–2212

Thompson, L.L., Wang, J. & Gunia, B.C. (2010). Negotiation. *Annual Review of Psychology, 61*, 491–515.

Thompson, M.M. & Zanna, M.P. (1995). The conflict individual: Personality-based and domain-specific antecedents of ambivalent social attitudes. *Journal of Personality, 63*, 259–288.

Thompson, M.M., Zanna, M.P. & Griffin, D.W. (1995). Let's not be indifferent about (attitudinal) ambivalence. In Petty, R.E. & Krosnick, J.A. (Eds) *Attitude strength: Antecedents and consequences* (pp. 361–386). Hillsdale, NJ: Erlbaum.

Thompson, S.C. (1999). Illusions of control: How we overestimate our personal influence. *Current Directions in Psychological Science, 8*, 187–190.

Thompson, S.C., Armstrong, W. & Thomas, C. (1998). Illusion of control, underestimations and accuracy: a control heuristic explanation. *Psychological Bulletin, 123*, 143–161.

Thornhill, R. & Gangestad, S.W. (1993). Human facial beauty: Averageness, symmetry and parasite resistance. *Human Nature, 4*, 237–269.

Tice, D.M., Butler, J.L., Muravan, M.B. & Stillwell, A.M. (1995). When modesty prevails: Differential favorability of self-presentation to friends and strangers. *Journal of Personality and Social Psychology, 69*, 1120–1138.

Ting Kin, N.G. & Cheng, C.H.K. (2010). The effects of intimacy passion and commitment on satisfaction in romantic relationships among Hong Kong Chinese people. *Journal of Psychology in Chinese Societies, 11*, 123–146.

Tinker, J. E., & Tucker, J. A. (1997). Motivations for weight loss and behavior change strategies associated with natural recovery from obesity. *Psychology of Addictive Behaviors, 11*(2), 98–106.

Toch, H. (1965). *The social psychology of social movements*. Indianapolis, IL: Bobbs-Merrill.

Todorov, A., Fiske, S. &. Prentice, D. (Eds) (2011). *Social neuroscience: Toward understanding the underpinnings of the social mind*. Oxford, England: Oxford University Press.

Todorov, A., Mandisodza, A.N., Goren, A. & Hall, C. (2005). Inferences of competence from faces predict election outcomes. *Science, 308*, 1623–1626. http://psych.princeton.edu/psychology/research/todorov/pdf/Todorov_Science2005.pdf.

Tolan, P., Gorman-Smith, D. & Henry, D. (2006). Family violence. *Annual Review of Psychology, 57*, 557–583.

Tolstedt, B.E. & Stokes, J.P. (1984). Self-disclosure, intimacy and the depenetration process. *Journal of Personality and Social Psychology, 46*, 84–90.

Torelli, C.J. & Cheng, S.Y.Y. (2011). Cultural meanings of brands and consumption: A window into the cultural psychology of globalization. *Social and Personality Psychology Compass, 5*, 251–262.

Tormala, Z.L. & Petty, R.E. (2002). What doesn't kill me makes me stronger: The effects of resisting persuasion on attitude certainty. *Journal of Personality and Social Psychology, 83*, 1298–1313.

Tormala, Z.L. & Rucker, D.D. (2007). Attitude certainty: A review of past findings and emerging perspectives. *Social and Personality Psychology Compass, 1*, 469–492.

Totterdall, P., Kellett, S., Teuchmann, K. & Briner, R.B. (1998). Evidence of mood linkage in work groups. *Journal of Personality and Social Psychology, 74*, 1504–1515.

Tougas, F., Brown, R., Beaton, A.M. & Joly, S. (1995). Neosexism: Plus ça change, plus c'est pareil. *Personality and Social Psychology Bulletin, 21*, 842–849.

Tourangeau, R. & Rasinski, K.A. (1988). Cognitive processes underlying context effects in attitude measurement. *Psychological Bulletin, 103*, 299–314.

Toussaint, L.L., Owen, A.D. & Cheadle, A. (2012). Forgive to live: Forgiveness, health and longevity. *Journal of Behavioral Medicine, 35*, 375–386.

Tovée, M.J., Swami, V., Furnham, A. & Mangalparsad, R. (2006). Changing perceptions of attractiveness as observers are exposed to a different culture. *Evolution and Behavior, 27,* 443–456.

Townsend, P. & Davidson, N. (1982). *Inequalities in health.* Harmondsworth, UK: Penguin.

Trafimow, D. (2009). The theory of reasoned action. A case study of falsification in psychology. *Theory and Psychology, 19,* 501–518.

Trafimow, D. & Finlay, K.A. (2001). Evidence for improved sensitivity of within-participants analyses in tests of the theory of reasoned action. *The Social Science Journal, 38,* 629–635.

Traupmann, J. & Hatfield, E. (1981). Love and its effect on mental and physical health. In R. Fogel, E. Hatfield, S. Kiesler & E. Shanas (Eds), *Aging: Stability and change in the family* (pp. 253–274). New York: Academic Press.

Travis, L.E. (1925). The effect of a small audience upon eye–hand coordination. *Journal of Abnormal and Social Psychology, 20,* 142–146.

Trawalter, S., Adam, E., Chase-Lansdale, P.L. & Richeson, J.A. (2012). Concerns about appearing prejudiced get under the skin: Stress responses to interracial contact in the moment and across time. *Journal of Experimental Social Psychology, 48,* 682–693.

Triandis, H.C. (1972). *The analysis of subjective culture.* New York: John Wiley & Sons.

Triandis, H.C. (1987). The self and social behavior in differing cultural contexts. *Psychological Review, 96,* 506–520.

Triandis, H.C. (1989). The Self and Social Behavior in differing cultural contexts. *Psychological Review, 96,* 506–520.

Triplett, N. (1898). The dynamogenic factors in pacemaking and competition. *American Journal of Psychology, 9,* 507–533.

Trochim, W.M.K. (1999). Research methods knowledge base (2nd ed.) [Online]. Retrieved from the World Wide Web: www.trochim.human.cornell.edu/kb/qual.htm.

Trope, Y. & Liberman, N, (2010). Construal-level theory of psychological distance. *Psychological Review, 117,* 440–463.

Trudgill, P. (1974). *The Social Differentiation of English in Norwich.* Cambridge: Cambridge University Press.

Truman-Schram, D.M., Cann, A., Calhoun, L. & Vanwallendael, L. (2000). Leaving an abusive dating relationship: An investment model comparison of women who stay versus women who leave. *Journal of Social & Clinical Psychology, 19,* 161–183.

Trumpeter, N., Watson, P.J. & O'Leary, B.J. (2006). Factors within the multidimensional perfectionism scales: Complexity of relationships with self-esteem, narcissism, self-control and self-criticism. *Personality and Individual Differences, 41,* 849–860.

Tseloni, A., Mailley, J., Farrell, G. & Tilley, M. (2010). Exploring the international decline in crime rates. *European Journal of Criminology, 7,* 375–394.

Tseng, W., Kan-Ming, M., Hsu, J., Li-Shuen, L., Li-Wah, O., Guo-Qian, C. & Da-Wei, J. (1988). A sociocultural study of koro epidemics in Guangdong, China. *American Journal of Psychiatry, 145,* 1538–1543.

Tucker, G.R. (1981). Social policy and second language teaching. In R.C. Gardner & R. Kalin (Eds), *A Canadian social psychology of ethnic relations* (pp. 77–92). Toronto: Metheun.

Turkel, S. (2011). Alone together: *Why we expect more from technology and less from each other.* New York: Basic Books.

Turner, J.C. (1982). Toward a cognitive redefinition of the social group. In H. Tajfel (Ed.), *Social identity and intergroup relations* (pp. 15–40). Cambridge: Cambridge University Press.

Turner, J.C. (1985). Social categorization and the self-concept: A social-cognitive theory of group behaviour. In J.E. Lawler (Ed.), *Advances in group processes* (Vol. 2). (pp. 77–122). Greenwich: JAI Press.

Turner, J.C. & Oakes, P. (1986). The significance of the social identity concept for social psychology with reference to individualism, interactionism and social influence. *British Journal of Social Psychology, 25,* 237–252.

Turner, J.C., Wetherell, M.S. & Hogg, M.A. (1989). Referent informational influence and group polarization. *British Journal of Social Psychology, 18,* 135–147.

Turner, M.E., Pratkanis, A.R. & Struckman, C.K. (2007). In In A.R. Pratkanis (Ed.), *The science of social influence.* New York: Psychology Press. pp. 223–246.

Turner, R.N., Crisp, R.J. & Lambert, E. (2007). Imagining intergroup contact can improve intergroup attitudes. *Group Processes & Intergroup Relations, 10,* 427–441.

Turner, R.N., Hewstone, M., Voci, A., Paolini, S. & Christ, O. (2007). Reducing prejudice via direct and extended cross-group friendship. *European Review of Social Psychology, 18*, 212–255.

Tutaj, K. & van Reijmersdal, E. (2012). Effects of online advertising format and persuasion knowledge on audience reactions. *Journal of Marketing Communications, 18*, 2–18.

Tversky, A. & Kahneman, D. (1973). Availability: A heuristic for judging frequency and probability. *Cognitive Psychology, 5*, 207–232.

Tversky, A. & Kahneman, D. (1974). Judgement under uncertainty: Heuristics and biases. *Science, 185*, 1124–1131.

Tversky, A. & Kahneman, D. (1982). Judgment under uncertainty: Heuristics and biases. In D. Kahneman, P. Slovic & A. Tversky (Eds), *Judgment under uncertainty: Heuristics and biases* (pp. 3–20). Cambridge: Cambridge University Press.

Twenge, J.M. (2009). Change over time and obedience: The jury's still out, but it might be decreasing. *American Psychologist, 64*, 28–31.

Twenge, J.M. & Campbell, W.K. (2003). 'Isn't it fun to get the respect that we're going to deserve?' Narcissism, social rejection and aggression. *PSPB, 29*, 261–272.

Twenge, J.M., Campbell, W.K. & Gentile, B. (2012). Changes in Pronoun Use in American Books and the Rise of Individualism, 1960–2008. *Journal of Cross-Cultural Psychology, 44*, 406–415.

Twenge, J.M. & Foster, J.D. (2010). Birth cohort increases in narcissistic personality traits among American college students, 1982–2009. *Social Psychological and Personality Science, 1*, 99–106.

Tykocinski, O.E. & Pittman, T.S. (1998). The consequences of doing nothing: Inaction inertia as avoidance of anticipated counterfactual regret. *Journal of Personality and Social Psychology, 73*, 607–616.

Tyler, T.R. & Caine, A. (1981). The influence of outcomes and procedures on satisfaction with formal leaders. *Journal of Personality and Social Psychology, 41*, 642–655.

Tyler, T.R. & Degoey, P. (1995). Collective restraint in social dilemmas: Procedural justice and social identification effects on support for authorities. *Journal of Personality and Social Psychology, 69*, 482–494.

Tyler, T.R. & Lind, E.A. (2001). Procedural justice. In J. Sanders & V.L. Hamilton (Eds) *Handbook of justice research in law*, (pp. 65–92). Dordrecht, Netherlands: Kluwer Academic Publishers.

Tyler, T.R., Rasinski, K.A. & McGraw, K.M. (1985). The influence of perceived injustice on the endorsement of political leaders. *Journal of Applied Social Psychology, 15*, 700–725.

Tzeng, J. (2010). College students self-discrepancy on the Internet from the perspective of desktop practices, self-control and academic training. *Cyberpsychology, Behavior and Social Networking, 13*, 495–502.

Ubbink, E.M. & Sadava, S.W. (1974). Rotter's generalized expectancies as predictors of helping behavior. *Psychological Reports, 35*, 865–866.

Underwood, B., Froming, W.J. & Moore, B.S. (1977). Mood, attention, and altruism: A search for mediating variables. *Developmental Psychology, 13*, 541–542.

Unger, D.G. & Wandersman, L.P. (1985). Social support and adolescent mothers: Action research contributions to theory and applications. *Journal of Social Issues, 41*, 29–46.

United Nations Office on Drugs and Crime (2004). International Homicide Statistics Downloaded from http://www.unodc.org/documents/data-and-analysis/IHS-rates-05012009.pdf on May 21, 2013.

United Nations Office on Drugs and Crime (2011). *2011 global study on homicide*. Geneva: United Nations Office on Drugs and Crime.

United States Department of Justice (2010). *Crime in the United States, 2009*. Washington, DC: United States Department of Justice.

VaidVaid, J., Paivio, A., Gardner, R.C. & Genesee, F. (2010). Obituary: Wallace E. Lambert (1922–2009). *American Psychologist, 65*, 290–291.

Vaillancourt, R. (2010). *Gender differences in police-reported violent crime in Canada, 2008*. Ottawa: Statistics Canada. http://www.statcan.gc.ca/pub/85f0033m/85f0033m2010024-eng.pdf.

Vaillancourt, T. (2005). Indirect aggression among humans: Social construct or evolutionary adaptation? In R.E. Tremblay, W.W. Hartup & J. Archer (Eds). (2005). *Developmental origins of aggression*. New York: Guilford Press, (pp. 158–177).

Valins, S. (1966). Cognitive effects of false heartrate feedback. *Journal of Personality and Social Psychology, 4*, 400–408.

Van Baaren, R.B., Holland, R.W., Kawakami, K. & van Knippenberg, A. (2004). Mimicry and prosocial behavior. *Psychological Science, 15*, 71–74.

Van Bavel, J.J. & Cunningham, W.A. (2010). A social neuroscience approach to self and social categorisation: A new look at an old issue. *European Review of Social Psychology, 21*, 237–284.

Van den Bos, K., Bruins, J., Wilke, H.A.M. & Dronkert, E. (1999). Sometimes unfair procedures have nice aspects: On the psychology of the fair process effect. *Journal of Personality and Social Psychology, 77*, 324–336.

Van den Bos, G.R. & Bulatao, E.Q. (2000). Observations on entrepreneurial psychologists. *Psychologist-Manager Journal, 4*, 97–102.

van der Weiden, A., Veling, H. & Aarts, H. (2010). When observing gaze shifts of others enhances object desirability. *Emotion, 10*, 939–943.

Van Dijk, E. & van Knippenberg, D. (1998). Trading wine: On the endowment effect, loss aversion, and the comparability of consumer goods. *Journal of Economic Psychology, 19*, 485–495.

Van Dijk, W.W., Ouwerkerk, J.W., Wesselong, Y.M. & Van Koningsbruggen, G.M. (2011). Towards understanding pleasure at the misfortune of others: The impact of self-evaluation threat on schadenfreude. *Cognition and Emotion, 15*, 360–368.

Van Dulmen, S., Siuijs, E., van Dilk, L., Heerdink, R. & Benzing, J. (2007). Patient adherence to medical treatment. *Journal of Negative Results in Biomedicine, 7*, 55. doi.10.1186/1472-6963-7-55

Van Gelder, L. (1996). The strange case of the electronic lover. In Kling, R (Ed.) Computerization and controversy: Value conflicts and social choices (2nd Edition) (pp. 533–546). New York: Academic Press.

Van Koppen, P. & Penrod, S. (Eds). (2003). *Adversarial versus inquisitorial justice: Psychological perspectives on criminal justice systems.* New York: Kluwer Academic/Plenum Publishers.

Van Lange, P.A.M. & Visser, K. (1999). Locomotion in social dilemmas: How people adapt to cooperative, tit-for-tat, and non-cooperative partners. *Journal of Personality and Social Psychology, 77*, 762–773.

Van Overwalle, F. (1997). Causal explanation as constraint satisfaction: A critique and feedforward connectionist alternative. *Journal of Personality and Social Psychology, 74*, 312–328.

Van Swol, Lyn M. (2009). 'Extreme members and group polarization'. *Social Influence, 4* (3), 185–199.

Van Veen, V., Krug, M.K., Schooler, J.W. & Carter, C.S. (2009). Neural activity predicts attitude change in cognitive dissonance. *Nature Neuroscience, 12*, 1469–1474.

Van Vugt, M., Hogan, R. & Kaiser, R.B. (2008). Leadership, followership, and evolution. *American Psychologist, 63*, 182–196.

Van Vugt, M. & Van Lange, P.A.M. (2006). The altruism puzzle: Psychological adaptations for prosocial behavior. In M. Schaller, J.A. Simpson & D.T. Kenrick (Eds), *Evolution and social psychology.* New York: Psychology Press. (pp. 237–261).

Vantress, F.E. & Williams, C.B. (1972). The effect of the presence of the provocator and the opportunity to counteraggress on systolic blood pressure. *Journal of General Psychology, 86*, 63–68.

Vasiljevic, M. & Crisp, R.J. (2013). Tolerance by surprise: Evidence for a generalized reduction in prejudice and increased egalitarianism through novel category combination. *PLoS ONE, 8*(3), e57106. doi:10.1371/journal.pone.0057106.

Vaughn, L.A. & Weary, G. (2002). Roles of the availability of explanations, feelings of ease, and dysphoria in judgments about the future. *Journal of Social & Clinical Psychology, 21*, 686–704.

Venis, S. & Horton, R. (2002). Violence against women: A global burden. *The Lancet, 359*, 9313.

Verona, E. & Sullivan, E.A. (2008). Emotional catharsis and aggression revisited: Heart rate reduction following aggressive responding. *Emotion, 8*, 331–340.

Verplanken, B. (1991). Persuasive communication of risk information: A test of cue versus message processing effects in a field experiment. *Personality and Social Psychology Bulletin, 17*, 188–193.

Vescio, T.K., Sechrist, G.B. & Paolucci, M.P. (2003). Perspective taking and prejudice reduction: The mediational role of empathy arousal and situational attributions. *European Journal of Social Psychology, 33*, 455–472.

Vidmar, N. & Schuller, R.A. (2001). The jury: Selecting twelve impartial peers. In R.A. Schuller & J. Ogloff (Eds). *Introduction to psychology and law: Canadian perspectives (*pp. 126–156). Toronto: University of Toronto Press.

Villagran, M., Hajek, C., Zhao, X., Peterson, E. & Wittenberg-Lyles, E. (2011). Communication and culture: Predictors of treatment adherence among Mexican immigrant patient. *Journal of Health Psychology, 17*, 443–452.

Vinacke, W.E. (1969). Variables in experimental games: Toward a field theory. *Psychological Bulletin, 71*, 293-318.

Vinacke, W.E. & Gullickson, G.R. (1964). Age and sex differences in the formation of coalitions. *Child Development, 35*, 1217-1231.

Virkler, H.A. (1995). *Hermeneutics: Principles and processes of biblical interpretation.* Grand Rapids, MI: Baker Publishing.

Visser, P.S. & Krosnick, J.A. (1999). Development of attitude strength over the life cycle: Surge and decline. *Journal of Personality and Social Pychology, 75*, 1389-1410.

Von Hippel, W. & Trivers, R. (2011). The evolution and psychology of self-deception. *Behavioral and Brain Sciences, 34*, 1-56.

Vorauer, J., Cameron, J.J., Holmes, J.G. & Pearce, D.G. (2003). Invisible overtures: Fear of rejection and the signal amplification bias. *Journal of Personality and Social Psychology, 84*, 793-812.

Vorauer, J.D., Main, K.J. & O'Connell, G. (1998). How do individuals expect to be viewed by members of lower status groups? Content and implications of meta-stereotypes. *Journal of Personality and Social Psychology, 75*, 917-937.

Vroom, V.H. (1964). *Work and motivation.* New York: Wiley.

Vrugt, A. & Van Eechoud, M. (2002). Smiling and self-presentation of men and women for job photographs. *European Journal of Social Psychology, 32*, 419-431.

Vul, E., Harris, C., Winkielman, P. & Pashier, H. (2009). Puzzlingly high correlations in fMRI studies of emotion, personality and social cognition. *Perspectives on Psychological Science, 4*, 274-290.

Wagner, H.L., Macdonald, C.J. & Manstead, A.S.R. (1986). Communication of individual emotions by spontaneous facial expression. *Journal of Personality and Social Psychology, 50*, 737-743.

Wagner, U., Hewstone, M. & Machleit, U. (1989). Contact and prejudice between Germans and Turks: A correlational study. *Human Relations, 42*, 561-574.

Walchli, S. & Landman, J. (2003). Effects of counterfactual thought on postpurchase consumer affect. *Psychology & Marketing, 20*, 23-46.

Walker, C.J. & Beckerle, C.A. (1987). The effect of state anxiety on rumor transmission. *Journal of Social Behavior and Personality, 2*, 353-360.

Walker, I. & Smith, H.J. (2002). Fifty years of relative deprivation research. In I. Walker & H.J. Smith (Eds), *Relative deprivation: Specification, development, and integration.* (pp. 1-90). New York: Cambridge University Press, 2002.

Wall, A-M. & Schuller, R.A. (2000). Alcohol and rape: The impact of alcohol on jurors' decisions in trials of sexual assault. *Journal of Applied Social Psychology, 30*, 253-274.

Wallach, M.A. & Wallach, L. (1983). *Psychology's sanction for selfishness.* San Francisco: WH Freeman.

Waller, J. (2002). *Becoming evil. How ordinary people commit genocide and mass killing.* New York: Oxford University Press.

Walster, E. (1964). The temporal sequence of post-decision processes. In L. Festinger (Ed.), *Conflict, decision and dissonance* (pp. 112-128). Stanford, CA: Stanford University Press.

Walster, E. (1966). Assignment of responsibility for an accident. *Journal of Personality and Social Psychology, 3*, 73-79.

Walster, E. & Walster, G.W. (1978). *A new look at love.* Reading, MA: Addison-Wesley.

Walster, E., Walster, G.W. & Berscheid, E. (1978). *Equity theory and research.* Boston: Allyn & Bacon.

Walters, G.C. & Grusec, J.E. (1977). *Punishment.* San Francisco: W.H. Freeman.

Walters, V., Lenton, R., French, S., Eyles, J., Mayr, J. & Newbold, B. (1996). Paid work, unpaid work and social support: a study of the health of male and female nurses. *Social Science Medical, 43*, 1627-1636.

Walther, J.B., Loh, T. & Granka, L. (2005). Interchange of verbal and nonverbal cues in computer-mediated and face-to-face affinity. *Journal of Language and Social Psychology, 24*, 36-65. doi: 10.1177/0261927X04273036

Walton, G.M. & Cohen, G.L. (2003). Stereotype lift. *Journal of Experimental Social Psychology, 39*, 456-467.

Wan, C. & Chiou, W. (2010). Inducing attitude change toward online gambling among adolescent players based on dissonance theory: The role of threats and justification of effort. *Computers and Education, 54*, 162-168.

Wandner, L.D., Scipio, C.D., Hirsh, A.T., Torres, C.A. & Robinson, M.E. (2012). The perception of pain in others: How gender, race and age influence pain expectations. *Journal of Pain, 13*, 220–227.

Wang, L. & Ladegaard, H.J. (2008). Language attitudes and gender in China: Perceptions and reported use of Putonghua and Cantonese in the southern province of Guangdong. *Language Awareness, 17*, 57–77. doi:10.2167/la425.0

Ware, J.E. & Young, J. (1979). Issues in the conceptualization and measurements of the value placed on health. In S.J. Mushkin & D.W. Dunlop (Eds), *Health: What is it worth?* (pp. 141–156). New York: Pergamon.

Warneken, F. & Tomasello, M. (2009). The roots of human altruism. *British Journal of Psychology, 100*, 455–471.

Watkins, D., Adair, J., Akande, A., Gerong, A., McInerney, D., Sunar, D., Watson, S., Wen, Q. & Wondimu, H. (1998). Individualism/collectivism, gender and the self-concept: A nine-culture investigation. *Psychologia: An International Journal of Psychology in the Orient, 41*, 259–271.

Watkins, D., Akande, A., Fleming, J., Ismail, M., Lefner, K., Regmi, M., Watons, S., Yu, J., Adair, J., Cheng, C., Gerong, A., McInerney, D., Mpofu, E., Singh-Sengupta, S. & Wondimu, H. (1998). Cultural dimensions, gender and the nature of self-concept: A fourteen country study. *International Journal of Psychology, 33*, 17–31.

Watson, B. & Gallois, C. (2002). Patients' interactions with health providers: A linguistic category model approach. *Journal of Language and Social Psychology, 21*, 32–52.

Watson, D. & Pennebaker, J.W. (1989). Health complaints, stress and distress: Exploring the central role of negative affectivity. *Psychological Review, 96*, 234–254.

Watson, N., Bryan, B.C, & Thrash, T.M. (2010). Self-discrepancy: Comparisons of the psychometric properties of three instruments. *Psychological Assessment, 22*, 878–892.

Watts, C. & Zimmerman, C. (2002). Violence against women: Global scope and magnitude. *Lancet, 359*, 1232–1237.

Weber, J.M. & Murnighan, J.K. (2008). Suckers or saviors? Consistent contributors in social dilemmas. *Journal of Personality and Social Psychology, 95*, 1340–1353.

Weber, M. (1947). *The theory of social and economic organization*. Glencoe, IL: Free Press.

Wegner, D.M. & Wheatley, T. (1999). Apparent mental causation. Sources of the experience of will. *American Psychologist, 54*, 480–492.

Weidner, G., Istvan, J. & McKnight, J.D. (1989). Clusters of behavioral coronary risk factors in employed men and women. *Journal of Applied Social Psychology, 19*, 468–480.

Weigel, R.H. & Newman, L.S. (1976). Increasing attitude–behavior correspondence by broadening the scope of the behavioral measure. *Journal of Personality and Social Psychology, 33*, 793–802.

Weigel, R.H., Wiser, P.L. & Cook, S.W. (1975). The impact of cooperative learning experience on cross-ethnic relations and attitudes. *Journal of Social Issues, 31*, 219–244.

Weimann, G. & Winn, C. (1986). *Hate on trial: The Zundel affair, the media, and public opinion in Canada*. Oakville: Mosaic Press.

Weiner, B. (1974). *Achievement motivation and attribution theory*. Morristown, NJ: General Learning Press.

Weiner, B. (1980). A cognitive (attribution)–emotion–action model of motivated behavior: An analysis of judgements of help giving. *Journal of Personality and Social Psychology, 39*, 186–200.

Weiner, B. (1985). 'Spontaneous' causal thinking. *Psychological Bulletin, 97*, 74–84.

Weiner, B., Figueroa-Muñoz, A. & Kakihara, C. (1991). The goals of excuses and communication strategies related to causal perceptions. *Personality and Social Psychology Bulletin, 17*, 4–13.

Weinstein, E.A., DeVaughan, W.L. & Wiley, M.G. (1969). Obligation and the flow of deference. *Sociometry, 32*, 1–12.

Weinstein, M.D., Smith, M.E. & Wiesenthal. D.L. (1995). Masculinity and hockey violence. *Sex Roles, 33*, 831–847.

Weir E. (2005). Mass sociogenic illness. *Canadian medical Association Journal, 172*, 36.

Weisbuch, M. & Ambady, N. (2009). Unspoken cultural influence: Exposure to and influence of nonverbal bias. *Journal of Personality and Social Psychology, 96*, 1104–1119.

Weiss, D.J. (2001). Deception by researchers is necessary and not necessarily evil. *Behavioral and Brain Sciences, 24*, 431–432.

Weiss, R. (1973). *Loneliness: The experiences of emotional and social isolation*. Cambridge, MA: MIT Press.

Weiss, R. (1975). *Marital separation.* New York: Basic Books.

Weldon, E. & Gargano, G.M. (1988). Cognitive loafing: The effects of accountability and shared responsibility on cognitive effort. *Personality and Social Psychology Bulletin, 14,* 159-171.

Wellman, B. (1992). Men in networks; Private communities, domestic friendships. In P.M. Nardi (Ed.), *Men's friendships* (pp. 74-114). Newbury Park: Sage.

Wellman, R.J. & Sugarman, D.B. (1996). Social perceptions of termination of medical treatment: Suicide or rational decision. *Journal of Social Psychology, 26,* 1378-1399.

Wells, G.L. (1978). Applied eyewitness-testimony research: System variables and estimator variables. *Journal of Personality and Social Psychology, 36,* 1546-1557.

Wells, G.L. (1984). The psychology of lineup identifications. *Journal of Applied Psychology, 14,* 89-103.

Wells, G.L. (1992). Naked statistical evidence of liability: Is subjective probability enough? *Journal of Personality and Social Psychology, 62,* 739-752.

Wells, G.L. & Hasel, L.E. (2008). Eyewitness identification: Issues in common knowledge and generalization In E. Borgida & S.T. Fiske (Eds), *Beyond common sense: Psychological science in the courtroom* (pp. 159-176). Malden: Blackwell Publishing.

Wells, G.L. & Luus, C.A.E. (1990). Police lineups as experiments: Social methodology as a framework for properly conducted lineups. *Personality and Social Psychology Bulletin, 16,* 106-117.

Wells, G.L., Memon, A. & Penrod, S.D. (2006). Eyewitness evidence: Improving its probative value. *Psychological Science in the Public Interest, 7,* 45-75.

Wells, G.L. & Murray, B.M. (1983). What can psychology say about the Neil vs. Biggers criteria for judging eyewitness accuracy? *Journal of Applied Psychology, 68,* 347-362.

Wells, G.L. & Olson, E.A. (2002). Eyewitness identification: Information gain from incriminating and exonerating behaviors. *Journal of Experimental Psychology: Applied, 8,* 155-167.

Wells, G.L., Olson, E.A. & Charman, S.D. (2002). The confidence of eyewitnesses in their identifications from lineups. *Current Directions in Psychological Science, 11,* 151-154.

Wells, G.L., Small, M., Penrod, S., Malpass, R.S. Fulero, S.M. & Brimacombe, C.A.E. (1998). Eyewitness identification procedures: Recommendations for lineups and photospreads. *Law and Human Behavior, 22,* 603-647.

Wells, G.L. & Turtle, J.W. (1986). Eye-witness identification: The importance of lineup models. *Psychological Bulletin, 29,* 320-329.Wenzel, M., Woodyatt, L. & Hendrick, K. (2012). No genuine self-forgiveness without accepting responsibility: Value affirmation as a key to maintaining positive self-regard. *European Journal of Social Psychology, 42,* 617-627.

Werner, E.E. (1989). High-risk children in young adulthood: A longitudinal study from birth to 32 years. *American Journal of Orthopsychiatry, 59,* 69-78.

Werthemier, A.J. & Santella, T.M. (2009). Medication compliance research. Still so far to go. *Journal of Applied Research in Clinical and Experimental Therapeutics, 9,* 254-261.

Wertz, F.J., Charmaz, K., McMullen, L.M., Josselson, R.A. & McSpadden, E. (2011). *Five ways of doing qualitative analysis.* New York: Guilford Press.

Wessely, S. (1987). Mass hysteria: two syndromes? *Psychological Medicine, 17,* 109-120.

Wessely, S. (2002). Protean nature of mass sociogenic illness: From possessed nuns to chemical and biological terrorism fears. *British Journal of Psychiatry, 180,* 300-306.

West, S.G. & Brown, T.J. (1975). Physical attractiveness, the severity of the emergency and helping: a field experiment and interpersonal simulation. *Journal of Experimental Social Psychology, 11,* 531-538.

Wetherell, M. & Potter, J. (1992). *Mapping the language of racism. Discourse and the legitimation of exploitation.* New York: Columbia University Press.

Whalen, J.M. & Pexman, P.M. (2009). 'Should be fun – not!' Incidence and marking of nonliteral language in e-mail. *Journal of Language and Social Psychology, 28,* 263-280.

Wheeler, A. & Petty, R. (2001). The effects of stereotype activation on behavior: A review of possible mechanisms, *127,* 792-826.

White, K. & Lehman, D.R. (2005). Culture and social comparison seeking: The role of self motives. *Personality and Social Psychology Bulletin, 31,* 232-242.

White, R. (2002). Indigenous young Australians, criminal justice and offensive language. *Journal of Youth Studies, 5*, 21–34.

White, S. (1989). Backchannels across cultures: A study of Americans and Japanese. *Language and Society, 18*, 59–76.

Whyte, G. (1989). Group-think reconsidered. *Academy of Management Review, 14*, 40–56.

Whyte, G. (1998). Recasting Janis's groupthink model: The key role of collective efficacy in decision fiascos. *Organizational Behavior and Human Decision Processes, 73*, 185–209.

Wicker, A.W. (1969). Attitudes versus actions: The relationship of verbal and overt behavioral responses to attitude objects. *Journal of Social Issues, 25*, 41–78.

Wicklund, R. A., & Brehm, J. W. (1976). *Perspectives on cognitive dissonance.* Hillsdale, NJ: Erlbaum.

Widom, C.S. (1989). Does violence beget violence? A critical examination of the literature. *Psychological Bulletin, 106*, 3–28.

Wiegman, O. (1985). Two politicians in a realistic experiment: Attraction, discrepancy, intensity of delivery, and attitude change. *Journal of Applied Social Psychology, 15*, 673–686.

Wiemann, J.M. & Giles, H. (1988). Interpersonal communication. In M. Hewstone, W. Stroebe, J-P. Codol & G.M. Stephenson (Eds), *Introduction to social psychology* (pp. 199–221). Oxford: Basil Blackwell.

Wiener, M., Carpenter, J.T. & Carpenter, B. (1957). Some determinants of conformity behavior. *Journal of Social Psychology, 45*, 289–297.

Wieselquist, J. (2009). Interpersonal forgiveness, trust and the investment model of commitment. *Journal of Social and Personal Relationships, 26*, 531–54.

Wiik, K.A., Bernhardt, E. & Noack, T. (2009). A study of commitment and relationship quality in Sweden and Norway. *Journal of Marriage and the Family, 71*, 465–477.

Wild, B., Erb, M., Bartels, M. (2001). Are emotions contagious? Evoked emotions while viewing emotionally expressive faces: quality, quantity, time course and gender differences. *Psychiatry Research, 102*, 109–124.

Wilder, D.A. (1977). Perception of group size of opposition and social influence. *Journal of Experimental Social Psychology, 13*, 253–268.

Wilder, D.H. & Shapiro, P.N. (1989). Role of competition-induced anxiety in limiting the beneficial impact of positive behaviour by an out group member. *Journal of Personality and Social Psychology, 56*, 60–69.

Wildschut, T. & Insko, C.A. (2007). Explanations of inter-individual-intergroup discontinuity: A review of the evidence. *European Review of Social Psychology, 18*, 175–211.

Wildschut, T., Insko, C.A. & Pinter, B. (2007). Interindividual-intergroup discontinuity as a joint function of acting in a group and interacting with a group. *The European Journal of Social Psychology, 37*(2), 390–399.

Williams, E. (1975). Medium or message: Communications medium as a determinant of interpersonal evaluations. *Sociometry, 38*, 119–130.

Williams, P. & Aaker, J.L. (2002). Can mixed emotions peacefully coexist? *Journal of Consumer Research, 28*, 636–649.

Williamson, S., Hare, R.D. & Wong, S. (1987). Violence: Criminal psychopaths and their victims. *Canadian Journal of Behavioural Science, 19*, 454–462.

Willis, J., & Todorov, A. (2006). First impressions: Making up your mind after 100 ms exposure to a face. *Psychological Science, 17*, 592–598.

Willoughby, T., Chalmers, H. & Busseri, M. (2003). Where is the syndrome? Where is the risk? Examining co-occurrence among problem behaviors in adolescence. Submitted for publication.

Wills, T.A. (1981). Downward comparison principles in social psychology. *Psychological Bulletin, 90*, 245–271.

Wilsnack, S. (1982). *Prevention of alcohol problems in women.* In N.I.A.A.A. alcohol and health monograph #4. Special population issues (77–110). D.H.H.S. Publication No. (ADM) 82-1193. Washington: US Government Printing Office.

Wilson, D.W. & Donnerstein, E. (1976). Legal and ethical aspects of nonreactive social research: An excursion into the public mind. *American Psychologist, 36*, 765–773.

Wilson, G. T. (1984). Weight control treatments. In J. D. Matarazzo, S. M. Weiss, J. A. Herd, N. E. Miller, & S. M. Weiss (Eds), *Behavioral health: A handbook of health maintenance and disease prevention* (pp. 657–670). New York: Wiley.

Wilson, R.E., Gosling, S.D. & Graham, L.T. (2012). A review of Facebook research in the social sciences. *Perspectives on Psychological Science, 7*, 203–220.

Wilson, T.D. & Aronson, E. & Carlsmith, K. (2010). The art of laboratory experimentation. In S. Fiske, D. Gilbert & G. Lindzey (Eds), *The handbook of social psychology* (5th ed.), (pp. 49–79). New York: Wiley.

Wilson, T.D., Lindsey, S. & Schooler, T.Y. (2000). A model of dual attitudes. *Psychological Review, 107*, 101–126.

Wilson, W. & Miller, H. (1968). Repetition, order of presentation, and timing of arguments and measures as determinants of opinion change. *Journal of Personality and Social Psychology, 9*, 184–188.

Winch, R.F. (1954). The theory of complementary needs in mate selection: An analytic and descriptive study. *Annual Social Review, 19*, 241–249.

Winch, R.F. (1958). *Mate selection: A study of complementary needs.* New York: Harper & Row.

Wing-Tung, A. & Komorita, S.S. (2002). Effects of initial choices in the prisoner's dilemma. *Journal of Behavioral Decision-Making, 15*, 343–359.

Wit, A.P. & Kerr, N.L. (2002). 'Me versus just us versus us all' categorization and cooperation in nested social dilemmas. *Journal of Personality and Social Psychology, 83*, 616–637.

Witte, K. (1994). Fear control and danger control: A test of the extended parallel process model. *Communication Monographs, 61*(2), 113–134.

Wohl, M.J.A., Branscombe, N.R. & Klar, Y. (2006). Collective guilt: Emotional reactions when one's group has done wrong or been wronged. *European Review of Social Psychology, 17*, 1–37.

Wolf, N. (1991). *The beauty myth.* Toronto: Vintage Books.

Wolf, S.T., Insko, C.A., Kirchner, J.L. & Wildschut, T. (2008). Interindividual–intergroup discontinuity in the domain of correspondent outcomes: The roles of relativistic concern, perceived categorization, and the doctrine of mutual assured destruction. *Journal of Personality and Social Psychology, 94*, 479–494.

Wolfram, W. (2004). Social varieties of American English. In E. Finegan & J.R. Rickford (Eds), *Language in the USA: Themes for the twenty-first century.* New York: Cambridge Univ. Press. (pp. 58–75).

Wollin, D.D. & Montagne, M. (1981). The college classroom environment. *Environment and Behavior, 13*, 707–716.

Wood, J.V. (1989). Theory and research concerning social comparisons of personal attributes. *Psychological Bulletin, 106*, 231–248.

Wood, M.L. (2007). Rethinking the inoculation analogy: Effects on subjects with differing preexisting attitudes. *Human Communication Research, 33*, 357–378.

Wood, W. & Eagly, A.H. (2002). A cross-cultural analysis of the behavior of women and men: Implications for the origins of sex differences. *Psychological Bulletin, 128*, 699–727.

Wood, W. & Vanderzee, K. (1997). Social comparisons among cancer patients: Under what conditions are comparisons upward and downward? In B.P. Buunk & F.X. Gibbons (Eds), *Health, coping and well-being: Perspectives from social comparison theory.* Manwah, NJ: Erlbaum.

Woods, J.V., Taylor, S.E. & Lichtman, R.R. (1985). Social comparison in adjustment to breast cancer. *Journal of Personality and Social Psychology, 49*, 1169–1183.

Worchel, S. (1984). The darker side of helping. In E. Staub, D. Bar-Tal, J. Karylowski & J. Reykowski (Eds), *Development and maintenance of prosocial behavior* (pp. 375–395). New York: Plenum Press.

Worchel, S., Andreoli, V. & Eason, J. (1975). Is the medium the message? A study of the effects of media, communicator and message characteristics on attitude change. *Journal of Applied Social Psychology, 5*, 157–172.

Worchel, S. & Teddlie, C. (1976). The experience of crowding: A two-factor theory. *Journal of Personality and Social Psychology, 34*, 36–40.

World Health Organization (2005). *Summary report, WHO multi-country study on women's health and domestic violence against women.* Geneva: WHO Press.

World Health Organization (2007). *The cycles of violence: The relationship between childhood maltreatment and the risk of later becoming a victim or perpetrator of violence.* Rome: Violence and Injury Prevention Programme, WHO European Centre for Environment and Health.

Wortman, C.B. (1975). Some determinants of perceived control. *Journal of Personality and Social Psychology, 31*, 282–294.

Wright, E.F., Rule, B.G., Ferguson, T.J., McGuire, G.R. & Wells, G.L. (1992). Misattribution of dissonance and behaviour-consistent attitude change. *Canadian Journal of Behavioural Science, 24*, 456–464.

Wright, M.J. (1982). Psychology at Manitoba. In M.J. Wright & C.R. Myers (Eds), *History of* academic psychology in Canada (pp. 170–177). Toronto: Hogrefe.

Wright, M.J. (1990). Personal communication.

Wright, M.W. (1982). Psychology at Manitoba. In M.J. Wright & C.R. Myers (Eds), *History of academic psychology in Canada.* (pp. 170–177). Toronto: Hogrefe.

Wright, S. (1978). *Crowds and riots.* Beverly Hills, CA: Sage.

Wulfert, E. & Wan, C.K. (1993). Condom use: A self-efficacy model. *Health Psychology, 12,* 346–354.

Xie, D., Leong, F.T.L. & Feng, S. (2008). Culture-specific personality correlates of anxiety among Chinese and Caucasian college students. *Asian Journal of Social Psychology, 11,* 163–174.

Yang, D.Y-J., Chiu, C., Chen, X., Cheng, S.Y.Y., Kwan, L.Y-Y., Kim-Pong Tam, Kuang-Hui Yeh (2011). Lay psychology of globalization and its social impact. *Journal of Social Issues, 67,* 677–695.

Yang, Y., Glenn, A.L. & Raine, A. (2008). Brain abnormalities in antisocial individuals: implications for the law. *Behavioral Sciences & the Law, 28,* 65–83.

Yang, Y. & Raine, A. (2009). Prefrontal structural and functional brain imaging findings in antisocial, violent, and psychopathic individuals: A meta-analysis. *Psychiatry Research, 174,* 81–88.

Yardi, S. & Boyd, D. (2010). 'Dynamic Debates: An analysis of group polarization over time on Twitter'. *Bulletin of Science, Technology and Society, 30,* 316–327.

Yarmey, A.D. (1979). *The psychology of eyewitness testimony.* New York: Free Press.

Yarmey, A.D. & Jones, H.P. (1983a). Accuracy of memory of male and female eyewitnesses to a criminal assault and rape. *Bulletin of the Psychonomic Society, 21,* 89–92.

Yarmey, A.D. & Jones, H.P. (1983b). Is the psychology of eyewitness identification a matter of common sense? In S. Lloyd-Bostock & B.R. Clifford (Eds), *Evaluating witness evidence* (pp.13–40). Chichester, England: Wiley.

Ybarra, M.L., Mitchell, K.J., Hamburger, M., Diener-West, M. & Leaf, P.J. (2011). X-rated material and perpetration of sexually aggressive behavior among children and adolescents: Is there a link? *Aggressive Behavior, 37,* 1–18.

Yelland, L.M. & Stone, W.F. (1996). Belief in the Holocaust: Effects of personality and propaganda. *Political Psychology, 17,* 551–561.

Young, L.J. (2009). Love: Neuroscience reveals all: poetry it is not. Nor is it particularly romantic. But reducing love to its component parts helps us to understand human sexuality and may lead to drugs that enhance or diminish our love for another. *Nature, 457,* 7226–7228.

Young, M.Y. & Gardner, R.C. (1990). Modes of acculturation and second language proficiency. *Canadian Journal of Behavioural Science, 22,* 59–71.

Younger, J.C., Walker, L. & Arrowood, A.J. (1977). Post decision dissonance at the fair. *Personality and Social Psychology Bulletin, 3,* 284–287.

Yurchesyn, K.A., Keith, A. & Renner, K.E. (1992). Contrasting perspectives on the nature of sexual assault provided by a service for sexual assault victims and by the law courts. *Canadian Journal of Behavioural Science, 24,* 71–85.

Zagefka, H., Noor, M., Brown, R., De Moura, G.R. & Hopthrow, T. (2011). Donating to disaster victims: Responses to natural and humanely caused events. *European Journal of Social Psychology, 41,* 353–363.

Zajonc, R.B. (1965). Social facilitation. *Science, 149,* 269–274.

Zajonc, R.B. (1968). Attitudinal effects of mere exposure. *Journal of Personality and Social Psychology, Monograph Supplement, 9,* 1–27.

Zajonc, R.B. (1970). Brainwashing: Familiarity breeds comfort. *Psychology Today (February),* 32–35, 60–62.

Zajonc, R.B. & Markus, H. (1982). Affective and cognitive factors in preferences. *Journal of Consumer Research, 9,* 123–131.

Zak, P.J., Stanton, A.A. & Ahmadi, A. (2007). Oxytocin increases generosity in humans. *PLoS ONE, 2*(11), e1128.

Zanna, M.P. & Rempel, J.K. (1988). Attitudes: A new look at an old concept. In Bar-Tal, D. & Kruglanski, A.W. (Eds). *The social psychology of knowledge* (pp. 315–334). New York: Cambridge University Press.

Zaragoza, M.S. & Mitchell, J.J. (1996). Repeated exposure to suggestion and the creation of false memories. *Psychological Science, 7,* 294–300.

Zborowski, M. (1969). *People in pain.* San Francisco: Jossey-Bass.

Zebrowitz, L.A. (2003). Aging stereotypes – Internalization or inoculation? A commentary. *The Journals of Gerontology: Series B: Psychological*

Sciences and Social Sciences, 58B(4), P214–P215.

Zeigler-Hill, V. & Terry, C. (2007). Perfectionism and explicit self-esteem: the moderating role of implicit self-esteem. *Self and Identity, 6*, 137–153.

Zentall R. (2010). Justification of effort by humans and pigeons: Cognitive dissonance or contrast? *Current Directions in Psychological Science, 19*, 296–300.

Zick, A., Pettigrew, T.F. & Wagner, U. (2008). Ethnic prejudice and discrimination in Europe. *Journal of Social Issues, 64*(2), 233–251.

Ziegler, R., Diehl, M. & Ruther, A. (2002). Multiple source characteristics and persuasion: Source inconsistency as a determinant of message scrutiny. *Personality and Social Psychology Bulletin, 28*, 496–508.

Zillmann, D. (1984). Transfer of excitation in emotional behavior. In J.T. Cacioppo & R.E. Petty (Eds), *Social psychophysiology: A sourcebook* (pp. 215–240). New York: Guilford Press.

Zillmer, E.A., Harrower, M., Ritzler, B.A. & Archer, R.P. (1995). *The quest for the Nazi personality: A psychological investigation of Nazi war criminals.* Hillsdale: Erlbaum.

Zimbardo, P.G. (1969). The human choice: Individuation, reason, and order versus deindividuation, impulse, and chaos. *Nebraska Symposium on Motivation, 17*, 237–307.

Zimbardo, P.G. (1970). The human choice: Individuation, reason, and order versus deindividuation, impulse, and chaos. In W.J. Arnold & D. Levine (Eds), *Nebraska symposium on motivation* (Vol. 17). (pp. 237–307). Lincoln: University of Nebraska Press.

Zimbardo, P.G. (2007). *The Lucifer Effect: How good people turn evil.* London: Random House.

Zimbardo, P.G., Haney, C., Banks, W.C. & Jaffe, D. (1982). The psychology of imprisonment. In J.C. Brigham & L.Wrightsman (Eds), *Contemporary issues in social psychology* (4th ed.). (pp. 230–235). Monterey, CA: Brooks/Cole.

Zuber, J.A., Crott, H.W. & Werner, J. (1992). Choice shift and group polarization: An analysis of the status of arguments and social decision schemes. *Journal of Personality and Social Psychology, 62*, 50–61.

Zuckerman, M., DePaulo, B.M. & Rosenthal, R. (1981). Verbal and non-verbal communication of deception. In L. Berkowitz (Ed.). *Advances in Experimental Social Psychology* (pp. 1–59). New York: Academic Press.

Zuckerman, M., Koestner, R. & Alton, A.O. (1984). Learning to detect deception. *Journal of Personality and Social Psychology, 46*, 519–528.

Zuroff, D.C. (1989). Judgements of the frequency of social stimuli: How schematic is personal memory? *Journal of Personality and Social Psychology, 56*, 890–898.

Zuwerink, J.R. & Devine, P.G. (1996). Attitude importance and resistance to persuasion: It's not just the thought that counts. *Journal of Personality and Social Psychology, 70*, 931–944.

术语及解释

破堤效应 abstinence violation effect (15) If people recovering from substance abuse slip backwards, they may attribute the slip to themselves, and experience the slip as dissonant, after which they tend to relapse.

口音 accent (7) How consonants and vowels are pronounced.

文化适应 acculturation (13) The process that occurs when groups come into contact with one another, resulting in changes in the original cultural patterns.

行为研究 action research (Introduction) Studies in which the data are fed back into a system in order to influence change.

行为者/观察者偏差 actor/observer bias (2) The tendency to attribute our own behaviour to situations and the behaviour of others to dispositions.

正向双语制 additive bilingualism (7) Bilingualism of members of a majority language group for whom bilingualism represents the acquisition of a socially useful skill.

抗辩程序 adversary procedure (15) A trial system in which both sides are responsible for gathering their own evidence and presenting their own case to a neutral judge and/or jury.

情感调节假说 affect regulation hypothesis (8) Securely attached people can deal with strong emotions such as fear or anger through their attachment to another person even in that person's absence.

群聚性（合群） affiliation (8) Being with others.

能动性 agency (3) A concern with achieving goals and being active in the world.

代理状态 agentic state (6) Acting on behalf of authority rather than one's own values and desires.

攻击行为 aggression (11) Behaviour that is intended to harm or destroy another person.

利他主义 altruism (9) Actions that are carried out voluntarily to help someone without expectations of reward from external sources. Sometimes used to mean such behaviour without expectation of internal self-reward either (see *prosocial behaviour*).

利他人格 altruistic personality (9) Associated with higher internalized standards of justice and responsibility and with greater empathy, self-control and integrity.

锚定 anchoring（2）Integrating an unfamiliar cognition into an existing social cognitive structure.

雄性激素（雄性荷尔蒙）androgens（11）Male sex hormones.

焦虑型/矛盾型依恋 anxious/ambivalent attachment（8）Feeling that others are not as close as one would wish, sometimes clinging to partners.

仲裁 arbitration（10）A process by which the intervener in a conflict reaches a decision about what is a fair resolution to the conflict; the decision is usually binding.

档案法 archival approach（1）Approach in which the researcher uses data that have already been collected and tabulated for some other purpose by someone else.

觉醒（唤醒、激发）：成本—回报模型 arousal: cost-reward model of helping（9）As physiological arousal increases the probability of helping increases, determined by the rewards and costs of various possible actions.

无图式的（非自我图式的）aschematic（3）Without schema; when a characteristic is not included in self-schema.

依恋 attachment（8）A state of intense emotional bonding with someone.

试探—抑制信号 attempt-suppressing signals（7）Non-verbal cues used by a speaker in a conversation to prevent interruption.

态度 attitude（4）A relatively stable pattern of beliefs, feelings and behavioural tendencies towards some object.

态度一致性 attitude congeniality（5）Attitudes bias memory in favour of attitudinally agreeable information-so that we tend to remember information consistent with our attitudes and forget about the information that conflicts with our attitudes.

归因 attribution（2）An inference of the reason for, or cause of, a person's behaviour.

孤独的归因模型 attributional model of loneliness（8）The experience of loneliness depends on a person believing a stable personal explanation for being alone or isolated.

浪漫爱情的归因模型 attributional model of romantic love（8）A person experiences a state of physiological arousal where cues lead the person to attribute the arousal to romantic love.

拥挤的归因理论 attributional theory of crowding（14）Postulates that people who feel crowded first experience arousal because of violations of personal space and then attribute this arousal to the crowded situation.

观众效应 audience effects（6）The effect of passive observers on performance.

威权主义 authoritarianism（11, 14）A personality syndrome characterized by cognitive rigidity, prejudice and an excessive concern with power.

似动效应 autokinetic effect（6）An illusion in which a stationary spot of light in a dark environment appears to be moving.

易得性直觉 availability heuristic（2）A strategy of making judgements in terms of information that readily comes to mind.

平均模型 averaging model (2) The hypothesis that our overall impression of someone is the sum of our evaluations of the person with regard to various traits, divided by the number of traits evaluated.

回避型依恋 avoidant attachment (8) Feeling uncomfortable when too close or intimate with someone.

儿语 baby talk (7) The manner in which adults talk to two-to five-year-olds.

反向沟通 back-channel communication (7) Non-verbal signals from listeners indicating attention and interest in a conversation.

从众效应 bandwagon effect (6) Conformity with an assumption that if everybody is doing it, it must be right.

行为模仿 behavioural mimicry (6, 7, 9, 14) Automatic and *non-conscious* imitation of another person's movements and gestures.

行为主义 behaviourism (1) A psychological theory based on the premise that behaviour is governed by external reinforcement.

公平世界信仰 belief in a just world (2, 15) The belief that good outcomes only happen to good people and bad outcomes only happen to bad people; you get what you deserve.

(受试者的) 信息缺乏 blind (of an experimental participant) (1) Unaware of which experimental group one is in, e. g., unaware of whether one is receiving an intervention or a placebo.

伪途径 bogus pipeline (4) An attitude measurement technique in which the respondents are led to believe that some electrodes attached to them will reveal their real attitudes, thereby inducing them to self-report attitudes accurately.

头脑风暴 brainstorming (6) The uncritical and uninhibited expression of ideas, usually in a group setting.

拜恩法则 Byrne's law (8) Attraction to a stranger is a function of the proportion of similar attitudes.

旁观者效应 bystander effect (9) When people witness an emergency, the probability of any particular person helping decreases with the number of other people present.

案例研究 case study (1) An in-depth investigation and analysis of a single instance of a phenomenon of interest.

宣泄 catharsis (11) Reduction in arousal, e. g., anger, as a result of acting out or observing the actions of someone else.

因果推理 causal inference (1) A conclusion about cause and effect.

说服的中心途径 central route persuasion (5) Attitude change that follows logical argumentation and thought about the issue.

核心特质 central trait (2) A characteristic of people that determines how we evaluate them on other characteristics.

性格优势 character strengths (4) A set of self-described values representing keys to living a life that is, at once, personally fulfilling and morally sound.

超凡魅力（领袖气质、卡里斯马） charisma (12) Exceptional personal qualities in some leaders that enable them to attract many committed followers.

魅力型领导 charismatic leader (12) Also *transformational leader*. A leader with an exceptional quality that enables him or her to gather a large number of disciples by appearing to possess extraordinary capabilities.

斗鸡博弈 chicken game (10) A game in which the payoff matrix is such that mutual competitive response are disastrous.

语言时位学 chronemics (7) The use of pauses and silences in communication.

同动效应 coaction effects (6) A situation in which people work or perform in a similar way at the same time and place without interacting.

荣誉准则 code of honour (11) Related to aggression, a set of cultural beliefs that insist on violent retribution for actions perceived to bring dishonour to the individual or the family.

认知不协调 cognitive dissonance (1, 5) A state of uncomfortable arousal that occurs when one cognition is logically opposed to another.

攻击行为的新联想主义认知模型 cognitive neo-associationist model of aggression (11) A revision of the frustration-aggression hypothesis in which an aversive stimulus triggers a fight or flight response depending on whether the thoughts triggered are related to anger or fear.

认知回应分析 cognitive response analysis (5) A contrast is drawn between instances that involve thought (elaboration) and instances that do not involve thought (invoking a rule of thumb).

认知脚本 cognitive scripts (11) Event schemata that tell us what is likely to occur in a given situation, how we should respond, and what is the likely outcome.

凝聚力 cohesiveness (12) Extent to which members are attracted to a group.

集体行动 collective behaviour (14) Relatively unorganized and unplanned actions that emerge spontaneously among a collectivity of people as a result of inter-stimulation among them. These actions are not governed by social norms.

集体行动悖论 collective dilemma (10) A situation in which the individually rational actions of a number of people produce an outcome that is undesirable for all involved.

集体主义 collectivism (3, 4) A set of norms and values that stress the group or community rather than the individual.

忠诚校正 commitment calibration (8) People act to save the relationship when adversity and commitment are more-or-less equivalent.

公地问题 commons problem (10) A situation in which a response which would be rational for one person (adding one cow to the herd) would be disastrous when everyone does it.

社群关系 communal relationships (8, 13) Relationships built not on maximizing one's own rewards, but on providing a benefit for the other and continuing the relationship.

沟通调适理论 communication accommodation theory (7) The modification of personal speech style to a speech style that is like the person being spoken to.

交际能力 communicative competence (7) Learning to recognize when and how the intent of a communication in the second language is different from the meaning of the words spoken.

比较水平 comparison level (10) In exchange theory, the difference between the current outcome and what one considers that one should receive.

选项比较水平 comparison level for alternatives (10) In exchange theory, availability of another relationship with more benefits/fewer costs.

补偿正义 compensatory justice (15) When someone has been harmed by the actions of another, restitution is offered.

竞争 competition (10) A form of social exchange in which individuals act to maximize their gains in relation to others.

顺从 compliance (6) Acquiescent behaviour in response to a direct request.

冲突 conflict (10) Discord between two or more parties.

冲突螺旋图式 conflict spiral schema (10) A series of escalating threats and counter-threats.

从众 conformity (6) Behaviour that adheres to group norms and yields to perceived group pressures.

阴谋论 conspiracy theory (14) An irrational set of beliefs, or a 'theory' about a supposed group of conspirators. These beliefs are held in common by a group of people, and then applied with a very rational and stubborn logic.

解释水平 construal level (2) A perception along a continuum from psychologically distant to psychologically close.

建构现实 constructive reality (6) A view of the world, especially of its ambiguities, that is provided by the group.

接触假说 contact hypothesis (13) The notion that if members of different groups can get together under certain circumstances, prejudice will be reduced.

传染 contagion (14) The rapid spreading of emotions, attitudes and behaviour throughout a crowd or population.

焦虑传染 contagion of anxiety (14) The rapid dissemination of exaggerated fears throughout a populace, often resulting in unrestrained emotionalism.

狂热传染 contagion of enthusiasm (14) The spread of an extraordinary hope or delusion, usually about becoming wealthy.

内容分析 content analysis (1, 3) The systematic study of verbal or written materials to determine underlying trends.

权变理论 contingency theory（12） A theory attributing leadership effectiveness to a good match between leadership style and aspects of the group situation.

对照组后测设计 control group post-test design（1） A type of quasi-experiment in which samples from two different groups are measured only once, after the event of interest has taken place.

趋同 convergence（7） One's manner of speaking becomes more similar to the other speaker during a conversation.

对话控制 conversation control（7） Use of non-verbal communication to regulate the form and pace of a conversation.

合作 cooperation（10） A form of social exchange in which two or more parties act together to achieve a shared goal.

模仿性攻击 copycat aggression（11） Imitative repetition by adults of spectacular crimes of violence recounted in newspapers.

相关法 correlational approach（1） An approach to the study of social behaviour based on trying to find which variables 'go together'.

一致性偏差 correspondence bias（2） Assuming that an act matches a disposition.

一致性推理 correspondent inference（2） Attribution of an act to a stable disposition.

反事实思维 counterfactual thinking（2） Thoughts about the past in which it is imagined how the outcome of events might have been different.

共变原则 covariation principle（2） A principle stating that if two events are perceived as occurring together and never separately, one will be interpreted as the cause of the other.

交叉分类 cross-categorization（12） A situation in which a person is similar to others on one dimension but different from them on another.

跨文化研究 cross-cultural research（Introduction） Studies in which subjects from more than one society or ethnic group are compared.

交叉滞后程序 cross-lagged procedure（11） Method of comparing correlations between two variables over two points in time in order to infer which is more likely to be a cause of the other.

拥挤的人群 crowd（14） A relatively large collection of people physically close enough to influence each other's behaviour although there is no particular relationship among them.

拥挤 crowding（14） A subjective state of discomfort arising from the perception that there are too many people present.

文化表达法则 cultural display rules（7） Rules about non-verbal communication such as appropriate facial expressions, postures, gaze, distance to keep between oneself and others, how to orient one's body during interactions and when to engage in touch.

危险博弈 dangerous game（10） A mixed-motive conflict in which, if neither side backs down, both may suffer catastrophic losses.

黑暗三性格（人格特质） Dark Triad（personality traits）（11） A combination of narcissism, psychopathy, and Machiavellianism.

释疑面谈 debriefing (1) Following an experiment, discussing with the subjects the true nature of the experiment and exposing any deception.

欺骗的线索 deception cues (15) Behaviour that suggests an individual is lying.

欺骗告知 de-hoaxing (1) As part of debriefing, informing subjects that they have been deceived and explaining the purpose of the experiment.

去个体化 deindividuation (14) A complex process in which individuals come to see themselves more as members of a group than as individuals, leading to a lowered threshold for normally restrained behaviour.

需要特征 demand characteristics (1) Characteristics of an experimental situation that seem to cry out for a certain response, thus biasing results.

密度—强度假说 density-intensity hypothesis (14) The hypothesis that high-density situations magnify our usual reactions so that they tend to seem either extremely unpleasant, or quite pleasant and exciting.

密度—社会病理学假说 density-social pathology hypothesis (14) The hypothesis that population density itself produces or is in some way related to high rates of crime and mental illness.

因变量 dependent variable (1) A variable that is being measured and that is hypothesized to relate to some other variable (the independent variable).

人格解体 depersonalization (12) We come to see ourselves not as unique individuals, but as prototypical members of the groups and categories to which we belong.

脱敏（释疑面谈） desensitization (debriefing) (1) Part of debriefing; intended to help the subjects accept the new information they have about themselves, and to put it into context and respond to questions and anxieties that might arise.

（暴力）脱敏 desensitization (to violence) (11) Decrease in reactivity to violence as a result of having witnessed violence on television or elsewhere.

威慑图式 deterrence schema (10) The assumption that a realistic threat can prevent war or other hostile acts.

方言 dialect (7) A form of a language spoken by people in a particular geographic region or social class.

差别易感性模型 differential susceptibility model (11) Suggests that as a result of genetic variation, some brains are more 'plastic' than others, and the greater the plasticity, the more the development of the brain will be affected by environmental factors as the person is growing up.

责任分散 diffusion of responsibility (9) A tendency for the individual to feel less of a sense of personal duty to act in a prosocial manner when others are present.

尊严文化 dignity culture (3) A culture in which your self-evaluation and your self-respect are derived from your value as a unique person.

直接陈述 direct speech (7) The meaning of the sentence is consistent with the speaker's meaning.

折扣线索假说 discounting cue hypothesis (5) An hypothesis stating that when the source of a communication is not trusted, the message tends to be disregarded.

折扣原则 discounting principle (2) In attributions, the principle that the role of one factor is perceived as less important if other plausible causes are present.

歧视 discrimination (13) Negative actions directed to members of a specific group.

话语法 discursive method (1) A research approach based on studying how people use language to construct reality and memory.

性格孤独 dispositional loneliness (8) Unpleasant emotional state arising out of perceived deficiencies in relationships due to the perceiver's innate disposition.

分心—冲突理论 distraction-conflict theory (6) The theory that when people are in the presence of others, information overload causes them to concentrate on the task.

分配正义 distributive justice (15) The conditions under which the allocation of a resource or the outcome of an event would be judged as just or unjust.

分歧（意见不一致） divergence (7) Individuals deliberately emphasize the differences between their speech style and that of another person.

以退为进 door-in-the-face (6) When a first request is so extreme that the person is likely not to comply, compliance is more likely to a second, smaller request.

双盲 double-blind (1) A control in research whereby neither the subject nor the experimenter who interacts with the subject knows which condition the subject has been assigned to.

双码口语 double-coded speech (7) Meaning is conferred both by the grammar and by the way in which the words are said.

向下比较 downward comparison (3) A tendency to evaluate ourselves with reference to people who are lower in status or advantage.

双处理模型 dual-processing model (6) Conforming because of informational and normative influences.

双系统模型 dual-systems model (2) A theory of two modes of thinking: rapid, automatic, unconscious, and slow, deliberate, conscious.

自我中心偏差 egocentric bias (8) People tend to overestimate their own contributions, e.g., in self-disclosure.

自我防御功能 ego-defensive functions (4) The ability of certain attitudes to protect or enhance the self-esteem of the person who holds them.

自我损耗 ego depletion (3) One's capacity for self-regulation is impaired for some time after exhibiting self-control.

详尽可能性模型 elaboration likelihood model (5) A theory that central and peripheral routes of attitude change are differentiated by the amount of cognitive activity involved.

情感表达模型 emotion-expression model (7) Hypothesis that facial displays, including smiles, are innately linked to emotion and are therefore universal.

情感孤独 emotional loneliness (8) Loneliness due to a lack of intimate relationships.

共情 empathy (9) A vicarious emotional response (a feeling) elicited by and congruent with the perceived emotional state of another person.

共情—利他假说 empathy-altruism hypothesis (9) Pure altruism is elicited as a result of a vicarious emotional response induced by witnessing a person in distress.

公平理论 equity theory (8, 15) A relationship is adversely affected if one or both partners feel that they receive less than they give relative to the other person.

爱洛斯（爱欲） Eros (11) The life instinct, according to Freud.

雌性激素（雌性荷尔蒙） estrogens (11) Female sex hormones.

种族中心主义 ethnocentrism (13) A belief in the superiority of one's own ethnic or cultural groups.

民族语言学活力 ethnolinguistic vitality (7) The relative status and strength of a language in a particular social structure, reflecting the proportion of the population that speaks the language.

幸福论的康乐 eudaimonic well-being (15) Defines well-being in terms of living a life that is personally meaningful.

评价顾忌 evaluation apprehension (1, 6) A concern about the assessment of one's behaviour.

事件图式 event schema (2) A set of interconnected cognitions about a specific occurrence or type of occurrence.

交换关系 exchange relationships (8) Relationships built on an economic model, in which people seek to maximize benefits and minimize costs.

激发转移理论 excitation transfer theory (11) Intensification of an emotional reaction to a new stimulus brought about by residues of nervous system arousal from an earlier emotional reaction.

实验法 experimental method (1) A research approach in which subjects are randomly assigned to two or more groups and an independent variable is varied, in order to assess its effect on a dependent variable.

实验现实性 experimental realism (1) The extent to which the experimental situation 'grabs' subjects and involves them so that they react naturally to the situation rather than as they might think appropriate to the laboratory situation.

主试者效应 experimenter effects (1) Biases in an experiment due to the influence of the experimenter, who, knowing the hypothesis under study, can unintentionally influence the subjects to act in a way that confirms the hypothesis.

外部效度 external validity (1) The degree to which the behaviour observed in the laboratory corresponds to 'real' behaviour in the outside world.

外扰变量 extraneous variable (1) A variable that might interfere with the outcome of the research.

外在取向的宗教信仰 extrinsically oriented religiosity (9) Views being religious as a way of achieving other goals, such as gaining power and influence.

面子文化 face culture (3) Your self-respect is derived from your position in society and how others perceive you.

面部反馈假说 facial feedback hypothesis (14) Emotional experience is directly affected by the feedback our brains receive about our facial expressions.

风潮 fad (14) A short-lived, extreme and frivolous, collective behaviour.

虚假普遍性效应 false consensus effect (2) The tendency to overestimate the extent to which others act or think as we do.

虚假希望综合征 false hope syndrome (3) A pattern of unrealistic expectations about eventual success after repeated failures.

时尚 fashion (14) A widespread collective preference that is relatively short-lived.

害怕成为的自我 feared self (3) The kind of person you would not want to become.

实地实验 field experiment (1) The use of the experimental method in a natural setting, in which the subjects are not aware that they are subjects.

实地研究 field study (1) Direct observation of people in a natural setting.

档案柜问题 file-drawer problem (1) A study with non-significant findings that is never presented to the public.

最终提案仲裁 final-offer arbitration (10) In a conflict, each side presents the arbitrator with its final position and the arbitrator then selects one or the other, so that there is no compromise.

机能性磁共振成像 fMRI (1, 3) Functional magnetic resonance imagery, a means of measuring activity in a specific brain area through blood flow to that area.

得寸进尺 foot-in-the-door (6) If you can induce someone to agree to a small request, that person is subsequently more likely to agree to carry out a larger request.

原谅 forgiveness (9) A prosocial response in which the recipient of malice or harm excuses or absolves the transgressor.

搭便车者 free rider (10) Someone who benefits from a public good without contributing.

前后沟通失灵 front-to-back communications failure (14) A situation in which people at the front of a crowd trying to escape from danger are trampled because those at the back, unaware that people at the front are unable to move more quickly, continue to push ahead.

挫折攻击假说 frustration-aggression hypothesis (11) The hypothesis that aggression follows frustration and frustration precedes aggression.

基本归因错误 fundamental attribution error (2) Tendency of people to exaggerate the importance of personal dispositions as the causes of behaviour.

增益/损耗效应 gain/loss effect (8) In a social interaction, the tendency for a person to be more attracted to someone who expresses increasing liking or praise for him or her than to someone who expresses constant liking or praise.

博弈论 game theory (10) A model of social conflict in which people are assumed to act rationally in order to maximize their gains and minimize their losses.

性别图式的 gender schematic (11) A characteristic of individuals who tend generally to view males and females in terms of sex-typed dimensions.

一般攻击模型 General Aggression Model (11) A comprehensive theory of aggression including the effects of biological factors, personality, social processes, basic cognitive processes and decision-making processes.

普遍不确定 general uncertainty (14) Widely held doubt and apprehension within a collectivity of people that is likely to give rise to rumours.

基因—文化协同进化理论 gene-culture co-evolution theory (9) As ideas, knowledge, and skills are transmitted via social learning across generations within a society, some aspects of this cultural heritage are more likely to promote survival of the group than others and therefore will be subject to the pressures of natural selection.

非特定外群体歧视规范 generic norm of out-group discrimination (12) Disposition to reject or discriminate against members of all out-groups, regardless of the group or context.

对种族灭绝的无视 genocide neglect (9) While we can relatively easily process information about a single individual in need and feel empathy for that person, it is difficult to experience an empathic response to large numbers of unidentifiable people.

玻璃天花板 glass ceiling (12) Barriers that prevent women from rising up to the top of an organizational structure.

玻璃悬崖 glass cliff (12) Women are more likely to be made leaders during times of crisis in an organization.

感戴 gratitude (9) A prosocial response in which the recipient of others' good deeds is appreciative.

领导力的伟人进路 great person approach to leadership (12) Leadership emerges from personal characteristics, including inherited characteristics of the leader.

群体 group (12) (a) Small group research: A collection of people distinguished by common goals and stable relationships rather than superficial similarities. (b) Social Identity Theory and Self-Categorization Theory: A category to which people belong, such as religion, nationality, ethnic group or gender.

小团体意识 groupthink (6) Tendency of a highly cohesive and elitist group to achieve a rapid consensus without dissent or outside influences.

群体极化效应 group-induced polarization effect (12) Group decisions are more risky or more cautious than the average of the individual decisions.

群体社会化 group socialization (12) Process of becoming part of the group, being accepted by it and learning to adapt to its norms and rules.

触觉学 haptics (7) The use of touch as communication.

憎恶 hate (13) An enduring, relatively intense negative emotion toward some person or group.

健康信念模型 health beliefs model (15) A theory that accounts for health-related behaviour in terms of recognizing a personally relevant threat and a choice of actions.

享乐论的康乐 hedonic well-being (15) Defined in terms of one's emotional states, positive and negative, and satisfaction with life.

英雄主义 heroism (9) Prosocial intervention in the face of extraordinary risk.

异性恋子图式 heterosexuality subschema (11) A schema that, when primed, leads to viewing interactions with people of the opposite sex in sexual terms.

直觉 heuristics (2) Assumptions and biases that guide our decisions about uncertain events.

敌意性攻击 hostile aggression (11) Aggression that expresses anger or some other negative emotion (contrast with *instrumental aggression*).

敌意性男子气 hostile masculinity (11) An insecure, distrustful, defensive and hypersensitive orientation towards others, especially women, as well as gratification from dominating and controlling women.

高血压 hypertension (15) High blood pressure.

假说 hypothesis (1) A testable proposition derived from theory.

假设建构 hypothetical construct (1) A concept which does not have a physical existence but is used to represent a reality.

歇斯底里传染 hysterical contagion (14) The spread of a strong emotional reaction, sometimes accompanied by apparent physical symptoms that in reality have no physical cause.

理想自我 ideal self (3) A self-guide embodying one's hopes and aspirations: 'myself as I wish I were'.

可识别受害者效应 identifiable victim effect (9) Greater willingness to provide assistance to a single sufferer.

认同融合 identity fusion (12) A 'visceral feeling of oneness' with the group.

意识形态 ideology (4) A more or less integrated or coherent set of attitudes, often political.

特殊信任 idiosyncrasy credit (6, 12) Tolerance for nonconformity to group norms by a high-status member who is perceived to have contributed much to the group.

外加规范假说 imposed norm hypothesis (7) The non-standard form of a language is viewed negatively because of social norms that are biased against it.

个人主义 individualism (3, 4) A cultural value which emphasizes the individual person as opposed to the group.

内在价值假说 inherent value hypothesis (7) Standard dialect becomes the prestige form of the language because it is the aesthetically ideal form of that language.

控制错觉 illusion of control (2) A commonly held and exaggerated belief that people can determine their lives and the events around them.

错觉相关 illusory correlation (2, 13) Perception that two variables are related to one another when they are not.

形象修补假说 image-repair hypothesis (9) The idea that a person who is embarrassed by his or her behaviour may help others in order to improve a damaged image.

浸入型教学 immersion programme (7) A form of second-language education in which the second language is used for instruction and interaction rather than being treated as a separate subject.

内隐态度 implicit attitude (4) Attitudes not fully in consciousness.

内隐人格理论 implicit personality theory (2) The assumptions of people about which traits go together and about human nature.

印象管理 impression management (3) Actions taken by individuals to control or influence how others evaluate them.

内群体 in-group (12) A social category to which a person belongs.

自变量 independent variable (1) The variable manipulated (varied) by the experimenter in a psychological experiment.

indirect speech (7) The meaning of the sentence is not consistent with the speaker's meaning.

个人主义偏差 individualistic bias (4) A North American ideal of the self-contained person, which has influenced the definition of concepts and problems in social psychology.

个人主义文化 individualistic culture (3) A set of norms and values that stress the individual rather than the group or community.

信息性社会影响 informational social influence (6) The matching of our own ideas to the group in order to determine whether they are 'correct'.

知会同意 informed consent (1) Agreement of subjects to participate in an experiment after being told what will happen to them.

低人化 infrahumanization (12) People tend to attribute fewer uniquely human traits to members of an out-group.

讨好 ingratiation (3) Strategies of enhancing our attractiveness to others in order to create a positive impression.

免疫效应 inoculation effect (5) An effect by which exposure to relatively weak arguments against our own position strengthens our later resistance to persuasion.

调查程序 inquisitorial procedure (15) A courtroom approach in which the judge is assigned a role in collecting evidence and questioning witnesses.

本能 instinct (11) Supposed inborn behavioural tendencies that motivate certain actions.

工具性攻击 instrumental aggression (11) Behaviour intended to harm as a means to some desired end (contrast to *hostile aggression*).

工具性功能 instrumental function (4) A function served by an attitude that brings rewards or lessens costs.

工具性价值 instrumental values (4) Preferred modes of conduct, such as honesty or thrift.

综合复杂性 integrative complexity (2) Extent to which people can use several schemata and standards in a flexible way when processing information.

交互作用进路 interactionist approach (12) Research that takes into account both individual and group influences.

群体间焦虑（跨群体焦虑）intergroup anxiety (13) Negative feelings regarding anticipated adverse consequences of contact between groups.

个人间—群体间不连续效应 interindividual-intergroup discontinuity effect (10) As individuals yield to group pressures about excessive competitiveness, the group as a whole typically becomes much more competitive and less cooperative than one would expect on the basis of the motivations of the particular individuals involved.

人际平衡模型 interpersonal balance model (8) Liking someone tends to be accompanied by perceived similarity in attitudes.

人际—群际连续统 interpersonal-intergroup continuum (12) At the interpersonal end, interactions between people are the result of their personal relationships with each other and their individual characteristics, while at the intergroup extreme, their social group membership determines their behaviour toward one another.

内部效度 internal validity (1) Degree to which changes in behaviour were brought about by experimental manipulations rather than extraneous factors.

内在取向的宗教信仰 intrinsically oriented religiosity (9) A view of religion as an end in itself.

投资模型 investment model (8) A model of intimate relationships that considers commitment to a relationship in terms of the investment put into the relationship.

嫉妒 jealousy (8) An unpleasant reaction to a perceived rival, arising out of social comparison or a desire for exclusivity.

真相核心假说 kernel-of-truth hypothesis (13) The idea that social stereotypes are necessarily based on some supportable evidence.

身势学 kinesics (7) All bodily movements except those that involve contact with someone else; the 'body language' of popular literature.

亲缘选择 kin selection (9) A putative process in which helping relatives survive long enough to reproduce improves the chances of being able to pass our genes on to the next generation.

亲属关系原则 kinship principle (9) Hypothesized motivation to provide help primarily to close relatives.

克勒动机获得效应 Kohler motivation gain effect (6) When less capable members of a group perform better when performing with others, relative to performing the same task on their own.

认识功能 knowledge function (4) A function served by an attitude that helps one make sense of the world.

实验室实验 laboratory experiment (1) The use of the experimental method in a laboratory setting.

语言 language (7) A system of vocal sounds, writing or formal gestures embodying symbols that have meaning in communication.

领导(者) leader (12) An individual in a group who has the greatest influence over other members.

露馅 leakage (15) Behaviour that unintentionally reveals the truth when a person is lying.

合法权力 legitimate power (12) Our capacity to influence others based on their acceptance of our authority.

李克特评分加总式量表 Likert summated ratings (4) A method of attitude self-report in which the respondent is asked to indicate agreement or disagreement with a series of statements.

控制点 locus of control (9) The extent to which people believe that the events in their lives are caused by their own actions (internal), or by luck, higher forces, or other powerful people (external).

孤独 loneliness (8) Unpleasant emotional state arising out of perceived deficiencies in relationships.

纵向研究(历时研究、跟踪研究) longitudinal study (1) Research in which two or more variables are studied in the same subjects at several different points over a span of time.

镜像自我 looking-glass self (3) A self-concept constructed from the way we appear to others, which is then reflected back to us.

损耗效应 loss effect (8) In a social interaction, the tendency for a person to be less attracted to someone who expresses decreasing liking or praise than to someone who expresses constant dislike or criticism.

失控 loss of control (14) A sense of not being in control in a high-density situation, leading to feelings of helplessness and vulnerability.

丢信法 lost letter technique (9) Dropping on the sidewalk a sealed and stamped letter addressed to the researcher and comparing rates of return in various conditions.

低价法 low-ball technique (6) A means of inducing someone to carry out a requested act by first requesting him or her to carry out the act, and only then increasing the cost of fulfilling the request.

边缘化 marginality (7) A feeling experienced by immigrants or people learning a new language of being estranged from their own group, yet not part of the new group.

群体性突发行为 mass emergency behaviour (14) Includes all possible crowd behaviours, both mass panic and rational escape activity, that can occur in a mass emergency event.

群体性突发事件 mass emergency event (14) When panic flight does occur, it is because an avenue of escape is available but is closing quickly.

群体性恐慌 mass panic (14) A contagion of fear, when people in a crowd are frightened and in danger; it is not surprising that they try to escape the danger in a great hurry.

群体心因性疾病 mass psychogenic illness (14) Symptoms of physical illness, without any physical basis, that spread through a collectivity of people.

调解 mediation (10) Third-party intervention in a conflict that assists in the negotiation process but does not impose solutions.

调节变量 mediating variable (1) A variable which explains a relationship between other variables.

曝光效应 mere exposure effect (8) Familiarity with a novel stimulus usually leads to more positive ratings and greater attraction.

元分析 meta-analysis (1) A method of statistically combining the results of many different studies on the same topic in order to identify consistent patterns in these results.

偏对比原则 meta-contrast principle (12) We accentuate similarities within the category and exaggerate differences between groups.

米开朗琪罗现象 Michelangelo phenomenon (8) Intimate partners in long-term relationships influence each other's personality characteristics, interests and aspirations.

精神守护人 mind guards (12) Members of a decision-making group who filter information from outside so that the group remains largely unaware of external, dissenting opinions.

镜像神经元 mirror neurons (6, 9, 14) When we passively observe another person's bodily movements, particular motor neurons in our brains respond selectively to activate muscles in our bodies corresponding to those that are involved in the observed behaviour.

混合动机博弈 mixed motive game (10) A conflict in which there are rewards for both competition and cooperation.

麦克·南顿规则 M'Naghten Rule (15) A principle of law in which a person is not held legally responsible for an action if he or she did not know the nature and quality of the act or did not know that the action was wrong.

MODE 模型 MODE model (4) Motivation and opportunity as determinants of whether deliberate or spontaneous actions are taken between attitudes and behaviour.

模型 model (1) A mini-theory, or set of propositions and assumptions, about a specific phenomenon.

调节变量 moderating variable (1) A variable that influences the strength of a relationship between other variables.

现代种族主义 modern racism (13) People are ambivalent, they want to see themselves as unprejudiced but still harbour feelings of discomfort or worse towards certain groups.

道德成长 moral development (9) The process by which the capacity for moral judgements matures throughout childhood.

语素 morpheme (7) Unit of meaning in language.

动机沟通模型 motive-communication model (7) Posits that facial displays are deliberately used to communicate particular social motives to the individuals being addressed.

多元文化假说 multiculturalism hypothesis (13) The contention that positive feelings towards members of other groups vary with how secure and comfortable people feel about their own cultural identity and background.

世俗现实性 mundane realism (1) Extent to which a situation encountered in an experiment is perceived as naturalistic or corresponding to some real-life situation.

亲密 mutuality (8) A relationship characterized by some degree of involvement, commitment and intimacy between two people.

自恋 narcissism (3) Complete self-absorption, living for yourself and for the moment, with no concern for the community, the past or the future.

赞许需求 need for approval (9) People with this need court the admiration of others.

认知需求 need for cognition (5) A propensity to analyse the situation, search for clues and information and work on solving difficult problems.

负面状态释放假说 negative-state relief hypothesis (9) The hypothesis that an observer's empathic response to a sufferer's distress produces personal sadness, and that the individual acts to help the sufferer because of the egoistic motivation to relieve his or her own sadness (negative-state).

负面效应 negativity effect (2) Tendency for overall impressions of people to be more influenced by negative than by positive traits.

新性别歧视 neosexism (13) A form of gender attitudes defined as a manifestation of a conflict between egalitarian values and residual negative feelings towards women.

无反应性测量 non-reactive measure (1) A measurement that cannot influence the behaviour being considered.

非语言沟通 non-verbal communication (7) The sending of information to another person (or persons) without the use of words.

非零和博弈 non-zero-sum game (10, 12) A conflict situation in which some outcomes are mutually preferable-a mixed-motive game.

规范激活模型 norm activation model (9) That prosocial behaviour flows from *personal* norms that involve moral obligations to act, triggered by a sense of personal responsibility for possible consequences and a capacity to act.

公平规范 norm of equity (9) The generally shared belief that fairness should serve as a criterion for the way that we treat others.

互惠规范 norm of reciprocity (9) The generally shared belief that people should help those who have helped them. In self-disclosure, a tendency for people to respond in kind to self-disclosure.

社会责任规范 norm of social responsibility (9) The generally shared belief that people should help those who need help.

规范性影响 normative influence (6) Influence that leads to actions consistent with the norms of the group, even when contrary to personal beliefs.

服从 obedience (6) Acquiescent behaviour in response to a direct order.

客观化（客体化、对象化） objectification (2) A process by which an abstract idea becomes part of concrete experience.

观察学习 observational learning (6) The experience of modelling influence through which a novel behaviour is acquired.

眼神学 oculesics (7) Eye movement and gaze.

操作性定义 operational definition (1) A definition of a construct in terms of how it is measured.

意见领袖 opinion leaders (6) Highly influential people who transmit new attitudes to many others.

放逐 ostracism (6) Rejection by the group.

应然自我 ought self (3) A self-guide reflecting the obligations we place on ourselves, our own sense of duty and responsibility: myself as I should be.

外群体 out-group (12) A social category to which an individual does not belong.

外群体同质效应 out-group homogeneity effect (12) The effect by which members of another group are perceived to be more similar to one another than are the members of one's own group to each other.

副语言 paralanguage (7) Non-verbal aspects of speech that convey information.

副语言拖长读法 paralinguistic drawl (7) The practice of speaking the final syllable in an utterance in a slow, drawn-out fashion.

平行反应模型 parallel response model (5) People respond to a fear-arousing message, both to avert the danger mentioned in the message and to cope with the unpleasant feelings engendered by the message.

局内观察者 participant observer (1) A researcher who participates in the group being studied.

特殊论 particularism (8) In social exchange, the extent to which the value of a resource is influenced by the person who provides it.

感知规范 perceived norm (4) An expectation of how significantly other people would react to a particular action by a person.

完美主义 perfectionism (3) Tendency to hold unrealistically high self-guides, unrealistic standards for the self.

说服的外周途径 peripheral route persuasion (5) Attitude change not accompanying deliberate thought about the issue, usually occurring in association with distractors.

人本领导 person-oriented leader (12) Leader with focus on social-emotional concerns; gives high rating to least-preferred co-worker.

个人图式 person schema (2) A set of interconnected cognitions about a specific individual.

人格焦虑 personal anxiety (14) Anxiety produced by apprehension about an imminent and disappointing outcome; contributes to development of rumours.

个人空间 personal space (7) The comfortable physical distance that we maintain between ourselves and others.

可说服程度 persuasibility (5) The extent to which a person can be readily persuaded.

现象学进路 phenomenological approach (1) A research approach based on the experience of the participants.

音素 phonemes (7) The system of short, meaningless sounds.

积极错觉 positive illusions (8) A somewhat unrealistic optimism about oneself, the world and the future is beneficial to mental and physical well-being.

正向偏差 positivity bias (2) A tendency to perceive others in a favourable light.

决策后认知失调 post-decision dissonance (5) A state of psychological discomfort that occurs after a difficult choice has been made.

偏见 prejudice (13) Illogical, inaccurate and unjustifiable attitudes about members of a group.

首因效应 primacy effect (5) Tendency for information presented early in a sequence to have a greater impact than information presented later.

启动 priming (2) Activation of a particular category or schema by a specific cue.

囚徒困境博弈 Prisoner's Dilemma Game (10) A special type of non-zero-sum game where the optimal solution is mutual cooperation.

主动性攻击 proactive aggression (11) Intentional harm which is a premeditated means to some desired end and not accompanied by anger.

问题行为理论 problem behaviour theory (15) A model of adolescent behaviour based on a syndrome of personal, environmental and behavioural nonconventionality linked with consequences.

程序正义 procedural justice (15) Relationship between the methods used to arrive at a decision and the perception that the decision was just.

无情感乱交 promiscuous-impersonal sex (11) A tendency to avoid commitment and to be unfaithful in sexual relationships.

承诺 promise (10) A communication that the other person or group will experience positive consequences if a demand is complied with.

宣传 propaganda (5) A type of persuasion, in which important information is withheld, facts are presented selectively and invoking heuristic strategies to elicit 'rapid thinking'.

接近效应 propinquity effect (8) The principle that when people are in close physical proximity, the probability of interaction and attraction increases.

亲社会行为 prosocial behaviour (9) Actions voluntarily carried out for the sole purpose of helping others, without expectation of reward from external sources.

语言的诗体学特征 prosodic features of language (7) Non-verbal aspects of speech, such as timing, pitch and loudness.

保护动机模型 protection motivation model (15) A model of fear-arousing communication that states that people respond to danger if they believe the danger to be severe and personally relevant.

原型 prototype (2) A typical example of a category.

公共物品供给困境 provision of public goods dilemma (10) Relates to contributions by individuals to the collective or public good that benefit everyone, contributors and non-contributors alike.

空间关系学 proxemics (7) The study of how we use space to regulate our social interactions.

心理双性 psychological androgyny (3) High scores in both masculine and feminine traits.

心理现实性 psychological realism (1) Extent to which processes occurring in the lab correspond to those in reality.

病态人格 psychopathic personality (11) A particular cluster of personality traits that has a strong connection with antisocial behaviour (synonymous with *antisocial personality* or *sociopathy*).

公共物品困境 public goods dilemma (10) A collective dilemma in which individuals must decide how much to contribute to a public good, knowing that their own contribution will have little or no effect on what they receive in return.

定性方法 qualitative method (1) A method of studying behaviours that cannot be quantified.

定量方法 quantitative method (1) Variables are defined by measures and data are aggregated across participants.

准实验 quasi-experiment (1) A research method, using a pre-post comparison or a comparison of two groups, that examines the effects of some real-life event or change over which the experimenter has no control.

随机分配 random assignment (1) Assigning subjects by chance to generate two or more groups that are presumed to be the same with regard to the characteristic being measured, so that the researcher can later judge whether an independent variable led to changes in a dependent variable.

反应性攻击 reactive aggression (11) Harmful behaviour which is accompanied by anger.

反应性测量 reactive measure (1) A measurement that may influence the behaviour being considered.

现实冲突理论 realistic conflict theory (13) In cases where there are limited resources, groups may find themselves in conflict and prejudice can increase.

交叉决定论 reciprocal determinism (6) People determine their own environment, which influences behaviour.

改革运动 reform movement (14) A social movement that accepts the basic structure of a society but seeks to modify a part of it.

回归分析 regression analysis (1) An extension of basic co-relational analysis that involves more than two predictor variables.

调节焦点 regulatory focus (3) The extent to which people focus on attaining desired outcome or avoiding undesired outcomes.

吸引力的增强情感模型 reinforcement-affect model of attraction (1, 8) The idea that through a process of conditioning, people become attracted to others with whom they associate stimuli or events that arouse positive feelings.

相对剥夺 relative deprivation (3, 14, 15) When people compare themselves to other appropriate groups and find that the others are better off, this leads to frustration and discontent, and becomes the basis for social unrest.

信度 reliability (1) The degree to which a measure yields the same results when used more than once to measure some unchanging object, trait or behaviour.

补偿性利他主义 reparative altruism (9) Helping or other prosocial acts performed by someone after having done something harmful in order to compensate for the harm done (not necessarily to the person harmed).

重复 replication (1) Reproducing the results of a scientific study.

代表性直觉 representativeness heuristic (2) A cognitive shortcut for making judgements in conditions of uncertainty, whereby we estimate the likelihood that a person or object belongs to a particular category on the basis of how much resemblance there is to members of that category.

适合生殖 reproductive fitness (8) A perception of a prospective partner based on attractiveness, symmetry etc.

排斥假说 repulsion hypothesis (8) Dissimilarity in attitudes produces rejection between people.

资源两难 resource dilemma (10) A decision faced by individuals about how much of a public resource they should take for their own good, in circumstances where the rational individual choices produce an irrational collective outcome (also known as the 'problem of the commons').

反应易化 response facilitation (6) Increase in the likelihood that a behaviour will occur in a given situation as a result of modelling influence.

报应正义 retributive justice (15) Ensuring that the punishment fits the crime.

逆向歧视 reverse discrimination (13) Excessively positive actions towards members of a specific group, which may not reflect positive attitudes.

革命运动 revolutionary movement (14) Social movement that seeks to overthrow the existing social order and replace it with something else.

"富人更富" 假说 'rich get richer' hypothesis (8) People who have strong social skills can use them in the context of social media.

右翼威权主义 right-wing authoritarianism (13) A cluster of personality characteristics involving a high degree of submissiveness to authorities (who are perceived as having legitimate power), strong adherence to conventional social values, and hostility and punitiveness towards people who deviate from those values.

风险转移效应 risky shift effect (12) Tendency for some group decisions to involve higher levels of risk than the average individual decision (see *polarization effect*).

角色扮演 role-play (1) A method in which subjects are given a description of a situation by the experimenter and then asked to behave as they think other people would in such a situation.

角色图式 role schema (2) An organized mental structure about a social category.

罗密欧与朱丽叶效应 Romeo and Juliet effect (8) Romantic love increases as parental interference increases.

传闻 rumour (14) A specific proposition or belief, passed along from person to person, usually by word-of-mouth, without secure standards of evidence being present.

神圣价值 sacred values (4) Involves fundamental religious beliefs, national and ethnic identities or moral norms.

样本 sample (1) A relatively small group of subjects taken to be representative of a larger, defined population of interest.

找替罪羊 scapegoating (13) A response to frustration whereby the individual displaces aggression onto a socially disapproved out-group.

图式 schema (2) An organized system of cognitions about something such as an event, a role, a type of person or ourselves.

正义的范围 scope of justice (15) The range of situations in which an individual takes into account issues of right and wrong or fairness.

次级儿语 secondary baby talk (7) Speech register similar to that used to talk to babies but used to speak to certain categories of adults, such as the elderly and infirm.

选择性披露信息 selective exposure to information (4) People will seek out information that decreases cognitive dissonance and avoid information that increases it.

自我概念 self-concept (3) The sum of feelings, beliefs and impressions that individuals have of themselves.

自我表露 self-disclosure (8) Revealing information about oneself to another person.

自我差异理论 self-discrepancy theory (3) A theory based on the premise that the gaps between actual and possible selves (ideal ought) can lead to emotional difficulty.

谦逊 self-effacement (3) Tendency to include the negative in how people view themselves.

自我提升偏差 self-enhancement bias (3, 12) The extent to which individuals seek to maintain or improve their evaluation of themselves.

自尊 self-esteem (3) People's evaluation of themselves.

自我实现的预言 self-fulfilling prophecy (8, 13) A phenomenon whereby people's expectations lead them to behave in a way that causes the expectations to come true.

自我定位 self-guides (3) The standards to which individuals strive, represented by themselves as they would wish to be and ought to be.

自我设限 self-handicapping (3) Acting in a way that will interfere with the successful performance of a subsequent task in order to protect one's self-esteem from the effects of failure.

自我监视者 self-monitors (3) People who are unusually sensitive to the subtle responses of others in evaluating their own behaviour.

人我重合 self-other overlap (9) The extent to which a potential helper feels a sense of oneness with the person to be helped.

自我展示 self-presentation (3) Acting in ways that create or maintain a positive image of ourselves.

自我推销 self-promotion (3) A technique of impression management based on an attempt to be seen as unusually competent.

自我参照效应 self-reference effect (3) People's tendency to remember information better when they can relate it to themselves.

自我图式 self-schema (3) An organized set of cognitions, impressions and memories about ourselves.

自利偏差 self-serving bias (2) Attributions motivated by a desire to protect or enhance our own self-esteem.

自我确证 self-verification (3) Seeking feedback from others that is consistent with our actual self-concept.

语义分化 semantic differential (4) The rating of a concept along a set of polar adjective scales.

感官超载 sensory overload (14) The hypothesis that when people are exposed to too much stimulation, sensory inputs are received too fast to be processed. People react by screening out much of the stimulation, paying attention only to what seems important or unusual.

性别歧视 sexism（13） Prejudice towards women.

信号放大偏差 signal amplification bias（8） A person assumes that the other person can and should take into account their anxieties and recognize how they really feel.

模拟 simulation（1） A study using an artificially created situation made to resemble a real-life situation, in which subjects are observed as they act and react to each other and to the situation.

模拟直觉 simulation heuristic（2） A cognitive shortcut by which we estimate the likelihood of an event by the ease with which we can imagine it occurring.

单组前测/后测设计 single group pre-test/post-test design（1） Quasi-experiment in which subjects are measured before and after some event.

领导力的情境进路 situational approach to leadership（12） The idea that different circumstances call for different kinds of leaders and that the person who happens to have those traits and abilities needed at a particular time will emerge as leader.

睡眠者效应 sleeper effect（5） Tendency for a communication to increase in persuasiveness over time when emanating from a low-credibility source.

社会资本 social capital（11） Aspects of community involvement that lead to cooperation among residents.

社会分类 social categorization（12） Automatically classifying people into categories, or schemata, that we already know something about.

社会认知神经科学 social cognitive neuroscience（1） An interdisciplinary approach that examines interactions among social and neurological factors.

社会比较 social comparison（1, 3, 8, 12） A tendency for people to evaluate themselves in relation to other people, especially when a situation is ambiguous or uncertain.

社交补偿假说 social compensation hypothesis（8） People who lack the social skills to find friends and lovers in person tend to use social media for that purpose.

社会分化 social differentiation（12） Tendency to overestimate the similarities among members of the same category and to overestimate the differences among members of different categories.

社会支配性取向 social dominance orientation（13） The extent to which people desire to see their own in-groups as dominant over other groups in society and are willing to endorse values and actions that suppress the other groups.

社会交换理论 social exchange theory（1, 8, 10） A view of social interaction based on the rewards and costs that people provide for each other.

社会作用理论 social impact theory（6） People are affected by social impact that is strong, immediate and emanates from larger group size.

社会认同过程 social identification（12） The process whereby individuals define themselves with respect to other people.

社会认同理论 social identity theory（12） A theory that posits that the groups to which we belong provide us with a feeling of belonging to the social world, a social identity.

去个体化效应的社会认同模型（SIDE） Social Identity Model of Deindividuation Effects (SIDE) (14) In the absence of formal organization and leadership, people in the crowd look to other people close by for cues as to what is the salient social group.

社会学习理论 social learning theory (1, 11) A learning experience through the observation of others' actions and the consequences of those actions.

社会懈怠 social loafing (6) A decrease in individual effort when co-acting with others.

社交孤独 social loneliness (8) Loneliness reflecting a lack of a network of friends.

社会模塑 social modelling (6) Social influence experienced as a result of observing the behaviour of someone else.

社会运动 social movement (14) A spontaneous, large collectivity constituted in support of a set of purposes shared by the members.

社会病理学假说 social pathology hypothesis (14) Suggests that significant overcrowding leads to high rates of crime and mental illness.

社会权力 social power (12) The capacity to influence another person or group to act in a desired way.

社会心理学 social psychology (Introduction) The discipline that sets out to understand how the thoughts, feelings and behaviours of individuals are influenced by the actual, imagined or implied presence of others.

社会表征 social representation (2) A schema about persons, roles and events not based solely on personal experience but developed by a group or society and communicated or taught to its members.

社会支持 social support (5, 15) Relationships with others that provide encouragement, acceptance and assistance.

社会价值取向 social value orientation (10) A person's predisposition to act in a cooperative (prosocial) or competitive (proself) manner.

社会生物学 sociobiology (9) An evolutionary theory which states that behaviours are subject to the same evolutionary processes that affect physical characteristics.

社会语言能力 sociolinguistic competence (7) Skill at using a language in a social context.

社交计量测验 sociometric test (8) Each person in a sample identifies their closest friends.

言语行为理论 speech act theory (7) The study of correspondence (or lack thereof) between what the speaker says.

语体 speech register (7) Combination of intonation and pitch within a given speech style that is used in speaking to a particular type of person or in a particular situation.

讲话方式 speech style (7) Manner of speaking a language that is particular to a specific geographic location, social class or educational level.

标准讲话方式 standard speech style (7) A style of speaking socially defined as desirable or preferable.

统计显著性 statistical significance (1) Refers to results that are unlikely to have occurred by chance.

身份标示 status marking (14) Actions taken by people to distinguish themselves from people of a different social status.

刻板印象 stereotype (2, 13) A rigid set of cognitions about a group that are applied indiscriminately to all members of the group.

刻板印象内容模型 stereotype content model (13) Stereotypes vary along two dimensions: perceived warmth and perceived competence.

刻板印象威胁 stereotype threat (13) Stereotyped individuals are at a disadvantage in a performance situation if they have internalized the stereotype.

刺激配对 stimulus pairing (11) An effect whereby a situational cue (e.g., a gun) elicits an aggressive response because of its past classically conditioned association with violence.

策略 strategy (10) A plan that contains instructions about what to do in every imaginable contingency.

压力 stress (15) A system of challenges to health which includes a stressor and a stress response.

压力缓解效应 stress-buffering effect (15) People are clearly better able to avoid illness when under stress and to recover from any illness that might develop if they have social support.

结构化访谈 structured interview (1) A series of carefully constructed questions.

负向双语制 subtractive bilingualism (7) Bilingualism of members of a minority language group for whom bilingualism is a threat to the continued importance or existence of their first language in that society.

高级目标 superordinate goal (10) An outcome desired and shared by parties who must cooperate in order to achieve it.

调查法 survey method (1) A research technique involving going out and asking questions about the phenomenon of interest, usually using a structured interview or a questionnaire.

符号化信念 symbolic beliefs (13) Beliefs that a particular group threatens or supports social values and norms.

同情 sympathy (9) A heightened awareness of another person's suffering and a desire to eliminate it.

任务导向型领导 task-oriented leader (12) Person who rates least-preferred co-worker low and focuses on the goals of the group.

气质 temperament (11) How excitable a person is, combined with the ability to calm down.

终极价值 terminal values (4) Preferences for certain end-states of life, such as freedom or equality.

恐惧管理理论 terror management theory (13) A means of coping with awareness of our own eventual death.

恐怖主义 terrorism (10) A violent action meant to bring intense fear to a population by directly and randomly attacking civilian targets.

死亡本能 thanatos (11) According to Freud, a death instinct that at an unconscious level promotes a return to an inanimate state.

"折扣"技巧 'that's-not-all' technique (6) Compliance by offering a product to a person at a high price, preventing the person from responding for a few seconds, and then enhancing the deal either by adding another product or decreasing the price.

理论 theory (1) A set of statements and assumptions that link concepts and hypotheses to observations.

威胁 threat (10) A communication that the other person or group will suffer negative consequences unless a demand is complied with.

威胁—反威胁螺旋 Threat-counter-threat spiral (10) A series of escalating threats by both sides in a conflict.

权衡取舍 trade-off reasoning (4) In conditions of value pluralism, a flexible way of thinking in which all sides of an issue are considered, leading to the selection of one value over another.

憎恶三角模型 triangular model of hate (13) A model that defines hate in terms of negation of intimacy, passion (negative) and commitment.

爱情三角模型 triangular model of love (8) A model that defines love in terms of intimacy, passion and commitment.

针锋相对策略 tit-for-tat strategy (10) In a series of interactions, each time a participant is cooperative, the confederate produces a cooperative response the next time.

沟通的两个流程 two-step flow of communication (6) Information becomes disseminated first to opinion leaders, then to others.

A 型人格 type-A personality (15) A pattern of competitiveness, impatience and unexpressed anger.

向上比较 upward comparison (3) A tendency to evaluate ourselves with reference to people who are higher in status or advantage.

态度的功利主义功能 utilitarian functions of attitudes (4) Those attitudes serving to maximize rewards and minimize costs to the individual.

效用 utility (10) The importance or value of an outcome to the recipient.

效度 validity (1) Extent to which a measure corresponds to the characteristic that it is intended to measure.

价值 value (4) Central, higher-order set of preferences for goals in life and ways of living that are felt to be ideal and important.

价值表现功能 value-expressive function (4) An aspect of an attitude that serves to demonstrate a uniqueness and that reflects one's values.

价值辩护效应 value justification effect (4) Justifying a particular attitude by relating it to a specific value.

价值多元主义 value pluralism (4) Competing values associated with a particular issue.

替代强化 vicarious reinforcement (6) A positive feeling of reward in response to observing someone else being rewarded.

暴力 violence (11) The intentional use of physical force or power, threatened or actual, against oneself, another person, or against a group or community, that either results in or has a high likelihood of resulting in injury, death, psychological harm or deprivation.

虚拟群体 virtual group (12) Groups that exist only in that particular electronic environment of the Internet.

志愿服务 volunteerism (9) Use of volunteers to perform charitable or educational work.

志愿过程模型 volunteer process model (9) While dispositional factors such as personal motives and current circumstances influence the initial decision to volunteer, the person's evaluation of the experience determines whether that individual will continue to volunteer.

成功的愉悦 warm glow of success (9) An increased tendency to engage in prosocial behaviour under the influence of a good mood induced by success.

武器效应 weapons effect (11) Cues associated with aggression can promote aggression from an individual in a state of autonomic arousal.

加权平均模型 weighted averaging model (2) A model of impression formation in which our overall evaluation of a person consists of the average of how we rate a person on various characteristics, influenced more by those characteristics judged to be more important.

零和博弈 zero-sum game (10) A conflict situation in which one party's gains match exactly the losses of the other.

致　谢

首先，我想感谢 SAGE 出版社的迈克尔·卡米歇尔（Michael Carmichael）、克里斯托弗·金斯顿（Christopher Kingston）、艾米·贾诺德（Amy Jarrold）和克里·迪肯斯（Keri Dickens）。我还想表达对安杰拉·布克（Angela Book）、戈尔登·霍德森（Gordon Hodson）、丹妮尔·西里安尼·莫尔纳（Danielle Sirianni Molnar）和迈克·阿什顿（Mike Ashton）的很有助益的评论。另外，我也感谢下面这些审稿人周到而又有建设性的建议：

伦敦大学皇家霍洛威学院的阿娜特·巴尔迪博士（Dr Anat Bardi, Royal Holloway, University of London）

哈德斯菲尔德大学的亚历山大·约翰·布里奇博士（Dr Alexander John Bridger, University of Huddersfield）

西苏格兰大学的吉莉恩·布鲁斯博士（Dr Gillian Bruce, University of the West of Scotland）

南安普敦大学的凯西·卡内利博士（Dr Kathy Carnelley, University of Southampton）

伦敦政经学院的艾利克斯·吉莱斯皮博士（Dr Alex Gillespie, The London School of Economics）

罗汉普顿大学的刘易斯·古丁斯博士（Dr Lewis Goodings, Roehampton University）

布鲁克大学的卡洛琳·哈弗教授（Professor Carolyn Hafer, Brock University）

谢菲尔德哈莱姆大学的乔·海因兹博士（Dr Joe Hinds, Sheffield Hallam University）

肯特大学的蒂姆·霍普斯罗博士（Dr Tim Hopthrow, University of Kent）

阿萨巴斯卡大学的吴卓教授（Professor Cheuk Ng, Athabasca University）

格拉斯哥大学的派蒂·奥唐奈尔教授（Professor Paddy O'Donnell, University of Glasgow）

东英吉利大学的维多利亚·斯凯夫博士（Dr Victoria Scaife, University of East

Anglia)

阿什顿的丹·夏普德博士（Dr Dan Shepperd, Aston University）

班戈大学的班戈·肖特博士，（Dr Fay Short, Bangor University）

利兹都市大学的加尔文·莎莉文博士（Dr Gavin Sullivan, Leeds Metropolitan University）

利兹三一大学的艾莉森·托恩博士（Dr Alison Torn, Leeds Trinity University）

明尼苏达大学的凯瑟琳·沃思教授，（Professor Kathleen Vohs, University of Minnesota）

诺丁汉特伦特大学的格林·威廉姆斯博士（Dr Glenn Williams, Nottingham Trent University）

我们对凯伦·汉利（Karen Hanley）和玛丽亚·贝克尔（Maria Becker）（我们的配偶）表示感激，他们除了提供颇值得赞赏的建议、鼓励和毫无保留的协助，而且在家庭时间常常为本书的撰写让路时，还展现了非同寻常的耐心。

詹姆斯·阿尔科克 斯坦·萨达瓦